Klaas/Momsen/Wybitul
Datenschutzsanktionenrecht

Datenschutz-sanktionenrecht

Handbuch für die Unternehmens- und Anwaltspraxis

Herausgegeben von

Dr. Arne Klaas
Rechtsanwalt in Berlin

Dr. Carsten Momsen
o. Professor an der Freien Universität Berlin

Tim Wybitul
Rechtsanwalt in Frankfurt

1. Auflage 2023

Zitiervorschlag:
Klaas/Momsen/Wybitul DatenschutzsanktionenR-HdB/Bearbeiter § 1 Rn. 1

www.beck.de

ISBN 978 3 406 79459 9

© 2023 Verlag C.H.Beck oHG
Wilhelmstraße 9, 80801 München
Druck: Beltz Grafische Betriebe GmbH
Am Fliegerhorst 8, 99947 Bad Langensalza

Satz: 3w+p GmbH, Rimpar
Umschlaggestaltung: Druckerei C.H.Beck Nördlingen

Gedruckt auf säurefreiem, alterungsbeständigem Papier
(hergestellt aus chlorfrei gebleichtem Zellstoff)

Alle urheberrechtlichen Nutzungsrechte bleiben vorbehalten.
Der Verlag behält sich auch das Recht vor, Vervielfältigungen dieses Werkes
zum Zwecke des Text and Data Mining vorzunehmen.

Vorwort

Zum materiellen Datenschutzrecht wurde – und wird – viel geschrieben. Gerade seitdem die DS-GVO zum 25. Mai 2018 unmittelbar anwendbares Recht wurde, richtet sich sowohl das praktische als auch das wissenschaftliche „Spotlight" auf dieses spannende Rechtsgebiet. Das Datenschutzrecht genießt diese Aufmerksamkeit zu Recht. Kein Wirtschaftszweig und kein Geschäftsfeld kann sich dem Anwendungsbereich der DSGVO und des BDSG entziehen. Die Frage nach den datenschutzrechtlichen Möglichkeiten und Grenzen ist daher von größter praktischer Bedeutung – und es ist nicht abzusehen, dass sich daran etwas in naher Zukunft ändern wird.

Das vorliegende Handbuch nimmt eine neue Perspektive ein. Die dem Datenschutzrecht zu teil werdende Aufmerksamkeit erklärt sich primär mit den Konsequenzen, die der unionsrechtliche Verordnungs- und der nationale Gesetzgeber für den unrechtmäßigen Umgang mit personenbezogenen Daten vorgesehen haben. Denn nach einer kurzen „Eingewöhnungs- und Aufwärmphase" haben die Datenschutzaufsichtsbehörden der Mitgliedsstaaten und eine Vielzahl von Ermittlungsverfahren eingeleitet und einige bereits mit dem Erlass von hohen Bußgeldbescheiden abgeschlossen. Die Bußgeldhöhe bewegt sich teils im Milliardenbereich. Die deutschen Datenschutzaufsichtsbehörden stehen ihren europäischen Kollegen nicht nach und sind selbst für einige der höheren Bußgelder verantwortlich.

Trotz seiner bereits erlangten praktischen Bedeutung ist das „Datenschutzsanktionenrecht" kaum erforscht. Viele in der Praxis auftretende Rechtsfragen sind ungeklärt und teils noch nicht einmal identifiziert. Wesentlicher Grund: Das Datenschutzsanktionenrecht wird nur zum Teil durch das Unionsrecht geregelt. Einige Teilbereiche – wie zum Beispiel die Durchsetzung von Geldbußen oder das Schaffen von Straftatbeständen – musste dem Recht der nationalen Mitgliedsstaaten überlassen werden. Durch das Aufeinandertreffen von unionsrechtlichen Vorgaben und eigenständigen nationalrechtlichen Regelungen sind Auslegungsfragen und Kompetenzkonflikte vorprogrammiert.

Vor diesem Hintergrund haben die Herausgeber im Frühsommer 2021 das vorliegende Projekt ins Leben gerufen und ihren Fokus gezielt auf die Ahndung von Verstößen gegen das materielle Datenschutzrecht gerichtet. Herausgekommen ist eine umfassende Betrachtung aller praktischen Facetten des Geldbußenrechts aus Art. 83 DS-GVO, der Straftatbestände, die typischerweise bei unberechtigten Datenverarbeitungen verwirklicht werden sowie die damit im Zusammenhang stehenden prozessualen und taktischen Fragen. Ziel und Ansporn war es, dass dieser neue Blick auf das noch junge Datenschutzsanktionenrecht wissenschaftlich überzeugt und dem Rechtsanwender praktisch unmittelbar verwendbare Antworten an die Hand gibt. Hierzu wurde ein herausragendes Autorenteam gewonnen. Die Autoren sind ausgewiesene Experten auf dem Gebiet und haben bereits wichtige Vorarbeiten zu den sich stellenden Fragen geleistet. Um dem Leser eine ausgewogene Perspektive zu eröffnen, kommen im Handbuch alle Akteure der Sanktionspraxis zu Wort. Neben präventiv beratenden Anwälten, reaktiven Strafverteidigern und Wissenschaftlern kommt etwa mit Frau *Barbara Thiel* auch die Sicht der Landesbeauftragten für den Datenschutz Niedersachsen zur Sprache.

Die Herausgeber bedanken sich bei allen mitwirkenden Autoren für ihre wertvollen Einblicke in ihre Praxis. Ferner sind wir Frau *Susanne Loder* aufgrund ihrer hervorragenden organisatorischen Begleitung und ihrem aufmerksamen Lektorat zu besonderem Dank verpflichtet. Wir wünschen dem Handbuch eine gute Aufnahme. Für Anregungen und Kritik sind wir dankbar. Diese können Sie gerne an *Arne Klaas* klaas@kralaw.de richten.

Berlin und Frankfurt am Main im Juli 2023

Arne Klaas   *Carsten Momsen*   *Tim Wybitul*

Inhaltsübersicht

Vorwort V
Inhaltsverzeichnis IX
Bearbeiterverzeichnis XXV
Abkürzungsverzeichnis XXVII
Verzeichnis der abgekürzt zitierten Literatur XXXI

1. Teil Das Datenschutzsanktionenrecht

§ 1 Einleitung *(Klaas/Nomsen/Wybitul)* 1

2. Teil Materielles Bußgeldrecht

§ 2 Grundlagen: Verhältnis von Unionsrecht und dem nationalen Bußgeldrecht *(Cornelius)* 7
§ 3 Materielles Bußgeldrecht *(Wybitul)* 51

3. Teil Die Verfolgung von bußgeldbewehrten Datenschutzverstößen

§ 4 Prozessuale Durchsetzung von Bußgeldern *(Thiel)* 67
§ 5 Anwaltliche Begleitung eines datenschutzrechtlichen Bußgeldverfahrens *(Basar)* 89
§ 6 Besondere Situationen: Umgang mit Data Breach/Cyber Security Incidents *(Brams)* 131

4. Teil Materielles Strafrecht

§ 7 Grundlagen: Verhältnis Europarecht und nationales Strafrecht *(Eisele)* 147
§ 8 Strafbare Datenschutzverstöße (§ 42 BDSG) *(Klaas)* 159
§ 9 Gefährdendes Verbreiten personenbezogener Daten (§ 201 StGB) *(Eisele)* 185
§ 10 Verletzung der Vertraulichkeit des Wortes (§ 201 StGB) *(Lamsfuß)* 195
§ 11 Ausspähen von Daten (§ 202a StGB) *(Klaas)* 217
§ 12 Abfangen von Daten (§ 202b StGB) *(Klaas)* 239
§ 13 Vorbereiten des Ausspähens und Abfangens von Daten (§ 202c StGB) *(Klaas)* ... 251
§ 14 Datenhehlerei (§ 202d StGB) *(Hiéramente)* 265
§ 15 Verletzung von Privatgeheimnissen (§ 203 StGB) *(Cornelius/Spitz)* 289
§ 16 Verwertung fremder Geheimnisse (§ 204 StGB) *(Cornelius/Spitz)* 315
§ 17 Verletzung des Post- oder Fernmeldegeheimnisses (§ 206 StGB) *(Eisele/Bechtel)* 319
§ 18 Fälschung beweiserheblicher Daten (§ 269 StGB) *(Eisele/Bechtel)* 333
§ 19 Urkundenunterdrückung (§ 274 StGB) *(Eisele/Bechtel)* 347
§ 20 Datenveränderung (§ 303a StGB) *(Wengenroth)* 353
§ 21 Computersabotage (§ 303b StGB) *(Wengenroth)* 365
§ 22 Verletzung des Steuergeheimnisses (§ 355 StGB) *(Cornelius/Spitz)* 381
§ 23 Strafbare Verstöße gegen das TTDSG (§ 27 TTDSG) *(Cornelius/Spitz)* 385
§ 24 Verletzung von Geschäftsgeheimnissen (§ 23 GeschGehG) *(Cornelius/Spitz)* 397

5. Teil Die Verfolgung von Datenschutzstraftaten

§ 25 Anwendbarkeit deutschen Strafrechts – insbesondere bei grenzüberschreitenden, internetbasierten Datenschutzstraftaten *(Klaas)* 417
§ 26 Praktische Überlegungen und Hinweise zum Ablauf eines Strafverfahrens *(Hiéramente)* 439

Inhaltsübersicht

6. Teil Gemeinsame Aspekte von Bußgeldern und Straftatbeständen

§ 27 Verhältnis von Bußgeldtatbeständen (Art. 83 DS-GVO) zu parallel verwirklichten Straftaten *(Klaas)* 449

§ 28 Auslegung (unwirksamer) datenschutzrechtlicher Einwilligungen in wirksame rechtfertigende Einwilligungen *(Klaas)* 457

§ 29 Einziehungsmaßnahmen infolge von Datenschutzverstößen *(Nadeborn/Lamsfuß)* 467

§ 30 Die Ermittlung von Datenschutzverstößen im digitalen Raum *(Brodowski)* 489

§ 31 Datenschutz-Compliance – Haftungsvermeidung in datenverarbeitenden Organisationen *(Jungkind/Petzinka)* 499

§ 32 Melde-, Mitwirkungs- und Rechenschaftspflichten im Spiegel von nemo tenetur *(Brodowski)* 519

7. Teil Datenschutzsanktionenrecht in den USA

§ 33 Überblick über das Datenschutzsanktionenrecht in den USA *(Klose/Momsen)* 527

Sachverzeichnis 545

Inhaltsverzeichnis

Vorwort V
Inhaltsübersicht VII
Bearbeiterverzeichnis XXV
Abkürzungsverzeichnis XXVII
Verzeichnis der abgekürzt zitierten Literatur XXXI

1. Teil Das Datenschutzsanktionenrecht

§ 1 Einleitung *(Klaas/Momsen/Wybitul)* 1
    A. Entwicklung der Bußgeldpraxis in der Union und in Deutschland 2
    B. Entwicklung der strafrechtlichen Verfolgung von Datenschutzverstößen in Deutschland 3
    C. Datenschutzsanktionenrecht: Konflikt zwischen Unionsrecht und nationalem Recht 5
    D. Wissenschaftliche Lösungen und praktisch verwendbare Antworten 5
    E. Perspektivenwechsel: Behörden- und Verteidigungssicht im „Spiegel-Check" 6

2. Teil Materielles Bußgeldrecht

§ 2 Grundlagen: Verhältnis von Unionsrecht und dem nationalen Bußgeldrecht *(Cornelius)* 7
    A. Überblick 10
    B. Datenschutzrechtliche Bußgelder als Strafen im weiteren Sinne 10
    C. Bestimmtheitsgrundsatz 12
    D. Schuldprinzip 14
        I. Ableitung aus der Unschuldsvermutung 14
        II. Ableitung aus dem Gesetzlichkeitsprinzip, Art. 7 EMRK, Art. 49 Abs. 1 GRCh 16
        III. Ableitung aus dem Verhältnismäßigkeitsgrundsatz, Art. 5 EUV, Art. 49 Abs. 3 GRCh 17
            1. Gebot der persönlichen Verantwortlichkeit als Strafbarkeitsvoraussetzung 18
            2. Verbot objektiver strafrechtlicher Verantwortlichkeit 20
        IV. Ableitung aus der Menschenwürde, Art. 1 GRCh 21
        V. Zusammenfassung 21
    E. Materielle Ausgestaltung durch das Unionsrecht 22
        I. Überblick 22
        II. Anwendungsvorrang des Unionsrechts 23
        III. Kartellrechtlicher Ausgangspunkt 24
            1. Unionsrechtliche Praxis 25
            2. Parallelen zur Respondeat Superior Doktrin 26
            3. Parallelen zum deutschen Recht 26
            4. Gleichlauf zwischen Normadressat und Ahndungssubjekt im Kartellordnungswidrigkeitenrecht 27
        IV. Normadressat im Datenschutzrecht 28
            1. Verantwortlicher für die Datenverarbeitung 28
            2. Verhältnis zwischen „Verantwortlichem" und „Unternehmen" 29
        V. Inhaltsbestimmung eines unionsrechtlichen Schuldbegriffs 31
        VI. Vorsatz und Fahrlässigkeit bei Sanktionen nach Art. 83 DS-GVO 33
            1. Notwendigkeit eines zumindest fahrlässigen Verstoßes 33

Inhaltsverzeichnis

2. Unionsrechtlicher Vorsatzbegriff	34
3. Unionsrechtlicher Fahrlässigkeitsbegriff	36
VII. Strafzumessungsschuld (bzw. Verhältnismäßigkeitsgrundsatz)	37
F. Verfahrensrechtliche Besonderheiten	37
I. Überblick	37
II. Rechenschaftspflicht und Unschuldsvermutung	38
III. Beweislast	39
IV. Beweismaß	40
1. Art. 6 Abs. 2 EMRK	41
2. Unionsrecht	41
V. Selbstbelastungsfreiheit	43
VI. Opportunitätsprinzip	43
VII. Beachtung des allgemeinen Verhältnismäßigkeitsgrundsatzes	44
G. Bedeutung von Rechtsunklarheiten	45
I. Generalklauselartige Formulierungen in der DS-GVO	46
II. Gebot der Normenklarheit	46
III. Schuldgrundsatz	46
IV. Verhältnis des Gebots der Normenklarheit zum Schuldprinzip	47
V. Schlussfolgerungen	48
§ 3 Materielles Bußgeldrecht *(Wybitul)*	51
A. Einleitung	52
B. Überblick über die Bußgeldtatbestände	52
C. Zurechnung bei Geldbußen nach Art. 83 DS-GVO	53
I. Einleitung	53
II. Das Zurechnungssystem des Art. 83 DS-GVO	53
1. Kein eigenes Zurechnungssystem	53
2. Kein Verweis auf ein vermeintliches Haftungssystem nach Art. 101, 102 AEUV	54
3. Kein Verweis auf ein Zurechnungssystem in ErwG 150 S. 3 DS-GVO	56
4. Verweis auf das Recht der Mitgliedstaaten	56
5. Nationale Regelungen in Deutschland	56
III. Zusammenfassung	58
D. Subjektive Vorwerfbarkeit	59
I. Einleitung	59
II. Subjektive Vorwerfbarkeit ist in der DS-GVO explizit angelegt	59
III. „Strict liability" widerspricht der Systematik der DS-GVO	59
1. Unvereinbarkeit mit dem Verhältnismäßigkeitsprinzip	59
2. Unvereinbarkeit mit dem Schuldprinzip	60
3. Kein Erfordernis nach Effektivitätsgrundsatz	61
E. Besonderheiten bei Geldbußen wegen Verstößen gegen die Verarbeitungsgrundsätze	61
I. Bestimmtheitsgrundsatz	61
II. Konkurrenzverhältnis zwischen Bußgeldtatbeständen	62
F. Sanktionszumessung Bußgeldrahmen und Bußgeldberechnung	63
G. Ausblick	64

3. Teil Die Verfolgung von bußgeldbewehrten Datenschutzverstößen

§ 4 Prozessuale Durchsetzung von Bußgeldern *(Thiel)*	67
A. Anwendbarkeit deutschen OWiG-Rechts: Datenschutzspezifische Besonderheiten	67
I. Anwendbarkeit des allgemeinen Teils des OWiG	68
II. Anwendbarkeit der OWiG-Regelungen zum Bußgeldverfahren	69

Inhaltsverzeichnis

B. Zuständigkeiten zur Verfolgung und Sanktionierung bußgeldrelevanter Verstöße	70
C. Ablauf eines bußgeldrechtlichen Verfahrens wegen Datenschutzverstößen	72
I. Einleitung durch die Behörde	72
II. Übergang ins gerichtliche Verfahren	74
D. Bußgeldberechnung und Sanktionszumessung	74
I. Darstellung des Sanktionsmodells des Europäischen Datenschutzausschusses	74
II. Kriterien der Zumessung und praktische Bedeutsamkeit	77
1. Kriterien zur Bestimmung des Ausgangsbetrages	77
2. Weitere Zumessungskriterien	78
3. Auffangkriterium: Andere erschwerende oder mildernde Umstände	79
E. Verwarnung kein Verfolgungshindernis für das Bußgeldverfahren	80
F. Besonderheiten bei der Bebußung von Unternehmen	81
G. Nebenfolgen	83
I. Einziehung von Gegenständen	83
II. Einziehung des Wertes von Taterträgen	83
H. Vermögensarrest zur Sicherung der Geldbuße	84
I. Verständigungen im Bußgeldverfahren	85
J. Vollstreckung von Bußgeldbescheiden	87
K. Verjährung von Datenschutzverstößen	87
§ 5 Anwaltliche Begleitung eines datenschutzrechtlichen Bußgeldverfahrens (Basar)	89
A. Einleitende Gedanken	90
B. Anzeichen für und Auslöser eines Bußgeldverfahrens	91
I. Öffentliche Berichte	91
II. Kontakt zur Datenschutzbehörde	92
III. Hinweise durch Betroffene	94
IV. Strafrechtliche Ermittlungsverfahren	94
V. Meldepflichten	95
C. Das (vorgelagerte) verwaltungsrechtliche Aufsichtsverfahren	96
I. Befugnisse der Datenschutzbehörden im Aufsichtsverfahren	96
II. Umgang mit Mitwirkungspflichten insbesondere im Auskunftsverfahren	97
1. Vorbereitung auf Maßnahmen der Datenschutzaufsicht	97
2 Rechte und Verhalten	98
III. Rechtsschutzmöglichkeiten über den Verwaltungsrechtsweg	103
1. Klagen gegen Anordnungen der Aufsicht	104
2. Vorbeugender Schutz gegen ein Bußgeld?	105
3. Taktische Erwägungen	107
D. Verteidigung im Bußgeldverfahren („Ermittlungsverfahren")	108
I. Normenprogramm im Bußgeldverfahren	108
II. Rechte im Bußgeldverfahren	109
III Rechtsschutz gegen die Einleitung des Bußgeldverfahrens	109
IV. Verteidigungsmöglichkeiten im Bußgeldverfahren vor der Behörde	110
V. Erlass des Bußgeldbescheids	114
1. Voraussetzungen für den Erlass	114
2. Bemessung des Bußgelds	116
E. Zwischenverfahren: Einspruch gegen den Bußgeldbescheid gem. § 67 Abs. 1 S. 1 OWiG	119
F. Verteidigung im Hauptverfahren	121
I. Prüfungsmaßstab	121

Inhaltsverzeichnis

II. Möglichkeit der Einstellung	122
III. Ablauf der Hauptverhandlung	122
IV. Weitere Hinweise für die Praxis	124
G. Rechtsmittel: Beschwerde nach § 79 OWiG	125
H. Exkurs: Abwenden bzw. Einschränken öffentlichkeitwirksamer Pressemitteilungen durch Datenschutzbehörden	127
§ 6 Besondere Situationen: Umgang mit Data Breach/Cyber Security Incidents *(Brams)*	131
A. Einleitung	132
B. Überblick über Anforderungen nach der DS-GVO	132
I. Definition einer Datenschutzverletzung (Art. 4 Nr. 12 DS-GVO)	132
II. Vorgaben zum Umgang mit Datenschutzverletzungen nach der DS-GVO	133
1. Meldepflicht gegenüber Behörden (Art. 33 DS-GVO)	134
2. Informationspflicht gegenüber betroffenen Personen (Art. 34 DS-GVO)	134
3. Ausnahmen von Melde- und Informationspflichten	135
4. Dokumentationspflicht (Art. 33 Abs. 5 DS-GVO)	136
C. Überblick über mögliche Sanktionen bei Datenschutzverletzungen	137
I. Geldbußen (Art. 83 DS-GVO)	137
1. Überblick	137
2. Berechnung von Geldbußen bei Datenschutzverletzungen	137
II. Sonstige verwaltungsrechtliche Sanktionen (Art. 58 Abs. 2 DS-GVO)	138
III. Schadensersatz (Art. 82 DS-GVO)	138
IV. Mögliche Risiken für Unternehmen im Zusammenhang mit Massenverfahren	139
V. Weitere Risiken	139
D. Empfehlungen zum Umgang mit Datenschutzvorfällen	140
I. Vorbereitung auf mögliche Datenschutzvorfälle	140
1. Maßnahmen zur Datensicherheit	140
2. Kontrolle von Auftragsverarbeitern	141
3. Trainings und Awareness	142
4. Einführung von Reaktionsplänen	142
II. Reaktion auf mögliche Datenschutzvorfälle	142
1. Erste Maßnahmen	143
2. Erfüllung von möglichen Meldepflichten	143
3. Kooperation mit Aufsichtsbehörden?	143
4. Kommunikationsstrategie	143
5. Behebung möglicher Schwachstellen	144
6. Dokumentation	144
7. Vorbereitung auf die effektive Verteidigung gegen Schadensersatzforderungen und Geldbußen	144
8. Exkurs: Reaktion auf Ransomware-Attacken	144
E. Ausblick	145

4. Teil Materielles Strafrecht

§ 7 Grundlagen: Verhältnis Europarecht und nationales Strafrecht *(Eisele)*	147
A. Europäisiertes Strafrecht	147
I. Begriffe aus dem Blickwinkel des Europäischen Rechts	147
II. Kernbereich der nationalen Souveränität	148
B. Das Prinzip der limitierten Einzelermächtigung und das Subsidiaritätsprinzip	148

Inhaltsverzeichnis

C. Kompetenzgrundlagen im Bereich des Strafrechts	149
I. Kompetenzgrundlage des Art. 83 Abs. 1 AEUV	149
II. Kompetenzgrundlage des Art. 83 Abs. 2 AEUV	150
D. Inhaltliche Ausgestaltung von Richtlinien im strafrechtlichen Bereich	150
I. Regelungsmaterien	150
II. Inhaltliche Dichte der Regelungen	151
E. Bedeutung und Wirkung von Richtlinien im nationalen Recht	152
I. Richtlinienkonforme Auslegung	152
II. Wirkung von Richtlinien bei nicht rechtzeitiger und fehlerhafter Umsetzung	152
III. Speziell: Wirkung von EU-Recht auf nicht-harmonisiertes nationales Recht	153
F. DS-GVO und nationales Strafrecht	153
I. Systematik	153
II. Auslegung	154
III. Bestimmtheitsgrundsatz bei normativen Merkmalen und Blanketttatbeständen	155
1. Unionsrechtliche Regelungen	155
2. Nationales Datenschutzstrafrecht	156
IV. Anwendungsvorrang der DS-GVO	157

§ 8 Strafbare Datenschutzverstöße (§ 42 BDSG) *(Klaas)* 159

A. Vorbemerkung	160
B. Eingeschränkter Anwendungsbereich	161
I. Automatisierte Datenverarbeitung/Speichern in Dateisystemen	161
II. Haushaltsausnahme	161
C. Taugliche Täter	162
I. „Jedermanns-Delikt": Argumente für die fehlende Einschränkung des Täterkreises	162
II. Sonderdelikt: Argumente für eine Beschränkung auf den datenschutzrechtlich Verantwortlichen	162
D. § 42 Abs. 1 StGB – Unberechtigte Weitergabe	164
I. Objektiver Tatbestand	164
1. Personenbezogene Daten	164
2. Große Zahl von Personen	164
3. Keine allgemeine Zugänglichkeit	165
4. Übermitteln (Nr. 1)	167
5. Auf andere Art und Weise zugänglich machen (Nr. 2)	167
6. „Dritter"	168
7. Fehlende Berechtigung	169
II. Subjektiver Tatbestand	171
1. Vorsatz	171
2. Gewerbsmäßigkeit	171
E. § 42 Abs. 2 BDSG – Unberechtigte Verarbeitung	172
I. Objektiver Tatbestand	172
1. Verarbeitung (Nr. 1)	172
2. Erschleichen durch unrichtige Angaben (Nr. 2)	173
3. Handeln gegen Entgelt	175
II. Subjektiver Tatbestand	176
1. Eventualvorsatz ausreichend	176
2. (Dritt-)Bereicherungsabsicht	176
3. Schädigungsabsicht	178
F. Rechtfertigung	179
G. Behandlung von Irrtümern	179

Inhaltsverzeichnis

H. Absolutes Antragsdelikt	180
I. Versuch	181
J. Verjährung	181
K. Konkurrenzen	181
I. Mögliche Tateinheit mit § 42 Abs. 1, 2 BDSG	181
II. Abschließende Spezialregelungen und deren Grenzen	182
III. Verhältnis der Varianten zueinander	182
L. Strafzumessung	182
M. Prozessuales	183
§ 9 Gefährdendes Verbreiten personenbezogener Daten (§ 201 StGB) *(Eisele)*	**185**
A. Rechtspolitische Begründung	185
B. Geschütztes Rechtsgut	186
C. Strafanwendungsrecht	187
D. Objektiver Tatbestand	187
I. Personenbezogene Daten	187
II. Tathandlung des Verbreitens	188
1. Öffentliches Verbreiten	188
2. Verbreiten eines Inhalts	188
III. Art und Weise des Verbreitens	190
1. Eignung	190
2. Bestimmung	191
3. Bedeutung der Zustimmung	191
IV. In Bezug genommene Straftaten	191
E. Subjektiver Tatbestand	192
F. Tatbestandsausschluss	192
G. Rechtfertigung	193
H. Qualifikation	193
I. Konkurrenzen	193
§ 10 Verletzung der Vertraulichkeit des Wortes (§ 201 StGB) *(Lamsfuß)*	**195**
A. Allgemeines	196
B. Objektiver Tatbestand	197
I. Tatobjekt: Das nichtöffentlich gesprochene Wort	197
1. Gesprochenes Wort	197
2. Nichtöffentlich	198
II. Tathandlungen	202
1. Aufnehmen des nichtöffentlich gesprochenen Wortes (Abs. 1 Nr. 1)	202
2. Gebrauchen oder Zugänglichmachen einer Aufnahme (Abs. 1 Nr. 2)	203
3. Abhören des nichtöffentlichen Wortes mit einem Abhörgerät (Abs. 2 S. 1 Nr. 1)	205
4. Öffentliches Mitteilen (Abs. 2 S. 1 Nr. 2)	206
III. „Unbefugt"	207
1. Einwilligung	208
2. Gesetzliche Befugnisse	209
3. Allgemeine Rechtfertigungsgründe	209
C. Subjektiver Tatbestand	212
D. Rechtswidrigkeit	212
E. Qualifikation: Amtsträger (Abs. 3)	212
F. Versuch (Abs. 4)	213
G. Einziehung (Abs. 5)	213
H. Prozessuales	213
I. Strafantrag	213

II. Konkurrenzen	213
III. Verwertungsverbote	214
IV. Anspruch auf Vernichtung einer Aufnahme	216

§ 11 Ausspähen von Daten (§ 202a StGB) *(Klaas)* ... 217
- A. Vorbemerkung ... 218
- B. Rechtsgut und Beispiele für Rechtsgutträger ... 218
- C. Daten ... 220
- D. Nicht für den Täter bestimmt ... 221
- E. Gegen unberechtigten Zugang besonders gesichert ... 223
- F. Verschaffen des Zugangs ... 225
- G. Sich oder einem anderen ... 227
- H. Überwindung der Zugangssicherung ... 227
- I. Unbefugt ... 228
- J. Subjektiver Tatbestand und Irrtum ... 231
- K. Rechtswidrigkeit ... 231
  - I. Notstandslage ... 231
  - II. Notstandshandlung ... 232
    1. Geeignetheit ... 232
    2. Relativ mildestes Mittel ... 233
    3. Abwägung der widerstreitenden Interessen ... 234
  - III. Subjektives Rechtfertigungselement ... 237
- L. Relatives Antragsdelikt ... 237
- M. Versuch ... 237
- N. Verjährung ... 237
- O. Konkurrenzen ... 238

§ 12 Abfangen von Daten (§ 202b StGB) *(Klaas)* ... 239
- A. Vorbemerkung ... 239
- B. Rechtsgut ... 240
- C. Nicht für ihn bestimmte Daten ... 240
- D. Zeitliche Einschränkung des Tatobjekts: Während des Übertragungsvorgangs ... 241
  - I. Aus einer nichtöffentlichen Datenübermittlung ... 241
  - II. Aus der elektromagnetischen Abstrahlung einer Datenverarbeitungsanlage ... 243
  - III. Einbezug von durch den Täter initiierte Datenübermittlungen/-abstrahlungen? ... 244
- E. Verschaffen unter Anwendung von technischen Mitteln ... 245
- F. Sich oder einem anderen ... 246
- G. Unbefugt ... 246
- H. Subjektiver Tatbestand und Irrtum ... 249
- I. Rechtswidrigkeit ... 249
- J. Konkurrenzen und Subsidiaritätsklausel ... 249
  - I. Allgemeine Konkurrenzen ... 249
  - II. Formelle Subsidiarität ... 249
- K. Absolutes Antragsdelikt ... 249
- L. Versuch ... 250
- M. Verjährung ... 250

§ 13 Vorbereiten des Ausspähens und Abfangens von Daten (§ 202c StGB) *(Klaas)* ... 251
- A. Vorbemerkung ... 251
- B. Rechtsgut ... 252

Inhaltsverzeichnis

C. Tatobjekt	252
I. Passwörter oder sonstige Sicherungscodes, die den Zugang zu Daten ermöglichen	252
II. Computerprogramme, deren Zweck die Begehung einer solchen Tat ist	253
D. Tathandlung	255
I. Herstellen	255
II. Sich oder einem anderen Verschaffen	255
III. Verkaufen	255
IV. Einem anderen Überlassen	257
V. Verbreiten	257
VI. Sonst zugänglich machen	257
VII. Intendierte Straflosigkeit des reinen „Besitzes"	257
E. Subjektiver Tatbestand	258
F. Rechtswidrigkeit	259
G. Tätige Reue	260
I. Entsprechende Anwendung von § 149 Abs. 2 StGB	260
II. Entsprechende Anwendung von § 149 Abs. 3 StGB	262
H. Offizialdelikt	262
I. Versuch	263
J. Verjährung	263
K. Konkurrenzen	263
§ 14 Datenhehlerei (§ 202d StGB) *(Hiéramente)*	**265**
A. Vorbemerkung	265
B. Rechtsgut	267
C. Tatbestand	269
I. Objektiver Tatbestand	269
1. Tatobjekt	269
2. Tathandlung	276
II. Subjektiver Tatbestand	279
1. Vorsatz	279
2. Bereicherungs- oder Schädigungsabsicht	280
D. Absatz 3	281
I. Rechtsnatur der Regelung des Absatz 3	281
II. Sonderregelungen für Amtsträger und Beauftragte (Nr. 1)	282
III. Sonderregelungen bei journalistischer Tätigkeit (Nr. 2)	283
IV. Weitere Berufsgruppen	284
E. Rechtswidrigkeit und Schuld	287
F. Sonstiges	287
§ 15 Verletzung von Privatgeheimnissen (§ 203 StGB) *(Cornelius/Spitz)*	**289**
A. Überblick	290
I. Entstehungsgeschichte	290
II. Rechtsgut	291
B. Objektiver Tatbestand	292
I. Tatobjekt	292
1. Fremdes Geheimnis	292
2. Einzelangaben nach Abs. 2 S. 2	294
3. Anvertraut oder sonst bekanntgeworden	294
II. Täterkreis	295
1. Personengruppen des Abs. 1	295
2. Personengruppen des Abs. 2	296
3. Personengruppen des Abs. 4	297

Inhaltsverzeichnis

III. Tathandlung	297
1. Kenntnisnahme oder Kenntnisnahmemöglichkeit	298
2. Offenbaren anonymisierter und pseudonymisierter Daten; Vergleich zur datenschutzrechtlichen Diskussion	299
IV. Tatbestandsausschluss nach Abs. 3	303
V. Tod des Geheimnisgeschützten nach Abs. 5	304
C. Subjektiver Tatbestand und Irrtum	305
D. Rechtswidrigkeit	305
I. Unbefugt	305
1. Das Merkmal „unbefugt" in der strafrechtlichen Systematik	306
2. Das Merkmal „unbefugt" und das Verhältnis zum Datenschutzrecht	306
3. Datenschutzrechtliche Spezialbereiche im Verhältnis zu § 203 StGB	308
II. Einwilligung	310
III. Mutmaßliche Einwilligung	312
IV. Sonstige gesetzliche Offenbarungspflichten und -befugnisse	312
E. Täterschaft und Teilnahme	312
F. Versuch und Vollendung	313
G. Qualifikation des Abs. 6	313
H. Rechtsfolgen, Verjährung, Strafantrag	314
§ 16 Verwertung fremder Geheimnisse (§ 204 StGB) *(Cornelius/Spitz)*	315
A. Überblick	315
B. Täterkreis	316
C. Tatbestand des Abs. 1	316
D. Verweisung auf § 203 Abs. 5 StGB in Abs. 2	317
E. Vollendung	317
F. Täterschaft und Teilnahme	317
G. Rechtsfolgen und Strafantrag	317
§ 17 Verletzung des Post- oder Fernmeldegeheimnisses (§ 206 StGB) *(Eisele/Bechtel)*	319
A. Allgemeines	320
B. Tatbestand	321
I. Objektiver Tatbestand	321
1. Täterkreis von Abs. 1 und Abs. 2	321
2. Mitteilung von dem Post- oder Fernmeldegeheimnis unterliegenden Tatsachen (Abs. 1)	324
3. Öffnen einer anvertrauten und verschlossenen Sendung bzw. Kenntnisverschaffung von deren Inhalt (Abs. 2 Nr. 1)	326
4. Unterdrücken anvertrauter Sendungen (Abs. 2 Nr. 2)	326
5. Erweiterung des Täterkreises (Abs. 3)	329
6. Amtsträger (Abs. 4)	329
II. Subjektiver Tatbestand	330
C. Rechtswidrigkeit	330
I. Rechtfertigung nach §§ 32, 34 StGB	330
II. (Mutmaßliche) Einwilligung	331
III. Gesetzliche Offenbarungsbefugnisse bzw. -pflichten	331
D. Konkurrenzen	331
§ 18 Fälschung beweiserheblicher Daten (§ 269 StGB) *(Eisele/Bechtel)*	333
A. Allgemeines	333

Inhaltsverzeichnis

	B. Tatbestand	335
	I. Objektiver Tatbestand	335
	1. Der Datenbegriff des § 269 StGB	335
	2. Tathandlungen	336
	II. Subjektiver Tatbestand	344
	C. Rechtswidrigkeit und Schuld	345
	D. Strafschärfungen	345
	E. Konkurrenzen	345
	F. Prozessuales	346
§ 19	Urkundenunterdrückung (§ 274 StGB) *(Eisele/Bechtel)*	347
	A. Allgemeines	347
	B. Tatbestand	348
	I. Objektiver Tatbestand	348
	1. Daten	348
	2. Tathandlungen	349
	II. Subjektiver Tatbestand	351
	C. Rechtswidrigkeit	352
§ 20	Datenveränderung (§ 303a StGB) *(Wengenroth)*	353
	A. Allgemeines und Rechtsgut	353
	B. Tatobjekt – Daten (§ 202a Abs. 2 StGB)	355
	I. Daten	355
	II. „Fremde" Daten	355
	III. Einschränkung im Bagatellbereich	356
	C. Tathandlung – Löschen, Unterdrücken, Unbrauchbarmachen und Verändern von Daten	357
	I. Löschen	357
	II. Unterdrücken	357
	III. Unbrauchbarmachen	358
	IV. Verändern	359
	V. Unterlassen	359
	D. Rechtswidrig	359
	I. Bestimmung der Datenverfügungsbefugnis	360
	II. Einschränkung bei digitalen Protestaktionen	362
	III. Prozessuale Implikationen der Verfügungsbefugnis	362
	E. Subjektiver Tatbestand	362
	F. Rechtswidrigkeit – allgemeine Rechtfertigungsgründe	363
	G. Versuch und Vollendung	363
	H. Vorbereitung – § 303a Abs. 3 StGB	363
	I. Konkurrenzen	364
	J. Relatives Antragsdelikt	364
	K. Verjährung	364
§ 21	Computersabotage (§ 303b StGB) *(Wengenroth)*	365
	A. Allgemeines und Rechtsgut	366
	B. Tatobjekt – Datenverarbeitung von wesentlicher Bedeutung	367
	I. Datenverarbeitung	367
	II. Wesentliche Bedeutung	368
	III. Für „einen anderen"	369
	C. Tathandlung	370
	I. Tat nach § 303a StGB	370
	II. Eingeben oder Übermitteln von Daten	370
	1. Angriffsmittel – Daten	370
	2. Eingeben	370

Inhaltsverzeichnis

3. Übermitteln	371
4. Nachteilszufügungsabsicht	371
III. Einwirkungen auf Datenhardware	372
IV. Unterlassen	373
D. Taterfolg	373
I. Störung	373
II. Erheblichkeit	373
III. Kausalität	374
E. Qualifikation und Regelbeispiele (Abs. 2, Abs. 4)	374
I. Qualifikation (Abs. 2)	374
1. Adressaten	374
2. Fremd	375
3. Wesentliche Bedeutung	375
4. Störung der Datenverarbeitung	376
II. Regelbeispiele der Qualifikation (Abs. 4)	376
1. Herbeiführen eines Vermögensverlustes großen Ausmaßes	376
2. Gewerbsmäßiges Handeln oder als Mitglied einer Bande zur fortgesetzten Begehung von Computersabotage	376
3. Beeinträchtigung der Versorgung der Bevölkerung mit lebenswichtigen Gütern oder Dienstleistungen oder der Sicherheit der Bundesrepublik Deutschland	377
F. Subjektiver Tatbestand	377
G. Rechtswidrigkeit	377
H. Versuch und Vollendung	378
I. Vorbereitung (Abs. 5)	378
J. Konkurrenzen	378
K. Relatives Antragsdelikt	379
L. Verjährung	379
§ 22 Verletzung des Steuergeheimnisses (§ 355 StGB) *(Cornelius/Spitz)*	**381**
A. Überblick	381
B. Objektiver Tatbestand	382
I. Täterkreis	382
II. Tatobjekte	382
III. Tathandlung	383
C. Subjektiver Tatbestand und Irrtum	383
D. Rechtswidrigkeit	383
E. Rechtsfolgen, Strafantrag, Konkurrenzen	384
§ 23 Strafbare Verstöße gegen das TTDSG (§ 27 TTDSG) *(Cornelius/Spitz)*	**385**
A. Überblick	385
B. Blanketttatbestand	387
I. Vorliegen eines Blanketttatbestands	387
II. Gesetzlichkeitsprinzip und Bestimmtheitsgrundsatz	387
III. Dynamische Verweisung	388
IV. Irrtumsregelung	389
C. Objektiver Tatbestand	389
I. Abhören einer Nachricht (Abs. 1 Nr. 1)	389
1. Nachricht	389
2. Abhören	390
3. Nicht für den Empfänger bestimmt	391
4. Kenntnisnahme in vergleichbarer Weise	391
5. Funkanlage	391
II. Mitteilungsverbot (§ 27 Abs. 1 Nr. 2 TTDSG)	392
III. Herstellungs- und Bereitstellungsverbot (§ 27 Abs. 1 Nr. 3 TTDSG)	393

Inhaltsverzeichnis

	D. Subjektiver Tatbestand	394
	E. Rechtswidrigkeit	394
	F. Rechtsfolgen, Versuch und Verjährung	395
§ 24	Verletzung von Geschäftsgeheimnissen (§ 23 GeschGehG) *(Cornelius/Spitz)*	397
	A. Entstehungsgeschichte und Normzweck	398
	B. § 23 Abs. 1 GeschGehG: Strafbare Erlangung, Nutzung oder Offenlegung fremder Geschäftsgeheimnisse	400
	I. Definition Geschäftsgeheimnis	400
	1. Allgemeines	400
	2. Geheim	401
	3. Wirtschaftlicher Wert	402
	4. Angemessene Geheimhaltungsmaßnahmen	402
	5. Berechtigtes Interesse	402
	II. Besondere subjektive Voraussetzungen	403
	1. Förderung des eigenen oder fremden Wettbewerbs	403
	2. Eigennutz	403
	3. Zugunsten eines Dritten	404
	4. Schädigungsabsicht	404
	III. § 23 Abs. 1 Nr. 1 GeschGehG: Betriebsspionage	404
	1. Objektiver Tatbestand	404
	2. Subjektiver Tatbestand	405
	IV. § 23 Abs. 1 Nr. 2 GeschGehG: Geheimnishehlerei bei eigener Vortat	405
	1. Objektiver Tatbestand	405
	2. Subjektiver Tatbestand	405
	V. § 23 Abs. 1 Nr. 3 GeschGehG: Geheimnisverrat	406
	1. Objektiver Tatbestand	406
	2. Subjektiver Tatbestand	407
	C. § 23 Abs. 2 GeschGehG: Geheimnishehlerei	407
	I. Objektiver Tatbestand	408
	II. Subjektiver Tatbestand	408
	D. § 23 Abs. 3 GeschGehG: Vorlagenfreibeuterei	409
	I. Objektiver Tatbestand	409
	1. Tatobjekte: Geheime Vorlagen und technische Vorschriften	409
	2. Anvertrautsein im geschäftlichen Verkehr	409
	3. Tathandlung: Nutzen oder Offenlegen	410
	II. Subjektiver Tatbestand	410
	E. § 23 Abs. 4 GeschGehG: Qualifikationstatbestand	410
	I. Gewerbsmäßiges Handeln (§ 23 Abs. 4 Nr. 1 GeschGehG)	411
	II. Auslandsbezug (Nr. 2 und 3)	411
	1. Täter weiß bei der Offenlegung, dass das Geschäftsgeheimnis im Ausland genutzt werden soll	411
	2. Täter *nutzt* das Geschäftsgeheimnis im Ausland	412
	F. § 23 Abs. 5 GeschGehG: Versuchsstrafbarkeit	412
	G. § 23 Abs. 6 GeschGehG: Beihilfe durch Medienschaffende	413
	H. Rechtswidrigkeit	413
	I. § 23 Abs. 7 GeschGehG: Auslandstaten (§ 5 StGB) und Versuch der Beteiligung (§§ 30, 31 StGB)	414
	I. Auslandstaten	414
	II. Versuch der Beteiligung	414
	J. Rechtsfolgen, Strafantrag und Verjährung	414

Inhaltsverzeichnis

5. Teil Die Verfolgung von Datenschutzstraftaten

§ 25 Anwendbarkeit deutschen Strafrechts – insbesondere bei grenzüberschreitenden, internetbasierten Datenschutzstraftaten *(Klaas)* 417
    A. Praktische Relevanz des Strafanwendungsrechts 418
    B. Extraterritorialer Anwendungsbereich der DS-GVO vs. einschränkendes deutsches Strafanwendungsrecht 419
    C. Grundsätze der Anwendbarkeit des deutschen Strafrechts 419
        I. Geltung für Inlandstaten 419
            1. Tatort der Haupttat 420
            2. Tatort der Teilnahme 420
        II. Geltung für Auslandstaten 421
            1. Auslandstaten mit besonderem Inlandsbezug, § 5 StGB 421
            2. Geltung für Auslandstaten in anderen Fällen, § 7 StGB 424
    D. Besonderheiten bei internetbasierten Datenschutzverstößen 428
        I. Handlungsort 428
        II. Erfolgsort 429
            1. Erfolgsdelikte 430
            2. Kein Erfolgsort bei schlichten Tätigkeitsdelikten 430
            3. Gefährdungsdelikte 430
            4. Stets: Gewährleistung eines „genuine links" bei Internetsachverhalten 432
        III. Anbieter von Telemedien: Spezielles Strafanwendungsrecht aus § 3 TMG? 433
            1. Wer ist Anbieter eines Telemediums? 433
            2. Herkunftslandprinzip, § 3 Abs. 1 TMG 433
            3. Diensteanbieter mit Sitz im EU-Ausland 436

§ 26 Praktische Überlegungen und Hinweise zum Ablauf eines Strafverfahrens *(Hiéramente)* 439
    A. Die Strafanzeige 439
        I. Wahl der Behörde 439
        II. Örtliche Zuständigkeit 440
        III. Form und Frist: Relevant bei Antragsdelikten 442
        IV. Zeitpunkt und Art der Anzeigeerstattung 443
    B. Das Ermittlungsverfahren 445
        I. Struktur des Ermittlungsverfahrens 445
        II. Rolle der Verletztenvertretung 446
        III. Rolle der Verteidigung 447
    C. Das Zwischenverfahren 448
    D. Die Hauptverhandlung 448
    E. Die Rechtsmittel 448

6. Teil Gemeinsame Aspekte von Bußgeldern und Straftatbeständen

§ 27 Verhältnis von Bußgeldtatbeständen (Art. 83 DS-GVO) zu parallel verwirklichten Straftaten *(Klaas)* 449
    A. § 21 OWiG: Konkurrenzverhältnis auf materieller Ebene 449
        I. Begrenzung der Reichweite von § 21 Abs. 1 S. 1 OWiG auf den individuellen Sanktionsadressaten 450
        II. Generelle Einschränkung der Anwendbarkeit von § 21 Abs. 1 S. 1 OWiG? 451
    B. Konkurrenzverhältnis auf prozessualer Ebene 451
        I. (Straf-)Klageverbrauch/Entgegenstehende Rechtskraft 451
        II. Auswirkung von Opportunitätseinstellungen 453

Inhaltsverzeichnis

III. Keine Parallelität von Bußgeld- und Strafverfahren: „Anderweitige Rechtshängigkeit"	453
IV. Reichweite von „ne bis in idem" im unionsrechtlichen Sinne	455

§ 28 Auslegung (unwirksamer) datenschutzrechtlicher Einwilligungen in wirksame rechtfertigende Einwilligungen *(Klaas)* ... 457

- A. Die doppelte Bedeutung der Einwilligung ... 457
- B. Geltung auch für Geldbußen gem. Art. 83 Abs. 5 lit. a) DS-GVO? ... 459
- C. Grundlegende Anforderungen an die rechtfertigende Einwilligung ... 459
- D. Mildere Anforderungen an eine rechtfertigende Einwilligung ... 460
  - I. Keine vorgeschriebene Form ... 460
  - II. Möglichkeit der konkludenten Einwilligung ... 461
    - 1. Praktische Relevanz ... 461
    - 2. Maßstab und praktische Anwendungsfelder ... 461
  - III. Welche Verstöße gegen datenschutzrechtliche Informationspflichten können über die rechtfertigende Einwilligung aufgefangen werden? ... 462
  - IV. „Gelockertes" Kopplungsverbot ... 463
  - V. Einwilligungen durch Minderjährige „in Bezug auf Dienste der Informationsgesellschaft" ... 465

§ 29 Einziehungsmaßnahmen infolge von Datenschutzverstößen *(Nadeborn/Lamsfuß)* ... 467

- A. Einleitung ... 468
- B. Das Verhältnis zwischen DS-GVO und den nationalen Einziehungsregimen ... 469
  - I. Komplementäre Anwendung von DS-GVO und OWiG: Einziehung von Taterträgen nach OWiG ... 470
  - II. Komplementäre Anwendung von DS-GVO und StGB: Einziehung von Taterträgen nach StGB ... 471
  - III. Gemeinsamkeiten und Unterschiede der Einziehung nach StGB und OWiG ... 472
- C. Einziehung bei Verstößen gegen die DS-GVO ... 473
  - I. Vermögensabschöpfung durch die Geldbuße ... 474
  - II. Einziehung des Wertes von Taterträgen nach § 29a OWiG ... 474
    - 1. Einziehung trotz nicht vorwerfbarer Handlung (§ 29a Abs. 1 OWiG) ... 475
    - 2. Einziehung bei tatunbeteiligten Dritten (§ 29a Abs. 2 OWiG) ... 476
    - 3. Adressaten der Einziehung ... 477
    - 4. Höhe des Einziehungsbetrages ... 478
    - 5. Einziehung bei Erlöschen von Verletztenansprüchen ... 480
    - 6. Verfahren, Rechtsbehelfe und Rechtsmittel ... 480
  - III. Keine Einziehung von Gegenständen bei Verstößen gegen die DS-GVO ... 482
- D. Voraussetzungen der Einziehung nach StGB ... 482
  - I. Einziehung von Taterträgen nach §§ 73 ff. StGB ... 482
    - 1. Rechtswidrige Tat ... 482
    - 2. Adressat ... 482
    - 3. Gegenstand der Einziehung ... 483
    - 4. Sonderfall: Einziehung von Daten ... 483
    - 5. Ausschluss der Einziehung des Tatertrages oder des Wertersatzes ... 484
  - II. Einziehung von Tatmitteln, Tatprodukten und Tatobjekten nach § 74 StGB ... 484
    - 1. Anknüpfungstat ... 485
    - 2. Adressat ... 485
    - 3. Gegenstand der Einziehung ... 485

4. Sonderfall: Einziehung von Hardware	486
III. Verfahren, Rechtsbehelfe und Rechtsmittel	487
1. Gerichtliche Einziehungsentscheidung	487
2. Vorläufige Sicherung der Einziehung	488

§ 30 Die Ermittlung von Datenschutzverstößen im digitalen Raum *(Brodowski)* 489
- A. „Beweistransfer" aus aufsichtsrechtlichen Maßnahmen? 490
  - I. Auskunftsbefugnisse der (Straf-)Verfolgungsbehörden 490
  - II. Übermittlungsbefugnisse der Datenschutzbehörden und deren Begrenzungen 491
    - 1. Übermittlung an Strafverfolgungsbehörden 491
    - 2. Zweckändernde Folgenutzung durch dieselbe Verwaltungsbehörde 491
    - 3. Zweckändernde Folgenutzung durch andere Verwaltungsbehörde 491
  - III. Umgehungsverbot 492
- B. Allgemeine Befugnisse zur Erhebung digitaler Spuren 492
  - I. Zugriff auf öffentlich zugängliche Informationsquellen; Auskunftsersuchen und -verlangen 492
  - II. Herausgabeverlangen (§ 95 StPO) 493
  - III. Durchsuchung, Durchsicht und Beschlagnahme 494
- C. Spezifische, „digitale" Auskunfts- bzw. Ermittlungsbefugnisse 494
  - I. Erhebung von Telekommunikations-Verkehrsdaten 495
    - 1. Derzeit keine Vorratsdatenspeicherung 495
    - 2. Anordnungsvoraussetzungen 495
    - 3. Straftatbegehung mittels Telekommunikation; Straftat von erheblicher Bedeutung 495
    - 4. Transnationale Verkehrsdatenerhebung 496
  - II. Erhebung von Nutzungsdaten bei Telemediendiensten 496
  - III. Erhebung von Bestandsdaten 497
  - IV. Verdeckte technische Überwachungsmaßnahmen 497

§ 31 Datenschutz-Compliance – Haftungsvermeidung in datenverarbeitenden Organisationen *Jungkind/Petzinka* 499
- A. Einleitung 500
- B. Haftungsvermeidung in Datenverarbeitungsvorgängen 500
  - I. Verarbeitung von Daten mit Rechtsgrundlage, Art. 6 DS-GVO 501
    - 1. Compliance-Risiken 501
    - 2. Gestaltung des CMS 503
  - II. Insbesondere: Weitergabe von Daten an Dritte, Art. 6 DS-GVO 505
    - 1. Compliance-Risiken 505
    - 2. Gestaltung des CMS 507
  - III. Verarbeitung besonderer Kategorien personenbezogener Daten, Art. 9 DS-GVO 508
    - 1. Compliance-Risiken 508
    - 2. Gestaltung des CMS 509
  - IV. Transparenz der Datenverarbeitung, Art. 5 Abs. 1 lit. a, Art. 12–15 DS-GVO 511
    - 1. Compliance-Risiken 511
    - 2. Gestaltung des CMS 513
  - V. Maßnahmen zum Schutz vor Angriffen oder Missbrauch, Art. 5 Abs. 1 lit. f und Art. 32 DS-GVO 515
    - 1. Compliance-Risiken 515
    - 2. Gestaltung des CMS 516
- C. Fazit 518

Inhaltsverzeichnis

§ 32 Melde-, Mitwirkungs- und Rechenschaftspflichten im Spiegel von nemo tenetur *(Brodowski)* 519
    A. Selbstbelastungsfreiheit im Straf- und Bußgeldverfahren 519
        I. Grundgesetzliche Gewährleistung 519
        II. Unionsrechtliche Gewährleistung 521
            1. Schutz natürlicher Personen 521
            2. Schutz juristischer Personen 522
    B. Konflikte zwischen Melde-, Benachrichtigungs-, Rechenschafts-, Mitwirkungs- und Vorlagepflichten und der Selbstbelastungsfreiheit 523
        I. Konflikte 523
        II. Sanktionen für Verstöße gegen Melde-, Benachrichtigungs-, Rechenschafts-, Mitwirkungs- und Vorlagepflichten im Lichte des Schweigerechts 523
    C. Verwendungsverbote (§§ 42 Abs. 4, 43 Abs. 4 BDSG) 525

7. Teil Datenschutzsanktionenrecht in den USA

§ 33 Überblick über das Datenschutzsanktionenrecht in den USA *(Klose/Momsen)* ... 527
    A. Grundzüge der Sanktionierungspraxis bei Datenschutzverstößen in den USA 528
        I. Gesetzlicher Rahmen 528
            1. Überblick über datenschutzrechtliche Vorgaben auf Bundesebene 528
            2. Abweichende Vorgaben der einzelnen Bundesstaaten 531
        II. Durchsetzung: Keine „zentrale Datenschutzaufsicht" 532
        III. Sanktionen 533
            1. Zivilrechtliche Sanktionen („civil penalties" oder „civil actions") 533
            2. Strafrechtliche Sanktionen 536
            3. Individuelle Ansprüche der Betroffenen 536
            4. Überblick über die Sanktionspraxis 537
    B. Verhältnis zur DS-GVO bei Betroffenheit „europäischer Daten" 537
        I. Hintergrund des CLOUD-Act 538
        II. Überblick über den wesentlichen Regelungsgehalt des CLOUD-Act 538
        III. Völkerrechtliche Grenzen einer extraterritorialen Zugriffsregelung 539
        IV. Verhältnis zu den Vorgaben der DS-GVO bei einer Datenübermittlung in die USA 539
            1. Anwendbarkeit der DS-GVO auf US-Unternehmen 540
            2. Voraussetzungen eines Datentransfers in die USA nach DS-GVO 540
            3. Ausblick auf die Sanktionspraxis im Anwendungsbereich von CLOUD-Act und DS-GVO 542

Sachverzeichnis 545

Bearbeiterverzeichnis

Dr. Eren Basar	Rechtsanwalt, Düsseldorf
Dr. Alexander Bechtel	Akademischer Mitarbeiter, Universität Tübingen
Dr. Isabelle Brams	Rechtsanwältin, Frankfurt
Prof. Dr. Dominik Brodowski, LL.M. (UPenn)	Professor für Strafrecht und Strafprozessrecht, Universität des Saarlandes, Saarbrücken
Prof. Dr. Kai Cornelius	Professor für Strafrecht und Internationales Strafrecht, Universität Hamburg
Prof. Dr. Jörg Eisele	Professor für Deutsches und Europäisches Straf- und Strafprozessrecht, Wirtschaftsstrafrecht und Computerstrafrecht, Eberhard Karls Universität Tübingen
Dr. Mayeul Hiéramente	Rechtsanwalt, Hamburg
Dr. Vera Jungkind	Rechtsanwältin, Düsseldorf
Dr. Arne Klaas	Rechtsanwalt, Berlin
Kathrin Klose	Rechtsreferendarin und Wissenschaftliche Mitarbeiterin, Berlin
Johannes Lamsfuß, LL.M.	Referent im Bundesministerium der Finanzen, Berlin
Prof. Dr. Carsten Momsen	Professor für vergleichendes Strafrecht, Strafverfahrensrecht, Wirtschafts- und Umweltstrafrecht, Freie Universität Berlin
Diana Nadeborn	Rechtsanwältin Berlin
Dr. Isabella Petzinka	Richterin, Düsseldorf
Markus Spitz	Rechtsanwalt, Mannheim
Barbara Thiel	Landesdatenschutzbeauftragte a.D., Hannover
Dr. Lenard Wengenroth	Rechtsanwalt, Berlin
Tim Wybitul	Rechtsanwalt, Frankfurt

Abkürzungsverzeichnis

aA	andere(r) Ansicht/Auffassung
Abs.	Absatz
AEUV	Vertrag über die Arbeitsweise der Europäischen Union
aF	alte Fassung
AktG	Aktiengesetz
Alt.	Alternative
Anm.	Anmerkung
AO	Abgabenordnung
Art.	Artikel
AsylG	Asylgesetz
AufenthG	Aufenthaltsgesetz
Aufl.	Auflage
ausf.	ausführlich
BaFin	Bundesanstalt für Finanzdienstleistungsaufsicht
BAnz.	Bundesanzeiger
BayDSG	Bayerisches Datenschutzgesetz
BayKRG	Bayerisches Krankenhausgesetz
BB	Betriebsberater (Zeitschrift)
BDSG	Bundesdatenschutzgesetz
BeckOK	Beck'scher Onlinekommentar
BeckRS	Beck-Rechtsprechung
BewG	Bewertungsgesetz
BfDI	Bundesbeauftragte für den Datenschutz und die Informationsfreiheit
BGB	Bürgerliches Gesetzbuch
BGH	Bundesgerichtshof
BKA	Bundeskriminalamt
BKAG	Bundeskriminalamtgesetz
BNDG	BND-Gesetz
BPolG	Bundespolizeigesetz
BR	Bundesrat
BRAO	Bundesrechtsanwaltsordnung
BR-Drs.	Bundesrats-Drucksache
BSIG	Gesetz über das Bundesamt für Sicherheit in der Informationstechnik
bspw.	beispielsweise
BT	Bundestag; Besonderer Teil
BT-Drs.	Bundestags-Drucksache
BVerfG	Bundesverfassungsgericht
BVerfSchG	Bundesverfassungsschutzgesetz
bzw.	beziehungsweise
CB	Compliance Berater (Zeitschrift)
CR	Computer und Recht (Zeitschrift)
Cyber-Crime-Convention	Gesetz zu dem Übereinkommen des Europarats vom 23. November 2001 über Computerkriminalität

Abkürzungsverzeichnis

DDoS	Distributed Denial of Service
ders.	derselbe
dh	das heißt
dies.	dieselbe
DSB	Datenschutzberater (Zeitschrift)
DSG-EKD	Kirchengesetz über den Datenschutz der Evangelischen Kirche in Deutschland
DS-GVO	Datenschutz-Grundverordnung
DSRITB	Deutsche Stiftung für Recht und Informatik -Tagungsband
DuD	Datenschutz und Datensicherheit (Zeitschrift)
EDSA	Europäischer Datenschutzausschuss
EG	Erwägungsgrund
EGStGB	Einführungsgesetz zum Strafgesetzbuch
EMRK	Europäische Menschenrechtskonvention
e-Privacy-RL	E-Privacy-RL 2002/58/EG
ErwG	Erwägungsgrund
etc	et cetera (und so weiter)
EuGH	Europäischer Gerichtshof
EuR	Europarecht (Zeitschrift)
EUV	Vertrag über die Europäische Union
EuZW	Europäische Zeitschrift für Wirtschaftsrecht (Zeitschrift)
f. /ff.	folgende/fortfolgende
FamRZ	Zeitschrift für das gesamte Familienrecht (Zeitschrift)
FuAG	Funkanlagengesetz
G 10	Artikel 10 Gesetz
GA	Goltdammer's Archiv für Strafrecht (Zeitschrift)
GeschGehG	Gesetz zum Schutz von Geschäftsgeheimnissen
GewO	Gewerbeordnung
GG	Grundgesetz
ggf.	gegebenenfalls
GmbHG	Gesetz betreffend die Gesellschaften mit beschränkter Haftung
GRCh	EU-Grundrechte-Charta
grds.	grundsätzlich
GRUR	Gewerblicher Rechtsschutz und Urheberrecht (Zeitschrift)
GVG	Gerichtsverfassungsgesetz
GWB	Gesetz gegen Wettbewerbsbeschränkungen
HGB	Handelsgesetzbuch
hM	herrschende Meinung
HRRS	Onlinezeitschrift für höchstrichterliche Rechtsprechung im Strafrecht (Zeitschrift)
Hs.	Halbsatz
iErg	im Ergebnis
IfSG	Infektionsschutzgesetz
insbes.	Insbesondere
iS	im Sinne
iSd	im Sinne des
iVm	in Verbindung mit
iwS	im weiteren Sinne
JA	Juristische Ausbildung (Zeitschrift)
jM	juris Monatszeitschrift (Zeitschrift)

Abkürzungsverzeichnis

jurisPR-Compl	juris PraxisReport Compliance & Investigations
jurisPR-ITR	juris PraxisReport IT-Recht
jurisPR-StrafR	juris PraxisReport Strafrecht
K&R	Kommunikation & Recht (Zeitschrift)
krit.	kritisch
KunstUrhG	Kunsturhebergesetz
LDSG	Landesdatenschutzgesetz
lit.	litera
LMuR	Lebensmittel und Recht (Zeitschrift)
LSZ	Landeszentralstelle Cybercrime
MADG	Gesetz über den Militärischen Abschirmdienst
mAnm	mit Anmerkung
max.	maximal
MBO-Ä 1997	Deutsche Ärztinnen und Ärzte-(Muster-)Berufsordnung
MiFID II	Richtlinie 2014/65/EU des Europäischen Parlaments und des Rates vom 15. Mai 2014 über Märkte für Finanzinstrumente sowie zur Änderung der Richtlinien 2002/92/EG und 2011/61/EU
MMR	MultiMedia und Recht (Zeitschrift)
mwN	mit weiteren Nachweisen
NDSG	Niedersächsisches Datenschutzgesetz]
NetzDG	Netzwerkdurchsetzungsgesetz
nF	neue Fassung
NJOZ	Neue Juristische Online-Zeitschrift (Zeitschrift)
NJW	Neue Juristische Wochenschrift
NPOG	Niedersächsisches Polizei- und Ordnungsbehördengesetz
Nr.	Nummer
NStZ	Neue Zeitschrift für Strafrecht (Zeitschrift)
NStZ-RR	Neue Zeitschrift für Strafrecht Rechtssprechungsreport (Zeitschrift)
NZA	Neue Zeitschrift für Arbeitsrecht (Zeitschrift)
NZA-RR	Neue Zeitschrift für Arbeitsrecht Rechtssprechungsreport (Zeitschrift)
NZFam	Neue Zeitschrift für Familienrecht (Zeitschrift)
NZG	Neue Zeitschrift für Gesellschaftsrecht (Zeitschrift)
NZWiSt	Neue Zeitschrift für Wirtschafts-, Steuer- und Unternehmensstrafrecht (Zeitschrift)
o. ä.	oder ähnliche/es
o.g.	oben genannt
OLG	Oberlandesgericht
OWiG	Ordnungswidrigkeitengesetz
PinG	Privacy in Germany – Datenschutz und Compliance (Zeitschrift)
PostG	Postgesetz
PStR	Praxis Steuerstrafrecht (Zeitschrift)
RDV	Recht der Datenverarbeitung (Zeitschrift)
RiStBV	Richtlinien für das Strafverfahren und das Bußgeldverfahren
RL	Richtlinie
Rn.	Randnummer
Rspr.	Rechtsprechung
S.	Seite(n), Satz
s.	siehe

Abkürzungsverzeichnis

SGB I	Sozialgesetzbuch I – Allgemeiner Teil
SGB X	Zehntes Buch Sozialgesetzbuch – Sozialverwaltungsverfahren und Sozialdatenschutz
StBerG	Steuerberatungsgesetz
StGB	Strafgesetzbuch
StPO	Strafprozessordnung
StRR	StrafRechtsReport (Zeitschrift)
StraFo	Strafverteidiger Forum
StV	Strafverteidiger (Zeitschrift)
SubsProt	Protokoll über die Anwendung der Grundsätze der Subsidiarität und der Verhältnismäßigkeit
TKG	Telekommunikationsgesetz
TKÜ	Telekommunikationsüberwachung
TMG	Telemediengesetz
TPG	Transplantationsgesetz
TTDSG	Telekommunikation-Telemedien-Datenschutz-Gesetz
u. a.	und andere, unter anderem
UrhG	Urhebergesetz
UWG	Gesetz gegen den unlauteren Wettbewerb
Var.	Variante
vgl.	vergleiche
VwGO	Verwaltungsgerichtsordnung
VwVfG	Verwaltungsverfahrensgesetz
WiKG	Gesetz zur Bekämpfung der Wirtschaftskriminalität
WiStG	Wirtschaftsstrafgesetz 1954
wistra	Zeitschrift für Wirtschafts- und Steuerstrafrecht (Zeitschrift)
WpHG	Wertpapierhandelsgesetz
WStG	Wehrstrafgesetz
WuM	Wirtschaftsinformatik & Management (Zeitschrift)
ZAC NRW	Zentral- und Ansprechstelle Cybercrime Nordrhein-Westfalen
zB	zum Beispiel
ZCB	Zentralstelle Cybercrime Bayern
ZCS	Zentralstelle Cybercrime Sachsen
ZD	Zeitschrift für Datenschutz (Zeitschrift)
ZdiW	Zeitschrift für das Recht der digitalen Wirtschaft (Zeitschrift)
ZFdG	Zeitschrift für digitale Geisteswissenschaften (Zeitschrift)
ZFdG	Zollfahndungsdienstgesetz
ZIK	Zentralstelle für die Bekämpfung von Informations- und Kommunikationskriminalität
ZIS	Zeitschrift für Internationale Strafrechtsdogmatik (Zeitschrift)
ZIT	Zentralstelle zur Bekämpfung der Internet- und Computerkriminalität
ZollVG	Zollverwaltungsgesetz
ZPO	Zivilprozessordnung
zT	zum Teil
ZUM	Zeitschrift für Urheber- und Medienrecht (Zeitschrift)

Verzeichnis der abgekürzt zitierten Literatur

Achenbach/Ransiek/Rönnau Wirtschafts StrafR-HdB	Achenbach/Ransiek/Rönnau, Handbuch Wirtschaftsstrafrecht, 5. Aufl. 2019
Ambos IntStrafR	Ambos, Internationales Strafrecht, 5. Aufl. 2018
Auer-Reinsdorff/Conrad IT- und DatenschutzR-HdB	Auer-Reinsdorff/Conrad, Handbuch IT- und Datenschutzrecht, 3. Aufl. 2019
Auernhammer	Auernhammer, DSGVO/BDSG – Datenschutz-Grundverordnung/Bundesdatenschutzgesetz und Nebengesetze, 7. Aufl. 2020
Baumann/Weber/Mitsch/Eisele StrafR AT	Baumann/Weber/Mitsch/Eisele, Strafrecht Allgemeiner Teil, 13. Aufl. 2021
Bechtold/Bosch	Bechtold/Bosch, GWB, 10. Aufl. 2021
Beck RundfunkR	Binder/Vesting, Beck'scher Kommentar zum Rundfunkrecht, 4. Aufl. 2018
Beck TKG	Geppert/Schütz, Beck'scher TKG-Kommentar, 4. Aufl. 2013
BeckOK DatenschutzR	Wolff/Brink/v. Ungern-Sternberg, BeckOK Datenschutzrecht
BeckOK GeschGehG	Fuhlrott/Hiéramente, BeckOK GeschGehG
BeckOK GewO	Pielow, BeckOK GewO
BeckOK GG	Epping/Hillgruber, BeckOK Grundgesetz
BeckOK InfoMedienR	Gersdorf/Paal, BeckOK Informations- und Medienrecht
BeckOK IT-Recht	Borges/Hilber, BeckOK IT-Recht, 10. Aufl. 2023
BeckOK KartellR	Bacher/Hempel/Wagner-von Papp, BeckOK Kartellrecht
BeckOK OWiG	Graf, BeckOK OWiG
BeckOK StGB	von Heintschel-Heinegg, BeckOK StGB
BeckOK StPO	Graf, BeckOK StPO mit RiStBV und MiStra
BeckOK UWG	Fritzsche/Münker/Stollwerck, BeckOK UWG
BeckOK VwGO	Posser/Wolff/Decker, BeckOK VwGO
Bittmann/Köhler/Seeger/Tschakert Strafrechtl. Vermögensabschöpfung-HdB	Bittmann/Köhler/Seeger/Tschakert, Handbuch der strafrechtlichen Vermögensabschöpfung, 1. Aufl. 2018
Böse IntStrafR	Böse, Internationales und Europäisches Strafrecht, 1. Aufl. 2018
Brammsen/Apel	Brammsen/Apel, GeschGehG, 1. Aufl. 2022
Burhoff/Kotz StrafR-Rechtsmittel-HdB	Burhoff/Kotz, Handbuch für die strafrechtlichen Rechtsmittel und Rechtsbehelfe, 2. Aufl. 2016
Bürkle Compliance	Bürkle, Compliance in Versicherungsunternehmen, 3. Aufl. 2020

Verzeichnis der abgekürzt zitierten Literatur

Calliess/Ruffert	Calliess/Ruffert, EUV/AEUV, 6. Aufl. 2022
Chibanguza/Kuß/Steege KI-HdB	Chibanguza/Kuß/Steege, Künstliche Intelligenz, 1. Aufl. 2022
Däubler/Wedde/Weichert/Sommer	Däubler/Wedde/Weichert/Sommer, EU-DSGVO und BDSG, 2. Aufl. 2020
Dürig/Herzog/Scholz	Dürig/Herzog/Scholz, Grundgesetz-Kommentar, 99. Aufl. 2022
Ehmann/Selmayr	Ehmann/Selmayr, Datenschutz-Grundverordnung, 2. Aufl. 2018
Eisele Computerrecht	Eisele, Computer- und Medienstrafrecht, 1. Aufl. 2013
Eisele StrafR BT I	Eisele, Strafrecht – Besonderer Teil I, 6. Aufl. 2021
Eisele StrafR BT II	Eisele, Strafrecht – Besonderer Teil II, 6. Aufl. 2021
Emmerich/Habersack	Emmerich/Habersack, Aktien- und GmbH-Konzernrecht, 10. Aufl. 2022
Esser EurStrafR	Esser, Europäisches und Internationales Strafrecht, 2. Aufl. 2017
ERST	Esser/Rübenstahl/Saliger/Tsambikakis, Wirtschaftsstrafrecht – Kommentar mit Steuerstrafrecht und Verfahrensrecht, 1. Aufl. 2017
Esser/Tsambikakis PandemieStrafR	Esser/Tsambikakis, Pandemiestrafrecht, 1. Aufl. 2020
Fischer	Fischer, Strafgesetzbuch: StGB, 70. Aufl. 2023
FK-KartellR	Jaeger/Kokott/Pohlmann/Schroeder/Kulka, Frankfurter Kommentar zum Kartellrecht, 101. Aufl. 2022
Forgó/Helfrich/Schneider Betr. Datenschutz-HdB	Forgó/Helfrich/Schneider, Betrieblicher Datenschutz, 3. Aufl. 2019
Freund/Schmidt/Heep/Roschek	Freund/Schmidt/Heep/Roschek, DSGVO, 1. Aufl. 2023
Gercke/Brunst InternetStrafR-HdB	Gercke/Brunst, Praxishandbuch Internetstrafrecht, 1. Aufl. 2010
Gierschmann/Schlender/Stentzel/Veil	Gierschmann/Schlender/Stentzel/Veil, Kommentar Datenschutz-Grundverordnung, 1. Aufl. 2017
Göhler	Göhler, Gesetz über Ordnungswidrigkeiten: OWiG, 18. Aufl. 2021
Gola/Heckmann DS-GVO/BDSG	Gola/Heckmann, DS-GVO – BDSG, 3. Aufl. 2022
Gössel StrafR BT I	Gössel/Dölling, Strafrecht Besonderer Teil, Band 1: Straftaten gegen Persönlichkeits- und Gemeinschaftswerte, 2. Aufl. 2004
Grabitz/Hilf/Nettesheim	Grabitz/Hilf/Nettesheim, Das Recht der Europäischen Union, 78. Aufl. 2023
Graf/Jäger/Wittig	Graf/Jäger/Wittig, Wirtschafts- und Steuerstrafrecht, 2. Aufl. 2017
Harte-Bavendamm/Ohly/Kalbfus	Harte-Bavendamm/Ohly/Kalbfus, GeschGehG, 1. Aufl. 2020

Verzeichnis der abgekürzt zitierten Literatur

HdB-EuStrafR	Sieber/Satzger/von Heintschel-Heinegg, Europäisches Strafrecht, 2. Aufl. 2014
Hecker EurStrafR	Hecker, Europäisches Strafrecht, 5. Aufl. 2015
Hilber Cloud Computing-HdB	Hilber, Handbuch Cloud Computing, 1. Aufl. 2014
Hilgendorf/Kudlich/Valerius StrafR-HdB IV	Hilgendorf/Kudlich/Valerius, Handbuch des Strafrechts, Band 4: Strafrecht Besonderer Teil I, 1. Aufl. 2019
Hilgendorf/Kudlich/Valerius StrafR-HdB V	Hilgendorf/Kudlich/Valerius, Handbuch des Strafrechts, Band 5: Strafrecht Besonderer Teil II, 1. Aufl. 2020
Hilgendorf/Valerius Computer- und InternetStrafR	Hilgendorf/Valerius, Computer- und Internetstrafrecht, 2. Aufl. 2012
HK-AKM	Rieger/Dahm/Katzenmeier/Stellpflug/Ziegler, Heidelberger Kommentar Arztrecht Krankenhausrecht Medizinrecht – HK-AKM, 88. Aufl. 2021
HK-BDSG	Sydow, Bundesdatenschutzgesetz, 1. Aufl. 2019
HK-DS-GVO/BDSG	Sydow/Marsch, DS-GVO – BDSG, 3. Aufl. 2022
HK-GS	Dölling/Duttge/König/Rössner, Gesamtes Strafrecht, 5. Aufl. 2022
HK-OWiG	Gassner/Seith, Ordnungswidrigkeitengesetz, 2. Aufl. 2020
HK-SozDatenschutzR	Krahmer, Sozialdatenschutzrecht, 4. Aufl. 2020
HK-TTDSG	Assion, TTDSG, 1. Aufl. 2022
Hoeren/Münker	Hoeren/Münker, GeschGehG, 1. Aufl. 2021
Hoppe/Oldekop Geschäftsgeheimnisse	Hoppe/Oldekop, Geschäftsgeheimnisse, 1. Aufl. 2021
Hornung/Schallbruch IT-SicherheitsR	Hornung/Schallbruch, IT-Sicherheitsrecht, 1. Aufl. 2021
Immenga/Mestmäcker WettbR	Immenga/Mestmäcker, Wettbewerbsrecht, Band 1/2, 1/3, 2, 6. Aufl. 2019
Jähnke/Schramm EurStrafR	Jähnke/Schramm, Europäisches Strafrecht, 1. Aufl. 2017
Jandt/Steidle Datenschutz-HdB	Jandt/Steidle, Datenschutz im Internet, 1. Aufl. 2018
Jarass GRCh	Jarass, Charta der Grundrechte der Europäischen Union: GRCh, 4. Aufl. 2021
Jarass/Pieroth	Jarass/Pieroth, Grundgesetz für die Bundesrepublik Deutschland, 17. Aufl. 2022
jurisPK Internetrecht	Heckmann/Paschke, Juris Praxiskommentar Internetrecht, 7. Aufl. 2021
Keller/Schönknecht/Glinke	Keller/Schönknecht/Glinke, Geschäftsgeheimnisschutzgesetz, 1. Aufl. 2021
Kingreen/Kühling Gesundheitsdatenschutz	Kingreen/Kühling, Gesundheitsdatenschutz, 1. Aufl. 2015
KK-OWiG	Mitsch, Karlsruher Kommentar zum Gesetz über Ordnungswidrigkeiten: OWiG, 5. Aufl. 2018
KK-StPO	Barthe/Gericke, Karlsruher Kommentar zur Strafprozessordnung, 9. Aufl. 2023

Verzeichnis der abgekürzt zitierten Literatur

Klein	Klein, AO, 16. Aufl. 2022
Kloepfer InfoR	Kloepfer, Informationsrecht, 1. Aufl. 2001
Knierim/Rübenstahl/ Tsambikakis Investigation	Knierim/Rübenstahl/Tsambikakis, Internal Investigations, 2. Aufl. 2016
Koch	Koch, Aktiengesetz, 17. Aufl. 2023
Kochheim Cybercrime	Kochheim, Cybercrime und Strafrecht in der Informations- und Kommunikationstechnik, 2. Aufl. 2018
Köhler/Bornkamm/ Feddersen	Köhler/Bornkamm/Feddersen, UWG, 41. Aufl. 2023
Kraatz ArztStrafR	Kraatz, Arztsstrafrecht, 2. Aufl. 2018
Kramer IT-ArbR	Kramer, IT-Arbeitsrecht, 2. Aufl. 2019
Krekeler/Löffelmann/ Sommer	Krekeler/Löffelmann/Sommer, Anwaltkommentar StPO, 2. Aufl. 2010
Krenberger/Krumm	Krenberger/Krumm, OWiG, 7. Aufl. 2022
Kühling/Buchner	Kühling/Buchner, DS-GVO BDSG, 3. Aufl. 2020
Lackner/Kühl/Heger	Lackner/Kühl/Heger, StGB, 30. Aufl. 2023
Laufs/Katzenmeier/Lipp ArztR	Laufs/Katzenmeier/Lipp, Arztrecht, 8. Aufl. 2021
Leipold/Tsambikakis/ Zöller	Leipold/Tsambikakis/Zöller, AnwaltKommentar StGB, 3. Aufl. 2020
Leupold/Wiebe/Glossner IT-R	Leupold/Wiebe/Glossner, IT-Recht, 4. Aufl. 2021
LK-StGB	Cirener/Radtke/Rissing-van Saan/Rönnau/Schluckebier, Leipziger Kommentar Strafgesetzbuch: StGB, Band 1, 3, 4, 6, 13. Aufl. 2019
LMRKM	Loewenheim/Meessen/Riesenkampff/Kersting/Meyer-Lindemann, Kartellrecht, 4. Aufl. 2020
Löwe/Rosenberg	Löwe/Rosenberg, Die Strafprozessordnung und das Gerichts-verfassungsgesetz: StPO, Band 1, 2, 3/1, 3/2, 4/1, 4/2, 5/1, 5/2, 6, 7, 8, 9, 10, 11, 12, 27. Aufl. 2017
LPK-StGB	Kindhäuser/Hilgendorf, Strafgesetzbuch, 9. Aufl. 2022
MAH ArbR	Moll, Münchener Anwaltshandbuch Arbeitsrecht, 5. Aufl. 2021
MAH GewRS	Hasselblatt, Münchener Anwaltshandbuch Gewerblicher Rechtsschutz, 6. Aufl. 2022
MAH Strafverteidigung ...	Knauer/Müller/Schlothauer, Münchener Anwaltshandbuch Strafverteidigung, 3. Aufl. 2022
MAH Wirtschafts StrafR	Volk/Beukelmann, MAH Verteidigung in Wirtschafts- und Steuerstrafsachen, 3. Aufl. 2020
Malek/Popp Strafsachen	Malek/Popp, Strafsachen im Internet, 2. Aufl. 2015
Marberth-Kubicki ComputerStrafR	Marberth-Kubicki, Computer- und Internetstrafrecht, 2. Aufl. 2010
Matt/Renzikowski	Matt/Renzikowski, Strafgesetzbuch: StGB, 2. Aufl. 2020
Meißner/Schütrumpf Vermögensabschöpfung ...	Meißner/Schütrumpf, Vermögensabschöpfung, 2. Aufl. 2021

Verzeichnis der abgekürzt zitierten Literatur

Merten/Papier Grundrechte-HdB	Merten/Papier, Handbuch der Grundrechte in Deutschland und Europa, Band 7/1, 2. Aufl. 2014
Meyer-Goßner/Schmitt	Meyer-Goßner/Schmitt, StPO, 66. Aufl. 2023
Momsen/Grützner WirtschaftsSteuerStrafR-HdB	Momsen/Grützner, Wirtschafts- und Steuerstrafrecht, 2. Aufl. 2020
Moos Datenschutz	Moos, Datenschutz und Datennutzung, 3. Aufl. 2021
MüKoAktG	Goette/Habersack/Kalss, Münchener Kommentar zum Aktiengesetz, Band 1, 2, 3, 4, 5, 6, 7, 5. Aufl. 2019
MüKoAktG	Goette/Habersack/Kalss, Münchener Kommentar zum Aktiengesetz, Band 2, 6. Aufl. 2023
MüKoStGB	Erb/Schäfer, Münchener Kommentar zum Strafgesetzbuch, Band 1, 2, 3, 4, 5, 6, 7, 9, 4. Aufl. 2020
MüKoStPO	Knauer/Kudlich/Schneider, Münchener Kommentar zur StPO, Band 1, 2. Aufl. 2023
MüKoUWG	Heermann/Schlingloff, Münchener Kommentar zum Lauterkeitsrecht, Band Sonderband, 1, 2, 3. Aufl. 2019
MüKoWettbR	Bien/Meier-Beck/Montag/Säcker, Münchener Kommentar zum Wettbewerbsrecht, Band 2, 3, 4, 5, 4. Aufl. 2021
NK-ASStrafR	Parigger/Helm/Stevens-Bartol, Arbeits- und Sozialstrafrecht, 1. Aufl. 2021
NK-BGB	Heidel/Hüßtege/Mansel/Noack, Bürgerliches Gesetzbuch: Allgemeiner Teil – EGBGB Band 1, 4. Aufl. 2021
NK-EuGRCh	Meyer/Hölscheidt, Charta der Grundrechte der Europäischen Union, 5. Aufl. 2019
NK-GVR	Haus/Krumm/Quarch, Gesamtes Verkehrsrecht, 3. Aufl. 2021
NK-ProdR	Ehring/Taeger, Produkthaftungs- und Produktsicherheitsrecht, 1. Aufl. 2022
NK-StGB	Kindhäuser/Neumann/Paeffgen/Saliger, Strafgesetzbuch, 6. Aufl. 2023
NK-VwGO	Sodan/Ziekow, Verwaltungsgerichtsordnung, 5. Aufl. 2018
NK-WSS	Leitner/Rosenau, Wirtschafts- und Steuerstrafrecht, 2. Aufl. 2022
Ohly/Sosnitza	Ohly/Sosnitza, Gesetz gegen den unlauteren Wettbewerb, 8. Aufl. 2023
Paal/Pauly	Paal/Pauly, DS-GVO BDSG, 3. Aufl. 2021
Petri ArbStrafR	Brüssow/Petri, Arbeitsstrafrecht, 3. Aufl. 2021
Plath	Plath, DSGVO/BDSG, 3. Aufl. 2018
Quaas/Zuck/Clemens MedR	Quaas/Zuck/Clemens, Medizinrecht, 4. Aufl. 2018
Reinfeld Neues GeschGehG	Reinfeld, Das neue Gesetz zum Schutz von Geschäftsgeheimnissen, 1. Aufl. 2019
Rengier StrafR BT I	Rengier, Strafrecht Besonderer Teil I, 25. Aufl. 2023
Rengier StrafR BT II	Rengier, Strafrecht Besonderer Teil II, 24. Aufl. 2023
Roßnagel Neues DatenschutzR	Roßnagel, Das neue Datenschutzrecht, 1. Aufl. 2017
Rotsch Criminal Compliance	Rotsch, Criminal Compliance, 1. Aufl. 2015

Verzeichnis der abgekürzt zitierten Literatur

Roxin/Greco StrafR AT I	Roxin/Greco, Strafrecht Allgemeiner Teil, Band 1: Grundlagen: Der Aufbau der Verbrechenslehre, 5. Aufl. 2020
Roxin/Schroth MedizinStrafR-HdB	Roxin/Schroth, Handbuch des Medizinstrafrechts, 4. Aufl. 2010
Säcker/Körber TKG	Säcker/Körber, TKG – TTDSG, 4. Aufl. 2023
Satzger IntStrafR	Satzger, Internationales und Europäisches Strafrecht – Strafanwendungsrecht: Europäisches Straf- und Strafverfahrensrecht, Völkerstrafrecht, 9. Aufl. 2020
Satzger/Schluckebier/Widmaier StGB	Satzger/Schluckebier/Widmaier, StGB, 5. Aufl. 2020
Satzger/Schluckebier/Widmaier StPO	Satzger/Schluckebier/Widmaier, StPO, 4. Aufl. 2020
Schaffland/Wiltfang	Schaffland/Wiltfang, Datenschutz-Grundverordnung (DS-GVO)/ Bundesdatenschutzgesetz (BDSG), 1. Aufl. 2017
Schantz/Wolff Neues DatenschutzR	Schantz/Wolff, Das neue Datenschutzrecht, 1. Aufl. 2017
Scheurle/Mayen	Scheurle/Mayen, Telekommunikationsgesetz: TKG, 3. Aufl. 2018
Schmidt Vermögensabschöpfung-HdB	Schmidt, Vermögensabschöpfung – Handbuch für das Straf- und Ordnungswidrigkeitenverfahren, 2. Aufl. 2018
Schönke/Schröder	Schönke/Schröder, Strafgesetzbuch, 30. Aufl. 2019
Schröder DatenschutzR	Schröder, Datenschutzrecht für die Praxis, 4. Aufl. 2021
Schuster/Grützmacher	Schuster/Grützmacher, IT-Recht, 1. Aufl. 2020
Schwartmann/Jaspers/Eckhardt	Schwartmann/Jaspers/Eckhardt, TTDSG, 1. Aufl. 2022
Schwartmann/Jaspers/Thüsing/Kugelmann	Schwartmann/Jaspers/Thüsing/Kugelmann, Heidelberger Kommentar DS-GVO/BDSG, 2. Aufl. 2020
Simitis	Simitis, Bundesdatenschutzgesetz, 8. Aufl. 2014
Simitis/Hornung/Spiecker gen. Döhmann	Simitis/Hornung/Spiecker gen. Döhmann, Datenschutzrecht, 1. Aufl. 2019
SK-StGB	Rudolphi/Horn/Samson/Deiters/Wolter, Systematischer Kommentar zum Strafgesetzbuch, Band 1, 2, 3, 4, 5, 6, 9. Aufl. 2017
Specht/Mantz DatenschutzR-HdB	Specht/Mantz, Handbuch Europäisches und deutsches Datenschutzrecht, 1. Aufl. 2019
Spickhoff	Spickhoff, Medizinrecht, 4. Aufl. 2022
Spindler/Schuster	Spindler/Schuster, Recht der elektronischen Medien, 4. Aufl. 2019
Stelkens/Bonk/Sachs	Stelkens/Bonk/Sachs, Verwaltungsverfahrensgesetz, 10. Aufl. 2022
Streinz	Streinz, EUV/AEUV, 3. Aufl. 2018
Taeger/Gabel	Taeger/Gabel, DSGVO – BDSG – TTDSG, 4. Aufl. 2022
Taeger/Pohle ComputerR-HdB	Taeger/Pohle, Computerrechts-Handbuch, 37. Aufl. 2022

Verzeichnis der abgekürzt zitierten Literatur

Thüsing Beschäftigtendatenschutz	Thüsing, Beschäftigtendatenschutz und Compliance, 3. Aufl. 2021
Tiedemann WirtschaftsStrafR	Tiedemann, Wirtschaftsstrafrecht, 5. Aufl. 2017
von der Groeben/ Schwarze/Hatje	von der Groeben/Schwarze/Hatje, Europäisches Unionsrecht, 7. Aufl. 2015
Wabnitz/Janovsky/Schmitt WirtschaftsStrafR-HdB ...	Wabnitz/Janovsky/Schmitt, Handbuch Wirtschafts- und Steuerstrafrecht, 5. Aufl. 2020
Wessels/Beulke/Satzger StrafR AT	Wessels/Beulke/Satzger, Strafrecht Allgemeiner Teil, 52. Aufl. 2022
Wessels/Hettinger/ Engländer StrafR BT I	Wessels/Hettinger/Engländer, Strafrecht Besonderer Teil 1, 45. Aufl. 2021

1. Teil Das Datenschutzsanktionenrecht

§ 1 Einleitung

Übersicht

	Rn.
A. Entwicklung der Bußgeldpraxis in der Union und in Deutschland	7
B. Entwicklung der strafrechtlichen Verfolgung von Datenschutzverstößen in Deutschland	10
C. Datenschutzsanktionenrecht: Konflikt zwischen Unionsrecht und nationalem Recht	16
D. Wissenschaftliche Lösungen und praktisch verwendbare Antworten	19
E. Perspektivenwechsel: Behörden- und Verteidigungssicht im „Spiegel-Check"	26

Das Datenschutzrecht ist seit dem 25.5.2018 in der Mitte des Wirtschaftslebens angekommen. An diesem Tag wurde die DS-GVO im gesamten Europäischen Wirtschaftsraum anwendbares Recht. In Deutschland trat das neu gefasste BDSG in Kraft. In diesen gut fünf Jahren hat sich das materielle Datenschutzrecht zu einem tragenden wirtschaftlichen Faktor entwickelt. Nahezu jeder Wirtschaftszweig ist auf den Umgang mit personenbezogenen Daten angewiesen. Das gilt nicht nur für die Internetökonomie und das Geschäftsmodell „Zahlen mit Daten" bzw. das Anbieten personalisierter Werbung. Kein Unternehmen – auch aus konservativeren Geschäftsfeldern – kann auf die Verarbeitung von Kunden- sowie Beschäftigtendaten verzichten. 1

Gleichzeitig ist und bleibt die Regelungsmaterie komplex. Wann besteht ein „berechtigtes Interesse" des Verantwortlichen, personenbezogene Daten zu verarbeiten? Und wann genau überwiegt dieses Interesse die schutzwürdigen Interessen des Betroffenen? Wann ist eine Einwilligung tatsächlich freiwillig erteilt worden – und wie kann der Verantwortliche die gesetzlich geforderte Freiwilligkeit belastbar nachweisen? 2

Die Vielzahl der täglich durchgeführten Datenverarbeitungen auf der einen Seite und die Komplexität der rechtlichen Anforderungen auf der einen Seite führen – unweigerlich – dazu, dass gegen die materiellen Vorschriften des Datenschutzrechts verstoßen wird. 3

Gesetzliche Vorgaben entfalten jedoch nur dann ihre gewünschte Lenkungswirkung, wenn diese auch durchgesetzt werden. Genau an diesem Punkt setzt das vorliegende Handbuch an. Das Werk richtet den Blick auf die vom Verordnungsgeber vorgesehenen Konsequenzen materiell-rechtlicher Datenschutzverstöße. Diese lassen sich grundsätzlich in drei Säulen aufteilen: 4
- Anspruch auf Schadensersatz (Art. 82 DS-GVO)
- Geldbußen (Art. 83 DS-GVO)
- Straftatbestände der nationalen Mitgliedsstaaten (vgl. Art. 84 DS-GVO)

Das Handbuch konzentriert sich dabei auf die **hoheitlichen Sanktionen** für datenschutzrechtliche Verstöße, dh Geldbußen sowie Kriminalstrafen („public enforcement"). Private Schadensersatzklagen („private enforcement") bilden eine eigene Kategorie und sind nicht Gegenstand des Handbuchs. 5

Sowohl Art. 83 Abs. 1 DS-GVO als auch Art. 84 DS-GVO geben mit Blick auf die gewünschte Lenkungsfunktion vor, dass beide Sanktionen „wirksam, verhältnismäßig und abschreckend" sein müssen. 6

A. Entwicklung der Bußgeldpraxis in der Union und in Deutschland

7 Die einzelnen Mitgliedsstaaten haben das Instrument der Geldbußen angenommen. Seit dem 25.5.2018 wurden gegen Unternehmen bereits hohe Geldbußen wegen Datenschutzverstößen verhängt:
- **1,2 Mrd. Euro:** Irische Datenschutzbehörde (Bescheid vom 12.5.2023 – nicht rechtskräftig)[1]
- **746 Mio. Euro:** Luxemburgische Datenschutzaufsichtsbehörde (Bescheid vom 15.7.2021 – nicht rechtskräftig)[2]
- **405 Mio. Euro:** Irische Datenschutzbehörde wegen der Verarbeitung personenbezogener Daten von Kindern (Bescheid vom 2.9.2022 – nicht rechtskräftig)[3]
- **390 Mio. Euro:** Irische Datenschutzbehörde wegen Einwilligungen (Bescheid vom 4.1.2023 – nicht rechtskräftig)[4]
- **265 Mio. Euro:** Irische Datenschutzbehörde wegen Art. 25 DS-GVO (Bescheid vom 25.11.2022 – nicht rechtskräftig)[5]
- **225 Mio. Euro:** Irische Datenschutzaufsichtsbehörde wegen des Umgangs mit Transparenz-/Informationspflichten (Bescheid vom 20.8.2021 – nicht rechtskräftig)[6]
- **90 Mio. Euro:** Französische Datenschutzbehörde wegen „Cookie"-Einwilligungsbedingungen (Bescheid vom 31.12.2021 – nicht rechtskräftig)[7]

8 Auch die deutschen Datenschutzaufsichtsbehörden nehmen ihren Auftrag, wirksame und abschreckende Geldbußen zu verhängen, ernst. Seit dem Wirksamwerden der DS-GVO haben deutsche Datenschutzaufsichtsbehörden einige aufsehenerregende Bußgeldverfahren geführt und mit einem Bußgeldbescheid beendet:
- **Etwa 35,2 Mio. Euro:** Der Hamburgische Beauftragte für Datenschutz und Informationsfreiheit wegen Beschäftigtendatenschutz (Pressemitteilung vom 1.10.2020 – rechtskräftig)[8]
- **Etwa 14,5 Mio. Euro:** Die Berliner Beauftragte für den Datenschutz und die Informationsfreiheit wegen Löschpflichten und Datenschutz durch Technikgestaltung (Bescheid vom 30.10.2019 – nicht rechtskräftig, derzeit beim EuGH anhängig)[9]

---

[1] DPC Bußgeldbescheid v. 12.5.2022, abrufbar unter https://edpb.europa.eu/system/files/2023-05/final_for_issue_ov_transfers_decision_12-05-23.pdf, abgerufen am 4.7.2023; zugrundeliegende EDPD Binding Decision 1/2023 v. 13.4.2023, abrufbar unter https://edpb.europa.eu/our-work-tools/consistency-findings/register-decisions/2023/decision-data-protection-commission_en, abgerufen am 4.7.2023.
[2] CNPD Pressemitteilung v. 6.8.2021, abrufbar unter https://cnpd.public.lu/fr/actualites/international/2021/08/decision-amazon-2.html, abgerufen am 13.10.2022.
[3] DPC Pressemitteilung v. 15.9.2023, abrufbar unter https://dataprotection.ie/en/news-media/press-releases/data-protection-commission-announces-decision-instagram-inquiry, abgerufen am 4.7.2023; EDPD Binding Decision 2/2022 v. 28.7.2022, abrufbar unter https://edpb.europa.eu/our-work-tools/our-documents/binding-decision-board-art-65/binding-decision-22022- dispute-arisen_en, abgerufen am 4.7.2023.
[4] DPC Bußgeldbescheid v. 31.12.2022, abrufbar unter https://www.dataprotection.ie/sites/default/files/uploads/2023-04/Meta%20FINAL%20DECISION%20%28ADOPTED%29%2031-12-22%20-%20IN-18-5-5%20%28Redacted%29.pdf, abgerufen am 4.7.2023; DPC Bußgeldbescheid, abrufbar unter https://www.dataprotection.ie/sites/default/files/uploads/2023-04/Meta%20FINAL%20Decision%20%28ADOPTED%29%20-%20IN-18-5-7%20-%2031-12-22%20%28Redacted%29.pdf, abgerufen am 4.7.2023.
[5] ICO Pressemeldung v. 28.11.2022, abrufbar unter https://dataprotection.ie/en/news-media/press-releases/data-protection-commission-announces-decision-in-facebook-data-scraping-inquiry, abgerufen am 4.7.2023.
[6] DPC Bußgeldbescheid v. 20.8.2021, abrufbar unter https://edpb.europa.eu/system/files/2021-09/dpc_final_decision_redacted_for_issue_to_edpb_01-09-21_en.pdf, abgerufen am 13.10.2022.
[7] CNIL Bußgeldbescheid v. 31.12.2021, abrufbar unter https://www.legifrance.gouv.fr/cnil/id/CNILTEXT000044840062, abgerufen am 13.10.2022.
[8] HmbBfDI Pressemitteilung v. 1.10.2020, abrufbar unter https://datenschutz-hamburg.de/pressemitteilungen/2020/10/2020-10-01-h-m-verfahren, abgerufen am 13.10.2022.
[9] LfDI Berlin Pressemitteilung v. 5.11.2019, abrufbar unter https://www.datenschutz-berlin.de/fileadmin/user_upload/pdf/pressemitteilungen/2019/20191105-PM-Bussgeld_DW.pdf, abgerufen am 13.10.2022; EuGH Rs. C-807/21.

- **10,4 Mio. Euro:** Die Landesbeauftragte für den Datenschutz Niedersachsen wegen Beschäftigtendatenschutz/Videoüberwachung (Pressemitteilung vom 8.1.2021 – nicht rechtskräftig)[10]
- **1,9 Mio. Euro:** Die Landesbeauftragte für Datenschutz und Informationsfreiheit der Freien Hansestadt Bremen wegen Verarbeitung von Mieter- und Mietinteressentendaten (Bescheid vom 3.3.2022 – nicht rechtskräftig)[11]

Hinzu tritt eine weitere Entwicklung: Bei grenzüberschreitenden Datenverarbeitungen liegt die Zuständigkeit zur Bebußung des Verantwortlichen grundsätzlich[12] bei der Aufsichtsbehörde am Sitz seiner Hauptniederlassung (Art. 56 Abs. 1 DS-GVO). Teils werden die von diesen federführenden Aufsichtsbehörden verhängten Geldbußen von anderen nationalen Aufsichtsbehörden als zu niedrig empfunden. Der Europäische Datenschutzausschuss hat nun infolge von entsprechenden Einsprüchen bereits mehrmals ein Machtwort gesprochen und die federführenden Aufsichtsbehörden durch einen verbindlichen Beschluss nach Art. 65 Abs. 1 lit. a) DS-GVO dazu angehalten, die Geldbuße zu erhöhen. Hierbei handelt es sich u. a. um die soeben dargestellten Geldbußen in Höhe von 1,2 Mrd. Euro und 225 Mio. Euro.[13]

B. Entwicklung der strafrechtlichen Verfolgung von Datenschutzverstößen in Deutschland

Parallel zu den Datenschutzaufsichtsbehörden sind auch deutsche Staatsanwaltschaften aktiver geworden. Die strafrechtliche Verfolgung von Datenschutzverstößen hat seit 2018 erheblich an Relevanz gewonnen.

§ 42 BDSG („Strafbare Datenschutzverstöße") bildet das strafrechtliche „Pendant" zu Art. 83 DS-GVO und verzeichnet ausweislich der Polizeilichen Kriminalstatistik („PKS") seit der Reform im Mai 2018 stark steigende Fallzahlen bei einer Aufklärungsquote zwischen 59,6 % (2020) und 70,3 % (2021):[14]

---

[10] LfD Niedersachsen Pressemitteilung v. 8.1.2021, abrufbar unter https://lfd.niedersachsen.de/startseite/infothek/presseinformationen/lfd-niedersachsen-verhangt-bussgeld-uber-10-4-millionen-euro-gegen-notebooks billiger-de-196019.html, abgerufen am 13.10.2022.
[11] LfDI Freie Hansestadt Hamburg, Bußgeldbescheid vom 3.3.2022, abrufbar unter https://www.datenschutz.bremen.de/sixcms/media.php/13/Pressemitteilung%20LfDI%20Bremen.pdf, abgerufen am 13.10.2022.
[12] Siehe zu einem das „Aufsichtsmonopol" der federführenden Aufsichtsbehörde aufweichenden Ansatz: EuGH (GK) 15.6.2021 – C-645/19, ECLI:EU:C:2021:483, NJW 2021, 2495.
[13] EDSA v. 12.5.2023, abrufbar unter https://edpb.europa.eu/system/files/2023-05/final_for_issue_ov_trans fers_decision_12-05-23.pdf; EDSA v. 28.7.2021, abrufbar unter https://edpb.europa.eu/system/files/2021-09/edpb_bindingdecision_202101_ie_sa_whatsapp_redacted_en.pdf, jeweils abgerufen am 14.8.2023.
[14] PKS Bundeskriminalamt, Berichtsjahr 2017–2021, abrufbar unter https://www.bka.de/DE/AktuelleInformationen/StatistikenLagebilder/PolizeilicheKriminalstatistik/pks_node.html, abgerufen am 13.10.2022. Dort zusammengefasst unter dem Begriff „Straftaten gegen das Bundesdatenschutzgesetz", was (theoretisch) auch § 84 BDSG miteinschließt. Die Angaben für das Jahr 2017 und bis zum 24.5.2018 beziehen sich auf die Vorgängernorm § 44 BDSG aF.

12

**§ 42 BDSG (§ 84 BDSG)
Strafbare Datenschutzverstöße**

Jahr	Fälle	Davon aufgeklärt
2017	355	257
2018	363	234
2019	547	355
2020	628	374
2021	925	650
2022	655	399

13 § 202a StGB („Ausspähen von Daten") – als weiterer datenschutzstrafrechtlicher „Kerntatbestand" – sticht in der PKS ebenfalls mit stark steigenden Fallzahlen heraus. Allerdings ist die Aufklärungsquote nach wie vor niedrig und pendelt sich zwischen 27,3 % (2018) und 19,2 % (2021) ein:[15]

14

**§ 202a StGB
Ausspähen von Daten**

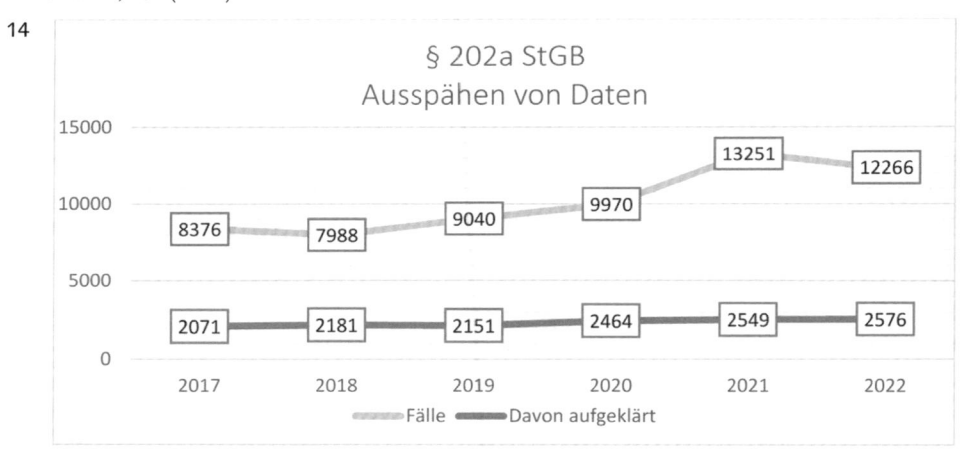

Jahr	Fälle	Davon aufgeklärt
2017	8376	2071
2018	7988	2181
2019	9040	2151
2020	9970	2464
2021	13251	2549
2022	12266	2576

15 Die Länder haben reagiert und Schwerpunktstaatsanwaltschaften (§ 143 Abs. 4 GVG) zur Verfolgung von u.a. Datenschutzstraftaten errichtet. Der Zuständigkeitsbereich beschränkt sich dabei nicht (nur) auf Datenschutzstraftaten im engeren Sinne, sondern schließt unter dem Begriff „Cybercrime" Straftaten im Zusammenhang mit dem Internet, sonstigen IT-Datennetzen und deren Daten ein. In der Praxis sind die
- Zentral- und Ansprechstelle Cybercrime Nordrhein-Westfalen („ZAC NRW")[16]
- Zentralstelle Cybercrime Bayern („ZCB")[17]

als besonders aktive Akteure zu beobachten.

---

[15] PKS Bundeskriminalamt, Berichtsjahr 2017–2021 (abrufbar unter https://www.bka.de/DE/AktuelleInformationen/StatistikenLagebilder/PolizeilicheKriminalstatistik/pks_node.html, abgerufen am 13.10.2022).
[16] Siehe hierzu: 3.1.1. AV des Ministeriums der Justiz des Landes Nordrhein-Westfalen v. 17.12.2021 – 4100 – III. 274 –, JMBl. 2022 S. 71.
[17] Siehe hierzu https://www.justiz.bayern.de/gerichte-und-behoerden/generalstaatsanwaltschaft/bamberg/spezial_1.php, abgerufen am 13.10.2022.

C. Datenschutzsanktionenrecht: Konflikt zwischen Unionsrecht und nationalem Recht

Die vorstehenden Zahlen und die fortschreitende Rechtspraxis dürfen nicht darüber hinwegtäuschen, dass Grund und Grenzen der staatlichen Sanktionsmöglichkeiten längst nicht geklärt sind. Die offenen Fragen und damit einhergehenden Rechtsunsicherheiten finden ihren Ursprung an der „Dualität" ihrer Rechtsquellen: Die Vorgaben des Unionsrechts einerseits und den nationalen Regelungen andererseits. Auftretende Widersprüche lassen sich nicht einfach durch den Anwendungsvorrang des Unionsrechts (Art. 4 Abs. 3 EUV) auflösen: 16

- Im Bußgeldrecht überlässt Art. 83 Abs. 8 DS-GVO die Durchsetzung der Sanktionen den nationalen Aufsichtsbehörden nach dem Recht der Mitgliedstaaten – unter gleichzeitiger Beachtung „angemessene[r] Verfahrensgarantien gemäß dem Unionsrecht".
- Im Strafrecht ist der Unionsgesetzgeber durch das Prinzip der begrenzten Einzelermächtigung in seiner Handlungsreichweite beschränkt. Die Regelungsmaterie „materielles Strafrecht" wurde nicht im Rahmen der Verträge auf die Europäische Union übertragen. Gleichzeitig knüpfen nationale strafrechtliche Sanktionen an unionsrechtliche Verarbeitungsvorschriften an: Was folgt aus dieser Akzessorietät für den Auslegungsmaßstab?
- Ferner gilt die Integrationsschranke aus Art. 23 Abs. 1 S. 3 GG. Die deutsche Verfassungsidentität ist dem Anwendungsvorrang des Unionsrecht entzogen. Prinzipien, die dem Kernbereich der deutschen Verfassung zuzuordnen sind, sind einer Regelung durch den Unionsgesetzgeber nicht zugänglich. Hierzu zählt auch das deutsche Ordnungswidrigkeiten- und Strafrecht prägende Schuldprinzip (Art. 79 Abs. 3, 1 Abs. 1 GG).[18]

Vor diesem Hintergrund ist es wenig verwunderlich, dass auch deutsche Instanzgerichte bei der Auslegung der Anforderungen an die Bebußung von juristischen Personen zu völlig unterschiedlichen und entgegengesetzten Ergebnissen kommen.[19] 17

Die Verschränkung von Unionsrecht und nationalem Recht wirkt sich auch auf das Prozessrecht aus: Bspw. wird die unionsrechtliche Garantie des Doppelverfolgungsverbot („ne bis in idem") weiter verstanden als das national-rechtliche Pendant aus Art. 103 Abs. 3 GG. Doch welche Strafvorschriften können unter welchen Voraussetzungen hiervon profitieren? 18

D. Wissenschaftliche Lösungen und praktisch verwendbare Antworten

Das Handbuch liefert Antworten auf diese spannenden Fragen. 19

Das gesamte Autorenteam hat es sich zum Ziel gesetzt, die sich in der Sanktionspraxis stellenden Fragen zu identifizieren und mit wissenschaftlichem Anspruch zu lösen. Denn nur dogmatisch tragfähige Argumente können die Grundlage der praktischen Arbeit bilden und finden in der Rechtspraxis Gehör. 20

Um dem Leser eine ausgewogene Perspektive zu eröffnen, kommen sowohl Wissenschaftler als auch die verschiedenen Akteure der Sanktionspraxis zu Wort: 21

Die primärrechtlichen sowie national verfassungsrechtlichen Grundlagen werden durch apl. Prof. Dr. *Cornelius* („Verhältnis von Unionsrecht und dem nationalen OWiG" (hierzu → § 2) und Prof. Dr. *Eisele* („Verhältnis Europarecht und nationales Strafrecht" (hierzu → § 7) aufgearbeitet und bilden das argumentative Fundament. 22

Prof. Dr. Dominik *Brodowski* erläutert, unter welchen Voraussetzungen Datenschutzverstöße im digitalen Raum ermittelt werden können/dürfen (hierzu → § 30) und wie sich 23

---

[18] BVerfG NJW 2009, 2267 (2289 Rn. 364).
[19] LG Bonn (9. Kammer) 11.11.2020 – 29 OWi 1/20, BeckRS 2020, 35663; LG Berlin 18.2.2021 – (526 OWi LG) (212 Js-OWi 1/20) (1/20), BeckRS 2021, 2985. Siehe hierzu auch: Venn/Wybitul NStZ 2021, 204; Wybitul/Venn ZD 2021, 343.

der Konflikt zwischen datenschutzrechtliche Melde-, Mitwirkungs- und Rechenschaftspflichten und dem Grundsatz der Selbstbelastungsfreiheit auflösen lässt (hierzu → § 32).

24 Vertreter der Anwaltschaft berichten u. a. über
- die präventive Haftungsvermeidung in datenverarbeitenden Organisationen durch den Aufbau wirksamer Compliance-Strukturen (*Dr. Vera Jungkind/Dr. Isabella Petzinka*, hierzu → § 31)
- die „Dos and Don'ts" bei der Begleitung bußgeldrechtlicher Ermittlungsverfahren (*Dr. Eren Basar*, hierzu → § 5)
- den richtigen Umgang mit Data Breach/Cyber Security Incidents (*Dr. Isabell Brams*, hierzu → § 6)
- Einziehungsmaßnahmen infolge von Datenschutzverstößen (*Diana Nadeborn/Johannes Lamsfuss LL.M.*, hierzu → § 29)
- Verteidigungsansätze gegen praktisch relevante Strafvorschriften (*Dr. Mayeul Hiéramente*, hierzu → § 26, und *Dr. Lenard Wengenroth*, hierzu → § 20, § 21).

25 *Barbara Thiel*, die Landesbeauftragte für den Datenschutz Niedersachsen, eröffnet dem Rechtsanwender wertvolle Einblicke in die Behördenpraxis, → § 4. Behandelt werden u. a. die
- Sanktionszumessung: Welche mildernden und schärfenden Umstände werden wie gewichtet?
- Kooperationsverhältnisse sowie Absprachen im Ordnungswidrigkeitenverfahren.

E. Perspektivenwechsel: Behörden- und Verteidigungssicht im „Spiegel-Check"

26 Dabei schlägt das Handbuch einen neuen Weg ein: Bei strittigen Rechtsfragen haben Anwälte und *Barbara Thiel* als Behördenvertreterin a.D. die Gelegenheit erhalten, das Auslegungsergebnis der jeweils „anderen Seite" in Frage zu stellen. Hierbei sind sie nicht auf ihre eigenen Kapitel beschränkt, sondern weisen unmittelbar in „fremden" Kapiteln mit hervorgehobenen Einschüben auf eigene Rechtsauffassungen hin.

27 Der Vorteil liegt auf der Hand: Betroffene erkennen direkt, welche Sichtweisen/Argumentationslinien von Datenschutzaufsichtsbehörden vertreten werden (könnten) und auf welche Reaktion sie sich praktisch einzustellen haben. Gleichzeitig lernen sie das argumentative Verteidigungspotential kennen. Auf dieser Grundlage lassen sich mögliche Szenarien sowie die Erfolgsaussichten unterschiedlicher Strategien präziser ein- und abschätzen.

28 Wir wünschen eine gute Lektüre!

2. Teil Materielles Bußgeldrecht

§ 2 Grundlagen: Verhältnis von Unionsrecht und dem nationalen Bußgeldrecht

Übersicht

	Rn.
A. Überblick	1
B. Datenschutzrechtliche Bußgelder als Strafen im weiteren Sinne	4
C. Bestimmtheitsgrundsatz	10
D. Schuldprinzip	16
I. Ableitung aus der Unschuldsvermutung	18
II. Ableitung aus dem Gesetzlichkeitsprinzip, Art. 7 EMRK, Art. 49 Abs. 1 GRCh	23
III. Ableitung aus dem Verhältnismäßigkeitsgrundsatz, Art. 5 EUV, Art. 49 Abs. 3 GRCh	29
1. Gebot der persönlichen Verantwortlichkeit als Strafbarkeitsvoraussetzung	30
2. Verbot objektiver strafrechtlicher Verantwortlichkeit	37
IV. Ableitung aus der Menschenwürde, Art. 1 GRCh	42
V. Zusammenfassung	43
E. Materielle Ausgestaltung durch das Unionsrecht	45
I. Überblick	45
II. Anwendungsvorrang des Unionsrechts	47
III. Kartellrechtlicher Ausgangspunkt	52
1. Unionsrechtliche Praxis	53
2. Parallelen zur Respondeat Superior Doktrin	57
3. Parallelen zum deutschen Recht	58
4. Gleichlauf zwischen Normadressat und Ahndungssubjekt im Kartellordnungswidrigkeitenrecht	60
IV. Normadressat im Datenschutzrecht	64
1. Verantwortlicher für die Datenverarbeitung	65
2. Verhältnis zwischen „Verantwortlichem" und „Unternehmen"	70
V. Inhaltsbestimmung eines unionsrechtlichen Schuldbegriffs	76
VI. Vorsatz und Fahrlässigkeit bei Sanktionen nach Art. 83 DS-GVO	87
1. Notwendigkeit eines zumindest fahrlässigen Verstoßes	88
2. Unionsrechtlicher Vorsatzbegriff	91
3. Unionsrechtlicher Fahrlässigkeitsbegriff	95
VII. Strafzumessungsschuld (bzw. Verhältnismäßigkeitsgrundsatz)	99
F. Verfahrensrechtliche Besonderheiten	103
I. Überblick	103
II. Rechenschaftspflicht und Unschuldsvermutung	106
III. Beweislast	111
IV. Beweismaß	114
1. Art. 6 Abs. 2 EMRK	116
2. Unionsrecht	119
V. Selbstbelastungsfreiheit	126
VI. Opportunitätsprinzip	128
VII. Beachtung des allgemeinen Verhältnismäßigkeitsgrundsatzes	131
G. Bedeutung von Rechtsunklarheiten	134
I. Generalklauselartige Formulierungen in der DS-GVO	136
II. Gebot der Normenklarheit	137
III. Schuldgrundsatz	139
IV. Verhältnis des Gebots der Normenklarheit zum Schuldprinzip	141
V. Schlussfolgerungen	144

Literatur:
Ambos/Bock/Dannecker, Aktuelle und grundsätzliche Fragen des Wirtschaftsstrafrechts, 2019; *Ambrock,* Mitarbeiterexzess im Datenschutzrecht, ZD 2020, 492; *Appel,* Verfassung und Strafe, 1998; *Beale,* Die Entwicklung des US-amerikanischen Rechts der strafrechtlichen Verantwortlichkeit von Unternehmen, ZStW 2014, 27; *Bentham,* Of laws in general, 1782 (Nachdruck London 1970); *Bentham,* Normen I, 1872; *Bergt,* Sanktionierung von Verstößen gegen die Datenschutz-Grundverordnung, DuD 2017, 555; *Böse,* Strafen und Sanktionen im europäischen Gemeinschaftsrecht, 1996; *Böse,* Europäisches Strafrecht, 2013; *Böse,* Strafbarkeit juristischer Personen – Selbstverständlichkeit oder Paradigmenwechsel im Strafrecht, ZStW 2014, 132; *Böse,* Enzyklopädie des Europarechts – Europäisches Strafrecht, Bd. 11, 2. Aufl. 2021; *Boms,* Ahndung von Ordnungswidrigkeiten nach der SD-GVO in Deutschland, ZD 2019, 536; *Braun,* Das Konzept der gesamtschuldnerischen Verantwortlichkeit von Konzerngesellschaften im europäischen Wettbewerbsrecht, 2018; *Brettel/Thomas,* Das Verbotsirrtum im europäischen und nationalen Kartellbußgeldrecht – Zugleich Besprechung des Schenker-Urteils des EuGH, ZWeR 2013, 272; *Brodowski,* Unionsgrundrechte im Strafrecht: Ein neuer Maßstab für die verfassungsgerichtliche Kontrolle, StV 2021, 682; *Bülte,* Emissionszertifikate als ähnliche Rechte auch im Steuerstrafrecht – Kein Verstoß gegen Art. 103 Abs. 2 GG, NZWiSt 2017, 161; *Bülte,* Das Datenschutzbußgeldrecht als originäres Strafrecht der Europäischen Union?, StV 2017, 460; *Bülte/Müller,* Ahndungslücken im WpHG durch das Erste Finanzmarktnovellierungsgesetz und ihre Folgen, NZG 2017, 205; *Bürger,* Geldbußen gegen Unternehmen im deutschen Kartellrecht – quo vadis?, NZKart 2017, 624; *Bung,* Unbestimmtheit tatbestandlicher Verweisungstechniken im Wirtschaftsstrafrecht, in: Kempf u. a., Unbestimmtes Wirtschaftsstrafrecht und gesamtwirtschaftliche Perspektiven, 2017, 135; *v.d. Bussche/Voigt,* Konzerndatenschutz, 2. Aufl. 2019; *Cornelius,* Die Verbotsirrtumslösung zur Bewältigung unklarer Rechtslagen – ein dogmatischer Irrweg, GA 2015, 101; *Cornelius,* Verweisungsbedingte Akzessorietät von Straftatbeständen, 2016; *Cornelius,* Die „datenschutzrechtliche Einheit" als Grundlage des bußgeldrechtlichen Unternehmensbegriff nach der EU-DSGVO, NZWiSt 2016, 421; *Cornelius,* Autonome Softwareagenten im Verbandssanktionenrecht, ZRP 2019, 8; *Cornelius,* „Künstliche Intelligenz", Compliance und sanktionsrechtliche Verantwortlichkeit, ZIS 2020, 51; *Cornelius,* Der „Verantwortliche" als Normadressat bei der Sanktionierung unternehmensbezogener Verstöße nach der Datenschutzgrundverordnung, FS Dannecker, 2023, 513; *Dästner,* Bestimmtheitsgrundsatz und Schuldprinzip im EU-Kartellbußgeldrecht, 2016; *Dammann,* Materielles Recht und Beweisrecht im System der Grundfreiheiten, 2007; *Dannecker/Fischer-Fritsch,* Das EG-Kartellrecht in der Bußgeldpraxis, 1989; *Dannecker,* Das intertemporale Strafrecht, 1993; *Dannecker,* Sanktionen und Grundsätze des Allgemeinen Teils im Wettbewerbsrecht der Europäischen Gemeinschaft, in: Schünemann/Suárez González, Bausteine des europäischen Wirtschaftsstrafrechts, 1994, 331; *Dannecker,* Das Unternehmen als Good Corporate Citizen, in: Alwart, Verantwortung und Steuerung von Unternehmen in der Marktwirtschaft, 1998, 5; *Dannecker,* Zur Notwendigkeit der Einführung kriminalrechtlicher Sanktionen gegen Verbände – Überlegungen zu den Anforderungen und zur Ausgestaltung eines Verbandsstrafrechts GA 2001, 101; *Dannecker,* Die Dynamik des materiellen Strafrechts unter dem Einfluss europäischer und internationaler Entwicklungen, ZStW 2005, 697; *Dannecker,* Grundrechte im Europäischen Straf- und Strafverfahrensrecht im Lichte der Rechtsprechung des EuGH, FS Fuchs, 2014, 111; *Dannecker,* Der unionsrechtliche Grundrechtsschutz im Wirtschaftsstrafrecht, in: Ambos/Bock, Aktuelle und grundsätzliche Fragen des Wirtschaftsstrafrechts, 2019, 115; *G. Dannecker/C. Dannecker,* Europäische und verfassungsrechtliche Vorgaben für das materielle und formelle Unternehmensstrafrecht, NZWiSt 2016, 162; *Daube,* Forms of Human legislation, 1996; *Debus,* Verweisungen in deutschen Rechtsnormen, 2008; *Eckhardt/Menz,* Bußgeldsanktionen in der DS-GVO, DuD 2018, 139; *Engels,* Unternehmensvorsatz und Unternehmensfahrlässigkeit im Europäischen Kartellrecht, 2002; *Eser/Huber/Dannecker,* Strafrechtsentwicklung in Europa, 1995; *Faust/Spittka/Wybitul,* Milliardenbußgelder nach der DS-GVO? – Ein Überblick über die neuen Sanktionen bei Verstößen gegen den Datenschutz, ZD 2016, 120; *Felix,* Einheit der Rechtsordnung, 1998; *Fink,* Wirksamer Schutz der Verteidigungsrechte im EU-Kartellverfahren, 2021; *Frister,* Schuldprinzip, Verbot der Verdachtsstrafe und Unschuldsvermutung als materielle Grundprinzipien des Strafrechts, 1988; *Fromm,* Auf dem Weg zur strafrechtlichen Verantwortlichkeit von Unternehmen/Unternehmensvereinigungen in Europa? Über ungeklärte Rechtsfragen des europäischen Sanktionsrechts gegen juristische Personen sowie Harmonisierungsbestrebungen der Organe der EG in Bezug auf die innerstaatlichen Rechtsordnungen, ZIS 2007, 279; *Golla,* Das Opportunitätsprinzip bei der Verhängung von Bußgeldern nach der DSGVO, CR 2018, 353; *Grabitz/Hilf,* Das Recht der EU, 40. Aufl. 2009; *Grünwald,* Bedeutung und Begründung des Satzes „nulla poena sine lege", ZStW 1964, 1; *Grünwald,* Die Entwicklung der Rechtsprechung zum Gesetzlichkeitsprinzip, FS Kaufmann, 1993, 433; *Hafter,* Die Delikts- und Straffähigkeit der Personenverbände, 1903; *Heine,* Die strafrechtliche Verantwortlichkeit von Unternehmen, 1995; *Heine,* Quasi-Strafrecht und Verantwortlichkeit von Unternehmen im Kartellrecht der Europäischen Gemeinschaften und der Schweiz, ZStrR 2007 105; *Henn,* Strafrechtliche Verfahrensgarantien im europäischen Kartellrecht, 2018; *Hildebrandt,* Der Irrtum im Bußgeldrecht der Europäischen Gemeinschaften, 1990; *Hilf,* Die Strafbarkeit juristischer Personen im schweizerischen, österreichischen und liechtensteinischen Recht, ZStW 2014, 73; *Hilf,* Grundkonzept und Terminologie des österreichischen strafrechtlichen Verbandsverantwortlichkeitsgesetzes (VbVG), NZWiSt 2016, 189; *Hillemanns,* Transnationale Unternehmen und Menschenrechte, 2004; *Hillenkamp,* Tatbestandlichkeit, FS Kirchhof, Bd. 2, 2013, 1349; *Hochmayr,* Eine echte Kriminalstrafe gegen Unternehmen und das Schuldprinzip, ZIS 2016, 226; *Hörster,* Die strict liability des englischen Strafrechts, 2009; *Jahn,* „There is no such thing as too big to jail" – Zu den verfassungsrechtlichen Einwänden gegen ein Verbandsstrafgesetzbuch unter dem Grundgesetz, in: Jahn/Schmitt-Leonardy/Schoop,

§ 2 Grundlagen: Verhältnis von Unionsrecht und dem nationalen Bußgeldrecht

Das Unternehmensstrafrecht und seine Alternativen, 2016, 53; *Jahn/Schmitt-Leonardy*, Kernfragen der rechtspolitischen Diskussion um Unternehmenssanktionen in der 20. Legislaturperiode – same same but different?, Der Konzern, 2021, 349; *Kaiafa-Gbandi*, The importance of core principles of substantive criminal law, European Criminal Law Review 2011, 7; *Kamann/Miller*, Kartellrecht und Datenschutzrecht – Verhältnis einer „Hass-Liebe"?, NZKart 2016, 405; *Karpen*, Verweisung als Mittel der Gesetzgebungstechnik, 1970; *Kelsen*, Reine Rechtslehre, 2. Aufl. 1960; *Klaas*, Geldbußen bei unternehmensbezogenen Datenschutzverstößen: Was bleibt von der datenschutzrechtlichen Verantwortlichkeit auf der Haftungsseite?, ZdiW 2021, 34; *König*, Das Europäische Verwaltungssanktionenrecht und die Anwendung strafrechtlicher Rechtsgrundsätze, 2009; *Krey*, Keine Strafe ohne Gesetz, 1983; *Kritzer*, Datenschutzrechtliche Pflichten, Sanktionsregime und Selbstbelastungsfreiheit, 2022; *Kühling/Martini*, Die Datenschutz-Grundverordnung: Revolution oder Evolution im europäischen und deutschen Datenschutzrecht? EuZW 2016, 448; *Langen/Bunte*, Kartellrecht, 12. Aufl. 2014; *Langheld*, Vielsprachige Normenverbindlichkeit in Europäischen Strafrecht, 2016; *Lenckner*, Wertausfüllungsbedürftige Begriffe im Strafrecht und der Satz „nulla poena sine lege", JuS 1968, 304; *Lenz/Borchard*, EU-Verträge, 6. Aufl. 2012; *Lindner*, Der Verfassungsrechtssatz von der Unschuldsvermutung, AöR 2008, 235; *Lienert*, Bestimmtheit und Fehleranfälligkeit von Blankettverweisungen auf europäisches Recht im Marktmissbrauchsrecht, HRRS 2017, 265; *Martini/Wenzel*, „Gelbe Karte" von der Aufsichtsbehörde: die Verwarnung als datenschutzrechtliches Sanktionenhybrid, PinG 2017, 92; *Martini/Wagner/Wenzel*, Das neue Sanktionsregime der DSGVO – ein scharfes Schwert ohne legislativen Feinschliff, VerwArch, 2018, 163 (173); *Müller*, Die Öffnungsklauseln der Datenschutzgrundverordnung, 2018; *Neumann*, Das Corpus Juris, in: Huber (Hrsg.), Das Corpus Juris als Grundlage eines Europäischen Strafrechts, 2000, 67; *Nolde*, Sanktionen nach der EU-Datenschutzgrundverordnung, in: Taeger, Smart world – smart law?, 2016, 757; *Nolde*, „Sanktionen nach der EU-Datenschutz-Grundverordnung", ZWH 2017, 76; *Nolde*, Sanktionen nach DSGVO und BDSG-neu: Wem droht was warum? Ping 2017, 114; *Pascu*, Strafrechtliche Fundamentalprinzipien des Gemeinschaftsrechts, 2010; *Puig*, Der Verhältnismäßigkeitsgrundsatz als Verfassungsgrundlage der materiellen Grenzen des Strafrechts, FS Hassemer, 2010, 532; *Qasim*, Adressierung eines Bußgeldbescheids nach der DS-GVO, ZD-Aktuell 2021, 05102; *Renzikowski*, Die Unterscheidung von primären Verhaltens- und sekundären Sanktionsnormen in der analytischen Rechtstheorie, FS Gössel, 2002, 3; *Roth*, Vorrang der Verwarnung bei erstmaligen Datenschutzverstößen: Der neue § 11 DSG im Konflikt mit dem Unionsrecht, ZTR 2018, 79; *Roxin*, Grundsatz der Gesetzesbestimmtheit, in: Hilgendorf, Das Gesetzlichkeitsprinzip im Strafrecht – ein deutsch-chinesischer Vergleich, 2013, 116; *Sachoulidou*, Unternehmensverantwortlichkeit und –sanktionierung, 2019; *Satzger*, Europäisierung des Strafrechts, 2000; *Sax*, Grundsätze der Strafrechtspflege, in: Nipperdey/Scheuner, Die Grundrechte. Handbuch der Theorie und Praxis der Grundrechte, 1959, 909; *Schaut*, Europäische Strafrechtsprinzipien, 2012; *Schmoller*, Strafe ohne Schuld? – Überlegungen zum neuen österreichischen Verbandsverantwortlichkeitsgesetz, FS Otto, 2007, 453; *Schneider*, Unschärfen des Datenschutzrechts – genügen die Bußgeldvorschriften der DS-GVO dem Bestimmtheitsgebot? FS Neumann, 2017, 1425; *Schneiders*, Die Bedeutung der EU und die EMRK, 2010; *Schörner*, Sud Fondi, Varvara und G.I.E.M.: Die Entscheidungen des EGMR zu einer italienischen Non-Conviction-Based-Confiscation als Indikator für die Konventionswidrigkeit des deutschen § 76a Abs. 4 StGB? – Zugleich Anmerkung zu EGMR G.I.E.M. S.r.l. u. a. v. Italien, Urt. v. 28.6.2018 – 1828/06, 34163/07 und 19029/11, ZIS 2019, 144; *Schübel-Pfister*, Sprache und Gemeinschaftsrecht, 2004; *Schünemann*, Unternehmenskriminalität und Strafrecht, 1979; *Schuler*, Strafrechtliche und ordnungswidrigkeitenrechtliche Probleme bei der Bekämpfung von Submissionsabsprachen, 2002; *Schuster*, Verhältnis von Strafnormen und Bezugsnormen aus anderen Rechtsgebieten, 2012; *Schwarze/Becker/Hatje/Schoo*, EU-Kommentar, 4. Aufl. 2019; *Siohl*, Schuldfeststellung bei Unternehmen oder Unternehmensvereinigungen im Rahmen des Art. 15 VO 17 zum EWG-Vertrag, 1986; *Strüder*, Das Verhältnis von EuGH und EGMR nach dem Beitritt der EU zur EMRK aus unionsrechtlicher Sicht, NJOZ 2021, 769; *Swoboda*, Definitionsmacht und ambivalente justizielle Entscheidungen – Der Dialog der europäischen Gerichte über Grundrechtsschutzstandards und Belange der nationalen Verfassungsidentität, ZIS 2018, 276; *Thanos*, Reichweite der Grundrechte im EU-Kartellverfahrensrecht, 2015; *Tiedemann*, Tatbestandsfunktionen im Nebenstrafrecht, 1969; *Tiedemann*, Straftatbestand und Normambivalenz – am Beispiel der Geschäftsberichtsfälschung –, FS Schaffstein, 1975, 195; *Tiedemann*, Handhabung und Kritik des neuen Wirtschaftsstrafrechts – Versuch einer Zwischenbilanz, FS Dünnebier, 1982, 519; *Tiedemann*, Der Allgemeine Teil des europäischen supranationalen Strafrechts, FS Jescheck, 1985, 1411; *Tiedemann*, Die strafrechtliche Vertreter- und Unternehmenshaftung, NJW 1986, 1842; *Tiedemann*, Gründungs- und Sanierungsschwindel durch verschleierte Sacheinlagen, FS Lackner, 1987, 737; *Tiedemann*, Die „Bebußung" von Unternehmen nach dem 2. Gesetz zur Bekämpfung der Wirtschaftskriminalität, NJW 1988, 1169; *Tiedemann*, Untreue bei Interessenkonflikten. Am Beispiel der Tätigkeit von Aufsichtsratsmitgliedern, FS Tröndle, 1989, 319; *Tiedemann*, Europäisches Gemeinschaftsrecht und Strafrecht, NJW 1993, 23; *Tiedemann*, Zur Gesetzgebungstechnik im Wirtschaftsstrafrecht, FS F.-C. Schroeder, 2006, 641; *Tsolka*, Der allgemeine Teil des europäischen supranationalen Strafrechts iwS, 1995; *Tully*, Poena sine Culpa?, 2000; *Uebele*, Das „Unternehmen" im europäischen Datenschutzrecht, EuZW 2018, 440; *Uerpmann-Wittzak*, Die Bedeutung der EMRK für den deutschen und den unionalen Grundrechtsschutz, JURA 2014, 916; *Venn/Wybitul*, Die bußgeldrechtliche Haftung von Unternehmen nach Art. 83 DS-GVO (zugl. Anm. zu LG Bonn Urt. v. 11.11.2020 – 29 OWi 1/20) NStZ 2021, 204; *Vogel*, Voraussetzungen und Ausschluss der subjektiven Zurechnung, in Tiedemann, Wirtschaftsstrafrecht in der Europäischen Union, 2002; *Voßkuhle*, Verfassungsgerichtsbarkeit und europäische Integration, NVwZ-Beilage 2013, 27; *Wach*, Die Normen und ihre Übertretung – Eine Untersuchung über die rechtmäßige Handlung und die Arten des Delikts von Dr. Karl Binding, besprochen von Herrn Prof.

Dr. Adolf Wach zu Bonn, GS 1873, 432; *Zierke,* Steuerungswirkung der Darlegungs- und Beweislast im Verfahren vor dem Gerichtshof der Europäischen Union, 2015.

A. Überblick

1 Die Datenschutz-Grundverordnung („DS-GVO") hat am 25.5.2018 die Datenschutz-Richtlinie 95/46/EG abgelöst. Dadurch hat sich aus sanktionsrechtlicher Sicht das Zusammenspiel zwischen der europäischen und der nationalen Rechtsordnung erheblich geändert. Deshalb musste der nationale Gesetzgeber reagieren und zur Anpassung des Datenschutzrechts ein neues und grundlegend novelliertes BDSG verabschieden, welches in Übereinstimmung mit der DS-GVO auch ab dem 25.5.2018 anwendbar ist.

2 Während sich die relevanten Ordnungswidrigkeitenvorschriften mit datenschutzrechtlichem Bezug bis zum 25.5.2018 aus dem nationalem Recht – und dabei insbesondere aus dem BDSG – ergaben, sind nach diesem Zeitpunkt die Bußgeldtatbestände selbst zu einem Großteil in der DS-GVO geregelt. Eine weitere Besonderheit gegenüber dem deutschen Recht besteht darin, dass sich die Frage stellt, ob ein Unternehmen direkt für die Handlungen sämtlicher Mitarbeiter haftet oder ob es – wie es grundsätzlich das deutsche Recht vorsieht – einer Zurechnungsnorm bedarf (vgl. § 30 OWiG für die Verstöße von Organen oder leitenden Mitarbeitern, → § 3 Rn. 25 ff.).[1]

3 Siehe hierzu auch:
- Aus der Perspektive der Aufsichtsbehörden: → § 4 Rn. 1.
- Aus der Perspektive der Verteidigung: → § 5 Rn. 1.

B. Datenschutzrechtliche Bußgelder als Strafen im weiteren Sinne

4 Ob eine Sanktion als Strafe (auch im weiteren Sinne) anzusehen ist, macht der *Europäische Gerichtshof* grundsätzlich von
- der Einordnung der Zuwiderhandlung durch den nationalen Gesetzgeber,
- der Art der Zuwiderhandlung sowie
- von der Art und dem Schweregrad der angedrohten Sanktion

abhängig.[2]

5 Dabei wird das erste Kriterium nur als Indiz gesehen, während die beiden anderen Kriterien in einem Alternativverhältnis stehen.[3] Sobald mit Verwaltungssanktionen eine repressive Zielsetzung verfolgt wird, können auch diese als „Strafe" eingeordnet werden.[4] Mit Blick auf die Art und den Schweregrad der angedrohten Sanktion kommt es dabei nicht darauf an, welche Sanktion konkret verhängt wurde, sondern welche abstrakt verhängt werden *kann* (der Sanktionsrahmen).[5] Für die Bestimmung der Rechtsnatur einer Strafe geht auch der *Europäische Gerichtshof für Menschenrechte* davon aus, dass es nicht auf

---

[1] Bergt DuD 2017, 555 (556); Nolde ZWH 2017, 76 (77): vgl. auch Immenga/Mestmäcker WettbR/Dannecker/Biermann, 5. Aufl. 2012, VO 1/2003.
[2] Sog. „Engel-Kriterien" nach EGMR EuGRZ 1976, 221, Rn. 82; vgl. auch EGMR NJW 1985, 1273 Nr. 44 ff.; dem folgend EuGH v. 26.2.2013 – C-617/10, ECLI:EU:C:2013:280, Rn. 35 – Åkerberg Fransson; v. 5.6.2012 – C-489/10, C-489/10, Rn. 37, BeckRS 2012, 81043 – Bonda; v. 20.3.2018 – C-524/15, ECLI:EU:C:2018:197, Rn. 26, BeckRS 2018, 6055 – Menci.
[3] EGMR NJOZ 2018, 1468, Rn. 30 – Boman/Finnland; Simitis/Hornung/Spiecker gen. Döhmann/Boehm DS-GVO 2019 Art. 84 Rn. 10.
[4] EuGH v. 20.3.2018 – C-524/15, ECLI:EU:C:2018:197, Rn. 31 ff., BeckRS 2018, 6055 – Menci.
[5] EuGH v. 20.3.2018 – C-537/16, ECLI:EU:C:2018:193, BeckRS 2018, 3253 = NJW 2018, 1233 (1235 Rn. 35) – Garlsson: „erreichen kann"; NK-EuGRCh/Eser/Kubiciel GRCh Art. 50 Rn. 9.

die Schwere der konkret verhängten Sanktion, sondern auf die abstrakt angedrohte Sanktion ankommt.[6]

Zwar nicht im verfügenden Teil, aber in dem für die Auslegung heranzuziehenden Erwägungsgrund 150 S. 1 DS-GVO wird mit Bezug auf Geldbußen von „verwaltungsrechtlichen Sanktionen" gesprochen. Allerdings ist bereits fraglich, ob dem Unionsgesetzgeber überhaupt die Kompetenz zukommt, die Rechtsnatur der von ihm geschaffenen Sanktionen zu bestimmen, weil er es so in der Hand hätte, strafrechtliche Garantien umgehen zu können.[7] Insoweit führt der *Europäische Gerichtshof* beispielsweise zu der strafrechtlichen Garantie des Art. 50 GRCh („ne bis in idem") aus, diese beschränke sich nicht allein auf Verfolgungsmaßnahmen und Sanktionen, die im nationalen Recht als „strafrechtlich" eingestuft werden, sondern erstrecke sich auch auf Verwaltungssanktionen, sofern diese eine repressive Zielsetzung verfolgten.[8] Dabei soll der bloße Umstand, dass auch eine präventive Zielsetzung verfolgt wird, nicht dazu führen, dass deshalb keine Einstufung als strafrechtliche Sanktion möglich ist.[9] Ein repressiver Zweck wird dann verfolgt, wenn es nicht nur auf die Erzwingung bestimmter Handlungsweisen zur Wiederherstellung der Rechtmäßigkeit ankommt, sondern auch um die Abschreckung im Sinne der negativen Generalprävention geht. Siehe zur Reichweite von „ne bis in idem" bei der Sanktionierung von Datenschutzverstößen: → Rn. 126 ff.

Die Höhe der auswerfbaren Beträge (welche nach Art. 83 Abs. 5 DS-GVO bis zu 20 Mio. EUR oder 4 % des gesamten Jahresumsatzes betragen können) verdeutlicht, dass es nicht um eine Restitution und die Wiederherstellung eines rechtmäßigen Zustandes geht. Der erlittene Schaden ist nur einer von mehreren in Art. 83 Abs. 2 DS-GVO genannten Kriterien für die Bestimmung der Höhe der zu verhängenden Geldbuße. Damit lässt sich ein strafender Charakter dieser Geldbußen nicht ernsthaft in Abrede stellen. So hat auch der *Europäische Gerichtshof* (mit Blick auf kartellrechtliche supranationale Sanktionen) in der *Garlsson*-Entscheidung zur Art und Schwere der Sanktion ausgeführt, dass „eine als Verwaltungssanktion verhängte Geldbuße, die einen Betrag bis zum Zehnfachen des Ertrags oder des Gewinns aus der Zuwiderhandlung erreichen kann, einen hohen Schweregrad aufweist, der geeignet ist, die Einschätzung zu stützen, dass die Sanktion strafrechtlicher Natur iSv Art. 50 der Charta ist."[10]

In der DS-GVO ist nicht einmal eine Beschränkung des Betrages der Geldbuße bis zum Zehnfachen des Ertrags oder des Gewinns aus der Zuwiderhandlung vorgesehen, sodass davon auszugehen ist, dass auch der *Europäische Gerichtshof* in Anlehnung an seine *Garlsson*-Rechtsprechung von einem strafenden Charakter der nach der DS-GVO verhängten Geldbußen ausgehen wird.[11]

Damit lässt sich festhalten, dass die datenschutzrechtlichen Geldbußen dem Strafrecht im weiteren Sinne zuzuordnen sind.[12] Auf strafähnliche Maßnahmen, die repressive Zwecke verfolgen, sind die strafrechtlichen Garantien sowohl materieller Art (wie der Bestimmtheitsgrundsatz und das Schuldprinzip) als auch verfahrensrechtlicher Art (wie die Unschuldsvermutung) anzuwenden.[13] Auf diese grundlegenden Prinzipien ist nachfolgend einzugehen. Obwohl eine unmittelbare Bindung der Union an die EMRK erst mit deren Beitritt gegeben ist und diese damit als Rechtsquelle für unionale Strafrechtsprinzipien

---

[6] EGMR NJOZ 2010, 2630 (2631).
[7] Cornelius FS Dannecker, 2023, 509 (514).
[8] EuGH v. 20.3.2018 – C-524/15, ECLI:EU:C:2018:197, Rn. 31 ff., BeckRS 2018, 6055 – Menci.
[9] EuGH v. 20.3.2018 – C-537/16, ECLI:EU:C:2018:193, BeckRS 2018, 3253 = NJW 2018, 1233 (1235 Rn. 33) – Garlsson.
[10] EuGH v. 20.3.2018 – C-537/16, ECLI:EU:C:2018:193, BeckRS 2018, 3253 = NJW 2018, 1233 (1235 Rn. 35) – Garlsson.
[11] Vgl. EuGH v. 20.3.2018 – C-537/16, ECLI:EU:C:2018:193, BeckRS 2018, 3253 = NJW 2018, 1233 (1235 Rn. 35) – Garlsson.
[12] Cornelius FS Dannecker, 2023, 509 (514).
[13] Schünemann/Suárez González/Dannecker, Bausteine des europäischen Wirtschaftsstrafrechts, 1994, 331 (344).

ausscheidet,[14] kommt die EMRK aber als unterstützend heranzuziehende Rechtserkenntnisquelle in Betracht.[15] Dies entspricht auch der ständigen Praxis des *Europäischen Gerichtshofs*, der zur Begründung allgemeiner Rechtsgrundsätze auf völkerrechtliche Abkommen wie den *Internationalen Pakt für bürgerliche und politische Rechte* oder die *Europäische Sozialcharta*, insbesondere aber auch auf die EMRK[16] verweist.[17] Durch Art. 52 Abs. 3 S. 1 GRCh wird ein inhaltlicher Gleichlauf in der Auslegung und Anwendung sichergestellt.[18] Wenn auch der *Europäische Gerichtshof* zunächst zurückhaltend war, die Rechtsprechung des *Europäischen Gerichtshofs für Menschenrechte* zu übernehmen, hat er in seiner Rechtsprechung mittlerweile eine weitgehende Parallelität mit dieser Rechtsprechung hergestellt und zitiert ihn nicht nur als Autorität für die Auslegung der EMRK,[19] sondern bezieht dessen Aussagen auch unmittelbar auf die entsprechenden Garantien der GRCh.[20]

C. Bestimmtheitsgrundsatz

10 Angesichts der Weite der aufgestellten Pflichten und der bei einer Verletzung entsprechend angedrohten Sanktionen ist zu klären, ob bei einem Verstoß gegen das jeweilige europäische Verbot eine Sanktion möglich ist oder ob ein Verstoß gegen den Bestimmtheitsgrundsatz vorliegt. Dafür ist zunächst entscheidend, ob auf den nationalen oder den europäischen Bestimmtheitsgrundsatz zurückzugreifen ist. Denn auch im Unionsrecht gilt für Sanktionen der Bestimmtheitsgrundsatz (Art. 49 GrCh),[21] selbst für Sanktionen ohne strafrechtlichen Charakter.

11 Dabei ist berücksichtigen, auf welcher Rechtsgrundlage die jeweilige Sanktion verhängt wird.[22] Solange es sich um eine nationale Vorschrift handelt, hat das nationale Gericht auch die nationalen Vorgaben zu beachten. Das ist aber anders, wenn die Union selbst die Kompetenz zur Regelung von Sanktionen hat,[23] wie dies im Kartellordnungswidrigkeitenrecht[24] oder auch jetzt bei Bußgeldern nach der DS-GVO der Fall ist. Zwar werden die Befugnisse zur Verhängung der Verwaltungssanktionen an die nationalen Aufsichtsbehörden übertragen.[25] Die Rechtsgrundlage für diese Sanktionen ist jedoch allein das europäische Recht.[26]

12 Bei der Auslegung einer unionsrechtlichen Vorschrift ist aufgrund des Anwendungsvorranges nicht auf das Gesetzlichkeitsprinzip nach deutscher Lesart zurückzugreifen, sondern

---

[14] Schneiders, Die Grundrechte der EU und die EMRK, 2010, 251 ff.
[15] Schaut, Europäische Strafrechtsprinzipien, 2012, 76.
[16] EuGH Slg. 1989, 2859 (2924); Slg. 1989, 3283 (3350).
[17] Ambos/Bock/Dannecker, Aktuelle und grundsätzliche Fragen des Wirtschaftsstrafrechts, 2019, 118; Strüder NJOZ 2021, 769; Swoboda ZIS 2018, 276 (280); EuGH Gutachten v. 18.12.2014 – C-2/13, BeckRS 2015, 80256; Schaut, Europäische Strafrechtsprinzipien, 2012, 76; vgl. Merten/Papier Grundrechte-HdB/ Skouris Bd. VI/1 S. 859 ff.
[18] Uerpmann-Wittzak JURA 2014, 916 ff.
[19] Siehe EuGH Slg. 2003, I-5659 = NJW 2003, 3185, EuGH EuZW 2013, 305 Rn. 50 – Melloni.
[20] Uerpmann-Wittzak JURA 2014, 916 ff.
[21] EuGH NJW 2018, 117 (220 Rn. 51 f.); BeckOK DatenschutzR/Holländer DS-GVO Art. 83 Rn. 5; Lenz/Borchard/Schonard, EU-Verträge, 6. Aufl. 2012, GRCh Art. 49 Rn. 8; Bülte/Müller NZG 2017, 205 (212).
[22] Zum Zusammenhang zwischen der Kompetenz zum Erlass von Strafvorschriften und dem jeweiligen Beurteilungsmaßstab Lienert HRRS 2017, 265 (268); vgl. aber BGH HRRS 2017, Nr. 190 zur Blankettverweisung auf europäisches Recht im Marktmissbrauchsrecht, der trotz des durch die EU bindend vorgegebenen Strafrechts allein auf den nationalen Beurteilungsmaßstab abhebt. Zwar hat auch das BVerfG in seiner Entscheidung zur Rindfleischetikettierung diesen Maßstab gewählt, allerdings hatte dort das EU-Recht nur die Schaffung effektiver Durchsetzungsmechanismen gefordert, BVerfGE 143, 38.
[23] Ausführlich Cornelius, Verweisungsbedingte Akzessorietät von Straftatbeständen, 2016, 383 f.
[24] Vgl. die Schenker-Entscheidung der Großen Kammer des Europäischen Gerichtshofs zum Kartellordnungswidrigkeitenrecht, NJW 2013, 3083.
[25] Vgl. Art. 58 Abs. 2 i) DS-GVO.
[26] Vgl. die Erarbeitung von Leitlinien für die nationalen Aufsichtsbehörden zur Bußgeldbemessung durch den Europäischen Datenschutzausschuss, Art. 70 Abs. 1 k) DS-GVO.

es gelten *nur* die (verfassungsrechtlichen) Schranken des Unionsrechts, wie sie ihre Ausprägung in der Rechtsprechung des *Europäischen Gerichtshofs* gefunden haben.[27] Die Wirksamkeit der Verhängung eines allein auf unionsrechtliche Kompetenzen gestützten Bußgeldes ist damit nach den unionsrechtlichen Grundsätzen zu entscheiden.[28] Hierbei ist insbesondere zu beachten, dass der *Europäische Gerichtshof* nicht fordert, dass sich die notwendige Bestimmtheit aus dem Gesetzestext selbst ergibt, sondern auch eine schrittweise Klärung als zulässig ansieht.[29] Überdies ist fraglich, ob es bei dem Bestimmtheitsgrundsatz europäischer Prägung nur allein um die freiheitssichernde Funktion geht und ihm damit keine kompetenzsichernde Funktion wie bei Art. 103 Abs. 2 GG zukommt.[30]

In der *Roeser*-Entscheidung ging der *Europäische Gerichtshof* davon aus, dass die Normen des Unionsrechts immer gleich auszulegen sind, unabhängig davon, ob dies im Rahmen eines strafrechtlichen oder außerstrafrechtlichen Verfahrens erfolgt.[31] Zuvor hatte er – in einem außerstrafrechtlichen Kontext – entschieden, dass „zwingende Gesichtspunkte" eine „weite, über den Wortlaut der Bestimmung hinausgehende Auslegung" rechtfertigen könnten.[32] Diesen – trotz grundsätzlicher Anerkennung des Bestimmtheitsgrundsatzes deutlich hinter den in Deutschland geltenden Standards zurückbleibenden – Ansatz[33] spezifizierte der *Europäische Gerichtshof* jedoch später dahingehend, dass er in der *Halifax*-Entscheidung angemahnt hat, dass eine Sanktionierung – anders als eine bloße Rückzahlungspflicht – einer „klaren und unzweideutigen Rechtsgrundlage" bedürfe.[34] Zudem hat die *Große Kammer* des *Europäischen Gerichtshofs* betont, dass „das Gesetz die Straftaten und die für sie angedrohten Strafen klar definieren muss. Diese Voraussetzung ist erfüllt, wenn der Rechtsunterworfene anhand des Wortlauts der einschlägigen Bestimmung und nötigenfalls mit Hilfe ihrer Auslegung durch die Gerichte erkennen kann, welche Handlungen und Unterlassungen seine strafrechtliche Verantwortung begründen".[35]

13

Jedoch gilt der unionsrechtliche Bestimmtheitsgrundsatz für Bußgeldverfahren auf der Grundlage von Unionsrecht nur eingeschränkt. So hat das *Gericht Erster Instanz der Europäischen Gemeinschaften* für das Wettbewerbsrecht judiziert, dass *nullum crimen sine lege* nicht mit derselben „Tragweite (...) wie im Fall ihrer Anwendung auf eine Situation, dem das Strafrecht im strikten Sinn unterliegt" anwendbar ist.[36] Dennoch wird in der Unionsrechtsprechungspraxis in Wettbewerbszuwiderhandlungen respektiert, dass nur eindeutige und schwere Fälle zu bebußen sind (und erst nach Verhängung symbolischer Geldbußen strenge Sanktionen ausgesprochen werden).[37] Diese Rechtsprechung lässt sich auf das europäische Datenschutzbußgeldrecht übertragen.[38] Dennoch ist hierbei insbesondere die Globalverweisung des Art. 83 Abs. 5 lit. a DS-GVO kritisch zu sehen, welche sämtliche Grundsätze der Verarbeitung – einschließlich der des Art. 5 DS-GVO „Personenbezogene Daten müssen auf rechtmäßige Weise ... verarbeitet werden" – in Bezug nimmt

14

---

[27] LK-StGB/Dannecker/Schuhr § 1 Rn. 37.
[28] Zu den Unterschieden bei der Verweisung nationaler Strafvorschriften auf unionsrechtliche Verbote ausführlich Cornelius, Verweisungsbedingte Akzessorietät bei Straftatbeständen, 2016, S. 388 ff.
[29] EuG v. 8.7.2008 – T-99/04, EC-LI:EU:T:2008:256, Rn. 141, BeckRS 2008, 70741; Bergt DuD 2017, 555 (560).
[30] Vgl. insoweit zum Kartellbußgeldrecht EuG Slg. 2008-II, 1501, Rn. 140 ff. – AC Treuhand; Bülte NZWiSt 2017, 161 (164) weist zu Recht darauf hin, dass für die Beantwortung dieser Frage wohl zunächst zu klären wäre, ob die Grundrechtecharta ausschließlich Grundrechte gewährt oder ob sie auch das Demokratieprinzip in der Union sichern soll.
[31] EuGH v. 27.2.1986 – C 238/84, ECLI:EU:C:1986:88, Slg. 1986, 795 (806), BeckRS 2004, 72531 – Roeser.
[32] EuGH v. 11.7.1985 – C 107/84, ECLI:EU:C:1985:332, Slg. 1985, 2655 (2667 Rn. 12), BeckRS 2004, 70684.
[33] Dannecker ZStW 2005 (117), 697 (739); LK-StGB/Dannecker/Schuhr § 1 Rn. 36.
[34] EuGH v. 21.2.2006, C-255/02, ECLI:EU:C:2006:121, Rn. 93, BeckRS 2006, 70150 – Halifax.
[35] EuGH v. 28.3.2017, C-72/15, ECLI:EU:C:2017:236, Rn. 162, BeckRS 2017, 104901.
[36] EuG v. 8.7.2008, T-99/04, Slg. 2008-II, 1501, Rn. 113 – AC Treuhand.
[37] Tiedemann WirtschaftsStrafR Rn. 503; vgl. zur Praxis der EU-Kommission König Das Europäische Verwaltungssanktionenrecht, 2009, 212.
[38] Bülte StV 2017, 460 (466).

(→ Rn. 136). Der so eröffnete Interpretationsspielraum macht es dem Verantwortlichen oder dem Auftragsverarbeiter nahezu unmöglich, vorherzusehen, wann ein mit einer Sanktion zu ahndender Verstoß vorliegt.[39] Deshalb sollte die Anwendbarkeit auf evidente (gravierende) Verstöße beschränkt sein.[40]

15 **Praxistipp:**
Auch wenn Diskrepanzen – insbesondere bezüglich der Unbedingtheit der Wortlautgrenze – zwischen dem deutschen und dem europäischen Bestimmtheitsgrundsatz verbleiben, dürften diese nicht dazu führen, dass das *Bundesverfassungsgericht* in Bußgeldverfahren mit Blick auf den Bestimmtheitsgrundsatz die Ewigkeitsgarantie (→ Rn. 134 f.) berührt sieht. Denn einerseits erkennt es selbst an, dass es ausreicht, wenn der Normadressat die Strafbarkeit eines Verhaltens nur mit *hinreichender Wahrscheinlichkeit* erkennen kann,[41] wobei es – wie die europäische Rechtsprechung – auch von einem an die Gerichte gerichteten Präzisierungsgebot ausgeht.[42] Dies hat zur Konsequenz, dass ursprünglich unklare Bereiche einer Norm durch die Rechtsprechung konkretisiert werden können, wobei vor dieser Konkretisierung eine Strafbarkeit ausgeschlossen ist.[43] Andererseits stimmt die bisherige Praxis im europäischen Kartellordnungswidrigkeitenrecht der Bebußung eindeutiger und schwerer Fälle mit den strengen Anforderungen des (deutschen) Bestimmtheitsgrundsatzes überein, wobei aufgrund der Vorbildwirkung dieses am Weitesten entwickelten supranationalen Sanktionenregimes von einer Übernahme dieser Grundsätze auch in das europäische Datenschutzbußgeldrecht auszugehen ist.

D. Schuldprinzip

16 Der Grundsatz „nulla poena sine culpa" gehört zu den „Fundamenten des Rechts", der sich „auf eine jahrtausendealte Rechtstradition gründen kann und gegenüber schnelllebigen Rechtssätzen wie in Stein gemeißelt ist".[44] Danach setzt jede Strafe Schuld voraus! Die Zurechnung eines dem Täter individuell-subjektiv vorwerfbaren Verhaltens ist die Bedingung für die Verhängung strafrechtlicher Sanktionen (Strafbegründungsschuld – das „Ob" einer Strafe). Außerdem muss die Sanktion in einem angemessenen Verhältnis zu der begangenen Tat stehen (Strafzumessungsschuld bzw. straflimitierende Funktion der Schuld – das „Wie" einer Strafe → Rn. 35, 99 f.).

17 Weder die EMRK noch die GRCh oder die Verträge gewährleisten ausdrücklich die Geltung des sog. Schuldprinzips. Es ist auf primärrechtlicher Ebene kein Erfordernis des vorsätzlichen oder fahrlässigen Handelns als Grundvoraussetzung *jeglicher* Strafbarkeit normiert. Selbst wenn in bestimmten Bereichen (wie dem Kartellrecht) Regelungen zu Vorsatz und Fahrlässigkeit enthalten sind, ist dies nicht als allgemeingültige rechtsgebietsübergreifende Aussage getroffen worden. Deshalb wird nachfolgend der Frage nachgegangen, ob sich das Schuldprinzip als allgemeines Rechtsprinzip des Unionsrechts nachweisen lässt.

I. Ableitung aus der Unschuldsvermutung

18 Ein Ansatzpunkt für eine Ableitung des Schuldgrundsatzes ist die in Art. 48 Abs. 1 GRCh explizit erwähnte Unschuldsvermutung, wonach jeder Angeklagte bis zum rechtsförmlich

---
[39] BeckOK DatenschutzR/Holländer DS-GVO Art. 83 Rn. 5.1–7; Bülte StV 2017, 460 (465).
[40] Forgó/Helfrich/Schneider Betr. Datenschutz-HdB/Cornelius Teil XIV Rn. 25.
[41] BVerfG NVwZ 2005, 1303.
[42] BVerfGE 126, 170 (198).
[43] Vertiefend hierzu Cornelius GA 2015, 101 (117 ff.).
[44] Cornelius, Verweisungsbedingte Akzessorietät bei Straftatbeständen, 2016, 487.

erbrachten Beweis seiner Schuld als unschuldig gilt.[45] Die Unschuldsvermutung aus Art. 48 GRCh entspricht im Ausgangspunkt derjenigen des Art. 6 Abs. 2 EMRK, sodass ihr gem. Art. 52 Abs. 3 GRCh[46] zumindest dieselbe Bedeutung und Tragweite wie das durch die EMRK garantierte Recht zukommt.[47]

Nach Art. 6 Abs. 2 EMRK bedarf es bei der strafrechtlichen Sanktionierung einer Person des gesetzlichen Nachweises ihrer Schuld. Das Schuldprinzip sei dabei, nach teilweise vertretener Ansicht, notwendigerweise Voraussetzung dieser Unschuldsvermutung und damit implizit in Art. 6 Abs. 2 EMRK enthalten.[48] Hierfür spricht, dass der Nachweis der „Schuld" denknotwendigerweise voraussetzt, dass die Schuld eine Strafbarkeitsvoraussetzung ist.[49]

19

Der *Europäische Gerichtshofs für Menschenrechte* hat sich bisher noch nicht eindeutig zur Vereinbarkeit des Art. 6 Abs. 2 EMRK mit einem Schuldgrundsatz positioniert.[50] Teilweise wird zwar davon ausgegangen, dass er das materielle Schuldprinzip in der Entscheidung *Salabiaku*[51] zumindest implizit anerkannt hat,[52] da er einen gewissen materiellen Kerngehalt der Unschuldsvermutung annimmt.[53] Einer Entscheidung des *Europäischen Gerichtshofs für Menschenrechte* aus dem Jahre 2004 zur Vereinbarkeit einer niederländischen Kraftfahrzeughalterhaftung, die allein an den objektiven Fakt einer mit einem Kraftfahrzeug begangenen Übertretung anknüpft, lässt sich jedoch entnehmen, dass er den materiellen Kerngehalt der Unschuldsvermutung auf den allgemeinen Verhältnismäßigkeitsgrundsatz zurückführt.[54] Denn in dieser Entscheidung fragt er unmittelbar nach einem ausdrücklichen Verweis auf die *Salabiaku*-Entscheidung „*wether, in the present case, this principle of proportionality was observed ...* ".[55]

20

Nach bisherigem Stand sieht sich der *Europäische Gerichtshof* in den wenigen Ausführungen zum Schuldprinzip nicht veranlasst, auf Art. 6 EMRK respektive Art. 48 GRCh zurückzugreifen.[56] Dies gilt auch für die Rechtssache *Schenker*, obwohl sich die Generalanwältin *Kokott* in ihren Schlussanträgen unter Verweis auf die Art. 48 Abs. 1 GRCh und Art. 6 Abs. 2 EMRK für eine Anwendbarkeit des Grundsatzes *nulla poena sine culpa* und darauf aufbauend für das Vorliegen eines schuldausschließenden Verbotsirrtums ausspricht.[57] Der Schuldgrundsatz wird in dieser Entscheidung mit keinem Wort erwähnt.[58]

21

---

[45] So spricht sich Kaiafa-Gbandi, The importance of core principles of substantive criminal law, European Criminal Law Review 2011, 7 (31) für eine Verortung des europäischen Schuldgrundsatzes in Art. 48 GRCh aus.
[46] Art. 52 Abs. 3 GRCh lautet: „Soweit diese Charta Rechte enthält, die den durch die Europäische Konvention zum Schutz der Menschenrechte und Grundfreiheiten garantierten Rechten entsprechen, haben sie die gleiche Bedeutung und Tragweite, wie sie ihnen in der genannten Konvention verliehen wird. Diese Bestimmung steht dem nicht entgegen, dass das Recht der Union einen weiter gehenden Schutz gewährt."
[47] Vgl. die Erläuterungen zur Charta der Grundrechte, ABl. 2007 Nr. C 303/17, 30.
[48] So Hochmayr ZIS 2016, 226 (227), verweisend auf Schlussanträge der Generalanwältin Juliane Kokott v. 28.2.2013 – C-681/11, Rn. 41; Immenga/Mestmäcker WettbR/Biermann VO 1/2003 Vor Art. 23 f. Rn. 61; vgl. auch MüKoStPO/Gaede EMRK Art. 6 Rn. 131; Böse/Satzger Europäisches Strafrecht, 2013, § 2 Rn. 59; Böse, Strafen und Sanktionen im europäischen Gemeinschaftsrecht, 1996, 150.
[49] Engels, Unternehmensvorsatz und Unternehmensfahrlässigkeit im Europäischen Kartellrecht, 2002, 71; Dästner, Bestimmtheitsgrundsatz und Schuldprinzip im EU-Kartellbußgeldrecht, 2016, 51 mwN in Fn. 188.
[50] Hochmayr ZIS 2016, 226 (227).
[51] EGMR v. 7.10.1988, Rs. 10519/83, Series A vol. 141-A, Rn. 28 – Salabiaku v. Frankreich.
[52] Pascu, Strafrechtliche Fundamentalprinzipien des Gemeinschaftsrechts, 2010, 152; Böse, Strafen und Sanktionen im europäischen Gemeinschaftsrecht, 1996, 157; Tully, Poena sine Culpa?, 2000, 96; König, Das Europäische Verwaltungssanktionenrecht und die Anwendung strafrechtlicher Rechtsgrundsätze, 2009, 206.
[53] Schaut, Europäische Strafrechtsprinzipien, 2012, 222.
[54] Schaut, Europäische Strafrechtsprinzipien, 2012, 223 f.
[55] EGMR, Zulässigkeitsentscheidung vom 19.4.2004, Rs. 66273/01, Rn. 48 – Falk v. Niederlande.
[56] Schaut, Europäische Strafrechtsprinzipien, 2012, 224.
[57] EuGH v. 18.6.2013 – C-681/11, BeckRS 2013, 81227 = EuZW 2013, 624 (625 f.) – Schenker.
[58] Kritisch Brettel/Thomas ZWeR 2013, 272 (275 ff.).

22   Damit lässt sich festhalten, dass zwar seit der Entscheidung des *Europäischen Gerichtshofs für Menschenrechte* in Sachen *Salabiaku* ein materieller Kerngehalt der Unschuldsvermutung anerkannt ist, dieser sich jedoch nicht zu einem Schuldprinzip verdichtet.[59] Dies ergibt auch Sinn bei Berücksichtigung der unterschiedlichen Schutzfunktionen des Schuldprinzips und der Unschuldsvermutung. Während das Schuldprinzip die Bedingungen für eine Strafbarkeit und damit die materiell-rechtlichen Voraussetzungen determiniert, soll die Unschuldsvermutung vor einem frühzeitigen Unwerturteil bezüglich der strafrechtlichen Schuld schützen, weshalb ihr eine verfahrensbezogene zeitliche Dimension zuzuerkennen ist und sie als „formelle Schwester des materiellen Schuldprinzips" bezeichnet wird.[60] Auch wenn die (formelle) Unschuldsvermutung für ein (materielles) Schuldprinzip als Ausgangspunkt spricht, lassen sich dieser nicht die materielle Ausgestaltung (einschließlich etwaiger materieller Schranken) des Schuldprinzips entnehmen.

II. Ableitung aus dem Gesetzlichkeitsprinzip, Art. 7 EMRK, Art. 49 Abs. 1 GRCh

23   Nach der deutschen Fassung von Art. 7 EMRK (und dem diesbezüglich wortgleichen Art. 49 Abs. 1 S. 1 GRCh) scheint es sich *prima facie* nur um eine Normierung des Prinzips *nulla poena sine lege* zu handeln, da es ausweislich der Überschrift um „Keine Strafe ohne Gesetz" geht und dort formuliert ist, dass niemand wegen einer Handlung oder Unterlassung verurteilt werden darf, die zur Zeit ihrer Begehung nach innerstaatlichem oder internationalem Recht nicht strafbar war.

24   Allerdings enthält der Text dieser Vorschriften in der englischen Fassung das Wort „guilty" und in der französischen Fassung den Begriff „coupable".[61] Unter Anknüpfung an diesen Wortlaut hat der *Europäische Gerichtshof für Menschenrechte* verschiedentlich das zwingende Erfordernis einer persönlichen Verantwortung – eines sog. „mental link" – und damit eine Art Verantwortlichkeitsprinzip entnommen.[62]

25   Dieses wird als ein Verantwortlichkeits*grundsatz* eingeordnet, der nicht deckungsgleich mit dem deutschen Schuldprinzip sein soll, sondern vielmehr dem anglo-amerikanischen Konzept einer *mens rea* nahestehe.[63] Dieser Verantwortlichkeitsgrundsatz verlangt die Feststellung eines persönlichen Elements, welches zumindest aus einem kognitiven und einem voluntativen Teil (awareness and intent)[64] in der Person des Täters bestehen muss.[65] Der *Gerichtshof* konnte in der Sache *Sud Fondi* ein solches Element nicht feststellen, weil er wegen fehlender Vorhersehbarkeit einen unvermeidbaren Irrtum auf Seiten des Beschwerdeführers annahm.[66] Damit wirkt sich der Grad der Vorhersehbarkeit nicht nur auf den Bestimmtheitsgrundsatz, sondern auch auf die Feststellung der persönlichen Verantwortlichkeit aus.[67]

26   Allerdings hat der *Europäische Gerichtshof für Menschenrechte* in der zeitlich nachfolgenden Entscheidung in der Rechtssache *Varvara* ausgeführt, dass es den Vertragsstaaten freistehe, auch rein objektives Verhalten unabhängig von etwaigen subjektiven Elementen (Vorsatz oder Fahrlässigkeit) unter Strafe zu stellen, da Art. 7 EMRK keine explizite „psychologische", „intellektuelle" oder „moralische" Verknüpfung mit der Person des Täters verlan-

---

[59] Schaut, Europäische Strafrechtsprinzipien, 2012, 225.
[60] Lindner AöR 2008 (133), 235 (244) mit dem Hinweis darauf, dass der Schuldgrundsatz und die Unschuldsvermutung erst im Grundsatz „in dubio pro reo" zusammentreffen, wenn eine Schuld nicht zur Überzeugung des Gerichts feststeht und es deshalb zum Freispruch kommen muss.
[61] Vgl. Art. 7 in der englischen Sprachfassung: „No one shall be held guilty of any criminal offence on account of any act or omission which did not constitute a criminal offence under national or international law at the time when it was committed."
[62] EGMR v. 20.1.2009 – 78909/01, Rn. 116 – Sud Fondi S.r.l. u.a v. Italien; bestätigt in EGMR v. 28.6.2018 – 1828/06, 34163/07 und 19029/11, Rn. 242 – G.I.E.M. S.r.l. u.a. v. Italien.
[63] Schörner ZIS 2019, 144 (146) mwN in Fn. 28.
[64] EGMR v. 20.1.2009 – 78909/01, Rn. 116 – Sud Fondi S.r.l. u.a v. Italien.
[65] Schörner ZIS 2019, 144, (146 f.); SSW-StPO/Satzger, 3. Auflage 2018, EMRK Art. 7 Rn. 27.
[66] EGMR v. 20.1.2009 – 78909/01, Rn. 242 –Sud Fondi S.r.l. u.a v. Italien.
[67] Schörner ZIS 2019, 144 (147); zu diesem Verhältnis noch ausführlich unter → Rn. 139.

ge.⁶⁸ Dennoch wird zuvor und in der folgenden Randnummer des Urteils die Notwendigkeit betont, eine strafrechtliche Verantwortlichkeit zu begründen, zumindest dem Wortlaut nach wohl durch Feststellung von Schuld.⁶⁹

In der wiederum zeitlich nachfolgenden Entscheidung G.I.E.M. bekennt sich der Europäische Gerichtshof für Menschenrechte zunächst – unter Bezugnahme auf *Sud Fondi* – deutlich zum „mental link" als Voraussetzung des Art. 7 EMRK.⁷⁰ Dennoch greift das Gericht auf *Varvara* zurück und meint, dass es auch rein objektive Formen der Verantwortlichkeit gebe, die mit Vermutungsregelungen zu Tat- oder Rechtsfragen auskommen, und unter bestimmten Bedingungen mit der Konvention vereinbar seien.⁷¹ Dies wird dahingehend eingeschränkt, dass solche Vermutungen jedenfalls dann den Rahmen des Zulässigen verließen, wenn sie es für den Betroffenen unmöglich machten, sich gegen die Vorwürfe zur Wehr zu setzen, sodass die in Art. 6 Abs. 2 EMRK verbürgte Garantie leerlaufen würde.⁷² Schließlich wird noch die Rechtsprechung zu Art. 6 Abs. 2 EMRK für die Abgrenzung der Zulässigkeit oder Unzulässigkeit von Vermutungen auch bei Art. 7 EMRK insoweit für anwendbar erklärt.⁷³ Zum Verdruss⁷⁴ der in den Sondervoten zum Ausdruck kommenden Mindermeinung in G.I.E.M.⁷⁵ scheint der *Europäische Gerichtshof für Menschenrechte* damit die Grenzen zwischen Art. 6 und 7 EMRK ein Stück weit aufzuweichen, indem er die Vereinbarkeit einer Regelung mit den materiellen Garantien des Art. 7 EMRK von der Einhaltung der von Art. 6 Abs. 2 EMRK geforderten prozessualen Vorgaben abhängig macht.⁷⁶

27

Im Endeffekt lässt sich diesen Äußerungen zumindest entnehmen, dass Art. 7 EMRK ein Element persönlicher Verantwortlichkeit für die Verhängung von Strafsanktionen verlangt, aber die Vertragsstaaten einen signifikanten Spielraum bei der Ausgestaltung von Strafnormen haben, der sich insbesondere auf die Verwendung von Vermutungsregelungen bezieht.⁷⁷

28

III. Ableitung aus dem Verhältnismäßigkeitsgrundsatz, Art. 5 EUV, Art. 49 Abs. 3 GRCh

Die Rechtsprechung des *Europäischen Gerichtshofs* bezieht sich teilweise auf den Schuldgrundsatz in Verbindung mit dem in Art. 5 EUV und Art. 49 Abs. 3 GRCh normierten Verhältnismäßigkeitsprinzip. Dabei ist zu diskutieren, ob sich aus dem Verhältnismäßigkeitsgrundsatz

29

a) ein allgemeines unionsrechtliches *Gebot* herleiten lässt, eine Strafbarkeit an die persönliche Verantwortlichkeit zu knüpfen *oder*
b) ob eine objektive strafrechtliche Verantwortlichkeit abstrakt unverhältnismäßig und damit im Sinne eines generellen unionsrechtlichen *Verbots* objektiver strafrechtlicher Verantwortlichkeit zu begreifen ist.

---

⁶⁸ EGMR v. 29.10.2013 – 17475/09, Rn. 70 – Varvara v. Italien.
⁶⁹ Schörner ZIS 2019, 144 (147), der in Fn. 34 auf die unterschiedlichen Formulierungen des Europäischen Gerichtshofs für Menschenrechte hinweist: So heißt es in EGMR v. 29.10.2013 – 17475/09, Rn. 67 „[…] the prohibition on imposing a penalty without a finding of liability"; in Rn. 71 f. hingegen: „[…] his criminal liability had not been established in a verdict as to his guilt".
⁷⁰ EGMR v. 28.6.2018 – 1828/06, 34163/07 und 19029/11, Rn. 242 – G.I.E.M. S.r.l. u. a. v. Italien.
⁷¹ EGMR v. 28.6.2018 – 1828/06, 34163/07 und 19029/11, Rn. 243 – G.I.E.M. S.r.l. u. a. v. Italien.
⁷² EGMR v. 28.6.2018 – 1828/06, 34163/07 und 19029/11, Rn. 243 – G.I.E.M. S.r.l. u. a. v. Italien.
⁷³ EGMR v. 28.6.2018 – 1828/06, 34163/07 und 19029/11, Rn. 244 – G.I.E.M. S.r.l. u. a. v. Italien.
⁷⁴ Schörner ZIS 2019, 144 (147).
⁷⁵ EGMR v. 28.6.2018 – 1828/06, 34163/07 und 19029/11, Rn. 61 – G.I.E.M. S.r.l. u. a. v. Italien, Partly concurring and partly dissenting opinion of Judge Pinto de Albuquerque, („deeply regrettable confusion between Art. 6 procedural guarantees and Art. 7 substantive guarantees"), und bei EGMR v. 28.6.2018 – 1828/06, 34163/07 und 19029/11, Rn. 21 ff. – G.I.E.M. S.r.l. u. a. v. Italien, Joint partly dissenting opinion of Judges Sajó, Karakaş, Pinto de Albuquerque, Keller, Vehabović, Kūris and Grozev.
⁷⁶ Schörner ZIS 2019, 144 (147).
⁷⁷ Schörner ZIS 2019, 144 (147).

1. Gebot der persönlichen Verantwortlichkeit als Strafbarkeitsvoraussetzung

30 Das hier so bezeichnete Gebot der persönlichen Verantwortlichkeit verlangt, dass jede Person – ob natürlich oder ein juristisches Gebilde – nur für das eigene Handeln sanktionsrechtlich verantwortlich ist, wohingegen die Haftung für das Verhalten Dritter ausgeschlossen ist.[78] Hierzu wird nachfolgend auf die Urteile des *Europäischen Gerichtshofs* in Sachen
- *Thyssen,*
- *Estel* und
- *Käserei Champignon*

eingegangen.

31 In seinem **Thyssen-Urteil v. 16.11.1983** nimmt der *Europäische Gerichtshof* eine Reduzierung der gegen das Unternehmen *Thyssen* nach den Vorschriften der EGKS verhängten Geldbußen aus subjektiven Gesichtspunkten vor. Dabei sei hier darauf hingewiesen, dass im Gegensatz zu den Bußgeldnormen des (damaligen) EG-Vertrags, welche ausdrücklich das Erfordernis von Vorsatz und Fahrlässigkeit enthalten, die meisten Bußgeldbestimmungen des mittlerweile außer Kraft getretenen EGKS-Vertrags keinerlei Verschuldenserfordernisse vorsahen.[79] Dabei prüfte das Gericht abschließend die Verringerung der Höhe der Geldbuße (von knapp 700.000 DM auf 12 (!) DM) aufgrund des Vorliegens besonderer Umstände.[80] Im Vorfeld brachte die Klägerin *(Thyssen)* den Einwand hervor, dass ein Verschulden ihrerseits fehlen würde und daher nach dem Grundsatz *nulla poena sine culpa* keine Geldbuße verhängt werden könne. Die *Kommission* erwiderte darauf, dass der Schuldgrundsatz nur für Sanktionen mit Strafcharakter gelten könne und die gegenständliche Vorschrift gerade keinen Strafcharakter habe, weil die Vorschrift eine Verschuldensvermutung anstelle.[81] Dem stellt sich der Generalanwalt in seinen Ausführungen entgegen. Nach seiner Ansicht haben Verwaltungssanktionen Strafcharakter. Der Schuldgrundsatz als eigenständiger übergeordneter Rechtsgrundsatz sei der Rechtsprüfung zugrunde zu legen und er komme auch in dem gegenständlichen Fall zur Anwendung.[82] Zur Frage der Anwendbarkeit des Schuldgrundsatzes nahm der *Europäische Gerichtshof* explizit keine Stellung. Allerdings wird darauf hingewiesen,[83] dass die Herabsetzung der Geldbuße mit einer Verletzung des Verhältnismäßigkeitsgrundsatzes durch die *Kommission* begründet wurde, welche die besonderen Umstände des Einzelfalls nicht berücksichtigte.[84]

32 In dem Verfahren, welches dem Urteil des Europäischen Gerichtshofs vom **29.2.1984 – Estel** zugrunde lag, machte das Unternehmen geltend, dass ein Verstoß gegen den Grundsatz *nulla poena sine culpa* vorliege, der als ungeschriebener fundamentaler Rechtsgrundsatz bereits in der Literatur nachgewiesen sei.[85] Der Generalanwalt *Slynn* verwies in diesem Verfahren auf die Schlussanträge des Generalanwalts *Verloren van Themaat* in der Rs. „Thyssen" und stimmte insofern dessen Ausführungen zu, wonach der Grundsatz „nulla poena

---

[78] Immenga/Mestmäcker WettbR/Biermann VO 1/2003 Vor Art. 23f. Rn. 61; Braun, Das Konzept der gesamtschuldnerischen Verantwortlichkeit von Konzerngesellschaften im europäischen Wettbewerbsrecht, 2018, 444.
[79] Tiedemann FS Jescheck, 1985, 1411 (1435); Pascu, Strafrechtliche Fundamentalprinzipien des Gemeinschaftsrechts, 2010, 154.
[80] Böse, Strafen und Sanktionen im europäischen Gemeinschaftsrecht, 1996, 152.
[81] Dazu Schlussanträge des Generalanwalts van Themaat v. 6.7.1983, EuGH v. 16.11.1983 – C 188/82, ECLI:EU:C:1983:329, Slg 1983, 3721 (3739), BeckRS 2004, 72100 – Thyssen.
[82] Dazu Schlussanträge des Generalanwalts van Themaat v. 6.7.1983, EuGH v. 16.11.1983 – C 188/82, ECLI:EU:C:1983:329, Slg 1983, 3721 (3740, 3742), BeckRS 2004, 72100 – Thyssen; weitere Nachweise bei Engels, Unternehmensvorsatz und Unternehmensfahrlässigkeit im Europäischen Kartellrecht, 2002, 71 Fn. 415.
[83] Engels, Unternehmensvorsatz und Unternehmensfahrlässigkeit im Europäischen Kartellrecht, 2002, 73.
[84] EuGH v. 16.11.1983 – C 188/82, ECLI:EU:C:1983:329, Slg. 1983, 3721 (3736, Rn. 18), BeckRS 2004, 72100 – Thyssen.
[85] Pascu, Strafrechtliche Fundamentalprinzipien des Gemeinschaftsrechts, 2010, 155 mit Fn. 927, wonach die Klage des Unternehmens auf ein beigefügtes Gutachten von Tiedemann und auf Jeschecks Aufsatz „Die Strafgewalt übernationaler Gemeinschaften", ZStW 65 (1953), 496 verweist.

sine culpa" zu den allgemeinen Rechtsgrundsätzen der Gemeinschaftsrechtsordnung gehöre.[86] Der *Europäische Gerichtshof* entschied hier ebenso wie in der Sache *Thyssen*.[87]

Der *Europäische Gerichtshof* diskutiert im Verfahren der **Käserei Champignon**[88] die Frage, ob eine in Art. 11 der VO (EWG) 3665/87 vorgesehene Sanktion gegen den Grundsatz *nulla poena sine culpa* verstößt. Ohne eine direkte Äußerung zur Geltung des Schuldprinzips wird die Frage im Ergebnis aufgrund der mangelnden strafrechtlichen Natur der Sanktion[89] im konkreten Fall verneint. Der *Europäische Gerichtshof* scheint die Existenz dieses Prinzips jedoch zumindest mittelbar anzuerkennen.[90] Hierzu führt er in Rn. 35 aus:

„Da die in Artikel 11 I Unterabsatz 1 Buchstabe a der Verordnung Nr. 3665/87 vorgesehene Sanktion nur dann gegen den Grundsatz nulla poena sine culpa verstoßen kann, wenn sie strafrechtlicher Natur ist, ist zu prüfen, ob dieser Vorschrift strafrechtlicher Charakter zukommt."

Dann kommt er in Rn. 44 zu folgendem Ergebnis:

„Nach alledem kann der in Artikel 11 I Unterabsatz 1 Buchstabe a der Verordnung Nr. 3665/87 vorgesehenen Sanktion kein strafrechtlicher Charakter zugesprochen werden. Daraus folgt, dass der Grundsatz nulla poena sine culpa auf diese Sanktion nicht anwendbar ist."

Daraus lässt sich unmittelbar schließen, dass *nulla poena sine culpa* allein (!) deshalb nicht anwendbar ist, weil es sich nicht um eine strafrechtliche Sanktion handelt, was impliziert, dass dieser Grundsatz bei einer strafrechtlichen Sanktion sehr wohl anwendbar ist. Obwohl der *Europäische Gerichtshof* hier das Schuldprinzip nicht explizit anerkennt, lässt dieses Urteil nur den Schluss zu, dass er von dessen Existenz ausgeht.[91]

Jedoch führt der Gerichtshof ergänzend aus, „dass eine Sanktion, selbst wenn sie keinen strafrechtlichen Charakter besitzt, nur dann verhängt werden darf, wenn sie auf einer klaren und unzweideutigen Rechtsgrundlage beruht. Außerdem müssen die Vorschriften des Gemeinschaftsrechts nach ständiger Rechtsprechung im Einklang mit dem Grundsatz der Verhältnismäßigkeit stehen".[92] Dies mag erklären, weshalb in der Literatur teilweise davon ausgegangen wird, dass der Europäische Gerichtshof das Schuldprinzip der Sache nach im allgemeinen Verhältnismäßigkeitsgrundsatz aufgehen lässt.[93] Allerdings ist hier zu beachten, dass dies höchstens für die Strafzumessungsschuld in Betracht kommen kann.[94] Denn diese ist graduierbar, sodass die Strafe in ein angemessenes Verhältnis zur Schuld gesetzt werden kann (vgl. Art. 49 Abs. 3 GRCh).[95] Die Strafbegründungsschuld (also das „Ob" der Strafbarkeit) kann für sich genommen nicht abgestuft werden.[96] Diese kann damit nicht im Verhältnismäßigkeitsgrundsatz aufgehen.

---

[86] EUG, Schlussanträge des Generalanwalts Slynn v. 30.11.1984, Rs. 270/82, Slg. 1984, S. 1220, 1225 – Estel/Kommission; Pascu, Strafrechtliche Fundamentalprinzipien des Gemeinschaftsrechts, 2010, 155.
[87] EuGH v. 30.11.1984 – C 270/82, ECLI:EU:C:1984:84, Slg. 1984, 1195, 1214, Rn. 12, BeckRS 2004, 72826 – Estel/Kommission.
[88] EuGH v. 11.7.2002 – C 210/00, ECLI:EU:C:2002:440, Slg. 2002, I- 6453, Rn. 35, 44ff., 49, BeckRS 2004, 74993 – Käserei Champignon.
[89] Hierbei weist der Europäische Gerichtshof explizit darauf hin, dass sich der Betroffene freiwillig in das System der Beihilfe begeben habe und damit mit den strengen absichernden Vorschriften leben müsse, vgl. EuGH v. 11.7.2002 – C 210/00, ECLI:EU:C:2002:440, Slg. 2002, I- 6453, BeckRS 2004, 74993, Rn. 41.
[90] Hochmayr ZIS 2016, 226 (230).
[91] Dästner, Bestimmtheitsgrundsatz und Schuldprinzip im EU-Kartellbußgeldrecht, 2016, 49.
[92] EuGH v. 11.7.2002 – C 210/00, ECLI:EU:C:2002:440, Slg. 2002, I- 6453, BeckRS 2004, 74993, Rn. 52.
[93] Vogel, Voraussetzungen und Ausschluss der subjektiven Zurechnung, in Tiedemann, Wirtschaftsstrafrecht in der Europäischen Union, 2002, 125, 134; Hörster, Die strict liability des englischen Strafrechts, 2009, 116; U. Neumann, Das Corpus Juris, in Huber (Hrsg.), Das Corpus Juris als Grundlage eines Europäischen Strafrechts, 2000, S. 67, 71; aA Schünemann/Suárez González/Dannecker, Bausteine des europäischen Wirtschaftsstrafrechts, 1994, 331 (341) der hierin die Anerkennung des Schuldgrundsatzes sieht.
[94] Immenga/Mestmäcker WettbR/Biermann VO 1/2003 Art. 23 Rn. 61.
[95] Schaut, Europäische Strafrechtsprinzipien, 2012, 226.
[96] Schaut, Europäische Strafrechtsprinzipien, 2012, 228; Puig FS Hassemer, 2010, 532.

2. Verbot objektiver strafrechtlicher Verantwortlichkeit

37 Eine objektive strafrechtliche Verantwortlichkeit könnte abstrakt unverhältnismäßig und damit im Sinne des Verbots eines Systems der objektiven strafrechtlichen Verantwortlichkeit in Art. 49 Abs. 3 GRCh enthalten sein.[97] Dazu werden in der Literatur Bedenken dahingehend vorgetragen, dass verschuldensunabhängige Sanktionen schon nicht dem Geeignetheitskriterium entsprechen würden, da die Präventionswirkung des Strafrechts darauf beruhen würde, dass die Menschen fähig sind, ihr Verhalten an Normen auszurichten.[98]

38 In einigen Entscheidungen erkennt der *Europäische Gerichtshof* jedoch eine strafrechtliche Sanktionierung nach rein objektiven Gesichtspunkten an. So sprach sich der *Europäische Gerichtshof* soweit ersichtlich erstmals in seiner *Hansen*-Entscheidung von 10.7.1990 für die Vereinbarkeit von objektiven Systemen strafrechtlicher Sanktionierung mit dem Gemeinschaftsrecht aus.[99] Der Generalanwalt *Van Gerven* führte aus, dass es kein absolutes Verbot gäbe, ein solches System einzuführen, wenn dafür wichtige Interessen sprechen und bei der Anwendung der Strafvorschrift keine außergewöhnlich hohen Strafen verhängt werden.[100] Der *Europäische Gerichtshof* stellt in diesem Urteil fest, dass eine nationale Vorschrift, nach der strafrechtliche Verantwortlichkeit auch ohne Vorsatz oder Fahrlässigkeit begründet wird, nicht gegen die Grundsätze des allgemeinen Gemeinschaftsrechts verstoße, sofern diese verhältnismäßig sei. Dabei verwies er darauf, dass den Mitgliedstaaten ein Ermessensspielraum bei der Durchführung des Gemeinschaftsrechts zustehe, welcher auch die Sanktionen betreffe, mit denen Verstöße gegen Verbote belegt werden.[101] Aus dieser Entscheidung wird allerdings gefolgert, dass der *Europäische Gerichtshof* ein System objektiver strafrechtlicher Verantwortlichkeit nur insoweit als verhältnismäßig ansieht, als dessen Einführung aufgrund wichtiger Interessen erforderlich ist und keine außergewöhnlich hohen Strafen verhängt werden.[102]

39 Die Erklärung des *Europäischen Gerichtshofs*, dass eine Strafe aufgrund objektiver Verantwortlichkeit im Einklang mit den allgemeinen Grundsätzen des (damaligen) Gemeinschaftsrecht stehe, könnte gegen die Anerkennung des Schuldprinzips sprechen.[103] Dagegen wird vorgebracht, dass diese Reaktion des *Europäischen Gerichtshofs* nicht den Schluss zulasse, dass auch auf supranationaler Ebene auf ein Verschuldenserfordernis verzichtet werden könne.[104] So wird etwa darauf verwiesen, dass der *Europäische Gerichtshof* den Mitgliedstaaten lediglich einen Ermessensspielraum lassen und eine harmonische Integration der Durchführungsvorschriften gewährleisten wolle[105] sowie, dass sich die Geltung eines europäischen Schuldprinzips nur auf das Unionsrecht selbst beschränke.[106]

40 Dass eine Relativierung des Schuldprinzips in Bezug auf unionsrechtliche Normen, deren Geltung durch nationale Strafvorschriften bewehrt wird, zulässig ist, wird auch dadurch nachvollziehbar, dass der *Europäische Gerichtshof* auf diese Weise einen Eingriff in den

---

[97] Schaut, Europäische Strafrechtsprinzipien, 2012, 226.
[98] Schaut, Europäische Strafrechtsprinzipien, 2012, 227 Fn. 866: Schmoller FS Otto, 2007, 453 (460); Frister, Schuldprinzip, Verbot der Verdachtsstrafe und Unschuldsvermutung als materielle Grundprinzipien des Strafrechts, 1988, 20 mwN.
[99] EuGH v. 10.7.1990 – C-326/88, Rn. 16, 20 – Hansen; so im Ergebnis auch: EuGH v. 2.10.1991 – C-7/90, Rn. 18 – Vandevenne; EuGH v. 9.2.2012 – C-210/10, BeckRS 2012, 80284, Rn. 47f.; EuGH v. 13.11.2014 – C 443/13, Rn. 42 – Reindl.
[100] EUGH Schlussanträge des Generalanwalts van Gerven v. 5.12.1989, Rs. C-326/88, Slg. 1990, I-2919, Rn. 16 – Hansen.
[101] EuGH v. 10.7.1990 – C-326/88, Rn. 17f. – Hansen.
[102] Vgl. Engels, Unternehmensvorsatz und Unternehmensfahrlässigkeit im Europäischen Kartellrecht, 2002, 73f.
[103] Hochmayr ZIS 2016, 226 (230); Boms ZD 2019, 536 (537); vgl. Schaut, Europäische Strafrechtsprinzipien, 2012, 237 mwN in Fn. 929.
[104] Schünemann/Suárez González/Dannecker, Bausteine des europäischen Wirtschaftsstrafrechts, 1994, 331 (342); Böse, Strafen und Sanktionen im europäischen Gemeinschaftsrecht, 1996, 160.
[105] Böse, Strafen und Sanktionen im europäischen Gemeinschaftsrecht, 1996, 160.
[106] Böse/Stuckenberg Europäisches Strafrecht, 2013, § 10 Rn. 17.

den Mitgliedstaaten vorbehaltenen Bereich des Kriminalstrafrechts vermeidet.[107] Durch die Billigung der verschuldensunabhängigen Haftung im Recht eines Mitgliedstaates achtet der *Europäische Gerichtshof* lediglich auf eine Unabhängigkeit der mitgliedstaatlichen Rechtsordnung, ohne die Rechtmäßigkeit von verschuldensunabhängigen strafrechtlichen Sanktionen ins Unionsrecht zu übertragen.[108]

Deshalb kann die Zurückhaltung des Gerichtshofs in der Sache „Hansen" (und der anschließenden Rechtsprechung) auch nicht dahingehend gedeutet werden, dass bei supranationalen Sanktionen auf das Verschuldenserfordernis verzichtet wird,[109] sodass daraus keine Schlussfolgerungen gegen die Geltung des Schuldprinzips als unionsrechtlichem Rechtsgrundsatz[110] gezogen werden.[111] Vielmehr ist immer danach zu differenzieren, ob es sich um nationales Recht handelt, welches Unionsrecht durchführt, oder ob es sich direkt um unionsrechtliche Sanktionen handelt. 41

IV. Ableitung aus der Menschenwürde, Art. 1 GRCh

Die Menschenwürdegarantie ist in Art. 1 GRCh explizit normiert. Das deutsche *Bundesverfassungsgericht* leitet in seiner Lissabon-Entscheidung den Schuldgrundsatz direkt aus dem Menschenwürdegehalt des Grundgesetzes ab.[112] Allerdings lässt sich dagegen anführen, dass sich der Menschenwürdegehalt nur auf den individualisierten – auf den Menschen bezogenen – Schuldgrundsatz beziehen könne.[113] Beispielsweise wird mit Blick auf die Diskussion eines Strafrechts von Verbänden – bei Akzeptanz des Ausgangspunktes, den Verband selbst als Akteur zu sehen – der „soziale Schuldvorwurf" diskutiert, der auf ein Auswahl- und Organisationsverschulden des Verbandes abstellt.[114] So gehen auch der *Europäische Gerichtshof* und die *Kommission* von einer eigenen Schuldfähigkeit der Unternehmen aus.[115] Es finden sich – soweit ersichtlich – in den Ausführungen des *Europäischen Gerichtshofs* zum Schuldprinzip nirgends Bezüge zur Menschenwürdegarantie. Da es bei der Sanktionierung von Datenschutzverstößen auch um die Sanktionierbarkeit von Unternehmen geht, welche sich selbst nicht auf die Menschenwürde berufen können, soll dies an dieser Stelle nicht weiter vertieft werden und die Schlussfolgerung ausreichen, dass ein europäischer Schuldgrundsatz jedenfalls in Bezug auf Unternehmen nicht aus der Menschenwürdegarantie ableitbar ist. 42

V. Zusammenfassung

Auch wenn die Herleitung strittig ist, so herrscht doch die Auffassung vor, dass der Schuldgrundsatz ein allgemeiner Rechtsgrundsatz des Unionsrechts ist.[116] Dabei wird 43

---

[107] Pascu, Strafrechtliche Fundamentalprinzipien des Gemeinschaftsrechts, 2010, 160.
[108] Tsolka, Der allgemeine Teil des europäischen supranationalen Strafrechts iwS, 1995, 218; Dästner, Bestimmtheitsgrundsatz und Schuldprinzip im EU-Kartellbußgeldrecht, 2016, 48.
[109] Schünemann/Suárez González/Dannecker, Bausteine des europäischen Wirtschaftsstrafrechts, 1994, 331 (342).
[110] Böse, Strafen und Sanktionen im europäischen Gemeinschaftsrecht, 1996, 160; Dästner, Bestimmtheitsgrundsatz und Schuldprinzip im EU-Kartellbußgeldrecht, 2016, 48.
[111] Tsolka, Der allgemeine Teil des europäischen supranationalen Strafrechts iwS, 1995, 218.
[112] BVerfGE 123, 267, Rz. 364 – Lissabon.
[113] Jahn, „There is no such thing as too big to jail" – Zu den verfassungsrechtlichen Einwänden gegen ein Verbandsstrafgesetzbuch unter dem Grundgesetz, in Jahn/Schmitt-Leonardy/Schoop, Das Unternehmensstrafrecht und seine Alternativen, 2016, 53 (73 f.); vgl. auch Henssler u. a., Begründung zum Kölner Entwurf des VerbSanktG, 2017, 22.
[114] Tiedemann NJW 1988, 1169 (1172 f.); Dannecker GA 2001, 101 (112); Hilf NZWiSt 2016, 189, (190 ff.).
[115] Schünemann/Suárez González/Dannecker, Bausteine des europäischen Wirtschaftsstrafrechts, 1994, 331 (342 f.); Tsolka, Der Allgemeine Teil des europäischen supranationalen Strafrechts iwS, 1995, 223 ff.; Heine ZStrR 2007, 105 (118) mwN.
[116] Schünemann/Suárez González/Dannecker, Bausteine des europäischen Wirtschaftsstrafrechts, 1994, 331 (341 f.); Fromm ZIS 2007, 279 (287); Tiedemann FS Jescheck, 1985, 1411 (1435); Tiedemann NJW

grundsätzlich von der Prämisse ausgegangen, dass der Inhalt eines allgemeinen unionsrechtlichen Rechtsgrundsatzes sowohl aus den Dogmatiken der nationalen Rechtsordnungen als auch aus den Spezifika der mitgliedstaatlichen Begriffe herauszulösen ist.[117] Die Rechtsprechung des *Europäischen Gerichtshofs* wird als Anhaltspunkt – im Sinne eines impliziten Anerkenntnisses – dafür genommen, dass dieser den Schuldgrundsatz als allgemeinen Rechtsgrundsatz versteht, wobei insbesondere auf die *Käserei Champignon*[118] und die *Thyssen*[119] Entscheidung abgestellt wird.

44 Diesen Argumenten ist zuzustimmen, zumal auch der Resolutionsentwurf des *Internationalen Strafrechtskongresses* von 1987 bereits die Empfehlung enthielt, die Verhängung von Verwaltungssanktionen von der persönlichen Vorwerfbarkeit (Vorsatz oder Fahrlässigkeit) abhängig zu machen.[120] Außerdem hat der *Rat der Europäischen Union* die Geltung des Schuldprinzips ausdrücklich bestätigt, indem dieser als Orientierungspunkt für Beratungen im Bereich des Strafrechts festlegte, dass die Strafgesetzgebung der *Europäischen Union* grundsätzlich nur Strafen für Handlungen vorsehen solle, die vorsätzlich begangen wurden, während fahrlässige Handlungen nur dann unter Strafe gestellt werden sollten, wenn eine Prüfung des Einzelfalls zeigt, dass dies aufgrund der besonderen Bedeutung der zu schützenden Rechte oder wesentlichen Interessen zweckmäßig ist (zB bei grob fahrlässigen Handlungen, die Menschenleben gefährden oder großen Schaden verursachen).[121] Handlungen, die weder vorsätzlich noch fahrlässig begangen wurden, dh wenn eine verschuldensunabhängige Haftung gegeben ist, sollten dagegen in der EU-Strafgesetzgebung nicht unter Strafe gestellt werden.[122] Zudem hat sich auch die *Kommission* ausdrücklich zum Schuldprinzip bekannt.[123]

E. Materielle Ausgestaltung durch das Unionsrecht

I. Überblick

45 Mit dem Art. 83 DS-GVO wurden die Sanktionen erheblich verschärft. Dies gilt sowohl für eine Ausweitung der Haftungstatbestände als auch die mögliche Höhe einer Bußgeldanordnung.[124] So können bei Verstößen gegen organisatorische Regelungen bis zu 10 Mio. EUR oder 2 % des weltweiten Jahresumsatzes eines betroffenen Unternehmens als

---

1993, 23 (28 f.); Hildebrandt, Der Irrtum im Bußgeldrecht der Europäischen Gemeinschaften, 1990, 32 ff; Tsolka, Der allgemeine Teil des europäischen supranationalen Strafrechts iwS, 1995, 217 ff.; Böse, Strafen und Sanktionen im europäischen Gemeinschaftsrecht, 1996, 150, 152 (explizit auch für Verwaltungssanktionen), 160 f.; Schwarze/Becker/Hatje/Schoo/Böse, EU-Kommentar, 4. Aufl. 2019, Art. 83 AEUV Rn. 18; auf die allgemeine Literaturansicht verweisend Hochmayr ZIS 2016, 226 (230) und Böse/Stuckenberg, Europäisches Strafrecht, 2013, § 10 Rn. 17.

[117] Engels, Unternehmensvorsatz und Unternehmensfahrlässigkeit im Europäischen Kartellrecht, 2002, 72.
[118] EuGH v. 11.7.2002 – C 210/00, ECLI:EU:C:2002:440, Slg. 2002, I- 6453, 6496 ff., BeckRS 2004, 74993, Rn. 35, 44; vgl. Böse/Stuckenberg, Europäisches Strafrecht, 2013, § 10 Rn. 17; Hochmayr ZIS 2016, 226 (230).
[119] EuGH v. 16.11.1983 – C 188/82, ECLI:EU:C:1983:329, Slg 1983, 3721 (3737), BeckRS 2004, 72100 – Thyssen; vgl. Böse, Strafen und Sanktionen im europäischen Gemeinschaftsrecht, 1996, 152; Schünemann/Suárez González/Dannecker, Bausteine des europäischen Wirtschaftsstrafrechts, 1994, 331, 341; Tiedemann NJW 1993, 23 (29).
[120] Böse, Strafen und Sanktionen im europäischen Gemeinschaftsrecht, 1996, 157 unter Verweis auf Avantprojet de Résolutions, XIVème Congrès International de Droit Pénal, Stockholm 14–17 Juin 1987, Nr. 1. b), RIDP 1988, 519 (520).
[121] Rat-Dok. 16542/2/09 REV 2 Nr. 6–8; Böse/Stuckenberg, Europäisches Strafrecht, 2013, § 10 Rn. 17.
[122] Rat-Dok. 16542/2/09 REV 2 Nr. 6–8; Böse/Stuckenberg, Europäisches Strafrecht, 2013, § 10 Rn. 17.
[123] Vgl. Mitteilung der Kommission: „Auf dem Weg zu einer europäischen Strafrechtspolitik: Gewährleistung der wirksamen Durchführung der EU-Politik durch das Strafrecht", KOM (2011) 573 endgültig, S.10; Böse/Stuckenberg, Europäisches Strafrecht, 2013, § 10 Rn. 17; dabei ist allerdings zu beachten, dass sich diese Ausführungen zwar mit Sicherheit auf das Kriminalstrafrecht beziehen, aber die Einbeziehung auch des Verwaltungssanktionenrechts offen ist.
[124] Faust/Spittka/Wybitul ZD 2016, 120, 122; Nolde, Sanktionen nach der EU-Datenschutzgrundverordnung, in Taeger, Smart world – smart law?, 2016, 757 (765 ff.).

Bußgelder verhängt werden. Wenn gegen die Grundsätze der DS-GVO, die Regelungen zur Rechtmäßigkeit der Datenverarbeitung oder die Rechte des Betroffen verstoßen oder eine Anweisung einer Datenschutzaufsichtsbehörde missachtet werden, kann nach Art. 83 Abs. 5 DS-GVO sogar ein Bußgeld bis zu 20 Mio. EUR oder 4% des weltweiten Jahresumsatzes eines Unternehmens ausgeworfen werden.

Soweit die Union mit dem Art. 83 DS-GVO eine Regelung im Bereich der Geldbußen vorgenommen hat, werden die nationalstaatlichen Vorschriften verdrängt. Die Mitgliedsstaaten selbst haben allerdings noch einen eigenen Gestaltungsspielraum bei der Festlegung etwaiger Geldbußen gegen Behörden und öffentliche Stellen, Art. 83 Abs. 7 DS-GVO.[125] Darüber hinaus steht die Befugnis zur Ausgestaltung von kriminalstrafrechtlichen Sanktionen nach wie vor den Mitgliedsstaaten zu, was durch Art. 84 Abs. 1 DS-GVO nur klargestellt wird. Damit können diese den Sanktionsrahmen wählen, der ihnen sachgerecht erscheint. Allerdings müssen die Mitgliedsstaaten die Vorgabe beachten, dass die Sanktionen wirksam, verhältnismäßig und abschreckend sind. Diesbezüglich ergibt sich aus der Anpassungsklausel des Art. 84 Abs. 1 DS-GVO[126] ein Regelungsauftrag an den deutschen Gesetzgeber, dem dieser mit der Schaffung der Strafvorschrift des § 42 BDSG (wonach Freiheitsstrafen bis zu drei Jahren oder Geldstrafen verhängt werden können) nachgekommen ist. Siehe zu § 42 BDSG: → § 8 Rn. 5 ff.

II. Anwendungsvorrang des Unionsrechts

Bei der Durchsetzung der datenschutzrechtlichen Sanktionen durch nationale Behörden ist fraglich, ob neben der Europäischen Grundrechtecharta auch die jeweiligen nationalen grundrechtlichen Vorgaben zu beachten sind.[127] Entscheidend hierfür ist, ob die Union selbst die Kompetenz zur Regelung von Sanktionen hat,[128] wie dies im Kartellordnungswidrigkeitenrecht[129] oder auch bei den Bußgeldanordnungen nach der DS-GVO der Fall ist. Dagegen ist die Übertragung der Befugnisse zur Verhängung der Verwaltungssanktionen auf die nationalen Aufsichtsbehörden unbeachtlich,[130] denn die materielle Rechtsgrundlage für diese Sanktionen ist allein das europäische Recht.[131] Bei der Auslegung einer unionsrechtlichen Vorschrift ist – soweit deren Regelungsrahmen reicht – nicht auf den jeweiligen nationalen Gehalt der Grundrechte zurückzugreifen, sondern es gelten die (verfassungsrechtlichen) Schranken des Unionsrechts, wie sie ihre Ausprägung in der Rechtsprechung des *Europäischen Gerichtshofs* gefunden haben.[132]

Jedoch wird der Anwendungsvorrang des Unionsrechts auch gegenüber nationalen Grundrechtsstandards vom *Bundesverfassungsgericht* nur insoweit anerkannt, als der in Art. 79 Abs. 3 GG geschützte Kerngehalt des Grundgesetzes nicht betroffen ist. Dieser darf auch nicht durch eine Einbindung in überstaatliche Strukturen unterschritten werden und ist deshalb integrationsfest.[133] Er umfasst neben den Staatsstrukturprinzipien des Art. 20 GG (Demokratieprinzip, Rechts- und Sozialstaatlichkeit, Republik und Bundesstaatlichkeit) „die für die Achtung der Menschenwürde unentbehrliche Substanz elementarer

---

[125] Vgl. Kühling/Martini EuZW 2016, 448 (452).
[126] Vgl. zur Terminologie des Art. 84 als „Verordnungs-Öffnungsklausel" (nach der Typologie der Handlungsform) und als „Anpassungsklausel" (nach der Typologie der Regelungsstruktur) Müller, Die Öffnungsklauseln der Datenschutzgrundverordnung, 2018, 94 ff., 175, 177.
[127] Dannecker FS Helmut Fuchs, 2014, 111 ff.
[128] Cornelius, Verweisungsbedingte Akzessorietät bei Straftatbeständen, 2016, 383 f.
[129] Vgl. EuGH NJW 2013, 3083 – Schenker.
[130] Vgl. Art. 58 Abs. 2 i) DS-GVO.
[131] Vgl. die Erarbeitung von Leitlinien für die nationalen Aufsichtsbehörden zur Bußgeldbemessung durch den Europäischen Datenschutzausschuss, Art. 70 Abs. 1 k) DS-GVO.
[132] So bereits LK-StGB/Dannecker/Schuhr § 1 Rn. 37; Brodowski StV 2021, 682 (687 f.); Cornelius FS Dannecker, 2023, 507 (515).
[133] BVerfGE 123, 267 (348) – Lissabon.

Grundrechte".[134] Das betrifft nach dem ausdrücklichen Hinweis des *Bundesverfassungsgerichts* in seiner Lissabon-Entscheidung auch das Schuldprinzip, wobei die Entscheidung diesbezüglich allein auf den Menschenwürdegehalt abhebt.[135] Bereits daraus lässt sich schließen, dass das *Bundesverfassungsgericht* mit Bezug auf das Schuldprinzip den Kerngehalt der Verfassung nur insoweit berührt sieht, als das Schuldprinzip auch auf den Menschenwürdegehalt des Art. 1 GG aufbaut. Gegenüber „künstlichen" Personen – welches auch juristische Personen respektive Unternehmen sind – lässt sich der Schuldgrundsatz jedoch gerade nicht mit der Menschenwürde begründen, sodass auch nicht die Lissabon-Entscheidung einem alleinigen Rückgriff auf den unionalen Schuldgrundsatz entgegensteht.[136] Nun hat das *Bundesverfassungsgericht* – bezeichnenderweise in seiner *Lesering*-Entscheidung zu schuldhaften Handlungen eines Unternehmens – auch das Rechtsstaatsprinzip als Grundlage für das Schuldprinzip (im Sinne der Vorwerfbarkeit) gesehen[137] und dabei betont, dass die „Anwendung strafrechtlicher Grundsätze (…) nicht grundsätzlich ausgeschlossen (ist – d. Verf.), wenn das Rechtssubjekt eine juristische Person ist".[138] Daraus lässt sich schließen, dass für das *Bundesverfassungsgericht* ein – vom Menschenwürdegehalt gelöster – Schuldvorwurf gegen Unternehmen denkbar und das deutsche Grundgesetz für eine Anpassung des Schuldprinzips auf unternehmensbezogene Verstöße offen ist.[139]

49 Das kann ein erweiterter, eigenständiger Schuldvorwurf sein, der vom Individualstrafrecht abzugrenzen ist und den Verband für eine korporative Verbandsschuld verantwortlich macht (vgl. hierzu auch die Inhaltsbestimmung des unionsrechtlichen Schuldbegriffs → Rn. 76 ff.).[140] So wird beispielsweise – bei Akzeptanz des Ausgangspunktes, den Verband als Akteur zu sehen – der „soziale Schuldvorwurf" diskutiert, der auf ein Auswahl- und Organisationsverschulden des Verbandes selbst abstellt (→ Rn. 80 ff.).[141] Es geht also um die spezifische Schuld des Unternehmens als eigenständig handelnder Akteur. Der Kerngehalt des Grundgesetzes ist bei einem solchen unternehmensbezogenen Schuldvorwurf nicht betroffen.

50 Siehe zu Gegenargumenten aus der Sicht der Verteidigung: → § 5 Rn. 77 ff.

51 Die materiellen Voraussetzungen einer ausschließlich auf unionsrechtliche Kompetenzen gestützten unmittelbar geltenden und *abschließend* geregelten Sanktion sind demnach allein auf der Grundlage des Unionsrechts zu entscheiden. Wegen des unionsrechtlichen Anwendungsvorrangs kommt es auch in Bezug auf betroffene Grundrechte allein auf den unionsrechtlichen Gehalt dieser Grundrechte an.[142]

III. Kartellrechtlicher Ausgangspunkt

52 Bei den Bußgeldtatbeständen der DS-GVO handelt es sich – ebenso wie im europäischen Kartellordnungswidrigkeitenrecht – um direkt anwendbare Sanktionen der Union. Das zunächst nur von der *Kommission* und später auch von den Mitgliedstaaten durchgesetzte europäische Kartellordnungswidrigkeitenrecht ist das am weitesten entwickelte Sanktionensystem des Unionsrechts.[143] Deshalb bietet es sich an, die (ungeschriebenen) Regeln

---

[134] Voßkuhle NVwZ-Beilage 2013, 27.
[135] BVerfGE 123, 267 (413) – Lissabon.
[136] Vgl. Cornelius ZIS 2020, 51 (61).
[137] BVerfGE 20, 323 (331).
[138] BVerfGE 20, 323 (335).
[139] Jahn/Schmitt-Leonardy/Schoop/Jahn, Das Unternehmensstrafrecht und seine Alternativen, 2016, 53 (73 f.).
[140] G. Dannecker/C. Dannecker NZWiSt 2016, 162 (175).
[141] Tiedemann NJW 1988, 1169 (1172 f.); Dannecker GA 2001, 101 (112); Hilf NZWiSt 2016, 189 (190 ff.); Cornelius ZRP 2019, 8 (10).
[142] Vgl. BVerfG NJW 2020, 314 ff. – Recht auf Vergessen II; Brodowski StV 2021, 682 (687 f.).
[143] Dannecker/Schroeder, in: Böse, Enzyklopädie des Europarechts, Bd. 11, 2. Aufl. 2021, § 8 Rn. 246.

des Allgemeinen Teils des Kartellordnungswidrigkeitenrechts auf die bußgeldrechtlichen Regeln der DS-GVO zu übertragen, dabei aber die datenschutzspezifischen Besonderheiten zu beachten.[144]

1. Unionsrechtliche Praxis

Der *Europäische Gerichtshof* und die *Kommission* gehen von einer eigenen Schuldfähigkeit der Unternehmen aus.[145] Dabei wird auf das Organisationsverschulden des Unternehmens abgestellt, wobei sich der Schuldvorwurf auf das Unterlassen von Vorsorgemaßnahmen stützt, welche notwendig wären, um einen ordnungsgemäßen Geschäftsbetrieb sicherzustellen[146] und für die Einhaltung der in den Sanktionsvorschriften enthaltenen Verbotsnormen zu sorgen.[147]

53

Außerdem hat der *Europäische Gerichtshof* bereits in seiner *Pioneer*-Entscheidung[148] ausgeführt, dass die Festsetzung einer Geldbuße im europäischen Kartellrecht weder eine Beteiligung noch Kenntnisse des Unternehmensinhabers voraussetzen, sondern es ausreicht, dass der Verstoß von einer Person begangen worden ist, die berechtigt ist, für das Unternehmen zu handeln.[149] Diese Rechtsprechung hat der *Europäische Gerichtshof* fortgeführt und in der *Volkswagen*-Entscheidung explizit auf das Interesse an einer effektiven Rechtsdurchsetzung hingewiesen.[150] Dies führt dazu, dass selbst das Verhalten externer Beauftragter dem Unternehmen zugerechnet werden kann.[151] Deshalb ist es nachvollziehbar, dass auch in Bezug auf DS-GVO-Bußgelder der Generalanwalt *Campos Sánchez-Bordona* in seinen Schlussanträgen davon ausgeht, „wenn die Verstöße von natürlichen Personen (Mitarbeitern im weiteren Sinne) begangen wurden, die im Rahmen der unternehmerischen Tätigkeit des Unternehmens und unter der Aufsicht der zuerst genannten Personen handeln".[152]

54

Diese unionsrechtliche Praxis orientiert sich an der französischen „faute de service" des Verwaltungsrechts, „dem Fehlfunktionieren oder der Fehlorganisation der Verwaltung".[153] Dies ist vor dem Hintergrund nachvollziehbar, dass in einem Unternehmen Planung, Entscheidung und Ausführung typischerweise arbeitsteilig organisiert sind und es die eine Individualverantwortung für „die" Straftat, bei der Tatbestand, Rechtswidrigkeit und Schuld in einer Person zusammentreffen müssen, häufig nicht gibt.[154] Der tatsächlich handelnde Mitarbeiter, der sich in einer gegen Art. 101, 102 AEUV verstoßenden Weise verhalten hat, muss nicht ermittelt werden.[155]

55

Es muss weder festgestellt werden, wer konkret gehandelt hat, noch dass diese Person ein persönlicher Schuldvorwurf trifft; es reicht ein formales organisatorisches Verschulden aus.[156] Allerdings ist das Bestreben erkennbar, in der Unternehmenshierarchie möglichst

56

---

[144] Vgl. Dannecker/Schroeder, in: Böse, Enzyklopädie des Europarechts, Bd. 11, 2. Aufl. 2021, § 8 Rn. 331.
[145] Vgl. Schünemann/Suárez González/Dannecker, Bausteine des europäischen Wirtschaftsstrafrechts, 1994, 331, 342f.; Tsolka, Der Allgemeine Teil des europäischen supranationalen Strafrechts iwS, 1995, 223ff.; Heine ZStRrR 2007, 105 (118) mwN.
[146] Immenga/Mestmäcker WettbR/Biermann VO 1/2003 Vor Art. 23f. Rn. 185.
[147] Vgl. Böse ZStW 126 (2014), 132 (147).
[148] EuGH v. 7.6.1983, verb. Rs. 100–103/80, ECLI:EU:C:2003:473, Slg. 1983, 1825 Rn. 97, BeckRS 2003, 154494 – S.A. Musique Diffusion Francaise (Pioneer).
[149] Fromm ZIS 2007, 279 (285f.); Eser/Huber/Dannecker, Strafrechtsentwicklung in Europa, 1995, 2055.
[150] EuGH v. 18.9.2003, C-338/00 P, ECLI:EU:C:2003:473, Slg. 2003, I-9189 Rn. 94ff., BeckRS 2003, 154494 – Volkswagen; dasselbe Argument hat auch der U.S. Supreme Court verwendet U.S. Supreme Court, 212 U. S. 481, 495.
[151] EuG v. 15.12.2010 – T-141/08, ECLI:EU:T:2010:516, Slg. 2010, II-5761, Rn. 258, BeckRS 2010, 91435 – E.ON Energie.
[152] Schlussanträge des Generalanwalts Manuel Campos Sánchez-Bordona v. 27.4.2023, Rs. C-807/21, ECLI:EU:C:2023:360, Rn. 57.
[153] Schünemann/Suárez González/Dannecker, Bausteine des europäischen Wirtschaftsstrafrechts, 1994, 331 (342).
[154] Vgl. Jahn/Schmitt-Leonardy Der Konzern, 2021, 352.
[155] Bürger NZKart 2017, 624 (626).
[156] Immenga/Mestmäcker WettbR/Biermann VO 1/2003 Vor Art. 23f. Rn. 184.

hochstehende natürliche Personen zu benennen, die – auch wenn sie nicht selbst den Wettbewerbsverstoß ausgeführt haben – zumindest Kenntnis von dem wettbewerbswidrigen Verhalten hatten.[157]

2. Parallelen zur Respondeat Superior Doktrin

57 Dieser Ansatz weist frappierende Ähnlichkeiten zur Verantwortlichkeit von Unternehmen in den USA auf.[158] Nach den dortigen Rechtsvorstellungen ist ein Verbandsverschulden anerkannt.[159] Seit der Entscheidung *New York Central Hudson River Railroad Company vs. United States*[160] wird ein Unternehmen (verstanden als corporate person) auf der Grundlage der (zivilrechtlich geprägten) *respondeat superior* Doktrin verantwortlich gemacht, wenn ein beliebiger Mitarbeiter im Rahmen seines Beschäftigungsverhältnisses und im Interesse des Unternehmens eine Straftat begangen hat.[161] Zur Begründung wird angeführt, dass das Unternehmen als Kollektiv – als auf dem Markt verselbständigt auftretendes soziales Wesen – begreifbar ist, welches sich das Wissen sämtlicher seiner Mitglieder zurechnen lassen muss.[162] Durch das Abstellen auf das „collective knowledge" wird es als ausreichend angesehen, wenn die Ausführungshandlung und der Tatvorsatz bei verschiedenen Mitarbeitern festgestellt werden.[163] Dabei ist nicht die Benennung desjenigen Mitarbeiters erforderlich, der die Tat begangen hat, da die strafrechtliche Verantwortlichkeit des Unternehmens nicht die eines Mitarbeiters voraussetzt, sondern gegebenenfalls neben diese tritt.[164] Immerhin wird die Errichtung einer „Compliance Organisation" im Rahmen der Strafzumessung berücksichtigt, um dem Einwand zu begegnen, dass eine Bestrafung von Unternehmen für Taten von Mitarbeitern, die damit gegen unternehmensinterne Richtlinien verstoßen, keinen Sinn macht.[165]

3. Parallelen zum deutschen Recht

58 Dass die eigentlich handelnde Person nicht unbedingt ermittelt werden muss, ist auch dem deutschen Recht nicht fremd. So besteht die Möglichkeit, im selbständigen Verfahren nach § 30 Abs. 4 OWiG die juristische Person oder Personenvereinigung zu belangen, selbst wenn nicht feststeht, welcher von mehreren in Frage kommenden Verantwortlichen die Aufsichtspflicht nicht erfüllt hat. Dann ist es für die Verhängung einer Sanktion ausreichend, wenn eine vorsätzliche oder fahrlässige Tat irgendeiner zurechnungsrelevanten Person vorgelegen hat.[166] Im Übrigen ist es auch für die Feststellung einer Aufsichtspflichtverletzung nach § 130 OWiG nur erforderlich, dass die eigentliche Zuwiderhandlung von einem Betriebsangehörigen begangen wurde, ohne dass die tatsächlich handelnde Person zu individualisieren ist. Denn es soll nicht darauf ankommen, wer den betriebsbezogenen Pflichten zuwidergehandelt hat, wenn feststeht, dass der Betriebsinhaber die Pflichtverletzung bei gehöriger Aufsicht hätte vermeiden oder wesentlich erschweren können.[167]

---

[157] Dannecker/Fischer-Fritsch, Das EG-Kartellrecht in der Bußgeldpraxis, 1989, 279.
[158] Tiedemann NJW 1986, 1842; Böse ZStW 126 (2014), 132 (136); Bürger NZKart 2017, 624 (625 f.).
[159] Vgl. nur Schünemann, Unternehmenskriminalität und Strafrecht, 1979, 193 ff.; Tiedemann NJW 1986, 1842.
[160] U.S. Supreme Court, 212 U. S. 481, 492 ff. (1909), wobei auch der Supreme Court auf das Erfordernis einer effektiven Rechtsdurchsetzung abstellt (S. 495).
[161] Beale ZStW 126 (2014), 27 (32).
[162] Beale ZStW 126 (2014), 27 (34); Bürger NZKart 2017, 624 (625 f.).
[163] Böse ZStW 126 (2014), 132 (137).
[164] Hillemanns, Transnationale Unternehmen und Menschenrechte, 2004, 164.
[165] Böse ZStW 126 (2014), 132 (137).
[166] BGH NStZ 1994, 346; Engels, Unternehmensvorsatz und Unternehmensfahrlässigkeit im Europäischen Kartellrecht, 2002, 117.
[167] KK-OWiG/Rogall § 130 Rn. 110.

Ebenso kennt beispielsweise das Schweizer Modell die Möglichkeit einer Unternehmenssanktion, welche nach Art. 102 Abs. 1 StGB gerade bei einer nicht möglichen Ermittlung einer konkret verantwortlichen natürlichen Person ausgelöst wird.[168] 59

4. Gleichlauf zwischen Normadressat und Ahndungssubjekt im Kartellordnungswidrigkeitenrecht

Nach dem Schuldprinzip muss sich der Inhalt der Schuld auf das verwirklichte Unrecht beziehen.[169] Dies bedeutet, dass ein Unternehmen nur in dem Maße in die Pflicht genommen werden kann, wie es Normadressat der jeweiligen Verbotsnormen ist.[170] 60

Durch das funktionale Verständnis des kartellrechtlichen Unternehmensbegriffs gelingt es, das Vorliegen nur eines einzigen Unternehmens zum Zeitpunkt eines Rechtsverstoßes zu begründen, das sich aus der Mutter- und den abhängigen Tochtergesellschaften zusammensetzt.[171] Dieses Unternehmen – und nicht die juristischen Personen als Rechtsträger eines Unternehmens – ist als „wirtschaftliche Einheit" das wettbewerbsrechtlich verantwortliche Subjekt, welches als Normadressat der Verbotsnormen des europäischen Kartellrechts für die Zuwiderhandlung einzustehen hat.[172] Diese funktionale Anknüpfung ist unabhängig von einer Gewinnerzielungsabsicht,[173] der Art der Finanzierung[174] und der Rechtsform.[175] Damit ist ein Unternehmen eine wirtschaftliche Einheit, die aus einer einheitlichen Organisation personeller, materieller oder immaterieller Mittel besteht, welche dauerhaft einen wirtschaftlichen Zweck verfolgt.[176] Dabei ist es wegen der unionsrechtlichen Ausprägung unerheblich, ob ein Unternehmen eine juristische Person nach den jeweiligen nationalen Rechtsordnungen ist.[177] Damit sind sowohl Normadressat der Verbotsnorm als auch der Sanktionsauferlegung beim (eine wirtschaftliche Einheit darstellenden) Unternehmen identisch.[178] 61

Dieser Möglichkeit der „Zurechnung" von Kartellverstößen innerhalb eines Konzerns steht die Privilegierung für Absprachen innerhalb einer solchen wirtschaftlichen Einheit (das sog. Konzernprivileg) gegenüber.[179] Denn die Feststellung einer wirtschaftlichen Einheit führt im Kartellrecht dazu, dass wegen eines fehlenden Wettbewerbs zwischen den Beteiligten auch die Möglichkeit von konzerninternen Wettbewerbsbeschränkungen abgelehnt wird, so dass Art. 101 f. AEUV auf die eine wirtschaftliche Einheit bildenden einzelnen Bestandteile nicht anwendbar ist.[180] Demnach ist es auch konsequent, dass die kartellrechtliche Sanktion das Unternehmen (die wirtschaftliche Einheit) insgesamt trifft, so wie dieses Unternehmen auch Adressat der Verbotsnormen ist. 62

---

[168] Hilf ZStW 126 (2014), 73 (98); Bürger NZKart 2017, 624 (626).
[169] EuGH v. 17.12.1980, Rs. 149/79, ECLI:EU:C:1980:297, Slg. 1980, 3881, Rn. 19, BeckRS 2004, 71711 – Kommission/Belgien.
[170] Vgl. G. Dannecker/C. Dannecker NZWiSt 2016, 162 (167).
[171] Vgl. EuGH v. 12.7.1984 – C-170/83, ECLI:EU:C:1984:271, Rn. 11, 12, BeckRS 1984, 110226 – Hydrotherm.
[172] G. Dannecker/C. Dannecker NZWiSt 2016, 162 (167); noch zu Art. 85, 86 EWGV Dannecker/Fischer-Fritsch, Das EG-Kartellrecht in der Bußgeldpraxis, 1989, 253.
[173] EuGH v. 16.11.1995 – C 244/94, ECLI:EU:C:1995:392, Rn. 21, BeckRS 2004, 75393 – Fédération francaise des sociétés d'assurance ua/Ministere d'Agriculture und de la Pêche.
[174] StRspr vgl. EuGH v. 23.4.1991 – C-41/90, ECLI:EU:C:1991:161, Rn. 21, BeckRS 1991, 1234 – Höfner und Elser.
[175] G. Dannecker/C. Dannecker NZWiSt 2016, 162 (167); Langen/Bunte/Hengst, Kartellrecht, 12. Aufl. 2014, AEUV Art. 101 Rn. 33.
[176] Calliess/Ruffert/Weiß AEUV Art. 101 Rn. 25.
[177] Calliess/Ruffert/Weiß AEUV Art. 101 Rn. 25; G. Dannecker/C. Dannecker NZWiSt 2016, 162 (166).
[178] Langen/Bunte/Hengst, Kartellrecht, 12. Aufl. 2014, AEUV Art. 101 Rn. 37.
[179] StRspr seit EuGH v. 31.10.1974 – C-15/75, ECLI:EU:C:1974:114, Rn. 41, – Centrafarm/Sterling Drug; vgl. Kamann/Miller NZKart 2016, 405 (408).
[180] EuGH v. 12.7.1984 – C-170/83, ECLI:EU:C:1984:271, Rn. 11, BeckRS 1984, 110226 – Hydrotherm; Langen/Bunte/Hengst, Kartellrecht, 12. Aufl. 2014, AEUV Art. 101 Rn. 34, 58 ff.

63 Davon zu unterscheiden ist die Verhängung des Bußgeldes, welches zur Absicherung der Vollstreckbarkeit der Verantwortlichkeit einer juristischen Person bedarf.[181] Demnach kommt es im europäischen Kartellordnungswidrigkeitenrecht zu einer Trennung des Adressaten der Verbotsnorm und des Entscheidungsadressaten.[182] Am ehesten lässt sich diese Unterscheidung dahingehend ausdrücken, dass das Unternehmen das Ahndungssubjekt ist, während die einzelnen Gesellschaften als Teil dieses Unternehmens zur Zahlung der Geldbuße herangezogen werden.[183] Dies bedeutet jedoch, dass diese Vorgehensweise allein praktischen Erwägungen bezüglich der Durchsetzbarkeit eines Bußgeldes geschuldet ist, aber nichts daran ändert, dass das Unternehmen genau in dem Maße in die Pflicht genommen wird, wie es auch Normadressat der kartellrechtlichen Verbotsnormen ist.

IV. Normadressat im Datenschutzrecht

64 Für die Sanktionen im Datenschutzrecht ist – wie im Kartellrecht (→ Rn. 52 ff.) – von dem Grundsatz auszugehen, dass nur der Normverpflichtete der (datenschutzrechtlichen) Verhaltensnormen für die Verletzung der (datenschutzrechtlichen) Pflichten einzustehen hat und sanktioniert werden kann.[184] Hierfür steht auch das Schuldprinzip, wonach der Inhalt der Schuld auf das Unrecht bezogen sein muss (→ Rn. 16 ff.). Dies bedeutet, dass jemand nur in dem Maße als „Verantwortlicher" in die Pflicht genommen werden kann, wie er Normadressat der datenschutzrechtlichen Verbotsnormen ist.[185]

1. Verantwortlicher für die Datenverarbeitung

65 Die Verbotsnormen der DS-GVO richten sich im Gegensatz zum europäischen Kartellrecht nicht an Unternehmen, sondern an den jeweiligen für die Datenverarbeitung „Verantwortlichen" (vgl. Art. 5 Abs. 2). Dieser ist nach der Legaldefinition des Art. 4 Nr. 7 DS-GVO „die natürliche oder juristische Person, Behörde, Einrichtung oder andere Stelle, die allein oder gemeinsam mit anderen über die Zwecke und Mittel der Verarbeitung von personenbezogenen Daten entscheidet". Dabei zeigt schon die Verwendung des Begriffs „andere Stelle", dass es nicht notwendigerweise auf die Rechtsfähigkeit (wie bei juristischen und natürlichen Personen), sondern auf die faktische (!) Macht, über Mittel und Zwecke der Datenverarbeitung zu entscheiden, ankommt.[186] Damit kann einerseits eine Parallele zum Kartellrecht gezogen werden, dass es nicht auf eine formale rechtliche Unternehmenskonzeption ankommt, sondern allein die faktische „tatsächliche" Entscheidungsgewalt maßgeblich ist. Andererseits bezieht sich diese nicht wie im Kartellrecht auf wirtschaftliche Erwägungen, sondern auf die Entscheidungsgewalt über die Datenverarbeitung.

66 Dies bedeutet, dass das schon nach dem früheren Datenschutzrecht geltende Verantwortungsprinzip[187] übernommen wird, wobei die DS-GVO daneben noch eine neue Pflichtenstellung des Auftragsverarbeiters etabliert.[188] Auch Art. 83 Abs. 3 DS-GVO spricht für dieses Prinzip, da es lediglich den Verstoß eines „Verantwortlichen" oder „Auftragsverarbeiters" anspricht; gleiches gilt für Art. 82 Abs. 1 DS-GVO, wonach allein der „Verant-

---

[181] Calliess/Ruffert/Weiß AEUV Art. 101 Rn. 33.
[182] Kritisch Grabitz/Hilf/Nettesheim/Stockenhuber AEUV Art. 101 Rn. 52, der eine Rückkehr zu dem allgemeinen Rechtsprinzip fordert, dass nur Rechtssubjekte Norm- und Entscheidungsadressaten sein können.
[183] G. Dannecker/C. Dannecker NZWiSt 2016, 162 (168) zu dieser Unterscheidung im Kartellrecht mit dem treffenden Argument, dass das Unternehmen im Gegensatz zur Gesellschaft keinen Briefkasten hat, an welchen man den Bußgeldbescheid adressieren kann.
[184] Vgl. Klaas ZdiW 2021, 34 (35).
[185] Vgl. G. Dannecker/C. Dannecker NZWiSt 2016, 162 (167).
[186] Artikel 29 Datenschutzgruppe, Stellungnahme 1/2010 zu den Begriffen „für die Verarbeitung Verantwortlicher" und „Auftragsverarbeiter", 00264/10/DE WP 169, 11.
[187] Vgl. bereits Art. 2 d) S. 1 RL 95/46/EG.
[188] Kamann/Miller NZKart 2016, 405 (409).

wortliche" oder „Auftragsverarbeiter" einer zivilrechtlichen Haftung unterliegt.[189] Ebenso zeigt ein Blick in Art. 83 Abs. 2 S. 2 lit. c), d), e), h) und i), dass es jeweils explizit um den „Verantwortlichen" bzw. „Auftragsverarbeiter" geht. Dies wird bestätigt durch Art. 83 Abs. 5 mit seinen Verweisen in lit. a) auf die Art. 5, 6, 7 und 9, in lit b) auf die Art. 12 bis 22 und schließlich auch Art. 58 DS-GVO, die jeweils den „Verantwortlichen" oder „Auftragsverarbeiter" in die Pflicht nehmen.

Danach ist das grundlegende Kriterium die Entscheidung über die Zwecke und Mittel (das „Ob" und „Wie") der Datenverarbeitung.[190] Üblicherweise wird es auf die faktischen Elemente eines Sachverhaltes ankommen, so dass die Frage zu stellen ist, warum und auf wessen Veranlassung eine Verarbeitung durchgeführt wird. Damit ist es unerheblich, ob formell (beispielsweise durch Vertrag) die Benennung eines Verantwortlichen erfolgt, wenn die Wirklichkeit dazu im Widerspruch steht, da diese Stelle tatsächlich keine Entscheidungsbefugnis hat; relevant ist allein, bei wem *de facto* die Macht zur Entscheidung liegt.[191]

Für den Fall, dass die Entscheidungsverantwortung einerseits über die Mittel und andererseits über die Zwecke der Datenverarbeitung auseinanderfällt, kommt es zu einer gemeinsamen Verantwortlichkeit. Bei einer Beteiligung mehrerer Stellen kann damit je nach deren Verhältnis zueinander entweder von einer gemeinsamen Verantwortung ausgegangen werden oder eine Zuschreibung zu der Stelle mit dem klar überwiegenden Einfluss erfolgen.[192] Diese Reduzierung der relevanten Merkmale für die Bestimmung der verantwortlichen Stelle war bereits bei Erlass der Datenschutzrichtlinie intendiert.[193]

Damit lässt sich festhalten, dass – anders als im europäischen Kartellrecht – der Normadressat sowohl der Verhaltens- als auch der Sanktionsnormen der „Verantwortliche" gem. Art. 4 Nr. 7 DS-GVO ist. Dann wird das Unrecht – bei der hier zugrunde gelegten Anerkennung einer eigenen Schuldfähigkeit auch nicht-natürlicher Entitäten – durch die verantwortliche Stelle begangen, unabhängig davon, ob es sich um eine natürliche Person oder eine irgendwie geartete juristische Entität handelt.

2. Verhältnis zwischen „Verantwortlichem" und „Unternehmen"

Durch die DS-GVO erfolgt im Bereich der Unternehmenssanktionierung zweifellos eine Annäherung von Kartell- und Datenschutzrecht. So wird im Erwägungsgrund 150 der DS-GVO für die Auferlegung von Geldbußen auf den primärrechtlichen Begriff des Unternehmens nach Art. 101 und 102 AEUV verwiesen, der bereits seit geraumer Zeit im europäischen Kartellrecht Anwendung findet. Allerdings ist – ausgehend von der Prämisse eines Gleichlaufs zwischen dem Normadressat der Verbotsnormen und dem Ahndungssubjekt[194] – herauszuarbeiten, was sich aus der Stellung des datenschutzrechtlich Verantwortlichen als Normadressat für die Sanktionierung von Unternehmen folgern lässt.

Zunächst ist die Reichweite des in Art. 83 Abs. 4–6 DS-GVO verwendeten Unternehmensbegriffs zu bestimmen. Nach dem Verweis auf den primärrechtlichen Begriff des Unternehmens im Erwägungsgrund 150 S. 3 DS-GVO liegt es nahe, dass im Gleichlauf mit dem europäischen Kartellrecht die „wirtschaftliche Einheit" maßgeblich sein soll.[195] Hierfür soll sprechen, dass so die Auslagerung der Datenverarbeitung auf eine unterkapitalisierte Tochtergesellschaft verhindert werden könne, welche etwaige Sanktionsdrohungen ins

---

[189] Kamann/Miller NZKart 2016, 405 (409); vgl. jedoch auch das Vorabentscheidungsersuchen des BVerwG an den EuGH (Az.: 2016/C260/24), ABl. C 260, 18.7.2016, 18 ff. mit der Frage, ob ggf. auch die Haftung einer Stelle in Betracht kommt, die nicht im Sinne des Art. 2 Buchst. d) RL 95/46/EG für die Datenverarbeitung verantwortlich ist.
[190] Kamann/Miller NZKart 2016, 405 (408).
[191] Artikel 29 Datenschutzgruppe, Stellungnahme 1/2010 zu den Begriffen „für die Verarbeitung Verantwortlicher" und „Auftragsverarbeiter", 00264/10/DE WP 169, 11.
[192] Simitis/Damann BDSG § 3 Rn. 224, 226.
[193] Grabitz/Hilf/Brühann, Recht der EU, 40. Aufl. 2009, A 30/Art. 2 Rn. 19.
[194] Vgl. hierzu die Ausführungen unter → Rn. 60.
[195] So LG Bonn v. 11.11.2020 – 29 OWi 1/20, BeckRS 2020, 35663, Rn. 59; vgl. Ambrock ZD 2020, 492 (493).

Leere laufen lassen würde.[196] Obwohl diese Argumentation aus kartellrechtlicher Sicht nachvollziehbar ist, greift sie nicht im Datenschutzrecht. Schon das Fehlen eines mit dem „kartellrechtlichen Konzernprivilegs"[197] vergleichbaren „datenschutzrechtlichen Konzernprivilegs" spricht gegen eine unbesehene Übernahme des kartellrechtlichen Unternehmensbegriffs.[198] Außerdem entlässt die Auslagerung der Datenverarbeitung auf eine unterkapitalisierte Tochtergesellschaft die Muttergesellschaft bereits bei Anwendung der datenschutzrechtlichen Grundsätze nicht aus der Verantwortung. Denn wenn die Muttergesellschaft in irgendeiner Form Einfluss auf Mittel und Zweck der Datenverarbeitung bei der Tochtergesellschaft nimmt – diese also für sich nutzbar machen möchte – ist diese Muttergesellschaft entweder schon selbst die verantwortliche Stelle nach Art. 4 Nr. 7 DS-GVO oder es kommt zumindest eine gemeinsame Verantwortlichkeit nach Art. 26 DS-GVO in Betracht.[199]

72 Außerdem würde selbst eine Anwendung des kartellrechtlichen Unternehmensbegriffs im Rahmen des Art. 83 Abs. 4–6 DS-GVO nicht dazu führen, dass für die haftungs*begründenden* Voraussetzungen auf den kartellrechtlichen Unternehmensbegriff abzustellen ist. Denn die Abs. 4–6 des Art. 83 beziehen sich allein auf den Sanktionsrahmen (also die Rechtsfolgen) und nicht auf die Haftungsbegründung.[200] Gleiches gilt für die Formulierung des Erwägungsgrundes 150 S. 3 DS-GVO, der darauf schließen lässt, dass erst *nach* der Klärung der Haftungsbegründung, wenn „Geldbußen Unternehmen auferlegt" werden (und damit die Haftungsbegründung feststeht), der Unternehmensbegriff nach Erwägungsgrund 150 S. 3 selbst zur Anwendung kommen soll.[201] In diese Richtung äußert sich nun auch der Generalanwalt *Campos Sánchez-Bordona* in seinen Schlussanträgen.[202]

73 Diese Differenzierung bei den Begrifflichkeiten wird durch einen Blick in die englischsprachige Fassung der DS-GVO bestätigt.[203] Im Gegensatz zur deutschsprachigen Fassung, die den Begriff des „Unternehmens" ohne Differenzierung in Art. 4 Nr. 18 sowie Art. 83 Abs. 4–6 und Erwägungsgrund 150 verwendet, wird dort zwischen „enterprise" nach Art. 4 Nr. 18 und „undertaking" nach Art. 83 Abs. 4–6 und Erwägungsgrund 150 ausdrücklich unterschieden. Demnach ist „undertaking" im Sinne des Art. 83 Abs. 4–6 und des Erwägungsgrundes 150 S. 3 nicht von der (englischsprachigen) Begriffsbestimmung in Art. 4 Nr. 18 erfasst, sodass zwischen dem „Unternehmen" (undertaking) im Sinne des Art. 83 Abs. 4–6 iVm Erwägungsgrund 150 S. 3 DS-GVO und einem „Unternehmen" (enterprise) nach Art. 4 Nr. 18 DS-GVO strikt zu unterscheiden ist.[204]

74 Damit kann für die *Haftungsbegründung* nicht auf den kartellrechtlichen Unternehmensbegriff abgestellt werden. Allein der für die Datenverarbeitung „Verantwortliche" ist der Bußgeldadressat (vgl. oben). Nur wenn dieser Verantwortliche auch ein Unternehmen (also eine „enterprise" im Sinne des 4 Nr. 18 DS-GVO) ist, kann ein Unternehmen („en-

---

[196] Vgl. nur Uebele EuZW 2018, 440 (444); Martini/Wagner/Wenzel VerwArch, 2018, 163 (173).
[197] Vgl. oben zu Fn. 197.
[198] Vgl. hierzu bereits Cornelius NZWiSt 2016, 421 (425 f.).
[199] Hierzu Cornelius FS Dannecker, 2023, 509 (510).
[200] Venn/Wybitul NStZ 2021, 204 (206).
[201] Klaas ZdiW 2021, 34 (35); ebenso Cornelius FS Dannecker, 2023, 509 (510).
[202] Schlussanträge des Generalanwalts Manuel Campos Sánchez-Bordona vom 27.4.2023, Rs. C-807/21, ECLI:EU:C:2023:360, Rn. 48: „Die tatsächliche oder materielle Definition von „Unternehmen", die für das Wettbewerbsrecht kennzeichnend ist (…), wird somit vom europäischen Gesetzgeber für die Festsetzung der Höhe der Geldbußen wegen eines Verstoßes gegen die DS-GVO herangezogen. Ich möchte jedoch wiederholen, dass die DS-GVO auf diesen Begriff nur zu diesem Zweck Bezug nimmt."
[203] Grundsätzlich sind für die Bestimmung des Inhalts einer unionsrechtlichen Vorschrift alle Sprachfassungen heranzuziehen, ohne dass eine Landessprache vorrangig ist; EuGH Urt. v. 27.3.1990 – C-372/88, ECLI:EU:C:1990:140, Rn. 19, BeckRS 2004, 71021 – Milk Marketing Board/Cricket St Thomas; Schübel-Pfister, Sprache und Gemeinschaftsrecht, 2004, 332 ff.; Langheld, Vielsprachige Normenverbindlichkeit im Europäischen Strafrecht, 2016, 104 ff.
[204] Zu dieser Differenzierung (beim Unternehmensbegriffs zur Bestimmung der Höhe des Bußgeldes) Cornelius NZWiSt 2016, 421 (423); zu dieser Differenzierung mit Blick auf die Haftungsbegründung Cornelius FS Dannecker, 2023, 509 (510).

terprise" und nicht „undertaking" im Sinne von Art. 83 Abs. 4–6 DS-GVO) auch Bußgeldadressat sein.[205] Eine Sanktionierung des Unternehmens (unabhängig von der Stellung als „Verantwortlicher") würde der Regel widersprechen, dass die Schuld auf das Unrecht bezogen sein muss.

Dies führt zu dem Schluss, dass ein Unternehmen im Sinne des Art. 4 Nr. 18 DS-GVO 75 als „eine natürliche oder juristische Person, die eine wirtschaftliche Tätigkeit ausübt, unabhängig von ihrer Rechtsform, einschließlich Personengesellschaften oder Vereinigungen, die regelmäßig einer wirtschaftlichen Tätigkeit nachgehen" durchaus auch „Verantwortlicher" nach Art. 4 Nr. 7 DS-GVO sein kann, aber nur soweit dieses „über die Zwecke und Mittel der Verarbeitung von personenbezogenen Daten entscheidet".[206]

V. Inhaltsbestimmung eines unionsrechtlichen Schuldbegriffs

Die dargestellte unionsrechtliche Praxis – obwohl ohne erkennbare theoretisch-konzeptionelle Grundlegung recht konturenlos – lässt darauf schließen, dass die *Kommission* und der *Gerichtshof* in Wettbewerbssachen von einem normativen, von Verantwortung geprägten Schuldbegriff ausgehen, auch wenn den Entscheidungsbegründungen keine eindeutige Stellungnahme zugunsten eines kollektivistischen Verantwortungsmodells entnommen werden kann.[207] 76

Bei Zugrundelegung eines solchen normativen Schuldbegriffs wird das eigene Verschulden des Unternehmens angenommen.[208] Denn es geht nicht lediglich um das Verschulden natürlicher Personen, welches dem Unternehmen zugerechnet wird.[209] 77

Hier kann das niederländische Unternehmensstrafrecht als Modell herangezogen werden, welches auch auf ein Organisationsverschulden des Verbandes abstellt und dieses danach bestimmt, welche Vorsorgemaßnahmen erforderlich sind, damit das Unternehmen einen ordentlichen und nicht deliktischen Geschäftsbetrieb gewährleisten kann.[210] Bei einem solchen kollektivstrafrechtlichen Lösungsansatz werden die in einem Unternehmen ablaufenden Vorgänge von den jeweils handelnden natürlichen Personen losgelöst und als das reale Verhalten eines Unternehmens angesehen.[211] 78

Dabei muss die Schuld jedenfalls die Elemente der *Höchstpersönlichkeit* (der Nachweis „seiner" Schuld verdeutlicht das Erfordernis der Höchstpersönlichkeit der Verantwortung, also keine Verantwortlichkeit für das Handeln eines Dritten) und der *Subjektivität* einer strafrechtlichen Verantwortlichkeit beinhalten.[212] Das bedeutet (negativ formuliert), dass sowohl die Verantwortlichkeit für das Handeln eines Dritten als auch eine rein objektive Erfolgshaftung auszuschließen sind. 79

Dennoch ist zu betonen, dass Individual- und Unternehmensschuld nicht identisch sind, sondern allein aus der Perspektive der normativ-sozialen Prämisse eines „Anders-handeln-Können" von demselben Hintergrund ausgehen können.[213] So arbeitet bereits *Hafter* den 80

---

[205] Venn/Wybitul NStZ 2021, 204 (206).
[206] Cornelius FS Dannecker, 2023, 509 (511).
[207] Vgl. FK-KartellR/Kindhäuser/Meyer, Bußgeldrechtliche Folgen des Art. 101 AEUV, 100. EL November 2021 (Dokumentenstand: Okt. 2012), Rn. 22.
[208] Vgl. Sachoulidou, Unternehmensverantwortlichkeit und –sanktionierung, 2019, 372 ff. mit Nachweisen zu Ansichten, die für eine eigene Unternehmensschuld antreten in Fn. 347.
[209] Vgl. EuGH v. 18.9.2003 – C-338/00 P, ECLI:EU:C:2003:473, Rn. 91, BeckRS 2003, 154494 mit Hinweis auf Entscheidung 82/203/EWG der Kommission vom 27. November 1981 betreffend ein Verfahren nach Artikel 85 des EWG-Vertrags [IV/30.188-Moët et Chandon (London) Ltd.] [ABl. 1982, L 94, S. 7, 10] und Entscheidung 82/267/EWG der Kommission vom 6. Januar 1982 betreffend ein Verfahren nach Artikel 85 EWG-Vertrag [IV/28.748-AEG-Telefunken] [ABl. L 117, 15, 27]; Engels, Unternehmensvorsatz und Unternehmensfahrlässigkeit im Europäischen Kartellrecht, 2002, 72.
[210] Schünemann/Suárez González/Dannecker, Bausteine des europäischen Wirtschaftsstrafrechts, 1994, 331, 343.
[211] Engels, Unternehmensvorsatz und Unternehmensfahrlässigkeit im Europäischen Kartellrecht, 2002, 117.
[212] Engels, Unternehmensvorsatz und Unternehmensfahrlässigkeit im Europäischen Kartellrecht, 2002, 72.
[213] Sachoulidou, Unternehmensverantwortlichkeit und –sanktionierung, 2019, 504.

Unterschied zwischen der Schuld eines menschlichen Individuums und einer verbandsbezogenen Schuld dahingehend heraus, dass ein „einzelner Mensch in seinem tiefsten Innern einen Entschluss fasst", der jedoch erst mit der Verletzung eines Rechtsgutes zu einem äußerlich bemerkbaren Erfolg führt, „der das Strafrecht in Bewegung setzen kann", während „im Verbandsleben schon die Bildung des verbrecherischen Willens ein äußerlicher Akt, Handlung von Menschen ist",[214] wobei sich der Verbandswillen aus den „darstellenden und ausführenden einzelnen Menschen zusammensetzt"[215].

81   Während diese Ansicht noch sehr auf die menschlichen Eigenschaften bezogen ist, unterstreicht *Heine*, dass die Schuld eine Systemkategorie ist, die jeweils nach den einzelnen Systemfunktionen zu differenzieren ist und sich somit auch auf Unternehmen beziehen kann.[216] Eine Einordnung des zu ahndenden Unrechts als Systemunrecht[217] verdeutlicht, dass keine unüberbrückbaren Hindernisse vorhanden sind, um das „schuldig sein können" auch auf andere als natürliche Personen auszudehnen.[218]

82   Dabei kann das Unternehmen als ein geschlossenes System betrachtet werden, welches die ihm obliegenden Pflichten verletzt, wenn aus diesem heraus eine Zuwiderhandlung begangen wird.[219] Dies ist eine Annäherung an Erklärungsmodelle, die auf das Organisationsverschulden des Unternehmens abstellen und den Schuldvorwurf auf das Unterlassen von Vorsorgemaßnahmen stützen, die erforderlich sind, um einen ordentlichen, nicht deliktischen Geschäftsbetrieb zu gewährleisten.[220]

83   Ein Blick auf die Diskussion eines Strafrechts von Verbänden – bei Akzeptanz des Ausgangspunktes, den Verband selbst als Akteur zu sehen – zeigt Parallelen zur Diskussion eines solchen an sozialen und rechtlichen Kriterien ausgerichteten Schuldbegriffs auf, der auf ein Auswahl- und Organisationsverschulden des Verbandes abstellt.[221] Dabei wird eine Verantwortlichkeit des Unternehmens dann angenommen, wenn dieses bei einer pflichtgemäßen Organisation die Realisierung der Rechtsgutsgefährdungen hätte verhindern können.[222]

84   Die Ausrichtung des Schuldvorwurfs an sozialen und rechtlichen Kategorien führt dazu, dass der persönliche Vorwurf hinter der Frage zurücktritt, was von dem Unternehmen erwartet werden kann und muss.[223] Die höchstpersönliche Natur der Schuld erzwingt es geradezu, dass die spezifischen Schuldeigenschaften an die Eigenschaften des zu sanktionierenden Systems anknüpfen müssen.[224] Demnach kommt es auf ein *eigenes* Verschulden des Unternehmens an und nicht auf die Zurechnung eines fremden Verschuldens von natürlichen für das Unternehmen handelnden Personen.[225]

85   Dabei wird nicht infrage gestellt, dass Unternehmen Handlungen nur mittels natürlicher Personen vornehmen können. Durch Rechtsnormen kann eine rechtliche Handlungsfähigkeit begründet werden, wie zum Beispiel auch die Anerkennung der juristischen Per-

---

[214] Hafter, Die Delikts- und Straffähigkeit der Personenverbände, 1903, 99.
[215] Hafter, Die Delikts- und Straffähigkeit der Personenverbände, 1903, 103.
[216] Heine, Die strafrechtliche Verantwortlichkeit von Unternehmen, 1995, 263 f.
[217] Bürger NZKart 2017, 624 (626).
[218] Heine, Die strafrechtliche Verantwortlichkeit von Unternehmen, 1995, 264.
[219] Bürger NZKart 2017, 624 (626).
[220] Schünemann/Suárez, Bausteine des europäischen Wirtschaftsstrafrechts, 1994, 331 (342 f.); vgl. insoweit Sachoulidou, Unternehmensverantwortlichkeit und –sanktionierung, 2019, 504, die den Vorwurf gegen das Unternehmen darin sieht, dass es eine konkrete soziale Störung hätte vermeiden können, wenn es über eine rechtsgutsfreundliche Unternehmenskultur verfügt hätte und die Individualentscheidungen der Unternehmensmitglieder von dieser rechtsgutsfreundlichen Unternehmenskultur beeinflusst bzw. gesteuert worden wären.
[221] Tiedemann NJW 1988, 1169 (1172 f.); Dannecker GA 2001, 101 (112); Hilf NZWiSt 2016, 189 (190 ff.).
[222] König, Das Europäische Verwaltungssanktionenrecht und die Anwendung strafrechtlicher Rechtsgrundsätze, 2009, 215 f.; vgl. auch Heine, Die strafrechtliche Verantwortlichkeit von Unternehmen, 1995, 265 f., der auf die Problematik der Langzeitperspektive hinweist und den Begriff der „Betriebsführungsschuld" einführt.
[223] Dannecker/Fischer-Fritsch, Das EG-Kartellrecht in der Bußgeldpraxis, 1989, 288.
[224] Sachoulidou, Unternehmensverantwortlichkeit und –sanktionierung, 2019, 372.
[225] Dannecker/Fischer-Fritsch, Das EG-Kartellrecht in der Bußgeldpraxis, 1989, 287.

§ 2 Grundlagen: Verhältnis von Unionsrecht und dem nationalen Bußgeldrecht   § 2

son im Zivilrecht zeigt.²²⁶ Die Pflichten, die Unternehmen nach Art. 101, 102 AEUV auferlegt werden, führen zu einer Pflicht dieses Rechtsgebildes, was bedeutet, dass ein diesen Pflichten nicht entsprechendes Verhalten zur Bedingung einer Sanktion gemacht werden kann.²²⁷

Deshalb geht es um die spezifische Schuld des Unternehmens als eigenständig handelnder Akteur. Nur wenn dem Unternehmen selbst als Ahndungssubjekt ein Schuldvorwurf gemacht wird, kann der Höchstpersönlichkeit und der Subjektivität der strafrechtlichen Verantwortlichkeit genügt werden.²²⁸ Ein solcher „Schuldvorwurf" könnte sich darauf beschränken, dass sich eine kollektive Entscheidung zur Legalität nicht durchgesetzt hat,²²⁹ obwohl die Fähigkeit bestand, einen Normverstoß zu vermeiden. Ebenso kann der Schuldvorwurf an die Unternehmenskultur und ihren jeweiligen Niederschlag in Handlungen und Äußerungen der Unternehmensmitglieder im Sinne einer Unternehmenskommunikation gekoppelt werden, die die Geltung strafrechtlicher Normen unmittelbar betrifft.²³⁰ 86

VI. Vorsatz und Fahrlässigkeit bei Sanktionen nach Art. 83 DS-GVO

Hier ist zunächst darauf einzugehen, ob zumindest ein fahrlässiger Verstoß gegen datenschutzrechtliche Verbots- oder Gebotsnormen vorliegen muss, damit daran eine Sanktion geknüpft werden kann. Bei der Inhaltsbestimmung eines unionsrechtlichen Vorsatz- und Fahrlässigkeitsbegriffes bietet es sich wegen der vorhandenen unionsrechtlichen Praxis und der Parallelen zum Datenschutzrecht wiederum an, einen Blick auf das Kartellordnungswidrigkeitenrecht zu werfen. 87

1. Notwendigkeit eines zumindest fahrlässigen Verstoßes

Im europäischen Datenschutzrecht ist mit Blick auf die Verhängung von Sanktionen das Erfordernis eines vorsätzlichen oder fahrlässigen Verstoßes nicht so eindeutig wie bei anderen supranationalen Verwaltungssanktionen festgelegt.²³¹ Zwar benennt Art. 83 Abs. 2 DS-GVO verschiedene Kriterien zur Entscheidung über die Verhängung der Geldbuße, u. a. Vorsätzlichkeit und Fahrlässigkeit. Die diesbezügliche Auslegung ist jedoch strittig. So wird teilweise der Verweis auf Vorsätzlichkeit und Fahrlässigkeit nur als Zumessungskriterium gesehen.²³² Ein Argument, dass gegen ein grds. Erfordernis vorsätzlichen oder fahrlässigen Verhaltens vorgebracht wird, ist der Wortlaut, wonach diese Merkmale nur „berücksichtigt" werden.²³³ 88

---

²²⁶ Schünemann/Suárez González/Dannecker, Bausteine des europäischen Wirtschaftsstrafrechts, 1994, 331 (335).
²²⁷ Vgl. Kelsen, Reine Rechtslehre, 2. Aufl. 1960, 173; siehe auch Schünemann/Suárez González/Dannecker, Bausteine des europäischen Wirtschaftsstrafrechts, 1994, 331 (342), der die „Fähigkeit, Subjekt einer Rechtspflicht zu sein" mit dem Erfordernis korrespondieren lässt, „Pflichtverstöße mit Sanktionen zu belegen".
²²⁸ Siohl, Schuldfeststellung bei Unternehmen oder Unternehmensvereinigungen im Rahmen des Art. 15 VO 17 zum EWG-Vertrag, 1986, 164 ff.
²²⁹ Dannecker, Das Unternehmen als Good Corporate Citizen, in Alwart, Verantwortung und Steuerung von Unternehmen in der Marktwirtschaft, 1998, 5 (28).
²³⁰ So auf der Grundlage eines funktionalen Schuldbegriffs Sachoulidou, Unternehmensverantwortlichkeit und -sanktionierung, 2019, 516.
²³¹ Art. 14 der Verordnung (EG) Nr. 139/2004 des Rates vom 20.1.2004 über die Kontrolle von Unternehmenszusammenschlüssen („EG-Fusionskontrollverordnung"), ABl. Nr. L 024 v. 29.1.2004 S. 1; Art. 18 Abs. 1 der Verordnung (EU) Nr. 1024/2013 des Rates vom 15.10.2013 zur Übertragung besonderer Aufgaben im Zusammenhang mit der Aufsicht über Kreditinstitute an die Europäische Zentralbank (Einheitlicher Aufsichtsmechanismus), ABl. (EU) L 287 v. 29.10.2013, 63; zuletzt geändert durch die Berichtigung der Verordnung (EU) Nr. 1024/2013 v. 19.8.2015 (ABl. EU L 218/82) die für die Verhängung von Sanktionen ausdrücklich vorsätzliches oder fahrlässiges Verhalten voraussetzen.
²³² BeckOK DatenschutzR/Holländer DS-GVO Art. 83 Rn. 18.
²³³ Ehmann/Selmayr/Nemitz DS-GVO Art. 83 Rn. 17.

89 Andere – die wohl hM – sehen (mind.) Fahrlässigkeit durch Art. 83 Abs. 2 S. 2 lit. b DS-GVO positivrechtlich vorausgesetzt.[234] Hierfür spricht, dass das Bußgeldregime der DS-GVO dem kartellrechtlichen Regime nachgebildet ist, das ausdrücklich Vorsatz oder Fahrlässigkeit erfordert.[235] Denn im Erwägungsgrund 150 der DS-GVO wird für die Auferlegung von Geldbußen auf den primärrechtlichen Begriff des Unternehmens nach Art. 101 und 102 AEUV verwiesen, der bereits seit geraumer Zeit im europäischen Kartellrecht Anwendung findet. Da damit das Kartellordnungswidrigkeitenrechts für die bußgeldrechtliche Verantwortung nach Art. 83 DS-GVO in gewisser Weise Pate stand,[236] wird daraus geschlossen, dass wegen der zweifellosen Anwendung des Schuldprinzips im Kartellrecht auch für datenschutzrechtliche Sanktionen mindestens Fahrlässigkeit vorliegen muss.[237]

90 Ein weiterer Ansatzpunkt wird in Art. 83 Abs. 3 DS-GVO gesehen, welcher eine Beschränkung der Bußgeldhöhe bei mehreren vorsätzlichen oder fahrlässigen Verstößen normiert. So könne für einen Rückschluss auf die generelle Notwendigkeit schuldhaften Handelns sprechen, dass es keinen Sinn machen würde, eine Begrenzung der Bußgeldhöhe nur bei vorsätzlichen oder fahrlässigen Verstößen, nicht aber bei schuldlosen Verstößen vorzunehmen und auf diese Weise den schuldlosen Verstoß höher zu ahnden als den vorsätzlichen.[238] Andererseits argumentiert *Boms*, dass Art. 83 Abs. 3 DS-GVO eher so zu verstehen sei, dass selbst schuldhafte Handlungen eine Deckelung der Bußgeldhöhe erfahren. Es könne daher nach dem Grundsatz „*a maiore ad minus*" geschlussfolgert werden, dass dies erst recht für schuldlose Verstöße gelte.[239] Dieses Argument ist nicht überzeugend, da nicht nachvollziehbar ist, warum der Gesetzgeber eine Deckelung für schuldhafte Handlungen normieren soll, diese aber für schuldlose Handlungen gerade nicht festschreibt. Damit ist davon auszugehen, dass jedenfalls für den Bereich der datenschutzrechtlichen Sanktionen ein Schuldvorwurf mindestens in der Form der Fahrlässigkeit vorliegen muss, selbst wenn man der oben entwickelten Meinung zum Schuldprinzip als allgemeinem unionsrechtlichen Rechtsprinzip (→ Rn. 76 ff.) nicht zu folgen vermag. In diese Richtung äußert sich nun auch der Generalanwalt *Campos Sánchez-Bordona* in seinen Schlussanträgen.[240]

2. Unionsrechtlicher Vorsatzbegriff

91 Der Vorsatz wird in der unionsrechtlichen Praxis zum Kartellordnungswidrigkeitenrecht dann angenommen, wenn ein Unternehmen einen Rechtsverstoß erkannt hat[241] oder sich nicht in Unkenntnis darüber befinden konnte, dass sein Verhalten einen Verstoß bezweckt oder bewirkt[242]. Allerdings soll es nicht erforderlich sein, dass sich die im Auftrag des Unternehmens handelnde natürliche Person des Verstoßes bewusst war.[243] Die Kenntnis wird

---

[234] Paal/Pauly/Frenzel DS-GVO Art. 83 Rn. 14; BeckOK DatenschutzR/Brodowski/Nowak DS-GVO Art. 83 Rn. 17, unter Verweis auf die herrschende Ansicht.
[235] Vgl. Art. 23 VO 1/2003, ABl. 2004 Nr L 24/126.
[236] Böse/Dannecker/Schröder, Europäisches Strafrecht, 2013, § 8 Rn. 331.
[237] BeckOK DatenschutzR/Holländer DS-GVO Art. 83 Rn. 18; iErg auch Taeger/Gabel/Moos/Schefzig DS-GVO Art. 83 Rn. 111; → Rn. 16 ff. zum Schuldprinzip als allgemeinen Rechtsgrundsatz.
[238] Taeger/Gabel/Moos/Schefzig DS-GVO Art. 83 Rn. 111.
[239] Boms ZD 2019, 536 (537).
[240] Schlussanträge des Generalanwalts Manuel Campos Sánchez-Bordona vom 27.4.2023, Rs. C-807/21, ECLI:EU:C:2023:360, Rn. 81 ff.
[241] EuGH v. 8.11.1983 – C-96/82, ECLI:EU:C:1983:310, Slg. 1983, S. 3369, Rn. 45, BeckRS 2004, 73971 – IAZ International u. a./Kommission; EuG v. 6.10.1994 – T-83/91, Slg. 1994, II-762, Rn. 238 f. – Tetra Pak/Kommission.
[242] EuGH v. 1.2.1978 – C-19/77, ECLI:EU:C:1978:19, Slg. 1978, S. 131, Rn. 18, BeckRS 2004, 72126 – Miller; EuGH v. 11.7.1989 – C-246/86, Slg. 1989, S. 2181, Rn. 41 – Belasco ua/Kommission; EuG v. 12.7.2001, verb. Rs. T-202/98, T-204/98 und T-207/98, Slg. 2001, II-2040, Rn. 127 – Tate & Lyle ua/Kommission; vgl. auch die Ausführungen des EuGH in der Sache Schenker (zu Fn. 394).
[243] EuG v. 6.4.1995 – T-143/89, Slg. 1995, II-920, Rn. 41 – Ferriere Nord/Kommission; EuG v. 13.12.2001, verb. Rs. T-45/98 und T-47/98, Slg. 2001, II-3765, Rn. 200 – Krupp Thyssen und Acciai/Kommission; EuG v. 20.3.2002 – T-17/99, Slg. 2002 S. II-1647 Rn. 175 – Ke Kelit.

dabei als Wissen im Sinne des „Habens von Informationen" verstanden, welches das Unternehmen in die Lage versetzt, eine normgemäße Motivation zu bilden.[244] Dies bedeutet, dass es nicht – wie im deutschen Recht – auf das kumulative Vorliegen intellektueller und voluntativer Elemente ankommt, sondern dass auf voluntative Elemente verzichtet wird und allein die Kenntnis entscheidend ist.[245] Wegen der Nichtberücksichtigung voluntativer Elemente bewegt sich der unionsrechtliche Vorsatzbegriff mehr in Richtung einer bewussten Fahrlässigkeit.[246]

Wegen des normativen Schuldbegriffs wird für die Bestimmung des Vorsatzes nicht auf das Wissen der die Zuwiderhandlung ausführenden Personen abgestellt, aber in einigen Entscheidungen darauf hingewiesen, dass der Unternehmensleitung oder den Aufsichtsgremien das wettbewerbsrelevante Verhalten bekannt gewesen ist.[247] Dabei deutet der Umstand, dass in vielen Entscheidungen von *Kommission* und Rechtsprechung keine natürlichen Personen bezeichnet werden, deren Vorsatz zugerechnet werden kann, darauf hin, dass diese den Vorsatzbegriff insgesamt auf das Unternehmen beziehen. So wird in einigen Entscheidungen auf die Geschäftspolitik abgestellt und – wenn diese Unternehmensstrategie auf die Verwirklichung bestimmter Verbotstatbestände gerichtet ist – als vorsätzlich gewertet.[248] 92

Von einer entscheidenden Bedeutung ist jedoch, welches Wissen jeweils dem Unternehmen zugerechnet wird. Dabei ist es zu weitgehend, jedes irgendwo im Unternehmen vielleicht vorhandene Wissen als relevant für den Tatbestandsvorsatz anzusehen, da es darauf ankommt, dass dieses Wissen im Sinne des Koinzidenzprinzips auch aktualisiert und bei der Tatbegehung bei den entscheidenden Stellen des Unternehmens präsent war.[249] Damit muss das Wissen gerade dort verfügbar sein, wo das Handeln des Unternehmens bestimmt und das Unternehmenspotential tatsächlich eingesetzt wird, denn nur dann kann von einer Missachtung der Appellfunktion ausgegangen werden.[250] Allerdings soll dies nicht die Eingrenzung auf eine bestimmte von vornherein festgelegte Gruppe von Unternehmensangehörigen wie die Unternehmensleitung oder Aufsichtsgremien bedeuten, sondern es kommt darauf an, welcher Bereich im Unternehmen über das jeweilige Verhalten zu entscheiden hat.[251] 93

In den Entscheidungen der *Kommission* und des *Gerichtshofs* ist zur Begründung einer vorsätzlichen Handlung häufig die Formulierung zu finden, das Unternehmen hätte „gewußt oder wissen müssen".[252] Dabei kann man im Lichte der obigen Ausführungen das „wissen müssen" im Sinne eines Unternehmensvorsatzes dann annehmen, wenn bei der jeweils tatbestandsrelevanten unternehmerischen Einheit das entsprechende Wissen *tatsächlich* vorhanden war.[253] 94

---

[244] Engels, Unternehmensvorsatz und Unternehmensfahrlässigkeit im Europäischen Kartellrecht, 2002, S. 134.
[245] EuGH v. 1.2.1978 – C-19/77, ECLI:EU:C:1978:19, Slg. 1978, S. 131, Rn. 18, BeckRS 2004, 72126 – Miller; EuGH v. 7.6.1983, verb. Rs. 100–103/80, Slg. 1983, 1825 Rn. 112 – S.A. Musique Diffusion Francaise (Pioneer); EuGH v. 11.7.1989 – C-246/86, ECLI:EU:C:1989:301, Slg. 1989 S. 2117 Rn. 41, BeckRS 2004, 72596 – Belasco.
[246] König, Das Europäische Verwaltungssanktionenrecht und die Anwendung strafrechtlicher Rechtsgrundsätze, 2009, 210.
[247] Dannecker/Fischer-Fritsch, Das EG-Kartellrecht in der Bußgeldpraxis, 1989, 287.
[248] Engels, Unternehmensvorsatz und Unternehmensfahrlässigkeit im Europäischen Kartellrecht, 2002, 133.
[249] Engels, Unternehmensvorsatz und Unternehmensfahrlässigkeit im Europäischen Kartellrecht, 2002, 137 f.
[250] Engels, Unternehmensvorsatz und Unternehmensfahrlässigkeit im Europäischen Kartellrecht, 2002, 138.
[251] Engels, Unternehmensvorsatz und Unternehmensfahrlässigkeit im Europäischen Kartellrecht, 2002, 138 f.
[252] FK-KartellR/Kindhäuser/Meyer, Bußgeldrechtliche Folgen des Art. 101 AEUV, 100. EL November 2021 (Dokumentenstand: Okt. 2012), Rn. 90; Schuler, Strafrechtliche und ordnungswidrigkeitenrechtliche Probleme bei der Bekämpfung von Submissionsabsprachen, 2002, 215 Fn. 1486.
[253] Vgl. Engels, Unternehmensvorsatz und Unternehmensfahrlässigkeit im Europäischen Kartellrecht, 2002, 139.

3. Unionsrechtlicher Fahrlässigkeitsbegriff

95 Fahrlässigkeit liegt gemeinhin dann vor, wenn der Handelnde einen Umstand, der zum gesetzlichen Tatbestand gehört, nicht kennt oder auf dessen Nichteintritt vertraut, aber dennoch für den Erfolgseintritt verantwortlich gemacht wird, da er nicht mit der erforderlichen Sorgfalt auf die Vermeidung der Tatbestandsverwirklichung geachtet hat.[254] Dabei kommt es sowohl auf die Sorgfaltspflichtverletzung als auch auf die Vorhersehbarkeit des Erfolgseintritts an.[255] So versteht der *Europäische Gerichtshof* „unter Fahrlässigkeit ein Handeln oder Unterlassen …, mit dem die verantwortliche Person die Sorgfaltspflicht verletzt, der sie in Anbetracht ihrer Eigenschaften, ihrer Kenntnisse und ihrer Fähigkeiten hätte genügen können und müssen"[256] bzw. wenn „ein nicht vorsätzliches Handeln und Unterlassen vorliegt, mit dem die verantwortliche Person ihre Sorgfaltspflicht verletzt".[257] Die Fahrlässigkeit wurde auch bejaht, wenn Maßnahmen ergriffen wurden, von denen das Unternehmen hätte wissen müssen, dass diese verboten sind.[258]

96 Allerdings sind bei Verstößen gegen neu erlassene Verhaltensnormen mit unklaren Randbereichen, bei denen noch keine konkretisierende Rechtsprechung existiert, Auswirkungen auf die Erkennbarkeit des verbotenen Verhaltens und damit auf das Gebot der Normenklarheit und einen daran über die Sanktionsnorm anknüpfenden individuellen Schuldvorwurf zu beachten (→ Rn. 141 f.). Dies kann dazu führen, dass zwar durch die Gerichte die Feststellung eines verbotenen Verhaltens (und damit die Präzisierung der Reichweite der Verhaltensnorm) möglich ist, aber (zumindest bei einem erstmaligen, den zu diesem Zeitpunkt noch unklaren und unpräzisen Randbereich einer Verhaltensnorm betreffenden Verhalten) keine Sanktion daran geknüpft werden kann.[259]

97 Unter Zugrundelegung des beim Vorsatz als maßgeblich entwickelten Kriteriums des tatsächlichen Vorhandenseins des Wissens um die tatbestandlichen Aspekte der Zuwiderhandlung bei der jeweils tatbestandsrelevanten unternehmerischen Einheit kann in Abgrenzung dazu von Fahrlässigkeit ausgegangen werden, wenn in der relevanten unternehmerischen Einheit dieses Wissen *hätte* verfügbar sein müssen.[260]

98 Als Mindestvoraussetzung einer strafrechtlichen Verantwortlichkeit (iwS) ist eine Vermeidbarkeit der dem Verband vorgeworfenen Straftat zu verlangen.[261] Denn eine Sanktionierung lässt sich jedenfalls dann nicht mehr legitimieren, wenn der Verband selbst dann sanktioniert wird, wenn aus seiner Sicht keine Möglichkeit bestand, die Tat durch eine irgendwie denkbare Maßnahme zu verhindern.[262] Insofern ist es sehr bedenklich, dass sich in der Praxis kaum Fälle finden, in denen sich ein Unternehmen entlasten konnte; selbst die Durchführung von Compliance-Programmen in Unternehmen wird nicht einmal als Milderungsgrund bei der Bemessung der Geldbuße berücksichtigt.[263] Obwohl sonst viele Parallelen vorliegen, folgt die unionsrechtliche Praxis hier nicht der *Respondeat Superiore Doktrin*.[264]

---

[254] FK-KartellR/Kindhäuser/Meyer, Bußgeldrechtliche Folgen des Art. 101 AEUV, 100. EL November 2021 (Dokumentenstand: Okt. 2012) Rn. 97.
[255] König, Das europäische Verwaltungssanktionenrecht und die Anwendung strafrechtlicher Rechtsgrundsätze, 2009, 211 mwN in Fn. 1126.
[256] EuGH v. 16.12.2008 – C-47/07 P, ECLI:EU:C:2008:726, Rn. 90, BeckRS 2010, 87127 – Masdar.
[257] EuGH v. 3.8.2008 – C-308/06, ECLI:EU:C:2008:312, Rn. 75, BeckRS 2008, 70613.
[258] EuGH v. 14.2.1978 – C-27/76, ECLI:EU:C:1978:22, Slg. 1978 S. 209, 310, Rn. 299/301, BeckRS 1978, 108467 – United Brands.
[259] Ausführlich hierzu → Rn. 139 ff.
[260] Engels, Unternehmensvorsatz und Unternehmensfahrlässigkeit im Europäischen Kartellrecht, 2002, 140.
[261] Böse ZStW 126 (2014), 132 (147).
[262] Böse ZStW 126 (2014), 132 (147).
[263] Immenga/Mestmäcker WettbR/Dannecker/Biermann VO 1/2003 Vor Art. 23 f. Rn. 185.
[264] Vgl. → Rn. 57.

VII. Strafzumessungsschuld (bzw. Verhältnismäßigkeitsgrundsatz)

Über den speziell auf Strafen ausgerichteten Verhältnismäßigkeitsgrundsatz des Art. 49 Abs. 3 GRCh erhält der Schuldgrundsatz, in seiner Ausprägung als Gebot des schuldangemessenen Strafens, einen Anknüpfungspunkt im europäischen Primärrecht.[265] Dieser kann sich aber allein auf die abstufbare Strafzumessungsschuld beziehen und nicht auf die Strafbegründungsschuld (das „Ob" der Strafbarkeit).[266] 99

Auch bei der Bestimmung der Höhe der Geldbuße ist der Grundsatz der persönlichen Verantwortlichkeit (bzw. der Grundsatz der individuellen Straf- und Sanktionsfestsetzung) zu berücksichtigen,[267] sodass die Sanktionsfestsetzung mit dem Maß der persönlich zur Last gelegten Schuld korrelieren muss.[268] Dabei vermischen sich Aspekte, die auch bei der Frage der Angemessenheit im Rahmen der Verhältnismäßigkeitsprüfung berücksichtigt werden. Die Höhe der Sanktion muss in einem angemessenen Verhältnis zur Rechtsgutverletzung sowie zum Verschulden des Täters stehen.[269] Dies bedeutet, dass – auch wenn für die Begründung der Strafbarkeit offengelassen werden kann, ob Vorsatz oder Fahrlässigkeit vorliegt, da schon fahrlässiges Verhalten zu einer Sanktionierung führt – für die Bestimmung der Sanktionshöhe eine Entscheidung notwendig ist, welche Schuldform vorliegt. Im Übrigen wird auch durch die sekundärrechtliche Regelung in Art. 82 Abs. 2 b) deutlich, dass die Frage des Vorsatzes oder der Fahrlässigkeit des Verstoßes auch bei der Entscheidung über den Betrag der Geldbuße mit zu berücksichtigen ist. 100

In der bisherigen Entscheidungspraxis sind die *Unionsgerichte* nicht konsistent. Teilweise wird der Unterscheidung zwischen Vorsatz und Fahrlässigkeit jede Bedeutung abgesprochen[270] und die Fahrlässigkeit als Auffangtatbestand herangezogen.[271] So begnügt sich auch die *Kommission* mit der Feststellung, dass der Verstoß vorsätzlich, zumindest aber fahrlässig begangen worden sei,[272] obwohl in den Leitlinien der *Kommission* für die Bußgeldbemessung explizit aufgeführt wird, dass eine fahrlässige Begehung einen Strafmilderungsgrund darstellt (wobei die Beweise von dem Unternehmen beigebracht werden sollen).[273] 101

Die *Unionsgerichte* orientieren sich etwa an denselben Gesichtspunkten wie die *Kommission* in ihrer Bußgeldpraxis, wobei insbesondere die Schwere und Dauer der Zuwiderhandlung sowie die wirtschaftlichen Auswirkungen Berücksichtigung finden.[274] Bei der Schwere der Zuwiderhandlung wird hauptsächlich auf die Unternehmensgröße, Verflechtung mit anderen Unternehmen, Leistungsfähigkeit und Umsatz sowie Marktstellung des Unternehmens einschließlich der schädlichen Auswirkungen auf den Verbraucher, der wirtschaftlichen Auswirkungen auf den Markt und den erzielten Gewinn abgestellt.[275] 102

F. Verfahrensrechtliche Besonderheiten

I. Überblick

Im Bereich datenschutzrechtlicher Verstöße sind in der DS-GVO selbst keine allgemeinen Regelungen für das Bußgeld- und Strafverfahren enthalten, sodass nach Art. 83 Abs. 8 103

---

[265] Immenga/Mestmäcker WettbR/Dannecker/Biermann VO 1/2003 Art. 23 Rn. 61.
[266] Schaut, Europäische Strafrechtsprinzipien, 2012, 228; Puig FS Hassemer, 2010, 532.
[267] Immenga/Mestmäcker WettbR/Dannecker/Biermann VO 1/2003 Vor Art. 23 f. Rn. 61.
[268] Tsolka, Der allgemeine Teil des europäischen supranationalen Strafrechts iwS, 1995, S. 220 f.; Böse, Strafen und Sanktionen im Gemeinschaftsrecht, 1996, 149.
[269] Pascu, Strafrechtliche Fundamentalprinzipien des Gemeinschaftsrechts, 2010, 334.
[270] EuGH v. 25.3.1996 – C-137/95 P, Slg. 1996, I-1613, Rn. 55 ff. – SPO u.a./Kommission; s. auch Wegner WuW 2001, 469 (471); Langen/Bunte/Sura, Kartellrecht, 12. Aufl. 2014, Art. 23 VO 1/2003, Rn. 37.
[271] Pascu, Strafrechtliche Fundamentalprinzipien des Gemeinschaftsrechts, 2010, 316 mit Fn. 1858.
[272] Dannecker/Fischer-Fritsch, Das EG-Kartellrecht in der Bußgeldpraxis, 1989, 331.
[273] Leitlinien für das Verfahren zur Festsetzung von Geldbußen gemäß Artikel 23 Abs. 2 lit. a) VO (EG) Nr. 1/2003, ABl. EU 2006/C 210/02, Ziff. 29.
[274] Pascu, Strafrechtliche Fundamentalprinzipien des Gemeinschaftsrechts, 2010, 327.
[275] Pascu, Strafrechtliche Fundamentalprinzipien des Gemeinschaftsrechts, 2010, 327.

DS-GVO das Recht der Mitgliedsstaaten für das ordnungsgemäße Verfahren anwendbar ist.[276]

104 | Siehe hierzu aus der Perspektive
• der Aufsichtsbehörden: → § 4 Rn. 1
• der anwaltlichen Begleitung eines Ermittlungsverfahrens: → § 5 Rn. 71
• der Verteidigung: → § 26 Rn. 43 ff.

105 Insoweit konsequent werden nach § 41 Abs. 2 S. 1 BDSG das OWiG und die allgemeinen Gesetze über das Strafverfahren (explizit die StPO und das GVG) für anwendbar erklärt. Da es sich bei dem hier anwendbaren Verfahrensrecht somit nicht um vollständig determiniertes Unionsrecht handelt, bleiben die Grundrechte des Grundgesetzes anwendbar und nach der Rechtsprechung des *Bundesverfassungsgerichts* der primäre Maßstab.[277] Allerdings ist dabei zu berücksichtigen, dass das nationale Verfahrensrecht bei der Durchsetzung einer europäischen Sanktionsnorm ebenso an das europäische Recht – damit auch an die europäischen Grundrechte – gebunden ist, wobei der *Europäische Gerichtshof* die Anwendung der jeweiligen mitgliedstaatlichen Grundrechte zugesteht, soweit der Vorrang, die Einheit und Wirksamkeit des Unionsrechts nicht beeinträchtigt werden.[278] Wenn auch noch der Maßstab für eine solche Beeinträchtigung des Unionsrechts offen ist,[279] lässt sich – auch mit Blick auf die Meistbegünstigungsklausel des Art. 53 GRCh – festhalten, dass höhere nationale Schutzstandards anwendbar sind, sobald die entsprechenden Spielräume durch das EU-Recht eröffnet werden.[280]

II. Rechenschaftspflicht und Unschuldsvermutung

106 Besondere Spannungen – insbesondere mit der Unschuldsvermutung – ergeben sich aus dem Accountability-Prinzip (also der Rechenschaftspflicht nach Art. 5 Abs. 2 und Art. 24 Abs. 1 DS-GVO), das in einem engen Zusammenhang zur allgemeinen Kooperationspflicht nach Art. 31 DS-GVO steht.[281] Siehe hierzu auch: → § 5 Rn. 13.

107 Danach muss der Verantwortliche nachweisen, dass er die Anforderungen der DS-GVO erfüllt. Wenn daraus teilweise auf eine Umkehrung der Beweislast auch im Bußgeldverfahren geschlossen wird[282] und dies auch mit der Rechtsprechung des *Europäischen Gerichtshofs* und *des Europäischen Gerichtshofs für Menschenrechte* begründet wird,[283] ist das sehr fragwürdig.

108 Denn gegen eine solche Umkehrung der Beweislast spricht schon die Unschuldsvermutung. Diese ist ausdrücklich in Art. 48 Abs. 1 EGRC erwähnt und damit Teil des europäischen Primärrechts. Die Regelung entspricht im Ausgangspunkt derjenigen des Art. 6 Abs. 2 EMRK, sodass ihr gem. Art. 52 Abs. 3 GRCh[284] zumindest dieselbe Bedeutung und Tragweite wie das durch die EMRK garantierte Recht zukommt.[285] Der Schutzbereich ist für alle Verfahren zur Verhängung repressiver Sanktionen wegen der Verantwort-

---

[276] Qasim ZD-Aktuell 2021, 05102.
[277] BVerfGE 152, 152 (152) – Recht auf Vergessen I.
[278] EuGH v. 26.2.2013, C-617/10, ECLI:EU:C:2013:105 Rn. 29, BeckRS 2013, 80395 – Fransson; Ambos/Bock/Dannecker, Aktuelle und grundsätzliche Fragen des Wirtschaftsstrafrechts, 2019, 115 (124).
[279] Brodowski StV 2021, 682 (686).
[280] Vertiefend Cornelius, Verweisungsbedingte Akzessorietät, 2016, 384 ff.
[281] Kritzer, Datenschutzrechtliche Pflichten, Sanktionsregime und Selbstbelastungsfreiheit, 2022, 68.
[282] Kühling/Buchner/Bergt DS-GVO Art. 83 Rn. 111.
[283] Bergt DuD 2017, 555 (560).
[284] Art. 52 Abs. 3 GRCh lautet: „Soweit diese Charta Rechte enthält, die den durch die Europäische Konvention zum Schutz der Menschenrechte und Grundfreiheiten garantierten Rechten entsprechen, haben sie die gleiche Bedeutung und Tragweite, wie sie ihnen in der genannten Konvention verliehen wird. Diese Bestimmung steht dem nicht entgegen, dass das Recht der Union einen weiter gehenden Schutz gewährt."
[285] Vgl. die Erläuterungen zur Charta der Grundrechte, ABl. 2007 Nr. C 303/17, 30.

lichkeit und Vorwerfbarkeit für einen Rechtsverstoß eröffnet.[286] Die Grundrechtsträger sind neben natürlichen auch juristische Personen, was Unternehmen und Unternehmensvereinigungen einschließt, soweit diese Rechtspersönlichkeit besitzen.[287] Konsequenterweise erklärt der *Europäische Gerichtshof* die Unschuldsvermutung auch in Bußgeldverfahren gegen Unternehmen explizit für anwendbar.[288]

Dabei ist zu beachten, dass – wie alle in der *Europäischen Grundrechtecharta* verbürgten Grundrechte – auch die Unschuldsvermutung der sich aus Art. 52 Abs. 1 GrCh ergebenden Schrankenregelung unterliegt.[289] Dies bedeutet, dass für die Rechtfertigung von Beschränkungen eine ausreichend bestimmte gesetzliche Grundlage erforderlich ist, die den Grundsatz der Verhältnismäßigkeit wahrt.[290] Dazu müssen die Einschränkungen geeignet (zur Erreichung des verfolgten Zwecks), erforderlich gem. Art. 52 Abs. 1 S. 2 GRCh (weshalb kein milderes Mittel zur Verfügung stehen darf) und angemessen dahingehend sein, dass die durch die Einschränkung verursachten Nachteile nicht außer Verhältnis zu dem verfolgten Ziel stehen.[291] Dabei ist jedoch immer das *effet utile* bei der Durchsetzung des Unionsrechts zu beachten, was letztlich auf ein Optimierungsgebot zwischen der Durchsetzung des Unionsrechts (wie dem Datenschutzrecht) einerseits und der Wahrung der Grundrechte der Betroffenen andererseits hinausläuft.[292]

109

Trotz der insoweit fehlenden ausdrücklichen Schrankenregelung des Art. 6 Abs. 2 EMRK verdeutlicht der *Europäische Gerichtshof für Menschenrechte* in seiner Rechtsprechung, dass die Gewährleistungen des Art. 6 Abs. 2 EMRK nicht schrankenlos sind. Deshalb ist – in Übereinstimmung mit den Erläuterungen zur Charta der Grundrechte zu Art. 48 GRCh[293] – davon auszugehen, dass der Gewährleistungsumfang von Art. 6 Abs. 2 EMRK zumindest als Mindestschutzstandard für Art. 48 GRCh zu berücksichtigen ist.[294] Deshalb ist die Unschuldsvermutung auch ein Kernelement beim Aufbau von Beweisregeln,[295] genauer gesagt bei Beweislast und Beweismaß.[296]

110

III. Beweislast

Dies betrifft zunächst die Beweislast mit der Vorgabe, dass bei einem fehlenden Nachweis eines Verstoßes zugunsten des Beschuldigten zu entscheiden ist.[297] In Übereinstimmung damit sieht der *Europäische Gerichtshof für Menschenrechte* die Last des Beweises, dass eine angeklagte Person schuldig ist, bei den Anklagebehörden,[298] welche sich – sozusagen als Kehrseite des staatlichen Strafmonopols – sowohl auf das Vorliegen der Tatbestandsvoraussetzungen als auch das Nichtvorliegen möglicher Rechtfertigungsgründe bezieht.[299]

111

---

[286] Jarass, Charta der Grundrechte der EU, 4. Aufl. 2021, Art. 48 Rn. 8.
[287] Dästner, Bestimmtheitsgrundsatz und Schuldprinzip im EU-Kartellbußgeldrecht, 2016, 52; siehe ausführliche Nachweise bei Hochmayer ZIS 2016, 226 (227 in Fn. 12).
[288] EuGH v. 16.2.2017 – C-90/15 P, ECLI:EU:C:2017:123 Rn. 18, BeckRS 2017, 101802 – Hansen & Rosenthal KG und H & R Wax Company Vertrieb GmbH; EuGH v. 22.11.2012 – C-89/1, ECLI:EU:C:2012:738 = BeckRS 2012, 82473 = NZKart 2013, 69 Rn. 72 f.; EuGH v. 8.7.1999 – C-199/92, ECLI:EU:C:1999:358 = BeckRS 1999, 55277 Rn. 150, Rn. 176, – Montecatini; ausführliche Aufzählung der Rechtsprechung bei Immenga/Mestmäcker WettbR/Dannecker/Biermann VO 1/2003 Vor Art. 23 Rn. 62.
[289] Jarass, Charta der Grundrechte der EU, 4. Aufl. 2021, Art. 48 Rn. 17.
[290] Jarass, Charta der Grundrechte der EU, 4. Aufl. 2021, Art. 48 Rn. 17.
[291] Jarass, Charta der Grundrechte der EU, 4. Aufl. 2021, Art. 48 Rn. 18.
[292] Vgl. Fink, Wirksamer Schutz der Verteidigungsrechte im EU-Kartellverfahren, 2021, 79.
[293] Erläuterungen zur Charta der Grundrechte, ABl. 2007 C 303/30.
[294] EuGH v. 5.9.2019, C-377/18, ECLI:EU:C:2019:670 Rn. 41, BeckRS 2019, 20131; Jarass GRCh Art. 48 Rn. 1.
[295] Vgl. für das EU-Kartellrecht Thanos, Reichweite der Grundrechte im EU-Kartellverfahrensrecht, 2015, 351 f.
[296] Fink, Wirksamer Schutz der Verteidigungsrechte im EU-Kartellverfahren, 2021, 111.
[297] Dammann, Materielles Recht und Beweisrecht im System der Grundfreiheiten, 2007, 38 f.
[298] EGMR Beschw.-Nr. 10590/83 – Barberá, Messegué and Jabardo v. ES (1988), Serie A, Bd. 146, Nr. 77.
[299] Henn, Strafrechtliche Verfahrensgarantien im europäischen Kartellrecht, 2018, 153, 155.

112 Insoweit gehen auch die *Unionsgerichte* in gefestigter Rechtsprechung davon aus, dass die Beweislast für eine Zuwiderhandlung bei der einen solchen Vorwurf erhebenden Behörde liegt.[300] Ob eine sekundärrechtliche beweiserleichternde Regelung wie Art. 2 der Verordnung Nr. 1/2003 zulässig ist, wonach es im europäischen Kartellordnungswidrigkeitenrecht zwar die Aufgabe der den Wettbewerb überwachenden Behörde ist, die tatbestandlichen Voraussetzungen für einen Verstoß gegen die Wettbewerbsregeln darzulegen und zu beweisen, während es dagegen den betroffenen Unternehmen obliegt, den Nachweis für die Voraussetzungen der Legalausnahmen nach Art. 101 Abs. 3 AEUV zu erbringen, kann hier dahinstehen.[301] Denn die Rechenschaftspflicht bezieht sich auf das Nichtvorliegen der tatbestandlichen Voraussetzungen eines datenschutzrechtlichen Verstoßes, nicht aber auf etwaige Rechtfertigungsgründe. Zwar wäre eine Einschränkung des Gewährleistungsgehalts der unionsrechtlichen Unschuldsvermutung auch durch eine sich im Rahmen des Art. 83 Abs. 8 DS-GVO bewegende mitgliedstaatliche Regelung denkbar, wenn diese den Voraussetzungen für eine Schrankenregelung nach Art. 52 Abs. 1 GRCh entsprechen würde. Eine solche existiert aber nicht im deutschen Ordnungswidrigkeitenrecht.[302]

113 Damit lässt sich festhalten, dass – insoweit unstrittig und in Übereinstimmung mit der Rechtsprechung sowohl des *Europäischen Gerichtshofs für Menschenrechte* als auch den *Unionsgerichten* – die Beweislast für die tatbestandlichen Voraussetzungen einer Zuwiderhandlung bei der den Vorwurf erhebenden Behörde liegt. Da es im Datenschutzrecht sowohl auf europäischer als auch auf deutscher Ebene keine der Beweislastregel des Art. 2 VO (EG) 1/2003 entsprechende Regelung gibt, verbleibt die Beweislast auch für Rechtfertigungsgründe (bzw. tatbestandliche Einschränkungen) bei der den Vorwurf erhebenden Behörde.

IV. Beweismaß

114 Bei der Beweiswürdigung ist zu prüfen, ob ein bestimmter Beweis gelungen ist, sodass die dargelegte Tatsachenbehauptung als bewiesen gelten kann.[303] Dafür ist das Beweismaß als zweites Element von Beweisregeln ausschlaggebend, welches den Grad der richterlichen Überzeugung ausdrückt, der erforderlich ist, damit das Gericht davon ausgehen kann, dass eine bestimmte Tatsachenbehauptung erwiesen ist.[304] Dabei kann zwischen dem Wahrscheinlichkeits- und dem Gewissheitsstandard unterschieden werden.[305] Bei Ersterem kommt es darauf an, dass das Vorliegen einer Tatsache vom Gericht für überwiegend wahrscheinlich angesehen wird, während bei Letzterem die Tatsachen zur subjektiven Gewissheit der Richter feststehen müssen.[306]

115 Insoweit ist die Frage des Beweismaßes unmittelbar verknüpft mit der Beweislast, wenn es darum geht, unter welchen Voraussetzungen ein voller Gegenbeweis zur Erschütterung von Tatsachen notwendig ist: Je geringer die Anforderungen des zugrunde gelegten Be-

---

[300] EuG v. 26.1.2022 – T-286/09, Rn. 161 f. – RENV; EuGH v. 16.2.2017 – C-90/15 P, Rn. 17 – Hansen & Rosenthal KG und H & R Wax Company Vertrieb GmbH; EuGH v. 22.11.2012 – C-89/11, ECLI:EU:C:2012:738, Rn. 71, BeckRS 2012, 82473 – E-ON.
[301] Vgl. Henn, Strafrechtliche Verfahrensgarantien im europäischen Kartellrecht, 2018, 154 ff.; vgl. auch Zierke, Steuerungswirkung der Darlegungs- und Beweislast im Verfahren vor dem Gerichtshof der Europäischen Union, 2015, 357 mwN in Fn. 1293.
[302] Vgl. die sich auf das deutsche Ordnungswidrigkeitenrecht beziehende Erklärung der Deutschen Delegation zu Art. 2 der Verordnung vom 10.12.2002, 15435/01 ADD 1, RC 22, S. 8, abgedruckt bei Schwarze/Weitbrecht, Grundzüge des europäischen Kartellverfahrensrechts. Die Verordnung (EG) Nr. 1/2003, 2004, Anhang 3.
[303] Zierke, Steuerungswirkung der Darlegungs- und Beweislast im Verfahren vor dem Gerichtshof der Europäischen Union, 2015, 26.
[304] Zierke, Steuerungswirkung der Darlegungs- und Beweislast im Verfahren vor dem Gerichtshof der Europäischen Union, 2015, 26; Dammann, Materielles Recht und Beweisrecht im System der Grundfreiheiten, 2007, 27.
[305] Vgl. Dammann, Materielles Recht und Beweisrecht im System der Grundfreiheiten, 2007, 39.
[306] Zierke, Steuerungswirkung der Darlegungs- und Beweislast im Verfahren vor dem Gerichtshof der Europäischen Union, 2015, 26.

weismaßes sind, desto häufiger kann ein Sachverhalt als geklärt eingeordnet und damit eine Beweislastentscheidung vermieden werden.³⁰⁷

1. Art. 6 Abs. 2 EMRK

Im Ausgangspunkt ist es dem innerstaatlichen Recht überlassen, was nach Art. 6 Abs. 2 EMRK zum geforderten „gesetzlichen Nachweis" der Schuld zählt.³⁰⁸ Allerdings darf dies nicht dazu führen, dass die Unschuldsvermutung ausgehöhlt wird, weshalb die Festlegung des Beweismaßes nicht vollständig dem nationalen Gesetzgeber überlassen werden kann.³⁰⁹ Der Kerngehalt der Unschuldsvermutung ist mit dem Grundsatz *in dubio pro reo* in Übereinstimmung mit der Rechtsprechung des *Europäischen Gerichtshofs für Menschenrechte* dahingehend zu sehen, dass „*the burden of proof is on the prosecution, and any doubt should benefit the accused*".³¹⁰

116

Da sich somit etwaige beim Gericht bestehende Zweifel an dem Nachweis einer Zuwiderhandlung zu Gunsten der Betroffenen auswirken, ist im Anwendungsbereich der Unschuldsvermutung nicht vom Wahrscheinlichkeits-, sondern vom Gewissheitsstandard auszugehen.

117

Obwohl sich aus der Rechtsprechung des *Europäischen Gerichtshofs für Menschenrechte* keine speziellen Bewertungen dafür entnehmen lassen, wie der Beweis der Schuld des Angeklagten zu erbringen ist, kann zumindest konstatiert werden, dass die Überzeugungsbildung frei von Mutmaßungen und begründungslosen Vermutungen zu erfolgen hat und eine gewisse Beweisdichte vorliegen muss.³¹¹

118

2. Unionsrecht

Aus der Rechtsprechung der Unionsgerichte lassen sich keine klaren Aussagen zu einem umfassenden *allgemein* gültigen Beweismaß entnehmen.³¹²

119

Im Bereich des europäischen Kartellverfahrensrechts differenziert die sich auf Unternehmen beziehende Rechtsprechung danach, 1) ob Beweismittel für das Vorliegen einer Zuwiderhandlung vorgelegt werden, die für sich genommen grundsätzlich für die Beweisführung genügen oder ob 2) nur Beweismittel für einen Sachverhalt vorgelegt werden, die zu der Annahme einer Zuwiderhandlung führen.

120

Für die erste Fallgruppe reicht es nicht aus, wenn das betroffene Unternehmen auf die *Möglichkeit* des Vorliegens eines Umstandes hinweist, der in der Lage wäre, den Beweiswert des Beweismittels zu erschüttern, damit es dazu kommt, dass die ursprünglich beweisbelastete Institution die Last des Gegenbeweises trägt, dass der Beweiswert durch diesen Umstand nicht erschüttert werden konnte.³¹³ Das betroffene Unternehmen muss vielmehr den (vollen) Nachweis erbringen, dass zum einen der von ihm angeführte Umstand vorliegt und zum anderen dieser Umstand den Beweiswert des von der zunächst beweisbelasteten

121

---

³⁰⁷ Zierke, Steuerungswirkung der Darlegungs- und Beweislast im Verfahren vor dem Gerichtshof der Europäischen Union, 2015, 26; zur engen Wechselwirkung zwischen Beweislast und Beweismaß auch Fink, Wirksamer Schutz der Verteidigungsrechte im EU-Kartellverfahren, 2021, 115.
³⁰⁸ Vgl. BGH v. 19.9.1967 – 5 StR 456/67; BVerfGE 74, 358.
³⁰⁹ EGMR v. 7.10.1988, Rs. 10519/83, Series A vol. 141-A, Rn. 28 – Salabiaku v. Frankreich: „Above all, the national legislature would be free to strip the trial court of any genuine power of assessment and deprive the presumption of innocence of its substance, if the words ‚according to law' were construed exclusively with reference to domestic law."
³¹⁰ EGMR Beschw.-Nr. 10590/83 – Barberá, Messegué und Jabardo v. ES (1988), Serie A, Bd. 146, Nr. 77.
³¹¹ Henn, Strafrechtliche Verfahrensgarantien im europäischen Kartellrecht, 2018, 159.
³¹² Zierke, Steuerungswirkung der Darlegungs- und Beweislast im Verfahren vor dem Gerichtshof der Europäischen Union, 2015, 27; Dammann, Materielles Recht und Beweisrecht im System der Grundfreiheiten, 2007, 29 ff.
³¹³ EuG v. 26.1.2022 – T-286/09, Rn. 166 – RENV; EuGH v. 22.11.2012 – C-89/11, Rn. 76 – E-ON; EuGH v. 8.7.1999, C-235/92 P, ECLI:EU:C:1999:362 Rn. 181, BeckRS 2004, 75308 – Montecatini.

Institution vorgebrachten Beweismittels in Frage stellt.³¹⁴ An dieser Rechtsprechung wird zu Recht kritisiert, dass materiell-rechtlich eine Vollendung erfordernde Bußgeldtatbestände in Gefährdungsdelikte umgeformt werden.³¹⁵

122 Großzügiger ist die Rechtsprechung dagegen in der zweiten Fallkonstellation, wenn zwar ein Sachverhalt festgestellt werden kann, aber es darauf basierend nur zu der *Annahme* eines regelwidrigen Verhaltens kommt und wenn das betroffene Unternehmen mit seinem Vortrag den festgestellten Sachverhalt in einem anderen Licht erscheinen lässt, was „eine andere plausible Erklärung der Tatsachen ermöglicht als die …, dass eine Zuwiderhandlung vorliegt".³¹⁶ In diesen Fällen wird nicht davon ausgegangen, dass ein Beweis für das Vorliegen einer Zuwiderhandlung gelungen ist.³¹⁷

123 In diesem Zusammenhang weisen die *Unionsgerichte* explizit darauf hin, dass „genaue und übereinstimmende Beweise" beizubringen sind, „die die feste Überzeugung begründen, dass die Zuwiderhandlung begangen wurde"³¹⁸, wobei betont wird, dass „nicht jeder der … vorgelegten Beweise diesen Kriterien notwendig hinsichtlich jedes Merkmals der Zuwiderhandlung genügen" muss, sondern es vielmehr ausreicht, dass ein angeführtes „Indizienbündel bei seiner Gesamtwürdigung dieser Anforderung genügt".³¹⁹ Die hierfür notwendigen qualitativen Anforderungen an eine die Verurteilung tragende Indizienkette sind ein Bestandteil der Rechtsanwendung und normativ zu bestimmen.³²⁰

124 Da die Sanktionsvoraussetzungen schon dann nicht als bewiesen angesehen werden, wenn es „nicht auszuschließen" ist, dass sich ein Verhalten auch auf andere Weise als durch einen Rechtsverstoß erklären lässt,³²¹ bzw. eine andere „plausible" Erklärung des Unternehmens ausreichen soll und ein verbleibender Zweifel zugunsten des Unternehmens zu berücksichtigen ist,³²² lässt sich konstatieren, dass die europäische Rechtsprechung³²³ im Bereich des Kartellverfahrensrecht von dem Gewissheitsstandard als dem anwendbaren Beweismaß ausgeht.³²⁴ Dabei sind auch Indizienbeweise durchaus mit dem Gewissheitsstandard vereinbar.³²⁵

---

³¹⁴ EuG v. 26.1.2022 – T-286/09, Rn. 166 – RENV unter Verweis auf EuG v. 15.12.2010 – T-141/08, Rn. 56 – E-ON.
³¹⁵ Fink, Wirksamer Schutz der Verteidigungsrechte im EU-Kartellverfahren, 2021, 116 f. mit dem Hinweis, in Fn. 137, dass in der Entscheidung des EuGH v. 22.11.2012 – C-89/11, ECLI:EU:C:2012:738 = BeckRS 2012, 82473 letztlich die Ermöglichung des Siegelbruchs zum Vorwurf gemacht wurde.
³¹⁶ EuG v. 26.1.2022 – T-286/09, Rn. 165 – RENV; in diesem Sinne EuGH v. 28.3.1984, Verb. Rs. 29/83 & 30/83, Slg. 1984, 1680, 1702 Rn. 16 – Compagnie Royale Asturienne des Mines SA (CRAM) & Rheinzink: „Die Kommission unterstellt bei ihren Überlegungen, daß sich die festgestellten Tatsachen nur mit einer Abstimmung zwischen den beiden Unternehmen erklären lassen. Gegenüber einer derartigen Argumentation brauchen die Klägerinnen nur Umstände nachzuweisen, die den von der Kommission festgestellten Sachverhalt in einem anderen Licht erscheinen lassen und damit eine andere Erklärung dieses Sachverhalts ermöglichen, als sie in der angefochtenen Entscheidung gegeben wird.".
³¹⁷ EuG v. 26.1.2022 – T-286/09, Rn. 165 – RENV; EuGH v. 14.2.1978, C-27/76, ECLI:EU:C:1978:22, Rn. 265, BeckRS 2004, 72814 – United Brands sowie EuGH v. 28.3.1984, Verb. Rs. 29/83 & 30/83, Slg. 1984, S. 1680, 1702 Rn. 16 – Compagnie Royale Asturienne des Mines SA (CRAM) & Rheinzink.
³¹⁸ Siehe auch EuG v. 8.7.2004, verb. Rs. T-67, 68, 71, 78/00, Rn. 179 – JFE Engineering.
³¹⁹ EuG v. 26.1.2022 – T-286/09, Rn. 163 – RENV unter Rückgriff auf EuGH v. 26.1.2017, C-613/13 P, Rn. 52 BeckRS 2015, 116884 – Keramag.
³²⁰ Dannecker/Fischer-Fritsch, Das EG-Kartellrecht in der Bußgeldpraxis, 1989, 285.
³²¹ EuGH v. 16.12.1975, Verb. Rs. 40/73 u. a., Slg. 1975, S. 1668, 1994 Rn. 363 – Cooperative Vereniging „Suiker Unie".
³²² So explizit EuGH v. 14.2.1978, C-27/76, ECLI:EU:C:1978:22 Rn. 265, BeckRS 1978, 108467 – United Brands.
³²³ EuGH v. 16.2.2017 – C-90/15 P, Rn. 18 – Hansen & Rosenthal KG und H & R Wax Company Vertrieb GmbH; EuGH v. 22.11.2012 – C-89/11, ECLI:EU:C:2012:738, Rn. 72 – E-ON, BeckRS 2012, 82473; EuGH v. 25.1.2007, Rs. C-403/04, Slg. 2007, I-785, Rn. 52 – Sumito Metal Industries und Nippon Steel/KOM; siehe auch EuG v. 26.1.2022 – T-286/09, Rn. 161 – RENV; EuG v. 8.7.2004, verb. Rs. T-67, 68, 71, 78/00, Rn. 177 f. – JFE Engineering.
³²⁴ Fink, Wirksamer Schutz der Verteidigungsrechte im EU-Kartellverfahren, 2021, S. 113; Henn, Strafrechtliche Verfahrensgarantien im europäischen Kartellrecht, 2018, 161; Dammann, Materielles Recht und Beweisrecht im System der Grundfreiheiten, 2007, 39 f.
³²⁵ Henn, Strafrechtliche Verfahrensgarantien im europäischen Kartellrecht, 2018, 168, 170.

Da somit – wie nach dem *in dubio pro reo* Grundsatz erforderlich – bestehende Zweifel den betroffenen Unternehmen zugutekommen müssen, deckt sich dies mit den Anforderungen der Unschuldsvermutung.[326] Auch wenn der *Europäische Gerichtshof* in der Eturas-Rechtsprechung davon ausgeht, dass das nationale Verfahrensrecht das erforderliche Beweismaß und die Beweiswürdigung autonom festlegt,[327] darf dies nicht dazu führen, dass der nach Art. 48 GRCh im Rahmen der Unschuldsvermutung verbürgte Zweifelsgrundsatz ausgehöhlt wird, sodass sich nicht ausräumbare Zweifel immer zugunsten des betroffenen Unternehmens auswirken müssen. 125

V. Selbstbelastungsfreiheit

Soweit als noch strengere Ausprägung der Rechenschaftspflicht eine Meldung von Verletzungen des Schutzes personenbezogener Daten an die Aufsichtsbehörde nach Art. 33 DS-GVO oder eine Benachrichtigung der von einer Verletzung des Schutzes personenbezogener Daten betroffenen Person nach Art. 34 DS-GVO notwendig ist, darf diese Information in einem Bußgeldverfahren gegen den Meldepflichtigen selbst oder gegen einen Angehörigen (§ 52 Abs. 1 StPO) nur verwendet werden, wenn der Meldepflichtige oder der Benachrichtigende einer entsprechenden Verwendung zustimmt. Das Ziel dieser Regelungen zur Schaffung angemessener Verfahrensgarantien in § 43 Abs. 4 BDSG (für das Bußgeldverfahren) und § 42 Abs. 4 BDSG (für das Strafverfahren) ist die Absicherung des verfassungsrechtlichen Verbots einer Selbstbezichtigung *(nemo tenetur se ipsum accusare)*.[328] 126

Basierend auf Erwägungsgrund 87 S. 3 DS-GVO, wonach „die Aufsichtsbehörde die Meldungen zum Anlass von Maßnahmen gegen den Meldenden nehmen kann", werden Zweifel an der Übereinstimmung dieser nationalen Vorschriften mit dem europäischen Recht vorgebracht.[329] Jedoch können sich diese Regelungen auf die Öffnungsklausel des Art. 83 Abs. 8 DS-GVO zur Schaffung angemessener Verfahrensgarantien stützen.[330] Zudem heißt es im Erwägungsgrund 87 S. 3 DS-GVO ausdrücklich: „Die entsprechende Meldung kann zu einem Tätigwerden der Aufsichtsbehörde im Einklang mit ihren in dieser Verordnung festgelegten Aufgaben und Befugnissen führen." Damit ist es nachvollziehbar, dass eine Meldung zum Anlass genommen werden kann, um im Sinne einer Gefahrenabwehr die Befugnisse des Art. 58 DS-GVO auszuschöpfen. Dieser Erwägungsgrund verhält sich jedoch nicht zu Sanktionen.[331] 127

VI. Opportunitätsprinzip

Weiterhin wird diskutiert, ob der Verweis des § 41 Abs. 2 BDSG auch das Opportunitätsprinzip nach § 47 OWiG einschließt, welches der Behörde ein Auswahlermessen einräumt, ob diese ein Bußgeldverfahren weiter betreibt oder dieses bei geringfügigen Verstößen einstellt. 128

Siehe hierzu aus der Perspektive • der Aufsichtsbehörden: → § 4 Rn. 7 • der anwaltlichen Begleitung eines Ermittlungsverfahrens: → § 5 Rn. 77 ff.	129

---

[326] Henn, Strafrechtliche Verfahrensgarantien im europäischen Kartellrecht, 2018, 163; Fink, Wirksamer Schutz der Verteidigungsrechte im EU-Kartellverfahren, 2021, 114, der insoweit auch auf die Übereinstimmung mit der Rechtsprechung des Europäischen Gerichtshofs für Menschenrechte hinweist, vgl. EGMR Beschw.-Nr. 10590/83 – Barberá, Messegué und Jabardo v. ES (1988), Serie A, Bd. 146, Nr. 77.
[327] Zum Kartellrecht explizit EuGH v. 17.1.2014, Rs. C-74/14, Rn. 50 – Eturas.
[328] BT-Drs. 18/11325, 108.
[329] Bergt DuD 2017, 555 (560); aA Nolde PinG 2017, 114 (120).
[330] BT-Drs. 18/11325, 108.
[331] Forgó/Helfrich/Schneider Betr. Datenschutz-HdB/Cornelius Teil XIV Rn. 133.

130 Einerseits wird darauf hingewiesen, dass der Wortlaut des Art. 83 Abs. 2 S. 1 DS-GVO keinen Zweifel daran lasse, dass eine Verhängung von Geldbußen im Falle eines Verstoßes zwingend sei, wofür auch die Linie des *Europäischen Gerichtshofes* stehe, dass jegliche Verstöße gegen das Unionsrecht ein Verwaltungs- oder Strafverfahren zur Folge haben müssen.[332] Andererseits sind nach dem Wortlaut des Art. 83 Abs. 2 S. 2 die Milderungsgründe auch bei der Entscheidung „über" eine Geldbuße (in der englischen Version: „When deciding whether to impose an administrative fine …") zu berücksichtigen. Dies macht nur dann Sinn, wenn ein Ermessen im Hinblick auf eine Verhängung besteht.[333] Außerdem wäre die Möglichkeit einer Verwarnung nach Art. 58 Abs. 2 b) DS-GVO sinnentleert, wenn zusätzlich zu einer Verwarnung immer schon eine Sanktion in Form einer Geldbuße ausgeworfen werden müsste.[334] So weist auch die Art.–29-Datenschutzgruppe in den „Leitlinien für die Anwendung und Festsetzung von Geldbußen im Sinne der Verordnung (EU) 2016/679" (WP 253 vom 3. Oktober 2017) darauf hin, dass alternativ zur Geldbuße bei geringfügigen Verstößen auch eine Verwarnung in Betracht kommt.[335]

VII. Beachtung des allgemeinen Verhältnismäßigkeitsgrundsatzes

131 Der Grundsatz der Verhältnismäßigkeit gilt nach Art. 5 EUV als allgemeines europäisches Rechtsprinzip und ist in Art. 49 Abs. 3 GRCh mit Blick auf die Begrenzung staatlichen Strafens im Besonderen normiert. Dies wird so auch in Erwägungsgrund 148 S. 2 DS-GVO ausgesprochen, wonach von einer Geldbuße abgesehen und eine Verwarnung ausgesprochen werden kann, wenn es sich nur um einen geringfügigen Verstoß oder eine unverhältnismäßige Belastung einer natürlichen Person handelt, wobei aber die Beschränkung auf eine natürliche Person keine Stütze im verfügenden Teil der DS-GVO findet.[336] Deshalb kann daraus auch nicht geschlossen werden, dass das allgemeine Verhältnismäßigkeitsprinzip nach Art. 5 Abs. 4 EUV gegenüber Unternehmen ausgeschlossen ist.[337] Bei der Auslegung des verfügenden Teils einer unmittelbar wirkenden europäischen Verordnung dürfen die erläuternden Erwägungsgründe herangezogen werden, allerdings nur soweit sich diese nicht mit dem verfügenden Teil in Widerspruch setzen.[338] Der Art. 83 Abs. 1 DS-GVO ist jedoch ohne eine Einschränkung dahingehend formuliert, dass die Aufsichtsbehörde bei der Verhängung von Geldbußen nicht nur auf die Wirksamkeit und Abschreckung zu achten hat, sondern auch den Grundsatz der Verhältnismäßigkeit berücksichtigen muss.[339]

132 Der allgemeine Verhältnismäßigkeitsgrundsatz kann beispielsweise dadurch einbezogen werden, dass entweder gar keine Sanktion, kein Bußgeld oder ein Bußgeld mit einer nur symbolischen Höhe verhängt wird.[340] Ebenso kann dieser dazu führen, dass nur eine Verwarnung verhängt wird. Bei der Bewertung ist zu beachten, dass die Verwarnung ein Minus zu der ebenfalls möglichen Geldbuße darstellt.[341] In der Spürbarkeit der Rechtsfolge grenzt sie sich als dritte, hybride Sanktionsart von der Geldbuße (Art. 83; 58 Abs. 2 lit. i

---

[332] Bergt DuD 2017, 555 (557); Däubler/Wedde/Weichert/Sommer/Sommer DS-GVO Art. 83 Rn. 7.
[333] Bülte StV 2017, 460 (463); Martini/Wenzel PinG 2017, 92 (94); Eckhardt/Menz DuD 2018, 139 (141); Paal/Pauly/Frenzel DS-GVO Art 83 Rn. 10 f. mwN; Roth ZTR 2018, 79 (80 f.); HK-DS-GVO/Ziebarth Art 58 Rn. 67.
[334] Forgó/Helfrich/Schneider Betr. Datenschutz-HdB/Cornelius Teil XIV Rn. 138.
[335] Art.–29-Datenschutzgruppe in WP 253 vom 3.10.2017, S. 9; so auch Ehmann/Selmayr DS-GVO Art. 58 Rn. 20.
[336] Kritzer, Datenschutzrechtliche Pflichten, Sanktionsregime und Selbstbelastungsfreiheit, 2022, 197 f.
[337] Martini/Wenzel PinG 2017, 92.
[338] EuGH v. 10.1.2006 – C-344/04, ECLI:EU:C:2006:10, Slg. 2006, I-403, BeckRS 2006, 70031, Rn. 76 – International Air Transport Association mwN; vgl. Europäische Union (Hrsg.), Interinstitutionelle Regeln für Veröffentlichungen, 2011, 41: „Die Erwägungsgründe enthalten die Begründungen für die Bestimmungen des verfügenden Teils (dh der Artikel)."
[339] Golla CR 2018, 353 (355).
[340] Bussche/Voigt/Ambrock/Karg, Konzerndatenschutz, 2. Aufl. 2019, Teil 8 Rn. 83.
[341] Roth ZTR 2018, 79 (80).

DS-GVO) und der strafrechtlichen Sanktion (Art. 84 DS-GVO) ab und ist das **mildeste Sanktionsmittel** der DS-GVO.[342]

Damit ist ein Bußgeld für *jeden* noch so geringen Datenschutzverstoß auch nicht mit dem allgemeinen Verhältnismäßigkeitsgrundsatz vereinbar. Von der Geringfügigkeit eines Verstoßes ist bei Beachtung der Kriterien des Art. 83 Abs. 2 DS-GVO dann auszugehen, wenn er im Einzelfall kein bedeutendes Risiko für die betroffene Person zur Folge hat und der Kern der datenschutzrechtlichen Verpflichtung nicht berührt ist.[343] Es kommt also auf die objektive Schwere und die Tragweite der Rechtsverletzung an.[344]

G. Bedeutung von Rechtsunklarheiten

Aus den sehr weiten Formulierungen in der DS-GVO können sich Auswirkungen für die Normadressaten ergeben, die entweder auf der objektiven Ebene des Gebotes der Normenklarheit oder auf der Ebene des individuellen Schuldvorwurfs wirksam werden. Dabei ist zu beachten, dass ein individueller Schuldvorwurf zunächst ein normenklares Gesetz verlangt, welches die Erkennbarkeit des verbotenen Verhaltens ermöglicht.

Zur Veranschaulichung bietet sich das dualistische Normkonzept mit der Unterscheidung zwischen Verhaltens- und Sanktionsnorm an.[345] Die Verhaltensnorm (mit dem Verbot oder Gebot) kann wirksam sein, sodass ein Verstoß zwar rechtlich bedeutsam, aber von der Frage einer Anknüpfung durch eine Sanktionsnorm zu trennen ist. Das bedeutet, dass die Einschätzung einer fehlenden Sanktionierbarkeit eines bestimmten Verhaltens – zB bei objektiv unklaren Rechtslagen – nicht gleichzusetzen ist mit einer fehlenden Wirksamkeit des Verbots. Es kann zwar die Rechtswidrigkeit eines Verhaltens festgestellt, aber *vor* einer Präzisierung der Reichweite des verbotenen Verhaltens keine Sanktionierung daran geknüpft werden. Diese Problematik ist in Rechtsprechung und Literatur seit längerem bekannt und wird unter den Begriffen „Normspaltung" oder „Normambivalenz" behandelt.[346]

---

[342] VG Mainz v. 24.9.2020 – 1 K 584/19.MZ, BeckRS 2020, 28535, Rn. 52; Martini/Wenzel PinG 2017, 92 (93).
[343] Golla CR 2018, 353.
[344] Martini/Wenzel PinG 2017, 92 (94).
[345] Die Wurzeln des dualistischen Normkonzepts reichen weit zurück, wenn sie sich auch nicht exakt bestimmen lassen: Nach Daube, Forms of Roman legislation, 1956, S. 24 „came a period in Talmudic law when it was assumed that the Bible had two separate statutes for each crime, one to prohibit it and one to lay down the penalty"; Wach GS 25 (1873), 432 (434 f.) weist auf die bereits lange bekannte Konzeption des praeceptum legis (im Gegensatz zur sanctio legis) hin, so dass die Doppelung in einer Sanktionsnorm für sich kein neuer Gedanke ist; nach Renzikowski FS Gössel, 2002, 3, (4 ff.) lässt sich der Ursprung bis zu Hobbes und seinem Werk »De Cive« aus dem Jahr 1646 zurückverfolgen; Bentham, Of laws in general, 1782 (Nachdruck London 1970), S. 139 formulierte diesen Gedanken so ‚[…] the principal and subsidiary are two distinct laws, and not parts of one and the same law"; für den deutschsprachigen Raum ist Binding von entscheidender Bedeutung, vgl. ders., Normen I, 1872, 4, 30 f., 45; zur Rezeption im Strafrecht Appel, Verfassung und Strafe, 1998, 79 ff., 433 ff., 559; ausführlich zum dualistischen Normkonzept Cornelius, Verweisungsbedingte Akzessorietät von Straftatbeständen, 2016, 115 ff.; siehe auch Cornelius GA 2015, 101 (113 f.).
[346] Tiedemann, Tatbestandsfunktionen im Nebenstrafrecht, 1969, 187; ders. FS Schaffstein, 1975, 195; ders. FS Dünnebier, 1982, 519 (531 ff.); ders. FS F.-C. Schroeder, 2006, 641 (644); Cornelius GA 2015, 101 (114 mwN in Fn. 94); deutlich wird die Trennung zwischen Verbot und strafrechtlicher Sanktionierung durch das Bundesverfassungsgericht in BVerfGE 90, 145, 184 wie folgt formuliert: „Für die Beurteilung, ob die zur verfassungsrechtlichen Prüfung gestellten Strafvorschriften des Betäubungsmittelgesetzes, soweit sie den Umgang mit Cannabisprodukten betreffen, gegen das Übermaßverbot (Verhältnismäßigkeit im engeren Sinne) verstoßen, ist zwischen dem grundsätzlichen Verbot des Umgangs mit Cannabisprodukten und seiner Bewehrung durch die Androhung von Kriminalstrafe für die verschiedenartigen Verstöße gegen das Verbot zu unterscheiden."

I. Generalklauselartige Formulierungen in der DS-GVO

136 Die generalklauselartigen Formulierungen in den Normen der DS-GVO führen zu erheblichen Rechtsunsicherheiten.[347] Auch wenn der unionsrechtliche Bestimmtheitsgrundsatz nicht mit derselben „Tragweite (...) wie im Fall ihrer Anwendung auf eine Situation, die dem Strafrecht im strikten Sinn unterliegt" anwendbar ist,[348] ist insbesondere die Globalverweisung des Art. 83 Abs. 5 lit. a DS-GVO kritisch zu sehen, welche sämtliche Grundsätze der Verarbeitung – einschließlich der des Art. 5 DS-GVO „Personenbezogene Daten müssen auf rechtmäßige Weise ... verarbeitet werden" – in Bezug nimmt.[349] Der so eröffnete Interpretationsspielraum macht es dem Verantwortlichen oder dem Auftragsverarbeiter nahezu unmöglich, ohne eine Präzisierung vorherzusehen, wann ein verbotenes Verhalten vorliegt, welches mit einer Sanktion zu ahnden ist.[350]

II. Gebot der Normenklarheit

137 Dadurch kann einerseits der Bestimmtheitsgrundsatz mit dem dort enthaltenen Gebot der Normenklarheit betroffen sein. Der Bestimmtheitsgrundsatz ist in Art. 7 EMRK niedergelegt und nahezu wortgleich in Art. 49 GRCh enthalten. Dementsprechend erkennt der *Europäische Gerichtshof* diesen Grundsatz als allgemein und im Unionsrecht verbindlich an (→ Rn. 10).[351]

138 Bei dem Gebot der Normenklarheit als Bestandteil des Bestimmtheitsgrundsatzes handelt es sich im Endeffekt um eine „Bewertung des Rechtsfindungsaktes" mit der Nachzeichnung des „intellektuellen Aufwandes, den der Rechtsunterworfene leisten muss, um >das Recht< feststellen zu können".[352] Entscheidend ist, ob für den Rechtsunterworfenen die Rechtsfindung *zumutbar* ist.[353] Dieses ist – als Komponente des zum Gesetzlichkeitsprinzip gehörenden Bestimmtheitsgrundsatzes – dann verletzt, wenn es den Rechtsunterworfenen generell unzumutbar ist, den tatsächlichen Norminhalt festzustellen.[354]

III. Schuldgrundsatz

139 Andererseits kommt in Betracht, dass sich solche Rechtsunsicherheiten auf der Ebene von Vorsatz und Fahrlässigkeit auswirken, da im europäischen Sanktionenrecht für die Bejahung von Vorsatz auch die Bedeutungskenntnis der Normen verlangt wird. Der *Gerichtshof* und die *Kommission* gehen bei Fragen der Rechtsunsicherheit *regelmäßig* auf die subjektive Tatseite ein, wobei auch – ohne eine exakte Abgrenzung – darauf ausgewichen wird, dass die Unternehmen zumindest fahrlässig gehandelt hätten (→ Rn. 88 ff.).[355] Im europäischen Kartellordnungswidrigkeitenrecht wird der Problematik unklarer Rechtslagen meist so Rechnung getragen, dass ein Bezug zu vorausgegangenen Entscheidungen und Urteilen

---

[347] Bülte StV 2017, 460 (466).
[348] EuG v. 8.11.2008 – T-99/04, Rn. 113 – AC Treuhand.
[349] Schneider FS Neumann, 2017, 1425 ff.
[350] BeckOK DatenschutzR/Holländer DS-GVO Art. 83 Rn. 6; Bülte StV 2017, 460 (465).
[351] Vgl. EuGH v. 12.12.1996 – C-74/95, C-129/95, ECLI:EU:C:1996:491, Slg. I 1996, 6609, 6637, BeckRS 2004, 77753, Rn. 25 – Telecom Italia; EuGH NJW 2018, 117 (220 Rn. 51 f.); Lenz/Borchard/Schonard, EU-Verträge, 6. Aufl. 2012, GRCh Art. 49 Rn. 8; Bülte/Müller NZG 2017, 205 (212); Satzger, Europäisierung des Strafrechts, 2000, 177 f.; Dannecker ZStW 117 (2005) 697, 737.
[352] Satzger, Die Europäisierung des Strafrechts, 2001, 246; Forgó/Helfrich/Schneider Betr. Datenschutz-HdB/Cornelius Rn. 29.
[353] Karpen, Verweisung als Mittel der Gesetzgebungstechnik, 1970, 161; Debus, Verweisungen in deutschen Rechtsnormen, 2008, 267; Schuster, Verhältnis von Strafnormen und Bezugsnormen aus anderen Rechtsgebieten, 2012, 334.
[354] Cornelius, Verweisungsbedingte Akzessorietät von Straftatbeständen, 2016, 391; Felix, Einheit der Rechtsordnung, 1998, 195.
[355] Dannecker/Fischer-Fritsch, Das EG-Kartellrecht in der Bußgeldpraxis, 1989, 303.

vorgenommen wird, wobei Geldbußen grundsätzlich nur dann verhängt werden, wenn Indizien dafür vorliegen, dass das Unternehmen vorsätzlich gehandelt hat.[356]

Falls noch keine entsprechenden Entscheidungen vorliegen, trägt die *Kommission* wegen der generalklauselartigen Formulierung der Tatbestände im Wettbewerbsrecht dem Erfordernis der Vorhersehbarkeit für die Unternehmen meist so Rechnung, dass zunächst durch förmliche Entscheidungen typischer Fälle das erlaubte vom verbotenen Verhalten abgegrenzt wird und höchstens symbolische Bußgelder festgesetzt werden, sodass erst *nach* einer kartellrechtlichen Vorklärung (richtige) Sanktionen verhängt werden.[357] Dies bedeutet, dass bei unklaren Randbereichen der Verbotsnormen zwar die materielle Rechtswidrigkeit festgestellt wird, aber zunächst keine Sanktionen daran geknüpft werden. Zumindest wird die Unklarheit von Rechtsfragen auf der Ebene der Strafzumessung als ein typischer Milderungsgrund berücksichtigt.[358] 140

IV. Verhältnis des Gebots der Normenklarheit zum Schuldprinzip

Jedoch ist zu beachten, dass bezüglich der Bestimmtheit von Gesetzen (im Sinne eines Gebotes der Normenklarheit) und der Frage einer subjektiven Fehlleistung (im Sinne einer persönlichen Vorwerfbarkeit) ein Abhängigkeitsverhältnis besteht.[359] Dies bedeutet, dass „der strafrechtliche Schuldvorwurf auf einer bewussten oder vorwerfbar unbewussten Fehlentscheidung zur Verwirklichung straftatbestandsspezifischen Unrechts aufbaut", so dass „es die unausweichliche Konsequenz" ist, dass „zum Zeitpunkt der Tatentscheidung ihr Richtpunkt, das den Unrechtstatbestand spezifizierende Strafgesetz, bereits vorhanden gewesen sein muss".[360] 141

Damit ist das Erfordernis der Normenklarheit eine Voraussetzung für den individuell-subjektiven Schuldvorwurf.[361] Da das für das Schuldprinzip voraussetzt, dass der Täter das Verbotensein seines Tuns hätte kennen können, ist es notwendig, dass er zumindest *Gelegenheit* hatte, vor der Tat zu erfahren, dass sein Verhalten verboten war.[362] Die Voraussetzung dafür ist aber, dass die Beschreibung dieses Verhaltens vorher gesetzlich soweit bestimmt ist, dass diese *Möglichkeit* der Erkennbarkeit[363] vor der Tat besteht. 142

Dass das Schuldprinzip „jedoch wesensmäßig nicht unmittelbar" mit dem Gesetzlichkeitsprinzip verknüpft ist, ergibt sich einerseits aus seinem weitergehenden Gehalt[364] und andererseits daraus, dass die Gesetzestatbestandlichkeit mit der Forderung nach der *objektiven Erkennbarkeit*[365] verknüpft ist und damit für den individuell-subjektiven Schuldvorwurf 143

---

[356] Dannecker/Fischer-Fritsch, Das EG-Kartellrecht in der Bußgeldpraxis, 1989, 304; vgl. FK-KartellR/Kindhäuser/Meyer Bußgeldrechtliche Folgen des Art. 101 AEUV, 100. EL November 2021 (Dokumentenstand: Okt. 2012), Rn. 144 mit der Auflistung der Entscheidungen der Kommission, in denen diese wegen fehlender Präzedenzfälle von der Verhängung von Geldbußen abgesehen hat.
[357] Eser/Huber/Dannecker, Strafrechtsentwicklung in Europa, 1995, 2065 f.; König, Das Europäische Verwaltungssanktionenrecht und die Anwendung strafrechtlicher Rechtsgrundsätze, 2009, 212.
[358] Dannecker/Fischer-Fritsch, Das EG-Kartellrecht in der Bußgeldpraxis, 1989, 327.
[359] Zu diesem Abhängigkeitsverhältnis bereits Cornelius GA 2015, 101 (117); siehe auch oben zu Fn. 84.
[360] Sax, Grundsätze der Strafrechtspflege, in: Nipperdey/Scheuner, Die Grundrechte. Handbuch der Theorie und Praxis der Grundrechte, 1959, 909 (999); vgl. auch Roxin, Grundsatz der Gesetzesbestimmtheit, in Hilgendorf, Das Gesetzlichkeitsprinzip im Strafrecht – ein deutsch-chinesischer Vergleich, 2013, 116, der den Bestimmtheitsgrundsatz ebenfalls mit dem Schuldprinzip verknüpft.
[361] Vgl. nur Bung, Unbestimmtheit tatbestandlicher Verweisungstechniken im Wirtschaftsstrafrecht, 135, 142 f., in Kempf u. a., Unbestimmtes Wirtschaftsstrafrecht und gesamtwirtschaftliche Perspektiven, 2017; Cornelius GA 2015, 101 (117); Dannecker, Das intertemporale Strafrecht, 1993, S. 257 f.; Grünwald ZStW 76 (1964), 1 (11 f.); Krey, Keine Strafe ohne Gesetz, 1983, Rn 128; Tiedemann, Tatbestandsfunktionen im Nebenstrafrecht, 1969, 192.
[362] Hillenkamp FS Kirchhof, Bd. 2, 2013, § 124 Rn 17.
[363] Zur Differenzierung zwischen Erkennbarkeit und Kenntnis des Rechts vgl. Tiedemann, Tatbestandsfunktionen im Nebenstrafrecht, 1969, 203.
[364] LK-StGB/Dannecker/Schuhr § 1 Rn 61.
[365] Dannecker, Das intertemporale Strafrecht, 1993, 258; Grünwald FS Kaufmann, 1993, 433 (436).

(nur) als Voraussetzung fungiert.³⁶⁶ Insoweit ist das Gebot der Normenklarheit perspektivisch anders gelagert als die nach dem Schuldprinzip erforderliche individuelle Erkennbarkeit. Dies bedeutet nicht das Abstellen auf die einzelne (Verbands)Person an sich. Es kommt vielmehr auf die generalisierende Möglichkeit der Erkennbarkeit als *objektive* Vorhersehbarkeit an.³⁶⁷

V. Schlussfolgerungen

144 Aus diesem Verhältnis zwischen dem Gebot der Normenklarheit und dem Schuldprinzip ergibt sich, dass bei einer Unbehebbarkeit eines Unrechtszweifels³⁶⁸ keine individuelle Fehlleistung vorliegt, sondern die eigentliche Ursache bereits in der objektiv unbestimmten Rechtslage begründet ist.³⁶⁹ Deshalb können diffuse Randbereiche einer Norm nicht mit einer Sanktionsdrohung belegt werden, *solange* den Normadressaten nicht durch normenklare Gesetze die Grenzen der grund- und menschenrechtlich gewährleisteten Freiheit aufgezeigt werden.³⁷⁰ Dies bedeutet, dass diffuse Randbereiche von Verhaltensnormen im Wege einer an den Grundrechten orientierten Auslegung bereits auf objektiver Ebene von einer Strafbewehrung ausgenommen werden, *solange* eine hinreichende objektive Erkennbarkeit der Sanktionierbarkeit nicht gewährleistet werden kann.³⁷¹

145 Hierbei kann auch die Rechtsprechung in einem arbeitsteiligen Zusammenwirken mit dem Gesetzgeber einen eigenen Beitrag leisten, sodass eine gefestigte Rechtsprechung den Maßstab für die Erkennbarkeit der Reichweite einer Strafvorschrift zu beeinflussen vermag und dem Gebot der Normenklarheit genüge getan ist.³⁷² Obwohl sich das Gebot der Normenklarheit zunächst an den nationalen Gesetzgeber richtet, kann der europäische Gesetzgeber unbestimmte Rechtsbegriffe verwenden und die Präzisierung der Rechtsprechung überlassen.³⁷³ Dies stimmt mit der Rechtsprechung des *Europäischen Gerichtshofs* überein, der nicht fordert, dass sich die notwendige Bestimmtheit aus dem Gesetzestext selbst ergibt, sondern auch eine schrittweise Klärung als zulässig ansieht.³⁷⁴

146 Dies hat auf der Kehrseite zur Folge, dass es für den Normadressaten vor dem Ergehen von Entscheidungen, die bisher ungeklärte Rechtsfragen betreffen, noch nicht erkennbar ist, dass ein entsprechendes Verhalten rechtswidrig ist.³⁷⁵ Zwar kommt der Rechtsprechung die Aufgabe der Klärung unsicherer Rechtslagen in den Normrandbereichen zu. Allerdings kann (und muss) durch Entscheidungen von Gerichten eine Klärung (Präzisierung) der Rechtslage vorgenommen werden, wobei zunächst auf mehr als eine symbolische Sanktionierung zu verzichten ist.³⁷⁶

147 Hierbei ist jedoch zu betonen, dass es bei einer unklaren Rechtslage gerade *nicht* um Nachweisprobleme geht. Bezeichnend ist auch die Entscheidung des *Europäischen Gerichtshofs* i.S. *Schenker,* der insoweit ausdrücklich ausgeführt hat, dass die unrichtige Einstufung

---

[366] Tiedemann, Tatbestandsfunktionen im Nebenstrafrecht, 1969, 192.
[367] Cornelius, Verweisungsbedingte Akzessorietät von Straftatbeständen, 2016, 351.
[368] Für das Vorliegen einer solchen „Unbehebbarkeit" könnte auch dem Maßstab der hypothetischen Auskunft einer „idealen" Auskunftsperson zurückgegriffen werden; vgl. Cornelius GA 2015, 101 (124).
[369] Vgl. Cornelius GA 2015, 101 (108).
[370] Vgl. bereits Lenckner JuS 1968, 304 (308); Tiedemann FS Dünnebier, 1982, 519 (532f.); ders. FS Lackner, 1987, 737 (746f.); ders. FS Tröndle, 1989, 319 (328); ausführlich hierzu Cornelius GA 2015, 101 (108ff.).
[371] Cornelius GA 2015, 101 (114f.).
[372] Zu dem diesen Ansatz zugrundeliegenden (an die Rechtsprechung) gerichteten Präzisierungsgebot vgl. Cornelius GA 2015, 101 (117ff.).
[373] Vgl. FK-KartellR/Kindhäuser/Meyer Bußgeldrechtliche Folgen des Art. 101 AEUV, 100. EL November 2021 (Dokumentenstand: Okt. 2012), Rn. 22.
[374] EuGH v. 8.7.2008 – T-99/04, ECLI:EU:T:2008:256, Rn. 141, BeckRS 2008, 70741; Bergt DuD 2017, 555 (560).
[375] Cornelius GA 2015, 101 (119).
[376] Siehe Cornelius GA 2015, 101 (120) auch mit einem Vergleich zum prospective overruling im angelsächsischen Recht.

§ 2 Grundlagen: Verhältnis von Unionsrecht und dem nationalen Bußgeldrecht § 2

eines bestimmten Verhaltens durch ein Unternehmen nicht dazu führt, dass dem Unternehmen keine Geldbuße auferlegt wird, „sofern es sich über die Wettbewerbswidrigkeit dieses Verhaltens nicht im Unklaren sein konnte".[377]

> **Praxistipp:** 148
> Deshalb muss bei einer unklaren Rechtslage – wie sie durchaus bei bestimmten Rechtsfragen des materiellen Rechts der DS-GVO angenommen werden kann – zunächst eine Klärung durch gerichtliche Entscheidungen vorgenommen werden, bevor ein die diffusen Randbereiche einer Verhaltensnorm betreffendes Verhalten durch die daran anknüpfende Sanktionsnorm erfasst ist. Davor ist die Anwendbarkeit auf evidente (gravierende) Verstöße zu beschränken.[378] Dies gilt im Ergebnis unabhängig davon, ob der hier vorgeschlagenen Lösung auf der objektiven Ebene des Gebotes der Normenklarheit oder dem Ansatz einer Berücksichtigung auf der individuell-subjektiven Ebene der Schuld gefolgt wird, da der Schuldgrundsatz auch bei den datenschutzrechtlichen Sanktionen gilt.

---

[377] EuGH v. 18.6.2013 – C-681/11, ECLI:EU:C:2013:404 Rn. 38, BeckRS 2013, 81227; vgl. insoweit auch die Ausführungen zum Vorliegen von Vorsatz oder Fahrlässigkeit in Rn. 37, wonach „diese Voraussetzung erfüllt ist, wenn sich das betreffende Unternehmen über die Wettbewerbswidrigkeit seines Verhaltens nicht im Unklaren sein kann, gleichviel, ob ihm dabei bewusst ist, dass es gegen die Wettbewerbsregeln des Vertrags verstößt".
[378] Vgl. Forgó/Helfrich/Schneider Betr. Datenschutz-HdB/Cornelius Rn. 25.

§ 3 Materielles Bußgeldrecht

Übersicht

	Rn.
A. Einleitung	1
B. Überblick über die Bußgeldtatbestände	4
C. Zurechnung bei Geldbußen nach Art. 83 DS-GVO	6
I. Einleitung	6
II. Das Zurechnungssystem des Art. 83 DS-GVO	9
1. Kein eigenes Zurechnungssystem	9
2. Kein Verweis auf ein vermeintliches Haftungssystem nach Art. 101, 102 AEUV	13
3. Kein Verweis auf ein Zurechnungssystem in ErwG 150 S. 3 DS-GVO	18
4. Verweis auf das Recht der Mitgliedstaaten	20
5. Nationale Regelungen in Deutschland	23
a) Ordnungswidrigkeitsrechtliche Vorschriften	23
b) Wahrung des Äquivalenzgrundsatzes	27
c) Wahrung des Effektivitätsgrundsatzes	28
d) Vollharmonisierung nicht erforderlich	32
III. Zusammenfassung	33
D. Subjektive Vorwerfbarkeit	34
I. Einleitung	34
II. Subjektive Vorwerfbarkeit ist in der DS-GVO explizit angelegt	35
III. „Strict liability" widerspricht der Systematik der DS-GVO	38
1. Unvereinbarkeit mit dem Verhältnismäßigkeitsprinzip	38
2. Unvereinbarkeit mit dem Schuldprinzip	39
3. Kein Erfordernis nach Effektivitätsgrundsatz	43
E. Besonderheiten bei Geldbußen wegen Verstößen gegen die Verarbeitungsgrundsätze	44
I. Bestimmtheitsgrundsatz	46
II. Konkurrenzverhältnis zwischen Bußgeldtatbeständen	49
F. Sanktionszumessung Bußgeldrahmen und Bußgeldberechnung	54
G. Ausblick	60

Literatur:

Brink, Bußgeldrahmen nach der DS-GVO: „Mit Zuckerbrot und Peitsche", ZD 2019, 141; *Dannecker,* Zur bußgeldrechtlichen Verantwortung der Unternehmen in der Europäischen Union, NZWiSt 2022, 85; *Etteldorf,* EDSA: Leitlinien zur Berechnung von DS-GVO-Bußgeldern veröffentlicht, ZD-Aktuell 2022, 01246; *Grünwald/Hackl,* Das neue umsatzbezogene Sanktionsregime der DS-GVO – Bußgeldbemessung nach kartellrechtlichen Maßstäben?, ZD 2017, 556; *Kaufmann/Schneider,* Leitlinienentwurf des EDSA: Wie Datenschutzbehörden zukünftig ein DSGVO-Bußgeld berechnen, DSB 2022, 178; *Klaas,* Geldbußen bei unternehmensbezogenen Datenschutzverstößen: Was bleibt von der datenschutzrechtlichen Verantwortlichkeit auf der Haftungsseite?, ZdiW 2021, 34; *Kosmider,* Die Verantwortlichkeit im Datenschutz – Die Zuordnung zum Verantwortlichen und deren Bedeutung für Rechtfertigung, Geldbußen und Schadensersatz, 2021; *Moos,* Stichwort des Monats – Bußgeldmodell, DSB 2019, 212; *Nietsch/Osmanovic,* Zurechnung von DSGVO-Verstößen im Unternehmensbereich, BB 2021, 1858; *Paal,* Kritische Würdigung des Konzepts der Datenschutzaufsichtsbehörden zur Bußgeldzumessung, RDV 2020, 57; *Pentzien/Haak,* DSGVO-Geldbußen gegen Unternehmen – Eine Bewertung auf Grundlage der EuGH-Vorlage des Kammergerichts, CB 2022, 105; *Timner/Radlanski/Eisenfeld,* Die Bußgeldbemessung bei DSGVO-Verstößen – Warum das Bußgeldkonzept der Datenschutzkonferenz europa- und verfassungsrechtlich bedenklich ist, CR 2019, 782; *Venn/Wybitul,* Die bußgeldrechtliche Haftung von Unternehmen nach Art. 83 DS-GVO – zugl. Anm. zu LG Bonn Urt. v. 11.11.2020 – 29 OWi 1/20, NStZ 2021, 204; *Weber/Rotter,* Einheitliche Bußgeldfestsetzung im Europäischen Wirtschaftsraum – Die neuen Leitlinien des EDSA zur Berechnung von Bußgeldern, ZD 2022, 415; *Werry,* Das neue EDSA-Bußgeldmodell – neue Spielregeln für Datenschutzverstöße – Einheitliches Modell mit Potenzial zum Revolutionieren der Bußgeldpraxis in Europa, MMR 2022, 628; *Will,* Datenschutz im Mietverhältnis – Einführung in mietrechtliche Fragen der Datenschutz-Grundverordnung anlässlich des Deutschen Mietgerichtstags 2017, WuM 2017, 502; *Wybitul/König,* EDSA-Leitlinien zur Berechnung von DS-GVO-Geldbußen – Große Risiken für Unternehmen mit hohen Umsätzen, ZD 2022, 422; *Wybitul/König,* Haftung und maßgeblicher Umsatz bei DS-GVO-Geldbußen – Der funktionale Unternehmensbegriff im Datenschutzrecht, ZD 2022, 591.

§ 3 Materielles Bußgeldrecht

A. Einleitung

1 Nach Art. 83 DS-GVO können Aufsichtsbehörden Datenschutzverstöße[1] mit – teilweise sehr hohen – Geldbußen sanktionieren. Dieses Kapitel behandelt nicht die Frage, ob ein materiell-rechtlicher Datenschutzverstoß an und für sich vorliegt. Der folgende Abschnitt konzentriert sich auf das Bußgeldrecht im engeren Sinne und beleuchtet für Unternehmen besonders praxisrelevante Streitfragen für die Sanktionspraxis. Zunächst gibt er einen Überblick über die Bußgeldtatbestände (→ Rn. 4 f.). Zweitens wird die Zurechnung von menschlichem Verhalten bei der Verhängung von DS-GVO-Geldbußen gegen Unternehmen behandelt (→ Rn. 6 ff.). Anschließend gibt der Beitrag Antworten auf die Frage, ob ein Verschulden für die Bebußung eines Unternehmens nach Art. 83 DS-GVO erforderlich ist (→ Rn. 34 ff.). Schließlich beschreibt der Beitrag die Besonderheiten bei Geldbußen wegen Verstößen gegen Verarbeitungsgrundsätze (→ Rn. 44 ff.). Zuletzt setzt der Beitrag sich mit der Sanktionszumessung auseinander (→ Rn. 54 ff.).

2 Die in diesem Kapitel dargestellten Probleme sind oft zentraler Bestandteil von Verteidigungsstrategien in Verfahren gegen Unternehmen wegen Geldbußen nach Art. 83 DS-GVO. Sie sind höchstrichterlich noch ungeklärt. Nach einer Vorlage des KG Berlin wird der EuGH beide Fragen zu DS-GVO-Geldbußen im Wege der Vorabentscheidung klären.[2]

3 Die folgenden Rechtsfragen sind bei der Argumentation für die Bußgeldverteidigung zentral. Die Argumentation gibt die Rechtsansicht des Verfassers wieder. Die Aufsichtsbehörden vertreten hierzu zum Teil abweichende Rechtsauffassungen. Auch diese müssen in der Praxis im Blick behalten werden. Das gilt nicht nur im Rahmen der präventiven Haftungsvermeidung (→ § 31). Insbesondere in Verteidigungssituationen (→ § 5) ist eine inhaltliche Auseinandersetzung mit den Ansichten der Aufsichtsbehörden zwingend erforderlich. Im Folgenden wird daher zu den jeweiligen Rechtsfragen auf abweichende Argumentationsansätze der Aufsichtsbehörden verwiesen (→ § 4).

B. Überblick über die Bußgeldtatbestände

4 Das materielle Bußgeldrecht der DS-GVO ist umfangreich. Verantwortliche und Auftragsverarbeiter unterliegen als Normadressaten weitreichenden Pflichten.[3] Fast alle Handlungsvorgaben für Verantwortliche und Auftragsverarbeiter sind nach Art. 83 Abs. 4–6 DS-GVO bußgeldbewehrt.

5 Geldbußen drohen nach den praktischen Erfahrungen des Verfassers insbesondere bei:
- Verstößen gegen die Grundsätze der Verarbeitung personenbezogener Daten nach Art. 5 DS-GVO und Missachtung der Rechenschaftspflicht nach Art. 5 Abs. 2 DS-GVO,[4]
- Verstößen gegen die Pflichten nach Art. 8, Art. 11, Art. 25 – Art. 39 DS-GVO,[5]
- Verstößen gegen Art. 6 – Art. 7 DS-GVO, Art. 9 DS-GVO, Art. 12 – Art. 22 DS-GVO, Art. 44 – Art. 49 DS-GVO sowie gegen Pflichten gemäß der Rechtsvorschriften der Mitgliedstaaten, im Rahmen von Kapitel IX DS-GVO,[6]

---

[1] Siehe hierzu sogleich → Rn. 4 f.
[2] KG Berlin v. 6.12.2021 – 3 Ws 250/21–161 AR 84/21; der EuGH führt das Vorlageverfahren unter dem Az. C-807/21; der Verfasser ist am Verfahren auf Unternehmensseite beteiligt.
[3] Spindler/Schuster/Eckhardt DS-GVO Art. 83 Rn. 62 ff.; wegen der geringen praktischen Relevanz werden die Zertifizierungs- und Überwachungsstellen im Rahmen dieses Beitrags nicht thematisiert.
[4] Art. 83 Abs. 5 lit. a DS-GVO; siehe hierzu ausführlich unter → Rn. 44 ff.
[5] Art. 83 Abs. 4 lit. a DS-GVO.
[6] Art. 83 Abs. 5 lit. a–d DS-GVO.

- Nichtbefolgung einer Anweisung, einer Beschränkung oder Aussetzung der Datenübermittlung durch die Aufsichtsbehörde gemäß Art. 58 Abs. 2 DS-GVO oder Nichtgewährung des Zugangs der Aufsichtsbehörden entgegen Art. 58 Abs. 1 DS-GVO,[7] sowie der
- Nichtbefolgung einer Anweisung der Aufsichtsbehörde nach Art. 58 Abs. 2 DS-GVO.[8]

C. Zurechnung bei Geldbußen nach Art. 83 DS-GVO

I. Einleitung

Die Zurechnung menschlichen Verhaltens bei der Verhängung von Geldbußen gegen Unternehmen ist ein zentraler Streitpunkt in Bußgeldverfahren nach Art. 83 DS-GVO. Dabei ist insbesondere umstritten, welches Zurechnungssystem der DS-GVO bei Verstößen aus Unternehmen heraus zu Grunde liegt.[9] Die Frage nach dem Zurechnungssystem ist bereits auf Tatbestandsebene relevant, sie entscheidet über das „Ob" eines Verstoßes sowie entsprechende durch die Aufsichtsbehörde zu führende Nachweise und damit einer Geldbuße.[10] Aus diesen Gründen ist die Frage der Zurechnung menschlichen Handels gegenüber Unternehmen von großer praktischer Relevanz. Folgt man der Ansicht, die eine Art unmittelbarer Unternehmenshaftung aus einer Heranziehung des im Kartellrecht der Union geltenden funktionalen Unternehmensbegriffs, erschwert dies die Verteidigung gegen solche Vorwürfe ganz erheblich. Hier stellen sich vor allem ausgesprochen praxisrelevante Fragen der Zurechnung, des Verschuldens, des Nachweises möglicher Verstöße und der Gesetzmäßigkeit eines solchen Vorgehens.

Nach der hier vertretenen Auffassung erfolgt eine Zurechnung nach den nationalen Vorschriften der Mitgliedstaaten.[11] Nach der Verfahrensautonomie der Mitgliedstaaten und Art. 83 Abs. 8 DS-GVO gelten die entsprechenden Vorgaben der jeweiligen Mitgliedsstaaten, wenn ein Regelungskomplex nicht abschließend durch das Unionsrecht geregelt ist.[12]

> Siehe zur Annahme einer unmittelbaren Unternehmenshaftung aufgrund des unionsrechtlichen Anwendungsvorrangs → § 4 Rn. 5, 69 ff.

II. Das Zurechnungssystem des Art. 83 DS-GVO[13]

1. Kein eigenes Zurechnungssystem

Die DS-GVO enthält schon ihrem Namen nach als „Grundverordnung" keine abschließenden Regelungen zu vielen Fragestellungen. Dies gilt etwa bei Geldbußen.[14] Das verdeutlicht auch die Überschrift von Art. 83 DS-GVO:[15] Danach stellt Art. 83 DS-GVO lediglich „Allgemeine Bedingungen für die Verhängung von Geldbußen" auf.[16] Der Verordnungsgeber ist also erkennbar der Auffassung, dass neben den dort vorgesehenen allgemeinen Vorgaben noch weitere, speziellere Regelungen durch die Mitgliedstaaten gelten sollen.[17] Zudem verweist Art. 83 Abs. 8 DS-GVO ausdrücklich auch auf die Verfahrensgarantien nach dem Recht der Mitgliedstaaten. Auch regelt Art. 83 DS-GVO sei-

---

[7] Art. 83 Abs. 5 lit. e DS-GVO.
[8] Art. 83 Abs. 6 DS-GVO.
[9] Vgl. die Nachweise bei Kühling/Buchner/Bergt DS-GVO Art. 83 Rn. 43 iVm Fn. 122.
[10] Kosmider, Die Verantwortlichkeit im Datenschutz, 2021, 187 f.
[11] Siehe zu den Gründen im Einzelnen in den folgenden Abschnitten.
[12] Vgl. zur Verfahrensautonomie der Mitgliedstaaten EuGH v. 21.1.2016, Eturas u. a., C-74/14, ECLI:EU:C:2016:42 – Rn. 32.
[13] Vgl. hierzu bereits Wybitul/König ZD 2022, 591 (591 ff.).
[14] Venn/Wybitul NStZ 2021, 204 (206); Pentzien/Haak CB 2022, 105 (107).
[15] Pentzien/Haak CB 2022, 105 (107).
[16] Vgl. Überschrift zu Art. 83 DS-GVO.
[17] Vgl. auch Pentzien/Haak CB 2022, 105 (107).

nem Wortlaut nach gerade **kein eigenes Zurechnungssystem.**[18] Dort fehlen zudem beispielsweise auch Regelungen zum Bußgeldverfahren sowie zu Täterschaft, Teilnahme, Versuch, Unterlassen und Verjährung.[19]

10 Bußgeldadressaten sind gem. Art. 83 Abs. 4–6 DS-GVO Verantwortliche im Sinne von Art. 4 Nr. 7 DSGVO und nicht Unternehmen. Verantwortlicher nach Art. 4 Nr. 7 DS-GVO ist danach die „natürliche oder juristische Person, […] die gemeinsam oder mit anderen über die Zwecke und Mittel der Verarbeitung […] entscheidet".[20] Auftragsverarbeiter ist nach Art. 4 Nr. 8 DS-GVO eine „natürliche oder juristische Person, […] die personenbezogene Daten im Auftrag des Verantwortlichen verarbeitet".[21] Den Begriff Unternehmen definiert Art. 4 Nr. 18 DS-GVO als „natürliche oder juristische Person, die eine wirtschaftliche Tätigkeit ausübt". Das bedeutet, dass Unternehmen zwar Verantwortliche oder Auftragsverarbeiter sein können. Allerdings zeigen diese unterschiedlichen Definitionen, dass der EU-Gesetzgeber die Begriffe „Verantwortlicher" und „Unternehmen" gerade nicht synonym verwendet. Die Adressaten der Art. 83 Abs. 4–6 DS-GVO sind Verantwortliche bzw. Auftragsverarbeiter.[22] Deshalb kann aus diesen Regelungen gerade nicht geschlossen werden, dass Unternehmen unmittelbare Bußgeldadressaten des Art. 83 DS-GVO sind.[23]

11 Beim Begriff des Verantwortlichen handelt es sich also um einen eigenständigen datenschutzrechtlichen Begriff. Aus diesem leiten sich beinahe sämtliche DS-GVO-Pflichten ab. Der Verantwortliche ist also stets Adressat der korrespondierenden Rechtsfolgen. Der Begriff „Unternehmen" wird hingegen erst auf Rechtsfolgenseite in Bezug genommen. Art. 83 DS-GVO betrifft auf Tatbestandsebene den „Verantwortlichen" (Art. 4 Nr. 7 DS-GVO) und gerade nicht ein Unternehmen.[24] Das bedeutet, dass sich aus Art. 83 DS-GVO und den Begriffen des Unternehmens oder der Verantwortlichkeit kein Haftungssystem ableiten lässt.

12 Auch ein Vergleich mit den Regelungen im europäischen Marktmissbrauchsrecht spricht für eine Zurechnung nachgewiesener Verstöße gegen die DS-GVO auf der Grundlage mitgliedstaatlicher Regelungen.[25] Denn anders als Art. 83 DS-GVO regelt Art. 8 Marktmissbrauchs-RL[26] die Zurechnung menschlichen Verhaltens zu Unternehmen ausführlich und explizit.[27] Dies zeigt, dass der Unionsgesetzgeber durchaus entsprechende Vorgaben macht, wenn er einen entsprechenden Regelungsbedarf sieht.[28] Eine mit Art. 8 Marktmissbrauchs-RL vergleichbare Regelung enthält die DS-GVO jedoch nicht.[29]

2. Kein Verweis auf ein vermeintliches Haftungssystem nach Art. 101, 102 AEUV

13 Vertreter der Gegenansicht nennen ErwG 150 S. 3 DS-GVO bzw. den dortigen Verweis auf Art. 101, 102 AEUV als zentrales Argument gegen eine Zurechnung nach dem Recht

---

[18] LG Berlin v. 18.2.2021 – 526 OWi LG 212 Js-OWi 1/20 (1/20), Rn. 14 ff., BeckRS 2021, 2985 (nicht rechtskräftig).
[19] Zur Verjährung Kühling/Buchner/Bergt DS-GVO Art. 83 Rn. 113; Taeger/Gabel/Moos/Schefzig DS-GVO Art. 83 Rn. 154.
[20] Auslassungen durch den Verfasser.
[21] Auslassungen durch den Verfasser.
[22] Venn/Wybitul NStZ 2021, 204 (206).
[23] Venn/Wybitul NStZ 2021, 204 (206).
[24] Das belegen Art. 83 Abs. 2 S. 2 lit. c – e und lit. i DSGVO: "[…] c) jegliche **von dem Verantwortlichen** oder dem Auftragsverarbeiter getroffenen Maßnahmen […] d) Grad der **Verantwortung des Verantwortlichen** oder des Auftragsverarbeiters […] e) etwaige einschlägige **frühere Verstöße des Verantwortlichen** oder des Auftragsverarbeiters; […] i) Einhaltung der […] früher **gegen den für den betreffenden Verantwortlichen** oder Auftragsverarbeiter […]." (Hervorhebung und Auslassung diesseits).
[25] Nietsch/Osmanovic BB 2021, 1858 (1862).
[26] RL 2014/57/EU des Europäischen Parlaments und des Rates vom 16. April 2014 über strafrechtliche Sanktionen bei Marktmanipulation (Marktmissbrauchsrichtlinie), Abl. L 173/179.
[27] Nietsch/Osmanovic BB 2021, 1858 (1862).
[28] Nietsch/Osmanovic BB 2021, 1858 (1862).
[29] Nietsch/Osmanovic BB 2021, 1858 (1862).

der Mitgliedstaaten.³⁰ Nach dieser Ansicht solle der kartellrechtliche Unternehmensbegriff in das Datenschutzrecht übertragen werden.³¹ Dieser Unternehmensbegriff ist durch die einschlägige Rechtsprechung des EuGH geprägt.³² Danach ist der Begriff „Unternehmen" im Sinne einer wirtschaftlichen Einheit zu verstehen, die aus mehreren natürlichen oder juristischen Personen bestehen kann.³³

Die Art. 101, 102 AEUV enthalten dabei **kein eigenständiges Haftungskonzept**, sondern dienen der Bestimmung einer wettbewerbsrechtlich bestimmten wirtschaftlichen Einheit. Bei Art. 101, 102 AEUV handelt es sich um Verhaltensnormen,³⁴ die dem Bußgeldrecht vorgelagert sind. Auch im deutschen Kartellrecht ist – anders als im Wettbewerbsrecht der EU – für die Reichweite der Befugnisse der mitgliedstaatlichen Behörden das innerstaatliche Recht maßgeblich.³⁵ 14

Die materiellen Voraussetzungen der Bebußung durch mitgliedstaatliche Behörden sind auch im Wettbewerbsrecht im nationalen Recht geregelt.³⁶ Die Mitgliedstaaten haben eigene Bußgeldregelungen erlassen, die sich in das jeweilige nationale straf- bzw. bußgeldrechtliche System einfügen. In Deutschland sind dies die §§ 81 ff. GWB.³⁷ Dabei verweist § 81 Abs. 1 GWB zwar ausdrücklich auf Art. 101 Abs. 1 und 102 S. 1 AEUV.³⁸ Für die Bebußung von Unternehmen gelten jedoch die Voraussetzungen des § 30 Abs. 1 OWiG.³⁹ Dies entspricht dem im deutschen Recht maßgeblichen Rechtsträgerprinzip.⁴⁰ Daran hat sich auch mit der jüngsten GWB-Novelle nichts geändert, wie sich an der Überführung der Regelungen aus § 81 Abs. 3a bis 3e GWB aF in die §§ 81a f. GWB zeigt.⁴¹ In der DS-GVO fehlt es hingegen schon an einem inhaltlich mit § 81 Abs. 1 GWB vergleichbaren Verweis auf Art. 101, 102 AEUV. 15

Auch ErwG 150 S. 3 DS-GVO enthält keine Regelung zur Zurechnung von Handlungen auf Tatbestandsebene.⁴² Insbesondere verweisen Art. 83 Abs. 4 – 6 DS-GVO nicht auf Art. 101, 102 AEUV oder regeln gar Voraussetzungen einer Verantwortlichkeit auf Unternehmensebene. Art. 83 DS-GVO lässt sich insgesamt kein Hinweis auf den funktionalen Unternehmensbegriff oder ein daraus vermeintlich abzuleitendes „Funktionsträgerprinzip" entnehmen. 16

Erst in einem zweiten Schritt nach der Feststellung eines zurechenbaren Verhaltens stellt sich die Frage, ob der Verantwortliche eine juristische oder eine natürliche Person ist.⁴³ Art. 83 Abs. 4–6 DS-GVO nehmen entsprechend erst auf **Rechtsfolgenseite** den Begriff „Unternehmen" in Bezug.⁴⁴ Ein Erwägungsgrund kann hingegen keine Auslegung begründen, die dem Wortlaut einer durch die Erwägungsgründe erläuterten Vorschrift widerspricht.⁴⁵ 17

---

³⁰ Vgl. Kühling/Buchner/Bergt DS-GVO Art. 83 Rn. 2.
³¹ Vgl. Kühling/Buchner/Bergt DS-GVO Art. 83 Rn. 28; BeckOK DatenschutzR/Holländer DS-GVO Art. 83 Rn. 8 ff.
³² Grünwald/Hackl ZD 2017, 556 (558); Jandt/Steidle Datenschutz-HdB/Ambrock B.VII Rn. 47.
³³ EuGH v. 12.7.1985 170/3 Rn. 11 Hydroderm/Compact; vgl. Harsdorf-Borsch, in: Bacher/Hempel/Wagner-von Papp, BeckOK Kartellrecht, 6. Edition, Stand 1.10.2022, Art. 101 AEUV Rn. 10.
³⁴ Vgl. BeckOK KartellR/Harsdorf-Borsch AEUV Art. 101 Rn. 1 ff.; Momsen/Grützner WirtschaftsSteuerStrafR-HdB/Wrede/Theurer § 24 Rn. 26.
³⁵ BeckOK KartellR/Grafunder AEUV Art. 101 Rn. 578.
³⁶ Vgl. von der Groeben/Schwarze/Hatje/Schröter AEUV Art. 101 Rn. 3, mit Übersicht über die Wettbewerbsgesetze der Mitgliedstaaten.
³⁷ Vgl. Instruktiv BeckOK KartellR/Heinichen GWB § 81 Rn. 1 ff.
³⁸ Graf/Jäger/Wittig/Böse GWB § 81 Rn. 10.
³⁹ Vgl. Graf/Jäger/Wittig/Böse GWB § 81 Rn. 7; LMRKM/Meyer-Lindemann GWB § 81 Rn. 41.
⁴⁰ Vgl. zB Dannecker NZWiSt 2022, 85 (91).
⁴¹ Vgl. Bechtold/Bosch GWB § 81a Rn. 1; MüKoWettbR/Vollmer GWB § 81a Rn 1 f.
⁴² Pentzien/Haak CB 2022, 105 (108); Klaas ZdiW 2021, 34 (35).
⁴³ Kosmider, Die Verantwortlichkeit im Datenschutz, 2021, S. 187 f.
⁴⁴ Spindler/Schuster/Eckhardt DS-GVO Art. 83 Rn. 70; Klaas ZdiW 2021, 34 (35).
⁴⁵ Vgl. etwa EuGH v. 19.6.2014 – C-345/13 Rn. 31, BeckRS 2014, 81015.

3. Kein Verweis auf ein Zurechnungssystem in ErwG 150 S. 3 DS-GVO

18 Hieran ändert auch ErwG 150 S. 3 DS-GVO nichts. Nach diesem Erwägungsgrund soll der Begriff des Unternehmens bei der Auferlegung von Geldbußen im Sinne von Art. 101 und 102 AEUV verstanden werden („*Werden Geldbußen Unternehmen auferlegt,…*"). Schon dem Wortlaut nach enthält ErwG 150 S. 3 DS-GVO von vornherein keine Aussagen auf Tatbestandsebene.[46] Er kann somit allenfalls die **Rechtsfolgenseite** betreffen.[47]

19 Auch ErwG 150 S. 4 DS-GVO zeigt, dass der Verweis in ErwG 150 S. 3 DS-GVO nicht die Tatbestandsebene betrifft und damit auch keine tatbestandliche Zurechnung anordnen kann. ErwG 150 S. 4 DS-GVO schließt direkt an ErwG 150 S. 3 DS-GVO an. Auch ErwG 150 S. 4 DS-GVO betrifft allein Vorgaben zur Zumessung von Geldbußen bei Personen, die keine Unternehmen sind. Damit geht es auch hier gerade nicht um die tatbestandlichen Fragen. Auch dieser systematische Vergleich spricht gegen eine Aussage auf Tatbestandsebene in ErwG 150 S. 3 DS-GVO zur Zurechnung möglicher Verstöße Einzelner gegenüber Unternehmen.

4. Verweis auf das Recht der Mitgliedstaaten

20 Für die Sanktionskompetenz wegen Verstößen gegen die DS-GVO verweist Art. 83 Abs. 8 DS-GVO unmittelbar auf das Recht der Mitgliedstaaten. Nur im Hinblick auf sanktions*begrenzende* Verfahrensgarantien erwähnt Art. 83 Abs. 8 DS-GVO unionsrechtliche Regelungen. Dieser Verweis auf die angemessenen **Verfahrensgarantien der Mitgliedstaaten** ist für die vorliegende Streitfrage von besonderer Bedeutung.

21 Die Regelungskompetenz der Mitgliedstaaten wird zudem durch weitere Verweise unterstrichen:
- **Art. 83 Abs. 5 lit. d DS-GVO** überlässt allein den Mitgliedsstaaten die Kompetenz für die Verhängung von Sanktionen wegen Verstößen gegen Art. 85 – Art. 91 DS-GVO;
- Ebenso steht **Art. 83 Abs. 7 DS-GVO** einer vermeintlichen Vollharmonisierung entgegen und räumt den Mitgliedstaaten umfangreiche Regelungsbefugnisse ein;
- **Art. 84 Abs. 1 S. 1 DS-GVO erteilt** den Mitgliedstaaten einen Regelungsauftrag für Sanktionen. Art. 83 DS-GVO ist hiervon miterfasst. Auch die dort verwendete Formulierung „insbesondere" zeigt, dass kein Ausschluss von Art. 83 DS-GVO vorgesehen ist;
- Ebenso stellt **ErwG 149 DS-GVO** klar, dass die Mitgliedstaaten Regelungskompetenzen für Sanktionen haben.

22 Vor diesem Hintergrund erscheint es schwer nachvollziehbar, Art. 83 DS-GVO als abschließende Regelung zu verstehen, die das gesamte Bußgeldrecht bei Datenschutzverstößen abdecken soll und daher §§ 130, 30 OWiG verdrängen soll.

5. Nationale Regelungen in Deutschland

23 **a) Ordnungswidrigkeitsrechtliche Vorschriften.** § 41 Abs. 1 BDSG ordnet eine sinngemäße Anwendung der Vorschriften des deutschen Ordnungswidrigkeitenrechts für Verstöße nach Art. 83 Abs. 4–6 DS-GVO an. Auch danach sind insbesondere §§ 30, 130, 9 OWiG für DS-GVO-Verstöße anzuwenden. Die Regelungen des OWiG bilden iVm den gemäß § 46 OWiG ergänzend geltenden Vorgaben der StPO ein effektives und in sich geschlossenes System zur Ahndung von DS-GVO-Verstößen.[48]

24 Mittels § 9 OWiG können Tatbestände, deren Anwendung von einem bestimmten persönlichen Merkmal abhängt (wie zB „Verantwortlicher" oder „Auftragsverarbeiter") vom Vertretenen auf den Vertreter übertragen werden. Dadurch kann beispielsweise eine Geldbuße gegen den Geschäftsführer einer juristischen Person verhängt werden, selbst wenn

---

[46] Pentzien/Haak CB 2022, 105 (108); Klaas ZdiW 2021, 34 (35).
[47] Pentzien/Haak CB 2022, 105 (108); Klaas ZdiW 2021, 34 (35).
[48] LG Berlin v. 18.2.2021 – 526 OWi LG 212 Js-OWi 1/20 (1/20), Rn. 33, BeckRS 2021, 2985 (nicht rechtskräftig); vgl. auch Pentzien/Haak CB 2022, 105 (109).

nicht er selbst, sondern nur das von ihm vertretene Unternehmen ein besonderes persönliches Merkmal erfüllt.[49]

§ 30 OWiG ermöglicht die Verhängung von Geldbußen gegen juristische Personen. § 30 OWiG wird durch § 130 OWiG ergänzt. Letzterer ist ein Auffangtatbestand. Er soll die Haftungslücke schließen, die durch das Auseinanderfallen von Betriebsinhaberschaft und der tatsächlichen Ausführung von Handlungen entsteht.[50] Gem. § 130 OWiG kann gegen den Unternehmensinhaber oder gegen dessen gesetzlichen Vertreter eine Geldbuße auch dann verhängt werden, wenn dieser an der Ordnungswidrigkeit nicht beteiligt war.[51] Für die Verhängung einer Geldbuße genügt, dass die Geschäftsleitung keine geeigneten Maßnahmen getroffen hat, um die Zuwiderhandlung eines anderen zu verhindern oder zumindest zu erschweren.[52] Eine solche Aufsichtspflichtverletzung kann dem Unternehmen nach § 30 OWiG zugerechnet werden. 25

Das deutsche Bußgeldrecht stellt auch keine übermäßig hohen Anforderungen an eine solche Zurechnung. Denn nach der Rechtsprechung des Bundesgerichtshofs hängt die Verhängung einer Geldbuße gegen ein Unternehmen „nicht davon ab, welcher von mehreren in Frage kommenden Verantwortlichen" den Verstoß begangen hat.[53] Wie bereits angesprochen, kann eine **Verletzung der Aufsichtspflicht** nach § 130 OWiG eine taugliche Anknüpfungstat einer Unternehmensgeldbuße nach § 30 OWiG sein.[54] Es bedarf somit keiner Feststellung, dass die Leitungsperson selbst an einer Ordnungswidrigkeit nach Art. 83 DS-GVO durch eigenes Tun oder Unterlassen fahrlässig oder vorsätzlich handelnd beteiligt war. Es genügt vielmehr, dass die gebotenen Aufsichtsmaßnahmen (zB bei der Organisation der innerbetrieblichen Abläufe, der Auswahl, Instruktion oder Überwachung des Personals) unterblieben sind und bei der gebotenen Aufsicht das Risiko einer Zuwiderhandlung zumindest gemindert worden wäre.[55] 26

b) Wahrung des Äquivalenzgrundsatzes. Die Anwendung von § 30 OWiG bei der Verhängung von DS-GVO-Geldbußen gegen Unternehmen wahrt zudem auch den **Äquivalenzgrundsatz**.[56] Nach dem Äquivalenzgrundsatz darf die auf das Unionsrecht anzuwendende nationale Regelung nicht ungünstiger sein als solche Regelungen, die in vergleichbaren Fällen auf die Verletzung innerstaatlichen Rechts Anwendung finden.[57] Die §§ 9, 30 und 130 OWiG finden auf sämtliche bußgeldbewehrte Verstöße von Unternehmen in allen Rechtsbereichen Anwendung.[58] 27

c) Wahrung des Effektivitätsgrundsatzes. Die Anwendung von § 30 OWiG bei der Verhängung von DS-GVO-Geldbußen gegen Unternehmen wahrt auch den **Effektivitätsgrundsatz**. Danach dürfen die Regelungen der Mitgliedstaaten, die „[…] Ausübung der durch das Unionsrecht verliehenen Rechte nicht praktisch unmöglich machen oder übermäßig erschweren […]".[59] Dabei sind **Mindestanforderungen** einzuhalten, eine „höchstmögliche" Wirksamkeit ist hingegen nicht erforderlich.[60] 28

Die Bußgeldpraxis im Kartellrecht ist unter Anwendung des § 30 OWiG wirksam und effektiv. Das zeigen auch die hohen Bußgelder, die das Bundeskartellamt in den letzten 29

---

[49] Vgl. BeckOK OWiG/Valerius OWiG § 9 Rn. 1 ff.
[50] BeckOK OWiG/Beck OWiG § 130.
[51] NK-GVR/Mielchen/Richter OWiG § 130 Rn. 1; BeckOK OWiG/Beck OWiG § 130 Rn. 36.
[52] Vgl. BeckOK OWiG/Beck OWiG § 130 Rn. 38 ff.; Krenberger/Krumm OWiG § 130 Rn. 1 ff.
[53] BGH v. 8.2.1994 – KRB 25/93, BeckRS 1994, 7584.
[54] Krenberger/Krumm OWiG § 30 Rn. 9.
[55] OLG Stuttgart v. 7.9.1976, NJW 1977, 1410 = BeckRS 1976, 108768.
[56] Nietsch/Osmanovic BB 2021, 1858 (1862).
[57] Vgl. EuGH v. 24.2.2022 – C-582/20, ECLI:EU:C:2022:114 – Rn. 42, BeckRS 2022, 2584.
[58] Vgl. Krenberger/Krumm OWiG § 30 Rn. 7; KK-OWiG/Rogall § 30 Rn. 19 ff.
[59] EuGH v. 22.4.2021 – C-485/19, ECLI:EU:C:2021:313, BeckRS 2021, 8120 Rn. 52 mwN aus der eigenen Rechtsprechung.
[60] Vgl. in diese Richtung zur Begrenzung des effet utile Potacs EuR 2009, 465 (476 ff.), der insbesondere auf das Prinzip der begrenzten Einzelermächtigung, das Subsidiaritätsprinzip und den Verhältnismäßigkeitsgrundsatz verweist.

Jahren verhängt hat:[61] Im Jahr 2019 verhängte das Bundeskartellamt Bußgelder in Höhe von insgesamt 847,4 Mio. EUR (davon 846,8 Mio. EUR gegen juristische Personen).[62] 2020 wurden Bußgelder in Höhe von insgesamt 349,4 Mio. EUR verhängt (hiervon entfielen 347,6 Mio. EUR auf juristische Personen).[63] Dies beträgt mehr als die Hälfte der im selben Zeitraum in der gesamten Union von der Europäischen Kommission verhängten Bußgelder in Höhe von rund 1,49 Mrd. Euro.[64] Vor diesem Hintergrund erscheint die Argumentation schwer nachvollziehbar, dass die Anwendung der Regelungen zur Verbandbuße nach deutschem Recht einer wirksamen Sanktionierung von Unternehmen entgegenstehen solle.

30 Die Anwendung von § 30 OWiG (und §§ 130, 9 OWiG) erschwert die Bebußung von Unternehmen durch deutsche Behörden und Gerichte folglich nicht. Ihre Anwendung hat sich vielmehr in der Praxis bewährt. Sämtliche deutsche Behörden wenden bei der Verhängung von Unternehmensgeldbußen die §§ 30, 130, 9 OWiG an. Dies gilt auch für die Durchsetzung des europäischen Wettbewerbsrechts der Art. 101, 102 AEUV durch das Bundeskartellamt. Die Bundeskartellbehörde wendet diese Vorschriften seit Jahrzehnten erfolgreich und beanstandungsfrei an. Die **europarechtskonforme Effektivität** der Wettbewerbsrechtsdurchsetzung auf der Grundlage des OWiG ist konsequenterweise bislang auch nicht in Frage gestellt worden.

31 Die deutschen Datenschutzbehörden sind bei der Rechtsanwendung nicht weniger leistungsfähig als andere deutsche Behörden. Im Gegenteil: Die DS-GVO verleiht den Aufsichtsbehörden besondere Ermittlungsbefugnisse, die anderen Verwaltungsbehörden nicht zustehen. So gewährleistet Art. 58 Abs. 1 DS-GVO umfassende Untersuchungsbefugnisse, einschließlich eines Anspruchs auf Auskunft und Herausgabe von Unterlagen.

32 **d) Vollharmonisierung nicht erforderlich.** In Konstellationen, in denen neben der Europäischen Kommission, auch die Mitgliedstaaten Verstöße gegen europarechtliche Verbotsnormen verfolgen und sanktionieren, sind nach dem Effektivitätsgrundsatz keine **vollharmonisierten Sanktionssysteme** geboten. So enthält etwa Art. 5 S. 2, 4 VO (EG) 1/2003[65] auch kein Gebot zur Verhängung von Geldbußen allein nach europäischen Grundsätzen.

III. Zusammenfassung

33 Die DS-GVO enthält kein eigenes Zurechnungssystem. Vielmehr sieht die DS-GVO an mehreren Stellen eine Regelung durch die Mitgliedstaaten explizit vor. Auch ErwG 150 S. 3 DS-GVO führt zu keiner Zurechnung nach Art. 101, 102 AEUV. Das Zurechnungssystem im deutschen Recht wahrt die unionsrechtlichen Grundsätze der Äquivalenz und der Effizienz. Die Zurechnung von menschlichem Verhalten gegen Unternehmen bei der Verhängung von DS-GVO-Geldbußen nach Art. 83 DS-GVO richtet sich nach nationalem Recht.[66] Selbst wenn man Art. 83 DS-GVO als abschließende Regelung des Bußgeldrechts bei Datenschutzverstößen bewerten könnte und wollte, wäre eine so verstandene Vorschrift nicht mit dem Grundsatz der Gesetzmäßigkeit der Strafen nach Art. 49 GRCh vereinbar.

---

[61] Vgl. Übersicht der vom Bundeskartellamt verhängten Bußgelder (Gesamtsummen) in den Jahren 2005–2020, Bundeskartellamt, Tätigkeitsbericht 2019/2020, BT-Drs. 19/30775, 41.
[62] Bundeskartellamt, Tätigkeitsbericht 2019/2020, BT-Drs. 19/30775, 38, 41.
[63] Bundeskartellamt, Tätigkeitsbericht 2019/2020, BT-Drs. 19/30775, 38, 41.
[64] Die Summe der von der Kommission verhängten Bußgelder ergibt sich aus folgenden Einzelentscheidungen: EU-Kommission, Pressemitteilung v. 16.5.2019, AT.40135; EU-Kommission, Pressemitteilung v. 5.3.2019, AT.40481; EU-Kommission, Pressemitteilung v. 27.9.2019, AT.40127; EU-Kommission, Meldung v. 4.7.2019, AT.37956.
[65] VO (EG) 1/2003 des Rates vom 16. Dezember 2002 zur Durchführung der in den Artikeln 81 und 82 des Vertrags niedergelegten Wettbewerbsregeln.
[66] Vgl. zu dieser Zusammenfassung im Einzelnen in den vorherigen Abschnitten.

D. Subjektive Vorwerfbarkeit

I. Einleitung

Auch die Anforderungen an die subjektive Vorwerfbarkeit im Rahmen von Art. 83 DS-GVO sind umstritten.[67] Für die Verhängung von Geldbußen setzen Art. 83 Abs. 2 S. 2 lit. b, Abs. 3 DS-GVO nach hier vertretener Auffassung eine subjektive Vorwerfbarkeit in Form von Vorsatz oder Fahrlässigkeit voraus.[68]

34

II. Subjektive Vorwerfbarkeit ist in der DS-GVO explizit angelegt

Zwar enthält Art. 83 DS-GVO keine Regelung, die ausdrücklich anordnet, dass allein vorsätzliche und fahrlässige Verstöße mit Bußgeldern geahndet werden können. Dieses Verschuldens- bzw. Vorwerfbarkeitserfordernis ergibt sich jedoch klar aus der Systematik der Vorschrift. Bereits Art. 83 Abs. 3 DS-GVO zeigt, dass die Verordnung für die Verhängung von Geldbußen wegen Datenschutzverstößen ein vorwerfbares Verhalten fordert. Die Vorschrift gibt vor, dass bei der vorsätzlichen oder fahrlässigen Übertretung mehrerer Bestimmungen dieser Verordnung bei gleichen oder miteinander verbundenen Verarbeitungsvorgängen der Gesamtbetrag der Geldbuße nicht den Betrag für den schwerwiegendsten Verstoß übersteigt.[69] Die Regelung zeigt klar, dass das Erfordernis der subjektiven Vorwerfbarkeit in Art. 83 Abs. 3 DS-GVO auch schon für einzelne Verstöße gilt.[70] Denn eine allein auf vorsätzliche und fahrlässige Verstöße beschränkte Privilegierung ergäbe keinen Sinn.[71]

35

> Siehe zur Perspektive der Aufsichtsbehörde auf die Frage, ob ein „Verschulden" zur Haftungsbegründung erforderlich oder ausschließlich als Zumessungskriterium zu werten ist → § 4 Rn. 3, 44 Fn. 28.

36

Auch Art. 83 Abs. 2 S. 2 lit. b DS-GVO setzt Vorsatz oder Fahrlässigkeit als eine in einem Alternativverhältnis stehenden Verschuldensformen voraus.[72] Vorsatz oder Fahrlässigkeit sind bei der Bußgeldzumessung zu berücksichtigen.[73] Damit setzt die Verhängung eines solchen Bußgelds auch entsprechende Feststellungen zu einem vorwerfbaren Handeln einzelner Personen voraus.

37

III. „Strict liability" widerspricht der Systematik der DS-GVO

1. Unvereinbarkeit mit dem Verhältnismäßigkeitsprinzip

Nach Art. 52 Abs. 1 S. 2 GRCh dürfen Grundrechte der GRCh nur unter Achtung des Verhältnismäßigkeitsgrundsatzes eingeschränkt werden. Dieser setzt voraus, dass die Einschränkungen erforderlich sind und dem Gemeinwohl oder dem Schutz von Rechten und Freiheiten anderer dienen.[74] Eine verschuldensabhängige „Garantiehaftung" bei DS-GVO-Verstößen wäre schon nicht erforderlich. Denn bereits die vorhandenen innerstaatlichen Zurechnungsmechanismen (§§ 30, 130, 9 OWiG) sind als milderes Mittel gleich effektiv,[75]

38

---

[67] Vgl. hierzu die Nachweise bei Kühling/Buchner/Bergt DS-GVO Art. 83 Rn. 35 iVm Fn. 94.
[68] Für Art. 83 Abs. 2 S. 2 lit. b Paal/Pauly/Frenzel DS-GVO Art. 83 Rn. 14; für Art. 83 Abs. 3 Taeger/Gabel/Moos/Schefzig DS-GVO Art. 83 Rn. 150.
[69] Taeger/Gabel/Moos/Schefzig DS-GVO Art. 83 Rn. 104.
[70] So auch: Taeger/Gabel/Moos/Schefzig DS-GVO Art. 83 Rn. 150; BeckOK DatenschutzR/Brodowski/Nowak BDSG § 41 Rn. 17 mwN.
[71] Taeger/Gabel/Moos/Schefzig DS-GVO Art. 83 Rn. 150 mwN.
[72] Paal/Pauly/Frenzel DS-GVO Art. 83 Rn. 14.
[73] Specht/Mantz DatenschutzR-HdB/Born Rn. 39.
[74] EuGH v. 22.3.2022 – C-151/20, ECLI:EU:C:2022:203, BeckRS 2022, 5010 Rn. 5.
[75] Vgl. oben → Rn. 23 ff.

so dass die Annahme einer unmittelbaren Unternehmenshaftung ohne Feststellungen zu einem vorwerfbaren Verhalten einzelner Unternehmensvertreter unverhältnismäßig wäre.

2. Unvereinbarkeit mit dem Schuldprinzip

39 Eine abstrakte Erfolgshaftung von Unternehmen für Datenschutzverstöße widerspricht sowohl auf EU-Ebene als auch in Deutschland dem Schuldprinzip.[76] Auch das EU-Wettbewerbsrecht kennt keine solche verschuldensunabhängige Erfolgshaftung.

40 Ohne die Feststellung von Vorsatz oder Fahrlässigkeit auf Basis des Handelns natürlicher Personen wird auch gegen den im Wettbewerbsrecht geltenden Grundsatz *„nulla poena sine culpa"* verstoßen. Das hat etwa auch die Generalanwältin Kokott in der Sache C-501/11 P[77] deutlich zu Ausdruck gebracht. Sie stellte zudem auch in einem anderen Verfahren zutreffend fest, „dass ein Unternehmen für ein Kartellvergehen, welches es bei rein objektiver Betrachtung begangen hat, nur dann zur Verantwortung gezogen werden kann, wenn ihm dieses Vergehen auch in subjektiver Hinsicht vorwerfbar ist."[78]

41 Eine *„strict liability"* wäre in Deutschland mit dem auch im Ordnungswidrigkeitenrecht geltenden Schuldprinzip (*„nulla poena sine culpa"*) unvereinbar: nach dem auch im Grundgesetz verankerten Schuldprinzip darf es keine Strafe ohne Schuld geben.[79] Dies gilt auch für Unternehmenssanktionen.

42 Das verfassungsrechtliche Schuldprinzip ist Bestandteil der Verfassungsidentität gem. Art. 23 Abs. 1 S. 3 GG, Art. 79 Abs. 3 GG. Es ist **integrationsfest** und steht damit nicht zur Disposition des nationalen oder des Uniongesetzgebers.[80] Die Implementierung einer „Garantiehaftung" von Unternehmen für Datenschutzverstöße wäre demnach ein Akt *ultra vires*.[81]

Die Vorwerfbarkeit ist eine notwendige Voraussetzung eines Sanktionstatbestandes. Das gilt auch für die DS-GVO, die in Art. 83 Abs. 3 DS-GVO ein eindeutiges Verschuldenserfordernis enthält. Die subjektive Vorwerfbarkeit ist damit in der DS-GVO explizit angelegt.

Das Schuldprinzip knüpft grundsätzlich an die Willensfreiheit des Menschen an.[82] Es setzt dessen Eigenverantwortung, die Fähigkeit selbstbestimmten Handelns und die Fähigkeit sich kraft seiner Willensfreiheit zwischen Recht und Unrecht zu entscheiden, voraus.[83] Diese Fähigkeiten können auf Unternehmen nicht zutreffen.[84] Im Gegenteil: ausschließlich die für die juristische Person handelnden natürlichen Personen sind in der Lage, Verhalten kritisch zu reflektieren und zwischen Recht und Unrecht zu entscheiden.[85] Aus diesem Grund hat der deutsche Gesetzgeber die Zurechnung über §§ 30, 130 OWiG geschaffen. Auch der Bundesgerichtshof leitet die Regelung des § 30 OWiG unmittelbar aus dem Schuldprinzip ab.[86]

---

[76] Taeger/Gabel/Moos/Schefzig DS-GVO Art. 83 Rn. 150 mwN.
[77] EuGH v. 18.7.2013, P – Schindler Holding u.a./Kommission C-501/11 P; ECLI:EU:C:2013:522, BeckRS 2013, 81521.
[78] EuGH v. 18.6.2013, Schenker & Co. u.a. – C-681/11, ECLI:EU:C:2013:404, BeckRS 2013, 81227 Rn. 44.
[79] Das Schuldprinzip wird aus Art. 1 Abs. 1 und Art. 2 Abs. 1 GG iVm dem Rechtsstaatsprinzip abgeleitet; BVerfG v. 19.3.2013 – 2 BvR 2628/10 – 2 BvR 2883/10 – 2 BvR 2155/11, BeckRS 2013, 48245.
[80] BVerfG v. 30.6.2009 – 2 BvE 2/08, BeckRS 2009, 35262; vgl. auch BVerfG v. 15.12.2015 – 2 BvR 2735/14, BeckRS 2016, 40930.
[81] Vgl. allg. und mit Hinweis auf das integrationsfeste Schuldprinzip auch → § 4 Rn. 44 iVm Fn. 28.
[82] BVerfG NJW 2009, 2267 (2289); vgl. näher Roxin/Greco StrafR AT I § 3 Rn. 55; LK-StGB/Walter Vor §§ 13 ff. Rn. 163; Venn/Wybitul NStZ 2021, 204 (208).
[83] BVerfG NJW 2009, 2267 (2289); vgl. näher Roxin/Greco StrafR AT I § 3 Rn. 55; LK-StGB/Walter Vor §§ 13 ff. Rn. 163; Venn/Wybitul NStZ 2021, 204 (208).
[84] Venn/Wybitul NStZ 2021, 204 (209).
[85] Venn/Wybitul NStZ 2021, 204 (209).
[86] BGH v. 13.7.2020 – KRB 99/19, BeckRS 2020, 25095, Rn. 56.

> Folglich sind §§ 30, 130 OWiG in Deutschland einfachgesetzlicher Ausdruck der Frage, wann ein Verhalten vorwerfbar ist. Dabei verstößt man im Umkehrschluss bei Nichtanwendung von § 30 OWiG gegen das Schuldprinzip, da es andernfalls an einem schuldhaften Handeln fehlt.

3. Kein Erfordernis nach Effektivitätsgrundsatz

Auch der unionsrechtliche Effektivitätsgrundsatz erfordert keine „*strict liability*" für die Verhängung von Geldbußen. Das deutsche Recht gewährleistet eine effektive Sanktionierung von Unternehmen (→ Rn. 28 ff.). Dies zeigt auch das immense Volumen der vom Bundeskartellamt verhängten Geldbußen. So erreichen die im Vorjahr der Covid-19-Pandemie (2019) durch das Bundeskartellamt festgesetzten Bußgelder insgesamt rund 847,4 Mio. EUR (davon 846,8 Mio. EUR gegen juristische Personen).[87] Deutschland rangierte damit 2019 nicht weit hinter der Europäischen Kommission, die 2019 Bußgelder in Höhe von rund 1,49 Mrd. EUR verhängte.[88]

43

E. Besonderheiten bei Geldbußen wegen Verstößen gegen die Verarbeitungsgrundsätze

Nach Art. 83 Abs. 5 lit. a DS-GVO können Verstöße gegen die „Grundsätze für die Verarbeitung" sanktioniert werden. Von dieser Möglichkeit machen die Datenschutzaufsichtsbehörden in der Praxis durchaus Gebrauch.[89]

44

Das ist aus mehreren Gründen problematisch: Zunächst ist ein solches Vorgehen nicht mit dem unionsrechtlichen Bestimmtheitsgrundsatzes vereinbar. Darüber hinaus ist diese Sanktionspraxis wegen des Konkurrenzverhältnisses zwischen den Bußgeldtatbeständen bedenklich. Beispielsweise greifen die Aufsichtsbehörden dadurch auf den großen Bußgeldrahmen zurück.[90] Zudem ist es denkbar, dass Aufsichtsbehörden über einen angenommenen Verstoß gegen Art. 5 Abs. 2 iVm Art. 5 Abs. 1 lit. a DS-GVO den Nachweis einzelner spezieller Verarbeitungsverstöße umgehen.[91]

45

I. Bestimmtheitsgrundsatz

Der Bestimmtheitsgrundsatz gilt (auch) für die Geldbußen nach der DS-GVO.[92] Das folgt aus Art. 49 Abs. 1 GRCh (→ § 2 Rn. 10). Nach diesem Grundsatz muss der Normadressat anhand des Wortlauts und ggf. der Auslegung erkennen können, welche Rechte und Pflichten aus einer Vorschrift hervorgehen.[93] Dadurch soll er entsprechende Vorkehrungen treffen können um sich normgemäß zu verhalten.[94] Wegen des großen Auslegungsspiel-

46

---

[87] Bundeskartellamt, Tätigkeitsbericht 2019/2020, BT-Drs. 19/30775, 38, 41.
[88] Die Summe der von der Kommission verhängten Bußgelder ergibt sich aus folgenden Einzelentscheidungen: EU-Kommission, Pressemitteilung v. 16.5.2019, AT.40135; EU-Kommission, Pressemitteilung v. 5.3.2019, AT.40481; EU-Kommission, Pressemitteilung v. 27.9.2019, AT.40127; EU-Kommission, Meldung v. 4.7.2019, AT.37956.
[89] Vgl. LfDI Baden-Württemberg, Pressemitteilung – Bußgeldverfahren gegen VfB Stuttgart 1893 AG endet mit der Verhängung eines Bußgeldes, 10.3.2021, https://www.baden-wuerttemberg.datenschutz.de/wp-content/uploads/2021/03/20210310_PM_VfB-Stuttgart_Abschluss_Bussgeldverfahren.pdf, abgerufen am 6.3.2023); BlnBDI, Pressemitteilung – Berliner Datenschutzbeauftragte verhängt Bußgeld gegen Immobiliengesellschaft, 5.11.2019, https://www.datenschutz-berlin.de/fileadmin/user_upload/pdf/pressemitteilungen/2019/20191105-PM-Bussgeld_DW.pdf, abgerufen am 6.3.2023).
[90] Vgl. BeckOK DatenschutzR/Holländer DS-GVO Art. 83 Rn. 6.
[91] Kühling/Buchner/Bergt DS-GVO Art. 83 Rn. 67.
[92] S. hierzu Paal/Pauly/Frenzel DS-GVO Art. 83 Rn. 19; zum Verhältnis zwischen Unionsrecht und OWiG → § 2 Rn. 105.
[93] Vgl. zum Bestimmtheitsgebot ausführlich NK-EuGRCh/Eser/Kubiciel GRCh Art. 49 Rn. 22 ff.
[94] Vgl. EuGH v. 27.9.2006 – T-43/02, ECLI:EU:T:2006:270, BeckRS 2006, 70749, Rn. 71 und 76.

raums bei den allgemeinen Verarbeitungsvorschriften könnte diese Erkennbarkeit jedoch fehlen.[95]

47 Insgesamt bestehen an mehreren Stellen Bedenken, ob Art. 83 DS-GVO mit dem Bestimmtheitsgrundsatz vereinbar ist.[96] Die materiellen Rechtmäßigkeitsvorschriften sind teilweise sehr vage.[97] Dies zeigt sich an verschiedenen Stellen:
- Art. 83 Abs. 4 lit. a iVm Art. 25 DS-GVO;[98] da Art. 35 DS-GVO sehr weit formuliert ist und für den Normanwender nicht von Anfang an klar ist, wann ein Bußgeld verhängt wird.
- Die Geldbußenobergrenze ist im konkreten Einzelfall gerade in Konzernstrukturen oder bei mehreren in Betracht kommenden Verbotsnormen oft schwer vorhersehbar.[99]
- Insbesondere dürften auch Forderungen nach einer direkten Bußgeldhaftung von Unternehmen ohne Feststellung eines vorwerfbaren Handelns einzelner Leitungspersonen[100] im Hinblick auf den Grundsatz der Gesetzmäßigkeit der Strafen nach Art. 49 Abs. 1 GRCh ausgesprochen problematisch sein.
- Stellenweise besteht die Gefahr einer Bebußung „durch die Hintertür": Art. 24 DS-GVO ist in Art. 83 DS-GVO nicht genannt. Gleichzeitig werden aber Verstöße gegen Art. 24 DS-GVO auch unter Art. 5 Abs. 1 lit. f DS-GVO subsumiert. Hier wird zum einen die gesetzgeberische Entscheidung unterlaufen, Art. 24 DS-GVO nicht bußgeldbewehrt zu machen. Zum anderen ist eine Bebußung in solchen Fällen für den Normadressaten schwer vorhersehbar.
- Komplizierte Verweisungstechniken können einer normenklaren und damit bestimmten (Sanktions-)Norm entgegenstehen. Bspw. auch Verweisungen über das nationale Recht der Mitgliedsstaaten, unklare Anwendungsbereiche etc.

48 Zusammenfassend ist zur Unbestimmtheit der DS-GVO festzuhalten, dass nahezu alle schwierigen Auslegungsfragen auf der materiellen Ebene der DS-GVO bei Verstößen automatisch auch ein Bestimmtheitsproblem bei den korrespondierenden Bußgeldtatbeständen darstellen. Auch dies kann man bei der Verteidigung von Geldbußen anführen.

II. Konkurrenzverhältnis zwischen Bußgeldtatbeständen

49 Die DS-GVO enthält – über Art. 83 Abs. 3 DS-GVO hinaus – keine Vorschriften zum Konkurrenzverhältnis zwischen den Datenschutzgrundsätzen und spezielleren Vorschriften.[101] Art. 83 DS-GVO lässt beispielsweise offen, ob bei einem Verstoß gegen Löschfristen eine Geldbuße wegen eines Verstoßes gegen das Recht auf Löschung aus Art. 17 DS-GVO oder wegen eines Verstoßes gegen den Grundsatz der Speicherbegrenzung aus Art. 5 Abs. 1 lit. e DS-GVO verhängt werden soll.

50 Dies ist besonders problematisch, wenn verschiedene Normen für denselben Verstoß einen anderen Bußgeldrahmen vorsehen. So könnten Aufsichtsbehörden – bei einem entsprechenden Sachverhalt – einerseits einen Verstoß gegen die Gewährleistung einer ausreichenden Datensicherheit (Art. 32 DS-GVO) annehmen. Andererseits könnten die Behörden in demselben Verhalten einen Verstoß gegen den Grundsatz der Integrität und Vertraulichkeit (Art. 5 Abs. 1 lit. f DS-GVO) sehen. Ersteres würde zur Anwendung des kleinen Bußgeldrahmens nach Art. 83 Abs. 4 lit. a DS-GVO führen. Bei zweiterem wäre

---

[95] Paal/Pauly/Frenzel DS-GVO Art. 83 Rn. 24; vgl. zur Problematik auch BeckOK DatenschutzR/Holländer DS-GVO Art. 83 Rn. 6.
[96] Kühling/Buchner/Bergt DS-GVO Art. 83 Rn. 45.
[97] Kühling/Buchner/Bergt DS-GVO Art. 83 Rn. 45.
[98] Auernhammer/Golla DS-GVO Art. 83 Rn. 24.
[99] Kühling/Buchner/Bergt DS-GVO Art. 83 Rn. 45.
[100] Vgl. → Rn. 23 ff.
[101] Siehe zu den Konsequenzen bei einer parallelen Verwirklichung eines Bußgeldtatbestands aus Art. 83 Abs. 4–6 DS-GVO und eines Straftatbestands → § 27.

hingegen nach Art. 83 Abs. 5 lit. a DS-GVO der höhere Bußgeldrahmen des Art. 83 Abs. 5 DS-GVO anwendbar.

Die Anzahl verhängter Bußgelder nimmt stetig zu. Daher werden diesen Fragen künftig auch vermehrt vor Gericht diskutiert werden. Letztlich wird der EuGH diese Fragen wohl im Rahmen eines Vorabentscheidungsersuchens verbindlich klären. 51

Im Ergebnis ist überzeugend, von einem Vorrang der jeweiligen *konkreteren* Vorschrift auszugehen. Dogmatisch lässt sich dies über einen Rückgriff auf die Vorschriften des jeweiligen nationalen (Straf-) Prozessrechts des Mitgliedstaats begründen.[102] Siehe hierzu auch: → § 4 Rn. 3. 52

> **Praxistipp:** 53
> Diese unklare Rechtslage bietet vor einer höchstrichterlichen Klärung Ansatzpunkte zur erfolgreichen Verteidigung gegen DS-GVO-Geldbußen.

F. Sanktionszumessung Bußgeldrahmen und Bußgeldberechnung

Die DS-GVO sieht für unterschiedliche Verstöße unterschiedliche Bußgeldrahmen vor. Diese sind am Unternehmensumsatz orientiert. Maßgeblich ist – nach der hier vertretenen, aber sehr umstrittenen Ansicht – allein der Umsatz des Unternehmens, dessen Vertreter den Verstoß begangen hat.[103] 54

Siehe zur Perspektive der Aufsichtsbehörden auf die Sanktionszumessung → § 4 Rn. 27 ff. 55

Je nach Art des Verstoßes sieht Art. 83 DS-GVO zwei Bußgeldrahmen vor: 56
- **Geringerer Bußgeldrahmen (Art. 83 Abs. 4 DS-GVO):** bis zu 10 Mio. EUR oder 2% des globalen Vorjahresumsatzes, je nachdem, welcher der Beträge höher ist.
- **Großer Bußgeldrahmen (Art. 83 Abs. 5, 6 DS-GVO):** bis zu 20 Mio. EUR oder 4% des globalen Vorjahresumsatzes, je nachdem, welcher der Beträge höher ist.

Im Mai 2022 hat das gemeinsame Koordinationsgremium der Aufsichtsbehörden der Union, der Europäische Datenschutzausschuss (EDSA), ein neues Modell zur Berechnung von DS-GVO-Geldbußen beschlossen.[104] Dieses sogenannte EDSA-Modell sieht mehrere Berechnungsschritte zur Ermittlung der konkreten Höhe einer Geldbuße vor.[105] Für Gerichte ist das Berechnungsmodell nicht verbindlich.[106] 57

> **Praxistipp:** 58
> Das Berechnungsmodell des Europäischen Datenschutzausschusses ist stark umsatzorientiert.[107] Dieser Umstand sowie sonstige Aspekte des EDSA-Modells sind in rechtlicher Hinsicht durchaus angreifbar. Zum einen hat der EuGH im Kartellrecht entschieden, dass dem Gesamtumsatz und dem tatbezogenen Umsatz keine „im Verhältnis zu den anderen Beurteilungskriterien übermäßige Bedeutung zugemessen werden darf".[108] Die Bußgeldbemessungskriterien sind in Art. 83 Abs. 2 S. 2 DS-GVO geregelt. Dort ist jedoch der Umsatz eines Unternehmens oder einer wirtschaftlichen Einheit gerade nicht als Kri-

---

[102] Vgl. etwa für eine Anwendung der §§ 19, 20 OWiG Weber/Rotter ZD 2022, 415 (416).
[103] Siehe dazu ausf. Wybitul/König ZD 2022, 591 (594) mwN.
[104] Die EDSA Leitlinien 04/2022 ist abrufbar unter: https://edpb.europa.eu/our-work-tools/documents/public-consultations/2022/guidelines-042022-calculation-administrative_en, abgerufen am 6.3.2023.
[105] EDSA Leitlinien 04/2022, Rn. 17; näher Weber/Rotter ZD 2022, 415; Wybitul/König ZD 2022, 422.
[106] Will WuM 2017, 502 (503 f.) der jedoch von einer erhöhten Begründungslast für Gerichte die von den Leitlinien abweichen wollen ausgeht; für fehlende Bindung des EuGH Moos DSB 2019, 212 (213).
[107] Kaufmann/Schneider DSB 2022, 178.
[108] EuGH v. 7.6.1983 – Rs. 100–103/80 Rn. 121, WuW 1984, 659 – Musique Diffusion Française; so auch: Wybitul/König ZD 2022, 422 (426).

terium zur Bußgeldbemessung aufgeführt.[109] Damit sollte der Gesamtumsatz ausweislich der Systematik des Art. 83 DS-GVO ausschließlich zur Bemessung der Bußgeldobergrenze herangezogen werden.[110] Angreifbar ist zudem die Anwendung des funktionalen Unternehmensbegriff im Datenschutzrecht. Dieser ist mit der DS-GVO nicht vereinbar.[111] Darüber hinaus können sich Unternehmen im Rahmen der Bußgeldverteidigung darauf stützen, dass die EDSA-Guidelines grundsätzlich nicht rechtlich bindend sind.[112] Das gilt insbesondere für Gerichte: Diese sind bei ihren Entscheidungen nicht an die Leitlinien des EDSA gebunden.[113] Das Bußgeldmodell bietet jedoch auch Raum für eine flexible, einzelfallgerechte Bußgeldpraxis, worauf in der Verteidigung verwiesen werden kann.[114] Unternehmen sollten dies in entsprechenden Bußgeldverfahren im Rahmen ihrer Verteidigungsstrategie jedenfalls auf der Rechtsfolgenseite berücksichtigen.

59   Dennoch ist zu beachten, dass die die vagen Sanktionsrahmen und gesetzlichen Zumessungsregeln durch (verbindliche) Bußgeldmodelle *faktisch* sehr viel bestimmter werden können. Dabei ist eine vorhersehbare Sanktionierung für alle Beteiligten wünschenswert. Dennoch ist etwa der starke Umsatzbezug in der konkreten Ausgestaltung des EDSA-Bußgeldmodells zu kritisieren. *Rechtlich* bleibt jedoch die Frage, ob exekutive Verwaltungspraxis den an den Gesetzgeber adressierten Bestimmtheitsgrundsatz ausfüllen kann (was abzulehnen ist). Vorzugswürdig ist eine Klärung durch die höchstrichterliche Rechtsprechung des EuGH die die Anwendung des Bußgeldmodells bestätigt oder ablehnt.

G. Ausblick

60   Bereits jetzt gibt es viele Bußgeldverfahren, die noch nicht Gegenstand öffentlicher Berichterstattung sind. Die Anzahl an Verfahren wegen Geldbußen nach Art. 83 DS-GVO nimmt stetig zu. Diese Entwicklung dürfte sich weiter fortsetzen. Die Datenschutzbehörden haben erhebliche Erfahrung mit Bußgeldverfahren gesammelt. Gleichzeitig reichen immer mehr betroffene Personen Beschwerden bei den Datenschutzbehörden ein. Diese Beschwerden sorgen für die Einleitung von Verwaltungs- bzw. anschließenden Bußgeldverfahren.

61   Die Behörden werden voraussichtlich auch das Bußgeldkonzept des EDSA[115] künftig konsequent anwenden (siehe hierzu → § 4 Rn. 30ff.).[116] Dies wird gerade bei umsatzstar-

---

[109] Wybitul/König ZD 2022, 422 (426); Timner/Radlanski/Eisenfeld CR 2019, 782 (783); vgl. auch Paal RDV 2020, 57 (59), der jedoch den Gesetzeswortlaut mit einer Umsatzberücksichtigung als vereinbar sieht.
[110] Wybitul/König ZD 2022, 422 (426); vgl. auch EuGH v. 7.6.1983 – Rs. 100–103/80 Rn. 121 – Musique Diffusion Française: „... die Festsetzung einer angemessenen Geldbuße [kann] nicht das Ergebnis eines bloßen, auf den Gesamtumsatz gestützten Rechenvorgang sein ... Dies gilt insbesondere wenn die betroffenen Waren nur einen geringen Teil dieses Umsatzes ausmachen.".
[111] Zu dieser Argumentation ausf.: Wybitul/König ZD 2022, 591.
[112] Ausf.: Wybitul/König ZD 2022, 591; zur Bindungswirkung von Leitlinien nach Art. 70 DS-GVO: Kühling/Buchner/Bergt DS-GVO Art. 83 Rn. 58f.; Will WuM 2017, 502 (503f.); Kühling/Buchner/Dix DS-GVO Art. 70 Rn. 8; zust. Gola/Heckmann DS-GVO/BDSG/Nguyen, 2. Aufl. 2018, DS-GVO Art. 70 Rn. 8; Taeger/Gabel/Hellmich DSGVO Art. 70 Rn. 10; aA Moos DSB 2019, 212 (213), der von einer Bindungswirkung ausgeht; ebenso Kaufmann/Schneider DSB 2022, 178 (180); ebenso aA Brink ZD 2019, 141, der Leitlinien eine quasi-normative Bedeutung beimisst, wonach Abweichungen der Behörden von den Leitlinien justiziabel seien.
[113] Ausf.: Wybitul/König ZD 2022, 591; Will WuM 2017, 502 (503f.), der aber davon ausgeht, dass abweichende gerichtliche Entscheidungen jedenfalls einer erhöhten Begründungslast unterliegen; zur fehlenden Bindung des EuGH an derartige Leitlinien Moos DSB 2019, 212 (213).
[114] Flexibilität ist insbesondere im ersten Prüfungsschritt, der Bestimmung der Schwere des Verstoßes, möglich; Wybitul/König ZD 2022, 422 (424).
[115] Vgl. hierzu Weber/Rotter ZD 2022, 415; Wybitul/König ZD 2022, 422; Werry MMR 2022, 628; Ettelddorf ZD-Aktuell 2022, 01246; Kaufmann/Schneider DSB 2022, 178.
[116] Vgl. Wybitul/König ZD 2022, 422 (422) mwN.

ken Unternehmen zu hohen Geldbußen nach Art. 83 DS-GVO führen.[117] Eine vergleichbare Entwicklung und einen ähnlichen Trend zu hohen Bußgeldern gab es beim EU-Kartellrecht. Gerade hohe Geldbußen können oder wollen Unternehmen oftmals nicht ohne gerichtliche Klärung bezahlen. Dies wird zu mehr streitigen Verfahren führen. Bis in der Rechtsprechung jedenfalls die wesentlichen Auslegungsfragen geklärt sind, werden voraussichtlich noch einige Jahre vergehen.

---

[117] Kaufmann/Schneider DSB 2022, 178.

3. Teil Die Verfolgung von bußgeldbewehrten Datenschutzverstößen

§ 4 Prozessuale Durchsetzung von Bußgeldern

Übersicht

	Rn.
A. Anwendbarkeit deutschen OWiG-Rechts: Datenschutzspezifische Besonderheiten	1
I. Anwendbarkeit des allgemeinen Teils des OWiG	2
II. Anwendbarkeit der OWiG-Regelungen zum Bußgeldverfahren	7
B. Zuständigkeiten zur Verfolgung und Sanktionierung bußgeldrelevanter Verstöße	13
C. Ablauf eines bußgeldrechtlichen Verfahrens wegen Datenschutzverstößen	19
I. Einleitung durch die Behörde	19
II. Übergang ins gerichtliche Verfahren	27
D. Bußgeldberechnung und Sanktionszumessung	30
I. Darstellung des Sanktionsmodells des Europäischen Datenschutzausschusses	30
II. Kriterien der Zumessung und praktische Bedeutsamkeit	41
1. Kriterien zur Bestimmung des Ausgangsbetrages	42
2. Weitere Zumessungskriterien	48
3. Auffangkriterium: Andere erschwerende oder mildernde Umstände	56
E. Verwarnung kein Verfolgungshindernis für das Bußgeldverfahren	61
F. Besonderheiten bei der Bebußung von Unternehmen	68
G. Nebenfolgen	76
I. Einziehung von Gegenständen	77
II. Einziehung des Wertes von Taterträgen	81
H. Vermögensarrest zur Sicherung der Geldbuße	86
I. Verständigungen im Bußgeldverfahren	91
J. Vollstreckung von Bußgeldbescheiden	102
K. Verjährung von Datenschutzverstößen	104

Literatur:

Bergt, Sanktionierung von Verstößen gegen die Datenschutz-Grundverordnung, DuD 2017, 555; *Martini/Wenzel,* „Gelbe Karte" von der Aufsichtsbehörde: die Verwarnung als datenschutzrechtliches Sanktionenhybrid, PinG 2017, 92; *Weber/Dehnert,* Das Kooperations- und Kohärenzverfahren vor dem EDSA – Praktische Erfahrungen aus dem ersten Streitbeilegungsverfahren in Sachen Twitter, ZD 2021, 63; *Weber/Rotter,* Einheitliche Bußgeldfestsetzung im Europäischen Wirtschaftsraum – Die neuen Leitlinien des EDSA zur Berechnung von Bußgeldern, ZD 2022, 415; *Zimmer-Helfrich/Thiel/Wybutul,* ZD-Interview mit Barbara Thiel und Tim Wybutul, ZD 2020, 3.

A. Anwendbarkeit deutschen OWiG-Rechts: Datenschutzspezifische Besonderheiten

Die DS-GVO enthält weder allgemeine Vorschriften zum Ordnungswidrigkeitenrecht **1** noch Verfahrensregelungen für das Bußgeldverfahren, für welches Art. 83 Abs. 8 DS-GVO lediglich angemessene Verfahrensgarantien im nationalen Recht vorschreibt. Aus diesem Grund verweist § 41 Abs. 1 BDSG vor allem für die materiellen Regelungen des OWiG auf die sinngemäße Anwendung der allgemeinen Vorschriften des OWiG, und § 41 Abs. 2 BDSG verweist für das Bußgeldverfahren auf die entsprechende Geltung der Vorschriften des OWiG, der StPO und des GVG. Die Verweisungen gelten jeweils unter dem Vorbehalt, dass das BDSG nichts anderes bestimmt.

I. Anwendbarkeit des allgemeinen Teils des OWiG

2 Es ist umstritten, ob der Gesetzgeber durch die angeordnete **„sinngemäße" Anwendung des OWiG** in § 41 Abs. 1 BDSG einen Vorrang der DS-GVO zum Ausdruck bringen wollte, aufgrund dessen die Verweisung auf das OWiG nur insoweit gelte, wie die DS-GVO Lücken enthalte[1] oder ob es sich lediglich um eine „Analogieverweisung" handelt, nach welcher die Vorschriften des OWiG, die sonst nur für Ordnungswidrigkeiten nach Bundes- oder Landesrecht gelten, bei Verstößen gegen Unionsrecht eben nur entsprechend angewendet werden können.[2] Jedenfalls greifen der Anwendungsvorrang des Unionsrechts sowie das Gebot der unionsrechtskonformen Auslegung unabhängig davon, ob das BDSG das Ordnungswidrigkeitenrecht für unmittelbar oder nur für „sinngemäß" anwendbar erklärt, schließlich darf der nationale Gesetzgeber von den Regelungen des Art. 83 DS-GVO nicht abweichen.[3]

3 Im Bereich des **allgemeinen Teils des OWiG** werden über § 41 Abs. 1 BDSG beispielsweise das Territorialitätsprinzip (§ 5 OWiG, s. dazu unten → Rn. 16), die Regelungen über Unterlassensverantwortlichkeit (§ 8 OWiG), Vorsatz und Fahrlässigkeit (§ 10 OWiG), die Vorschriften der echten Konkurrenz in Form von Tateinheit und Tatmehrheit (§§ 19, 20 OWiG) sowie die Vorschriften über die Verjährung (§§ 31 ff. OWiG) für anwendbar erklärt. § 10 OWiG ist allerdings unionsrechtskonform dahingehend auszulegen, dass auch fahrlässiges Handeln zu einer Geldbuße nach Art. 83 DS-GVO führen kann, obschon die Bußgeldtatbestände der DS-GVO dies nicht ausdrücklich vorsehen.[4] Weiter muss bei der Anwendung der Vorschrift zur Tateinheit in § 19 Abs. 2 S. 1 OWiG geprüft werden, ob der Sachverhalt nicht vorrangig durch Art. 83 Abs. 3 DS-GVO geregelt ist.[5] Nicht anwendbar nach § 41 Abs. 1 S. 2 BDSG ist § 17 OWiG, weil sich die Höhe der Geldbuße ausschließlich nach Art. 83 Abs. 4–6 DS-GVO richtet.

4 Über den Bereich des allgemeinen Teils des OWiG soll § 41 Abs. 1 S. 1 BDSG grundsätzlich auch auf die Zuständigkeitsregelungen zur Verfolgung und Ahndung von Ordnungswidrigkeiten verweisen, was aus der Rückausnahme in Satz 2 ersichtlich wird, wonach die §§ 35, 36 OWiG von der Verweisung ausgenommen werden, weil sich aus Art. 83 DS-GVO ergibt, dass die Aufsichtsbehörden für die Verhängung von Geldbußen zuständig sind.

5 Nicht ausdrücklich umfasst von der in § 41 Abs. 1 S. 2 BDSG vorgesehenen Nichtanwendung von OWiG-Bestimmungen sind die **§§ 30 Abs. 1, 130 OWiG,** was im Hinblick auf die Durchsetzung und Wirksamkeit des Unionsrechts außerordentlich problematisch ist. Die Aufsichtsbehörden des Bundes und der Länder gehen daher zutreffend davon aus, dass §§ 30, 130 OWiG ebenfalls nicht anwendbar sind, sondern vom Anwendungsvorrang des Unionsrechts überlagert werden (ausführlich → Rn. 70 ff.).[6]

6 § 41 Abs. 1 S. 3 BDSG schreibt für das Datenschutzrecht eine wichtige Abweichung bei der **sachlichen Gerichtszuständigkeit** im Vergleich zum „normalen" Bußgeldverfahren vor. Während über Einsprüche gegen Bußgeldbescheide, die von der Behörde über die

---

[1] BeckOK DatenschutzR/Brodowski/Nowak BDSG § 41 Rn. 7; ähnlich Frenzel, der angesichts restriktiverer Vorgaben in § 10 OWiG und § 30 OWiG Bedenken gegen deren sinngemäße Anwendung hat, Paal/Pauly/Frenzel BDSG § 41 Rn. 5; aA Taeger/Gabel/Wybitul/Zhou BDSG § 41 Rn. 8, die aus der „sinngemäßen" Anwendung keine Einschränkung oder Nichtanwendung bestimmter Normen des OWiG ableiten; ebenso LG Berlin v. 18.2.2021 – (526 OWi LG) 212 Js-OWi 1/20 (1/20), BeckRS 2021, 2985 Rn. 18.

[2] So LG Berlin v. 18.2.2021 – (526 OWi LG) 212 Js-OWi 1/20 (1/20), BeckRS 2021, 2985 Rn. 18 mit Verweisung auf das Handbuch der Rechtsförmlichkeit, BAnz. Nr. 160a vom 22.9.2008, dort Rn. 218 ff., 232 ff.; offengelassen LG Bonn v. 11.11.2020 – 29 OWi 1/20, BeckRS 2020, 35663 Rn. 25 f., wonach der deutsche Gesetzgeber nicht eindeutig beantwortet habe, ob durch die sinngemäße Anwendung eine Auslegung am Maßstab des deutschen oder europäischen Rechts erfolgen solle.

[3] Kühling/Buchner/Bergt BDSG § 41 Rn. 4.

[4] Simitis/Hornung/Spiecker gen. Döhmann/Boehm DS-GVO Art. 83 Rn. 60; Freund/Schmidt/Heep/Roschek/Weber DS-GVO Art. 83 Rn. 72.

[5] Kühling/Buchner/Bergt BDSG § 41 Rn. 6; HK-BDSG/Heghmanns § 41 Rn. 20.

[6] DSK, Entschließung vom 3.4.2019; Thiel, ZD-Interview mit Barbara Thiel und Tim Wybitul, ZD 2020, 3.

§ 4 Prozessuale Durchsetzung von Bußgeldern § 4

Staatsanwaltschaft ans Gericht abgegeben werden, nach dem OWiG stets das Amtsgericht entscheidet, ist im Datenschutzrecht § 68 OWiG mit der Maßgabe anzuwenden, dass das Amtsgericht für Geldbußen bis 100.000 EUR zuständig ist und über darüber hinausgehende Bußgelder das Landgericht entscheidet. Zuständig ist nach § 68 OWiG das Amts- oder Landgericht, in dessen Bezirk die Verwaltungsbehörde ihren Sitz hat. Bei den Aufsichtsbehörden des Bundes- und der Länder, die bundes- bzw. landesweit für die Verfolgung von Datenschutz-Ordnungswidrigkeiten zuständig sind, können daher häufig Wohnort des Betroffenen und Gerichtsstand auseinanderfallen.

II. Anwendbarkeit der OWiG-Regelungen zum Bußgeldverfahren

Für das Bußgeldverfahren gelten jeweils über die Verweisungsnorm in § 41 Abs. 2 S. 1 BDSG gemäß § 46 Abs. 1 OWiG, § 160 Abs. 1 StPO der **Amtsermittlungsgrundsatz** und nach § 47 Abs. 1 OWiG das **Opportunitätsprinzip**. Teilweise wird das Opportunitätsprinzip auch mit Anwendungsvorrang aus Art. 83 Abs. 2 DS-GVO abgeleitet[7], woraus sich in der Praxis allerdings keine Unterschiede ergeben. Wichtig ist lediglich, dass jedenfalls § 47 Abs. 3 OWiG über § 41 Abs. 2 S. 1 BDSG anwendbar bleibt, der es untersagt, dass die Aufsichtsbehörde ein Verfahren unter der Auflage der Zahlung eines Geldbetrages einstellt. Eine Einstellung des Bußgeldverfahrens nach § 41 Abs. 2 S. 1 iVm § 46 OWiG iVm § 153a StPO ist somit ausgeschlossen. 7

Weiter gilt über § 46 Abs. 1 OWiG iVm §§ 136 Abs. 1 S. 2, 163 Abs. 3 S. 2 StPO der Grundsatz der **Selbstbelastungsfreiheit**, der im Datenschutzrecht richtigerweise auch juristischen Personen zugebilligt werden muss.[8] Die Grundsätze eines fairen Verfahrens aus Art. 47 Abs. 2 GRCh und Art. 6 Abs. 1 EMRK schließen auch eine Selbstbelastung juristischer Personen aus.[9] Das hat zur Folge, dass Vertreter von Unternehmen im Bußgeldverfahren nicht zu Aussagen verpflichtet sind, die das Unternehmen belasten könnten. 8

> Siehe zur Wahrnehmung des Auskunftsverweigerungsrechts aus § 40 Abs. 4 S. 2 BDSG in einem vorgelagerten Verwaltungsverfahren: → § 5 Rn. 43   9

Nach § 41 Abs. 2 S. 2 BDSG finden die Vorschriften der §§ 56–58 OWiG über das Verwarnungsverfahren im Datenschutzrecht keine Anwendung. Grund hierfür ist, dass die DS-GVO die Abhilfemaßnahmen bei Verstößen abschließend in Art. 58 Abs. 2 DS-GVO regelt und daher kein Raum für eine Verwarnung nach OWiG verbleibt. In dem Zusammenhang ist hervorzuheben, dass der Begriff der Verwarnung nach Art. 58 Abs. 2 lit. b DS-GVO europarechtsautonom auszulegen ist und nicht mit einer Verwarnung im Sinne des deutschen OWiG gleichgesetzt werden darf. So ist es etwa nach Maßgabe der DS-GVO nicht ausgeschlossen, für denselben Verstoß eine Verwarnung auszusprechen (zB als Abschluss des Verwaltungsverfahrens) und zusätzlich (im nachfolgenden Ordnungswidrigkeitenverfahren) eine Geldbuße zu verhängen (ausführlich → Rn. 61 ff.). 10

Außerdem finden gemäß § 41 Abs. 2 S. 2 BDSG die Vorschriften über das Verfahren bei Anordnung der Einziehung und die nachträglichen Entscheidungen über die Einziehung nach §§ 87, 100 OWiG, die Vollstreckung von Nebenfolgen, die zu einer Geldzahlung verpflichten nach § 99 OWiG und die Anordnung der Verfahrensbeteiligung bei der Festsetzung einer Geldbuße gegenüber einer juristischen Person nach § 88 OWiG keine Anwendung. Vor allem Letzteres ist eine bedeutsame Ausnahme, wird doch im Ordnungswidrigkeitenverfahren die juristische Person grundsätzlich erst durch die Anordnung der Verfahrensbeteiligung nach § 88 Abs. 1 OWiG formell zur Nebenbeteiligten. Sofern 11

---
[7] Taeger/Gabel/Moos/Schefzig DS-GVO Art. 83 Rn. 35.
[8] Freund/Schmidt/Heep/Roschek/Weber DS-GVO Art. 83 Rn. 75.
[9] Wybitul, ZD-Interview mit Barbara Thiel und Tim Wybitul, ZD 2020, 3.

man mit einem Teil der Beratungspraxis und dem LG Berlin[10] eine unmittelbare Verbandshaftung von juristischen Personen im Datenschutzrecht ablehnt, erscheint es jedenfalls fraglich, wie ohne Nebenbeteiligung der juristischen Person überhaupt ein rechtsstaatliches Verfahren gegen diese durchgeführt werden soll (s. zur Verbandshaftung unten → Rn. 74 f.).[11]

12 Die Aufsichtsbehörde ist bis zur Abgabe an die Staatsanwaltschaft die Verfolgungsbehörde und verfügt über die gleichen Rechte als Ermittlungsbehörde. Selbst nach Abgabe einer Sache an die Staatsanwaltschaft kann Letztere eine Sache nur mit Zustimmung der Aufsichtsbehörde einstellen (§ 41 Abs. 2 S. 3 BDSG).

B. Zuständigkeiten zur Verfolgung und Sanktionierung bußgeldrelevanter Verstöße

13 In Deutschland gibt es infolge der föderalen Struktur auch im Datenschutzrecht neben einer Bundesbehörde eigene Landesbehörden mit gesetzlich verankerten Aufgaben und Befugnissen im Bereich des Datenschutzrechts. Mit den Aufsichtsbehörden der Länder (wobei Bayern jeweils eine Aufsichtsbehörde für den öffentlichen und für den nicht-öffentlichen Bereich unterhält) und dem Bundesbeauftragten des Datenschutzrechts gibt es in Deutschland insgesamt **18 staatliche Datenschutzaufsichtsbehörden.** Wenn auch unionsrechtlich die Einrichtung einer Aufsichtsbehörde genügt, sind gemäß Art. 51 Abs. 1 DS-GVO dennoch mehrere gleichrangige Aufsichtsbehörden nebeneinander möglich ("…einige oder mehrere unabhängige Behörden für die Überwachung…"). Darüber hinaus wurde der Europäische Datenschutzausschuss (EDSA) eingerichtet, welcher sich aus den Leitern der Aufsichtsbehörden der Mitgliedstaaten der EU und dem Europäischen Datenschutzbeauftragten oder ihren jeweiligen Vertretern zusammensetzt (Art. 68 Abs. 3 DS-GVO)[12], selbst aber keine Aufsichtsbehörde darstellt.

14 Der **Bundesbeauftragte für den Datenschutz und die Informationsfreiheit (BfDI)** ist sachlich ausschließlich zuständig für die Überwachung der Einhaltung der datenschutzrechtlichen Regelungen bei öffentlichen Stellen des Bundes (§ 9 Abs. 1 BDSG) sowie bei Unternehmen des Telekommunikations- und Postdienstleistungssektors, soweit diese für die geschäftsmäßige Erbringung von Telekommunikationsdiensten Daten von natürlichen oder juristischen Personen verarbeiten bzw. für das geschäftsmäßige Erbringen von Postdienstleistungen personenbezogene Daten verarbeiten (§ 29 Abs. 1 TTDSG bzw. § 42 Abs. 3 PostG). Die **Datenschutzaufsichtsbehörden der Länder** sind demgegenüber sachlich zuständig für die Überwachung des Datenschutzes bei Unternehmen und sonstigen nicht-öffentlichen Stellen (§ 40 Abs. 1 BDSG) sowie nach Maßgabe des Landesrechts insbesondere bei öffentlichen Stellen der Länder und der Kommunen. Nach Art. 83 Abs. 1, Art. 58 Abs. 2 lit. i DS-GVO iVm § 36 Abs. 1 Nr. 1 OWiG ist jede dieser zuständigen Aufsichtsbehörden (auch) zur Festsetzung von Bußgeldern befugt. Die für die Überwachung der Einhaltung der Datenschutzregelungen zuständigen Aufsichtsbehörden sind damit zugleich für die Sanktionierung von aufgedeckten Verstößen zuständig. Im öffentlichen Bereich dürfen Aufsichtsbehörden in Deutschland allerdings grundsätzlich keine Bußgelder gegenüber Behörden oder anderen öffentlichen Stellen verhängen (Art. 83 Abs. 7 DS-GVO, § 43 Abs. 3 BDSG, auf Länderebene siehe zB § 20 Abs. 5 NDSG). Ausnahmen bestehen, sofern öffentliche Stellen als Unternehmen am Wettbewerb teilnehmen (vgl. § 2 Abs. 5 BDSG, § 20 Abs. 5 NDSG).

---

[10] LG Berlin v. 18.2.2021 – (526 OWi LG) 212 Js-OWi 1/20 (1/20), BeckRS 2021, 2985.
[11] Freund/Schmidt/Heep/Roschek/Weber DS-GVO Art. 83 Rn. 76.
[12] Die Aufsichtsbehörden der EWR-Staaten Island, Norwegen und Liechtenstein nehmen an den Sitzungen des EDSA ohne Stimmrecht teil. Außerdem kann die EU-Kommission an den Sitzungen des EDSA ohne Stimmrecht teilnehmen, ohne selbst Mitglied des EDSA zu sein (Art. 68 Abs. 5 DS-GVO).

Für einige besondere Bereiche existieren **spezifische Datenschutzaufsichtsbehörden**. Dies sind in Deutschland zum Beispiel die Datenschutzbeauftragten der Kirchen (Art. 91 DS-GVO) und die Rundfunkdatenschutzbeauftragten für den öffentlich-rechtlichen Rundfunk. Auch spezifische Aufsichtsbehörden können innerhalb ihres Zuständigkeitsbereichs Bußgelder verhängen.[13]

Betreffend die verschiedenen Landesaufsichtsbehörden ist diejenige Behörde **örtlich zuständig**, in deren Bezirk entweder die Ordnungswidrigkeit begangen oder entdeckt worden ist oder in deren Bezirk der Betroffene zur Zeit der Einleitung des Bußgeldverfahrens seinen Wohnsitz hat (§ 37 Abs. 1 OWiG). Ergeben sich mehrfache örtliche Zuständigkeiten, ist grundsätzlich diejenige Aufsichtsbehörde örtlich zuständig, welche den Betroffenen zuerst wegen der Tat vernommen hat, ihn durch die Polizei hat vernehmen lassen oder der zuerst die Akten von der Polizei nach der Vernehmung des Betroffenen übersandt worden sind (§ 39 Abs. 1 S. 1 OWiG). Davon unberührt bleibt die Möglichkeit, die Verfolgung und Ahndung der Ordnungswidrigkeit einer anderen zuständigen Aufsichtsbehörde durch eine Verwaltungsvereinbarung zu übertragen, wenn dies sachdienlich erscheint (§ 39 Abs. 2 S. 1 OWiG). Letztlich kann bei Zuständigkeitsstreitigkeiten ein Gericht entscheiden (§ 39 Abs. 3 Nrn. 2, 3 OWiG). Soweit es für die beteiligten Behörden kein anderes gemeinsames Gericht gibt, was bei einem Zuständigkeitsstreit zwischen zwei Aufsichtsbehörden der Regelfall sein dürfte, entscheidet der Bundesgerichtshof.

Bei **grenzüberschreitender Verarbeitung** (Art. 4 Nr. 23 DS-GVO) gelten besondere Regelungen zur Zuständigkeit der Aufsichtsbehörden. Hier bestimmt sich die Zuständigkeit der sog. federführenden Aufsichtsbehörde nach der Hauptniederlassung oder einzigen Niederlassung des Verantwortlichen oder Auftragsverarbeiters in der Union (Art. 56 DS-GVO). Die federführende Aufsichtsbehörde ist als einzige Aufsichtsbehörde befugt, im Hinblick auf einen bestimmten Verarbeitungsvorgang Abhilfemaßnahmen zu treffen oder Bußgelder zu verhängen. Allerdings darf die federführende Aufsichtsbehörde ihre Entscheidung nicht alleine treffen. Vielmehr werden die Aufsichtsbehörden am Ort anderer europäischer Niederlassungen sowie die Aufsichtsbehörde, bei der eine Beschwerde eingereicht wurde oder in deren Zuständigkeitsbereich die Verarbeitung erhebliche Auswirkungen auf betroffene Personen hat oder haben kann, bei der Entscheidungsfindung als „betroffene Aufsichtsbehörden" beteiligt. Der federführenden Aufsichtsbehörde obliegt es insofern, sich im Rahmen des Kooperationsverfahrens nach Art. 60 DS-GVO zu bemühen, bei der Zusammenarbeit einen Konsens mit den betroffenen Aufsichtsbehörden zu erzielen. Für den Fall, dass ein Konsens unter den europäischen Aufsichtsbehörden nicht erreicht werden kann, leitet die federführende das Kohärenzverfahren ein (Art. 60 Abs. 4 DS-GVO), in welchem der EDSA die Streitigkeit durch verbindlichen Beschluss entscheidet (Art. 65 DS-GVO).[14] Das Kohärenzverfahren kann dabei auch genutzt werden, um eine kohärente Anwendung von Bußgeldern zu fördern (Erw.-Gr. 150 S. 5). Bei der grenzüberschreitenden Verarbeitung können Handlungs- oder Erfolgsort eines DS-GVO-Verstoßes in einem anderen Mitgliedstaat liegen als die federführende Aufsichtsbehörde ihren Sitz hat. In diesen Fällen wird das Territorialitätsprinzip gemäß § 41 Abs. 1 S. 1 BDSG iVm § 5 OWiG über Art. 56 DS-GVO dahingehend erweitert, dass die federführende Aufsichtsbehörde auch für solche Verstöße nach Art. 83 Abs. 4–6 DS-GVO Bußgelder verhängen kann.[15]

---

[13] Beispielsweise können gemäß § 45 DSG-EKD wegen vorsätzlicher oder fahrlässiger Verstöße gegen das DSHG-EKD Bußgelder von bis zu 500.000 EUR gegenüber verantwortlichen Stellen verhängt werden, soweit sie als Unternehmen im Sinne des § 4 Nr. 9 DSG-EKD am Wettbewerb teilnehmen, oder gegenüber kirchlichen Auftragsverarbeitern.

[14] Ausführlich zum Ablauf des Kooperations- und Kohärenzverfahrens siehe Weber/Dehnert ZD 2021, 63.

[15] Freund/Schmidt/Heep/Roschek/Weber DS-GVO Art. 83 Rn. 72.

| 18 | Siehe zu taktischen Erwägungen aus anwaltlicher Sicht bzgl. der Zuständigkeit der Aufsichtsbehörden: → § 5 Rn. 31 f. |

C. Ablauf eines bußgeldrechtlichen Verfahrens wegen Datenschutzverstößen

I. Einleitung durch die Behörde

19 Das Verfahrensrecht stimmt im Wesentlichen mit dem allgemeinen Verfahrensrecht in Bußgeldsachen überein. Von den anwendbaren Verfahrensvorschriften sind einige bei datenschutzrechtlichen Verstößen ausdrücklich nicht anwendbar (§§ 56–58, 87, 88, 99 und 100 OWiG), und zudem wird mit § 30 Abs. 1 OWiG zumindest eine materiellrechtliche Vorschrift vom Anwendungsvorrang des europäischen Rechts verdrängt (s. hierzu ausführlich → Rn. 70 ff.), sodass sich Verfahren direkt gegen juristische Personen richten und diese nicht lediglich sog. Nebenbeteiligte sind.

20 Bußgeldverfahren werden durch die Aufsichtsbehörden, die zugleich Verwaltungsbehörden im Sinne des OWiG sind, **eingeleitet**, wenn der Verdacht auf einen Verstoß gegen wenigstens eine datenschutzrechtliche Vorschrift besteht. Zumeist wird zuvor ein aufsichtsbehördliches Prüfverfahren geführt worden sein, um für die Zukunft rechtmäßige Zustände zu bewirken. Allerdings können die Verfahren auch parallel oder alternativ geführt werden. Die alternative Führung (nur) eines Bußgeldverfahrens kann sinnvoll sein, wenn der Verstoß bereits abgestellt wurde oder durch Sicherungsmaßnahmen (zB Sicherstellung von Tatmitteln) nicht mehr fortgesetzt werden kann. Die Einleitung kann durch einen ausdrücklichen Einleitungsvermerk erfolgen, durch Mitteilung gegenüber der bzw. dem Betroffenen[16] oder durch Übersendung des Anhörungsschreibens.

21 In **Ermittlungsverfahren** stehen Behörden verschiedene Instrumente zur Verfügung, die sich teilweise deutlich von denen des Verwaltungsverfahrens unterscheiden. Mit wenigen relevanten Ausnahmen sind alle Instrumente nutzbar, über welche die Staatsanwaltschaft in einem Strafverfahren verfügt (§ 46 OWiG). So kann die Behörde eine *Betroffenenbefragung* in ihren Diensträumen vornehmen, wobei für die bzw. den Betroffenen Erscheinungspflicht besteht (§ 163a Abs. 3 S. 1 StPO). Auch kann sie *Zeuginnen und Zeugen* vernehmen, die zur Aussage verpflichtet sind (§ 161a StPO). Weiterhin kann sie von allen (anderen) Behörden *Auskunft* verlangen und Ermittlungen jeder Art selbst vorzunehmen oder dazu die Polizei um *Ermittlungshilfe* ersuchen (§§ 161, 163 StPO). Schließlich kann die Behörde einen *Durchsuchungs- und Beschlagnahmebeschluss* beim Ermittlungsrichter des zuständigen Amtsgerichts beantragen. Ein solcher Beschluss wird zumeist von der Behörde gemeinsam mit dem örtlichen Polizeikommissariat vollzogen. Bislang nutzen die Datenschutzaufsichtsbehörden das Instrument der richterlich angeordneten Durchsuchung verhältnismäßig selten.

22 Sind die Ermittlungen hinreichend fortgeschritten, erhält die bzw. der Betroffene ein **Anhörungsschreiben** mit der Gelegenheit zur Stellungnahme. Der Konflikt mit der Rechenschaftspflicht (Art. 5 Abs. 2 DS-GVO) und der Zusammenarbeitspflicht (Art. 31 DS-GVO) wird dahingehend aufgelöst, dass Angaben der bzw. des Betroffenen zur Sache und zu ihren bzw. seinen wirtschaftlichen Verhältnissen im Bußgeldverfahren freiwillig sind, während Angaben zur Person verpflichtend sind (§ 111 Abs. 1 OWiG). Keine Angaben zu den *wirtschaftlichen Verhältnissen* zu machen kann sich in der Praxis sowohl günstig als auch ungünstig auswirken. Im Falle fehlender Angaben werden von Behörden vielfach unterdurchschnittliche Verhältnisse geschätzt. Dieses Phänomen ist bei den Aufsichtsbehörden

---

[16] Abweichend zum datenschutzrechtlichen Verständnis (vgl. Art. 4 Abs. 1 Nr. 1 DS-GVO) bezeichnet „Betroffener" im OWiG die natürliche oder juristische Person, der eine Ordnungswidrigkeit vorgeworfen wird (§ 66 Abs. 1 Nr. 1 OWiG).

für den Datenschutz eher weniger festzustellen. In datenschutzrechtlichen Bußgeldverfahren ist es keine Seltenheit, dass Schätzungen höher ausfallen als die tatsächlichen Verhältnisse. Korrekturen sind dann noch im Zwischenverfahren der Behörde sowie ggf. im gerichtlichen Verfahren möglich (→ Rn. 26 ff.).

Der Inhalt des **Bußgeldbescheides** ist gesetzlich bestimmt (§ 66 OWiG). Die Pflicht- 23 bestandteile sind abschließend aufgelistet und umfassen insbesondere Angaben zur Person der bzw. des Betroffenen, die Höhe der Geldbuße, einige Hinweise und Belehrungen sowie die Zahlungsaufforderung. Einer ausführlichen Begründung des Bußgeldbescheides bedarf es ausdrücklich nicht (§ 66 Abs. 3 OWiG). Stattdessen genügt es, wenn der Bußgeldbescheid die Tat, Zeit und Ort ihrer Begehung, die gesetzlichen Merkmale der Ordnungswidrigkeit und die angewendeten Bußgeldvorschriften bezeichnet sowie die Beweismittel nennt. Hierdurch wird dem summarischen Charakter des bußgeldrechtlichen Vorverfahrens, welches mit Erlass des Bußgeldbescheides endet, Rechnung getragen. Gleichwohl ist es bei datenschutzrechtlichen Bußgeldbescheiden nicht unüblich, dass diese eine ergänzende Begründung tragen. Im Fall einer *Absprache/Verständigung* (→ Rn. 91 ff.) werden überobligatorische Begründungen der Behörde indes entfallen oder sehr knapp ausfallen.

Die *Frist* zur Einlegung des **Einspruchs** beträgt zwei Wochen, wobei der Einspruch bei 24 der Behörde selbst einzulegen ist (§ 67 OWiG). Die im Verwaltungsverfahren maßgebliche Klagefrist von einem Monat findet keine Anwendung. Der Einspruch muss sich nicht gegen den Bußgeldbescheid im Ganzen richten, sondern kann (insbesondere) auf die Rechtsfolge beschränkt werden. Eine solche Beschränkung kann sinnvoll sein, wenn der Verstoß grundsätzlich zugestanden wird, der Betrag jedoch zu hoch erscheint – beispielsweise, weil die behördliche Schätzung der wirtschaftlichen Verhältnisse ungünstig für die Betroffene bzw. den Betroffenen ausfiel. Allerdings könnte es sich aus Sicht einer oder eines Betroffenen anbieten, zunächst einen „vollständigen" Einspruch einzulegen, die Beschränkung in Aussicht zu stellen und möglichst früh den Kontakt mit der Behörde zu suchen. Sofern der bzw. die Betroffene vollständig mit dem Bußgeldbescheid einverstanden ist, kann nach Zustellung des Bescheides *Rechtsmittelverzicht* erklärt werden, sodass der Bußgeldbescheid sofort rechtskräftig wird. Ein solcher Verzicht kann zB im Rahmen einer zu erwartenden Öffentlichkeitsarbeit sinnvoll sein, signalisiert er doch, dass die bzw. der Betroffene den Verstoß eingesehen hat. Sofort rechtskräftig wird ein Bußgeldbescheid im Übrigen auch dann, wenn ein bereits eingelegter Einspruch zurückgenommen wird, selbst wenn die ursprüngliche Einspruchsfrist noch nicht abgelaufen sein sollte.

> Siehe zu taktischen Erwägungen aus anwaltlicher Sicht bzgl. der Einlegung eines (be- 25 schränkten) Einspruchs: → § 5 Rn. 114 ff.

Nach Einlegung des Einspruchs führt die Verwaltungsbehörde das **Zwischenverfah-** 26 **ren.** In diesem Stadium sind weitere Ermittlungen ausdrücklich zulässig (§ 69 Abs. 2 Nr. 1 OWiG). Ergebnis des Zwischenverfahrens können die (vollständige) Rücknahme des alten Bußgeldbescheides und der zeitgleiche Erlass eines neuen Bußgeldbescheids oder die Abgabe der Sache über die Staatsanwaltschaft an das Amts- bzw. Landgericht sein. Ebenfalls kommt die Einstellung des Verfahrens in Betracht, wobei dies in der bisherigen Praxis eine seltene Ausnahme darstellt. Dauer, Inhalt und Umfang des Zwischenverfahrens sind nicht festgelegt, sodass es auch innerhalb eines Tages abgeschlossen werden kann. Nur wenn der Einspruch auf die Rechtsfolge beschränkt wurde, ist der Behörde ausnahmsweise eine teilweise Rücknahme des Bußgeldbescheides zwecks Anpassung der Bußgeldhöhe möglich, da der Schuldspruch des ursprünglichen Bußgeldbescheides isoliert rechtskräftig wird bzw. werden kann.[17] Andernfalls wäre, auch wenn nur die Bußgeldhöhe verändert wird, der

---

[17] Krenberger/Krumm OWiG § 69 Rn. 21.

ursprüngliche Bescheid vollständig aufzuheben und ein gänzlich neuer Bußgeldbescheid zu erlassen.

II. Übergang ins gerichtliche Verfahren

27 Nach dem Zwischenverfahren legt die Staatsanwaltschaft die von der Aufsichtsbehörde abgegebene Sache dem zuständigen Gericht zur Entscheidung vor, sofern sie nicht weitere Ermittlungen für geboten hält, was in der aktuellen Praxis so gut wie nicht vorkommt. Alternativ kann die Staatsanwaltschaft die Sache einstellen, allerdings nur mit Zustimmung der Aufsichtsbehörde (§ 69 Abs. 4 S. 2 OWiG iVm § 41 Abs. 2 S. 3 BDSG).

28 Vor dem Amtsgericht bzw. bei Geldbußen über 100.000 EUR vor dem Landgericht, findet grundsätzlich eine **Hauptverhandlung** statt (§ 71 OWiG). Die Funktion der Verwaltungsbehörde wird in diesem Stadium von der Staatsanwaltschaft übernommen. Allerdings hat die Verwaltungsbehörde ein Recht zur Teilnahme an der Hauptverhandlung und erhält auf Verlangen das Wort (§ 76 OWiG). Hinsichtlich der Beweisaufnahme bestehen einige Besonderheiten und Vereinfachungen zum Strafverfahren, da es z. B. genügt, Niederschriften über vorherige Vernehmungen von Zeugen zu verlesen (§ 77a OWiG) oder statt der Verlesung von Schriftstücken deren wesentlichen Inhalt wiedergeben (§ 78 OWiG). Die Hauptverhandlung endet mit einem *Urteil*. Durch *Beschluss* kann entschieden werden, wenn das Gericht eine Hauptverhandlung nicht für erforderlich hält und weder die bzw. der Betroffene noch die Staatsanwaltschaft widersprechen (§ 72 OWiG). In der Praxis kommt es vor, dass eine Hauptverhandlung zwar anberaumt wird, der Termin jedoch aufgehoben wird, weil durch Vermittlung des Gerichts eine für alle Beteiligten angemessene Lösung gefunden wird (zB Beschränkung des Einspruchs auf die Rechtsfolge und Entscheidung des Gerichts durch Beschluss nur über die Höhe der Geldbuße in einem zuvor mit den Beteiligten abgestimmten Korridor). Auch am Ende einer Hauptverhandlung steht nicht selten eine *Verständigung* zwischen dem Gericht und den Verfahrensbeteiligten nach § 257c StPO.

29 Gegen die erstinstanzliche Entscheidung des Amts- bzw. Landgerichts ist **Rechtsbeschwerde** zulässig, sofern ein gesetzlicher Grund (§ 79 OWiG) vorliegt oder wenn die Beschwerde vom Beschwerdegericht (Oberlandesgericht, § 121 Abs. 1 Nr. 1 lit. a GVG) zugelassen wird (§ 80 OWiG). Die Rechtsbeschwerde ist revisionsähnlich ausgestaltet, sodass keine erneute Beweisaufnahme erfolgt. Sie ist innerhalb einer Woche bei dem erstinstanzlichen Gericht einzulegen (§ 341 Abs. 1 StPO) und wird vom Beschwerdegericht grundsätzlich durch *Beschluss* ohne Hauptverhandlung entschieden (§ 79 Abs. 5 OWiG). Wird die angefochtene Entscheidung aufgehoben, kann das Beschwerdegericht in der Sache selbst entscheiden oder sie an das erstinstanzliche Gericht oder ein anderes Gericht der gleichen Ordnung (Amtsgericht, Landgericht) zurückverweisen (§ 79 Abs. 6 OWiG bzw. § 354 Abs. 2 StPO). Wird gegen die erstinstanzliche Entscheidung keine Rechtsbeschwerde eingelegt und wurde das Urteil im Anschluss an eine Hauptverhandlung verkündet, wird häufig davon abgesehen, das Urteil schriftlich zu begründen (§ 77b Abs. 1 S. 1 OWiG).

D. Bußgeldberechnung und Sanktionszumessung

I. Darstellung des Sanktionsmodells des Europäischen Datenschutzausschusses

30 Von Aufsichtsbehörden wurden verschiedene Sanktionsmodelle entwickelt. Zu nennen sind insbesondere das Modell der deutschen Datenschutzkonferenz[18], das Modell der niederländischen Aufsichtsbehörde sowie das Modell der dänischen Aufsichtsbehörde. Nun-

---

[18] Abrufbar unter: https://www.datenschutzkonferenz-online.de, abgerufen am 6.3.2023; ausführlich hierzu siehe LfD Niedersachsen, 25. Tätigkeitsbericht 2019, S. 100 ff.

mehr ist eine Harmonisierung erfolgt, indem der Europäische Datenschutzausschuss mit den Leitlinien 04/2022 ein für den Europäischen Wirtschaftsraum einheitliches Modell entwickelt hat. Die Leitlinien lagen zum Redaktionsschluss in Version 1.0 vor (Konsultationsfassung).[19]

Das **Standardmodell** der Leitlinien sieht **fünf Schritte** vor. Im ersten Schritt werden Konkurrenzen geprüft, im zweiten ein Ausgangsbetrag ermittelt, im dritten weitere erschwerende oder mildernde Umstände berücksichtigt, im vierten erfolgt eine Prüfung des ermittelten Betrags im Verhältnis zum gesetzlichen Höchstbetrag und im fünften und letzten Schritt werden Wirksamkeit, Abschreckungseffekt und Verhältnismäßigkeit der Geldbuße geprüft.

Der **erste Schritt** dient der **Prüfung von Konkurrenzen** und damit der Abgrenzung unterschiedlicher Taten voneinander.[20] Dies ist besonders von Bedeutung, da Art. 83 Abs. 3 DS-GVO den Gesamtbetrag der Geldbuße auf das gesetzliche Höchstmaß des schwersten Verstoßes begrenzt und Art. 83 Abs. 3 DS-GVO nicht vollständig deckungsgleich mit dem hergebrachten Verständnis von Tateinheit ist.

Mit dem **zweiten Schritt** wird ein **Ausgangsbetrag der Geldbuße** bestimmt.[21] Zunächst wird der Verstoß in den maßgeblichen gesetzlichen Bußgeldrahmen eingeordnet. Anschließend erfolgt die Einteilung in einen von drei Schweregraden anhand der Kriterien des Art. 83 Abs. 2 S. 2 lit. a, b, g DS-GVO (ausführlich → Rn. 42 ff.). Hieraus wird ein Betrag entwickelt, der anhand der bisher verwendeten Kriterien angemessen wäre. Dieser Betrag bezieht sich auf den gesetzlichen Höchstbetrag einer möglichen Geldbuße.

Anschließend wird regelmäßig der **Umsatz des Unternehmens** berücksichtigt. Hier stehen sieben verschiedene Größenklassen zur Verfügung, die unterschiedlich starke Reduzierungen der Geldbußen erlauben. Es gilt, je umsatzschwächer die Unternehmensklasse, desto niedriger der Rechenfaktor und desto stärker die Reduzierung. Es ergibt sich exemplarisch folgende Tabelle bei Verstößen iSv Art. 83 Abs. 5 bzw. 6 DS-GVO:[22]

Umsatz im Vorjahr	Rechenfaktor	Verstoß „niedrig"	Verstoß „mittel"	Verstoß „hoch"
Ohne Berücksichtigung des Umsatzes	1,000 (100 %)	Über 0 bis 2.000.000 EUR	2.000.000 bis 4.000.000 EUR	4.000.000 bis 20.000.000 EUR
Bis zu 2 Mio. EUR	0,002 (0,2 %)	Über 0 bis 4.000 EUR	4.000 bis 8.000 EUR	8.000 bis 40.000 EUR
Über 2 Mio. bis zu 10 Mio. EUR	0,004 (0,4 %)	Über 0 bis 8.000 EUR	8.000 bis 16.000 EUR	16.000 bis 80.000 EUR
Über 10 Mio. bis zu 50 Mio. EUR	0,020 (2,0 %)	Über 0 bis 40.000 EUR	40.000 bis 80.000 EUR	80.000 bis 400.000 EUR
Über 50 Mio. bis zu 100 Mio. EUR	0,100 (10,0 %)	Über 0 bis 200.000 EUR	200.000 bis 400.000 EUR	400.000 bis 2.000.000 EUR
Über 100 Mio. bis zu 250 Mio. EUR	0,200 (20,0 %)	Über 0 bis 400.000 EUR	400.000 bis 800.000 EUR	800.000 bis 4.000.000 EUR

---

[19] Ausführlich hierzu Weber/Rotter ZD 2022, 415.
[20] Vgl. EDSA, Leitlinien 04/2022, Version 1.0, Rn. 21–46.
[21] Vgl. EDSA, Leitlinien 04/2022, Version 1.0, Rn. 47–70.
[22] Weber/Rotter ZD 2022, 415 (417), Abb. 2.

Umsatz im Vorjahr	Rechenfaktor	Verstoß „niedrig"	Verstoß „mittel"	Verstoß „hoch"
Über 250 Mio. bis zu 500 Mio. EUR	0,500 (50 %)	Über 0 bis 1.000.000 EUR	1.000.000 bis 2.000.000 EUR	2.000.000 bis 10.000.000 EUR
Über 500 Mio. EUR	Keiner	Über 0 bis 0,4 % des Umsatzes	0,4 bis 0,8 % des Umsatzes	0,8 bis 4,0 % des Umsatzes

35 Im **dritten Schritt** werden erschwerende und mildernde Umstände berücksichtigt.[23] Hier kommen alle Kriterien in Betracht, die nicht bereits im zweiten Schritt verbraucht wurden, also jene nach Art. 83 Abs. 2 S. 2 lit. c – f sowie h – k. Zu den Kriterien siehe im Einzelnen → Rn. 48ff. und → Rn. 56ff.

36 Im **vierten Schritt** wird geprüft, ob die ermittelte Geldbuße den gesetzlichen Höchstbetrag überschreitet.[24] Die Leitlinien beinhalten bei diesem Schritt zudem Ausführungen zur Ermittlung des Umsatzes und zur Verantwortlichkeit im Unternehmenskontext, beispielsweise bei Beschäftigten.

37 Im letzten, **fünften Schritt** wird die Wirksamkeit, Verhältnismäßigkeit und die spezielle sowie generelle Abschreckung der Geldbuße geprüft.[25] Sollte die Geldbuße als Ergebnis dieser Prüfung nicht ausreichend hoch sein, besteht die Möglichkeit den Betrag zu erhöhen; beispielsweise indem ein sog. „Abschreckungsmultiplikator" angewendet wird. Hier können zudem Besonderheiten der wirtschaftlichen Situation berücksichtigt werden, wobei dies in der Regel nur bei außergewöhnlichen Umständen möglich ist, beispielsweise wenn die Rentabilität unwiederbringlich gefährdet wäre. Der letzte Schritt kann in der Praxis erhebliche Bedeutung haben.

38 Neben dem Standardmodell steht es den Aufsichtsbehörden nach der Konsultationsfassung der Leitlinien frei, **Geldbußen mit festen Ausgangsbeträgen** zu verhängen.[26] Die konkret in Betracht kommenden Verstöße und das Verfahren kann jede Aufsichtsbehörde selbst festlegen. Die Behörden haben sich für die Einordnung jedoch an den Kriterien des Art. 83 Abs. 2 S. 2 lit. a, b und g DS-GVO zu orientieren. Dabei erscheint es durchaus möglich, trotz fester Ausgangsbeträge, eine wirtschaftliche Kennzahl wie den Umsatz bei der Zumessung zu berücksichtigen.

39 Solche Geldbußen können aus behördlicher Sicht geeignet sein, um weniger gewichtige Verstöße möglichst zeitnah und in größerer Zahl sanktionieren zu können. Geldbußen mit festen Ausgangsbeträgen könnten dabei etwas niedriger ausfallen als solche, die sich aus dem aufwändigeren Standardmodell ergeben, sodass sich für Unternehmen ein Vorteil ergeben kann. Es besteht zwar das Risiko, dass im EWR verschiedene Modelle für Geldbußen mit festen Ausgangsbeträgen entstehen, was nicht dem Harmonisierungsgedanken entspräche. Allerdings muss die Harmonisierung bei weniger gewichtigen Verstößen weniger ausgeprägt sein als bei schwerwiegenderen Verstößen. Dies dürfte auch der tragende Gedanke sein, warum dieses Modell überhaupt Einzug in die Leitlinien gefunden hat.

40 Siehe zu
- spezifischen Verteidigungsmöglichkeiten auf den einzelnen Stufen: → § 5 Rn. 106ff.
- zu Argumenten gegen eine umsatzorientierte Bemessung des Bußgelds: → § 3 Rn. 58.

---

[23] Vgl. EDSA, Leitlinien 04/2022, Version 1.0, Rn. 71–111.
[24] Vgl. EDSA, Leitlinien 04/2022, Version 1.0, Rn. 112–131.
[25] Vgl. EDSA, Leitlinien 04/2022, Version 1.0, Rn. 112–131.
[26] Vgl. EDSA, Leitlinien 04/2022, Version 1.0, Rn. 18–20.

II. Kriterien der Zumessung und praktische Bedeutsamkeit

Kriterien für die Zumessung von Geldbußen wurden vom Unionsgesetzgeber in Art. 83 Abs. 2 S. 2 DS-GVO aufgenommen. Für die Auslegung der Zumessungskriterien wurde bislang auf die von der früheren Artikel-29-Datenschutzgruppe herausgegebenen „Leitlinien für die Anwendung und Festsetzung von Geldbußen im Sinne der VO (EU) 2016/679" (WP 253) zurückgegriffen.[27] Zwischenzeitlich sind entsprechende Hinweise zur Auslegung der Zumessungskriterien auch in den vom EDSA vorgelegten Bußgeldleitlinien enthalten.

1. Kriterien zur Bestimmung des Ausgangsbetrages

Für die Bestimmung des Ausgangsbetrages werden die Kriterien der Art. 83 Abs. 2 S. 2 lit. a, b und g DS-GVO herangezogen:

Berücksichtigt werden zunächst die **Art des Verstoßes**, die **Dauer des Verstoßes** und die **Schwere des Verstoßes** (Art. 83 Abs. 2 S. 2 lit. a DS-GVO). Hinsichtlich der Schwere werden die Art, der Umfang und der Zweck der Verarbeitung, die Zahl der datenschutzrechtlich betroffenen Personen sowie der von diesen Personen erlittene Schaden für die nähere Einordnung herangezogen. Da diese Kriterien naturgemäß höchst unterschiedlich ausgeprägt sein können, haben sie ausgesprochen große Auswirkungen auf die Zumessung; insbesondere, wenn eine Vielzahl von natürlichen Personen betroffen sind oder der Verstoß lange andauerte.

Die Frage, ob ein Verstoß **fahrlässig oder vorsätzlich** begangen wurde, ist nach Art. 83 Abs. 2 S. 2 lit. b DS-GVO für die Zumessung relevant. Die vorsätzliche Begehung spricht dafür, dass eine erhöhte Geldbuße festgesetzt wird. Ein fahrlässiger Verstoß hat im günstigsten Fall keine Auswirkungen. Zwar nehmen weder die DS-GVO noch das Recht der Ordnungswidrigkeiten ausdrücklich eine feinere Unterteilung der Formen von Vorsatz und Fahrlässigkeit vor. Gleichwohl können diese Formen (zB Absicht oder grobe Fahrlässigkeit) bei der Zumessung berücksichtigt werden. Bislang nicht abschließend geklärt ist die Frage, ob das Verschulden ausschließlich ein Zumessungskriterium ist und eine Geldbuße folglich auch **verschuldensunabhängig** festgesetzt werden kann, also in Fällen, in denen nicht wenigstens Fahrlässigkeit vorliegt.[28]

Für die Bestimmung des Ausgangsbetrages sind weiterhin die **Kategorien personenbezogener Daten** relevant, die vom Verstoß betroffen sind, Art. 83 Abs. 2 S. 2 lit. g DS-GVO. Neben Daten iSv Art. 9 und 10 DS-GVO kommen auch andere gesteigert sensible Daten in Betracht, beispielsweise Positionsdaten und Finanzdaten. Je mehr gesteigert sensible Daten vom Verstoß betroffen sind, desto mehr Gewicht hat dieses Kriterium bei der Bußgeldzumessung.

Anhand dieser Kriterien wird der Verstoß in einen von drei **Schweregraden** eingeordnet. Jedem Schweregrad ist ein Bußgeldkorridor zugeordnet. Der Schweregrad „niedrig" umfasst den Bereich von 0 % – 10 % des gesetzlichen Bußgeldrahmens, der Schweregrad „mittel" den Bereich von 10 % – 20 % und der Schweregrad „hoch" den Bereich zwischen 20 % – 100 %. Innerhalb der sich daraus ergebenden Korridore wird ein Ausgangsbetrag bestimmt. Bereits durch Berücksichtigung dieser Kriterien kann eine Geldbuße am gesetzlichen Höchstbetrag ausgerichtet werden.

---

[27] Abrufbar unter https://ec.europa.eu/newsroom/article29/items/611237, abgerufen am 6.3.2023.
[28] Selbst wenn man hier allerdings Art. 83 DS-GVO so auslegen würde, dass das Verschulden kein Tatbestandsmerkmal ist, würde sich hier ausnahmsweise das Unionsrecht nicht in der Anwendung durchsetzen, weil das Schuldprinzip zu den für integrationsfest erklärten Grundsätzen der Verfassung zählt, die den Anwendungsvorrang des Unionsrechts begrenzen, ausführlich siehe Freund/Schmidt/Heep/Roschek/Weber DS-GVO Art. 83 Rn. 53 mwN. Die Frage des Verschuldenserfordernisses könnte demnächst aufgrund eines Vorabentscheidungsersuchens des KG Berlin durch den EuGH geklärt werden, Rs. C-807/21 – Deutsche Wohnen.

47 Im Anschluss an die Bestimmung des Ausgangsbetrages kann der **Umsatz** des Unternehmens berücksichtigt werden, um den Ausgangsbetrag anzupassen (→ Rn. 34).[29] Dieser Schritt ist in der Praxis von erheblicher Bedeutung, da er zu Gunsten von Unternehmen mit einem Umsatz von weniger als 500 Mio. EUR ausfällt.

2. Weitere Zumessungskriterien

48 Nachdem ein Ausgangsbetrag innerhalb der Korridore bestimmt wurde, sind die Kriterien des Art. 83 Abs. 2 S. 2 lit. a, b und g DS-GVO für die weitere Zumessung nicht mehr nutzbar. Es verbleiben die Kriterien nach den Buchstaben c – f sowie h – k. Diese werden zur Anpassung des Ausgangsbetrages herangezogen.

49 Vom Verantwortlichen zur **Minderung des Schadens** ergriffene Maßnahmen (Art. 83 Abs. 2 S. 2 lit. c DS-GVO) können sich mindernd auf die Geldbuße auswirken. Von einiger Bedeutung ist dabei, dass die Maßnahmen zeitnah ergriffen wurden und effektiv sind. In der Praxis kann dies beispielsweise die Beauftragung eines Unternehmens oder einer Rechtsanwaltskanzlei sein, die von datenschutzrechtlich Betroffenen auf Kosten der bzw. des Verantwortlichen mit der Abwehr von Identitätsdiebstählen beauftragt werden kann.

50 Der **Grad der Verantwortung** (Art. 83 Abs. 2 S. 2 lit. d DS-GVO) spielt tendenziell eine untergeordnete Rolle, da Verstöße gegen Art. 25 und 32 DS-GVO eigene Bußgeldtatbestände darstellen. Gleichwohl kann es Konstellationen geben, in denen solche Verstöße nicht gesondert verfolgt werden sollen oder können und dieses Kriterium daher Bedeutung hat. Dann wird sich dieses Kriterium regelmäßig erschwerend auswirken.

51 Etwaige **einschlägige frühere Verstöße** (Art. 83 Abs. 2 S. 2 lit. e DS-GVO) wirken erschwerend und haben erhebliche Auswirkungen auf die Bußgeldhöhe. Der maßgebliche Zeitraum ist nicht klar definiert und hängt unter anderem vom Gewicht des Verstoßes ab. Während schwere Verstöße auch nach langer Zeit noch von Bedeutung sein können, können leichte Verstöße bereits nach wenigen Jahren unbeachtlich werden. Anders als bei lit. i wird nicht vorausgesetzt, dass auf den früheren Verstoß mit einer Abhilfemaßnahme nach Art. 58 Abs. 2 reagiert wurde, sondern es genügt nach dem Wortlaut ein objektiver Verstoß.[30]

52 Der Umfang der **Zusammenarbeit mit der Aufsichtsbehörde** (Art. 83 Abs. 2 S. 2 lit. f DS-GVO) bezieht sich auf die Abhilfe des Verstoßes und die Minderung möglicher nachteiliger Auswirkungen. Hierbei ist zu berücksichtigen, dass Verantwortliche und Auftragsverarbeiter eine grundsätzliche Mitwirkungspflicht haben (Art. 31 DS-GVO), sodass eine Mitwirkung nicht pauschal mindernd wirken kann. Werden negative Auswirkungen für datenschutzrechtlich Betroffene durch die Zusammenarbeit gemindert oder verhindert, kann dies allerdings mindernd berücksichtigt werden.

53 **Wie der Verstoß bekannt wurde** (Art. 83 Abs. 2 S. 2 lit. h DS-GVO) kann sich in der Praxis fast nur mindernd auswirken, dies allerdings auch nur, wenn der Verantwortliche bzw. Auftragsverarbeiter den Verstoß mitgeteilt hat, ohne hierzu verpflichtet gewesen zu sein. Bestand ohnehin eine Pflicht zur Mitteilung oder wurde der Verstoß durch einen Hinweis oder eine Beschwerde bekannt, hat dies keine Auswirkungen.

54 Die **Einhaltung früher angeordneter Maßnahmen** (Art. 83 Abs. 2 S. 2 lit. i DS-GVO) stellt nicht ohne weiteres einen mindernden Umstand dar. Es bedürfte jedenfalls weitergehender Maßnahmen des Verantwortlichen bzw. Auftragsverarbeiters, damit dies mindernd berücksichtigt werden kann. Hintergrund ist, dass die von der Behörde angeordneten Maßnahmen ohnehin zu befolgen sind. Sofern sich die Behörde nicht für die gesonderte Verfolgung nach Art. 83 Abs. 5 lit. e bzw. Abs. 6 DS-GVO entscheidet oder dies nicht möglich ist, wirkt die Nichtbeachtung angeordneter Maßnahmen erschwerend. Vergleichbar zu lit. e kommt hierin zum Ausdruck, dass „Wiederholungstäter" härter sanktioniert werden.

---

[29] EDSA, Leitlinien 04/2022, Version 1.0, Rn. 64–70.
[30] Freund/Schmidt/Heep/Roschek/Weber DS-GVO Art. 83 Rn. 30.

Die **Einhaltung genehmigter Verhaltensregeln** (Art. 83 Abs. 2 S. 2 lit. j DS-GVO) 55
bezieht sich auf Regeln und Mechanismen im Sinne von Art. 40 und 42 DS-GVO. Die
Einhaltung dieser Regeln kann einen mildernden Umstand darstellen; jedenfalls, wenn
Maßnahmen zur Vermeidung datenschutzrechtlicher Verstöße ergriffen wurden bzw. eine
entsprechende unternehmensinterne Überwachung erfolgte (Compliance). Allerdings kann
die Missachtung der Regeln auch erschwerend wirken, wenn der Verstoß damit unmittelbar in Verbindung steht.

3. Auffangkriterium: Andere erschwerende oder mildernde Umstände

Mit Art. 83 Abs. 2 S. 2 lit. k DS-GVO wurde ein Auffangkriterium geschaffen, um alle 56
weiteren Umstände des Falles berücksichtigen zu können, die über lit. a – j keinen Eingang in die Bußgeldzumessung finden konnten.

Mildernde Umstände können sich insbesondere aus dem Nachtatverhalten ergeben, 57
beispielsweise wenn die bzw. der Betroffene den Vorwurf sofort eingestanden oder Maßnahmen zur Verhinderung künftiger Verstöße ergriffen hat, die weitergingen als es datenschutzrechtlich notwendig gewesen wäre.

Erschwerende Umstände können beispielsweise in einer nachhaltigen Uneinsichtig- 58
keit der bzw. des Betroffenen liegen. Auch kann sich ein Compliance-Programm negativ
auswirken, wenn es die Aufdeckung der fraglichen Zuwiderhandlung erschwert.[31] Auch
eine besondere Uneinsichtigkeit kann im Einzelfall erschwerend wirken.[32]

Ausdrücklich ist der mittelbar oder unmittelbar **erlangte finanzielle Vorteil** zu be- 59
rücksichtigen, soweit er bekannt ist oder geschätzt werden kann. Das Bußgeld muss so
bemessen werden, dass es den erlangten Vorteil deutlich übersteigt,[33] da andernfalls Art. 83
Abs. 1 DS-GVO nicht hinreichend Rechnung getragen würde, weil die Geldbuße nicht
wirksam wäre. Eine Geldbuße kann nur dann wirksam sein, wenn die bzw. der Betroffene
aus dem Verstoß keinen wirtschaftlichen Vorteil ziehen kann. Die Geldbuße muss daher
zunächst mindestens so hoch sein wie der erlangte Vorteil.[34] In dieser Höhe stellt sie die
Betroffene bzw. den Betroffenen jedoch nur einem Verantwortlichen gleich, der keinen
Verstoß begangen hat. Würde durch die Geldbuße lediglich der wirtschaftliche Vorteil abgeschöpft, entfiele die abschreckende Wirkung, die eine Geldbuße nach Art. 83 Abs. 1
DS-GVO ebenfalls haben muss. Eine solche Geldbuße hätte letztlich keinen missbilligenden und sanktionierenden Charakter. Daher ist es notwendig, dass der endgültige Betrag
den erlangten Vorteil deutlich übersteigt. Aus dem Gesamtbetrag muss sich der sanktionierende Charakter sowohl für die Betroffene bzw. den Betroffenen (Spezialprävention) als
auch für andere Verantwortliche (Generalprävention) ergeben.

Die **Ermittlung des Vorteils** ist stark von den Umständen des Einzelfalls geprägt. Für 60
Unterlassungsdelikte kann oft geschätzt werden, welcher Personal- und Mittelaufwand für
eine gesetzeskonforme Umsetzung mindestens hätte betrieben werden müssen. Dies
kommt beispielsweise in Betracht, wenn Betroffene keine Datenschutzbeauftragten bestellt
haben. Werden hingegen aus einer Handlung wirtschaftliche Vorteile gezogen, erweist sich
die Schätzung als schwierig. Häufig liegen keine detaillierten wirtschaftlichen Kennzahlen
vor, die mit dem Verstoß in Verbindung gebracht werden können. Die Folge ist eine sehr
grobe Schätzung, was sich zum Vorteil oder Nachteil der bzw. des Betroffenen auswirken
kann. Beispielhaft könnte bei einer rechtswidrigen Übernahme von Kundendaten der
Umsatz entsprechend dem Verhältnis der Alt- und Neukunden aufgeteilt werden, wenn
keine genaueren Informationen vorhanden sind.

---

[31] EuGH v. 18.7.2013 – Rs. C-501/11 P, ECLI:EU:C:2013:522 = BeckRS 2013, 81521 Rn. 144.
[32] Vgl. KK-OWiG/Mitsch § 17 Rn. 70 f.
[33] Ehmann/Selmayr/Nemitz DS-GVO Art. 83 Rn. 15.
[34] Vgl. Kühling/Buchner/Bergt DS-GVO Art. 84 Rn. 9.

E. Verwarnung kein Verfolgungshindernis für das Bußgeldverfahren

61 Bußgeldbescheid und Verwarnung stehen in keinem Ausschließlichkeitsverhältnis zueinander.[35] Vielmehr geht die ganz herrschende Meinung im Schrifttum grundsätzlich von einem Nebeneinander von Geldbußen und Abhilfemaßnahmen aus.[36] Eine zuvor ausgesprochene datenschutzrechtliche Verwarnung nach Art. 58 Abs. 2 lit. b DS-GVO steht einer nachfolgenden Verlängerung eines Bußgeldes nicht entgegen. Das heißt, es entsteht durch die Verwarnung **kein Verfolgungshindernis** bezüglich der Bußgeldfestsetzung.

62 Aufsichtsbehördliche Verfahren werden regelmäßig mit einer Verwarnung nach Art. 58 Abs. 2 lit. b DS-GVO abgeschlossen, wenn ein festgestellter Verstoß zum Zeitpunkt des Verfahrensabschlusses nicht mehr besteht. Da die „Verwarnung" begrifflich im deutschen Sprachverständnis auf eine im Gegensatz zu einer echten Bestrafung mildere Maßnahme hindeutet, mag der Eindruck entstehen, dass eine nachfolgende Bußgeldfestsetzung unterbleibt. Auch die Formulierung in Erwägungsgrund 148 S. 2 DS-GVO, wonach in Fällen eines geringfügigen Verstoßes oder bei einer unverhältnismäßigen Belastung einer natürlichen Person statt einer Bußgeldfestsetzung eine Verwarnung ausgesprochen werden soll, scheint zunächst auf eine Art Stufenverhältnis zwischen den beiden Maßnahmen hinzuweisen. In der Praxis wird daher vertreten, es handele sich bei der Verwarnung um eine Art „Gelbe Karte".[37]

63 Daraus darf allerdings nicht abgeleitet werden, dass Verwarnung und Bußgeld in einem Ausschließlichkeitsverhältnis zueinander stehen. Zunächst darf vorliegend **nicht das deutsche Begriffsverständnis aus dem OWiG** bezüglich einer „Verwarnung" iSv § 56 OWiG zugrunde gelegt werden, zumal im OWiG ein Verfolgungshindernis nur bei Verwarnungen mit Verwarnungsgeld entsteht (§ 56 Abs. 4 iVm Abs. 1 S. 1 OWiG). Bei Verwarnungen ohne Verwarnungsgeld (§ 56 Abs. 1 S. 2 OWiG) ist die Durchführung eines Bußgeldverfahrens nicht ausgeschlossen. Außerdem kann die Verwarnung nach Art. 58 Abs. 2 lit. b DS-GVO auch deshalb kein Verfahrenshindernis für ein Bußgeldverfahren darstellen, weil § 41 Abs. 2 S. 2 BDSG vorsieht, dass § 56 OWiG keine Anwendung findet.

64 Im Übrigen stehen sowohl der eindeutige Wortlaut der DS-GVO in Art. 58 und Art. 83 DS-GVO als auch die Systematik der gesetzlichen Regelungen der Annahme entgegen, dass Verwarnung und Bußgeld in einem Ausschließlichkeitsverhältnis zueinander stehen. Mit einer Verwarnung gemäß Art. 58 Abs. 2 lit. b DS-GVO kann gegenüber einem Verantwortlichen oder einem Auftragsverarbeiter die Feststellung eines Verstoßes gegen die DS-GVO ausgesprochen und damit das verwaltungsrechtliche Verfahren abgeschlossen werden. Als weitere Folge des festgestellten Verstoßes gegen die DS-GVO ist die Festsetzung eines Bußgeldes in einem getrennten Bußgeldverfahren möglich.

65 Die Verwarnung nach Art. 58 Abs. 2 lit. b DS-GVO stellt keine Sanktion, sondern eine **Abhilfemaßnahme zur Beendigung des Verwaltungsverfahrens** dar. Mit der bloßen Feststellung eines Verstoßes im Sinne eines feststellenden Verwaltungsaktes ist kein strafender Charakter verbunden, sondern es handelt sich nur um einen ausgesprochenen Tadel ohne unmittelbare nachteilige Folgen. In systematischer Hinsicht ist die Verwarnung gerade nicht im Kapitel 8 der DS-GVO unter „Rechtsbehelfe, Haftung und Sanktionen" geregelt, sondern in Art. 58 Abs. 2 DS-GVO im Katalog der Abhilfebefugnisse aufgeführt. Wird der Verstoß bereits im Laufe des Verwaltungsverfahrens beendet, kommt lediglich die

---

[35] Freund/Schmidt/Heep/Roschek/Weber DS-GVO Art. 83 Rn. 21.
[36] Gola/Heckmann DS-GVO/BDSG/Gola DS-GVO Art. 83 Rn. 5; Kühling/Buchner/Bergt DS-GVO Art. 83 Rn. 33; Paal/Pauly/Frenzel DS-GVO Art. 83 Rn. 8; Simitis/Hornung/Spiecker gen. Döhmann/Boehm DS-GVO Art. 83 Rn. 17; HK-DS-GVO/BDSG/Popp DS-GVO Art. 83 Rn. 1; Taeger/Gabel/Moos/Schefzig DS-GVO Art. 83 Rn. 17; das LG Hannover bestätigte die Zulässigkeit einer Bußgeldfestsetzung neben einer Verwarnung mit Hinweisbeschluss vom 9.5.2022 – 128 OWi-LG 5301 Js 114949/21 (1/21), n. veröff., unter Verweis auf den eindeutigen Wortlaut und die Systematik der DS-GVO.
[37] Martini/Wenzel PinG 2017, 92.

Verwarnung als das Verwaltungsverfahren beendende Maßnahme in Betracht. Das mögliche Bußgeldverfahren nach dem Ordnungswidrigkeitengesetz (OWiG) stellt ein hiervon zu trennendes, weiteres Verfahren dar.

Art. 58 Abs. 2 lit. i DS-GVO sieht ausdrücklich vor, dass eine Geldbuße „zusätzlich zu" den sonstigen Abhilfemaßnahmen verhängt werden kann. Diese Festlegung des Gesetzgebers wird noch einmal untermauert durch die Formulierung in Art. 83 Abs. 2 S. 1 DS-GVO, welche vorsieht, dass **Geldbußen „zusätzlich zu" Abhilfemaßnahmen** verhängt werden. Eine dritte Fundstelle ist in Erwägungsgrund 148 DS-GVO zu finden, in dem es deckungsgleich heißt, dass bei Verstößen gegen die DS-GVO „zusätzlich zu den geeigneten Maßnahmen, die die Aufsichtsbehörde [...] verhängt, oder an Stelle solcher Maßnahmen Sanktionen einschließlich Geldbußen verhängt werden". Die Formulierung in Erwägungsgrund 148 S. 2 der DS-GVO, dass im Falle eines geringfügigen Verstoßes oder falls die voraussichtlich zu verhängende Geldbuße eine unverhältnismäßige Belastung für eine natürliche Person bewirken würde, anstelle einer Geldbuße eine Verwarnung erteilt werden sollte, bestätigt letztlich die grundsätzliche Möglichkeit eines **Nebeneinanders von Geldbuße und Verwarnung**. Denn lediglich in bestimmten Ausnahmefällen soll von einer Geldbuße abgesehen werden. 66

Selbst wenn man entgegen den Erwägungsgründen argumentieren wollte, dass der Wille des Verordnungsgebers nicht auf ein Nebeneinander von Verwarnung und Geldbuße ausgerichtet war, wäre hier die Wortlautgrenze der Auslegung erreicht. Denn was mit dem möglichen Wortsinn eines Gesetzes nicht vereinbar ist, kann nicht Inhalt des Gesetzes sein.[38] 67

F. Besonderheiten bei der Bebußung von Unternehmen

Im Regelfall ist für die Sanktionierung von Unternehmen im deutschen Bußgeldrecht die Trias aus §§ 9, 30, 130 OWiG von Bedeutung. Danach kann ein Unternehmen grundsätzlich nur sanktioniert werden, wenn der Verstoß als sog. Anknüpfungstat von einem Organ oder einer sonstigen Leitungsperson des Unternehmens begangen wurde (§ 30 Abs. 1 OWiG). Das Verschulden „einfacher" Beschäftigter kann gegenüber dem Unternehmen nur sanktioniert werden, wenn vorsätzlich oder fahrlässig angemessene Aufsichtsmaßnahmen unterlassen wurden, die erforderlich sind, um Zuwiderhandlungen zu verhindern oder wesentlich zu erschweren (§ 130 OWiG). In beiden Konstellationen wäre das Unternehmen sog. Nebenbeteiligte. Die Verfahrensbeteiligung würde von der Behörde angeordnet (§ 88 OWiG). 68

Für datenschutzrechtliche Ordnungswidrigkeitenverfahren ist eine Nebenbeteiligung vom deutschen Gesetzgeber ausgeschlossen worden, indem §§ 87, 88 OWiG nicht angewendet werden dürfen (§ 41 Abs. 2 S. 2 BDSG). Folglich kann ein Unternehmen nicht Nebenbeteiligte sein, sondern in sinngemäßer Anwendung des OWiG nur unmittelbar Beteiligte eines Bußgeldverfahrens. Auch § 30 Abs. 1 OWiG kann schon deswegen keine Anwendung finden, weil eine Nebenbeteiligung nach § 88 Abs. 1 OWiG dafür Voraussetzung wäre. Insoweit ist vom Gesetzgeber unsauber gearbeitet worden, indem § 30 Abs. 1 OWiG nicht ebenfalls ausdrücklich ausgenommen wurde und dies stattdessen vom Rechtsanwender über die Anweisung der *sinngemäßen* Anwendung hergeleitet werden muss. 69

Die **Nichtanwendbarkeit von § 30 Abs. 1 OWiG** ergibt sich folgerichtig ebenfalls aufgrund des Anwendungsvorrangs des Unionsrechts, und auch weil der *effet-utile*-Grundsatz aus Art. 4 Abs. 3 EUV der unmodifizierten Anwendung des Bußgeldverfahrensrechts entgegensteht.[39] Dieser Grundsatz steht einem Verfahren entgegen, in dem Unternehmen 70

---

[38] NK-BGB/Looschelders Anhang zu § 133 Rn. 12.
[39] Freund/Schmidt/Heep/Roschek/Weber DS-GVO Art. 83 Rn. 81.

nur unter besonderen Bedingungen sanktioniert werden können. Der Unionsgesetzgeber setzt in Art. 58 Abs. 2 lit. i) DS-GVO sowie in den Abs. 4–6 voraus, dass Verantwortlichen oder Auftragsverarbeitern bei Verstößen gegen die DS-GVO ohne Weiteres Bußgelder auferlegt werden können, und zwar unabhängig davon, ob es der Aufsichtsbehörde gelingt, unternehmensinterne Verantwortlichkeiten nachzuweisen und eine Zurechnung zur juristischen Person zu begründen.

71 | Siehe zur Gegenposition → § 3 Rn. 9 ff.

72 Zwar könnte in einigen Konstellationen auch **§ 130 OWiG (Aufsichtspflichtverletzung)** angewendet werden. Diese Norm stellt jedoch höhere Anforderungen an die Behörde und ihre Beweisführung, indem sie unzureichende Aufsichtsmaßnahmen darlegen muss. Je nach Vorwurf gelingt dies nicht ohne vertiefte Einblicke in das Unternehmen und seine Struktur. Notwendig sind jedenfalls zusätzliche Ermittlungen und ein deutlich höherer Zeit- und Personalaufwand, obgleich der Verstoß objektiv vorliegt und er unzweifelhaft aus dem Unternehmen heraus begangen wurde.

73 Hinzu kommt, dass es sich bei § 130 OWiG um einen eigenständigen Tatbestand handelt, der in der Praxis zur Anwendung kommt, wenn die originäre Bußgeldnorm nicht unmittelbar greift. Tritt eine Situation ein, in der einerseits ein Verstoß iSd Art. 83 Abs. 4–6 DS-GVO objektiv vorliegt, dieser jedoch nicht geahndet werden kann, beispielsweise, weil Vorschriften des nationalen Rechts – wie § 30 Abs. 1 OWiG – dies verhindern, kann § 130 OWiG zur Anwendung kommen. Die Notwendigkeit einer Aufsichtspflichtverletzung – zusätzlich zum objektiv vorliegenden Verstoß – kommt allerdings einem zusätzlichen Tatbestandsmerkmal gleich. Eine solch eingeschränkte Anwendbarkeit von DS-GVO-Normen stünde ebenfalls nicht im Einklang mit dem *effet-utile*-Grundsatz des Unionsrechts. Mit Blick auf den eingeschränkten Adressatenkreis des § 30 Abs. 1 OWiG wäre der Weg über § 130 OWiG allerdings nicht die Ausnahme, sondern bei größeren Unternehmen die Regel.

74 Die Aufsichtsbehörden des Bundes und der Länder gehen vor diesem Hintergrund zutreffend davon aus, dass **§§ 30 Abs. 1, 130 OWiG nicht anwendbar** sind, sondern vom Anwendungsvorrang des Unionsrechts überlagert werden.[40] Diese Rechtsfrage wird sich perspektivisch klären, schließlich hat das KG Berlin dem EuGH die Frage zur Vorabentscheidung vorgelegt, ob Art. 83 DS-GVO eine unmittelbare Verbandshaftung voraussetzt und eine Sanktionierung keiner Feststellung einer Anknüpfungstat einer natürlichen Person bedarf.[41] Die bisher vorliegende Rechtsprechung hilft nicht weiter, weil sich mit den beiden vorliegenden instanzgerichtlichen Entscheidungen des LG Bonn (keine Anwendung von § 30 Abs. 1 OWiG) und des LG Berlin (§ 30 OWiG ist anwendbar) eine Pattsituation ergeben hat.[42]

75 Bis zur Klärung der Rechtsfrage der Verbandshaftung durch den EuGH kann es sich für Behörden im Einzelfall empfehlen, höchst vorsorglich ergänzende Feststellungen zu § 30 Abs. 1 oder § 130 OWiG in streitige Bescheide aufzunehmen, soweit dies zweckmäßig und mit vertretbarem Aufwand möglich ist. Dies ermöglicht es den Gerichten, die Sanktionsnorm auszutauschen, sollten sie § 30 Abs. 1 OWiG für anwendbar halten. Gleichwohl werden solche Feststellungen für die Behörden nicht in allen Fällen mit vertretbarem Aufwand möglich sein.

---

[40] DSK, Entschließung vom 3.4.2019; Thiel, ZD-Interview mit Barbara Thiel und Tim Wybitul ZD 2020, 3.
[41] KG Berlin v. 6.12.2021 – 3 Ws 250/21, ZD 2022, 156 mAnm Petri. Das Verfahren ist anhängig beim EuGH unter Rs. C-807/21 – Deutsche Wohnen.
[42] LG Bonn v. 11.11.2020 – 29 OWi 1/20, BeckRS 2020, 35663 = ZD 2021, 154 mAnm v. d. Bussche; LG Berlin v. 18.2.2021 – (526 OWi LG) 212 Js-OWi 1/20 (1/20), BeckRS 2021, 2985 = ZD 2021, 270 mAnm v.d. Bussche.

G. Nebenfolgen

> Siehe hierzu auch: → § 29.

76

I. Einziehung von Gegenständen

Teilweise werden bei den Betroffenen oder bei Dritten Beweismittel sichergestellt, die für die Tatbegehung verwendet wurden. Dies können beispielsweise GPS-Tracker, SIM-Karten, Kameras und Speicherkarten sein. Seitens der Behörde besteht grundsätzlich ein Interesse daran, dass die Tat nicht erneut begangen werden kann. Die erneute Tatbegehung ist unwahrscheinlicher, wenn der bzw. dem Betroffenen die Tatmittel nicht zurückgegeben werden.

77

Die **Einziehung von Gegenständen** wäre Nebenfolge einer Ordnungswidrigkeit. Bei der Einziehung handelt es sich um den Eigentumsübergang einer Sache auf das Land (zB § 2 Nds. OWiGAG). Die Einziehung kann insbesondere angeordnet werden, wenn die Gefahr besteht, dass die Sache der Begehung von Handlungen dienen wird, die mit Strafe oder mit Geldbuße bedroht sind (§ 22 Abs. 2 Nr. 2 OWiG).

78

Voraussetzung für die Einziehung von Gegenständen ist allerdings eine spezielle Ermächtigung (§ 22 Abs. 1 OWiG). Diese Ermächtigung müsste sich im OWiG selbst bzw. im Spezialgesetz (zB DS-GVO, BDSG, NDSG) finden. Solch eine Ermächtigung hat der nationale Gesetzgeber nicht geschaffen, sodass die Einziehung im Rahmen des Bußgeldverfahrens nicht möglich ist.

79

Allerdings kann im Einzelfall die Sicherstellung und Einziehung nach dem **Recht der Gefahrenabwehr** des jeweiligen Landes möglich sein (zB § 26 NPOG). Hierüber hat die zuständige Ordnungsbehörde (zB die örtliche Kommune) zu entscheiden. Je nach Gegenstand kann eine spätere Herausgabe durch die Ordnungsbehörde an berechtigte Personen ausscheiden, insbesondere dann, wenn die Voraussetzungen der Sicherstellung nach Herausgabe erneut eintreten würden (zB § 28 Abs. 1 Nr. 4 NPOG). Die Ordnungsbehörde ist zudem zur Einziehung und Vernichtung berechtigt, wenn die Sicherstellungsgründe fortbestehen oder erneut entstehen würden (zB § 28 Abs. 4 NPOG).

80

II. Einziehung des Wertes von Taterträgen

Die Einziehung des Wertes von Taterträgen kann auf zwei verschiedenen Wegen erfolgen. Bei Festsetzung einer Geldbuße ist ein unmittelbar oder mittelbar durch den Verstoß erlangter finanzieller Vorteil nach Art. 83 Abs. 2 S. 2 lit. k DS-GVO bei der Festsetzung der Geldbuße zu berücksichtigen (→ Rn. 59 f.). Diese Abschöpfung des wirtschaftlichen Vorteils im Rahmen der Bußgeldzumessung[43] ist praktisch am relevantesten, auch wenn die Abschöpfung letztlich dem nationalen Gesetzgeber überlassen wurde.[44] Wird keine Geldbuße festgesetzt, ermöglicht § 29a OWiG, anders als bei Gegenständen, dass Geldbeträge bis zu der Höhe eingezogen werden können,[45] die dem Wert des durch die Tat Erlangten entspricht. Zweck der Norm ist die Schließung einer Lücke, um insbesondere bei Nichttätern aus der Tat erlangte Vorteile abschöpfen zu können.[46]

81

Die eigentliche **Einziehung des Wertes von Taterträgen** kann sich sowohl gegen den Täter selbst als auch gegen Dritte richten. Voraussetzung beim *Täter* ist, dass gegen ihn keine Geldbuße festgesetzt wurde. Bei *Dritten* kommen mehrere Fallgruppen in Betracht,

82

---

[43] Ehmann/Selmayr/Nemitz DS-GVO Art. 83 Rn. 15.
[44] Kühling/Buchner/Bergt DS-GVO Art. 83 Rn. 57.
[45] BeckOK DatenschutzR/Brodowski/Nowak BDSG § 41 Rn. 23; wohl ebenso: Kühling/Buchner/Bergt BDSG § 41 Rn. 20.
[46] KK-OWiG/Mitsch § 29a Rn. 4.

vor allem, dass der Dritte durch die mit Geldbuße bedrohte Handlung etwas erlangt und der Täter für den Dritten gehandelt hat oder dass das Erlangte unentgeltlich oder ohne rechtlichen Grund übertragen worden ist oder dass das Erlangte übertragen wurde und der Dritte hätte zumindest erkennen müssen, dass das Erlangte aus einer mit Geldbuße bedrohten Handlung herrührt.

83 Bei der **Berechnung des Wertes** sind auch Schätzungen möglich, wobei Aufwendungen des Täters bzw. der Dritten abzuziehen sind. Lediglich die unmittelbar der Tat und ihrer Vorbereitung zuzurechnenden Aufwendungen werden nicht in Abzug gebracht. Allerdings wird der Vorteil durch Ersatzansprüche Dritter gemindert,[47] was beispielsweise Schadenersatzansprüche aus Art. 82 DS-GVO sein können. Die bei der Einziehung in Anspruch genommenen Personen werden im Wesentlichen so gestellt, als wäre der Verstoß nicht eingetreten. Lediglich aus der Anwendung des Bruttoprinzips (kein Abzug von Aufwendungen) kann sich durch die Einziehung ein gewisses sanktionierendes Element ergeben.

84 Während die Geldbuße maximal 20.000.000 EUR bzw. 4 % des weltweiten vorangegangenen Jahresumsatzes betragen kann, ist die Einziehung des Wertes von Tatererträgen beträglich nicht begrenzt. In Extremfällen könnte auch beim eigentlichen Täter der Wert der Taterträge höher sein als der Bußgeldrahmen, wobei solche Konstellationen nur bei stark datengetriebenen Geschäftsmodellen und erheblichen Verstößen denkbar sein dürften. Die Behörde könnte sich dann zwischen der Festsetzung einer (niedrigeren) Geldbuße oder der Einziehung des (vollen) Taterträges ohne missbilligendes Element entscheiden müssen. In solchen Fällen wirkt zugunsten sehr großer Unternehmen, dass der nationale Gesetzgeber § 17 Abs. 4 OWiG von der Anwendbarkeit ausgenommen hat (§ 41 Abs. 1 BDSG), ohne dass es unionsrechtlich geboten war. Nach dieser Vorschrift soll eine Geldbuße den wirtschaftlichen Vorteil übersteigen, wozu das gesetzliche Höchstmaß überschritten werden darf, wenn das Höchstmaß für Abschöpfung und sanktionierendes Element zu niedrig ist. Warum der nationale Gesetzgeber ausgerechnet sehr große Unternehmen der Datenwirtschaft, noch dazu bei datenschutzrechtlichen Verstößen, privilegiert, bleibt unverständlich.

85 In der bisherigen **behördlichen Praxis** spielte die Einziehung des Wertes von Tatererträgen keine besondere Rolle. Die Verstöße sind in der Regel einer oder einem Verantwortlichen zuzurechnen. Die Abschöpfung über die Geldbußen ist im Regelfall auch ausreichend.

H. Vermögensarrest zur Sicherung der Geldbuße

86 In Bußgeldverfahren ist ein Vermögensarrest zur Sicherung der Geldbuße gegen eine juristische Person oder Personenvereinigung möglich (§ 30 Abs. 6 OWiG). Der Vermögensarrest kann angeordnet werden, um die Vollstreckung einer Geldbuße und die voraussichtlichen Kosten des Verfahrens zu sichern (§ 111e Abs. 2 StPO).

87 Die Anordnung eines Vermögensarrests liegt im pflichtgemäßen Ermessen. Die Anordnung erfolgt grundsätzlich durch das Gericht, kann jedoch bei Gefahr im Verzug auch durch die Verwaltungsbehörde und ihre Ermittlungspersonen erfolgen (§ 111j StPO). Hat nicht das Gericht den Arrest angeordnet, ist innerhalb einer Woche die gerichtliche Bestätigung der Anordnung zu beantragen.

88 Notwendig ist ein **besonderes Sicherungsbedürfnis**. Es bedürfte daher Anhaltspunkte, dass die Vollstreckung ohne den Arrest vereitelt oder wesentlich erschwert würde,[48] beispielsweise wenn die zu sichernde Geldforderung im Ausland zu vollstrecken wäre oder konkrete und nachvollziehbare Gründe dafür sprechen, dass das Vermögen ins Ausland

---

[47] Krenberger/Krumm OWiG § 29a Rn. 4.
[48] HK-GS/Hartmann StPO § 111e Rn. 7.

verschafft würde.[49] Für die Beantragung eines Arrests kann ergänzend sprechen, dass ein Rechtsmittel eingelegt wurde, das die Rechtskraft des Bußgeldbescheides hemmt und somit für die Betroffene bzw. den Betroffenen ein größeres Zeitfenster geschaffen wird, in dem die Vermögenswerte versteckt werden könnten.[50]

Ein Vermögensarrest weist zusätzlich praktische Schwierigkeiten auf. Es kann nur Vermögen arrestiert werden, das auch bekannt ist. Geschäftskonten eines Unternehmens sind häufig bekannt oder lassen sich recht leicht ermitteln, sodass etwaige **Bankguthaben gepfändet** werden können. Die Eigentumsverhältnisse bei beweglichen und unbeweglichen Vermögen sind hingegen aufwändiger zu ermitteln. Können sie ermittelt werden, ist die Pfändung beweglicher Sachen und die Eintragung einer Sicherungshypothek bei Grundstücken möglich (§ 111f StPO). Zum Vollzug eines angeordneten Vermögensarrests sind auch Durchsuchungen möglich (§ 111e Abs. 5 StPO). 89

In der bisherigen behördlichen Praxis spielt der Vermögensarrest zur Sicherung der Geldbuße keine bedeutende Rolle. Allerdings ist aufgrund der empfindlichen Geldbußen damit zu rechnen, dass Betroffene verstärkt versuchen werden, sich der späteren Vollstreckung einer Geldbuße zu entziehen. Der Vermögensarrest zur Sicherung der Geldbuße dürfte daher in Zukunft auch bei Bußgeldverfahren im Datenschutzrecht an Bedeutung gewinnen. 90

I. Verständigungen im Bußgeldverfahren

Die für das Strafverfahren vorgesehene Möglichkeit einer Verständigung der Beteiligten zum weiteren Fortgang oder zum Ergebnis des Verfahrens nach § 257c StPO ist über den Verweis in § 71 OWiG bzw. § 46 Abs. 1 OWiG auch im Bußgeldverfahren eröffnet. Während im gerichtlichen Bußgeldverfahren die Regelung des § 257c StPO direkte Anwendung erfährt, gilt für das behördliche Bußgeldverfahren (vor Abgabe an das zuständige Gericht über die Staatsanwaltschaft) eine analoge Anwendung dieser Vorschrift.[51] Der Gesetzgeber verzichtete bewusst auf eine ausdrückliche Regelung der Verständigung für das behördliche Bußgeldverfahren, da erstens kaum eine praktische Relevanz für eine Verständigung gesehen wurde (aufgrund der Annahme von in aller Regel einfachen, gleichgelagerten Massenverfahren im Bußgeldbereich) und zweitens, da bei den wenigen ausnahmsweise geeigneten Fällen durch die Generalverweisung in § 46 Abs. 1 OWiG eine sinnvolle Anwendung der Vorgaben der StPO bei hinreichender Flexibilität ohnehin möglich sei.[52] Die Verständigung im behördlichen Bußgeldverfahren wird also als grundsätzlich zulässig angesehen. Bei Verständigung im behördlichen Bußgeldverfahren sind daher die grundsätzlichen Vorgaben des § 257c StPO in sinnvoller Anwendung zu berücksichtigen. 91

Nicht jeder Fall im Bußgeldverfahren eignet sich für die Durchführung einer Verständigung. Für eine Verständigung ungeeignet sind zunächst solche Fälle, in welchen aufgrund ihrer Gleichförmigkeit im Vergleich mit anderen Fällen eine unterschiedliche Handhabung im Hinblick auf den Gleichbehandlungsgrundsatz ausgeschlossen ist. 92

In Betracht kommen für eine Verständigung folglich **nur besonders schwerwiegende Ordnungswidrigkeiten,** bei denen die weitere Sachverhaltsaufklärung sehr zeitintensiv und mit erheblichem Aufwand verbunden ist und/oder bei Vorliegen von umfangreichen Beweisanträgen des Betroffenen, bei denen aber gleichzeitig ein besonderes öffentliches Interesse an der Verfolgung der Tat besteht.[53] Dies kann insbesondere der Fall sein, wenn die Verfolgung der Ordnungswidrigkeit auf Grundlage von Europarecht erfolgt und somit 93

---

[49] OLG Köln v. 13.6.2019 – 2 Ws 244–245/19, BeckRS 2019, 24891.
[50] HK-GS/Hartmann StPO § 111e Rn. 5.
[51] Wieser, Praxis des Bußgeldverfahrens, 9. Aufl. 2021, S. 331.
[52] BT-Drs. 16/12310, 15 f.
[53] HK-OWiG/Gassner § 47 Rn. 24.

der Grundsatz der Effektivität zu beachten ist.⁵⁴ Die europarechtliche Pflicht zur Durchsetzung der DS-GVO auch durch die Verhängung von Bußgeldern bedeutet folglich, dass hier grundsätzlich für eine Verständigung geeignete Fälle vorliegen.

94 Vor Durchführung einer Verständigung sind weitere Voraussetzungen zu beachten: Eine Verständigung auf ein bestimmtes Ergebnis des Bußgeldverfahrens entbindet die Bußgeldbehörde nicht von der pflichtgemäßen Sachverhaltsermittlung und pflichtgemäßen rechtlichen Prüfung des Tatvorwurfs nach Aktenlage. Der Verständigung muss eine tatsächlich begangene bußgeldbewehrte Tat zugrunde liegen.

95 Der Betroffene ist immer an der Verständigung zu beteiligen. Vor Abgabe des Verfahrens an das zuständige Gericht ist daneben die Bußgeldbehörde Beteiligte am Verständigungsverfahren. Nach Abgabe ins gerichtliche Verfahren sind neben dem Betroffenen das zuständige Gericht sowie die Staatsanwaltschaft zu beteiligen, die Verwaltungsbehörde ist lediglich als Verfahrensbeteiligte zu hören.

96 Auch bei einer Verständigung hat die Bußgeldbehörde bzw. das Gericht darauf zu achten, dass die vorgeworfene Tat im Ergebnis mit einer (noch) angemessenen und abschreckenden Sanktion belegt wird. Im Datenschutzbereich folgt dies bereits aus den Vorgaben des Art. 83 Abs. 1 DS-GVO.

97 Eine Verständigung im Bußgeldverfahren darf nur bestimmte, begrenzte Inhalte haben und nicht einer detaillierten vertragsmäßigen Absprache gleichkommen. Im Hinblick auf § 257c StPO dürfen insbesondere **nur die Rechtsfolgen** Gegenstand der Verständigung sein, also speziell die Höhe der festzusetzenden Geldbuße. Dabei ist allerdings gemäß § 257c StPO **lediglich die Angabe einer Ober- und Untergrenze des Bußgeldes** zulässig.⁵⁵ Die Verständigung über eine genaue Höhe des Bußgeldes käme der unzulässigen Einigung über einen bestimmten Bußgeldbescheid gleich.⁵⁶ Eine Verständigung über den Tenor des Bußgeldbescheides ist unzulässig, ebenso wie die Verständigung über das Vorliegen einer ahndbaren Tat bei unklarer Sach- oder Rechtslage.⁵⁷

98 Gemäß § 257c Abs. 2 S. 2 StPO soll das Geständnis des Betroffenen Gegenstand der Verständigung sein. Dem folgend kann die Bußgeldbehörde eine mildernde Berücksichtigung des Geständnisses zusagen.⁵⁸ Das Geständnis muss allerdings substantiiert vorgetragen werden und entbindet die Bußgeldbehörde nicht von der Pflicht, dieses zumindest zu hinterfragen bzw. auf Plausibilität zu prüfen.⁵⁹ Weiter sollte das Geständnis nicht nur die Beschreibung der Tat selbst enthalten, sondern auch Angaben zu den weiteren Umständen, welche relevant sind für die Bußgeldzumessung.

99 Eine Verständigung darf **keinen Rechtsmittelverzicht des Betroffenen** beinhalten oder zur Geschäftsgrundlage haben.⁶⁰ Dagegen sind ein Verzicht des Betroffenen auf (weitere) Beweisanträge und/oder die Zusage einer Mitarbeit an der Sachverhaltsaufklärung zulässig als Gegenstände der Verständigung.

100 Bestimmte Vorgaben zum Verfahren einer Verständigung bestehen nicht. Gespräche zur Verständigung können im behördlichen Bußgeldverfahren jederzeit und von beiden Beteiligten begonnen werden (im gerichtlichen Verfahren gibt zunächst das Gericht einen denkbaren Inhalt der Verständigung bekannt, woraufhin die anderen Beteiligten Gelegenheit zur Stellungnahme erhalten und ggf. zustimmen, § 257c StPO). Erfolgt die Initiative zu einer konkreten Verständigung durch die Bußgeldbehörde, kann diese dem Betroffenen eine angemessene Frist setzen, innerhalb derer der Vorschlag angenommen werden sollte. Kommt die Verständigung zustande, sollte der Betroffene sinnvollerweise eine schriftliche Erklärung abgeben, in welcher das Geständnis enthalten ist und welche den in Aussicht

---

⁵⁴ HK-OWiG/Gassner § 47 Rn. 7.
⁵⁵ aA Krenberger/Krumm OWiG § 46 Rn. 119.
⁵⁶ HK-OWiG/Gassner § 47 Rn. 27; BeckOK OWiG/Hettenbach OWiG § 71 Rn. 59.
⁵⁷ HK-OWiG/Gassner § 47 Rn. 25.
⁵⁸ StRspr seit BGH v. 30.10.1951 – 1 StR 363/51, BGHSt 1, 387.
⁵⁹ HK-OWiG/Gassner § 47 Rn. 28.
⁶⁰ HK-OWiG/Gassner § 47 Rn. 26.

gestellten Bußgeldrahmen akzeptiert. Die Bußgeldbehörde beendet das Bußgeldverfahren dann mit einem verkürzten Bußgeldbescheid (mit den nach § 66 OWiG nötigen Angaben) gemäß der Verständigung. Die Verständigung wird in der Bußgeldakte dokumentiert.

Die Verständigung im Bußgeldverfahren ist kein öffentlich-rechtlicher Vertrag nach § 54 VwVfG.[61] Es entsteht für den Betroffenen **keinerlei Verpflichtung aus den Zusagen** in der Verständigung.[62] Die Bußgeldbehörde ist an die Verständigung allerdings dann gebunden, wenn ein Abweichen gegen den Grundsatz des fairen Verfahrens verstieße.[63] Für die Bußgeldbehörde besteht indes keine Bindung, wenn sich nach der Verständigung herausstellt, dass tatsächlich oder rechtlich bedeutsame Umstände übersehen worden sind oder sich neu ergeben haben und der in Aussicht gestellte Bußgeldrahmen dadurch nicht mehr tat- oder schuldangemessen erscheint (vgl. § 257c Abs. 4 S. 1 StPO). 101

J. Vollstreckung von Bußgeldbescheiden

Die Vollstreckung von Bußgeldern ist in der DS-GVO nicht geregelt, sondern den Mitgliedstaaten überlassen. § 41 BDSG verweist auch für die Vollstreckung auf das allgemeine Ordnungswidrigkeitenrecht (§§ 89 ff. OWiG). Bußgeldbescheide des BfDI werden nach den Vorschriften des VwVG vollstreckt, Bußgeldbescheide der Aufsichtsbehörden der Länder auf der Grundlage entsprechender landesrechtlicher Vorschriften (§ 90 Abs. 1 OWiG). Für den Ablauf des Vollstreckungsverfahrens gelten nur wenige Besonderheiten. 102

Zuständige Vollstreckungsbehörde ist nach § 92 OWiG regelmäßig die Behörde, die den Bußgeldbescheid erlassen hat, also regelmäßig die jeweils zuständige Landesdatenschutzbehörde. Zu beachten ist bei der Vollstreckung, dass § 41 BDSG die Anwendbarkeit einiger Normen des OWiG explizit ausschließt. So sind §§ 99, 100 OWiG nicht anzuwenden. Hintergrund dieser Ausschlüsse ist, dass die DS-GVO zum einen eine Geldbuße als Nebenfolge nicht kennt[64] und zum anderen nach § 22 OWiG die Einziehung von Gegenständen, anders als die Einziehung des Wertes von Taterträgen, einer zusätzlichen gesetzlichen Grundlage bedarf, die ebenfalls nicht in der DS-GVO zu finden ist.[65] 103

K. Verjährung von Datenschutzverstößen

Die DS-GVO enthält selbst keine Regelungen zur Verjährung. Es kommt daher auf die jeweiligen Verjährungsregime in den einzelnen Mitgliedstaaten an. In Deutschland richtet sich dies gem. § 41 BDSG nach dem Gesetz über Ordnungswidrigkeiten (OWiG). 104

Es ist zu unterscheiden zwischen der Verjährung der Verfolgung des Verstoßes und der Verjährung der Vollstreckung. Die Verjährung der Verfolgung von Verstößen ist in § 31 OWiG geregelt. Dieser macht die Dauer der Verjährung von dem Höchstmaß der angedrohten Geldbuße abhängig. Die Höhe der Geldbuße bei Datenschutzverstößen ergibt sich aus Art. 83 Abs. 4–6 DS-GVO und kann je nach Verstoß bis zu 10.000.000 EUR bzw. 20.000.000 EUR oder 2% bzw. 4% des Jahresumsatzes betragen. 105

Aufgrund der Höhe der angedrohten Bußgelder ist auf Datenschutzverstöße stets § 31 Abs. 2 Nr. 1 OWiG anzuwenden, mit der Folge, dass die Verfolgung von Verstößen nach 3 Jahren verjährt. Zum Teil wird die Länge der Verjährungsfrist mit Verweis auf die sonstigen Ähnlichkeiten mit dem Kartellrecht, für das eine 5-Jahres-Frist gilt, und den bezweckten abschreckenden Charakter der Bußgelder als zu kurz und damit unionsrechtswidrig 106

---

[61] HK-OWiG/Gassner § 47 Rn. 22.
[62] HK-OWiG/Gassner § 47 Rn. 22.
[63] HK-OWiG/Gassner § 47 Rn. 22.
[64] Gola/Heckmann DS-GVO/BDSG/Ehmann BDSG § 41 Rn. 13; kritisch zu diesem Ausschluss Kühling/Buchner/Bergt BDSG § 41 Rn. 21.
[65] Kühling/Buchner/Bergt BDSG § 41 Rn. 20; Taeger/Gabel/Wybitul/Zhou BDSG § 41 Rn. 21.

bezeichnet,⁶⁶ auch wenn den nationalen Gesetzgebern diesbezüglich ein weitgehender Spielraum eingeräumt worden ist. Aus aufsichtsbehördlicher Sicht wäre nicht zuletzt vor dem Hintergrund der hohen möglichen Bußgelder in Einzelfällen eine längere Verjährungsfrist begrüßenswert. Ebenso wäre ein Gleichlauf mit strafrechtlichen Verjährungsfristen sinnvoll, damit im Falle einer Abgabe nach § 43 OWiG einer (strafrechtlich unverjährten) Sache durch die Staatsanwaltschaft an die Aufsichtsbehörde sichergestellt ist, dass durch Letztere noch eine Verfolgung als Ordnungswidrigkeit möglich ist.⁶⁷

107 Die Frist beginnt nach § 31 Abs. 3 S. 1 OWiG an dem Tag, an dem die Ausführung der Tathandlung beendet ist. Wird also ein Datenschutzverstoß durch eine einzelne Handlung begangen, bspw. das Versenden einer E-Mail an einen falschen Empfänger, so beginnt die Verjährungsfrist am Tag des Abschlusses der Handlung. Handelt es sich hingegen, wie oftmals in der Praxis der Fall, um einen dauerhaften, anhaltenden Verstoß, so ist der Zeitpunkt maßgeblich, zu dem die rechtswidrige Handlung abgestellt wird.⁶⁸ Dies kann zB der Zeitpunkt der Löschung der datenschutzwidrig gespeicherten Daten oder das Entfernen der unzulässigen Videokamera sein. Die Frist läuft nach 3 Jahren mit Ende des Tages ab, der im Kalender dem Anfangstag vorangeht.⁶⁹ Unerheblich ist, ob das Fristende auf einen Sonntag, einen gesetzlichen Feiertag oder einen Sonnabend fällt.⁷⁰ Damit endet bspw. eine Frist, die am 4.10.2022 zu laufen beginnt, mit Ablauf des 3.10.2025.

108 Für die Vollstreckungsverjährung ergeben sich keine Besonderheiten. Sie richtet sich nach § 34 OWiG und beginnt mit formeller Rechtskraft der das Bußgeld festsetzenden Entscheidung. Rechtskraft tritt mit Ablauf der Rechtsmittelfrist gegen den Bußgeldbescheid oder, soweit zulässig, gegen ein Urteil ein. Nach § 34 Abs. 2 OWiG beträgt die Vollstreckungsfrist fünf Jahre bei einer Geldbuße von mehr als 1.000 EUR und drei Jahre bei einer Geldbuße von bis zu eintausend Euro.

---

⁶⁶ Bergt DuD 2017, 555 (560); Kühling/Buchner/Bergt BDSG § 41 Rn. 8.
⁶⁷ Beispielsweise verjähren Delikte nach § 201a Abs. 1 StGB oder § 202a StGB gemäß § 78 Abs. 3 Nr. 4 StGB in fünf Jahren.
⁶⁸ Taeger/Gabel/Wybitul/Zhou BDSG § 41 Rn. 10.
⁶⁹ OLG Karlsruhe v. 28.6.2019 – 2 Rb 8 Ss 486/19, BeckRS 2019, 28218.
⁷⁰ BeckOK OWiG/Gertler OWiG § 31 Rn. 51.

§ 5 Anwaltliche Begleitung eines datenschutzrechtlichen Bußgeldverfahrens

Übersicht

	Rn.
A. Einleitende Gedanken	1
B. Anzeichen für und Auslöser eines Bußgeldverfahrens	3
I. Öffentliche Berichte	4
II. Kontakt zur Datenschutzbehörde	6
III. Hinweise durch Betroffene	14
IV. Strafrechtliche Ermittlungsverfahren	18
V. Meldepflichten	22
C. Das (vorgelagerte) verwaltungsrechtliche Aufsichtsverfahren	25
I. Befugnisse der Datenschutzbehörden im Aufsichtsverfahren	25
II. Umgang mit Mitwirkungspflichten insbesondere im Auskunftsverfahren	30
1. Vorbereitung auf Maßnahmen der Datenschutzaufsicht	30
2. Rechte und Verhalten	31
a) Prüfung der Zuständigkeit der Behörde	31
b) Akteneinsicht	33
c) Geltendmachung eines Auskunftsverweigerungsrechts?	35
(a) Bestehen eines Auskunftsverweigerungsrechts	35
(b) Die Regelung in der DS-GVO	39
(c) Die Regelung im BDSG	43
(d) Rechtsprechung	47
(e) Fehlende Belehrung	48
(f) Taktische Erwägungen	50
III. Rechtsschutzmöglichkeiten über den Verwaltungsrechtsweg	55
1. Klagen gegen Anordnungen der Aufsicht	56
2. Vorbeugender Schutz gegen ein Bußgeld?	63
3. Taktische Erwägungen	68
D. Verteidigung im Bußgeldverfahren („Ermittlungsverfahren")	71
I. Normenprogramm im Bußgeldverfahren	71
II. Rechte im Bußgeldverfahren	72
III. Rechtsschutz gegen die Einleitung des Bußgeldverfahrens	73
IV. Verteidigungsmöglichkeiten im Bußgeldverfahren vor der Behörde	77
V. Erlass des Bußgeldbescheids	92
1. Voraussetzungen für den Erlass	92
2. Bemessung des Bußgelds	102
E. Zwischenverfahren: Einspruch gegen den Bußgeldbescheid gem. § 67 Abs. 1 S. 1 OWiG	114
F. Verteidigung im Hauptverfahren	136
I. Prüfungsmaßstab	138
II. Möglichkeit der Einstellung	139
III. Ablauf der Hauptverhandlung	143
IV. Weitere Hinweise für die Praxis	154
G. Rechtsmittel: Beschwerde nach § 79 OWiG	156
H. Exkurs: Abwenden bzw. Einschränken öffentlichkeitwirksamer Pressemitteilungen durch Datenschutzbehörden	164

Literatur:

Adelberg/Spittka/Zapf, Verteidigung gegen DSGVO-Geldbußen in der Praxis, CB 2021, 96 (Teil 1) und 149 (Teil 2); *Barthe/Gericke*, Voraussetzungen für den Erlass von Bußgeldern nach der DSGVO (LG Berlin v. 18.2.2021 – (526 Owi LG) 212 Js-OWi 1/20 (1/20)), jurisPR-StrafR 5/2021 Anm. 1; *Bülte*, Das Datenschutzbußgeldrecht als originäres Strafrecht der Europäischen Union?, StV 2017, 460; *Burhoff*, Handbuch für die strafrechtliche Hauptverhandlung, 10. Aufl. 2022; *ders./Kotz*, Handbuch für die strafrechtlichen Rechtsmittel und Rechtsbehelfe, 2. Aufl. 2016; *David/Dinter*, Praxis des Bußgeldverfahrens im Kapitalmarktrecht, 2021; *Faust/Spittka/Wybitul*, Milliardenbußgelder nach der DS-GVO? – Ein Überblick über die neuen Sanktionen bei Verstößen gegen den Datenschutz, ZD 2016, 120; *Fromm*, Deals im Straßenverkehrs-Ordnungswidrigkeitenverfahren, NZV 2010, 550; *Gassner/Seith*, Nomos Kommentar Ordnungswidrigkeitengesetz, 2. Aufl. 2020; *Golla*, Das Opportunitätsprinzip für die Verhängung von Bußgeldern nach der DSGVO, CR 2018, 353; *Hoeren*, Staatliche Whistleblower? Missstände in der Pressearbeit deutscher Datenschutzaufsichtsbehörden, ZD 2021, 497; *Ihwas*, Datenschutzstrafrecht: Eine Übersicht ergangener Bußgelder und gerichtlicher Entscheidungen (2021–2022), CCZ 2023, 23; *Jötten*, Referendarexamensklausur – Öffentliches Recht: Die Gefährderansprache, JuS 2008, 436; *Lachenmann/Leibold*, Prüfkataloge der Aufsichtsbehörden zur Umsetzung der DS-GVO-Vorgaben, ZD-Aktuell 2019, 06419; *Lachenmann/Stürzl*, Einspruch gegen Bußgeldbescheid wegen Datenschutzverstoß – Formularmuster zum Vorgehen gegen einen Bußgeldbescheid ZD 2021, 463; *Lamsfuß*, Wer ist denn hier der gesetzliche Richter? Zur Besetzung des Spruchkörpers am Landgericht bei der Sonderzuständigkeit für Verstöße gegen die DSGVO nach § 41 Abs. 1 S. 3 BDSG, NZWiSt 2021, 98; *Lässig*, Zulässigkeit der vorbeugenden Feststellungsklage bei drohendem Bußgeldbescheid, NVwZ 1988, 410; *Leipold*, DS-GVO-Vorlagefragen an den EuGH – Übersicht, ZD Aktuell 2021, 05544; *Meyer*, Unternehmenssanktionsverfahren und nemo tenetur-Schutz nach der EU-Grundrechtecharta, NZWiSt 2022, 99; *Nolde*, Sanktionen nach DSGVO und BDSG-neu: Wem droht was warum?, PinG 2017, 114; *Nötzel/Klauck*, Die Absprache im Ermittlungsverfahren: Ein „kleiner Deal"?, NStZ 2021, 577; *Paal*, Bußgeldmessung im Datenschutzrecht – Aktuelle Fragestellungen und Problemkreise (zugleich Besprechung von LG Bonn, Urteil vom 11.11.2020 – 29 OWi 1/20), RDV 2021, 71 ff.; *Piltz*, Rechtsschutz gegen behördliche Fragebögen und Co – Wie verbindlich ist das Handeln der Datenschutzbehörden?, K&R-Beil. Heft 6/2021, 43; *Popp*, Strafjustiz und (neue) Medien Datenschutzrechtliche Defizite digitaler Justiz-PR, ZD 2021, 501; *Sadler/Tillmanns*, Heidelberger Kommentar VwVG/VwZG, 10. Aufl. 2020; *Schnabel*, Anmerkung zu OVG NRW v. 17.5.2021 – 13 B 331/21, ZD 2021, 535; *Schneider*, Überblick über die höchstrichterliche Rechtsprechung zur Verfahrensverständigung im Anschluss an das Urteil des BVerfG vom 19.3.2013 – Teil 1, NStZ 2014, 192; *Schürmann/Basar*, Mehr Einflussmöglichkeiten für die Verteidigung in Kartellbußgeldverfahren – eine Anmerkung zum "Flüssiggas II"-Beschluss des BGH, WuW 2020, 126; *Schwartmann/Jaspers/Thüsing/Kugelmann*, Heidelberger Kommentar DS-GVO/BDSG, 2. Aufl. 2020; *Sommer*, … was von der Freiheit im Strafprozess übrig blieb, StraFo 2022, 262; *Spittka*, Si tacuisses… – Nemo tenetur und die DSGVO, DSRITB 2019, 141 ff.; *Stulz-Herrnstadt/Jeschke*, Grenzen der behördlichen Öffentlichkeitsarbeit bei Unternehmensbußgeldern, GRUR-Prax 2021, 499; *Stürzl*, DSGVO-Bußgeld i.H.v. 900.000 Euro wegen eines Verstoßes gegen die Verpflichtung, durch geeignete technische und organisatorische Maßnahmen ein angemessenes Schutzniveau für personenbezogene Daten zu gewährleisten, juris-PR-StrafR 1/2021 Anm. 1; *Weichert*, Verfassungswidrige Beschränkung der Datenschutzkontrolle bei Berufsgeheimnissen, DANA 2017, 76; *Wenzel/Wybitul*, Vermeidung hoher DS-GVO-Bußgelder und Kooperation mit Datenschutzbehörden – Strategische Möglichkeiten zur Vermeidung von Sanktionen, ZD 2019, 290; *Wybitul/Klaas*, Erfahrungsbericht: Verteidigung gegen DSGVO-Bußgelder, BB 2022, 2883; *Wybitul/König*, EDSA-Leitlinien zur Berechnung von DS-GVO-Geldbußen – Große Risiken für Unternehmen mit hohen Umsätzen, ZD 2022, 422; *Wybitul/Venn*, Verteidigung von Unternehmen gegen Geldbußen nach Art. 83 DS-GVO – Streit um rechtliche Voraussetzungen für Unternehmenssanktionen, ZD 2021, 343.

A. Einleitende Gedanken

1   Schon kurz nach Inkrafttreten der DS-GVO im Jahre 2016 richtete sich der Blick vor allem auf die Verschärfung des materiellen Bußgeldrechts. Das lag angesichts der Aufwertung des Datenschutzrecht von einem „zahnlosen Tiger" zu einem dem Kartellrecht angenäherten Regelungsregime nahe. Die hohen Bußgelder im Kartellrecht hatten mitunter dazu geführt, dass die Unternehmen die Verhinderung solcher Verstöße ins Zentrum ihre Compliance-Bemühungen gestellt hatten. Der europäische Gesetzgeber hatte offenbar diesen Effekt vor Augen.[1] In der datenschutzrechtlichen Literatur der ersten Stunde standen vor allem die Probleme der Eingliederung der Art. 83 ff. DS-GVO in das deutsche Sanktionenrecht im Vordergrund.[2] Das das materielle Recht „verwirklichende" Verfahrensrecht[3] stand dagegen nicht im Fokus der ersten Darstellung und Analysen. Dies erstaunt, weil die Befassung mit dem für die Verhängung von Bußgeldern einschlägigen Verfahrensvorschriften schnell offenbart hätte, dass das Datenschutzrecht Teil eines überwiegend schon vorhandenen Sanktionen-Verfahrensrechts werden würde, in dem auf die Grundlagen anderer Rechtsgebiete für die Begleitung von Bußgeldverfahren zurückgegriffen werden kann.

---

[1] Faust/Spittka/Wybitul ZD 2016, 120 (120).
[2] Nolde PinG 2017, 114.
[3] So wird die Funktion der (formellen) Strafprozessordnung für das (materielle) Strafgesetzbuch beschrieben vgl. MüKoStPO/Kudlich StPO-Einleitung Rn. 5.

Weite Teile dessen, was heute gemeinhin als „Unternehmensstrafrecht" bezeichnet wird, hat sich aus einer Verflechtung verschiedener ineinander übergreifender Rechtsgebiete entwickelt. Oft ist es so, dass Strafverfahren gegen Unternehmer und Unternehmen aus den jeweiligen Fachdisziplinen und den dort vorhandenen Verfahrensvorschriften aus dem Aufsichtsverfahren entstehen.[4] Die Vorschriften zur Regulierung in diesen Gebieten sehen ebenfalls (wachsende) Ordnungswidrigkeiten und Straftatbestände vor. Insofern stellt sich das Datenschutzrecht als weiterer Baustein eines weitpflichtigen Haftungsregimes im Bußgeld- und Strafrecht dar, das im jeweiligen fachspezifischen Verfahrensrecht eine stärker werdende Parallelisierung erfährt. Rechtlich wird dies durch die verklammernde Wirkung der Strafprozessordnung befördert, die nach § 46 Abs. 1 OWiG bei der Verteidigung von Bußgeldern eine entsprechende Anwendung erfährt.

Insofern lohnt es sich für den **Datenschutzverteidiger** auf die (taktischen und (!) psychologischen) Erfahrungen der Verteidigung von bußgeldrechtlichen Ermittlungsverfahren zurückzugreifen. Vor allen anderen Erwägungen muss sich der Datenschutzverteidiger unbedingt vor Augen halten, dass die Verteidigung in Bußgeld- und Strafverfahren sich in allen Fachgebieten im Schwerpunkt in das Ermittlungsverfahren verlagert hat. Während früher Strafverteidiger gerne die Formel bemühten, dass man das Ermittlungsverfahren abwarte, weil man der Staatsanwaltschaft (Verwaltungsbehörde) die Arbeit nicht erleichtern wolle, wird die Passivität im Ermittlungsverfahren mittlerweile als Kunstfehler betrachtet. Im Gegenteil plädieren viele Strafrechtler mittlerweile sogar für eine Reform des Ermittlungsverfahrens in der StPO, um die Teilhaberechte schon hier zu verbessern. Bis auf ein paar punktuelle Verbesserungen sind Forderungen dieser Art bisher beim Gesetzgeber ungehört geblieben. Gleichwohl hat der Verteidiger viele Möglichkeiten auf den Verfahrensablauf einzuwirken. Der Datenschutzverteidiger muss diese kennen, damit er die Verteidigung schon im Ermittlungsverfahren beginnen kann.

B. Anzeichen für und Auslöser eines Bußgeldverfahrens

Einer der wichtigsten Momente bei der Begleitung des datenschutzrechtlichen Mandats ist die Antizipation eines (in diesem Moment vielleicht nur möglich erscheinenden) bevorstehenden Ermittlungsverfahrens. Tatsächlich werden Anzeichen hierfür in der Praxis meist übersehen, obwohl sie für Verteidiger deutlich sichtbar sind.[5] Datenschutzverteidiger haben hier einen deutlichen Vorteil, weil – anders als im Strafrecht – verdeckte Ermittlungen kaum denkbar sind. Umso wichtiger ist es, bestimmte Anzeichen als „yellow" oder „red" Flag zu erkennen.

I. Öffentliche Berichte

Zu denken ist etwa an entsprechende Medienberichte über behauptete Datenschutzverstöße, die Ankündigung einer Beschwerde durch eine NGO oder sichtbar unzufriedene Mitarbeiter, deren Verbleib im Unternehmen offen ist, können durch eine (anonyme) Anzeige Auslöser eines Bußgeldverfahrens sein. Spätestens bei der (formellen) Ankündigung einer Prüfung durch die Datenschutzbehörde sollte man sich mit der Potentialität eines Bußgeldverfahrens beschäftigen. Unterschätzt wird von Verantwortlichen, dass die Einleitung eines Bußgeldverfahrens schnell im Raum stehen kann. Dies liegt zum einen an den vielfältigen Pflichten der DS-GVO, die nahezu alle bußgeldbewehrt sind. Ein weiterer Faktor ist die faktische Verschleifung der Vorschriften zur Aufsicht und dem Bußgeldrecht.

---

[4] So zB im Arbeitsschutzrecht, Insolvenzrecht, Steuerrecht, Außenwirtschaftsrecht, Medizinrecht, Bank- und Kapitalmarktrecht, Geldwäscherecht, Glücksspielrecht und Wettbewerbsrecht.
[5] Für den Datenschutzverteidiger lohnt es sich hierzu zudem ein Blick in die jährlichen Tätigkeitsberichte der Datenschutzbehörden. Hier ist regelmäßig auch ein Abschnitt zur Anzahl und zum Thema etwaiger Bußgelder enthalten. Eine aktuelle Zusammenfassung findet sich bei Ihwas CCZ 2023, 23.

Während für die Einleitung eines Bußgeldverfahrens ein Anfangsverdacht vorausgesetzt wird, können die Untersuchungsbefugnisse der Datenschutzaufsicht aus Art. 58 Abs. 1 DS-GVO (→ Rn. 25) sowohl mit als auch ohne Anlass eingesetzt werden.[6] Stellt die Aufsichtsbehörde im Rahmen der Ausübung ihrer verwaltungsrechtlichen Befugnisse einen Verstoß fest, kann sie ein Bußgeldverfahren einleiten. Im Rahmen des Art. 58 Abs. 2 DS-GVO verfügt die Aufsichtsbehörde über ein weites Arsenal an Befugnissen unterschiedlicher Eingriffsintensität, aus dem die sie die jeweils dem Verstoß angemessene Maßnahme wählen kann.[7]

5 **Praxistipp:**
Anfragen von Aufsichtsbehörden sollten regelmäßig durch den Datenschutzverteidiger begleitet werden, da diese in der Lage sind zu erkennen, wann eine Einleitung eines Bußgeldverfahrens angestrebt oder unvermeidlich ist. Im ersten Schritt kann dies auch intern erfolgen, ohne dass der Datenschutzverteidiger sich für das Unternehmen nach außen anzeigen muss.

II. Kontakt zur Datenschutzbehörde

6 Ersuchen von Aufsichtsbehörden sprechen für sich genommen (noch) nicht dafür, dass die Behörde Verstöße durch das Unternehmen vermutet. Denn sowohl
- sog. informelle Informationsanfragen als auch
- formelle Auskunftsersuchen nach Art. 58 Abs. 1 lit. a DS-GVO bzw. § 40 Abs. 4 S. 1 BDSG

können **anlasslos,** also ohne Anhaltspunkte für Datenschutzverstöße, erfolgen.[8]

7 Von dieser Möglichkeit machen Datenschutzbehörden rege Gebrauch und versenden mitunter hundert- oder sogar tausendfach Fragebögen an zufällig ausgewählte Unternehmen, um den aktuellen datenschutzrechtlichen Zustand in Unternehmen zu prüfen.[9] Doch je nachdem, ob und wie die Anfragen beantwortet werden, können die Antworten sodann Anlass bieten, weitere Nachfragen zu stellen.

8 **Praxistipp:**
Die meisten dieser Fragebögen haben nicht originär das Ziel Bußgeldverfahren einzuleiten. Allerdings sind diese oftmals mit einem hohen Detailgrad ausgestattet, sodass nicht alle Unternehmen alle Fragen zur Zufriedenheit der Aufsicht beantworten können. Im Prinzip muss bei der Beantwortung der Fragen schon die Verteidigung „mitgedacht" werden. Fragen mit einem „schlechten Bauchgefühl" zu beantworten kann jedenfalls nicht empfohlen werden.

9 Problematisch ist, dass Unternehmen häufig – und dies gilt für alle Bereiche der Regulierung – durchaus ein Interesse haben, ein kommunikativ offenes Verhältnis zu „ihrer"

---

[6] Ehmann/Selmayr/Selmayr DS-GVO Art. 58 Rn. 11; BeckOK DatenschutzR/Eichler DS-GVO Art. 58 Rn. 2.
[7] Ehmann/Selmayr/Selmayr DS-GVO Art. 58 Rn. 18 mwN; Gola/Heckmann DS-GVO/BDSG/Nguyen, DS-GVO Art. 58 Rn. 17; HK-DS-GVO/BDSG/Ziebarth DS-GVO Art. 58 Rn. 9; Kühling/Buchner/Boehm DS-GVO Art. 58 Rn. 20; Paal/Pauly/Körffer DS-GVO Art. 58 Rn. 23; Taeger/Gabel/Grittmann DS-GVO Art. 58 Rn. 22 mwN.
[8] Zu informellen Anfragen so Paal/Pauly/Martini DS-GVO Art. 31 Rn. 30b mwN; einhellige Meinung zu formellem Auskunftsersuchen laut Einschätzung BeckOK DatenschutzR/Spoerr DS-GVO Art. 31 Rn. 12 mwN; allg. zu Kontrollbefugnissen nach Art. 58 DS-GVO Adelberg/Spittka/Zapf CB 2021, 96 (97); BeckOK DatenschutzR/Eichler DS-GVO Art. 58 Rn. 2.
[9] Lachenmann/Leibold ZD-Aktuell 2019, 06419; Piltz K&R-Beil. Heft 6/2021, 43 (44); Muster solcher Fragebögen finden sich unter https://www.lda.bayern.de/media/pruefungen/201811_kmu_fragebogen.pdf, abgerufen am 7.3.2023 sowie https://www.lda.bayern.de/media/pruefungen/201810_rechenschaftspflicht_fragebogen.pdf, abgerufen am 7.3.2023.

Aufsichtsbehörde zu unterhalten. Aus Sicht der Datenschutz-Compliance kann dies befürworten werden. In der Praxis führt dies nicht selten dazu, dass das jenseits der rechtlichen Verpflichtung bestehende Entgegenkommen auch in Hinblick auf mögliche Bußgeldverfahren vorgenommen wird. Hier muss allerdings scharf getrennt werden. Eine offene und transparente Kommunikation *kann* Teil einer Verteidigungsstrategie sein; allerdings ist dies nur **ein** möglicher Ansatz. Das Unternehmen sollte sich vor einem Austausch von Informationen hierüber Gedanken machen. In der Wirklichkeit der derzeit bestehenden Aufsichtsverfahren wird dieser Punkt häufig übergangen, mit der Folge, dass häufig der richtige Zeitpunkt verpasst wird, mit der Verteidigung zu beginnen.

> **Praxistipp:** 10
> Diese Problematik betrifft alle Unternehmen, die in regulierten Bereichen tätig sind. In der Praxis der Unternehmensverteidigung sind Mandanten häufig sehr überrascht, wenn sie im Rahmen der verwaltungsrechtlichen oder strafprozessualen Akteneinsicht die Vermerke von den Besichtigungen erhalten und dann zum ersten Mal mit der unverstellten Ansicht der Aufsicht konfrontiert werden. Häufig ist es so, dass die Wahrnehmung zwischen Unternehmen und der Aufsicht völlig auseinandergehen.

Zentral ist dieser Gedanke vor allem, wenn im Rahmen der Auskunft Fragen beantwortet werden, die auf einen oder mehrere Datenschutzverstöße hindeuten können. Aber auch vermeintlich harmlos wirkende „Plaudereien" bei Vor-Ort-Kontrollen nach Art. 58 Abs. 1 lit. f DS-GVO können die Aufsicht dazu veranlassen, weitere Fragen mit Blick auf ein potenzielles Bußgeld zu stellen. Für Datenschützer mag es widersprüchlich erscheinen, aber auch aus der Nichtbeantwortung oder der zu späten oder unvollständigen Beantwortung einer Anfrage kann faktisch ein Verdachtsmoment entstehen. 11

Jedenfalls bei **formellen** Auskunftsanfragen nach Art. 58 Abs. 1 lit. a DS-GVO besteht eine Auskunftspflicht des Verantwortlichen gem. § 40 Abs. 4 S. 1 BDSG.[10] Die Auskunftspflicht umfasst, dass das Auskunftsverlangen vollständig, richtig und aktuell zu beantworten und nachvollziehbar darzustellen ist.[11] 12

Obwohl das Bestehen einer Rechtspflicht zur Auskunft bei **informellen** Anfragen nicht abschließend geklärt ist,[12] wird man diese in der Rechtswirklichkeit ebenfalls so zu behandeln haben wie formelle Auskunftsersuchen. Das liegt mitunter daran, dass die allgemeine Kooperationspflicht aus Art. 31 DS-GVO[13] in Art. 83 Abs. 4 lit. a DS-GVO bußgeldbewehrt sind. Die deutschen Datenschutzbehörden gehen davon aus, dass eine Pflicht zur Auskunft besteht, wenngleich dagegen gewichtige Gründe eingewandt werden.[14] Für den Datenschutzverteidiger spielt diese Diskussion vor allem eine Rolle hinsichtlich der möglichen Ausübung eines Auskunftsverweigerungsrechts (→ Rn. 35 ff.). 13

---

[10] Die Auskunftspflicht bestünde jedoch auch ohne § 40 Abs. 4 S. 1 BDSG, der insoweit lediglich unionsrechtliche Vorgaben wiederholt, Gola/Heckmann DS-GVO/BDSG/Heckmann/Gola BDSG § 40 Rn. 24; Taeger/Gabel/Thiel BDSG § 40 Rn. 26; kritisch im Hinblick auf das Wiederholungsverbot Kühling/Buchner/Dix BDSG § 40 Rn. 12; BeckOK DatenschutzR/Eichler DS-GVO Art. 58 Rn. 5.1.
[11] OVG Weimar BeckRS 2021, 32274 Rn. 37 mwN.
[12] Wenzel/Wybitul ZD 2019, 290 (291) mwN.
[13] Diese Lesart werfen Wenzel/Wybitul ZD 2019, 290 (291) auf; sie wird jedenfalls nur von einigen Autoren ausdrücklich ausgeschlossen, darunter Kühling/Buchner/Hartung DS-GVO Art. 31 Rn. 8; Adelberg/Spittka/Zapf CB 2021, 96 (99); ausdrücklich für die Auskunftspflicht etwa BeckOK DatenschutzR/Spoerr DS-GVO Art. 31 Rn. 14.
[14] Dagegen wenden Wenzel/Wybitul ZD 2019, 290, 293, ein, dass Art. 83 Abs. 2 lit. f DS-GVO weitgehend leerliefe, wenn das Unternehmen ohnehin bereits nach Art. 31 DS-GVO zur Kooperation im Bußgeldverfahren verpflichtet wäre.

III. Hinweise durch Betroffene

14 Einer der häufigsten Anlässe für ein Bußgeldverfahren in der Praxis sind Beschwerden Betroffener.[15] Betroffene Personen können Kunden oder Lieferanten sein, die der Auffassung sind, das Unternehmen verarbeite ihre Daten nicht datenschutzkonform. Das kann etwa der Fall sein,
- wenn Kontaktdaten für Werbung verwendet werden und Kunden hierfür keine Einwilligung erteilt hatten,
- wenn Werbemails mit offenem Verteiler verschickt werden oder
- Löschanfragen nicht nachgekommen wird.

15 Eine Beschwerde kann jedoch auch von Beschäftigten des Unternehmens selbst kommen. Hier sind alle Anlässe denkbar. Eine Beschwerde aus dem Innenbereich des Verantwortlichen kann durchaus sehr gefährlich werden, weil der Mitarbeiter die Prozesse des Unternehmens und damit auch die Datenverarbeitungsprozesse gut kennen wird. Auf der anderen Seite besteht hier die Möglichkeit (noch) Abhilfe zu schaffen, noch bevor Behörden involviert sind.

16 Als besonders konfliktbehaftet gilt aber die Verarbeitung personenbezogener Daten im Zusammenhang mit internen Untersuchungen gegen Beschäftigte oder Organe eines Unternehmens sowie die daran anschließenden arbeits- bzw. gesellschaftsrechtlichen Maßnahmen gegen die betroffene Person. Eine Beschwerde wegen etwaiger Verstöße ist in solchen Fällen auch ein gängiges Mittel, um von den Vorwürfen gegen die betroffene Person abzulenken. In all diesen Konstellationen wird man daher sehr penibel darauf zu achten haben, die Compliance-Bemühungen schon vor solchen Beschwerden zu stärken.[16]

17 **Praxistipp:**
Bei der Datenschutz-Compliance sollten daher diese Ereignisse eine große Aufmerksamkeit erfahren. Dies gilt im Übrigen nicht nur bei der Bemühung in der Bearbeitung keine (zusätzlichen) Bußgelder zu kreieren, sondern vor allem im Hinblick darauf, die mit den Beschwerden befassten Mitarbeiter dahingehend zu schulen, dass diese ein Gespür zur Unterscheidung zwischen „harmlosen" und „gefährlichen" Beschwerden entwickeln können. Auch das Reporting muss dies berücksichtigen.

IV. Strafrechtliche Ermittlungsverfahren

18 Schon hier ist in Erinnerung zu rufen, dass die betroffene Person nicht nur die Beschwerde nach Art. 77 Abs. 1 DS-GVO bei der Datenschutzbehörde erheben, sondern sie auch einen Strafantrag gem. § 42 Abs. 3 S. 1 BDSG beziehungsweise gemäß § 205 Abs. 1 StGB bei der Staatsanwaltschaft stellen kann, wenn nicht nur Ordnungswidrigkeiten im Raum stehen. Diese oftmals im Zusammenhang mit einem Datenschutzverstoß bestehende Gefahr (vgl. die Ausführungen zu §§ 201, 202a, 202b, 202c, 202d, 203, 206, 303a, 303b StGB, § 42 BDSG – → §§ 8, 10, 11, 12, 13, 14, 15, 17, 20, 21) wird in Unternehmen oftmals nicht oder zu spät erkannt.

---

[15] Laut Adelberg/Spittka/Zapf CB 2021, 96 (97) sind Beschwerden einer betroffenen Person sogar der häufigste Anlass. Vgl. hierzu auch die tabellarische Übersicht zur Tätigkeit der Datenschutzbehörden insgesamt bei Brest, Das Bußgeldverfahren im Datenschutzrecht, 2022, 22, der auf Grundlage der Tätigkeitsberichte festhält, dass ein Großteil der Arbeit einer Datenschutzbehörde besteht in der Abarbeitung von Beschwerden besteht.
[16] Adelberg/Spittka/Zapf CB 2021, 96 (97), zur Compliance → § 31.

Praxistipp:
Auf strafrechtliche Angriffspunkte müssen sich insbesondere die Unternehmen vorbereiten, bei denen die Verarbeitung personenbezogener Daten im Zentrum des Geschäftsmodells steht. Dies folgt aus der Ausgestaltung des Straftatbestands § 42 Abs. 2 Nr. 2 BDSG, der jede unbefugte Bearbeitung nicht öffentlicher personenbezogener Daten dann unter Strafe stellt, wenn der Verantwortliche mit Entgeltabsicht handelt. Nicht ohne Grund gehört die Prüfung des Geschäftsmodells zum Standardprüfprogramm der Kontrollen der Datenschutzaufsicht.

Auch wenn die Staatsanwaltschaften derzeit bei den meisten Datenschutzverstößen von der Strafverfolgung absehen, muss der Verantwortliche bedenken, dass der Sachverhalt auch danach weiter Anlass für Ermittlungen nach dem Ordnungswidrigkeitenrecht sein kann. Grund hierfür ist, dass die Staatsanwaltschaft nach § 40 OWiG bei ihren Ermittlungen auch für die (zeitgleich vorliegende) Ordnungswidrigkeit zuständig ist. Ergänzt wird diese Zuständigkeitsregel durch § 43 OWiG. Danach hat die Staatsanwaltschaft im Falle einer Einstellung wegen der Straftat die Sache an die Verwaltungsbehörde abzugeben, wenn Anhaltspunkte für eine Ordnungswidrigkeit vorhanden sind. Im Ergebnis kann eine bei der Staatsanwaltschaft eingereichte Strafanzeige somit leicht zur Einleitung eines Bußgeldverfahrens führen. Allerdings besteht für die Staatsanwaltschaft die Möglichkeit das Verfahren auch unter Einbeziehung der Ordnungswidrigkeit einzustellen.[17] In diesen Fällen ist sie aber nach § 63 Abs. 3 S. 1 OWiG gehalten, die Verwaltungsbehörde anzuhören.

Verfahrenstipp:
Bei der Befassung mit (möglichen) Anzeigen Betroffener ist somit der gesamte Sachverhalt auch unter strafrechtlichen Gesichtspunkten zu prüfen. In der Praxis spielen neben § 42 BDSG die Straftatbestände der §§ 201a, 202a, 202b, 202d, 303a, 303b, StGB eine große Rolle. Sollten diese Delikte im Zentrum des Vorwurfs stehen, sollte über die Fertigung und Hinterlegung einer Schutzschrift bei der Staatsanwaltschaft nachgedacht werden, die möglichst auch als Verteidigungsschrift für eine sich anschließende Argumentation mit der Datenschutzaufsicht fungiert.

V. Meldepflichten

Besonderes Augenmerk muss auf das Procedere gelegt werden, wenn **eine Verletzung des Schutzes personenbezogener Daten** beim Verantwortlichen festgestellt wird. Bekanntlich können in diesem Kontext Meldepflichten an die Aufsichtsbehörde nach Art. 33 DS-GVO und/oder eine Benachrichtigung an die betroffene Person nach Art. 34 DS-GVO entstehen. Zwar darf gem. § 43 Abs. 4 BDSG eine Meldung nach Art. 33 DS-GVO bzw. eine Benachrichtigung nach Art. 34 DS-GVO in einem Ordnungswidrigkeitenverfahren gegen den Meldenden oder den Benachrichtigenden oder dessen Angehörige nach § 52 Abs. 1 StPO nur mit Zustimmung des Meldepflichtigen oder Benachrichtigenden verwendet werden. Die Reichweite dieses Schutzes muss im Falle einer Meldung aber sehr präzise bestimmt werden, weil das Verwendungsverbot nur für die Bestandteile der Mitteilung gilt, die zwingend angegeben werden müssen.[18] Des Weiteren gilt das Verwendungsverbot nicht für die weiteren Maßnahmen nach Art. 58 DS-GVO sowie für Tatsachen, die die Behörde auf anderem Weg erfahren hat.[19]

---

[17] BeckOK OWiG/Inhofer, 36. Ed. 1.10.2022, OWiG § 40 Rn. 11; vgl. → § 27.
[18] Kühling/Buchner/Bergt BDSG § 43 Rn. 7.
[19] Adelberg/Spittka/Zapf CB 2021, 96 (101).

23 **Praxistipp:**
Bei Verletzungen personenbezogener Daten sollte daher eine genaue Prüfung der Hintergründe der Verletzung einbezogen werden. Es kann sich taktisch anbieten, die Meldung Teil einer (größeren) Selbstanzeige zu machen. Dies dürfte vor allem in Fällen in Betracht kommen, in denen man von einer hohen Wahrscheinlichkeit ausgehen muss, dass der Datenverstoß ohnehin Gegenstand eines Bußgeldverfahrens wird. Die DS-GVO enthält hierzu Art. 83 Abs. 2 lit. h. DS-GVO einen entsprechend ausdrücklich formulierten Zumessungsgrund. In der strafrechtlichen Zumessungslehre ist der Zeitpunkt einer Selbstanzeige ein gewichtiger Faktor, bei dem allerdings die Entdeckungswahrscheinlichkeit mit abgewogen wird. Der Datenschutzverteidiger sollte dies in seine Erwägungen einfließen lassen.

24 Im Ergebnis stehen bereits auf dieser ersten Ebene viele Möglichkeiten für den Datenschutzverteidiger, Einfluss auf die Einleitung des Verfahrens zu nehmen. Da die DS-GVO einen umfassenden und vielgestaltlichen Pflichtenkatalog vorgibt, empfiehlt es sich frühzeitig mit der Verteidigung zu beschäftigen. Dies gilt umso mehr als die DS-GVO auch die Einhaltung von generellen Datenschutzgrundsätzen (Art. 5 DS-GVO) und Generalklauseln (zB Art. 32 DS-GVO) in den Katalog der Bußgeldtatbestände aufgenommen hat.[20]

C. Das (vorgelagerte) verwaltungsrechtliche Aufsichtsverfahren

I. Befugnisse der Datenschutzbehörden im Aufsichtsverfahren

25 Im Datenschutzrecht ist dem Bußgeldverfahren regelmäßig ein verwaltungsrechtliches Aufsichtsverfahren vorgelagert, in dem der Aufsicht die Befugnisse aus Art. 58 DS-GVO zur Verfügung stehen, dh
- Untersuchungsbefugnisse aus Art. 58 Abs. 1 DS-GVO,
- Abhilfebefugnisse aus Art. 58 Abs. 2 DS-GVO sowie
- Genehmigungsbefugnisse aus Art. 58 Abs. 3 DS-GVO.

26 Hinzu kommt die Möglichkeit, informelle Anfragen zu stellen. Diese zeichnen sich dadurch aus, dass sie nicht als Bescheid gekennzeichnet sind und regelmäßig den Hinweis enthalten, ein Verwaltungsakt werde erlassen, sollte die informelle Anfrage nicht beantwortet werden.[21]

27 Die Untersuchungsbefugnisse umfassen
- formelle Auskunftsersuchen (Art. 58 Abs. 1 lit. a DS-GVO),
- Datenschutzüberprüfungen (Art. 58 Abs. 1 lit. b DS-GVO),
- Überprüfungen von Zertifizierungen nach Art. 42 Abs. 7 DS-GVO (Art. 58 Abs. 1 lit. c DS-GVO),
- Hinweise an den Verantwortlichen oder den Auftragsverarbeiter auf einen vermeintlichen Datenschutzverstoß (Art. 58 Abs. 1 lit. d DS-GVO),
- ein Zugangsrecht zu allen personenbezogenen Daten und Informationen, die zur Erfüllung der Aufgaben der Aufsichtsbehörde notwendig sind (Art. 58 Abs. 1 lit. e DS-GVO) sowie
- ein Zugangsrecht zu den Räumlichkeiten, einschließlich aller Datenverarbeitungsanlagen und -geräte, des Verantwortlichen und des Auftragsverarbeiters (Art. 58 Abs. 1 lit. e DS-GVO). Die Nichtgewährung des Zugangs unter Verstoß gegen Art. 58 Abs. 1 DS-GVO ist selbst bußgeldbewehrt in Art. 83 Abs. 5 DS-GVO.

---

[20] Etwa 40% aller Bußgelder wird auf diese beiden Tatbestände gestützt. Gemeinsam mit einer Verletzung von Art. 6 DSGVO (27%) stellen diese Verstöße bislang das Groß der Bußgelder dar ttps://www.enforcementtracker.com/?insights, abgerufen am 7.3.2023.
[21] Wenzel/Wybitul ZD 2019, 290 (291); MAH ArbR/Wybitul Bd. 1, § 96 Beschäftigungsdatenschutz Rn. 244.

§ 5 Anwaltliche Begleitung eines datenschutzrechtlichen Bußgeldverfahrens § 5

Die Untersuchungsbefugnisse stehen kumulativ nebeneinander,[22] womit der Aufsichtsbehörde im Ergebnis ein flexibles Arsenal an Befugnissen zur Verfügung steht, zumal die Befugnisse nur durch Art. 58 Abs. 4 DS-GVO begrenzt werden, der einen im Allgemeinen gehaltenen Hinweis auf den Verhältnismäßigkeitsgrundsatz enthält.[23] Einzig Art. 58 Abs. 1 lit. f DS-GVO, der der Datenschutzbehörde ein Zugangsrecht zu den Räumlichkeiten des Verantwortlichen gewährt, sieht sachliche Beschränkungen vor. Bei nicht-öffentlichen Stellen besteht das Zutrittsrecht gemäß § 16 Abs. 4 S. 2 BDSG nur während der üblichen Betriebs- und Geschäftszeiten. Nach § 29 Abs. 3 S. 1 BDSG bestehen die Befugnisse aus Art. 58 Abs. 1 lit. e und lit. f DS-GVO gegenüber den in § 203 Abs. 1, Abs. 2a und Abs. 3 StGB genannten Personen oder deren Auftragsverarbeiter nicht, soweit die Inanspruchnahme der Befugnisse zu einem Verstoß gegen die Geheimhaltungspflichten dieser Personen führen würde.[24] Eine starke Einschränkung erfahren die Befugnisse der Aufsichtsbehörden im Verwaltungsverfahren durch den Grundsatz der Selbstbelastungsfreiheit (→ § 32 Rn. 2).

28

Im Rahmen des Verwaltungsverfahrens kann die Aufsichtsbehörde auch auf Verwaltungszwang zurückgreifen, um ihre Maßnahmen durchzusetzen. Es ist hierbei anerkannt, dass Geldbußen und Zwangsmaßnahmen nebeneinander anwendbar sind.[25] Duldung und Mitwirkung des Betroffenen im Rahmen des Zugangsrechts und bei Vor-Ort-Besichtigungen sind mittels Verwaltungsaktes somit erzwingbar.[26] Auch die Verpflichtung zur Auskunftserteilung kann durch Verwaltungsakt konkretisiert und durchgesetzt werden.[27] In Betracht kommt bei Zuwiderhandlung bzw. Nichtbefolgung zB ein Zwangsgeld.[28] Bei Uneinbringlichkeit droht sogar die Ersatzzwangshaft.[29]

29

II. Umgang mit Mitwirkungspflichten insbesondere im Auskunftsverfahren

1. Vorbereitung auf Maßnahmen der Datenschutzaufsicht

In der Praxis des Unternehmensstrafrechts hat es sich etabliert, für den Umgang mit Behörden Schulungen vorzunehmen und die internen Zuständigkeiten zu regeln. Je nach Größe des Unternehmens empfiehlt es sich, die vorbereitenden Maßnahmen entlang der Fachbereiche zu organisieren. Eine Auseinandersetzung mit der Kartellbehörde fußt auf anderen fachspezifischen Besonderheiten als der Umgang zB mit der Zentralstelle für Finanztransaktionsuntersuchungen (FIU). Trotz der Unterschiede bestehen aufgrund der Verweisungen des OWiG auf die StPO auch Gemeinsamkeiten, weswegen sich Unternehmen auch für Kontrollen durch Datenschutzbehörden an entsprechenden Prozessen orientieren sollten.[30] Im Datenschutzrecht werden die Vor-Ort-Kontrollen in der Praxis regelmäßig zuvor angekündigt und mit dem betroffenen Unternehmen abgestimmt.[31] Rechtlich ist dies aber nicht zwingend,[32] so dass die Datenschutz-Compliance idealerweise so aufgestellt ist, dass schnell auf die wichtigsten Dokumente zugegriffen werden kann. Das Datenschutzrecht unterscheidet sich von anderen regulatorischen Gebieten insofern, als dass die Dokumentation nicht nur zu Beweiszwecken erfolgt, sondern für sich selbst

30

---

[22] Ehmann/Selmayr/Selmayr DS-GVO Art. 58 Rn. 3.
[23] Ehmann/Selmayr/Selmayr DS-GVO Art. 58 Rn. 6.
[24] Allerdings wird vertreten, dass § 29 Abs. 3 BDSG unionsrechtswidrig sei, Weichert DANA 2017, 76 (79); auch Gola/Heckmann DS-GVO/BDSG/Nguyen DS-GVO Art. 58 Rn. 14 mwN.
[25] BeckOK DatenschutzR/Spoerr DS-GVO Art. 31 Rn. 14b mwN.
[26] Paal/Pauly/Körffer DS-GVO Art. 58 Rn. 13.
[27] VG Mainz BeckRS 2019, 13643; VG Saarlouis BeckRS 2019, 25590; Simitis/Hornung/Spiecker gen. Döhmann/Polenz DS-GVO Art. 58 Rn. 65 ff.; Paal/Pauly/Körffer DS-GVO Art. 58 Rn. 9.
[28] VG Mainz BeckRS 2019, 13643; VG Saarlouis BeckRS 2019, 25590; Simitis/Hornung/Spiecker gen. Döhmann DS-GVO Art. 58 Rn. 66; Paal/Pauly/Körffer DS-GVO Art. 58 Rn. 9.
[29] Simitis/Hornung/Spiecker gen. Döhmann/Polenz DS-GVO Art. 58 Rn. 66.
[30] Adelberg/Spittka/Zapf CB 2021, 96 (100).
[31] Adelberg/Spittka/Zapf CB 2021, 96 (100).
[32] Adelberg/Spittka/Zapf CB 2021, 96 (100).

genommen in Art. 5 Abs. 2 DS-GVO vorgegeben und ihrerseits bußgeldbewehrt ist. Daher empfiehlt es sich die Dokumentation von Auftragsverarbeitungsverträgen, Datenübermittlungsverträgen und Vereinbarungen sowie vor allem das Verarbeitungsverzeichnis griffbereit zu haben.[33]

2. Rechte und Verhalten

31 **a) Prüfung der Zuständigkeit der Behörde.** Im Falle einer formalen Auskunftsanfrage ist zuerst zu prüfen, ob die anfragende Datenschutzbehörde tatsächlich zuständig ist.[34] Betroffene haben die Möglichkeit ihre Beschwerde bei jeder Aufsichtsbehörde innerhalb der EU einzureichen; die Zuständigkeitsregelungen gemäß Art. 55 Abs. 1 DS-GVO bleibt davon jedoch unberührt.[35] Denkbar ist daher, dass die angerufene Behörde tätig wird, obwohl sie nach Art. 55 DS-GVO gar nicht zuständig ist. Die Zuständigkeit sollte auch bei grenzüberschreitenden Sachverhalten einer näheren Betrachtung zugezogen werden. Dies gilt vor allem bei Unternehmen mit Niederlassungen in mehreren EU-Mitgliedsstaaten.[36] Denn nach Art. 56 Abs. 1 DS-GVO ist die Aufsichtsbehörde der Hauptniederlassung federführend zuständig. Und bei Verantwortlichen und Auftragsverarbeitern mit Niederlassungen in mehreren EU-Mitgliedsstaaten gilt nur eine dieser Niederlassungen als Hauptniederlassung nach Art. 4 Nr. 16 DS-GVO. Nach Art. 56 Abs. 6 DS-GVO ist die danach federführende Aufsichtsbehörde der Hauptniederlassung der einzige Ansprechpartner der Verantwortlichen oder Auftragsverarbeiter (siehe hierzu auch → § 4 Rn. 16).

32 **Praxistipp:**
Die Zuständigkeitsverweisung ist auch im Strafrecht durchaus ein probates Mittel der Verteidigung. Im Bereich der grenzüberschreitenden Tätigkeiten und der Möglichkeit, mit einer ausländischen Aufsichtsbehörde muss sich immer die Frage gestellt werden, ob ein Hinweis auf die fehlende Zuständigkeit tunlich ist. Aus verteidigungstaktischen Gründen kann es Sinn machen die Zuständigkeit nicht zu rügen, insbesondere wenn die Rechtsauffassung der (unzuständigen) Aufsicht für die Verteidigung vorteilhaft ist.

33 **b) Akteneinsicht.** Gem. § 29 Abs. 1 VwVfG (bzw. nach den entsprechenden Vorschriften der Länder) haben die Beteiligten an einem Verwaltungsverfahren (§ 9 VwVfG Bund bzw. entsprechende Vorschriften der Länder) ein Akteneinsichtsrecht. Davon sollte unbedingt Gebrauch gemacht werden. Die Abgabe einer Stellungnahme ohne vorherige Aktensicht ist ein Kunstfehler. Die Erfahrung zeigt, dass selbst bei „klaren" Sachverhalten bzw. „kleinen" Verfahren immer wieder Überraschungen vorkommen. Taktisch hat das Akteneinsichtsgesuch zudem den Vorteil, dass die Zeit bis zum Erhalt der Akte bereits genutzt werden kann, den Sachverhalt gemeinsam mit dem Mandanten intern zu untersuchen. Ganz ausnahmsweise kann erwogen werden, von der Akteneinsicht abzusehen. Das dürfte allerdings nur in eindeutigen Fällen in Betracht kommen so zB, wenn behauptet wird, dass der Verantwortliche (entgegen Art. 37 DS-GVO) keinen Datenschutzbeauftragten bestellt hat oder (entgegen Art. 30 DS-GVO) kein Verarbeitungsverzeichnis führt oder (entgegen Art. 5 Abs. 2 DS-GVO) einen bestimmten Vorgang nicht dokumentiert hat und dies ganz einfach ausgeräumt werden kann.

34 **Verfahrenstipp:**
Auch in solchen vermeintlich einfachen Sachverhalten kann ein Stolperstein vorhanden sein. Bei Übersendung von Dokumenten sollte immer geprüft werden, ob die Voraus-

---

[33] Wybitul/Venn ZD 2021, 343 (347); so auch Basar StraFo 2019, 222 (224).
[34] Adelberg/Spittka/Zapf CB 2021, 96 (99).
[35] Auernhammer/von Lewinski DS-GVO Art. 77 Rn. 10 f.
[36] Adelberg/Spittka/Zapf CB 2021, 96 (99).

> setzungen eingehalten worden sind. Beim Verarbeitungsverzeichnis wäre zu prüfen, ob die Pflichtangaben nach Art. 30 Abs. 1 S. 2 DS-GVO enthalten sind. Dem Datenschutzverteidiger muss insofern klar sein, dass die unkomplizierte und freiwillige Übersendung von Dokumenten zudem auch immer ein weiteres Nachfragen der Behörde nach sich ziehen kann.

c) Geltendmachung eines Auskunftsverweigerungsrechts? (a) Bestehen eines Auskunftsverweigerungsrechts. Eines der wichtigsten Verteidigungsmittel im Strafverfahrensrecht ist das **Recht zu schweigen**. Dieses ist für Beschuldigte bzw. Betroffene in § 136 StPO bzw. § 55 OWiG geregelt (sogenanntes *Aussage*verweigerungsrecht), über das auch zu belehren ist (im Ordnungswidrigkeitenverfahren folgt das aus der Verweisungskette von § 46 Abs. 1 OWiG iVm § 163a Abs. 3 S. 2, Abs. 4 S. 2 StPO und § 136 Abs. 1 S. 2 StPO). Dieses Recht besteht allerdings erst im Bußgeldverfahren und noch nicht im Verwaltungsverfahren. 35

Gleichwohl enthalten nahezu alle regulierten Bereiche ein *Auskunfts*verweigerungsrecht, die den Zeugen und Adressaten von Auskunftsersuchen das Recht einräumen, die Antwort auf einzelne Fragen zu verweigern. Im Einzelfall kann es aber ein Recht zur umfassenden Verweigerung von Fragen führen:[37] es ist anerkannt, dass der Zeuge dann keine Fragen beantworten muss, wenn die Thematik der Vernehmung so eng mit einem vermeintlich strafbaren oder ordnungswidrigen in Verbindung steht, dass im Ergebnis keine einzige Frage gefahrlos beantwortet werden kann.[38] Angesichts der weitreichenden – bußgeldbewehrten – Pflichten in der DS-GVO dürfte diese Konstellation sehr häufig vorliegen. 36

> **Verfahrenstipp:**
> Gerade in komplexen Wirtschaftsstrafverfahren machen Zeugen sehr häufig von einem umfassenden Auskunftsverweigerungsrecht Gebrauch. Hintergrund ist hier die weit reichende Komplexität in sachlicher und rechtlicher Hinsicht, die die Voraussetzungen der Mosaiktheorie des BGH begünstigen. Der Datenschutzverteidiger kann die dort entwickelte Rechtsprechung für die Verteidigung fruchtbar machen.[39]

37

Im Geflecht des Datenschutzstrafprozessrecht ist nicht abschließend geklärt, ob und inwiefern Verantwortliche sich auf ein solches Auskunftsverweigerungsrecht können. Hintergrund ist, dass als Normadressaten sowohl eine natürliche Person, eine juristische Person, eine Behörde, oder eine Einrichtung oder andere Stelle in Betracht kommt (Art. 4 Nr. 7 DS-GVO). Inwiefern juristische Personen das Recht haben, die Auskunft zu verweigern ist nicht abschließend geklärt. Ausgangspunkt aller Erwägungen sind Art. 58 Abs. 4 DS-GVO und § 40 Abs. 4 S. 2 BDSG. 38

(b) Die Regelung in der DS-GVO. Aus Art. 58 Abs. 4 DS-GVO erfolgt hierzu keine ausdrückliche Regelung. Jedoch wird hier als Grenze der Untersuchungsbefugnisse der Datenschutzbehörde auf die rechtsstaatlichen Garantien des Unionsrechts und der Mitgliedsstaaten sowie die Grundrechte Charta hingewiesen. 39

Die Selbstbelastungsfreiheit ist im deutschen Recht anerkannt, sodass sich aus dieser Verbindung bereits ein Auskunftsverweigerung herleiten lässt.[40] Allerdings ist zu berücksichtigen, dass dieser Grundsatz nach bisheriger Rechtsprechung des Bundesverfassungsgerichts auf Unternehmen nicht anwendbar ist.[41] Der Gesetzgeber hat erst kürzlich Zweifel 40

---

[37] MAH Strafverteidigung/Bosbach § 54 Zeugen und Zeugenbeistände Rn. 22.
[38] MüKoStPO/Maier § 55 Rn. 55 mit einzelnen Fallgruppen hierzu.
[39] Wybitul/Klaas BB 2022, 2883 (2885).
[40] Taeger/Gabel/Grittmann DS-GVO Art. 58 Rn. 12; Paal/Pauly/Körffer DS-GVO Art. 58 Rn. 8.
[41] BVerfG NJW 1997, 1841 (1843); kritisch dazu Spittka DSRITB 2019, 141 (145).

an dieser Rechtsprechung zum Ausdruck gebracht und in unternehmensbezogenen Strafverfahren die Verankerung des Auskunftsverweigerungsrechts auf einfachgesetzlicher Ebene vorgeschlagen.[42] Dies ist allerdings nicht Gesetz geworden.

41 Als weiterer Argumentationsstrang dient der Verweis auf die Grundrechte Charta, die in Art. 48 Abs. 2 GRCh das Recht auf Verteidigung verbürgt. Davon ist der Grundsatz der Selbstbelastungsfreiheit umfasst.[43] Für die Reichweite dieses Rechts ist wiederum die Auslegung des EuGH und des EuG maßgeblich, die dabei gem. Art. 52 Abs. 3 GRCh wiederum die EMRK und die Rechtsprechung des EGMR zu beachten haben. Nach Rechtsprechung des EuGH ist zwar Art. 6 Abs. 1 EMRK – und damit auch der Grundsatz der Selbstbezichtigungsfreiheit – auf Unternehmen anwendbar.[44] Der EuGH sieht in seiner Rechtsprechung zum Kartellrecht – wie der EGMR[45] – das Selbstbezichtigungsverbot im Verwaltungsverfahren nicht als berührt an, sofern bloß tatsächliche Informationen herausgegeben werden müssen.[46] Seine Grenze findet die Auskunftspflicht jedoch dann, wenn Antworten verlangt werden, die die Verteidigungsrechte des Unternehmens einschränken, dh durch die das Unternehmen das Vorliegen einer Zuwiderhandlung eingestehen müsste, für die die Sanktionsbehörde den Beweis zu erbringen hätte.[47] Der EuGH sieht damit für Unternehmen lediglich ein „Geständnisverweigerungsrecht" vor.[48] Ob diese kartellrechtliche Rechtsprechung auch auf das Datenschutzrecht ohne Modifikation zu übertragen ist, ist noch offen.[49]

42 Siehe zur Perspektive der Aufsichtsbehörde zur Anwendbarkeit der Selbstbelastungsfreiheit auf Unternehmen als Betroffene → § 4 Rn. 8.

43 **(c) Die Regelung im BDSG.** Der deutsche Gesetzgeber hat die Diskussion um ein Auskunftsverweigerungsrecht für das Datenschutzrecht im einfachen Recht gelöst: § 40 Abs. 4 S. 2 BDSG enthält ein ausdrückliches Auskunftsverweigerungsrecht. Es besteht für Auskunftspflichtige, daher für Verantwortliche sowie die mit deren Leitung beauftragten Personen (§ 40 Abs. 4 S. 1 BDSG), für solche Fragen, deren Beantwortung sie selbst oder einen der in § 383 Abs. 1 Nr. 1 – Nr. 3 ZPO bezeichneten Angehörigen der Gefahr strafgerichtlicher Verfolgung oder eines Verfahrens nach dem OWiG aussetzen würde. Es gilt also dann, wenn das Auskunftsersuchen sich auf ein Verhalten des Auskunftspflichtigen bezieht, das eventuell eine Straftat oder Ordnungswidrigkeit darstellt. Da die meisten Pflichten der DS-GVO bußgeldbewehrt sind, führt dies dazu, dass das Recht auf Auskunftsverweigerung entsprechend weitflächig sein kann.

---

[42] Vgl. hierzu der Regierungsentwurf zum Entwurf eines Gesetzes zur Stärkung der Integrität in der Wirtschaft vom 16.06.2020. Das Verbandssanktionengesetz (VerSanG) sah in § 33 Abs. 2 ein Auskunftsverweigerungsrecht für Unternehmen vor vgl. BT-Drs. 19/23568, 20 f.
[43] Jarass GRCh Art. 48 Rn. 2.
[44] EuGH v. 18.10.1989 – 374/87, ECLI:EU:C:1989:387 = BeckRS 2004, 71022 Rn. 28; die Verteidigungsrechte (mittlerweile garantiert in Art. 48 Abs. 2 GRCh) haben ein entsprechendes Schutzniveau: EuGH v. 20.2.2001 – T-112/98, ECLI:EU:T:2001:61 = GRUR Int 2002, 60, (67).
[45] EGMR Fayed vs. United Kingdom Nr. 17101/90, Urt. v. 21.9.1990 Rn. 61 ff. (abrufbar unter https://hudoc.echr.coe.int/eng?i=001-57890, abgerufen am 7.3.2023); Saunders vs United Kingdom Nr. 19187/91, Urt. v. 17.12.1996 Rn. 67 (abrufbar unter https://hudoc.echr.coe.int/eng?i=001-58009, abgerufen am 7.3.2023).
[46] EuGH v. 18.10.1989 – 374/87, ECLI:EU:C:1989:387 = BeckRS 2004, 71022 Rn. 34; EuGH v. 20.2.2001 – T-112/98, ECLI:EU:T:2001:61 = GRUR Int 2002, 60 (67).
[47] EuGH v. 18.10.1989 – 374/87, ECLI:EU:C:1989:387 = BeckRS 2004, 71022 Rn. 35.
[48] Spittka DSRITB 2019, 141 (147) mwN; Wenzel/Wybitul ZD 2019, 290 (292); BeckOK DatenschutzR/Brink DS-GVO Art. 33 Rn. 65.
[49] BeckOK DatenschutzR/Spoerr DS-GVO Art. 31 Rn. 14, der dies für Unternehmen bejaht. Differenzierender Meyer NZWiSt 2022, 99 (106), der von einer unsicheren Lage für Unternehmen ausgeht, weil der EuGH seine kartellrechtliche Rechtsprechung für Unternehmen zu verallgemeinern scheint. Er erinnert aber daran, dass die Rechtsprechung des EGMR hierzu noch aussteht. Die grundrechtsfreundliche Rechtsprechung des EGMR würde eine Bejahung der Selbstbelastungsfreiheit für Unternehmen begünstigen. Gleichwohl wird befürchtet, dass es zu einer Annäherung beider Gerichte auf niedrigem Niveau käme.

> **Praxistipp:** 44
> Übersehen wird in der Praxis – auch bei Ermittlungsbehörden –, dass das Auskunftsverweigerungsrecht nicht daran anknüpft, dass ein Verstoß begangen wurde, sondern bereits dann geltend gemacht werden kann, wenn (lediglich) die Gefahr strafgerichtlicher oder bußgeldrechtlicher Verfolgung besteht. Das bedeutet, dass auch im Ergebnis leicht erklärbare Sachverhalte (zunächst) das Recht auf Auskunftsverweigerung vermitteln können. Auch hier kann und sollte der Datenschutzverteidiger auf die Rechtsprechung der Strafgerichte zum Thema Verfolgungsgefahr zurückgreifen.[50]

Obgleich der Datenschutzverteidiger somit schon nach dem Wortlaut ein Auskunftsverweigerungsrecht für seinen Mandanten geltend machen kann, sind die damit zusammenhängenden Folgefragen weitestgehend ungeklärt.[51] Das Hauptproblem liegt darin, dass die Auskunftspflichtigen (Unternehmen) nur durch ihre Organe handeln können. Ob diese die Auskunft deshalb verweigern können, weil sie fürchten, dass gegen das Unternehmen gem. § 30 OWiG eine Geldbuße verhängt werden könnte, ist nicht unumstritten.[52] Das gleiche gilt für den Fall, dass ein Beschäftigter den Datenschutzverstoß begangen hat, der jedoch selbst mangels Leitungsfunktion nicht auskunftspflichtig ist.[53] In der Konsequenz würde allerdings das Auskunftsverweigerungsrecht für Unternehmen in nahezu allen Konstellation nicht zur Anwendungen gelangen,[54] sodass mit Recht aus den Wertungen von Art. 58 Abs. 4 DS-GVO und § 40 Abs. 4 BDSG zu fordern ist, dass das Leitungspersonal sich für das Unternehmen auf das Auskunftsverweigerungsrecht berufen können muss.[55] 45

> **Praxistipp:** 46
> Je nach Fallkonstellation kann es sich empfehlen, dass die Leitungsperson als natürliche Person zugleich hilfsweise sich auf ihr eigenes Auskunftsverweigerungsrecht beruft, da (zusätzlich) die Gefahr einer Strafbarkeit nach § 42 BDSG im Raum steht.

(d) Rechtsprechung. Eine erste Entscheidung zum Aussageverweigerungsrecht, die der Datenschutzverteidiger kennen sollte, stellt die Entscheidung des OVG Schleswig dar.[56] Das OVG hat festgehalten, dass das Auskunftsverweigerungsrecht aus § 40 Abs. 4 S. 2 BDSG (so wie im Strafprozessrecht auch) für jede Auskunftsfrage ausdrücklich erklärt werden muss. Das einfache Schweigen als Reaktion auf ein Auskunftsersuchen der Datenschutzaufsicht Bereiche die Geltendmachung dieses Rechtes nicht. Voraussetzung für das Auskunftsverweigerungsrecht sei, dass die Einleitung eines strafgerichtlichen Verfahrens oder eines Verfahrens nach dem Gesetz über Ordnungswidrigkeiten nach den konkreten Umständen des Einzelfalls ernsthaft möglich ist. Diese Möglichkeit müsse auf dem Inhalt der Auskunft beruhen. Sie müsse daher Fragen zu Tatsachen betreffen, die die Einleitung oder Aufrechterhaltung eines solchen Verfahrens sich ziehen können. Laut OVG könnten darunter auch Tatsachen fallen, die bloß mittelbar den Verdacht einer Straftat oder Ordnungswidrigkeit begründen oder stützen. Die Auffassung des OVG entspricht damit der Rechtsprechung zu § 55 StPO, wonach genügt, wenn einer Aussage Tatsachen entnommen werden können, die mittelbar einen Anfangsverdacht begründen.[57] Dem OVG zufolge soll daher kein Auskunftsverweigerungsrecht gem. § 40 Abs. 4 S. 2 BDSG bezüglich 47

---

[50] KK-StPO/Bader § 55 Rn. 4.
[51] Zum Ganzen Spittka DSRITB 2019, 141 ff.
[52] Kühling/Buchner/Dix BDSG § 40 Rn. 12; aA Spittka DSRITB 2019, 141 (149).
[53] Kühling/Buchner/Dix BDSG § 40 Rn. 12 Fn. 35.
[54] Nur wenn der Sachverhalt (zugleich) eine Strafbarkeit der in Rede stehenden Personen nach sich ziehen kann würde ein klares Auskunftsverweigerungsrecht bestehen. Darauf weist Spittka DSRITB 2019, 141 (149) mit Recht hin.
[55] So ausdrücklich Spittka DSRITB 2019, 141 (149).
[56] OVG Schleswig BeckRS 2021, 16917.
[57] Vgl. BVerfG NStZ 2003, 666 (666).

Fragen bestehen, deren Beantwortung nicht ohne Weiteres einen Datenschutzverstoß erkennen lassen können. Möglich sei ein Auskunftsverweigerungsrecht jedoch bei Fragen nach der Einhaltung bußgeldbewehrter Vorgaben. Hier erzeugt die Entscheidung einen Widerspruch. Während bei den allgemeinen Ausführungen eine mittelbare Begründung der Verfolgungsgefahr ausreichen soll, formuliert das OVG strengere Anforderungen für das Bestehen des Auskunftsverweigerungsrechts, wenn die einzelnen Fragen isoliert bewertet werden. Das OVG betont allerdings auch, dass aus seiner Sicht nicht ausgeschlossen ist, dass sich auch juristische Personen auf den verfassungsrechtlichen Grundsatz der Selbstbelastungsfreiheit berufen können.

48 **(e) Fehlende Belehrung.** Nach § 40 Abs. 4 S. 3 BDSG ist der Auskunftspflichtige auf das Recht zur Auskunftsverweigerung nach § 40 Abs. 3 S. 2 BDSG hinzuweisen. Dies entspricht den Belehrungspflichten für Zeugen im Strafverfahren gemäß § 55 Abs. 2 StPO bzw. Ordnungswidrigkeitenverfahren nach § 46 OWiG iVm § 55 Abs. 2 StPO. Bei einer dort unterbliebenen Belehrung ist anerkannt, dass für ein auf die ohne Belehrung erfolgte Aussage für ein daraufhin gegen den Zeugen gerichtetes Verfahren ein Verwertungsverbot besteht.[58] Die Folgen für die unterlassenen Belehrungen § 40 Abs. 4 S. 3 BDSG sind richterlich nicht geklärt. Die überwiegende Ansicht geht aber von einem Beweisverwertungsverbot aus.[59] Die Dogmatik der Beweisverwertungsverbote – das ist für den Datenschutzverteidiger als erster Anhaltspunkt zu bedenken – folgt im OWiG grundsätzlich derjenigen des Strafverfahrensrechts.[60]

49 **Praxistipp:**
Die Geltendmachung des Verwertungsverbots folgt im OWiG genauso wie in der StPO durch einen entsprechenden Widerspruch in der Hauptverhandlung. Dies muss der Datenschutzverteidiger in jedem Fall in der Hauptverhandlung erklären, und zwar unbedingt bevor mit der angegriffenen Beweiserhebung begonnen wird.[61]

50 **(f) Taktische Erwägungen.** Bei der Frage, ob das Auskunftsverweigerungsrecht wahrgenommen werden sollte, sind verschiedene taktische Erwägungen anzustellen.
- Auf der Hand liegt zunächst, dass die Erteilung der Auskunft das Risiko beinhaltet, Anlass zu weiteren Ermittlungen zu bieten. Die Folge kann die Einleitung eines Bußgeldverfahrens sein.
- Hinzukommen mögliche – schwer kalkulierbare – Ersatzansprüche nach Art. 82 DS-GVO, wenn Verstöße nach der initiativen Offenlegung bekanntwerden.[62]
- Die fehlende Rechtssicherheit kann dazu führen, dass Aufsichtsbehörden die Auskunftsverweigerung als unberechtigt betrachten und in der Folge ein Bußgeldverfahren wegen eines vermeintlichen Verstoßes gegen die Auskunfts- bzw. Kooperationspflicht (Art. 31 DS-GVO) einleiten – vorausgesetzt, die Behörde geht davon aus, dass dies sanktionierbar ist (→ Rn. 13).

51 Taktisch berücksichtigt werden muss außerdem, welche Folgen für die weitere Beweiserhebung im Raum stehen. Immerhin kann die Behörde andere Befugnisse aus Art. 58 DS-GVO nutzen.[63] Dazu gehört auch das Instrumentarium des Zutritts zu den Räumlichkeiten aus Art. 58 Abs. 1 lit. e DS-GVO. Der Verantwortliche oder Auftragsverarbeiter ist

---

[58] MüKoStPO/Maier § 55 Rn. 112.
[59] Gola/Heckmann DS-GVO/BDSG/Gola BDSG § 40, Rn. 29; Paal/Pauly/Pauly BDSG § 40 Rn. 27; HK-DS-GVO/BDSG/Hense BDSG § 40 Rn. 20; Spittka DSRITB 2019, 141, 148.
[60] KK-OWiG/Lampe § 46 Rn. 18a; Paal/Pauly/Pauly BDSG § 40, Rn. 27; HK-DS-GVO/BDSG/Hense BDSG § 40 Rn. 20; Spittka DSRITB 2019, 141 (148).
[61] Zum Ganzen Burhoff, Handbuch für die strafrechtliche Hauptverhandlung, 9. Auflage 2019, B Rn. 4012.
[62] Vgl. insofern allgemein zu bekanntwerdenden Datenschutzverstößen Wenzel/Wybitul ZD 2019, 290 (295).
[63] Simitis/Hornung/Spiecker gen. Döhmann/Polenz DS-GVO Art. 58 Rn. 6; Paal/Pauly/Körffer DS-GVO Art. 58 Rn. 31.

dabei nach § 40 Abs. 5 S. 2 BDSG zur Duldung verpflichtet. Im Unterschied zu der Bereitstellung von Informationen nach Art. 58 Abs. 1 lit. a DS-GVO kann die Aufsichtsbehörde nach Art. 58 Abs. 1 lit. e DS-GVO alle relevanten Dokumente wie Geschäftspapiere, Dateien und Datenverarbeitungsprogramme einsehen, ohne dass diese zuvor für die Datenschutzüberprüfung vorbereitet wurden.[64]

Hier liegt durchaus ein Risiko. Auch wenn die Aufsichtsbehörden bisher – nicht zuletzt aufgrund der geringen Personalausstattung – diesen Weg selten gehen, ist die Erfahrung aus Strafverfahren eine andere. Zur Vermeidung von Durchsuchungen wird in der Praxis häufig versucht, das Beweisbedürfnis durch eine entsprechende Vereinbarung zu befriedigen und so eine Durchsuchung abzuwenden. Für das Datenschutzrecht gilt allerdings, dass das Zugangsrecht keine Durchsuchung darstellt. Eine Beschlagnahme von Unterlagen ergibt sich nicht aus den Befugnissen des Art. 58 DS-GVO;[65] diese besteht nur im Falle eines bereits eingeleiteten Bußgeldverfahren nach § 46 Abs. 1 OWiG in Verbindung mit den §§ 94, 98, 102, 103, 105 StPO. 52

Verfahrenstipp: 53
Zwischen einem Zugangsrecht einerseits und einer Durchsuchung andererseits besteht ein fundamentaler Unterschied. Der Datenschutzverteidiger sollte sich allerdings vor Augen halten, dass in der Praxis die Unterschiede gleichwohl weniger fein zu ziehen sind als dies das Recht andeutet. Der Grund dafür ist, dass auch bei Zutrittsrechten im regulierten Bereich eine Kommunikation mit den Mitarbeitern vor Ort stattfindet und diese nur sehr selten in der Lage sind, sich in einer solchen Situation die aktive Mitwirkung zu verweigern. Das gelingt selbst geschulten Personal kaum. Insofern muss dies bei der Ausübung eines Ausgangsverweigerungsrecht als Folge mit eingeplant werden.

Schließlich sollte zudem bedacht werden, welche Auswirkungen die Auskunftsverweigerung auch **psychologisch** haben kann. Rechtlich gilt: Die Verweigerung allein begründet zwar keinen Anfangsverdacht, der zur Einleitung eines Bußgeldverfahrens berechtigten würde.[66] Allerdings soll es bereits vorgekommen sein, dass Bußgeldverfahren wegen Nichtbeantwortung eines Auskunftsersuchens nach Art. 58 Abs. 1 lit. a DS-GVO eingeleitet wurden.[67] Zusätzlich droht bei formellen Anfragen der Verwaltungszwang (→ Rn. 29). 54

III. Rechtsschutzmöglichkeiten über den Verwaltungsrechtsweg

Gegen Aufsichtsmaßnahmen im Verwaltungsverfahren kann der Verwaltungsrechtsweg beschritten werden. Ergehen Untersuchungsmaßnahmen nach Art. 58 Abs. 1 DS-GVO als Verwaltungsakt ist die Anfechtungsklage gem. § 42 Abs. 1 VwGO die statthafte Klageart.[68] Ein Vorverfahren findet gem. § 20 Abs. 6 BDSG nicht statt, sodass zuvor auch kein Widerspruch erhoben werden muss. So kann der Adressat gegen ein formelles Auskunftsersuchen mittels Anfechtungsklage gem. § 42 Abs. 1 Var. 1 VwGO vorgehen.[69] Eine Anfechtungsklage kommt auch bei Abhilfebefugnissen aus Art. 58 Abs. 2 DS-GVO wie etwa die 55

---

[64] Gola/Heckmann DS-GVO/BDSG/Nguyen DS-GVO Art. 58 Rn. 10.
[65] Gola/Heckmann DS-GVO/BDSG/Nguyen DS-GVO Art. 58 Rn. 10; BeckOK DatenschutzR/Eichler DS-GVO Art. 58 Rn. 14.
[66] Vgl. ohne Unterscheidung zwischen berechtigter oder unberechtigter Verweigerung, MüKoStPO/Peters § 152 Rn. 39 mwN; Löwe/Rosenberg/Ignor/Bertheau StPO § 55 Rn. 28 mwN; Löwe/Rosenberg/Mavany StPO § 152 Rn. 32.
[67] So berichten Adelberg/Spittka/Zapf CB 2021, 96 (98), denen zufolge das Verfahren aber nach § 47 OWiG eingestellt wurde.
[68] BeckOK DatenschutzR/Spoerr DS-GVO Art. 31 Rn. 14 mwN.
[69] Simitis/Hornung/Spiecker gen. Döhmann/Polenz DS-GVO Art. 31 Rn. 7; Piltz K&R -Beil. Heft 6/2021, 43 (43); zur Verwaltungsaktsqualität förmlicher Auskunftsersuchen Taeger/Gabel/Grittmann DS-GVO Art. 58 Rn. 12 mwN.

Verwarnung aus Art. 58 Abs. 2 lit. b DS-GVO[70] oder die Beschränkung oder das Verbot der Verarbeitung aus Art. 58 Abs. 2 lit. f DS-GVO[71] in Betracht.

1. Klagen gegen Anordnungen der Aufsicht

56 Die Anfechtungsklage gegen ein formelles Auskunftsersuchen hat gem. § 80 Abs. 1 VwGO aufschiebende Wirkung, soweit nicht die Aufsichtsbehörde ausnahmsweise die sofortige Vollziehbarkeit gem. § 80 Abs. 2 Nr. 4 VwGO anordnet. Strittig ist ob der Suspensiveffekt bewirkt, dass der Verwaltungsakt nur nicht vollzogen werden darf oder ob er sogar nicht wirksam ist.[72] In letzterem Fall besteht in jedem Fall für die Dauer der aufschiebenden Wirkung keine Auskunftspflicht. Insbesondere würde das bedeuten, dass die Aufsichtsbehörde weder Verwaltungszwang ausüben könnte noch ein Bußgeld wegen Nichtbefolgung der Anweisung zur Auskunft verhängen könnte. Wenn von einer bloßen Vollziehungshemmung ausgegangen wird – wie es herrschende Auffassung ist[73] – bleibt zwar der Verwaltungsakt wirksam, kann allerdings nicht mittels Verwaltungszwang durchgesetzt werden.[74]

57 Keine Anfechtungsklage kann gegen Maßnahmen erhoben werden, die nicht in der Form eines Verwaltungsaktes ergehen. So kann gegen informelle Erstanfragen nach strittiger Auffassung allenfalls die allgemeine Feststellungsklage gem. § 43 Abs. 1 VwGO erhoben werden.[75] Bei Anfragen ist also sorgfältig zu prüfen, ob diese die Voraussetzungen eines Verwaltungsaktes nach § 35 VwVfG (bzw. die entsprechende Norm in den VwVfG der Länder) erfüllen. Entscheidend ist, dass das Ersuchen eine *Regelung* enthält, die Aufsichtsbehörde also zum Ausdruck bringt, dass sie den Adressaten zur Erteilung der verlangten Information verpflichtet.[76] Für die Einordnung als Verwaltungsakt spricht etwa, wenn eine Rechtsgrundlage genannt, das Schreiben als „Anordnung" oder „Bescheid" bezeichnet, ein Zwangsgeld angedroht wird oder etwa eine Rechtsbehelfsbelehrung beigefügt ist.[77] Ein Indiz gegen die Verwaltungsaktqualität liegt vor, wenn gerade diese Belehrung fehlt. Denn diese ist gem. § 37 Abs. 6 VwVfG (bzw. die entsprechende Norm in den VwVfG der Länder) bei einem schriftlichen oder elektronischen Verwaltungsakt beizufügen. Der Schluss, dass es sich bei der jeweiligen Anfrage dann nicht um einen Verwaltungsakt handelt, ist jedoch nicht zwingend. Dass eine Rechtsbehelfsbelehrung fehlen kann, obwohl es sich bei der Anfrage um einen Verwaltungsakt handelt und sie daher vorgeschrieben ist, zeigt auch § 58 VwGO. Danach hat die fehlende Rechtsbehelfsbelehrung lediglich Auswirkungen auf die Rechtsbehelfsfrist. Informelle Erstanfragen enthalten jedoch regelmäßig einen Hinweis, dass wenn die Anfrage nicht beantwortet wird, ein Verwaltungsakt gem. Art. 58 Abs. 1 lit. a DS-GVO erlassen werde.[78] Daraus lässt sich schließen, dass die Aufsicht in diesen Fällen selbst nicht von einem Verwaltungsakt ausgeht.

58 Zu beachten ist bei der Feststellungsklage, dass diese keine aufschiebende Wirkung entfaltet. Jedenfalls für die informelle Anfrage bedeutet das, dass trotz laufender Feststellungsklage die Auskunftspflicht – soweit man von einer solchen bei informellen Anfragen ausgeht (→ Rn. 13) – fortbesteht. Da die Aufsichtsbehörden von einer sanktionierbaren Pflicht zur Beantwortung ausgehen (→ Rn. 13), kann die Nichtbeantwortung der infor-

---

[70] Taeger/Gabel/Grittmann DS-GVO Art. 58 Rn. 24 mwN.
[71] Taeger/Gabel/Grittmann DS-GVO Art. 58 Rn. 29 mwN; zulässig war eine Anfechtungsklage gegen eine Untersagungsverfügung etwa vor dem VG Hannover BeckRS 2021, 34620.
[72] BeckOK VwGO/Gersdorf VwGO § 80 Rn. 24 ff.
[73] Einordnung und zahlreiche Nachweise BeckOK VwGO/Gersdorf VwGO § 80 Rn. 25.
[74] NK-VwGO/Puttler § 80 Rn. 37.
[75] Ehmann/Selmayr/Raum DS-GVO Art. 31 Rn. 14; Kühling/Buchner/Hartung DS-GVO Art. 31 Rn. 18; Paal/Pauly/Martini DS-GVO Art. 31 Rn. 44; BeckOK DatenschutzR/Spoerr DS-GVO Art. 31 Rn. 14; aA Piltz K&R-Beil. Heft 6/2021, 43: kein Rechtsschutz.
[76] Paal/Pauly/Körffer DS-GVO Art. 58 Rn. 9.
[77] BeckOK DatenschutzR/Spoerr DS-GVO Art. 31 Rn. 14 mwN.
[78] Wenzel/Wybitul ZD 2019, 290 (291); MAH ArbR/Wybitul Bd. 1 § 96 Beschäftigungsdatenschutz Rn. 244.

mellen Anfrage daher ein Bußgeld zur Folge haben – auch während eines laufenden Klageverfahrens vor dem Verwaltungsgericht. Die Aufsichtsbehörde kann das Verwaltungsverfahren zwar aussetzen; dies liegt jedoch in ihrem Ermessen.

> **Praxistipp:** 59
> Im Einzelfall kann bei der informellen Anfrage (doch) ein Verwaltungsakt vorliegen. Hierzu ist allerdings eine sehr detaillierte Befassung mit der Ausgestaltung der informellen Anfrage notwendig. Enthält diese nur eine Ankündigung, im Falle der Nichtbeantwortung eine Verfügung zu erlassen, handelt es sich (noch) nicht um einen Verwaltungsakt, weil diese Anfrage keine Regelung enthält. Anders kann es jedoch liegen, wenn die Datenschutzbehörde auf Art. 31 DS-GVO hinweist und deutlich macht, dass aus dieser Norm eine unmittelbare Pflicht folgt.[79]

Auch die aufschiebende Wirkung einer Anfechtungsklage kann nicht verhindern, dass das Verwaltungsverfahren im Übrigen weiterverfolgt wird. 60

> **Praxistipp:** 61
> Bei strittigen Rechtsfragen im Rahmen der Auskunft kann es sich empfehlen, die Behörde aufzufordern, ein formelles Auskunftsersuchen in Form eines Verwaltungsaktes zu stellen. Gegen dieses kann mittels Anfechtungsklage vorgegangen werden, sodass deren aufschiebende Wirkung dann zumindest hinsichtlich der Auskunftspflicht greift. Damit wird im Ergebnis eine rechtliche Entscheidung herbeigeführt. Daran dürfte die Aufsichtsbehörde in den meisten Fällen ebenfalls ein Interesse haben.

Rechtsschutz kann nicht nur gegen die Aufsichtsmaßnahme selbst, also etwa das Auskunftsersuchen, sondern auch gegen ihre Vollziehung gesucht werden. Es gelten insoweit die üblichen Regelungen über Rechtsmittel gegen Verwaltungszwangsmaßnahmen.[80] 62

2. Vorbeugender Schutz gegen ein Bußgeld?

Im Rahmen der verwaltungsrechtlichen Rechtsmittel wird außerdem diskutiert, ob gegen ein drohendes Bußgeld Rechtsschutz in Form einer vorbeugenden Feststellungsklage statthaft ist.[81] Diese Ansicht bezieht sich auf die sogenannte **Damokles-Rechtsprechung** des Bundesverwaltungsgerichts,[82] die dann ein Feststellungsinteresse bejaht, wenn die Behörde droht, ein Bußgeld zu verhängen, also ankündigt, im Falle anhaltender oder künftiger Verstöße ein Bußgeldverfahren einzuleiten.[83] Für das Feststellungsinteresse einer vorbeugenden Feststellungsklage können danach die folgenden Umstände sprechen: 63
- die Übersendung eines Anhörungsbogens zu einem möglichen Verstoß gegen einen Bußgeldtatbestand[84]

---

[79] Stelkens/Bonk/Sachs/U. Stelkens VwVfG § 35 Rn. 83. Instruktiv zur Abgrenzung im Einzelfall Jötten JuS 2008, 436 (Gefährderansprache).
[80] Siehe zu Rechtsmitteln gegen Verwaltungszwangsmaßnahmen nach VwVG-Bund sowie zur Rechtslage in Berlin etwa HK-VerwR/Lemke VwVG § 18 Rn. 1 ff. Im Übrigen wird auf die Kommentierung des Verwaltungszwangsrechts der Länder verwiesen.
[81] Schwartmann/Jaspers/Thüsing/Kugelmann/Burkhardt/Schwartmann BDSG § 41 Anwendung der Vorschriften über das Bußgeld- und Strafverfahren, Rn. 5. Ausführlich dazu Schwartmann/Burkardt, Rechtsgutachten: Vorbeugender verwaltungsgerichtlicher Rechtsschutz zur Abwehr drohender Bußgeldverfahren im Datenschutzrecht, abrufbar unter: https://www.gdd.de/downloads/aktuelles/stellungnahmen/Schwartmann_Burkhardt_Freenet_Gutachten_04032020.pdf, abgerufen am 7.3.2023.
[82] BVerwG NJW 1969, 1589 = BeckRS 1969, 106640; BeckRS 9988, 169744; BeckRS 2005, 28688.
[83] Schwartmann/Burkardt, Rechtsgutachten: Vorbeugender verwaltungsgerichtlicher Rechtsschutz zur Abwehr drohender Bußgeldverfahren im Datenschutzrecht, 40 ff. (siehe Fn. 80).
[84] Unter Verweis auf VGH Kassel NVwZ 1988, 445 so Schwartmann/Burkardt, Rechtsgutachten: Vorbeugender verwaltungsgerichtlicher Rechtsschutz zur Abwehr drohender Bußgeldverfahren im Datenschutzrecht, 42 (siehe Fn. 80).

- formlose rügende Behauptungen der Rechtswidrigkeit eines Vorgangs durch die Behörde,
- eine entsprechende Positionierung in einem Tätigkeitsbericht oder in Papieren von Datenschutzkonferenzen und dem Europäischen Datenschutzausschuss,
- etwaige Verlautbarungen in Sozialen Medien oder auch
- die bisherige Behördenpraxis.[85]

64 Da § 43 VwGO keine Feststellung bloß abstrakter Rechtsfragen zulässt, muss zudem ein feststellungsfähiges Rechtsverhältnis vorliegen. Danach muss die Anwendung einer bestimmten Norm auf einen bereits überschaubaren Sachverhalt streitig sein.[86] Letzteres wird als „Verdichtung" bezeichnet, die den Missbrauch der Feststellungsklage als „allgemeine Auskunftsklage über die Rechtslage" verhindern soll.[87]

65 Besonders zu beachten ist die Subsidiarität der Feststellungsklage gem. § 43 Abs. 2 S. 1 VwGO. Die Feststellung kann danach nicht begehrt werden, soweit der Kläger seine Rechte durch Gestaltungs- oder Leistungsklage verfolgen kann oder hätte verfolgen können. Die vorbeugende Feststellungsklage ist somit dann keine Option mehr, sobald die Aufsichtsbehörde einen Verwaltungsakt erlässt, gegen den mittels Anfechtungsklage vorgegangen werden kann.[88] Anders stellt es sich dar, wenn der Verwaltungsakt lediglich in Aussicht gestellt wird. Dann kommt es darauf an, ob die Ankündigung des Verwaltungsaktes den Erlass eines Bußgeldbescheids unwahrscheinlich erscheinen lässt.[89] Das ist der Fall, wenn die Aufsicht deutlich macht, kein Bußgeld erlassen zu wollen, sondern zu anderen Maßnahmen, wie etwa einer Untersagungsverfügung nach Art. 58 Abs. 2 lit. f DS-GVO greifen zu wollen.[90]

66 Eine andere Frage ist, welchen Einfluss das Verwaltungsgerichtsverfahren auf das Sanktionsverfahren hat. Die Feststellungsklage kann bewirken, dass die Datenschutzbehörde (§ 154d StPO iVm § 46 Abs. 1 OWiG[91]) oder das Gericht (entsprechend § 262 Abs. 2 StPO[92]) das Verfahren aussetzt und die Entscheidung des Verwaltungsgerichts abwartet. Darauf besteht allerdings kein Anspruch; vielmehr liegt die Entscheidung jeweils im Ermessen der Behörde oder des Gerichts.[93] Umstritten ist, ob die Datenschutzbehörde an die Entscheidung des Verwaltungsgerichts gebunden ist.[94] Dagegen könnte insbesondere ins Feld geführt werden, dass eine Feststellungsklage keinen Vollstreckungstitel erwirkt. Es gibt

---

[85] Schwartmann/Burkardt, Rechtsgutachten: Vorbeugender verwaltungsgerichtlicher Rechtsschutz zur Abwehr drohender Bußgeldverfahren im Datenschutzrecht, 42 ff. mwN (siehe Fn. 80).
[86] Schwartmann/Burkardt, Rechtsgutachten: Vorbeugender verwaltungsgerichtlicher Rechtsschutz zur Abwehr drohender Bußgeldverfahren im Datenschutzrecht, 34 ff. mwN (siehe Fn. 80).
[87] VG Freiburg LMuR 2020, 184.
[88] Schwartmann/Burkardt, Rechtsgutachten: Vorbeugender verwaltungsgerichtlicher Rechtsschutz zur Abwehr drohender Bußgeldverfahren im Datenschutzrecht, 86 ff. (siehe Fn. 80).
[89] Schwartmann/Burkardt, Rechtsgutachten: Vorbeugender verwaltungsgerichtlicher Rechtsschutz zur Abwehr drohender Bußgeldverfahren im Datenschutzrecht, 88 (siehe Fn. 80).
[90] Schwartmann/Burkardt, Rechtsgutachten: Vorbeugender verwaltungsgerichtlicher Rechtsschutz zur Abwehr drohender Bußgeldverfahren im Datenschutzrecht, 87 f. mwN (siehe Fn. 80).
[91] Beck RundfunkR/Kremer RStV § 49 Ordnungswidrigkeiten Rn. 82 mwN.
[92] VG Frankfurt NVwZ 1988, 470 (470); Lässig NVwZ 1988, 410 (412); NK-VwGO/Sodan § 43 Rn. 88; KK-StPO/Ott § 262 Rn. 7; Beck RundfunkR/Kremer RStV § 49 Ordnungswidrigkeiten Rn. 82 mwN; Schwartmann/Burkardt, Rechtsgutachten: Vorbeugender verwaltungsgerichtlicher Rechtsschutz zur Abwehr drohender Bußgeldverfahren im Datenschutzrecht, 30, 105 (siehe Fn. 80); strittig jedoch, ob auch im Revisionsverfahren nach § 79 OWiG anwendbar Beck RundfunkR/Kremer RStV § 49 Ordnungswidrigkeiten Rn. 82 mwN.
[93] KK-StPO/Ott § 262 Rn. 8 mwN; Beck RundfunkR/Kremer RStV § 49 Ordnungswidrigkeiten Rn. 82 mwN, plädiert jedoch für eine Pflicht, das Verfahren auszusetzen, wenn die Rechtslage zweifelhaft ist und das Bußgeldverfahren mit seinem Sanktionscharakter nicht das richtige Mittel ist, eine Klärung der Rechtslage herbeizuführen; Schwartmann/Burkardt, Rechtsgutachten: Vorbeugender verwaltungsgerichtlicher Rechtsschutz zur Abwehr drohender Bußgeldverfahren im Datenschutzrecht, 106 mwN (siehe Fn. 80) meinen derweil, dass bei der Ermessensausübung durch das Sanktionsgericht das Interesse der Rechtssicherheit zur Vermeidung widersprüchlicher obergerichtlicher Entscheidungen zu berücksichtigen habe.
[94] Dafür etwa Lässig NVwZ 1988, 410 (412); dagegen etwa ausdrücklich Beck RundfunkR/Kremer RStV § 49 Ordnungswidrigkeiten Rn. 82.

also keine Möglichkeit, die Entscheidung gegenüber der Behörde durchzusetzen. Allerdings ist angesichts der verfassungsmäßigen Bindung der Verwaltung an Recht und Gesetz auch ohne Vollstreckungstitel davon auszugehen, dass Gerichtsurteile respektiert und befolgt werden.[95] Dass die Aufsichtsbehörde ein Bußgeldverfahren noch einleitet, nachdem die Klage vor dem Verwaltungsgericht erfolgreich war, dürfte unwahrscheinlich sein.[96]

Das Gericht, das über den Einspruch gegen einen bereits ergangenen Bußgeldbescheid entscheidet, hat dagegen eine Vorfragenkompetenz (§ 71 OWiG analog) und wird durch die Entscheidung des Verwaltungsgerichts nicht gebunden.[97] Eine Ausnahme bildet der Fall, dass das Verwaltungsgericht die zu entscheidende Frage dem EuGH gem. Art. 267 AEUV vorgelegt und dieser entschieden hat.[98] An die Entscheidung des EuGH ist auch das Amtsgericht im Ordnungswidrigkeitenverfahren gebunden. Allerdings besteht eine Vorlagepflicht gem. Art. 267 Abs. 2 AEUV nur in bestimmten Fällen, in allen übrigen Fällen ist die Vorlage freiwillig. Ob und inwiefern das Gericht die Entscheidung des Verwaltungsgerichts einbezieht, liegt dagegen im Ermessen des Sanktionsgerichts.[99] Dennoch kann die Entscheidung von einem fachspezifisch zuständigen Gericht Einfluss auf die Erfolgsaussichten eines Rechtsbehelfs im Ordnungswidrigkeitenverfahren haben[100] – wenn auch nur als faktisches Präjudiz.[101]

67

3. Taktische Erwägungen

Der Gebrauch verwaltungsrechtlicher Rechtsmittel dürfte für sich genommen nur in bestimmten Fallkonstellationen in Betracht kommen. Grundsätzlich gilt dies vor allem für den Weg des vorbeugenden Schutzes gegen ein drohendes Bußgeld. Allerdings wird die diese Klageart rechtfertigende Fallkonstellation im Datenschutzrecht häufiger vorzufinden sein als in anderen Bereichen des Regulierungsrechts. Dies liegt mitunter daran, dass die DS-GVO im hohen Maße mit Generalklauseln ausgestattet ist, die zugleich bußgeldbewehrt sind. Die Aufsichtsbehörden haben viele der Bußgeldbescheide auf eben solche Generalklauseln gestützt. Des Weiteren ist es in der Praxis des Unternehmensstrafrechts nicht selten, dass Aufsichtsbehörden im Rahmen von Verständigungsgesprächen auch auf die möglichen bußgeldrechtlichen oder strafrechtlichen Implikationen hinweisen, ohne Verfahren einzuleiten.

68

Insofern bietet sich für den Datenschutzverteidiger die Möglichkeit über das Verwaltungsverfahrensrecht Einfluss auf ein (mögliches) Bußgeldverfahren zu nehmen. Dabei ist zu berücksichtigen, dass die Staatsanwaltschaften und Gerichte bislang kaum über datenschutzrechtliche Spezialkompetenz verfügen. Das kann sowohl ein Vor- als auch ein Nachteil sein. Die fehlende Spezialisierung dürfte gerade bei komplexeren Rechtsfragen den Nährboden dafür bereiten, dass die Staatsanwaltschaften und Gerichte geneigt sein dürften, Gebrauch von § 47 OWiG machen. Zu berücksichtigen ist dabei aber, dass eine Einstellung der Staatsanwaltschaft bis zum Zwischenverfahren des Bußgeldverfahrens nach § 41

69

---

[95] BVerwG NJW 1971, 1284 (1284); OVG NRW BeckRS 1997, 23211 Rn. 11; VGH Kassel LMRR 1985, 65 (65); NK-VwGO/Sodan § 43 Rn. 119 mwN.
[96] So auch die Einschätzung VGH Kassel LMRR 1985, 65 (65); NVwZ 1988, 445 (446).
[97] VGH Kassel LMRR 1985, 65 (65); VG Frankfurt NVwZ 1988, 470 (470); OLG Naumburg NJOZ 2014, 1498; Schwartmann/Burkardt, Rechtsgutachten: Vorbeugender verwaltungsgerichtlicher Rechtsschutz zur Abwehr drohender Bußgeldverfahren im Datenschutzrecht, 104 f. mwN (siehe Fn. 80).; aA Lässig NVwZ 1988, 410 (412); BeckOK VwGO/Lindner VwGO § 121 Rn. 24.
[98] KK-StPO/Ott § 262 Rn. 4 mwN.
[99] KK-StPO/Ott § 262 Rn. 3; Schwartmann/Burkardt, Rechtsgutachten: Vorbeugender verwaltungsgerichtlicher Rechtsschutz zur Abwehr drohender Bußgeldverfahren im Datenschutzrecht, 105 (siehe Fn. 80).
[100] So die Einschätzung VGH Kassel LMRR 1985, 65 (65); NVwZ 1988, 445 (446); mittelbaren Einfluss sieht auch das OVG Münster BeckRS 1996, 22530; von einem sogar „erheblichen Einfluss" gehen NK-VwGO/Sodan § 43 Rn. 86 und Schwartmann/Burkhart, Rechtsgutachten: Vorbeugender verwaltungsgerichtlicher Rechtsschutz zur Abwehr drohender Bußgeldverfahren im Datenschutzrecht, 58 mwN (siehe Fn. 80; aA VG Frankfurt NVwZ 1988, 470 (470): kein Einfluss mangels rechtlicher Bindungswirkung.
[101] VG Freiburg LMuR 2020, 184 (186).

Abs. 2 S. 3 BDSG von der Zustimmung der Aufsichtsbehörde abhängig ist. Ohnehin wird die Staatsanwaltschaft den datenschutzrechtlichen Sachverhalt von der Aufsichtsbehörde beziehen, so dass eine frühzeitige Anrufung des Verwaltungsgerichts sich als vorteilhaft erweisen kann, wenn der Datenschutzverteidiger nach rechtlicher Bewertung des Sachverhalts zu dem Ergebnis kommt, dass das Verwaltungsgericht (eher) der Rechtsauffassung der Verteidigung zustimmen könnte. Wenn „die Musik" im Verwaltungsverfahren spielt, werden Staatsanwaltschaft und das Gericht in den meisten Fällen das Verfahren nach § 154d StPO bzw. § 262 Abs. 2 StPO vorläufig einstellen.

70 **Hinweis:**
Bei all diesen Erwägungen muss der Datenschutzverteidiger in Rechnung stellen, dass Strafverfolger strukturell dazu neigen, einmal im Raum stehende Verdacht Hypothesen zu bestätigen.[102] Als Strafverteidiger lernt man früh, mit der strukturellen Voreingenommenheit der Staatsanwaltschaften und Gerichte umzugehen. Eine der wichtigsten taktischen Fragestellungen in gerichtlichen Verfahren ist immer, ob ein Gericht noch offen für Argumente erscheint oder eben nicht. Auch dies kann bei der Frage, ob der Weg über das Verwaltungsrecht als Voraus-Verteidigung zu suchen ist, eine Rolle spielen.

D. Verteidigung im Bußgeldverfahren („Ermittlungsverfahren")

I. Normenprogramm im Bußgeldverfahren

71 Nach § 41 Abs. 2 Satz 1 BDSG gelten für *Verfahren* nach Art. 83 Abs. 4–6 DS-GVO die Vorschriften des OWiG und der allgemeinen Gesetze über das Strafverfahren, namentlich der StPO und des GVG, entsprechend, soweit das BDSG nichts anderes bestimmt. Ausgenommen sind gemäß § 41 Abs. 2 S. 2 BDSG aber die Vorschriften über die Verwarnung im Bußgeldverfahren (§ 56–58 OWiG), sowie die Vorschriften zur Einziehung (§§ 87, 88 OWiG).[103] Zu beachten gilt, dass auch das OWiG gem. § 46 OWiG die Gesetze über das Strafverfahren für „sinngemäß" anwendbar erklärt – jedoch nur, soweit das OWiG nichts anderes bestimmt. Die Verweisungskette enthält somit eine zweifache Öffnung für Auslegungen. Das Datenschutzrecht verweist auf eine *entsprechende* Anwendung des OWiG, welches die Strafprozessordnung für *sinngemäß* anwendbar erklärt. In der entsprechenden Anwendung des OWiG wird zum Teil eine leichte Distanzierung des Gesetzgebers vermutet, die dem Anwendungsvorrang der DS-GVO Rechnung tragen soll.[104] Noch gewichtiger dürfte aber das zweite Glied der Verweisungskette sein, weil diese gewährleistet, dass bestimmte eingriffsintensive Befugnisse der Strafprozessordnung für den Bereich der Ahndung von Ordnungswidrigkeiten ausgenommen werden.[105] Die Verschränkung der DS-GVO mit dem OWiG und der StPO dürfte im Ergebnis daher zu einem eigenen „Datenschutzstrafprozessrecht" führen.[106] Eine ähnliche Entwicklung hat auch das Kartellordnungswidrigkeitenverfahren hinter sich. Hier hat der BGH im Beweisrecht einige Modifikationen vorgenommen, um den Besonderheiten des Gewichts der Geldbußen gerecht zu

---

[102] Instruktiv dazu und zum Zustand der Strafjustiz im Allgemein Sommer StraFo 2022, 262.
[103] Die Vorschriften zur Verwarnung im Ordnungswidrigkeiten sind mit Rücksicht auf die vorrangig geltenden Vorschriften zur Verwarnung in Art. 58 DS-GVO ausgeschlossen. Bei der Einziehung folgt dies daraus, dass die Einziehung von Gegenständen nach § 22 OWiG in der DS-GVO nicht vorgesehen ist. Die Vermögensabschöpfung ist dagegen möglich, vgl. BeckOK DatenschutzR/Brodowski/Nowak, 42. Ed. 1.11.2022, BDSG § 41 Rn. 23.
[104] BeckOK DatenschutzR/Brodowski/Nowak, 42. Ed. 1.11.2022, BDSG § 41 Rn. 7; aA Taeger/Gabel/Wybitul/Zhou BDSG § 41 Rn. 8.
[105] Zu den einzelnen Befugnissen KK-OWiG/Lampe § 46 Rn. 2.
[106] Bülte StV 2017, 460 spricht von einem „Datenschutzbußgeldrecht"; Basar StraFo 2019, 222 von einem „Datenschutzstrafrecht".

werden.¹⁰⁷ Ähnliches kann auch für das Datenschutzstrafprozessrecht erwartet werden. Die zwei Ketten der Verweisungen lassen hierfür den notwendigen Raum.

II. Rechte im Bußgeldverfahren

Betroffene eines Sanktionsverfahrens nach Art. 83 Abs. 4–6 DS-GVO iVm § 41 BDSG haben dieselben Rechte und es gelten dieselben Verfahrensgarantien wie in Bußgeldverfahren wegen Verstößen gegen deutsches Ordnungswidrigkeitenrecht.¹⁰⁸ Zu nennen sind hier insbesondere 72
- das Recht auf ein faires Verfahren,
- die Selbstbelastungsfreiheit (bei Unternehmen siehe jedoch → § 32 Rn. 12),
- das Recht auf Zugang zu einem Rechtsbeistand,
- das Recht auf gerichtlichen Rechtsschutz
- das Recht auf rechtliches Gehör,
- das Verbot der Doppelbestrafung und
- die Unschuldsvermutung.¹⁰⁹

III. Rechtsschutz gegen die Einleitung des Bußgeldverfahrens

Gegen die Einleitung des Bußgeldverfahrens als solches gibt es kein Rechtsmittel. 73

Allerdings stehen den Datenschutzbehörden wegen § 41 Abs. 2 S. 1 BDSG iVm § 46 Abs. 1 OWiG Befugnisse aus der StPO zu, soweit OWiG und BDSG nichts anderes bestimmen.¹¹⁰ Will die Behörde auf die Befugnisse aus der StPO zurückgreifen, hat sie jedoch zunächst zu prüfen, ob ihre Anwendung im Ordnungswidrigkeitenverfahren auch gerechtfertigt ist.¹¹¹ Zudem ergibt sich aus § 46 Abs. 3 OWiG, dass bei den Eingriffsbefugnissen der StPO im OWiG Zurückhaltung angemahnt wird.¹¹² Entscheidet sich die Aufsichtsbehörde im Bußgeldverfahren auf die Befugnisse der StPO zurückzugreifen, kann sie dies nur, wenn ein **Anfangsverdacht** für eine Ordnungswidrigkeit vorliegt. 74

Gegen die Eingriffsmaßnahme kann der Betroffene Rechtsbehelfe und Rechtsmittel einlegen. Gegen eine Durchsuchung kommt die Beschwerde (§ 304 StPO) in Betracht.¹¹³ Im Rahmen dieser Beschwerde kann dann auch das Fehlen eines Anfangsverdachts gerügt werden. Nur in dieser Konstellation – wenn also Eingriffsmaßnahmen angeordnet bzw. vollstreckt wurden – besteht die Möglichkeit, die Einleitung des Bußgeldverfahrens einer Überprüfung durch das Gericht zuzuführen. 75

> **Praxistipp:**
> Die Anordnung von strafprozessualen Eingriffsmaßnahmen steht in der Praxis des Unternehmensstrafrechts häufig am Beginn eines Ermittlungsverfahrens. Oft erfahren Betroffene erst in diesem Moment von der Existenz des gegen sie oder gegen Dritte gerichteten Verfahrens. Im Datenschutzstrafprozessrecht wird dies eher die Ausnahme sein, nicht zuletzt, wenn sich das Bußgeldverfahren aus dem vorgelagerten Aufsichtsverfahren entwickelt. Aber auch wenn die Aufsichtsbehörde das Bußgeldverfahren auf einen Hinweis eines Dritten einleitet, wird diese häufige eine Anhörung des Betroffenen durchführen. 76

---

¹⁰⁷ Zur Entscheidung des BGH („Flüssiggas III") Schürmann/Basar WuW 2020, 126f.
¹⁰⁸ BeckOK DatenschutzR/Brodowski/Nowak BDSG § 41 Rn. 47.
¹⁰⁹ BeckOK DatenschutzR/Brodowski/Nowak BDSG § 41 Rn. 47 mwN.
¹¹⁰ So auch Adelberg/Spittka/Zapf CB 2021, 149 (149).
¹¹¹ BeckOK OWiG/Bücherl OWiG § 46 Rn. 4.
¹¹² BeckOK OWiG/Bücherl OWiG § 46 Rn. 5 mwN.
¹¹³ Specht/Mantz DatenschutzR-HdB/Born § 8 Rn. 13; BeckOK DatenschutzR/Brodowski/Nowak BDSG § 41 Rn. 43.

IV. Verteidigungsmöglichkeiten im Bußgeldverfahren vor der Behörde

77 Grundsätzlich bestehen **zwei** taktische Stoßrichtungen für die Verteidigung im Ordnungswidrigkeitenverfahren. Sie kann auf eine Einstellung des Verfahrens oder – falls dies nicht realistisch ist – auf eine Sanktionszumessungsverteidigung gerichtet sein.[114] Eine Einstellung ist immer dann als Ziel zu formulieren, wenn nach § 41 BDSG iVm § 46 Abs. 1 OWiG iVm § 170 Abs. 2 S. 1 StPO kein Tatverdacht vorliegt oder eine Einstellung aus Opportunitätsgründen naheliegt (§ 47 Abs. 1 OWiG).[115] Eine Einstellung gegen Zahlung eines Geldbetrags wie nach § 153a StPO ist nach § 47 Abs. 3 OWiG ausgeschlossen. Hinsichtlich einer Einstellung aus Opportunitätsgründen ist zu beachten, dass im Datenschutzrecht insgesamt ein durch die DS-GVO modifiziertes Opportunitätsprinzip gilt.[116]

78 Für das Absehen von Bußgeldern besteht zum einen wegen des effet utile-Grundsatzes[117] sowie nach Erwägungsgrund 148 S. 1 ein geringerer Spielraum als sonst bei Einstellungen aus Opportunitätsgründen gem. § 47 OWiG.[118] Insbesondere formuliert Erwägungsgrund 148 S. 2, dass bei geringfügigen Verstößen oder übermäßigen Härten durch eine Geldbuße lediglich eine Verwarnung erteilt werden kann. Weitere Kriterien dafür, ob ein Bußgeld verhängt wird, ergeben sich aus Art. 83 Abs. 2 DS-GVO.[119] Eingestellt wird das Verfahren auch gem. § 46 OWiG iVm § 170 Abs. 2 Satz 1 StPO, wenn Verjährung eingetreten ist.[120] Die Verjährungsfrist beträgt drei Jahre, beginnt aber erst, wenn der Verstoß abgestellt wurde (siehe hierzu → § 4 Rn. 97ff.).[121] Werden Verstöße erst nach ihrer Verjährung bekannt, sollte der Verantwortliche im Blick halten, dass weitere Prüfungen durch die Datenschutzbehörden nahe liegen.[122]

79 Bei der (angestrebten) Einstellungsentscheidung muss der Datenschutzverteidiger immer prüfen, welche Bindungswirkung aus dieser folgt. Bei einer Einstellung nach § 170 Abs. 2 S. 1 StPO kann das Verfahren jederzeit wieder aufgenommen werden, wenn Anlass dazu besteht.[123] Die (Ermessens)-Einstellung nach § 47 OWiG kann dagegen eine Sperre gegen die Wiederaufnahme darstellen. Entscheidend ist hier, ob das Verfahren durch die Aufsichtsbehörde als Verwaltungsbehörde, die Staatsanwaltschaft oder das Gericht eingestellt wurde.[124] Stellt die Aufsichtsbehörde das Verfahren nach § 47 OWiG ein, dann hat diese Entscheidung keine Bindung.[125] Anders ist dies bei Einstellungen der Staatsanwaltschaft und dem Gericht.[126] Hier wirkt die Entscheidung dahingehend, dass eine Wiederaufnahme nur aufgrund neuer Tatsachen oder Beweismittel erfolgen kann.[127]

---

[114] Adelberg/Spittka/Zapf CB 2021, 149 (149).
[115] Adelberg/Spittka/Zapf CB 2021, 149 (149).
[116] Einführend Golla CR 2018, 353; zustimmend Gola/Heckmann DS-GVO/BDSG/Heckmann/Ehmann BDSG § 41 Rn. 15 mwN; Auernhammer/Golla BDSG § 41 Rn. 14 mwN. Für ein Legalitätsprinzip: Kühling/Buchner/Bergt DS-GVO Art. 83 Rn. 30 ff. Für das Opportunitätsprinzip: S. EG 148 S. 1, 2 DS-GVO, vgl. BeckOK DatenschutzR/Brodowski/Nowak, 41. Ed. 1.8.2022, BDSG § 41 Rn. 41 ff.; Spindler/Schuster/Eckhardt DS-GVO Art. 83 Rn. 21; BeckOK DatenschutzR/Holländer, 41. Ed. 1.11.2021, DS-GVO Art. 83 Rn. 22; Paal/Pauly/Frenzel DS-GVO DS-GVO Art. 83 Rn. 10 ff.
[117] Absehen von Geldbußen danach nur im Ausnahmefall, Paal RDV 2021, 71 (74).
[118] Auernhammer/Golla BDSG § 41 Rn. 14 mwN.
[119] Auernhammer/Golla DS-GVO Art. 83 Rn. 13.
[120] KK-StPO/Moldenhauer § 170 Rn. 15.
[121] Wenzel/Wybitul ZD 2019, 290 (295) mwN.
[122] Wenzel/Wybitul ZD 2019, 290 (295) mwN.
[123] MüKoStPO/Kölbel § 170 Rn. 26 mwN; KK-StPO/Moldenhauer § 170 Rn. 23 mwN; BeckOK StPO/Gorf StPO § 170 Rn. 20 mwN. Nach Löwe-Rosenberg/Graalmann-Scheerer stopp § 170 Rn. 50 geht dies soweit, dass die Staatsanwaltschaft das Verfahren „nach Belieben" wieder aufnehmen kann. Sogar ein Wechsel des Dezernenten mit einer neuen (oder schlicht anderen) Rechtsmeinung könnte Anstoß für eine Wiederaufnahme sein.
[124] Zum Ganzen KK-StPO/Mitsch OWiG § 47 Rn. 26 f.
[125] KK-StPO/Mitsch OWiG § 47 Rn. 28.
[126] KK-StPO/Mitsch OWiG § 47 Rn. 34/36.
[127] KK-StPO/Mitsch OWiG § 47 Rn. 37.

> **Praxistipp:**
> In der Praxis des Unternehmensstrafrecht werden Einstellungen nach §§ 153, 153a StPO gerade deswegen bevorzugt, weil damit die Möglichkeit der Wiederaufnahme „vom Tisch" ist und für den Mandanten Rechtssicherheit besteht. Das kann auch ein Vorteil für das Datenschutzstrafverfahren sein; immerhin wird durch eine Einstellung nach § 47 OWiG bewirkt, dass die Änderung der Rechtslage alleine keine Wiederaufnahme rechtfertigen kann. Taktisch bietet sich § 47 OWiG als ein in vieler Hinsicht vorteilhaftes Verfahrensziel dort an, wo die datenschutzrechtliche Rechtslage noch ungeklärt ist. Ein später ergehendes (nachteiliges) Urteil würde die Einstellung nicht mehr tangieren.

80

Im Bußgeldverfahren hat der Betroffene bzw. das betroffene Unternehmen die Rechte zur Verteidigung aus der StPO. Diese werden jedoch zum Teil durch das Ordnungswidrigkeitenrecht angepasst. Zunächst bekommt der Betroffene die Möglichkeit zur Stellungnahme gem. § 55 Abs. 1 OWiG iVm § 163a Abs. 1 StPO. Die frühe Möglichkeit der Stellungnahme bietet eine wichtige Möglichkeit, Weichen für das weitere Verfahren zu stellen und sollte daher im Zentrum der ersten Verteidigungsbemühungen stehen. Allerdings kann der Betroffene gemäß § 46 Abs. 1 OWiG iVm § 136 Abs. 1 S. 2 StPO die Aussage verweigern. Darüber ist er zu belehren. Der Betroffene braucht jedoch – anders als der Beschuldigte im Strafverfahren – nicht darauf hingewiesen zu werden, dass er einen von ihm zu wählenden Verteidiger befragen kann, § 55 Abs. 1 S. 2 OWiG. Auch sind nach § 55 Abs. 2 S. 2 OWiG die § 136 Abs. 1 S. 3 bis 5 StPO nicht anwendbar. Es entfällt die Pflicht zur Belehrung über das Beweisantragsrecht.

81

Die weiteren Vorschriften über die Verteidigung (§§ 137–149 StPO) gelten auch im Verfahren vor der Behörde sinngemäß.[128] Das wichtigste Recht der Verteidigung ist das Recht auf Einsicht in die Akte nach § 46 Abs. 1 OWiG iVm § 147 StPO. Dieses kann allerdings nur der Verteidiger wahrnehmen. Für den Betroffenen besteht im Ordnungswidrigkeitenrecht nach § 49 Abs. 1 S. 1 OWiG die Möglichkeit ohne Einschaltung eines Verteidigers Akteneinsicht zu nehmen. Gleichwohl muss berücksichtigt werden, dass das Akteneinsichtsrecht des Verteidigers nach § 147 Abs. 1 StPO weiter reicht als dasjenige des Betroffenen,[129] da dem Verteidiger nur bei Gefährdung des Untersuchungszwecks die Einsicht verweigert werden kann (§ 147 Abs. 2 StPO). Für das Recht des Betroffenen gilt dagegen, dass dieses auch dann versagt werden kann, soweit der Untersuchungszweck auch in einem anderen Straf- oder Bußgeldverfahren gefährdet wird oder überwiegende schutzwürdige Interessen Dritter entgegenstehen. Außerdem sieht § 49 OWiG auch keine mit § 147 Abs. 6 StPO vergleichbare Regelung vor, so dass selbst nach Abschluss der Ermittlungen für den Betroffenen keine Sicherheit besteht, die Akte auch tatsächlich zu erhalten.

82

> **Praxistipp:**
> Das Recht zur Akteneinsicht besteht im gesamten Bußgeldverfahren und ist in seiner Häufigkeit grundsätzlich nicht beschränkt. Bei größeren Verfahren sollte es daher regelmäßig in Anspruch genommen werden. Im Unternehmensstrafrecht hat es sich in der Praxis durchgesetzt, dass man einen Antrag auf Aktualisierung der Akten stellt. Hintergrund ist, dass die Behörden in der Zwischenzeit durchaus weitere Maßnahmen ergriffen haben können (Anforderung von Dokumenten, Befragung von Zeugen etc), über die der Verteidiger informiert sein muss. Aus diesem Grund sollte zu Beginn des Bußgeldverfahrens, nach Bekanntwerden von Ermittlungsmaßnahmen (zB eine Durchsuchung) und nach Erlass eines etwaigen Bußgeldbescheids immer Akteneinsicht genommen werden.

83

---

[128] KK-OWiG/Lampe § 46 Rn. 55.
[129] Adelberg/Spittka/Zapf CB 2021, 149 (150).

84 Im Zentrum der Verteidigungsmöglichkeiten im Ermittlungsverfahren steht die **Stellungnahme des Betroffenen bzw. der Verteidigung.** Hier ist zunächst zu differenzieren, welche strafprozessuale Qualität der Stellungnahme beizumessen ist. Je nach Ausgestaltung kann es sich nämlich um eine Einlassung des Betroffenen oder um eine Stellungnahme der Verteidigung handeln. Die Unterscheidung ist für die spätere Verwertung der Erklärung in der Hauptverhandlung entscheidend. Bei einer Stellungnahme der Verteidigung gilt, dass diese in der Hauptverhandlung nicht als Erklärung des Betroffenen verlesbar ist. Anders ist dies nur dann, wenn die Stellungnahme als schriftliche Äußerung des Betroffenen zu werten ist.[130] Dies muss im Schriftsatz klargestellt werden.

85 Praxistipp:
Es gibt keinen sachlichen Grund im Ermittlungsverfahren die Stellungnahme als Äußerung des Betroffenen zu formulieren. Die Stellungnahme des Betroffenen dient hier vor allem dazu, der Ermittlungsbehörde mitzuteilen, wie man sich zu dem Vorwurf positioniert und welche Verteidigungsargumente vorgebracht werden. Daneben hat die Funktion Beweismittel zu benennen, die zur Entlastung des Betroffenen beitragen und den Ermittlungsbehörden (noch) nicht bekannt sind.

86 Übersehen darf dabei aber nicht, dass im Rahmen der vereinfachten Beweisaufnahme nach § 77a OWiG (→ Rn. 151) die Stellungnahme der Verteidigung auch dann eingeführt werden kann, wenn sowohl der Verteidiger als auch der Betroffene in der Hauptverhandlung ausbleiben und der Verteidiger bei Abgabe seiner Erklärungen Verteidigungsvollmacht hatte.[131]

87 Neben der Form muss sich die Verteidigung auch zu den Inhalten der Stellungnahme nach § 55 OWiG positionieren. Dabei steht am Anfang jeder taktischen Erwägung, ob überhaupt eine Stellungnahme zur Akte gereicht wird.[132] Die Verteidigung kann frei über den Zeitpunkt der Abgabe einer Stellungnahme entscheiden. Im Strafprozessrecht gilt allgemein, dass Beweiserhebungen nicht deswegen zurückgestellt werden dürfen, weil diese zu spät vorgebracht werden.[133] Eine Variante kann durchaus darin liegen, mit einer Stellungnahme zuzuwarten, bis die Aufsichtsbehörde sich selbst positioniert hat. Die Gründe hierfür können vielfältig sein. Manchmal ist die sachliche Grundlage für ein Bußgeldverfahren schon zweifelhaft und mit den Mitteln der Strafprozessordnung gar nicht aufklärbar. In solchen Fällen kann es Sinn machen, sich im Bußgeldverfahren gar nicht zu äußern. Praktisch wird dies im Datenschutzstrafprozessrecht nur in überschaubaren Sachverhaltskonstellationen zum Tragen kommen können, weil neben einem Bußgeldverfahren auch (weitere) Aufsichtsverfahren von der Aufsichtsbehörde betrieben werden können. Das „harte" Schweigen wird bei komplexen Fällen möglicherweise eine intensivere Aufsicht nach sich ziehen. Das kann dann dazu führen, dass das Schweigen in einem Fall weitere Fälle nach sich zieht.

88 Eine allgemeine Empfehlung zur richtigen Vorgehensweise kann nicht erteilt werden, sondern hängt vom jeweiligen Verfahren ab. Weder kann pauschal zum passiven Abwarten geraten werden, noch in allen Fällen zur Preisgabe sämtlicher Informationen und Argumente zum frühestmöglichen Zeitpunkt. Als Leitlinie lässt sich jedoch sagen, dass in die Entscheidung für den richtigen Umfang und Zeitpunkt der Argumentation davon abhängt, wie gewichtig die Einwände der Verteidigung sind und ob mit diesem noch Einfluss auf die Datenschutzbehörden genommen werden kann.[134] Manchmal kann es auch Sinn machen, die Stellungnahme zu teilen. Denkbar ist es, zunächst zu einem eingegrenzten Problemkreis Stellung zu beziehen, um sodann den Dialog mit der Datenschutzauf-

---

[130] Zum Ganzen Burhoff, Handbuch für die strafrechtliche Hauptverhandlung, 9. Aufl. 2019, V Rn. 3383.
[131] Burhoff, Handbuch für die strafrechtliche Hauptverhandlung, 9. Aufl. 2019, B Rn. 1449.
[132] Adelberg/Spittka/Zapf CB 2021, 149 (150).
[133] Für das Beweisrecht der Hauptverhandlung ist dies in § 246 StPO festgeschrieben.
[134] Adelberg/Spittka/Zapf CB 2021, 149 (150).

sicht zu suchen und abzuklopfen, ob überhaupt noch eine Offenheit für Argumente der Verteidigung besteht. Zwingend angezeigt ist die Stellungnahme dann, wenn der Sachverhalt korrigiert werden kann und einem möglichen Bußgeld von vornherein der sachliche Boden entzogen wird. Anders ist es dagegen, wenn die Vorwürfe dem Grunde nach zutreffen; hier ist es dann naheliegend auf die Zumessungsverteidigung umzustellen.[135]

Gerade in Fällen, in denen der Vorwurf nur noch schwer widerlegt werden kann, kann es sich anbieten, mit der Datenschutzaufsicht über ein „Settlement" zu verhandeln. Im Kern handelt es sich hier um eine Verständigung. Sowohl in Bußgeldverfahren nach dem Kartellrecht und dem Kapitalmarktrecht sind solche einvernehmliche Verfahrensbeendigung mit dem Bundeskartellamt bzw. der Bundesanstalt für Finanzdienstleistungsaufsicht (BaFin) üblich, obwohl eine gesetzliche Regelung für das Ermittlungsverfahren im Bußgeldrecht nicht vorhanden ist.[136] Eine an § 153a StPO angelehnte Regelung existiert im Bußgeldrecht ebenfalls nicht. Im Gegenteil wird für die Einstellung nach Opportunität in § 47 Abs. 3 OWiG die Verknüpfung der Einstellung mit einer Geldzahlung ausgeschlossen. Gleichwohl werden in der Praxis häufig sog. informelle Absprachen getroffen, die auf dem Vertrauen der Beteiligten basieren und regelmäßig eine Ankündigung der Behörde enthält, eine bestimmten Bußgeldrahmen einzuhalten.[137] Neuerdings wird hier diskutiert, ob auch solche „Deals" Bindungswirkung entfalten.[138] In der Praxis des Datenschutzrechts ist bislang aber kein Fall bekannt, in der sich die Datenschutzbehörde von der Zusage gelöst hätte. 89

Siehe zur Perspektive der Aufsichtsbehörde auf das Instrument der Verständigung (insbesondere, welche Fälle sich für eine Verständigung eignen und welche nicht): → § 4 Rn. 84 ff. 90

Als Vorüberlegung zur Stellungnahme muss der Datenschutzverteidiger sich mit den Voraussetzungen des datenschutzrechtlichen Bußgelds auseinandersetzen. Die Frage der Haftung ist derzeit streitig und bislang auch noch nicht höchstrichterlich entschieden. Im Wesentlichen besteht Uneinigkeit, ob Unternehmen unmittelbar haften oder eine Haftung des Verantwortlichen über §§ 30, 130 OWiG erfolgt, sodass eine schuldhafte Handlung einer natürlichen Person als Anknüpfungspunkt erforderlich ist.[139] Umstritten ist zudem, ob die Geldbuße gegen andere Konzerngesellschaften als diejenige, die den Verstoß begangen haben soll, verhängt werden kann. In diese Richtung ging etwa das LG Bonn.[140] Nach anderer Auffassung ist dies jedoch unzulässig.[141] Je nach vertretener Auffassung variieren die Anforderungen an die Ermittlungen und die Darlegung im Bußgeldbescheid (im Einzelnen → § 3 Rn. 9 ff.). Der Datenschutzverteidiger muss diese Diskussion kennen und die weitere Rechtsprechung hier im Blick behalten, weil sich die Verteidigungsbemühungen daran auszurichten haben. Vor Erlass eines Bußgeldbescheids sollte die Thematik allerdings nicht zu sehr in den Vordergrund gestellt werden, weil es nicht Aufgabe des Datenschutzverteidigers sein kann, die Datenschutzbehörde dahingehend zu unterstützen, den Bußgeldbescheid fehlerlos zu formulieren. Im Ermittlungsverfahren sollte vielmehr Fokus auf die Angriffspunkte im materiellen Datenschutzrecht gelegt werden. Dazu gehören zum einen die mangelnde Bestimmtheit des jeweiligen Bußgeldtatbestands oder auch die Möglichkeit einer Verjährung.[142] 91

---

[135] Adelberg/Spittka/Zapf CB 2021, 149 (150).
[136] David/Dinter/Szesny, Praxis des Bußgeldverfahrens im Kapitalmarktrecht, 2021, Rn. 1272.
[137] Zum Ganzen samt der Voraussetzungen hierfür HK-OWiG/Gassner § 47 Rn. 21 f.
[138] Zum Ganzen HK-OWiG/Gassner § 47 Rn. 22. Für die StPO: Nötzel/Klauck NStZ 2021, 577 (581). Vgl. Schneider NStZ 2014, 192 (197); MüKoStPO/Jahn, 1. Aufl. 2016, § 160b Rn. 31 verneint eine solche Bindungswirkung, schließt bei schwerwiegenden Verstößen gegen die Absprache aber ein Verfolgungshindernis nicht aus.
[139] Dazu sogleich.
[140] LG Bonn MMR 2021, 173; so Einschätzung Adelberg/Spittka/Zapf CB 2021, 149 (152).
[141] Adelberg/Spittka/Zapf CB 2021, 149 (152).
[142] Adelberg/Spittka/Zapf CB 2021, 149 (152).

V. Erlass des Bußgeldbescheids

1. Voraussetzungen für den Erlass

92 Beim etwaigen Erlass eines Bußgeldbescheids muss sich die Datenschutzbehörde zu den Haftungstatbeständen der DS-GVO positionieren. Bei Bußgeldern nach Art. 83 Abs. 4–6 DS-GVO gegen Unternehmen sind die Voraussetzungen für den Erlass und die Anforderungen an einen Bußgeldbescheid ungeklärt.[143] Umstritten ist bisher, ob §§ 30, 130 OWiG im Datenschutzbußgeldverfahren anzuwenden sind.

93 Siehe zur Annahme
- einer unmittelbaren Unternehmenshaftung aufgrund des unionsrechtlichen Anwendungsvorrangs → § 4 Rn. 5, 63 ff.
- der Anwendbarkeit von §§ 30, 130 OWiG u. a. aufgrund des Schuldprinzips als Ausprägung der nationalen Verfassungsidentität → § 3 Rn. 9, 39.

94 Auch die bislang einzigen Entscheidungen deutscher Gerichte fielen gegensätzlich aus.
- Laut dem **LG Bonn**[144] haften Unternehmen unmittelbar für datenschutzrechtliche Verstöße. Dass der Bußgeldbescheid in dem betreffenden Verfahren keine Angaben dazu enthielt, welche natürliche Person im Unternehmen durch welche Handlungen den Verstoß begangen hatte, hielt das LG Bonn für unschädlich.
- Nach Ansicht des **LG Berlin**[145] ist dagegen eine Zurechnung des Handelns natürlicher Personen zum Unternehmen gem. § 30 OWiG erforderlich.

95 Das KG Berlin hat die Frage mittlerweile dem EuGH vorgelegt.[146] Dieser soll nun klären, ob ein Bußgeldverfahren unmittelbar gegen ein Unternehmen geführt werden kann oder es der Feststellung einer gegebenenfalls volldeliktischen Ordnungswidrigkeit durch eine Leitungsperson nach § 30 OWiG bedarf. Zusätzlich möchte das KG beantwortet haben, ob das Unternehmen den durch einen Mitarbeiter vermittelten Verstoß schuldhaft begangen haben muss oder bereits ein objektiver Pflichtenverstoß ausreicht.[147]

95a **Hinweis:**

Am 27.4.2023 hat der Generalanwalt beim EuGH seinen Schlussantrag veröffentlicht.[148] Der Generalanwalt führte dabei aus, dass aus seiner Sicht die Verhängung einer Geldbuße gegen eine juristische Person nicht von der vorherigen Feststellung eines Verstoßes durch eine oder mehrere konkret benannte natürliche Personen, die für das Unternehmen tätig sind, abhängen soll. Damit schließt er sich im Ergebnis der Entscheidung des LG Bonns an. Zugleich stellte der Generalanwalt fest, dass die Verhängung von Bußgeldern wegen Verstößen gegen die DSGVO nicht verschuldensunabhängig erfolgen dürfe. Dem Schlussantrag kommt in der Praxis eine große Bedeutung zu. Eine Entscheidung des EuGH wird für 2023 erwartet.

96 Sollte der EuGH entscheiden, dass Unternehmen unmittelbar und bereits für objektive Pflichtverstöße haften, würde dies bedeuten, dass schon die Auskunft über einen Verstoß des Unternehmens zu einem Bußgeld führen könnte. Gilt jedoch § 30 OWiG oder ist

---

[143] Zum Meinungsstand siehe KG Berlin BeckRS 2021, 39748 und Brest, Das Bußgeldverfahren im Datenschutzrecht, 2022, 47 f.
[144] LG Bonn MMR 2021, 173. Dazu Stürzl juris-PR-StrafR 1/2021 Anm. 1.
[145] LG Berlin NZWiSt 2021, 314; dazu Basar juris-PR-StrafR 5/2021 Anm. 1.
[146] KG Berlin BeckRS 2021, 39748.
[147] LG Bonn und Berlin gingen jeweils von einem Schulderfordernis aus, LG Bonn MMR 2021, 173 (175): Schuldfähigkeit des Unternehmens; LG Berlin NZWiSt 2021, 314 (317): schuldhaftes Handeln einer Leitungsperson; verschuldensunabhängige Sanktionierung sei mit deutschem Verfassungsrecht auch nicht vereinbar nach Paal RDV 2021, 71 (73).
[148] Abrufbar unter https://curia.europa.eu/juris/document/document.jsf?text=&docid=272981&pageIndex=0&doclang=de&mode=req&dir=&occ=first&part=1&cid=2510280, abgerufen am 30.4.2023.

doch zumindest die Schuld des Unternehmens festzustellen, wären weitere Ermittlungen erforderlich, bevor ein Bußgeldbescheid erlassen werden kann.[149]

Die meisten deutschen Datenschutzbehörden vertreten bislang die Auffassung des LG Bonn,[150] sie gehen also von einer unmittelbaren Haftung des Unternehmens aus. Es ist auch nicht zu erwarten, dass sich daran ohne eine entsprechende Entscheidung des EuGHs etwas ändert. Denn auch der Europäischen Datenschutzausschusses (EDSA) vertritt in seinen neuen Leitlinien zur Bußgeldbemessung, dass Unternehmen unmittelbar haften, also der funktionale Unternehmensbegriff im Datenschutzrecht gilt.[151] Alle Handlungen oder Unterlassungen natürlicher Personen, die befugt sind, im Namen von Unternehmen zu handeln, seien dem Unternehmen zuzurechnen und als eine unmittelbar vom Unternehmen selbst begangene Handlung und Zuwiderhandlung zu betrachten betrachtet werden.[152] Nicht relevant sei insbesondere, welche natürliche Person für das Unternehmen gehandelt habe.[153]

Relevant ist diese Frage nicht bloß im Hinblick darauf, wie groß das Risiko ist, dass ein Bußgeld verhängt wird, sondern auch an den sich anschließenden Möglichkeiten der Verteidigung. Denn je nach vertretener Ansicht sind andere Anforderungen an den Inhalt des Bußgeldbescheids sowie an die sich etwaig anschließende gerichtliche Entscheidung zu stellen.[154] Der das Ermittlungsverfahren abschließende Bußgeldbescheid muss – sowie im Strafverfahrensrecht die Anklage – den Betroffenen in die Lage versetzen über den Vorwurf so informiert zu werden, dass er sich dagegen effektiv verteidigen kann (Informations- und Umgrenzungsfunktion, § 66 Abs. 1 Nr. 3 OWiG).[155]

Siehe hierzu auch: → § 4 Rn. 21.

Folgt man der Auffassung des LG Bonn, wonach ein Verstoß des Unternehmens als solchem ausreichend für die Haftung ausreichend ist, muss auch nur dieser im Bescheid dargestellt werden. Weitere Ausführungen zu den handelnden Personen im Unternehmen, ihre Stellung und Funktion, sowie den im Raum stehenden Handlungen oder Versäumnisse dieser Personen erübrigen sich nach dieser Ansicht.[156]

Anders stellt sich dies dar, wenn sich die Auffassung des LG Berlin durchsetzt. Darzulegen ist dann, dass eine Leitungsperson gem. § 30 OWiG in dieser Eigenschaft an einem Datenschutzverstoß beteiligt war oder ihre Aufsichtspflicht gem. § 130 OWiG verletzt hat.[157] Der Datenschutzverteidiger muss hier genau hinsehen; erfüllt der Bußgeldbescheid die Anforderungen an §§ 30, 130 OWiG nicht, kann er dies gegenüber dem Gericht geltend machen und auf eine Einstellung des Verfahrens hinwirken. Allerdings muss der Bescheid genau geprüft werden. Für die Datenschutzaufsicht ist es auch möglich, rechtlich der Ansicht des LG Bonn zu folgen und zugleich die Ermittlungen so zu führen, dass der Bußgeldbescheid sachlich so formuliert werden kann, dass gleichwohl die Anforderung an eine Darstellung nach den §§ 30, 130 OWiG erfüllt werden. In einem solchen Fall wird

---

[149] So auch die Einschätzung Paal RDV 2021, 71 (72) zu § 30 OWiG.
[150] Wybitul/Venn ZD 2021, 343 (344), so auch Brest, Das Bußgeldverfahren im Datenschutzrecht, 2022, 54.
[151] edpb, Guidelines 04/2022 on the calculation of administrative fines under the GDPR, Adopted on 12 May 2022 Rn. 123, abrufbar unter: https://edpb.europa.eu/system/files/2022-05/edpb_guidelines_042 022_calculationofadministrativefines_en.pdf, abgerufen am 7.3.2023. Zwischenzeitlich hat der EDSA die Leitlinien einem update (Version 2.0) unterzogen, wobei die Kernaussagen unverändert geblieben sind, abrufbar unter https://edpb.europa.eu/system/files/2023-06/edpb_guidelines_042022_calculationofadminis trativefines_en.pdf, abgerufen am 9.7.2023.
[152] edpb, Guidelines 04/2022 on the calculation of administrative fines under the GDPR, Adopted on 24 May 2023 Rn. 123.
[153] edpb, Guidelines 04/2022 on the calculation of administrative fines under the GDPR, Adopted on 24 May 2023 Rn. 123.
[154] Wybitul/Venn ZD 2021, 343 (345).
[155] Wybitul/Venn ZD 2021, 343 (346).
[156] Wybitul/Venn ZD 2021, 343 (346).
[157] Wybitul/Venn ZD 2021, 343 (346).

die unmittelbare Einstellung des Verfahrens durch das Gericht kein realistisches Verteidigungsziel sein, weil der Bescheid umgewidmet werden kann.[158]

2. Bemessung des Bußgelds

102 Bislang hatten deutsche Datenschutzbehörden Bußgelder nach dem Bußgeldkonzept der deutschen Datenschutzkonferenz bemessen.[159] Diesem hatte das LG Bonn in seiner Entscheidung vom 11.11.2020 eine Absage erteilt.[160] Die Leitlinien des Europäischen Datenschutzausschusses (EDSA) legten dagegen bislang lediglich einheitliche Maßstäbe für die Voraussetzungen für Datenschutzbußgelder fest.[161] Die Folge war eine uneinheitliche Bemessung der Bußgelder in Europa. Mittlerweile hat der Europäische Datenschutzausschuss (EDSA) neue Leitlinien veröffentlicht, die eine europaweit einheitliche Methodik zur Festlegung von Geldbußen wegen Datenschutzverstößen vorsehen.[162] Diese Leitlinien sind zwar rechtlich nicht bindend, es ist aber davon auszugehen, dass die Datenschutzaufsichtsbehörden sich künftig stark an diesen Leitlinien orientieren werden (siehe hierzu: Kapitel Thiel).[163]

103 Im Einzelnen sehen die EDSA-Leitlinien eine fünfstufige Prüfung vor. Mit diesen muss sich der Datenschutzverteidiger vertraut machen, weil diese – jenseits der Bewertung – die Bußgeldpraxis prägen werden.

104 Vergleiche hierzu ausführlich → § 4 Rn. 27 ff. aus der sich für den Datenschutzverteidiger eine hilfreiche Sicht zur behördlichen Herangehensweise ergibt.

105 **Praxistipp:**
Spätestens, wenn erkennbar wird, dass eine Einstellung des Verfahrens nicht (mehr) in Betracht kommt, muss der Datenschutzverteidiger mit seinem Mandanten die bisherige Strategie besprechen und auf die Sanktionszumessungsverteidigung „umstellen". Hier geht es darum, darauf hinzuwirken, dass die Sanktion so niedrig wie möglich ausfällt.

106 Einer der stärksten Verteidigungsansätze im Rahmen der Sanktionszumessung ist der erste Schritt des 5 Stufen Plans, in dem die Anzahl der tatsächlichen Datenverarbeitungen identifiziert und diese sodann anhand von Art. 83 Abs. 3 DS-GVO bewertet werden. Diese Stufe ist für den Datenschutzverteidiger ein wichtiges Feld, weil es im Ergebnis darum geht, ob mehrere Verstöße oder nur einer vorliegt. Tatsächlich erinnert die erste Stufe an die Konkurrenzen, die aus dem deutschen Strafrecht bekannt sind.[164] Wie im deutschen Strafrecht kann nach den Leitlinien auch im Datenschutzrecht eine einheitliche Handlung aus mehreren Teilen bestehen (Handlungseinheit). Damit sie eine einheitliche Handlung bilden müssen die einzelnen Teile von einem einheitlichen Willen getragen werden und inhaltlich (insbesondere hinsichtlich der Identität der betroffenen Person, des Zwecks und der Art der Daten), räumlich und zeitlich so eng miteinander verbunden sind, dass ein

---

[158] Mit einer Umdeutung hat sich auch das LG Berlin BeckRS 2021 befasst und die Möglichkeit wegen der fehlenden Ermittlungsergebnis hierzu verworfen, vgl. Basar juris-PR-StrafR 5/2021 Anm. 1.
[159] DSK, Konzept der unabhängigen Datenschutzaufsichtsbehörden des Bundes und der Länder zur Bußgeldbemessung in Verfahren gegen Unternehmen, 14.10.2019, abrufbar unter: 20191016_bußgeldkonzept.pdf (datenschutzkonferenz-online.de), abgerufen am 7.3.2023.
[160] LG Bonn MMR 2021, 173; ausführlich dazu Paal RDV 2021, 71.
[161] Siehe dazu die von der EDSA angenommenen Leitlinien der Artikel-29-Datenschutzgruppe, Leitlinien für die Anwendung und Festsetzung von Geldbußen im Sinne der Verordnung (EU) 2016/679, 3.10.2017, abrufbar unter: https://www.datenschutzkonferenz-online.de/media/wp/20171003_wp253.pdf, abgerufen am 7.3.2023.
[162] edpb, Guidelines 04/2022 on the calculation of administrative fines under the GDPR, Adopted on 24 May 2023, abrufbar unter: https://edpb.europa.eu/system/files/2023-06/edpb_guidelines_042022_calculationofadministrativefines_en.pdf, abgerufen am 9.7.2023.
[163] Wybitul/König ZD 2022, 422 (423) mwN.
[164] Instruktiv Fischer StGB Vor § 52 Rn. 1 ff.

außenstehender Beobachter sie als eine zusammenhängende Handlung ansehen würde. Als Beispiel führen die Leitlinien etwa ein Finanzinstitut auf, das bei einer Kreditauskunftsdatei eine Bonitätsprüfung beantragt, die Informationen erhält und speichert.[165] Die Erhebung und Speicherung der Bonitätsdaten seien zwar jeweils Verarbeitungen, würden jedoch nach den genannten Kriterien als eine Verhaltensweise gewertet. Liegt eine sanktionierbare Verhaltensweise vor und führt diese zu nur einem Verstoß, wird ein Bußgeld für diesen einen Verstoß verhängt und die Berechnung erfolgt auch nur auf dessen Grundlage. Führt jedoch eine sanktionierbare Verhaltensweise zu mehr als einem Verstoß, wird ermittelt, ob ein Fall der Subsidiarität, Konsumption oder Spezialität vorliegt.[166] Ist dies der Fall, wird das Bußgeld nur für einen Verstoß verhängt und die Berechnung erfolgt nur auf dessen Grundlage. Andernfalls stehen die Verstöße nebeneinander (Idealkonkurrenz). Die Geldbuße wird dann unter Berücksichtigung aller Verstöße berechnet. Ihr Höchstwert ist dann jedoch durch den Bußgeldrahmen eines Verstoßes begrenzt, Art. 83 Abs. 3 DS-GVO. In einigen Sonderfällen könne den Leitlinien zufolge auch eine Handlungseinheit angenommen werden, wenn eine einzige Handlung mehrmals gegen dieselbe mehrfach gegen dieselbe gesetzliche Vorschrift verstößt. Dies könne insbesondere dann der Fall sein, wenn die Umstände wiederholte und gleichartige Verstöße gegen dieselbe gesetzliche Vorschrift in enger räumlicher und zeitlicher Abfolge bilden. In diesen Fällen sei Art. 83 Abs. 3 DS-GVO entsprechend anzuwenden. Liegen statt einer Handlungseinheit mehrere getrennt sanktionierbare Verhaltensweisen vor, werden Bußgelder getrennt für jedes Verhalten einzeln berechnet (Realkonkurrenz). Eine Begrenzung der Gesamtsumme nach Art. 83 Abs. 3 DS-GVO bestehe nicht. Von dieser ersten Stufe hängen sowohl die Anzahl der verhängten Geldbußen als auch der Bußgeldrahmen ab.

> **Praxistipp:**
> Für die Verteidigung bieten sich auf dieser Stufe einige Möglichkeiten zur Argumentation. Im besten Fall ist das Ergebnis, dass statt mehrerer Verhaltensweisen nur eine und statt mehrerer Verstöße nebeneinander ein Konkurrenzverhältnis im Sinne der Subsidiarität, Konsumption oder Spezialität angenommen wird.

107

Im zweiten Schritt wird die Ausgangshöhe für jeden sanktionierbaren Verstoß ermittelt (→ § 4 Rn. 30 ff.). Hier bedarf es eines genauen Blicks des Datenschutzverteidigers. Nach der Eingruppierung des Verstoßes (leichte/mittlere/schwere) erfolgt eine nochmalige Anpassung des Bußgeldrahmen anhand des Umsatzes der wirtschaftlichen Einheit.[167] Bei einem Umsatz von bis zu 2 Mio. EUR beträgt die Ausgangshöhe dann nur noch 0,2 % des zuvor ermittelten Wertes, bei 2–10 Mio. EUR 0,4 %. Bei 10–50 Mio. EUR 2 %, bei 50–100 Mio. EUR 10 %, bei 100–250 Mio. EUR 20 % und bei über 250 Mio. EUR noch 50 %. Bei einem Umsatz von mehr als 500 Mio. EUR sind die Leitlinien uneindeutig, aber wohl dahingehend zu interpretieren, dass auch hier die Ausgangshöhe auf 50 % reduziert wird. Es besteht allerdings die Möglichkeit, dass Aufsichtsbehörden die Leitlinien an dieser Stelle anders interpretieren und davon ausgehen, dass bei einem Umsatz von über 500 Mio. EUR keine Anpassung erfolgt. Dies wird der Datenschutzverteidiger bei der Zumessung aber einzufordern haben.

108

Auf der dritten Stufe werden mildernde bzw. schärfende Umstände in die Bemessung aus Art. 83 Abs. 2 DS-GVO einbezogen – jedoch nur diejenigen Umstände, die nicht bereits herangezogen wurden, um die Schwere des Verstoßes im Rahmen der zweiten Stufe zu bestimmen. Die Leitlinien sehen hier keine konkreten Vorgaben etwa in Form

109

---

[165] edpb, Guidelines 04/2022 on the calculation of administrative fines under the GDPR, Adopted on 24 May 2023 Rn. 28.
[166] edpb, Guidelines 04/2022 on the calculation of administrative fines under the GDPR, Adopted on 24 May 2023 Rn. 30 f.
[167] edpb, Guidelines 04/2022 on the calculation of administrative fines under the GDPR, Adopted on 24 May 2023 Rn. 66.

von Quoten vor, vielmehr ist die Bemessung einzelfallabhängig.[168] Für den Datenschutzverteidiger bietet sich hier ein ganzes Feld von Argumenten, das er vitalisieren kann (→ § 4 Rn. 41 f.). An einem Punkt wird der Datenschutzverteidiger aber eine andere Haltung einzunehmen haben.

110 Die Leitlinien weisen auf die allgemeine Kooperationspflicht aus Art. 31 DS-GVO hin. Die Kooperation des Verantwortlichen als solche könne daher grundsätzlich allenfalls neutral, aber nicht mildernd berücksichtigt werden.[169] Allerdings weisen die Leitlinien auch darauf hin, dass in Fällen, in denen die Zusammenarbeit mit der Aufsichtsbehörde negative Folgen für die Rechte der Betroffenen begrenzt oder vermieden wurden, die andernfalls eingetreten wären, diese Kooperation doch als mildernd nach Art. 83 Abs. 2 lit. f DS-GVO gewertet werden könne. Das soll etwa der Fall sein, wenn der Aufforderung der Aufsichtsbehörde in der Untersuchungsphase in besonderer Weise nachgekommen wurde. Mildernd soll nach Art. 83 Abs. 2 lit. h DS-GVO auch wirken, wenn der für die Verarbeitung Verantwortliche oder der Auftragsverarbeiter den Verstoß von sich aus und ohne das Bestehen einer Meldepflicht gemeldet habe, bevor die Aufsichtsbehörde von dem Fall Kenntnis erlangt hat. Neutral zu bewerten sei dagegen, wenn der Behörde ein Verstoß durch eine Beschwerde oder eine Untersuchung bekannt wurde. Nicht per se mildernd nach Art. 83 Abs. 2 lit. i DS-GVO sollen zudem Maßnahmen sein, die gem. Art. 58 Abs. 2 DS-GVO angeordnet und eingehalten wurden. Dies sei nur möglich bei zusätzlich ergriffenen Maßnahmen über die von der Aufsichtsbehörde verordneten Maßnahmen hinaus. Gleichzeitig könne wegen des Verbots der Doppelverwertung die Nichteinhaltung der Maßnahmen nach Art. 58 Abs. 2 DS-GVO nur entweder strafschärfend herangezogen oder zur Grundlage eines Bußgeldes gemacht werden. Nach Art. 83 Abs. 2 lit. j DS-GVO können laut EDSA die Einhaltung von Verhaltenskodizes nach Art. 40 DS-GVO oder von Zertifizierungsmechanismen nach Art. 42 DS-GVO einen mildernden Faktor darstellen. Erschwerend könne aber auch die Nichteinhaltung der Verhaltenskodizes oder der Zertifizierung betrachtet werden. Befürchtet wird in der Literatur angesichts der eingeschränkt angenommenen Milderungsmöglichkeiten des EDSA, dass der im zweiten Schritt ermittelte Ausgangswert auf der dritten Stufe eher nach oben denn nach unten korrigiert wird.[170]

111 Auf der vierten Stufe wird die rechtlich zulässige maximale Geldbuße ermittelt nach Art. 83 Abs. 4–6 DS-GVO ermittelt. Auch insofern wird auf den Unternehmensumsatz der wirtschaftlichen Einheit im Sinne von Art. 101, 102 AEUV abgestellt.[171]

112 Auf der fünften und letzten Stufe ist zu prüfen, ob die berechnete Gesamtgeldbuße wirksam, abschreckend und verhältnismäßig im Sinne des Art. 83 Abs.1 DS-GVO ist. In die Verhältnismäßigkeitsprüfung sollen auch die wirtschaftliche Situation des Unternehmens und etwaige Zahlungsunfähigkeit einbezogen werden. Negative Risiken muss das Unternehmen jedoch konkret etwa mittels Finanzdaten, Restrukturierungsplänen und Nachweisen über Absprachen mit Banken darlegen.

113 **Praxistipp:**
Die Ausführungen des DSA sollte der Datenschutzverteidiger nicht unkritisch übernehmen. Immerhin werden die nationalen Gerichte über die Bemessung der Bußgelder zu entscheiden haben. Die Entscheidung des LG Bonn hat dabei gezeigt, dass die deutschen Gerichte sich an die tradierten Grundsätze der bußgeldrechtlichen Zumessung orientieren und starre Bußgeldmodelle nicht schematisch übernehmen. Nicht ohne Grund betont der DSA auch in seinen Ausführungen immer wieder, dass es sich bei seinem Modell um keine mathematische Formel handelt, sondern um Leitlinien, in deren Zen-

---

[168] So auch Einschätzung Wybitul/König ZD 2022, 422 (424).
[169] edpb, Guidelines 04/2022 on the calculation of administrative fines under the GDPR, Adopted on 24 May 2023 Rn. 123.
[170] Wybitul/König ZD 2022, 422 (424).
[171] Wybitul/König ZD 2022, 422 (425).

> trum der Einzelfall stehen muss. Dieses muss der Datenschutzverteidiger immer wieder unterstreichen.

E. Zwischenverfahren: Einspruch gegen den Bußgeldbescheid gem. § 67 Abs. 1 S. 1 OWiG

Einspruch: Nach Erlass des Bußgeldbescheids besteht für den Betroffenen die Möglichkeit nach § 41 Abs. 2 Satz 1 BDSG iVm § 67 Abs. 1 S. 1 OWiG innerhalb von zwei Wochen nach Zustellung Einspruch gegen den Bußgeldbescheid einzulegen. Betroffener in diesem Sinne ist derjenige, gegen den sich der Bescheid richtet.[172] 114

Begründung: Die Einlegung des Einspruchs erfordert nicht zwingend eine Begründung. Diese ist aber so gut wie immer zweckmäßig. Da für die Begründung des Einspruchs keine Frist vorgesehen ist, empfiehlt es sich mit der Einlegung des Einspruchs zunächst einmal (erneute) Akteneinsicht zu beantragen und die Begründung des Einspruches auf einen Zeitpunkt nach Erhalt der Akten anzukündigen.[173] Die Einspruchsbegründung bietet nunmehr nach der Stellungnahme erneut die Chance, die Sachlage richtigzustellen oder zu ergänzen.[174] 115

Beschränkung: Der Einspruch kann gem. § 67 Abs. 2 OWiG auch auf bestimmte Beschwerdepunkte, insbesondere die Rechtsfolgen, beschränkt werden.[175] 116

> **Praxistipp:** 117
> Darüber hinaus muss die sog. Trennbarkeitsformel beachtet werden, die eine Beschränkung nur zulässt, wenn sie sich auf Beschwerdepunkte bezieht, die nach dem inneren Zusammenhang des Urteils losgelöst von seinem nicht angegriffenen Teil rechtlich und tatsächlich selbstständig beurteilt werden können.[176] Ein unwirksame Beschränkung ermöglicht eine Verschlechterung der Entscheidung.

Im dem sich daran anschließenden Zwischenverfahren nach § 69 OWiG ist die Datenschutzbehörde zunächst gehalten die Zulässigkeit des Einspruchs zu prüfen und kann diesen gegebenenfalls gem. § 69 Abs. 1 S. 1 OWiG als unzulässig verwerfen. 118

In diesem Fall bleibt lediglich der Antrag auf gerichtliche Entscheidung nach § 69 Abs. 1 S. 2 OWiG, § 62 OWiG. Gegenstand dieses gerichtlichen Verfahrens ist allein die Wirksamkeit des Einspruchs.[177] 119

Verwirft die Behörde den Einspruch nicht, prüft sie, ob sie den Bußgeldbescheid zurücknimmt und geändert neu erlässt (§ 69 Abs. 2 OWiG) oder das Verfahren einstellt. 120

Zu beachten ist, dass **kein Vertrauensschutz** des Betroffenen besteht und daher der neue Bußgeldbescheid für den Betroffenen nachteiligere Rechtsfolgen enthalten kann als der zurückgenommene Bescheid.[178] Der bestmögliche Ausgang ist, dass die Behörde das Verfahren aus Opportunitätsgründen einstellt. Denn in diesem Verfahrensstadium hat die Einstellung aus Opportunitätsgründen Bindungswirkung, dh das Wiederaufgreifen ist nur zulässig, wenn neue Tatsachen oder Beweismittel bekannt werden sollten, die zu einer anderen Beurteilung führen.[179] 121

---

[172] Lachenmann/Stürzl ZD 2021, 463 (463).
[173] Lachenmann/Stürzl ZD 2021, 463 (464).
[174] Lachenmann/Stürzl ZD 2021, 463 (464), siehe dort auch für ein Muster einer Einspruchsbegründung.
[175] Adelberg/Spittka/Zapf CB 2021, 149 (153) mwN.
[176] Burhoff/Kotz StrafR-Rechtsmittel-HdB Teil A: Rechtsmittel 227 Berufung, Beschränkung, Allgemeines Rn. 228, 22.
[177] BeckOK OWiG/Gertler OWiG § 69 Rn. 41 mwN.
[178] KK-OWiG/Ellbogen § 69 Rn. 19a; BeckOK OWiG/Gertler OWiG § 69 Rn. 52 mwN.
[179] Krenberger/Krumm/dies. OWiG § 47 Rn. 26 mwN.

122 Gem. § 69 Abs. 2 S. 3 1. Hs. OWiG kann die Behörde dem Betroffenen im Zwischenverfahren die Gelegenheit geben, sich innerhalb einer zu bestimmenden Frist dazu zu äußern, ob und welche Tatsachen und Beweismittel er im weiteren Verfahren zu seiner Entlastung vorbringen will. Dabei ist der Betroffene darauf hinzuweisen, dass ihm ein Schweigerecht zusteht, § 69 Abs. 2 S. 3 2. Hs. OWiG. Insofern besteht also die Gelegenheit, noch einmal vorzutragen. Sinnvoll ist dies insbesondere, sollten neue Tatsachen bekannt geworden sein.

123 Auch im Zwischenverfahren besteht zudem ein Akteneinsichtsrecht gem. § 46 Abs. 1 OWiG iVm § 147 StPO.[180] Über die Gewährung der Akteneinsicht entscheidet die Verwaltungsbehörde bis zur Übersendung der Akten an die Staatsanwaltschaft.[181] Gegen die Verweigerung der Akteneinsicht durch die Verwaltungsbehörde (§ 69 Abs. 3 S. 2 OWiG iVm § 147 Abs. 2 StPO) kann ein Antrag auf gerichtliche Entscheidung nach § 62 Abs. 1 OWiG gestellt werden.[182]

124 Nur falls die Behörde den Bescheid aufrechterhält, leitet sie die Akten an die Staatsanwaltschaft weiter (§ 69 Abs. 3 OWiG). Mit Übersendung der Akten an die Staatsanwaltschaft geht die Pflicht, Akteneinsicht zu gewähren, auf diese im selben Umfang über, § 69 Abs. 4 S. 1 OWiG.[183] Die Staatsanwaltschaft soll im Zwischenverfahren die Prüfung des Einspruchs vornehmen. Sie kann zusätzlich eigene Ermittlungen anstellen, insbesondere wenn sie den Sachverhalt für nicht ausreichend ermittelt hält.[184]

125 Im Übrigen sind die Möglichkeiten der Staatsanwaltschaft begrenzt. Die Staatsanwaltschaft kann das Verfahren zwar ebenfalls einstellen – jedoch nur mit Zustimmung der Datenschutzbehörde, § 41 Abs. 2 S. 3 BDSG. Vertreten wird jedoch, dass dies nur bei Opportunitätseinstellungen gilt, nicht jedoch bei Legalitätseinstellungen nach § 46 OWiG iVm § 170 Abs. 2 S. 1 StPO aufgrund mangelnden Tatverdachts oder sonst zwingender Gründe.[185]

126 Die Einstellung sowohl nach § 46 Abs. 1 OWiG iVm § 170 Abs. 2 S. 1 StPO als auch aus Opportunitätsgründen wird dem Betroffenen mitgeteilt und bindet sowohl die Staatsanwaltschaft als auch die Verwaltungsbehörde.[186] Die Einstellung zurückzunehmen und das Verfahren förmlich wieder aufzugreifen ist nur zulässig und wirksam, wenn neue Tatsachen und Beweismittel zu einer neuen Einschätzung führen.[187] Dass es zu einer solchen Einstellung kommt, ist angesichts des Zustimmungserfordernisses der Aufsichtsbehörde, die sich zuvor bereits gegen die Einstellung entschieden hatte, jedoch unwahrscheinlich.

127 Von der Einstellung abgesehen wird die Staatsanwaltschaft nach § 69 OWiG lediglich „intern" tätig.[188] Die Staatsanwaltschaft kann daher die Höhe des Bußgeldes nicht verändern oder gar einen neuen (fehlerfreien) Bußgeldbescheid erlassen oder einen fehlerhaften Bußgeldbescheid berichtigen.[189]

128 Stellt die Staatsanwaltschaft das Verfahren nicht ein, leitet sie das Verfahren weiter an das zuständige Amtsgericht (§ 69 Abs. 4 S. 2 OWiG) bzw., sofern die festgesetzte Geldbuße mehr als 100.000 EUR beträgt, an das Landgericht (§ 41 Abs. 1 S. 3 BDSG).

129 Vergleiche → § 4 Rn. 6.

---

[180] KK-OWiG/Ellbogen § 69 Rn. 75.
[181] KK-OWiG/Ellbogen § 69 Rn. 77.
[182] KK-OWiG/Ellbogen § 69 Rn. 78.
[183] KK-OWiG/Ellbogen § 69 Rn. 79.
[184] BeckOK OWiG/Gertler OWiG § 69 Rn. 102.
[185] Lachenmann/Stürzl ZD 2021, 463 (464); BeckOK DatenschutzR/Brodowski/Nowak BDSG § 41 Rn. 33 mwN; in diese Richtung deutet auch BeckOK OWiG/Gertler OWiG § 69 Rn. 107.
[186] Jeweils zu § 47 OWiG KK-OWiG/Ellbogen § 69 Rn. 105; BeckOK OWiG/Gertler OWiG § 69 Rn. 109, 113 ff.: außer die Einstellung mangels hinreichenden Verdachts gem. § 46 OWiG iVm § 170 Abs. 2 StPO.
[187] KK-OWiG/Ellbogen § 69 Rn. 105.
[188] KK-OWiG/Ellbogen § 69 Rn. 102.
[189] KK-OWiG/Ellbogen § 69 Rn. 102; BeckOK OWiG/Gertler OWiG § 69 Rn. 99 ff.

Damit beginnt das Zwischenverfahren des Gerichts. 130

Praktisch prüft das Gericht zunächst die Zulässigkeit des Einspruchs gem. § 70 OWiG.[190] Hält es den Einspruch für zulässig, kann es bei mangelnder Aufklärung des Sachverhalts mit Zustimmung der Staatsanwaltschaft[191] zurück an die Aufsichtsbehörde verweisen, § 69 Abs. 5 OWiG.[192] Die Aufsichtsbehörde muss dann nachermitteln oder den Bußgeldbescheid zurücknehmen.[193] 131

Nimmt sie den Bescheid zurück und ermittelt dann nach, muss sie eine weitere Entscheidung über das Verfahren treffen, es also einstellen oder gegebenenfalls einen neuen Bußgeldbescheid erlassen.[194] 132

Ermittelt die Behörde nur nach, also ohne den Bußgeldbescheid zurückzunehmen, gibt sie nach Abschluss der Nachermittlungen über die Staatsanwaltschaft die Akten zurück an das Gericht.[195] 133

Verneint das Gericht nun den Tatverdacht, kann es entweder das gerichtliche Verfahren mit Hauptverhandlung zum Urteil gem. § 71 OWiG oder im schriftlichen Verfahren gem. § 72 OWiG zum Beschluss weiterbetreiben oder die Sache durch gem. § 69 Abs. 5 S. 2, 3 OWiG unanfechtbaren Beschluss an die Aufsichtsbehörde zurückgeben.[196] 134

Gibt das Gericht die Sache so an die Aufsichtsbehörde zurück, ist das Verfahren ohne weitere Entscheidung beendet.[197] Diese endgültige Rückgabe soll – wie bei der Ablehnung der Eröffnung des Hauptverfahrens im Strafverfahren nach § 204 StPO – das Gericht bei fehlender Verurteilungswahrscheinlichkeit von der Durchführung des Verfahrens entlasten.[198] Mit der Rückgabe ist der Aufsichtsbehörde jedes weitere Tun verboten.[199] 135

F. Verteidigung im Hauptverfahren

In der Praxis des Unternehmensstrafrechts werden die meisten Verfahren noch vor der Hauptverhandlung im Rahmen des Ermittlungs- oder Zwischenverfahren einvernehmlich beendet. Gleichwohl ist es für den (Datenschutz-)Verteidiger zentral sich auch in den Grundzügen mit den Regelungen im Hauptverfahren zu befassen. Die Verteidigung muss die Erfolgsaussichten für eine Hauptverhandlung in den taktischen Erwägungen jederzeit vor Augen haben. 136

Wird das gerichtliche Verfahren weiterbetrieben, beginnt das Hauptverfahren. 137

I. Prüfungsmaßstab

Das Gericht entscheidet selbst, prüft also nicht lediglich auf Ermessensfehler der Aufsichtsbehörde.[200] Ziel der Verteidigung im Hauptverfahren ist, das Gericht zu überzeugen, das Verfahren einzustellen oder zugunsten des Bußgeldadressaten – Freispruch oder doch zumindest Reduzierung des Bußgeldes – zu entscheiden. Gemäß § 71 Abs. 1 OWiG richtet sich das Verfahren nach zulässigen Einspruch nach den Vorschriften der Strafprozessordnung, die nach zulässigem Einspruch gegen einen Strafbefehl gelten. Mit dem Verweis auf § 411 Abs. 4 StPO gilt für das Gericht daher, dass es nicht an die Bußgeldhöhe im Be- 138

---

[190] KK-OWiG/Ellbogen § 69 Rn. 118.
[191] Verweigert die Staatsanwaltschaft die Zustimmung, bleibt die Sache vor Gericht anhängig und wird so wie sie ermittelt ist Gegenstand des Hauptverfahrens, KK-OWiG/Ellbogen § 69 Rn. 121.
[192] KK-OWiG/Ellbogen § 69 Rn. 118; Krenberger/Krumm/dies. OWiG § 69 Rn. 51.
[193] Krenberger/Krumm/dies. OWiG § 69 Rn. 53.
[194] Krenberger/Krumm/dies. OWiG § 69 Rn. 26, 53.
[195] Krenberger/Krumm/dies. OWiG § 69 Rn. 53.
[196] KK-OWiG/Ellbogen § 69 Rn. 123; Krenberger/Krumm/dies. OWiG § 69 Rn. 54.
[197] Krenberger/Krumm/dies. OWiG § 69 Rn. 54.
[198] KK-OWiG/Ellbogen § 69 Rn. 124.
[199] KK-OWiG/Ellbogen § 69 Rn. 124; BeckOK OWiG/Gertler OWiG § 69 Rn. 145.
[200] Adelberg/Spittka/Zapf CB 2021, 149 (153) mwN.

scheid gebunden ist, sondern es ergeht eine eigene Entscheidung des Gerichts. Erforderlich ist ein nach der Lebenserfahrung ausreichendes Maß an Sicherheit, das vernünftige Zweifel nicht mehr aufkommen lässt (nach § 71 Abs. 1 OWiG, §§ 411 Abs. 1 Satz 2, 261 StPO).[201] Im Falle der Beschränkung des Einspruchs auf die Rechtsfolgen gemäß § 410 Abs. 2 StPO kann das Gericht von der Bußgeldfestsetzung dann nicht mehr abweichen.[202]

II. Möglichkeit der Einstellung

139   Das Gericht kann im Ordnungswidrigkeitenrecht grundsätzlich nach § 47 Abs. 2 OWiG einstellen, ohne dass die Verwaltungsbehörde an der Einstellungsentscheidung beteiligt würde.[203] Mangels einer modifizierenden Regelung im BDSG, wie sie etwa für die Einstellung durch die Staatsanwaltschaft im Zwischenverfahren in § 41 Abs. 2 S. 3 BDSG getroffen wurde, gilt auch im Datenschutzbußgeldverfahrensrecht, dass das Gericht ohne Zustimmung der Aufsichtsbehörde einstellen kann.

140   Allerdings bedarf es grundsätzlich der Zustimmung der Staatsanwaltschaft, § 47 Abs. 2 S. 1 OWiG. Das gilt jedoch nicht, wenn die Geldbuße im Bußgeldbescheid nicht mehr als 100 EUR beträgt und die Staatsanwaltschaft erklärt, sie nehme an der Hauptverhandlung nicht teil (§ 47 Abs. 2 S. 2 OWiG).

141   Zudem kann das Gericht ohne Mitwirkung der Staatsanwaltschaft einstellen, wenn diese an der Hauptverhandlung nicht teilnimmt (§ 75 Abs. 2 OWiG). Wirkungslos ist dann auch, wenn die Staatsanwaltschaft vor der Einstellung ihren Protest mitteilt.[204] Die Möglichkeit, aus Opportunitätsgründen einzustellen, verbleibt dem Gericht bis zum Urteil bzw. zum Schluss nach § 72 OWiG.[205] Gem. § 206a Abs. 1 StPO iVm §§ 46, 71 OWiG kann das Gericht zudem außerhalb der Hauptverhandlung das Verfahren einstellen, wenn sich nach Eröffnung des Hauptverfahrens ein Verfahrenshindernis herausstellt.[206]

142   Die Entscheidung zugunsten des Bußgeldadressaten kann mit der Beschwerde gem. § 79 OWiG durch die Staatsanwaltschaft – auch wenn sie nicht an der Hauptverhandlung teilgenommen hat – angegriffen werden.[207] Auch der Beschluss über die Einstellung nach § 206a Abs. 1 StPO iVm §§ 46, 71 OWiG ist gem. § 206a Abs. 2 StPO anfechtbar. Derweil ist der Beschluss über die Einstellung gem. § 47 Abs. 2 S. 3 OWiG unanfechtbar. Das günstigere Ergebnis ist daher die Einstellung aus Opportunitätsgründen.

III. Ablauf der Hauptverhandlung

143   Das Hauptverfahren richtet sich gem. § 41 Abs. 2 Satz 1 BDSG iVm § 71 Abs. 1 OWiG nach den Vorschriften der StPO, die nach zulässigem Einspruch gegen einen Strafbefehl aus §§ 411, 412 StPO gelten. Damit gelten in der Hauptverhandlung grundsätzlich die allgemeinen Vorschriften aus §§ 213 ff. StPO.

144   Das Amtsgericht entscheidet also nicht nach Aktenlage, sondern durch mündliche Verhandlung. Es gilt das Mündlichkeitsprinzip.[208]

145   Für das Unternehmen bzw. die vertretungsberechtigte Leitungsperson besteht grundsätzlich **Anwesenheitspflicht** (§ 73 Abs. 1 OWiG).

---

[201] MüKoStPO/Miebach § 261 Rn. 57.
[202] Meyer-Goßner/Schmitt StPO § 411 Rn. 11.
[203] Krenberger/Krumm/dies. OWiG § 47 Rn. 15.
[204] Krenberger/Krumm/dies. OWiG § 47 Rn. 13.
[205] Krenberger/Krumm/dies. OWiG § 47 Rn. 10.
[206] Zur Anwendbarkeit im Ordnungswidrigkeitenverfahren KK-OWiG/Lampe § 46 Rn. 55.
[207] Krenberger/Krumm/dies. OWiG § 79 Rn. 5.
[208] Adelberg/Spittka/Zapf CB 2021, 149 (153) mwN.

> **Praxistipp:**
> Von dieser Pflicht kann das Unternehmen jedoch unter bestimmen Voraussetzungen auf Antrag entbunden werden (§ 73 Abs. 2 OWiG). Das ist insbesondere dann sinnvoll, wenn die konkrete Leitungsperson den ggf. zuzurechnenden Datenschutzverstoß bzw. die Aufsichtspflichtverletzung begangen haben soll.

146

Ausnahmsweise kann das Gericht auch im schriftlichen Verfahren durch Beschluss entscheiden. Voraussetzung hierfür ist, dass das Unternehmen und die Staatsanwaltschaft nicht widersprechen (§ 72 Abs. 1 S. 1 OWiG).

147

> **Praxistipp:**
> Ein schriftliches Verfahren kann sich anbieten, wenn der tatsächliche Sachverhalt unstreitig ist und die Rechtspositionen des Unternehmens durch schriftliche Stellungnahmen dargelegt sind. Gleichwohl bietet eine mündliche Hauptverhandlung mehr Flexibilität, lässt Rückschlüsse auf die Position des Gerichts zu und eröffnet unmittelbarere Reaktionsmöglichkeiten (bspw. die Rücknahme bzw. nachträgliche Beschränkung des Einspruchs zur Abwehr einer Verschlechterung). Zeichnet sich bspw. ab, dass das Gericht eine für das Unternehmen nachteilige Rechtsposition bildet, kann der Einspruch entweder ganz zurückgenommen werden oder auch nachträglich auf bestimmte Beschwerdepunkte beschränkt werden („Teilrücknahme"). Allerdings bedarf es hierzu der Zustimmung der Staatsanwaltschaft, soweit diese an der Hauptverhandlung teilnimmt (§ 75 Abs. 2 OWiG).

148

Nicht zu den Beteiligten gehört die Datenschutzbehörde, die das Bußgeld erlassen hat.[209] Praktisch spielt sie dennoch eine Rolle im Hauptverfahren. Zum einen soll sich die Staatsanwaltschaft mit der Behörde abstimmen und sich „ihre besondere Sachkunde zunutze" machen.[210] Insofern beeinflusst also die Datenschutzbehörde die Position der Staatsanwaltschaft. Eine Art Neustart geht insofern also mit dem Hauptverfahren nicht einher. Daneben hat die Datenschutzbehörde auch unmittelbar die Gelegenheit, ihre Position im Hauptverfahren zu wiederholen und ggf. zu verfestigen. Denn gem. § 76 Abs. 1 S. 1 OWiG ist der Datenschutzbehörde die Möglichkeit zu geben, ihren Standpunkt darzulegen. Damit kann die Behörde das Verfahren besonders durch ihre Ansichten prägen. Dies gilt umso mehr, als das befasste Gericht in der Regel keine umfassende datenschutzrechtliche Expertise vorzuweisen hat.[211]

149

> **Praxistipp:**
> Gerade vor diesem Hintergrund empfiehlt es sich, die Eröffnungserklärung nach § 243 Abs. 5 S. 3 StPO zu nutzen, um die Sicht des Unternehmens auf die Sach- und Rechtslage zu verdeutlichen – noch bevor die Datenschutzbehörde die Chance hat, ihre Darstellung vorzutragen.[212]

150

Im Rahmen der Hauptverhandlung findet wie auch im Strafverfahren eine Beweiserhebung statt. Sämtliche Tatsachen und Beweismittel müssen also über Beweisanträge in die Hauptverhandlung eingebracht werden.[213] In Betracht kommt die Vernehmung von Zeugen, etwa Mitarbeiter oder der Datenschutzbeauftragte des Unternehmens, sowie Sachverständige, um Fragen zum Stand der Technik oder zu technischen und organisatorischen

151

---

[209] Adelberg/Spittka/Zapf CB 2021, 149 (153).
[210] Adelberg/Spittka/Zapf CB 2021, 149 (153).
[211] Adelberg/Spittka/Zapf CB 2021, 149 (153).
[212] Adelberg/Spittka/Zapf CB 2021, 149 (153).
[213] Adelberg/Spittka/Zapf CB 2021, 149 (153).

Maßnahmen zu klären.[214] Zu beachten ist dabei jedoch, dass der Verweis aus dem OWiG in die StPO nur so weit greift, wie das OWiG nichts anderes bestimmt. Gerade im Hinblick auf das Beweisrecht trifft das OWiG jedoch in den §§ 77 ff. OWiG besondere Regelungen – es gilt ein im Vergleich zur StPO vereinfachtes Beweisrecht.

- Der Umfang der Aufklärungspflicht orientiert sich an der Bedeutung der Sache (§ 77 Abs. 1 OWiG).
- Das Gericht kann Beweisanträge ablehnen,
  - wenn es den Sachverhalt nach dem bisherigen Ergebnis der Beweisaufnahme für geklärt und die Beweiserhebung für nicht erforderlich hält (§ 77 Abs. 2 Nr. 1 OWiG) oder
  - nach seiner freien Würdigung das Beweismittel oder die zu beweisende Tatsache ohne verständigen Grund so spät vorgebracht wird, dass die Beweiserhebung zur Aussetzung der Hauptverhandlung führen würde (§ 77 Abs. 2 Nr. 2 OWiG).
- Eine Kurzbegründung ist für die Ablehnung eines Beweisantrags ausreichend (§ 77 Abs. 3 OWiG).
- Die Zeugenvernehmung kann auch durch Verlesung von Protokollen ersetzt werden (§ 77a OWiG).
- Die Verlesung behördlicher Erklärung über dienstliche Vorgänge sowie die Einholung der Erklärung per Telefon ist möglich.
- Das Gericht kann auch bloß den wesentlichen Inhalt von Urkunden bekanntgeben (§ 78 Abs. 1 S. 1 OWiG). Bei Kenntnis oder Gelegenheit der Kenntnisnahme der Verfahrensbeteiligten über den Wortlaut der Urkunde genügt die Feststellung darüber im Protokoll (§ 78 Abs. 1 S. 2 OWiG).

152 Nach § 77b OWiG kann zudem von Urteilsgründen abgesehen werden, wenn auf die Rechtsbeschwerde verzichtet wurde bzw. die Frist abgelaufen ist.

153 Allerdings gelten auch die Regelungen über die Beweisverbote aus dem Strafverfahren nach § 46 Abs. 1 OWiG sinngemäß.[215] Dies gilt sowohl für Beweiserhebungs- als auch für Beweisverwertungsverbote, unabhängig davon, ob sie ausdrücklich geregelt sind oder auf Richterrecht beruhen.[216]

IV. Weitere Hinweise für die Praxis

154 Nach § 46 Abs. 1 OWiG, § 137 Abs. 1 StPO kann sich der Betroffene bis zu drei Verteidiger als Beistand wählen.[217] Möglich ist auch im Ordnungswidrigkeitenrecht ein Fall der notwendige Verteidigung gem. § 140 StPO, sodass dem Betroffenen – soweit er nicht selbst einen Verteidiger wählt – ein Verteidiger gestellt werden muss.[218] Angesichts der Komplexität des Datenschutzrechts wird dies für die meisten Verfahren anzunehmen sein.[219] Nach dem Grundsatz des rechtlichen Gehörs (§ 33 StPO) sind dem Betroffenen und seinem Verteidiger die Erkenntnisse, die das Gericht gem. § 71 Abs. 2 S. 1 OWiG gewonnen hat, bereits vor Beginn der Hauptverhandlung mitzuteilen.[220] Sollten die Verfahrensbeteiligten in der Hauptverhandlung mit neuen Erkenntnissen unerwartet konfrontiert werden, können sie die Aussetzung der Verhandlung beantragen (§ 246 Abs. 2 und 3 StPO).[221]

---

[214] Adelberg/Spittka/Zapf CB 2021, 149 (153).
[215] KK-OWiG/Lampe § 46 Rn. 18a mwN; BeckOK OWiG/Bücherl OWiG § 46 Rn. 8.
[216] KK-OWiG/Lampe § 46 Rn. 18a mwN; BeckOK OWiG/Bücherl OWiG § 46 Rn. 8.
[217] KK-OWiG/Senge § 71 Rn. 17.
[218] KK-OWiG/Senge § 71 Rn. 17 ff.
[219] BeckOK StPO/Krawczyk, 46. Ed. 1.1.2023, StPO § 140 Rn. 33, 34.
[220] BeckOK OWiG/Hettenbach OWiG § 71 Rn. 34.
[221] BeckOK OWiG/Hettenbach OWiG § 71 Rn. 34.

Es besteht die Möglichkeit der Verständigung in der Hauptverhandlung (§ 71 Abs. 1   155
OWiG, §§ 411 Abs. 1 S. 2, 257c StPO).[222] Auf diese Weise können zB Ober- und Untergrenzen eines Bußgeldes abgestimmt werden können.[223] Zu bedenken gilt hier jedoch, dass die Staatsanwaltschaft im Ordnungswidrigkeitenrecht – anders als in Strafverfahren – nicht verpflichtet ist, an der Hauptverhandlung teilzunehmen, § 75 Abs. 1 OWiG. Eine Verständigung kann jedoch nach § 257c Abs. 3 S. 4 StPO nur zustande kommen, wenn auch die Staatsanwaltschaft dem Vorschlag des Gerichts zustimmt. Nimmt also die Staatsanwaltschaft nicht an der Hauptverhandlung teil, muss die Zustimmung auf anderem Wege eingeholt werden.[224]

G. Rechtsmittel: Beschwerde nach § 79 OWiG

Gegen das Urteil ist das einzige Rechtsmittel die Rechtsbeschwerde gem. § 41 Abs. 2 S. 1   156
BDSG iVm §§ 79, 80 OWiG. Der Aufsichtsbehörde steht das Rechtsmittel zwar nicht zur Verfügung.[225] Die Staatsanwaltschaft aber kann die Beschwerde einlegen, selbst wenn sie nicht an der Hauptverhandlung teilgenommen hat.[226] Die Entscheidung des Beschwerdegerichts darf die Entscheidung des Gerichts der ersten Instanz nicht zum Nachteil des Betroffenen verändern – aber nur wenn dieser **selbst** die Beschwerde eingelegt hat.[227] Das Verschlechterungsverbot gilt demgegenüber nicht, wenn die Staatsanwaltschaft zu**un**gunsten des Betroffenen Beschwerde einlegt, § 79 Abs. 3 iVm § 358 Abs. 2 StPO.[228] Auch eine günstige Entscheidung des Gerichts zugunsten des Bußgeldadressaten kann durch eine Beschwerde angegriffen und zum Nachteil des Betroffenen führen.

> **Praxistipp:**   157
> Im strafrechtlichen Verfahren wird empfohlen, mit der Einlegung des Rechtsmittels bis auf den letzten Tag der Frist zu warten und das Rechtsmittel möglichst nach Dienstschluss der Staatsanwaltschaft einzulegen. In der Praxis wird damit verhindert, dass die Staatsanwaltschaft nur deswegen Rechtsmittel einlegt, um das Verschlechterungsverbot zu eliminieren. Regelmäßig weiß die Staatsanwaltschaft allerdings auch, in welchem Verfahren mit Rechtsmitteln zu rechnen ist. Oft werden Rechtsmittel deswegen eingelegt, um für den Fall eines Rechtsmittels der Verteidigung ebenfalls Rechtsmittel eingelegt zu haben. Sollte die Verteidigung dann kein Rechtsmittel eingelegt haben, die Staatsanwaltschaft dann auch durchaus das Rechtsmittel wieder zurück.

Zuständig für die Beschwerde ist das Oberlandesgericht bei erstinstanzlicher Zuständigkeit des Amtsgerichts gem. § 41 Abs. 2 S. 1 BDSG iVm § 68 OWiG. Umstritten ist die   158
gerichtliche Zuständigkeit für die Rechtsbeschwerde nach einer Entscheidung des Landgerichts in erster Instanz.[229] Auslöser ist, dass der Gesetzgeber in § 41 Abs. 1 S. 3 BDSG eine Abweichung von § 68 OWiG vorgenommen hat. Für Verfahren, in denen das festgesetzte Bußgeld der Datenschutzbehörde den Betrag von 100.000 EUR übersteigt, ist das Landgericht zuständig. Anders als im Kartellrecht (§§ 83 und 84 GWB) wurden aber für den weiteren Instanzenzug keine Regelung getroffen.

---

[222] Vgl. BeckOK OWiG/Hettenbach, 36. Ed. 1.10.2022, OWiG § 75 Rn. 11.
[223] Adelberg/Spittka/Zapf CB 2021, 149, 153; BeckOK OWiG/Hettenbach OWiG § 71 Rn. 59.
[224] Laut Fromm NZV 2010, 550 (550) ist etwa in Straßenverkehrs-Ordnungswidrigkeitenverfahren üblich, dass der Richter ohnehin die Staatsanwaltschaft zur Stellungnahme auffordert, sollte er vom Bußgeldkatalog abweichen wollen.
[225] Krenberger/Krumm/dies. OWiG § 79 Rn. 7.
[226] Krenberger/Krumm/dies. OWiG § 79 Rn. 5.
[227] Krenberger/Krumm/dies. OWiG § 79 Rn. 15.
[228] Krenberger/Krumm/dies. OWiG § 79 Rn. 15.
[229] BeckOK DatenschutzR/Brodowksi/Nowak BDSG § 41 Rn. 38.

- Eine Ansicht ist der Auffassung, dass der allgemeine strafrechtliche Instanzenzug gem. § 41 Abs. 2 S. 1 BDSG iVm § 46 Abs. 1 S. 1 OWiG greift und damit ein Bußgeldsenat des BGH das Beschwerdegericht sein soll.
- Dagegen wird argumentiert, dass die Zuständigkeit nach § 80a OWiG beim Bußgeldsenat des OLG liegen soll.[230]

159 Je nach vertretener Auffassung kann die Zuweisung an das „falsche" Gericht als Rechtsmittelinstanz gegebenenfalls das Recht auf den gesetzlichen Richter aus Art. 101 Abs. 1 S. 2 GG verletzen.[231] Der Datenschutzverteidiger muss diese Frage allerdings nicht vor der Einlegung entscheiden, weil für das Beschwerdeverfahren gemäß § 79 Abs. 3 und 4 OWiG die Vorschriften der Strafprozessordnung und des GVG über die Revision entsprechend gelten. Für die Revision (Beschwerde) ist nach § 341 Abs. 1 StPO Voraussetzung, dass diese bei dem Gericht, dessen Urteil angefochten wird, binnen einer Woche nach Verkündung des Urteils zu Protokoll der Geschäftsstelle oder schriftlich eingelegt werden muss.[232] Die Zuweisung des Verfahrens an das (zuständige?) Beschwerdegericht erfolgt durch das Ausgangsgericht.

160 **Hinweis:**
Im bislang einzig bekannten Beschwerdeverfahren in Deutschland wurde die Beschwerde durch das LG Berlin an das KG Berlin übersandt. Das KG Berlin hat das Verfahren ausgesetzt und diverse europarechtliche Fragen an den EuGH vorgelegt. Erkennbar geht es KG wohl auch von seiner eigenen Zuständigkeit aus.[233]

161 Die Rechtsbeschwerde entspricht einer strafrechtlichen Revision (§ 79 Abs. 3 OWiG) und mündet wie diese nicht in einer neuen Tatsacheninstanz.[234] Geprüft wird also nur auf Rechtsfehler. Mit der Rechtsbeschwerde können etwa Bedenken geltend gemacht werden, ob das Recht auf den gesetzlichen Richter gewahrt wurde, wenn auf Grundlage des möglicherweise unzureichenden § 41 Abs. 1 S. 3 BDSG das Landgericht in der ersten Instanz zuständig war.[235]

162 Auch das Rechtsbeschwerdegericht kann aus Opportunitätsgründen einstellen.[236] Die Einstellung ist auch schon im Zulassungsverfahren (§ 80 OWiG) vor Zulassung der Rechtsbeschwerde möglich.[237] Sie bewirkt, dass das Urteil „in jeder Hinsicht hinfällig" wird.[238]

163 Bevor das Rechtsmittelgericht entscheiden kann, muss es jedoch als letztinstanzliches Gericht bei Zweifeln über die Auslegung unionsrechtlicher, entscheidungserheblicher Fragen gegebenenfalls nach Art. 267 Abs. 3 AEUV dem EuGH vorlegen. Bereits jetzt liegen zahlreiche Vorlagefragen beim EuGH vor, deren Entwicklung der Datenschutzverteidiger im Blick halten muss.[239]

---

[230] Für die Zuständigkeit des OLG BeckOK DatenschutzR/Brodowksi/Nowak BDSG § 41 Rn. 38; aA Adelberg/Spittka/Zapf CB 2021, 149 (154) und Specht/Mantz DatenschutzR-HdB/Born § 8 Datenschutz und Straf- und Ordnungswidrigkeitenrecht Rn. 95.
[231] Adelberg/Spittka/Zapf CB 2021, 149 (154) mwN; ausführlich Lamsfuß NZWiSt 2021, 98.
[232] Vgl. hierzu und zu den Abweichungen des OWiG KK-OWiG/Hadamitzky § 79 Rn. 55.
[233] Adelberg/Spittka/Zapf CB 2021, 149 (154) sehen darin eine Verletzung der Garantie des gesetzlichen Richters.
[234] Adelberg/Spittka/Zapf CB 2021, 149 (153).
[235] Str. gegen die Besetzungsrüge und für die Rechtsbeschwerde OLG Köln BeckRS 2020, 30147 Rn. 15 mwN zum Meinungsstand in der Literatur; Adelberg/Spittka/Zapf CB 2021, 149 (153); ausführlich zur Verletzung des Rechts auf den gesetzlichen Richter in diesen Fällen Lamsfuß NZWiSt 2021, 98 (100 ff.).
[236] Zu § 47 OWiG Krenberger/Krumm/dies. OWiG § 47 Rn. 10 mwN.
[237] Krenberger/Krumm/dies. OWiG § 47 Rn. 10 mwN.
[238] Krenberger/Krumm/dies. OWiG § 47 Rn. 10.
[239] Übersicht dazu bei Leipold ZD Aktuell 2021, 05544.

H. Exkurs: Abwenden bzw. Einschränken öffentlichkeitwirksamer Pressemitteilungen durch Datenschutzbehörden

Neben den unmittelbaren finanziellen Risiken geht mit Bußgeldern das Risiko eines beträchtlichen Imageschadens einher. Kritisiert wird in diesem Zusammenhang insbesondere die Pressearbeit deutscher Datenschutzaufsichtsbehörden.[240]

Das OVG Münster hat mit Beschluss vom 17.5.2021 – 13 B 331/21[241] nun über öffentlichkeitswirksame Pressemitteilungen durch die Bundesnetzagentur entschieden und darin Grenzen behördlicher Öffentlichkeitsarbeit aufgezeigt. Die Bundesnetzagentur hatte eine Pressemitteilung veröffentlicht, die in individualisierter Weise darüber informierte, dass gegen die Antragstellerin ein Bußgeld wegen unerlaubter Werbeanrufe verhängt worden war. In seiner Entscheidung untersagte das Gericht der Bundesnetzagentur die Verbreitung der identifizierenden Pressemitteilung und sprach der Antragstellerin einen öffentlich-rechtlichen Unterlassungsanspruch aus ihrer Berufsfreiheit nach Art. 12 Abs. 1 GG zu.

Das Gericht stellte – im Einklang mit der bisherigen Rechtsprechung[242] – klar, dass öffentliche Stellen grundsätzlich ohne besondere Ermächtigung dazu berechtigt seien, im Zusammenhang mit der ihnen jeweils zugewiesenen Sachaufgabe Presse-, Öffentlichkeits- und Informationsarbeit zu betreiben, selbst wenn dadurch in Grundrechte eingegriffen werde.

Amtliche Äußerungen jedoch, die einen unmittelbaren Grundrechtseingriff darstellen oder einem solchen als funktionales Äquivalent gleichkommen, bedürfen einer Rechtfertigung durch eine Ermächtigungsgrundlage. Kein Grundrechtseingriff sei zwar bei staatlichem Informationshandeln gegeben, das nur als Reflex negative Auswirkungen auf die Wettbewerbschancen habe. Eine mittelbar-faktisch grundrechtsbeeinträchtigende Wirkung, die einem Eingriff als funktionales Äquivalent gleichkomme, liege aber in einer Pressemitteilung über ein Bußgeld, wenn sie direkt auf die Marktbedingungen konkret individualisierter Unternehmen zielt, indem sie die Grundlagen der Entscheidungen am Markt zweckgerichtet beeinflusst und so die Markt- und Wettbewerbssituation zum wirtschaftlichen Nachteil der betroffenen Unternehmen verändert. Dies sei gerade bei der Pressemitteilung der Bundesnetzagentur der Fall gewesen, die diese wegen dieser Wirkungen ziel- und zweckgerichtet einsetzte, um die general- und spezialpräventive Wirkung des verhängten Bußgeldes zu verstärken und um Geschäftspartner und Verbraucher vor dem betroffenen Unternehmen zu warnen. Dies schloss das OVG aus einem internen Aktenvermerk der Bundesnetzagentur sowie den Ausführungen der Bundesnetzagentur im gerichtlichen Verfahren. Die insofern erforderliche Rechtsgrundlage für dieses Handeln bestand nach Auffassung des OVG jedoch nicht. Insbesondere rechtfertige eine Ermächtigung zur Auskunftserteilung gegenüber der Presse keine Weitergabe von Informationen an Dritte über den Kreis der anspruchsberechtigten Pressevertreter hinaus.

Diese Entscheidung könnte der Praxis der Datenschutzbehörden, über DS-GVO-Bußgelder mit namentlicher Nennung zu berichten, ein Ende bereiten.[243] Dies folgt zunächst daraus, dass auch die Praxis zur Öffentlichkeitsarbeit im Hinblick auf Datenschutzbußgelder unter dem Deckmantel der Gefahrenabwehr für Verbraucher betreibt.[244] Ansatzweise nachvollziehbar mag das Argument der Gefahrenabwehr noch im Falle der Bundesnetzagentur sein, die zur Begründung ausführte, das betroffene Unternehmen habe das be-

---

[240] Etwa Hoeren ZD 2021, 497; allg. zu datenschutzrechtlichen Defiziten der Öffentlichkeitsarbeit der Justiz etwa Popp ZD 2021, 501.
[241] OVG Münster BeckRS 2021, 11654 = NVwZ-RR 2021, 973.
[242] Insoweit zutreffend Schnabel ZD 2021, 535 (539).
[243] So Stulz-Herrnstadt/Jeschke GRUR-Prax 2021, 499; Hillemann, Bald weniger Informationen über DSGVO-Bußgelder?, abrufbar unter https://www.lto.de/recht/hintergruende/h/ovg-muenster-13b33121-bundesnetzagentur-veroeffentlichung-bussgeldbescheide-keine-namentliche-nennung-von-unternehmen-dsgvo/, abgerufen am 7.3.2023; aA Schnabel ZD 2021, 535 (539).
[244] Hoeren ZD 2021, 497 (497).

mängelte Verhalten nach Einleitung des Bußgeldverfahrens fortgesetzt. Worin aber die Gefahr durch das namentlich benannte Unternehmen noch bestehen soll, wenn ein DS-GVO-Bußgeld bereits verhängt und die bemängelte Datenverarbeitung des betreffenden Unternehmens abgestellt wurde, erschließt sich nicht. Es kann unterstellt werden, dass auch dieses Informationshandeln vielmehr darauf zielt, die generalpräventive Wirkung von Bußgeldern durch den Imageschaden und die wirtschaftlichen Folgen zu verstärken.

169 Damit ein (öffentlich-rechtlicher) Unterlassungsanspruch geltend gemacht werden kann, ist jedoch zusätzlich erforderlich, dass es den Datenschutzbehörden an einer Rechtsgrundlage für solches Informationshandeln fehlt. Eben dies ist im Datenschutzrecht jedoch nicht geklärt.[245] Diskutiert wird als Rechtsgrundlage insbesondere Art. 58 Abs. 3 lit. b DS-GVO, wonach die Aufsichtsbehörde befugt ist, sich zu allen Fragen, die im Zusammenhang mit dem Schutz personenbezogener Daten stehen, an die Öffentlichkeit zu richten. Tatsächlich wird diese Norm als Rechtsgrundlage für die Öffentlichkeitsarbeit von Datenschutzbehörden herangezogen,[246] inklusive Äußerungen, die Grundrechte beschränken[247] und Unternehmen namentlich nennen[248]. Das bedeutet jedoch nicht, dass Art. 58 Abs. 3 lit. b DS-GVO auch eine ausreichende Rechtsgrundlage für die Veröffentlichung von Bußgeldern gegen namentlich genannte Unternehmen ist.

170 Zweifelhaft ist bereits, ob Art. 58 Abs. 3 lit. b DS-GVO überhaupt ausreichend bestimmt ist, um nicht nur ein Unternehmen im Zusammenhang mit einem Verstoß namentlich zu nennen, sondern sogar die öffentliche Information über die Bebußung eines individualisierten Unternehmens für einen gegebenenfalls bereits abgestellten Datenschutzverstoß zu rechtfertigen.[249]

171 Davon abgesehen ist die öffentliche Warn-, Mahn- und Beanstandungsbefugnis der Datenschutz-Aufsichtsbehörden[250] beschränkt durch
- die Verschwiegenheitspflicht,
- den Grundsatz der Verhältnismäßigkeit,
- das Gebot der Sachlichkeit sowie
- Grundrechte der Verantwortlichen und Auftragsverarbeiter.[251]

172 Vorausgesetzt wird danach ein hinreichend gewichtiger und konkretisierter Anlass, mindestens im Grad eines begründeten Gefahrenverdachts, ein im Wesentlichen zutreffender bzw. vertretbar und sachgerecht gewürdigter Tatsachenkern sowie die Verhältnismäßigkeit der Äußerung.[252] Äußerungen mit Prangerwirkung werden von der DS-GVO nicht gestattet.[253]

173 Ob die Information über ein Bußgeld unter namentlicher Nennung des betreffenden Unternehmens von der Ermächtigungsgrundlage gedeckt ist, ist mindestens fragwürdig, insbesondere, wenn von dem Unternehmen selbst keine Gefahr mehr ausgeht. Möchte die Aufsichtsbehörde über die fehlerhafte Datenverarbeitung selbst informieren, um beispielsweise einer Wiederholung dieses Fehlers durch andere Verarbeiter vorzubeugen, ist dazu keine namentliche Nennung des betroffenen Unternehmens oder des Bußgeldes erforderlich. Wird das Unternehmen dennoch genannt, liegt nahe, dass Ziel der Veröffentlichung

---

[245] Keine ausreichende Rechtsgrundlage sieht Hoeren ZD 2021, 497 (500); aA jedoch Schnabel ZD 2021, 535 (540).
[246] Insoweit zutreffend Schnabel ZD 2021, 535 (540) mwN.
[247] Ehmann/Selmayr/Selmayr DS-GVO Art. 58 Rn. 32; Simitis/Hornung/Spiecker gen. Döhmann/Polenz DS-GVO Art. 58 Rn. 49.
[248] Gola/Heckmann DS-GVO/BDSG/Nguyen DS-GVO Art. 58 Rn. 23; Paal/Pauly/Körffer DS-GVO Art. 58 Rn. 29.
[249] Hoeren ZD 2021, 497 (500) mwN lehnt die Bestimmtheit insgesamt ab.
[250] Ehmann/Selmayr/Selmayr DS-GVO Art. 58 Rn. 32.
[251] Ehmann/Selmayr/Selmayr DS-GVO Art. 58 Rn. 32; Taeger/Gabel/Grittmann DS-GVO Art. 58 DS-GVO Rn. 37 mwN.
[252] Gola/Heckmann DS-GVO/BDSG/Nguyen DS-GVO Art. 58 Rn. 23; BeckOK DatenschutzR/Eichler DS-GVO Art. 58 Rn. 35.
[253] Ehmann/Selmayr/Selmayr DS-GVO Art. 58 Rn. 32 mwN; Auernhammer/von Lewinski DS-GVO Art. 58 DS-GVO Rn. 44; Taeger/Gabel/Grittmann DS-GVO Art. 58 Rn. 37 mwN.

gar nicht ist, die Öffentlichkeit über fehlerhafte Datenverarbeitungen zu informieren. Vielmehr dürfte sie unter namentlicher Nennung dann dazu dienen, die Ahndung noch zu verstärken.

> **Praxistipp:** 174
> Sollte es sich um einen sogenannten abgestimmten Bußgeldbescheid im Rahmen einer informellen Verständigung handelt, sollte der Verteidiger bei den Gesprächen über eine Verständigung darauf hinwirken, dass die Datenschutzbehörde von der Nennung des Unternehmens Abstand oder ganz von einer Pressemitteilung absieht. Argumentativ kann darauf hingewiesen werden, dass die Verhängung von Bußgeldbescheiden in der Sache auch in den Tätigkeitsberichten der Aufsichtsbehörden aufgeführt werden. Eine nicht namentliche Nennung an der Stelle dürfte sowohl für den Betroffenen als auch für die Aufsichtsbehörde ein guter Kompromiss sein.

§ 6 Besondere Situationen: Umgang mit Data Breach/ Cyber Security Incidents

Übersicht

	Rn.
A. Einleitung	1
B. Überblick über Anforderungen nach der DS-GVO	4
I. Definition einer Datenschutzverletzung (Art. 4 Nr. 12 DS-GVO)	5
II. Vorgaben zum Umgang mit Datenschutzverletzungen nach der DS-GVO	9
1. Meldepflicht gegenüber Behörden (Art. 33 DS-GVO)	10
2. Informationspflicht gegenüber betroffenen Personen (Art. 34 DS-GVO)	16
3. Ausnahmen von Melde- und Informationspflichten	19
4. Dokumentationspflicht (Art. 33 Abs. 5 DS-GVO)	24
C. Überblick über mögliche Sanktionen bei Datenschutzverletzungen	26
I. Geldbußen (Art. 83 DS-GVO)	27
1. Überblick	28
2. Berechnung von Geldbußen bei Datenschutzverletzungen	30
II. Sonstige verwaltungsrechtliche Sanktionen (Art. 58 Abs. 2 DS-GVO)	31
III. Schadensersatz (Art. 82 DS-GVO)	32
IV. Mögliche Risiken für Unternehmen im Zusammenhang mit Massenverfahren	37
V. Weitere Risiken	38
D. Empfehlungen zum Umgang mit Datenschutzvorfällen	40
I. Vorbereitung auf mögliche Datenschutzvorfälle	43
1. Maßnahmen zur Datensicherheit	44
2. Kontrolle von Auftragsverarbeitern	46
3. Trainings und Awareness	48
4. Einführung von Reaktionsplänen	50
II. Reaktion auf mögliche Datenschutzvorfälle	53
1. Erste Maßnahmen	54
2. Erfüllung von möglichen Meldepflichten	56
3. Kooperation mit Aufsichtsbehörden?	58
4. Kommunikationsstrategie	59
5. Behebung möglicher Schwachstellen	60
6. Dokumentation	61
7. Vorbereitung auf die effektive Verteidigung gegen Schadensersatzforderungen und Geldbußen	62
8. Exkurs: Reaktion auf Ransomware-Attacken	63
E. Ausblick	67

Literatur:

Buchner/Wessels, Art. 82 DS-GVO – scharfes Schwert oder zahnloser Tiger? – Auslegung des Art. 82 DS-GVO in Rechtsprechung und Literatur, ZD 2022, 251; *Heinrichs/Neumeier,* Ransomware-Angriff – und jetzt? – Teil 1, CB 2022, 14; *Meyer/Biermann,* Ransomware-Angriff – Strafrechtliche Einordnung von Lösegeldzahlungen und Aufzeigen notwendiger Compliance-Maßnahmen für die Cybersicherheit, MMR 2022, 940; *Paal/Kritzer,* Geltendmachung von DS-GVO-Ansprüchen als Geschäftsmodell, NJW 2022, 2433; *Wenzel/Wybitul,* Vermeidung hoher DS-GVO-Bußgelder und Kooperation mit Datenschutzbehörden – Strategische Möglichkeiten zur Vermeidung von Sanktionen, ZD 2019, 290; *Wybitul,* Vermeidung von DS-GVO-Risiken nach Datenpannen und Cyberangriffen, NJW 2020, 2577; *Wybitul,* Verteidigung gegen Schadensersatzklagen wegen Datenschutzverstößen, NJW 2021, 1190; *Wybitul/Haß/Albrecht,* Abwehr von Schadensersatzansprüchen nach der Datenschutz-Grundverordnung, NJW 2018, 113; *Wybitul/Leibold,* Risiken für Unternehmen durch neue Rechtsprechung zum DS-GVO-Schadensersatz – Ein Überblick über die Voraussetzungen und die aktuelle Rechtsprechung zu Art. 82 DS-GVO, ZD 2022, 207; *Wybitul/Neu/Strauch,* Schadensersatzrisiken für Unternehmen bei Datenschutzverstößen – Verteidigung gegen Schadensersatzforderungen nach Art. 82 DS-GVO, ZD 2018, 202; *Wybitul/Venn,* Verteidigung von Unternehmen gegen Geldbußen nach Art. 83 DS-GVO – Streit um rechtliche Voraussetzungen für Unternehmenssanktionen, ZD.

A. Einleitung

1 Unternehmen in Deutschland sehen sich zunehmend mit Ransomware, Hacker-Angriffen und anderen Bedrohungen ihrer IT- und Datenschutzstrukturen konfrontiert. Entsprechende Datenschutzverletzungen (oftmals auch als „Data Breach", „Datenpanne" oder „Cyber Security Incident" bezeichnet) können für Unternehmen weitreichende negative Folgen haben. Dies gilt insbesondere bei Angriffen, die zu einer unbeabsichtigten Offenlegung oder dem Verlust von personenbezogenen Daten, etwa von Kunden oder Mitarbeitern führen. Die DS-GVO macht für den Umgang mit Datenschutzverletzungen strenge Vorgaben, einschließlich weitgehender Melde- und Informationspflichten.

2 Verstöße gegen den Datenschutz im Rahmen von Datenpannen können für Verantwortliche weitreichende Haftungsrisiken nach sich ziehen. Neben Geldbußen oder Reputationsschäden können auch massenhafte Schadens- und Auskunftsklagen der von der Datenschutzverletzung betroffenen Personen drohen. Erste Verbraucheranwälte und -organisationen haben sich bereits auf entsprechende Verfahren spezialisiert.[1] Solche Massenklagen können für Unternehmen gravierende finanzielle Folgen haben. Beispielsweise sprach das LG München I einem Verbraucher nach einer Datenpanne einen Schadensersatz in Höhe von 2.500 EUR zu.[2] Da Datenschutzverletzungen oftmals eine Vielzahl von Personen betreffen, können sich die finanziellen Risiken sogar noch potenzieren.

3 Der vorliegende Beitrag gibt zunächst einen Überblick über die datenschutzrechtlichen Anforderungen beim Umgang mit Datenschutzvorfällen (→ Rn. 4 ff.). Anschließend geht der Beitrag auf mögliche Sanktionen ein, die Unternehmen infolge einer Datenschutzverletzung drohen (→ Rn. 26 ff.). Abschließend gibt der Beitrag Handlungsempfehlungen für Unternehmen für den Fall eines Datenschutzvorfalls (→ Rn. 40 ff.).[3]

B. Überblick über Anforderungen nach der DS-GVO

4 Die DS-GVO sieht umfassende Vorgaben für den Umgang mit Datenschutzvorfällen vor. Der nachstehende Abschnitt gibt einen Überblick über die relevanten Definitionen und die wesentlichen datenschutzrechtlichen Anforderungen.

I. Definition einer Datenschutzverletzung (Art. 4 Nr. 12 DS-GVO)

5 Die in der DS-GVO geregelten Vorgaben zum Umgang mit Datenpannen knüpfen an den Begriff der **Datenschutzverletzung** an. Hierzu zählt nach der Legaldefinition in Art. 4 Nr. 12 DS-GVO jede „*Verletzung der Sicherheit, die, ob unbeabsichtigt oder unrechtmäßig, zur Vernichtung, zum Verlust, zur Veränderung, oder zur unbefugten Offenlegung von beziehungsweise zum unbefugten Zugang zu personenbezogenen Daten führt, die übermittelt, gespeichert oder auf sonstige Weise verarbeitet wurden*".

6 Die Definition stellt maßgeblich auf den Begriff des personenbezogenen Datums im Sinne von Art. 4 Nr. 1 DS-GVO ab. Von dem geforderten Personenbezug ist grundsätzlich auszugehen, wenn sich die offengelegten oder entwendeten Informationen konkreten oder jedenfalls identifizierbaren Kunden, Mitarbeitern oder sonstigen Personen zuordnen lassen. Betrifft der Vorfall hingegen ausschließlich Betriebs- oder andere nicht-personenbezogene Informationen, gelten die Vorgaben der Art. 33, 34 DS-GVO nicht. In diesem Fall müssen Unternehmen aber gegebenenfalls Berichtspflichten und Anforderungen anderer

---

[1] Vgl. zu diesem Geschäftsmodell etwa Wybitul/Leibold ZD 2022, 207 (207 ff.).
[2] LG München I v. 9.12.2021 – 31 O 16606/20, BKR 2022, 131.
[3] Die Autorin dankt Pascal Schröder, Liv Reimer und Timo Hager, wissenschaftliche Mitarbeiter bzw. Rechtsreferendare bei Latham & Watkins LLP Frankfurt a. M., für ihre wertvolle Unterstützung bei der Erstellung des Beitrags.

Gesetze beachten, etwa nach dem Gesetz über das Bundesamt für Sicherheit in der Informationstechnik („**BSIG**").

Der Begriff des Datenschutzverstoßes umfasst in erster Linie Verstöße gegen die Vorgaben zur Datensicherheit nach Art. 32 DS-GVO (und Art. 5 Abs. 1 lit. f DS-GVO), die tatsächlich oder mutmaßlich zu einer unbefugten Offenlegung von personenbezogenen Daten geführt haben.[4] Ausgehend von dieser weiten Definition können Datenschutzverletzungen viele verschiedene Erscheinungsformen haben. In der Praxis ist insbesondere der **Verlust**[5] sowie die **unbefugte Offenlegung** von personenbezogenen Daten relevant. Hierbei kommt es nicht darauf an, ob die Offenlegung oder der Verlust der personenbezogenen Daten unbeabsichtigt oder unrechtmäßig war oder ob ein Schaden bei der betroffenen Person eingetreten ist.[6]

Der nachstehende erste Überblick zeigt mögliche Erscheinungsformen praxisrelevanter Datenschutzverletzungen:

- Ransomware-Angriffe, durch die Systeme des Unternehmens eingeschränkt oder sogar vollständig blockiert werden;[7]
- Bewusstes Ausnutzen von bestehenden Sicherheitslücken in der IT-Landschaft zur Infiltration des Systems;[8]
- Täuschung von Mitarbeitern, um diese zu veranlassen, Angreifern Zugriff auf personenbezogene Daten zu gewähren oder diese herauszugeben (Social Engineering bzw. Phishing);[9]
- Gezieltes Auslesen von E-Mail-Postfächern durch Schadsoftware.[10]

II. Vorgaben zum Umgang mit Datenschutzverletzungen nach der DS-GVO

Die DS-GVO sieht bei bekannt gewordenen Datenschutzverletzungen strenge Vorgaben für den jeweiligen datenschutzrechtlich Verantwortlichen im Sinne von Art. 4 Nr. 7 DS-GVO vor. Zu den entsprechenden Anforderungen zählen insbesondere umfangreiche Melde- und Informationspflichten gegenüber Aufsichtsbehörden und den vom Vorfall betroffenen Personen.[11] Der nachstehende Abschnitt gibt einen ersten Überblick über den Anwendungsbereich der genannten Vorgaben.

---

[4] Wybitul NJW 2020, 2577 (2578); der bloße Verstoß gegen die Vorgaben zur Datensicherheit begründet hingegen grundsätzlich keine Datenschutzverletzung im Sinne von Art. 4 Nr. 12 DS-GVO, vgl. Taeger/Gabel/Schultze-Melling DS-GVO Art. 33 Rn. 12.

[5] Bereits ein vorübergehender Verlust der Verfügbarkeit der personenbezogenen Daten kann eine Verletzung darstellen. Bei geplanten Systemwartungen kann dies ausgeschlossen werden, vgl. Artikel-29-Datenschutzgruppe, Leitlinien für die Meldung von Verletzungen des Schutzes personenbezogener Daten gemäß der VO (EU) 2016/679 („**WP 250**"), S. 9; Gola/Heckmann DS-GVO/BDSG/Reif DS-GVO Art. 33 Rn. 33.

[6] Gola/Heckmann DS-GVO/BDSG/Reif DS-GVO Art. 33 Rn. 37.

[7] Kochheim Cybercrime Kap. 3 Rn. 441 ff.

[8] Bundesamt für Sicherheit in der Informationstechnik, BSI warnt: Kritische Schwachstellen in Exchange-Servern, 5.3.2021, https://www.bsi.bund.de/DE/Service/Navi/Presse/Pressemitteilungen/Presse2021/210305_Exchange-Schwachstelle.html, abgerufen am 7.3.2023.

[9] Auer-Reinsdorff/Conrad IT- und DatenschutzR-HdB/Kociok § 27 Rn. 15; eine Erklärung hierzu ist ebenso auf der Website des Bundesamtes für Sicherheit in der Informationstechnik zu finden, https://www.bsi.bund.de/DE/Themen/Verbraucherinnen-und-Verbraucher/Cyber-Sicherheitslage/Methoden-der-Cyber-Kriminalitaet/Social-Engineering/social-engineering_node.html, abgerufen am 7.3.2023.

[10] Eine Information hierzu ist auf der Website des Bundesamtes für Sicherheit in der Informationstechnik zu finden, https://www.bsi.bund.de/DE/Themen/Verbraucherinnen-und-Verbraucher/Cyber-Sicherheitslage/Methoden-der-Cyber-Kriminalitaet/Sonderfall-Emotet/sonderfall-emotet_node.html, abgerufen am 7.3.2023.

[11] Zum Umgang mit Datenschutzverletzungen liefern auch „Guidelines 9/2022 on personal data breach notification under GDPR" des Europäischen Datenschutzausschusses (EDSA) vom 10. Oktober 2022 hilfreiche Informationen. Die Guidelines sind in englischer Sprache abrufbar unter: https://edpb.europa.eu/system/files/2022-10/edpb_guidelines_202209_personal_data_breach_notification_targetedupdate_en.pdf, abgerufen am 7.3.2023.

1. Meldepflicht gegenüber Behörden (Art. 33 DS-GVO)

10 Verantwortliche müssen die zuständige Aufsichtsbehörde grundsätzlich **innerhalb von 72 Stunden** nach Bekanntwerden des Vorgangs über die Datenschutzverletzung und ihre möglichen Folgen informieren, vgl. Art. 33 DS-GVO. Die Aufsichtsbehörden halten dazu auf ihren Websites jeweils spezifische Online-Formulare bereit, mit denen Verantwortliche Datenschutzvorfälle elektronisch melden können.[12]

11 Die Meldepflicht aus Art. 33 DS-GVO setzt voraus, dass der Verantwortliche **Kenntnis** von dem relevanten Vorfall hat.[13] Bloße Verdachtsmomente wie etwa durch Hinweise der eigenen Belegschaft, begründen daher grundsätzlich noch keine Meldepflicht nach Art. 33 DS-GVO. Verantwortliche müssen Verdachtsmomenten aber nachgehen. Im Rahmen der Aufklärungsmaßnahmen müssen Verantwortliche innerhalb eines angemessenen Zeitrahmens überprüfen, ob eine meldepflichtige Datenschutzverletzung vorliegt.[14]

12 Lässt sich zunächst nicht belastbar abschätzen, ob die Voraussetzungen für eine Meldepflicht nach Art. 33 DS-GVO vorliegen, besteht auch die Möglichkeit einer **vorsorglichen Meldung** bei der zuständigen Datenschutzaufsichtsbehörde.

13 Praxistipp:
Die Entscheidung, ob eine vorsorgliche Meldung im Einzelfall zweckmäßig ist, sollte auf Basis einer umfassenden **Risikoabwägung** erfolgen. In der Praxis nehmen Aufsichtsbehörden entsprechende Meldungen oftmals zum Anlass, um den Sachverhalt umfassend zu erforschen. Dies kann gegebenenfalls Schwachstellen des Unternehmens offenlegen. Auf der anderen Seite begrüßen Aufsichtsbehörden regelmäßig eine umfassende und frühzeitige Einbindung der Behörde.

14 Bei gemeinsamer Verantwortlichkeit nach Art. 26 DS-GVO empfiehlt der EDSA zudem, dass gemeinsame Verantwortliche vertraglich festlegen, welcher der Verantwortlichen bei Datenschutzvorfällen die Führung der Prozesse übernimmt und für die Einhaltung der Meldepflichten sorgen soll.[15]

15 Neben der Meldepflicht nach Art. 33 DS-GVO können für Unternehmen gegebenenfalls zusätzliche Melde- und Benachrichtigungspflichten nach anderen Gesetzen bestehen. Dies kann etwa bei möglichen Ad-hoc-Berichtspflichten für Aktiengesellschaften sowie Meldepflichten für Anbieter digitaler Dienste nach § 8c Abs. 3 BSIG[16] und für Vertrauensdiensteanbieter[17] nach Art. 19 Abs. 2 eIDAS-Verordnung[18] der Fall sein.[19]

2. Informationspflicht gegenüber betroffenen Personen (Art. 34 DS-GVO)

16 Verantwortliche müssen unter den in Art. 34 DS-GVO geregelten Voraussetzungen gegebenenfalls auch die von der Datenschutzverletzung betroffenen Personen über den Vorfall informieren. Eine entsprechende Informationspflicht setzt voraus, dass die Datenschutzverletzung voraussichtlich zu einem **hohen Risiko** für die hiervon betroffenen Personen

---

[12] Vgl. etwa das Meldeformular des Bayerisches Landesamtes für Datenschutzaufsicht, https://www.lda.bayern.de/de/datenpanne.html, abgerufen am 7.3.2023.
[13] Vgl. dazu auch die EDSA-Guidelines 9/2022 (siehe Fn. 845), Rn. 31 f.
[14] Artikel-29-Datenschutzgruppe, WP 250, S. 13; vgl. Plath/Grages DS-GVO Art. 33 Rn. 3.
[15] EDSA-Guidelines 9/2022 (siehe Fn. 845), Rn. 42.
[16] Gesetz über das Bundesamt für Sicherheit in der Informationstechnik vom 14.8.2009 (BGBl. 2009 I 2821), zuletzt geändert am 23.5.2021 (BGBl. 2021 I 1982).
[17] Vertrauensdiensteanbieter im Sinne von Art. 3 Nr. 19 RL (EU) 910/2014 sind Personen, die elektronische Dienste wie bspw. solche zur Erstellung, Überprüfung und Validierung von elektronischen Signaturen anbieten.
[18] VO (EU) 910/2014 des Europäischen Parlaments und des Rates vom 23. Juli 2014 über elektronische Identifizierung und Vertrauensdienste für elektronische Transaktionen im Binnenmarkt und zur Aufhebung der RL 1999/93/EG, Abl. L 257/73.
[19] Vgl. zu den Mitteilungspflichten unter anderen EU-Regelwerken auch die EDSA-Guidelines 9/2022 (siehe Fn. 845), Rn. 134 ff.

führt. Ein hohes Risiko kann beispielsweise dann vorliegen, wenn Gesundheitsdaten oder andere sensitive Informationen gegenüber Unbefugten offengelegt wurden. Auch die unzulässige Offenlegung von Daten über strafrechtliche Verurteilungen und Straftaten oder Profilingdaten kann ein hohes Risiko begründen.[20]

Art. 34 Abs. 3 DS-GVO regelt einige (abschließende)[21] Ausnahmen von der Informationspflicht gegenüber den vom Vorfall betroffenen Personen. Beispielsweise müssen die betroffenen Personen nicht informiert werden, wenn der Verantwortliche geeignete technische und organisatorische Maßnahmen ergriffen hat, um einen unbefugten Zugriff auf die entsprechenden personenbezogenen Daten zu verhindern, vgl. Art. 34 Abs. 3 lit. a DS-GVO. 17

> **Praxistipp:** 18
> Sofern eine Informationspflicht nach Art. 34 DS-GVO besteht, sollte man den Inhalt der Mitteilung eng mit der zuständigen internen Kommunikationsabteilung und sonstigen relevanten Abteilungen und Unternehmensfunktionen abstimmen.[22] Mitteilungen nach Art. 34 DS-GVO bilden nämlich in der Praxis oftmals den Anlass für Anträge betroffener Personen auf Auskunft nach Art. 15 DS-GVO, Unterlassung und Schadensersatz nach Art. 82 DS-GVO.[23] Um sich gegen derartige Ansprüche effektiv zu verteidigen, ist es wichtig, Fehler oder Ungenauigkeiten bei der Benachrichtigung zu vermeiden. Zudem ist der Inhalt der Mitteilung gegebenenfalls auch mit der zuständigen Datenschutzaufsichtsbehörde abzustimmen.

3. Ausnahmen von Melde- und Informationspflichten

Eine Meldepflicht gegenüber der zuständigen Aufsichtsbehörde besteht insbesondere dann nicht, wenn die Datenschutzverletzung voraussichtlich nicht zu einem Risiko für die Rechte und Freiheiten natürlicher Personen führt, Art. 33 Abs. 1 S. 1 DS-GVO. Ob ein solches Risiko vorliegt, ist anhand einer Risikoabwägung im Einzelfall zu bestimmen. Hierbei sollte man insbesondere die Schwere und Eintrittswahrscheinlichkeit möglicher Schäden für die Betroffenen, die Zahl der Betroffenen sowie die vom Verantwortlichen zur Abwendung möglicher Risiken getroffenen Maßnahmen berücksichtigen.[24] 19

> **Praxistipp:** 20
> Verantwortliche sollten die im Rahmen der Abwägung berücksichtigten Aspekte sowie die auf dieser Basis getroffene Prognoseentscheidung umfassend dokumentieren. Dies kann Verantwortlichen in möglichen Gerichts- und Behördenverfahren den Nachweis erleichtern, dass die Datenschutzverletzung nicht zu einem Risiko für die hiervon betroffenen Personen geführt hat.[25] Für eine effektive Verteidigung sollte die Dokumentation gegebenenfalls auch Ausführungen zu durchgespielten Szenarien und den an der Prognoseentscheidung beteiligten Unternehmensfunktionen im Sinne eines Vier-Augen-Prinzips enthalten.

Die vorstehenden Ausführungen zeigen, dass Art. 33 DS-GVO ein Spannungsverhältnis zwischen der Meldepflicht und dem grundrechtlichen Prinzip der Selbstbelastungsfreiheit 21

---

[20] Taeger/Gabel/Schultze-Melling DS-GVO Art. 33 Rn. 10; Hinweise zur Abwägungsgegenstände liefern die EDSA-Guidelines 9/2022 (siehe Fn. 845), Rn. 106 ff.
[21] Taeger/Gabel/Schultze-Melling DS-GVO Art. 34 Rn. 12.
[22] Hinweise über die inhaltliche Ausgestaltung und die Art und Weise der Kontaktaufnahme zu betroffenen Personen liefern die EDSA-Guidelines 9/2022 (siehe Fn. 845), Rn. 85 ff.
[23] Siehe dazu unten → Rn. 33.
[24] Artikel-29-Datenschutzgruppe, WP 250, S. 27 ff; nach dem EDSA liegt etwa kein Risiko vor, wenn die Daten schon öffentlich verfügbar waren, EDSA-Guidelines 9/2022 (siehe Fn. 845), Rn. 75.
[25] Vgl. ErwG 85 DS-GVO; Gola/Heckmann DS-GVO/BDSG/Reif DS-GVO Art. 33 Rn. 45.

begründet („Nemo-tenetur"-Grundsatz).[26] Zu diesem Spannungsverhältnis und einer möglichen Suspendierung von Meldepflichten aufgrund grundrechtlicher Prinzipien siehe die ausführlichen Erläuterungen bei *Brodowski* → § 32 Rn. 13 ff.

22 Die DS-GVO sieht auch Ausnahmen von der Informationspflicht gegenüber den von der Datenschutzverletzung betroffenen Personen vor. So regelt Art. 34 Abs. 3 DS-GVO einige (abschließende)[27] Ausnahmen von der Informationspflicht. Beispielsweise müssen die betroffenen Personen nicht informiert werden, wenn der Verantwortliche geeignete technische und organisatorische Maßnahmen ergriffen hat, um einen unbefugten Zugriff auf die entsprechenden personenbezogenen Daten zu verhindern, vgl. Art. 34 Abs. 3 lit. a DS-GVO.

23 Weitere Ausnahmen von der Informationspflicht sind unter anderem in § 29 BDSG geregelt. So ist die Informationspflicht beispielsweise dann eingeschränkt, soweit die zugrunde liegenden Informationen einer Geheimhaltungspflicht unterliegen, vgl. § 29 Abs. 1 S. 3 BDSG. Eine entsprechende Geheimhaltungspflicht kann aus einer Rechtsvorschriften resultieren. Zudem besteht eine Ausnahme von der Informationspflicht, wenn die Information „ihrem Wesen nach" – beispielsweise wegen der überwiegenden Interessen eines Dritten – geheim zu halten ist.[28] Selbst bei einer entsprechenden Geheimhaltungspflicht muss der Verantwortlichen den Betroffenen informieren, wenn dieser ein „überwiegendes Interesse" an der Erteilung der Information hat. Welche Interessen im Einzelfall überwiegen, ist anhand einer Abwägung zu bestimmen. Bei der Abwägung sind insbesondere drohende Schäden für die betroffene Person zu berücksichtigen.[29] Auch diesbezüglich empfiehlt es sich für Verantwortliche, die durchgeführte Abwägung umfassend zu dokumentieren.

4. Dokumentationspflicht (Art. 33 Abs. 5 DS-GVO)

24 Verantwortliche sind nach Art. 33 Abs. 5 DS-GVO verpflichtet, Datenschutzvorfälle umfassend zu dokumentieren. Um dieser Anforderung nachzukommen, sollte man sämtliche relevante Tatsachen im Zusammenhang mit dem Datenschutzvorfall festhalten.[30] Dies gilt auch für mögliche Auswirkungen des Datenschutzvorfalls und gegebenenfalls ergriffene Abhilfemaßnahmen. Diese Nachweispflicht ist Ausdruck der allgemeinen **Rechenschaftspflicht** nach Art. 5 Abs. 2 DS-GVO.[31]

25 **Praxistipp:**
Eine umfassende und gerichtsfeste Dokumentation ist zentral für die effektive Verteidigung in möglichen Behörden- oder Schadensersatzverfahren im Zusammenhang mit Datenschutzverletzungen. Die vom Verantwortlichen zu erstellende Dokumentation sollte daher insbesondere alle für den Verantwortlichen entlastende Umstände umfassen. Hierzu zählen insbesondere die im Vorfeld oder nach Bekanntwerden des Vorfalls ergriffenen Abhilfemaßnahmen.[32]

---

[26] Gola/Heckmann DS-GVO/BDSG/Reif DS-GVO Art. 33 Rn. 81.
[27] Taeger/Gabel/Schultze-Melling DS-GVO Art. 34 Rn. 12.
[28] Taeger/Gabel/Louven BDSG § 29 Rn. 6.
[29] BeckOK DatenschutzR/Uwer BDSG § 29 Rn. 17.
[30] Weiterführende Hinweise zur Dokumentation finden sich auch in den EDSA-Guidelines 9/2022 (siehe Fn. 845), Rn. 121 ff.
[31] Taeger/Gabel/Schultze/Melling DS-GVO Art. 33 Rn. 49.
[32] Vgl. Art. 83 Abs. 2 S. 2 lit. c DS-GVO.

C. Überblick über mögliche Sanktionen bei Datenschutzverletzungen

Datenschutzverletzungen können für Unternehmen weitreichende negative Folgen haben. Neben erheblichen Geldbußen[33] und Schadensersatzansprüchen betroffener Personen[34] drohen Unternehmen unter anderem auch Reputationsrisiken und damit verbundene Geschäftseinbußen. Der nachstehende Abschnitt dieses Beitrags gibt einen Überblick über mögliche Sanktionen bei Datenschutzverletzungen und die Rechtsprechungsentwicklung in Deutschland. Er berücksichtigt hierbei insbesondere einschlägige Stellungnahmen der deutschen Datenschutzaufsichtsbehörden sowie bereits ergangene und anstehende Entscheidungen deutscher Gerichte und des Europäischen Gerichtshofs („**EuGH**"). 26

I. Geldbußen (Art. 83 DS-GVO)

Unternehmen drohen bei Datenschutzverletzungen nach Art. 83 DS-GVO hohe Geldbußen. Der nachstehende Abschnitt gibt einen Überblick über die Voraussetzungen von DS-GVO-Geldbußen und über die Berechnung der Höhe der Geldbußen. 27

1. Überblick

Die zuständige Aufsichtsbehörde kann bei Verstößen gegen die DS-GVO oder sonstige einschlägige Datenschutzgesetze, wie etwa das BDSG, erhebliche Geldbußen gegen den Verantwortlichen verhängen, vgl. Art. 83 DS-GVO (siehe hierzu → § 3 Rn. 6 ff.). Im Rahmen von Datenpannen sind insofern oftmals Verstöße gegen die Vorgaben zur Datensicherheit aus Art. 32 DS-GVO bzw. Art. 5 Abs. 1 lit. f DS-GVO relevant.[35] Zudem sind Verstöße gegen die in Art. 33, 34 DS-GVO geregelten Benachrichtigungspflichten bußgeldbewehrt.[36] 28

Die Aufsichtsbehörden müssen bei der Verhängung von Geldbußen wegen Datenschutzverstößen sicherstellen, dass diese „wirksam, verhältnismäßig und abschreckend" sind, vgl. Art. 83 Abs. 1 DS-GVO. Der Europäische Datenschutzausschuss („**EDSA**") hat im Jahr 2022 Leitlinien zur Berechnung von Geldbußen veröffentlicht („**EDSA-Leitlinien**").[37] Siehe hierzu → § 4 Rn. 30 ff. und → § 3 Rn. 54 ff. 29

2. Berechnung von Geldbußen bei Datenschutzverletzungen

Der **Bußgeldrahmen** für Verstöße gegen die in Art. 32 DS-GVO geregelten Vorgaben zur Datensicherheit liegt bei 10 Mio. EUR bzw. 2 % des globalen Umsatzes *des Unternehmens* des vorangegangenen Jahres. Gleiches gilt für Verstöße gegen die in Art. 33, 34 DS-GVO geregelten Meldepflichten. Bei Verstößen gegen die Vorgaben zur Datensicherheit stellen Aufsichtsbehörden oftmals auch auf eine Verletzung des in Art. 5 Abs. 1 lit. f DS-GVO geregelten allgemeinen Grundsatzes der Integrität und Vertraulichkeit ab.[38] Entsprechende Verstöße können mit Geldbußen von bis zu 20 Mio. EUR bzw. 4 % des globalen Umsatzes geahndet werden.[39] 30

---

[33] Art. 83 DS-GVO.
[34] Art. 82 DS-GVO.
[35] Art. 83 Abs. 4 lit. a DS-GVO.
[36] Art. 83 Abs. 4 lit. a DS-GVO.
[37] European Data Protection Board, Guidelines 04/2022 on the calculation of administrative fines under the GDPR, 12.5.2022, Rn. 4 ff; zuvor bereits Artikel-29-Datenschutzgruppe, Leitlinien für die Anwendung und Festsetzung von Geldbußen im Sinne der VO (EU) 2016/679, 3.10.2017, WP 253.
[38] → § 3 Rn. 50.
[39] Art. 83 Abs. 5 lit. a DS-GVO; die italienische Aufsichtsbehörde hat eine Geldbuße in Höhe von über 12 Millionen EUR u.a. wegen Verstoßes gegen Art. 5 Abs. 1, 2 DS-GVO verhängt, https://www.garanteprivacy.it/web/guest/home/docweb/-/docweb-display/docweb/9485681: die französische Aufsichtsbehörde hat eine Geldbuße in Höhe von 800.000 EUR wegen Verstoßes gegen Art. 5 DS-GVO verhängt, https://www.legifrance.gouv.fr/cnil/id/CNILTEXT000042564657, abgerufen am 7.3.2023.

II. Sonstige verwaltungsrechtliche Sanktionen (Art. 58 Abs. 2 DS-GVO)

31 Neben der Verhängung von Geldbußen sieht die DS-GVO in Art. 58 Abs. 2 DS-GVO einen Katalog weiterer Abhilfemaßnahmen im Falle von Datenschutzverstößen vor.[40] Danach können Aufsichtsbehörden unter anderem (Ver-)Warnungen[41] aussprechen, Anweisungen zum Umfang mit personenbezogenen Daten erteilen[42] und Verarbeitungen beschränken oder sogar verbieten.[43] Die Aufsichtsbehörden können Verantwortliche oder Auftragsverarbeiter auch zur Mitteilung an betroffene Personen nach Art. 34 DS-GVO verpflichten.[44] Die entsprechenden Maßnahmen können dabei auch **neben** Geldbußen nach Art. 83 DS-GVO verhängt werden.

III. Schadensersatz (Art. 82 DS-GVO)

32 Neben Geldbußen drohen Unternehmen bei bekannt gewordenen Datenschutzverletzungen gegebenenfalls auch Schadensersatzansprüche der von dem Vorfall betroffenen Personen, Art. 82 DS-GVO. Die Norm regelt die Anspruchsgrundlage für den Ersatz von materiellen und immateriellen Schäden betroffener Personen bei DS-GVO-Verstößen. Da Datenschutzverletzungen oftmals sehr viele Personen betreffen, können die drohenden finanziellen Risiken für Unternehmen erheblich sein.

33 Zudem verknüpfen Anspruchsteller ihre Schadensersatzforderungen zunehmend mit Auskunftsansprüchen nach Art. 15 DS-GVO, um sich weitere Informationen zu verschaffen, welche die gerichtliche Durchsetzung ihrer Ansprüche erleichtern.[45]

34 **Praxistipp:**
Neben Schadenersatzansprüchen nach Art. 82 DS-GVO sollten sich Unternehmen auch auf mögliche zivilrechtliche Ansprüche bzw. Verfahren vorbereiten. Beispielsweise können Unternehmen Regressansprüche von Geschäftspartnern oder Kunden drohen, wenn diesen durch den Datenschutzvorfall finanzielle Einbußen entstanden sind. In Betracht kommen insofern mögliche Regressansprüche oder Schadensersatzansprüche wegen Verstoß gegen nebenvertragliche Pflichten nach § 241 Abs. 2 BGB.

35 In der Praxis bestehen im Rahmen der Auslegung der in Art. 82 DS-GVO geregelten Haftungsvoraussetzungen noch erhebliche Meinungsunterschiede. Dies gilt etwa für die Frage, ob jeder Datenschutzverstoß für sich betrachtet einen ersatzfähigen immateriellen Schaden begründen kann.[46] Zudem ist in der Praxis umstritten, ob der Verantwortliche oder der Antragsteller die Darlegungs- und Beweislast für die haftungsbegründenden Tatsachen des Art. 82 DS-GVO trägt.[47] Es obliegt dem EuGH, die Haftungsvoraussetzungen von Art. 82 DS-GVO abschließend zu definieren. Dem EuGH liegen bereits entsprechen-

---

[40] BeckOK DatenschutzR/Eichler DS-GVO Art. 58 Rn. 18; Taeger/Gabel/Grittmann DS-GVO Art. 58 DS-GVO Rn. 22.
[41] Vgl. Art. 58 Abs. 2 lit. a und b DS-GVO.
[42] Vgl. Art. 58 Abs. 2 lit. c–e DS-GVO.
[43] Vgl. Art. 58 Abs. 2 lit. f DS-GVO.
[44] BeckOK DatenschutzR/Eichler DS-GVO Art. 58 Rn. 21 f.
[45] Wybitul/Leibold ZD 2022, 207 (209); Wybitul/Haß/Albrecht NJW 2018, 113 (116).
[46] Für eine weitere Auslegung des Schadensbegriffs bspw. BAG v. 26.08.2021 – 8 AZR 253/20 (A), ZD 2022, 56; für eine Begrenzung des Schadensbegriffs auf konkrete und spürbare Schäden hingegen LG Bonn v. 1.7.2021 – 15 O 372/20, BeckRS 2021, 18275; Buchner/Wessels ZD 2022, 251 (253); Wybitul/Leibold ZD 2022, 207 (211).
[47] Teilweise wird die Auffassung vertreten, dass der Antragsteller lediglich den erlittenen Schaden, eine Beteiligung am Datenschutzverstoß sowie die Kausalität zwischen Datenschutzverstoß und Schaden darlegen und beweisen müsse, vgl. Kühling/Buchner/Bergt DS-GVO Art. 82 Rn. 48; Taeger/Gabel/Moos/Schefzig DS-GVO Art. 82 Rn. 55; für eine Darlegungs- und Beweislast des Antragstellers hingegen Gola/Heckmann DS-GVO/BDSG/Gola/Piltz DS-GVO Art. 82 Rn. 24; Schwartmann/Jaspers/Thüsing/Kugelmann/Schwartmann/Keppeler/Jacquemain DS-GVO Art. 82 Rn. 28.

de Auslegungsfragen – etwa zur Reichweite des immateriellen Schadensbegriffs[48] – zur Vorabentscheidung vor.

> **Merke:** 36
> Gerichte in Deutschland sprechen Antragstellern zunehmend hohen immateriellen Schadensersatz nach Art. 82 DS-GVO zu.[49] Dieser Trend zeichnet sich auch bei der möglichen Haftung auf Schadensersatz nach bekannt gewordenen Datenschutzverletzungen ab. So sprach das LG München I einem von einer Datenschutzverletzung betroffenen Kunden immateriellen Schadensersatz in Höhe von 2.500 EUR zu. Der gegenständliche Vorfall hatte dazu geführt, dass unbekannte Dritte auf personenbezogene Daten des Klägers wie Namen, Kontaktdaten und steuerliche Informationen zugreifen konnten. Das Gericht wies bei der Bemessung der Höhe des immateriellen Schadensersatzanspruchs unter anderem auf die (vermeintliche) abschreckende Wirkung des DS-GVO-Schadensersatz hin. Es berücksichtigte zugunsten des beklagten Unternehmens, dass die Offenlegung der personenbezogenen Daten bislang zu keinen konkreten Nachteilen für den Kläger geführt hatte.[50] In einem Parallelverfahren hatte das LG Köln einem weiteren Kunden lediglich 1.200 EUR zugesprochen. Es begründete die geringere Schadensersatzsumme unter anderem damit, dass der Datenschutzverstoß allenfalls mitursächlich für den Schaden des Klägers geworden sei.[51]

IV. Mögliche Risiken für Unternehmen im Zusammenhang mit Massenverfahren

Unternehmen drohen infolge bekannt gewordener Datenschutzverletzungen gegebenenfalls auch Massenverfahren. Da solche Vorfälle oftmals eine Vielzahl von Personen in ähnlicher Weise betreffen, eignen sie sich in besonderem Maße für Massenklagen. Erste auf Datenschutz spezialisierte Verbraucheranwälte und -organisationen haben entsprechende Klageverfahren als neues, gewinnbringendes Geschäftsmodell identifiziert.[52] Teilweise werben diese gezielt betroffene Verbraucher an, um sie bei der Durchsetzung möglicher Ansprüche auf DS-GVO-Schadensersatz zu unterstützen. Sollten sich entsprechende Massenverfahren in der Praxis noch weiter etablieren, drohen Unternehmen weitreichende Haftungsrisiken. 37

V. Weitere Risiken

Neben den vorstehend dargestellten Schadensersatz- und Bußgeldrisiken drohen Unternehmen bei Datenschutzverletzungen auch erhebliche **Reputationsschäden.** Öffentlich bekannt gewordene Datenpannen können das Vertrauen von Kunden bzw. Nutzern in den sicheren und vertraulichen Umgang mit ihren personenbezogenen Daten negativ beeinträchtigen. Entsprechende Reputationsschäden können sich erheblich auf die weitere Geschäftsentwicklung des Unternehmens auswirken.[53] 38

---

[48] So etwa LG Saarbrücken v. 22.11.2021 – 5 O 151/19, GRUR-RS 2021, 39544; Vorabentscheidungsersuchen vom 1.12.2021 – C-741/21.
[49] ZB: OLG Dresden v. 30.11.2021 – 4 U 1158/21, ZD 2022, 159: 5.000 EUR; LAG Berlin-Brandenburg v. 18.11.2021 – 10 Sa 443/21, ZD 2022, 341: 2.000 EUR; OLG Düsseldorf v. 28.10.2021 – 16 U 275/20, ZD 2022, 337: 2.000 EUR; LG München I v. 9.12.2021 – 31 O 16606/20, ZD 2022, 242: 2.500 EUR; AG Pforzheim v. 25.03.2020 – 13 C 160/19, BeckRS 2020, 27380: 4.000 EUR.
[50] LG München I v. 9.12.2021 – 31 O 16606/20, ZD 2022, 242.
[51] LG Köln v. 18.5.2022 – 28 O 328/21, ZD 2022, 506 (507).
[52] Wybitul NJW 2021, 1190; instruktiv dazu Paal/Kritzer NJW 2022, 2433; Wybitul/Leibold ZD 2022, 207.
[53] Wenzel/Wybitul ZD 2019, 290 (294).

39 **Praxistipp:**
Unternehmen sollten auch berücksichtigen, dass Geschäftspartner oder Kunden im Falle eines bekannt gewordenen Datenschutzvorfalls gegebenenfalls auch von vertraglichen oder gesetzlichen **Sonderkündigungsrechten**, etwa nach § 314 BGB, Gebrauch machen könnten. Dieses Risiko ist in der Praxis insbesondere für IT-Provider oder Cloud-Anbieter relevant. Als mögliche Anknüpfungspunkte für entsprechende Sonderkündigungsrechte kommen beispielsweise Verstöße gegen vertragliche Nebenpflichten (§ 241 Abs. 2 BGB) oder vertragliche Vereinbarungen zur Datensicherheit in Betracht. So können Datenschutzverstöße beispielsweise vorhandene Defizite bei der Umsetzung vertraglich vereinbarter TOMs offenlegen. In diesem Zusammenhang sollten Unternehmen auch mögliche vertragliche Informationspflichten gegenüber Kunden im Falle von bekannt gewordenen Datenschutzvorfällen berücksichtigen.

D. Empfehlungen zum Umgang mit Datenschutzvorfällen

40 Um die in den vorstehenden Abschnitten des Beitrags dargestellten Risiken möglichst weitergehend zu verringern, ist es wichtig, effektive Strategien zum Umgang mit möglichen Datenschutzvorfällen zu entwickeln und umzusetzen. Der nachstehende Abschnitt dieses Beitrags gibt einen Überblick über mögliche präventive Maßnahmen, um das Risiko für Datenschutzvorfälle zu minimieren. Zudem zeigt er mögliche Notfall-Maßnahmen auf, die Unternehmen im Falle eines bekannt gewordenen Vorfalls ergreifen können, um dessen Auswirkungen zu begrenzen.

41 Wie bereits vorstehend[54] dargestellt, ist dabei eine umfassende und gerichtsfeste Dokumentation der ergriffenen Maßnahmen für die Verteidigung in möglichen Schadens- und Bußgeldverfahren sehr wichtig.

42 **Praxistipp:**
Die europäischen Datenschutzbehörden haben zahlreiche Handlungsempfehlungen zum Umgang mit Datenschutzverletzungen veröffentlicht. Die entsprechenden Leitlinien beschreiben unter anderem typische Beispielfälle für Datenschutzvorfälle und die jeweils vom Verantwortlichen zu treffenden Maßnahmen.[55]

I. Vorbereitung auf mögliche Datenschutzvorfälle

43 Da die Anzahl der Datenschutzvorfälle – etwa in Form von Hacker-Angriffen – in der Praxis stark zunimmt, ist es wichtig, die eigenen IT- und Datensicherheitsstrukturen auf dem aktuellen Stand der Technik zu halten und ihre Wirksamkeit laufend zu überprüfen. Die folgende Übersicht gibt hierzu und zu möglichen weiteren präventiven Maßnahmen einen ersten Überblick.

1. Maßnahmen zur Datensicherheit

44 Unternehmen sollten sicherstellen, dass sie den Anforderungen von Art. 32 DS-GVO entsprechende **Maßnahmen zur IT- und Datensicherheit** umsetzen.[56] Die nach Art. 32 DS-GVO erforderlichen Maßnahmen richten sich dabei nach den Umständen des Einzel-

---

[54] Vgl. hierzu → Rn. 24f.
[55] Beispielsfälle enthalten die „Guidelines 1/2021 on examples regarding Personal Data Breach Notification" des Europäischen Datenschutzausschusses (EDSA) vom 03 Januar 2021 Die Guidelines sind abrufbar unter: https://edpb.europa.eu/system/files/2022-09/edpb_guidelines_012021_pdbnotification_adopted_de.pdf, abgerufen am 7.3.2023; Vgl. auch EDSA-Guidelines 9/2022 (siehe Fn. 845),
[56] Taeger/Gabel/Schultze-Melling DS-GVO Art. 32 Rn. 12f.

falls. Im Rahmen dieser Einzelfallabwägung sind insbesondere mögliche Risiken für die von der Datenverarbeitung betroffenen Personen zu berücksichtigen. Darauf aufbauend sollten Unternehmen risikoorientierte Maßnahmen ergreifen. Hierzu können beispielsweise Maßnahmen zur Pseudonymisierung und Verschlüsselung von personenbezogenen Daten, effektive Firewalls und Antiviren-Programme sowie Maßnahmen zur Begrenzung und Kontrolle von Zugriffsrechten und -möglichkeiten zählen.[57] Bei der Auswahl und Umsetzung der entsprechenden Maßnahmen sollte man eng mit den zuständigen IT- und Datenschutzabteilungen zusammenarbeiten. Zudem ist es wichtig, die umgesetzten Maßnahmen regelmäßig auf ihre Wirksamkeit zu kontrollieren.

Um mögliche Risiken im Hinblick auf die IT- und Datensicherheit weitgehend zu reduzieren, sollte man die vorstehend genannten Maßnahmen und Vorgaben möglichst bereits bei der Entwicklung und Einführung neuer technischer Systeme, Software und Prozesse berücksichtigen und umsetzen.[58]

2. Kontrolle von Auftragsverarbeitern

Viele Unternehmen binden in der Praxis IT-Provider und sonstige Dienstleister in das Hosting und die Verwaltung von personenbezogenen Daten ein. Entsprechende Beauftragungen erfolgen in der Regel im Wege der Auftragsverarbeitung nach Art. 28 DS-GVO. Die DS-GVO verpflichtet Auftraggeber, dh die datenschutzrechtlich Verantwortlichen, durch geeignete Auswahlkriterien und Kontrollen sicherzustellen, dass die beauftragten Auftragsverarbeiter die Vorgaben zum Datenschutz und zur Datensicherheit einhalten, vgl. Art. 28 Abs. 1 DS-GVO. Daher sollte man nur mit Dienstleistern zusammenarbeiten, die über ein dem Stand der Technik entsprechendes IT- und Datensicherheitskonzept verfügen. Zusätzlich müssen sich Verarbeiter kontinuierlich vergewissern, dass Auftragsverarbeiter die Anforderungen zum Datenschutz und Datensicherheit auch tatsächlich einhalten.[59]

> **Praxistipp:**
> Eine umfangreiche Kontrolle der eingesetzten Auftragsverarbeiter ist auch im Hinblick auf mögliche Verteidigungsszenarien in etwaigen Schadensersatzverfahren nach Art. 82 DS-GVO wichtig. Ist ein möglicher Datenschutzvorfall auf unzureichende IT- und Datensicherheitsstrukturen des Auftragsverarbeiters zurückzuführen, muss sich der Verantwortliche die entsprechenden Verstöße gegebenenfalls zurechnen lassen.[60] Verantwortliche und von ihnen eingesetzte Auftragsverarbeiter haften insofern als Gesamtschuldner, vgl. Art. 82 Abs. 2 DS-GVO.[61] Nach Art. 82 Abs. 3 DS-GVO wird der Verantwortliche nur dann von der Pflicht zur Zahlung von Schadensersatz befreit, wenn er nachweisen kann, „dass er in keinerlei Hinsicht für den Umstand, durch den der Schaden eingetreten ist, verantwortlich ist." Eine solche Exkulpation setzt voraus, dass der Verantwortliche nachweisen kann, dass er den Auftragsverarbeiter sorgfältig ausgewählt und kontrolliert hat.[62] Um entsprechenden Nachweispflichten nachkommen zu können, kann es hilfreich sein, mit den Auftragsverarbeitern möglichst konkrete TOMs und sonstige Vorgaben zur Datensicherheit zu vereinbaren."

---

[57] Weitere Beispiele für organisatorische Maßnahmen zur Vorbeugung/Milderung der Auswirkungen von Angriffen finden sich in den EDSA-Guidelines 1/2021 (siehe Fn. 845), Rn. 70.
[58] Siehe hierzu die Vorgabe zu Privacy by Design und Privacy by Default, Art. 25 DS-GVO.
[59] BeckOK DatenschutzR/Spoerr DS-GVO Art. 28 Rn. 35; Kühling/Buchner/Hartung DS-GVO Art. 28 Rn. 60; Paal/Pauly/Martini DS-GVO Art. 28 Rn. 20.
[60] Ehmann/Selmayr/Nemitz DS-GVO Art. 82 Rn. 24; Moos Datenschutz/Moos § 8 Rn. 163; Taeger/Gabel/Moos/Schefzig DS-GVO Art. 82 Rn. 66; Wybitul/Haß/Albrecht NJW 2018, 113 (114); Wybitul/Neu/Strauch ZD 2018, 202 (204).
[61] Vgl. ErwGr 146 DS-GVO; Wybitul/Haß/Albrecht NJW 2018, 113 (114).
[62] In diese Richtung Schantz/Wolff Neues DatenschutzR/Schantz Kap. F. Rn. 1251; Taeger/Gabel/Moos/Schefzig DS-GVO Art. 82 Rn. 86.

3. Trainings und Awareness

48 Datenschutzvorfälle beruhen in der Praxis oft auf versehentlichem Fehlverhalten einzelner Mitarbeiter. Ein anschauliches Beispiel hierfür ist das unbedachte Öffnen einer Phishing-Mail durch einen Mitarbeiter. Für eine effektive Prävention von Datenschutzvorfällen sind daher auch regelmäßige Schulungen und Trainings zum Datenschutz wichtig. Im Rahmen entsprechender Awareness-Maßnahmen sollte man die Mitarbeiter nicht nur auf die Risiken hinweisen, die Datenschutzvorfälle für das Unternehmen, dessen Kunden sowie die Belegschaft haben können.

49 **Praxistipp:**
In der Praxis hat es sich zudem als hilfreich erwiesen, die Mitarbeiter auch auf mögliche eigene Haftungsrisiken bei Datenschutzvorfällen hinzuweisen. Eine solche Haftung kann beispielsweise im Rahmen eines sogenannten Mitarbeiterexzesses bestehen. Zudem haften Mitarbeiter gegebenenfalls nach den Grundsätzen des innerbetrieblichen Schadensausgleichs. Danach besteht eine Haftung des Mitarbeiters im Innenverhältnis gegenüber dem Arbeitgeber gegebenenfalls bereits bei mittlerer Fahrlässigkeit.[63]

4. Einführung von Reaktionsplänen

50 Als Vorbereitung auf mögliche Datenschutzvorfälle sollte man auch die Einführung eines Reaktionsplans für den Ernstfall (sogenannte **„Data Breach Procedures"**) erwägen. Dies umfasst gegebenenfalls einen Ablaufplan, der konkrete Vorgaben und Prozesse zum Umgang mit bekannt gewordenen Datenschutzvorfällen vorsieht. Entsprechende Richtlinien regeln zudem typischerweise die einschlägigen internen Zuständigkeiten sowie konkrete Vorgaben für die Einbindung der relevanten Unternehmensfunktionen und etwaiger Rechtsberater und sonstiger Dienstleister.[64]

51 Die Entwicklung solcher Notfallpläne hat sich in der Praxis als sehr hilfreich erwiesen. Da Datenschutzvorfälle – aufgrund der knapp bemessenen Zeitfenster zur Meldung – oftmals mit hohem zeitlichen Druck verbunden sind, ist es für Unternehmen wichtig, im Einzelfall schnell und abgestimmt reagieren zu können.

52 **Praxistipp:**
Unternehmen schließen in der Praxis immer häufiger sogenannte Cyberversicherungen ab, die im Rahmen von Datenschutzvorfällen entstandene Schäden abdecken sollen. Vor dem Abschluss eines entsprechenden Vertrages sollte man die Vertragsbedingungen genau prüfen. Dies gilt insbesondere für die Voraussetzungen für eine Kosten- bzw. Schadensübernahme im Versicherungsfall. Die Versicherungsbedingungen vieler Cyberversicherungen sehen insofern umfassende Informationspflichten gegenüber der Versicherung im Falle eines bekannt gewordenen Datenschutzvorfalls vor.

II. Reaktion auf mögliche Datenschutzvorfälle

53 Wird ein Datenschutzvorfall beim eigenen Unternehmen bekannt, sollte man zeitnah und effektiv reagieren, um mögliche Risiken für das Unternehmen und die von dem Vorfall betroffenen Personen zu minimieren. Der nachstehende Abschnitt dieses Beitrags gibt einen Überblick über mögliche Handlungsstrategien im Falle eines bekannt gewordenen Datenschutzvorfalls.

---

[63] Vgl. zu den entsprechenden Aspekten Taeger/Gabel/Moos/Schefzig DS-GVO Art. 82 Rn. 132; MAH ArbR/Reichold Band 1 § 57 Rn. 40.
[64] Hierzu auch Wybitul NJW 2020, 2577 (2581).

1. Erste Maßnahmen

Zunächst sollte man sich einen ersten Überblick über die möglichen Ursachen und Auswirkungen des Datenschutzvorfalls verschaffen. Eine belastbare Aufklärung des Sachverhalts ist insbesondere für die Bewertung einer möglichen Meldepflicht nach Art. 33 DS-GVO wichtig.[65] Handelt es sich um einen komplexen Sachverhalt, sollte man gegebenenfalls die Einschaltung spezialisierter Dienstleister, wie IT-Forensiker und Rechtsanwaltskanzleien, prüfen. Zudem sollten die für die Sachverhaltsaufklärung maßgeblichen Unternehmensfunktionen (wie IT und gegebenenfalls die Personalabteilung) zeitnah in die Sachverhaltsaufklärung eingebunden werden.

> **Praxistipp:**
> In Einzelfällen kann es sinnvoll sein, eine aus externen und internen Spezialisten zusammengesetzte Arbeitsgruppe („**Task Force**") zu bilden. Die Anzahl der beteiligten Personen sollte dabei möglichst gering gehalten werden, um eine zeitnahe und effektive Abstimmung zu ermöglichen.

2. Erfüllung von möglichen Meldepflichten

Um nicht gegen die Meldepflichten nach Art. 33, 34 DS-GVO zu verstoßen, ist es wichtig, zeitnah zu prüfen und zu entscheiden, ob ein nach der DS-GVO meldepflichtiger Vorfall vorliegt. Man sollte die Entscheidung sowie die dafür relevanten Aspekte umfassend dokumentieren. Dies gilt insbesondere in Fällen, in denen man von einer Mitteilung an die Aufsichtsbehörde mangels Risiken absieht.

Zudem gilt es, zeitnah mögliche **ad-hoc-Meldepflichten** zu prüfen, die insbesondere für börsennotierte Unternehmen relevant sind (etwa Pflichten nach dem WpHG). Hierfür wird regelmäßig die Einbindung der Rechtsabteilung oder spezialisierter Rechtsanwaltskanzleien notwendig sein.

3. Kooperation mit Aufsichtsbehörden?

Liegen die Voraussetzungen für eine Meldepflicht nach Art. 33 DS-GVO vor, sollte man die entsprechende Meldung zeitnah vorbereiten und einreichen, um die 72-Stunden-Frist einhalten zu können. Nach Einreichung einer entsprechenden Meldung stellen Aufsichtsbehörden oftmals spezifische Nachfragen. In der Praxis hat sich eine kontinuierliche und enge **Kooperation** mit Aufsichtsbehörden oftmals als hilfreich erwiesen. Dies gilt etwa im Hinblick auf die mögliche Information der vom Vorgang betroffenen Personen und die Umsetzung zusätzlicher Abhilfemaßnahmen.[66] Ob eine solche Kooperation sinnvoll ist, hängt von den Umständen des Einzelfalls und den möglichen Auswirkungen des Vorfalls ab.

4. Kommunikationsstrategie

Besteht das Risiko, dass der Datenschutzvorfall publik werden könnte, sollte man zeitnah die zuständige Kommunikationsabteilung im Unternehmen einbinden. Dies gilt insbesondere dann, wenn – etwa aufgrund des großen Umfangs des Vorfalls – substanzielle Reputationsrisiken drohen. Negative Pressemitteilungen können insofern auch zu Umsatzeinbußen führen. Durch eine effektive und abgestimmte Kommunikationsstrategie lassen sich entsprechende Risiken oftmals erheblich reduzieren.

---

[65] Siehe hierzu sogleich unter D.II.2 → Rn. 56.
[66] Zu den Vor- und Nachteilen einer engen Kooperation mit Aufsichtsbehörden Wenzel/Wybitul ZD 2019, 290 (294).

5. Behebung möglicher Schwachstellen

60 Drohen infolge des Vorfalls weitergehende Auswirkungen, wie etwa ein zusätzlicher Datenverlust, sollten umgehend Maßnahmen getroffen werden, um die maßgeblichen Schwachstellen belastbar zu identifizieren und zeitnah und nachhaltig zu beheben.

6. Dokumentation

61 Unternehmen sollten die im Zuge des Datenschutzvorfalls ergriffenen und geplanten Maßnahmen sowie die Ergebnisse der Sachverhaltsaufklärung umfassend dokumentieren. Eine umfassende und gerichtsfeste Dokumentation ist für eine Verteidigung in möglichen Behördenverfahren oder Schadensersatzprozessen betroffener Personen von zentraler Bedeutung.[67]

7. Vorbereitung auf die effektive Verteidigung gegen Schadensersatzforderungen und Geldbußen

62 Neben der Dokumentation des Sachverhalts und der getroffenen Abhilfemaßnahmen können Unternehmen noch weitere Maßnahmen ergreifen, um sich effektiv auf mögliche Behörden- oder Schadensersatzverfahren vorzubereiten. Hierzu zählt die Vorbereitung auf mögliche Auskunftsanträge betroffener Personen nach Art. 15 DS-GVO. Betroffene machen in der Praxis immer häufiger von ihrem Auskunftsrecht Gebrauch, um sich weitere Kenntnisse über den Datenschutzvorfall zu verschaffen. Oftmals nutzen sie entsprechende Informationen in möglichen Schadensersatzprozessen. In Einzelfällen kann es sich daher anbieten, bereits proaktiv mögliche Antwortschreiben auf Auskunftsersuchen vorzubereiten.

8. Exkurs: Reaktion auf Ransomeware-Attacken

63 In der Praxis werden Unternehmen immer häufiger Opfer von sogenannten Ransomware-Attacken. Hierbei greifen Hacker die IT-Systeme von Unternehmen an, indem sie Schadprogramm in die Systeme einschleusen (etwa durch Phishing-Mails). Mithilfe dieser Schadprogramme können die Angreifer den Zugriff des Unternehmens auf die auf den Systemen gespeicherten Daten ganz oder teilweise dauerhaft blockieren. Hierzu werden die Daten mithilfe der Schadsoftware verschlüsselt. In der Praxis kann dies zu einer kompletten Stilllegung des Geschäftsbetriebs des angegriffenen Unternehmens führen.[68] Die Angreifer stellen den Unternehmen den für die Entschlüsselung notwendigen Code oftmals nur gegen Zahlung einer hohen „Lösegeldsumme" zur Verfügung.[69]

64 In der Praxis hat es sich als hilfreich erwiesen, bei Ransomware-Angriffen umgehend Kontakt mit dem für Cybercrime zuständigen Landeskriminalamt aufzunehmen, um das weitere Vorgehen abzustimmen. Soweit von dem Angriff auch personenbezogene Daten umfasst sind, sollte man parallel auch die zuständige Datenschutzaufsichtsbehörde informieren.

65 **Praxistipp:**

In der Praxis verfügen Unternehmen oftmals nicht über hinreichende Backups, die ihnen eine zeitnahe Wiederherstellung der verschlüsselten Daten ermöglichen könnten. In diesen Fällen stellt sich die drängende Frage, ob man der „Lösegeldforderung" der Angreifer nachkommen sollte. Es hat sich als hilfreich erwiesen, diese Frage eng mit den beteiligten Behörden abzustimmen.

---

[67] Vgl. Wybitul/Venn ZD 2021, 343 (347); Wybitul NJW 2020, 2577 (2582).
[68] Siehe dazu den Bericht des BSI zu „Ransomware – Bedrohungslage 2022".
[69] Vgl. auch Meyer/Biermann MMR 2022, 940 (940).

Hierbei ist zu berücksichtigen, dass die Zahlung eines „Lösegeldes" gegebenenfalls eine negative Vorbildwirkung für zukünftige Fälle haben kann – oder dass eine Entschlüsselung trotz gezahltem Lösegeld nicht erfolgt. Die schwerwiegenden Auswirkungen des Angriffs und der damit verbundene hohe Zeitdruck können aber im Einzelfall auch für die Zahlung eines „Lösegeldes" sprechen. Die handelnden Personen auf Unternehmensseite sollten sich hierbei aber bewusst sein, dass entsprechende Zahlungen ein eigenständiges – gegebenenfalls persönliches – Sanktionsrisiko beinhalten können. Lösegeldzahlungen könnten gegebenenfalls als Unterstützung einer terroristischen Vereinigung[70] oder als Zahlung an eine „Denied Party" im Sinne des internationalen Sanktionsrechts gewertet werden. Die von den Erpressern angegebene Empfänger-Wallet sollte daher insbesondere mit den Sanktionslisten der U.S. Office of Foreign Assests Control („**OFAC**")[71] abgeglichen werden.

Leitungspersonen auf Unternehmensseite treffen im Falle von Ransomware-Attacken weitreichende Sorgfalts- und Aufsichtspflichten[72], bei deren Verletzung gegebenenfalls eine Strafbarkeit wegen Untreue[73] in Betracht kommen kann. Dies setzt im Einzelfalle eine Schädigung des Bestands bzw. Vermögens des Unternehmens voraus. Eine solche Schädigung kann beispielsweise in der Freigabe von Lösegeld liegen, obwohl eine eigenständige Entschlüsselung der verschlüsselten Datensätze möglich ist oder der Empfänger auf einer behördlichen Sanktionsliste gelistet ist. Lösegeldzahlungen sollten daher nur auf Basis einer hinreichenden und angemessenen Informationsgrundlage und nach sorgfältiger Abwägung freigegeben werden, um mögliche Strafbarkeitsrisiken zu verringern.[74] Zudem sollte man sich hierbei eng mit den Strafverfolgungsbehörden abstimmen. 66

E. Ausblick

Angesichts der fortschreitenden Digitalisierung ist damit zu rechnen, dass die Zahl der Datenschutzvorfälle zunehmen wird. Statistiken zeigen bereits einen deutlichen Anstieg von Datenschutzverletzungen im Jahr 2021 im Vergleich zum Vorjahr. Insbesondere Ransomware-Angriffe betreffen Unternehmen immer häufiger.[75] Der Branchenverband bitkom kam im Rahmen einer Studie zu dem Ergebnis, dass der deutschen Wirtschaft jährlich ein Schaden von 203 Milliarden EUR durch Angriffe auf deutsche Unternehmen entsteht.[76] Es wird daher für Unternehmen immer wichtiger, sich auf mögliche Datenschutzvorfälle effektiv vorzubereiten. Verstöße gegen die Vorgaben zum Datenschutz und der Datensicherheit können für Unternehmen weitreichende rechtliche und finanzielle Folgen haben. Diese können im Einzelfall auch den künftigen Geschäftserfolg erheblich beeinträchtigen. 67

Gerichte und Aufsichtsbehörden in der EU legen die entsprechenden rechtlichen Vorgaben zunehmend streng aus. Der Europäische Gerichtshof hat sich zwar noch nicht abschließend zu den Voraussetzungen für die Verhängung von Geldbußen und Schadensersatz nach der DS-GVO geäußert. Angesichts der verbraucher- und datenschutzfreundli- 68

---

[70] § 129a Abs. 5 StGB iVm § 129a Abs. 2 Nr. 2 StGB.
[71] Verstöße gegen die entsprechenden Vorgaben können zu weitreichenden Sanktionen durch die OFAC führen.
[72] Entsprechende Pflichten finden sich beispielsweise in §§ 91 Abs. 2, 93 Abs. 1 AktG und in § 43 Abs. 1 GmbHG.
[73] § 266 Abs. 1 StGB.
[74] Vgl. Heinrichs/Neumeier CB 2022, 14 (15).
[75] Der Annual Data Breach Report 2021 des Identity Theft Centers hat festgestellt, dass in den Vereinigten Staaten im Jahre 2021 ca. 68 Prozent mehr Datenschutzverletzungen als im Vorjahr gemeldet wurden. Dies gilt insbesondere auch für Ransomware-Angriffe, abrufbar unter https://www.idtheftcenter.org/wp-content/uploads/2022/04/ITRC_2021_Data_Breach_Report.pdf, abgerufen am 7.3.2023.
[76] Bitkom e. V., Presseinformation vom 31.8.2022, abrufbar unter https://www.bitkom.org/Presse/Presseinformation/Wirtschaftsschutz-2022, abgerufen am 7.3.2023.

chen Auslegungspraxis des EuGH in der Vergangenheit ist jedoch nicht damit zu rechnen, dass der Gerichtshof die Vorschriften eng auslegen wird. Es ist wahrscheinlich, dass der EuGH die strenge Sanktionierungspraxis der Aufsichtsbehörden fortführen bzw. bekräftigen wird.

4. Teil Materielles Strafrecht

§ 7 Grundlagen: Verhältnis Europarecht und nationales Strafrecht

Übersicht
	Rn.
A. Europäisiertes Strafrecht	1
I. Begriffe aus dem Blickwinkel des Europäischen Rechts	2
II. Kernbereich der nationalen Souveränität	5
B. Das Prinzip der limitierten Einzelermächtigung und das Subsidiaritätsprinzip	6
C. Kompetenzgrundlagen im Bereich des Strafrechts	8
I. Kompetenzgrundlage des Art. 83 Abs. 1 AEUV	9
II. Kompetenzgrundlage des Art. 83 Abs. 2 AEUV	11
D. Inhaltliche Ausgestaltung von Richtlinien im strafrechtlichen Bereich	12
I. Regelungsmaterien	12
II. Inhaltliche Dichte der Regelungen	15
E. Bedeutung und Wirkung von Richtlinien im nationalen Recht	17
I. Richtlinienkonforme Auslegung	17
II. Wirkung von Richtlinien bei nicht rechtzeitiger und fehlerhafter Umsetzung	18
III. Speziell: Wirkung von EU-Recht auf nicht-harmonisiertes nationales Recht	21
F. DS-GVO und nationales Strafrecht	22
I. Systematik	22
II. Auslegung	27
III. Bestimmtheitsgrundsatz bei normativen Merkmalen und Blanketttatbeständen	29
1. Unionsrechtliche Regelungen	30
2. Nationales Datenschutzstrafrecht	35
IV. Anwendungsvorrang der DS-GVO	37

Literatur:
Bechtel, Der Einfluss des Europarechts auf den Allgemeinen Teil des Strafrechts, ZStW 133 (2021), S. 1049; *Bergt,* Sanktionierung von Verstößen gegen die Datenschutz-Grundverordnung, DuD 2017, 555; *Eisele,* Einflußnahme auf nationales Strafrecht durch die Richtliniengebung der Europäischen Gemeinschaft, JZ 2001, 1157; *ders.,* Europäisches Strafrecht – Systematik des Rechtsgüterschutzes durch die Mitgliedstaaten, JA 2000, 991; *Greco,* Analogieverbot und europarechtliches Strafgesetz – Teil 1 und 2, GA 2016, 138; *Hecker,* Die richtlinienkonforme und die verfassungskonforme Auslegung im Strafrecht, JuS 2014, 385; *Heger,* Perspektiven des Europäischen Strafrechts nach dem Vertrag von Lissabon, ZIS 2009, 406; *Krüger/Wiencke,* Bitte recht freundlich – Verhältnis zwischen KUG und DS-GVO, MMR 2019, 76; *Kubiciel/Großmann,* Doxing als Testfall für das Datenschutzstrafrecht, NJW 2019, 1050; *Petzold,* Entwurf eines Gesetzes zur strafrechtlichen Bekämpfung von gegen die finanziellen Interessen der Union gerichtetem Betrug, EuZW 2019, 365; *Rönnau/Wegner,* Grund und Grenzen der Einwirkung des europäischen Rechts auf das nationale Strafrecht, GA 2013, 561; *Shirvani,* Die europäische Subsidiaritätsklage und ihre Umsetzung ins deutsche Recht, JZ 2010, 753; *Vogel,* Harmonisierung des Strafrechts in der Europäischen Union, GA 2003, 314.

A. Europäisiertes Strafrecht

Die maßgeblichen Grundlagen des Europarechts der EU für das nationale Strafrecht finden sich im Vertrag über die Europäische Union (EUV) sowie im Vertrag über die Arbeitsweise der Europäischen Union (AEUV). 1

I. Begriffe aus dem Blickwinkel des Europäischen Rechts

Soweit der Begriff des „Europäischen Strafrechts" verwendet wird, so sind damit jedenfalls derzeit keine von der EU erlassenen Strafvorschriften, die unmittelbar zur Anwendung gelangen können, gemeint. Denn aus dem Blickwinkel der EU besitzt diese grundsätzlich weder eine eigene Kriminalstrafgewalt noch eigene Strafgerichte. Daher muss auch die auf 2

Grundlage des Art. 86 AEUV eingerichtete Europäische Staatsanwaltschaft Delikte gegen die finanziellen Interessen der Europäischen Union vor den nationalen Strafgerichten verfolgen.[1]

3 Art. 83 Abs. 2 S. 2 AEUV lautet:

Die Europäische Staatsanwaltschaft nimmt bei diesen Straftaten vor den zuständigen Gerichten der Mitgliedstaaten die Aufgaben der Staatsanwaltschaft wahr.

4 Dem entspricht es, wenn die EU prinzipiell keine Strafvorschriften im Wege der nach Art. 288 Abs. 2 AEUV in den Mitgliedstaaten unmittelbar geltenden Verordnung, sondern nur mittels Richtlinie erlassen kann.[2] Eine Ausnahme wird nur für die Kompetenzgrundlage des Art. 325 Abs. 4 AEUV zur Bekämpfung von Betrügereien diskutiert.[3] Freilich hat die Union auch hier keinen Gebrauch davon gemacht und lediglich auf Grundlage des Art. 83 Abs. 2 AEUV (→ Rn. 11) insoweit eine Richtlinie erlassen.[4] Da die Richtlinie nach Art. 288 Abs. 3 AEUV für jeden Mitgliedstaat, an den sie gerichtet wird, nur hinsichtlich des zu erreichenden Ziels verbindlich ist, im Übrigen aber den Mitgliedstaaten die Wahl der Form und der Mittel überlässt, muss diese noch in innerstaatliches Recht umgesetzt werden, so dass letztlich nationales Strafrecht zur Anwendung gelangt. Insoweit wird zutreffend anstelle von „Europäischem Strafrecht" von „Europäisiertem Strafrecht" gesprochen.[5]

II. Kernbereich der nationalen Souveränität

5 Aus dem Blickwinkel des nationalen Rechts ist der Bereich der Strafrechtspflege wesentlich enger als das Zivilrecht und das Öffentliche Recht mit der nationalen Souveränität verknüpft, so dass Kompetenzen auf diesem Gebiet nicht ohne Weiteres auf die EU verlagert werden können. Auch dies spricht gegen das Regelungsinstrument der Verordnung und „nur" für eine Richtliniengebung. Dies hat das BVerfG in seinem Lissabon-Urteil wie folgt prägnant auf den Punkt gebracht:[6]

„Wegen der besonders empfindlichen Berührung der demokratischen Selbstbestimmung durch Straf- und Strafverfahrensnormen sind die vertraglichen Kompetenzgrundlagen für solche Schritte strikt – keinesfalls extensiv – auszulegen und ihre Nutzung bedarf besonderer Rechtfertigung. Das Strafrecht in seinem Kernbestand dient nicht als rechtstechnisches Instrument zur Effektuierung einer internationalen Zusammenarbeit, sondern steht für die besonders sensible demokratische Entscheidung über das rechtsethische Minimum."

B. Das Prinzip der limitierten Einzelermächtigung und das Subsidiaritätsprinzip

6 Nach dem in Art. 5 Abs. 2 EUV verankerten Prinzip der limitierten Einzelermächtigung wird die EU nur innerhalb derjenigen Grenzen der Zuständigkeiten tätig, die die Mitgliedstaaten ihr in den Verträgen zur Verwirklichung der darin niedergelegten Ziele übertragen haben. Damit verbleiben alle der EU nicht übertragenen Zuständigkeiten bei den Mitgliedstaaten.[7] Folglich benötigt die Union für jeden Rechtsakt eine Rechtsgrundlage

---

[1] Vgl. ferner VO (EU) 2017/1939 des Rates v. 12.10.2017 zur Durchführung einer Verstärkten Zusammenarbeit zur Errichtung der Europäischen Staatsanwaltschaft (EUStA), ABl. 2017 L 283, 1.
[2] Hecker EurStrafR Kap. 4.1.7.1 Rn. 48; Streinz/Satzger AEUV Art. 83 Rn. 2.
[3] HdB-EuStrafR/Sieber Einf. Rn. 175, wonach auch Verordnungen und damit supranationale Strafbestimmungen auf Art. 325 Abs. 4 AEUV gestützt werden können; ablehnend etwa Schröder FS Achenbach, 2011, 491 (496); Zöller FS Schenke, 2011, 579 (586 ff.).
[4] RL (EU) 2017/1371 über die strafrechtliche Bekämpfung von gegen die finanziellen Interessen der Union gerichtetem Betrug; ABl. 2017 L 198, 29; zur Umsetzung in Deutschland Petzold EuZW 2019, 365 ff.
[5] Satzger IntStrafR § 7 Rn. 3; Hecker EurStrafR Kap. 1.2.1.2 Rn. 5.
[6] BVerfG NJW 2009, 2267 (2288).
[7] Callies/Ruffert/Callies EUV Art. 5 Rn. 7.

im Primärrecht der Union. Zudem können Rechtsakte nur in denjenigen Rechtsformen – also insbesondere als Verordnung oder Richtlinie – erlassen werden, die bei der jeweiligen Kompetenzgrundlage hierfür vorgesehen sind.[8] Dies ist im Rahmen des Art. 83 AEUV nur die Richtlinie (sogleich → Rn. 8).

Soweit im Einzelfall eine Kompetenzgrundlage besteht, ist eine weitere Beschränkung zu beachten. Die Union darf nämlich nach dem Subsidiaritätsprinzip des Art. 5 Abs. 3 EUV in denjenigen Bereichen, die – wie das Strafrecht – nicht in ihre ausschließliche Zuständigkeit fallen, nur tätig werden, sofern und soweit die Ziele wegen ihres Umfangs oder ihrer Wirkungen auf Unionsebene besser als auf Ebene der Mitgliedstaaten zu verwirklichen sind. Dieser Subsidiaritätsgrundsatz wird durch das Protokoll Nr. 2 über die Anwendung der Grundsätze der Subsidiarität und der Verhältnismäßigkeit verfahrensmäßig verstärkt.[9] So werden etwa die nationalen Parlamente durch ein Frühwarnsystem (Art. 12 lit. b EUV, Art. 4 ff. SubsProt) in die Kontrolle der Beachtung des Subsidiaritätsgrundsatzes eingebunden.[10] Wie auch das Prinzip der limitierten Einzelermächtigung ist das Subsidiaritätsprinzip einer Kontrolle durch den EuGH zugänglich.[11] Es ist daher möglich und ggf. auch geboten, die Frage der Gültigkeit einer Richtlinie im Vorabentscheidungsverfahren gem. Art. 267 Abs. 1 lit. b AEUV dem Gerichtshof vorzulegen, sofern die Frage entscheidungserheblich, vom Gerichtshof noch nicht beantwortet und nicht offenkundig ohne jeden vernünftigen Zweifel, in die eine oder andere Richtung zu beantworten ist. 7

C. Kompetenzgrundlagen im Bereich des Strafrechts

Neben der spezifischen Ermächtigung zur Betrugsbekämpfung in Art. 325 Abs. 4 AEUV finden sich die zentralen Ermächtigungsgrundlagen für den Bereich des Strafverfahrensrechts in Art. 82 AEUV mit gegenseitiger Anerkennung und Rechtsangleichung und für den Bereich des materiellen Strafrechts in Art. 83 AEUV.[12] Instrument zur Rechtsangleichung ist lediglich die Richtlinie, nicht aber die unmittelbar in den Mitgliedstaaten geltende Verordnung. Aus diesem Grund kann die DS-GVO von vornherein keine eigenen Straftatbestände enthalten. 8

I. Kompetenzgrundlage des Art. 83 Abs. 1 AEUV

Art. 83 Abs. 1 AEUV ermöglicht der EU den Erlass von Mindestvorschriften zur Festlegung von Straftaten und Strafen für abschließend genannte Kriminalitätsbereiche, die aufgrund der Art oder der Auswirkungen der Straftaten oder aufgrund einer besonderen Notwendigkeit, sie auf einer gemeinsamen Grundlage zu bekämpfen, eine grenzüberschreitende Dimension haben.[13] Art. 83 Abs. 1 AEUV nennt als Kriminalitätsbereiche: Terrorismus, Menschenhandel und sexuelle Ausbeutung von Frauen und Kindern, illegaler Drogenhandel, illegaler Waffenhandel, Geldwäsche, Korruption, Fälschung von Zahlungsmitteln, Computerkriminalität und organisierte Kriminalität. 9

Für den Bereich des Datenschutzstrafrechts erlangt der explizit benannte Bereich der „Computerkriminalität" nicht unerhebliche Bedeutung. Denn dieser umfasst auch Straftaten, bei denen Computersysteme und Computerdaten Angriffsobjekt sind, wie insbesondere bei Straftaten gegen die Vertraulichkeit, Unversehrtheit und Verfügbarkeit von Computerdaten und -systemen.[14] Erforderlich ist hierbei aber richtigerweise immer ein 10

---

[8] von der Groeben/Schwarze/Hatje/Kadelbach EUV Art. 5 Rn. 13; Streinz/Streinz EUV Art. 5 Rn. 16.
[9] Abl. 2007 C 306, 150; Callies/Ruffert/Callies EUV Art. 5 Rn. 26.
[10] Näher Shirvani JZ 2010, 753 ff.
[11] Grabitz/Hilf/Nettesheim/Vogel/Eisele AEUV Art. 83 Rn. 28.
[12] Näher Jähnke/Schramm EurStrafR Kap 4, Rn. 29 ff., 41 ff.
[13] Zu den verfassungsrechtlichen Anforderungen Grabitz/Hilf/Nettesheim/Vogel/Eisele AEUV Art. 83 Rn. 31 ff.
[14] Grabitz/Hilf/Nettesheim/Vogel/Eisele AEUV Art. 83 Rn. 62.

tatbestandlicher Bezug zu Computersystemen oder -daten, so dass es nicht ausreichen würde, dass ein solcher Bezug nur typischerweise bei der Begehung von Datenschutzstraftaten gegeben ist, ohne dass Computersysteme oder -daten Regelungsgegenstand wären. Daher ist allenfalls eine partielle, nicht aber eine vollständige Regelung des Datenschutzstrafrechts über diese Kompetenzgrundlage möglich. Als maßgeblicher Rechtsakt wurde hier die Richtlinie über Angriffe auf Informationssysteme erlassen,[15] auf deren Umsetzung §§ 202a, 202b 202c StGB (dazu → § 11 Rn. 1) beruhen. Diese Strafvorschriften sind richtlinienkonform auszulegen (→ Rn. 17).

II. Kompetenzgrundlage des Art. 83 Abs. 2 AEUV

11 Art. 83 Abs. 2 AEUV normiert eine Annexkompetenz für Bereiche, in denen sich eine Angleichung der strafrechtlichen Rechtsvorschriften als unerlässlich für die wirksame Durchführung der Politik der Union erweist. Diese Annexkompetenz dient der wirksamen Durchsetzung des Unionsrechts dadurch, dass Regelungen anderer Rechtsgebiete, dh des Bürgerlichen und Öffentlichen Rechts, mit strafrechtlichen Vorgaben für die Mitgliedstaaten flankiert werden. Erforderlich ist, dass die Regelungen in den anderen Rechtsgebieten bereits erfolgt sind, so dass ein zeitgleicher Erlass als unzulässig angesehen wird.[16] Freilich muss es genügen, dass der andere Rechtsakt unmittelbar zeitlich zuvor erlassen wird, da es ausreichend ist, wenn die strafrechtliche Richtlinie darauf Bezug nehmen kann.[17] Dabei wird von der EU als Regelungsgebiet explizit auch das Datenschutzrecht genannt, so dass auf Grundlage des Art. 83 Abs. 2 AEUV auch ein Datenschutz*straf*recht geschaffen werden könnte:

> „Auch in anderen harmonisierten politischen Bereichen könnte die potenzielle Rolle des Strafrechts als notwendigem Mittel für die Gewährleistung einer wirksamen Rechtsdurchsetzung weiter geprüft werden, zB in nachstehenden Bereichen (…) Datenschutz, bei schwerwiegenden Verstößen gegen geltende EU-Vorschriften."[18]

D. Inhaltliche Ausgestaltung von Richtlinien im strafrechtlichen Bereich

I. Regelungsmaterien

12 Die Kompetenzen des Art. 83 AEUV beziehen sich zunächst auf die genannten Rechtsmaterien, dh auf die Schaffung von Regelungen, die Straftatbestände des Besonderen Teils betreffen. Ferner dürfen die dazugehörenden Rechtsfolgen geregelt werden. Der Wortlaut des Art. 83 Abs. 1 und Abs. 2 AEUV bringt dies mit den Worten „Straftaten" und „Strafen" zum Ausdruck.

13 Hierzu gehören auch Vorgaben über strafschärfende oder -mildernde Umstände, die sowohl die Tatbestandsseite (Qualifikationen und Privilegierungen) als auch die Rechtsfolgenseite (besonders schwere und minder schwere Fälle) betreffen können.[19] Der Begriff der Strafen erfasst nur *strafrechtliche Sanktionen oder Rechtsfolgen* der Tat, nicht jedoch zivil- oder verwaltungsrechtliche Rechtsfolgen und auch nicht Administrativsanktionen wie Geldbußen usw. Hinsichtlich der Spannweite des Strafrahmens sind sog. Mindest-Höchst-

---

[15] RL 2013/40/EU über Angriffe auf Informationssysteme und zur Ersetzung des Rahmenbeschlusses 2005/222/JI des Rates, Abl. 2005 L 69, 67; vgl. ferner das Übereinkommen des Europarates über Computerkriminalität v. 23.11.2001 („Cybercrime Convention"), SEV Nr. 185, BGBl. 2008 II 1242.
[16] Schwarze AEUV/Böse Art. 83 Rn. 26; Esser EurStrafR § 2 Rn. 146; Streinz/Satzger AEUV Art. 83 Rn. 26.
[17] Grabitz/Hilf/Nettesheim/Vogel/Eisele AEUV Art. 83 Rn. 31 ff.
[18] Mitteilung der Kommission, Auf dem Weg zu einer europäischen Strafrechtspolitik: Gewährleistung der wirksamen Durchführung der EU-Politik durch das Strafrecht, KOM (2011) 573 endg., 12 und 14; Streinz/Satzger AEUV Art. 83 Rn. 39.
[19] Grabitz/Hilf/Nettesheim/Vogel/Eisele AEUV Art. 83 Rn. 38.

§ 7 Grundlagen: Verhältnis Europarecht und nationales Strafrecht § 7

strafen zulässig, dh Vorgaben, wonach die jeweilige Straftat mindestens mit einer bestimmten Höchststrafe zu bedrohen ist.[20] Demgemäß dürfen also Vorgaben hinsichtlich der Obergrenze des Strafrahmens gemacht werden. Hingegen wird es überwiegend abgelehnt, dass den Mitgliedstaaten eine Untergrenze des Strafrahmens (Mindest-Mindeststrafe) vorgeschrieben werden darf.[21]

Hinsichtlich des Allgemeinen Teils dürfen nur grundsätzliche Regelungen getroffen 14 werden, soweit ein Sachzusammenhang mit der zu regelnden Materie des Besonderen Teils besteht.[22] In den bestehenden Rechtsakten finden sich etwa bereichsspezifische Vorschriften zum Strafanwendungsrecht, zur Verantwortlichkeit juristischer Personen sowie die allgemeine Anordnung der Teilnahme- oder Versuchsstrafbarkeit, ohne dass diese dann näher definiert wäre.[23] Die Ausgestaltung im Übrigen bleibt hier ganz dem nationalen Gesetzgeber überlassen.

II. Inhaltliche Dichte der Regelungen

Wenig geklärt ist, welche Regelungsdichte Richtlinien aufweisen dürfen. Da auf Grundla- 15 ge des Art. 83 AEUV nur Mindestvorschriften geschaffen werden dürfen, kann jeder Mitgliedstaat in seinem nationalen Recht jederzeit strengere strafrechtliche Vorschriften und weitere Straftatbestände oder Rechtsfolgen vorsehen.[24] Unzulässig sind hingegen Richtlinien, die Strafvorschriften verbieten oder eine Entkriminalisierung verfolgen.[25] Insoweit darf nur die Strafbarkeit, nicht aber die Nichtstrafbarkeit geregelt werden.

Die Union ist dabei nicht prinzipiell gehalten, den Mitgliedstaaten möglichst große 16 Spielräume zu eröffnen.[26] Freilich fordert das BVerfG für den nationalen Strafgesetzgeber immerhin „substanzielle Gestaltungsspielräume".[27] Letztlich wird man diese Frage nicht abstrakt, sondern nur für den jeweiligen Einzelfall unter Berücksichtigung der jeweiligen Regelungsmaterie beantworten können. Als Leitlinie dient dabei einerseits das in Art. 5 Abs. 4 EUV verankerte Verhältnismäßigkeitsprinzip, wonach die Belastungen der Mitgliedstaaten möglichst gering zu halten sind. Insoweit wird vom sog. strafrechtsspezifischen „Schonungsgrundsatz" gesprochen.[28] Andererseits wird der Spielraum der Mitgliedstaaten bei der Umsetzung wiederum durch das Prinzip der Unionstreue gemäß Art. 4 Abs. 3 EUV begrenzt. Demnach müssen die nationalen Sanktionsvorschriften wirksam, verhältnismäßig und abschreckend sein und die Sanktionierung nach ähnlichen Regelungen erfolgen wie die Sanktionierung von Verstößen gegen nationales Recht, die nach Art und Schwere vergleichbar sind.[29] Was bereits aus diesem allgemeinen Gebot der Unionstreue nach Art. 4 Abs. 3 EUV abzuleiten ist, muss auch vom Unionsgesetzgeber im Rahmen von Richtlinien explizit geregelt werden können.[30]

---

[20] Vgl. Hecker EurStrafR Kap. 11.2.1.3 Rn. 7; Satzger IntStrafR § 9 Rn. 51.
[21] Vgl. von der Groeben/Schwarze/Hatje/Meyer AEUV Art. 83 Rn. 25; Grabitz/Hilf/Nettesheim/Vogel/Eisele AEUV Art. 83 Rn. 38; bejahend aber Streinz/Satzger AEUV Art. 83 Rn. 41.
[22] von der Groeben/Schwarze/Hatje/Meyer AEUV Art. 83 Rn. 19; Schwarze/Böse AEUV Art. 83 Rn. 19.
[23] Hierzu Grabitz/Hilf/Nettesheim/Vogel/Eisele AEUV Art. 83 Rn. 36.
[24] Grabitz/Hilf/Nettesheim/Vogel/Eisele AEUV Art. 83 Rn. 32; von der Groeben/Schwarze/Hatje/Meyer AEUV Art. 83 Rn. 20.
[25] Heger ZIS 2009, 406 (415); Vogel GA 2003, 314 (316).
[26] von der Groeben/Schwarze/Hatje/Meyer AEUV Art. 83 Rn. 20.
[27] BVerfGE 123, 267 (412).
[28] Eisele JZ 2001, 1157 ff.; Hecker EurStrafR Kap. 8.2.3.3 Rn. 33.
[29] Hecker EurStrafR Kap. 1.2.4.1 Rn. 33; Jähnke/Schramm EurStrafR Kap. 9 Rn. 13.
[30] Vgl. Eisele JA 2000, 991 (993 f.).

E. Bedeutung und Wirkung von Richtlinien im nationalen Recht

I. Richtlinienkonforme Auslegung

17 Soweit nationale Strafvorschriften, wie etwa die §§ 202a, 202b, 202c StGB, auf einer EU-Richtlinie beruhen, sind diese Straftatbestände vom Rechtsanwender richtlinienkonform auszulegen, um das Unionsrecht effektiv umzusetzen.[31] Bei der Auslegung ist daher zu beachten, dass die europäischen Mindestvorgaben mit ihrer jeweiligen Regelungsintention vom nationalen Recht erfüllt werden. Fraglich ist, ob auch die Möglichkeit besteht, nationale Strafvorschriften strafbarkeitserweiternd richtlinienkonform auszulegen. Dies wird von der hM zu Recht bejaht; denn insofern gilt nichts anderes als bei der Anwendung der klassischen Auslegungsmethoden im nationalen Strafrecht.[32] Entscheidend ist, ob eine solche Auslegung (noch) mit dem Wortlaut der nationalen Strafvorschrift vereinbar ist, so dass die Grenze bei einer Auslegung contra legem durch das Analogieverbot gezogen wird.[33] Wegen des Gebots richtlinienkonformer Auslegung ist es auch möglich, die Frage der Auslegung einer Richtlinie im Vorabentscheidungsverfahren gem. Art. 267 Abs. 1 lit. b AEUV dem EuGH vorzulegen (bereits → Rn. 7).

II. Wirkung von Richtlinien bei nicht rechtzeitiger und fehlerhafter Umsetzung

18 Adressaten der Richtlinien sind nach Art. 288 Abs. 3 AEUV nur die Mitgliedstaaten, die diese in nationales Recht umzusetzen haben. Zwar können Richtlinien nach Ablauf der Umsetzungsfrist ausnahmsweise bereits vor ihrer Umsetzung in nationales Recht unmittelbar anwendbar sein („self-executing").[34] Allerdings ist anerkannt, dass eine unmittelbare Wirkung zu Lasten der Bürger insoweit ausgeschlossen ist, so dass auf diesem Weg keine Strafvorschriften oder Strafschärfungen geschaffen werden können.[35] Entsprechendes gilt, wenn zwar eine Umsetzung der Richtlinie erfolgt ist, die Transformation jedoch fehlerhaft erfolgte. Auch hier kann die Richtlinie selbst keine Grundlage für eine Bestrafung oder Strafschärfung sein.[36]

19 Teilweise wird vertreten, dass ab dem Zeitpunkt des Inkrafttretens einer Richtlinie diese zumindest im Rahmen der Auslegung des nationalen Rechts zu berücksichtigen sei, auch wenn die Umsetzungsfrist noch nicht abgelaufen ist.[37] Die Annahme einer solchen „vorgezogenen" Pflicht zur richtlinienkonformen Auslegung überzeugt aber nicht, da Wirkungen für das nationale Recht erst nach Ablauf der Umsetzungsfrist eintreten können. Eine richtlinienkonforme Auslegung setzt insoweit von vornherein eine Verpflichtung zur Umsetzung voraus.[38] Zudem verbleibt dem nationalen Gesetzgeber bei einer Richtlinie ein nicht unerheblicher Spielraum bei der Umsetzung. Dieser nationale Gestaltungsspielraum würde gerade unterlaufen, wenn aufgrund der Richtlinie konkrete Ergebnisse für den Einzelfall gefolgert würden.[39]

---

[31] Eine andere Frage ist die Auslegung der Richtlinie selbst; dazu Greco GA 2016, 138 ff., 195 ff.
[32] Zu diesen nur Baumann/Weber/Mitsch/Eisele StrafR AT/Eisele § 7 Rn. 58 ff.
[33] Vgl. EuGHE 1987, 3969 (3986); EuGH verb. Rs. C-75/95 u. C-129/95, Slg. 1996, I-6609 Rn. 24 f., 31 – Telecom Italia; EuGH NJW 2013, 141 (144); 2017, 457 (460); Vgl. auch Hecker EurStrafR Kap. 10.2.3 Rn. 61; Hecker JuS 2014, 385 (388 f.); Satzger IntStrafR § 9 Rn. 104.
[34] Hecker EurStrafR Kap. 4.1.7.2 Rn. 50; Grabitz/Hilf/Nettesheim/Nettesheim AEUV Art. 288 Rn. 137.
[35] Streinz/Schroeder AEUV Art. 288 Rn. 100; EuGH 14/86, Slg. 1987, 2545 Rn. 19 – Pretore di Salò; EuGH 80/86, Slg. 1987, 3969 Rn. 9 f. und 13 – Kolpinghuis; EuGH C-168/95, Slg. 1996, I-4705 Rn. 3 f. – Arcaro; vgl. auch EuGH verb. Rs. C-387/02, C-391/02 und C-403/02, Slg. 2005, I-3565 Rn. 74 – Berlusconi ua.
[36] EuGHE 1996, 4705 (4730); Hecker EurStrafR Kap. 10.1.6 Rn. 28.
[37] Lenz DVBl. 1990, 903 (908); HdB-EuStrafR/Satzger § 9 Rn. 54; in der Tendenz auch noch EuGHE 1987, 3969 (3987).
[38] Ambos IntStrafR § 11 Rn. 52; Hecker JuS 2014, 385 (386); Böse IntStrafR/Heger § 5 Rn. 114; Rönnau/Wegner GA 2013, 561 (563).
[39] Näher Hecker EurStrafR Kap. 10.1.6 Rn. 28.

Umgekehrt ist es freilich nationalen Strafgerichten nicht verboten, bei der Auslegung 20
des nationalen Strafrechts unter Wahrung der Wortlautgrenze eine solche richtlinienkonforme Auslegung „freiwillig" vor Ablauf der Umsetzungsfrist vorzunehmen. Dies ist dann
letztlich eine eigene Entscheidung des Mitgliedstaates, die gerade nicht auf einer europarechtlichen Pflicht fußt.[40]

III. Speziell: Wirkung von EU-Recht auf nicht-harmonisiertes nationales Recht

Soweit eine Norm nicht auf der Umsetzung einer Richtlinie beruht, der nationale Gesetz- 21
geber jedoch einseitig auf EU-Recht verweist (→ § 9 Rn. 8) ist europarechtlich keine
richtlinienkonforme Auslegung geboten. Vielmehr ist anhand der Entstehungsgeschichte
der Norm zu prüfen, in welchem Umfang sich der Gesetzgeber EU-Recht zu eigen machen wollte und inwieweit entsprechende Grundsätze bei der Auslegung des nationalen
Rechts gelten sollen. Im Einzelfall kann aber auch europarechtlich anhand des Prinzips der
Unionstreue gemäß Art. 4 Abs. 3 EUV zu prüfen sein, ob Unionsrecht bei der Auslegung
der Tatbestände zu berücksichtigen ist. Dies wird man etwa bei den die DS-GVO ergänzenden Vorschriften des BDSG annehmen können, auch wenn das BDSG auf keiner
Richtlinie fußt.

F. DS-GVO und nationales Strafrecht

I. Systematik

Für das Verhältnis zwischen der europäischen DS-GVO und dem nationalen Daten- 22
schutz(straf-)recht ist zunächst § 1 Abs. 5 BDSG in den Blick zu nehmen, der deutlich
macht, dass das BDSG keine Anwendung findet, soweit das Recht der Europäischen Union, dh insbesondere die DS-GVO unmittelbar gilt. Soweit hingegen die DS-GVO eine
Öffnungsklausel vorsieht (näher → Rn. 38), können ergänzende bzw. präzisierende Regelungen des nationalen Rechts zur Anwendung gelangen.[41]

Was die Regelungstechnik im Bereich des Datenschutzstrafrechts anbelangt, ist zunächst 23
zu beachten, dass die DS-GVO in Art. 83 Abs. 4–6 zentrale Bußgeldtatbestände enthält.
Regelungstechnisch handelt es sich um Blanketttatbestände, da auf Verstöße gegen unterschiedliche Normen der DS-GVO selbst verwiesen wird.[42] Zu beachten ist, dass es sich
freilich (nur) um Blankettverweisungen innerhalb des europäischen Rechtsaktes handelt
und damit nicht um die vieldiskutierte Frage, inwieweit Blankettverweisungen im nationalen Recht auf Verordnungen oder Richtlinien der EU zulässig sind.[43]

§ 41 BDSG nimmt zwar auf die DS-GVO Bezug, jedoch muss man sehen, dass diese 24
Vorschrift keine materiell-rechtlichen Bußgeldtatbestände normiert, sondern die Anwendbarkeit verfahrensrechtlicher Regelungen angeordnet wird. Insoweit müssen die Mitgliedstaaten nach Art. 83 Abs. 8 DS-GVO für die Ausübung der Befugnisse durch eine Aufsichtsbehörde angemessene Verfahrensgarantien einschließlich wirksamer gerichtlicher
Rechtsbehelfe und ordnungsgemäßer Verfahren vorsehen.[44] Denn die Verordnung selbst
regelt das Bußgeld- und Strafverfahren nicht.[45] Um ein Unterlaufen des Unionsrechts zu
verhindern, ist § 41 BDSG europarechtskonform auszulegen, bevor aufgrund des *Anwen-*

---

[40] Grabitz/Hilf/Nettesheim/Nettesheim AEUV Art. 288 Rn. 133; Hecker EurStrafR Kap. 10.1.6 Rn. 28; vgl. auch BGHZ 138, 55 (64); zum Wettbewerbsrecht; BGH NJW 2017, 966 (968), für die Auslegung anhand von Verordnungen.
[41] BT-Drs. 18/11325, 80; Gola/Heckmann DS-GVO/BDSG/Gola/Reif BDSG § 1 Rn. 19.
[42] Zur Regelungstechnik von Blanketttatbeständen Ambos IntStrafR § 9 Rn. 66ff.
[43] Siehe dazu ausführlich Hecker EurStrafR Kap. 7.4.2 Rn. 59ff.
[44] Gola/Heckmann DS-GVO/BDSG/Ehmann BDSG § 41 Rn. 1.
[45] BT-Drs. 18/11325, 108.

dungsvorrangs des Unionsrechts[46] diese Norm im Falle einer unauflöslichen Kollision unanwendbar würde.[47]

25 § 43 BDSG enthält für einen schmalen Anwendungsbereich eigenständige Bußgeldtatbestände. Die in § 43 Abs. 1 und Abs. 2 BDSG enthaltenen Verstöße gegen Aufsichts- und Unterrichtungspflichten setzen Art. 9 RL 2008/48/EG iVm Art. 23 RL 2008/48/EG um[48] und sind daher richtlinienkonform zu interpretieren. § 43 Abs. 3 BDSG stützt sich hingegen auf die in der Öffnungsklausel des Art. 83 Abs. 7 DS-GVO vorgesehenen Möglichkeit, dass die Mitgliedstaaten von Geldbußen gegenüber Behörden und öffentlichen Stellen absehen.

26 § 42 BDSG normiert Straftatbestände des nationalen Rechts. Nach Art. 84 DS-GVO legen die Mitgliedstaaten Vorschriften über andere Sanktionen für Verstöße gegen diese Verordnung – insbesondere für Verstöße, die keiner Geldbuße gemäß Art. 83 DS-GVO unterliegen – fest. Keiner Geldbuße unterliegen dabei Straftaten, die für schwerere Verstöße als Rechtsfolge Geldstrafe oder Freiheitsstrafe vorsehen. Art. 84 BDSG wird insoweit als Öffnungsklausel für Straftatbestände und Sanktionen angesehen.[49]

II. Auslegung

27 §§ 41, 42, 43 Abs. 3 BDSG sind unionskonform auszulegen. Zwar handelt es sich hierbei um Vorschriften des nationalen Rechts, die aufgrund der Öffnungsklauseln der DS-GVO gerade nicht auf Vorgaben der EU beruhen. Jedoch sollen diese Vorschriften zugleich die effektive Durchsetzung des europäischen Datenschutzregimes ermöglichen, so dass der Grundsatz der Unionstreue gemäß Art. 4 Abs. 3 EUV (→ Rn. 16) eine verordnungskonforme Auslegung verlangt. Daher ist etwa die Begriffsbestimmung des Art. 4 Nr. 1 DS-GVO für personenbezogene Daten auch im Rahmen der nationalen datenschutzrechtlichen Vorschriften heranzuziehen.[50] Ebenso ist die Frage, ob eine Datenverarbeitung iSd § 42 Abs. 2 Nr. 1 BDSG „ohne Berechtigung" erfolgt, unter Rückgriff auf die Regelungen der DS-GVO zu beantworten,[51] so dass es sich insoweit um eine Blankettverweisung handelt (→ Rn. 23). Dies folgt systematisch daraus, dass die Vorschriften sich in Teil 2 des BDSG befinden, der gemäß seiner Überschrift die „Durchführungsbestimmungen für Verarbeitungen zu Zwecken gemäß Art. 2 der Verordnung (EU) 2016/679" regelt.[52] Auch zeigt der Verweis auf Art. 49 GRCh, dass der deutsche Gesetzgeber davon ausgeht, dass es sich um die *Durchführung des Rechts der Europäischen Union* handelt (vgl. Art. 51 GRCh).[53] Dies wird zwar im Hinblick darauf, dass das Strafrecht dem Kernbereich nationaler Souveränität zugeordnet wird, als nicht ganz unproblematisch angesehen.[54] Freilich ist insoweit zu berücksichtigen, dass das nationale Strafrecht nicht frei von Einflüssen einer Europäisierung ist und zudem auch das Gebot der Unionstreue eine effektive Absicherung mittels Sanktionen verlangt, die wirksam, verhältnismäßig und abschreckend sind.[55] Und letztlich wäre es auch dem Unionsgesetzgeber nicht verwehrt, über die Annexkompetenz des Art. 83 Abs. 2 EUV sogar noch detailliertere Vorgaben für das Datenschutzstrafrecht zu erlassen (dazu → Rn. 11).

---

[46] Dazu EuGH Rs. 271/82 – Ministère public/Auer, Slg. 1983, 2727; ferner EuGH Rs. 16/83 – Strafverfahren gegen Prantl, Slg. 1984, 1299 EuGH Abl. 1999 C 20, 6.
[47] Stärker den Anwendungsvorrang betonend Bergt DuD 2017, 555 (558 f.).
[48] Vgl. Gola/Heckmann DS-GVO/BDSG/Ehmann BDSG § 43 Rn. 1.
[49] Erwägungsgrund 152 DS-GVO; BT-Drs. 18/11325, 109; Paal/Pauly/Frenzel BDSG § 42 Rn. 1.
[50] Vgl. Gola/Heckmann DS-GVO/BDSG/Ehmann BDSG § 42 Rn. 9; BeckOK DatenschutzR/Brodowski/Nowak BDSG § 42 Rn. 22.
[51] BeckOK DatenschutzR/Brodowski/Nowak BDSG § 41 Rn. 5.
[52] BeckOK DatenschutzR/Brodowski/Nowak BDSG § 42 Rn. 11.
[53] BT-Drs. 18/11325, 109.
[54] Paal/Pauly/Frenzel BDSG § 42 Rn. 2.
[55] Hecker EurStrafR Kap. 1.2.4.1 Rn. 33; Jähnke/Schramm EurStrafR Kap. 9 Rn. 13.

Wie bereits ausgeführt (→ Rn. 17) darf eine solche unionsfreundliche Auslegung 28 jedoch nicht mit den verfassungsrechtlichen Grundsätzen des Art. 103 Abs. 2 GG kollidieren. § 42 Abs. 2 Nr. 1 BDSG knüpft etwa an die Verarbeitung personenbezogener Daten, die nicht allgemein zugänglich sind, an. Dabei gilt grundsätzlich der Verarbeitungsbegriff des Art. 4 Nr. 2 DS-GVO,[56] da § 42 BDSG auf der Öffnungsklausel des Art. 84 DS-GVO beruht und daher unter Berücksichtigung der Grundsätze der DS-GVO auszulegen ist (→ Rn. 26f.). Damit wäre aber de facto jeder Umgang mit bzw. jede Verwendung von Daten erfasst und somit die Strafvorschrift letztlich uferlos weit.[57] Sieht man das wesentliche Schutzgut des Straftatbestandes aber in der Wahrung der Vertraulichkeit personenbezogener Daten,[58] so wird man in verfassungskonformer Auslegung zur Verwirklichung des Tatbestandes Handlungen verlangen müssen, die diese Vertraulichkeit selbst – wie das *Erheben, Abrufen, Verschaffen, Speichern, Verknüpfen, Übermitteln* und *Verbreiten*[59] – verletzten; auch das Verwenden wird man nur unter diesem Aspekt berücksichtigen können.[60] Siehe zu einer am Schutzzweck orientierten Einschränkung der von § 42 BDSG erfassten Verarbeitungshandlungen → § 8 Rn. 67 ff.

III. Bestimmtheitsgrundsatz bei normativen Merkmalen und Blanketttatbeständen

Was die Wahrung des Bestimmtheitsgrundsatzes anbelangt, ist zwischen unionsrechtlichen 29 und mitgliedstaatlichen Regelungen zu unterscheiden.

1. Unionsrechtliche Regelungen

Unionsrechtlich verweisen Art. 83 Abs. 4 bis 6 DS-GVO für verwaltungsrechtliche Sanktionen auf Verstöße gegen einzelne Pflichten der DS-GVO, etwa in Art. 83 Abs. 5 lit. a auf Verstöße gegen Grundsätze für die Verarbeitung, einschließlich der Bedingungen für die Einwilligung, gemäß den Artikeln 5, 6, 7 und 9. Diese rein unionsrechtliche Blankettgesetzgebung misst sich an Art. 49 GRCh, der das Gesetzlichkeitsprinzip auf Unionsebene festlegt.[61] Es ist dabei anerkannt, dass dieses Prinzip nicht nur für Straftaten, sondern auch für verwaltungsrechtliche Sanktionen gilt.[62] Dieses umfasst – nicht anders als Art. 103 Abs. 2 GG – auch den Bestimmtheitsgrundsatz. Inhaltlich unterscheidet dieser sich nicht wesentlich von denjenigen Grundsätzen, die auch für das deutsche Strafrecht gelten.[63] 30

Dabei kommt dem Bestimmtheitsgrundsatz nach hM auf nationaler wie Unionsebene 31 eine Doppelfunktion zu.[64] Zunächst geht es um den Vertrauensschutz des Bürgers; jedermann soll vorhersehen können, welches Handeln mit welcher Strafe bedroht ist, um daran sein Verhalten auszurichten.[65] Zudem soll der Richter an die Gesetze gebunden werden und so sichergestellt werden, dass der Gesetzgeber die wesentlichen Voraussetzungen der Strafbarkeit selbst normiert.[66] Nach üblicher Formel des BVerfG ist dem Bestimmtheits-

---

[56] Zur Bezugnahme des § 42 BDSG auf § 4 Nr. 2 DS-GVO Gola/Heckmann DS-GVO/BDSG/Ehmann BDSG § 42 Rn. 21; restriktiv gegenüber dem europäischen Verarbeitungsbegriff Kubiciel/Großmann NJW 2019, 1050 (1055).
[57] Vgl. aber Kühling/Buchner DS-GVO BDSG/Bergt BDSG § 42 Rn. 33; Sydow BDSG/Heghmanns § 42 Rn. 18.
[58] BeckOK DatenschutzR/Brodowski/Nowak BDSG § 41 Rn. 6; Taeger/Gabel/Wybitul/Zhou BDSG § 42 Rn. 2.
[59] Gegen eine Einbeziehung des Verbreitens etwa Kubiciel/Großmann NJW 2019, 1050 (1055).
[60] Näher BeckOK DatenschutzR/Brodowski/Nowak BDSG § 41 Rn. 45.
[61] BeckOK DatenschutzR/Holländer DS-GVO Art. 83 Rn. 5.
[62] NK-EuGRCh/Eser/Kubiciel Art. 49 Rn. 10; Kokott NZWiSt 2017, 409 (410).
[63] Näher NK-EuGRCh/Eser/Kubiciel Art. 49 Rn. 22 ff.
[64] Siehe etwa BVerfGE 71, 108 (114); 73, 206 (234); 143, 38 (53); näher Baumann/Weber/Mitsch/Eisele StrafR AT/Eisele § 7 Rn. 7.
[65] Siehe BVerfGE 85, 69 (73); 92, 1 (12); 105, 135 (153); Müller-Dietz FS Lenckner, 1998, 179 (188).
[66] Schönke/Schröder/Hecker StGB vor § 1 Rn. 2.

grundsatz Genüge getan, wenn die Merkmale so konkret umschrieben sind, dass sich Tragweite und Anwendungsbereich der Straftatbestände erkennen und durch Auslegung ermitteln lassen.[67]

32 Bei Blankettgesetzen ist dabei iSe Zusammenwirkens nicht nur auf die ausfüllungsbedürftige (verweisende), sondern auch auf die ausfüllende (verwiesene) Norm abzustellen.[68] In der ausfüllenden Norm darf aber richtigerweise lediglich die Konkretisierung des Straftatbestandes erfolgen, nicht aber die Entscheidung über das strafbare Verhalten an sich.[69] Bei der Blankettgesetzgebung kann nach Ansicht des BVerfG auch der „Aufwand bei der Normlektüre und der gedanklichen Umsetzung" durchaus deutlich erhöht sein, solange das strafbare Verhalten für den Normadressaten erkennbar ist, wobei es von Bedeutung sein kann, ob sich die Gesamtnorm an einen sach- und fachkundigen Normadressaten richtet.[70]

33 Gegenüber § 43 BDSG aF sind die Bußgeldtatbestände des Art. 83 Abs. 4 bis 6 DS-GVO weiter gefasst. Daher hat der Bundesrat für diese Tatbestände Bedenken hinsichtlich der rechtsstaatlichen Bestimmtheit angemerkt, freilich ohne dies im Einzelnen näher zu spezifizieren.[71] Solche Bedenken werden insbesondere für die Verweisung auf Art. 5 in Art. 83 Abs. 5 lit. a DS-GVO, aber auch für eine Vielzahl weiterer Regelungen geltend gemacht, weil hier pauschal die ganze Datenverarbeitung in Bezug genommen ist und daher aufgrund der vielfältigen Verarbeitungssituationen ein erheblicher Auslegungsspielraum verbleibt, der mangels Rechtsprechung zu diesen Normen auch nicht näher eingegrenzt werden kann.[72] Letztlich kann damit fast jeder Verstoß gegen die DS-GVO einer Sanktionierung zugänglich sein.[73]

34 Soweit einzelne Tatbestände künftig nicht im Wege des Vorabentscheidungsverfahrens nach Art. 267 AEUV vom EUGH für ungültig erklärt werden, wird man der weiten Fassung mittels einer restriktiven Auslegung begegnen müssen, wie sie auch aus dem nationalen Recht bekannt ist. Nach Ansicht des BVerfG richtet sich der Bestimmtheitsgrundsatz nämlich nicht allein an den Gesetzgeber. Vielmehr verbietet Art. 103 Abs. 2 GG eine „entgrenzende Auslegung" durch die Rechtsprechung.[74] Fasst der Gesetzgeber eine Vorschrift weit, so darf die Auslegung durch den Rechtsanwender diese Unbestimmtheit nicht weiter erhöhen, weil ansonsten der vom Gesetzgeber (noch) gewahrte Bestimmtheitsgrundsatz dadurch unterlaufen werden könnte, dass der Richter ihn unbestimmt interpretiert.[75]

2. Nationales Datenschutzstrafrecht

35 Mitgliedstaatlich ist die Frage, ob eine Datenverarbeitung iSd § 42 Abs. 2 Nr. 1 BDSG „ohne Berechtigung" erfolgt, neben dem BDSG, vornehmlich nach den Erlaubnistatbeständen der Art. 6 ff. DS-GVO zu beantworten.[76] Insoweit ist anerkannt, dass der deutsche Gesetzgeber zur näheren Beschreibung des Straftatbestandes auch auf die Regelungen einer *EU-Verordnung* (ausfüllende Norm) verweisen darf, ohne dass dies in Konflikt mit dem

---

[67] Vgl. BVerfGE 25, 269 (285); 41, 323; 92, 1 (12); 96, 68 (97).
[68] Grundlegend BGHSt 20, 177; BVerfGE 143, 38 (56); BVerfG NZWiSt 2020, 263 (272); Schönke/Schröder/Hecker StGB § 1 Rn. 2, vor StGB § 1 Rn. 3 und StGB § 2 Rn. 1 mwN.
[69] BVerfGE 143, 38 (57 f.); BVerfG NZWiSt 2020, 263 (272); Hecker NJW 2016, 3653.
[70] BVerfG NZWiSt 2020, 263 (274 f.).
[71] BR-Drs. 52/1/12, 33 Rn. 83, zum Vorschlag für eine Verordnung des Europäischen Parlaments und des Rates zum Schutz natürlicher Personen bei der Verarbeitung personenbezogener Daten und zum freien Datenverkehr (Datenschutz-Grundverordnung), COM (2012) 11 final; Ratsdok. 5853/12.
[72] Bülte StV 2017, 460 (464 ff.); BeckOK DatenschutzR/Holländer DS-GVO Art. 83 Rn. 6; Paal/Pauly/Frenzel DS-GVO Art. 83 Rn. 24.
[73] Paal/Pauly/Frenzel DS-GVO Art. 83 Rn. 24.
[74] BVerfGE 92, 1 (14); Roxin/Greco Strafrecht AT I § 5 Rn. 79.
[75] Roxin/Greco Strafrecht AT I § 5 Rn. 79.
[76] BeckOK DatenschutzR/Brodowski/Nowak BDSG § 41 Rn. 5; Taeger/Gabel/Wybitul/Zhou BDSG § 42 Rn. 2.

Bestimmtheitsgebot geraten würde.[77] Ob es sich bei dem Merkmal „ohne Berechtigung" um ein normatives Tatbestandsmerkmal[78] oder um einen Blanketttatbestand[79] handelt, ist streitig. Richtigerweise handelt es sich um ein normatives Tatbestandsmerkmal, da nicht einzelne Normen der DS-GVO in Bezug genommen sind und der Tatbestand der Strafnorm des § 42 BDSG vollständig ausgestaltet ist.

Jedoch sind einzelne Begriffe des § 42 BDSG unionskonform auszulegen (→ Rn. 28, auch zu den Grenzen). Ferner stellt sich die Frage, ob die Tatbestände mit Hilfe der DS-GVO hinreichend bestimmt ausgelegt werden können. Ob eine Berechtigung zur Verarbeitung vorliegt, kann wegen der offenen Fassung der Erlaubnistatbestände des Art. 6 Abs. 1 lit. e und lit. f DS-GVO, die an das Kriterium der Erforderlichkeit bzw. eine Interessenabwägung anknüpfen, nur vage beantwortet werden.[80] Allerdings muss man sehen, dass das Unrecht durch die weiteren objektiven Tatbestandsmerkmale sowie die einengenden Merkmale der Gewerbsmäßigkeit, Handeln gegen Entgelt sowie Bereicherungs- und Schädigungsabsicht noch als hinreichend konturiert angesehen werden kann, so dass der Bestimmtheitsgrundsatz gewahrt ist.[81]

IV. Anwendungsvorrang der DS-GVO

Wie bereits ausgeführt (→ Rn. 5), gehört das Strafrecht zum Kernbereich nationaler Souveränität. Auch hat der europäische Verordnungsgeber über die Öffnungsklausel des Art. 84 DS-GVO strafrechtliche Sanktionen bewusst den Mitgliedstaaten überlassen[82] und daher in Art. 83 Abs. 4–6 DS-GVO lediglich *Sanktionen verwaltungsrechtlicher Natur geregelt*.[83] Dies sei vorab in Erinnerung gerufen, wenn es im Folgenden um die Frage geht, inwieweit bestehende nationale Strafvorschriften mit der DS-GVO in Einklang zu bringen sind. Dabei ist die Problematik nicht vorschnell beiseitezuschieben, da etwa die Aufzeichnung von Worten iSd § 201 StGB, Bildaufnahmen iSd § 201a StGB und § 33 KUG sowie Daten iSd §§ 202a ff. StGB auch personenbezogene Daten iSd Art. 4 Nr. 1 DS-GVO darstellen.[84] Insoweit könnte also die DS-GVO prinzipiell Anwendungsvorrang haben.[85]

In diesem Zusammenhang stellt sich die Frage, ob solche Straftatbestände unter eine Öffnungsklausel der DS-GVO fallen oder sie gänzlich außerhalb ihres Anwendungsbereichs liegen und deshalb als Altgesetze, die gar nicht von ihr erfasst werden, Fortbestand haben können.[86]

Hinsichtlich Bildaufnahmen, wohl aber auch Tonaufnahmen kann Art. 85 DS-GVO eine Öffnungsklausel für bestehende Altregelungen darstellen.[87] Die Mitgliedstaaten bringen nach Art. 85 Abs. 1 DS-GVO durch Rechtsvorschriften das Recht auf den Schutz personenbezogener Daten nach der DS-GVO mit dem Recht auf freie Meinungsäußerung und Informationsfreiheit, einschließlich der Verarbeitung zu journalistischen Zwecken und zu wissenschaftlichen, künstlerischen oder literarischen Zwecken, in Einklang. Gemäß Art. 85 Abs. 2 DS-GVO sind für die Verarbeitung, die zu journalistischen Zwecken oder zu wissenschaftlichen, künstlerischen oder literarischen Zwecken erfolgt, Abweichungen und Ausnahmen zulässig, wenn dies erforderlich ist, um das Recht auf Schutz der perso-

---

[77] Dazu BVerfGE 75, 329 (342); BGH wistra 1997, 25 ff.; Eisele JA 2000, 991 (997).
[78] So Auernhammer/Golla BDSG § 42 Rn. 12 f.; BeckOK DatenschutzR/Brodowski/Nowak BDSG § 41 Rn. 37.
[79] Zu § 43 BDSG aF Erbs/Kohlhaas/Ambs 217. EL Oktober 2017, BDSG § 43 Rn. 18.
[80] Gola/Heckmann DS-GVO/BDSG/Ehmann BDSG § 42 Rn. 21.
[81] So BeckOK DatenschutzR/Brodowski/Nowak BDSG § 41 Rn. 37.
[82] Erwägungsgrund 149 DS-GVO.
[83] Erwägungsgrund 150 DS-GVO.
[84] Ausführlich zum Bildnisschutz Schneider Strafrechtlicher Bildnisschutz in modernen Darstellungsszenarien, 2022, Kap. 3 D.
[85] Krüger/Wiencke MMR 2019, 76 (77).
[86] Vgl. Krüger/Wiencke MMR 2019, 76 (77).
[87] OLG Köln ZD 2018, 434 m. zust Anm. Hoeren; näher Krüger/Wiencke MMR 2019, 76 ff.

nenbezogenen Daten mit der Freiheit der Meinungsäußerung und der Informationsfreiheit in Einklang zu bringen.[88]

40 Außerhalb dieser Zwecke bleibt die Frage zu erörtern, ob sich der Vorrang strafrechtlicher Vorschriften nicht aus Art. 84 DS-GVO ergibt. Entscheidend ist, dass es sich bei den genannten Straftatbeständen zwar um Vorschriften handelt, die dem Persönlichkeitsrechtsschutz dienen, ohne aber gerade dem besonderen Risiko automatisierter Datenverarbeitungen, wie es in der Zielrichtung der DS-GVO zum Ausdruck kommt, zu unterliegen.[89] Daher ist insoweit ein Anwendungsvorrang zu verneinen.

41 Das gilt namentlich für Verletzung der Vertraulichkeit des Wortes (§ 201 StGB), die Verletzung des höchstpersönlichen Lebensbereichs und von Persönlichkeitsrechten durch Bildaufnahmen (§ 201a StGB, § 184k StGB und § 33 KUG), die Verletzung des Briefgeheimnisses (§ 202 StGB), das Ausspähen und Abfangen von Daten (§§ 202a bis 202c StGB), die Datenhehlerei (§ 202d StGB), die Verletzung von Privatgeheimnissen und Verwertung fremder Geheimnisse (§§ 203 f. StGB), die Verletzung des Post- und Fernmeldegeheimnisses (§ 206 StGB), die Fälschung technischer Aufzeichnungen und beweiserheblicher Daten (§§ 268 f. StGB), die fälschliche Beeinflussung einer Datenverarbeitung im Rechtsverkehr (§ 270 StGB) und die Urkundenunterdrückung (§ 274 Abs. 1 Nr. 2 StGB) sowie die Datenveränderung und Computersabotage (§§ 303a f. StGB).

---

[88] Offen gelassen von BGH NJW 2021, 1311 (1314), zu §§ 22, 23 KUG; BGH NJW 2022, 3783 (3788) zu § 1004 Abs. 1 Satz 2, § 823 Abs. 2 BGB.
[89] Simitis/Hornung/Spiecker gen. Döhmann/Boehm DS-GVO Art. 84 Rn. 18; Gola/Heckmann DS-GVO/BDSG/Gola DS-GVO Art. 84 Rn. 3; Paal/Pauly/Frenzel DS-GVO Art. 84 Rn. 5; Schneider Strafrechtlicher Bildnisschutz in modernen Darstellungsszenarien, 2022, Kap. 3 D.II.1.a.

§ 8 Strafbare Datenschutzverstöße (§ 42 BDSG)

Übersicht

	Rn.
A. Vorbemerkung	1
B. Eingeschränkter Anwendungsbereich	5
I. Automatisierte Datenverarbeitung/Speichern in Dateisystemen	6
II. Haushaltsausnahme	9
C. Taugliche Täter	13
I. „Jedermanns-Delikt": Argumente für die fehlende Einschränkung des Täterkreises	14
II. Sonderdelikt: Argumente für eine Beschränkung auf den datenschutzrechtlich Verantwortlichen	16
D. § 42 Abs. 1 StGB – Unberechtigte Weitergabe	22
I. Objektiver Tatbestand	23
1. Personenbezogene Daten	23
2. Große Zahl von Personen	25
3. Keine allgemeine Zugänglichkeit	30
a) Faktische Möglichkeit der Kenntnisnahme eines „individuell nicht bestimmbaren Personenkreis"	35
b) Keine rechtlichen Einschränkungen der Kenntnisnahme	38
4. Übermitteln (Nr. 1)	46
5. Auf andere Art und Weise zugänglich machen (Nr. 2)	47
6. „Dritter"	51
7. Fehlende Berechtigung	54
II. Subjektiver Tatbestand	58
1. Vorsatz	58
2. Gewerbsmäßigkeit	61
E. § 42 Abs. 2 BDSG – Unberechtigte Verarbeitung	65
I. Objektiver Tatbestand	66
1. Verarbeitung (Nr. 1)	67
2. Erschleichen durch unrichtige Angaben (Nr. 2)	72
3. Handeln gegen Entgelt	79
II. Subjektiver Tatbestand	85
1. Eventualvorsatz ausreichend	85
2. (Dritt-)Bereicherungsabsicht	87
3. Schädigungsabsicht	94
F. Rechtfertigung	103
G. Behandlung von Irrtümern	107
H. Absolutes Antragsdelikt	113
I. Versuch	117
J. Verjährung	118
K. Konkurrenzen	119
I. Mögliche Tateinheit mit § 42 Abs. 1, 2 BDSG	120
II. Abschließende Spezialregelungen und deren Grenzen	121
III. Verhältnis der Varianten zueinander	126
L. Strafzumessung	128
M. Prozessuales	130

Literatur:
Buchner, Von der Wiege bis zur Bahre? – Datenschutz im Familienrecht unter der DS-GVO, FamRZ 2019, 665 ff.; *Cornelius*, Schneidiges Datenschutzrecht: Zur Strafbarkeit einer GPS-Überwachung, NJW 2013, 3340; *Dallmann/Busse*, Verarbeitung von öffentlich zugänglichen personenbezogenen Daten, ZD 2019, 394; *Fischinger/Straub*, Ohne Arbeit kein Lohn?, JuS 2016, 208; *Gola/Lepperhoff*, Reichweite des Haushalts- und Familienprivilegs bei der Datenverarbeitung, ZD 2016, 9; *Golla*, Die Straf- und Bußgeldtatbestände der Datenschutzgesetze, 1. Aufl. 2015; *ders.*, Friede den Telegram-Kanälen, VerfBlog, 10.2.2021; *ders.*, Papiertiger gegen Datenkraken: Zum Schutz der informationellen Selbstbestimmung durch das Strafrecht, ZIS 2016,

192; *Grisse,* Elterliche Sorge und Aufsichtspflichten bei der Nutzung digitaler Medien durch Kinder, NZFam 2022, 189; *Grotkamp,* Kinder und Datenschutz, FamRZ 2022, 6; *Henseler,* Datenhehlerei (§ 202d StGB) bei Rückerlangung von Kundendaten?, NStZ 2020, 258; *Ihwas,* Das neue Datenschutzstrafrecht – Bußgeldrisiken für Unternehmen nach der DS-GVO und Strafbarkeitsrisiken für Individualpersonen nach dem BDSG, NZWiSt 2021, 289; *Klaas,* Auslesen privater Kommunikation durch soziale Netzwerke, ZD 2021, 564; *ders.,* Geldbußen bei unternehmensbezogenen Datenschutzverstößen, ZdiW 2021, 34; *Kubiciel/Großmann,* Doxing als Testfall für das Datenschutzstrafrecht, NJW 2019, 1050; *Leeb/Starnecker,* Rechtliche Grenzen des digitalisierten Alltags von Eltern und Kindern, NZFam 2021, 97; *Maierhofer,* Unbefugtes Verschaffen von Melderegisterdaten, ZD 2022, 102; *Moos/Schefzig/Arning,* Die neue Datenschutz-Grundverordnung, 2. Aufl. 2021; *Tiedemann,* Datenübermittlung als Straftatbestand, NJW 1981, 945; *Wybitul/Klaas,* Neue strafrechtliche Risiken für Unternehmen und Leitungsorgane wegen Datenschutzverstößen, NZWiSt, 216.

A. Vorbemerkung

1 § 42 BDSG enthält in seinen ersten beiden Absätzen insgesamt vier Straftatbestände. Die dort erfassten Verhaltensweisen waren bereits unter der Vorgängernorm § 44 BDSG aF strafbar, die 2001 in Kraft trat[1] und am 25.5.2018 durch § 42 BDSG ersetzt wurde.

2 Die enthaltenen Tatbestände sind sehr weit gefasst.[2] Insbesondere das mit Strafe bewehrte unrechtmäßige Verarbeiten von nicht allgemein zugänglichen personenbezogenen Daten gegen Entgelt oder mit (Dritt-)Bereicherungsabsicht (§ 42 Abs. 2 Nr. 1 Var. 1, 2 BDSG) trägt das Potential in sich, Datenschutzverstöße im wirtschaftlichen Kontext regelmäßig auch als Straftat zu verfolgen.[3]

2a Siehe zur Anwendbarkeit deutschen Strafrechts bei grenzüberschreitenden Sachverhalten: → § 25 Rn. 27, 46, 53, 80, 89, 91, 116 ff., 131 f.

3 Im Kontrast zu ihrem weiten Anwendungsbereich fristeten die Tatbestände in der Praxis jedoch längere Zeit ein eher stiefmütterliches Dasein.[4] Für das Jahr 2019 listet das Statistische Bundesamt lediglich 23 „Verfahren" auf.[5] Auch aus diesem Grund ist bisher kaum konkretisierende (höchst-)richterliche Rechtsprechung ergangen, mit der dem weiten Wortlaut schärfere Konturen verliehen werden könnten. Immer wieder werden Forderungen laut, den Straftatbestand aus dem BDSG herauszunehmen und im StGB zu verankern und ihm auf diese Weise zu mehr Aufmerksamkeit zu verhelfen.[6]

4 **PKS:** Demgegenüber weist die jährliche Erhebung durch das BKA in der Kategorie „Straftaten gegen das Bundesdatenschutzgesetz" seit 2018 einen erkennbaren Anstieg der Fallzahlen auf, wobei die Fallzahlen im Jahr 2022 rückläufig sind:[7]

---

[1] BGBl. 2001 I 919.
[2] Vgl. zu § 44 BDSG aF: Golla ZIS 2016, 192 (192 ff.).
[3] Wybitul/Klaas NZWiSt 2021, 216 (216 ff.).
[4] Ihwas NZWiSt 2021, 289 (289, 293); Wybitul/Klaas NZWiSt 2021, 216; Golla VerfBlog, 10.2.2021, abrufbar unter https://verfassungsblog.de/friede-den-telegram-kanaelen/, DOI: 10.17176/20210210-120004-0, abgerufen am 12.9.2022. Zu § 44 BDSG aF: ders. ZIS 2016, 192 (196).
[5] BT-Drs. 19/28777, 2.
[6] BT-Drs. 19/28777, 2; Golla VerfBlog, 10.2.2021, abrufbar unter https://verfassungsblog.de/friede-den-telegram-kanaelen/, DOI: 10.17176/20210210-120004-0, abgerufen am 12.9.2022; ders. ZIS 2016, 192 (196 f.); Auernhammer/Golla BDSG § 42 Rn. 31. Vgl. Kubiciel/Großmann NJW 2019, 1050 (1055); Ihwas NZWiSt 2021, 289 (293).
[7] PKS Bundeskriminalamt, Berichtsjahr 2017–2021, abrufbar unter https://www.bka.de/DE/AktuelleInformationen/StatistikenLagebilder/PolizeilicheKriminalstatistik/pks_node.html, abgerufen am 10.4.2023. Dort zusammengefasst unter dem Begriff „Straftaten gegen das Bundesdatenschutzgesetz", was (theoretisch) auch § 84 BDSG miteinschließt. Die Angaben für das Jahr 2017 und bis zum 24. Mai 2018 beziehen sich auf die Vorgängernorm § 44 BDSG aF.

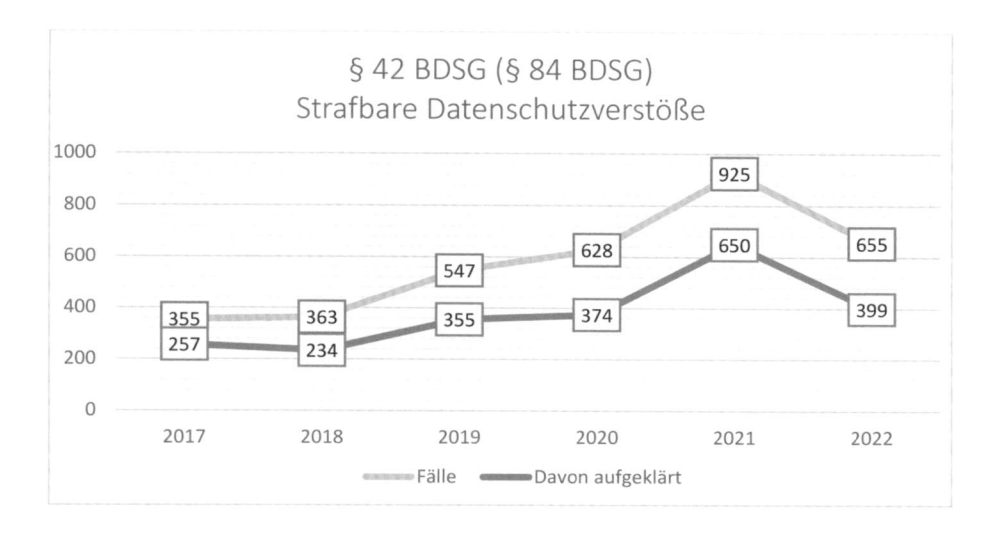

§ 42 BDSG (§ 84 BDSG)
Strafbare Datenschutzverstöße

[Diagramm mit Werten:
Fälle: 355 (2017), 363 (2018), 547 (2019), 628 (2020), 925 (2021), 655 (2022)
Davon aufgeklärt: 257 (2017), 234 (2018), 355 (2019), 374 (2020), 650 (2021), 399 (2022)]

B. Eingeschränkter Anwendungsbereich

§ 42 BDSG hat einen eingeschränkten Anwendungsbereich. 5

I. Automatisierte Datenverarbeitung/Speichern in Dateisystemen

Sachliche Voraussetzung ist gem. § 1 Abs. 1 S. 2 BDSG stets 6
- die ganz oder teilweise automatisierte Verarbeitung personenbezogener Daten *oder*
- die nicht automatisierte Verarbeitung personenbezogener Daten, die in einem Dateisystem gespeichert sind oder gespeichert werden sollen

> **Praxistipp:** 7
> Verstöße gegen die Verarbeitung von Beschäftigtendaten gem. § 26 Abs. 1, 2 BDSG können § 42 BDSG dann nicht verwirklichen, wenn diese nur über § 26 Abs. 7 BDSG (= analoge Verarbeitungshandlungen, ohne dass personenbezogene Daten in einem Dateisystem gespeichert sind oder gespeichert werden sollen) Anwendung finden. Denn § 26 Abs. 7 BDSG ordnet nur die bereichsspezifische Geltung der Absätze 1–6 an, bezieht sich aber nicht auf § 42 BDSG.

Daran ändert die in § 1 Abs. 4 S. 3 BDSG enthaltene Sonderverweisung auf die §§ 39– 8
44 BDSG nichts. Absatz 4 regelt nur den *territorialen* Anwendungsbereich. Der in Absatz 1 geregelte *sachliche/materielle* Anwendungsbereich wird hiervon nicht berührt. Er muss vielmehr zusätzlich vorliegen.

II. Haushaltsausnahme

§ 42 BDSG findet jedoch selbst in diesen Fällen keine Anwendung, wenn die Verarbeitung durch natürliche Personen „zur Ausübung ausschließlich persönlicher oder familiärer Tätigkeiten" erfolgt (sog. „Haushaltsausnahme").[8] Die entsprechende Einschränkung des Anwendungsbereichs der DS-GVO ist in Art. 2 Abs. 2 lit. c) DS-GVO geregelt. 9

---

[8] BeckOK DatenschutzR/Brodowski/Nowak BDSG § 42 Rn. 13.

10   Eine klare Trennlinie ist schwierig zu definieren.[9] Folgende Faustformel bietet einen Subsumtionsansatz: Erfolgt die Datenverarbeitung im **rein privat veranlassten Kontext** oder lassen sich auch darüberhinausgehende gewerbliche/geschäftliche/berufliche Zwecke finden?[10]

11   Beispiel:
Einspeichern der Handynummer von Bekannten:
- Dient diese ausschließlich der privaten Kontaktaufnahme: Haushaltsausnahme (+)[11]
- Dient diese *auch* der beabsichtigten Anbahnung beruflich bedingter Geschäfte: Haushaltsausnahme (-)[12]

12   Die Eingriffsintensivität der Datenverarbeitung ist dagegen kein Kriterium zur Begrenzung des Anwendungsbereichs der Haushaltsausnahme. Insoweit kann auch die elterliche Überwachung der eigenen Kinder durch auf Handys verdeckt installierten „Tracking-Apps"/„Parental-Control-Apps/unter die Haushaltsausnahme fallen.[13]

C. Taugliche Täter

13   Bislang ist nicht geklärt, ob die Tatbestände der § 42 Abs. 1, 2 BDSG nur durch den datenschutzrechtlichen Verantwortlichen (Art. 4 Nr. 7 DS-GVO) oder aber durch „Jedermann" verwirklicht werden können.

I. „Jedermanns-Delikt": Argumente für die fehlende Einschränkung des Täterkreises

14   Für ein „Jedermanns-Delikt" spricht der offen formulierte Wortlaut („wer"), der die Täterqualität nicht einschränkt.[14]

15   Gegen eine vom Gesetzgeber gewollte Beschränkung des Täterkreises auf den datenschutzrechtlichen Verantwortlichen spricht insbesondere, dass gerade dieser als einer der Strafantragsberechtigten in § 42 Abs. 3 BDSG genannt wird.

II. Sonderdelikt: Argumente für eine Beschränkung auf den datenschutzrechtlich Verantwortlichen

16   Demgegenüber legen systematische Gesichtspunkte eine Einschränkung des Täterkreises auf den datenschutzrechtlich Verantwortlichen nahe.[15] Zum einen begrenzt § 1 Abs. 4 S. 2, 3 BDSG die Regelungsreichweite des gesamten BDSG und damit auch der Strafvorschriften auf Verarbeitungshandlungen von Verantwortlichen und Auftragsverarbeitern.[16]

---

[9] Gola/Lepperhoff ZD 2016, 9 (10).
[10] Vgl. Taeger/Gabel/Schmidt DS-GVO Art. 2 Rn. 18; Vgl. BeckOK DatenschutzR/Gusy/Eichenhofer BDSG § 1 Rn. 75a; vgl. Kühling/Buchner/Kühling/Raab DS-GVO Art. 2 Rn. 26.
[11] Vgl. BeckOK DatenschutzR/Gusy/Eichenhofer BDSG § 1 Rn. 75a; vgl. Kühling/Buchner/Kühling/Raab DS-GVO Art. 2 Rn. 24.
[12] Paal/Pauly/Ernst DS-GVO Art. 2 Rn. 19; vgl. BeckOK DatenschutzR/Bäcker DS-GVO Art. 2 Rn. 14. Differenzierend jedoch: Gola/Lepperhoff ZD 2016, 9 (10).
[13] So auch: Grisse NZFam 2022, 189 (195 f.); Grotkamp FamRZ 2022, 6 (8). Kritisch hierzu: Gola/Lepperhoff ZD 2016, 9 (11 f.). aA: Leeb/Starnecker NZFam 2021, 97 (98 f.); Buchner FamRZ 2019, 665 (667 f.).
[14] So auch: Kühling/Buchner/Bergt BDSG § 42 Rn. 3; Taeger/Gabel/Nolde BDSG § 42 Rn. 1; HK-BDSG/Heghmanns § 42 Rn. 7; Ihwas NZWiSt 2021, 289 (294).
[15] So: BeckOK DatenschutzR/Brodowski/Nowak BDSG § 42 Rn. 15; Kubiciel/Großmann NJW 2019, 1050 (1053); Auernhammer/Golla BDSG § 42 Rn. 3.
[16] BeckOK DatenschutzR/Brodowski/Nowak BDSG § 42 Rn. 15; vgl. Ihwas NZWiSt 2021, 289 (294); s. hierzu abstrakt: Paal/Pauly/Ernst BDSG § 1 Rn. 11.

Darüber hinaus knüpfen alle Rechte und Pflichten der DS-GVO und des BDSG an die 17
Stellung als Verantwortlicher (bzw. als Auftragsverarbeiter) an.[17] Insoweit bildet der Verantwortliche (bzw. der Auftragsverarbeiter) auch den spiegelbildlichen Bezugspunkt für das Merkmal der fehlenden Berechtigung.[18] Dieses Argument wird geschwächt, soweit die fehlende Berechtigung nicht *ausschließlich* nach den Verarbeitungsvorschriften der DS-GVO und dem BDSG beurteilt werden soll (→ Rn. 55). Entsprechendes gilt, falls das „Erschleichen" im Sinne von § 42 Abs. 2 Nr. 2 BDSG auch eine Handlung außerhalb datenschutzrechtlicher Pflichten beschreiben soll (→ Rn. 76 f.).[19]

Ferner steht § 42 BDSG im zweiten Teil des BDSG (§§ 22–44 BDSG), der an den 18
Anwendungsbereich der DS-GVO anknüpft. Der dritte Teil des BDSG (§§ 45–84 BDSG) bezieht sich auf den Anwendungsbereich der JI-RL, also auf Datenverarbeitungen öffentlicher Stellen zur Verhütung, Ermittlung, Aufdeckung, Verfolgung oder Ahndung von Straftaten oder Ordnungswidrigkeiten. § 84 BDSG erklärt § 42 BDSG für diese Verarbeitungshandlungen für „entsprechend" anwendbar. Wäre der Gesetzgeber bei § 42 BDSG von einem Jedermanns-Delikt ausgegangen, hätte es dieser Verweisung nicht bedurft.[20]

Ein Sonderdelikt für den datenschutzrechtlich Verantwortlichen ergibt aus teleologi- 19
scher Sicht Sinn: Die strafrechtliche Verantwortung soll sich auf denjenigen beschränken, der auf die Zwecke und Mittel der Verarbeitung Einfluss nehmen kann (Art. 4 Nr. 7 DS-GVO).[21]

Weniger eindeutig lässt sich § 42 Abs. 4 BDSG interpretieren: Die Norm ordnet ein 20
strafprozessuales Verwendungsverbot für Meldungen bzw. Benachrichtigungen nach Art. 33, 34 DS-GVO an. Da diese Pflichten den Verantwortlichen treffen lässt sich daraus ableiten, dass der Gesetzgeber diesen als tauglichen Täter vor Augen hatte. Dem lässt sich jedoch nicht entnehmen, dass die § 42 Abs. 1, 2 BDSG *ausschließlich* durch Verantwortliche verwirklicht werden können. Besteht für nichtverantwortliche Personen bereits keine Meldepflicht, bedarf es auch keiner entsprechenden Regelung um deren Selbstbelastungsfreiheit in einem etwaigen Strafverfahren zu gewährleisten.

> **Konsequenzen für die strafrechtliche Verantwortung im Unternehmen** 21
> Die Beantwortung der Frage nach der Täterqualität erlangt insbesondere im Unternehmenskontext praktische Relevanz.
>
> Verarbeitungshandlungen von Mitarbeitern werden nach zivilrechtlichen Zurechnungsregeln (§§ 278 S. 1, 166 Abs. 1, 31 BGB analog[22]) dem Unternehmen zugerechnet.[23] Solange sich der Mitarbeiter hierbei nicht über die arbeitsvertraglich bzw. durch Weisung (§§ 106 S. 1 GewO, 315 BGB) festgelegten Zwecke und Mittel hinwegsetzt, ist das Unternehmen datenschutzrechtlich Verantwortlicher.[24] Verwirklicht der Mitarbeiter nun die Tatbestandsmerkmale des § 42 Abs. 1, 2 BDSG, hängt dessen *persönliche* strafrechtliche Einstandspflicht genau von der Frage nach der Reichweite des einbezogenen Täterkreises ab.
>
> Soll sich die Täterqualität auf den datenschutzrechtlichen Verantwortlichen beschränken, gerät in datenverarbeitenden Unternehmen die Unternehmensleitung in die „Schusslinie". Die datenschutzrechtliche Verantwortlichkeit kann als strafbarkeitsbegründendes besonderes persönliches Merkmal iSv § 28 Abs. 1 StGB ausgelegt werden. Diese kann in

---

[17] BeckOK DatenschutzR/Brodowski/Nowak BDSG § 42 Rn. 15; Kubiciel/Großmann NJW 2019, 1050 (1053).
[18] Vgl. BeckOK DatenschutzR/Brodowski/Nowak BDSG § 42 Rn. 15.
[19] Vgl. Ihwas NZWiSt 2021, 289 (296).
[20] Hierzu: Ihwas NZWiSt 2021, 289 (294).
[21] BeckOK DatenschutzR/Brodowski/Nowak BDSG § 42 Rn. 15; Ihwas NZWiSt 2021, 289 (294).
[22] Klaas ZdiW 2021, 34.
[23] Kühling/Buchner/Hartung DS-GVO Art. 4 Abs. 7 Rn. 9.
[24] Kühling/Buchner/Hartung DS-GVO Art. 4 Abs. 7 Rn. 9 f.

diesem Fall über § 14 Abs. 1 Nr. 1 StGB den vertretungsberechtigten Organen, also insbesondere dem Geschäftsführer (§ 35 GmbHG) und dem Vorstand (§ 78 AktG) zugerechnet werden.[25] In Kombination mit dem Institut der Geschäftsherrenhaftung[26] und dem Eventualvorsatz können Datenschutzverstöße von nichtverantwortlichen Mitarbeitern daher zu einem Strafbarkeitsrisiko für die Geschäftsleitung werden.[27] Ein entsprechendes Risiko besteht für (leitende) Compliance-Verpflichtete.[28]

Anders sieht dies aus, wenn sich ein Mitarbeiter über arbeitgeberseitige Weisungen hinwegsetzt und Zwecke und Mittel der Datenverarbeitung selbst bestimmt. In diesem Fall wird er selbst zum Verantwortlichen[29] und erlangt damit auch bei der Annahme eines Sonderdelikts Täterqualität.[30]

D. § 42 Abs. 1 StGB – Unberechtigte Weitergabe

22 Gemäß § 42 Abs. 1 StGB wird bestraft, wer wissentlich nicht allgemein zugängliche personenbezogene Daten einer großen Zahl von Personen, ohne hierzu berechtigt zu sein, einem Dritten übermittelt (Nr. 1) oder auf andere Art und Weise zugänglich macht (Nr. 2) und hierbei gewerbsmäßig handelt.

I. Objektiver Tatbestand

1. Personenbezogene Daten

23 Der Begriff der „personenbezogenen Daten" ist in Art. 4 Nr. 1 DS-GVO legaldefiniert und umfasst alle *„Informationen, die sich auf eine identifizierte oder identifizierbare natürliche Person (...) beziehen"*.

24 **Praxistipp:**
Der EuGH vertritt in der Rechtssache *Breyer* einen sog. „relativen Personenbezug".[31] Danach ist die Identifizierbarkeit einer natürlichen Person auch dann gegeben, wenn sich der Bezug noch nicht aus der singulären Information selbst, sondern erst unter Heranziehung weiterer Zusatzinformationen ergibt. Welche potenziellen Zusatzinformationen zu beachten sind, ergibt sich u. a. aus EG 26 DS-GVO. Maßgeblich ist die allgemeine Nutzungswahrscheinlichkeit, die nach den rechtlichen Möglichkeiten, den Kosten und dem Zeitaufwand zu bestimmen ist.
- Pseudonymisierte Informationen *sind* personenbezogene Daten
- Anonymisierte Informationen *sind keine* personenbezogenen Daten

2. Große Zahl von Personen

25 Wann von einer „großen Zahl von Personen" gesprochen werden kann, ist hochgradig unbestimmt.

---

[25] BeckOK DatenschutzR/Brodowski/Nowak BDSG § 42 Rn. 16; Kühling/Buchner/Bergt BDSG § 42 Rn. 3.
[26] Siehe hierzu: BGH NJW 2012, 1237; BGH v. 6.2.2018 – 5 StR 629/17, BeckRS 2018, 2975.
[27] Wybitul/Klaas NZWiSt 2021, 216 (220 f.).
[28] Wybitul/Klaas NZWiSt 2021, 216 (221). Zur möglichen Garantenstellung von leitenden Compliance-Verpflichteten: BGH NZG 2009, 1356 (1358).
[29] Kühling/Buchner/Hartung DS-GVO Art. 4 Abs. 7 Rn. 10.
[30] BeckOK DatenschutzR/Brodowski/Nowak BDSG § 42 Rn. 16; vgl. auch: Kühling/Buchner/Bergt BDSG § 42 Rn. 3.
[31] EuGH v. 19.10.2016 – C-582/14, ECLI:EU:C:2016:779, BeckRS 2016, 82520 Rn. 49.

26 Höchstrichterliche Rechtsprechung ist hierzu nicht ergangen. In der Literatur werden bislang folgende Größenordnungen vertreten:
- 20 bis 30 Personen (bei nicht elektronischer Verarbeitung)[32],
- 50 Personen[33],
- 100 Personen[34] und
- bis zu mehrere 100 Personen (bei elektronischer Verarbeitung)[35].

27 Es liegt nahe, sich bei der Auslegung an Straftatbeständen bzw. Regelbeispielen zu orientieren, die den Begriff parallel verwenden.[36] Selbstverständlich müssen sich die Vorschriften hinsichtlich Rechtsgut und Struktur miteinander vergleichen lassen, so dass Brandstiftungs- (§ 306b Abs. 1 StGB) und Verkehrsdelikte (§ 315 Abs. 3 Nr. 2 StGB) wenig Anhaltspunkte bieten.[37]

28 Fraglich ist, ob § 263 Abs. 3 S. 2 Nr. 2 StGB aufgrund seines finanziellen Bezugspunkts Aufschluss geben kann.[38] Zunächst ist zu konstatieren, dass auch die Personenanzahl im Rahmen dieses Regelbeispiels nicht einheitlich bestimmt wird (zwischen zehn und 50 Personen).[39] Darüber hinaus wird die „große Zahl von Menschen" bei § 263 Abs. 3 S. 2 Nr. 2 StGB an die „fortgesetzte Begehung von Betrug" geknüpft und legt der beabsichtigten Schädigung mehrerer Personen also mehrere eigenständige Täuschungshandlungen zugrunde. Demgegenüber definiert die „große Zahl von Personen" im Rahmen des § 42 Abs. 1 BDSG das Tatobjekt, welches Gegenstand einer einzigen Tathandlung (Übermitteln/Zugänglichmachen) ist. Auch die „quantitative Ausgangssituation" ist eine andere: Verarbeitungshandlungen (im rein tatsächlichen Sinne) sind regelmäßig abstrakte, systematisierbare Prozesse und beziehen bereits aus organisatorischen Gründen eine Vielzahl von Betroffenen mit ein[40], während der singuläre Betrug einer einzigen Person weitaus verbreiteter ist.

29 Vor diesem Hintergrund überzeugt eine **autonome Bestimmung** des Merkmals im Rahmen des § 42 Abs. 1 BDSG. Angemessen scheint aufgrund der oftmals systematisierten Datenverarbeitungen eine dreistellige Anzahl.[41]

3. Keine allgemeine Zugänglichkeit

30 Die personenbezogenen Daten dürfen nicht allgemein zugänglich sein.

31 Nach der (historisch) übertragbaren Rechtsprechung des BGH zum gleichlautenden Tatbestandsmerkmal in den §§ 43, 44 BDSG aF sind personenbezogene Daten „allgemein zugänglich", wenn diese „von jedermann zur Kenntnis genommen werden können, ohne dass der Zugang zu den Daten rechtlich beschränkt ist".[42]

---

[32] Gola/Heckmann DS-GVO/BDSG/Ehmann BDSG § 42 Rn. 8.
[33] BeckOK DatenschutzR/Brodowski/Nowak BDSG § 42 Rn. 29; Kubiciel/Großmann NJW 2019, 1050 (1055).
[34] HK-BDSG/Heghmanns § 42 Rn. 9; Moos/Schefzig/Arning/Schefzig/Rothkegel/Cornelius, Die neue Datenschutz-Grundverordnung, 2. Aufl. 2021, Kapitel 16 Rn. 125; Wybitul/Klaas NZWiSt 2021, 216 (220).
[35] Gola/Heckmann DS-GVO/BDSG/Ehmann BDSG § 42 Rn. 8.
[36] So: Kühling/Buchner/Bergt BDSG § 42 Rn. 5 ff.; Paal/Pauly/Frenzel BDSG § 42 Rn. 6.
[37] Vgl. Kühling/Buchner/Bergt BDSG § 42 Rn. 5 f.; BeckOK DatenschutzR/Brodowski/Nowak BDSG § 42 Rn. 29; Gola/Heckmann DS-GVO/BDSG/Ehmann BDSG § 42 Rn. 8; vgl. HK-BDSG/Heghmanns § 42 Rn. 9.
[38] So: Kühling/Buchner/Bergt BDSG § 42 Rn. 6 f.
[39] MüKoStGB/Hefendehl § 263 Rn. 980; vgl. auch: BeckOK DatenschutzR/Brodowski/Nowak BDSG § 42 Rn. 29.
[40] Vgl. auch: BeckOK DatenschutzR/Brodowski/Nowak BDSG § 42 Rn. 29. Differenzierend hierzu: Gola/Heckmann DS-GVO/BDSG/Ehmann BDSG § 42 Rn. 8.
[41] Wybitul/Klaas NZWiSt 2021, 216 (220).
[42] BGH NJW 2013, 2530 (2533) Rn. 54. Bestätigend: BayObLG v. 26.10.2021 – 202 StR 126/21 Rn. 16 f. So auch: Kühling/Buchner/Bergt BDSG § 42 Rn. 8.

32 Hintergrund ist die aus Art. 5 Abs. 1 S. 1 Var. 1 GG folgende verfassungsimmanente Schranke des Rechts auf **informationelle Selbstbestimmung,** nach der sich jedermann aus allgemein zugänglichen Quellen informieren darf.[43]

33 Bezugspunkt der „allgemeinen Zugänglichkeit" ist daher auch nicht ein bestimmter physischer Datensatz (auf einem konkreten Speichermedium), sondern der Informationswert, der sich durchaus auch in verschiedenen Datensätzen widerspiegeln kann.[44]

34 Der vom BGH gefundenen Definition lassen sich zwei Kriterien für die Annahme einer den Tatbestand ausschließenden allgemeinen Zugänglichkeit entnehmen:

35 a) **Faktische Möglichkeit der Kenntnisnahme eines „individuell nicht bestimmbaren Personenkreis".** Zum einen muss die Möglichkeit bestehen, dass die personenbezogenen Daten durch einen „individuell nicht bestimmbaren Personenkreis"[45] oder durch einen „nicht beschränkte[n] Kreis von Personen"[46] rein **faktisch zur Kenntnis genommen** werden können.

36 Die Entgeltpflicht schließt die allgemeine Zugänglichkeit grundsätzlich nicht aus[47]; das gilt jedoch dann nicht, wenn bereits die Höhe des Betrags die faktische Zugriffsmöglichkeit auf einen kleinen Personenkreis von Leistungsfähigen „vorselektiert"[48].

37 **Beispiele:**
Äußere körperliche Merkmale, die Nutzung eines Fahrzeugs zu einem bestimmten Zeitpunkt im öffentlichen Straßenverkehr[49], frei zugängliche Informationen im Internet[50] (bei Social Media Profilen kommt es auf die Privatsphäreneinstellungen an[51]) oder in öffentlich erhältlichen Druckwerken[52], oder die öffentlich einsehbaren Handels oder Vereinsregister[53].

Gegenbeispiele:
Durch
- Passwörter
- visuelle Authentifizierungsmaßnahmen
- physische Zugangshindernisse (bspw. Schlösser)

geschützte Informationen.

38 b) **Keine rechtlichen Einschränkungen der Kenntnisnahme.** Zum anderen darf die (faktisch mögliche) Kenntnisnahme keinen rechtlichen Einschränkungen unterliegen.

39 Die allgemeine Zugänglichkeit ist daher ausgeschlossen, wenn der Zugang zu den personenbezogenen Daten vom Vorliegen bestimmter rechtlicher Voraussetzungen abhängig gemacht wird.[54]

40 Das ist bspw. der Fall, wenn der Zugriff auf personenbezogene Daten nur auf der Grundlage vertraglicher Informationsrechte oder bei Bestehen gesetzlicher Auskunftsan-

---

[43] BGH NJW 2013, 2530 (2533) Rn. 54; BeckOK DatenschutzR/Brodowski/Nowak BDSG § 42 Rn. 25; Ihwas NZWiSt 2021, 289 (294).
[44] Wybitul/Klaas NZWiSt 2021, 216 (220); Kühling/Buchner/Bergt BDSG § 42 Rn. 15; Taeger/Gabel/Nolde BDSG § 42 Rn. 3; vgl. BGH NJW 2013, 2530 (2533) Rn. 57.
[45] BGH NJW 2013, 2530 (2533) Rn. 57.
[46] BGH NJW 2013, 2530 (2533) Rn. 53.
[47] Kühling/Buchner/Bergt BDSG § 42 Rn. 8.
[48] Wohl auch: BeckOK DatenschutzR/Brodowski/Nowak BDSG § 42 Rn. 26.
[49] aA (wohl): Kühling/Buchner/Bergt BDSG § 42 Rn. 10 („*weil nur die unmittelbare Umgebung diese Person [die Nutzung des Fahrzeugs] wahrnehmen kann*").
[50] BGH NJW 2013, 2530 (2533) Rn. 57; BeckOK DatenschutzR/Brodowski/Nowak BDSG § 42 Rn. 26; Gola/Heckmann DS-GVO/BDSG/Ehmann § 42 Rn. 9; Kühling/Buchner/Bergt BDSG § 42 Rn. 9; Taeger/Gabel/Nolde BDSG § 42 Rn. 3.
[51] Brodowski/Nowak BDSG § 42 Rn. 26; Kühling/Buchner/Bergt BDSG § 42 Rn. 10.
[52] Vgl. BGH NJW 2013, 2530 (2533) Rn. 57; BeckOK DatenschutzR/Brodowski/Nowak BDSG § 42 Rn. 26; Taeger/Gabel/Nolde BDSG § 42 Rn. 3.
[53] BGH NJW 2013, 2530 (2533) Rn. 57; Kühling/Buchner/Bergt BDSG § 42 Rn. 9.
[54] BGH NJW 2013, 2530 (2533) Rn. 54 ff.; BeckOK DatenschutzR/Brodowski/Nowak BDSG § 42 Rn. 27; vgl. auch: BT-Drs. 14/4329, 59.

sprüche (insbesondere bei der Einsichtnahme in das Grundbuch, Melderegister[55] oder das Bundeszentralregister[56]) gestattet ist.

Auch die Verarbeitungsvorschriften der DS-GVO (und des BDSG) sind zu beachten. Das kann unter anderem bei arbeitgeberseitigen Nachforschungsmaßnahmen auf öffentlich einsehbaren (und damit faktisch zugänglichen) Social-Media-Profilen (zukünftiger) Arbeitnehmer relevant werden. Vertreten wird, dass der Arbeitgeber hier lediglich auf soziale Netzwerke mit einem beruflichen Bezug (LinkedIn oder Xing), nicht aber auf Plattformen mit privatem Hintergrund (Facebook, Instagram) zugreifen darf.[57]

Auf die Effektivität bzw. Wirksamkeit der rechtlichen Zugangsbeschränkung kommt es gerade nicht an.[58] Die allgemeine Zugänglichkeit wird bereits durch das bloße Bestehen rechtlicher Zugangsbeschränkungen ausgeschlossen.

Irrelevant ist auch, ob diese rechtlichen Zugangsvoraussetzungen (bspw. ein vertragliches Informationsrecht oder datenschutzrechtliche Verarbeitungsvorgaben) in der Person des Täters vorliegen oder nicht. Dies kann allenfalls bei der Frage der Berechtigung eine Rolle spielen.

Auch das Bestehen von Unterlassens- oder Abwehransprüchen schließt die allgemeine Zugänglichkeit aus.[59] Dem kommt insbesondere dann eine eigene Bedeutung zu, wenn personenbezogene Informationen rechtswidrig im Internet oder in Printmedien veröffentlicht werden. Denn in diesem Fall wird in *faktischer* Hinsicht eine allgemeine Zugänglichkeit begründet, während der Zugang zu *diesen* Informationen kein Informations- bzw. Auskunftsrecht voraussetzt.

Aus der rechtswidrigen Veröffentlichung resultierende Ansprüche aus §§ 823, 1004 BGB (analog), § 12 BGB, Art. 16 ff. DS-GVO, § 97 Abs. 1 UrhG führen dazu, dass die Zulässigkeit der Kenntnisnahme dieser Informationen nach der materiellen Rechtslage eingeschränkt ist. Damit verlieren auch rechtswidrig im Internet veröffentlichte personenbezogene Informationen nicht ihren Schutz aus § 42 BDSG.[60]

4. Übermitteln (Nr. 1)

Ein „Übermitteln" liegt vor, wenn die personenbezogenen Daten in die beherrschbare Sphäre des Empfängers – hier also des Dritten – gelangt sind.[61]

5. Auf andere Art und Weise zugänglich machen (Nr. 2)

Personenbezogene Daten sind „auf andere Art und Weise zugänglich" gemacht, wenn dem Empfänger *die Möglichkeit* eröffnet wird, auf diese zuzugreifen.[62] Dass der Empfänger die eingeräumte Möglichkeit tatsächlich wahrnimmt, ist nicht erforderlich.[63] Das Zugäng-

---

[55] BayObLG v. 26.10.2021 – 202 StRR 126/21, BeckRS 2021, 36406 Rn. 16 f.; aA Maierhofer ZD 2022, 102 (103).
[56] BeckOK DatenschutzR/Brodowski/Nowak BDSG § 42 Rn. 27; Kühling/Buchner/Bergt BDSG § 42 Rn. 10; Forgó/Helfrich/Schneider Betr. Datenschutz-HdB/Cornelius Teil XIV Rn. 113.
[57] MAH ArbR/Melms/Felisiak § 9 Rn. 108; Dallmann/Busse ZD 2019, 394 (396).
[58] BGH NJW 2013, 2530 (2533) Rn. 55; Kühling/Buchner/Bergt BDSG § 42 Rn. 8. aA Maierhofer ZD 2022, 102 (103).
[59] BGH NJW 2013, 2530 (2534) Rn. 59; Kühling/Buchner/Bergt BDSG § 42 Rn. 10.
[60] Kühling/Buchner/Bergt BDSG § 42 Rn. 13; aA BeckOK DatenschutzR/Brodowski/Nowak BDSG § 42 Rn. 28; Gola/Heckmann DS-GVO/BDSG/Ehmann BDSG § 42 Rn. 9; Henseler NStZ 2020, 258 (260) Fn. 33.
[61] BeckOK DatenschutzR/Brodowski/Nowak BDSG § 42 Rn. 30; Kühling/Buchner/Bergt BDSG § 42 Rn. 17; Taeger/Gabel/Nolde BDSG § 42 Rn. 6; Kubiciel/Großmann NJW 2019, 1050 (1055).
[62] BeckOK DatenschutzR/Brodowski/Nowak BDSG § 42 Rn. 33; Kubiciel/Großmann NJW 2019, 1050 (1055); Taeger/Gabel/Nolde BDSG § 42 Rn. 6; Ihwas NZWiSt 2021, 289 (295).
[63] BeckOK DatenschutzR/Brodowski/Nowak BDSG § 42 Rn. 33; Taeger/Gabel/Nolde BDSG § 42 Rn. 6; Ihwas NZWiSt 2021, 289 (295).

lichmachen auf andere Art und Weise aus Nr. 2 ist dem Übermitteln aus Nr. 1 also einen Schritt vorgelagert.[64]

48 **Beispiel:**
- Das Hochladen von personenbezogenen Daten im Internet[65]
- Das Mitteilen von Zugangsdaten zu einem Cloud-Server auf dem personenbezogene Daten gespeichert sind[66]
- Das Bereitlegen von Unterlagen mit personenbezogenen Informationen an einem zugänglichen Ort (auch wenn diese bspw. in einer vor dem Haus stehenden Mülltonne „entsorgt" werden[67])
- Der Versand einer E-Mail bis zum Eingang auf dem Ziel-Mail-Server (erst bei Abruf der „wartenden" E-Mail durch den Mail-Client des Empfängers gelangt diese in dessen Herrschaftsbereich und es liegt eine Übermittlung vor)[68]

49 Empfänger ist auch bei einem Zugänglichmachen auf andere Art und Weise – obwohl der Dritte dort nicht explizit erwähnt wird – ein „Dritter".[69] Hierfür spricht die Satzstruktur, nach der der in Nr. 1 bezeichnete Dritte auch das Bezugsobjekt für die die weitere Tathandlungsvariante Nr. 2 bildet. Durch die Formulierung „auf andere Art und Weise" wird die Rückkopplung an das „Übermitteln" als spezifisch hervorgehobene Art und Weise des Zugänglichmachens ausgedrückt. Eine Änderung des Bezugsobjekts lässt sich dem auch systematisch nicht entnehmen.

50 Ein der Auslegung entgegenstehender Umkehrschluss („der Dritte wird bei Nr. 2 gerade nicht genannt") hätte zur Konsequenz, dass in dieser Tathandlungsvariante der Empfänger der personenbezogenen Daten nicht definiert wäre. Ein „Zugänglichmachen" setzt jedoch bereits begrifflich einen spezifischer gefassten „Gegenüber" voraus. Hätte der Gesetzgeber gewollt, dass sich Nr. 2 auf Fallgestaltungen bezieht, in denen Daten „einer unbestimmten, nicht von vornherein definierten Zahl von Empfängern zugänglich gemacht werden"[70] hätte er diesen unbestimmten Empfängerkreis auch als Adressaten genannt oder mit dem Begriff der „Offenlegung" gearbeitet.

6. „Dritter"

51 Nach der hier vertretenen Auslegung müssen bei beiden Tatvarianten die personenbezogenen Daten an einen „Dritten" adressiert werden.

52 Der „Dritte" wird in Art. 4 Nr. 10 DS-GVO legaldefiniert. „Dritter" ist danach jeder *außer*
- der betroffenen Person,
- dem Verantwortlichen,
- dem Auftragsverarbeiter und
- den Personen, die unter der unmittelbaren Verantwortung des Verantwortlichen oder des Auftragsverarbeiters befugt sind, die personenbezogenen Daten zu verarbeiten (vgl. hierzu: Art. 29 DS-GVO)

---

[64] Kubiciel/Großmann NJW 2019, 1050 (1055); Wybitul/Klaas NZWiSt 2021, 216 (220); vgl. Kühling/Buchner/Bergt BDSG § 42 Rn. 21.
[65] BeckOK DatenschutzR/Brodowski/Nowak BDSG § 42 Rn. 34; Kühling/Buchner/Bergt BDSG § 42 Rn. 22.
[66] Vgl. Kühling/Buchner/Bergt BDSG § 42 Rn. 21; vgl. Paal/Pauly/Frenze BDSG § 42 Rn. 4.
[67] Kühling/Buchner/Bergt BDSG § 42 Rn. 21; BeckOK DatenschutzR/Brodowski/Nowak BDSG § 42 Rn. 34; Golla ZIS 2016, 192; vgl. Taeger/Gabel/Nolde BDSG § 42 Rn. 6.
[68] BeckOK DatenschutzR/Brodowski/Nowak BDSG § 42 Rn. 31. aA Kühling/Buchner/Bergt BDSG § 42 Rn. 18.
[69] BeckOK DatenschutzR/Brodowski/Nowak BDSG § 42 Rn. 33; Kühling/Buchner/Bergt BDSG § 42 Rn. 21; Kubiciel/Großmann NJW 2019, 1050 (1055); Wybitul/Klaas NZWiSt 2021, 216 (220). aA Gola/Heckmann DS-GVO/BDSG/Ehmann BDSG § 42 Rn. 10.
[70] So: Gola/Heckmann DS-GVO/BDSG/Ehmann BDSG § 42 Rn. 10.

Der „Dritte" bei unternehmensinternen Datentransfers: 53

Umstritten ist, ob der Anwendungsbereich des § 42 Abs. 1 BDSG bei ausschließlich unternehmensinternen Datenübermittlungen eröffnet ist.[71]

Hintergrund ist der Gedanke, dass Verarbeitungshandlungen durch Mitarbeiter im Unternehmenskontext grundsätzlich dem Unternehmen (bzw. präziser dem Rechtsträger) zugerechnet werden und damit auch dessen Verantwortlichenstellung begründen.[72] Da das Unternehmen als Verantwortlicher kein Dritter sein kann, sollen rechtswidrige Übermittlungsvorgänge innerhalb des Unternehmens nie tatbestandsmäßig sein.

Überzeugender ist eine differenzierende Lösung[73]: Denn die einzelnen Empfänger innerhalb des Unternehmens (bspw. andere Abteilungen oder einzelne Personen) sind nicht selbst Verantwortliche. Verantwortlicher ist nur das Unternehmen selbst. Nicht jeder Mitarbeiter ist auch eine Person, die unter der unmittelbaren Verantwortung des Verantwortlichen oder des Auftragsverarbeiters zur Verarbeitung befugt ist. *Wer* innerhalb eines Unternehmens zur Verarbeitung *welcher* personenbezogenen Daten befugt ist oder nicht, wird durch das Unternehmen im Rahmen des Arbeitsvertrags oder des Weisungsrechts (§ 106 GewO, § 315 BGB) je nach Aufgabenbereich individuell und einzelfallbezogen festgelegt.

Insoweit können auch Mitarbeiter/Abteilungen eines einheitlichen Unternehmens „Dritte" im Sinne von § 42 Abs. 1 BDSG sein, wenn diese personenbezogene Daten untereinander austauschen. Nur dann, wenn die empfangenden Mitarbeiter/Abteilungen auch zur Verarbeitung eben dieser in Rede stehenden Daten zur Verarbeitung befugt sind, handelt es sich nicht um Dritte.

7. Fehlende Berechtigung

Die fehlende Berechtigung zur Vornahme der Übermittlung bzw. des Zugänglichmachens ist ein objektives Tatbestandsmerkmal.[74] 54

Bei der Frage nach der Rechtmäßigkeit der Verarbeitungshandlung ist – im Grundsatz – das gesamte materielle Datenschutzrecht zu berücksichtigen.[75] Hierfür spricht zunächst der weit gefasste, uneingeschränkte Wortlaut („ohne hierzu berechtigt zu sein"). Aus systematischen Gründen könnte eine Eingrenzung auf die Verarbeitungsvorgaben aus der DS-GVO und dem BDSG erwogen werden.[76] Noch enger wäre eine Beschränkung auf die in Art. 6 und Art. 9 DS-GVO sowie § 26 BDSG vorgesehenen Erlaubnistatbestände.[77] Einem solchen eingeschränkten Blick auf das Merkmal der Berechtigung steht jedoch der Sinn und Zweck entgegen. Dieser beabsichtigt den strafrechtlichen Schutz des Rechts auf informationelle Selbstbestimmung.[78] Dessen einfachrechtliche Ausgestaltung beschränkt sich jedoch weder auf Teilbereichsregelungen der DS-GVO/des BDSG noch auf den Anwendungsbereich der DS-GVO/BDSG selbst. Insoweit sind auch die Vorschriften des TTDSG, der e-Privacy-RL, die Zweckbindungsvorgaben aus § 32f Abs. 5 StPO und – im behördlichen Bereich – gesetzliche Ermächtigungsgrundlagen zu berücksichtigen.[79] 55

---

[71] Dagegen: BeckOK DatenschutzR/Brodowski/Nowak § 42 BDSG Rn. 32; Taeger/Gabel/Nolde BDSG § 42 Rn. 6; (wohl): Kühling/Buchner/Bergt BDSG § 42 Rn. 22; vgl. auch abstrakt BeckOK DatenschutzR/Schild DS-GVO Art. 4 Rn. 120. Dafür: Wybitul/Klaas NZWiSt 2021, 216 (220).
[72] Kühling/Buchner/Hartung DS-GVO Art. 4 Abs. 7 Rn. 9.
[73] Siehe hierzu bereits: Wybitul/Klaas NZWiSt 2021, 216 (220).
[74] Überzeugend: BeckOK DatenschutzR/Brodowski/Nowak § 42 BDSG Rn. 35 f.; Kühling/Buchner/Bergt BDSG § 42 Rn. 23 f.
[75] So: Gola/Heckmann DS-GVO/BDSG/Ehmann BDSG § 42 Rn. 12; Wybitul/Klaas NZWiSt 2021, 216 (217); Klaas ZD 2021, 564 (565, 567). Vgl. differenzierend zum alten Recht: Golla ZIS 2016, 192 (194).
[76] Vgl. zum alten Recht: Golla ZIS 2016, 192 (194).
[77] In diese Richtung wohl: Taeger/Gabel/Nolde BDSG § 42 Rn. 3 f.
[78] Vgl. Golla ZIS 2016, 192 (192 f.).
[79] Klaas ZD 2021, 564 (567).

56 Praxistipp:
Diskutiert wird, ob bei der Frage nach der Berechtigung bestimmte Vorgaben des materiellen Datenschutzrechts unberücksichtigt bleiben müssen. Hier kann in Verteidigungssituationen erfolgsversprechend mit strafrechtlichen Prinzipien argumentiert werden.

Ultima-ratio-Grundsatz:
Aus einer rein datenschutzrechtlichen Perspektive kann die Unrechtmäßigkeit der Verarbeitung neben den Kernbereichsregelungen (Erlaubnistatbestände, Art. 6 Abs. 1 DS-GVO; (wesentliche) Informationspflichten, Art. 12 ff. DS-GVO) auch aus einer Vielzahl flankierender Vorschriften folgen. Da das Strafrecht die „letzte Antwort" des Staates ist, kann auf die Erforderlichkeit eines strengeren Maßstabs hingewiesen werden.[80] Das betrifft etwa einzelne Aspekte der Informationspflichten, die nicht so schwer wiegen, dass diese ein zu kriminalisierendes Unrecht begründen können.

Beispiele:
- Verwendung nicht maschinenlesbare Bildsymbole (Art. 12 Abs. 7 S. 2 DS-GVO);
- fehlende Mitteilung der Kontaktdaten des Datenschutzbeauftragten (Art. 13 und 14 jeweils Abs. 1 lit. b) DS-GVO);
- geringfügige Fristverzögerungen bei der Informationserteilung (Art. 12 und 14 jeweils Abs. 3 DS-GVO).

Bestimmtheitsgrundsatz:
Bei Verarbeitungsvorschriften mit offen ausgestalteter Abwägung (insbesondere: Art. 6 Abs. 1 S. 1 lit. f) DS-GVO oder Art. 49 Abs. 1 S. 2 DS-GVO) kann in Grenzfällen aufgrund des subjektiv schwierig vorhersehbaren Abwägungsergebnis auf die fehlende Bestimmtheit des Tatbestands im Einzelfall verwiesen werden.[81] Entsprechendes gilt, falls die fehlende Berechtigung mit einem Verstoß gegen allgemein gehalten Datenschutzgrundsätze (Art. 5 Abs. 1 DS-GVO; insbesondere „Treu und Glauben") begründet wird. In diesen Fällen wird die grundsätzliche Datenschutzakzessorietät des § 42 BDSG durch das Verfassungsrecht (Art. 103 Abs. 2 GG) gelockert. Vertreten wird, dass das Merkmal der „fehlenden Berechtigung" nur bei evidenten Verstößen gegen materielle Datenschutzvorschriften vorliegt.[82]

Parallel hierzu sollte stets auch auf subjektiver Ebene mit dem „jedenfalls" fehlenden Vorsatz auf die fehlende Berechtigung argumentiert werden (§ 16 Abs. 1 S. 1 StGB). Siehe hierzu: → Rn. 107 ff.)

57 Die in der Literatur aufgeworfene Frage, ob eine durch Täuschung erlangte datenschutzrechtliche Einwilligung im Rahmen des § 42 Abs. 1 BDSG ebenfalls tatbestandsausschließend wirken soll[83], ist vor dem Hintergrund zu verneinen. Ausgangspunkt ist im objektiven Tatbestand eine datenschutzakzessorische Betrachtung. Bei einer täuschungsbedingt erteilten Einwilligung eines Betroffenen mangelt es an einer informierten Grundlage und an der Freiwilligkeit (Art. 4 Nr. 11 DS-GVO). Die Datenschutzakzessorietät erfährt bei täuschungsbedingten Einwilligungen keine verfassungsrechtliche Einschränkung, weil es sich um einen evidenten Datenschutzverstoß handelt. Auch der systematische Hinweis, dass bei einer solchen Auslegung § 42 Abs. 2 Nr. 2 BDSG – der sich auf das Erschleichen nicht allgemein zugänglicher Daten mit unrichtigen Angaben bezieht – ggü. § 42 Abs. 2

---

[80] Golla ZIS 2016, 192 (193).
[81] Golla ZIS 2016, 192 (194 f.); Taeger/Gabel/Nolde BDSG § 42 Rn. 3; vgl. Tiedemann NJW 1981, 945.
[82] So überzeugend: Golla ZIS 2016, 192 (195). Vgl. zu einer „normspaltenden" (also zwischen Datenschutz- und Strafrecht differenzierenden) Lösung: BeckOK DatenschutzR/Brodowski/Nowak BDSG § 42 Rn. 37; Tiedemann NJW 1981, 945.
[83] So: BeckOK DatenschutzR/Brodowski/Nowak BDSG § 42 Rn. 38.1, 53; vgl. Golla, Die Straf- und Bußgeldtatbestände der Datenschutzgesetze, S. 174 f.

Nr. 1 BDSG seinen eigenständigen Anwendungsbereich verlieren würde[84], kann im Ergebnis nicht überzeugen. Denn die personenbezogenen Daten eines Betroffenen können auch durch falsche Angaben ggü. einem *Dritten* erschlichen werden. Bei einer Dritterhebung ist der Anwendungsbereich der datenschutzrechtlichen Einwilligung (Art. 6 Abs. 1 S. 1 lit. a) DS-GVO) nicht berührt. In Betracht kommt in diesen Fällen jedoch eine rechtfertigende Einwilligung im strafrechtlichen Sinne.[85] Diese beurteilt sich ausschließlich nach strafrechtlichen Kriterien und bezieht uU auch täuschungsbedingt erlangte Einwilligungen mit ein.[86] (Siehe hierzu: → § 28 Rn. 6 ff.).

II. Subjektiver Tatbestand

1. Vorsatz

Der Tatbestand setzt dolus directus 2. Grades voraus.[87] Das folgt unmittelbar aus dem Wortlaut („wissentlich").[88] 58

Die in der Literatur vertretene Einschränkung, dass sich das „wissentlich" nicht auf die fehlende Berechtigung beziehe[89], lässt sich dem Wortlaut nicht entnehmen.[90] Wird die fehlende Berechtigung als objektives Tatbestandsmerkmal verstanden, muss auch die vom Gesetzgeber gewählte Vorsatzform Anwendung finden.[91] 59

> Die Notwendigkeit des „sicheren Wissens" einer fehlenden Berechtigung zur Vornahme der Übermittlung bzw. des Zugänglichmachen eröffnet bei weniger eindeutigen Abwägungsentscheidungen im Rahmen des Art. 6 Abs. 1 S. 1 lit. f) DS-GVO oder auch bei Zweifeln an einer ausreichend informiert erteilten Einwilligung vielversprechende Verteidigungsansätze. 60
>
> Selbst wenn der Täter es nur für möglich hält oder billigend in Kauf nimmt, dass die Interessenabwägung nicht zu seinen Gunsten ausfällt oder der einwilligende Betroffene nicht vollständig informiert gewesen ist, befindet er sich noch – sollte dies tatsächlich der Fall sein – in einem vorsatzausschließenden Irrtum[92] (§ 16 Abs. 1 S. 1 StGB, siehe hierzu: → Rn. 107 ff., 112).

2. Gewerbsmäßigkeit

Gewerbsmäßigkeit liegt vor, wenn der Täter sich aus der wiederholten Begehung von Handlungen die *jeweils* unter den § 42 Abs. 1 BDSG subsumiert werden können, eine fortlaufende Einnahmequelle von einigem Umfang und nicht unerheblicher Dauer verschaffen möchte.[93] 61

---

[84] So: BeckOK DatenschutzR/Brodowski/Nowak BDSG § 42 Rn. 38.1.
[85] Klaas ZD 2021, 564 (567 ff.).
[86] Klaas ZD 2021, 564 (567 ff.).
[87] Kühling/Buchner/Bergt BDSG § 42 Rn. 25; Gola/Heckmann DS-GVO/BDSG/Ehmann BDSG § 42 Rn. 14; Taeger/Gabel/Nolde BDSG § 42 Rn. 4; Forgó/Helfrich/Schneider Betr. Datenschutz-HdB/Cornelius Teil XIV Rn. 116.
[88] Kühling/Buchner/Bergt BDSG § 42 Rn. 25; Gola/Heckmann DS-GVO/BDSG/Ehmann BDSG § 42 Rn. 14; Taeger/Gabel/Nolde BDSG § 42 Rn. 4; Forgó/Helfrich/Schneider Betr. Datenschutz-HdB/Cornelius Teil XIV Rn. 116; s. allgemein: MüKoStGB/Joecks/Kulhanek § 16 Rn. 26.
[89] So: BeckOK DatenschutzR/Brodowski/Nowak BDSG § 42 Rn. 40.
[90] Kühling/Buchner/Bergt BDSG § 42 Rn. 25.
[91] Kühling/Buchner/Bergt BDSG § 42 Rn. 25.
[92] Vgl. Kühling/Buchner/Bergt BDSG § 42 Rn. 25 f.
[93] BeckOK DatenschutzR/Brodowski/Nowak BDSG § 42 Rn. 41; Gola/Heckmann DS-GVO/BDSG/Ehmann BDSG § 42 Rn. 13; Forgó/Helfrich/Schneider Betr. Datenschutz-HdB/Cornelius Teil XIV Rn. 115. Vgl. zur entsprechenden Auslegung im Rahmen des § 243 Abs. 1 S. 2 Nr. 3 StGB: MüKoStGB/Schmitz § 243 Rn. 40.

62 Nicht ausreichend ist die Absicht einem Dritten eine Einnahmequelle zu verschaffen.[94]
63 Maßgeblich ist die subjektive Sicht des Täters. Gewerbsmäßigkeit kann daher bei einer entsprechenden subjektiven Zielrichtung des Täters auch bei der ersten Tat vorliegen.[95]

63a **Praxistipp:**
In der (Verteidigungs-)Praxis ist also darauf zu achten, dass sich ein Beschuldigter nicht dahingehend einlässt. Dann wird ein Nachweis regelmäßig nur schwer zu führen sein.

64 Gewerbsmäßigkeit ist ein (strafbarkeitsbegründendes) besonderes persönliches Merkmal (§ 28 Abs. 1 StGB).[96]

E. § 42 Abs. 2 BDSG – Unberechtigte Verarbeitung

65 Gemäß § 42 Abs. 2 StGB wird bestraft, wer personenbezogene Daten, die nicht allgemein zugänglich sind, ohne hierzu berechtigt zu sein, verarbeitet (Nr. 1) oder durch unrichtige Angaben erschleicht (Nr. 2) und hierbei gegen Entgelt oder in der Absicht handelt, sich oder einen anderen zu bereichern oder einen anderen zu schädigen.

I. Objektiver Tatbestand

66 Die Tatbestandsmerkmale
- „personenbezogene Daten"
- „keine allgemeine Zugänglichkeit"
- „fehlende Berechtigung"
werden wie im Rahmen des § 42 Abs. 1 BDSG verstanden.

1. Verarbeitung (Nr. 1)

67 Der Begriff der Verarbeitung wird in Art. 4 Nr. 2 DS-GVO legaldefiniert. Diese Definition schließt jeden Umgang mit personenbezogenen Informationen vom erstmaligen Erheben bis zum Löschvorgang mit ein.[97]

68 Diese weitreichende Begriffsdefinition hat auch im Rahmen des § 42 Abs. 2 Nr. 1 BDSG – *grundsätzlich* – Gültigkeit.[98] Der Gesetzgeber hat sowohl im Rahmen der Begriffsbestimmungen in § 2 BDSG, als auch in der Gesetzesbegründung zu § 42 BDSG auf eine eigene Definition verzichtet[99], und setzt den Begriff in § 1 Abs. 1 BDSG schlicht voraus. Dies spricht für eine Übernahme des Begriffsverständnisses aus Art. 4 Nr. 2 DS-GVO für das gesamte Konzept der §§ 1–44 BDSG.[100]

69 In der Literatur wird vertreten, dass es die Wortlautgrenze verbiete, auch den Erhebungsvorgang dem begrifflich nachgelagerten „Verarbeiten" zu unterstellen.[101] Das über-

---

[94] BGH NStZ-RR 2015, 341 (343); BGH v. 26.2.2014 – 4 StR 584/13, BeckRS 2014, 6840 Rn. 12; OLG Bamberg 12.01.2016 – 3 OLG 8 Ss 128/15, BeckRS 2016, 6450 Rn. 10; BeckOK DatenschutzR/Brodowski/Nowak BDSG § 42 Rn. 41.
[95] BGH NStZ 2004, 265 (266 Rn. 7); Taeger/Gabel/Nolde BDSG § 42 Rn. 4; Paal/Pauly/Frenzel BDSG § 42 Rn. 7; Forgó/Helfrich/Schneider Betr. Datenschutz-HdB/Cornelius Teil XIV Rn. 115.
[96] Lackner/Kühl/Kühl StGB § 28 Rn. 5.
[97] Vgl. Ehmann/Selmayr/Klabunde DS-GVO Art. 4 Rn. 23; Wybitul/Klaas NZWiSt 2021, 216.
[98] Auernhammer/Golla BDSG § 42 Rn. 17; Gola/Heckmann DS-GVO/BDSG/Ehmann BDSG § 42 Rn. 19; Kühling/Buchner/Bergt BDSG § 42 Rn. 32; HK-BDSG/Heghmanns § 42 Rn. 18; Wybitul/Klaas NZWiSt 2021, 216 (216 f.). Zweifelnd: Ihwas NZWiSt 2021, 289 (296).
[99] BT-Drs. 18/11325, 109.
[100] Kühling/Buchner/Herbst DS-GVO Art. 4 Nr. 2 Rn. 38.
[101] Kubiciel/Großmann NJW 2019, 1050 (1054). aA BeckOK DatenschutzR/Brodowski/Nowak BDSG § 42 Rn. 45.

zeugt nicht:[102] Die strenge Bindung an den Wortlaut folgt keinem Selbstzweck, sondern ist Ausfluss des Bestimmtheitsgrundsatzes (Art. 103 Abs. 2 GG).[103] Der Bürger soll mit einem Blick in das Gesetz erkennen, wie er sich zu verhalten hat.[104] Dem ist eine Legaldefinition von Tatbestandsmerkmalen zuträglich. Ganz besonders dann, wenn diese nicht nur eine abstrakte Beschreibung, sondern die Aufzählung praktischer Beispiele enthält. Paradoxerweise wird der Verarbeitungsbegriff durch die Weite seiner Definition sehr bestimmt, da er schlichtweg den gesamten Umgang mit personenbezogenen Informationen miteinbezieht. Zwar kann eine undurchsichtige Verweistechnik den Grundsätzen der Normenklarheit und –bestimmtheit entgegenstehen.[105] Hier liegt eine Orientierung an Art. 4 Nr. 2 DS-GVO jedoch besonders nahe.

Vorzugswürdig erscheint jedoch eine am Schutzzweck orientierte Einschränkung der erfassten Verarbeitungshandlungen.[106] Anders als bei den weiteren Vorschriften des BDSG gilt im Anwendungsbereich des § 42 BDSG der *ultima ratio*-Grundsatz.[107] Daher sind ausschließlich solche Verarbeitungshandlungen unter den Schutzschirm des Strafrechts zu stellen, die den Telos – namentlich den Schutz der Vertraulichkeit nicht allgemein zugänglicher Informationen[108] – berühren.[109]   70

Beispiel: 71
Nicht tatbestandsmäßig sind danach bspw. das Löschen, Vernichten, Anonymisieren oder Pseudonymisieren.[110]

2. Erschleichen durch unrichtige Angaben (Nr. 2)

Das „Erschleichen durch unrichtige Angaben" setzt ein kommunikatives Verhalten mit Täuschungscharakter voraus.[111]   72

„Erschleichen" ist final und erfordert einen tatsächlichen Erfolg: Die personenbezogenen Daten müssen daher in den Herrschaftsbereich des Täters gelangt sein.[112]   73

Da dieser Erfolg auf den unrichtigen Angaben beruhen muss (Wortlaut: „durch" und „erschleichen"), fehlt es am tatbestandlichen Erfolg, wenn der Gegenüber die Unrichtigkeit der Angaben erkennt und dennoch die personenbezogenen Daten preisgibt.[113]   74

Insoweit kann auf die zu § 263 Abs. 1 StGB entwickelten Kriterien zurückgegriffen werden.[114] Neben expliziten unrichtigen Angaben, kommt unter Berücksichtigung der Risikoaufteilung beider Personen auch eine konkludente Täuschung in Betracht.[115] Tatbestandslos ist ein Irrtum, der nicht auf eine kommunikative Interaktion zurückzuführen ist.[116] Nur bei Bestehen einer rechtlichen Einstandspflicht, kann auch das unterlassene Ver-   75

---

[102] Siehe zum Nachfolgenden schon: Wybitul/Klaas NZWiSt 2021, 216 (217).
[103] BeckOK GG/Radtke GG Art. 103 Rn. 26.
[104] BeckOK GG/Radtke GG Art. 103 Rn. 24.
[105] BVerfG NJW 2004, 2213 (2217 f.).
[106] BeckOK DatenschutzR/Brodowski/Nowak BDSG § 42 Rn. 45; Wybitul/Klaas NZWiSt 2021, 216 (217). aA Kubiciel/Großmann NJW 2019, 1050 (1054); HK-BDSG/Heghmanns § 42 Rn. 18.
[107] Golla ZIS 2016, 192 (193); Wybitul/Klaas NZWiSt 2021, 216 (217).
[108] BeckOK DatenschutzR/Brodowski/Nowak BDSG § 42 Rn. 6.
[109] BeckOK DatenschutzR/Brodowski/Nowak BDSG § 42 Rn. 45; Wybitul/Klaas NZWiSt 2021, 216 (217); aA Kühling/Buchner/Bergt BDSG § 42 Rn. 32 f.
[110] BeckOK DatenschutzR/Brodowski/Nowak BDSG § 42 Rn. 46; Wybitul/Klaas NZWiSt 2021, 216 (217).
[111] Kühling/Buchner/Bergt BDSG § 42 Rn. 35; Taeger/Gabel/Nolde BDSG § 42 Rn. 8.
[112] BeckOK DatenschutzR/Brodowski/Nowak BDSG § 42 Rn. 59; HK-BDSG/Heghmanns § 42 Rn. 20. aA Kühling/Buchner/Bergt BDSG § 42 Rn. 36; Gola/Heckmann DS-GVO/BDSG/Ehmann BDSG § 42 Rn. 20.
[113] aA Gola/Heckmann DS-GVO/BDSG/Ehmann BDSG § 42 Rn. 20.
[114] BeckOK DatenschutzR/Brodowski/Nowak BDSG § 42 Rn. 57.
[115] Siehe hierzu: BeckOK DatenschutzR/Brodowski/Nowak BDSG § 42 Rn. 57. Vgl. auch: Kühling/Buchner/Bergt BDSG § 42 Rn. 36.
[116] Kühling/Buchner/Bergt BDSG § 42 Rn. 37; HK-BDSG/Heghmanns § 42 Rn. 19.

hindern der Kenntnisnahme unrichtiger Angaben und einer daraus resultierenden irrtumsbedingten Offenlegung personenbezogener Daten § 42 Abs. 2 Nr. 2 BDSG verwirklichen.[117]

76 Das „Erschleichen" muss sich nicht zwangsläufig als rechtfertigungsbedürftige Verarbeitung im Sinne der DS-GVO/dem BDSG darstellen.[118] Das folgt aus § 1 Abs. 4 S. 3 BDSG. Hiernach findet § 42 BDSG auch auf Verantwortliche und Auftragsverarbeiter Anwendung, wenn keine Verarbeitungshandlungen gem. § 1 Abs. 4 S. 2 BDSG vorgenommen werden.

77 Zielführend ist es überdies, das „Erschleichen durch unrichtige Angaben" (Nr. 2) auch im Anwendungsbereich der DS-GVO gegenüber der „Unberechtigten Verarbeitung" (Nr. 1) als speziellere Tathandlungsvariante zu verstehen. Ist der Anwendungsbereich von Nr. 2 eröffnet, wäre hiermit – falls die Verwirklichung scheitert – der hilfsweise Rückgriff auf Nr. 1 gesperrt.

78 Beispiel:
A spiegelt dem Bankangestellten B am Telefon vor, er sei der Bankkunde C und habe seinen Login-Daten beim Onlinebanking vergessen. B erkennt, dass es sich nicht um den C, sondern um A handelt. Dennoch nennt er A die Kontonummer und das Passwort von C.
Hier versucht A nicht allgemein zugängliche Daten durch unrichtige Angaben zu erschleichen. Die Verwirklichung von § 42 Abs. 2 Nr. 2 BDSG scheitert jedoch aufgrund der Bösgläubigkeit des B.
Nach dem vorgeschlagenen Spezialitätsverhältnis könnte nicht hilfsweise auf § 42 Abs. 2 Nr. 1 BDSG zurückgegriffen werden. Ansonsten würden die vom Gesetzgeber mit dem „Erschleichen durch unrichtige Angaben" festgelegten Tatbestandsvoraussetzungen unterlaufen werden. Denn das in Nr. 2 beschriebene Verhalten würde bei Vorliegen eines rechtfertigungsbedürftigen Verarbeitungsvorgangs stets auch zur Unrechtmäßigkeit der Verarbeitung nach Nr. 1 führen.
- Ein täuschendes Verhalten gegenüber der betroffenen Person hat die Unwirksamkeit einer auf die Herausgabe personenbezogener Daten gerichteten Einwilligung zur Konsequenz.
- Selbst wenn sich die Erhebung auf parallele Erlaubnistatbestände stützen ließe, wäre diese regelmäßig wegen Verstoßes gegen das Transparenzprinzip oder eines Verstoßes gegen „Treu und Glauben" unrechtmäßig.
- Letzteres gilt auch, soweit die personenbezogenen Daten mithilfe falscher Angaben (wie hier im Beispiel) bei einem Dritten erhoben werden.

ABER: Der sich an die Erhebung anschließende Umgang mit den erlangten personenbezogenen Daten ist wiederum eigenständig zu beurteilen und kann – je nach Nutzung – § 42 Abs. 2 Nr. 1 BDSG verwirklichen.

Beispiel:
Lädt A die Login-Daten mit Schädigungsabsicht für alle einsehbar ins Internet oder übermittelt diese gegen Zahlung an einen Dritten, wird § 42 Abs. 2 Nr. 1 BDSG verwirklicht.
Gibt A die Login-Daten im Browser ein, liegt bezogen auf die im Onlinebanking-Bereich hinterlegten Kontoinformationen (Kontostand; getätigte Überweisungen etc) ein tatsächliches Erschleichen durch unrichtige Angaben (Nr. 2) vor.[119] Der bei der Eingabe der Login-Daten mitverwirklichte § 42 Abs. 2 Nr. 1 BDSG tritt dahinter als notwendiges Durchgangsstadium zurück.

---

[117] Vgl. BeckOK DatenschutzR/Brodowski/Nowak BDSG § 42 Rn. 57.
[118] Ihwas NZWiSt 2021, 289 (296).
[119] Vgl. Kühling/Buchner/Bergt BDSG § 42 Rn. 35; Gola/Heckmann DS-GVO/BDSG/Ehmann BDSG § 42 Rn. 21; Taeger/Gabel/Nolde BDSG § 42 Rn. 8.

3. Handeln gegen Entgelt

Ein Entgelt ist nach § 11 Abs. 1 Nr. 9 StGB „jede in einem Vermögensvorteil bestehende Gegenleistung". Diese muss *vor der Tat* vereinbart worden sein.[120] Unerheblich ist, ob die Gegenleistung werthaltig ist oder tatsächlich erlangt wird.[121] Auch muss die zugrundeliegende Vereinbarung nicht zivilrechtlich wirksam sein.[122]

Beispiele:
- Vergütung im Sinne der §§ 611, 631, 675 BGB
- Verzicht auf eine gegen den Täter bestehende Forderung
- Stundung einer gegen den Täter bestehenden Forderung[123]
- Abtretung einer Forderung an den Täter
- Erfüllung einer gegen den Täter bestehenden Drittforderung, § 267 BGB
- Aufwandsentschädigung, selbst wenn diese den finanziellen Aufwand des Täters nicht deckt[124]

Das Entgelt muss gerade für die Vornahme der konkreten unrechtmäßigen Verarbeitungshandlung bzw. das Erschleichen durch unrichtige Angaben vereinbart worden sein.[125]

Der Wortlaut des § 42 Abs. 2 BDSG („hierbei") und der Wortlaut des § 11 Abs. 1 Nr. 9 StGB („Gegenleistung"[126]) setzen einen engen synallagmatischen Zusammenhang voraus.[127]

Entsprechendes folgt aus dem Bestimmtheits- und dem *ultima ratio*-Grundsatz.[128] Datenverarbeitungen weisen regelmäßig einen wirtschaftlichen Hintergrund auf. Ohne diesen verengenden synallagmatischen Bezug würde das Merkmal der Entgeltlichkeit faktisch leerlaufen. Gerade im Rahmen des § 42 Abs. 2 Nr. 1 BDSG würde nahezu jeder (eventual-)vorsätzliche Verarbeitungsfehler im Umgang mit nicht allgemein zugänglichen Daten mit Kriminalstrafe bedroht. Das würde nicht nur zur Unverhältnismäßigkeit, sondern über §§ 21 Abs. 1 S. 1 OWiG, 41 Abs. 2 S. 1 BDSG auch zu einer weitgehenden Überlagerung der Bußgeldtatbestände des Art. 83 DS-GVO führen.

Praxistipp:
Bei Datenschutzverstößen von Arbeitnehmern begründet der ihnen aus dem Arbeitsvertrag zustehende Arbeitslohn daher – im Regelfall – kein Handeln gegen Entgelt.[129]

---

[120] Kühling/Buchner/Bergt BDSG § 42 Rn. 40; BeckOK DatenschutzR/Brodowski/Nowak BDSG § 42 Rn. 48.
[121] Kühling/Buchner/Bergt BDSG § 42 Rn. 39; Gola/Heckmann DS-GVO/BDSG/Ehmann BDSG § 42 Rn. 22; BeckOK DatenschutzR/Brodowski/Nowak BDSG § 42 Rn. 48; Forgó/Helfrich/Schneider Betr. Datenschutz-HdB/Cornelius Teil XIV Rn. 118.
[122] Kühling/Buchner/Bergt BDSG § 42 Rn. 40; BeckOK DatenschutzR/Brodowski/Nowak BDSG § 42 Rn. 48; vgl. HK-BDSG/Heghmanns § 42 Rn. 21.
[123] BeckOK DatenschutzR/Brodowski/Nowak BDSG § 42 Rn. 48; Kühling/Buchner/Bergt BDSG § 42 Rn. 41.
[124] BeckOK DatenschutzR/Brodowski/Nowak BDSG § 42 Rn. 48; Gola/Heckmann DS-GVO/BDSG/Ehmann BDSG § 42 Rn. 22; Forgó/Helfrich/Schneider Betr. Datenschutz-HdB/Cornelius Teil XIV Rn. 118; HK-BDSG/Heghmanns § 42 Rn. 21.
[125] So: Cornelius NJW 2013, 3340 (3341); Forgó/Helfrich/Schneider Betr. Datenschutz-HdB/Cornelius Teil XIV Rn. 118 f.; Kühling/Buchner/Bergt BDSG § 42 Rn. 39, 41; HK-BDSG/Heghmanns § 42 Rn. 21; Taeger/Gabel/Nolde BDSG § 42 Rn. 10; vgl. Gola/Heckmann DS-GVO/BDSG/Ehmann BDSG § 42 Rn. 22 Fn. 21. Wohl auch: BeckOK DatenschutzR/Brodowski/Nowak BDSG § 42 Rn. 48. Offen gelassen in: BGH NJW 2013, 2530 (2533) Fn. 50.
[126] Cornelius NJW 2013, 3340 (3341).
[127] Wybitul/Klaas NZWiSt 2021, 216 (218).
[128] s. zum Folgenden bereits: Wybitul/Klaas NZWiSt 2021, 216 (218).
[129] Cornelius NJW 2013, 3340 (3341); Forgó/Helfrich/Schneider Betr. Datenschutz-HdB/Cornelius Teil XIV Rn. 119; Kühling/Buchner/Bergt BDSG § 42 Rn. 41; Taeger/Gabel/Nolde BDSG § 42 Rn. 10. Offen gelassen in: BGH NJW 2013, 2530 (2533 Fn. 50); BeckOK DatenschutzR/Brodowski/Nowak BDSG § 42 Rn. 48.

Mit dem Arbeitsentgelt wird die Erbringung der im Arbeitsvertrag festgelegten Arbeitsleistung abgegolten. Solange sich die arbeitsvertraglichen (Haupt-)Leistungspflichten nicht auf die Vornahme von Tathandlungen des § 42 Abs. 2 BDSG beziehen, fehlt es am engen synallagmatischen Zusammenhang.

Ein Handeln gegen Entgelt liegt auch dann nicht vor, wenn lediglich allgemeine arbeitsvertragliche Leistungspflichten durch das Weisungsrecht des Arbeitgebers (§ 106 GewO, § 315 BGB) auf eine Tathandlung im Sinne des § 42 Abs. 2 BDSG konkretisiert werden.

- Zunächst einmal deshalb, weil sich die ursprüngliche Vereinbarung bei Abschluss des Arbeitsvertrags nicht *spezifisch* auf die Vornahme der Tathandlung bezieht. Der unmittelbare Bezug wird nur durch die einseitige Weisung hergestellt, die ihrerseits an die Vereinbarung anknüpft.
- Aber auch aus rechtlicher Sicht knüpft der Anspruch auf Arbeitslohn (als Vermögensvorteil) nicht an die Durchführung der arbeitgeberseitig angewiesene Tathandlung an. Zwar führt die Weigerung zur Erbringung der Arbeitsleistung grundsätzlich zum Verlust des (anteiligen) Arbeitslohn.[130] Insoweit könnte der Standpunkt eingenommen werden, dass der auf diese konkrete Arbeitsleistung entfallende Lohnanteil in einem unmittelbaren synallagmatischen Bezug zur Tathandlung steht. Allerdings gilt das nicht im Falle einer rechtswidrigen Weisung. Der Anspruch auf Zahlung des Arbeitsentgelts wird durch das (Nicht-)Befolgen einer auf eine strafbare Handlung gerichteten arbeitgeberseitigen Weisung nicht berührt.[131] Für den weisungsgemäßen Datenschutzverstoß würde der Arbeitnehmer auf der Grundlage der arbeitsvertraglichen Vereinbarung keinen eigenständigen, spezifischen Vermögensvorteil erhalten.

II. Subjektiver Tatbestand

1. Eventualvorsatz ausreichend

85 Erforderlich ist mindestens eventualvorsätzliches Handeln hinsichtlich der objektiven Tatbestandsmerkmale (§ 15 StGB).[132]

86 Zu der Behandlung von Irrtümern, insbesondere bzgl. der Rechtmäßigkeit der Verarbeitung → Rn. 107 ff.

2. (Dritt-)Bereicherungsabsicht

87 Die (Dritt-)Bereicherungsabsicht steht in einem Alternativverhältnis zum weiteren subjektiven Merkmal der Schädigungsabsicht und dem rein objektiven Merkmal „Handeln gegen Entgelt".[133] Ausreichend ist es, wenn nur eines dieser drei Merkmale gegeben ist.

88 Bereicherungsabsicht liegt vor, wenn der Täter durch die Tat einen positiven Vermögenssaldo anstrebt.[134] Dieser kann nach dem subjektiven Vorstellungsbild sowohl bei sich, als auch bei einem Dritten eintreten. Dass die beabsichtigte Besserstellung des Vermögens tatsächlich eintritt, ist dagegen nicht erforderlich.[135]

---

[130] Fischinger/Straub JuS 2016, 208.
[131] BeckOK GewO/Hoffmann/Schulte GewO § 106 Rn. 117.
[132] BeckOK DatenschutzR/Brodowski/Nowak BDSG § 42 Rn. 49; Kühling/Buchner/Bergt BDSG § 42 Rn. 42 f.
[133] BeckOK DatenschutzR/Brodowski/Nowak BDSG § 42 Rn. 50, 62.
[134] Forgó/Helfrich/Schneider Betr. Datenschutz-HdB/Cornelius Teil XIV Rn. 120; BeckOK DatenschutzR/Brodowski/Nowak BDSG § 42 Rn. 51; Wybitul/Klaas NZWiSt 2021, 216 (218).
[135] Kühling/Buchner/Bergt BDSG § 42 Rn. 47.

Absicht heißt dolus directus 1. Grades.[136] Es überwiegt das voluntative Element. Dem 89
Täter muss es also gerade auf die durch den Datenschutzverstoß bewirkte Besserstellung
der Vermögensverhältnisse ankommen.[137]

Nicht überzeugen kann die vom BGH vorgenommene Auslegung des gleichlautenden 90
Merkmals im Rahmen der §§ 43, 44 BDSG aF.[138] Den (kurzen) Ausführungen kann entnommen werden, dass der BGH die (Dritt-)Bereicherungsabsicht im Sinne seiner Rechtsprechungslinie zu § 263 StGB verstanden wissen möchte.[139] Danach würde eine (Dritt-)Bereicherungsabsicht erst dann nicht mehr gegeben sein, wenn es sich bei der Verbesserung der Vermögenslage lediglich um eine unerwünschte, aber unvermeidliche Nebenfolge handelt.[140] Dieses weite Verständnis entkernt den Wortlaut der Absicht, im Sinne eines unmittelbaren, zielgerichteten Wollens.[141] Anders als bei § 263 StGB fehlt im Rahmen des § 42 Abs. 2 BDSG auch das Merkmal der Stoffgleichheit als einschränkendes Korrektiv.[142]

Die (Dritt-)Bereicherungsabsicht muss nicht rechtswidrig sein.[143] Der Gesetzgeber hat – 91
ebenfalls anders als bei § 263 StGB – auf die Aufnahme dieses zusätzlichen (objektiven)
Umstands verzichtet.[144] Daher wird das Merkmal auch dann erfüllt, wenn der Täter einen
einredefreien Anspruch auf die erstrebte vermögensmehrende Leistung hat.[145]

Bislang nicht geklärt ist, wie eng Datenschutzverstoß und beabsichtigter Vermögenszu- 92
fluss miteinander verknüpft sein müssen.

Vertreten werden im Wesentlichen zwei Ansichten. 93

Wichtig hierbei: Als subjektives Merkmal kommt es allein auf das Vorstellungsbild des Täters an.
- **Strenges Unmittelbarkeitserfordernis:** Die Vermögensverbesserung muss direkt aus dem Datenschutzverstoß folgen.[146] Hierfür spricht der Wortlaut („hierbei").[147]
- **Gelockertes Unmittelbarkeitserfordernis:** Auch mittelbar durch den Datenschutzverstoß bewirkte Vermögensvorteile werden erfasst.[148] Damit die durch den Wortlaut („hierbei") vorgesehene inhaltliche Verknüpfung gewahrt wird, sollten Datenschutzverstoß und Vermögensvorteil durch maximal einen Zwischenschritt voneinander getrennt werden.[149] Dieser Zwischenschritt wird meist aus der Verwertung der durch den Datenschutzverstoß erlangten Informationen (bspw. Nutzung für personalisierte Werbung auf deren Grundlage die vermögensbesserstellende Kaufentscheidung des Betroffenengetroffen wird).[150]

---

[136] Forgó/Helfrich/Schneider Betr. Datenschutz-HdB/Cornelius Teil XIV Rn. 120; BeckOK DatenschutzR/Brodowski/Nowak BDSG § 42 Rn. 51; Kühling/Buchner/Bergt BDSG § 42 Rn. 47.
[137] Forgó/Helfrich/Schneider Betr. Datenschutz-HdB/Cornelius Teil XIV Rn. 120; Cornelius NJW 2013, 3340 (3341); Kühling/Buchner/Bergt BDSG § 42 Rn. 47.
[138] BGH NJW 2013, 2530 (2533 Rn. 51). s. auch: HK-BDSG/Heghmanns § 42 Rn. 22. Kritik von: Cornelius NJW 2013, 3340 (3341).
[139] Siehe hierzu auch: Wybitul/Klaas NZWiSt 2021, 216 (218).
[140] BGH NJW 1961, 1172 (1173).
[141] Wybitul/Klaas NZWiSt 2021, 216 (219).
[142] Wybitul/Klaas NZWiSt 2021, 216 (219); vgl. auch: BeckOK DatenschutzR/Brodowski/Nowak BDSG § 42 Rn. 51.
[143] Forgó/Helfrich/Schneider Betr. Datenschutz-HdB/Cornelius Teil XIV Rn. 121; BeckOK DatenschutzR/Brodowski/Nowak BDSG § 42 Rn. 51; Kühling/Buchner/Bergt BDSG § 42 Rn. 48.
[144] Forgó/Helfrich/Schneider Betr. Datenschutz-HdB/Cornelius Teil XIV Rn. 121.
[145] Forgó/Helfrich/Schneider Betr. Datenschutz-HdB/Cornelius Teil XIV Rn. 121.
[146] BeckOK DatenschutzR/Brodowski/Nowak BDSG § 42 Rn. 51.
[147] Siehe hierzu: Wybitul/Klaas NZWiSt 2021, 216 (219).
[148] Kühling/Buchner/Bergt BDSG § 42 Rn. 49; Gola/Heckmann DS-GVO/BDSG/Ehmann BDSG § 42 Rn. 23; HK-BDSG/Heghmanns § 42 Rn. 22; Wybitul/Klaas NZWiSt 2021, 216 (219).
[149] Wybitul/Klaas NZWiSt 2021, 216 (219).
[150] Wybitul/Klaas NZWiSt 2021, 216 (219); Kühling/Buchner/Bergt BDSG § 42 Rn. 49.

3. Schädigungsabsicht

94 Gem. § 42 Abs. 2 Nr. 1, 2 Var. 3 BDSG muss der Täter in der Absicht handeln, einen anderen zu schädigen.

95 Schädigen meint das Zufügen eines Nachteils.[151] Dieser Nachteil kann, muss aber aufgrund des weiten Wortlauts nicht zwangsläufig persönlichkeitsrechtlicher Natur[152] sein.

96 **Beispiele:**
- Finanzielle Nachteile (bspw. Veröffentlichung kreditgefährdender Informationen)[153],
- Berufliche Nachteile (bspw. Veröffentlichung arbeitsrechtlicher Pflichtverletzungen),
- Beeinträchtigungen des freien Willens (bspw. Einschüchterungsversuche[154] durch kompromittierende Fotos) und
- Körperliche Einbußen (bei körperlichen Reaktionen mit Krankheitswert)

97 Auch hier ist der *dolus directus 1. Grades* gefordert.[155] Es muss dem Täter also gerade darauf ankommen, einem anderen durch den Datenschutzverstoß einen solchen Nachteil zuzufügen. Nicht erforderlich ist, dass der Nachteil auch tatsächlich eintritt.[156]

98 Ein „Anderer" ist aufgrund des weiten Wortlauts jede Person außer des Täters.[157] Die beabsichtigte Nachteilszufügung *kann* sich daher (ansonsten hätte der Gesetzgeber den Begriff des „Dritten" gewählt), *muss* sich aber nicht auf die Person des Betroffenen beschränken. Das schließt auch juristische Personen mit ein. Zwar dient § 42 Abs. 2 BDSG dem Schutz der Vertraulichkeit personenbezogener Daten. Dieser Schutzzweck wird jedoch gerade berührt, wenn auf natürliche Personen bezogene Informationen zur Schädigung juristischer Personen missbraucht werden.

99 **Beispiel:**

Die Verbreitung eines unwahren Korruptionsverdachts gegen ein Vorstandsmitglied einer börsennotierten AG, mit der Intention den Aktienkurs der AG zu schwächen.

100 Soll die Schädigung beim Betroffenen eintreten, darf sich der beabsichtigte Nachteil nicht in der mit der datenschutzwidrigen Handlung bewirkten Verletzung des Rechts auf informationelle Selbstbestimmung selbst erschöpfen.[158] Bei der Schädigungsabsicht handelt es sich um ein eigenständiges Tatbestandsmerkmal, welches neben den Verarbeitungsverstoß aus Nr. 1 bzw. das Erschleichen durch unrichtige Angaben aus Nr. 2 tritt. Sollte der intendierte Schaden bereits in dem unrechtmäßigen Umgang mit nicht allgemein zugänglichen personenbezogenen Daten aufgehen können, hätte der Gesetzgeber mit der Aufnahme der „Schädigungsabsicht" nur die auf die Tathandlung bezogene Vorsatzform verschärft.[159] § 42 Abs. 1 BDSG zeigt, dass er hierfür einen eigenständigen Begriff gewählt

---

[151] Forgó/Helfrich/Schneider Betr. Datenschutz-HdB/Cornelius Teil XIV Rn. 122; Kühling/Buchner/Bergt BDSG § 42 Rn. 51; Wybitul/Klaas NZWiSt 2021, 216 (219).

[152] Siehe hierzu: Kühling/Buchner/Bergt BDSG § 42 Rn. 52; BeckOK DatenschutzR/Brodowski/Nowak BDSG § 42 Rn. 52; Gola/Heckmann DS-GVO/Ehmann BDSG § 42 Rn. 24; Taeger/Gabel/Nolde BDSG § 42 Rn. 11.

[153] Wybitul/Klaas NZWiSt 2021, 216 (219).

[154] Kühling/Buchner/Bergt BDSG § 42 Rn. 53; BeckOK DatenschutzR/Brodowski/Nowak BDSG § 42 Rn. 52.

[155] Kühling/Buchner/Bergt BDSG § 42 Rn. 51; BeckOK DatenschutzR/Brodowski/Nowak BDSG § 42 Rn. 52; Taeger/Gabel/Nolde BDSG § 42 Rn. 11.

[156] Kühling/Buchner/Bergt BDSG § 42 Rn. 51.

[157] Kühling/Buchner/Bergt BDSG § 42 Rn. 52; Forgó/Helfrich/Schneider Betr. Datenschutz-HdB/Cornelius Teil XIV Rn. 122; BeckOK DatenschutzR/Brodowski/Nowak BDSG § 42 Rn. 52; Taeger/Gabel/Nolde BDSG § 42 Rn. 11.

[158] Kühling/Buchner/Bergt BDSG § 42 Rn. 52; Forgó/Helfrich/Schneider Betr. Datenschutz-HdB/Cornelius Teil XIV Rn. 122; HK-BDSG/Heghmanns § 42 Rn. 23; Auernhammer/Golla BDSG § 42 Rn. 21; Wybitul/Klaas NZWiSt 2021, 216 (219).

[159] Wybitul/Klaas NZWiSt 2021, 216 (219).

hätte („wissentlich" als Verweis auf den dolus directus 2. Grades).[160] Ein Verstoß gegen das Verschleifungsverbot läge jedoch allenfalls nahe, da die Schädigungsabsicht durch die gesteigerte Vorsatzform nicht vollends in der Tathandlung aufgeht.[161]

Hinsichtlich der kausalen Verknüpfung von Datenschutzverstoß und beabsichtigtem Schadenseintritt kann auf die Ausführungen im Rahmen der Bereicherungsabsicht verwiesen werden. Der Wortlaut („hierbei") und Sinn und Zweck ist derselbe. Vertreten werden ein strenges[162] und ein gelockertes[163] Unmittelbarkeitserfordernis.

Zur formellen Subsidiarität zu § 126a StGB → Rn. 121.

F. Rechtfertigung

Datenschutzrechtliche Erlaubnistatbestände wirken bei § 42 Abs. 1 und Abs. 2 Nr. 1 BDSG nicht rechtfertigend, sondern tatbestandsausschließend (→ Rn. 54, 66).

Im Rahmen des § 42 Abs. 2 Nr. 2 BDSG („Erschleichen durch unrichtige Angaben") werden die Erlaubnistatbestände der DS-GVO und des BDSG regelmäßig nicht eingreifen und deshalb auch keine rechtfertigende Wirkung entfalten.

Das strafrechtliche Unrecht könnte theoretisch (u. a.) durch § 34 StGB ausgeschlossen werden. Allerdings dürften die sich gegenüberstehenden, miteinander ins Verhältnis zu setzenden Rechtsgütern bereits im Rahmen der Interessenabwägung gem. Art. 6 Abs. 1 S. 1 lit. f) DS-GVO Berücksichtigung finden.[164] Praktisch werden die Frage in den objektiven Tatbestand vorverlagert und kommen auf Ebene der Rechtswidrigkeit damit nicht mehr zum Tragen.

Allerdings können unwirksame datenschutzrechtliche Einwilligung uU als rechtfertigende Einwilligung im strafrechtlichen Sinne ausgelegt werden (→ § 28 Rn. 6 ff.).[165]

G. Behandlung von Irrtümern

Irrtümer sind insbesondere bei der Frage nach der Rechtmäßigkeit der Verarbeitung denkbar.

Bislang herrscht keine Einigkeit darüber, ob die fehlerhafte (datenschutz-)rechtliche Einschätzung der Verarbeitungsvoraussetzungen als Tatumstandsirrtum (§ 16 Abs. 1 S. 1 StGB)[166] oder als Verbotsirrtum (§ 17 StGB)[167] zu bewerten ist.

> Ein **Tatumstandsirrtum** gem. § 16 Abs. 1 S. 1 StGB schließt den Vorsatz aus.
>
> Ein **Verbotsirrtum** gem. § 17 StGB erhält den Vorsatz und ist auf der Schuldebene zu berücksichtigen.
> - War der Subsumtionsfehler vermeidbar (insbesondere aufgrund der unterlassenen Einholung von Rechtsrat[168]), so *kann* die Strafe nach § 49 Abs. 1 StGB gemildert werden (Satz 2).
> - Ist der Irrtum dagegen als unvermeidbar anzusehen (insbesondere weil der vertrauenswürdige Rechtsrat oder die Auskunft einer Datenschutzaufsichtsbehörde die Zu-

---

[160] Wybitul/Klaas NZWiSt 2021, 216 (219).
[161] Wybitul/Klaas NZWiSt 2021, 216 (219). Für ein vollständiges Leerlaufen: Kühling/Buchner/Bergt BDSG § 42 Rn. 52; HK-BDSG/Heghmanns § 42 Rn. 23.
[162] BeckOK DatenschutzR/Brodowski/Nowak BDSG § 42 Rn. 52.
[163] Wybitul/Klaas NZWiSt 2021, 216 (219).
[164] Vgl. BeckOK DatenschutzR/Brodowski/Nowak BDSG § 42 Rn. 63.
[165] Klaas ZD 2021, 564. aA BeckOK DatenschutzR/Brodowski/Nowak BDSG § 42 Rn. 63.
[166] Kühling/Buchner/Bergt BDSG § 42 Rn. 26, 46; vgl. Wybitul/Klaas NZWiSt 2021, 216 (218).
[167] HK-BDSG/Heghmanns § 42 Rn. 15, 24; vgl. LG Bonn 11.11.2020 – 29 OWi 1/20, BeckRS 2020, 35663 Rn. 85 ff.
[168] BeckOK StGB/Heuchemer StGB § 17 Rn. 36 (mwN); vgl. BGH NStZ 1993, 594 (595).

lässigkeit der Datenverarbeitung bestätigt haben¹⁶⁹), so handelt der Täter ohne Schuld und bleibt straflos (Satz 1). Gleichfalls bleibt eine vorsätzliche, rechtswidrige Tat bestehen, welche die Haupttat für Teilnehmer bilden kann.

110 Richtigerweise verbieten sich hierbei pauschale Antworten. Bei der fehlenden Berechtigung handelt es sich um ein normatives Tatbestandsmerkmal. Ob dieses gegeben ist, muss also durch Auslegung ermittelt werden. Unterläuft einem Täter bei der Auslegung ein Subsumtionsfehler, kommt es darauf an, ob der Täter aus seiner (Laien-)Perspektive dazu in der Lage war, die Rechtsfrage ihrem Sinngehalt nach richtig zu beantworten (dann § 17 StGB) oder nicht (dann § 16 Abs. 1 S. 1 StGB).[170] Maßgeblich sind daher sowohl die soziale Rolle des Täters (insbesondere das Vorhandensein von juristischem Vorwissen) als auch die Schwierigkeit der zu beantwortenden Rechtsfrage. Es kommt daher stets die Umstände des Einzelfalls an.

111 Ein vorsatzausschließender Irrtum gem. § 16 Abs. 1 S. 1 StGB ist daher insbesondere bei schwierigen Abwägungsfragen gem. Art. 6 Abs. 1 S. 1 lit. f) DS-GVO oder Art. 49 Abs. 1 S. 2 DS-GVO denkbar.[171] Sprechen sowohl berechtigte Interessen des Verantwortlichen/eines Dritten *für* als auch gewichtige schützenswerte Belange der Betroffenen *gegen* die Vornahme der Verarbeitung, ist das Abwägungsergebnis selbst für Juristen selten verlässlich vorhersehbar.[172]

112 Gem. § 42 Abs. 1 BDSG muss der Täter „wissentlich" hinsichtlich der fehlenden Berechtigung zur Übermittlung bzw. zum Zugänglichmachen an einen Dritten handeln. Solange der Täter seinen Subsumtionsfehler nicht positiv erkennt, sondern eine fehlerhafte rechtliche Beurteilung billigend in Kauf nimmt, reicht auch dies für die Annahme eines Irrtums (→ Rn. 60).[173]

H. Absolutes Antragsdelikt

113 Alle in § 42 Abs. 1, 2 BDSG enthaltenen Straftatbestände sind als **absolute** Antragsdelikte ausgestaltet, § 42 Abs. 3 S. 1 BDSG. Wird der erforderliche Antrag nicht ordnungsgemäß (§§ 77 ff. StGB) gestellt, liegt ein absolutes Verfolgungshindernis vor.[174] Die Bejahung eines öffentlichen Interesses an der Strafverfolgung durch die Staatsanwaltschaft kann den Strafantrag **nicht** ersetzen.[175]

114 Antragsberechtigt sind gemäß § 42 Abs. 3 S. 2 BDSG
- die betroffene Person
- der Verantwortliche
- die oder der Bundesbeauftragte und
- die Aufsichtsbehörde

115 Unter „die Aufsichtsbehörde" ist aufgrund des konkreten Artikels nur die jeweils zuständige Aufsichtsbehörde gemeint.[176] Siehe zur Zuständigkeit (→ § 4 Rn. 13 ff.).

---

[169] BeckOK StGB/Heuchemer StGB § 17 Rn. 36 (mwN); Schönke/Schröder/Sternberg-Lieben/Schuster StGB § 17 Rn. 18 (mwN).
[170] Siehe hierzu allgemein: MüKoStGB/Joecks/Kulhanek § 16 Rn. 70; Leitner/Rosenau/Kaspar Wirtschafts- und Steuerstrafrecht, 2. Aufl. 2022, StGB § 16 Rn. 17; 19 ff.; BeckOK StGB/Kudlich StGB § 16 Rn. 15.
[171] Wybitul/Klaas NZWiSt 2021, 216 (218).
[172] Wybitul/Klaas NZWiSt 2021, 216 (218).
[173] Vgl. BeckOK StGB/Kudlich StGB § 16 Rn. 15. aA (wohl) Kühling/Buchner/Bergt BDSG § 42 Rn. 25; BeckOK DatenschutzR/Brodowski/Nowak BDSG § 42 Rn. 40.
[174] Forgó/Helfrich/Schneider Betr. Datenschutz-HdB/Cornelius Teil XIV Rn. 124.
[175] Taeger/Gabel/Nolde BDSG § 42 Rn. 12.
[176] Vgl. Gola/Heckmann DS-GVO/BDSG/Ehmann BDSG § 42 Rn. 30.

> **Praxistipp: Strafantrag „über Bande" gespielt** 116
> Hat der Betroffene die Strafantragsfrist verstreichen lassen, kann im Rahmen einer Anzeige der Datenschutzverstöße an die Aufsichtsbehörde (Art. 83 DS-GVO) auch das Stellen eines Strafantrags durch die Behörde angeregt werden. Für jeden Antragsberechtigten beginnt die Strafantragsfrist gesondert mit dessen Kenntnis von Tat und Täter (siehe hierzu: → § 26 Rn. 20).

I. Versuch

Der Versuch ist aufgrund des Charakters als Vergehen (§ 12 Abs. 2 StGB) und der fehlenden Anordnung einer Versuchsstrafbarkeit nicht strafbar, § 23 Abs. 1 StGB. 117

J. Verjährung

Taten nach § 42 Abs. 1, 2 BDSG verjähren gem. § 78 Abs. 3 Nr. 4 StGB nach 5 Jahren.[177] 118
Der den Fristlauf auslösende Beendigungszeitpunkt (§ 78a S. 1 StGB) tritt ein, wenn:
- § 42 Abs. 1 Nr. 1 BDSG: die personenbezogenen Daten in den Herrschaftsbereich des Dritten gelangt sind[178]
- § 42 Abs. 1 Nr. 2 BDSG: die Möglichkeit des Zugriffs auf die personenbezogenen Daten eröffnet ist
- § 42 Abs. 2 Nr. 1 BDSG: wenn der Verarbeitungsvorgang abgeschlossen ist
- § 42 Abs. 2 Nr. 2 BDSG: wenn die personenbezogenen Daten in den Herrschaftsbereich des Täters gelangt sind[179]

K. Konkurrenzen

§ 1 Abs. 2 S. 1, 2 BDSG ordnen die formelle Subsidiarität von § 42 BDSG gegenüber allen anderen Straftatbeständen an, soweit sie den Schutz des Rechts auf informationelle Selbstbestimmung abschließend regeln.[180] Der Vorrang anderer Straftatbestände gilt nur bei „Tatbestandskongruenz".[181] Tatbestandskongruenz setzt nach dem Willen des Gesetzgebers allerdings keine vollständige Deckungsgleichheit der Tatbestände, sondern die Regelung der Sachmaterie (sprich: die Verarbeitung personenbezogener Daten) voraus.[182] 119

I. Mögliche Tateinheit mit § 42 Abs. 1, 2 BDSG

§§ 202a–202d StGB beschränken sich nicht nur auf Daten mit Personenbezug. Daher können diese neben § 42 Abs. 1, 2 BDSG verwirklicht werden.[183] 120
§§ 202, 206, 353b, § 23 GeschGehG, 27 TTDSG setzen ebenfalls keinen Personenbezug voraus. Auch hier ist Tateinheit mit § 42 Abs. 1, 2 BDSG möglich.[184]

---

[177] Kühling/Buchner/Bergt BDSG § 42 Rn. 61.
[178] BeckOK DatenschutzR/Brodowski/Nowak BDSG § 42 Rn. 65.
[179] BeckOK DatenschutzR/Brodowski/Nowak BDSG § 42 Rn. 65.
[180] BeckOK DatenschutzR/Brodowski/Nowak BDSG § 42 Rn. 67; BT-Drs. 18/11325, 79.
[181] BT-Drs. 18/11325, 79.
[182] BT-Drs. 18/11325, 79.
[183] BeckOK DatenschutzR/Brodowski/Nowak BDSG § 42 Rn. 67.
[184] Vgl. BeckOK DatenschutzR/Brodowski/Nowak BDSG § 42 Rn. 67.

II. Abschließende Spezialregelungen und deren Grenzen

121 **§ 126a StGB** – das gefährdende Verbreiten von personenbezogenen Daten – verdrängt ein gem. § 42 Abs. 2 BDSG tatbestandsmäßiges Handeln in Schädigungsabsicht.

122 Die in **§ 201 StGB** geregelte Verletzung der Vertraulichkeit des Wortes setzt zwangsläufig die Verarbeitung personenbezogener Daten voraus. Die in § 201 StGB beschriebenen Tathandlungsvarianten können damit nicht auch tateinheitlich die § 42 Abs. 1, 2 BDSG verwirklichen.

123 Die in **§ 201a StGB** geregelte Verletzung des höchstpersönlichen Lebensbereichs und von Persönlichkeitsrechten durch Bildaufnahmen stellt ebenfalls eine bereichsspezifische und damit vorrangige Sonderregelung zu § 42 Abs. 1, 2 BDSG dar.[185] Hiervon ausgenommen ist § 201a Abs. 1 Nr. 3 StGB. Informationen zu Verstorbenen sind keine personenbezogenen Daten im Sinne von Art. 4 Nr. 1 DS-GVO.[186] Diesbezüglich wird keine gegenüber dem BDSG vorrangige Regelung getroffen. Möglich ist jedoch ein Personenbezug zu den Angehörigen.[187] Wird in grob anstößiger Weise eine verstorbene Person zur Schau gestellt, um damit den Angehörigen Leid zuzufügen, ist § 42 Abs. 2 Nr. 1 BDSG neben § 201a Abs. 1 Nr. 3 StGB anwendbar.

124 **§§ 203, 204 StGB** verdrängen die § 42 Abs. 1, 2 BDSG, soweit es sich um zum persönlichen Lebensbereich gehörende Geheimnisse handelt.[188] Geschäfts- und Betriebsgeheimnisse weisen demgegenüber regelmäßig keinen Personenbezug auf. Für die Verletzung/Verwertung von Geschäfts- und Betriebsgeheimnissen wird daher keine ggü. dem BDSG abschließende Regelung getroffen. Die Vorrangigkeit kann in diesen Fällen auch nicht auf § 1 Abs. 2 S. 3 BDSG gestützt werden. Die dort in Bezug genommene Geheimhaltungsverpflichtung ergibt sich aus dem jeweiligen Berufsrecht (bspw. § 43a Abs. 2 BRAO). §§ 203, 204 StGB regeln nur die nachgelagerte (Straf-)Rechtsfolge bei einer Verletzung der berufsrechtlichen Verpflichtungen. Weisen Geschäfts- und Betriebsgeheimnisse ausnahmsweise einen Personenbezug auf (bspw. besondere Kenntnisse eines Mitarbeiters), können §§ 203, 204 StGB und § 42 Abs. 1, 2 BDSG nebeneinander verwirklicht werden.

125 **§ 355 StGB** lässt keinen Raum für § 42 Abs. 1, 2 BDSG.[189]

III. Verhältnis der Varianten zueinander

126 **§ 42 Abs. 1 BDSG:** Da das „Zugänglichmachen" (Nr. 2) nur die Möglichkeit des Zugriffs voraussetzt, wird ein zunächst verwirklichtes Zugänglichmachen durch das „Übermitteln" (Nr. 1) verdrängt, wenn die personenbezogenen Daten tatsächlich in die Herrschaftssphäre des Dritten gelangen.[190]

127 **§ 42 Abs. 2 BDSG:** Das „Erschleichen durch unrichtige Angaben" (Nr. 2) ist spezieller als die „unberechtigten Verarbeitung" (Nr. 1). Ist der Anwendungsbereich von Nr. 2 eröffnet, ist der (hilfsweise) Rückgriff auf Nr. 1 gesperrt (→ Rn. 77).

L. Strafzumessung

128 Die „Gewerbsmäßigkeit" bei § 42 Abs. 1 BDSG ist ein strafbarkeitsbegründendes besonderes persönliches Merkmal, § 28 Abs. 1 StGB (→ Rn. 64). Handeln Teilnehmer nicht gewerbsmäßig, ist die Strafe nach § 49 Abs. 1 StGB zu mildern.

---

[185] BeckOK DatenschutzR/Brodowski/Nowak BDSG § 42 Rn. 68.
[186] Gola/Heckmann DS-GVO/BDSG/Gola DS-GVO Art. 4 Rn. 26; BeckOK DatenschutzR/Schild DS-GVO Art. 4 Rn. 11 f.
[187] BeckOK DatenschutzR/Schild DS-GVO Art. 4 Rn. 11.
[188] Differenzierend: BeckOK DatenschutzR/Brodowski/Nowak BDSG § 42 Rn. 68.
[189] aA BeckOK DatenschutzR/Brodowski/Nowak BDSG § 42 Rn. 68.
[190] Wybitul/Klaas NZWiSt 2021, 216 (220); Kühling/Buchner/Bergt BDSG § 42 Rn. 17, 21.

Dasselbe gilt, soweit § 42 BDSG als Sonderdelikt für datenschutzrechtlich Verantwortliche verstanden wird. Insoweit würde es sich auch bei der datenschutzrechtlichen Verantwortlichkeit (Art. 4 Nr. 7 DS-GVO) um ein strafbarkeitsbegründendes persönliches Merkmal handeln. 129

M. Prozessuales

Zur Verwendungsbeschränkung von Meldung nach Art. 33 DS-GVO oder einer Benachrichtigung nach Art. 34 Abs. 1 DS-GVO gem. § 42 Abs. 4 BDSG siehe → § 32 Rn. 18 ff. 130

§ 9 Gefährdendes Verbreiten personenbezogener Daten (§ 201 StGB)

Übersicht

	Rn.
A. Rechtspolitische Begründung	1
B. Geschütztes Rechtsgut	4
C. Strafanwendungsrecht	5
D. Objektiver Tatbestand	6
I. Personenbezogene Daten	6
II. Tathandlung des Verbreitens	9
1. Öffentliches Verbreiten	10
2. Verbreiten eines Inhalts	11
a) Erfasste Übertragungsformen	12
b) Verbreiten und Zugänglichmachen	13
III. Art und Weise des Verbreitens	15
1. Eignung	16
2. Bestimmung	17
3. Bedeutung der Zustimmung	18
IV. In Bezug genommene Straftaten	19
E. Subjektiver Tatbestand	21
F. Tatbestandsausschluss	22
G. Rechtfertigung	25
H. Qualifikation	26
I. Konkurrenzen	27

Literatur:

Patz, (K)eine Verbesserung des strafrechtlichen Schutzes gegen Feindeslisten? – Leerstellen und ungenutzte Handlungspotenziale anlässlich des neu geschaffenen Straftatbestandes, KriPoZ 2021, 223; *Valerius*, Anwendbarkeit des deutschen Strafrechts bei Verwenden von Kennzeichen verfassungswidriger Organisationen im Internet, HRRS 2016, 186; *Vassilaki*, Bestrafung der Verbreitung von Feindeslisten im Internet – (k)ein Schutz personenbezogener Daten?, K&R 2021, 763; *Zimmermann*, NS-Propaganda im Internet, § 86a StGB und deutsches Strafanwendungsrecht, HRRS 2015, 441.

A. Rechtspolitische Begründung

Der durch das Gesetz zur Änderung des Strafgesetzbuches – Verbesserung des strafrechtlichen Schutzes gegen sogenannte Feindeslisten, Strafbarkeit der Verbreitung und des Besitzes von Anleitungen zu sexuellem Missbrauch von Kindern und Verbesserung der Bekämpfung verhetzender Inhalte sowie Bekämpfung von Propagandamitteln und Kennzeichen verfassungswidriger und terroristischer Organisationen eingefügte Tatbestand ist am 22.9.2021 in Kraft getreten.[1] Nach der Gesetzesbegründung sind unter sog. Feindeslisten „Sammlungen von Daten, vor allem Adressdaten, aber auch Informationen über persönliche Umstände oder Fotos, von Personen zu verstehen, die – vorwiegend im Internet – verbreitet und zum Teil mit ausdrücklichen oder subtilen Drohungen oder Hinweisen verbunden werden, wie beispielsweise, die Person könne ‚ja mal Besuch bekommen' oder ‚gegen so jemanden müsse man mal etwas unternehmen'."[2] Dies habe einschüchtern- 1

---

[1] Zum Gesetzgebungsverfahren vgl. die Materialien BT-Drs. 19/28678 (Gesetzentwurf der Bundesregierung); BT-Drs. 19/30943 (Beschlussempfehlung des Ausschusses für Recht und Verbraucherschutz); BT-Drs. 19/28777 (Gesetzentwurf FDP-Fraktion); BR-Drs 255/1/21 (Bundesrat Empfehlungen der Ausschüsse); BT-Drs. 19/29638 (Stellungnahme des Bundesrates und Gegenäußerung der Bundesregierung); BT-Drs. 19(6) 247 (Änderungsantrag der Fraktion der AfD).
[2] BT-Drs. 19/28678, 1.

de Wirkung auf die von solchen Feindeslisten betroffenen Personen, weil sie befürchteten, Opfer von Straftaten zu werden.[3]

2 Der Tatbestand soll Lücken schließen, die bei verschiedenen anderen Strafvorschriften verbleiben:[4] § 111 StGB scheidet in solchen Fällen regelmäßig aus, da in der Verbreitung der Daten im Regelfall keine Aufforderung zu Straftaten zu sehen ist, weil inhaltlich kein bestimmtes Tun verlangt wird. Entsprechendes gilt für § 126 StGB, weil die Störung des öffentlichen Friedens durch Androhung von Straftaten das Inaussichtstellen einer konkreten Straftat erfordert. §§ 240, 241 StGB scheitern entweder daran, dass schon keine Drohung vorliegt, oder jedenfalls daran, dass ein hinreichender Bezug zu einer konkreten Tat fehlt. § 238 StGB, der als Eignungsdelikt auch auf einschüchternde Wirkungen abzielt, verlangt hingegen wiederholte Verhaltensweisen des Täters.

3 **PKS:** Im Jahr 2022 wurden bundesweit 144 Fälle (Aufklärungsquote: 75 Fälle) registriert.[5]

B. Geschütztes Rechtsgut

4 Das Eignungsdelikt bzw. potentielle Gefährdungsdelikt[6] des § 126a StGB schützt zunächst – ebenso wie § 126 StGB – den öffentlichen Frieden.[7] Unter dem Begriff des öffentlichen Friedens ist danach sowohl der Zustand allgemeiner Rechtssicherheit und des befriedeten Zusammenlebens der Bürger als auch das im Vertrauen der Bevölkerung in die Fortdauer dieses Zustands begründete Sicherheitsgefühl zu verstehen.[8] Nur selten wird bei § 126 StGB, der den öffentlichen Frieden bereits in der amtlichen Überschrift nennt, vertreten, dass die Individualrechtsgüter der Betroffenen zum Schutzgut erhoben werden.[9] Gegen einen Individualschutz spricht, dass der Tatbestand dort nicht verlangt, dass die Tat nach Ort, Zeit und vor allem Opfer näher konkretisiert sein muss.[10] Hingegen wird man bei § 126a StGB annehmen müssen, dass zusätzlich die individuelle Sicherheit der betroffenen bzw. nahestehenden Person einbezogen ist.[11] Dafür spricht, dass der Tatbestand voraussetzt, dass personenbezogene Daten einer bestimmten Person verwendet werden müssen und sich die Tat konkret gegen diese Person oder eine ihr nahestehende Person richten muss. Auf dieser Grundlage wird man in restriktiver Auslegung auch eine Verwendung der Daten, die vom Opferwillen gedeckt ist, von der Strafbarkeit ausnehmen können (→ Rn. 18). Damit kann man zugleich dem Einwand entgegentreten, dass der Öffentliche

---

[3] BT-Drs. 19/28678, 1.
[4] Zum Folgenden BT-Drs. 19/28678, 8; Eisele, Schriftliche Stellungnahme zur Sachverständigenanhörung im Ausschuss für Recht und Verbraucherschutz, 1 f. (abrufbar unter: https://www.bundestag.de/resource/blob/842334/6d123255de53767f105a339e9cbba313/stellungnahme-eisele-data.pdf, abgerufen am 14.3.2023).
[5] PKS Bundeskriminalamt, Berichtsjahr 2022, abrufbar unter: https://www.bka.de/DE/AktuelleInformationen/StatistikenLagebilder/PolizeilicheKriminalstatistik/pks_node.html, abgerufen am 1.4.2023).
[6] Fischer StGB § 126a Rn. 7; BeckOK StGB/Rackow § 126a Rn. 2.
[7] BT-Drs. 19/28678, 11; Fischer StGB § 126a Rn. 3; LPK-StGB/Kindhäuser/Hilgendorf § 126a Rn. 1; BeckOK StGB/Rackow StGB § 126a Rn. 2; krit. zum öffentlichen Frieden als Schutzgut Basar, Schriftliche Stellungnahme Rechtsausschuss, 4 f., abrufbar unter https://www.bundestag.de/resource/blob/842738/3875cdf3e09341c9384444202721d1e2/stellungnahme-basar-data.pdf, abgerufen am 1.4.2023.
[8] Zu § 126 StGB BGHSt 34, 329 (331) = NJW 1987, 1898; zu § 130 StGB BGHSt 16, 49 (56) = NJW 1961, 1364; zu § 140 StGB BGH NJW 1978, 58 (59); näher MüKoStGB/Feilcke § 126 Rn. 2; Schönke/Schröder/Sternberg-Lieben/Schittenhelm StGB § 126 Rn. 1.
[9] So aber Hefendehl, Kollektive Rechtsgüter im Strafrecht, 2002, 284, 295: Schutz der Individualrechtsgüter der Betroffenen; ebenso Hörnle, Grob anstößiges Verhalten, 2004, 225; nun für § 126a Vassilaki K&R 2021, 763 (764): Persönlichkeitsschutz.
[10] BGHSt 29, 258 (269) = NJW 1981, 61; Schönke/Schröder/Sternberg-Lieben/Schittenhelm StGB § 126 Rn. 4.
[11] Ohne nähere Begründung auch Fischer StGB § 126a Rn. 3: individuelle Sicherheit, Persönlichkeitsrechte einschließlich des Geheimnisbereichs; LPK-StGB/Kindhäuser/Hilgendorf § 126a Rn. 1.

Friede ein diffuses Rechtsgut ist, das wegen seiner Weite und Unbestimmtheit problematisch ist.[12]

C. Strafanwendungsrecht

Erfolgt die Verbreitung der personenbezogenen Daten vom Ausland aus, findet das deutsche Strafrecht gemäß § 7 Abs. 1 StGB mit seinem passiven Personalitätsprinzip jedenfalls dann Anwendung, wenn sich die Tat gegen einen deutschen Staatsangehörigen richtet. Im Übrigen stellt sich die streitige Frage, ob bei einem Eignungsdelikt nach dem Territorialitätsprinzip (§ 3 iVm § 9 Abs. 1 StGB) auch eine Inlandstat aufgrund eines inländischen Tatorts vorliegen kann. Der 1. Strafsenat des BGH[13] ging insoweit zunächst von einem weiten Erfolgsbegriff des § 9 Abs. 1 StGB aus. Erfolg sei bereits die Eignung iSd Eignungs- bzw. potenziellen Gefährdungsdeliktes, dh im konkreten Fall die – mit § 126a StGB vergleichbare – in § 130 StGB geforderte Eignung zur Störung des öffentlichen Friedens. Diese Sichtweise überzeugt jedoch nicht. Zutreffend hat der BGH inzwischen für die abstrakten Gefährdungsdelikte der § 86a StGB[14] und § 261 StGB[15] sowie das Eignungsdelikt des § 130 Abs. 1 und Abs. 3 StGB entschieden,[16] dass es nicht ausreichend ist, dass die abstrakte Gefahr bzw. die Eignung in eine konkrete Gefahr oder einen Schaden umgeschlagen ist bzw. umschlagen kann. Das von der Gegenansicht angeführte kriminalpolitische Argument, dass das deutsche Strafrecht durch Tatbegehung im Ausland umgangen werden könne, ersetzt eine entsprechende gesetzliche Regelung nicht.[17] Denn die damit verbundene Ausdehnung der Anwendbarkeit des deutschen Strafrechts erscheint gerade bei der Vorverlagerung der Strafbarkeit durch Gefährdungsdelikte nicht unproblematisch.[18] Weiterführend zum Strafanwendungsrecht bei der Verarbeitung personenbezogener Daten → § 25.

D. Objektiver Tatbestand

I. Personenbezogene Daten

Zwar verwendet das Gesetz zur Einführung des § 126a in das StGB in seinem Titel das Wort „Feindeslisten", jedoch verwendet der Tatbestand diesen Begriff nicht als Merkmal. Er erfasst damit nicht nur (Feindes-)Listen, sondern jegliche Verbreitung von personenbezogenen Daten auch nur einer einzelnen Person. Dies erscheint hinsichtlich des Schutzguts, das nach der hier vertretenen Auffassung auch eine individuelle Komponente hat (→ Rn. 4), plausibel, da es für die Gefahr des Einzelnen nicht auf den Kontext einer Feindesliste ankommt.

Erfasst werden alle personenbezogenen Daten iSd Art. 4 Nr. 1 DS-GVO,[19] dh „alle Informationen, die sich auf eine andere identifizierte oder identifizierbare natürliche Person (…) beziehen". Tätereigene Daten werden nicht erfasst. Als identifizierbar wird eine na-

---

[12] Siehe nur Fischer NStZ 1988, 159 (160ff.); ders. GA 1989, 445 (450ff.); NK-StGB/Ostendorf § 126 Rn. 6.
[13] BGHSt 46, 212 (220ff.) = NJW 2001, 624. Ausführlich und zu weiteren Ansichten Eisele Computerrecht § 3 Rn. 9ff.
[14] BGH NStZ 2015, 81f.
[15] BGH NJW 2018, 2742 (2743).
[16] BGH NStZ 2017, 146 (147); OLG Hamm NStZ-RR 2018, 292 (293).
[17] Baumann/Weber/Mitsch/Eisele StrafR AT/Eisele § 5 Rn. 34b; Valerius HRR 2016, 186ff.; Zimmermann HRRS 2015, 441 (447).
[18] BGH NStZ 2015, 81 (82).
[19] VO (EU) 2016/679 des Europäischen Parlaments und des Rates vom 27. April 2016 zum Schutz natürlicher Personen bei der Verarbeitung personenbezogener Daten, zum freien Datenverkehr und zur Aufhebung der Richtlinie 95/46/EG (Datenschutz-Grundverordnung), ABl. L 119 vom 4.5.2016, 1; ABl. L 314 vom 22.11.2016, 72; ABl. L 127 v. 23.5.2018, 2.

türliche Person angesehen, „die direkt oder indirekt, insbesondere mittels Zuordnung zu einer Kennung wie einem Namen, zu einer Kennnummer, zu Standortdaten, zu einer Online-Kennung oder zu einem oder mehreren besonderen Merkmalen, die Ausdruck der physischen, physiologischen, genetischen, psychischen, wirtschaftlichen, kulturellen oder sozialen Identität dieser natürlichen Person sind, identifiziert werden kann." Konkret sind das etwa Identifikationsmerkmale wie Name, Anschrift und Geburtsdatum, äußere Merkmale der Person wie Geschlecht, Augenfarbe, Größe und Gewicht oder innere Zustände wie Meinungen, Motive, Wünsche, Überzeugungen und Werturteile, darüber hinaus auch sachliche Informationen wie Vermögens- und Eigentumsverhältnisse, Kommunikations- und Vertragsbeziehungen und alle sonstigen Beziehungen der betroffenen Person zu Dritten und ihrer Umwelt.[20] Davon abzugrenzen sind *Sachdaten, die sich allein* auf eine Sache beziehen, diese beschreiben und denen ein (auch mittelbarer) Personenbezug fehlt.[21]

8   Obgleich der Gesetzgeber explizit auf Art. 4 Nr. 1 DS-GVO verwiesen hat, ist der Datenbegriff tatbestandsspezifisch im Lichte der Schutzgüter auszulegen.[22] Denn § 126a StGB beruht nicht auf EU-Recht bzw. dessen Umsetzung, vielmehr hat der deutsche Gesetzgeber einseitig darauf Bezug genommen. Die strafrechtliche Vorschrift bewegt sich aber auch im Übrigen inhaltlich außerhalb des Regelungsregimes des europäischen Datenschutzrechts.

II. Tathandlung des Verbreitens

9   Die personenbezogenen Daten müssen öffentlich, in einer Versammlung oder durch Verbreiten eines Inhalts (§ 11 Abs. 3 StGB) verbreitet werden. Der Gesetzgeber meint zwar, dass Verbreiten das Mitteilen jeder Tatsache auch gegenüber nur einer Person sei.[23] Dies wird durch die Erläuterungen zu den drei verschiedenen Tatvarianten, die jeweils an einen größeren Personenkreis anknüpfen, aber nicht getragen.[24] Vielmehr kommt es nach dem Schutzgut des öffentlichen Friedens gerade auf die Verbreitungswirkung der Feindesliste mit seinem Einschüchterungseffekt an.

1. Öffentliches Verbreiten

10 Öffentlich verbreitet werden die Daten, wenn sie von einem größeren, nach Zahl und Individualität unbestimmten oder durch nähere Beziehung nicht verbundenen Personenkreis unmittelbar wahrgenommen werden können.[25] Dies kann nicht nur in einer Versammlung „analog" erfolgen, sondern auch digital.[26] Die Versammlung hat demgegenüber nur Bedeutung, wenn die Verbreitung nicht bereits öffentlich erfolgt, dh wenn es sich – wie bei Mitgliedern eines Vereins – um einen geschlossenen Personenkreis handelt.[27] Keine Versammlungen sind kleine (private) Kreise oder Zweipersonenverhältnisse.[28]

2. Verbreiten eines Inhalts

11 Für den Bereich des Datenschutzes zentral ist das Verbreiten eines Inhalts (§ 11 Abs. 3 StGB). Dabei ist die Formulierung tautologisch, wenn durch *Verbreiten* eines Inhalts personenbezogene Daten *verbreitet* werden müssen. Maßgeblich ist für das Verbreiten zunächst die Verbreitungswirkung, dh dass der Personenkreis so groß sein muss, dass er für den Tä-

---

[20] LG Münster BeckRS 2020, 42403.
[21] BeckOK DatenschutzR/Schild DS-GVO Art. 4 Rn. 22 ff.
[22] Fischer StGB § 126a Rn. 4.
[23] BT-Drs. 19/28678, 10.
[24] Zur Kritik auch Beukelmann NJW-Spezial 2021, 248.
[25] BGH NStZ 1994, 440; KG JR 1984, 249; Schönke/Schröder/Eisele/Schittenhelm StGB § 186 Rn. 19; Franke GA 1984, 452 (458 f.); LK-StGB/Hilgendorf § 186 Rn. 13.
[26] BT-Drs. 19/28678, 10; Vassilaki K&R 2021, 763 (764).
[27] BT-Drs. 19/28678, 10; Vassilaki K&R 2021, 763 (764).
[28] BT-Drs. 19/28678, 10; näher Schönke/Schröder/Eisele/Schittenhelm StGB § 186 Rn. 19.

ter nicht mehr kontrollierbar ist.[29] Erforderlich ist das Zugänglichmachen für einen größeren Teilnehmerkreis, auch per Mail-Verteiler, in Chatgruppen oder per Messengerdiensten (WhatsApp, Telegram, Signal, Threema usw). Dabei ist es gleichgültig, ob die Versendung gleichzeitig oder nacheinander erfolgt. Auch ist es unerheblich, ob die Adressaten für den Täter noch bestimmbar sind oder der Kreis – ähnlich einer Versammlung – abgeschlossen ist.[30] Daher ist auch das Versenden von Inhalten in einer geschlossenen Chatgruppe erfasst.[31] Nicht ausreichend ist dagegen, wenn Clouds, Plattformen usw genutzt werden, auf denen außer dem Täter keine weiteren Nutzer Zugriff haben.[32]

a) Erfasste Übertragungsformen. Durch den Verweis auf § 11 Abs. 3 StGB erfasst das Verbreiten jegliche Übertragung von Inhalten und zwar unabhängig von einer Speicherung mittels Informations- oder Kommunikationstechnik. Damit sind alle technischen Methoden der Informationsübertragung erfasst.[33] Im Gesetzgebungsverfahren zu § 11 Abs. 3 StGB wurden genannt: Fax über den Bildschirmtext, SMS, MMS, E-Mail, den IRC (Internet Relay Chat), Instant-Messaging-Dienste („WhatsApp", „Snapchat", „Instagram", „Google Hangouts", „Google Hangout on Air"), OTT-Dienste (Over-the-top-Dienste wie etwa „Google", „YouTube", „Facebook", „Twitter", „Skype", „WhatsApp"), Video/Audio-on-Demand beziehungsweise On-Demand-Streaming (in verschiedenen Formen wie Pay-per-View, Download-to-Rent, Download-to-Own, Kino-on-Demand oder Podcast, Video Podcast), Live-Streaming (Echtzeitübertragungen, einschließlich Webcast) und auch die Telefonie, insbesondere IP-Telefonie, und Rundfunk.[34] Erfasst werden damit auch mündliche Äußerungen in Podcasts oder im Fernsehen.[35]

b) Verbreiten und Zugänglichmachen. Es genügt in jedem Fall, dass der Inhalt auf dem Endgerät der Empfänger angekommen ist, mag er auch nur in den Arbeitsspeicher gelangt und nicht dauerhaft perpetuiert sein.[36] Insoweit ist aber in jedem Falle erforderlich, dass überhaupt ein Lesezugriff auf dem Gerät ermöglicht wird.[37]

Es stellt sich sodann aber die Frage, ob ein Verbreiten von Inhalten – iSd spezifischen Verbreitungsbegriffs[38] – stets verlangt, dass der Inhalt auf einem Rechner angekommen ist[39] oder ob es iSe bloßen Zugänglichmachens zu verstehen ist. Nach der insgesamt unklaren Gesetzesbegründung soll es genügen, wenn die Inhalte im Internet für einen anonymen, nicht überschaubaren Benutzerkreis ohne substanzielle Zugangshindernisse abrufbar sind.[40] Dafür könnte man immerhin anführen, dass gerade nach dem Schutzgut (→ Rn. 4) die Gefahr der Breitenwirkung maßgebend ist und daher die bloße Abrufbarkeit einer Feindesliste etwa im Internet ausreichend sein muss.[41] Freilich muss man sehen, dass – wie etwa bei § 184b StGB – zwischen dem Verbreiten und dem Öffentlichen Zugänglichmachen zu unterscheiden ist. Lediglich für das Zugänglichmachen kann damit Abrufbarkeit ausreichend sein.[42] Es spricht viel dafür, dass dem Gesetzgeber mit Blick auf

---

[29] BT-Drs. 19/28678, 11; Vassilaki K&R 2021, 763 (764).
[30] BT-Drs. 19/28678, 11.
[31] BT-Drs. 19/28678, 11.
[32] Für Google Photos AG Villingen-Schwenningen BeckRS 2019, 20117.
[33] BT-Drs. 19/19859, 26.
[34] BT-Drs. 19/19859, 26.
[35] Fischer StGB § 126a Rn. 6.
[36] BT-Drs. 19/19859, 17, 27; BeckOK StGB/Ziegler StGB § 184b Rn. 11.
[37] So BGH NStZ-RR 2014, 47.
[38] BGHSt 47, 55 = NJW 2001, 3558; in diese Richtung aber BeckOK StGB/Ziegler StGB § 184b Rn. 10.
[39] So auch von BT-Drs. 19/28678, 11 formuliert; BT-Drs. 19/19859, 1, stellt auf die Verbreitung über das Internet ab.
[40] BT-Drs. 19/28678, 11, mit Verweis auf BGH StV 2012, 539f.; Schönke/Schröder/Eisele StGB § 184b Rn. 25.
[41] So auch erwähnt von BT-Drs. 19/28678, 11.
[42] Zum Zugänglichmachen durch Abrufbarkeit vgl. BGHSt 47, 55 (60) = NJW 2001, 3558; Schönke/Schröder/Eisele StGB § 184b Rn. 24; für diese Unterscheidung bei § 130 Abs. 2 StGB auch BeckOK StGB/Ziegler StGB § 130 Rn. 26f.

§ 11 Abs. 3 StGB insoweit ein Fehler unterlaufen ist und als Tathandlung richtigerweise das Zugänglichmachen hätte geregelt werden müssen. Praktische Bedeutung erlangt diese Differenzierung freilich vornehmlich im Hinblick auf Beweisfragen, weil das Verbreiten zumindest den tatsächlichen Abruf von Nutzern verlangt.

III. Art und Weise des Verbreitens

15 Einschränkendes Kriterium für alle Tatvarianten ist, dass der Inhalt in einer Art und Weise verbreitet wird, die geeignet und nach den Umständen bestimmt ist, das Opfer oder eine ihm nahestehende Person der Gefahr einer der in Nr. 1 und Nr. 2 genannten Straftaten auszusetzen. Es muss also im Einzelfall ein spezifischer Gefahrzusammenhang mit der Art und Weise der Verbreitung bestehen.[43] Damit ist nicht jedes Doxing,[44] dh nicht jede unerlaubte Veröffentlichung personenbezogener Daten strafbewehrt.[45] Diese Eingrenzung ist erforderlich, um sozialadäquate Verhaltensweisen auszuklammern.[46] Denn bei der Verbreitung von Daten entsteht zunächst nur die allgemeine Gefahr, dass ein Dritter aus einem freiverantwortlichen und daher dem Ersthandelnden nicht zurechenbaren Entschluss heraus die Daten zum Anlass nimmt, entsprechende Taten zu begehen.[47] Dies folgt bereits daraus, dass es sich bei Abs. 1 um allgemein zugängliche Daten handeln kann, die ein anderer auch unabhängig von der Verbreitung durch den Täter zum Anlass zur Begehung von solchen Taten nehmen könnte.

1. Eignung

16 Zunächst genügt es, dass die Eignung besteht, dass die Person allgemein der Gefahr einer der genannten Straftaten ausgesetzt wird; einer konkreten Gefahr bedarf es nicht.[48] Das soll nach Vorstellung des Gesetzgebers der Fall sein, wenn nach den konkreten Umständen und einer Gesamtwürdigung die Besorgnis gerechtfertigt ist, dass es zu den genannten Taten kommen kann.[49] Nicht erforderlich ist auch, dass ein Tatentschluss zur Begehung der genannten Taten bei Dritten tatsächlich hervorgerufen oder auch nur gefördert wird. Die Eignung muss sich dabei aus der Art und Weise der Verbreitung ergeben. Richtigerweise wird man diese vom Inhalt nicht trennen können.[50] Ein extremistischer Verbreitungskontext muss aber nicht per se genügen.[51] Kritisch zu sehen ist auch, wenn die Gesetzesverfasser Rückschlüsse aus der Anonymität einer Äußerung ziehen möchten.[52] Denn die Offenlegung einer Urheberschaft einer Äußerung ist eben nicht grundsätzlich geboten. Dagegen wird man die Eignung bei mehr oder weniger subtilen inhaltlichen Andeutungen, die in die Nähe einer konkludenten Aufforderung iSd einer Anstiftung oder § 111 StGB gehen, annehmen können. Erfasst werden können ferner diffuse Hinweise, „dass etwas passieren" oder „dass man mal einen Besuch abstatten könne",[53] aber auch konkretere Angaben über Wohn- oder Aufenthaltsort,[54] da solche für eine inhaltliche Auseinandersetzung zumeist irrelevant sein werden. Letztlich macht der Gesetzgeber selbst deutlich, wie schwer die

---

[43] Vgl. auch Eisele, Schriftliche Stellungnahme Rechtsausschuss, 4, siehe Fn. 4; ferner Kubiciel jurisPR-StrafR 13/2021 Anm. 1.
[44] Dazu Kubiciel jurisPR-StrafR 13/2021 Anm. 1.
[45] Vgl. aber auch Vassilaki K&R 2021, 763 (764).
[46] So auch BT-Drs. 19/2888678, 11; weitergehend LPK-StGB/Kindhäuser/Hilgendorf § 126a Rn. 4, wonach die Verbreitung personenbezogener Daten als neutrale Handlung grundsätzlich erlaubt sei.
[47] Dazu, dass der freiverantwortliche Entschluss eines Dritten nach dem Verantwortungsprinzip grundsätzlich nicht dem Veranlasser zuzurechnen ist, Baumann/Weber/Mitsch/Eisele StrafR AT/Eisele Rn. 149 ff.
[48] Fischer StGB § 126a Rn. 7.
[49] BT-Drs. 19/28678, 11; LPK-StGB/Kindhäuser/Hilgendorf § 126a Rn. 5.
[50] Fischer StGB § 126a Rn. 8: vor allem, wenn eine inhaltliche Bedrohung enthalten ist.
[51] Vgl. aber BT-Drs. 19/28678, 9; krit. Kubiciel jurisPR-StrafR 13/2021 Anm. 1.
[52] BT-Drs. 19/28678, 11.
[53] BT-Drs. 19/28678, 11.
[54] BT-Drs. 19/28678, 11; Fischer StGB § 126a Rn. 10.

§ 9 Gefährdendes Verbreiten personenbezogener Daten (§ 201 StGB)

Abgrenzung im Einzelfall unter Berücksichtigung aller Umstände sein kann, wenn ein „Emoticon (‚Zwinkersmiley') beigefügt und dadurch der Aussagegehalt des Satzes relativiert oder gar umgekehrt wird".

2. Bestimmung

Im ursprünglichen Gesetzesentwurf war die Eignung als alleiniges eingrenzendes Merkmal vorgesehen. Da dieses in der Sachverständigenanhörung als unscharf und problematisch hinsichtlich des Bestimmtheitsgrundsatzes des Art. 103 Abs. 2 GG kritisiert wurde,[55] wurde in der Beschlussempfehlung des Ausschusses für Recht und Verbraucherschutz als weitere Einschränkung hinzugefügt,[56] dass die Art und Weise der Verbreitung nach den Umständen bestimmt sein muss, die Gefahr solcher Taten hervorzurufen.[57] Zu beachten ist hierbei, dass die Bestimmung wie auch die Eignung richtigerweise als ein objektives Merkmal zu verstehen sind.[58] Denn es kommt für die Bestimmung schon nach dem Wortlaut auf die Art und Weise der Verbreitung und die Umstände an, also gerade nicht auf die subjektive Tätersicht.[59] Vergleichbar zu 130a[60] StGB liegt der Vorschrift also eine „verobjektivierte Zweckbestimmung" zugrunde. Der Hinweis auf den Willen des Täters als subjektives Element in der Stellungnahme des Bundesrates,[61] der auf die ganz unterschiedlich ausgestalteten Vorschriften der §§ 86 Abs. 1 Nr. 4, 89a Abs. 1, 130a Abs. 1 StGB verweist, überzeugt schon deshalb nicht, weil auch bei § 130a StGB eine objektive Sichtweise verlangt wird. Zu beachten ist jedoch, dass die objektive Zweckbestimmung im subjektiven Tatbestand zumindest vom Eventualvorsatz erfasst sein muss (→ Rn. 21).

17

3. Bedeutung der Zustimmung

Dieser spezifische Zurechnungszusammenhang ist richtigerweise zu verneinen, wenn der Täter die personenbezogenen Daten in der entsprechenden Art und Weise mit Zustimmung des Betroffenen verbreitet (zur Bedeutung des Schutzguts schon → Rn. 4). Denn dann ist die Verbreitung nach den Umständen nicht geeignet, den Betroffenen einer der genannten Straftaten auszusetzen, da dieser letztlich selbst eigenverantwortlich über die Verbreitung entscheidet. Hingegen entfällt der Tatbestand nicht schon deshalb, weil die Daten mit der Einwilligung des Betroffenen allgemein zugänglich wurden bzw. von dieser Person selbst an anderer Stelle publiziert wurden. Denn der Unrechtsgehalt liegt ja gerade darin, die Daten anderen Personen in einer Art und Weise zugänglich zu machen, durch die – anders als im Fall der anderweitigen Kenntnisgabe etwa durch neutrale Berichte auf der Homepage des Opfers usw – das Sicherheitsgefühl der Bevölkerung gestört wird.[62]

18

IV. In Bezug genommene Straftaten

Die genannten Straftaten entsprechen denjenigen, die in § 241 Abs. 1 StGB genannt sind. Dies sind nach Nr. 1 alle Verbrechen, dh gemäß § 12 Abs. 1 StGB alle Taten mit einer Mindestfreiheitsstrafe von einem Jahr. Nr. 2 erfasst Vergehen aus bestimmten Deliktsbereichen, dh soweit diese nicht bereits als Verbrechen Gegenstand von Nr. 1 sind. Im Sinne

19

---

[55] MAH Strafverteidigung/Grözinger § 50 Rn. 113; Patz KriPoZ 2021, 223 (224); Vassilaki K&R 2021, 763 (765).
[56] BT-Drs. 19/30943, 5.
[57] Fischer StGB § 126a Rn. 8; zum Vorschlag Eisele, Schriftliche Stellungnahme Rechtsausschuss, 4, siehe Fußnote 4.
[58] Missverständlich BT-Drs. 19/31115, 10 und LPK-StGB/Kindhäuser/Hilgendorf § 126a Rn. 6; krit. hierzu Fischer StGB § 126a Rn. 8.
[59] In diese Richtung auch Fischer StGB § 126a Rn. 8; siehe aber BeckOK StGB/Rackow StGB § 126a Rn. 12 mit Verweis auf § 89a Abs. 1 StGB.
[60] Näher MüKoStGB/Feilcke § 130a Rn. 22 ff.
[61] BT-Drs. 19/29638, 1.
[62] BT-Drs. 19/28678, 12.

der Wahrung des Bestimmtheitsgrundsatzes sind entsprechend der Abschnittsüberschriften des StGB[63] Taten gegen die sexuelle Selbstbestimmung alle Delikte des 13. Abschnitts des StGB (§§ 174 ff.), Taten gegen die körperliche Unversehrtheit nur solche des 17. Abschnitts des StGB (§ 223 ff. StGB) und Taten gegen die persönliche Freiheit solche des 18. Abschnitts (§ 232 ff.), mögen auch die genannten Rechtsgüter noch bei anderen Vorschriften, wie etwa § 221 StGB oder § 249 StGB, mitgeschützt sein. Für Sachen von bedeutendem Wert kann auf die für § 315b und § 315c StGB entwickelten Grundsätze zurückgegriffen werden, wo die Wertgrenze bei ca. 750 EUR angesetzt wird.[64]

20 Die Straftaten müssen sich als Tatopfer auf diejenige Person beziehen, deren personenbezogenen Daten verbreitet werden, oder eine ihr nahestehende Person. Für den Begriff der nahestehenden Person kann auf § 35 StGB zurückgegriffen werden.[65] Erforderlich ist das Bestehen eines auf eine gewisse Dauer angelegten zwischenmenschlichen Verhältnisses, das eine ähnliche Bindung wie bei Angehörigen aufweist.[66] Der Gesetzgeber nennt insoweit Familienangehörige, im Haushalt lebende Personen und enge Freunde.[67]

E. Subjektiver Tatbestand

21 Im subjektiven Tatbestand genügt Eventualvorsatz;[68] eine besondere überschießende Absicht hat der Gesetzgeber nicht verankert. Der Vorsatz muss sich insbesondere auch darauf beziehen, dass die personenbezogenen Daten in einer Art und Weise verbreitet werden, die geeignet und nach den Umständen bestimmt ist, das Opfer oder eine ihm nahestehende Person der Gefahr einer der in Nr. 1 und Nr. 2 genannten Straftaten auszusetzen. Soweit der Täter sich über die rechtliche Einstufung als personenbezogene Daten irrt, liegt lediglich ein idR vermeidbarer Verbotsirrtum vor. Da der objektive Tatbestand im Übrigen weder eine konkrete Anstiftung oder Aufforderung verlangt, genügt es auch subjektiv, dass der Vorsatz auf die allgemeine Eignung zur Tatbegehung bezogen ist.[69]

F. Tatbestandsausschluss

22 § 126a Abs. 3 StGB verweist auf § 86 Abs. 4 StGB und normiert insoweit einen Tatbestandsausschluss für sozialadäquates Verhalten.

23 § 86 Abs. 4 lautet:
Die Absätze 1 und 2 gelten nicht, wenn die Handlung der staatsbürgerlichen Aufklärung, der Abwehr verfassungswidriger Bestrebungen, der Kunst oder der Wissenschaft, der Forschung oder der Lehre, der Berichterstattung über Vorgänge des Zeitgeschehens oder der Geschichte oder ähnlichen Zwecken dient.

24 Nach Vorstellung des Gesetzgebers soll hierzu insbesondere die Berichterstattung über Vorgänge des Zeitgeschehens und die Veröffentlichung der Recherchearbeit von Vereinen zur Aufdeckung extremistischer Bestrebungen zählen.[70] Im Übrigen und soweit Privatpersonen, Blogger usw von diesem Tatbestandsausschluss nicht erfasst werden,[71] wird man die nach Art. 5 GG geschützte Meinungsfreiheit bereits im Wege einer verfassungskonformen

---

[63] BeckOK StGB/Valerius StGB § 241 Rn. 5.
[64] BGHSt 48, 119 (121) = NJW 2003, 836; Eisele StrafR BT I Rn 1132; s. aber Schönke/Schröder/Heine/Bosch, StGB Vorbem. §§ 306 ff. Rn. 15; dagegen BGH NStZ 2011, 215 f.; BT-Drs. 19/17741, 37, verweist für § 241 Abs. 1 auf „wertvolle Gegenstände".
[65] Fischer StGB § 126a Rn. 10; BeckOK StGB/Rackow § 126a Rn. 7.
[66] Schönke/Schröder/Perron StGB § 35 Rn. 15.
[67] BT-Drs. 19/28678, 12.
[68] BT-Drs. 19/28678, 12.
[69] Hierzu Fischer StGB § 126a Rn. 12.
[70] BT-Drs. 19/28678, 9.
[71] Vassilaki K&R 2021, 763 (766).

§ 9 Gefährdendes Verbreiten personenbezogener Daten (§ 201 StGB)   § 9

Auslegung bei der Eignung und Bestimmung des Verbreitens hinsichtlich der Gefahr einer Straftat (→ Rn. 16, 17) berücksichtigen müssen.[72]

G. Rechtfertigung

Ein Einverständnis des Opfers mit der Verbreitung seiner personenbezogenen Daten kann bereits zur Verneinung des objektiven Tatbestandes führen (→ Rn. 18). Für die eigenmächtige Bekämpfung von „Feinden", von denen (vermeintliche) Gefahren ausgehen, greifen §§ 32, 34 StGB nicht ein. Zum einen dürfte es regelmäßig an der Gegenwärtigkeit des Angriffs bzw. der Gefahr fehlen, zum anderen wird meist mildere Mittel – wie etwa Einschaltung von Behörden – geben, ganz abgesehen davon, dass es sich zumeist um eine unzulässige Selbstjustiz handeln würde.[73]

25

H. Qualifikation

Lediglich die Qualifikation in Abs. 2 knüpft daran an, dass die Daten nicht allgemein zugänglich sind; hier ist die Eignung zur Tatbegehung tatsächlich erhöht, weil der Dritte ansonsten möglicherweise gar nicht an die Daten gelangt wäre. Gegenüber § 42 BDSG ist die Vorschrift insoweit weiter, als weder Gewerbsmäßigkeit noch Entgeltlichkeit, Bereicherungsabsicht oder Schädigungsabsicht vorliegen muss.[74] § 42 BDSG (näher → § 8 Rn. 30 ff.) und § 202d StGB verwenden das Merkmal der nicht allgemein zugänglichen Daten ebenfalls; bei § 202d StGB sollen in Anlehnung an § 10 Abs. 5 S. 2 BDSG aF „Daten allgemein zugänglich sein, die jedermann – sei es ohne oder nach vorheriger Anmeldung, Zulassung oder Entrichtung eines Entgelts – nutzen kann."[75] Dies gilt insbesondere für frei im Internet abrufbare Daten, aber auch bei offenen Datenbanken bzw. Registern.[76] Dabei spielt es keine Rolle, ob die Daten bei der Erstveröffentlichung rechtmäßig publiziert wurden oder gar bereits Gegenstand einer datenschutzrechtlichen Ordnungswidrigkeit oder Straftat waren.[77] Im Gegenzug sind die Daten nicht allgemein zugänglich, wenn bestimmte Zugangshürden bestehen, die nicht ohne weiteres, wie etwa durch das rein formale Anlegen eines Accounts, übersprungen werden können.[78]

26

I. Konkurrenzen

In Tateinheit mit § 126a StGB kann § 42 BDSG verwirklicht sein, sofern man dort auch Privatpersonen, die Straftaten begehen, in den Anwendungsbereich miteinbezieht (schon → § 8 Rn. 14 ff.). Entsprechendes gilt für §§ 111,[79] 126, 140, 240, 241 StGB.[80]

27

---

[72] Ähnl. Kubiciel jurisPR-StrafR 13/2021 Anm. 1.
[73] IErg auch Fischer StGB § 126a Rn. 12.
[74] Vassilaki K&R 2021, 763 (765).
[75] Ähnlich BT-Drs. 19/28678, 12; ähnl. BGH NJW 2013, 2530 (2633).
[76] Schönke/Schröder/Eisele StGB § 202d Rn. 6.
[77] BeckOK DatenschutzR/Brodowski/Nowak BDSG § 42 Rn. 28; Henseler NStZ 2020, 258 (260, Fn. 33.).
[78] Zu Einzelheiten BeckOK DatenschutzR/Brodowski/Nowak BDSG § 42 Rn. 25 ff.
[79] Für ein Zurücktreten des § 126a StGB BeckOK StGB/Rackow StGB § 126a Rn. 14.
[80] Dazu auch Fischer StGB § 126a Rn. 18.

§ 10 Verletzung der Vertraulichkeit des Wortes (§ 201 StGB)

Übersicht

	Rn.
A. Allgemeines	1
B. Objektiver Tatbestand	5
I. Tatobjekt: Das nichtöffentlich gesprochene Wort	7
1. Gesprochenes Wort	8
2. Nichtöffentlich	11
II. Tathandlungen	16
1. Aufnehmen des nichtöffentlich gesprochenen Wortes (Abs. 1 Nr. 1)	16
2. Gebrauchen oder Zugänglichmachen einer Aufnahme (Abs. 1 Nr. 2)	20
3. Abhören des nichtöffentlichen Wortes mit einem Abhörgerät (Abs. 2 S. 1 Nr. 1)	25
4. Öffentliches Mitteilen (Abs. 2 S. 1 Nr. 2)	32
a) Tathandlung	33
b) Bagatellklausel Abs. 2 S. 2	37
c) Öffentliche Mitteilung zur Wahrnehmung überragender öffentlicher Interessen Abs. 2 S. 3	38
III. „Unbefugt"	40
1. Einwilligung	41
2. Gesetzliche Befugnisse	46
3. Allgemeine Rechtfertigungsgründe	47
C. Subjektiver Tatbestand	53
D. Rechtswidrigkeit	55
E. Qualifikation: Amtsträger (Abs. 3)	56
F. Versuch (Abs. 4)	58
G. Einziehung (Abs. 5)	60
H. Prozessuales	61
I. Strafantrag	61
II. Konkurrenzen	62
III. Verwertungsverbote	66
IV. Anspruch auf Vernichtung einer Aufnahme	73

Literatur:

Campbell, Verwertbarkeit von heimlichen Aufnahmen im Familienrecht, NJW-Spezial 2022, 196; *Franke*, Zur Rechtmäßigkeit der Bildberichterstattung über Polizeieinsätze, NJW 1981, 2033; *Gerhold/Höft*, Zur Strafbarkeit des Mitschneidens, Speicherns und Veröffentlichens von Videokonferenzen und Onlinevorlesungen, JA 2021, 382; *Greger*, Kamera on board – Zur Zulässigkeit des Video-Beweises im Verkehrsunfallprozess, NZV 2015, 114; *Herberger*, Die Welt zu Gast im digitalen Kinderzimmer – ein Orientierungsversuch aus familienrechtlicher Sicht, jM 2020, 442; *Hillenbrand*, Faktische Öffentlichkeit bei Polizeieinsätzen, StRR 2022, 20; *Hofmann/Granzow*, Klappe, Kamera, Knast! – Rechtliche Würdigung der audiovisuellen Aufzeichnung von Beschuldigtenvernehmungen im Strafprozess (§ 136 Abs. 4 StPO) nach den Vorgaben des Gesetzes zur effektiveren und praxistauglicheren Ausgestaltung des Strafverfahrens, jurisPR-ITR 4/2018 Anm. 2; *Hoven/Wiedmer*, Private Tatprovokation zur Unterstützung von Strafverfolgungsbehörden durch „Pädophilenjäger" im Internet, StV 2022, 247; *Kramer*, Heimliche Tonbandaufnahmen im Strafprozeß, NJW 1990, 1760; *Lüderssen*, Gesprächskontrollen im Call-Center – Schutz der Kunden durch Straf- und Ordnungswidrigkeitenrecht?, wistra 2006, 441; *Mehle/Linz*, Mitschrift einer Zeugenvernehmung durch den Zeugenbeistand, NJW 2014, 1160; *Mitsch*, Medienpräsenz und Persönlichkeitsschutz in der öffentlichen Hauptverhandlung, ZRP 2014, 137; *Redder*, Die „rechtswidrige Informationsbeschaffung" aus verfassungsrechtlicher Sicht, JA 2019, 519; *Rennicke*, Polizeiliches Einschreiten gegen Filmaufnahmen unter Berücksichtigung der DS-GVO, NJW 2022, 8; *Reuschel*, „Gestreamte" Aufnahmen von Polizeibeamten im Straf- und Gefahrenabwehrrecht, NJW 2021, 17; *Roggan*, Zur Strafbarkeit des Filmens von Polizeieinsätzen – Überlegungen zur Auslegung des Tatbestands von § 201 Abs. 1 Nr. 1 StGB, StV 2020, 328; *Roth/Blessing*, Die neuen Vorgaben nach MiFID II – Teil 2 – Die Aufzeichnungspflichten betreffend Telefongespräche und elektronischer Kommunikation, CCZ 2017, 8; *Sajuntz*, Die Entwicklung des Presse- und Äußerungsrechts im Jahr 2019, NJW 2020, 583; *Spehl/Momsen/Grützner*, Unternehmensinterne Ermittlungen – Ein internationaler Überblick – Teil II: „Zulässigkeit und rechtliche Anforderungen verschiedener Ermittlungsmaßnahmen in ausgewählten Ländern", CCZ 2014, 2; *Ullenboom*, Das Filmen von Polizeieinsätzen als Verletzung der Vertraulichkeit des Worts?, NJW 2019, 3108;

Vogelgesang/Hessel, Spionagegeräte im Kinderzimmer?, ZD 2017, 269; *Werner*, Verwertung rechtswidrig erlangter Beweismittel, NJW 1988, 993; *Wolfslast*, Beweisführung durch heimliche Tonbandaufzeichnung, NStZ 1987, 103; *Wölfl*, Ist die Verwendung befugt hergestellter Tonaufnahmen strafbar?, Jura 2003, 742; *Wölfl*, Rechtfertigungsgründe bei der Verletzung der Vertraulichkeit des Wortes, Jura 2000, 231.

A. Allgemeines

1   Jedermann darf grundsätzlich selbst und allein bestimmen, wer sein Wort aufnehmen soll sowie ob und vor wem seine auf einen Tonträger aufgenommene Stimme wieder abgespielt werden darf.[1] § 201 StGB schützt die **Unbefangenheit des nichtöffentlich gesprochenen Wortes** als Bestandteil des **allgemeinen Persönlichkeitsrechts** aus Art. 2 Abs. 1 GG und Art. 1 Abs. 1 GG.[2] Was unter Umständen als flüchtige Lebensäußerung gemeint war, darf nicht in eine „jederzeit reproduzierende Tonkonserve" verwandelt werden.[3]

2   Der Druck auf den Schutz des allgemeinen Persönlichkeitsrechts hat aufgrund der Verbreitung und ständigen Verfügbarkeit von potenziellen Aufnahmegeräten – ein Smartphone trägt fast jeder täglich mit sich – zugenommen.[4] Dem steht entgegen, dass das (Un-)Rechtsempfinden von unzulässigen Ton- und Bildaufnahmen offenbar abnimmt.[5] Eine einschränkende Auslegung des § 201 StGB allein aufgrund von mutmaßlich **sozialadäquatem Verhalten**, zB dem Abhören kleiner Kinder,[6] ist aber regelmäßig abzulehnen.[7]

3   § 201 StGB erfasst **nicht** die Aufnahme auf einem **Video oder eine optische Überwachung**.[8] Um den Schutz der Intimsphäre dennoch zu gewährleisten, wurde durch Gesetz v. 30.7.2004[9] § 201a StGB ins StGB aufgenommen, der § 201 StGB insofern ergänzt.

4   **PKS:** Die Fallzahlen haben sich seit 2017 mehr als verdoppelt. Die Aufklärungsquote ist dabei gleichbleibend auffällig hoch:[10]

---

[1] BVerfGE 34, 238 = NJW 1973, 891; BVerfGE 54, 148 = NJW 1980, 2070; BVerfG NJW 1992, 815. Der BGH spricht vom *„Recht zur Selbstbestimmung über das gesprochene Wort"*, BGH NJW 1988, 1016.
[2] Matt/Renzikowski/Wietz/Zlobinski StGB § 201 Rn. 1; NK-StGB/Kargl § 201 Rn. 2; BeckOK StGB/Heuchemer StGB § 201 Rn. 1; Schönke/Schröder/Eisele StGB § 201 Rn. 2.
[3] OLG Thüringen NStZ 1995, 502.
[4] Matt/Renzikowski/Wietz/Zlobinski StGB § 201 Rn. 1.
[5] Exemplarisch dafür stehen auch sog. „Smart-Toys" wie zB „My Friend Cayla", ein bluetoothfähiges Headset, das in eine Puppe eingebaut wurde und in Kinderzimmern aufgestellt werden kann, vgl. krit. Vogelgesang/Hessel ZD 2017, 269. Zur Überwachung von Kindern durch ihre Eltern, Herberger jM 2020, 442.
[6] Fischer StGB § 201 Rn. 11; Herberger jM 2020, 442.
[7] Vgl. BGHSt 31, 304 = NJW 1983, 1570; Matt/Renzikowski/Wietz/Zlobinski StGB § 201 Rn. 1.
[8] MüKoStGB/Graf StGB § 201 Rn. 7.
[9] BGBl. 2004 I 2012; BT-Drs. 15/361.
[10] PKS Bundeskriminalamt, Berichtsjahr 2017–2022, abrufbar unter https://www.bka.de/DE/AktuelleInformationen/StatistikenLagebilder/PolizeilicheKriminalstatistik/pks_node.html, abgerufen am 10.4.2023.

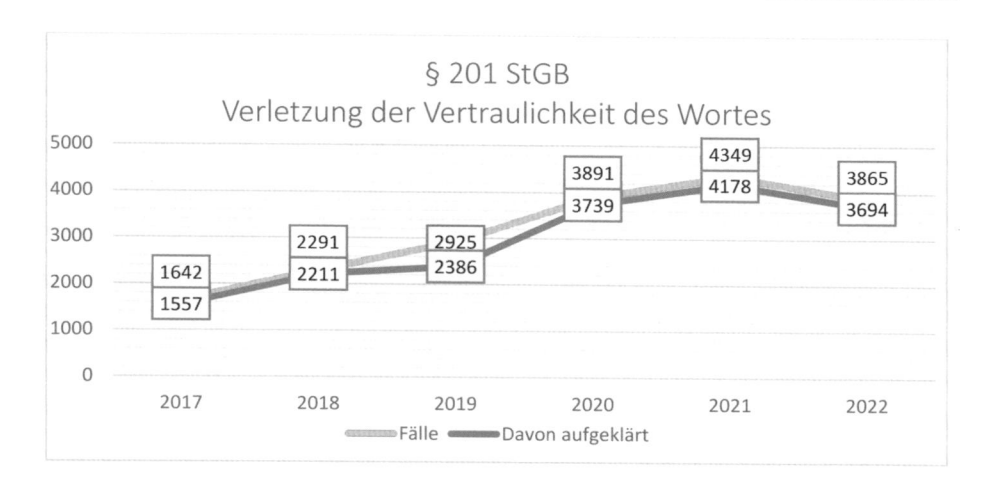

§ 201 StGB Verletzung der Vertraulichkeit des Wortes

Jahr	Fälle	Davon aufgeklärt
2017	1642	1557
2018	2291	2211
2019	2925	2386
2020	3891	3739
2021	4349	4178
2022	3865	3694

B. Objektiver Tatbestand

§ 201 StGB setzt sich aus **vier Tatbeständen** zusammen:[11] 5
- die Aufnahme des nichtöffentlich gesprochenen Wortes auf einen Tonträger (Abs. 1 Nr. 1),
- das Gebrauchen oder Zugänglichmachen einer solchen Aufnahme (Abs. 1 Nr. 2),
- das Abhören des nichtöffentlich gesprochenen und nicht zur Kenntnis des Täters bestimmten Wortes (Abs. 2 S. 1 Nr. 1) und
- das öffentliche Mitteilen eines nach Abs. 1 Nr. 1 aufgenommenen bzw. nach Abs. 2 S. 1 Nr. 1 abgehörten nichtöffentlich gesprochenen Wortes (Abs. 2 S. 1 Nr. 2).

Kommt es bei den ersten drei Handlungsalternativen nicht auf den Inhalt des nichtöffentlich gesprochenen Wortes an,[12] stellt **Abs. 2 S. 1 Nr. 2 auch auf die inhaltliche Bedeutsamkeit** ab.[13] Ferner enthält Abs. 3 einen **Qualifikationstatbestand** für Amtsträger (→ Rn. 57).[14] 6

I. Tatobjekt: Das nichtöffentlich gesprochene Wort

Tatobjekt des § 201 StGB ist in allen Handlungsalternativen das **nichtöffentlich gespro-** 7
chene Wort.

1. Gesprochenes Wort

Dem Begriff des gesprochenen Wortes unterfallen **alle Äußerungen sprachlicher Art** 8
zur Bezeichnung gedanklicher Inhalte.[15] Dazu gehört auch Gesang.[16] Erfolgt die Äußerung unter Zuhilfenahme technischer Geräte – zB über Telefon, Computer, Funk oder Lautsprecher – unterfällt sie ebenfalls dem Schutzbereich.[17] Schließlich kommt es nicht

---

[11] Schönke/Schröder/Eisele StGB § 201 Rn. 3.
[12] NK-StGB/Kargl § 201 Rn. 1; LK-StGB/Schünemann § 201 Rn. 5; Fischer StGB § 201 Rn. 3.
[13] Die durch illegales Abhören oder Aufnehmen bewirkte Verletzung des Rechtsgutes „Vertraulichkeit des Wortes" wird erheblich verstärkt, wenn der Gesprächsinhalt durch Dritte in den Medien verbreitet und damit öffentlich bekannt wird, vgl. BT-Drs. 11/6714, 3; Schönke/Schröder/Eisele StGB § 201 Rn. 3.
[14] NK-StGB/Kargl § 201 Rn. 1.
[15] NK-StGB/Kargl § 201 Rn. 5; Schönke/Schröder/Eisele StGB § 201 Rn. 5.
[16] Matt/Renzikowski/Wietz/Zlobinski StGB § 201 Rn. 2.
[17] Schönke/Schröder/Eisele StGB § 201 Rn. 5.

darauf an, ob die Worte bewusst oder unbewusst (Schlafende, Volltrunkene, Verwirrte) geäußert werden.

9 Rein computergenerierte Stimmen oder geschriebene Chatnachrichten sind hingegen nicht geschützt; auch nicht das Anfertigen von Screenshots von Chatnachrichten.[18] Töne und Tonfolgen[19] alleine reichen ebenso wenig wie andere nichtsprachliche Äußerungen wie Lachen, Gähnen, Stöhnen, Schnarchen oder Schluchzen.[20]

10 Auf die Vertraulichkeit bzw. Geheimhaltungsbedürftigkeit des Gesprochenen kommt es ebenso wenig an wie auf den **Inhalt der Äußerung.**[21] Gleichermaßen ist die verwendete Sprache (auch eine Geheimsprache oder Esperanto) unerheblich.[22] Auch die Wiedergabe eines fremden Textes (zB durch Verlesen) wird vom Wortlaut des § 201 StGB erfasst.[23] Äußerungen mit **strafbarem Inhalt** unterfallen ebenfalls dem Schutzbereich des § 201 StGB,[24] wobei ein Aufnehmen im Einzelfall nicht unbefugt bzw. gerechtfertigt sein kann (→ Rn. 48 ff.).[25]

2. Nichtöffentlich

11 Das gesprochene Wort ist **nichtöffentlich,** wenn es nicht für einen größeren, nach Zahl und Individualität unbestimmten oder nicht durch persönliche oder sachliche Beziehungen miteinander verbundenen Personenkreis bestimmt ist **(subjektives Element)** und für Dritte nicht unmittelbar verstehbar ist **(objektives Korrektiv).**[26] Die Auslegung des Begriffs „nichtöffentlich" ist in der Praxis in Einzelfragen nicht eindeutig und führt zu einem teils widersprüchlichen Kanon an Einzelfallentscheidungen. Im Kern geht es um die Grundfrage, ob überwiegend auf die Vorstellung des Sprechenden oder auf die objektiven Umstände abzustellen ist.[27] Mit Blick auf den Schutzzweck des § 201 StGB soll im Grundsatz dem Sprechenden die Kontrolle über die Reichweite seiner Äußerungen zustehen.[28] Dies spricht dafür, dem subjektiven Element größeres Gewicht beizumessen. Äußerungen, die nach dem subjektiven Willen des Sprechers an die Öffentlichkeit gerichtet sind (zB ein Interview für einen Podcast), unterfallen daher unstreitig nicht § 201 StGB.[29] In diesem Fall kommt es auch nicht darauf an, ob Dritte die für die Öffentlichkeit bestimmte Äußerung tatsächlich wahrgenommen haben (zB die Aufnahme des Podcast) bzw. ob hierzu überhaupt die Möglichkeit bestand.[30] Der Anwendungsbereich von § 201 StGB ist nicht auf private Äußerungen begrenzt, sondern erfasst **auch berufliche, dienstliche oder geschäftliche Besprechungen,** soweit diese nichtöffentlich sind.[31]

12 Ob eine Äußerung tatsächlich nichtöffentlich ist, muss in der konkreten Situation aber auch anhand der **objektiven Umstände** bewertet werden. Bestehen Mithörmöglichkei-

---

[18] Fischer StGB § 201 Rn. 3; Hoven/Wiedmer StV 2022, 247 (249).
[19] MüKoStGB/Graf StGB § 201 Rn. 10.
[20] NK-StGB/Kargl § 201 Rn. 5; MüKoStGB/Graf StGB § 201 Rn. 10; LK-StGB/Schünemann § 201 Rn. 3.
[21] Vgl. BGH NJW 1988, 1016; Schönke/Schröder/Eisele StGB § 201 Rn. 5; LK-StGB/Schünemann § 201 Rn. 5.
[22] LK-StGB/Schünemann § 201 Rn. 3.
[23] Schönke/Schröder/Eisele StGB § 201 Rn. 5; LK-StGB/Schünemann § 201 Rn. 4; NK-StGB/Kargl § 201 Rn. 7; MüKoStGB/Graf StGB § 201 Rn. 12; aA Lackner/Kühl/Kühl StGB § 201 Rn. 2.
[24] LK-StGB/Schünemann § 201 Rn. 5.
[25] NK-StGB/Kargl § 201 Rn. 6.
[26] OLG Frankfurt NJW 1979, 1547; Schönke/Schröder/Eisele StGB § 201 Rn. 6; MüKoStGB/Graf StGB § 201 Rn. 14; Satzger/Schluckebier/Widmaier/Bosch § 201 Rn. 3.
[27] Vgl. LK-StGB/Schünemann § 201 Rn. 7 mwN.
[28] MüKoStGB/Graf § 201 Rn. 14.
[29] Graf/Jäger/Wittig/Valerius StGB § 201 Rn. 9.
[30] Schönke/Schröder/Eisele StGB § 201 Rn. 7.
[31] MüKoStGB/Graf § 201 Rn. 3; krit. Klefisch jurisPR-StrafR 6/2021 Anm. 4; Roggan StV 2020, 328; Lamsfuß jurisPR-StrafR 21/2021 Anm. 2.

ten für Dritte – und kann der Sprechende dies ohne weiteres erkennen – kann der Sprechende nicht auf den Schutz des § 201 StGB vertrauen und muss seine Rede an der von ihm wahrgenommenen Öffentlichkeit ausrichten.[32] Der subjektive Horizont des Sprechenden muss daher mit den objektiven Umständen in Einklang gebracht werden. Wer sich in einer gut gefüllten Gaststätte oder einer vollbesetzten Bahn lautstark unterhält, spricht faktisch öffentlich und kann – für die Person auch erkennbar – nicht auf die Privatheit seiner Äußerungen vertrauen (→ Rn. 14).[33]

Nichtöffentlich sind u. a. 13
- die Fragen und Vorhaltungen eines Polizeibeamten bei der **Vernehmung eines Beschuldigten** im Ermittlungsverfahren, selbst wenn diese später in einer öffentlichen Hauptverhandlung erörtert werden könnten.[34] Gleichwohl kann die Vernehmung in Bild und Ton aufgezeichnet werden gem. § 136 Abs. 4 StPO.
- **telefonische Besprechungen** mit Beamten.[35] Abweichend von dieser Grundregel wird vertreten, dass Anrufe beim polizeilichen **Notruf 110** als „öffentlich" gesprochenes Wort zu werten seien, da hiermit ein allgemeiner Hilferuf, eine Armierung der Öffentlichkeit verbunden sei, die einen Mitschnitt erlaubten.[36]
- **Mitarbeitergespräche** mit dem Vorgesetzten,[37] es sei denn, sie erfolgen gegenüber einem nicht begrenzten Personenkreis oder es liegen Umstände vor, bei denen mit einem Mithören gerechnet werden muss.[38]
- **Gespräche und Diskussionen** mit einem **begrenzten Teilnehmerkreis**, die nicht beliebig zugänglich sind. Es kommt nicht zwingend auf die Größe der Veranstaltung, sondern darauf an, ob der Adressatenkreis beschränkt ist[39], die individuelle Beschränkung der Teilnehmer als solche gekennzeichnet ist (zB durch einen Listeneintrag am Eingang einer Aktionärsversammlung) und ob nach Zweck und Eigenart der Veranstaltung diese nichtöffentlich sein soll.[40] Zum Teil wird gefordert, dass die Einhaltung der Nichtöffentlichkeit bei Großveranstaltungen zudem besondere Maßnahmen wie Eingangskontrollen erfordere, um den Ausschluss der Öffentlichkeit sicherzustellen.[41] Letztlich kommt es darauf an, ob Kontrollmöglichkeiten über die Reichweite der Äußerung bestehen.[42]
- „geschlossene" (durch Benutzung von Passwörtern) **(Online-)Meetings oder Web-Veranstaltungen**,[43] wie bspw. Onlinevorlesungen, Videotelefonate, Videokonferenzen oder ein kostenpflichtiges Online-Repetitorium.[44]
- Gespräche im **Krankenzimmer** einer psychiatrischen Klinik.[45]

Öffentlich sind u. a.
- gesprochene Worte in einer öffentlichen Verhandlung. Sieht das Gesetz die **Öffentlichkeit einer Verhandlung** ausdrücklich vor (zB öffentliche Hauptverhandlung, öf-

---

[32] Satzger/Schluckebier/Widmaier StGB/Bosch § 201 Rn. 3.
[33] Umstritten ist, wie der subjektive Wille des Äußernden und die objektiven Umstände bei Kontrollen durch Polizeibeamten im öffentlichen Straßenraum in Einklang zu bringen sind.
[34] OLG Frankfurt NJW 1977, 1547.
[35] OLG Karlsruhe NJW 1979, 1513; VG Köln v. 10.1.2017 – 7 K 4472/16, BeckRS 2017, 100645.
[36] Kramer NJW 1990, 1760 (1761).
[37] LAG Rheinland-Pfalz NZA-RR 2016, 480.
[38] OLG Dresden medstra 2020, 187.
[39] Graf/Jäger/Wittig/Valerius StGB/Graf § 201 Rn. 7; OLG Karlsruhe NJW-RR 1998, 1116.
[40] MüKoStGB/Graf § 201 Rn. 15.
[41] OLG Nürnberg NJW 1995, 974.
[42] Fischer StGB § 201 Rn. 4.
[43] Esser/Tsambikakis PandemieStrafR/Esser § 18 Rn. 15.
[44] Gerhold/Höft JA 2021, 382 (383).
[45] OLG Köln NJW-RR 2020, 30 (33f.).

fentliche Gemeinderatssitzung[46]), sind dort gesprochene Wörter öffentlich,[47] unabhängig davon, ob tatsächlich Personen anwesend sind.[48] Das Aufnehmen von Gerichtsverhandlungen ist gleichwohl unzulässig, ohne dass es § 201 StGB verletzt, aber nur, wenn die Aufnahme gem. § 169 Abs. 1 S. 2 GVG „zum Zwecke der öffentlichen Vorführung oder der Veröffentlichung ihres Inhalts" angefertigt wird.[49] Äußerungen von Richtern in nichtöffentlichen Verhandlungen (zB in Familiensachen oder bei Ausschluss der Öffentlichkeit gem. § 171b GVG) sind hingegen als nichtöffentlich iSd § 201 StGB anzusehen.[50]

- über Verbindungen des **Internets übertragene Sprachdaten**, wenn nicht besonders gesicherte Übertragungswege oder -protokolle zum Schutz angewendet werden,[51] was inzwischen aber weit überwiegend der Fall sein dürfte.
- Gespräche, die über einen **unverschlüsselten Funk** (Funkverkehr von Polizei, Hilfsdiensten und Unternehmen) geführt werden.[52]
- Veranstaltungen, die einem **unbegrenzten Teilnehmerkreis** offen stehen (zB Gottesdienste oder Predigten in einer Moschee[53]) oder auch ein **Live-Stream über YouTube**.[54]

14 **Faktische Öffentlichkeit**

Können bei einem Gespräch weitere Personen mithören, (zB in einem frequentierten Bahnhofsgebäude[55] oder bei lautstarkem Sprechen in einem vollbesetztem Gasthaus[56]) oder befinden sich in einem großen Saal weitere Personen, die das Gesprochene verstehen können,[57] kann der der Schutz des § 201 StGB entfallen – es besteht eine sog. **faktische Öffentlichkeit**.[58] Das Gespräch **verliert den privaten Charakter** und wird öffentlich, da für den Sprechenden erkennbar ist, dass Dritte es zur Kenntnis nehmen können.[59] Situationen, in denen eine faktische Öffentlichkeit besteht, sind bspw. Worte, die auf Straßen und Plätzen, in Transportmitteln (lautstarke Telefonate auf Zugfahrten), in Gaststätten sowie in anderen allgemein zugänglichen Gebäuden und Räumen gesprochen werden. Auch ein versehentliches „Lautstellen" des Mobiltelefons kann uU aufgrund der faktischen Öffentlichkeit nicht von § 201 StGB erfasst sein.[60]

---

[46] OLG Celle NVwZ 1985, 861. Zivilrechtlich soll hingegen ein Schutz gem. §§ 832 Abs. 1, 1004 BGB bestehen, vgl. BGH NJW 1979, 647; OLG Köln NJW 1979, 661.
[47] Teilweise wird vertreten, dass der Schutz des § 201 StGB auch auf öffentliche Hauptverhandlungen auszudehnen sei, da Zeugen hier faktisch keine Möglichkeit hätten, sich selbst durch Nichtsprechen zu schützen, vgl. Mitsch ZRP 2014, 137 (139 f.).
[48] Schönke/Schröder/Eisele StGB § 201 Rn. 10. Etwas anderes gilt, wenn die Öffentlichkeit ausgeschlossen ist.
[49] Eine Aufnahme einer öffentlichen Verhandlung durch die Verteidigung soll daher zulässig sein, vgl. Grözinger jurisPR-StrafR 23/2020 Anm. 1. Das BVerfG hat offen gelassen, ob eine heimliche Tonaufnahme in einer Sitzungspause im Wege des Freibeweises möglicherweise verwertbar sein könnte, BVerfG NJW 2021, 154.
[50] AG Mönchengladbach-Rheydt v. 10.7.2018 – 21 Ds 71/18, BeckRS 2018, 41231.
[51] MüKoStGB/Graf § 201 Rn. 19.
[52] MüKoStGB/Graf § 201 Rn. 18a; LK-StGB/Schünemann § 201 Rn. 20. Hier ist aber an eine mögliche Strafbarkeit gem. § 27 Abs. 1 Nrn. 1 und 2 TTDSG zu denken. Die fortschreitende Digitalisierung des Polizeifunks wird dieses Problem in Zukunft aber wohl an Relevanz verlieren lassen.
[53] OLG Brandenburg MMR 2008, 184.
[54] Gerhold/Höft JA 2021, 382 (383).
[55] MüKoStGB/Graf § 201 Rn. 17a.
[56] OLG Düsseldorf BeckRS 2022, 31267.
[57] OLG Celle JR 1977, 338.
[58] Der Gesetzgeber wollte die Auslegung des Begriffs des „nichtöffentlichen" der Entwicklung in Rechtsprechung und Lehre überlassen, vgl. LK-StGB/Schünemann § 201 Rn. 7.
[59] MüKoStGB/Graf § 201 Rn. 18; Graf/Jäger/Wittig/Valerius StGB § 201 Rn. 10; OLG Düsseldorf BeckRS 2022, 31267.
[60] MüKoStGB/Graf § 201 Rn. 18.

Strafbarkeit der Anfertigung vertonter Videoaufnahmen von Polizeieinsätzen im öffentlichen Raum

15

Die Streitfrage, wie der **Wille des Sprechenden** sowie die **objektiven Umstände**, dh die (theoretische) Wahrnehmbarkeit des Gesprochenen, unter Berücksichtigung des Zwecks der Vorschrift, das unbefangene Wort zu schützen, in Einklang zu bringen sind,[61] entzündet sich gegenwärtig daran, ob die Anfertigung vertonter (Video-)Aufnahmen von Polizeieinsätzen im frei zugänglichen öffentlichen Raum den Straftatbestand des § 201 Abs. 1 Nr. 1 StGB erfüllt.[62] In der Literatur wird eine Strafbarkeit vertonter Videoaufnahmen von Polizeieinsätzen im öffentlichen Raum gemäß Abs. 1 Nr. 1 überwiegend abgelehnt,[63] u. a. mit dem Hinweis darauf, dass der Gesetzgeber in den Polizeigesetzen der Länder die ansatzlose Aufzeichnung von Polizeieinsätzen durch die Beamten selbst mittels sog. Bodycam zulässt.[64] Die **Rechtsprechung** gibt ein **uneinheitliches Bild** ab, tendiert aber mehrheitlich dazu, den subjektiven Willen des Sprechenden daran zu messen, ob die objektiv zu bestimmende Öffentlichkeit der Äußerungsumstände auch für den Sprechenden erkennbar war.[65] Eine Strafbarkeit gem. § 201 Abs. 1 Nr. 1 StGB schließt dies bei Polizeieinsätzen im öffentlichen Raum zumeist aus.

- Teilweise wird zur Bestimmung einer faktischen Öffentlichkeit wesentlich auf den **subjektiven Willen des Äußernden** und den Zweck und die Eigenart des Gesprochenen abgestellt (Überwiegen des subjektiven Elements).[66] Eine Äußerung eines Polizeibeamten anlässlich einer Diensthandlung auf öffentlichem Verkehrsgrund sei noch kein nichtöffentliches Wort, wenn eine Person auf einer Demonstration „extra zur Seite genommen" werde und – unabhängig davon, ob andere Personen anwesend sind – die Worte bewusst ausschließlich an diese Person und nicht die Allgemeinheit gerichtet seien.[67] Ob eine Aufnahme in der konkreten Situation strafbar ist, hängt dann gleichwohl von Zufallsumständen ab, zB ob ein Passant anwesend ist, und kann ferner von den Beamten durch Gestaltung der Ansprachesituation beeinflusst werden.[68] Zudem findet sich für diese Auffassung keine Stütze im Wortlaut und im Schutzzweck der Norm.[69]

- Nach anderer Auffassung sei die faktische Öffentlichkeit anhand des **Horizontes des Äußernden** zu bestimmen. Eine Äußerung sei faktisch öffentlich, wenn sie unter Umständen erfolge, nach denen für den Sprechenden mit einer Kenntnisnahme durch Dritte gerechnet werden muss (subjektives Element wird durch objektive Umstände eingeschränkt).[70] Im Falle einer Polizeikontrolle im öffentlichen Raum sei für den Polizeibeamten ohne Weiteres erkennbar, dass er sich in einem solchen Rahmen nicht völlig unbefangen und vertraulich äußern könne, seine Äußerungen mithin nicht dem

---

[61] Vgl. zum Streitstand OLG Zweibrücken NJW 2022, 3300; LG Aachen v. 19.8.2020 – 60 Qs 34/20, BeckRS 2020, 43645; ausführlich Reuschel NJW 2021, 17; Ullenboom NJW 2019, 3108; Klefisch jurisPR-StrafR 6/2021 Anm. 4; Lamsfuß jurisPR-StrafR 21/2021 Anm. 2.

[62] Vgl. zum Streitstand OLG Zweibrücken NJW 2022, 3300; LG Aachen v. 19.8.2020 – 60 Qs 34/20, BeckRS 2020, 43645; ausführlich Reuschel NJW 2021, 17; Ullenboom NJW 2019, 3108; Klefisch jurisPR-StrafR 6/2021 Anm. 4; Lamsfuß jurisPR-StrafR 21/2021 Anm. 2.

[63] Vgl. Ullenboom NJW 2019, 3108; Reuschel NJW 2021, 17; Roggan StV 2020, 328; Wyderka ZD-Aktuell 2019, 06823; Klefisch jurisPR-StrafR 6/2021 Anm. 4; differenzierend Rennicke NJW 2022, 8.

[64] Roggan StV 2020, 328; hierzu auch LG Hanau v. 20.4.2023 – 1 Qs 23/22.

[65] Unstreitig unzulässig ist es gem. § 33 KUG, die Aufnahmen „live" oder auch anschließend im Internet zu verbreiten, vgl. Reuschel NJW 2021, 17.

[66] OLG Zweibrücken NJW 2022, 3000 mit krit. Anm Reuschel NJW 2022, 3302; ablehnend: OLG Düsseldorf BeckRS 2022, 31267 Rn. 7.

[67] LG München StV 2020, 321.

[68] Reuschel NJW 2022, 3302 (3303).

[69] Vgl. OLG Düsseldorf BeckRS 2022, 31267 Rn. 7.

[70] OLG Düsseldorf BeckRS 2022, 31267 Rn. 7; LG Kassel StV 2020, 161; ebenso: Ullenboom NJW 2019, 3108 (3109 f.).

Schutzbereich des § 201 StGB unterfallen.[71] Eine Strafbarkeit der Aufnahme dürfte dies regelmäßig ausschließen.
- Schließlich wird zur Bestimmung der „faktischen Öffentlichkeit" darauf abgestellt, ob eine beliebige andere Person von frei zugänglichen öffentlichen Flächen oder allgemein zugänglichen Gebäuden und Räumen die Diensthandlungen hätten beobachten und **akustisch wie optisch wahrnehmen können** (Überwiegen des objektiven Elements). Ob eine andere Person das gesprochene Wort tatsächlich wahrgenommen habe, sei hingegen nicht entscheidend.[72] Bei einer im frei zugänglichen öffentlichen Verkehrsraum in unmittelbarer Nähe anwesender Personengruppen vorgenommenen Diensthandlung geäußerte Worte eines Polizeibeamten seien daher in faktischer Öffentlichkeit gesprochen und eine Aufnahme nicht strafbar gem. Abs. 1 Nr. 1.[73]

15a **Praxistipp: (Richtiges) Verhalten bei Aufnahmen von Polizeieinsätzen**
Solange die Frage der (fehlenden) Strafbarkeit von vertonten Aufnahmen von Polizeieinsätzen nicht höchstrichterlich geklärt ist, bestehen – selbst wenn die überzeugenderen Argumente gegen eine Tatbestandsmäßigkeit der Aufnahme nach § 201 Abs. 1 Nr. 1 StGB sprechen[74] – sowohl für die im Einsatz befindlichen Beamten als auch für Personen, die Einsätze filmen, erhebliche Rechtsunsicherheiten.[75] Das ist im täglichen Polizeieinsatz auf der Straße umso bedenklicher, da von der (Un-)Rechtmäßigkeit der Videoaufnahme gem. § 201 StGB abhängt, ob zB ein Mobiltelefon oder eine Kamera[76] gem. § 94 StPO oder auf Grundlage präventiv polizeilicher Ermächtigungsgrundlagen beschlagnahmt bzw. wie durch Privatpersonen auf eine unrechtmäßige Beschlagnahme durch die Beamten reagiert werden darf.[77] Ob Rechtfertigungsgründe (§§ 32, 34 StGB) bestehen und ob bei Gegenwehr möglicherweise ein Widersetzen gem. §§ 113, 114 StGB tatbestandsmäßig ist, hängt wesentlich davon ab, ob die Aufnahme rechtmäßig war oder nicht.[78]

II. Tathandlungen

1. Aufnehmen des nichtöffentlich gesprochenen Wortes (Abs. 1 Nr. 1)

16 Abs. 1 Nr. 1 stellt das Aufnehmen des nichtöffentlich gesprochenen Wortes auf einen Tonträger unter Strafe. **Aufnehmen auf einen Tonträger** ist das Festhalten des gesprochenen Wortes einer Person während sie spricht auf einem Tonträger (zB Schallplatten, Tonbänder, Kassetten oder alle Arten digitaler Speichermedien),[79] so dass es wieder hörbar gemacht werden kann.[80] Erfasst sind auch Tonaufnahmen, die gleichzeitig ein Bild aufneh-

---

[71] OLG Düsseldorf BeckRS 2022, 31267; LG Aachen v. 19.8.2020 – 60 Qs 34/20, BeckRS 2020, 43645, Rn. 33 mwN; LG Aachen v. 15.1.2021 – 60 Qs 52/20, BeckRS 2021, 2232.
[72] LG Osnabrück CR 2021, 806 (807).
[73] LG Hamburg BeckRS 2021, 44380; so auch: LG Essen BeckRS 2021, 42833 und LG Köln 3.9.2020 – 111 Qs 45/20, BeckRS 2020, 43318 Rn. 12.
[74] Roggan StV 2020, 328.
[75] Vgl. zu Situationen, in denen Aufnahmen strafbar gem. § 201 Abs. 1 Nr. 1 StGB sein können, Hillenbrand StRR 2022, 20.
[76] Mit Blick auf berichtende Journalisten kann eine fortdauernde Beschlagnahme einer Kamera im Zusammenhang mit der möglichen Begehung einer Straftat nach § 201 StGB zudem das Recht des Journalisten auf Pressefreiheit aus Art. 5 Abs. 1 S. 2 GG verletzen, vgl. BVerfG NJW 2021, 763.
[77] Einstweiliger Rechtsschutz gegen eine Beschlagnahme besteht gem. §§ 98 Abs. 2 S. 2 bis 4, 304 StPO vor dem zuständigen Strafgericht (und nicht vor dem Verwaltungsgericht), vgl. VG Augsburg v. 13.5.2022 – Au 8 E 22.908, BeckRS 2022, 21495.
[78] Vgl. zu dieser Abhängigkeit von der Rechtmäßigkeit bei Aktion und Reaktion, OLG Zweibrücken NJW 2022, 3000.
[79] MüKoStGB/Graf § 201 Rn. 20.
[80] LK-StGB/Schünemann § 201 Rn. 14; Matt/Renzikowski/Wietz/Zlobinski StGB § 201 Rn. 4.

men, dh **Videos,** wie sie bspw mit einem Smartphone erstellt werden können.[81] Das Aufzeichnen eines **Skype-Telefonats,** das über das Internet geführt wird, ist ebenso erfasst[82] wie „Spaßanrufe", die zT bei Radiosendern beliebt waren.[83] Erfasst werden nur Aufnahmen von Worten des Sprechenden **während dieser spricht,** da die Kopie oder Vervielfältigung einer bereits vorhandenen Aufnahme unter Abs. 1 Nr. 2 fällt.[84] Die Aufnahme muss nicht heimlich erfolgen.[85] Liegt ein **Einverständnis** des Sprechenden mit der Aufnahme vor (zB beim Besprechen einer Mailbox oder eines Anrufbeantworters)[86], ist sie schon nicht tatbestandsmäßig bzw. gerechtfertigt (vgl. → Rn. 42 ff.).[87]

Eine Mitschrift ist keine Aufnahme. Gleiches gilt für eine Aufnahmen mit unmittelbarer 17 und ausschließlicher Umsetzung in Text (Spracherkennung), sofern keine **dauerhafte** (Zwischen-)Speicherung des Gesprochenen erfolgt.[88] Ob die Speicherung dauerhaft ist, wird neben einer zeitlich Komponente auch daran zu messen sein, ob die Aufnahme infolge der Speicherung wieder gesondert hörbar gemacht werden kann, zB wenn hierzu eigens eine (Audio-)Datei gespeichert wird.

Die Nutzung von **Software zur Teilnahme an Online-Meetings** setzt regelmäßig 18 voraus, dass Inhalte und Abläufe (somit auch Sprachdateien) kurzzeitig im Arbeitsspeicher des Rechners (PC, Laptop) zwischengespeichert werden (sog. **technische „Begleit-Speicherung"**), was jedoch – wenn die Daten nicht permanent gespeichert werden – iSe teleologischen Reduktion nicht dem § 201 Abs. 1 Nr. 1 StGB unterfällt.[89]

Misslingt die Aufnahme, zB aufgrund von technischen Problemen, liegt nur ein **Versuch** vor (→ Rn. 59).[90]

2. Gebrauchen oder Zugänglichmachen einer Aufnahme (Abs. 1 Nr. 2)

Gebraucht der Täter eine „so hergestellte Aufnahme" oder macht er sie einem Dritten 20 zugänglich, unterfällt sein Handeln Abs. 1 Nr. 2.

Da der Tatbestand darauf Bezug nimmt, dass die Aufnahme „so" hergestellt wurde, ist 21 zutreffend nur auf das Gebrauchen und Zugänglichmachen **„unbefugt" hergestellter Aufnahmen** abzustellen.[91] Wurde bereits die Aufnahme **mit Einverständnis** hergestellt, verfällt die Vergänglichkeit des gesprochenen Wortes und der **Schutzzweck des § 201 StGB ist nicht betroffen.**[92] Nicht von § 201 StGB erfasst ist es daher, eine zunächst befugt (mit Einverständnis des Sprechenden) hergestellte Aufnahme anschließend unbefugt (nun gegen den Willen des Betroffenen) zu gebrauchen oder zugänglich zu machen.[93]

---

[81] Matt/Renzikowski/Wietz/Zlobinski StGB § 201 Rn. 4.
[82] LK-StGB/Schünemann § 201 Rn. 15.
[83] MüKoStGB/Graf § 201 Rn. 21.
[84] LK-StGB/Schünemann § 201 Rn. 15.
[85] Graf/Jäger/Wittig/Valerius StGB § 201 Rn. 12.
[86] Kramer NJW 1990, 1760 (1761).
[87] MüKoStGB/Graf § 201 Rn. 23.
[88] Matt/Renzikowski/Wietz/Zlobinski StGB § 201 Rn. 4.
[89] Esser/Tsambikakis PandemieStrafR/Esser § 18 Rn. 16.
[90] Schönke/Schröder/Eisele StGB § 201 Rn. 11.
[91] HM LK-StGB/Schünemann § 201 Rn. 16; Fischer StGB § 201 Rn. 6; BeckOK StGB/Heuchemer StGB § 201 Rn. 9; Schönke/Schröder/Eisele StGB § 201 Rn. 16; Kramer NJW 1990, 1760 (1762); Graf/Jäger/Wittig/Valerius StGB § 201 Rn. 14; aA Wölfl Jura 2003, 742.
[92] MüKoStGB/Graf § 201 Rn. 25.
[93] Graf/Jäger/Wittig/Valerius StGB § 201 Rn. 14.

22 | **Missbräuchliche Verwendung einer Aufnahme von Zeugen- oder Beschuldigtenvernehmungen**
Dass die Aufnahme im Fall des Abs. 1 Nr. 2 „so", dh unbefugt hergestellt wurde, bedeutet jedoch nicht (stets), dass sie auch **rechtswidrig** erlangt worden sein muss.[94] Zu denken ist hier insbesondere an Fälle, in denen eine **Beschuldigten- oder Zeugenvernehmung** zunächst befugt gem. §§ 136 Abs. 4, 58a Abs. 1 StPO aufgenommen wird[95] oder Aufnahmen nach §§ 100a ff. StPO rechtmäßig erlangt werden, die Aufnahme anschließend aber unzulässig, zB an die Presse, weitergegeben (Abs. 1 Nr. 2) oder gar der Inhalt der Aufnahme veröffentlicht wird (Abs. 2 Nr. 2).[96] Mit Blick auf den von § 201 StGB verfolgten Zweck, das Persönlichkeitsrecht des Sprechenden zu schützen, ist bei der Bezugnahme auf eine „so" hergestellte Aufnahme in diesem Fall zu differenzieren, wenn eine zunächst durch staatliche Funktionsträger und ohne Möglichkeit des Betroffenen, der Aufnahme zu widersprechen[97] (im Zweifel gegen den Willen des Betroffenen)[98] befugt erstellte Aufnahme – der Sprechende nimmt seine Wort hier grade nicht selbst auf – später missbräuchlich zu anderen Zwecken verwendet oder weitergegeben wird.[99] Das Verwendungsverbot in § 58a Abs. 2 S. 1 StPO reicht als Schutz vor missbräuchlicher Verwendung – zur Akteneinsicht, vgl. § 58a Abs. 2 S. 4–5 StPO – hier nicht aus, sondern sollte durch eine Strafbarkeit der missbräuchlichen Weitergabe und Verwendung gem. § 201 Abs. 1 Nr. 2 StGB ergänzt werden.

23 **Gebraucht** wird eine Aufnahme, wenn die technischen Möglichkeiten des Tonträgers ausgenutzt werden, was bei einer Reproduktion des gesprochenen Wortes durch Abspielen ebenso der Fall sein kann, wie beim Überspielen zur Gewinnung von Kopien.[100] Unerheblich ist, ob der Täter Kenntnis vom Inhalt nimmt oder die Kopien für Dritte anfertigt.[101]

24 Die Aufnahme wird einem Dritten **zugänglich gemacht,** wenn er durch Vorspielen oder das Bieten einer sonstigen Gelegenheit zum Abhören die Möglichkeit zur Kenntnisnahme erhält (zB **Einstellen im Internet/sozialen Netzwerken**).[102] Der Täter muss nicht selbst Kenntnis vom Inhalt nehmen,[103] es reicht wenn er einem Dritten Gewahrsam am Tonträger verschafft, zB durch Überlassen eines Tonträgers[104] oder durch Versenden einer Audiodatei per E-Mail.[105] Auch das **Teilen eines Internetlinks,** auf dem eine unbefugt erstellte Aufnahme abrufbar ist, unterfällt dem Zugänglichmachen iSd Abs. 1 Nr. 2.[106] Ein strafbares Handeln soll bereits dann gegeben sein, wenn in einem Schreiben auf den Internetlink, über den die aufgezeichnete Tonbandaufnahme abrufbar ist, hingewiesen wird. Etwas anderes gilt gleichwohl, wenn ein entspr. Link passwortgeschützt ist und unbekannte Dritte das Passwort (noch) nicht kennen.

---

[94] Schönke/Schröder/Eisele StGB § 201 Rn. 16.
[95] Ist die gebotene ordnungsgemäße Zeugenbelehrung nach § 52 Abs. 3 S. 1 StPO (versehentlich) unterblieben oder fehlerhaft gewesen, kann die Bild-Ton-Aufzeichnung grundsätzlich nicht vernehmungsersetzend eingeführt werden, vgl. BGH BeckRS 2022, 40457.
[96] Hofmann/Granzow jurisPR-ITR 4/2018 Anm. 2.
[97] Der Zeuge oder Beschuldigte hat die Aufzeichnung zu dulden; eine Ausnahme findet sich lediglich in § 58a Abs. 1 S. 3 StPO, vgl. BeckOK StPO/Huber StPO § 58a Rn. 13. Der Betroffene hat gegenüber den Strafverfolgungsbehörden einen Anspruch auf Löschung der Aufnahme gem. § 101 Abs. 8 StPO.
[98] LK-StGB/Schünemann § 201 Rn. 16.
[99] Str. Schönke/Schröder/Eisele StGB § 201 Rn. 16; MüKoStGB/Graf StGB § 201 Rn. 25; aA NK-StGB/Walter Kargl § 201 Rn. 12.
[100] BeckOK StGB/Heuchemer StGB § 201 Rn. 7.
[101] Schönke/Schröder/Eisele StGB § 201 Rn. 17.
[102] NK-StGB/Kargl § 201 Rn. 14.
[103] BeckOK StGB/Heuchemer StGB § 201 Rn. 7.
[104] NK-StGB/Kargl § 201 Rn. 14.
[105] Graf/Jäger/Wittig/Valerius StGB § 201 Rn. 16.
[106] AG Mönchengladbach-Rheydt v. 10.7.2018 – 21 Ds 71/18, BeckRS 2018, 41231.

3. Abhören des nichtöffentlichen Wortes mit einem Abhörgerät (Abs. 2 S. 1 Nr. 1)

Nach Abs. 2 S. 1 Nr. 1 macht sich strafbar, wer unbefugt das nicht zu seiner Kenntnis bestimmte nichtöffentlich gesprochene Wort eines anderen mit einem Abhörgerät abhört. 25

Abhörgeräte sind technische Mittel, die das gesprochene Wort verstärken oder übertragen und dadurch dessen unmittelbare Wahrnehmung über dessen normalen Klangbereich hinaus für den Täter hörbar machen.[107] 26

> Zu den **Abhörgeräten** gehören Mikrofone, Richtmikrofone, drahtlose Kleinstsender sowie Vorrichtungen zum „Anzapfen" von Telefonleitungen[108]. Ferner sind Webcams mit Tonübertragung taugliche Abhörgeräte.[109] Auch Spyware zur Überwachung von Internettelefonie kann ein Abhörgerät sein.[110] Im Telefon eingebaute Lautsprecher, Zweithörer und sonstige Mithöreinrichtungen sollen hingegen keine Abhörgeräte sein, da der Gesetzgeber eine einschränkende Auslegung des weit gefassten Tatbestandes des § 201 StGB vorgesehen habe.[111] Übliche und von der Post zugelassene *Mit*höreinrichtungen wie ein Zweithörer an einem Telefon sind keine Abhörgeräte.[112] **Mithören am Telefon ist kein Abhören** iSd Abs. 2 S. 1 Nr. 1.[113] Ein Polizeibeamter, der im Rahmen eines Ermittlungsverfahrens ein Telefongespräch über einen Zweithörer mitverfolgt, soll daher in der Regel nicht rechtswidrig handeln, falls ihm dies vom Benutzer des Anschlusses, der die Mithörmöglichkeit bietet, gestattet ist; das gilt auch dann, wenn er das Gespräch ohne Wissen des anderen Teilnehmers mithört.[114] 27
>
> In heutigen Zeiten erscheint es zielführend, auf den Einsatz des jeweiligen Geräts abzustellen und nicht schon Aspekte der Nichtöffentlichkeit und Unbefugtheit in den Begriff des Abhörgeräts einzubeziehen.[115] Somit können auch **Smartphones** und sonstige Geräte mit Telekommunikationsfunktion mit entsprechendem Willen zum Abhören eingesetzt werden, wenn zB ein Telefon oder Computer heimlich aktiviert oder ein entsprechend programmiertes Mobilfunktelefon in unmittelbarer Nähe des Betroffenen versteckt wird.[116] Abzustellen ist auf die jeweilige Funktion eines Geräts und die **konkrete** – übliche bzw. unübliche[117] – **Nutzung eines Geräts.**[118]

Abhören iSd § 201 StGB setzt voraus, dass ein technisches Abhörgerät eingesetzt wird. Ein Lauschen an der Wand oder an der Tür ohne technisches Hilfsmittel reicht hingegen nicht aus.[119] Die Worte müssen nicht verstanden oder unmittelbar wahrgenommen werden.[120] 28

Das abgehörte Wort muss **nichtöffentlich** sein (→ Rn. 11 ff.). 29

Der Tatbestand wird dadurch eingeschränkt, dass das nichtöffentlich gesprochene Wort 30
nicht zur Kenntnis des Täters bestimmt gewesen sein darf. Das bedeutet, dass ein Gesprächspartner, an den sich der Sprechende bewusst richtet, nicht Täter sein kann, selbst

---

[107] Graf/Jäger/Wittig/Valerius StGB § 201 Rn. 18; Matt/Renzikowski/Wietz/Zlobinski StGB § 201 Rn. 7; Fischer StGB § 201 Rn. 7.
[108] BGH NJW 1982, 1397.
[109] Schönke/Schröder/Eisele StGB § 201 Rn. 19.
[110] Esser/Tsambikakis PandemieStrafR/Esser § 18 Rn. 23.
[111] BGH NJW 1982, 1397 (1398) mit Verweis auf BT-Drs. 7/550, 236.
[112] BGH NJW 1994, 596 (598).
[113] Vgl. Lüderssen wistra 2006, 441 (442); Momsen/Grützner WirtschaftsSteuerStrafR-HdB/Klaas/Wybitul § 16 Rn. 353. Gleichwohl kann das Mithörenlassen über eine Freisprecheinrichtung ein unzulässiger Eingriff in das allgemeine Persönlichkeitsrecht des Gesprächspartners sein und einen Unterlassungsanspruch gem. §§ 823, 1004 BGB begründen, vgl. MAH Strafverteidigung/Neuhaus § 15 Rn. 55.
[114] BGH NJW 1994, 596 (598).
[115] Str. vgl. Fischer StGB § 201 Rn. 7a mwN.
[116] Schönke/Schröder/Eisele StGB § 201 Rn. 19.
[117] Vgl. zur Üblichkeit Graf/Jäger/Wittig/Valerius StGB § 201 Rn. 20.
[118] Fischer StGB § 201 Rn. 7a.
[119] Lackner/Kühl/Kühl StGB § 201 Rn. 5; MüKoStGB/Graf § 201 Rn. 28.
[120] NK-StGB/Walter Kargl § 201 Rn. 16.

wenn er ein Mikrofon mit sich führt.[121] Auf die Heimlichkeit der Aufnahme kommt es nicht an, sondern allein auf den **Willen des jeweils Sprechenden.**[122] Dessen nichtöffentlich gesprochene Worte sind auch dann nicht zur Kenntnis bestimmt, wenn der Sprechende weiß, dass eine Abhöranlage läuft, er dies aber missbilligt.[123]

31 Teilweise wird vertreten, dass aufgrund der Sozialüblichkeit von in technischen Geräten eingebauten Mithörgelegenheiten (zB Lautsprecher am Telefon, Konferenzschaltung) der Sprecher sich nicht auf die Vertraulichkeit verlassen könne, da ein Mithören jederzeit möglich sei.[124] Eine Verletzung des Persönlichkeitsrechts liegt aber jedenfalls vor, wenn das Verhalten des Teilnehmers, der einen Dritten mithören lässt, auf **Täuschung** angelegt ist, der Inhalt des Gespräches **vertraulichen Charakter** hat oder der Gesprächspartner **ausdrücklich erklärt,** dass er Wert auf Vertraulichkeit lege.[125]

4. Öffentliches Mitteilen (Abs. 2 S. 1 Nr. 2)

32 Die Tathandlung des Abs. 2 S. 1 Nr. 2 erfordert, dass das nach Abs. 1 Nr. 1 aufgenommene (→ Rn. 17) oder nach Absatz 2 Nr. 1 abgehörte (→ Rn. 29) nichtöffentlich (→ Rn. 11) gesprochene Wort (→ Rn. 8 ff.) eines anderen im Wortlaut oder seinem wesentlichen Inhalt nach öffentlich mitgeteilt wird.[126]

33 **a) Tathandlung.** Nach dem Willen des Gesetzgebers orientiert sich ein „**öffentliches Mitteilen**" an § 353d Nr. 3 StGB, und ist anzunehmen, wenn der Inhalt eines aufgenommenen oder abgehörten Wortes in einer Weise mitgeteilt wird, dass unbestimmt viele und unbestimmt welche Personen Kenntnis nehmen können.[127]

34 **Täter** des Abs. 2 S. 1 Nr. 2 kann der Aufnehmende, der Abhörende oder ein Dritter sein.[128]

35 Das gesprochene Wort muss im **Wortlaut** oder nach seinem **wesentlichen Inhalt** mitgeteilt werden. Unter der Mitteilung des wesentlichen Inhalts ist eine sinngemäße Darstellung zu verstehen, die eine zutreffende Vorstellung von der Äußerung vermittelt.[129] Voraussetzung für die Beeinträchtigung des Persönlichkeitsrechts durch die Verbreitung einer Bild- und Tonaufnahme ist die **Erkennbarkeit bzw. Identifizierbarkeit der Person.**[130] Veröffentlichen Personen im Rahmen einer sog. „Pädophilenjagd" (Pedo Hunters) im Internet (zB auf Youtube) unbefugt aufgenommenes Tonmaterial, ist dies kein öffentliches Mitteilen, solange die Aufnahme anonymisiert wird.[131]

36 Wurde eine Aufnahme mit dem **Einverständnis** des Sprechenden gefertigt, scheidet ein strafbares Handeln aus (→ Rn. 42 ff.).

37 **b) Bagatellklausel Abs. 2 S. 2.** Das öffentliche Mitteilen ist aufgrund der Bagatellklausel des Abs. 2 S. 2 nur strafbar, wenn die öffentliche Mitteilung geeignet ist, **berechtigte Interessen eines anderen zu beeinträchtigen.** Hierdurch wird der Anwendungsbereich des Abs. 2 S. 1 Nr. 2 eingegrenzt und auf Fälle beschränkt, deren Unrechtsgehalt den anderen Tathandlungen des § 201 StGB (insbesondere unbefugtes Aufnehmen und Abhören) im Sinne einer Gefährdung des persönlichen Lebens- und Geheimbereichs vergleichbar ist.[132] Nach dem Wortlaut der Norm reicht es aus, dass die öffentliche Mitteilung *geeignet*

---

[121] MüKoStGB/Graf § 201 Rn. 29.
[122] NK-StGB/Walter Kargl § 201 Rn. 15.
[123] MüKoStGB/Graf § 201 Rn. 29.
[124] BGH NJW 1994, 596 (598).
[125] BGH NJW 1994, 596 (598).
[126] Schönke/Schröder/Eisele StGB § 201 Rn. 23.
[127] BT-Drs. 11/6714, 3.
[128] BeckOK StGB/Heuchemer StGB § 201 Rn. 14.
[129] Matt/Renzikowski/Wietz/Zlobinski StGB § 201 Rn. 9.
[130] OLG Dresden medstra 2020, 187; Hoven/Wiedmer StV 2022, 247 (250).
[131] Hoven/Wiedmer StV 2022, 247.
[132] BT-Drs. 11/7414, 4.

ist, die Interessen zu beeinträchtigen.[133] Ob die Interessen materiell oder ideell, privat oder öffentlich sind, ist gleichgültig, sofern sie vom Recht als schutzwürdig anerkannt sind.[134] Bei einem öffentlichen Bloßstellen[135] oder einer Gefährdung des persönlichen Lebens- und Geheimbereichs[136] ist dies anzunehmen. Offensichtlich belanglose Äußerungen, etwa ein Gespräch über das Wetter, sind hingegen nach dem Willen des Gesetzgebers von der Tatbestandsmäßigkeit ausgenommen.[137]

c) Öffentliche Mitteilung zur Wahrnehmung überragender öffentlicher Interessen 38
Abs. 2 S. 3. Die öffentliche Mitteilung iSd Abs. 2 S. 1 Nr. 2 ist nicht rechtswidrig, wenn sie zur Wahrnehmung überragender öffentlicher Interessen gemacht wird. Es handelt sich um einen **besonderen Rechtfertigungsgrund,** der dem rechtfertigenden Notstand nach § 34 StGB ähnelt. Es ist eine **Interessenabwägung** zwischen dem Schutz des persönlichen Lebens- und Geheimbereichs des Sprechenden und der Wahrnehmung überragender öffentlicher Interessen vorzunehmen.[138] Konkret geht es regelmäßig um Fälle aus dem Bereich der **Presse- und Meinungsfreiheit.**[139] Voraussetzung für die Wahrnehmung überragender öffentlicher Interessen ist, dass die Bedeutung der Informationen für die Unterrichtung der Öffentlichkeit und für die öffentliche Meinungsbildung eindeutig die Nachteile überwiegt, welche der Rechtsbruch für den Betroffenen und für die Rechtsordnung nach sich ziehen.[140] Die Aufdeckung einer schweren Straftat nach § 129a Abs. 1 StGB oder § 138 StGB soll zB ein überragendes öffentliches Interesse an der Veröffentlichung begründen können.[141]

Der Rechtfertigungsgrund bezieht sich ausdrücklich **nur auf Handlungen des Abs. 2** 39
S. 1 Nr. 2. Ein unbefugtes Aufnehmen (Abs. 1 Nr. 1) oder das unbefugte Abhören (Abs. 2 S. 1 Nr. 1) ist somit regelmäßig rechtswidrig, selbst wenn die Handlung und anschließende Veröffentlichung zur Wahrnehmung überragender öffentlicher Interessen erfolgt.[142] Offenbart sich bspw. bei der unbefugten Aufnahme eines Telefongesprächs zufällig ein schwerer, die Öffentlichkeit interessierender Missstand, so ist das unbefugte Aufnehmen wegen des damit verwirklichten Eingriffs in die Privatsphäre des Abgehörten nach Abs. 2 S. 1 Nr. 1 strafbar, selbst wenn die nachfolgende Veröffentlichung des Gesprächsinhalts nach § 201 Abs. 2 S. 3 StGB gerechtfertigt ist.[143] Die irrtümlich falsche Abwägung nach Abs. 2 S. 3 ist bei einem ansonsten zutreffend bewerteten Sachverhalt ein Verbotsirrtum.[144]

III. „Unbefugt"

Nach dem Wortlaut von § 201 StGB muss der Täter in allen Fällen „unbefugt", dh rechts- 40 widrig handeln.[145] Umstritten ist, ob bei einem befugten Handeln, zB wenn der Täter mit Einverständnis des Berechtigten handelt, bereits die **Tatbestandsmäßigkeit ausgeschlossen** ist oder, ob der Täter nur **gerechtfertigt** handelt (Einwilligung).[146] Es wird vertreten, dass das Merkmal „unbefugt" eine Doppelfunktion habe, weshalb nur durch heimliche

---

[133] Vgl. ausführlich Schönke/Schröder/Eisele StGB § 201 Rn. 27.
[134] Schönke/Schröder/Eisele StGB § 201 Rn. 27.
[135] BT-Drs. 11/6714, 4.
[136] BT-Drs. 11/7414, 4.
[137] BT-Drs. 11/7414, 4.
[138] MüKoStGB/Graf § 201 Rn. 55.
[139] BVerfGE 66, 139 = NJW 1984, 1741.
[140] BVerfGE 66, 139 = NJW 1984, 1741.
[141] BT-Drs. 11/7414, 5.
[142] BT-Drs. 11/7414, 5.
[143] BT-Drs. 11/7414, 5; MüKoStGB/Graf § 201 Rn. 55.
[144] Schönke/Schröder/Eisele StGB § 201 Rn. 35.
[145] HM Fischer StGB § 201 Rn. 9.
[146] Zum Streitstand MüKoStGB/Graf StGB § 201 Rn. 40 und LK-StGB/Schünemann § 201 Rn. 9. In Bezug auf die Aufnahme eins Telefonats geht der 1. Strafsenat davon aus, dass beim Vorliegen der Voraussetzungen des § 100a StPO die Tat „gerechtfertigt" sei, vgl. BGH NStZ 2008, 473.

Tonaufnahmen das Vertrauen in die Flüchtigkeit des gesprochenen Wortes enttäuscht werde und eine mit Einverständnis des Sprechenden erstellte Aufnahme insofern nicht mehr schutzbedürftig und daher schon nicht tatbestandsmäßig sei.[147] Im Ergebnis weicht die Beurteilung der meisten Fallbeispiele hinsichtlich einer Strafbarkeit jedoch nicht voneinander ab (zu den Auswirkungen bei möglichen Irrtümern siehe → Rn. 55).

1. Einwilligung

41 Eine **Einwilligung** des Sprechenden in die Aufnahme kann die Tat rechtfertigen[148] bzw. (als Einverständnis) den Tatbestand ausschließen.[149] Allerdings ist die Aufnahme eines nichtöffentlich gesprochenen Wortes nicht schon deshalb gerechtfertigt, weil die Aufnahme mit Wissen des Sprechenden erfolgt. Vielmehr kann die Handlung nur dann als nicht rechtswidrig (oder nicht tatbestandsmäßig) gelten, wenn das Wissen des Verletzten im Hinblick auf die Gesamtumstände dessen Einwilligung **ausdrückt**.[150] Eine **konkludente Einwilligung** wird unterstellt werden können in Fällen, in denen der Sprechende von der Aufnahme Kenntnis hat und, ohne einem inneren oder äußeren Druck ausgesetzt zu sein, seine Rede fortsetzt.[151] Denkbar sind auch Fälle, in denen eine **mutmaßliche Einwilligung** unterstellt werden darf, die auch konkludent erteilt werden kann,[152] zB wenn eine Aufnahme den geschäftlichen Gepflogenheiten entspricht, ausschließlich der Übermittlung sachlicher Informationen dient[153] und daher **sozialadäquat** ist.[154] Hingegen ist die Aufnahme eines **Anrufs in einem Call-Center** nur mit ausdrücklicher Einwilligung und vorheriger Aufklärung aufzuzeichnen.[155]

42 **Sprachnachrichten in Messenger-Diensten** werden regelmäßig vom Sprechenden selbst hergestellt, weshalb diese Nachrichten nicht dem Schutzbereich des § 201 StGB unterfallen.[156] Eine Weitergabe derartiger Nachrichten ist nicht strafbar, da die Nachricht nicht unbefugt („so") iSd Abs. 1 Nr. 2 hergestellt wurde (→ Rn. 22).

43 Wem am Telefon erklärt wird, das Gespräch sei oder werde nunmehr **laut gestellt**, erfährt dadurch, dass eine dritte Person mithört. Wer das Telefonat in Kenntnis der Wahrnehmbarkeit für einen Dritten weiterführt, stimmt damit dessen Einbeziehung zu.[157] Das bloße Mithören des lautgestellten Telefonats ist ebenfalls nicht strafbar.

44 Wird die zunächst erteilte **Einwilligung später zurückgezogen**, stellt das Gebrauchen oder Weitergeben einer solchen befugt hergestellten Aufnahme zwar einen Eingriff in das Allgemeine Persönlichkeitsrecht dar, ist jedoch nicht nach Abs. 1 Nr. 2 strafbar, da im Regelfall nur der Gebrauch einer auf rechtswidrige Weise zustande gekommenen Tonaufzeichnung pönalisiert ist.[158]

---

[147] Ohne Entscheidung in der Sache aber mit dem Hinweis, dass die Komplexität der Rechtsfrage einen Fall der notwendigen Verteidigung gem. § 140 Abs. 2 StPO begründe, KG NJW 2008, 3449; Schönke/Schröder/Eisele StGB § 201 Rn. 29; Matt/Renzikowski/Wietz/Zlobinski StGB § 201 Rn. 2.
[148] Fischer StGB § 201 Rn. 10.
[149] Schönke/Schröder/Eisele StGB § 201 Rn. 13.
[150] OLG Thüringen NStZ 1995, 502.
[151] MüKoStGB/Graf § 201 Rn. 46; vgl. auch BVerfG NJW 2003, 2375.
[152] Schönke/Schröder/Eisele StGB § 201 Rn. 13.
[153] OLG Karlsruhe NJW 1979, 1513 (1514).
[154] Fischer StGB § 201 Rn. 11; OLG Frankfurt NJW 1977, 1547 (1548).
[155] Lüderssen wistra 2006, 441 (446).
[156] Hoven/Wiedmer StV 2022, 247 (250); Satzger/Schluckebier/Widmaier StGB/Bosch § 201 Rn. 2.
[157] OLG Koblenz MDR 2014, 743.
[158] Kramer NJW 1990, 1760 (1762). Zur Ausnahme bei befugt hergestellten Aufnahmen von Beschuldigtenvernehmungen, vgl. → Rn. 23.

> **Praxistipp: Überwachung von Mitarbeitenden im Unternehmen und Internal Investigations** 45
>
> Verdeckte Tonaufnahmen oder das verdeckte Mithören des gesprochenen Wortes in den Geschäftsräumen eines Unternehmens sind grundsätzlich unbefugt. Lediglich in sehr engen Grenzen, zB aus Gründen der Notwehr oder im Notstand zum legitimen Schutz übergeordneter Interessen, kann eine Aufnahme im **Ausnahmefall** zulässig sein.[159] Ein Abhören oder Mitschneiden setzt im konkreten Einzelfall mindestens den begründeten Verdacht einer Straftat voraus.[160] Im Rahmen einer internen Ermittlung sollten dabei (zumindest) die Grenzen von § 201 StGB iVm § 100a StPO beachtet werden, wonach die Aufzeichnung nur zur Verhinderung oder Beendigung einer das Unternehmen akut gefährdenden Katalogtat iSd § 100a StPO angefertigt oder verwendet wird.[161]

2. Gesetzliche Befugnisse

Als Rechtfertigungsgrund kommt eine **gesetzliche Erlaubnis** zur Aufnahme, zum Gebrauchen oder Abhören des gesprochenen Wortes in Betracht. Zu nennen sind hier: 46

- **Art. 13 Abs. 3 und 4 GG**[162] und das Gesetz zur Beschränkung des Brief-, Post- und Fernmeldegeheimnisses **(G10-Gesetz)**.
- Ermittlungsmaßnahmen der Strafverfolgungsbehörden nach **§§ 100a, 100b, 100c ff. StPO**.
- Die, teilweise sogar verpflichtende, Aufzeichnung einer Vernehmung in Bild und Ton durch Ermittlungsbehörden gem. **§§ 136 Abs. 4, 58a StPO**.
- **§ 49 Abs. 7 AufenthG** und **§ 16 Abs. 1 AsylG** enthalten jeweils die Berechtigung, das gesprochene Wort aufzunehmen.
- **§ 47 Abs. 2 ZFdG** enthält besondere Maßnahmen zur Gefahrenabwehr durch das Zollkriminalamt und die Zollfahndungsämter, wozu auch das Abhören oder Aufzeichnen des außerhalb von Wohnungen nichtöffentlich gesprochenen Wortes gehört.
- Die **§§ 34 Abs. 1, 45, 46, 64 BKAG** erlauben den Einsatz technischer Mittel zur Eigensicherung und zur Datenerhebung durch das BKA. Ähnliche Befugnisse ergeben sich für die Bundespolizei aus **§ 28 Abs. 2 Nr. 2 BPolG**.
- Nach **Art. 16 Abs. 7 MiFID II**[163] sollen Telefongespräche zum Handel mit Wertpapieren und in diesem Kontext erbrachten Dienstleistungen aufgezeichnet werden.[164]
- Die **Polizeigesetze** der Länder enthalten ebenfalls Eingriffsbefugnisse, die iRd § 201 StGB zu berücksichtigen sind.[165]

3. Allgemeine Rechtfertigungsgründe

Schließlich kommen auch **allgemeine Rechtfertigungsgründe** in Betracht.[166] Bei der 47 Prüfung, ob Rechtsfertigungsgründe vorliegen, ist häufiger als sonst Raum für **richterliche Abwägung** und Wertung,[167] wobei von dem Grundsatz auszugehen ist, dass dem Sprechenden die Kontrolle der Reichweite seiner nichtöffentlich gemachten Äußerungen

---

[159] Spehl/Momsen/Grützner CCZ 2014, 2.
[160] Petri ArbStrafR Kap. C. Rn. 178.
[161] Spehl/Momsen/Grützner CCZ 2014, 2; Momsen/Grützner WirtschaftsSteuerStrafR-HdB/Klaas/Wybitul § 16 Rn. 350, die zudem auf die Notwendigkeit einer Datenschutzfolgenabschätzung gem. Art. 35 DS-GVO hinweisen.
[162] Vgl. dazu BVerfGE 109, 279 = NStZ 2004, 270.
[163] RL 2014/65/EU des Europäischen Parlaments und des Rates v. 15.5.2014.
[164] Zu Umfang und Grenzen, vgl. Roth/Blessing CCZ 2017, 8.
[165] MüKoStGB/Graf § 201 Rn. 41 mwN.
[166] Vgl. Wölfl Jura 2000, 231.
[167] LG Karlsruhe BeckRS 2023, 95.

zusteht und die Gründe, die einen Eingriff rechtfertigen sollen, von erheblichem Gewicht sein müssen.[168]

48 **Notwehr:** Eine Aufnahme kann aufgrund von Notwehr gem. **§ 32 StGB** gerechtfertigt sein, zB die zulässige Aufnahme der Erpresserstimme während einer Entführungsaktion und deren Abspielen unter einer von potenziellen Zeugen wählbaren Telefonnummer.[169]

49 **Notstand:** Eine Aufnahme kann ferner zulässig sein, wenn die engen Voraussetzungen eines rechtfertigenden Notstands gem. **§ 34 StGB** erfüllt sind,[170] so zB in Fällen einer Dauergefahr die Aufnahme der Anrufe bei anhaltendem „Telefonterror",[171] wobei auch hier zu prüfen ist, inwiefern vorrangig die Möglichkeit einer staatlichen Maßnahme (zB Fangschaltung) besteht. Voraussetzung ist daher stets das Vorliegen einer konkreten gegenwärtigen Gefahr.[172]

50 Inwiefern es gem. § 34 StGB zulässig ist, ohne Wissen seines Gesprächspartners Tonbandaufnahmen von einem Telefongespräch anzufertigen, wenn es darum geht, strafbare Äußerungen des anderen **zu Beweiszwecken**[173] festzuhalten, hängt vom Einzelfall ab.[174] Regelmäßig wird das Beweisbeschaffungsinteresse der Privatperson dem Schutzinteresse des Betroffenen an der Vergänglichkeit des gesprochenen Wortes unterliegen, weshalb Befugnisse zur heimlichen Aufnahme den staatlichen Verfolgungsbehörden vorbehalten sind (siehe aber die Möglichkeit einer Verwertung → Rn. 64 ff.).[175] Eine Rechtfertigung nach § 34 StGB kann beim heimlichen Fixieren (Abs. 1 Nr. 1) eines Gesprächs anzuerkennen sein, wenn die Beweisführung sonst unmöglich ist; der Gesprächspartner muss es in diesem Fall eher hinnehmen, beim Wort genommen zu werden.[176] Weiterhin wird eine besonders restriktive Auslegung des Merkmals „unbefugt" befürwortet, soweit im Rahmen von fortdauernden Auseinandersetzungen zwischen einzelnen Personen eine erkennbar in Beweisnot befindlich Person von ihr gefertigte Audioaufnahmen ausschließlich mit den für die Auseinandersetzung jeweils zuständigen Behörden teilt.[177] Allerdings ist zu beachten, dass eine Aufnahme schon nicht ein geeignetes Mittel iSd § 34 StGB ist, wenn der späteren Verwendung ein Beweisverwertungsverbot entgegen steht.[178] Eine heimliche Aufnahme zum Tatnachweis einer Beleidigung soll die Begehung des § 201 StGB nicht rechtfertigen.[179] Auch zu Nachweiszwecken in Zivilverfahren sind derartige Aufnahmen regelmäßig nicht geeignet, eine Aufnahme zur rechtfertigen.[180]

51 Weiterer Rechtfertigungsgründe, wie einer „notwehrähnliche Lage", einer entsprechenden Anwendung des § 193 StGB, des § 127 StPO oder eines allgemeinen Rechtfertigungsgrunds der Verfolgung überwiegender Interessen,[181] bedarf es hingegen nicht, denn die §§ 32, 34 StGB reichen aus, um alle Fälle sachgerecht zu lösen.[182]

---

[168] OLG Karlsruhe NJW 1979, 1513.
[169] BGH NJW 1986, 2261 (2264).
[170] MüKoStGB/Graf § 201 Rn. 51.
[171] BGH NStZ 1982, 254; NK-StGB/Kargl § 201 Rn. 26.
[172] Zum Fall der Veröffentlichung bei den „Pädophilenjägern", Hoven/Wiedmer StV 2022, 247 (250).
[173] Zur Verwertbarkeit von Aufnahmen sog. Dash-Cams im Zivilprozess BGHZ 218, 348 = NJW 2018 2863; Greger NZV 2015, 114.
[174] Zustimmend KG Berlin JR 1981, 254; BayObLG NStZ 1994, 503; abwägend BVerfGE 34, 238 = NJW 1973, 359; im Grundsatz ablehnend BGH NJW 1986, 2261; krit. MüKoStGB/Graf § 201 Rn. 51.
[175] Eine Aufnahme zur Aufklärung schwerster Straftaten iSd § 100a StPO (sog. „Cybergrooming" gehört nicht dazu) kann im Einzelfall denkbar sein, vgl. Hoven/Wiedmer StV 2022, 247 (250).
[176] Schönke/Schröder/Eisele StGB § 201 Rn. 31b mwN.
[177] LG Karlsruhe BeckRS 2023, 95.
[178] Schönke/Schröder/Eisele StGB § 201 Rn. 31b.
[179] MüKoStGB/Graf § 201 Rn. 13.
[180] BGHZ 27, 284.
[181] Vgl. OLG Düsseldorf BeckRS 2011, 26029 mwN; OLG Köln NJW-RR 2020, 30 (34 f.); Redder JA 2019, 519.
[182] LK-StGB/Schünemann § 201 Rn. 41 mwN.

Heimliche Aufnahmen durch (Investigativ-)Journalisten 52

Regelmäßig fertigen Journalisten heimlich Tonaufnahmen an, um damit rechtswidrige Zustände oder gewichtige Missstände aufzudecken.[183] Bereits die verdeckte Aufzeichnung eines Gesprächs kann einen strafrechtswidrigen Eingriff darstellen.[184] Denn auch die Rundfunk- und Pressefreiheit nach Art. 5 Abs. 2 GG findet ihre Schranken in den Vorschriften der allgemeinen Gesetze, wozu auch § 201 StGB gehört.[185] Verschafft sich der Publizierende die Informationen widerrechtlich selbst, zB durch Täuschung, und in der Absicht, sie gegen den Getäuschten zu verwerten, hat die Veröffentlichung grundsätzlich zu unterbleiben.[186] Nutzt der Journalist selbst erstelltes Material, kann er sich hinsichtlich der Aufnahme auch **nicht** auf den Rechtfertigungsgrund des **öffentlichen Interesses** gemäß Abs. 2 S. 3 berufen, da dieser nur für den Fall der Nutzung einer von Dritten erstellten Aufnahme nach Abs. 2 S. 1 Nr. 2 Anwendung findet (→ Rn. 40).[187]

Dennoch sollen sich Pressenvertreter in Ausnahmefällen heimlicher Tonband- und auch Filmaufnahmen bedienen dürfen.[188] Zur Begründung wird – zumeist von Zivilgerichten bei entsprechenden Unterlassungsklagen – teilweise auf die allgemeinen Rechtfertigungsgründe der §§ 32, 34 StGB, eine entsprechende Anwendung des § 193 StGB oder einen allgemeinen Rechtfertigungsgrund der Verfolgung überwiegender Interessen abgestellt.[189] In diesen Fällen muss jedenfalls festgestellt werden, dass das verfolgte **Informationsinteresse der Öffentlichkeit** und ihr Recht auf Meinungs- und Medienfreiheit das Interesse am **Schutz der Persönlichkeit** im Einzelfall überwiegt.[190] Dies wurde zB im Fall der Veröffentlichung rechtswidrig erlangter privater E-Mails bei Berichtsinteresse[191] oder der Dokumentation von personellen Problemen bei der Versorgung von Patienten in einem städtischen Klinikum[192] bejaht.

Mit Blick auf eine Rechtfertigung des strafrechtlich relevanten Handelns gem. § 201 StGB muss gem. § 34 StGB aber stets eine **gegenwärtige, nicht anders abwendbare Gefahr** festgestellt werden, die es abzuwenden gilt. Heimlich in einem psychiatrischen Krankenhaus angefertigte Bild- und Tonaufnahmen, die zu journalistischen Zwecken genutzt werden sollen, können daher in rechtswidriger Weise die Tatbestände der §§ 201, 201a, 203 StGB zu verwirklichen.[193] Geht ein Journalist bei der Anfertigung einer Aufnahme davon aus, dass das Informationsinteresse der Öffentlichkeit das Recht auf Schutz der Privatsphäre des Betroffenen überwiege, kommt ein schuldausschließender unvermeidbarer **Verbotsirrtum** iSd § 17 StGB in Betracht.[194]

---

[183] Sajuntz NJW 2020, 583 (585).
[184] Satzger/Schluckebier/Widmaier StGB/Bosch § 201 Rn. 14.
[185] BVerfG NJW 2011, 1859 (1860); NJW 1984, 1741; MüKoStGB/Graf § 201 Rn. 48.
[186] Eine Ausnahme von diesem Grundsatz kommt nur in Betracht, wenn die Bedeutung der Information für die Unterrichtung der Öffentlichkeit und für die öffentliche Meinungsbildung eindeutig die Nachteile überwiegt, die der Rechtsbruch für den Betroffenen und die Geltung der Rechtsordnung nach sich ziehen muss, vgl. BGH NJW 2018, 2877.
[187] OLG Köln NJW-RR 2020, 30 (34).
[188] OLG München ZUM 2005, 399; GRUR-RR 2004, 145, (146f.); OLG Saarbrücken, NJW-RR 2010, 346; LG Hamburg AfP 2008, 639; aA MüKoStGB/Graf § 201 Rn. 48; nur unter Beachtung der engen Voraussetzungen des § 34 StGB, Schönke/Schröder/Eisele StGB § 201 Rn. 31c.
[189] Vgl. OLG Düsseldorf BeckRS 2011, 26029 mwN; OLG Köln NJW-RR 2020, 30 (34f.); Redder JA 2019, 519.
[190] BGH NJW 2018, 2877.
[191] BGH NJW 2015, 782; OLG Dresden medstra 2020, 187.
[192] OLG Hamburg BeckRS 2018, 30525.
[193] OLG Köln NJW-RR 2020, 30.
[194] AG Eschweiler BeckRS 2013, 10172.

C. Subjektiver Tatbestand

53 Der Täter muss mindestens mit (bedingtem) Vorsatz gem. § 15 StGB handeln.[195] Bei einem Verstoß gegen Abs. 1 Nr. 2 muss sich der Vorsatz zudem auch darauf beziehen, dass die gebrauchte Aufnahme unbefugt iSv Abs. 1 Nr. 1 hergestellt worden ist.[196]

54 Geht man davon aus, dass ein Einverständnis tatbestandsausschließend wirkt, schließt dessen irrtümliche Annahme den Vorsatz gem. § 16 StGB aus (**Tatbestandsirrtum**).[197] Mangels vorsätzlicher Haupttat blieben Teilnahmehandlungen straflos.[198] Wurde eine Einwilligung wirksam erteilt, aber der Täter kennt diese nicht, liegt ein strafbarer **untauglicher Versuch** vor.[199] Nach wohl herrschender Meinung ist bei einem Irrtum über die tatsächlichen Umstände zu prüfen, ob gem. § 16 StGB analog ein den Vorsatz ausschließender **Erlaubnistatbestandsirrtum** vorliegt.[200] Hier wären Beihilfehandlungen erfasst.[201] Geht der Täter hingegen von zutreffenden tatsächlichen Umständen aus, hält sich aber aufgrund falscher rechtlicher Wertung, zB wegen der irrtümlichen Annahme, es bestehe eine mutmaßliche Einwilligung, für befugt, das Gespräch auf einen Tonträger aufzunehmen, so kommt lediglich ein **Verbotsirrtum** iSv § 17 S. 1 StGB in Betracht.[202]

D. Rechtswidrigkeit

55 Näher dazu unter dem Merkmal „unbefugt" (→ Rn. 41 ff.).

E. Qualifikation: Amtsträger (Abs. 3)

56 Nach dem Qualifikationstatbestand des Abs. 3 können Täter, die gleichzeitig **Amtsträger** (vgl. § 11 Abs. 1 Nr. 2 und § 48 Abs. 1 WStG) oder für den **öffentlichen Dienst besonders Verpflichtete** (§ 11 Abs. 1 Nr. 4 StGB) sind, mit höherer Strafe sanktioniert werden (sog. unechtes Amtsdelikt). Für den nicht qualifizierten Teilnehmer gilt § 28 Abs. 2 StGB.[203]

57 Zwischen der dienstlichen Tätigkeit und der Tat muss ein Kausalzusammenhang bestehen.[204] Ob davon auch die Nutzung von dienstlichen Geräten außerhalb der Dienstzeit zu privaten Zwecken erfasst ist, wird unterschiedlich bewertet.[205] Handelt ein Amtsträger, ist die Tat ein **Offizialdelikt,** dh ein Strafantrag gem. § 205 Abs. 1 StGB muss nicht gestellt werden.[206]

---

[195] Fischer StGB § 201 Rn. 14.
[196] OLG Düsseldorf NJW 1995, 975. Zu differenzieren ist hier allerdings in Fällen, in denen eine Aufnahme zunächst, zB gem. § 136 Abs. 4 StPO, rechtmäßig erstellt wird, später aber rechtswidrig verwendet wird (→ Rn. 23), vgl. Schönke/Schröder/Eisele StGB § 201 Rn. 35.
[197] Satzger/Schluckebier/Widmaier StGB/Bosch § 201 Rn. 12.
[198] Helmrich JA 2006, 351 (356).
[199] MüKoStGB/Graf § 201 Rn. 58.
[200] Schönke/Schröder/Eisele StGB § 201 Rn. 35; LK-StGB/Schünemann § 201 Rn. 30; Lackner/Kühl/Kühl StGB Vorb. Zu § 201 Rn. 2.
[201] MüKoStGB/Joecks/Kulhanek § 16 Rn. 136.
[202] OLG Karlsruhe NJW 1979, 1513 (1515); OLG Frankfurt NJW 1977, 1547 (1548); AG Eschweiler Beck-RS 2013, 10172.
[203] Fischer StGB § 201 Rn. 15.
[204] Matt/Renzikowski/Wietz/Zlobinski StGB § 201 Rn. 11.
[205] Zustimmend Fischer StGB § 201 Rn. 15, LK-StGB/Schünemann § 201 Rn. 48; aA Schönke/Schröder/Eisele StGB § 201 Rn. 28; NK-StGB/Kargl § 201 Rn. 35.
[206] Fischer StGB § 201 Rn. 15.

F. Versuch (Abs. 4)

Der **Versuch** ist gemäß Abs. 4 strafbar. Die Tat wird beispielsweise mit der Inbetriebnahme von Abhör- oder Aufzeichnungsgeräten versucht,[207] wenn die Aufnahme misslingt oder das gesprochene Wort nicht wieder reproduzierbar ist.[208] Ein **unmittelbares Ansetzen** ist bspw. mit der Inbetriebnahme von Abhör- oder Aufzeichnungsgeräten gegeben.[209]   58

Die Tat ist **vollendet,** wenn der Täter das erste nichtöffentlich gesprochenes Wort aufgenommen oder (ab-)gehört hat;[210] ob der Sprechende seine Äußerungen abgeschlossen hat, ist unerheblich.[211]   59

G. Einziehung (Abs. 5)

Gemäß Abs. 5 können **Tonträger und Abhörgeräte,** die der Täter oder Teilnehmer verwendet hat, gem. § 74 StGB eingezogen werden. Dazu gehören auch angefertigte Aufnahmen und ggf. die Geräte, auf denen sie gespeichert sind.[212] Ferner ordnet Abs. 5 S. 2 an, dass auch eine **Einziehung gegenüber tatunbeteiligten Dritten** gem. § 74a StGB möglich ist. Schließlich ist auch eine selbständige Einziehung nach § 76a StGB denkbar.[213]   60

H. Prozessuales

I. Strafantrag

In den Fällen des § 201 Abs. 1 und 2 StGB wird die Tat gem. § 205 Abs. 1 StGB **nur auf Antrag verfolgt.** Strafantrag muss durch den Verletzten bzw. dessen Vertreter (§ 77 StGB) bis zum Ablauf einer **Frist von drei Monaten** gestellt werden, § 77b Abs. 1 StGB. Die Frist beginnt gem. § 77b Abs. 2 StGB mit Ablauf des Tages, an dem der Berechtigte von der Tat und der Person des Täters Kenntnis erlangt. § 201 StGB ist kein Privatklagedelikt iSd §§ 374 ff. StPO.   61

II. Konkurrenzen

Zwischen Abs. 1 und Abs. 2 kann Tateinheit bestehen.[214] Beabsichtigt der Täter bereits bei der Aufnahme gem. Abs. 1 Nr. 1 eine bestimmte Verwendung iSv Abs. 1 Nr. 2, handelt es sich um eine einheitliche Tat.[215] Entschließt sich der Täter später zum Gebrauch, ist Tatmehrheit anzunehmen.[216]   62

Tateinheit ist ferner möglich mit   63
- §§ 94 ff. StGB (Landesverrat und Geheimnisverrat),
- §§ 185 ff. StGB (Beleidigung),
- im Falle des Abs. 3 auch mit § 353b StGB (Verletzung des Dienstgeheimnisses und einer besonderen Geheimhaltungspflicht) und § 206 StGB (Verletzung des Post- oder Fernmeldegeheimnisses)
- §§ 96, 98, 99, 17 Abs. 2, 4 UWG.

---

[207] Fischer StGB § 201 Rn. 16.
[208] Graf/Jäger/Wittig/Valerius StGB § 201 Rn. 29.
[209] Fischer StGB § 201 Rn. 16.
[210] Satzger/Schluckebier/Widmaier StGB/Bosch § 201 Rn. 9.
[211] Graf/Jäger/Wittig/Valerius StGB § 201 Rn. 28.
[212] BeckOK StGB/Heuchemer StGB § 201 Rn. 21.
[213] Fischer StGB § 201 Rn. 17.
[214] Matt/Renzikowski/Wietz/Zlobinski StGB § 201 Rn. 17; Schönke/Schröder/Eisele StGB § 201 Rn. 38.
[215] Matt/Renzikowski/Wietz/Zlobinski StGB § 201 Rn. 18.
[216] Schönke/Schröder/Eisele StGB § 201 Rn. 38.

64 Das **Herstellen oder Bereitstellen von getarnten Abhöranlagen** kann zudem eine Strafbarkeit nach § 27 Abs. 1 Nr. 3 TTDSG begründen (hierzu: → § 23 Rn. 30). Die Werbung für getarnte Abhöranlagen ist gem. § 28 Abs. 1 Nr. 1 TTDSG bußgeldbewehrt. Tateinheit ist ferner möglich mit § 23 GeschGehG.

65 Ein verwandter Tatbestand findet sich in § 33 KunstUrhG.[217]

III. Verwertungsverbote

66 Die Frage, inwiefern rechtswidrig erlangte Tonaufnahmen (straf-)prozessual verwertbar sind, ist seit Jahren Gegenstand einer vielschichtigen Diskussion in der Rechtsprechung. Es ist zwischen der möglicherweise rechtswidrigen Beweis*erhebung* und der möglicherweise unzulässigen Beweis*verwertung* zu trennen.

67 Bei der Beweiserhebung ist zwischen der Erhebung durch **staatliche Ermittlungsorgane** und durch **Privatpersonen zu unterscheiden.**[218] Während staatliche Ermittlungsmaßnahmen nur unter Beachtung der gesetzlichen Vorschriften zulässig sind,[219] unterliegen Privatpersonen bei der Gewinnung von Beweismitteln nicht der StPO, jedoch den allgemeinen (Straf-)Gesetzen.[220]

68 > **Strafprozessuale Verwertbarkeit von rechtswidrig erstellten Tonaufnahmen**
> Selbst wenn die Beweiserhebung rechtswidrig erfolgte, ist dem Strafverfahrensrecht ein allgemein geltender Grundsatz, dass jeder Verstoß gegen Beweiserhebungsvorschriften ein strafprozessuales Verwertungsverbot nach sich zieht, fremd.[221] Das Gericht hat die Wahrheit zu erforschen und dazu die Beweisaufnahme von Amts wegen auf alle hierfür bedeutsamen Tatsachen und Beweismittel zu erstrecken.[222] Ein **Beweisverwertungsverbot** ist daher als **Ausnahme** nur nach ausdrücklicher gesetzlicher Vorschrift oder aus übergeordneten wichtigen Gründen nach Abwägung der widerstreitenden Interessen im Einzelfall anzuerkennen.[223]
>
> Die von Privaten gesammelten Beweise sind grundsätzlich im Strafverfahren verwertbar.[224] Aus einer rechtswidrigen Erlangung eines Beweismittels durch eine Privatperson – Tonaufnahmen gem. § 201 StGB dürften ein häufiger Anwendungsfall sein – folgt nicht ohne weiteres die Unverwertbarkeit dieses Beweismittels im Strafverfahren.[225] Denn auch unter Verletzung des allgemeinen Persönlichkeitsrechts erlangte Kenntnisse und Beweismittel können nach Abwägung der jeweiligen Interessen verwertbar sein.[226] Ungeachtet der Frage, ob die Beweiserhebung rechtmäßig ist oder nicht, bestehen an der Zulässigkeit der Beweisverwertung keine Bedenken, wenn der absolut geschützte Kernbereich der Persönlichkeitsentfaltung (Art. 2 Abs. 1 GG in Verbindung mit Art. 1 Abs. 1 GG) durch eine Verwertung nicht berührt ist, weil das öffentliche Interesse an einer umfassenden Aufklärung der Straftat überwiegt.[227] Rechtswidrig **von Privaten erlangte**

---

[217] Vgl. zum Streamen von Polizeieinsätzen, Reuschel NJW 2021, 17.
[218] Grundlegend dazu BGHSt 36, 167 = NJW 1989, 2760 (2761 f.) und BVerfGE 34, 238 ff. = NJW 1973, NJW 891.
[219] Zur Verwertbarkeit von Aufnahmen durch Strafverfolgungsbehörden, BGH NStZ 1983, 466; NJW 1986, 2261.
[220] BGH ZD 2021, 637; zur Verwertbarkeit von rechtswidrig erlangten Beweismitteln im Zivilprozess, Werner NJW 1988, 993.
[221] BVerfG StraFo 2011, 145; EGMR NJW 1989, 654.
[222] BVerfG NJW 2011, 2417 (2418 f.).
[223] BVerfG StraFo 2011, 145, krit. zur prozessualen Verwertung von Erkenntnissen aus einem privaten Abhören, MüKoStGB/Graf § 201 Rn. 53.
[224] BGH ZD 2021, 637; Hoven/Wiedmer StV 2022, 247 (252) mwN; aA NK-StGB/Kargl § 201 Rn. 28.
[225] BGHSt 36, 167 = NJW 1989 2760; BGHSt 34, 39 = NJW 1986, 2261; BGHSt 27, 355 = NJW 1978, 1390.
[226] BVerfGE 34, 238 (245 ff.) = NJW 1973, 891 (892 f.).
[227] BGH StraFo 2016, 168.

> **Videoaufnahmen** – für Tonaufnahmen dürfte ähnliches gelten – sollen daher grundsätzlich im Strafverfahren **verwertbar** sein.[228]

Unabhängig davon, ob eine staatliche Stelle oder Privatperson handelt, ist eine **Verwertbarkeit** allerdings stets **ausgeschlossen,** wenn im Lichte des Art. 1 Abs. 1 S. 1 GG die Beweise unter **(krasser) Verletzung der Menschenwürde** („Kernbereich privater Lebensgestaltung")[229] zu Stande gekommen sind.[230] In diesem Fall besteht ein absolutes Beweisverwertungsverbot.[231] Ein Beweisverwertungsverbot ist von Verfassungswegen im Übrigen insbesondere bei staatlichen Maßnahmen zumindest bei schwerwiegenden, **bewussten oder willkürlichen Verfahrensverstößen,** bei denen die grundrechtlichen Sicherungen planmäßig oder systematisch außer Acht gelassen worden sind (zB Täuschung), geboten.[232] Ansonsten hat eine Abwägung stattzufinden zwischen individuellem und öffentlichem Interesse.[233] 69

Würde die Einführung des privat (rechtswidrig) erlangten Beweismittels dazu führen, dass das Gericht, zB durch Vorspielen einer unbefugt erlangten Tonaufnahme, erneut eine Grundrechtsverletzung beginge (§ 201 Abs. 1 Nr. 2 StGB), kann dies ein **selbständiges Verwertungsverbot** nach sich ziehen.[234] Eine Rechtfertigung eines solchen staatlichen Eingriffs in das allgemeine Persönlichkeitsrecht ist nur zu erkennen, wenn das Interesse der Allgemeinheit an der Strafverfolgung gegenüber dem Eingriff überwiegt. Insbesondere zur Aufklärung schwerster Kriminalität iSd § 100a StPO kommt einer Rechtfertigung in Betracht.[235] 70

Die Zivilprozessordnung regelt für rechtswidrig erlangte Informationen oder Beweismittel kein ausdrückliches prozessuales Verwendungs- bzw. Verwertungsverbot.[236] Eine ohne Zustimmung gefertigte Aufzeichnung des gesprochenen Wortes und ihre Verwertung kann zur Wahrheitsfindung **im Zivilprozess** zulässig sein, wenn unter den besonderen Umständen des konkreten Falls bei Abwägung der widerstreitenden Interessen sowie mit Rücksicht auf die generelle Bedeutung der betroffenen Schutzgüter die Rechtsverwirklichung, der dieser Tatsachenvortrag bzw. Beweismittel dienen soll, Vorrang vor dem Schutz des gesprochenen Wortes hat.[237] 71

Erkenntnisse, die der Arbeitgeber unter strafbarer Verletzung des allgemeinen Persönlichkeitsrechts des Arbeitnehmers gewonnen hat (zB durch eine heimliche Video- und Tonbandaufnahme), dürfen vom Arbeitgeber nicht zur Grundlage einer Kündigung gemacht werden.[238] Auch bei einem heimlichen Mithören eines Telefongesprächs folge aus der rechtswidrigen Erlangung des Beweismittels, dass dieses im **Kündigungsschutzprozess** unverwertbar sei.[239] Umgekehrt kann der heimliche Mitschnitt eines Personalgesprächs durch den Arbeitnehmer eine außerordentliche Kündigung rechtfertigen, wobei es maßgeblich auf die Verletzung der dem Arbeitnehmer nach § 241 Abs 2 BGB obliegenden Pflicht zur Rücksichtnahme auf die berechtigten Interessen des Arbeitgebers abzustellen ist.[240] 72

---

[228] BGH ZD 2021, 637.
[229] BVerfG NJW 2012, 907 (908) mwN.
[230] BGH ZD 2021, 637; BVerfGE 34, 238 = NJW 1973, 891.
[231] BVerfG NJW 2011, 2417 (2419).
[232] Vgl. BVerfGE 113, 29 (61) = NJW 2005, 1917 (1918 ff.); NJW 2006, 2684 (2686); NJW 2011, 2417 (2419).
[233] Wolfslast NStZ 1987, 103 (105).
[234] Hoven/Wiedmer StV 2022, 247 (253).
[235] Hoven/Wiedmer StV 2022, 247 (253).
[236] BGHZ 218, 348 = NJW 2018, 2883.
[237] OLG Brandenburg BeckRS 2020, 20301; zur Verwertbarkeit im Familienrecht, Campell NJW-Spezial 2022, 196; krit. MüKoStGB/Graf StGB § 201 Rn. 53; Schönke/Schröder/Eisele StGB § 201 Rn. 31b.
[238] LAG Hessen BeckRS 2001, 14001.
[239] BAG NJW 2010, 104.
[240] BAGE 142, 351 = NZA 2013, 143.

IV. Anspruch auf Vernichtung einer Aufnahme

73 Eine unbefugte Verletzung der Vertraulichkeit des nicht öffentlich gesprochenen Wortes kann einen (zivilrechtlichen) **Anspruch auf Vernichtung der Aufnahme** (Original und Vervielfältigungen) begründen (§ 823 Abs. 2 BGB iVm § 201 StGB).[241] Ein Anspruch auf Löschung kann sich zudem aus Art. 17 DS-GVO ergeben.

---

[241] OLG Düsseldorf GesR 2012, 53 Rn. 75; OLG München NJW-RR 1996, 93; OLG Stuttgart NJW-RR 1987, 1434 (1435).

§ 11 Ausspähen von Daten (§ 202a StGB)

Übersicht

	Rn.
A. Vorbemerkung	1
B. Rechtsgut und Beispiele für Rechtsgutträger	4
C. Daten	9
D. Nicht für den Täter bestimmt	19
E. Gegen unberechtigten Zugang besonders gesichert	28
F. Verschaffen des Zugangs	34
G. Sich oder einem anderen	40
H. Überwindung der Zugangssicherung	43
I. Unbefugt	49
J. Subjektiver Tatbestand und Irrtum	55
K. Rechtswidrigkeit	57
I. Notstandslage	60
II. Notstandshandlung	63
1. Geeignetheit	64
2. Relativ mildestes Mittel	70
3. Abwägung der widerstreitenden Interessen	73
a) Intensitätsgrad der drohenden Gefahren für die geschützten Rechtsgüter	75
b) Intensitätsgrad der drohenden Gefahren für die beeinträchtigten Rechtsgüter	76
c) Wahrscheinlichkeitsgrad des Gefahreneintritts und der Rettungschance	77
d) IT-Sicherheit als Eigeninteresse der gehackten Organisation	79
e) Abweichender Abwägungsmaßstab	81
aa) Erleichtert: Verletzung gesetzlicher Pflicht zur Gewährleistung von IT-Sicherheit	82
bb) Erschwert: Schutz nationaler Sicherheitsinteressen	85
III. Subjektives Rechtfertigungselement	89
L. Relatives Antragsdelikt	91
M. Versuch	94
N. Verjährung	96
O. Konkurrenzen	98

Literatur:

Aufhauser, Die übersehene DS-GVO: Zur Verdrängung des Fernmeldegeheimnisses (§ 88 TKG) bei betrieblichen E-Mail-Systemen, PinG 2021, 188; *ders.*, Das Fernmeldegeheimnis für Arbeitgeber unter dem TTDSG, PinG 2021, 224; *Bär*, Transnationaler Zugriff auf Computerdaten, ZIS 2011, 53; *Bäumerich*, Verschlüsselte Smartphones als Herausforderung für die Strafverfolgung, Neue Technologien, alte Befugnisse, NJW 2017, 2718; *Dornseif/Schumann/Klein*, Tatsächliche und rechtliche Risiken drahtloser Computernetzwerke, DuD 2002, 226; *Ernst*, Hacker und Computerviren im Strafrecht, NJW 2003, 3233; *Gercke*, Straftaten und Strafverfolgung im Internet, GA 2012, 474; *Goeckenjan*, Auswirkungen des 41. Strafrechtsänderungsgesetzes auf die Strafbarkeit des „Phishing", wistra 2009, 47; *Gröseling/Höfinger*, Hacking und Computerspionage, Auswirkungen des 41. StrÄndG zur Bekämpfung der Computerkriminalität, MMR 2007, 549; *Grzesiek/Zühlke*, Die Entschlüsselung von Smartphones gegen den Willen des Beschuldigten zum Zwecke der Durchführung des Strafverfahrens, StV-S 2021, 117; *Guntermann*, Non Fungible Token als Herausforderung für das Sachenrecht, RDi 2022, 200; *Haft*, Das Zweite Gesetz zur Bekämpfung der Wirtschaftskriminalität (2. WiKG) – Teil 2: Computerdelikte, NStZ 1987, 6; *Hermann/Soiné*, Durchsuchung persönlicher Datenspeicher und Grundrechtsschutz, NJW 2011, 2922; *Hassemer*, Anmerkung zu BGH, Beschl. v. 13.5.2020 – 5 StR 614/19, StV 2021, 138; *Kasiske*, Neues zur Beschlagnahme von E-Mails beim Provider, StraFo 2010, 228; *Klaas*, Auslesen privater Kommunikation durch soziale Netzwerke, Wie weit reicht die (unwirksame) Einwilligung des Betroffenen?, ZD 2021, 564; *ders.*, „White Hat Hacking" – Aufdecken von Sicherheitsschwachstellen in IT-Strukturen, Grenzen der Strafbarkeit von ethischen Hacking-Angriffen, MMR 2022, 187; *Krischker*, Datenschutzkontrollen und Hacking, Zulässigkeit von aktiven Sicherheitsanalysen, ZD 2015, 464; *Kudlich*, Straftaten und Strafverfolgung im Internet – Zum strafrechtlichen Gutachten für den 69. Deutschen Juristentag 2012; *ders.*, StV 2012, 560; *Liebig*, Zugriff auf Computerinhaltsdaten im Ermittlungsverfahren, 2015; *Momsen*, Entsperrung biometrischer Sicherungen im Strafverfahren, DRiZ 2018, 140; *Nadeborn/Irscheid*, Erzwingung von Zugangsdaten im Strafverfahren, StraFo 2019, 274; *Nadeborn/Albrecht*, Ermittlungen nach dem Baukastenprinzip – Können neue, technisch mögliche Ermittlungsmaßnahmen durch Kombination bestehender Ermächtigungsgrundlagen legitimiert werden?, NZWiSt 2021, 420; *Neuhaus,* Die Auswertung von Smartphones im Ermittlungsverfahren, StV 2020, 489; *Planert,* „Einer zahlt, viele genießen" – Die Strafbarkeit von Cardsharing, StV 2014, 430; *Popp,* Von „Datendieben" und „Betrügern" – Zur Strafbarkeit des so genannten „phishing", NJW 2004, 3517; *Rauer/Bibi,* Non-fungible Tokens – Was können sie wirklich?, ZUM 2022, 20; *Rossow,* Arbeitgeber und das Fernmeldegeheimnis nach dem TTDSG, DuD 2022, 93; *Rottmeier/Eckel,* Die Entschlüsselung biometrisch gesicherter Daten im Strafverfahren, NStZ 2020, 193; *Rübenstahl/Debus,* Strafbarkeit verdachtsabhängiger E-Mail- und EDV-Kontrollen bei Internal Investigations?, NZWiSt 2012, 129; *Schumann,* Das 41. StRÄndG zur Bekämpfung der Computerkriminalität, NStZ 2007, 675; *Vassilaki,* Das 41. StRÄndG – Die neuen strafrechtlichen Regelungen und ihre Wirkung auf die Praxis, CR 2008, 131; *Wünschelbaum,* Neuer Datenschutz für betriebliche Kommunikationsdienste, Cookies, Compliance und der Abschied vom Fernmeldegeheimnis, NJW 2022, 1561; *Zimmermann,* Der strafprozessuale Zugriff auf E-Mails, JA 2014, 321.

A. Vorbemerkung

1 § 202a StGB hat einen unionsrechtlichen Hintergrund. Die Strafvorschrift beruht auf dem
- Übereinkommen des Europarates über Computerkriminalität vom 23. November 2001 und dem
- **Rahmenbeschluss 2005/222/JI des Rates vom 24. Februar 2005 über Angriffe auf Informationssysteme.**[1]

2 Aus diesem Grund stellt sich die Verfolgung von § 202a StGB als Durchführung des Unionsrechts dar (Art. 51 Abs. 1 GRCh) und ist damit in den potenziell weiteren Anwendungsbereich des unionsrechtlichen *ne bis in idem*-Grundsatz (Art. 50 GRCh) einbezogen (hierzu → § 27 Rn. 33 ff.). Zur Anwendbarkeit deutschen Strafrechts bei grenzüberschreitendem Sachverhalten → § 25 Rn. 27, 46, 81, 124.

3 **PKS:** Die Fallzahlen verzeichnen seit 2018 einen starken Zuwachs. Die Aufklärungsquote ist dagegen gering und nimmt ab:[2]

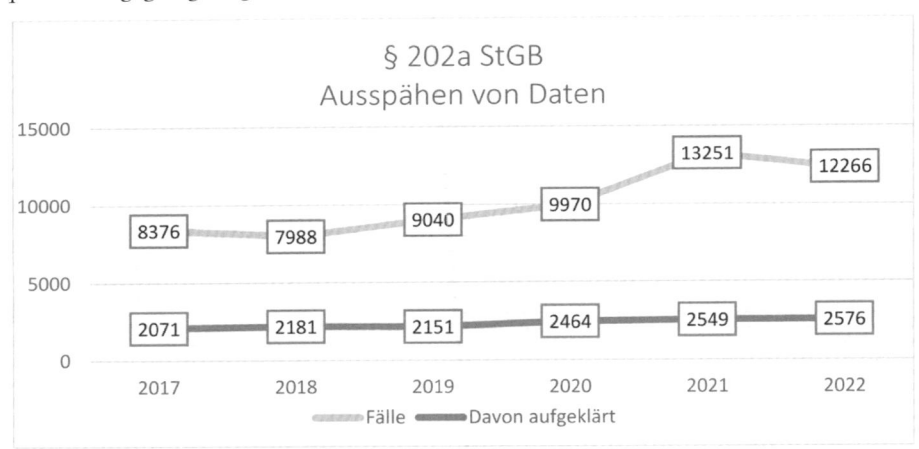

§ 202a StGB
Ausspähen von Daten

Jahr	2017	2018	2019	2020	2021	2022
Fälle	8376	7988	9040	9970	13251	12266
Davon aufgeklärt	2071	2181	2151	2464	2549	2576

B. Rechtsgut und Beispiele für Rechtsgutträger

4 Rechtsgut ist das **formelle Geheimhaltungsinteresse** des **Verfügungsberechtigten.**[3]

---

[1] BT-Drs. 16/3656, 7 (9); NK-StGB/Kargl § 202a Rn. 1.
[2] PKS Bundeskriminalamt, Berichtsjahr 2017–2022, abrufbar unter https://www.bka.de/DE/AktuelleInformationen/StatistikenLagebilder/PolizeilicheKriminalstatistik/pks_node.html, abgerufen am 10.4.2022.
[3] BGH NStZ 2018, 401 (403); BT-Dr. 16/3656, 9; 10/5058, 29; Schönke/Schröder/Eisele StGB § 202a Rn. 1a; BeckOK StGB/Weidemann StGB § 202a Rn. 2; NK-StGB/Kargl StGB § 202a Rn. 3; Lackner/

Verfügungsberechtigter ist derjenige, der über den Umgang mit den Daten entscheiden 5
kann.[4] Die Verfügungsberechtigung kann rechtsgeschäftlich, gesetzlich oder durch Hoheitsakt begründet werden.
- Der Urheber einer digitalen Fotografie, einer digitalen Tonspur oder eines programmierten Codes wird gem. §§ 11 ff. UrhG zum Verfügungsberechtigten.
- Bei Abschluss eines Lizenzvertrags hinsichtlich der Nutzung von Bild- oder Videomaterial („Stock-Footage") wird der Lizenznehmer zum Verfügungsberechtigten des ihm überlassenen Datenbestands.
- Die Verfügungsberechtigung bzgl. der von Streaming-Dienstleistern angebotenen Serien bzw. Musiktiteln (bspw. Spotify, Netflix) liegt zunächst beim Anbieter selbst (häufig auf der Basis von Lizenzverträgen). Mit Abschluss des Nutzungsvertrags wird der jeweilige Account-Inhaber im vertraglich bestimmten (Leistungs-)Umfang selbst zum Verfügungsberechtigten.
- Bei Kryptowährungen oder Non-Fungible-Tokens („NFTs") ist der jeweilige Rechteinhaber[5] Verfügungsberechtigter.
- Bei E-Mail-Postfächern ist zu unterscheiden, ob diese **privat, rein geschäftlich** oder **gemischt** genutzt werden.
  - **Privat:** Hier ist zunächst der Inhaber der E-Mail-Adresse Verfügungsberechtigter. Ob auch der Diensteanbieter verfügungsberechtigt ist, kommt auf die (wirksamen) Regelungen in der individuellen Nutzungsvereinbarung sowie ggf. hinzutretende datenschutzrechtliche Erklärungen an.
  - **Rein geschäftlich:** Hier ist neben dem Arbeitnehmer auch der Arbeitgeber Verfügungsberechtigter.[6] Denn das E-Mail-Postfach ist ein lediglich zur Unterstützung der Arbeitsleistung überlassenes Betriebsmittel.
  - **Mischnutzung:** Wird die private (Mit-)Nutzung eines geschäftlichen E-Mail-Postfachs durch den Arbeitgeber gestattet (explizit im Arbeitsvertrag bzw. einer Betriebsvereinbarung/konkludent bzw. durch betriebliche Übung bei fortgesetzter Toleranz der privaten Nutzung) beschränkt sich die Verfügungsberechtigung des Arbeitgebers auf geschäftlich veranlasste E-Mails (hierzu → Rn. 25, 50 und → § 12 Rn. 36).[7]

Aufgrund dieser Schutzrichtung *kann* der durch einen Personenbezug Betroffene 6
Rechtsgutträger sein, *muss* dies jedoch nicht zwangsläufig sein.[8] Auch *können* Eigentum am Datenträger und Verfügungsberechtigung zusammenfallen, *müssen* das aber nicht.[9]

Hinzutreten muss, dass der Verfügungsberechtigte sein Geheimhaltungsinteresse durch 7
das Einziehen **besonderer Sicherungsmaßnahmen** nach außen hin ausdrückt.[10] Erst dieses nach außen manifestierte „**formelle Geheimhaltungsinteresse**" des Verfügungsberechtigten wird von § 202a StGB geschützt.

Aus dieser eingeschränkten Schutzrichtung folgt auch: Bei mehreren Verfügungsbe- 8
rechtigten (bspw. Arbeitnehmer und Arbeitgeber) ist nur derjenige Rechtsgutträger des § 202a StGB, der die besonderen Sicherungsmaßnahmen ergreift. Derjenige der auf sie verzichtet, bleibt damit tauglicher Täter. Sein Verhalten kann sich jedoch aufgrund seiner Verfügungsberechtigung als nicht unbefugt darstellen (hierzu → Rn. 49 ff.).

Kühl/Heger/Heger StGB § 202a Rn. 1; Spindler/Schuster/Gercke StGB § 202a Rn. 1; aA Haft NStZ 1987, 6 (9): „Vermögen" als Rechtsgut.

[4] Schönke/Schröder/Eisele StGB § 202a Rn. 1a; NK-StGB/Kargl § 202a Rn. 3.
[5] Siehe zur rechtlichen Einordnung ua: Rauer/Bibi ZUM 2022, 20 (24); Guntermann RDi 2022, 200 (203 ff.) (jeweils mwN).
[6] Schönke/Schröder/Eisele StGB § 202a Rn. 10: nur der Arbeitgeber.
[7] Vgl. Schönke/Schröder/Eisele StGB § 202a Rn. 9 f.; vgl. NK-StGB/Kargl § 202a Rn. 7.
[8] Vgl. Lackner/Kühl/Heger/Heger StGB § 202a Rn. 1; vgl. Schönke/Schröder/Eisele StGB § 202a Rn. 1a.
[9] Vgl. Schönke/Schröder/Eisele StGB § 202a Rn. 1a.
[10] Schönke/Schröder/Eisele StGB § 202a Rn. 1a; BeckOK StGB/Weidemann § 202a Rn. 2; NK-StGB/Kargl § 202a Rn. 3.

C. Daten

9   Der Begriff der „Daten" umfasst im Ausgangspunkt **jede Information**.[11] Die Reichweite wird durch § 202a Abs. 2 StGB auf Informationen eingeschränkt, „*die elektronisch, magnetisch oder sonst nicht unmittelbar wahrnehmbar gespeichert sind oder übermittelt werden*".

10 Den Oberbegriff bildet hierbei **„nicht unmittelbar wahrnehmbar"**. Eine Information ist dann nicht unmittelbar wahrnehmbar, wenn der Informationsgehalt erst noch durch mindestens einen weiteren Verarbeitungsschritt sinnlich erfassbar gemacht wird (sichtbar, hörbar oder fühlbar).[12]

11 Beispiele:
E-Mails, Messenger-Nachrichten, Telefon- oder Videokommunikation, Digitale (Text-)Dokumente (.doc; .pdf; .odf), Bilddateien (.jpeg; .gif; .png), Musikdateien (.mp3; .wav; .aif), Kryptowährungen (Bitcoin, Ether und Litecoin), Non-Fungible-Token („NFT"), Online (Personal)Ausweis, Programmcodes[13]

Gegenbeispiele:
Handgeschriebene oder ausgedruckte Texte/Zeichen, lesbare Informationen auf (Personal-) Ausweisen

12 **Gespeichert** sind Daten, wenn sie **erfasst, aufgenommen** oder **aufbewahrt** sind (bspw. auf einer Festplatte, USB-Stick; SD-Karte[14]).[15] Dieser Zustand kann auch nur von sehr kurzer zeitlicher Dauer sein. Gleichzeitig ist auch eine zukünftige Verwendungsabsicht nicht erforderlich.[16]

13 **Übermittelt** werden Daten, wenn sie **zwischen zwei Speicherpunkten transferiert** werden (bspw. über Bluetooth, WLAN, NFC, RFiD, Funk).[17] Das Merkmal ist weit zu verstehen und wird nur durch den Zustand der (erneuten) Speicherung begrenzt. Ob kurzer oder langer Übertragungsweg, ist irrelevant.

14 Der Gesetzgeber wollte mit der Aufnahme der Merkmale gespeichert/übermittelt sowohl die Daten im „Ruhezustand" als auch während der Übertragung vor einem unbefugten Zugriff schützen.

15 Praxistipp:
In der Praxis ist die trennscharfe Unterscheidung regelmäßig zu vernachlässigen. Das zeigt sich insbesondere bei der Nutzung von cloudbasierten Speicherkapazitäten. Die in der Cloud „gespeicherten" Informationen werden regelmäßig ihrerseits in kleinere Datenpakete umgewandelt und in Sekundenbruchteilen zwischen verschiedenen physischen Speicherplätzen hin und her transferiert, um freiwerdende Speicherkapazitäten besonders effizient auszunutzen. Hieraus folgt ein ständiges Wechseln zwischen Speicher- und Übermittlungszustand, der am Datenbegriff des § 202a StGB jedoch nichts ändert.

---

[11] MüKoStGB/Graf § 202a Rn. 12; BeckOK StGB/Weidemann StGB § 202a Rn. 4; NK-StGB/Kargl § 202a Rn. 4.
[12] Schönke/Schröder/Eisele StGB § 202a Rn. 5; BeckOK StGB/Weidemann StGB § 202a Rn. 5; MüKoStGB/Graf § 202a Rn. 15; NK-StGB/Kargl § 202a Rn. 5.
[13] BGH NStZ 2018, 401 (403); BT-Drs. 10/5058, 29; MüKoStGB/Graf § 202a Rn. 13; NK-StGB/Kargl § 202a Rn. 4.
[14] Weitere Beispiele: MüKoStGB/Graf § 202a Rn. 17.
[15] NK-StGB/Kargl § 202a Rn. 6; BeckOK StGB/Weidemann StGB § 202a Rn. 6; Schönke/Schröder/Eisele StGB § 202a Rn. 6; MüKoStGB/Graf § 202a Rn. 20.
[16] AA BeckOK StGB/Weidemann StGB § 202a Rn. 6; MüKoStGB/Graf § 202a Rn. 20.
[17] NK-StGB/Kargl StGB § 202a Rn. 6; vgl. BeckOK StGB/Weidemann StGB § 202a Rn. 7.

Ein Personenbezug oder ein (objektives) Geheimhaltungs*bedürfnis* werden nicht vorausgesetzt.[18] Die Daten können aufgrund der Schutzrichtung des § 202a StGB auch wirtschaftlich „wertlos" sein.[19]

16

Der Wortlaut verwendet zwar den Plural („Daten" und nicht „Datum"), nach Sinn und Zweck ist jedoch auch eine Einzelinformation geschützt.[20]

17

Dieser Datenbegriff wird einheitlich in den §§ 202b, 202c, 202d StGB verwendet. Er findet auch im Rahmen der §§ 274 Abs. 1 Nr. 2, 303a, 303b StGB Verwendung.

18

D. Nicht für den Täter bestimmt

Die Daten sind nur dann ein taugliches Tatobjekt, wenn sie nicht für den Täter bestimmt sind.

19

Für wen die Daten bestimmt sind, wird durch den Verfügungsberechtigten festgelegt.[21] Auch hier gilt aufgrund der spezifischen Schutzrichtung von § 202a StGB: Bei mehreren Verfügungsberechtigten ist nur derjenige dispositionsbefugt, der die besonderen Sicherungsmaßnahmen ergriffen hat (hierzu → Rn. 7 f.).

Hier besteht ein **großer Gestaltungsspielraum:** Bestimmt werden können Einzelpersonen oder Personenmehrheiten (bspw. „alle Angehörigen einer bestimmten Organisation").

20

Die „Bestimmung" muss lediglich zum Zeitpunkt der Tathandlung *vorliegen*, nicht jedoch nach außen erkennbar kundgetan werden. Die Bestimmung kann von aufschiebenden oder auflösenden Bedingungen abhängig gemacht oder zeitlich befristet werden.[22] Häufig dürfte die Zugriffsberechtigung auch von der Erfüllung einer Gegenleistung, wie bspw. der Zahlung eines Entgelts abhängig gemacht werden.[23]

21

Die Bestimmung bezieht sich jedoch stets auf die *Daten an sich*. Eine Beschränkung des Zugriffsrechts auf einen konkreten Verarbeitungszweck berührt den Tatbestandausschluss selbst bei zweckwidrigem Handeln nicht (bspw. Polizeibeamte die auf polizeiliche Datenbanken zu privaten Zwecken zugreifen[24], vgl. hierzu aber § 42 Abs. 2 Nr. 1 BDSG).[25]

22

In einem Beschluss aus dem Jahr 2020 hat der 5. Strafsenat des BGHs die fehlende Bestimmung von Daten für einen Systemadministrators aus seinen „begrenzten Zugriffsrechten" abgeleitet.[26]

23

Hiermit wird – trotz der verwandten Formulierung – keine abweichende Auslegungslinie verfolgt, sondern die Ansicht bestätigt:

Da der Administrator anlassunabhängig und nicht in Wahrnehmung seiner arbeitsvertraglich zugewiesenen Aufgaben auf die E-Mail-Postfächer zugriff, waren die dort gespeicherten Daten in diesem Zeitpunkt nicht für ihn bestimmt. Aus dem durch den Arbeitsvertrag beschränkten Aufgabenbereich des Systemadministrator folgt, dass die Daten in dem von ihm verwalteten System nicht dauerhaft für ihn bestimmt sind. Die

---

[18] MüKoStGB/Graf § 202a Rn. 12; Schönke/Schröder/Eisele StGB § 202a Rn. 3.
[19] AA Haft NStZ 1987, 6 (9).
[20] MüKoStGB/Graf § 202a Rn. 12.
[21] MüKoStGB/Graf § 202a Rn. 21; Schönke/Schröder/Eisele StGB § 202a Rn. 8; NK-StGB/Kargl § 202a Rn. 7; BeckOK StGB/Weidemann StGB § 202a Rn. 8.
[22] MüKoStGB/Graf § 202a Rn. 23; NK-StGB/Kargl § 202a Rn. 8; vgl. Schönke/Schröder/Eisele StGB § 202a Rn. 10.
[23] MüKoStGB/Graf § 202a Rn. 27; Schönke/Schröder/Eisele StGB § 202a Rn. 10; NK-StGB/Kargl § 202a Rn. 8.
[24] MüKoStGB/Graf § 202a Rn. 24; Lackner/Kühl/Heger/Heger StGB § 202a Rn. 3.
[25] OLG Celle BeckRS 2016, 18380 Rn. 34; MüKoStGB/Graf § 202a Rn. 24; Schönke/Schröder/Eisele StGB § 202a Rn. 11; NK-StGB/Kargl § 202a Rn. 8; BeckOK StGB/Weidemann StGB § 202a Rn. 10.
[26] BGH BeckRS 2020, 12264 Rn. 17.

> konkreten Daten sind nur unter der aufschiebenden Bedingung des Eintritts eines bestimmten aufgabenbezogenen Anlasses (bspw. ein Wartungsfall) für ihn bestimmt.
> Tritt diese zeitliche/inhaltliche Bedingung jedoch ein, kann es auf ein zweckfremdes Handeln aus den oben genannten Gründen nicht mehr ankommen.

24 Der Verfügungsberechtigte muss die Bestimmung nicht höchstpersönlich vornehmen. Das Bestimmungsrecht kann auch durch einen hierzu ermächtigten Dritten ausgeübt werden (bspw. innerhalb eines Unternehmens, einer Behörde oder anderer Organisationen).[27]

25 Für wen sind E-Mails bestimmt?
Im Ausgangspunkt kann der Absender einer E-Mail festlegen, für wenn diese bestimmt ist. Dies geschieht regelmäßig durch die Auswahl des bzw. der Empfänger (auch cc. und bcc).[28]

Mit Eingang einer E-Mail im Empfänger-Postfach kann der jeweils über dieses Empfänger-Postfach Verfügungsberechtigte (hierzu → Rn. 5) über die weitere Verwendung *dieser konkreten E-Mail* bestimmen.[29] Auf den Willen des Absenders kommt es ab dem Zeitpunkt des Eingangs nicht mehr an.[30] Die empfangene E-Mail stellt ein eigenständiges Datum dar (bzw. präziser: enthält eigenständige Daten). Hinsichtlich dieser Daten ist der Absender – anders als hinsichtlich der inhaltsgleichen E-Mail im Versendet-Ordner – nicht mehr dispositionsbefugt. Vielmehr kann der jeweilige über das E-Mail-Postfach Verfügungsberechtigte nach Eingang autonom festlegen, für wen die Daten bestimmt sind und damit die ursprüngliche Entscheidung des Absenders „überlagern".[31]

26 Auch ein durch Täuschung erlangtes Einverständnis des Verfügungsberechtigten in den Umgang mit den Daten („Bestimmung"[32]) kann zum Tatbestandsausschluss führen (bspw. beim „phishing").[33] Maßgeblich ist, ob die Bestimmung einer konkreten Person auf einem eigenständigen, autonomen Willensentschluss beruht.[34] Täuschungsbedingt hervorgerufene Irrtümer stehen einer freiwilligen Ausübung des Bestimmungsrecht nach allgemeinen strafrechtlichen Regeln nur dann entgegen, wenn sie **rechtsgutbezogen** sind.[35] Rechtsgut von § 202a StGB ist jedoch nicht die Gewährleistung einer willensunbeeinflussten Entscheidung über den Personenkreis der auf die Daten Zugriffsberechtigten, sondern lediglich das **formelle, nach außen hin ausgedrückte Geheimhaltungsinteresse** (→ Rn. 4 ff.).[36] Entscheidet sich der Verfügungsberechtigte bewusst dazu, dass bestimmte Personen Zugriff auf die hinter der formellen Zugangssicherung liegenden Daten haben sollen, übt er das von § 202a StGB vorgesehene Bestimmungsrecht autonom aus. Die täuschungsbedingte Fehlvorstellung über Umstände, welche die dem zugrundeliegende subjektive Motivation für die Auswahl dieser Personen bilden, begründet noch kein unfreiwilliges Handeln im strafrechtli-

---

[27] MüKoStGB/Graf § 202a Rn. 23; NK-StGB/Kargl § 202a Rn. 8; vgl. BeckOK StGB/Weidemann StGB § 202a Rn. 11.
[28] MüKoStGB/Graf § 202a Rn. 25.
[29] Vgl. Schönke/Schröder/Eisele StGB § 202a Rn. 10; vgl. BeckOK StGB/Weidemann StGB § 202a Rn. 9; vgl. Lackner/Kühl/Heger/Heger StGB § 202a Rn. 3.
[30] AA MüKoStGB/Graf § 202a Rn. 25: Nach Graf legt allein der Absender als ursprünglich Verfügungsberechtigter fest, für wen die in der E-Mail enthaltenen Daten bestimmt sind.
[31] Vgl. Schönke/Schröder/Eisele StGB § 202a Rn. 10; vgl. BeckOK StGB/Weidemann StGB § 202a Rn. 9; vgl. Lackner/Kühl/Heger/Heger StGB § 202a Rn. 3.
[32] Vgl. NK-StGB/Kargl § 202a Rn. 8.
[33] Schönke/Schröder/Eisele StGB § 202a Rn. 13; NK-StGB/Kargl StGB § 202a Rn. 10; Goeckenjan wistra 2009, 47 (50); Popp NJW 2004, 3517 (3518).
[34] Vgl. hierzu: BGH NJW 2019, 1540 (1541 Rn. 12); NJW 1963, 1068 (1069).
[35] Schönke/Schröder/Sternberg-Lieben StGB Vorb. §§ 32 ff. Rn. 32 f., 47; siehe auch: Popp NJW 2004, 3517 (3518).
[36] Im Kontext des rechtsgutbezogenen Einverständnisses: Popp NJW 2004, 3517 (3518).

chen Sinne.³⁷ Die absolute Grenzlinie einer freiwilligen Bestimmungen verläuft jedoch – neben rechtsgutbezogenen Täuschungen – am Tatbestand einer nötigenden Handlung (§ 240 Abs. 1 StGB).

Beispiel: 27

A ruft den verfügungsberechtigten B an, gibt sich als Bankmitarbeiter aus und bittet diesen um Herausgabe der Login-Daten zu seinem Online-Banking. Als Grund nennt er wahrheitswidrig die Durchführung von „Wartungsarbeiten". B glaubt A und nennt ihm Anmelde-ID sowie Passwort. In diesem Fall sind die im Account von B hinterlegten Daten (bspw. Kontoinformationen) für A bestimmt. Dass A sich den Zugang zu den Kontoinformationen nicht zur Durchführung von Wartungsarbeiten verschafft – sondern hierbei zweckfremde Interessen verfolgt – erhebt die Daten nicht zu tauglichen Tatobjekten.³⁸

E. Gegen unberechtigten Zugang besonders gesichert

Die Daten sind gegen unberechtigten Zugang besonders gesichert, „*wenn der Berechtigte* 28 *Vorkehrungen getroffen hat, um den allgemeinen Zugriff auf sie auszuschließen oder wenigstens nicht unerheblich zu erschweren*".³⁹ Vor dem Hintergrund des Rechtsguts muss sich in den ergriffenen Vorkehrungen sein Interesse an der Geheimhaltung ausdrücken.⁴⁰

Nach Ansicht des 5. Strafsenat des BGHs steht einer „besonderen Sicherung" nicht entgegen, dass „*Eingeweihte oder Experten leicht auf die Daten zurückgreifen können*".⁴¹ Auch muss 29 die Sicherung nach dem 5. Strafsenat nur abstrakt bestehen und nicht speziell gegenüber dem Täter *wirken* (bspw. wegen eines ihm bekanntgewordenen Passwortes).⁴²

In Betracht kommen u. a. folgende Sicherungsmaßnahmen: 30
- **Mechanische, manuelle Sicherung** (bspw. abgeschlossener Serverraum).⁴³ Im Abschließen des (Server-)Raums oder dessen Kontrolle durch Bewachungspersonal⁴⁴ muss sich jedoch gerade auch das Interesse an der Verhinderung des Zugriffs auf die Daten ausdrücken. Daran fehlt es, wenn hiermit ausschließlich Manipulationen an der Hardware oder das Eindringen in den Raum selbst verhindert werden sollen.⁴⁵ Mit der Sicherungsmaßnahme können jedoch auch beide Interessen parallel verfolgt werden, solange die Zugangssicherung nicht „*von ganz untergeordneter Bedeutung oder ein bloßer Nebeneffekt ist*".⁴⁶
- **Passwortschutz.**⁴⁷ Aufgrund des Erfordernisses einer „besonderen" Sicherung ist eine gewisse Komplexität eines Passwortes zu fordern (nicht: „*Passwort*"/„*P@asswort*"/ „*123456*").⁴⁸ Ansonsten wird der Zugriff für Passwortscreener auch nicht „unerheblich erschwert".

---

[37] Vgl. hierzu: BGH NJW 2019, 1540 (1541 Rn. 12).
[38] MüKoStGB/Graf § 202a Rn. 24.
[39] BGH BeckRS 2020, 12264 Rn. 19; NStZ 2018, 401 (403); BT-Drs. 16/3656, 10.
[40] BGH BeckRS 2020, 12264 Rn. 19; NStZ 2018, 401 (403); NStZ 2016, 339 (340); BT-Drs. 16/3656, 10; BeckOK StGB/Weidemann StGB § 202a Rn. 15.
[41] BGH BeckRS 2020, 12264 Rn. 21.
[42] BGH BeckRS 2020, 12264 Rn. 21.
[43] BeckOK StGB/Weidemann StGB § 202a Rn. 15; NK-StGB/Kargl § 202a Rn. 10; MüKoStGB/Graf § 202a Rn. 40f., 43.
[44] NK-StGB/Kargl § 202a Rn. 10.
[45] BT-Drs. 16/3656, 10; BeckOK StGB/Weidemann StGB § 202a Rn. 15; Schumann NStZ 2007, 675 (676); MüKoStGB/Graf § 202a Rn. 41; NK-StGB/Kargl § 202a Rn. 9; Schönke/Schröder/Eisele StGB § 202a Rn. 14.
[46] BT-Drs. 16/3656, 10; BeckOK StGB/Weidemann StGB § 202a Rn. 15; MüKoStGB/Graf § 202a Rn. 39, 42.
[47] BGH BeckRS 2020, 12264 Rn. 20; MüKoStGB/Graf § 202a Rn. 46; Lackner/Kühl/Heger/Heger StGB § 202a Rn. 4; Schönke/Schröder/Eisele StGB § 202a Rn. 14.
[48] BT-Drs. 16/3656, 10; vgl. MüKoStGB/Graf § 202a Rn. 36, 46; vgl. Lackner/Kühl/Heger/Heger StGB § 202a Rn. 4; Vassilaki CR 2008, 131 (132). Sehr weitgehend: Rübenstahl/Debus NZWiSt 2012, 129

31 **Praxisproblem Administratorenpasswort:**
In größeren Organisationen werden zum Teil eigene „General"-Passwörter für Administratoren vergeben, mit denen ihnen ein grundsätzlicher Zugriff auf die IT ermöglicht wird. Die Verwendung des Passworts und der Zugriff auf die IT ist dabei regelmäßig arbeitsvertraglich auf bestimmte Anlässe begrenzt. Praktisch bedeutsam ist, ob sich ein Administrator bei einem vertragswidrigen Einloggen (bspw. aus Neugier oder zu privaten Zwecken) gem. § 202a Abs. 1 StGB strafbar macht.

Ohne einen die Bestimmung auslösenden arbeitsvertraglichen Anlass sind die Daten nicht für ihn bestimmt (→ Rn. 23).

Zweifelhaft ist, ob die Daten auch im Verhältnis zum Passwortinhaber aufgrund der eingeräumten generellen faktischen Zugriffs*möglichkeit* noch gegen einen vertragswidrigen (und damit unberechtigten) Zugang besonders gesichert sind.
- Nach der Gesetzesbegründung ist „eine Schutzvorkehrung (...) nur dann eine Zugangssicherung im Sinne des § 202a, wenn sie jeden Täter zu einer Zugangsart zwingt, die der Verfügungsberechtigte erkennbar verhindern wollte (...). Nicht erfasst werden daher Fälle, in denen dem Angreifer die Durchbrechung des Schutzes ohne weiteres möglich ist (...). Erforderlich ist vielmehr, dass die Überwindung der Zugangssicherung einen nicht unerheblichen zeitlichen oder technischen Aufwand erfordert."[49]
- Nach dem BGH soll es jedoch nur auf das abstrakte Bestehen eines ausreichenden Passwortschutzes ankommen. Dass dieser gegen den konkreten Täter (hier den Administrator) wirkt sei dagegen nicht erforderlich.[50]
- Nach *Graf* sind bereits die dem Administrator arbeitsvertraglich auferlegten Einschränkungen des Zugriffs eine ausreichende besondere Sicherung.[51]

Lösung: Informations- *und* Rechtssicherheit bieten der Verzicht auf solche General-Passwörter. Zu bevorzugen sind ad-hoc generierte und zeitlich beschränkte Passwörter, die nur bei Eintritt einer Bedingung vergeben/mitgeteilt werden (bspw. Meldung eines Wartefalls etc.).

32
- **Firewall.**[52] Diese muss zum Zeitpunkt der Tathandlung aktiviert sein. Den Ausführungen des BGH, dass eine Firewall dann keine taugliche Zugangssicherung darstellt, wenn diese die eingesetzte Schadsoftware nicht erkennen kann,[53] kann in dieser Pauschalität nicht zugestimmt werden. Zutreffend ist, dass eine „veraltete" (bspw. auch durch unterlassene Updates) oder unzureichend entwickelte Firewall keine besondere Zugangssicherung darstellen *kann*. Ist die Schadsoftware allerdings so programmiert, dass eine *funktionsfähige Firewall* diese nicht erkennen kann, drückt sich in diesem Umstand bereits das Überwinden der hiermit errichteten Zugangssicherung aus.
- **Biometrische Überprüfung.**[54] Bspw. beim Einsatz von Gesichtserkennungs- oder Fingerabdruck-Software auf Smartphones oder Laptops, mit der die *generelle* Berechtigung zur Nutzung des Geräts oder die gesonderte Berechtigung zur Nutzung von darauf installierten Apps (wie bspw. Apple-Pay oder anderen Bezahl-Apps) abgefragt wird.

---

(131): „(...) nur ein einer Verschlüsselung vergleichbar sicheres Passwort (...) ca. 16–20 alphanumerisch zufällig gemischte Zeichen (...)". AA Schönke/Schröder/Eisele StGB § 202a Rn. 14; Ernst NJW 2003, 3233 (3236).

[49] BT-Drs. 16/3656, 10.
[50] BGH BeckRS 2020, 12264 Rn. 21.
[51] MüKoStGB/Graf § 202a Rn. 47. Kritik: Hassemer StV 2021, 138 (139 Fn. 8).
[52] BGH NStZ 2018, 401 (403f.); NK-StGB/Kargl Rn. 10; Schönke/Schröder/Eisele StGB § 202a Rn. 14.
[53] BGH NStZ 2016, 339 (340).
[54] NK-StGB/Kargl § 202a Rn. 10; Lackner/Kühl/Heger/Heger StGB § 202a Rn. 4; BeckOK StGB/Weidemann StGB § 202a Rn. 15; MüKoStGB/Graf § 202a Rn. 29b, 42 ff.; Schönke/Schröder/Eisele StGB § 202a Rn. 14.

- **Verschlüsselungstechnik.** Besonders praxisrelevant bei Zugriffen auf WPA2/WPA3 verschlüsselte WLAN-Netzwerke oder Ende-zu-Ende verschlüsselte Messenger.
  – Nach vorherrschender Meinung in der Literatur soll es zur Aktivierung des Schutzes aus § 202a Abs. 1 StGB bereits ausreichen, wenn die zu schützenden Daten selbst verschlüsselt sind.[55]
  – Nach vorzugswürdiger Ansicht bilden die verschlüsselten Daten allerdings bereits das Tatobjekt, die jedoch ihrerseits nicht besonders gegen einen unberechtigten Zugang geschützt sind.[56] Dafür spricht insbesondere, dass die Datenpakete durch gängige Verschlüsselungstechniken *verändert* werden (Umwandlung von Klar- in Geheimtext). Damit können auf diese Weise verschlüsselte Daten nicht als „zweischichtige Information" (1. Ebene: Tatsächliches Datum; 2. Ebene: Verschlüsselung)[57] sondern nur als einheitliches Datum verstanden werden. Das der *Informationsgehalt* des Datums nicht ohne Entschlüsselung erfasst werden kann, ist für den inhaltsneutralen Datenbegriff des § 202a StGB irrelevant. Damit eine Verschlüsselung als besondere Zugangssicherung im Sinne von § 202a Abs. 1 StGB gilt, ist daher (nach hier vertretener Ansicht) vielmehr erforderlich, dass sich diese auf ein dem eigentlichen Datenbestand vorgeschaltetes „Gate" (bspw. ein Netzwerk) bezieht.

Folgende Daten sind dagegen regelmäßig nicht besonders gegen unberechtigten Zugriff 33
gesichert:
- **Signale von Kredit-/Girokarten mit contactless-pay-Funktion:** Die contactless-pay-Funktion basiert auf der NFC-Technik (RFiD-Signalen) und ermöglicht bis zu einem gewissen Betrag (regelmäßig bis 25 Euro) ein Bezahlen durch bloßes Vorhalten der Kredit-/Girokarte ohne gesonderte PIN-Eingabe. Kommen Personen nahe genug an die signalsendende Karte, können mithilfe eines Lesegeräts ungewollte Transaktionen ausgelöst werden, soweit diese unter der festgelegten Wertschwelle bleiben. Mangels PIN-Erfordernis sind die Daten nicht besonders gegen unberechtigten Zugriff gesichert.[58] Eine besondere Zugriffsicherung ist dagegen in einer NFC-Schutzhülle (oder einem metallischen Karten-Etui) zu sehen, mit der das Signal des Lesegeräts abgeblockt wird.
- **Informationen auf (Kredit-)Karten mit Magnetlesestreifen.**[59] Diese kommen in der Praxis jedoch kaum noch vor.

F. Verschaffen des Zugangs

Der Täter muss sich den *Zugang* zu den Daten verschaffen. Das ist der Fall, wenn die 34
Möglichkeit des Zugriffs auf die Daten eröffnet wird.[60] Dass diese Möglichkeit tatsächlich genutzt wird, ist dagegen nicht erforderlich.[61] Mit dem 41. Strafrechtsänderungsgesetz vom 7.8.2007[62] wurde der vorherige Wortlaut („*sich Daten verschafft*") explizit geändert, die Tathandlung an den bloßen *Zugang zu Daten* angeknüpft und damit die Strafbarkeit nach vorne verlagert.[63]

---

[55] Fischer StGB § 202a Rn. 9a; BeckOK StGB/Weidemann StGB § 202a Rn. 15; Lackner/Kühl/Heger/Heger StGB § 202a Rn. 2; Schönke/Schröder/Eisele StGB § 202a Rn. 16; Ernst NJW 2003, 3233 (3236); Planert StV 2014, 430 (433); Spindler/Schuster/Gercke StGB § 202a Rn. 4.
[56] Schumann NStZ 2007, 675 (676); Dornseif/Schumann/Klein DuD 2002, 226 (229 f.); vgl. NK-StGB/Kargl StGB § 202a Rn. 10; vgl. Gröseling/Höfinger MMR 2007, 549 (551).
[57] In diese Richtung: Schönke/Schröder/Eisele StGB § 202a Rn. 16.
[58] MüKoStGB/Graf § 202a Rn. 29a.
[59] BGH NStZ 2011, 154; NStZ 2010, 275 (276); MüKoStGB/Graf § 202a Rn. 29; NK-StGB/Kargl § 202a Rn. 10.
[60] MüKoStGB/Graf § 202a Rn. 62; Spindler/Schuster/Gercke StGB § 202a Rn. 6; Gröseling/Höfinger MMR 2007, 549 (551).
[61] Spindler/Schuster/Gercke StGB § 202a Rn. 6; NK-StGB/Kargl § 202a Rn. 12.
[62] BGBl. 2007 I 1786.
[63] BT-Drs. 16/3656, 9; BeckOK StGB/Weidemann StGB § 202a Rn. 17.

35 Erfasst wird damit ein Eindringen in ein Datenverarbeitungssystem (bspw. mit Key-Logging-Tools, Sniffern, Backdoor-Trojaner, Ransomware etc)[64], solange der Täter hieran anschließend **systeminterne Steuerungsmöglichkeiten** erlangt.[65]

36 Ein Arbeitgeber verschafft sich daher mit Zugriff auf den privat mitgenutzten geschäftlichen E-Mail-Account eines Angestellten regelmäßig auch den Zugang zu dessen nicht für ihn bestimmten privaten E-Mails. Dass er diese bewusst nicht zur Kenntnis nimmt, ist irrelevant.

37 Nicht ausreichend ist es dagegen, wenn ein Trojaner zwar in das System geschleust wird, die in ihm enthaltene Schadsoftware (mit der der Zugang erst eröffnet werden soll) jedoch nicht ausgeführt wird/werden kann.[66] Mangels angeordneter Versuchsstrafbarkeit (hierzu → Rn. 94) handelt es sich im Rahmen von § 202a Abs. 1 StGB bis zu diesem Zeitpunkt nur um eine straflose Vorbereitungshandlung (ggf. aber: § 202c Abs. 1 Nr. 2 StGB).

38 Auch das bloße Verschaffen des physischen Datenträgers (Festplatte, USB-Stick etc.) eröffnet – aufgrund der obligatorischen Zugangssicherung – noch nicht die Möglichkeit des Zugriffs auf die Daten.[67] Ebenso reicht die mit dem Verschaffen des bloßen Passworts eröffnete Zugriffsmöglichkeit noch nicht aus[68], wie ein systematischer Vergleich mit § 202c Abs. 1 Nr. 1 StGB zeigt. Das Verschaffen eines Passworts stellt sich nach der gesetzgeberischen Wertung nur als Vorbereiten einer Tat nach § 202a Abs. 1 StGB dar.

39 **„White-Hacking"**

„White-Hacking" (teils auch „White-Hat-Hacking") beschreibt den Angriff auf ein Datenverarbeitungssystem, um hierbei potenziell bestehende Sicherheitslücken ausfindig zu machen. Ziel eines solchen „Penetrationstest" ist die Verbesserung der Sicherheitsarchitektur des jeweils von außen abgetasteten Systems. Teils beauftragen die Betreiber von Datenverarbeitungssystem IT-Sicherheitsforscher oder stellen diese sogar fest ein. Darüber hinaus führen „White-Hacker" jedoch auch eigeninitiativ Penetrationstests durch und informieren die Betreiber vertraulich über hierbei entdeckte Sicherheitslücken („Responsible-Disclosure-Verfahren").

Eigeninitiativ durchgeführtes White-Hacking birgt ein Strafbarkeitsrisiko[69]: Da die Vollendung des § 202a Abs. 1 StGB bereits mit dem bloßen *Verschaffen des Zugangs* eintritt, ist auch eine erfolgreich penetrierte Sicherheitslücke tatbestandlich, solange dies gerade nicht mit Zustimmung des Verfügungsberechtigten geschieht.[70] Ein nachträgliches Einverständnis nach Mitteilung der Sicherheitslücke ist unbeachtlich.[71]

In diesen Fällen kann die Verfolgung der Tat jedoch ggf. durch den expliziten Verzicht auf einen Strafantrag verhindert werden. Wird dagegen Strafantrag gestellt oder bejaht die Staatsanwaltschaft das besondere öffentliche Interesse an der Strafverfolgung, können die hiermit verfolgten Ziele, Absichten und Motive des White-Hackers über § 34 StGB auf Ebene der Rechtswidrigkeit Berücksichtigung finden (hierzu → Rn. 57 ff.).

---

[64] BeckOK StGB/Weidemann StGB § 202a Rn. 17; BGH BeckRS 2017, 145251.
[65] Vgl. BeckOK StGB/Weidemann StGB § 202a Rn. 17.2.
[66] Vgl. MüKoStGB/Graf § 202a Rn. 62, 68.
[67] BeckOK StGB/Weidemann StGB § 202a Rn. 18; Gröseling/Höfinger MMR 2007, 549 (551 f.); NK-StGB/Kargl § 202a Rn. 12. AA Schönke/Schröder/Eisele StGB § 202a Rn. 18.
[68] Vgl. Gröseling/Höfinger MMR 2007, 549 (551). AA (wohl) NK-StGB/Kargl § 202a Rn. 12.
[69] Siehe hierzu die Ermittlungen nach aufgedeckten Sicherheitslücken in der App „CDU-Connect": https://netzpolitik.org/2021/cdu-connect-berliner-lka-ermittelt-gegen-it-expertin-die-sicherheitsluecken-in-partei-app-fand/, abgerufen am 17.10.2022. Vgl. auch: Krischker ZD 2015, 464 (466 ff.).
[70] BT-Drs. 16/3656, 10: „Nicht strafbar ist daher zB das Aufspüren von Sicherheitslücken im EDV-System eines Unternehmens, soweit der „Hacker" vom Inhaber des Unternehmens mit dieser Aufgabe betraut wurde."
[71] Krischker ZD 2015, 464 (467).

G. Sich oder einem anderen

Der Täter kann den Zugang zu Daten sowohl sich selbst als auch einem anderen verschaffen. Tauglicher Dritter ist jeder außer dem Täter und dem Verfügungsberechtigten. 40

Sind die Daten nicht für den Täter, wohl aber für den Dritten bestimmt, kommt mit Blick auf die *ultima ratio*-Funktion des § 202a Abs. 1 StGB eine **tatbestandliche Reduktion** in Betracht. 41

> **Praxistipp:** 42
> Praktisch relevant wird die tatbestandliche Reduktion, wenn die ebenfalls denkbare mutmaßliche Einwilligung[72] daran scheitert, dass vor dem Verschaffen des Zugangs die ausdrückliche Einwilligung des formell Verfügungsberechtigten hätte eingeholt werden können.

H. Überwindung der Zugangssicherung

Der Täter muss sich den Zugang zu den Daten „*unter Überwindung der Zugangssicherung*" verschaffen. Das ist der Fall, wenn gerade die vom Verfügungsberechtigten eingezogene besondere Sicherung, in der sich das formelle Geheimhaltungsinteresse ausdrückt, ausgeschaltet wird.[73] Hierfür spricht der systematische Bezug zur *konkreten* Sicherungsmaßnahme sowie der Wortlaut, der den bestimmten Artikel wählt („*der Zugangssicherung*"). 43

Das heißt: 44
- Eingabe des von einem Dritten erlangten Passworts,
- Aufbrechen einer Zugangstür; das sonstige Eindringen in gesicherte Räumlichkeiten,
- überraschendes/erzwungenes Vorhalten eines Mobiltelefons vor das Gesicht und/oder das Pressen des Fingers auf einen Fingerabdruckscanner bei entsprechenden biometrischen Zugangssicherungen.

Soweit die unmittelbar selbst verschlüsselten Daten als gegen unberechtigten Zugriff besonders gesichert angesehen werden (hierzu → Rn. 32), reicht das Erlangen des verschlüsselten Datensatzes nicht aus.[74] 45

> **Verlängern von Signalen elektronischer Transponderschlüssel** 46
> Vermehrt kommen bei Auto- aber auch Hausschlüsseln elektronische Funklösungen zum Einsatz (bspw. „keyless go"). Diese haben den bequemen Vorteil, dass der Schließmechanismus den sich bspw. in der Hosentasche befindlichen Schlüssel beim Annähern erkennt und sich „von alleine" öffnet. Technisch vereinfacht entsendet ein Transponder codierte Funksignale (NFC/RFiD) auf einer bestimmten Frequenz, die von einem im Fahrzeug bzw. in der Wohnungstür verbauten Empfänger ausgelesen werden. Je nach verwendetem System funken die Schlüssel dauerhaft durch.
>
> Diese Technik haben sich insbesondere Autodiebe zu Nutze gemacht: Auch wenn sich der Transponder nicht in der Nähe des im Fahrzeug verbauten Empfängers sondern bspw. im angrenzenden Wohnhaus oder im Restaurant befindet, kann mithilfe von Relais das in begrenzter Reichweite sendende Signal bis zu mehrere hundert Meter verlängert und auf diese Weise die Autotür geöffnet werden (sog. „Relay-Station-Attack").
>
> Unabhängig davon, ob die Funksignale aufgrund ihrer Codierung besonders gegen unberechtigten Zugriff gesichert sind oder nicht, verschaffen sich die Täter durch das bloße

---

[72] BT-Drs. 10/5058, 29; Lackner/Kühl/Heger/Heger StGB § 202a Rn. 7; Schönke/Schröder/Eisele StGB § 202a Rn. 24.
[73] BGH NStZ-RR 2020, 278 (280); BeckOK StGB/Weidemann StGB § 202a Rn. 19; NK-StGB/Kargl § 202a Rn. 14a.
[74] Gröseling/Höfinger MMR 2007, 549 (551).

> Verlängern des weiterhin codierten Funksignals nicht den Zugang zu den Daten unter Überwindung der Zugangssicherung. § 202a Abs. 1 StGB scheidet aus. In Betracht kommt jedoch § 202b StGB.

47 Ein Verschaffen auf einem anderen Wege – bildlich gesprochen: „an der Zugangssicherung vorbei" – ist nicht tatbestandsmäßig.[75]

48 Beispiel:
Überredet der Täter einen zugriffsberechtigten Mitarbeiter eines Unternehmens dazu, nicht für den Täter bestimmte und durch Passwörter gesicherte Daten aus dem unternehmensinternen Netzwerk auf einen USB-Stick zu kopieren und „hinauszuschleusen", überwindet der Täter gerade nicht den als besondere Zugangssicherung ausgestalteten Passwortschutz.[76]
Dient jedoch gerade der Mitarbeiter als besondere Zugangssicherung (bspw. als IT-Sicherheitsbeauftragter oder Wachpersonal) und wird dieser durch täuschende Einflussnahme (bspw. Vorspiegelung einer Herausgabeverpflichtung etc) zur Weitergabe der Daten veranlasst, wird insoweit die besondere Zugangssicherung überwunden.

I. Unbefugt

49 Der Täter muss unbefugt handeln. Hierbei handelt es sich um ein eigenständiges Tatbestandsmerkmal und nicht um eine Ausformung der Rechtswidrigkeit.[77] Unbefugt handelt derjenige, dem für die Verschaffung des Zugangs kein Rechtsgrund zusteht. Dieser Rechtsgrund kann u. a. durch einseitige Erklärung, vertragliche Vereinbarungen, gesetzlich oder durch Hoheitsakt begründet werden.

50 • Das **Einverständnis/die Einwilligung** des Verfügungsberechtigten lässt den Täter befugt handeln.[78] Gleichzeitig werden die Daten hiermit für ihn bestimmt.[79] Auch kann die Rechtswidrigkeit entfallen.[80] Ein/e täuschungsbedingt erlangte/s Einverständnis/Einwilligung ist nur bei einem korrespondierenden rechtsgutbezogenen Irrtum unwirksam (hierzu → Rn. 26).[81]
• **Vertragliche Rechte, die auf einen unmittelbaren Zugang gerichtet sind.** Ein vertraglich vereinbartes Zugangsrecht gewinnt insbesondere dann an Relevanz, wenn im Zeitpunkt der Zugangsverschaffung kein materielles Einverständnis bzw. keine Einwilligung im strafrechtlichen Sinne mehr vorliegt.
Hierunter fällt bspw. der arbeitsvertraglich vereinbarte Zugriff des Arbeitgebers oder des IT-Administrators auf das betriebliche E-Mail-Postfach oder sonstige betriebsbezogene Daten. Auch das Zutrittsrecht zu einem Raum wird erfasst. Zur Wahrnehmung des Zugangsrechts können ggf. auch Dritte ermächtigt werden.
Ein Anspruch auf Herausgabe der Daten (bspw. § 667 BGB) oder ein auf die Daten gerichtetes Auskunftsrecht (bspw. Art. 15 DS-GVO, § 666 BGB oder §§ 241 Abs. 2, 242 BGB) reicht dagegen nicht aus.[82] Auch wenn dem Anspruchsinhaber hiermit ein

---

[75] BT-Drs. 16/3656, 10: „Hierdurch [unter Überwinden der Zugangssicherung] sollen Handlungen ausgegrenzt werden, bei denen besonders gesicherte Daten auf andere Weise erlangt werden.". Siehe auch: BeckOK StGB/Weidemann StGB § 202a Rn. 19; vgl. NK-StGB/Kargl § 202a Rn. 14a; Hassemer StV 2021, 138 (140).
[76] Vgl. Spindler/Schuster/Gercke StGB § 202a Rn. 6.
[77] AA NK-StGB/Kargl § 202a Rn. 16; Schönke/Schröder/Eisele StGB § 202a Rn. 24; Spindler/Schuster/Gercke StGB § 202a Rn. 9.
[78] BeckOK StGB/Weidemann StGB § 202a Rn. 20.
[79] Schönke/Schröder/Eisele StGB § 202a Rn. 24.
[80] Zur Einordnung als rechtfertigende Einwilligung: Klaas ZD 2021, 564 (567).
[81] Popp NJW 2004, 3517 (3518); Klaas ZD 2021, 564 (568f.).
[82] Krischker ZD 2015, 464 (467); Schönke/Schröder/Eisele StGB § 202a Rn. 24.

rechtlicher Zugang zu den Daten eröffnet wird, kann dieser nicht eigenmächtig durchgesetzt werden. Diese Ansprüche müssen aufgrund des staatlichen Gewaltmonopols eingeklagt, tituliert und vollstreckt werden.
- **Gesetzliche Zugriffsrechte:** Bspw. datenschutzrechtliche Erlaubnistatbestände (Art. 6 Abs. 1 S. 1 oder Art. 9 Abs. 2 DS-GVO; § 26 Abs. 1 S. 1, § 2 BDSG; § 3 Abs. 3 S. 1, § 6 Abs. 1, §§ 9 ff. TTDSG).
Greift der Arbeitgeber auf das betriebliche E-Mail-Postfach zu, das vom Arbeitnehmer privat mitgenutzt werden darf, stellt sich das auch unter dem TTDSG fortbestehende Problem[83]: Wird der Arbeitgeber mit der Erlaubnis zur Privatnutzung zum „Anbieter von ganz oder teilweise geschäftsmäßig angebotenen Telekommunikationsdiensten" gem. § 3 Abs. 2 S. 1 Nr. 2 TTDSG (dann: Anwendbarkeit des TTDSG) oder nicht (dann: Anwendbarkeit der DS-GVO/des BDSG)?[84] Hierzu auch → § 12 Rn. 36.
- **Gesetzliche Ermächtigungsgrundlagen bei behördlichem Handeln.** Kein unbefugtes Handeln liegt vor, wenn sich (Strafverfolgungs-)Behörden bei der Verschaffung des Zugangs zu Daten auf gesetzliche Ermächtigungsgrundlagen stützen können.[85] In Betracht kommen bspw. §§ 94, 100a, 100b, 102/103 oder 110 Abs. 3 StPO.[86] Die tatbestandlichen Voraussetzungen der jeweiligen Ermächtigungsgrundlage **und** der korrespondierenden Verfahrensnormen (bspw. §§ 98, 100e, 105 StPO)[87] müssen im Zeitpunkt der Handlung vorliegen.

> **Zugriff auf im Ausland belegene Daten**
>
> Im Rahmen von Durchsuchungen ist die Frage nach dem rechtmäßigen Zugriff über die lokale IT-Infrastruktur auf im Ausland belegene Daten ein häufiger Streitpunkt mit den Ermittlungsbeamten vor Ort. Die Zugriffsermächtigung aus § 110 Abs. 3 S. 2 StPO beschränkt sich – nach vorherrschender, gleichwohl teils bestrittener Ansicht – jedoch ausschließlich auf das deutsche Territorium.[88]
>
> Ein Eingriff in die fremde Souveränität kann gegenwärtig nur unter den engen Voraussetzungen von Art. 32 Cyber-Crime-Convention erfolgen[89], welche regelmäßig nicht vorliegen.

51

Werden Maßnahmen unter Verstoß gegen die §§ 94 Abs. 2, 100a, 100b, 102/103 StPO **richterlich angeordnet,** können sich die ausführenden Ermittlungsbeamten ggf. auf die legitimierende Wirkung des richterlichen Beschlusses stützen (→ Rn. 54).

52

---

[83] Wünschelbaum NJW 2022, 1561 (1561 f.); Aufhauser PinG 2021, 224 (224 ff.); ders. PinG 2021, 188 (196); Rossow DuD 2022, 93 (94 ff.).
[84] Siehe hierzu ausführlich (analog zum TKG): Momsen/Grützner WirtschaftsSteuerStrafR-HdB/Klaas/Wybitul § 16 Rn. 293 ff. Siehe zur Annahme des unionsrechtlichen Anwendungsvorrangs, der die nationalen Regelungen des TTDSG zum Fernmeldegeheimnis im Verhältnis zum Arbeitgeber verdrängt: Wünschelbaum NJW 2022, 1561 (1563 ff. Rn. 10–21, 31, 34 f., 39); Aufhauser PinG 2021, 224 (224 ff.); ders. 2021, 188 (190 f.); Rossow DuD 2022, 93 (97).
[85] MüKoStGB/Graf § 202a Rn. 72; Zimmermann JA 2014, 321; NK-StGB/Kargl § 202a Rn. 17; Lackner/Kühl/Heger/Heger StGB § 202a Rn. 7; Schönke/Schröder/Eisele StGB § 202a Rn. 24.
[86] MüKoStGB/Graf § 202a Rn. 72; Schönke/Schröder/Eisele StGB § 202a Rn. 26.
[87] Vgl. MüKoStGB/Graf § 202a Rn. 74.
[88] Generell: LG München I v. 7.6.2017 – 6 Qs 10/17; MüKoStPO/Hauschild § 110 Rn. 18; Bär ZIS 2011, 53 (54); Gercke GA 2012, 474 (489); Kudlich StV 2012, 560 (566); Hermann/Soiné NJW 2011, 2922 (2295); Kasiske StraFo 2010, 228 (234); Liebig, Zugriff auf Computerinhaltsdaten, 2015, 68; Zimmermann JA 2014, 321 (322 f.); MüKoStGB/Graf § 202a Rn. 72; vgl. auch: BVerfG v. 27.6.2018 – 2 BvR 1405/17, BeckRS 2018, 14189 Rn. 36 – Jones Day. Einschränkend, wenn nicht bestimmbar ist, ob und ggf. wo die Daten auf einem ausländischen Server gespeichert sind: BeckOK StPO/Hegmann StPO § 110 Rn. 15; Meyer-Goßner/Schmitt/Köhler StPO § 110 Rn. 7b. AA LG Koblenz v. 24.8.2021 – 4 Qs 59/21, BeckRS 2021, 24917; LG Berlin v. 29.12.2022 – 519 Qs 8/22.
[89] Zimmermann JA 2014, 321 (323).

Ordnet die Staatsanwaltschaft Maßnahmen nach §§ 94 Abs. 2, 100a, 100b, 102, 103 StPO aufgrund – tatsächlich nicht gegebener – **Gefahr im Verzug** selber an, ist dieser „Ausweg" versperrt.

Eine Strafbarkeit des handelnden Staatsanwalts nach § 202a Abs. 1 StGB setzt in diesen Fällen jedoch voraus, dass die rechtswidrige Anordnung gleichzeitig den Tatbestand der Rechtsbeugung gem. § 339 StGB erfüllt.[90]

53 **Biometrische Entsicherung sichergestellter/beschlagnahmter IT-Geräte**
Biometrische Sicherungen von beschlagnahmten/sichergestellten Mobiltelefonen/Tablets/Laptops etc. stellen Strafverfolgungsbehörden vor Herausforderungen.
Aus der Praxis sind Fälle bekannt, in denen
- das Gerät Beschuldigten (überraschend) vor das Gesicht gehalten wird;
- der Finger auf den Fingerabdruckscanner gedrückt wird;
- beiläufig darum gebeten wird, das Gerät zu entsperren.

Die Zulässigkeit dieser Ermittlungsmethoden bzw. ihre Voraussetzungen (insbesondere: Erforderlichkeit und Existenz einer das Wesentliche regelnden Ermächtigungsgrundlage; absolute Grenze der Selbstbelastungsfreiheit; Täuschungsverbote aus § 136a StPO (analog) und die sich aus dem Verhältnismäßigkeitsgrundsatz ergebenden Grenzen) sind bislang nicht geklärt.[91]

Bei einer möglichen Strafbarkeit der handelnden Staatsanwälte ist stets die mögliche Sperrwirkung von § 339 StGB im Blick zu behalten. Polizeibeamten dürfte dieses Privileg dagegen nicht zukommen. Als weisungsgebundene Ermittlungshelfer (§ 161 Abs. 1 S. 1 Alt. 3 StPO) sind diese nicht „richterähnlich" mit der Leitung oder Entscheidung einer Rechtssache befasst.[92]

54 • **Richterliche Anordnungen/Beschlüsse.** Gerichtliche Anordnungen/Beschlüsse (bspw. nach §§ 98 Abs. 1 S. 1 Var. 1, 100e Abs. 1 S. 1, 105 Abs. 1 S. 1 Var. 1 StPO) bilden – beschränkt auf ihre inhaltliche Reichweite – ebenfalls einen Rechtsgrund.
Da es sich um einen eigenständigen Rechtsakt handelt entfällt ein unbefugtes Handeln der ausführenden Ermittlungsbeamten selbst dann, wenn die dem Beschluss zugrundeliegenden materiellen Voraussetzungen der Ermächtigungsgrundlage nicht vorlagen. Dem (rechtswidrigen) Beschluss kommt „Tatbestandswirkung" zu.

Die legitimierende Wirkung des Beschlusses entsteht jedoch dann nicht, wenn der Beschluss an einem **besonders schwerwiegenden** und **offensichtlichen Fehler** leidet, vgl. § 44 VwVfG analog (bspw. Anordnung von §§ 100a, 100b StPO-Maßnahmen ohne erkennbaren Verdacht einer Katalogtat).

Hinsichtlich einer möglichen Strafbarkeit des anordnenden Richters nach § 202a Abs. 1 StGB ist ebenfalls die Sperrwirkung von § 339 StGB zu beachten.[93]

---

[90] Vgl. zum tauglichen Täterkreis von § 339 StGB: BeckOK StGB/Bange StGB § 339 Rn. 25 f.; Schönke/Schröder/Heine/Hecker StGB § 339 Rn. 2; insbesondere zum Anwendungsbereich bei staatsanwaltschaftlicher Beschlagnahmeanordnung: OLG Schleswig v. 25.1.2017 – 12 U 132/16, BeckRS 2017, 103953 Rn. 24. Siehe zur Sperrwirkung: Schönke/Schröder/Heine/Hecker StGB § 339 Rn. 17.
[91] Ablehnend: Nadeborn/Irscheid StraFo 2019, 274 (275f.); Nadeborn/Albrecht NZWiSt 2021, 420 (421); Momsen DRiZ 2018, 140 (141); Grzesiek/Zühlke StV-S 2021, 117 (117 ff.). Befürwortend: Bäumerich NJW 2017, 2718 (2720 ff.); Neuhaus StV 2020, 489 (490 ff.); Rottmeier/Eckel NStZ 2020, 193 ff.
[92] Vgl. VGH München v. 14.10.2015 – 16a D 14.1057, BeckRS 2015, 54526 Rn. 10.
[93] Siehe erneut: Schönke/Schröder/Heine/Hecker StGB § 339 Rn. 17.

J. Subjektiver Tatbestand und Irrtum

Erforderlich ist mindestens eventualvorsätzliches Handeln hinsichtlich der objektiven Tatbestandsmerkmale (§ 15 StGB).[94]

Irrtumsfragen:
- Geht der Täter davon aus, dass die **Daten für ihn bestimmt** sind, dürfte regelmäßig ein vorsatzausschließender Irrtum nach § 16 Abs. 1 S. 1 StGB vorliegen.[95] Ein solcher Irrtum kann beispielsweise durch Erklärungen von Personen hervorgerufen werden, die der Täter fälschlicherweise für den Verfügungsberechtigten hält. Auch kann die irrtümliche Annahme eines vertraglichen Bedingungseintritts – auf dessen Grundlage dem Täter eine Zugangsberechtigung eingeräumt werden soll – den Vorsatz auf die fehlende Bestimmung ausschließen.
- Hängt die Bewertung des Merkmals „**unbefugt**" von einer rechtlichen Subsumtion **datenschutzrechtlicher Erlaubnistatbestände** oder **öffentlich-rechtlicher Befugnisnormen** ab, dürften hierbei unterlaufende Fehleinschätzungen regelmäßig einen Tatumstandsirrtum begründen[96] (hierzu ausführlicher → § 8 Rn. 107 ff.). Anders ist das zu bewerten, soweit das Merkmal „unbefugt" nicht auf Tatbestands- sondern auf Rechtswidrigkeitsebene gesehen wird.[97]

K. Rechtswidrigkeit

Die Frage nach der Rechtswidrigkeit erlangt beim „White Hat Hacking" Relevanz.[98] Immer dann, wenn das Ermitteln von Sicherheitslücken *ohne Auftrag* des jeweils Verfügungsberechtigten geschieht und hierbei die Zugangssicherung tatsächlich überwunden wird (sog. „invasives" Hacking[99]), kommt eine Verwirklichung des Tatbestands von § 202a Abs. 1 StGB in Betracht (hierzu → Rn. 39).

Vgl. zum Strafbarkeitsrisiko beim nicht invasiven Hacking aus § 202c Abs. 1 StGB → § 13 Rn. 50 f.

Das Handeln kann jedoch uU als Notstand gem. § 34 StGB gerechtfertigt werden.[100]

I. Notstandslage

§ 34 S. 1 StGB setzt eine gegenwärtige Gefahr für ein beliebiges Rechtsgut[101] voraus.

Eine Gefahr ist ein Zustand, *„bei dem es nach den konkreten tatsächlichen Umständen wahrscheinlich ist, dass es zum Eintritt eines schädigenden Ereignisses kommt"*.[102] Sicherheitslücken in IT-Systemen, die den Zugriff von außenstehenden Dritten auf die im System abgespeicherten Daten bzw. die Störung des Betriebs ermöglichen, begründen Gefahren für verschiedenste Rechtsgüter:
- Recht auf informationelle Selbstbestimmung
- Das Unternehmerpersönlichkeitsrecht

---

[94] BeckOK StGB/Weidemann StGB § 202a Rn. 21; NK-StGB/Kargl § 202a Rn. 15.
[95] So auch: BeckOK StGB/Weidemann StGB § 202a Rn. 21; NK-StGB/Kargl § 202a Rn. 15; MüKoStGB/Graf § 202a Rn. 81.
[96] Differenzierend: MüKoStGB/Graf § 202a Rn. 81; aA speziell zum Abruf personenbezogener Daten durch den Betroffenen selbst: Schönke/Schröder/Eisele StGB § 202a Rn. 27.
[97] Vgl. hierzu: NK-StGB/Kargl § 202a Rn. 15.
[98] Siehe hierzu bereits: Klaas MMR 2022, 187 ff.; BeckOK StGB/Weidemann StGB § 202a Rn. 23.1.
[99] Vgl. zur Unterscheidung: Krischker ZD 2015, 464 (465 ff.); Klaas MMR 2022, 187 (188 f.).
[100] Siehe hierzu und dem nachfolgenden: Klaas MMR 2022, 187 (189 ff.).
[101] Schönke/Schröder/Perron StGB § 34 Rn. 9; MüKoStGB/Erb § 34 Rn. 65.
[102] BeckOK StGB/Momsen/Savic StGB § 34 Rn. 4; Schönke/Schröder/Perron StGB § 34 Rn. 12; Lackner/Kühl/Heger/Kühl StGB § 34 Rn. 2; NK-StGB/Neumann § 34 Rn. 39.

- Der eingerichtete und ausgeübte Gewerbebetrieb, der durch Ransomware und DDOS-Attacken beeinträchtigt wird
- Geschäftsgeheimnisse im Sinne von § 2 Nr. 1 GeschGehG
- Nationale Sicherheitsinteressen bei Betreibern einer kritischen Infrastruktur.[103]

62 Die Gefahr für diese Rechtsgüter ist gegenwärtig, wenn eine Sicherheitslücke existiert, die einen Zugriff auf diese Informationen bzw. eine Beeinträchtigung des Systems durch Unbefugte ermöglicht. Anders als bei der Notwehr muss der potenzielle Schadenseintritt im Rahmen von § 34 StGB nicht unmittelbar bevorstehen.[104] Gegenwärtig ist auch die sog. „Dauergefahr", dh „längerfristig angelegte Risikosachverhalte" die jederzeit in einen Schaden umschlagen, sich aber auch erst in einiger Zukunft realisieren können.[105]

II. Notstandshandlung

63 Die Notstandshandlung muss dem Erhalt der gefährdeten Rechtsgüter dienen. Übergeordnetes Ziel ist die Daten vor einem unberechtigten Zugriff zu schützen bzw. die Funktionsfähigkeit des Systems zu gewährleisten. Die konkret ergriffene Maßnahme muss hierfür **erforderlich,** dh geeignet und das relativ mildeste Mittel sein.[106]

1. Geeignetheit

64 Dieses Ziel wird nur dann erreicht, wenn eine Sicherheitslücke entdeckt *und* einer Stelle, die Abhilfe schaffen kann, berichtet wird.

65 Das Merkmal der Geeignetheit umfasst bei mehreren Handlungsalternativen auch die zweckentsprechende Auswahl des Mittels.[107] Existieren verschiedene Handlungsalternativen mit abgestufter Geeignetheit, ist das zur Gefahrabwendung am **vielversprechendste Mittel** einzusetzen.[108]

66 Das heißt:
- **Adressat:** Der Hinweis muss möglichst zielgerichtet erfolgen. Der Adressatenkreis des Hinweises auf die Sicherheitslücke muss so groß wie nötig (Gewährleisten einer schnellen Behebung des Risikos) und gleichzeitig so klein wie möglich (Reduzieren des Mitwisserkreises) gehalten werden.
  Hierbei ist der „White Hacker" jedoch nicht dazu angehalten, die internen Zuständigkeiten der „hackbaren" Organisation im Detail nachzuvollziehen. Denn der damit einhergehende Zeitverlust stuft diese Vorgehensweise seinerseits zu einem *ungeeigneteren* Mittel herab.
  Als Hinweisadressat kommt neben dem formell Verfügungsberechtigten auch das **BSI** in Frage (§ 4b BSIG).
  In absoluten Einzelfällen kann auch die **Veröffentlichung des Hinweises** auf die Sicherheitslücke im **Internet** (ggf. in geschützten Foren) das geeignetere Mittel sein. Das ist dann vorstellbar, wenn sicherheitsgefährdete Software auf einer Vielzahl von Endgeräten installiert ist und der einzelne Nutzer manuelle Maßnahmen (bspw. Updates) ergreifen muss.

67 **Praxistipp:**
Zu prüfen ist stets, ob in dieser Situation eine Meldung an das BSI (§ 4b Abs. 1, 2 BSIG) ein *geeigneteres* oder ein gleich geeignetes, aber milderes Mittel ist.

---

[103] Zu Rechtsgütern der Allgemeinheit als notstandsfähiges Rechtsgut: MüKoStGB/Erb § 34 Rn. 72.
[104] MüKoStGB/Erb § 34 Rn. 94; NK-StGB/Neumann § 34 Rn. 56.
[105] MüKoStGB/Erb § 34 Rn. 94, 97; NK-StGB/Neumann § 34 Rn. 56; Lackner/Kühl/Heger/Kühl StGB § 34 Rn. 2; Schönke/Schröder/Perron StGB § 34 Rn. 17.
[106] NK-StGB/Neumann § 34 Rn. 60.
[107] Schönke/Schröder/Perron StGB § 34 Rn. 19.
[108] MüKoStGB/Erb § 34 Rn. 112; Schönke/Schröder/Perron StGB § 34 Rn. 19.

Das BSI ist die zentrale Anlaufstelle für Informationen von Dritten. Das BSI kann Informationen aus verschiedenen Quellen zusammenführen und in einem koordinierten Verfahren auswerten. Auf dieser Informationsgrundlage kann in aller Regel zuverlässiger eingeschätzt werden, ob es einer Information der Öffentlichkeit oder der zielgerichteten Ansprache betroffener Kreise sowie ggf. weiterer erforderlicher Maßnahmen (bspw. konkreter Sicherheitsempfehlungen) bedarf.

Eine vorschnelle/unkoordinierte öffentlichkeitswirksame Meldung beinhaltet stets das Risiko, dass Angreifer auf potenzielle Angriffsziele aufmerksam gemacht werden.

Ferner ist mit einer öffentlich einsehbaren Meldung eine erheblich größere Beeinträchtigung der Rechte/Interessen betroffener Organisationen verbunden und könnte damit nicht mehr das relativ mildeste Mittel darstellen.[109]

- **Zeitpunkt:** Der Hinweis auf eine entdeckte Sicherheitslücke ist unverzüglich (vgl. § 121 BGB) zu erteilen. Dem White Hat Hacker ist dabei ein angemessener Zeitraum zuzubilligen, in dem er seine Annahmen vor Hinweiserteilung überprüfen kann. Bei der Bestimmung des angemessenen Zeitrahmens ist die Intensität der Bedrohungslage zu berücksichtigen
- **Inhalt:** Ist dem „White Hat Hacker" durch das erfolgreiche Eindringen bekanntgeworden, auf welche technische Art und Weise die Sicherheitslücke geschlossen werden kann, muss er dies – soweit zeitlich/technisch möglich – mitteilen.
- **Form:** Der Hinweis kann uU auch darin bestehen, dass das Eindringen vom System selbst bemerkt und die Sicherheitslücke auf diesem Weg entdeckt wird.

68

Praxistipp:
Zur Dokumentation des subjektiven Rechtfertigungselements („Notstandswille") ist jedoch ein explizites, vertrauliches Offenlegen zu empfehlen.

69

2. Relativ mildestes Mittel

Die konkrete Maßnahme ist das relativ mildeste Mittel, wenn kein gleich geeignetes, aber weniger eingriffsintensives Vorgehen existiert.

70

Daraus folgt:

71

- Werden Passwörter oder sonstige Informationen erlangt, die eine Überwindung der IT-Sicherheitsmechanismen ermöglichen *könnten,* muss sich der White Hat Hacker folgende Kontrollfrage stellen: Ist das Ausnutzen der Informationen zur Zielerreichung tatsächlich erforderlich (bspw. bei vagen Sachlagen zur zielgerichteten Ermittlung der tatsächlichen Sicherheitslücke) *oder* wird das Ziel bereits mit dem Hinweis auf die potenzielle Sicherheitslücke erreicht?
- In jedem Fall aber muss der „White Hat Hacker" das Eindringen abbrechen, sobald er die Zugriffssicherung erfolgreich überwunden hat. Sobald er sich vergewissert hat, dass die Zugriffsmöglichkeit auf die geschützten Daten eröffnet ist, muss er den Pentest beenden. Eine darüberhinausgehende Kenntnisnahme der Daten darf nicht erfolgen.
- Die Erteilung des Hinweises darf grundsätzlich nicht von einer Gegenleistung wie bspw. einer Geldforderung abhängig gemacht werden (hier besteht ggf. ein weiteres Strafbarkeitsrisiko aus §§ 240, 253 StGB[110]).

---

[109] Vgl. zur möglichen Auflösung des Konflikts eines geeigneteren, aber eingriffsintensiveren Mittels: MüKoStGB/Erb § 34 Rn. 127.
[110] Hierbei ist zu beachten, dass die Bereicherungsabsicht uU nicht rechtswidrig ist, soweit Ansprüche aus den §§ 677 ff. BGB bestehen.

72 **Praxistipp:**
Die Hinweiserteilung darf unter die Bedingung
- der Vereinbarung von Vertraulichkeit,
- des Verzichts auf die Stellung eines Strafantrags oder
- der Pflicht im Falle von Ermittlungen ggü. den Strafverfolgungsbehörden ein fehlendes Strafverfolgungsinteresse auszudrücken,

gestellt werden. Ein Nothelfer darf zu einem eingriffsintensiveren Mittel greifen, wenn die Wahl des milderen Mittels (= unbedingte Hinweiserteilung) mit der Preisgabe eigener Rechtsgüter (= Erhöhung des Strafbarkeitsrisikos) verbunden ist.[111]

3. Abwägung der widerstreitenden Interessen

73 Das Interesse am Schutz der gefährdeten Rechtsgüter muss im Rahmen einer Abwägung dem Interesse des Verfügungsberechtigten an der formellen Geheimhaltung sowie am Erhalt weiterer Rechtsgüter[112] – grundsätzlich – *wesentlich überwiegen*.

74 In der Interessenabwägung sind u. a. folgende Parameter zu berücksichtigen:

a) Intensitätsgrad der drohenden Gefahren für die geschützten Rechtsgüter.[113]

75
- Das Bekanntwerden besonders sensibler personenbezogener Daten (bei der Gewichtung kann mit der Sphärentheorie gearbeitet werden).
- Der Kontrollverlust hinsichtlich des anschließenden Umgangs mit einmal „geleakten" Informationen; ein zu erwartender „Streugrad" der erlangten Informationen.
- Die Höhe des zu erwartenden finanziellen Schadens, infolge von Datenverschlüsselungen/Erpressungen oder durch längerfristiges „Lahmlegen" des Geschäftsbetriebs eines Unternehmens.

b) Intensitätsgrad der drohenden Gefahren für die beeinträchtigten Rechtsgüter.[114]

76
- Droht die Gefahr einer technischen Beschädigung eines an und für sich intakten IT-Sicherheitssystems?
- Droht die Gefahr, dass durch den Pentest die Aufmerksamkeit Dritter auf Sicherheitslücken gelenkt wird?
- Droht die Gefahr, dass bereits im Rahmen des Pentest dem „White Hat Hacker" personenbezogene Daten und/oder Geschäftsgeheimnisse bekanntwerden?

77 **c) Wahrscheinlichkeitsgrad des Gefahreneintritts und der Rettungschance.** In die Abwägung ist miteinzustellen, wie wahrscheinlich das Ausnutzen der Sicherheitslücke durch Unbefugte ist bzw. gewesen wäre.[115] Dabei gilt: Je leichter das sicherheitstechnische „Einfallstor" für den White Hat Hacker zu entdecken war, desto näher liegt auch ein Ausnutzen durch weitere Dritte.

78 Gegenläufig ist zu berücksichtigen, dass ein Aufdecken von Sicherheitslücken sowie die vertrauliche Meldung der hierbei entdeckten Umstände eine hohe „Rettungschance" bereithalten.[116] Erst wenn der Verfügungsberechtigte von bestehenden Sicherheitsmängeln erfährt, wird dieser in die Lage versetzt, die Rechtsgutgefährdung zu beenden bzw. zu minimieren.

---

[111] NK-StGB/Neumann § 34 Rn. 63; MüKoStGB/Erb § 34 Rn. 126; aA Schönke/Schröder/Perron StGB § 34 Rn. 20.
[112] Zum Einbezug aller Rechtsgüter in die Interessenabwägung: MüKoStGB/Erb § 34 Rn. 130, 136; BeckOK StGB/Momsen/Savic StGB § 34 Rn. 9; NK-StGB/Neumann § 34 Rn. 69. Einschränkend: Schönke/Schröder/Perron StGB § 34 Rn. 23.
[113] MüKoStGB/Erb § 34 Rn. 165 f.; NK-StGB/Neumann § 34 Rn. 79.
[114] MüKoStGB/Erb § 34 Rn. 165, 167; NK-StGB/Neumann § 34 Rn. 79.
[115] NK-StGB/Neumann § 34 Rn. 80.
[116] NK-StGB/Neumann § 34 Rn. 80.

d) IT-Sicherheit als Eigeninteresse der gehackten Organisation. Ferner ist zu beachten: Das rechtzeitige, vertrauliche Aufdecken von Sicherheitslücken entspricht dem wohlverstandenen Interesse[117] des Verfügungsberechtigten:
- Erlangen/Erhalten des Schutzes des Geschäftsgeheimnisgesetz (§ 2 Nr. 1 Buchst. b GeschGehG)
- Erlangen/Erhalten der verwaltungsrechtlichen Zuverlässigkeit (bspw. zur Verhinderung einer Gewerbeuntersagung gem. § 35 GewO)
- Vermeiden einer Bußgeldverantwortlichkeit (Art. 83 DS-GVO)
- Vermeiden einer Schadensersatzpflicht ggü. datenschutzrechtlich betroffenen Personen (Art. 82 DS-GVO, § 280 BGB, § 823 BGB)
- Vermeiden von Reputationsschäden.

All diese Umstände sprechen im Rahmen einer Interessenabwägung für das Interesse an einem vertraulichen Aufdecken bestehender Sicherheitslücken.

e) Abweichender Abwägungsmaßstab. Grundsätzlich muss das Interesse am Erhaltungsrechtsgut dem beeinträchtigten Interesse *wesentlich überwiegen*. Dieser Abwägungsmaßstab wird in zwei relevanten Situationen verändert: Einmal zugunsten und einmal zulasten des White Hat Hackers.

aa) Erleichtert: Verletzung gesetzlicher Pflicht zur Gewährleistung von IT-Sicherheit. Beruht die durch die Sicherheitslücke entstandene Rechtsgutgefährdung auf einer Pflichtverletzung der Organisation, verschiebt sich der Abwägungsmaßstab zugunsten des White Hat Hackers.[118] Die hiermit veranlasste Gefahrensituation ist mit dem Defensivnotstand (vgl. § 228 BGB) zu vergleichen.[119] Damit darf der Schaden für die beeinträchtigten Rechtsgüter lediglich nicht außer Verhältnis zu der Gefahr für das Erhaltungsrechtsgut stehen.[120]

Der Verfügungsberechtigte ist regelmäßig gesetzlich dazu verpflichtet, wirksame technische und organisatorische Maßnahmen zu ergreifen, um einen unberechtigten Zugriff auf Daten zu verhindern bzw. die Funktionsfähigkeit seiner Systeme zu gewährleisten.
- **Art. 32 DS-GVO:** Gewährleistung eines angemessenen Schutzniveaus bei der Verarbeitung personenbezogener Daten
- **§ 19 Abs. 4 TTDSG:** Verhindern des unerlaubten Zugriffs auf die für Telemedienangebote genutzten technischen Einrichtungen und Sicherung gegen Störungen (auch durch äußere Angriffe)
- **§ 165 Abs. 1, 2 TKG:** Pflicht von Erbringern (öffentlich zugänglicher) Telekommunikationsdienste/Betreibern öffentlicher Telekommunikationsnetze zum Schutz des Fernmeldegeheimnisses und personenbezogener Daten; sowie zum Schutz gegen Störungen, die zu erheblichen Beeinträchtigungen von Telekommunikationsnetzen und -diensten führen
- **§ 8a Abs. 1 BSIG:** Pflicht von Betreibern kritischer Infrastrukturen zur Vermeidung von Störungen der Verfügbarkeit, Integrität, Authentizität und Vertraulichkeit ihrer informationstechnischen Systeme
- **§ 8c Abs. 1 BSIG:** Pflicht von Anbietern digitaler Dienste (bspw. Online-Marktplätze, Online-Suchmaschinen, Cloud-Computing-Dienste) zur Bewältigung von Risiken für die Sicherheit der Netz- und Informationssysteme, die sie zur Bereitstellung der digitalen Dienste innerhalb der Europäischen Union nutzen

---

[117] Zur Berücksichtigungsfähigkeit: BeckOK StGB/Momsen/Savic StGB § 34 Rn. 9.
[118] MüKoStGB/Erb § 34 Rn. 224 ff.; NK-StGB/Neumann § 34 Rn. 86, 88. Dagegen: BeckOK StGB/ Momsen/Savic StGB § 34 Rn. 14: „§ 228 BGB als Richtschnur für die Abwägung".
[119] MüKoStGB/Erb § 34 Rn. 225; NK-StGB/Neumann § 34 Rn. 86, 88.
[120] MüKoStGB/Erb § 34 Rn. 225; NK-StGB/Neumann § 34 Rn. 88. Dagegen: BeckOK StGB/Momsen/ Savic StGB § 34 Rn. 14: Berücksichtigung der Wertung von § 228 BGB in der Abwägung.

- **§ 80 Abs. 1 S. 2 Nr. 4 WpHG:** Wertpapierdienstleistungsunternehmen müssen über „solide Sicherheitsmechanismen" verfügen, die das Risiko des unberechtigten Zugriffs minimieren die Vertraulichkeit der Daten gewährleisten
- **§ 11 Abs. 1 S. 1, Abs. 1a S. 1 EnWG:** Pflicht von Betreibern von Energieversorgungsnetzen ein sicheres Energieversorgungsnetz zu betreiben

84 Selbstverständlich gilt: Nicht jede bestehende Sicherheitslücke beruht auf unzureichenden technischen und organisatorischen Maßnahmen und ist daher automatisch mit einer Pflichtverletzung gleichzusetzen. Allerdings können besonders gravierende Mängel bei einer entsprechenden Verpflichtung der Organisation zu einer Umkehr des Abwägungsmaßstabs (vgl. § 228 BGB) führen.

84a Zukünftig ist die Umsetzung der RL (EU) 2022/2555 v. 14.12.2022 (NIS-2-RL)[121] durch den deutschen Gesetzgeber zu beobachten.

85 **bb) Erschwert: Schutz nationaler Sicherheitsinteressen.** Dagegen wird die Rechtfertigung erschwert, soweit es sich bei den zu schützenden Interessen um Rechtsgüter der Allgemeinheit handelt.

86 Gefährden die Kenntnisnahme der geschützten Daten bzw. die Beeinträchtigung des Systems ausschließlich nationale Sicherheitsinteressen (bspw. bei Betreibern einer kritischen Infrastruktur), gilt *grundsätzlich* einer strengerer Abwägungsmaßstab.[122] Private sollen sich aufgrund des staatlichen Gewaltmonopols – im Grundsatz – nicht zum „Sachwalter der öffentlichen Sicherheit und Ordnung"[123] aufschwingen. Daher ist stets zu berücksichtigen, ob die zuständigen (Aufsichts-)Behörden, insbesondere das BSI gem. §§ 5b BSIG, die Gefahr ausräumen können. Der Vorrang soll selbst dann bestehen bleiben, wenn dies zu einem lückenhaften Schutz führt.[124]

87 Hieraus folgt jedoch kein genereller Vorrang des (aufsichts-)behördlichen Einschreiten. Der Vorrang findet dort seine Grenzen, wo eine behördliche Intervention zu spät käme und „die Hinnahme der drohenden Folgen schlechthin unerträglich" wäre.[125] Diese „Ausnahmesituation" dürfte bei gegenwärtig bestehenden IT-Sicherheitslücken eher den Regelfall bilden, soweit diese netzgesteuerte Beeinträchtigung nationaler Sicherheitsinteressen jederzeit ermöglichen. Eine behördliche Reaktion ist oftmals erst in Folge einer durch den Privaten entdeckten Sicherheitslücke zu erwarten (vgl. § 4b BSIG).[126]

88 **Praxistipp:**
Dieser strenge Abwägungsmaßstab gilt nur dann, wenn *ausschließlich*[127] Rechtsgüter der Allgemeinheit gefährdet sind. Die Einschränkung findet keine Anwendung, wenn gleichzeitig auch Individualinteressen gefährdet werden.

Bei den geschützten Interessen handelt es sich regelmäßig *auch* um Individualinteressen (bspw. das Recht auf informationelle Selbstbestimmung der Angestellten). Hier ist im Rahmen der Abwägung der grundsätzliche Vorrang staatlicher Abhilfemaßnahmen (bspw. Maßnahmen der Datenschutzaufsichtsbehörden nach Art. 58 DS-GVO oder Maßnahmen des BSI nach §§ 5b, 7 ff. BSIG) nicht zu beachten.

---

[121] Siehe hierzu www.eur-lex.europa.eu/legal-content/DE-TXT/?uri=CELEX:32022L2555, abgerufen am 12.7.2023.
[122] MüKoStGB/Erb § 34 Rn. 73, 182.
[123] MüKoStGB/Erb § 34 Rn. 73, 182.
[124] MüKoStGB/Erb § 34 Rn. 182, 184.
[125] MüKoStGB/Erb § 34 Rn. 183; vgl. Schönke/Schröder/Perron StGB § 34 Rn. 10: „äußerster Notfall".
[126] BSI, Die Lage der IT-Sicherheit in Deutschland 2021, 71.
[127] MüKoStGB/Erb § 34 Rn. 182.

Aufgrund der Offenheit der Interessenabwägung – die sich gerade nicht nur auf die sich jeweils ggü. stehenden Rechtsgüter beschränkt[128] – ist bei der Abwägung von zu schützendem Individualinteresse und gefährdetem formellen Geheimhaltungsinteresse auch die Bedeutsamkeit der Gefährdung nationaler Sicherheitsinteressen zu berücksichtigen.

III. Subjektives Rechtfertigungselement

Der White Hacker muss in Kenntnis der Notstandslage handeln (Wortlaut: „um").[129]

Auch ein Pentest „auf gut Glück" ist danach einer Rechtfertigung zugänglich. Zwar muss hier mit dem Testangriff erst herausgefunden werden, *ob* eine Notstandslage vorliegt oder nicht. Kann der White Hat Hacker hierbei nicht auf Sonderwissen zurückgreifen (bspw. Foreninformationen, die Hinweise auf eine bestehende Sicherheitslücke bei einer bestimmten Organisation geben), erlangt der Täter erst durch einen erfolgreichen Angriff Kenntnis von der Notstandslage. Allerdings wird auch die Schwelle der zu rechtfertigenden tatbestandsmäßigen Handlung erst mit dem tatsächlichen Verschaffen von Passwörtern bzw. dem Verschaffen des Zugangs überschritten.[130] Dh: Zu rechtfertigende Handlung und Kenntnis von der Notstandslage fallen zwangsläufig zeitlich zusammen.

L. Relatives Antragsdelikt

§ 202a StGB ist ein **relatives Antragsdelikt,** § 205 Abs. 1 S. 2 StGB. Auch ohne gestellten Strafantrag kann die Staatsanwaltschaft das besondere öffentliche Interesse an der Strafverfolgung bejahen.

Antragsberechtigt ist gemäß § 77 Abs. 1 StGB der Verletzte, dh der formelle Verfügungsberechtigte (siehe hierzu → Rn. 4 ff.).

Stirbt der Verletzte, geht das Antragsrecht **nicht** auf die Angehörigen über, §§ 77 Abs. 2 S. 1, 205 Abs. 2 S. 1 2. Hs. StGB.

M. Versuch

Der Versuch ist aufgrund des Charakters als Vergehen (§ 12 Abs. 2 StGB) und der fehlenden Anordnung einer Versuchsstrafbarkeit nicht strafbar, § 23 Abs. 1 StGB.[131]

Allerdings werden typische Vorbereitungshandlungen bereits durch § 202c StGB erfasst (hierzu: → § 13).[132]

N. Verjährung

Taten nach § 202a Abs. 1 StGB verjähren gem. § 78 Abs. 3 Nr. 4 StGB nach 5 Jahren.[133]

Die den Fristlauf auslösende Beendigung (§ 78a S. 1 StGB) wird durch den Zeitpunkt bestimmt, in dem die tatsächliche Handlung abgeschlossen wird, mit der die Zugriffsmöglichkeit auf die Daten eröffnet wird.[134]

---

[128] MüKoStGB/Erb § 34 Rn. 130, 136.
[129] BeckOK StGB/Momsen/Savic StGB § 34 Rn. 20, 20.2; Schönke/Schröder/Perron StGB § 34 Rn. 48; MüKoStGB/Erb § 34 Rn. 289.
[130] Vgl. Krischker ZD 2015, 464 (467).
[131] BT-Drs. 16/3656, 10.
[132] NK-StGB/Kargl § 202a Rn. 1a: „architektonischen Schieflage"; BeckOK StGB/Weidemann StGB § 202a Rn. 22; MüKoStGB/Graf § 202a Rn. 109; Vassilaki CR 2008, 131 (135).
[133] BeckOK StGB/Weidemann StGB § 202a Rn. 28.
[134] Siehe zur Orientierung an § 8 StGB: MüKoStGB/Mitsch § 78a Rn. 5.

O. Konkurrenzen

98 Tateinheit ist u. a. möglich mit:
- § 123 StGB, bei Erschleichen des Zugangs zu geschützten Räumlichkeiten[135]
- §§ 242, 246 StGB[136], ggf. bei der Nutzung fremder zum Zugang berechtigten Ausweise/Codekarten
- § 201 Abs. 2 S. 1 Nr. 1 StGB, § 202 StGB, bei einem Auskundschaften von Informationen (bspw. Passwörter), mit denen die Zugangshindernisse im Anschluss überwunden werden
- §§ 267 ff., 274 Abs. 1 Nr. 1, 2 StGB[137], bei der Fälschung von zum (physischen/digitalen) Zugang berechtigten Ausweisen bzw. Codekarten
- §§ 303a, 303b StGB[138], insbesondere bei der „invasiven" Zugangsverschaffung
- § 23 GeschGehG, soweit die Daten Geschäftsgeheimnisse darstellen und auch tatsächlich erlangt wird[139]

99 Zum konkurrenzrechtlichen Verhältnis zu § 42 Abs. 1, 2 BDSG: Tateinheit möglich, aufgrund
- unterschiedlicher Schutzrichtung (das formelle Geheimhaltungsinteresse des Verfügungsberechtigten/das Recht auf informationelle Selbstbestimmung) und
- daraus resultierenden unterschiedlichen Verletzten derselben Tathandlung (bspw. der Arbeitgeber als formell Verfügungsberechtigter, der Arbeitnehmer als datenschutzrechtlich Betroffener) und
- unterschiedlichen Tatobjekten (Daten iSd § 202a Abs. 2 StGB/personenbezogene Daten).

100 Siehe zur fehlenden Subsidiarität von § 42 Abs. 1, 2 BDSG zu § 202a Abs. 1 StGB auch → § 8 Rn. 120.

---

[135] MüKoStGB/Graf § 202a Rn. 111; Schönke/Schröder/Eisele StGB § 202a Rn. 29; BeckOK StGB/Weidemann StGB § 202a Rn. 25.
[136] Schönke/Schröder/Eisele StGB § 202a Rn. 29; BeckOK StGB/Weidemann StGB § 202a Rn. 25.
[137] MüKoStGB/Graf § 202a Rn. 110; BeckOK StGB/Weidemann StGB § 202a Rn. 25.
[138] Schönke/Schröder/Eisele StGB § 202a Rn. 29; BeckOK StGB/Weidemann StGB § 202a Rn. 25; Lackner/Kühl/Heger/Heger StGB § 202a Rn. 8.
[139] Vgl. BeckOK StGB/Weidemann StGB § 202a Rn. 25.

§ 12 Abfangen von Daten (§ 202b StGB)

Übersicht

	Rn.
A. Vorbemerkung	1
B. Rechtsgut	4
C. Nicht für ihn bestimmte Daten	6
D. Zeitliche Einschränkung des Tatobjekts: Während des Übertragungsvorgangs	8
I. Aus einer nichtöffentlichen Datenübermittlung	11
II. Aus der elektromagnetischen Abstrahlung einer Datenverarbeitungsanlage	20
III. Einbezug von durch den Täter initiierte Datenübermittlungen/-abstrahlungen?	24
E. Verschaffen unter Anwendung von technischen Mitteln	27
F. Sich oder einem anderen	33
G. Unbefugt	35
H. Subjektiver Tatbestand und Irrtum	37
I. Rechtswidrigkeit	39
J. Konkurrenzen und Subsidiaritätsklausel	40
I. Allgemeine Konkurrenzen	40
II. Formelle Subsidiarität	42
K. Absolutes Antragsdelikt	44
L. Versuch	45
M. Verjährung	47

Literatur:

Aufhauser, Die übersehene DS-GVO: Zur Verdrängung des Fernmeldegeheimnisses (§ 88 TKG) bei betrieblichen E-Mail-Systemen, PinG 2021, 188; *ders.,* Das Fernmeldegeheimnis für Arbeitgeber unter dem TTDSG, PinG 2021, 224; *Dann/Gastell,* Geheime Mitarbeiterkontrollen: Straf- und arbeitsrechtliche Risiken bei unternehmensinterner Aufklärung, NJW 2008, 2945; *Ernst,* Der Arbeitgeber, die E-Mail und das Internet, NZA 2002, 585; *ders.,* Das neue Computerstrafrecht, NJW 2007, 2661; *Fuhlrott,* Keylogger & Arbeitnehmerdatenschutz, Zugleich Besprechung von BAG, NZA 2017, 1327, NZA 2017, 1308; *Fülbier/Splittgerber,* Keine (Fernmelde-)Geheimnisse vor dem Arbeitgeber?, NJW 2012, 1995; Die Entwicklung des Internetstrafrechts 2010/2011, ZUM 2011, 609; *Gröseling/Höfinger,* Hacking und Computerspionage, Auswirkungen des 41. StRÄndG zur Bekämpfung der Computerkriminalität, MMR 2007, 549; *Haußmann/Krets,* EDV-Betriebsvereinbarungen im Praxistest, NZA 2005 259; *Herrmann/Zeidler,* Arbeitnehmer und interne Untersuchungen – ein Balanceakt, NZA 2017, 1499; *Hoppe/Braun,* Arbeitnehmer-E-Mails: Vertrauen ist gut – Kontrolle ist schlecht, Auswirkungen der neuesten Rechtsprechung des BVerfG auf das Arbeitsverhältnis, MMR 2010, 80; *Höfinger,* Zur Straflosigkeit des sogenannten »Schwarz-Surfens«, ZUM 2011, 212; *Kort,* Die Zukunft des deutschen Beschäftigtendatenschutzes, Erfüllung der Vorgaben der DS-GVO, ZD 2016, 555; *Kusnik,* Abfangen von Daten, Straftatbestand des § 202b StGB auf dem Prüfstand, MMR 2011, 720; *Mengel,* Internal Investigations – Arbeitsrechtliche Lessons Learned und Forderungen an den Gesetzgeber, NZA 2017, 1494; *Rossow,* Arbeitgeber und das Fernmeldegeheimnis nach dem TTDSG, DuD 2022, 93; *Scheben/Klos/Geschonneck,* Evidence and Disclosure Management (EDM), Eine (datenschutz-)rechtliche Analyse, CCZ 2012, 13; *Schumann,* Das 41. StRÄndG zur Bekämpfung der Computerkriminalität, NStZ 2007, 675; *Schimmelpfennig/Wenning,* Arbeitgeber als Telekommunikations-Diensteanbieter?, DB 2006, 2290; *Schmidl,* E-Mail-Filterung am Arbeitsplatz, MMR 2005, 343; *Vassilaki,* Das 41. StRÄndG – Die neuen strafrechtlichen Regelungen und ihre Wirkung auf die Praxis, CR 2008, 131; *Vogel/Glas,* Datenschutzrechtliche Probleme unternehmensinterner Ermittlungen, DB 2009, 1747; *Wolf/Mulert,* Die Zulässigkeit der Überwachung von E-Mail-Korrespondenz am Arbeitsplatz, BB 2008, 442; *Wünschelbaum,* Neuer Datenschutz für betriebliche Kommunikationsdienste, Cookies, Compliance und der Abschied vom Fernmeldegeheimnis, NJW 2022, 1561; *Wybitul,* Neue Spielregeln bei E-Mail-Kontrollen durch den Arbeitgeber, Überblick über den aktuellen Meinungsstand und die Folgen für die Praxis, ZD 2011 69.

A. Vorbemerkung

§ 202b StGB hat ebenfalls einen unionsrechtlichen Hintergrund. Die Strafvorschrift beruht auf dem **Übereinkommen des Europarates über Computerkriminalität vom** 1

23.11.2001.[1] Zur Anwendbarkeit deutschen Strafrechts bei grenzüberschreitenden Sachverhalten → § 25 Rn. 27, 46, 81, 124 ff.

2 Die Verfolgung von § 202b StGB stellt sich als Durchführung des Unionsrechts dar (Art. 51 Abs. 1 GRCh). Es gilt der potenziell weitere Anwendungsbereich des unionsrechtlichen *ne bis in idem*-Grundsatz (Art. 50 GRCh) (hierzu → § 27 Rn. 33 ff.).

3 **PKS:** Die Fallzahlen und die Aufklärungsquote sind gering:[2]

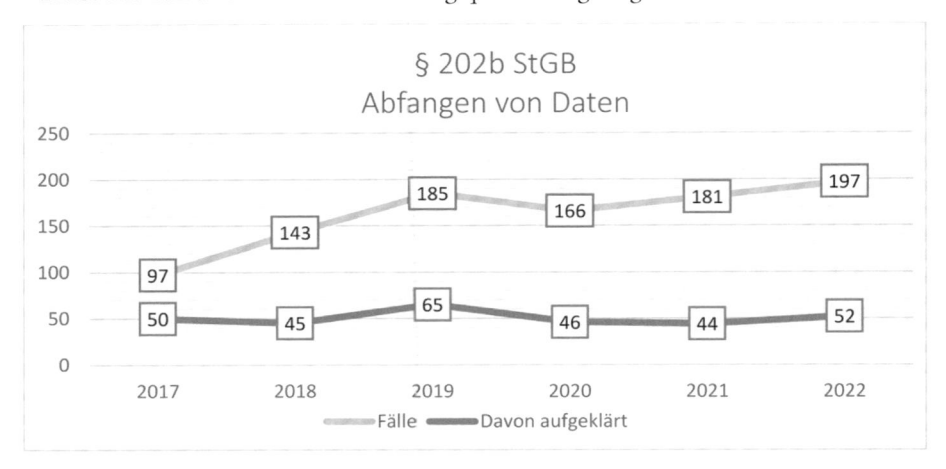

§ 202b StGB
Abfangen von Daten

Jahr	2017	2018	2019	2020	2021	2022
Fälle	97	143	185	166	181	197
Davon aufgeklärt	50	45	65	46	44	52

B. Rechtsgut

4 Das Rechtsgut wird an § 202a StGB angelehnt: Geschützt wird das „formelle Geheimhaltungsinteresse des Verfügungsberechtigten"[3]. Dieses wird aus dem allgemeinen Recht auf Nichtöffentlichkeit der Kommunikation abgeleitet.

5 Damit muss sich das Geheimhaltungsinteresse – anders als bei § 202a StGB – nicht erst im Ergreifen besonderer Sicherungsmaßnahmen ausdrücken („Manifestation des Geheimhaltungswillens"[4]).

C. Nicht für ihn bestimmte Daten

6 Der Datenbegriff entspricht dem des § 202a StGB (hierzu → § 11 Rn. 9 ff.).

7 Für wen die Daten bestimmt sind, beurteilt sich ebenfalls nach den Grundsätzen von § 202a StGB (hierzu → § 11 Rn. 19 ff.).

---

[1] BT-Drs. 16/3656, 10; MüKoStGB/Graf § 202b Rn. 1; Schönke/Schröder/Eisele StGB § 202b Rn. 1; NK-StGB/Kargl § 202b Rn. 1.
[2] PKS Bundeskriminalamt, Berichtsjahr 2017–2022 (abrufbar unter: https://www.bka.de/DE/AktuelleInformationen/StatistikenLagebilder/PolizeilicheKriminalstatistik/pks_node.html, abgerufen am 10.4.2023).
[3] Hierzu und dem Folgenden: BT-Drs. 16/3656, 11; MüKoStGB/Graf § 202b Rn. 2; BeckOK StGB/Weidemann StGB § 202b Rn. 2; Schönke/Schröder/Eisele StGB § 202b Rn. 1.
[4] BT-Drs. 16/3656, 11.

D. Zeitliche Einschränkung des Tatobjekts: Während des Übertragungsvorgangs

Die Daten müssen entweder 8
- aus einer nichtöffentlichen Datenübermittlung *oder*
- aus der elektromagnetischen Abstrahlung einer Datenverarbeitungsanlage stammen.

Hiermit ist eine **zeitliche Einschränkung** des Anwendungsbereichs von § 202b StGB 9 verbunden: Die Daten sind nur **während des Übermittlungs- bzw. Abstrahlungszeitraums** taugliche Tatobjekte.[5]

Werden Daten vor Beginn bzw. nach Abschluss der Übermittlung/Abstrahlung abgespeichert, wird ein unbefugtes Verschaffen dieser abgespeicherten Daten nicht von 10 § 202b StGB erfasst[6] (ggf. aber von § 202a Abs. 1 StGB bei bestehender Zugangssicherung).

I. Aus einer nichtöffentlichen Datenübermittlung

Eine **Datenübermittlung** ist ein elektronischer Übertragungsvorgang zwischen verschiedenen Computersystemen oder innerhalb desselben Computersystems.[7] 11

Beispiele: 12

Erfasst werden
- Nachrichtenübermittlung via E-Mail, Fax und Telefon[8]
- Nachrichtenübermittlung via SMS, Chat- und Messenger-Nachrichten[9]
- Videokonferenzen[10]
- Up- und Downloads auf/von Datenträgern – unabhängig ob internetbasiert, per Bluetooth oder AirDrop[11]

Der Übermittlungsvorgang beginnt mit dem ersten elektronischen Impuls der die Daten 13 aus der Sphäre des Absendepunktes bewegen soll. Der Übermittlungsvorgang endet, sobald der anvisierte Empfängerpunkt die Daten registriert bzw. abgespeichert hat.[12]

Der physische Versand eines Datenträgers auf dem Postweg ist daher keine Datenüber- 14 mittlung im Sinne der Norm.[13] Die Beschränkung der Definition auf unkörperliche, elektronische Übermittlungsvorgänge folgt aus einer unionsrechtskonformen Auslegung. Art. 3 des Übereinkommens des Europarates über Computerkriminalität vom 23. November 2001 beschränkt sich auf „nichtöffentliche (…) Computerdatenübermittlungen an ein Computersystem, aus einem Computersystem oder innerhalb eines Computersystems einschließlich elektromagnetischer Abstrahlungen aus einem Computersystem (…)".[14]

---

[5] BT-Drs. 16/3656, 11; BeckOK StGB/Weidemann StGB § 202b Rn. 3; Schönke/Schröder/Eisele StGB § 202b Rn. 4; vgl. NK-StGB/Kargl § 202b Rn. 4, 6; Fischer StGB § 202b Rn. 3.
[6] BT-Drs. 16/3656, 11; BeckOK StGB/Weidemann StGB § 202b Rn. 3.
[7] BT-Drs. 16/3656, 7, 10f.; vgl. NK-StGB/Kargl § 202b Rn. 4; vgl. Spindler/Schuster/Gercke StGB § 202b Rn. 3.
[8] BT-Drs. 16/3656, 11.
[9] Vgl. Schönke/Schröder/Eisele StGB § 202b Rn. 4; vgl. MüKoStGB/Graf § 202b Rn. 9.
[10] Vgl. Schönke/Schröder/Eisele StGB § 202b Rn. 4; vgl. MüKoStGB/Graf § 202b Rn. 9.
[11] Vgl. NK-StGB/Kargl § 202b Rn. 4; vgl. Schönke/Schröder/Eisele StGB § 202b Rn. 4; vgl. MüKoStGB/Graf § 202b Rn. 9.
[12] Vgl. NK-StGB/Kargl § 202b Rn. 4; vgl. Kusnik MMR 2011, 720 (720f.).
[13] Gröseling/Höfinger MMR 2007, 549 (552); Spindler/Schuster/Gercke StGB § 202b Rn. 3; MüKoStGB/Graf § 202b Rn. 9; Schönke/Schröder/Eisele StGB § 202b Rn. 4. Vgl. auch: NK-StGB/Kargl § 202b Rn. 4.
[14] BT-Drs. 16/3656, 11. S. auch: Gröseling/Höfinger MMR 2007, 549 (552).

15 Umstritten ist, ob eine bloße Zwischenspeicherung „auf dem Weg" zum eigentlichen Empfangspunkt den Übermittlungsvorgang beendet[15] oder fortbestehen lässt[16]. Cloud-Dienstleistungen mit dynamisch genutzten Speicherkapazitäten können damit – je nach vertretenem Standpunkt – einen einzigen, fortwährenden Übermittlungsvorgang begründen[17] oder sich aber aus zahlreichen, aneinander gereihten Übermittlungsvorgängen zusammensetzen.

16 Die Auslegung des Begriffs **„nichtöffentlich"** soll sich nach dem gesetzgeberischen Willen an der Regelung des § 201 Abs. 2 S. 1 Nr. 2 StGB orientieren.[18] Davon ausgehend ist die Datenübermittlung nichtöffentlich wenn sie nicht durch einen *„größeren, nach Zahl und Individualität unbestimmten oder nicht durch persönliche oder sachliche Beziehungen miteinander verbundenen Personenkreis"*[19] bestimmt ist oder unmittelbar wahrnehmbar ist.[20]

17 Die Nichtöffentlichkeit der Datenübermittlung ist also **zweistufig** zu bestimmen:
- Ausgangspunkt ist der **subjektive Wille** des Verfügungsberechtigten: Sind die zu übermittelnden Daten für einen großen Personenkreis im o.g. Sinne bestimmt?[21]
- Selbst wenn der subjektive Wille auf eine vertrauliche Datenweitergabe gerichtet ist, kann die Öffentlichkeit der Datenübermittlung aus der Wahl der Übertragungsart[22] folgen, soweit diese eine **Wahrnehmung** der übermittelten Daten durch einen großen Personenkreis im o.g. Sinne **faktisch ermöglicht**.

18 Nutzung von offenem WLAN:

Ein „offenes" WLAN beschreibt Netzwerke, die ohne Passwortschutz von jedem Nutzer in Signalreichweite verwendet werden können.

In Rechtsprechung und Literatur wird das *unbefugte* Nutzen eines offenen WLAN-Netzwerks („Schwarz-Surfen") überwiegend als tatbestandslos angesehen.[23] Dem ist zuzustimmen. Dabei ist zunächst klarzustellen, dass die genutzte Funksignalverbindung selbst kein Datum im Sinne des § 202a Abs. 2 StGB ist. Sie ist nur das „Übertragungsmedium" für solche Daten und damit für sich selbst genommen kein taugliches Tatobjekt. Tatbestandlich relevant wird erst der Datentransfer über das offene WLAN. Bei der Frage nach der (Nicht-)Öffentlichkeit der jeweiligen Datenübermittlung ist zwischen Down- und Upload zu unterscheiden:

Download-Situation: Loggt sich eine Person in ein offenes WLAN ein und lädt über diese Funksignalverbindung nicht für sie bestimmte Daten vom Netzwerkbetreiber herunter (bspw. auch zum Verbindungsaufbau benötigte Daten des Routers), ist die Datenübermittlung als öffentlich zu qualifizieren. Denn dieser „Download"-Datenübermittlungsweg ist aufgrund des fehlenden Passwortschutzes für alle in Signalreichweite befindlichen Personen eröffnet.[24]

---

[15] So: MüKoStGB/Graf StGB § 202b Rn. 9.
[16] Schönke/Schröder/Eisele StGB § 202b Rn. 4; Schumann NStZ 2007, 675 (677); BeckOK StGB/Weidemann StGB § 202b Rn. 5; Kusnik MMR 2011, 720 (721, 725).
[17] Vgl. Schönke/Schröder/Eisele StGB § 202b Rn. 4.
[18] BT-Drs. 16/3656, 11; BeckOK StGB/Weidemann StGB § 202b Rn. 6; MüKoStGB/Graf § 202b Rn. 10.
[19] BeckOK StGB/Heuchemer StGB § 201 Rn. 4. Hierzu auch → § 10 Rn. 11 ff.
[20] Vgl. MüKoStGB/Graf § 202b Rn. 10. AA Kusnik MMR 2011, 720 (722 ff.); Gröseling/Höfinger MMR 2007, 549 (552).
[21] MüKoStGB/Graf § 202b Rn. 10; BeckOK StGB/Weidemann StGB § 202b Rn. 6; Schönke/Schröder/Eisele StGB § 202b Rn. 4a.
[22] Siehe hierzu auch: BT-Drs. 16/3656, 11; Spindler/Schuster/Gercke StGB § 202b Rn. 4; NK-StGB/Kargl § 202b Rn. 5; Schönke/Schröder/Eisele StGB § 202b Rn. 4a.
[23] LG Wuppertal ZUM 2011, 190 (192); Höfinger ZUM 2011, 212 (214 f.); Schönke/Schröder/Eisele StGB § 202b Rn. 4a; BeckOK StGB/Weidemann StGB § 202b Rn. 6; Spindler/Schuster/Gercke StGB § 202b Rn. 4; ders. ZUM 2011, 609 (621); Achenbach/Ransiek/Rönnau WirtschaftsStrafR-HdB/Heghmanns Teil 6 Rn. 113; aA MüKoStGB/Graf § 202b Rn. 11.
[24] LG Wuppertal ZUM 2011, 190 (192); Höfinger ZUM 2011, 212 (214 f.); Schönke/Schröder/Eisele StGB § 202b Rn. 4a; BeckOK StGB/Weidemann StGB § 202b Rn. 6; Spindler/Schuster/Gercke StGB § 202b

Upload-Situation: Loggt sich eine Person in ein offenes WLAN ein und lädt über diese Funksignalverbindung eigene Daten hoch und ein Dritter (ggf. auch der Netzwerkbetreiber) verschafft sich diese Daten, ist nicht stets von einer öffentlichen Datenübermittlung auszugehen. Vielmehr ist im Einzelfall zu differenzieren:
- Maßgeblich ist stets die Größe des Personenkreises, dem auf die am Accesspoint des WLAN-Netzwerks zusammenlaufenden Datenübermittlungen Zugriff eingeräumt wird.
- Das sich beliebige Dritte in dasselbe Netzwerk einwählen und ihrerseits denselben Übertragungsweg nutzen können, ist *im Grundsatz* irrelevant. Ausnahmen bestehen dann, wenn unzureichende Sicherheitsmaßnahmen des Netzwerkbetreibers einen Zugriff von Nutzern auf die übermittelten Daten anderer Nutzer ermöglichen.

Beispiele: Bieten kleinere, inhabergeführte Cafés ihren Gästen einen offenen WLAN-Zugang an, spricht bereits die geringe Anzahl der dort Beschäftigten in der Upload-Situation für die Nichtöffentlichkeit der Datenübermittlungen. Aber auch bei größeren Unternehmen mit einer Vielzahl an Beschäftigten (bspw. in Hotels oder der Deutschen Bahn), kann sich die Nichtöffentlichkeit in der Upload-Situation daraus ergeben, dass nur einem kleinen Personenkreis der Zugriff auf den Accesspoint ermöglicht wird (bspw. Administratoren).

Im Übrigen gelten in der Upload-Situation dieselben Grundsätze auch bei passwortgeschützten WLAN-Netzwerken, wenn das Passwort auf Anfrage (bspw. von Kunden) herausgegeben wird.

Nutzung von <u>unverschlüsseltem</u> WLAN: 19

Ein „unverschlüsseltes" WLAN beschreibt dagegen Netzwerke, bei dem die über das Funksignal übermittelten Daten nicht mit Verschlüsselungs-Technologie (bspw. WPA3) vor unbefugtem Zugriff geschützt werden.

Hier besteht die Möglichkeit, dass vom Netzwerkbetreiber und dem Verfügungsberechtigten personenverschiedene Dritte durch das Abfangen des Funksignals die dort übermittelten unverschlüsselten Daten auslesen können. Damit besteht zumindest in der Theorie die faktische Zugriffsmöglichkeit eines nicht mehr zu kontrollierendem Personenkreis im o.g. Sinne. Doch auch hier können die individuellen Umstände des Einzelfalls für eine Nichtöffentlichkeit sprechen (bspw. ein abgelegener Ort, der zu einem eingeschränkten Kreis der sich in Signalreichweite befindlichen Personen führt).

II. Aus der elektromagnetischen Abstrahlung einer Datenverarbeitungsanlage

Eine **Datenverarbeitungsanlage** ist die isolierte Funktionseinheit in einem technischen 20 Gerät, mit der Daten empfangen, ausgelesen, interpretiert und weitergeleitet werden können.[25] Siehe hierzu auch → § 21 Rn. 26.

Elektromagnetische Strahlung bezeichnet die von der Funktionseinheit ausgehende 21 Emission elektrischer Ladungen.

Beispiel: 22

Die Radiation eines Computermonitors oder die einer (nicht ausreichend isolierten) Elektroleitung zu einem Drucker kann mit geeigneten Empfangsgeräten auch auf größere Ent-

---

Rn. 4; ders. ZUM 2011, 609 (621); vgl. Achenbach/Ransiek/Rönnau WirtschaftsStrafR-HdB/Heghmanns Teil 6 Rn. 113; aA (wohl): MüKoStGB/Graf § 202b Rn. 11.
[25] Kusnik MMR 2011, 720 (725); vgl. BeckOK StGB/Weidemann StGB § 303b Rn. 14; vgl. MüKoStGB/Wieck-Noodt § 303b Rn. 13.

§ 12

fernungen abgefangen werden („Van-Eck-Phreaking" oder „Side-Channel-Attack").[26] Anhand des abgefangenen Signals können die diesem zugrundeliegenden Daten anschließend rekonstruiert werden (bspw. Anzeige auf einem eigenen Computermonitor oder Ausdruck auf einem eigenen Drucker).[27]

23   Schwierigkeiten weist die **Abgrenzung zur kabellosen Datenübermittlung** (bspw. über WLAN oder Bluetooth) auf.[28]
- *Gröseling/Höfinger* wählen eine subjektive Abgrenzung: Variante 2 meint nur solche elektromagnetischen Wellen, die nach der Willensrichtung des Verfügungsberechtigten nicht der Datenübermittlung dienen, sondern unerwünscht sind.[29]
- *Kusnik* nimmt diese Abgrenzung anhand des Datenbegriffs aus § 202a Abs. 2 StGB vor.[30] Denn die elektromagnetische Abstrahlung sei selbst kein Datum, sondern nur ein Reflex eines Datums.[31] Da dieser Reflex jedoch die Rekonstruktion der Daten ermöglicht, könnte der ihm „innewohnende" Informationswert unter Berücksichtigung des Sinn und Zwecks doch für eine Datenqualität sprechen.
- *Alternativ* kann eine trennscharfe Bestimmung eigenständiger Anwendungsbereiche (Art. 103 Abs. 2 GG) durch eine **negative Grenzziehung** erreicht werden.[32] Der Anwendungsbereich für die Variante 2 („elektromagnetischen Abstrahlung einer Datenverarbeitungsanlage") ist nur dann eröffnet, wenn die das Tatobjekt bildenden Daten nicht zeitgleich im Sinne der Variante 1 objektiv übermittelt werden.[33] Den Gesetzgebungsmaterialien lässt sich entnehmen, dass primär das aktive Aussenden der Daten von Punkt A nach Punkt B als rechtsgutgefährdend angesehen wurde.[34] Mit der ergänzenden Aufnahme der elektromagnetischen Abstrahlung sollte das Entstehen einer Strafbarkeitslücke bei „ruhenden" Daten vermieden werden, die dennoch durch ihre Eigendynamik mit der Außenwelt kommunizieren.[35] Dieser Vorrang der „Datenübermittlung" wird auch von der inneren Systematik der Norm gestützt, da die aktive Datenübermittlung *vor* der passiven elektromagnetischen Abstrahlung steht.

III. Einbezug von durch den Täter initiierte Datenübermittlungen/-abstrahlungen?

24   In Frage steht, ob die Daten zwingend aus einem **fremden** Datenübermittlungsvorgang (bzw. einer fremden Datenabstrahlung) herrühren müssen, in den bzw. die der Täter als außenstehender Dritter eingreift *oder* ob die Daten auch aus einer **durch den Täter selbst initiierten** Datenübermittlungen/-abstrahlung stammen können.

25   Die Norm selbst verhält sich hierzu nicht eindeutig:
- Der **Wortlaut** spricht schlicht von „einer nichtöffentlichen Datenübermittlung" bzw. „der elektromagnetischen Abstrahlung einer Datenverarbeitungsanlage". Wer diese Vorgänge auslöst, ist nach der gewählten Formulierung unerheblich.
Auch die Präposition „aus" drückt lediglich aus, dass die Daten aus diesem Übermittlungsvorgang herrühren müssen; nicht aber, dass der Dritte in einen bereits laufenden

---

[26] Kusnik MMR 2011, 720 (725).
[27] Kusnik MMR 2011, 720 (725).
[28] Siehe hierzu: Kusnik MMR 2011, 720 (725).
[29] Gröseling/Höfinger MMR 2007, 549 (552).
[30] Kusnik MMR 2011, 720 (725).
[31] Kusnik MMR 2011, 720 (725); Gröseling/Höfinger MMR 2007, 549 (553); Schönke/Schröder/Eisele StGB § 202b Rn. 5.
[32] Vgl. Kusnik MMR 2011, 720 (725).
[33] Vgl. Gröseling/Höfinger MMR 2007, 549 (552).
[34] BT-Drs. 16/3656, 11.
[35] BT-Drs. 16/3656, 11: „*Da Daten nicht nur bei einem Übermittlungsvorgang abgefangen, sondern auch aus elektromagnetischen Abstrahlungen aus Computersystemen wiederhergestellt werden können, werden solche Tathandlungen ausdrücklich erfasst*". Siehe auch: MüKoStGB/Graf § 202b Rn. 13; Schönke/Schröder/Eisele StGB § 202b Rn. 5; Spindler/Schuster/Gercke StGB § 202b Rn. 6.

Vorgang als Dritter eingreifen muss.

Allerdings lässt sich der amtlichen (und damit bei der Auslegung berücksichtigungsfähigen) Überschrift entnehmen, dass die Daten „abgefangen" werden sollen. Auch Art. 3 des Übereinkommens des Europarates über Computerkriminalität vom 23. November 2001 spricht von einem rechtswidrigen „Abfangen". Dies spricht dafür, dass die Daten nicht durch den Täter selbst zu ihrem Bestimmungsort geleitet werden dürfen, sondern vielmehr auf dem Weg zu einem von Dritten gewählten Ziel durch den Täter abgepasst/aufgehalten/umgeleitet werden.

- Die **Systematik** und der **Sinn und Zweck** könnten für die Notwendigkeit einer fremden Datenübermittlung/-abstrahlung sprechen. § 202b StGB findet sein Vorbild u. a. in § 201 StGB und soll *„dem technischen Fortschritt Rechnung [tragen], da die gängigen Kommunikationsformen heutzutage nicht mehr auf das herkömmliche Telefon beschränkt sind"*.[36] Die Tathandlungsvarianten von § 201 StGB erfassen zwar auch die Konstellation, in denen der Täter selbst Äußerungen des Geschädigten initiiert (§ 201 Abs. 1 Nr. 1 StGB). Gleichzeitig bezieht sich die Gesetzesbegründung im Besonderen auf die Tathandlungsvariante, in der der Täter das *„nicht zu seiner Kenntnis bestimmte nichtöffentlich gesprochene Wort eines anderen mit einem Abhörgerät abhört"* (§ 201 Abs. 2 Nr. 1 StGB).

Ergebnis: Die besseren Argumente sprechen – wenn auch nicht eindeutig – gegen einen Einbezug von Daten, die aus einer durch den Täter initiierten Datenübermittlung/-vorgang stammen. 26

E. Verschaffen unter Anwendung von technischen Mitteln

Ein **Verschaffen** setzt den Erwerb der Herrschaft über die Daten voraus.[37] Dies kann mit 27 Blick auf den Sinn und Zweck auch durch die bloße Kenntnisnahme der in den Daten verkörperten Information geschehen.[38] Denn § 202b StGB soll *„das elektronische Pendant zu dem Abhören und Aufzeichnen von Telefongesprächen"* darstellen.[39] Ein eigenständiges Abspeichern der Daten in der Sphäre des Täters ist nicht zwingend erforderlich.[40]

Erfasst wird damit die bloße Anzeige eines Textes auf einem Bildschirm oder das bloße 28 Abhören eines Audiosignals.[41] Regelmäßig wird dies jedoch mit einer (Zwischen-)Speicherung der Daten im Cache einhergehen.[42]

Zum Teil wird angenommen, dass die Begründung von Verfügungsgewalt über einen 29 verschlüsselten Datensatz (ohne Kenntnis des Schlüssels) nicht tatbestandsmäßig sei.[43] Vertretbar sind hier **zwei Ansichten:**

- Soweit auch im Rahmen des § 202b StGB von einem inhaltsneutralen Datenbegriff ausgegangen werden soll, können auch verschlüsselte Datensätze ein taugliches Tatobjekt sein (hierzu → § 11 Rn. 32). Hierfür spricht, dass im Rahmen der §§ 202a ff. StGB aus systematischen Gründen ein einheitlicher Datenbegriff gelten soll.
- Soll es jedoch bei dem von § 202b StGB verwendeten Datenbegriff auch auf den im elektronischen Datum verkörperten Informationswert ankommen, reicht die Herrschaftsgewalt über einen verschlüsselten Datensatz nicht aus. Hierfür spricht der Sinn und Zweck sowie die Gesetzgebungshistorie. Denn § 202b StGB wurde in Anlehnung

---

[36] BT-Drs. 16/3656, 11.
[37] BT-Drs. 16/3656, 11; MüKoStGB/Graf § 202b Rn. 16.
[38] BT-Drs. 16/3656, 11; MüKoStGB/Graf § 202b Rn. 16; Vassilaki CR 2008, 131 (133); Lackner/Kühl/Heger/Heger StGB § 202b Rn. 3; NK-StGB/Kargl § 202b Rn. 6.
[39] BT-Drs. 16/3656, 11.
[40] BT-Drs. 16/3656, 11.
[41] NK-StGB/Kargl § 202b Rn. 6.
[42] Vgl. auch: NK-StGB/Kargl § 202b Rn. 6.
[43] MüKoStGB/Graf § 202b Rn. 16.

30 Die Tathandlung wird durch den notwendigen Rückgriff auf **„technische Mittel"** eingeschränkt.[45] Die Begründung der Verfügungsgewalt über die Daten muss sich kausal auf den Einsatz der technischen Mittel zurückführen lassen. Technische Mittel sind nach den Vorstellungen des Gesetzgebers *„Vorrichtungen zur Erfassung und Aufzeichnung drahtloser Kommunikationen"* aber auch *„Software, Codes oder Passwörter"*.[46] Erfasst werden bspw. Keylogger-Tools und Network Sniffer.[47]

31 Beispiel:
A kennt das Passwort zum Instagram-Account von B. A loggt sich mit diesem Passwort auf seinem eigenen Handy in den Account von B ein. Das Mitlesen von unmittelbar gesendeten und empfangenen Nachrichten zwischen B und C über die integrierte Chat-Funktion auf dem Handy von A ist eine taugliche Tathandlung. Sowohl der Einsatz des Passworts als auch die Verwendung des eigenen Handys erfüllen nach dem Willen des Gesetzgebers das Merkmal „unter Anwendung von technischen Mitteln".
Ob auch das Lesen älterer, bereits archivierter Nachrichten im Posteingang tatbestandsmäßig ist, hängt von der Frage ab, ob auch durch den Täter selbst initiierte Datenübermittlungsvorgänge (hier: Abrufen der Daten vom (Dritt-)Server) tatbestandsmäßig sind (hierzu → Rn. 24 ff.).
Ist trotz der Kenntnis von dem Passwort von einer ausreichenden Zugangssicherung auszugehen, besteht formelle Subsidiarität zu § 202a Abs. 1 StGB. Zu den Anforderungen an einen ausreichenden Passwortschutz als besondere Zugangssicherung siehe → Rn. 30 f.

32 In der Praxis geht aufgrund Weite des Begriffs der „technischen Mittel" einerseits sowie der rein faktischen Notwendigkeit eines Rückgriffs auf technische Unterstützung beim Zugriff auf elektronische Datenübermittlungen bzw. -abstrahlungen keine spürbare Einschränkung des Tatbestands einher.[48]

F. Sich oder einem anderen

33 Der Täter kann Daten sowohl sich selbst als auch einem anderen verschaffen. Tauglicher Dritter ist jeder außer dem Täter, dem Verfügungsberechtigten sowie dem bzw. den Adressaten des Datenübermittlungsvorgang.

34 Sind die Daten nicht für den Täter, wohl aber für den Dritten bestimmt, kommt auch hier eine **tatbestandliche Reduktion** in Betracht (hierzu → § 11 Rn. 41).

G. Unbefugt

35 Das Merkmal „unbefugt" bestimmt sich ebenfalls nach den zu § 202a StGB dargestellten Grundsätzen[49] (hierzu → § 11 Rn. 49 ff.).

---

[44] BT-Drs. 16/3656, 11.
[45] BT-Drs. 16/3656, 11.
[46] BT-Drs. 16/3656, 11.
[47] Schönke/Schröder/Eisele StGB § 202b Rn. 8; MüKoStGB/Graf § 202b Rn. 18.
[48] Schönke/Schröder/Eisele StGB § 202b Rn. 8; Spindler/Schuster/Gercke StGB § 202b Rn. 8; MüKoStGB/Graf StGB § 202b Rn. 18; NK-StGB/Kargl § 202b Rn. 7; Ernst NJW 2007, 2661 (2662).
[49] BeckOK StGB/Weidemann StGB § 202b Rn. 11; NK-StGB/Kargl § 202b Rn. 8.

Einsatz von Keyloggern/Portscannern im Arbeitsverhältnis: 36

Wann der Einsatz eines Keyloggers oder eines Portscanners im Arbeitsverhältnis befugt ist, wird im Wesentlichen durch das Datenschutzrecht ausgeformt.

Ob bei der Überwachung von internetbasierten Diensten (bspw. E-Mail, Messenger, Browser-Nutzung) die Verarbeitungsvorschriften der DS-GVO/BDSG oder aber die des TTDSG zu beachten sind, hängt von der – mittlerweile in die Jahre gekommenen[50] – Streitfrage ab, ob der Arbeitgeber „Anbieter von ganz oder teilweise geschäftsmäßig angebotenen Telekommunikationsdiensten" gem. § 3 Abs. 2 S. 1 Nr. 2 TTDSG ist oder nicht.[51]

- Nach (wohl) vorwiegender Literaturmeinung[52] und einiger jüngerer Gerichtsentscheidungen[53] ist der Arbeitgeber grundsätzlich kein Anbieter von Telekommunikationsdiensten. Die datenschutzrechtliche Bewertung soll sich danach nur nach der DS-GVO bzw. dem BDSG richten.
- Nach Ansicht der Datenschutzaufsichtsbehörden[54] und anderer Literaturstimmen[55] ist zu differenzieren: Ist dem Arbeitnehmer die Privatnutzung des jeweiligen Dienstes gestattet, sei der Arbeitgeber Anbieter von Telekommunikationsdiensten. Die Erlaubnis der Privatnutzung soll nicht nur explizit (bspw. im Arbeitsvertrag), sondern auch durch das faktische Tolerieren der Privatnutzung konkludent bzw. im Rahmen einer betrieblichen Übung eingeräumt werden. In diesem Fall richtet sich die Auslegung des Merkmals „unbefugt" ausschließlich nach den Verarbeitungsvorschriften des TTDSG. Nur dann, wenn dem Arbeitnehmer die Privatnutzung nicht erlaubt ist, bestimmt sich das „unbefugte" Verschaffen nach den Verarbeitungsvorschriften der DS-GVO und des BDSG.
- Nach einer neuen Literaturansicht soll bei der Verarbeitung von personenbezogenen Beschäftigtendaten das Fernmeldegeheimnis aus § 3 Abs. 3 TTDSG keine Anwendung finden können, da es sich weder auf die Öffnungsklausel aus Art. 88 DS-GVO noch auf die Kollisionsklausel aus Art. 95 DS-GVO stützen kann und insoweit der Anwendungsvorrang der DS-GVO greift.[56] Folgt man dieser Ansicht, würde sich die datenschutzrechtliche Bewertung nach der DS-GVO bzw. dem BDSG richten.

Die **Ansicht der Datenschutzaufsichtsbehörden** bildet – zumindest im Rahmen der Präventivberatung – **die praktische Leitlinie**. Soweit dem Arbeitnehmer die Privatnutzung erlaubt ist (bzw. durch die rein faktische Toleranz im Betrieb eine entsprechende

---

[50] Zur Fortgeltung unter dem TTDSG: Wünschelbaum NJW 2022, 1561 (1561 f.); Rossow DuD 2022, 93 (94 ff.); Aufhauser PinG 2021, 224 (224 ff.); ders. PinG 2021, 188 (196).

[51] S. hierzu ausführlich mit einem Überblick zu den Argumenten und rechtlicher Einschätzung: Momsen/Grützner WirtschaftsSteuerStrafR-HdB/Klaas/Wybitul § 16 Rn. 293 ff.

[52] Wünschelbaum NJW 2022, 1561 (1561 f. Rn. 4); Herrmann/Zeidler NZA 2017, 1499 (1500); Kor ZD 2016, 555 (559); Fülbier/Splittgerber NJW 2012, 1995 (1999 f.); Scheben/Klos/Geschonneck CCZ 2012, 13 (16); Wybitul ZD 2011 69 (71); Haußmann/Krets N11 von ZA 2005 259 (260); Schimmelpfennig/Wenning DB 2006, 2290 (2290 f.).

[53] LG Erfurt v. 28.4.2021 – 1 HK O 43/20, ZD-Aktuell 2021, 05248; vgl. LAG Köln ZD 2020, 262 (263) Rn. 30. Bereits zuvor: ArbG Weiden BeckRA 2017, 120365; LAG Berlin-Brandenburg BB 2011, 2298; LAG Niedersachsen NZA-RR 2010, 406.

[54] Siehe hierzu: DSK, Orientierungshilfe der Datenschutzaufsichtsbehörden zur datenschutzgerechten Nutzung von E-Mail und anderen Internetdiensten am Arbeitsplatz, S. 1 ff. (abrufbar unter: https://www.datenschutzkonferenz-online.de/media/oh/201601_oh_email_und_internetdienste.pdf, abgerufen am 18.10.2022); LfDI Baden-Württemberg, Ratgeber Beschäftigtendatenschutz vom 1.4.2020, 17 f., 51 (abrufbar unter: https://www.baden-wuerttemberg.datenschutz.de/wp-content/uploads/2020/04/Ratgeber-Besch%C3%A4ftigtendatenschutz.pdf, abgerufen am 18.10.2022.

[55] Mengel NZA 2017, 1494 (1496); Kühling/Buchner/Maschmann BDSG § 26 Rn. 50; Wolf/Mulert BB 2008, 442 (445); Dann/Gastell NJW 2008, 2945 (2946); Hoppe/Braun MMR 2010, 80; Vogel/Glas DB 2009, 1747 (1752); Schmidl MMR 2005, 343 (344); Ernst NZA 2002, 585 (587).

[56] Wünschelbaum NJW 2022, 1561 (1563 ff. Rn. 10–21, 31, 34 f., 39); Aufhauser PinG 2021, 224 (224 ff.); ders. 2021, 188 (190 f.); Rossow DuD 2022, 93 (97).

Erlaubnis nicht ausgeschlossen werden kann), sollte in der Praxis auf den **Einsatz von Keyloggern/Portscannern** zur Kontrolle von Mitarbeitern **verzichtet** werden.

Nur dann, wenn die Privatnutzung des jeweiligen Dienstes ausgeschlossen – und dieser Umstand nachvollziehbar dokumentiert ist –, kommt der Einsatz von Keyloggern u. ä. Tools auf der Grundlage folgender Erlaubnistatbestände in Betracht:

- **Einwilligung:** Eine wirksame Einwilligung in das „loggen" der eigenen Interaktionsdaten oder aber der Überwachung seiner Netzwerkaktivität unterliegt den strengen Kriterien des § 26 Abs. 2 BDSG. In der Praxis sollte auf eine Einwilligung zugunsten von Rechtssicherheit nur im Notfall zurückgegriffen werden.
- **§ 26 Abs. 1 S. 2 BDSG:** Bei einem dokumentierten Anfangsverdacht für eine im Beschäftigungsverhältnis begangene Straftat kann der – auch verdeckte – Einsatz eines Keyloggers o. ä. Tools bei dem verdächtigen Arbeitnehmer auf der Grundlage einer Einzelfallabwägung zulässig sein.[57]
Die Reichweite der Überwachungsmaßnahme ist anhand des Anfangsverdachts und des Ermittlungszwecks inhaltlich (= welche Daten werden geloggt?) und zeitlich einzuschränken.[58]
Kontrollfrage: In welchen Programmen/Apps/Eingabefeldern und zu welchen Zeitpunkten sind beweisrelevante Eingabedaten bzw. Aktivitäten am ehesten zu erwarten? Wo sind sie auszuschließen?
- **§ 26 Abs. 1 S. 1 BDSG:** Der Einsatz eines Keyloggers o. ä. Tools kann auch zur Durchführung oder Beendigung des Beschäftigungsverhältnisses zulässig sein.[59] Das bezieht sich auf die Kontrolle der arbeitsrechtlichen Pflichten bzw. die Erhebung von Tatsachenvortrag/Beweismitteln für einen Kündigungsschutzprozess.[60]
Generell gilt: Ein offener Einsatz des Keyloggers/Portscanner o. ä. Tools (dh auf der Grundlage einer transparenten Information über das Ob, das Wie sowie über die hiermit verfolgten Zwecke) ist dem verdeckten Einsatz vorzuziehen. Nach den vom Gesetzgeber übernommenen[61] Ausführungen des BAG zum alten Recht ist der *„auf konkrete Tatsachen begründete Verdacht einer schwerwiegenden, jedoch nicht strafbaren Pflichtverletzung"* ein zulässiger Anknüpfungspunkt für verdeckte Maßnahmen.[62] Verdeckte Ermittlungen *„ins Blaue hinein"* sind dagegen unzulässig.[63]
Auch hier sollte auf eine inhaltliche und zeitliche Eingrenzung geachtet werden.
- **Art. 6 Abs. 1 S. 1 lit. f) DS-GVO:** Ein Rückgriff auf den Erlaubnistatbestand der „berechtigten Interessen" ist theoretisch möglich, jedoch nur in Ausnahmefällen praktisch notwendig. Das Interesse des Arbeitgebers an Keylogging und ähnlichen Maßnahmen wird regelmäßig von der spezielleren Interessenabwägung aus § 26 Abs. 1 S. 1, 2 BDSG erfasst.

Hinweis: Zu beobachten ist die Beurteilung der Vereinbarkeit von § 26 BDSG (bzw. den enthaltenen Teilregelungen) mit dem Unionsrecht durch die künftige Rechtsprechung.

---

[57] Siehe hierzu: BAG NZA 2017, 1327 (1330) Rn. 29 ff.; MAH Arbeitsrecht/Reichold Band 1 § 55 Rn. 35; Fuhlrott NZA 2017, 1308 (1309); Auer-Reinsdorff/Conrad IT- und DatenschutzR-HdB/Conrad/Troeger § 34 Rn. 290.
[58] Vgl. zur Eingriffsintensivität: BAG NZA 2017, 1327 (1331) Rn. 33.
[59] Siehe hierzu: BAG NZA 2017, 1327 (1330) Rn. 28 ff.; Fuhlrott NZA 2017, 1308 (1310).
[60] BAG NZA 2017, 1179 (1182) Rn. 26.
[61] BT-Drs. 18/11325, 96 f.
[62] BAG NZA 2017, 1327 (1330) Rn. 30; BAG NZA 2017, 1179 (1182) Rn. 26.
[63] BAG NZA 2017, 1327 (1330) Rn. 30.

… 12 Abfangen von Daten (§ 202b StGB)

H. Subjektiver Tatbestand und Irrtum

Ausreichend ist auch hier **Eventualvorsatz**. 37

Irrtümer über das Vorliegen der Tatbestandsmerkmale: Hier gelten die Ausführungen 38
zu § 202a StGB entsprechend (hierzu → § 11 Rn. 56).

I. Rechtswidrigkeit

Es gelten die allgemeinen Grundsätze. 39

J. Konkurrenzen und Subsidiaritätsklausel

I. Allgemeine Konkurrenzen

Umstritten ist, ob § 202b StGB den §§ 27 Abs. 1 Nr. 1, 5 Abs. 1 TTDSG aufgrund von 40
Spezialität verdrängt[64] oder umgekehrt[65].

Hat der Täter sich die Daten selbst verschafft und verschafft diese anschließend durch 41
Weiterleiten an einen anderen Dritten, soll die Weitergabe konkurrenzrechtlich eine mitbestrafte Nachtat begründen.[66]

II. Formelle Subsidiarität

Der Täter wird nur nach § 202b StGB bestraft, „wenn die Tat nicht in anderen Vorschrif- 42
ten mit schwererer Strafe bedroht ist". Die formelle Subsidiarität setzt voraus, dass das andere Delikt
- tateinheitlich begangen wird (§ 52 StGB)[67] und
- dieselbe Angriffsrichtung aufweist[68].

Ersteres folgt aus dem konkurrenzrechtlichen Charakter der Subsidiaritätsregelung.[69] 43
Letzteres folgt aus der vom Gesetzgeber gewünschten Ergänzungsfunktion.[70] Formell subsidiär können danach die §§ 201, 202a StGB sein.[71]

K. Absolutes Antragsdelikt

Siehe hierzu die Ausführungen zu § 202a StGB (→ § 11 Rn. 91 ff.). 44

---

[64] Vgl. zur Vorgängernorm §§ 148 Abs. 1 Nr. 1, 89 S. 1 TKG: Schönke/Schröder/Eisele StGB § 202b Rn. 12; Fischer StGB § 202b Rn. 6; MüKoStGB/Graf § 202b Rn. 27.
[65] Vgl. zur Vorgängernorm §§ 148 Abs. 1 Nr. 1, 89 S. 1 TKG: Gröseling/Höfinger MMR 2007, 549 (552); NK-StGB/Kargl § 202b Rn. 11; Lackner/Kühl/Heger/Heger StGB § 202b Rn. 6; BeckOK StGB/Weidemann StGB § 202b Rn. 15.
[66] MüKoStGB/Graf § 202b Rn. 18.
[67] Vgl. Schönke/Schröder/Eisele StGB § 202b Rn. 12; vgl. MüKoStGB/Graf § 202b Rn. 27; vgl. Lackner/Kühl/Heger/Heger StGB § 202b Rn. 6.
[68] Vgl. Schönke/Schröder/Eisele StGB § 202b Rn. 12.
[69] Vgl. Schönke/Schröder/Eisele StGB § 202b Rn. 12.
[70] BT-Drs. 16/3656, 11. Vgl. Schönke/Schröder/Eisele StGB § 202b Rn. 12.
[71] BT-Drs. 16/3656, 11; Ernst NJW 2007, 2661 (2662); MüKoStGB/Graf StGB § 202b Rn. 27; NK-StGB/Kargl StGB § 202b Rn. 11; Lackner/Kühl/Heger/Heger StGB § 202b Rn. 6; BeckOK StGB/Weidemann StGB § 202b Rn. 15.

L. Versuch

45 Der Versuch ist aufgrund des Charakters als Vergehen (§ 12 Abs. 2 StGB) und der fehlenden Anordnung einer Versuchsstrafbarkeit nicht strafbar, § 23 Abs. 1 StGB.[72]

46 Allerdings werden typische Vorbereitungshandlungen bereits durch § 202c StGB erfasst (hierzu → § 13).

M. Verjährung

47 Taten nach § 202b StGB verjähren gem. § 78 Abs. 3 Nr. 4 StGB nach 5 Jahren.[73]

48 Die den Fristlauf auslösende Beendigung (§ 78a S. 1 StGB) wird durch den Zeitpunkt bestimmt, in dem der Täter die Verfügungsgewalt über die Daten ungehindert ausüben kann.[74]

---

[72] BT-Drs. 16/3656, 11.
[73] BeckOK StGB/Weidemann StGB § 202b Rn. 18.
[74] S. zur Orientierung an § 8 StGB: MüKoStGB/Mitsch § 78a Rn. 5.

§ 13 Vorbereiten des Ausspähens und Abfangens von Daten (§ 202c StGB)

Übersicht

	Rn.
A. Vorbemerkung	1
B. Rechtsgut	6
C. Tatobjekt	8
I. Passwörter oder sonstige Sicherungscodes, die den Zugang zu Daten ermöglichen	9
II. Computerprogramme, deren Zweck die Begehung einer solchen Tat ist	16
D. Tathandlung	21
I. Herstellen	22
II. Sich oder einem anderen Verschaffen	23
III. Verkaufen	25
IV. Einem anderen Überlassen	33
V. Verbreiten	35
VI. Sonst zugänglich machen	38
VII. Intendierte Straflosigkeit des reinen „Besitzes"	41
E. Subjektiver Tatbestand	42
F. Rechtswidrigkeit	49
G. Tätige Reue	52
I. Entsprechende Anwendung von § 149 Abs. 2 StGB	54
II. Entsprechende Anwendung von § 149 Abs. 3 StGB	68
H. Offizialdelikt	73
I. Versuch	76
J. Verjährung	77
K. Konkurrenzen	79

Literatur:
Böhlke/Yilmaz, Auswirkungen von § 202c StGB auf die Praxis der IT-Sicherheit, CR 2008, 261; *Cornelius,* Zur Strafbarkeit des Anbietens von Hackertools, CR 2007, 682; *Ernst,* Das neue Computerstrafrecht, NJW 2007, 2661; *Gröseling/Höfinger,* Computersabotage und Vorfeldkriminalisierung, Auswirkungen des 41. StrÄndG zur Bekämpfung der Computerkriminalität, MMR 2007, 626; *Jahn,* Strafrecht BT: Zueignungsabsicht beim Raub, Kein Raub oder räuberische Erpressung, wenn eine fremde Sache nur wegen ihres Informationswerts genutzt der dem Eigentümer vorenthalten werden soll, JuS 2020, 467; *Klaas,* „White Hat Hacking" – Aufdecken von Sicherheitsschwachstellen in IT-Strukturen, Grenzen der Strafbarkeit von ethischen Hacking-Angriffen, MMR 2022, 187; *Ladiges,* Der strafbefreiende Rücktritt bei Beteiligung mehrerer, JuS 2016, 15 ff.; *Werkmeister/Steinbeck,* Anwendbarkeit des deutschen Strafrechts bei grenzüberschreitender Cyberkriminalität, wistra 2015, 209.

A. Vorbemerkung

§ 202c StGB hat ebenfalls einen unionsrechtlichen Hintergrund. Die Strafvorschrift beruht auf dem **Übereinkommen des Europarates über Computerkriminalität vom 23.11.2001**.[1]   1

Die Verfolgung von § 202c StGB stellt sich als Durchführung des Unionsrechts dar (Art. 51 Abs. 1 GRCh). Es gilt der potenziell weitere Anwendungsbereich des unionsrechtlichen *ne bis in idem*-Grundsatz (Art. 50 GRCh) (hierzu → § 27 Rn. 33 ff.).   2

§ 202c StGB ist ein **abstraktes Gefährdungsdelikt**[2]. Zur Anwendbarkeit des deutschen Strafrechts in internationalen Sachverhalten → § 25 Rn. 9, 27, 46, 90 ff., 124 ff.   3

---

[1] BT-Drs. 16/3656, 11; Schönke/Schröder/Eisele StGB § 202c Rn. 1.
[2] BT-Drs. 16/3656, 12; Schönke/Schröder/Eisele StGB § 202c Rn. 1; BeckOK StGB/Weidemann § 202c Rn. 3; NK-StGB/Kargl § 202c Rn. 3; MüKoStGB/Graf § 202c Rn. 2; Lackner/Kühl/Heger/He-

4 Die Strafandrohung wurde zum 26.11.2015 von einem auf zwei Jahre angehoben.³
5 **PKS:** Die Fallzahlen sind seit 2020 angestiegen. Die Aufklärungsquote ist gering und rückläufig:⁴

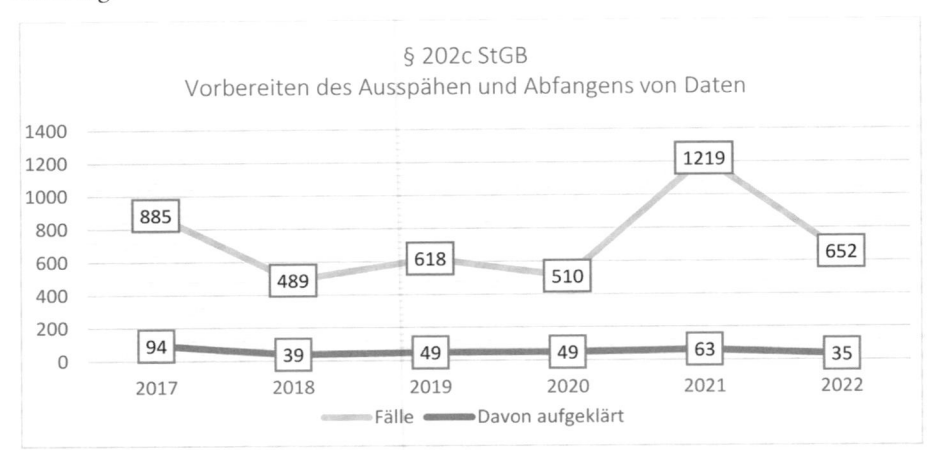

§ 202c StGB
Vorbereiten des Ausspähen und Abfangens von Daten

Jahr	2017	2018	2019	2020	2021	2022
Fälle	885	489	618	510	1219	652
Davon aufgeklärt	94	39	49	49	63	35

B. Rechtsgut

6 § 202c StGB weist dieselbe Schutzrichtung wie §§ 202a, 202b StGB auf.⁵ Das Rechtsgut ist damit bei § 202c StGB das **(formelle) Geheimhaltungsinteresse** der abstrakt gefährdeten **Verfügungsberechtigten**.⁶

7 Aufgrund des Charakters eines abstrakten Gefährdungsdelikts gibt es – anders als bei §§ 202a, 202b StGB – keinen bestimmten „Verfügungsberechtigten" als Individualrechtsgutträger.

C. Tatobjekt

8 § 202c Abs. 1 StGB kennt zwei verschiedene Tatobjekte:
- Passwörter oder sonstige Sicherungscodes, die den Zugang zu Daten ermöglichen,
- Computerprogramme, deren Zweck die Begehung einer solchen Tat ist.

I. Passwörter oder sonstige Sicherungscodes, die den Zugang zu Daten ermöglichen

9 **Passwörter** sind Zeichenkombinationen die der Abfrage einer Zugriffsberechtigung dienen.⁷ Es handelt sich um einen eigenständig normierten Spezialfall eines Sicherungscodes.⁸

---

ger StGB § 202c Rn. 1; Werkmeister/Steinbeck wistra 2015, 209 (211, 213). Kritischer: Schumann NStZ 2007, 675 (678).
³ BeckOK StGB/Weidemann StGB § 202c Rn. 1; MüKoStGB/Graf § 202c Rn. 2; NK-StGB/Kargl § 202c Rn. 1; Schönke/Schröder/Eisele StGB § 202c Rn. 1.
⁴ PKS Bundeskriminalamt, Berichtsjahr 2017–2022, abrufbar unter: https://www.bka.de/DE/AktuelleInformationen/StatistikenLagebilder/PolizeilicheKriminalstatistik/pks_node.html, abgerufen am 10.4.2023.
⁵ Schumann NStZ 2007, 675 (678); Spindler/Schuster/Gercke StGB § 202c Rn. 1.
⁶ MüKoStGB/Graf § 202c Rn. 2; BeckOK StGB/Weidemann StGB § 202c Rn. 2.
⁷ Vgl. NK-StGB/Kargl § 202c Rn. 4; vgl. BeckOK StGB/Weidemann StGB § 202c Rn. 4; vgl. MüKoStGB/Graf § 202c Rn. 9; Schönke/Schröder/Eisele StGB § 202c Rn. 3.
⁸ MüKoStGB/Graf § 202c Rn. 9.

Sonstige Sicherungscodes sind alle anderen Informationen außer reine Zeichenkombinationen, die der Abfrage einer Zugriffsberechtigung dienen.

Beispiele:

Biometrische Informationen[9] (bspw. Fingerabdrucks-, Gesichts- oder Iris-Merkmalspunkte), Daten auf Codekarten[10] (bspw. elektromagnetische Zugangsberechtigungskarten), Spracherkennung.

Ermöglichen des Zugangs zu Daten: Das Passwort/der sonstige Sicherungscode ermöglicht den Zugang zu Daten, wenn deren Verwendung die Zugriffsmöglichkeit auf die Daten eröffnen würden.

Ohne Belang ist, ob eine Tat nach § 202a Abs. 1 StGB oder eine Tat nach § 202b StGB vorbereitet wird. Zwar würde bei § 202a Abs. 1 StGB bereits diese Verwendung zur Tatvollendung führen („Zugang zu Daten (…) verschafft"), während bei § 202b StGB noch in einem weiteren Schritt die tatsächliche Verfügungsgewalt über die Daten begründet werden müsste („Daten (…) verschafft"). Der bei § 202b StGB weiter hinten liegende Vollendungszeitpunkt schlägt jedoch nicht auf § 202c Abs. 1 Nr. 1 StGB durch. Denn auch das Erlangen der abstrakten Zugriffsmöglichkeit ist eine notwendige Vorbedingung und damit eine geeignete Vorbereitungshandlung für die Begründung der Herrschaftsgewalt über die Daten.

Daten: Zum Datenbegriff (hierzu → § 11 Rn. 9 ff.).

Der Gesetzgeber hat klargestellt, dass trotz des vom Wortlaut verwendeten Plurals ein **einziges** Passwort bzw. ein Sicherungscode zur Tatbestandsverwirklichung ausreicht.[11]

II. Computerprogramme, deren Zweck die Begehung einer solchen Tat ist

Ein **Computerprogramm** ist eine „logisch gegliederte Menge von Anweisungen (…), die mit den Ausdruckmitteln einer Programmiersprache zur Lösung einer gegebenen Aufgabe durch einen Computer formuliert wurden"[12].

Schwierigkeiten bereitet die vom Gesetzgeber eingezogene Einschränkung über die **„Zweckbestimmung"** des Computerprogramms.

Die Gesetzesbegründung spricht von einer **objektivierten Zweckbestimmung** des Programms".[13] Im Ergebnis ist daher eine zweistufige Prüfung vorzunehmen:
1. Ausgangspunkt ist die **subjektive Vorstellung des Entwicklers**[14] von der Verwendung des Programms.[15]

Das ergibt sich mit Blick auf das zugrundeliegende Übereinkommen des Europarates über Computerkriminalität vom 23. November 2001. Dieses spricht in Art. 6 Abs. 1 lit. a. i. von einem Computerprogramm, das „in erster Linie dafür ausgelegt oder hergerichtet worden ist".[16]

---

[9] NK-StGB/Kargl § 202c Rn. 4; BeckOK StGB/Weidemann StGB § 202c Rn. 4; Schönke/Schröder/Eisele StGB § 202c Rn. 3.
[10] Schönke/Schröder/Eisele StGB § 202c Rn. 3; NK-StGB/Kargl § 202c Rn. 4; BeckOK StGB/Weidemann StGB § 202c Rn. 4; MüKoStGB/Graf § 202c Rn. 9.
[11] BT-Drs. 16/3656, 12; MüKoStGB/Graf § 202c Rn. 9; Schönke/Schröder/Eisele StGB § 202c Rn. 3; BeckOK StGB/Weidemann StGB § 202c Rn. 5; NK-StGB/Kargl StGB § 202c Rn. 5.
[12] Kurbel, Enzyklopädie der Wirtschaftsinformatik: „Programm (Computerprogramm)", abrufbar unter https://wi-lex.de/index.php/lexikon/technologische-und-methodische-grundlagen/programm-computerprogramm/, abgerufen am 16.4.2023.
[13] BT-Drs. 16/3656, 12.
[14] Unklar bei Kargl, ob neben/anstelle des Entwicklers die Sicht des späteren (personenverschiedenen) Programmanwenders entscheidend ist: NK-StGB/Kargl § 202c Rn. 7.
[15] BVerfG BeckRS 2009, 35013 Rn. 42 ff., 46; Schönke/Schröder/Eisele StGB § 202c Rn. 4; MüKoStGB/Graf § 202c Rn. 16.
[16] BVerfG BeckRS 2009, 35013 Rn. 46.

2. Diese subjektive Zweckbestimmung des Entwicklers muss **nach außen erkennbar** werden.[17] Objektive Anhaltspunkte für die vom Entwickler gewünschte Verwendung können sich bspw. in der abstrakten Funktionsweise[18], konkreter Verwendungsvorschläge und der Werbung[19] aber auch aus dem Dateinamen oder dem Online-Portal, auf dem das Programm zum Download angeboten wurde[20], ergeben.

19 Ausreichend ist auch hier ein einziges Computerprogramm.[21]

20 „Dual-Use"-Programme:

In der Praxis bereiten sog. „Dual-Use"-Programme – dh Programme die sowohl zu legalen Zwecken als auch zu Zwecken im Sinne der §§ 202a, 202b StGB genutzt werden können – Probleme.

Das Programm muss nach dem Willen des nationalen Gesetzgebers nicht ausschließlich, sondern *auch* für die Begehung der §§ 202a, 202b StGB „objektiv bestimmt" sein.[22] Hinsichtlich „dual-use"-Programmen wird klargestellt, dass nur Programme erfasst werden, „deren funktionaler Zweck (…) eindeutig ein krimineller ist". Nicht erfasst werden sollen Programme „die erst durch ihre Anwendung zu einem Tatwerkzeug eines Kriminellen oder zu einem legitimen Werkzeug (…) werden. Die bloße Eignung von Software zur Begehung von Computerstraftaten ist daher nicht ausreichend (…)."[23]

Auf europäischer Ebene wurde sowohl eine Beschränkung auf eine rein „illegale" Zweckbestimmung als auch ein Einschluss aller Computerprogramme abgelehnt. Als Kompromiss wurde der Anwendungsbereich auf solche Fälle beschränkt, in denen die Computerprogramme bereits aus objektiver Sicht „primär" für die Begehung einer Straftat konzipiert oder angepasst sind.[24]

Das BVerfG möchte nur dann Programme erfassen,
- „wenn sie gerade im Hinblick auf eine spezielle Tatvariante einer Tat nach §§ 202a, 202b StGB geschrieben sind"
- „wenn ihnen die Möglichkeit der Begehung entsprechender Straftaten als Kernbestandteil innewohnt"[25]
- „wenn sie bereits nach Art und Weise ihres Aufbaus darauf angelegt sind, illegalen Zwecken zu dienen"[26]

In der **Praxis** lässt sich mit folgender **Faustformel** arbeiten:

Die objektiven Anhaltspunkte, die für eine illegale Zweckbestimmung des Entwicklers sprechen, müssen dem Programm „auf der Stirn geschrieben stehen" und denen, die eine (auch) legale Zweckbestimmung nahelegen, deutlich überwiegen.

---

[17] BVerfG BeckRS 2009, 35013 Rn. 47; MüKoStGB/Graf § 202c Rn. 16; NK-StGB/Kargl § 202c Rn. 7.
[18] BVerfG BeckRS 2009, 35013 Rn. 48; MüKoStGB/Graf § 202c Rn. 15.
[19] BVerfG BeckRS 2009, 35013 Rn. 47; Schönke/Schröder/Eisele § 202c Rn. 4; Cornelius CR 2007, 682 (687); MüKoStGB/Graf § 202c Rn. 16; NK-StGB/Kargl § 202c Rn. 7.
[20] Vgl. BVerfG BeckRS 2009, 35013 Rn. 17.
[21] BT-Drs. 16/3656, 12; BeckOK StGB/Weidemann StGB § 202c Rn. 6.
[22] BT-Drs. 16/3656, 12.
[23] BT-Drs. 16/3656, 19.
[24] Explanatory Report to the Convention on Cybercrime Rn. 73, abrufbar unter https://rm.coe.int/168 00cce5b, abgerufen am 18.10.2022. Siehe auch: BeckOK StGB/Weidemann StGB § 202c Rn. 7.1; NK-StGB/Kargl § 202c Rn. 7; Schönke/Schröder/Eisele StGB § 202c Rn. 4; Schumann NStZ 2007, 675 (678); Lackner/Kühl/Heger/Heger StGB § 202c Rn. 3.
[25] Kritik: Spindler/Schuster/Gercke StGB § 202c Rn. 3.
[26] BVerfG BeckRS 2009, 35013 Rn. 48.

D. Tathandlung

Die Norm zählt insgesamt sechs Tathandlungsvarianten auf. 21

I. Herstellen

Herstellen beschreibt die Fertigstellung eines der o.g. Tatobjekte, so dass es fortan jederzeit 22
Verwendung finden kann.[27] Das folgt aus einem systematischen Vergleich mit dem gleichlautenden Tatbestandsmerkmal in §§ 149 Abs. 1, 263a Abs. 3, 275 Abs. 1 StGB. Diese ebenfalls Vorbereitungshandlungen unter Strafe stellenden Tatbestände wurden vom Gesetzgeber als „Vorbild" herangezogen.[28]

- **Passwörter** wurden regelmäßig zuvor durch den Berechtigten festgelegt und damit „hergestellt".[29] Das Ausspähen eines Passworts und anschließende schriftliche Festhalten auf einem Notizzettel/im Handy ist kein „Herstellen" eines Passworts, sondern der Umgang mit einem bereits bestehenden Passwort (siehe zum hiermit verwirklichten Verschaffen → Rn. 23 ff.).
- **Sicherungscodes:** Auch diese werden in der Regel zuvor von einem Berechtigten festgelegt. Ein Herstellen ist jedoch dann gegeben, wenn bspw. biometrische Informationen auf einem eigenen Träger „nachgebildet" oder von elektronischen Codekarten mit Magnetstreifen Kartendubletten erstellt werden.
- **Computerprogramme:** Diese werden durch das Programmieren des Codes hergestellt.[30] Vollendungszeitpunkt: Der Moment, in dem die Software ihre Funktionsfähigkeit erlangt.[31]

II. Sich oder einem anderen Verschaffen

Verschaffen meint die Begründung von Herrschaftsgewalt.[32] Vollendung tritt ein, wenn 23
der Täter bzw. der Dritte ungehindert über die Passwörter/Sicherungscodes/das Computerprogramm verfügen kann. Erfasst werden bspw. die mündliche, schriftliche und elektronische Mitteilung von Passwörtern oder der Download von Software.[33]

In der Praxis kann zusätzlich auf die zu §§ 149 Abs. 1, 263a Abs. 3, 275 Abs. 1 StGB 24
ergangene präzisierende Rechtsprechung zurückgegriffen werden.

III. Verkaufen

Verkaufen meint nach (wohl) **herrschender Meinung** den **Abschluss der schuldrecht-** 25
lichen Vereinbarung im Sinne von § 433, 453 BGB.[34] Vollendung tritt danach mit der Annahme des Angebots ein.

---

[27] MüKoStGB/Graf § 202c Rn. 18; NK-StGB/Kargl § 202c Rn. 9.
[28] BT-Drs. 16/3656, 12.
[29] MüKoStGB/Graf § 202c Rn. 18.
[30] MüKoStGB/Graf § 202c Rn. 18; NK-StGB/Kargl § 202c Rn. 9.
[31] Vgl. MüKoStGB/Graf § 202c Rn. 18: „im Regelfall mit der Übersetzung in ausführbare Maschinensprache". Vgl. NK-StGB/Kargl § 202c Rn. 9: Hergestellt, wenn „der Quellcode in einer maschinenlesbaren Sprache geschrieben und auf einen von Computern lesbaren Datenträger gespeichert" ist.
[32] Spindler/Schuster/Gercke StGB § 202c Rn. 4; MüKoStGB/Graf § 202c Rn. 19; NK-StGB/Kargl § 202c Rn. 9.
[33] MüKoStGB/Graf § 202c Rn. 19.
[34] Fischer StGB § 202c Rn. 7; Lackner/Kühl/Heger/Heger StGB § 202c Rn. 4; Spindler/Schuster/Gercke StGB § 202c Rn. 4; NK-StGB/Kargl § 202c Rn. 9.

26 Nach **anderer Ansicht** soll – unter Verweis auf die Auslegung des Merkmals „Ankaufen" bei § 259 StGB – auch bei einem „Verkauf" die **(zusätzliche) Begründung tatsächlicher Verfügungsgewalt** notwendig sein.[35]

27 Zuzustimmen ist, dass der von § 202c StGB verfolgte Zweck (das Unterbinden „besonders gefährliche[r] Vorbereitungshandlungen"[36]) erst dann berührt wird, wenn eine tatsächliche Verwendungsmöglichkeit der Passwörter/Sicherungscodes/Computerprogramme herbeigeführt wird.[37]

28 Im Ergebnis überzeugt aber die herrschende Meinung:
- Gegen eine Übernahme der zur Hehlerei gefundenen Definition spricht der unterschiedliche Wortlaut: etwas „Ankaufen" lässt sich bereits dem Wortsinn nach besser mit einer „Übernahme" vergleichen als das bloße „Verkaufen".
- Das Begriffsverständnis des „Ankaufens" erklärt sich bei § 259 StGB mit dem speziellen, nicht verallgemeinerungsfähigen Sinn und Zweck. § 259 StGB möchte die Perpetuierung eines rechtswidrigen Zustands durch die *Verschiebung* von durch rechtswidrige Vermögenstaten erlangten Gegenständen verhindern. Aus demselben Grund wird auch die Definition des „Verschaffens" im Rahmen des § 259 StGB anders als bei § 202c StGB verstanden und dahingehend eingeschränkt, dass die Begründung der Verfügungsgewalt im Einverständnis mit dem Vortäter geschehen muss.
- Der Verkauf ohne dinglichen Vollzug kann im Rahmen von § 259 StGB als Versuch bestraft werden. § 202c StGB kennt keine Versuchsstrafbarkeit.
- Art. 6 Abs. 1 lit. a) Übereinkommen des Europarates über Computerkriminalität vom 23.11.2001 nennt explizit das „Verkaufen".
- Die Übertragung von Herrschaftsgewalt wird bereits durch das „einem anderen Verschaffen" bzw. „einem anderen Überlassen" als eigenständige Tathandlung erfasst. Dem Angleichen der Tathandlungsvarianten steht das aus dem Bestimmtheitsgrundsatz folgende Erfordernis einer trennscharfen Abgrenzbarkeit der jeweiligen Anwendungsbereiche entgegen.[38]

29 Bei minderjährigen Käufern und Verkäufern beurteilt sich die Wirksamkeit ihrer Willenserklärung nach den §§ 106 ff. BGB. Wird die Willenserklärung des Minderjährigen nicht genehmigt, verwirklicht auch der voll geschäftsfähige Verkäufer nicht den Tatbestand. Ein (untauglicher) Versuch ist nicht vorgesehen.

30 Die Nichtigkeit der Willenserklärungen gem. §§ 134, 138 BGB stehen einem „Verkaufen" im Sinne des § 202c Abs. 1 StGB nur dann entgegen, wenn das gesetzliche Verbot/die Sittenwidrigkeit nicht selbst aus der nach § 202c Abs. 1 StGB strafbaren Handlung, sondern aus einem hiermit nicht im Zusammenhang stehenden Grund herrührt.

31 Anfechtung (§§ 119, 123 BGB) oder Rücktritt (§ 346 BGB) vom Vertrag **durch den Verkäufer** können aufgrund der bereits mit Vertragsabschluss eintretenden Vollendung nicht mehr als Rücktritt im Sinne des § 24 StGB aufgefasst werden. In Betracht kommt jedoch eine tätige Reue nach § 202c Abs. 2 StGB (hierzu → Rn. 52 ff.). Anfechtung/Rücktritt/Widerruf (§ 355 ff. BGB) **des Käufers** haben keinen Einfluss auf die Strafbarkeit des Verkäufers.

32 Der (dingliche) Vollzug des Kaufvertrags begründet für den Verkäufer ein eigenständiges „einem anderen Verschaffen" (und „einem anderen Überlassen") und für den Käufer ein „sich verschaffen".

---

[35] Schumann NStZ 2007, 675 (678 Fn. 46); Schönke/Schröder/Eisele StGB § 202c Rn. 5. Siehe zu § 259 StGB: BeckOK StGB/Ruhmannseder StGB § 259 Rn. 27.
[36] BT-Drs. 16/3656, 11.
[37] Vgl. Schönke/Schröder/Eisele StGB § 202c Rn. 5.
[38] Vgl. NK-StGB/Kargl § 202c Rn. 10.

IV. Einem anderen Überlassen

„Überlassen" meint das Zurverfügungstellen der o.g. Tatobjekte. Da hiermit gleichzeitig (Mit-)Verfügungsgewalt eingeräumt wird, hat die Tathandlungsvariante neben dem „einem anderen Verschaffen" keine eigenständige Bedeutung.[39] 33

In der Praxis kann zusätzlich auf die zu §§ 149 Abs. 1, 263a Abs. 3, 275 Abs. 1 StGB ergangene präzisierende Rechtsprechung zurückgegriffen werden. 34

V. Verbreiten

Verbreiten meint das Zugänglichmachen der o.g. Tatobjekte an einen größeren Personenkreis.[40] Das ergibt sich aus dem systematischen Bezug zum unmittelbar nachfolgenden Merkmal „*sonst* zugänglich machen". Passwörter/Sicherungscodes/Computerprogramme werden durch das Einräumen der Zugriffsmöglichkeit zugänglich gemacht. Nicht erforderlich ist, dass eine Person von der Zugriffsmöglichkeit tatsächlich Gebrauch macht. Denn § 202c StGB möchte bereits die damit begründete abstrakte Gefahr einer Tatbegehung verhindern.[41] 35

Beispiel: 36
Erfasst werden bspw. das Anbieten von Software auf einer Tauschbörse oder das Veröffentlichen von Passwörtern im Internet.[42]

Nach **anderer Ansicht** muss es mindestens zu einer tatsächlichen Weitergabe eines Passworts/Sicherungscodes/Computerprogramm an einen Dritten kommen und der Täter dabei mit der Intention handeln, diese hiermit einem größeren Nutzerkreis zugänglich zu machen.[43] 37

VI. Sonst zugänglich machen

Passwörter/Sicherungscodes/Computerprogramme werden durch das Einräumen der Zugriffsmöglichkeit zugänglich gemacht. 38

Erfasst werden damit Verbreitungshandlungen, die sich zahlenmäßig nicht an einen größeren Personenkreis richten. 39

Beispiel: 40
Der Upload von Informationen/Installationsdateien in eine passwortgeschützte Cloud, zu der der Empfänger das zugehörige Passwort besitzt. Dass der Empfänger auf den Link zugreift und damit von der Zugriffsmöglichkeit Gebrauch macht, ist nicht erforderlich.

VII. Intendierte Straflosigkeit des reinen „Besitzes"

Der Gesetzgeber hat explizit darauf verzichtet, den „Besitz" als weitere Tathandlung mit aufzunehmen.[44] Die praktischen Auswirkungen sind jedoch gering. Denn die Definition des „Verschaffen" (bzw. des „Überlassen") ist nahezu deckungsgleich mit der Legaldefinition des (unmittelbaren) Besitzes aus § 854 Abs. 1 BGB.[45] Der einzige Unterschied besteht darin, dass sich das „Verschaffen" auf die erstmalige Begründung von Verfügungsgewalt 41

---

[39] AA MüKoStGB/Graf § 202c Rn. 21.
[40] NK-StGB/Kargl § 202c Rn. 11. Vgl. zum Verbreiten von Schriften: Schönke/Schröder/Eisele/Schittenhelm StGB § 186 Rn. 20.
[41] Vgl. Ernst NJW 2007, 2661 (2663).
[42] Vgl. BT-Drs. 16/3656, 12.
[43] MüKoStGB/Graf § 202c Rn. 22. So wohl auch: NK-StGB/Kargl § 202c Rn. 11.
[44] BT-Drs. 16/3656, 12; BeckOK StGB/Weidemann StGB § 202c Rn. 8.
[45] Vgl. Schönke/Schröder/Eisele StGB § 202c Rn. 5; vgl. Ernst NJW 2007, 2661 (2663); vgl. NK-StGB/Kargl § 202c Rn. 11.

bezieht, während § 854 Abs.1 BGB den sich daran anschließenden, fortdauernden Zustand beschreibt. Dieser Besitzzustand kann jedoch nur durch ein vorgelagertes Verschaffen hergestellt werden. Straflos bleibt daher nur derjenige, dem die Passwörter/Sicherungscodes/Computerprogramme von einem Dritten unbemerkt bzw. ungewollt verschafft werden (bspw. durch Installation auf dessen Computer oder durch ungefragte Mitteilung eines Passworts). Die Straflosigkeit wird sich regelmäßig auch aus dem fehlenden Vorsatz auf die Vorbereitung einer Tat nach § 202a StGB bzw. § 202b StGB ergeben.

E. Subjektiver Tatbestand

42 Ausreichend ist Eventualvorsatz auf die Verwirklichung der objektiven Tatbestandsmerkmale von § 202c Abs. 1 StGB.[46]

43 Alle objektiven Handlungen müssen dabei **zusätzlich** von dem **bedingten Vorsatz** getragen werden, dass hiermit eine Straftat nach § 202a StGB oder § 202b StGB „vorbereitet" wird.[47]
- Zwar spricht Art. 6 Abs. 2 des Übereinkommen des Europarates über Computerkriminalität vom 23. November 2001 davon, dass das Verhalten nicht strafbar sein soll, wenn die Tathandlungen „*nicht zum Zweck der Begehung*" einer entsprechenden Straftat erfolgen.
- Dass der bedingte Vorsatz ausreicht folgt jedoch daraus, dass der Wortlaut nicht den Begriff „zur Vorbereitung" wählt – der für ein zielgerichtetes Handeln sprechen würde – sondern die schlichte objektive Handlung („*Wer eine Straftat nach § 202a oder § 202b vorbereitet*") beschreibt. Hier gilt § 15 StGB.

44 Ausreichend ist demnach, wenn der Täter die Gefahr ernst nimmt, dass er – bzw. praxisrelevanter: ein Dritter – die Passwörter/Sicherungscodes/Computerprogramme für eine Tat nach §§ 202a/202b StGB verwendet und sich mit dieser Möglichkeit abfindet.[48]

45 In der **Literatur** wird hinsichtlich des Vorsatzes auf die Vorbereitung von Taten nach §§ 202a, 202b StGB einschränkend gefordert, dass ein
- „*völlig vager Plan nicht genügen*" kann[49] bzw.
- dass der Täter die „*Computerstraftat zumindest in den Grundzügen ins Auge fasst*"[50] bzw.
- dass der Täter/ein Dritter „*eine Straftat ‚in Aussicht genommen' haben (…) diese Tat in wesentlichen Umrissen konkretisiert sein*"[51].

46 Dieses subjektive Wissen und Wollen des Täters muss sich auf die **volldeliktische Verwirklichung einer Tat §§ 202a/202b StGB** beziehen (Wortlaut: „Straftat" und nicht „rechtswidrige Tat" im Sinne des § 11 Abs. 1 Nr. 5 StGB). Etwaige Irrtümer des Täters in Bezug auf die objektiven Tatbestandsmerkmale der §§ 202a, 202b StGB bzw. deren Rechtswidrigkeit schlagen auf den „Vorbereitungsvorsatz" bei § 202c Abs. 1 StGB durch.

47 Praxisbeispiele „White Hat Hacking":

Mit **Auftrag des Verfügungsberechtigten**: Der Täter, der sich „Hacker-Tools" zum Zweck von „Penetrationstests" von IT-Systemen im Einverständnis mit dem jeweiligen Verfügungsberechtigten verschafft (bspw. bezahlte IT-Security-Prüfung), bereitet keine Straftat nach § 202a StGB oder § 202b StGB vor.[52] Denn die beabsichtigte anschließende Verwen-

---

[46] BVerfG BeckRS 2009, 35013 Rn. 53; Spindler/Schuster/Gercke StGB § 202c Rn. 5; Schönke/Schröder/Eisele StGB § 202c Rn. 6; MüKoStGB/Graf § 202c Rn. 30; Lackner/Kühl/Heger/Heger StGB § 202c Rn. 5; BeckOK StGB/Weidemann StGB § 202c Rn. 9.
[47] Spindler/Schuster/Gercke StGB § 202c Rn. 5; Ernst NJW 2007, 2661 (2664); BeckOK StGB/Weidemann StGB § 202c Rn. 9.
[48] BVerfG BeckRS 2009, 35013 Rn. 54. Vgl. Schönke/Schröder/Eisele StGB § 202c Rn. 7. Kritik: NK-StGB/Kargl § 202c Rn. 14.
[49] Schönke/Schröder/Eisele StGB § 202c Rn. 6.
[50] NK-StGB/Kargl § 202c Rn. 13.
[51] Gröseling/Höfinger MMR 2007, 626 (629).
[52] BT-Drs. 16/3656, 18 f.

dung des „Hacker-Tools" wäre aufgrund des Einverständnisses nicht „unbefugt" im Sinne der § 202a StGB und § 202b StGB (→ § 11 Rn. 50, → § 12 Rn. 35).[53]

Ohne Auftrag des Verfügungsberechtigten: Der Täter, der sich „Hacker-Tools" zum entsprechenden Zweck ohne Einverständnis des jeweiligen Verfügungsberechtigten verschafft (bspw. „eigeninitiativ" durchgeführte IT-Security-Prüfung), kann sich nicht auf ein befugtes Handeln im Rahmen der hiermit vorbereiteten Straftaten berufen. Soll mit den Computerprogrammen der Zugang zu den Daten (§ 202a StGB) bzw. die Daten selbst (§ 202b StGB) verschafft werden, kann eine Strafbarkeit nach § 202c StGB uU über einen rechtfertigenden Notstand (→ Rn. 50) bzw. eine tätige Reue (→ Rn. 52 ff.) abgewendet werden.

> **Praxistipp Verteidigung:** 48
> Je nach Akten- und Sachlage bietet sich bei einem objektiv eindeutig dokumentierten Verstoß gegen § 202c Abs. 1 StGB ein gezielter Vortrag zum inneren Vorstellungsbild und der Beweggründe des Beschuldigten an. Denn regelmäßig wird zunächst alleine von den objektiven äußeren Umständen auf die subjektive Tatseite geschlossen. Gerade zu Beginn eines Ermittlungsverfahrens liest man in staatsanwaltschaftlichen Verfügungen oftmals, dass Feststellungen zum Vorsatz den weiteren Ermittlungen vorbehalten bleiben sollen. Hier können die „subjektiven" Weichen durch proaktives Zugehen auf die Ermittlungsbehörden frühzeitig in Richtung Einstellung gestellt werden.

F. Rechtswidrigkeit

Taten nach § 202c Abs. 1 StGB können nicht über (explizite/mutmaßliche) Einwilligungen gerechtfertigt werden.[54] Abstrakte Gefährdungsdelikte kennen keine individuellen Rechtsgutträger, die über den Schutz des Straftatbestands verfügen können.[55] 49

Jedoch kommt eine Rechtfertigung über den **Notstand, § 34 StGB,** in Betracht.[56] Einen Anwendungsbereich begründen nicht invasive Hacking-Methoden (bspw. das Aufspüren von Passwörtern im offen einsehbaren Quellcode einer Website) bei nicht vom Verfügungsberechtigten in Auftrag gegebenen IT-Security-Checks.[57] Zum Maßstab bei § 202a StGB → § 11 Rn. 60 ff. 50

> **Praxistipp Verteidigung:** 51
> Wird bei solchen eigeninitiativ durchgeführten (dh nicht vom Verfügungsberechtigten in Auftrag gegebenen) „IT-Security-Checks" der objektive Tatbestand von § 202c Abs. 1 StGB verwirklicht (bspw. aufgrund von verschafften Passwörtern oder Sicherungscodes), bietet sich regelmäßig eine dreigliedrige Verteidigungslinie an:
> 1. Fehlender Vorsatz auf die Vorbereitung einer Tat nach § 202a Abs. 1 StGB:
>   a) weil entdeckte Passwörter nicht zur Überwindung der Zugangssicherung verwendet sondern dem Berechtigten mitgeteilt werden sollten
>   b) weil selbst das Überwinden der Zugangssicherung mithilfe der Passwörter über § 34 StGB gerechtfertigt wäre (dh keine volldeliktische Tat gem. § 202a Abs. 1 StGB)
> 2. *Selbst wenn* ein Vorsatz unterstellt werden soll: Eigenständige Rechtfertigung der Vorbereitungshandlung von § 202c Abs. 1 StGB über den Notstand gem. § 34 StGB

---

[53] BT-Drs. 16/3656, 10.
[54] BeckOK StGB/Weidemann StGB § 202c Rn. 11. AA Böhlke/Yilmaz CR 2008, 261 (265); MüKoStGB/Graf StGB § 202c Rn. 28 f.
[55] BeckOK StGB/Weidemann StGB § 202c Rn. 11.
[56] BeckOK StGB/Weidemann StGB § 202c Rn. 11.
[57] Siehe hierzu: Klaas MMR 2022, 187 (189 ff.).

> 3. Straflosigkeit über die „tätige Reue" gem. § 202c Abs. 2 StGB (hierzu sogleich
> → Rn. 52 ff.)

G. Tätige Reue

52 § 202c Abs. 2 StGB ordnet die entsprechende Anwendung von § 149 Abs. 2 und 3 StGB an („Tätige Reue"). Unter den dort geregelten Voraussetzungen kann der Täter auch nach Vollendung der Tat nach § 202c Abs. 1 StGB Straflosigkeit erlangen. Bei der Tätigen Reue handelt es sich um einen persönlichen Strafaufhebungsgrund[58], dessen Vorliegen für jeden Täter gesondert zu prüfen ist.

53 **Hintergrund:** Die Möglichkeit der tätigen Reue dient als Ausgleich der durch § 202c Abs. 1 StGB weit vorverlagerten Strafbarkeit. Aufgrund der Vergleichbarkeit der vom Tatbestand erfassten Vorbereitungshandlungen mit „klassischen" Versuchshandlungen orientieren sich die Anforderungen der Tätigen Reue an den Regelungen zum Rücktritt vom Versuch aus § 24 StGB.[59]

I. Entsprechende Anwendung von § 149 Abs. 2 StGB

54 Nach § 202c Abs. 1 StGB wird nicht bestraft, wer freiwillig
- **Nr. 1 Alt. 1:** die Ausführung der vorbereiteten Tat aufgibt *und* eine von ihm verursachte Gefahr, dass andere die Tat weiter vorbereiten oder sie ausführen, abwendet
oder
- **Nr. 1 Alt. 2:** die Vollendung der Tat verhindert

55 Bei beiden Alternativen müssen *zusätzlich* die Anforderungen der Nr. 2 erfüllt sein (Wortlaut: „und"):
- **Nr. 2:** die Passwörter/Sicherungscodes/Computerprogramme, soweit sie noch vorhanden und zur Verwirklichung von Taten nach §§ 202a/202b StGB brauchbar sind, vernichtet, unbrauchbar macht, ihr Vorhandensein einer Behörde anzeigt oder sie dort abliefert.

56 **Freiwillig:** Grundvoraussetzung ist, dass der Täter freiwillig handelt. Das ist der Fall, wenn die Handlungen aus *autonomen* und nicht aus *heteronomen* Motiven heraus vorgenommen werden.[60] Faustformel: Der Wille zum Aufgeben/Abwenden/Verhindern muss selbstbestimmt gebildet werden und darf nicht alleine auf äußere, vom Täter nicht beherrschbare Umstände zurückzuführen sein die den Täter in seiner Entschließungsfreiheit einschränken (bspw. eine plötzliche Entdeckung).[61]

57 **Aufgeben der Ausführung:** Der Täter muss von der durch die Tathandlungen vorbereiteten Tat nach §§ 202a, 202b StGB endgültig Abstand nehmen.[62]

58 **Abwenden der Gefahr:** Der Täter muss durch aktives Tun gewährleisten, dass sich die durch seine Vorbereitungshandlung gem. § 202c Abs. 1 StGB gesetzte Gefahr einer Begehung durch Dritte nicht realisiert. Dies wird regelmäßig mit den Maßnahmen nach § 149 Abs. 2 Nr. 2 StGB erreicht werden (Vernichten bzw. Unbrauchbarmachen der Passwörter/Sicherungscodes/Computerprogramme):
- Deinstallation von Computerprogrammen;
- Ändern der Passwörter (eigenhändig bei Administratorenrechten oder durch Hinweis an die entsprechenden Personen);

---

[58] Vgl. MüKoStGB/Erb § 149 Rn. 12.
[59] Vgl. Schönke/Schröder/Sternberg-Lieben StGB § 149 Rn. 13.
[60] Ladiges JuS 2016, 15 (17).
[61] BGH NJW 1965, 2410 (2411); MüKoStGB/Hoffmann-Holland § 24 Rn. 103; Ladiges JuS 2016, 15 (17).
[62] MüKoStGB/Hoffmann-Holland § 24 Rn. 91.

- denkbar auch das Anbieten von Updates, das bestimmte Funktionen von Computerprogrammen ausschließt/einschränkt.
- Dritten die Tat nach §§ 202a/202b StGB „ausreden".

Nach Sinn und Zweck ist das Erfordernis darauf beschränkt, dass der Täter nur die Gefahr abwenden muss, die durch seinen eigenen von § 202c Abs. 1 StGB erfassten Tatbeitrag gesetzt wurde. Notwendig ist also eine Rückkopplung an die konkrete Vorbereitungshandlung (bspw. das Verschaffen von Passwörtern an einen Dritten). Verschafft der Täter einem Dritten Passwörter/Sicherungscodes, steht es der tätigen Reue daher nicht entgegen, wenn dieser Dritte – hiervon inspiriert – Taten nach §§ 202a, 202b StGB mithilfe eines Computerprogramms verwirklicht. 59

Es reicht nicht aus, wenn die Gefahr durch ein eigenverantwortliches Handeln eines Dritten beseitigt wird (bspw. weil ein Dritter im IT-System Zugriffsberechtigungen/Passwörter ändert).[63] In dieser Konstellation kommt jedoch ein Rückgriff auf § 149 Abs. 3 StGB (iVm § 202c Abs. 2 StGB) in Betracht. 60

Verhindern der Vollendung: Gemeint ist das Verhindern der Vollendung der §§ 202a, 202b StGB. 61

Vernichten: 62
- **Elektronisch gespeicherte Informationen** werden typischerweise durch Löschen vernichtet. Nach dem Sinn und Zweck müssen die Daten unwiederbringlich gelöscht werden, dürfen also nicht wiederhergestellt werden können.
- **Schriftlich fixierte Informationen** werden durch typische Zerstörungshandlungen vernichtet. Auch diese müssen irreversibel sein. Ausreichend ist bspw. das Schreddern sowie anschließende Durchmischen von Papierbögen/Notizzetteln. Das bloße Entsorgen im Papierkorb reicht dagegen nicht aus.
- **Vervielfältigte Informationen** (bspw. ein Passwort, dass auf verschiedenen Datenträgern gespeichert und/oder schriftlich fixiert ist) sind erst dann „vernichtet", wenn jede Einzelinformation im o.g. Sinne beseitigt wurde.

Unbrauchbar machen: Jede Handlung, infolge derer die Passwörter/Sicherungscodes/ Computerprogramme nicht mehr zur Begehung einer Tat nach §§ 202a, 202b StGB eingesetzt werden können. 63

Anzeige an eine Behörde: Nach dem – entsprechend anzuwendenden – Wortlaut muss sich die Anzeige nicht ausschließlich an das BSI richten. Adressat kann jede Behörde sein. 64

> **Praxistipp:** 65
> Diese Handlungsvariante wird im Regelfall **nicht zu empfehlen** sein.
> - Zum einen ist die bloße Mitteilung bei der Behörde regelmäßig ungeeignet, die Gefahr der Tatvorbereitung bzw. -ausführung durch Dritte abzuwenden bzw. die Vollendung zu verhindern.
> - Zum anderen birgt die Mitteilung eines Aspekts einer an und für sich strafbaren Handlung stets das Risiko ungewollter „Weiterungen" (bspw. Widerruf von Genehmigungen aufgrund von angenommener Unzuverlässigkeit; Einleitung von AR- oder JS-Ermittlungsverfahren).

Abliefern bei einer Behörde: Die Passwörter/Sicherungscodes/Computerprogramme können auch bei einer Behörde abgeliefert werden. Hierbei gelten dieselben Grundsätze wie beim „Vernichten": Konsequenz des Abliefern muss der Ausschluss der weiteren Verwendbarkeit sein (dh insbesondere das Abliefern aller Datenträger, auf denen die Informationen vervielfältigt wurden). 66

---

[63] Vgl. MüKoStGB/Erb § 149 Rn. 13.

67 **Praxistipp:**
Der äußere zeitliche Rahmen für die Möglichkeit einer strafbefreienden tätigen Reue wird durch
- die Vollendung der vorbereiteten Tat nach §§ 202a, 202b StGB[64]
- äußere Umstände, welche die autonome Entscheidungsfreiheit des Täters einschränken („Freiwilligkeit")

gesetzt.

II. Entsprechende Anwendung von § 149 Abs. 3 StGB

68 Wird ohne Zutun des Täters die Gefahr, dass andere die Tat weiter vorbereiten oder sie ausführen, abgewendet oder die Vollendung der Tat verhindert, so genügt an Stelle der Voraussetzungen des §§ 202c Abs. 2, 149 Abs. 2 Nr. 1 StGB das freiwillige und ernsthafte Bemühen des Täters, dieses Ziel zu erreichen.

69 **Freiwillig:** → Rn. 56.

70 **Ernsthaftes Bemühen:** Bei einer Orientierung an § 24 Abs. 2 S. 2 1. Var StGB ist das Bemühen nur dann ernsthaft, wenn der Täter das Mittel wählt, dass aus **seiner subjektiven Sicht** mit **hinreichender Sicherheit** dazu geeignet ist die weitere Vorbereitung/Ausführung abzuwenden bzw. die Vollendung zu verhindern.[65] Geht der Täter davon aus ein solches ausreichendes Mittel ergriffen zu haben, steht es der tätigen Reue nicht entgegen, wenn dem Täter noch wirksamere Mittel zur Verfügung standen.[66]

71 Auch hier müssen die zusätzlichen Anforderungen aus § 149 Abs. 2 Nr. 2 StGB eingehalten werden.[67] Nach dem Wortlaut werden durch den Abs. 3 lediglich die Voraussetzungen des „Absatzes 2 Nr. 1" ersetzt.

72 **Beispiel:**
A erschleicht für seinen Freund B das Passwort zum Dienstlaptop von C. B plant, in einem unbeobachteten Moment dort vermutete Informationen auszulesen (§ 202a Abs. 1 StGB). C ändert routinemäßig das Passwort, bevor B zur Tat schreiten kann. A, der hiervon nichts mitbekommen hat, bekommt nun Angst vor den möglichen Konsequenzen. Er versucht B – eindringlich aber im Ergebnis ohne Erfolg – dazu zu überreden, das ihm mitgeteilte Passwort zu löschen.
A ist nicht nach § 202c Abs. 1 Nr. 1 1. Var StGB strafbar. Zwar wurde die ursprünglich begründete Gefahr allein durch das Handeln von C abgewendet. A hat sich jedoch gem. §§ 202c Abs. 2, 149 Abs. 3 StGB freiwillig und ernsthaft um die Abwendung bemüht. Auch §§ 202c Abs. 2, 149 Abs. 2 Nr. 2 StGB ist erfüllt, da das ursprüngliche Passwort nach der Änderung durch C nicht mehr zur Begehung der Tat brauchbar ist.
B dagegen hat sich nach § 202c Abs. 1 Nr. 1 Alt. 1 StGB strafbar gemacht.

H. Offizialdelikt

73 § 202c StGB ist – anders als die Bezugsnormen § 202a StGB und § 202b StGB – ein Offizialdelikt. Hintergrund: § 202c StGB ist ein abstraktes Gefährdungsdelikt.[68] Ohne verletzten Individualrechtsgutträger gibt es keinen Antragsberechtigten.[69]

---

[64] Vgl. MüKoStGB/Erb § 149 Rn. 13.
[65] Vgl. MüKoStGB/Hoffmann-Holland § 24 Rn. 179; vgl. Schönke/Schröder/Eser/Bosch StGB § 24 Rn. 103; vgl. BeckOK StGB/Cornelius StGB § 24 Rn. 75.
[66] Vgl. MüKoStGB/Hoffmann-Holland § 24 Rn. 179; vgl. Schönke/Schröder/Eser/Bosch StGB § 24 Rn. 103; vgl. BeckOK StGB/Cornelius StGB § 24 Rn. 75.
[67] Vgl. MüKoStGB/Erb § 149 Rn. 14.
[68] BT-Drs. 16/3656, 12.
[69] BT-Drs. 16/3656, 12; NK-StGB/Kargl § 202c Rn. 3; Schönke/Schröder/Eisele StGB § 202c Rn. 1.

Erfährt die Staatsanwaltschaft von entsprechenden Handlungen, ist diese aus dem Legalitätsprinzip heraus zur Einleitung eines Ermittlungsverfahrens verpflichtet (§§ 152 Abs. 2, 160 Abs. 1 StPO). 74

> **Praxistipp:** 75
> Bei eindeutig dokumentierten Verstößen aber bloßer abstrakter Gefährdung kann in Verteidigungssituationen mit der vom Gesetzgeber selbst angeregten Möglichkeit einer Einstellung nach § 153 StPO („Absehen von der Verfolgung bei Geringfügigkeit") bzw. nach § 153a StPO („Absehen von der Verfolgung unter Auflagen und Weisungen") als „*wichtige (…) Filter zur Verhinderung von unnötigen Strafverfahren*" argumentiert werden.[70]

I. Versuch

Der Versuch dieser Vorbereitungshandlungen ist nicht strafbar. 76

J. Verjährung

Taten nach § 202c Abs. 1 StGB verjähren nach der Anhebung des Strafrahmens im Jahr 2015 gem. § 78 Abs. 3 Nr. 4 StGB erst nach 5 Jahren.[71] 77

Beendigung (§ 78a S. 1 StGB) tritt ein, wenn die Passwörter/Sicherungscodes/Computerprogramme nach dem subjektiven Vorstellungsbild des Täters von der vorzubereitenden Tat zur Begehung ebendieser verwendet werden können. 78

K. Konkurrenzen

Wird die vorbereitete Tat gem. §§ 202a Abs. 1, 202b StGB durch den Täter des § 202c Abs. 1 StGB selbst ausgeführt (bzw. ist ihm mittäterschaftlich gem. § 25 Abs. 2 StGB zuzurechnen), tritt § 202c Abs. 1 StGB zurück.[72] 79

Wird die vorbereitete Tat gem. §§ 202a Abs. 1, 202b StGB durch einen Dritten ausgeführt, tritt § 202c Abs. 1 StGB hinter einer Beihilfe hierzu zurück.[73] Diese Beihilfehandlung kann sich auch allein aus der von § 202c Abs. 1 StGB erfassten Vorbereitungshandlung ergeben.[74] 80

Tateinheit ist u. a. möglich mit: 81
- § 123 StGB, bei Erschleichen des Zugangs zu geschützten Räumlichkeiten,
- § 201 Abs. 2 S. 1 Nr. 1 StGB, § 202 StGB, bei einem Auskundschaften von Informationen,
- §§ 242, 246 StGB, beim Zugriff auf physische Gegenstände auf denen Informationen gespeichert/vermerkt sind (USB-Stick; Notizzettel etc); ggf. fehlt es jedoch an der objektiven Zueignung bzw. der subjektiven Zueignungsabsicht, da der bloße Informationswert kein in der Sache verkörperter Sachwert ist (fehlende *Aneignungs*komponente)[75],

---

[70] BT-Drs. 16/3656, 12.
[71] AA MüKoStGB/Graf § 202c Rn. 39; BeckOK StGB/Weidemann StGB § 202c Rn. 15.
[72] NK-StGB/Kargl § 202c Rn. 16; BeckOK StGB/Weidemann StGB § 202c Rn. 13; Lackner/Kühl/Heger/Heger StGB § 202c Rn. 7; MüKoStGB/Graf § 202c Rn. 36; Schönke/Schröder/Eisele StGB § 202c Rn. 10.
[73] NK-StGB/Kargl § 202c Rn. 16; BeckOK StGB/Weidemann StGB § 202c Rn. 13; Lackner/Kühl/Heger/Heger StGB § 202c Rn. 7; MüKoStGB/Graf § 202c Rn. 36; Schönke/Schröder/Eisele StGB § 202c Rn. 10.
[74] NK-StGB/Kargl § 202c Rn. 16; Lackner/Kühl/Heger/Heger StGB § 202c Rn. 7; MüKoStGB/Graf § 202c Rn. 36; Schönke/Schröder/Eisele StGB § 202c Rn. 10.
[75] BGH NStZ 2012, 627; NStZ 2019, 344 (345 Rn. 9); Jahn JuS 2020, 467 (469).

- §§ 263/263a StGB, bei einer täuschungs- und irrtumsbedingten Mitteilung des „Private Key" der den unmittelbaren Zugriff auf Kryptowährungen eröffnet (ggf. bereits Vermögensgefährdungsschaden),
- §§ 267 ff., 274 Abs. 1 Nr. 1, 2 StGB, bei der Fälschung von Codekarten,
- § 106 UrhG, bei urheberrechtswidrigem Herunterladen von Software (vgl. §§ 2 Abs. 1 Nr. 1, 69a ff. UrhG).

§ 14 Datenhehlerei (§ 202d StGB)

Übersicht

	Rn.
A. Vorbemerkung	1
B. Rechtsgut	8
C. Tatbestand	16
I. Objektiver Tatbestand	16
1. Tatobjekt	17
a) Daten	18
b) nicht allgemein zugänglich	20
c) durch rechtswidrige Tat eines anderen erlangt	24
d) Tatobjektsidentität?	37
2. Tathandlung	40
a) sich verschaffen	42
b) einem anderen verschaffen, überlassen, verbreiten oder sonst zugänglich machen	49
c) Handlung zugunsten des ursprünglichen Verfügungsberechtigten?	51
II. Subjektiver Tatbestand	57
1. Vorsatz	58
2. Bereicherungs- oder Schädigungsabsicht	62
D. Absatz 3	67
I. Rechtsnatur der Regelung des Absatz 3	69
II. Sonderregelungen für Amtsträger und Beauftragte (Nr. 1)	71
III. Sonderregelungen bei journalistischer Tätigkeit (Nr. 2)	78
IV. Weitere Berufsgruppen	81
E. Rechtswidrigkeit und Schuld	85
F. Sonstiges	86

Literatur:

Abood, Staatlicher Ankauf steuerstrafrechtlich relevanter Daten, 2022; *Berghäuser*, Sach- und Datenhehlerei – eine vergleichende Gegenüberstellung der §§ 202d, 259 StGB, JA 2017, 244; *Brodowski/Marnau*, Tatobjekt und Vortaten der Datenhehlerei (§ 202d StGB), NStZ 2017, 377; *Dix/Kipker/Schaar*, Schnellschuss gegen die Grundrechte – Plädoyer für eine öffentliche Debatte in Sachen Vorratsdatenspeicherung, ZD 2015, 300; *Franck*, Datenhehlerei nach dem künftigen § 202d StGB, RDV 2015, 180; *Gercke*, Die Entwicklung des Internetstrafrechts 2015/2016, ZUM 2016, 825; *Golla*, Papiertiger gegen Datenkraken: Zum Schutz der informationellen Selbstbestimmung durch das Strafrecht, ZIS 2016, 192; *Henseler*, Datenhehlerei (§ 202d StGB) bei Rückerlangung von Kundendaten?, NStZ 2020, 248; *Kubiciel/Großmann*, Doxing als Testfall für das Datenschutzstrafrecht, NJW 2019, 1050; *Michaelis*, Beweiserhebungs- und Verwertungsverbote bei durch Hacks erlangter Daten, MMR 2020, 586; *Neuhöfer*, Datenhehlerei nach § 202d StGB, jurisPR-Compl. 4/2015, Anm. 6; *Reh/Cosfeld*, Die strafrechtliche Einordnung und Vermögensabschöpfung bei illegal erlangten Datensätzen unter Beachtung der neuen Datenschutzgrundverordnung, NStZ 2019, 706; *Reinbacher*, Daten- oder Informationshehlerei, GA 2018, 311; *Rennicke*, Der An- und Verkauf steuerrelevanter Daten, wistra 2020, 135; *Roßnagel*, Die neue Vorratsdatenspeicherung, NJW 2016, 533; *Seidl*, Der neue Straftatbestand der Datenhehlerei, § 202d StGB, AnwZert ITR 18/2016, Anm. 3; *Singelnstein*, Ausufernd und fehlplatziert: Der Tatbestand der Datenhehlerei (§ 202d StGB) im System des strafrechtlichen Daten- und Informationsschutz, ZIS 2016, 432; *Stam*, Die Datenhehlerei nach § 202d StGB – Anmerkungen zu einem sinnlosen Straftatbestand, StV 2017, 488; *Stuckenberg*, Der missratene Tatbestand der neuen Datenhehlerei (§ 202d StGB), ZIS 2016, 526; *Wegner*, Datenhehlerei durch WP-Gesellschaft im Rahmen interner Ermittlungen?, PStR 2019, 283; *Wilke*, Der strafrechtliche Schutz von Daten vor Konkurrenzausspähung und Wirtschaftsspionage, NZWiSt 2019, 168.

A. Vorbemerkung

Der Tatbestand des § 202d StGB hat, anders als die §§ 202a–202c StGB, keinen unionsrechtlichen Hintergrund. Es handelt sich vielmehr um einen Tatbestand, den der deutsche 1

Gesetzgeber aus eigenem Antrieb eingeführt hat. Die Entstehungsgeschichte des Tatbestands zeigt, dass mit der Schaffung des § 202d StGB zwei zentrale Ziele verfolgt wurden:

> Die Gesetzesbegründung geht davon aus, dass die gesetzlichen Bestimmungen zur Sanktionierung des Handels mit illegal erlangten Daten in einer von Informations- und Kommunikationstechnologie geprägten Gesellschaft unzureichend und daher **Schutzlücken** zu schließen gewesen seien.[1]
>
> Darüber hinaus strebte der Gesetzgeber offensichtlich einen Strafbarkeitsausschluss für Amtsträger beim **Ankauf von sog. Steuer-CDs** an.[2]

In der Entstehungsphase des § 202d wurden verschiedene Entwürfe[3] diskutiert, bevor am 18. Mai 2015 die heutige Fassung in Kraft trat.[4] In der Folge wurden Gesetzesanträge eingebracht, die eine signifikante Strafschärfung und Kriminalisierung von Versuchstaten zum Ziel hatten, ohne aber die Struktur des § 202d Abs. 1 StGB anzutasten.[5] Der Tatbestand des § 202d StGB hat seit der Einführung jedoch keine Veränderung erfahren.

Der Tatbestand wurde in der Literatur wiederholt stark kritisiert.[6] In der staatsanwaltschaftlichen und gerichtlichen Praxis scheint er jedoch ein Nischendasein zu fristen. Strafgerichtliche Entscheidungen sucht man in den üblichen Rechtsprechungsdatenbanken vergeblich. Ein Urteil des 2. Zivilsenats des OLG Stuttgart[7] ist die einzige (veröffentliche) Entscheidung, die sich mit der Vorschrift des § 202d StGB auseinandersetzt.

PKS: Ein ähnliches Bild zeichnen die Fallzahlen der PKS. Die Aufklärungsquote ist – mit Ausnahme des Jahres 2021 – gleichbleibend hoch:[8]

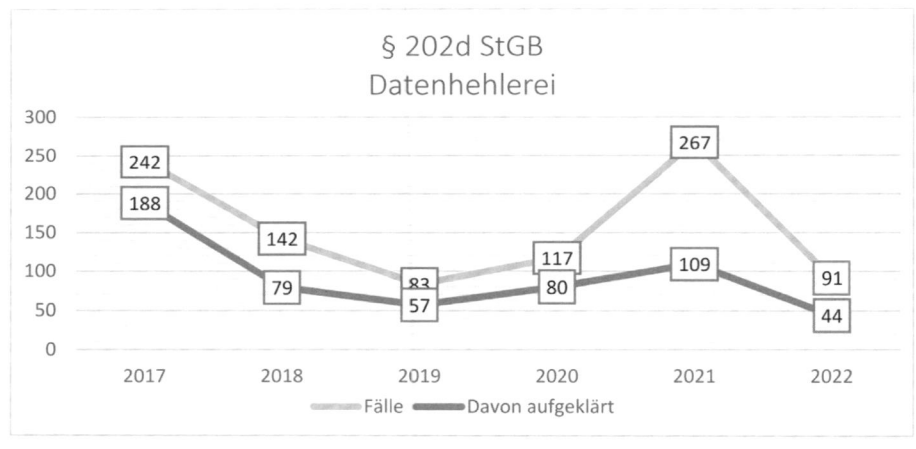

§ 202d StGB Datenhehlerei

Jahr	Fälle	Davon aufgeklärt
2017	242	188
2018	142	79
2019	83	57
2020	117	80
2021	267	109
2022	91	44

---

[1] BT-Drs. 18/5088, 2 f., 25. Krit. Stam StV 2017, 488 (489); Neuhöfer jurisPR-Compl. 4/2015, Anm. 6; Franck RDV 2015, 180 (182).
[2] BT-Drs. 18/5088, 48. Krit. zu den Motiven des Gesetzgebers: NK-StGB/Kargl § 202d Rn. 14.
[3] Arbeitsentwurf des Landes Hessen, abrufbar unter: https://cdn.netzpolitik.org/wp-upload/Gesetzentwurf-Datenhehlerei.pdf, abgerufen am 17.3.2023; Gesetzentwurf des Bundesrates v. 7.6.2013 (BR-Drs. 284/13); Gesetzesentwurf des Bundesrates v. 30.4.2014 (BR-Drs. 18/1288).
[4] Zur Genese und den Stellungnahmen vgl. auch Abood, Staatlicher Ankauf steuerstrafrechtlich relevanter Daten, 2022, S. 65 ff.
[5] Gesetzesantrag des Freistaates Bayern, BR-Drs. 168/19; Gesetzesantrag des Landes Nordrhein-Westfalen, BR-Drs. 248/19.
[6] Singelnstein ZIS 2016, 432; Stuckenberg ZIS 2016, 526; Stam StV 2017, 488; Reinbacher GA 2018, 311; Schönke/Schröder/Eisele StGB § 202d Rn. 2; Stam StV 2017, 488; NK-StGB/Kargl § 202d, Rn. 5 f., 14; Brodowski/Marnau NStZ 2017, 377; Dix/Kipker/Schaar ZD 2015, 300; Franck RDV 2015, 180.
[7] OLG Stuttgart v. 15.11.2018 – 2 U 30/18, GRUR 2019, 422.
[8] PKS Bundeskriminalamt, Berichtsjahr 2017–2022, abrufbar unter: https://www.bka.de/DE/AktuelleInformationen/StatistikenLagebilder/PolizeilicheKriminalstatistik/pks_node.html, abgerufen am 10.4.2023.

Eine fehlende strafgerichtliche Ahndung sollte jedoch nicht zu dem (Fehl-)Schluss verleiten, der Tatbestand sei in der Praxis unbedeutend. So sieht sich gerade die **anwaltliche Beratungspraxis** regelmäßig mit der Frage konfrontiert, ob und wie möglicherweise illegal erlangte Daten bzw. Informationen durch die Mandantschaft und ihre Berater genutzt werden dürfen und sollten. Eine derartige Sachverhaltskonstellation lag auch der Entscheidung des OLG Stuttgart zugrunde.[9] Darüber hinaus können Delikte, die an einer (potenziell) schwerwiegenderen Vortat anknüpfen (vgl. zB auch §§ 259, 261), prozessuale Wirkungen entfalten und als „Türöffner" für strafprozessuale Maßnahmen dienen, die nur einen Anfangsverdacht erfordern (zB §§ 102, 103 StPO). Darüber hinaus ist § 202d StGB, anders zB als § 23 GeschGehG, §§ 106ff. UrhG, nicht in § 374 Abs. 1 StPO gelistet, so dass die Staatsanwaltschaft den Verletzten nicht auf den Privatklageweg verweisen kann.

6

Praxistipp:
Sofern in der anwaltlichen Beratung ersichtlich ist, dass die Mandantschaft möglicherweise relevante Daten auf „illegalem" Wege erlangt hat, sollte – vor Annahme der Daten durch den Rechtsanwalt bzw. die Rechtsanwältin – eine Prüfung erfolgen, ob die Annahme dieser Daten
- rechtlich zulässig (vgl. dazu unter → Rn. 81 ff.) und
- strategisch sinnvoll ist (zB Risiko der Ermittlungen gegen Rechtsberater und damit einhergehender Wegfall von Beschlagnahmeverboten, vgl. § 97 Abs. 2 S. 2 StPO).

7

B. Rechtsgut

Die Gesetzesbegründung sieht das **formelle Datengeheimnis** als geschütztes Rechtsgut an und begründet dies mit der inhaltlichen Nähe zu §§ 202a–202c StGB:

8

„Die §§ 202a bis 202c StGB schützen das formelle Datengeheimnis desjenigen, der aufgrund seines Rechts an dem gedanklichen Inhalt über eine Weitergabe und Übermittlung der Daten entscheidet (…) und damit das Interesse an der Aufrechterhaltung des Herrschaftsverhältnisses über eine Information (…). Hieran knüpft der neue Tatbestand an, der das formelle Datengeheimnis vor einer Fortsetzung und Vertiefung seiner durch die Vortat erfolgten Verletzung schützt."[10]

Dieser diffuse Regelungsansatz ist in der Literatur zu Recht auf Kritik gestoßen, da weitgehend unklar bleibt, ob das Recht an den (codierten) Daten selbst oder das Recht am Daten*inhalt* maßgeblich sein soll.[11]

9

Eindeutig ist insoweit zunächst, dass die *Art* des Daten*inhalts* für die Anwendung des § 202d Abs. 1 StGB unbeachtlich sein soll. Es muss sich weder um personenbezogene Daten im Sinne des Datenschutzrechtes noch um durch andere spezielle Rechtsvorschriften geschützte Daten (zB Geschäftsgeheimnisse, markenrechtlich oder urheberrechtlich geschützte Inhalte) handeln.[12] Der Wortlaut sieht auch keinerlei Beschränkung auf bestimmte Arten von Dateninhalten vor.[13] Der Gesetzgeber geht zudem davon aus, dass unerheblich ist, auf welche Person sich die Dateninhalte *beziehen*.[14]

10

Beispiel:
Die Rechtsabteilung des Unternehmens A erstellt einen Untersuchungsbericht zu einem möglichen Fehlverhalten des Mitarbeiters B. Ein befreundeter Kollege C „hackt" sich in das Computersystem des Unternehmens ein (§ 202a Abs. 1 StGB) und kopiert die pdf-Datei

11

---

[9] Vgl. dazu auch Wegner PStR 2019, 283.
[10] BT-Drs. 18/5088, 45. Vgl. auch LK-StGB/Hilgendorf § 202d Rn. 1 mwN.
[11] Ausführlich Reinbacher GA 2018, 311.
[12] Vgl. BT-Drs. 18/5088, 25. S. auch Stuckenberg ZIS 2016, 526 (530).
[13] Krit. Kubiciel NJW 2019, 1050 (1054).
[14] BT-Drs. 19/5088, 46; LK-StGB/Hilgendorf § 202d Rn. 5. Krit. Reh/Cosfeld NStZ 2019, 706 (708).

mit dem Untersuchungsbericht. Diese Datei verschafft sich B zur Vorbereitung einer Klage gegen A. Die Tatsache, dass sich die Daten auf B beziehen, führt nicht dazu, dass B als Berechtigter an der pdf-Datei anzusehen ist.[15]

12 Auf Eigentum und Besitz am Datenträger ist ebenfalls nicht abzustellen.[16]
13 Der Gesetzesbegründung ist ferner zu entnehmen, dass die Entscheidungsbefugnis über die „Weitergabe und Übermittlung" der Daten aus dem Recht am gedanklichen Inhalt folgen soll. Mit anderen Worten: Das Recht an den *(codierten) Daten* soll dem Recht an der *Information* folgen. Dies ist aus zweierlei Gründen bemerkenswert. Zum einen setzt der Gesetzgeber ein Recht an einer Information voraus, obwohl ein solches (allgemeines) Recht zivilrechtlich nicht als schützenswert eingestuft wird, sofern die konkrete Information nicht ausnahmsweise als gesetzlich bzw. verfassungsrechtlich geschützte Rechtsposition eingestuft wird (zB personenbezogene Daten, Geschäftsgeheimnisse, urheberrechtliche Nutzungsrechte).[17] Zum anderen hat der Gesetzgeber mit der Bezugnahme auf § 202a Abs. 2 StGB klargestellt, dass das reine Verschaffen, Überlassen, Verbreiten oder Sonst-Zugänglichmachen hinsichtlich der Information – also losgelöst von den Daten – nicht unter Strafe gestellt wird.[18] Notwendige Bedingung der Strafbarkeit ist offenbar, dass sich das (angebliche) Recht an der Information durch eine Codierung iSd § 202a Abs. 2 StGB manifestiert.[19]

14 Die Regelungskonzeption des Gesetzgebers kommt zu (weitgehend)[20] eindeutigen Ergebnissen, wenn der **Originaldatenbestand** weitergegeben wird (zB Weitergabe der mittels § 202a Abs. 1 StGB extrahierten Daten vom Vortäter an den Datenhehler). Die praktisch wichtigste Fallkonstellation – die Weitergabe von **Datenkopien** durch den Vortäter – wirft allerdings Fragen nach der genauen Bestimmung des Rechtsguts auf. So werden in einem solchen Fall zwar die ursprünglichen Daten*inhalte* weitergegeben, es handelt sich allerdings um Daten, die unmittelbar aus einen Skripturakt des Vortäters und nicht des ursprünglich Berechtigten resultieren. Würde man daher die Herrschaftsbefugnis ausschließlich aus dem (formellen) Akt der Datenspeicherung herleiten,[21] so hätte dies die Straflosigkeit der Verschaffung von Datenkopien zur Folge.[22] Der Tatbestand des § 202d Abs. 1 StGB wäre weitgehend bedeutungslos.

15 Die hM geht daher davon aus, dass eine an den Originaldaten bestehende Herrschaftsbefugnis an etwaigen Datenkopien fortbesteht. Dafür ist es jedoch nicht ausreichend, dass der ursprünglich Berechtigte ein „Recht" an den Daten*inhalten* geltend machen kann. So fordert der Wortlaut des § 202d Abs. 1 StGB, dass das Tatobjekt (Daten iSd § 202a Abs. 2 StGB) „durch" die Vortat erlangt wurde. Gleichzeitig kann nicht ausgeblendet werden, dass der Gesetzgeber ein derartiges „Recht" an den Inhalten voraussetzt.[23] Daher wird in der Literatur zu Recht gefordert, dass kumulativ eine **Informationsidentität** und ein **Datenkontinuität** vorliegen müssen.[24] Dies wird die im Hinblick auf das Bestimmtheitsgebot problematische Frage auf, wann eine Datenkontinuität angenommen werden kann

---

[15] Vgl. auch Neuhöfer jurisPR-Compl. 4/2015, Anm. 6.
[16] BT-Drs. 19/5088, 46.
[17] Stuckenberg ZIS 2016, 526 (530f.); Singelnstein ZIS 2016, 432 (434); Schönke/Schröder/Eisele StGB § 202d Rn. 2.
[18] Stuckenberg ZIS 2016, 526 (531); Wagner/Hiéramente GRUR 2020, 709 (714); aA OLG Stuttgart v. 15.11.2018 – 2 U 30/18, GRUR 2019, 422.
[19] Vgl. auch Reinbacher GA 2018, 311 (317f.).
[20] Vgl. hierzu die Ausführung zu → § 11 Rn. 9ff.
[21] So wohl BT-Drs. 19/5088, 46 („Berechtigter ist derjenige, der über die Daten verfügen darf […] also grundsätzlich derjenige, der die Daten gesammelt und abgespeichert hat […].").
[22] Stam StV 2017, 488 (489). Vgl. dazu auch Singelnstein ZIS 2016, 432 (434f.).
[23] Zu Informationen als Schutzgut s. Stam StV 2017, 488 (489).
[24] So ausdrücklich Matt/Renzikowski/Altenhain StGB § 202d Rn. 3. Vgl. auch Brodowski/Marnau NStZ 2017, 377 (380); Reinbacher GA 2018, 311 (317f.).

(vgl. dazu unter → Rn. 37 ff.).[25] Darüber hinaus sieht sich auch die hM mit der Kritik konfrontiert, dass einer Information ausschließlich deshalb strafrechtlicher Schutz zuteilwerden soll, weil diese Information in einer Datei gespeichert wurde. Auf den Wert der Information, den geheimen oder gar höchstpersönlichen Charakter oder eine Schöpfungstiefe soll es schließlich gerade nicht ankommen.

C. Tatbestand

I. Objektiver Tatbestand

Der objektive Tatbestand des § 202d Abs. 1 StGB enthält Ausführungen zum Tatobjekt (→ Rn. 17), der Vortat (→ Rn. 24) sowie den Tathandlungen (→ Rn. 40) des Datenhehlers. 16

1. Tatobjekt

Die Vorschrift regelt – in Ergänzung zu § 259 Abs. 1 StGB – die Hehlerei mit Daten. Der Bestimmung des Tatobjekts kommt im Rahmen des § 202d Abs. 1 StGB eine große Bedeutung zu. 17

a) Daten. Der Tatbestand des § 202d Abs. 1 StGB betrifft ausschließlich Tathandlungen, die Daten im Sinne des § 202a Abs. 2 StGB zum Gegenstand haben. Der Gesetzgeber hat insoweit ausdrücklich auf die Legaldefinition Bezug genommen und damit klargestellt, dass nur Daten erfasst sein sollen, die „*elektronisch, magnetisch oder sonst nicht unmittelbar wahrnehmbar gespeichert sind oder übermittelt werden.*" (→ § 11 Rn. 9 ff.).[26] Die Formulierung des Tatbestands bestimmt zudem eindeutig, dass sowohl bei der Vortat als auch bei der Tathandlung des § 202d Abs. 1 StGB Daten vorliegen müssen. Nicht ausreichend ist es, wenn die in den Daten enthaltenen Informationen mündlich oder in Papierform einem Dritten zugänglich gemacht werden.[27] Zwar mag es dem Schutzinteresse des ursprünglichen Dateninhabers entsprechen, auch derartige Anschlusshandlungen zu unterbinden. Der Wortlaut fordert allerdings die Verschaffung von (elektronischen) Daten. 18

> **Zur Klarstellung:** 19
> Dem StGB liegt ein anderes Begriffsverständnis des Tatbestandsmerkmals „Daten" zugrunde als dem Bundesdatenschutzgesetz oder der DS-GVO. Während im **Datenschutzrecht** das Datum als *Information* verstanden wird (vgl. Art. 4 Nr. 1 DS-GVO), bezeichnete der **strafrechtliche Datenbegriff** eine *codierte* Information und erfordert mithin über den *Inhalt* hinaus eine *spezifische Form* der Speicherung bzw. Übermittlung.[28]
> Und: der im Datenschutzrecht erforderliche Personenbezug des Inhalts spielt bei § 202d Abs. 1 StGB keine Rolle.

b) nicht allgemein zugänglich. Dem Gesetzgeber war offenbar bewusst, dass der Tatbestand der Datenhehlerei aufgrund der fehlenden Beschränkung nach der *Art* des Dateninhalts zu einer ausufernden Kriminalisierung von Datenverarbeitungsprozessen führen könn- 20

---

[25] Vgl. im Grundsatz Brodowski/Marnau NStZ 2017, 377 (380), die der Unbestimmtheit mit der Bildung von Fallgruppen entgegentreten wollen. Zur Problematik auch Reinbacher, GA 2018, 311 (319), der zu Recht darauf hinweist, dass erklärt werden müsse, warum der Ersteller der Kopie als Berechtigter am neuen Datensatz ausscheide.
[26] BT-Drs. 18/5088, 45.
[27] Stuckenberg ZIS 2016, 526 (531); Wagner/Hiéramente GRUR 2020, 709 (714); aA OLG Stuttgart v. 15.11.2018 – 2 U 30/18, GRUR 2019, 422; LK-StGB/Hilgendorf § 202d Rn. 20.
[28] S. dazu Reinbacher GA 2018, 311 (313); Kubiciel/Großmann NJW 2019, 1050 (1052). Vgl. auch Ausführung zum Datenbegriff bei → § 11 Rn. 9 ff.

te. Darüber hinaus ergebe sich aus der Schutzrichtung der Vorschrift (Schutz des formellen Datengeheimnisses), dass ein Verhalten nur dann als nach § 202d Abs. 1 StGB strafwürdig eingestuft werden könne, wenn der Täter sich die Daten nicht aufgrund der allgemeinen Zugänglichkeit auch auf anderem Weg hätte verschaffen können.[29] Die Tatsache, dass der Datenhehler im Einvernehmen mit einem Vortäter gehandelt hat, reicht daher für die Strafbarkeit nicht aus.[30]

21 Der Gesetzgeber hat insoweit eine bewusste Entscheidung getroffen, die Vorschrift nicht zur Ahndung von urheberrechtlichen Verstößen einzusetzen. So soll mittels § 202d Abs. 1 StGB nicht das klassische File-Sharing oder urheberrechtswidrige Streaming-Angebote strafrechtlich sanktioniert werden. Der Gesetzgeber betont (BT-Drs. 18/5088, 45 f.), dass urheberrechtlich geschützte Werke auch dann allgemein zugänglich im Sinne des § 202d Abs. 1 sein sollen, wenn für die Nutzung dieser Werke bezahlt werden muss (zB Streaming-Dienste, Kauf von eBooks, etc).[31]

22 Zur Bestimmung, wann Daten als allgemein zugänglich eingestuft werden können, verweist die Gesetzesbegründung auf § 10 Abs. 5 S. 2 BDSG aF. Der Verweis auf eine datenschutzrechtliche Vorschrift ist auf den ersten Blick unglücklich, weil sich diese Regelung auf *Informationen* bezieht und nicht auf Daten im strafrechtlichen Sinne. Bei genauerer Betrachtung wird jedoch offenbar, dass nicht die Gesetzesbegründung, sondern vielmehr der Wortlaut des § 202d Abs. 1 StGB problematisch ist. So hat der Gesetzgeber es offensichtlich für ausreichend erachtet, dass der Daten*inhalt*, also die dort codierten Informationen, allgemein zugänglich sind.[32] Andernfalls wären Urheberrechtsverletzungen nicht ausgenommen, wenn sich der Täter den Datenbestand vom Vortäter verschafft, da nur Datenbestände mit vergleichbarem Inhalt im Internet frei zugänglich sind. Eine derartige extensive Lesart des Tatbestandsmerkmals ist, da es sich insoweit um ein strafbarkeitsbeschränkendes Merkmal handelt, zulässig und angesichts des erklärten Willens des Gesetzgebers geboten. Es mithin festzuhalten, dass eine Strafbarkeit nach § 202d Abs. 1 StGB bereits dann ausscheidet, wenn die Daten*inhalte* allgemein zugänglich sind. Umstritten ist, wie die allgemeine Zugänglichkeit zu ermitteln ist.

23 So ist umstritten, ob aus dem Tatbestandsmerkmal folgt, dass Datensätze, die im sog. **Darknet** angeboten werden, aus dem Anwendungsbereich des § 202d Abs. 1 herausfallen. So wird zu Recht darauf verwiesen, dass der Zugang zum sog. Darknet keine besondere technische Hürde darstellt und dass dort auf für den interessierten „Nutzer" einfach zugänglichen Internetseiten diverse Waren- und Dienstleistungen in anonymer Form angeboten werden.[33] Dies mag bei einzelnen, schwer auffindbaren Angeboten ggfs. anders zu bewerten sein,[34] ändert indes nichts am grundsätzlichen Befund, dass es im Darknet einfach zugängliche „Marktplätze" für illegal erlangte Datenbestände gibt.

Zum Teil wird *(de lege ferenda)* in Erwägung gezogen, die allgemeine Möglichkeit des Zugangs (aus alternativen Quellen) an die Rechtmäßigkeit der Publikation zu knüpfen.[35] Eine derart restriktive Lesart ist hingegen mit dem Wortlaut nicht vereinbar und würde den Tatbestand zu Lasten des Beschuldigten ausweiten.[36] *Altenhain* wählt einen differenzierenden Ansatz und verneint die allge-

---

[29] BT-Drs. 18/5088, 45.
[30] Dies veranschaulicht, dass allgemeine Sicherheitsinteressen, also die Vermeidung von Anreizen für Vortäter (BT-Drs. 18/5088, 26), die Strafbarkeit für sich genommen nicht begründen können; vgl. hierzu auch Berghäuser JA 2017, 244 (248).
[31] Vgl. dazu auch Matt/Renzikowski/Altenhain StGB § 202d, Rn. 8; Henseler NStZ 2020, 258 (259).
[32] NK-WSS/Reinbacher StGB § 202d Rn. 9; ders. GA 2018, 311 (321); Matt/Renzikowski/Altenhain StGB § 202d Rn. 8; Schönke/Schröder/Eisele StGB § 202d Rn. 6.
[33] Stam StV 2017, 488 (489); BeckOK StGB/Weidemann StGB § 202d, Rn. 4.1; Kubiciel NJW 2019, 1050 (1052 ff.).
[34] Henseler NStZ 2020, 258 (260); krit. Stam StV 2017, 488 (489), der darauf hinweist, dass der Gesetzgeber gerade nicht darauf verweist, dass Offenkundigkeit der Informationen vorliegt.
[35] De lege lata Abood, Staatlicher Ankauf steuerstrafrechtlich relevanter Daten, 2022, S. 95, de lege ferenda NK-WSS/Reinbacher StGB § 202d, Rn. 9; ders. GA 2018, 311 (321 f.).
[36] Henseler NStZ 2020, 258 (260).

meine Zugänglichkeit der Daten, wenn diese (ausschließlich) vom Vortäter zum Verkauf angeboten werden.[37] Sofern andere Personen den Datenbestand ebenfalls (illegal) im Darknet anbieten, greift die Argumentation jedoch nicht, so dass diese auch nach *Altenhain* als allgemein zugänglich einzustufen wären.

Altenhain argumentiert, aus dem Wortlaut („und die") folge, dass die Voraussetzungen („nicht allgemein zugänglich" und „ein anderer durch die rechtswidrige Tat erlangt hat") nebeneinander stünden und dies bedeute, dass erforderlich sei, dass die Daten bereits „bei der Vortat nicht allgemein zugänglich waren". Zudem folge aus dem Schutzzweck, dass der Vortäter das Recht auf Geheimhaltung nicht aufgeben könne.[38] Das Wortlautargument vermag nicht vollends zu überzeugen. So fordert die Vorschrift, dass die Daten nicht allgemein zugänglich „sind" (und nicht „waren"), so dass grundsätzlich auf den Zeitpunkt der Tathandlung des Datenhehlers abzustellen ist. Zwar ergibt sich aus dem Wortlaut, dass das Tatobjekt insoweit identisch sein muss („die"). Stellt man aber mit der Gesetzesbegründung insoweit auf die Daten*inhalte* ab, kann eine Informationsidentität auch dann vorliegen, wenn sich die Tathandlung des Vortäters nicht auf „die" Daten bezieht, die im Zeitpunkt der Vortat „allgemein zugänglich" waren. Auch das Schutzzweckargument zwingt zu keiner anderen Bewertung. So nimmt der Gesetzgeber bewusst in Kauf, dass die Strafbarkeit trotz eines Verstoßes des Vortäters gegen das formelle Datengeheimnis entfällt, weil das Sich-Verschaffen der Daten nicht als strafwürdig eingestuft wird, wenn eine legale Daten- bzw. Informationsbeschaffung über allgemein zugängliche Quellen möglich wäre. Dennoch dürfte sich, wenn der Vortäter die einzige mögliche Bezugsquelle ist, im konkreten Einzelfall die Frage stellen, ob die von ihm (zum Kauf) angebotenen Daten allgemein zugänglich sind. Daran ließe sich jedenfalls dann zweifeln, wenn der Vortäter diese nur einmal („als Unikat") zum Weiterverkauf anbietet.[39]

Die **Möglichkeit des Datenerwerbs im Darknet** hat beträchtliche Konsequenzen. So fordert der Tatbestand des § 202d Abs. 1 StGB gerade nicht, dass ein Erwerb im Darknet erfolgte bzw. dass sich der Täter die Daten aus einer allgemein zugänglichen Quelle verschafft hat. Ausreichend ist vielmehr, dass diese Quelle existiert. Dementsprechend kann die Möglichkeit des Erwerbs im Darknet zur Straflosigkeit führen, was in der Praxis komplexe beweisrechtliche Frage aufwerfen kann. So folgte aus der (illegalen) Beschaffung beim Vortäter nicht automatisch, dass die Daten nicht anderweitig frei verfügbar waren.[40]

c) durch rechtswidrige Tat eines anderen erlangt. Der Gesetzgeber hat die Datenhehlerei in § 202d Abs. 1 StGB bewusst am Tatbestand der (Sach-)Hehlerei (§ 259 StGB) angelehnt. Erforderlich ist daher stets, dass ein anderer eine **Tat iSd § 11 Abs. 1 Nr. 5** begangen hat.[41] Der Täter der Vortat kann mithin nicht Täter einer Datenhehlerei sein.[42] 24

Nach allgemeiner Ansicht ist insoweit erforderlich, dass die Vortat im Zeitpunkt der Tathandlung des Datenhehlers bereits **vollendet** sein muss („erlangt hat").[43] Daher ist nach dem ausdrücklichen Willen des Gesetzgebers nicht ausreichend, wenn die Vortat erst durch Übermittlung an den Datenhehler begangen wird (→ Rn. 31 f.).[44] Ebenso ist es unzureichend, wenn der Datenhehler die Daten von einer Person erlangt, die selbst keinen Straftatbestand verwirklicht hat. Dass ein weiterer Dritter eine Straftat begangen hat, ist 25

---

[37] Matt/Renzikowski/Altenhain StGB § 202d Rn. 8; aA Henseler NStZ 2020, 258 (260).
[38] Matt/Renzikowski/Altenhain StGB § 202d Rn. 8.
[39] LK-StGB/Hilgendorf § 202d Rn. 11.
[40] Vgl. zur Problematik Henseler NStZ 2020, 258 (260).
[41] Matt/Renzikowski/Altenhain StGB § 202d Rn. 4 f.; NK-WSS/Reinbacher StGB § 202d Rn. 10.
[42] Matt/Renzikowski/Altenhain StGB § 202d Rn. 2. Zu Konkurrenzen bei Beteiligung an der Vortat s. Matt/Renzikowski/Altenhain StGB § 202d Rn. 15 f.
[43] BT-Drs. 18/5088, 46; Matt/Renzikowski/Altenhain StGB § 202d Rn. 7; NK-WSS/Reinbacher StGB § 202d Rn. 11; Schönke/Schröder/Eisele StGB § 202d Rn. 10; MüKoStGB/Graf § 202d Rn. 19.
[44] BT-Drs. 18/5088, 46. Insoweit kann allerdings im Einzelfall eine Anstiftung bzw. Beihilfe zur Vortat gegeben sein.

insoweit irrelevant.⁴⁵ Der Vortäter muss die Daten vielmehr durch eine *eigene* Straftat erlangt haben.⁴⁶

26 **Beispiel:**
Der Journalist J erhält von dem Rechtsanwalt R unter Verstoß gegen § 203 Abs. 1 StGB Daten zugespielt. Der Konkurrent K verschafft sich diese Daten. Da J zwar Daten durch eine Straftat erlangt hat, diese aber nicht durch J begangen wurde, ist eine Datenhehlerei des K nach § 202d Abs. 1 StGB ausgeschlossen.

27 Ein Ausnahmefall liegt vor, wenn der Vortäter nur einen Mittelsmann zur Datenübergabe einsetzt. So fordert § 202d Abs. 1 StGB keinen persönlichen Kontakt zwischen Vortäter und Datenhehler.⁴⁷ Notwendig, aber auch ausreichend, ist ein **einverständliches Zusammenwirken** zwischen beiden.⁴⁸ Dementsprechend unterfällt ein ungewollter Zugriff auf den Datenbestand des Vortäters (zB Diebstahl der Festplatte mit nach § 202a Abs. 1 StGB gewonnen Daten) nicht dem Tatbestand der Datenhehlerei.

28 Umstritten ist, welche Straftaten als Vortaten im Sinne des § 202d Abs. 1 StGB in Betracht kommen. Der Wortlaut enthält insoweit keine Einschränkung hinsichtlich der möglichen Vortaten.⁴⁹ Es entspricht der allgemeinen Ansicht, dass trotz der Stellung im 15. Abschnitt des StGB keine Beschränkung auf Vortaten nach §§ 202a – 202c StGB intendiert war.⁵⁰ Der Gesetzgeber hat allerdings eine andere Beschränkung vorgenommen und klargestellt, dass aus dem Schutzzweck der Vorschrift eine **Beschränkung des Vortatenkatalogs** folge:

„Die Vortat muss sich (auch) gegen die formelle Verfügungsbefugnis des Berechtigten richten." (BT-Drs. 18/5088, 46)⁵¹

29 Diese Einschränkung von Seiten des Gesetzgebers erlaubt die Bildung von Fallgruppen.⁵² Zunächst kommen als Vortaten solche Taten in Betracht, bei denen ein **illegaler Zugriff auf Daten** erfolgt.

30 Demnach sind unstreitig die folgenden Tatbestände erfasst: § 202a StGB, § 202b StGB, §§ 240, 242, 249, 253, 259, 263 StGB (bzgl. des Datenträgers), §§ 263, 263a, 269 StGB (bzgl. der Daten).⁵³ Der Gesetzgeber sieht auch § 152b Abs. 5 StGB als erfasst an.⁵⁴
Unklar aber von großer praktischer Bedeutung ist, inwieweit ein Verstoß gegen **§ 23 Abs. 1 Nr. 1 GeschGehG** als Vortat iSd § 202d Abs. 1 StGB eingestuft werden kann. Eindeutig ist dies bei der (externen) Betriebsspionage, bei der ein Außenstehender auf einen Datenbestand Zugriff nimmt, auf den er nicht formell verfügen darf.⁵⁵ Eine solche Handlung stellt eine klassische Vortat dar. Der Tatbestand kann auch durch einen Beschäftigten begangen werden, wenn dieser sich unbefugt Zugang zu Daten verschafft, die nicht für ihn bestimmt sind (zB durch Betreten eines Sicherheitsbereichs ohne ausreichende Befugnis). In der Literatur wird eine Tat iSd § 23 Abs. 1 Nr. 1 iVm § 4 Abs. 1 Nr. 1 GeschGehG jedoch dann nicht als geeignete Vortat eingestuft, wenn der „Innentäter" berechtigterweise Zugriff auf besagte Daten hatte, diese Daten aber unbefugt

---

⁴⁵ Vgl. BT-Drs. 18/5088, 47; Matt/Renzikowski/Altenhain StGB § 202d Rn. 4. Krit. Reh/Cosfeld NStZ 2019, 706 (708) sowie Stam StV 2017, 488 (490) der zu Recht darauf hinweist, dass diese Einschränkung sich nicht aus dem Wortlaut ergibt.
⁴⁶ Brodowski/Marnau NStZ 2017, 377 (383); Berghäuser JA 2017, 244 (247).
⁴⁷ BT-Drs. 18/5088, 47.
⁴⁸ BT-Drs. 18/5088, 47.
⁴⁹ Matt/Renzikowski/Altenhain StGB § 202d Rn. 5.
⁵⁰ Matt/Renzikowski/Altenhain StGB § 202d Rn. 5.
⁵¹ Zustimmend Matt/Renzikowski/Altenhain StGB § 202d Rn. 5; Berghäuser JA 2017, 244 (247); Singelnstein ZIS 2016, 432 (433).
⁵² Angelehnt an Brodowski/Marnau NStZ 2017, 377 (381 ff.).
⁵³ Brodowski/Marnau NStZ 2017, 377 (381). Vgl. auch BT-Drs. 18/5088, 46.
⁵⁴ BT-Drs. 18/5088, 46.
⁵⁵ Brodowski/Marnau NStZ 2017, 377 (382) zu § 17 Abs. 2 Nr. 1 UWG aF.

kopierte (zB um diese an Konkurrenten zu verkaufen).[56] Dies ergebe sich aus dem Wortlaut, der fordere, dass die Daten „durch" die Straftat erlangt worden seien, was nicht der Fall sei, wenn der Vortäter diese nur unbefugt dupliziere.[57] Das Wortlautargument überzeugt, auch wenn es nicht im Sinne des Art. 103 Abs. 2 GG, zwingend sein dürfte. So hat auch ein Innentäter die Daten*kopie* durch eine Straftat erlangt.[58] Stellt man allerdings auf die Berechtigung am Daten*inhalt* ab (→ Rn. 8 ff.), so kann der Vortäter bereits aufgrund der (arbeits-)vertraglichen Einräumung der Zugriffsmöglichkeit über die Informationen verfügen. Er hat sich nicht durch die Vortat erlangt. Für diese Sichtweise spricht auch die Gesetzesbegründung. Diese stellt zum einen klar, dass eine reine Vertragsverletzung nicht ausreichen kann.[59] Dies ergibt sich allerdings bereits aus dem Tatbegriff des § 11 Abs. 1 Nr. 5 StGB. Allerdings will der Gesetzgeber auch Urheberrechtsverletzungen ausschließen, da diese dem Vortäter bereits zur Verfügung standen.[60] Diese Argumentation lässt sich auf Tathandlungen eines Innentäters iSd § 23 Abs. 1 Nr. 1 GeschGehG übertragen.[61] Ein strafbarer Datenzugriff, der (allein) daraus resultiert, dass der Vortäter das rechtliche Dürfen überschreitet, reicht nicht aus, um diesen Datenzugriff als Vortat iSd § 202d Abs. 1 StGB zu qualifizieren.[62] Aus diesem Grund ist auch eine veruntreuende **Unterschlagung** hinsichtlich des Datenträgers, auf dem sich die Daten iSd § 202a Abs. 2 StGB befinden, keine geeignete Vortat, da der Vortäter nicht „durch" die Tat Zugriff auf die dort gespeicherten Daten erhalten hat.[63]

Der Gesetzgeber sieht ebenfalls Straftaten nach dem **Bundesdatenschutzgesetz** als geeignete Vortaten an.[64] Die Strafvorschrift des § 44 BDSG aF ist allerdings mittlerweile signifikant angepasst worden. Hinsichtlich des § 42 BDSG nF ist zu berücksichtigen, dass der Gesetzgeber klargestellt hat, dass die reine Erstellung der Daten iSd § 202a Abs. 2 StGB – auch wenn diese gegen datenschutzrechtliche Vorschriften verstößt – nicht als Vortat in Betracht kommt.[65] Es müsse stets eine Beeinträchtigung der formellen Verfügungsbefugnis vorliegen.[66]

Die **Datenhehlerei** selbst kommt als Vortat in Betracht, sofern sich der Täter unter Verstoß gegen § 202d Abs. 1 StGB die Daten verschafft hat (sog. „Kettenhehlerei").[67]

Aus dem Wortlaut der Vorschrift ergibt sich ferner, dass Delikte, die ausschließlich die **Weitergabe von Daten bzw. Informationen** unter Strafe stellt, nicht ausreichen können, da der Vortäter diese Daten nicht durch die Vortat erlangt hat. 31

Es ist in der Literatur zu Recht darauf hingewiesen worden, dass die Verwendung des Perfekts („erlangt hat") eine zeitliche Zäsur zwischen dem Erfolg der Vortat und der Tathandlung der Datenhehlerei erfordert.[68] Dies entspricht der Natur der Datenhehlerei als Anschlussdelikt.[69] Zahlreiche Straftatbestände werden durch die (unbefugte) Übermittlung an Dritte verwirklicht. Derartige Straftaten sollen nach der Vorstellung des Gesetzgebers nicht von § 202d Abs. 1 erfasst werden, weil der Vortäter die Daten nicht durch die Vortat erlangt hat. Dies sind u. a.[70] 32

---

[56] Brodowski/Marnau NStZ 2017, 377 (382) zu § 17 Abs. 1 UWG aF; Abood, Staatlicher Ankauf steuerstrafrechtlich relevanter Daten, 2022, S. 97. S. auch Gercke ZUM 2016, 825 (828), der dies aber wohl auf § 202a StGB bezieht.
[57] Brodowski/Marnau NStZ 2017, 377 (383). IE ebenso Matt/Renzikowski/Altenhain StGB § 202d Rn. 6.
[58] Vgl. dazu auch NK-WSS/Reinbacher StGB § 202d Rn. 10.
[59] BT-Drs. 18/5088, 46.
[60] BT-Drs. 18/5088, 46. Vgl. dazu auch Schönke/Schröder/Eisele StGB § 202d Rn. 10.
[61] aA wohl Reh/Cosfeld NStZ 2019, 706 (707 f.).
[62] Vgl. auch BVerfG v. 30.3.2022 – 1 BvR 2821/16, Rn. 21, BeckRS 2022, 13689.
[63] Brodowski/Marnau NStZ 2017, 377 (384).
[64] BT-Drs. 18/5088, 46. Zustimmend Brodowski/Marnau NStZ 2017, 377 (382), der aber zu Recht darauf hinweist, dass die personenbezogenen Informationen bei der Vortat bereits als Daten iSd § 202a Abs. 2 StGB vorgelegen haben müssen.
[65] BT-Drs. 18/5088, 46.
[66] BT-Drs. 18/5088, 46.
[67] BT-Drs. 18/5088, 46.
[68] Brodowski/Marnau, NStZ 2017, 377 (382).
[69] Brodowski/Marnau, NStZ 2017, 377 (382); vgl. auch Berghäuser JA 2017, 244 (247).
[70] Brodowski/Marnau, NStZ 2017, 377 (382 f.).

- § 23 Abs. 1 Nr. 3 GeschGehG (Weitergabe von Geschäftsgeheimnissen durch Beschäftigte)[71]
- § 353b StGB (Verletzung des Dienstgeheimnisses)
- § 203 StGB (Verletzung von Privatgeheimnissen)
- § 206 Abs. 1 StGB (Verletzung des Post- und Fernmeldegeheimnisses)
- § 94, 95, 97, 97a StGB (Landesverrat, Offenbaren und Preisgabe von Staatsgeheimnissen, Verrat illegaler Geheimnisse)
- § 42 Abs. 1 BDSG (Übermittlung und Zugänglichmachung personenbezogener Daten)

33 Ebenfalls unzureichend sind Vortaten, bei denen die **Daten erst durch die Vortat erstellt** werden.[72]

34 Da die Vortat bereits einen Verstoß gegen das formelle Datengeheimnis darstellen muss, sind nach Auffassung des Gesetzgebers Straftaten, bei denen Daten erst generiert werden, keine geeigneten Vortaten der Datenhehlerei.[73] Dafür spricht aus systematischen Gründen auch das entsprechende Verständnis bei der (Sach-)Hehlerei gem. § 259 StGB. Aus diesem Grund sind zB die folgenden Delikte, obwohl sie sogar im 15. Abschnitt des StGB aufgeführt sind, keine Vortaten iSd § 202d Abs. 1 StGB:
- § 201 Abs. 1 Nr. 1 StGB (Verletzung der Vertraulichkeit des Wortes)
- § 201a Abs. 1 Nr. 1–3 StGB (Verletzung des höchstpersönlichen Lebensbereichs und von Persönlichkeitsrechten durch Bildaufnahmen)
- § 202c Abs. 1 Nr. 2 StGB (Vorbereiten des Ausspähens und Abfangens von Daten).

Ob § 42 Abs. 2 Nr. 1 BDSG als Vortat in Betracht kommt, hängt vom Einzelfall ab. Sofern die personenbezogenen Daten nicht in „fremden" Daten iSd § 202a Abs. 2 StGB gespeichert waren, kommt keine Datenhehlerei als Anschlussdelikt in Betracht. Durfte der Vortäter auf die Daten zugreifen und war ihm nur die Auswertung der personenbezogenen Daten zum Zwecke der Bereicherung untersagt, kommt ebenfalls keine Strafbarkeit in Betracht. Hatte sich der Vortäter indes illegal Zugriff auf die Datenbestände verschafft, kann eine Strafbarkeit nach § 202d Abs. 1 StGB des Datenhehlers in Betracht kommen. Gleiches gilt für eine Vortat nach § 42 Abs. 2 Nr. 2 BDSG, sofern sich der Täter dabei auch Daten iSd § 202a Abs. 2 StGB erschlichen hat.
Schließlich sind Tatbestände ausgenommen, die nicht dem Schutz des Dateninhabers, sondern öffentlichen Interessen dienen.[74]

35 Der Tatbestand des § 202d Abs. 1 StGB fordert eine rechtswidrige Tat als Vortat. Unklar ist, ob auch **Straftaten im Ausland** ausreichen oder ob die Anwendbarkeit deutschen Strafrechts auf die Vortat feststehen muss, um das Anschlussdelikt strafrechtlich ahnden zu können.[75] Insoweit wird mit guten Argumenten vertreten, dass insoweit jedenfalls nur dann Straftaten im Ausland als Vortat in Betracht kommen können, wenn diese Verhaltensweise im maßgeblichen Ausland als strafwürdig eingestuft wird.[76]

36 Eine schuldhafte Begehung des Vortäters ist nicht erforderlich. Ebenso wenig ist es erforderlich, dass hinsichtlich der Vortat ein ggfs. erforderlicher Strafantrag gestellt wurde.[77]

37 **d) Tatobjektsidentität?** Der Wortlaut der Vorschrift verlangt eine Identität der Tatobjekte von Vortat und Datenhehlerei.[78] Dies bedeutet zunächst, dass sowohl die Vortat als auch das Anschlussdelikt Daten iSd § 202a Abs. 2 StGB betrifft. Eine Tathandlung, die sich ausschließlich auf die in den Daten codierten Informationen bezieht, ist nicht ausreichend (→ Rn. 13 ff.).

---

[71] NK-StGB/Reinbacher § 202d Rn. 11 mit Verweis auf § 23 Abs. 1 Nr. 3 GeschGehG. Vgl. insoweit auch Reh/Cosfeld NStZ 2019, 706 (708).
[72] Brodowski/Marnau NStZ 2017, 377 (383) mit weiteren Beispielen. Vgl. auch Matt/Renzikowski/Altenhain StGB Rn. 6.
[73] BT-Drs. 18/5088, 46.
[74] Vgl. dazu auch Schönke/Schröder/Eisele StGB § 202d, Rn. 8; Berghäuser JA 2017, 244 (247).
[75] S. dazu ausführlich Brodowski/Marnau NStZ 2017, 377 (384 ff.) mwN.
[76] Brodowski/Marnau NStZ 2017, 377 (385 ff.).
[77] BT-Drs. 18/5088, 46.
[78] Brodowski/Marnau NStZ 2017, 377 (379).

Wie bereits an anderer Stelle ausgeführt (→ Rn. 13 ff.), ist insoweit allerdings keine absolute Deckungsgleichheit zwischen den Tatobjekten erforderlich, da ansonsten Datenkopien aus dem Anwendungsbereich des § 202d Abs. 1 StGB herausfallen würden und der Tatbestand der Datenhehlerei weitgehend ins Leere laufen würde. Erforderlich ist allerdings, dass das Tatobjekt der Datenhehlerei die Daten*inhalte* der Vortat betrifft und dass die Codierung aus dem originären (Vor-)Tatobjekt ableitbar ist. Der Gesetzgeber hat es – sowohl im Gesetzestext als auch in der Begründung – unterlassen, Kriterien für eine Abgrenzung festzulegen, weshalb die Vorschrift des § 202d Abs. 1 StGB in problematischer Weise unbestimmt ist.[79] Diese Bestimmtheitsmängel können zwar zum Teil durch die Bildung von Fallgruppen kompensiert werden.[80] Mangels vom Gesetzgeber gebildeten oder von der Rechtsprechung entwickelten bzw. anerkannten Fallgruppen[81] herrscht für den Normadressaten weiterhin eine bedenkliche Unklarheit. 38

In der Literatur[82] sind folgende Fallgruppen vorgeschlagen worden: 39

- **Originaldatenbestand:** Unproblematisch ist die Anwendung des § 202d Abs. 1 StGB, wenn der Datenbestand, der Gegenstand der Vortat war unmittelbar und unverändert an den Datenhehler weitergegeben wird (zB durch Weitergabe einer nach § 242 StGB erlangten Festplatte mit Daten).
- **Datenkopie:** Ebenfalls von § 202d Abs. 1 StGB erfasst ist die Weitergabe einer Datenkopie.[83] Hier werden die Daten*inhalte* vollständig weitergeben und der weitergebene Datenbestand ist nach wertender Betrachtung auf das Vortatobjekt rückführbar.
- **Daten-Destillate:** Diese Fallgruppe erfasst einen Datenbestand, der – ohne inhaltliche Bearbeitung und Veränderung – aus dem Originaldatenbestand herausgefiltert wird. Hier wird ein klar abgrenzbarer Teil des Vortatobjekts an den Datenhehler weitergegeben. Damit besteht zwar keine Identität beider Tatobjekte. Das Tatobjekt der Datenhehlerei ist allerdings noch im ausreichenden Maße aus dem Vortatobjekt abgeleitet. Eine Datenhehlerei ist insoweit möglich.[84] Bei Daten-Destillaten wird es sich regelmäßig auch um (partielle) Datenkopien handeln. Dennoch ist eine Anwendung des § 202d Abs. 1 StGB zu bejahen.
- **Veränderte Daten:** Am schwierigsten fällt die Abgrenzung bei Daten, die vom Vortäter vor der Weitergabe (technisch oder inhaltlich) verändert werden. Insoweit wird vertreten, dass zumindest (reversible) **Formatumwandlungen** eine Strafbarkeit nicht ausschließen. So unterscheide sich zwar die Codierung wesentlich vom Vortatobjekt, der Informationsgehalt sei jedoch hinreichend äquivalent.[85] Dem kann jedenfalls dann zugestimmt werden, wenn das so hergestellte Derivat mittels eines einfachen Datenverarbeitungsprozesses (zB Erstellen eines PDF-Dokuments aus einer Textdatei) hergestellt wird. Eine reine Übertragung von Inhalten aus dem Vortatobjekt in eine neue Datei (zB durch Abschreiben vom Bildschirm) vermag indes nicht auszureichen. Bedenklich ist die Anwendung des § 202d Abs. 1 StGB bei komplexen und aufwändigen Transformationsprozessen (zB zur Entschlüsselung und Extraktion von Passwörtern).[86] Bei einer **inhaltlichen Bearbeitung** ist zu differenzieren. Wird mittels einer eigenen intellektuellen Leistung des Vortäters eine Datei mit neuem Informationsgehalt geschaffen (zB Statistiken), kommt eine Datenhehlerei an dieser neuen Datei nicht in Betracht.[87] Sofern der Vortäter den Datenbestand inhaltlich „angereichert" hat (zB durch Kommentierung eines Dokuments oder Ergänzung einer Tabelle), fällt eine klare Einordnung schwer. Jedenfalls für den

---

[79] Vgl. auch Franck RDV 2015, 180 (182).
[80] Brodowski/Marnau NStZ 2017, 377 (380).
[81] Vgl. hierzu allg. BVerfG v. 23.6.2010 – 2 BvR 2559/08 u. a., Rn. 69 ff., BeckRS 2010, 51599.
[82] S. insbesondere Brodowski/Marnau NStZ 2017, 377 (380 f.).
[83] Zur „bit für bit"- Kopie vgl. Brodowski/Marnau NStZ 2017, 377 (379). Vgl. zur Thematik auch Reinbacher GA 2018, 311 (315 ff.).
[84] Ebenso Brodowski/Marnau NStZ 2017, 377 (380); OLG Stuttgart v. 15.11.2018 – 2 U 30/18, GRUR 2019, 422.
[85] Brodowski/Marnau NStZ 2017, 377 (379 f.).
[86] Brodowski/Marnau NStZ 2017, 377 (380).
[87] Brodowski/Marnau NStZ 2017, 377 (380).

Fall, dass der Kern der Datei unverändert bleibt und daher im Grundsatz eine Datenkopie vorliegt, ist hinsichtlich dieser Dateninhalte eine Datenhehlerei möglich.

2. Tathandlung

40 Der Tatbestand sieht, ähnlich wie bei § 259 StGB und § 202c StGB, verschiedene Tathandlungen vor. Der Gesetzgeber hat allerdings bewusst darauf verzichtet, die Tathandlung des Ankaufens (§ 259 Abs. 1 StGB) und des Verkaufens (§ 202c Abs. 1 StGB) zu übernehmen und wollte damit klarstellen, dass rein schuldrechtliche Vereinbarungen für die Tatbegehung im Sinne des § 202d Abs. 1 StGB unbeachtlich sein sollen.[88] Voraussetzung sei vielmehr, dass die tatsächliche Verfügungsmacht über das Tatobjekt verschafft werde und dadurch eine Vertiefung der Verletzung des formellen Datengeheimnisses erfolge.[89] Eine Kenntnisnahme des Dateninhalts ist für die Tatbegehung nicht erforderlich.[90]

41 Der Gesetzgeber hat ferner klargestellt, dass nur eine Tathandlung **im Einvernehmen mit dem Vortäter** tatbestandlich sein soll. Es soll mit § 202d Abs. 1 StGB ausschließlich kriminalisiert werden, dass der Datenhehler die vom Vortäter durch seine Tat geschaffene Möglichkeit ausnutzt und insoweit (nach Tatvollendung hinsichtlich der Vortat) mit diesem zusammenwirkt.[91] Diese Einschränkung ergibt sich zwar nicht eindeutig aus dem Wortlaut, ist aber angesichts des erklärten Willens des Gesetzgebers, dem systematischen Vergleich mit der Vorbildnorm des § 259 StGB sowie der Natur des § 202d Abs. 1 StGB als Anschlussdelikt bei der Auslegung der Norm zu berücksichtigen.[92]

42 **a) sich verschaffen.** Der Täter verwirklicht den Tatbestand, wenn er die tatsächliche Verfügungsmacht über die Daten erlangt. Nicht ausreichend ist es, wenn er ausschließlich die Daten*inhalte* vom Vortäter erlangt.[93]

43 Beispiel:
Der Hacker H greift unter Verstoß gegen § 202a Abs. 1 StGB auf sensible Geschäftsunterlagen des Unternehmens U zu. Der Konkurrent K interessiert sich für die in den Unterlagen dargestellten Investitionsplanungen und bietet H hierfür eine Summe von 5.000 EUR. Da er verhindern will, dass die Staatsanwaltschaft später ein Fehlverhalten beweisen kann, bittet er um einen mündlichen Bericht. H liest ihm daraufhin die für ihn interessanten Dateien vor. K macht sich insoweit nicht nach § 202d Abs. 1 StGB strafbar, da er sich zwar die Informationen, nicht aber in codierter Form iSd § 202a Abs. 2 StGB verschafft hat.

44 Die tatsächliche Verfügungsmacht kann er erlangen, wenn er die Daten (als Kopie) erhält (zB durch Übersendung per E-Mail, Download vom Server). Darüber hinaus kann sich der Täter die Daten dadurch verschaffen, dass ihm der Datenträger übergeben wird. Da § 202d Abs. 1 anders als § 259 Abs. 1 allerdings nur auf die Daten und nicht den physischen Gegenstand selbst abstellt, ist zu fragen, ob eine für den Täter nicht bzw. nicht mit einfachen Mitteln überwindbare **Verschlüsselung** den Tatbestand ausschließt.[94]

45 Hinsichtlich der Verschlüsselung dürfte zu differenzieren sein:
- Ist bereits der **Datenträger als solcher verschlüsselt,** kann sich der Täter nicht einmal Zugriff auf die Daten selbst verschaffen. Er kann insoweit weder Einsicht in die Daten nehmen, diese nicht kopieren und daher auch nicht weiterverbreiten. Bei einer Verschlüsselung des Da-

---

[88] Vgl. dazu NK-StGB/Kargl § 202d Rn. 9.
[89] BT-Drs. 18/5088, 46 f.
[90] Vgl. dazu auch Schönke/Schröder/Eisele StGB § 202d, Rn. 12.
[91] BT-Drs. 18/5088, 47.
[92] Matt/Renzikowski/Altenhain StGB § 202d Rn. 10; NK-WSS/Reinbacher StGB § 202d Rn. 12; MüKoStGB/Graf § 202d, Rn. 24; Schönke/Schröder/Eisele StGB § 202d Rn. 12.
[93] Matt/Renzikowski/Altenhain StGB § 202d Rn. 10. Unklar, MüKoStGB/Graf § 202d Rn. 20, der eine Kenntnisnahme für ausreichend erachtet. Vgl. auch MAH Strafverteidigung/Grözinger § 50 Rn. 59, OLG Stuttgart v. 15.11.2018 – 2 U 30/18, GRUR 2019, 422.
[94] Wohl eine Tatbestandsverwirklichung annehmend Brodowski/Marnau NStZ 2017, 377 (380).

tenträgers kann er ggfs. nicht einmal selbst nachvollziehen, um welche Daten es sich handelt. Dementsprechend dürfte fraglich sein, ob der Täter sich die Daten tatsächlich verschafft hat.

- Sind hingegen nur die **Daten (inhalts-) verschlüsselt** (zB eine passwortgeschützte PDF-Datei), so kann der Täter regelmäßig über diese verfügen. Er kann sie verschieben, kopieren und an Dritte weiterleiten. Allerdings kann er den Daten*inhalt* nicht zur Kenntnis nehmen. Erfolgte insoweit die Verschlüsselung durch den Vortäter, ist bereits zweifelhaft, ob es sich um ein äquivalentes Tatobjekt handelt.[95] Hat der Vortäter indes selbst nur die verschlüsselten Daten erhalten, ist eine Tatobjektsidentität zu bejahen. Die Daten mögen insoweit zwar für den Täter weitgehend unbrauchbar sein, er hat sich diese aber dennoch verschafft. Da der wirtschaftliche Wert der Daten für die Strafbarkeit des § 202d Abs. 1 StGB grundsätzlich unbeachtlich ist, dürfte im Ergebnis eine Strafbarkeit zu bejahen sein.

Nicht ausreichend dürfte es sein, wenn dem Täter des § 202d Abs. 1 StGB nur die Möglichkeit eingeräumt wird, Zugriff auf die Daten zunehmen.[96] **46**

Beispiel: **47**
Der Hacker H möchte die nach § 202a Abs. 1 StGB erlangten Daten zu Geld machen und bietet diese im Internet an. Der Käufer K bezahlt das Geld und erhält im Gegenzug einen Link, über den er binnen 24 Stunden die Daten herunterladen kann. Da sich K jedoch gerade im Urlaub befindet, vergisst er den Download der Daten.

Die reine Möglichkeit des Datenzugriffs ist bei systematischer Auslegung des Tatbestandsmerkmals des „Sich-Verschaffens" nicht ausreichend. So sieht der Tatbestand des § 202d Abs. 1 StGB zwar eine Strafbarkeit vor, wenn der Täter einem Dritten die Daten zugänglich macht. Diese Tatvariante erfordert nach hM nicht, dass ein Zugriff auf die Daten selbst bereits erfolgt ist. Der Tatbestand enthält indes keine Tatvariante, die es ausreichen lässt, dass dem Täter selbst die Daten zugänglich gemacht werden. Eine Versuchsstrafbarkeit ist bewusst nicht aufgenommen worden. **48**

b) einem anderen verschaffen, überlassen, verbreiten oder sonst zugänglich machen. Der Tatbestand verwendet insoweit – anders als § 259 Abs. 1 StGB – nicht den Begriff des „Dritten", sondern orientiert sich an der Formulierung des § 202c Abs. 1 StGB („einem anderen"). Zu Recht ist in der Literatur darauf verwiesen worden, dass die Formulierung in § 202d Abs. 1 StGB unglücklich ist, da der „andere" insoweit ebenfalls den Vortäter bezeichnet. Richtigerweise ist zu verlangen, dass die Tathandlung des § 202d Abs. 1 zugunsten einer Person begangen wird, die nicht der Vortäter ist.[97] In der Gesetzesbegründung wird ebenfalls vom **„Dritten"** gesprochen.[98] Zudem droht nur dann eine Verletzung vertieft zu werden, wenn die „andere" Person nicht der ursprüngliche Täter ist von dem der Hehler die Verfügungsmacht ableitet (vgl. zur Konstellation der Rückgabe an den ursprünglichen Verfügungsberechtigten (→ Rn. 51). **49**

§ 202d Abs. 1 StGB sieht vier Tatvarianten mit Drittbezug vor. Um einem Dritten die Daten **zu verschaffen,** muss der Täter, ggfs. im Zusammenwirken mit dem Vortäter, dem Dritten eine tatsächliche Verfügungsmacht über die Daten einräumen.[99] Eine Unterstützung des Vortäters in Form der Absatzhilfe ist, anders als bei § 259 StGB, nicht ausreichend.[100] Erforderlich ist zusätzlich, dass die Verfügungsmacht auf den Dritten übertragen wird. Dabei ist es unerheblich, ob der Vortäter auf Geheiß des Täters handelt oder der Täter selbst die Daten an den Dritten überträgt.[101] Die Tatvariante des **Zugänglichma-** **50**

---
[95] S. dazu Brodowski/Marnau NStZ 2017, 377 (379f.).
[96] Vgl. auch Franck RDV 2015, 180 (181).
[97] Matt/Renzikowski/Altenhain StGB § 202d Rn. 9; NK-WSS/Reinbacher StGB § 202d Rn. 12.
[98] BT-Drs. 18/5088, 46f.
[99] Matt/Renzikowski/Altenhain StGB § 202d Rn. 10. Unklar Berghäuser JA 2017, 244 (247), die wohl die Möglichkeit ausreichen lassen will.
[100] Matt/Renzikowski/Altenhain StGB § 202d Rn. 10.
[101] Berghäuser JA 2017, 244 (247).

chen lässt es genügen, wenn dem Dritten faktisch die Möglichkeit des Datenzugriffs eröffnet wird. Notwendig ist im Lichte der Gesetzgebung, dass diesem nicht nur ein Recht zum Zugriff, sondern auch eine tatsächliche Möglichkeit eingeräumt wird.[102] Unter **Überlassen** wird ein Zurverfügungstellen zum vorübergehenden Gebrauch verstanden, welches ebenfalls eine, wenn auch zeitlich beschränkte, tatsächliche Verfügungsmacht erfordert.[103] Ein **Verbreiten** liegt vor, wenn die Weitergabe der Daten an einen größeren Personenkreis erfolgt.[104] Erforderlich ist insoweit, dass die Daten in die Sphäre des Empfängers gelangen.[105] Eine feste Anzahl der Empfänger ist im Gesetz nicht vorgesehen. Zum Begriff des Verbreitens in § 148c StGB hat der BGH folgende Definition zugrunde gelegt, die auch die Auslegung des § 202d StGB prägen dürfte:

*„[…] dies reicht für die Annahme des Tatbestandsmerkmals des Verbreitens i. S. von § 184c I Nr. 1 StGB indes nicht aus, vielmehr muss der Täter dafür eine Schrift einer **nicht mehr individualisierbaren Vielzahl von Personen** weitergeben […].“*[106]

51 **c) Handlung zugunsten des ursprünglichen Verfügungsberechtigten?** Der Gesetzgeber hat in der Gesetzesbegründung eine Einschränkung vorgesehen, wenn der Täter zugleich der durch die Vortat geschädigte Verfügungsberechtigte ist.

„Eine Strafbarkeit scheidet aus, wenn der durch die Vortat verletzte Berechtigte die ihm gestohlenen Daten zurückkauft […].“[107]

52 Der Gesetzgeber hat allerdings nicht klargestellt, woraus dies folgt. Er hat auch, anders als in § 202a Abs. 1 StGB, keine explizite Beschränkung auf Daten vorgenommen, die nicht für den Täter bestimmt sind.[108] Sofern der „Rückkauf" eine Rückgabe des Originaldatenbestands zum Gegenstand hat, lässt sich eine **teleologische Reduktion** des Tatbestands anhand des Schutzzweckes der Norm begründen. Mit der Rückgabe wird die rechtswidrig erlangte Verfügungsmacht des Vortäters beendet.[109] Beabsichtigt der ursprünglich Berechtigte mit dem „Rückkauf" Daten – ggfs. auch nur in Kopie – zurückzuerlangen, die ihm durch die Vortat abhandengekommen sind, geht mit dem „Rückkauf" jedoch nicht stets die Beendigung der Verfügungsmacht des Vortäters einher. Auch kann nicht davon gesprochen werden, dass der Täter sich diese Daten nicht iSd der Vorschrift verschafft hat.[110] Allerdings findet insoweit keine Vertiefung der Beeinträchtigung statt, was einen Strafbarkeitsausschluss rechtfertigen dürfte.[111]

53 Der Gesetzgeber verhält sich ausdrücklich nur zur Frage der Strafbarkeit des ursprünglich Berechtigten beim Rückkauf von Daten. Es ist in der Praxis jedoch auch vorstellbar, dass sich ein Intermediär um den „Rückkauf" von Daten bemüht. Dieser kann entweder im Lager des Berechtigten stehen oder aber – ggfs. im Zusammenwirken mit dem Vortäter – die Zwangslage des Berechtigten zu monetären Zwecken ausnutzen. Insoweit stellt sich die Frage, ob der Intermediär sich strafbar macht, wenn er mit Selbstbereicherungsabsicht handelt und dem ursprünglich Berechtigten

---

[102] Matt/Renzikowski/Altenhain StGB § 202d Rn. 10 (vgl. dort auch Fn. 31); Schönke/Schröder/Eisele StGB § 202d Rn. 12; Berghäuser JA 2017, 244 (247).
[103] Schönke/Schröder/Eisele StGB § 202d Rn. 12; Berghäuser JA 2017, 244 (247).
[104] Schönke/Schröder/Eisele StGB § 202d Rn. 12 mwN; MüKoStGB/Graf § 202d Rn. 22.
[105] Berghäuser JA 2017, 244 (247).
[106] BGH v. 22.1.2015 – 3 StR 490/14, BeckRS 2015, 4138.
[107] BT-Drs. 18/5088, 47.
[108] Henseler NStZ 2020, 258 (260).
[109] So Schönke/Schröder/Eisele StGB § 202d Rn. 14; Henseler NStZ 2020, 258 (261); NK-WSS/Reinbacher StGB § 202d Rn. 22; MüKoStGB/Graf § 202d Rn. 40. Ebenso Berghäuser JA 2017, 244 (248), die treffend darauf hinweist, dass allgemeine Sicherheitsinteressen für sich genommen keine Kriminalisierung rechtfertigen.
[110] S. Henseler NStZ 2020, 258 (261 f.), der auch einen Tatbestandsausschluss nach § 202d Abs. 3 bei einem Tätigwerden aufgrund datenschutzrechtlicher Verpflichtungen diskutiert.
[111] So wohl auch Matt/Renzikowski/Altenhain StGB § 202d Rn. 2. Krit. insoweit Henseler NStZ 2020, 258 (262).

die Daten (zurück) verschafft. Der Gesetzgeber dürfte jedenfalls in letzterer Fallkonstellation nicht intendiert haben, das Verhalten des Intermediärs von der Strafbarkeit auszunehmen. Sofern dieser sich die Daten aber nicht – in einem Zwischenschritt – selbst verschafft, geht mit der Tathandlung des Verschaffens an den Berechtigten keine Vertiefung der Beeinträchtigung des formellen Datengeheimnisses einher. Die persönliche Bereicherung und nicht die Verfügungsmacht an den Daten steht für den Intermediär im Vordergrund. Konsequenterweise müsste der Gesetzgeber daher auch diesen Fall aus dem Tatbestand des § 202d Abs. 1 StGB ausnehmen.

Der Gesetzgeber hat betont, dass diese Ausnahme nicht die **Person** erfassen soll, **auf die sich die Daten beziehen,** sondern ausschließlich der ursprünglich Verfügungsberechtigte an den Daten.[112] 54

Beispiel: 55
Dem Mitarbeiter M wird vorgeworfen, er habe wiederholt Arbeitszeitbetrug begangen. Das Unternehmen U hat hierzu eine Excel-Datei erstellt, die den angeblichen Betrug dokumentieren soll. Sein Ex-Kollege K „hackt" sich in den Computer des Personalchefs und kopiert die Liste. M erhält von K diese Liste „zur Vorbereitung" eines arbeitsgerichtlichen Verfahrens. Es handelt sich insoweit zwar um personenbezogene Daten des M. Dennoch soll das Sich-Verschaffen der Liste nach Vorstellung des Gesetzgebers nicht vom Tatbestand ausgenommen sein.

Insoweit wird in der Literatur zum Teil die Ansicht vertreten, eine Strafbarkeit scheide 56 aus, da es zumindest bei Bestehen eines Auskunftsanspruchs (zB nach Art. 15 DS-GVO) fraglich sei, ob es sich um nicht öffentlich zugängliche Daten handele.[113] Dieses Argument vermag bereits deshalb nicht überzeugen, weil § 202d Abs. 1 StGB nur allgemein zugängliche Daten ausnimmt, was bei derartigen personenbezogenen Daten nicht der Fall sein wird.[114] Der Gesetzgeber hat sich insoweit bewusst für eine grundsätzliche Kriminalisierung entschieden, wobei der subjektive Tatbestand ein geeignetes Korrektiv sein wird.[115] Darüber hinaus hat der Gesetzgeber bewusst davon Abstand genommen, bei der Bereicherungsabsicht eine Rechtswidrigkeit des angestrebten Vermögensvorteils zu verlangen.[116] Damit sollte eine Datenbeschaffung unter Umgehung der gesetzlich eingeräumten Möglichkeiten unterbunden werden.

II. Subjektiver Tatbestand

Der Tatbestand des § 202d Abs. 1 StGB erfordert vorsätzliches Handeln sowie Bereicherungs- oder Schädigungsabsicht. 57

1. Vorsatz

Der Täter muss zumindest bedingt vorsätzlich hinsichtlich sämtlicher Tatbestandsmerkmale 58 des objektiven Tatbestands gehandelt haben. Erforderlich ist Vorsatz im Zeitpunkt der Tathandlung, wobei eine nachträgliche Kenntnis hinsichtlich der inkriminierten Herkunft für Folgehandlungen von Bedeutung sein kann (zB die spätere Verbreitung).[117]

Für die Praxis von zentraler Bedeutung ist insoweit, welche Kenntnisse hinsichtlich der 59 Vortat erforderlich sind. Der Gesetzgeber hat hierzu Ausführungen gemacht:

---

[112] BT-Drs. 18/5088, 47.
[113] BeckOK StGB/Weidemann StGB § 202d Rn. 15.1; Franck RDV 2015, 180 (182).
[114] Im Ergebnis auch Schönke/Schröder/Eisele StGB § 202d Rn. 14; Berghäuser JA 2017, 244 (248).
[115] Vgl. dazu auch BeckOK StGB/Weidemann StGB § 202d Rn. 15.1; Franck RDV 2015, 180 (182); Schönke/Schröder/Eisele StGB § 202d Rn. 14.
[116] BT-Drs. 18/8055, 47.
[117] BT-Drs. 18/8055, 47; Matt/Renzikowski/Altenhain StGB § 202d Rn. 13.

*„Von seinem Vorsatz muss insbesondere der Umstand erfasst sein, dass die Daten von einem anderen durch eine rechtswidrige Tat erlangt worden sind. Wie bei der Sachhehlerei ist dafür erforderlich, dass der Täter die als möglich und nicht ganz fernliegend erkannte Tatbestandsverwirklichung billigend in Kauf nimmt oder sich um des erstrebten Zieles willen wenigstens mit ihr abfindet (...). Allein das Bewusstsein, dass die Daten aus irgendeiner rechtswidrigen Tat stammen, reicht zur Vorsatzbegründung nicht aus (...). Die **genauen Einzelheiten der Vortat, dh ihre Art**, die Umstände ihrer Begehung oder die Person des Vortäters **müssen nicht bekannt sein** [...].*"[118]

60   Der Gesetzgeber rekurriert in der Gesetzesbegründung auf Rechtsprechung und Literaturansichten zu § 259 StGB, ist jedoch hinsichtlich des Konkretisierungsgrads unklar. Zudem „hinkt" der Vergleich zu § 259 StGB. In der Praxis wird es regelmäßig weitgehend eindeutig sein, ob eine geeignete Vortat des § 259 StGB vorliegt.[119] Der Tatbestand des § 202d Abs. 1 StGB setzt allerdings die Herkunft aus einer Tat voraus, die gegen das formelle Datengeheimnis verstößt. Dies ist für den Datenhehler regelmäßig kaum erkennbar. Zwar enthält der Wortlaut des § 202d Abs. 1 StGB, anders als § 261 StGB aF, keinen abschließenden Vortatkatalog. Die Gesetzesbegründung erkennt allerdings an, dass zahlreiche Tatbestände, insbesondere zahlreiche Straftaten von Innentätern, nicht als Vortaten in Betracht kommen (→ Rn. 24 ff.). Dem muss auf Ebene des Vorsatzes dadurch Rechnung getragen werden, dass festgestellt wird, dass der Täter die **Herkunft aus einer geeigneten Vortat** erkannt und zumindest billigend in Kauf genommen hat.[120] Diesen Leitlinien ist bereits bei der Feststellung eines Anfangsverdachts und damit bei der Überprüfung der Rechtmäßigkeit von Ermittlungsmaßnahmen Rechnung zu tragen. Insoweit lassen sich die folgenden Ausführungen des Bundesverfassungsgerichts zum Anfangsverdacht der Geldwäsche auf die hiesige Fallkonstellation übertragen:

*„Eine Durchsuchung wegen des Verdachts der Geldwäsche setzt voraus, dass ein **Anfangsverdacht** nicht nur für die Geldwäschehandlung vorliegt, sondern auch für **das Herrühren des Vermögensgegenstands aus einer Katalogvortat** im Sinne von § 261 Abs. 1 Satz 2 StGB in der Fassung vom 23. Juni 2017 (im Folgenden: § 261 StGB) gegeben ist. Dass eine Vortat gerade aus dem Katalog des § 261 Abs. 1 Satz 2 StGB begangen wurde, ist nach der derzeitigen Gesetzesfassung ein wesentliches Merkmal der Strafbarkeit der Geldwäsche. Erst die Vortat versieht das Geld oder den sonstigen Gegenstand, mit dem der Geldwäschetäter umgeht, mit dem Makel, der einer neutralen, sozialtypischen Handlung wie beispielsweise einer Geldzahlung das Unwerturteil der Strafbarkeit zuweist (...). Nicht ausreichend für die Annahme eines Anfangsverdachts ist es demnach, wenn keine über bloße Vermutungen hinausgehende tatsächliche Anhaltspunkte für eine Vortat bestehen. Auch **Anhaltspunkte** für die Annahme, das betroffene Geld oder der betroffene Vermögensgegenstand rührten **aus irgendeiner Straftat** her, genügen nicht, um Strafverfolgungsmaßnahmen auszulösen [...].*"[121]

61   Erforderlich ist ferner, dass der Täter den Umstand, dass es sich nicht um öffentlich zugängliche Daten handelt, in den Vorsatz mit aufgenommen hat.[122]

2. Bereicherungs- oder Schädigungsabsicht

62   Der Täter muss ferner mit dolus directus 1. Grades hinsichtlich einer persönlichen Bereicherung, einer Drittbereicherung oder einer Schädigung gehandelt haben.[123] Hinsichtlich der **Bereicherungsabsicht** fordert der Wortlaut keine Absicht rechtswidriger Bereicherung.[124]

---

[118] BT-Drs. 18/8055, 47.
[119] Vgl. dazu Schönke/Schröder/Hecker StGB § 259 Rn. 5 ff.
[120] So auch Matt/Renzikowski/Altenhain StGB § 202d Rn. 13; Stam StV 2017, 488 (490); MüKoStGB/Graf StGB § 202d Rn. 26; Schönke/Schröder/Eisele StGB § 202d Rn. 18. Vgl. auch OLG Stuttgart v. 15.11.2018 – 2 U 30/18, GRUR 2019, 422; BVerfG v. 30.3.2022 – 1 BvR 2821/16, Rn. 22, BeckRS 2022, 13689.
[121] BVerfG v. 3.3.2021 – 2 BvR 1746/18, Rn. 57 f., BeckRS 2021, 4359.
[122] BT-Drs. 18/8055, 47.
[123] Matt/Renzikowski/Altenhain StGB § 202d Rn. 14.
[124] BT-Drs. 19/8055, 47.

Beispiel:

„Der Täter verschafft sich illegal erlangte Daten, um mit diesen im Zivilprozess zu beweisen, dass er ihm eine Forderung zusteht. Die Tatsache, dass die angestrebte Bereicherung insoweit nicht rechtswidrig ist, soll nach Willen des Gesetzgebers keine Bedeutung für den subjektiven Tatbestand haben.[125]

Dementsprechend kann sich nach § 202d Abs. 1 StGB auch derjenige strafbar machen, der einen Anspruch auf Übertragung und der Verwertung der Daten hat. Dritter im Sinne der Vorschrift kann der „andere" sein, dem die Daten verschafft oder überlassen wurden, nicht aber ein Vortatbeteiligter.[126]

Die in § 202d Abs. 1 StGB normierte **Schädigungsabsicht** erfordert keinen materiellen Schaden.[127] Darüber hinaus widerspräche es der Natur des Anschlussdelikts, wenn der Vortäter geschädigt werden soll. Insoweit setzt der objektive Tatbestand ein einverständliches Zusammenwirken voraus, was der Annahme einer Schädigungsabsicht zwar nicht zwingend entgegenstünde, eine strafrechtliche Sanktionierung nach § 202d Abs. 1 StGB jedoch nicht rechtfertigen würde.[128] Nicht erforderlich ist, dass die Tathandlung unmittelbar zu einer Schädigung führt. Ausreichend ist, wenn der Täter beabsichtigt, dass andere Personen mit den Daten den Dritten schädigen.[129] Dies kann der ursprünglich Berechtigte sein, muss es nach dem Wortlaut der Vorschrift allerdings nicht sein.[130]

Beispiel:

Der Hacker H entwendet vom Berechtigten B Daten, die eine Affäre mit der A belegen. C kauft diese Daten mit Absicht an, diese im Internet zu verbreiten, um den Ruf der A zu schädigen. Die öffentliche Bloßstellung der A ist insoweit ausreichend, auch wenn sie zu keinem Zeitpunkt über die entwendeten Daten verfügen konnte.

D. Absatz 3

Der Gesetzgeber hat in § 202d Abs. 3 S. 1 StGB eine Ausnahmeregelung getroffen und erklärt, Abs. 1 gelte nicht „*für Handlungen, die ausschließlich der Erfüllung rechtmäßiger dienstlicher oder beruflicher Pflichten dienen*".

Die Grundregel ist in S. 1 normiert. § 202d Abs. 3 S. 2 Nr. 1 und 2 StGB enthält die aus Sicht des Gesetzgebers wichtigsten Anwendungsfälle. Eine Beschränkung auf diese Fälle hat der Gesetzgeber indes nicht vorgenommen („insbesondere").

I. Rechtsnatur der Regelung des Absatz 3

Es ist im Bereich des Geheimnisschutzes nicht ungewöhnlich, dass der Gesetzgeber bei weit gefassten Tatbeständen eine Ausnahmeregelung vorsieht (vgl. zB § 5 GeschGehG, § 203 Abs. 3 StGB, § 353b Abs. 3a StGB). Dabei ist stets zu klären, ob der Gesetzgeber einen Tatbestandsausschluss oder eine Rechtfertigung intendierte. Damit geht auch eine Wertentscheidung des Gesetzgebers einher, ob er ein bestimmtes Verhalten grundsätzlich als strafwürdiges Unrecht einstuft.[131] Im vorliegenden Fall positioniert sich die Gesetzesbegründung deutlich:

---

[125] OLG Stuttgart v. 15.11.2018 – 2 U 30/18, GRUR 2019, 422.
[126] Matt/Renzikowski/Altenhain StGB § 202d Rn. 14. Vgl. dazu auch Berghäuser JA 2017, 244 (249).
[127] BT-Drs. 18/8055, 47; Matt/Renzikowski/Altenhain StGB § 202d Rn. 14. Vgl. dazu auch BVerfG v. 30.3.2022 – 1 BvR 2821/16, Rn. 23, BeckRS 2022, 13689.
[128] Matt/Renzikowski/Altenhain StGB § 202d Rn. 14.
[129] Matt/Renzikowski/Altenhain StGB § 202d Rn. 14.
[130] S. Matt/Renzikowski/Altenhain StGB § 202d Rn. 14 mit Verweis auf die Person, auf den sich die Daten beziehen.
[131] Vgl. zu einer parallelen Diskussion bei Schaffung des GeschGehG BT-Drs. 19/8300.

*„§ 202d Absatz 3 StGB sieht einen **Tatbestandsausschluss** für Handlungen vor, die ausschließlich zu dem Zwecke der Erfüllung rechtmäßiger dienstlicher oder beruflicher Pflichten dienen."*[132]

70   Mit der Einstufung als Tatbestandsausschluss und der Formulierung des § 202d Abs. 3 S. 1 StGB geht einher, dass damit nur eine Strafbarkeit wegen Datenhehlerei ausgeschlossen ist.[133] Ein verallgemeinerungsfähiger Rechtfertigungstatbestand wurde nicht geschaffen. In der Literatur wird allerdings zum Teil die Ansicht vertreten, § 202d Abs. 3 S. 1 StGB komme eine mit § 339 StGB vergleichbare Sperrwirkung zu, die jedenfalls für den Ankauf von sog. Steuer-CDs eine vollständige Straffreistellung zur Folge haben müsse.[134] Die Sperrwirkung erfasse insoweit allerdings nicht Anstiftungshandlungen zur Vortat.[135] Die Sperrwirkungsthese stützt sich auf die im Gesetzgebungsverfahren intendierte Straffreistellung für Amtsträger, die steuerlich relevante Daten von einem (möglichen) Vortäter ankaufen. Sie findet allerdings weder in der Gesetzesbegründung noch im Wortlaut der Vorschrift eine sichere Stütze.[136] Zudem zeigt gerade die Existenz des § 202d Abs. 3 S. 2 Nr. 2 StGB, dass § 202d Abs. 3 StGB keine, über den Tatbestand hinausgehende Sperrwirkung beigemessen werden kann. So hat der Gesetzgeber in der Vergangenheit die Schaffung spezieller Ausnahmeregelungen zum Schutz der Presse für notwendig erachtet (vgl. §§ 5 Nr. 1, 23 Abs. 6 GeschGehG, § 353b Abs. 3a StGB). Diesen Ansatz hat er nun in § 202d Abs. 1 S. 2 Nr. 2 StGB fortgesetzt. Eine klare Intention des Gesetzgebers, der Privilegierung der Nr. 2 eine Sperrwirkung beizumessen, ist nicht erkennbar. Da es sich bei Nr. 1 und Nr. 2 nur um Beispiele des in § 202d Abs. 3 S. 1 StGB normierten Tatbestandsausschlusses handelt, wäre es systemwidrig nur einer der Anwendungsfälle eine Sperrwirkung beizumessen. Eine Sperrwirkung ist mithin abzulehnen.[137] Selbst wenn man eine Sperrwirkung annähme, könnte diese nur Delikte betreffen, die einen vergleichbaren Unrechtsgehalt aufweisen. Eine Ausweitung auf §§ 202a- 202c StGB wäre daher auf keinen Fall gerechtfertigt.[138]

II. Sonderregelungen für Amtsträger und Beauftragte (Nr. 1)

71   Der aus Sicht des Gesetzgebers **zentrale Ausnahmetatbestand** ist in § 202d Abs. 3 S. 2 Nr. 1 StGB normiert und nimmt Handlungen von Amtsträgern oder deren Beauftragten von der Tatbestandsmäßigkeit aus, „mit denen Daten ausschließlich der Verwertung in einem Besteuerungsverfahren, einem Strafverfahren oder einem Ordnungswidrigkeitenverfahren zugeführt werden sollen". Hierbei hatte der Gesetzgeber vor allem den Ankauf sog. Steuer-CDs vor Augen.

72   Die Regelung ist aufgrund ihrer Zielsetzung wiederholt kritisiert worden. Zudem ist moniert worden, dass der Gesetzgeber – wie auch bei § 184b Abs. 5 StGB, der Pate für die Regelung stand[139] – die maßgeblichen dienstlichen Pflichten nicht definiert habe und, da ansonsten eine gesonderte materiell-rechtliche Regelung nur deklaratorisch wäre, kein absoluter Gleichlauf mit den prozessrechtlichen Vorgaben gewollt sein könne.[140] Zudem wird die Frage aufgeworfen, ob

---

[132] BT Drs. 18/8055, 48.
[133] Vgl. auch Abood, Staatlicher Ankauf steuerstrafrechtlich relevanter Daten, 2022, S. 112 f.
[134] Abood, Staatlicher Ankauf steuerstrafrechtlich relevanter Daten, 2022, S. 120 ff. Ähnliche Überlegungen auch bei Singelnstein ZIS 2016, 432 (437).
[135] Abood, Staatlicher Ankauf steuerstrafrechtlich relevanter Daten, 2022, S. 135 f.
[136] So auch hinsichtlich des Wortlauts zugestehend Abood, Staatlicher Ankauf steuerstrafrechtlich relevanter Daten, 2022, 121.
[137] NK-WSS/Reinbacher StGB § 202d Rn. 13; Leipold/Tsambikakis/Zöller/Popp StGB § 202d Rn. 5; Matt/Renzikowski/Altenhain StGB § 202d Rn. 11; Schönke/Schröder/Eisele StGB § 202d Rn. 15.
[138] Zur Möglichkeit des Wegfalls der Strafbarkeit des Vortäters nach § 5 Nr. 2 GeschGehG vgl. NK-WSS/Reinbacher StGB § 202d Rn. 13.
[139] BT-Drs. 18/8055, 48.
[140] Vgl. zur Diskussion Abood, Staatlicher Ankauf steuerstrafrechtlich relevanter Daten, 2022, 104 ff.; Singelnstein ZIS 2016, 432 (436).

das bereits in § 184b Abs. 5 StGB normierte und dort sinnvolle Ausschließlichkeitskriterium auch bei § 202d StGB eine Daseinsberechtigung habe.[141] Zudem wird darauf hingewiesen, dass aus einer Straflosigkeit nicht *per se* auf die prozessuale Zulässigkeit geschlossen werden kann.[142]

Der **Amtsträger**begriff bestimmt sich nach § 11 Abs. 1 Nr. 2 StGB.[143]

Der Begriff des **Beauftragten** ist nach Willen des Gesetzgebers restriktiv zu verstehen. So handelt es sich um eine behördenexterne Person, die im konkreten Einzelfall im (privatrechtlichen) Auftrag des Amtsträgers agieren und dezidiert mit der Beschaffung der Daten für dienstliche Zwecke beauftragt werden.[144]

Der Gesetzgeber definiert nicht, wie die dienstlichen Pflichten zu bestimmen sind. In der Literatur wird insoweit darauf abgestellt, dass für den Fall einer Beschaffung für die **Verwertung in einem Strafverfahren** vor der Tathandlung des Sich-Verschaffens ein Anfangsverdacht vorliegen muss (§ 152 Abs. 2 StPO).[145] *Abood* vertritt insoweit die Ansicht, dass als Pflicht iSd § 202d Abs. 3 S. 1, 2 Nr. 1 StGB auch eine Pflicht zu Vorermittlungen der Strafverfolgungsbehörde zu verstehen sei.[146] Problematisch ist insoweit allerdings, dass eine solches Recht oder ggf. gar eine Pflicht zur Voreremittlung vor Einleitung eines Ermittlungsverfahrens und vor Einsatz strafprozessualer Zwangsmittel mit dem Schutz des potentiellen Beschuldigten vor Stigmatisierung begründet wird.[147] Dieses Argument würde sich aber in ihr Gegenteil verkehren, wenn dies als Argument für die Zulässigkeit des Ankaufs von Bankdaten herangezogen würde. Zumeist dürfte es sich beim Ankauf von Steuerdaten auch nicht um Vorermittlungen, sondern um strafprozessual unzulässige Vorfeldermittlungen handeln.[148]

Eine Beschaffung mit dem Ziel einer **Verwertung im Besteuerungsverfahren** wird nach der Literatur für zulässig angesehen, wenn die Voraussetzungen des § 208 Abs. 1 S. 1 Nr. 3 AO erfüllt sind.[149]

Ein Ankauf der Daten **zum Zwecke der Gefahrenabwehr** ist von § 202d Abs. 3 S. 2 Nr. 1 StGB nicht erfasst. Sofern der Ankauf der Daten aber der Erfüllung rechtmäßiger dienstlicher Pflichten im Bereich der Gefahrenabwehr dient, dürfte dies ebenfalls eine Straflosigkeit zur Folge haben.[150]

III. Sonderregelungen bei journalistischer Tätigkeit (Nr. 2)

Im Laufe des mehrjährigen Gesetzgebungsprozesses ist in der finalen Fassung des § 202d Abs. 3 StGB auch eine gesonderte Regelung zum Schutz der journalistischen Tätigkeit aufgenommen worden. Die Regelung schützt die Entgegennahme, Auswertung und Veröffentlichung von Daten durch berufliche Handlungen der in § 53 Abs. 1 S. 1 Nr. 5 StPO genannten Personen. Auch hier muss es sich um Handlungen in Erfüllung einer rechtmäßigen beruflichen Pflicht handeln.

In der Gesetzesbegründung wird klargestellt, dass die berufliche „Pflicht" auch dann bejaht werden kann, wenn die handelnde Person eine **freie Entscheidung des Journalisten,** also kein Tätigwerden im Auftrag, ist.[151] Dementsprechend werden nicht nur angestellte Redakteure, sondern auch freie Journalisten und Pauschalisten von der Regelung

---

[141] Singelnstein ZIS 2016, 432 (436); vgl. auch Abood, Staatlicher Ankauf steuerstrafrechtlich relevanter Daten, 2022, 104.
[142] Matt/Renzikowski/Altenhain StGB § 202d Rn. 11, Stam StV 2017, 488 (490).
[143] BT-Drs. 18/8055, 48.
[144] BT-Drs. 18/8055, 48. Vgl. auch Berghäuser JA 2017, 244 (250).
[145] Abood, Staatlicher Ankauf steuerstrafrechtlich relevanter Daten, 2022, S. 106 ff.; NK-StGB/Kargl § 202d Rn. 14; MüKoStGB/Graf § 202d Rn. 30.
[146] Abood, Staatlicher Ankauf steuerstrafrechtlich relevanter Daten, 2022, S. 107 f.
[147] Meyer-Goßner/Schmitt StGB § 152 Rn. 4b.
[148] Vgl. dazu auch Meyer-Goßner/Schmitt StGB § 152 Rn. 4b mwN.
[149] Abood, Staatlicher Ankauf steuerstrafrechtlich relevanter Daten, 2022, 108 f.; NK-StGB/Kargl § 202d Rn. 14.
[150] NK-StGB/Kargl § 202d Rn. 14; MüKoStGB/Graf § 202d Rn. 30.
[151] BT-Drs. 18/8055, 48.

umfasst. Bedauerlich ist insoweit, dass dies im Gesetzestext nicht deutlicher hervortritt. Für Unklarheiten hinsichtlich des Anwendungsbereichs hat auch die Feststellung in der Gesetzesbegründung gesorgt, dass „insbesondere auch journalistische Tätigkeiten in Vorbereitung einer konkreten Veröffentlichung umfasst" sein sollen.[152] Zu Recht ist in der Literatur angemerkt worden, dass im Zeitpunkt der Entgegennahme von sog. Leaks regelmäßig noch unklar ist, ob insofern eine Veröffentlichung angezeigt ist. Vielmehr gehört es zur Kernaufgabe des Journalismus, selbstbestimmt über die Frage des „Ob" und des „Wie" einer Veröffentlichung entscheiden zu können. Richtigerweise ist daher – und mit Blick auf Art. 5 Abs. 1 S. 1, 2 GG – eine Entgegennahme auch dann von § 202d Abs. 3 S. 2 Nr. 2 StGB erfasst, wenn im Handlungszeitpunkt noch keine Entscheidung hinsichtlich einer Veröffentlichung getroffen wurde.[153]

80 Es wird in der Literatur zudem diskutiert, welche Personen in den Anwendungsbereich des § 202d Abs. 3 S. 2 Nr. 2 StGB bzw. § 53 Abs. 1 S. 1 Nr. 5 StPO fallen. Insbesondere stellt sich die Frage, wann eine Person „berufsmäßig" mitwirkt. Diese Frage stellt sich insbesondere bei „moderneren" Kommunikationsformen, wie zB Bloggern, Podcastern, Influencern, etc. Diese bereits bei § 53 StPO diskutierte Frage, ist im Rahmen des § 202d Abs. 3 StGB besonders virulent, da der Tatbestand nicht nur ein Tätigwerden der geschützten Person fordert, sondern eine „berufliche Pflicht" fordert, deren Konturen bei Bloggern, etc. unklar sind.[154]

IV. Weitere Berufsgruppen

81 Der Gesetzgeber hat sich zu anderen beruflichen Gruppen iSd des § 202d Abs. 3 S. 1 StGB nicht ausdrücklich geäußert. Die Tatsache, dass der Gesetzgeber die in § 202d Abs. 3 S. 2 Nr. 1 und Nr. 2 StGB genannten Berufsgruppen nur als Beispiel anführt und zugleich auf § 184b Abs. 5 StGB Bezug nimmt,[155] zeigt indes, dass die von der Rechtsprechung zu § 184b Abs. 5 StGB „anerkannten" Berufsgruppen in den Anwendungsbereich der Vorschrift fallen. Dementsprechend können insbesondere auch **Rechtsanwälte, Steuerberater oder Wirtschaftsprüfer** sich dem Grunde nach auf § 202d Abs. 3 S. 1 StGB berufen. Für den Rechtsanwender ist insoweit problematisch, dass es an klaren gesetzlichen bzw. satzungsmäßigen Regelungen für die Entgegennahme von Informationen und Daten (möglicherweise) deliktischen Ursprungs fehlt. Die zu § 184b Abs. 5 StGB ergangene Rechtsprechung behandelt ebenfalls nur ausgewählte Fallkonstellationen. Es besteht daher in der Praxis – die Verwirklichung des § 202d Abs. 1 StGB vorausgesetzt – ein **Risiko der (unberechtigten) Strafverfolgung.**

82 Grundsätzlich lassen sich drei Phasen unterscheiden: Die Entgegennahme von Daten, die Auswertung und die Weitergabe, zB an eine Behörde oder ein Gericht. Diese drei Phasen lassen sich allerdings inhaltlich nicht vollständig trennen, da eine Entgegennahme inkriminierter Daten regelmäßig nur dann in Betracht kommen dürfte, wenn diese durch den Berufsträger auch ausgewertet und ggfs. weitergegeben werden können. Auch wenn die Auswertung der Daten selbst nicht dem Tatbestand des § 202d Abs. 1 StGB unterfällt, kann die Frage, ob diese eine berufliche „Pflicht" iSd § 202d Abs. 3 S. 1 StGB darstellt, daher von Bedeutung sein.
Hinsichtlich der **Auswertung** von Daten hat sich die Rechtsprechung zu § 184b Abs. 5 StGB teilweise positioniert. Diese hat betont, dass der Strafverteidiger kinderpornographische Schriften

---

[152] BT-Drs. 18/8055, 48. Vgl. dazu auch NK-WSS/Reinbacher StGB § 202d Rn. 15 mwN.
[153] So auch Stam StV 2017, 488 (491). Vgl. dazu auch BVerfG v. 30.3.2022 – 1 BvR 2821/16, Rn. 24f., BeckRS 2022, 13689.
[154] Für ein weites Verständnis s. Stam StV 2017, 488 (491); Schönke/Schröder/Eisele StGB § 202d Rn. 17; BeckOK StGB/Weidemann StGB § 202d Rn. 20.1; NK-WSS/Reinbacher StGB § 202d Rn. 15; Matt/Renzikowski/Altenhain StGB § 202d Rn. 12; Neuhöfer jurisPR-Compl. 4/2015, Anm. 6; Berghäuser JA 2017, 244 (250); Roßnagel NJW 2016, 533 (537); Michaelis MMR 2020, 586 (590); Rennicke wistra 2020, 135 (138).
[155] BT-Drs. 19/8055, 48.

besitzen und auswerten darf. Dies sei **zu Verteidigungszwecken** erforderlich.[156] Nichts anderes kann für Daten iSd § 202d Abs. 1 StGB gelten. So wird die Verteidigung sich regelmäßig ein Bild davon machen müssen, ob die Daten tatsächlich dem Tatbestand des § 202d Abs. 1 StGB unterfallen (zB Indizien für die Herkunft, Prüfung der allgemeinen Zugänglichkeit). Darüber hinaus wird die Verteidigung zu prüfen haben, ob ggfs. weitere Tatbestände durch den Mandanten verwirklicht wurden (zB § 42 BDSG, § 23 GeschGehG). Selbst wenn der Strafverteidiger von dem Mandanten – oder einem (unbekannten) Dritten – (möglicherweise) inkriminierte Daten erlangt, wird eine effektive Verteidigung es gebieten, den Beweiswert der Daten zu überprüfen. Liefern die Daten beispielsweise einen Beleg der Unschuld hinsichtlich eines schwerwiegenderen Delikts, kann die Offenlegung einer etwaigen Vortat (zB nach § 202a StGB) im Interesse des Mandanten geboten sein.

Eine Auswertung kann richtigerweise auch für einen **zivilrechtlich beratenden Anwalt** geboten sein. Das OLG Stuttgart vertritt die – allerdings nicht weiter begründete – Auffassung, die mit einer Internal Investigation beauftragte WP-Gesellschaft hätte im Falle des Erhalts der Daten diese ungesichtet an die Staatsanwaltschaft weiterleiten müssen.[157] Woraus das OLG eine solche angebliche berufliche Pflicht ableitet, ist unklar. Diese Ansicht ist angesichts grundsätzlich fehlender Anzeige- und bestehender Geheimhaltungspflichten auch nicht überzeugend. Ferner ist es gerade die Pflicht der mit der Sachverhaltsaufklärung beauftragten WP-Gesellschaft – und gleiches gilt auch für einen beauftragten Rechtsanwalt (dazu sogleich) – die Daten auf ihre Mandatsrelevanz hin zu überprüfen. Es wäre ein Fehlschluss, aus der Existenz des § 202d Abs. 1 StGB auf eine Berufspflichtwidrigkeit zu schließen. So muss die Rechtswidrigkeit der Herkunft der Daten bei der Bestimmung des beruflichen Rechte- und Pflichtenprogramms gerade außen vor bleiben. Maßgeblich für die Bestimmung der Pflicht ist, ob diese ein Sich-Verschaffen oder die Weitergabe erlaubt bzw. gebietet. Das gesetzlich oder satzungsmäßig normierte Pflichtenprogramm für Amtsträger, Journalisten oder eben auch Rechtsanwälte und Wirtschaftsprüfer kennt keine Spezialvorschriften für den Umgang mit strafrechtlich inkriminierten Daten. Sinn und Zweck der Vorschrift des § 202d Abs. 3 StGB ist es vielmehr, der bestehenden Berufspflicht *trotz der Rechtswidrigkeit* der Herkunft den Vorrang einzuräumen. Rechtsanwälten sind als Organen der Rechtspflege (§ 1 BRAO) Rechte eingeräumt und Pflichten auferlegt. Hierzu gehört neben der Pflicht zur rechtlichen Beratung auch die **Pflicht zur Aufklärung des beratungsrelevanten Sachverhalts**.[158] In komplexen Sachverhalten ist es zudem geboten, dass sich der Rechtsanwalt nicht nur auf die mündlichen Informationen des Mandanten verlässt, sondern dass er von diesem Unterlagen und schriftliche Angaben verlangt.[159] Ferner ist der Rechtsanwalt verpflichtet etwaige Beweise zu sichern bzw. beweisrelevante Feststellungen frühzeitig vorzunehmen.[160] Die Tatsache, dass die Verwendung der Daten im Zivilprozess das Risiko einer Strafverfolgung des Mandanten begründen können, ist kein Hindernis. So ist es gerade die Aufgabe des Rechtsanwalts, den Mandanten über etwaige Risiken aufzuklären[161] und dadurch dem Mandanten eine eigenverantwortliche, sachgerechte Weichenstellung in seiner Rechtsangelegenheit zu ermöglichen.[162] Dieser kann ein Strafbarkeitsrisiko bewusst eingehen, wenn er sich von der Verwendung als Beweismittel Vorteile verspricht.[163]

---

[156] BGH v. 19.3.2014 – 2 StR 445/13, NStZ 2014, 514; OLG Frankfurt a. M. v. 2.11.2012 – 2 Ws 114/12, NJW 2013, 1107.
[157] OLG Stuttgart v. 15.11.2018 – 2 U 30/18, GRUR 2019, 422.
[158] BGH v. 2.4.1998 – IX ZR 107/97, NJW 1998, 2048; BGH v. 29.3.1983 – VI ZR 172/81, NJW 1983, 1665.
[159] Vgl. BGH v. 15.10.2009 – IX ZR 232/08, NJOZ 2010, 234; BGH v. 20.6.1996 – IX ZR 106/95.
[160] Vgl. BGH v. 8.7.1993 – IX ZR 242/92, NJW 1993, 2676.
[161] Vgl. BGH v. 21.6.2018 – IX ZR 80/17 mit Verweis auf Hinweispflichten über das bestehende Beratungsmandat hinaus.
[162] BGH v. 13.3.2008 – IX ZR 136/07, NJW-RR 2008, 1235; BGH v. 19.1.2006 – IX ZR 232/01, NJW-RR 2006, 923.
[163] Die Frage der Verwertbarkeit offen gelassen bei OLG Stuttgart v. 15.11.2018 – 2 U 30/18, GRUR 2019, 422. S. zB LAG Köln v. 19.7.2019 – 9 TaBV 125/18, Rn. 53 ff.

Besteht für den Rechtsanwalt eine berufliche Pflicht zur Auswertung übergebener Unterlagen sowie eine Pflicht, den Mandanten um Übergabe bewertungsrelevanter Unterlagen zu ersuchen, folgt hieraus zwar kein Recht, den Mandanten zur Begehung von Straftaten anzustiften. Verfügt der Mandant oder ein Dritter indes bereits über inkriminierte Daten, die für die Bewertung der mandatsrelevanten Rechtsfragen von Bedeutung sein können, muss aus dem oben Gesagten auch eine berufliche Pflicht iSd § 202d Abs. 3 S. 1 StGB folgen, diese Daten zu Auswertungszwecken anzufordern und sich so **zu verschaffen.**

Inwieweit diese Daten im Anschluss an die anwaltliche Auswertung **an Dritte weitergegeben** werden dürfen, ist eine Einzelfallfrage. Die Rechtsprechung zu § 184d Abs. 5 StGB verfolgt im Hinblick auf die Weitergabe von kinderpornographischen Schriften eine restriktive Linie.[164] Diese dürfte allerdings den Besonderheiten des Delikts geschuldet sein. Im Hinblick auf § 202d Abs. 3 S. 1 StGB sind vielmehr folgende Wertungen des Gesetzgebers zu berücksichtigen: Bei einer Übermittlung an den ursprünglichen Verfügungsberechtigten (zB im Rahmen eines außergerichtlichen Anwaltsschreibens) ist bereits unklar, ob der Tatbestand erfüllt ist (→ Rn. 51 ff.). Eine Weitergabe der Daten an die gegnerische Partei wird zudem regelmäßig den Kern des anwaltlichen Beratungsmandats betreffen, so dass es sich bei einer derartigen Nutzung um einen Fall des § 202d Abs. 3 S. 1 StGB handeln dürfte. Gleiches muss auch für die Übermittlung der Daten als Beweis an das mit dem Verfahren befasste Zivilgericht gelten. Zwar soll der Tatbestandsausschluss nicht jedweden Austausch von Daten zwischen privilegierten Personen erfassen.[165] Doch auch hier dürfte eine berufliche Pflicht zu bejahen sein, Beweismittel vorzulegen, die für das Verfahren relevant und zumindest nicht evident unverwertbar sind. Gleiches gilt erst recht für den Strafverteidiger, der regelmäßig gehalten ist, entlastende Beweise an die Staatsanwaltschaft bzw. das Strafgericht zu übermitteln.

83 In der anwaltlichen Praxis wird zu berücksichtigen sein, dass es an klaren gesetzlichen Regelungen fehlt und dass die insoweit einzige veröffentlichte Entscheidung, den Berufspflichten von (rechts-)beratenden Berufen wenig Bedeutung beigemessen hat. Die gebietet faktisch eine Abwägung der Risiken im konkreten Fall.

84 **Praxistipp:**
Bei der Abwägung der Risiken für Mandant und Berater sind folgende Punkte in den Blick zu nehmen:
- Strafrechtliche Risiken für den Mandanten durch die Weitergabe und Nutzung von Daten
- Strafrechtliche Risiken für die Berufsgeheimnisträger durch Entgegennahme, Auswertung und Vorlage von Daten
- Strafprozessuale Risiken bei Verdacht einer Verstrickung in Straftaten (§ 97 Abs. 2 S. 2 StPO)
- Strafprozessuale Risiken bei Verdacht der Überführung von Beweismitteln in den Gewahrsam von Berufsgeheimnisträger.

Daher empfiehlt sich regelmäßig:
- (Mündliche) Vorprüfung hinsichtlich Art und Herkunft von Daten
- Rechtliche Prüfung (Datendelikte, Datenschutzdelikte, Geheimnisschutzdelikte)
- Prüfung alternativer Quellen (zB Akteneinsicht) oder alternativer Beschaffungsmöglichkeiten hinsichtlich der Daten durch Einbindung des Staates (zB Anregung von Durchsuchungen, Herausgabeverlangen, etc) oder auf dem Zivilrechtsweg (zB Art. 15 Abs. 3 DS-GVO, vertragliche oder deliktische Auskunftsansprüche)
- Strategische Entscheidung hinsichtlich des „Ob" der Datenentgegennahme

---

[164] BGH v. 19.3.2014 – 2 StR 445/13, NStZ 2014, 514, OLG Frankfurt a. M. v. 2.11.2012 – 2 Ws 114/12, NJW 2013, 1107 mit krit. Anm. König.
[165] OLG Frankfurt a. M. v. 2.11.2012 – 2 Ws 114/12, NJW 2013, 1107.

- Strategische Entscheidung hinsichtlich des „Wie" der Datenentgegennahme
- Dokumentation der beruflichen Notwendigkeit für Datenverarbeitung (für den Fall der Übertragung)

E. Rechtswidrigkeit und Schuld

Bei der Rechtswidrigkeit und Schuld gelten hinsichtlich § 202d Abs. 1 StGB keine Besonderheiten. Eine Tatbegehung aufgrund eines reellen oder vermeintlichen Beweisnotstands wird aufgrund restriktiver Vorgaben allerdings nur in Ausnahmefällen in Betracht kommen.[166] So hat das OLG Stuttgart betont, dass die Rechtsordnung zur Abwendung bestimmter Gefahren ein rechtlich geordnetes Verfahren vorsieht und es dem Betroffenen daher grundsätzlich verwehrt sei, außerhalb dieses Verfahrens Rechtsgüter Dritter in Anspruch zu nehmen.[167]

85

F. Sonstiges

Der Tatbestand des § 202d StGB sieht **keine Versuchsstrafbarkeit** vor.

86

Es handelt sich bei § 202d Abs. 1 StGB um ein **relatives Antragsdelikt** (§ 205 Abs. 1 S. 2 StGB). Dementsprechend hat der ursprünglich Verfügungsberechtigte an den Daten im Regelfall binnen drei Monaten ab Kenntnis von Tat und Täter Strafantrag zu stellen (§ 77b Abs. 1 S. 1 StGB[168]).

87

Die RiStBV sieht für den Tatbestand des § 202d StGB keine spezielle Regelung vor, wie das **besondere öffentliche Interesse** zu bestimmen ist (vgl. zu ähnlichen Fallkonstellation Nr. 260a, 261a RiStBV). Es bestehen daher Unsicherheiten, ob und in welchen Fällen die Staatsanwaltschaft dieses bejahen wird. Es bedarf daher regelmäßig eines fristgemäßen Strafantrags, wenn der Anzeigeerstatter strafrechtliche Ermittlungen forcieren möchte.

88

Die Struktur des § 202d Abs. 1 StGB bringt es zudem mit sich, dass die Person, auf die sich die Daten beziehen, nur dann antragsberechtigt ist, wenn er zugleich auch der ursprüngliche Verfügungsberechtigte hinsichtlich der Daten war.[169] Sofern unklar ist, woher die Daten stammen, sollte aus anwaltlicher Vorsicht dennoch Strafantrag gestellt werden und betont werden, dass bei der Bestimmung des öffentlichen Interesses auch der Schutz des **datenschutzrechtlich Geschädigten** angemessen gewürdigt werden muss.

Der Tatbestand des § 202d Abs. 1 StGB sieht keine Mindeststrafe und eine **Höchststrafe von drei Jahren** vor, wobei in Absatz 2 eine Begrenzung auf das Höchstmaß der Strafandrohung hinsichtlich der Vortat vorgesehen ist.[170] Der Gesetzgeber hatte insoweit die Vortat des § 202b StGB im Blick.[171] Die **Verjährungsfrist** beträgt nach § 78 Abs. 3 Nr. 4 StGB **fünf Jahre**. Aufgrund der Anpassung der Strafandrohung bei § 202c Abs. 1 StGB dürften sämtliche Vortaten ebenfalls eine Höchststrafe vorsehen, die ein Jahr überschreiten, so dass offen bleiben kann, ob § 202d Abs. 2 StGB Auswirkungen auf die Verjährungsfrist hat.

89

---

[166] Vgl. dazu ausführlich MüKoStGB/Erb § 34 Rn. 258 ff. mwN.
[167] OLG Stuttgart v. 15.11.2018 – 2 U 30/18, GRUR 2019, 422.
[168] Zur Anwendbarkeit auf relative Antragsdelikte s. MüKoStGB/Mitsch § 77b Rn. 7.
[169] NK-WSS/Reinbacher StGB § 202d Rn. 24.
[170] Krit. Stam StV 2017, 488 (491 f.).
[171] BT-Drs. 18/8055, 48.

90 **Konkurrenzen:** Tateinheit kann mit § 259 Abs. 1 StGB vorliegen, wenn ein physischer Datenträger „gehehlt" wird.[172] Zudem kann bei besonderen Kategorien von Daten eine Tateinheit mit § 23 GeschGehG, § 42 BDSG oder § 202c StGB vorliegen.[173] Zudem ist eine tatmehrheitlich begangene Beteiligung – nicht aber Mittäterschaft – an der Vortat möglich.[174]

---

[172] NK-WSS/Reinbacher StGB § 202d Rn. 23; Matt/Renzikowski/Altenhain StGB § 202d Rn. 16.
[173] NK-WSS/Reinbacher StGB § 202d Rn. 23.
[174] NK-WSS/Reinbacher StGB § 202d Rn. 23; vgl. auch Schönke/Schröder/Eisele StGB § 202d Rn. 9. Für eine Möglichkeit der natürlichen Handlungseinheit s. MüKoStGB/Graf § 202d Rn. 46.

§ 15 Verletzung von Privatgeheimnissen (§ 203 StGB)

Übersicht

	Rn.
A. Überblick	1
I. Entstehungsgeschichte	1
II. Rechtsgut	5
B. Objektiver Tatbestand	7
I. Tatobjekt	7
1. Fremdes Geheimnis	7
2. Einzelangaben nach Abs. 2 S. 2	16
3. Anvertraut oder sonst bekanntgeworden	17
II. Täterkreis	21
1. Personengruppen des Abs. 1	21
2. Personengruppen des Abs. 2	28
3. Personengruppen des Abs. 4	35
III. Tathandlung	39
1. Kenntnisnahme oder Kenntnisnahmemöglichkeit	40
2. Offenbaren anonymisierter und pseudonymisierter Daten; Vergleich zur datenschutzrechtlichen Diskussion	46
IV. Tatbestandsausschluss nach Abs. 3	62
V. Tod des Geheimnisgeschützten nach Abs. 5	66
C. Subjektiver Tatbestand und Irrtum	69
D. Rechtswidrigkeit	73
I. Unbefugt	73
1. Das Merkmal „unbefugt" in der strafrechtlichen Systematik	74
2. Das Merkmal „unbefugt" und das Verhältnis zum Datenschutzrecht	77
a) Verhältnis von § 203 StGB und DS-GVO	78
b) Verhältnis von § 203 StGB und BDSG	79
3. Datenschutzrechtliche Spezialbereiche im Verhältnis zu § 203 StGB	88
a) Allgemeine Anforderungen gesetzlicher Befugnisregeln	88
b) Auftragsverarbeitungsvereinbarung (Art. 28 DS-GVO) als Befugnisregelung	90
c) Gesetzliche Grundlagen der allgemeinen Datenschutzgesetze als Befugnisregelung	94
d) Befugnisregelungen der bereichsspezifischen Datenschutzgesetze	96
II. Einwilligung	97
III. Mutmaßliche Einwilligung	103
IV. Sonstige gesetzliche Offenbarungspflichten und -befugnisse	104
E. Täterschaft und Teilnahme	106
F. Versuch und Vollendung	107
G. Qualifikation des Abs. 6	108
H. Rechtsfolgen, Verjährung, Strafantrag	110

Literatur:

Achenbach, Transfer pseudonymisierter Daten aus klinischen Studien im Rahmen von Transaktionen pharmazeutischer Unternehmen im Anwendungsbereich der DSGV, PharmR 2020, 9; *Beyerle,* Rechtsfragen medizinischer Qualitätskontrolle, 2004; *Bierekoven,* Anmerkung zu BGH, Urteil vom 16.5.2017 – VI ZR 135/13, Dynamische IP-Adresse als personenbezogenes Datum, NJW 2017, 2416; *Bock/Maier/Möller et al.,* Münchener Empfehlung zur Wahrung der ärztlichen Schweigepflicht, MedR 1992, 207; *Brockhaus,* Das Geschäftsgeheimnisgesetz – Zur Frage der Strafbarkeit von Hinweisgebern unter Berücksichtigung der Whistleblowing-Richtlinie, ZIS 2020, 102; *Cornelius,* Cloud Computing für Berufsgeheimnisträger, StV 2016, 380; *Cornelius,* Die Bereitstellung humaner Alt-Bioproben durch eine Biobank zu Zwecken der medizinischen Genomforschung, MedR 2017, 15; *Dochow,* Gesundheitsdatenschutz gemäß der EU-Datenschutzgrundverordnung, GesR 2016, 401; *Dochow,* Grundlagen und normativer Rahmen der Telematik im Gesundheitswesen, 2017; *Dochow,* Unterscheidung und Verhältnis von Gesundheitsdatenschutz und ärztlicher Schweigepflicht (Teil 1), MedR 2019, 279; *Dochow,* Unterscheidung und Verhältnis von Gesundheitsdatenschutz und ärztlicher Schweigepflicht (Teil 2), MedR 2019, 363; *Ehmann,* Externe Dienstleister und ärztliche Schweigepflicht – so wird es nichts werden!, ZD 2017, 201; *Eichelbrönner,* Die Grenzen der Schweigepflicht des Arztes und seiner berufsmäßig tätigen Gehilfen nach § 203 StGB im Hinblick auf Verhütung und Aufklärung von Straftaten, 2001; *Ernst,* Rechtsfragen der Systemmedizin., 2020; *Fischer/Uthoff,* Das Recht der formularmäßigen Einwilligung des Privatpatienten bei externer Abrechnung, MedR 1996, 115; *Freund,* Verurteilung und Freispruch bei Verletzung der Schweigepflicht eines Zeugen. Ein Beitrag zur Lehre von den Beweiserhebungs- und Beweisverwertungsverboten, GA 1993, 49; *Geppert,* Die ärztliche Schweigepflicht im Strafvollzug, 1983; *Geppert,* Rechtliche Überlegungen zur Fahreignung bei neurologischen und neuropsychologischen Erkrankungen – Zur ärztlichen Schweigepflicht und Verkehrssicherheit, FS Gössel, 2002, 303; *Giesen,* Zum Begriff des Offenbarens nach § 203 StGB im Falle der Einschaltung privatärztlicher Verrechnungsstellen, NStZ 2012, 122; *Götze,* Durchbrechung der ärztlichen und psychotherapeutischen Schweigepflicht bei in sicherheitsrelevanten Berufen tätigen Personen, 2019; *Grimm,* Deutsches Wörterbuch, Bd. 13, 1999; *Grünwald,* Zu den besonderen persönlichen Merkmalen (§ 28 StGB), GS Armin Kaufmann, 1989, 555; *Härting,* Auftragsverarbeitung nach der DSGVO, ITRB 2016, 137; *Haffke,* Schweigepflicht, Verfahrensrevision und Beweisverbot, GA 1973, 65; *Hanack,* Anmerkung zu BGH, Urteil vom 20.2.1985 – 2 StR 561/84, JR 1986, 33; *Hartung,* Datenschutz und Verschwiegenheit bei Auslagerungen durch Versicherungsunternehmen, VersR 2012, 400; *Heghmanns/Niehaus,* Outsourcing im Versicherungswesen und der Gehilfenbegriff des § 203 III 2 StGB, NStZ 2008, 57; *Hilgendorf,* Strafbarkeitsrisiken nach § 203 StGB bei Offenbarungsketten im Kontext des IT-Outsourcing, FS Tiedemann, 2008, 1125; *Jülicher,* Medizininformationsrecht, 2018; *Kamps,* Der Verkauf der Patientenkartei und die ärztliche Schweigepflicht, NJW 1992, 1545; *Karaalp,* Der Schutz von Patientendaten für die medizinische Forschung in Krankenhäusern, 2017; *Kargl,* Die Verletzung von Mandatsgeheimnissen bei der Mitwirkung Dritter, StV 2017, 482; *Kern,* Der postmortale Geheimnisschutz, MedR 2006, 205; *Kilian,* Rechtsfragen der medizinischen Forschung mit Patientendaten, 1983; *Kilian,* Medizinische Forschung und Datenschutzrecht – Stand und Entwicklung in der Bundesrepublik Deutschland und in der Europäischen Union, NJW 1998, 787; *Kollhosser,* Medizinforschung und Datenschutz – Eine Fallstudie, FS Henckel, 1995, 463; *Koós/Englisch,* Eine „neue" Auftragsdatenverarbeitung?, ZD 2014, 276; *Kort,* Strafbarkeitsrisiken des Datenschutzbeauftragten nach § 203 StGB beim IT-Outsourcing, insbesondere in datenschutzrechtlich „sichere" Drittstaaten, NStZ 2011, 193; *Kroschwald/Wicker,* Kanzleien und Praxen in der Cloud – Strafbarkeit nach § 203 StGB, CR 2012, 758; *Kudlich/Roy,* Die Zeugnisverweigerungsrechte der StPO, JA 2003, 565; v. *Lewinski,* Geschichte des Datenschutzrechts von 1600 bis 1977, in: Arndt/Betz/Farahat et al., Freiheit-Sicherheit-Öffentlichkeit 2008, 196; *Michalowski,* Schutz der Vertraulichkeit strafrechtlich relevanter Patienteninformationen, ZStW 1997, 519; *Pahlen-Brandt,* Datenschutz braucht scharfe Instrumente Beitrag zur Diskussion um „personenbezogene Daten", DuD 2008, 34; *Pahlen-Brandt,* Zur Personenbezogenheit von IP-Adressen, K&R 2008, 288; *Ratzel/Luxenburger,* Handbuch Medizinrecht, 4. Auflage 2021; *Römermann,* Praxisverkauf und Praxisbewertung bei Freiberuflern – ein (scheinbar) unlösbares Problem, NJW 2012, 1694; *Rogall,* Anmerkung zu OLG Köln, Beschluss vom 30.11.1982 – 3 Zs 126/82, Offenbaren von Drittgeheimnissen durch Amtsträger, NStZ 1983, 412; *Rogall,* Die Verletzung von Privatgeheimnissen (§ 203 StGB) – Aktuelle Probleme und ungelöste Fragen, NStZ 1983, 1; *Roßnagel/Scholz,* Datenschutz durch Anonymität und Pseudonymität – Rechtsfolgen der Verwendung anonymer und pseudonymer Daten, MMR 2000, 721; *Sassenberg/Bamberg,* Steuerberatung, EDV und Verschwiegenheit, DStR 2006, 2052; *Schaffland,* Datenschutz und Bankgeheimnis bei Fusion – (k)ein Thema?, NJW 2002, 1539; *Schmitz,* Verletzung von (Privat-) Geheimnissen, JA 1996, 772; *Schmitz/v. Dall'Armi,* Auftragsdatenverarbeitung in der DS-GVO – das Ende der Privilegierung?, ZD 2016, 427; *Schneider,* Sekundärnutzung klinischer Daten – Rechtliche Rahmenbedingungen, 2015; *Schumann,* Prozessuale Verteidigung durch Geheimnisverrat, 2016; *Schuster/Müller,* „Arztpraxen in der Cloud – Verbleibende und neue Haftungsrisiken nach Inkrafttreten von § 203 Abs. 3 S. 2, Abs. 4 StGB n.F. und der DSGVO", medstra 2018, 323; *Sieber,* Der strafrechtliche Schutz des Arzt- und Patientengeheimnisses unter den Bedingungen der modernen Informationstechnik, FS Eser, 2005, 1155; *Spitz/Cornelius,* Personenbezogene Daten im Kontext biomedizinischer Sekundärforschungsnutzung , in: Richter/Loh/Buyx/Graf von Kielmansegg (Hrsg.), Datenreiche Medizin und das Problem der Einwilligung, Ethische, rechtliche und sozialwissenschaftliche Perspektiven, 2022, 499; *Timm,* Grenzen der ärztlichen Schweigepflicht, 1988; *Tinnefeld,* Freiheit der Forschung und europäischer Datenschutz, in: Hamm/Möller, Datenschutz und Forschung, 1999, 78; *Tribess/Spitz,* Datenschutz im M&A Prozess, GWR 2019, 261; *Weitz,* Nutzung menschlicher Körpersubstanzen, 2008; *Wengert/Widmann/Wengert,* Bankenfusionen und Datenschutz, NJW 2000, 1289; *Wichmann,* Das Berufsgeheimnis als Grenze des Zeugenbeweises, 2000; *Wolters,* Datenschutz und medizinische Forschungsfreiheit, 1988.

A. Überblick

I. Entstehungsgeschichte

1 Die Vorschrift des § 203 StGB wurde mit Wirkung zum 1.1.1975 durch das EGStGB vom 2.2.1974 eingefügt (BGBl. 1974 I 469 (487)).[1] Die Anforderungen an einen effektiven Geheimnisschutz entwickelten sich historisch zunächst aus Schweigepflichten für Anwälte

---

[1] BeckOK StGB/Weidemann StGB § 203 StGB Rn. 1.

und ab dem 17. Jahrhundert auch für Ärzte in verschiedenen Gesetzen.[2] Sie haben daher ihren Ursprung im Berufsbild der anwaltlichen und der medizinischen Tätigkeit.

Im Preußischen StGB wurde der Tatbestand noch den Ehrverletzungsdelikten zugeordnet. Mit der Einführung und Zusammenfassung der Vorschriften zum Geheimnisschutz in das StGB wurde der Täterkreis ausgedehnt.[3] Ein einheitliches System bezüglich der verschiedenen zur Geheimniswahrung verpflichteten Berufsgruppen zum Schutz der sensiblen Daten bestand zuvor noch nicht.[4]

Nachdem der Tatbestand des § 203 StGB zunächst in Abs. 2a auf den Beauftragten für Datenschutz (seit BGBl. 2019 I 1626 (1663) „Datenschutzbeauftragter") (BGBl. 2006 I 1970 (1971)), befindet sich diese Regelung seit dem Gesetz zur Neuregelung des Schutzes von Geheimnissen bei der Mitwirkung Dritter an der Berufsausübung schweigepflichtiger Personen (BGBl. 2017 I 3618) in Abs. 4. Mit dieser Gesetzesänderung wurde zugleich durch Einführung von Abs. 3 die frühere Diskussion hinfällig, ob gegenüber externen Personen, die den Berufsgeheimnisträger unterstützen (wie etwa bei der Einrichtung informationstechnischer Anlagen)[5], ein Offenbaren im Sinne der Norm vorliegt, wenn der Berufsgeheimnisträger Informationen an die Externen weitergibt.[6] Ergänzend wurde in Abs. 4 S. 2 Nr. 1 eine Kontrollpflicht des Täterkreises nach Abs. 1 und 2 aufgenommen.

PKS: Die Fallzahlen und die hohe Aufklärungsquote bewegen sich auf einem konstanten Niveau. Die Fallzahlen sind – nach einem stärkeren Anstieg im Jahr 2021 – im Jahr 2022 auf das tiefste Niveau seit dem Jahr 2017 gefallen:[7]

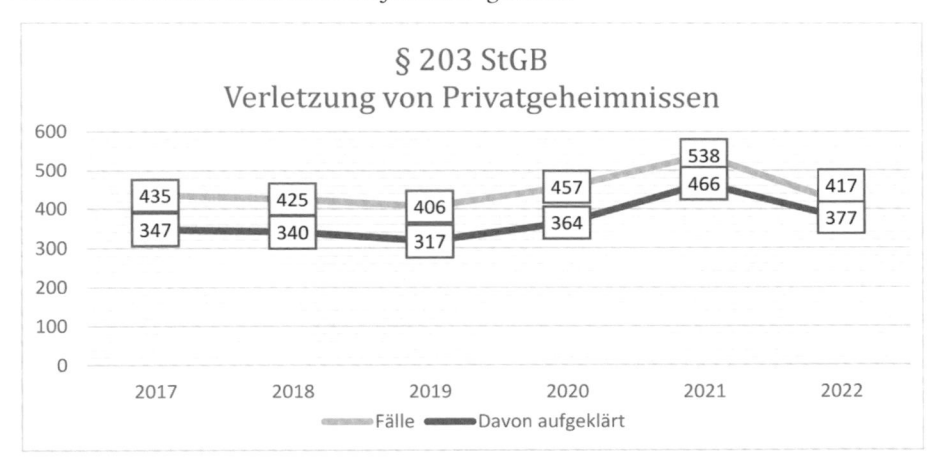

§ 203 StGB
Verletzung von Privatgeheimnissen

Jahr	Fälle	Davon aufgeklärt
2017	435	347
2018	425	340
2019	406	317
2020	457	364
2021	538	466
2022	417	377

II. Rechtsgut

Einzelnen als Individualinteresse. Die verfassungsrechtliche Schutzpflicht stützt sich damit auch auf das Recht auf informationelle Selbstbestimmung,[8] welches das Bundesverfas-

---

[2] Näher zur Historie LK-StGB/Hilgendorf Entstehungsgeschichte.
[3] LK-StGB/Hilgendorf Entstehungsgeschichte.
[4] Satzger/Schluckebier/Widmaier StGB/Bosch § 203 Rn. 1.
[5] BT-Drs. 18/11936, 22.
[6] Wessels/Hettinger/Engländer StrafR BT I Rn. 536.
[7] PKS Bundeskriminalamt, Berichtsjahr 2017–2022, abrufbar unter https://www.bka.de/DE/AktuelleInformationen/StatistikenLagebilder/PolizeilicheKriminalstatistik/pks_node.html, abgerufen am 10.4.2023.
[8] Dürig/Herzog/Scholz/Di Fabio GG Art. 2 Rn. 189; Schönke/Schröder/Eisele StGB § 203 Rn. 3; LK-StGB/Hilgendorf § 203 Rn. 8; vgl. Schumann, Prozessuale Verteidigung durch Geheimnisverrat, 2016, 184, der auf die persönliche Verfügungsmacht von geheimen Informationen abstellt, bei natürlichen Personen aber weitgehend einen Gleichlauf zum Recht auf informationelle Selbstbestimmung annimmt.

sungsgericht aus dem allgemeinen Persönlichkeitsrechts ableitet (vgl. aber die Besonderheiten zum postmortalen Geheimnisschutz bei den Ausführungen zu Abs. 5).[9] Das allgemeine Persönlichkeitsrecht umfasst hiernach unter anderem „die aus dem Gedanken der Selbstbestimmung folgende Befugnis des Einzelnen, grundsätzlich selbst zu entscheiden, wann und innerhalb welcher Grenzen persönliche Lebenssachverhalte offenbart werden".[10] Das Recht auf informationelle Selbstbestimmung prägt auch das nationale und europäische Datenschutzrecht.[11] Insoweit sind die verfassungsrechtlichen Grundlagen des § 203 StGB mit denen des modernen Datenschutzrechts vergleichbar; allerdings erstreckt sich der Schutzzweck des Datenschutzrechts über den Schutz fremder Geheimnisse aus Vertrauensbeziehungen hinaus auf die Beschränkung und Kontrolle von Datenmacht.[12] Das durch die DS-GVO vorwiegend unionsrechtlich geprägte Datenschutzrecht stützt sich heute unionsgrundrechtlich auf das Datenschutzgrundrecht aus Art. 8 GRCh als Teilausschnitt des Rechts auf Achtung des Privatlebens und der Kommunikation aus Art. 7 GRCh.[13] Insoweit lassen sich wieder Parallelen zum Individualschutz der Verschwiegenheitspflicht aus § 203 StGB ziehen.[14] Im Gegensatz zum Datenschutzrecht, das jede natürliche oder juristische Person verpflichtet, die als Verantwortliche personenbezogene Daten verarbeitet, ist das unbefugte Offenbaren gem. § 203 StGB ein echtes Sonderdelikt.[15] Nur die Angehörigen der in § 203 StGB ausdrücklich genannten Personengruppen kommen als Täter (Allein-, Mit- oder mittelbare Täter) in Betracht.[16]

6   Bei Betriebs- oder Geschäftsgeheimnissen schützt § 203 StGB auch das Vermögen und folgt insoweit verfassungsrechtlich der Eigentumsgarantie und der Berufsfreiheit (Art. 12 und 14 GG).[17] Daneben schützt nach wohl überwiegender Auffassung die Vorschrift – zumindest mittelbar[18] – das Allgemeininteresse in die Funktionsfähigkeit von sozial bedeutsamen Berufen sowie die öffentliche Verwaltung.[19]

B. Objektiver Tatbestand

I. Tatobjekt

1. Fremdes Geheimnis

7   Tatobjekt des § 203 StGB ist „ein fremdes Geheimnis, namentlich ein zum persönlichen Lebensbereich gehörendes Geheimnis oder ein Betriebs- oder Geschäftsgeheimnis". Dabei handelt es sich um Tatsachen,
- die nur einem beschränkten Personenkreis bekannt sind **(Geheimsein)** und
- an deren Geheimhaltung sowohl ein objektiv begründetes Geheimhaltungsinteresse **(objektives Geheimhaltungsinteresse)** sowie

---

[9] BVerfGE 65, 41 ff.; 84, 192 ff.
[10] BVerfGE 65, 1 (42 ff.).
[11] Taeger/Gabel/Schmidt DS GVO Art. 1 Rn. 25.
[12] V. Lewinski, Freiheit-Sicherheit-Öffentlichkeit 2008, 196 (200, 214), der zwischen dem Zweck berufsbezogener Verschwiegenheitspflichten als Schutz der Vertrauensbeziehung und dem datenschutzrechtlichen Schutz vor Informationsasymmetrien differenziert.
[13] Kühling/Buchner/Buchner DS-GVO Art. 1 Rn. 10.
[14] Vgl. Calliess/Ruffert/Kingreen GRCh Art. 7 Rn. 12.
[15] BGHSt 4, 355 (359).
[16] Graf/Jäger/Wittig/Dannecker StGB § 203 Rn. 3.
[17] Graf/Jäger/Wittig/Dannecker StGB § 203 Rn. 2; Matt/Renzikowski/Altenhain StGB § 203 Rn. 1.
[18] Vgl. hierzu Rogall NStZ 1983, 1 (4).
[19] BGH NJW 1968, 2288; Fischer StGB § 203 Rn. 3; Geppert, Die ärztliche Schweigepflicht im Strafvollzug, 1983, 11, 13; ders., FS Gössel, 2002, 303 (309); Graf/Jäger/Wittig/Dannecker StGB § 203 Rn. 2; Kern MedR 2006, 205; Lackner/Kühl/Heger/Heger StGB § 203 Rn. 1; Michalowski ZStW 109 (1997), 519 f.; SK-StGB/Hoyer § 203 Rn. 1 ff.; Timm, Grenzen der ärztlichen Schweigepflicht, 1988, 22; Wichmann, Das Berufsgeheimnis als Grenze des Zeugenbeweises, 2000, 181; kritisch Schumann, Prozessuale Verteidigung durch Geheimnisverrat, 2016, 168 ff.

- der nach außen erkennbare Geheimhaltungswille des Geheimnisgeschützten besteht **(Geheimhaltungswille)**.[20]

Gegenstand des Geheimnisses sind nicht beliebige Umstände, sondern solche Tatsachen, die sich auf vergangene oder gegenwärtige Verhältnisse des persönlichen Lebensbereichs des Geheimnisgeschützten beziehen und seine Identifizierung ermöglichen.[21] Insoweit ergeben sich Parallelen zum datenschutzrechtlichen Schutz personenbezogener Daten. Der Datenschutz umfasst nach der Definition des Art. 4 Nr. 1 DS-GVO alle Informationen, die sich auf eine identifizierte oder identifizierbare natürliche Person („betroffene Person") beziehen.[22] Die Identifikation oder zumindest Identifizierbarkeit der betroffenen Person kennzeichnet den datenschutzrechtlichen Schutz und grenzt ihn vom schutzfreien Bereich anonymer oder nicht personenbezogener Daten ab.[23] 8

Die Tatsache darf insbesondere nicht offenkundig oder öffentlich sein. 9

> **Praxistipp:** 10
>
> So handelt es sich um kein Geheimnis mehr, wenn die Tatsache Gegenstand einer öffentlichen Gerichtsverhandlung war.[24]

Insoweit weicht der Schutzgegenstand des § 203 StGB von dem datenschutzrechtlichen Vorfeldschutz personenbezogener Daten ab, der im Ausgangspunkt für die Verarbeitung aller Informationen, die sich auf eine natürliche Person beziehen, nicht danach differenziert, ob die Informationen offenkundig oder öffentlich sind. 11

Fremd ist das Geheimnis, wenn es sich auf eine natürliche oder juristische Person bezieht, die vom Berufsgeheimnisträger selbst abweicht.[25] Der Geheimnisschutz des § 203 StGB erfasst nicht abschließend („namentlich") Tatsachen des persönlichen Lebensbereichs sowie Betriebs- oder Geschäftsgeheimnisse. Die Einbeziehung von Geheimnissen juristischer Personen in den Schutzbereich des § 203 StGB ist eine weitere Abweichung vom datenschutzrechtlichen Schutz personenbezogener Daten, der ausschließlich natürlichen Personen zukommt. 12

Als Geschäftsgeheimnisse werden Tatsachen angesehen, die sich auf einen wirtschaftlichen Geschäftsbetrieb beziehen und für dessen Wettbewerbsfähigkeit von Bedeutung sind.[26] Die im Gesetzestext vorgenommene Unterscheidung zwischen Betriebs- und Geschäftsgeheimnis knüpft an die Regelung des damaligen § 17 UWG an. Tendenziell kann davon ausgegangen werden, dass Betriebsgeheimnisse eher den technischen und Geschäftsgeheimnisse den kaufmännischen Teil eines Unternehmens betreffen.[27] Eine scharfe Trennung wurde jedoch auch im Rahmen des Wettbewerbsrechts nicht vorgenommen und mit der Neuregelung im Geschäftsgeheimnisgesetz mit der Überführung der Straftatbestände aus den früheren §§ 17–19 UWG in dieses Gesetz (vgl. § 23 GeschGehG) aufgegeben. Diese Differenzierung ist insoweit auch nicht von Relevanz, als das Gesetz daran keine unterschiedlichen Folgen knüpft. Im Übrigen bleibt nach § 1 Abs. 3 Nr. 1 GeschGehG „der berufs- und strafrechtliche Schutz von Geschäftsgeheimnissen, deren unbefugte 13

---

[20] Roxin/Schroth MedizinStrafR-HdB/Braun 222 (231); Cornelius StV 2016, 380 (382); Graf/Jäger/Wittig/Dannecker StGB § 203 Rn. 10; Kraatz ArztStrafR § 9 Rn. 235a; LK-StGB/Hilgendorf § 203 Rn. 32.
[21] OLG Karlsruhe NJW 1984, 676; Rogall NStZ 1983, 1 (5); Graf/Jäger/Wittig/Dannecker StGB § 203 Rn. 11.
[22] Hierzu Kühling/Buchner/Klar/Kühling DS-GVO Art. 4 Nr. 1 Rn. 1 ff.
[23] Zur datenschutzrechtlichen Abgrenzung EuGH v. 19.10.2016 – C- 582/14, ECLI:EU:C:2016:779, Rn. 48 – Breyer; BGH NJW 2017, 2416 (2118); Spitz/Cornelius, Datenreiche Medizin, 2022, 499 ff.; näher zur Abgrenzung anonymer Informationen im Rahmen des § 203 → Rn. 46 ff.
[24] BGHZ 122, 115 (117 f.); OLG Schleswig NJW 1985, 1090; OLG Frankfurt a.M. NStZ-RR 2005, 235; Schönke/Schröder/Eisele StGB § 203 Rn. 6; Fischer StGB § 203 Rn. 5; MüKoStGB/Cierniak/Niehaus Rn. 17; Roxin/Schroth MedizinStrafR-HdB/Braun § 203, 232; BeckOK StGB/Weidemann StGB § 203 Rn. 5.
[25] BGH NJW 1995, 2006; 2000, 1426 (1427) (zur ärztlichen Schweigepflicht); Sieber FS Eser, 2005, 1155; BeckOK StGB/Weidemann StGB § 203 Rn. 7; HK-GS/Tag StGB § 203 Rn. 35.
[26] LK-StGB/Hilgendorf § 203 Rn. 37; Graf/Jäger/Wittig/Dannecker StGB § 203 Rn. 12.
[27] LK-StGB/Hilgendorf § 203 Rn. 37.

Offenbarung von § 203 des Strafgesetzbuches erfasst wird" unberührt, sodass weder die Legaldefinition noch die Ausnahmetatbestände des GeschGehG bei der Auslegung des § 203 StGB zu berücksichtigen sind, mit der Folge, dass der Streit um einen Ausschluss von „illegalen" Geheimnissen im GeschGehG nicht auf diese Vorschrift durchschlägt.[28]

14 Geschützt ist etwa der Umstand, dass eine Mandatsbeziehung zu einem Rechtsanwalt oder Steuerberater oder ein ärztliches Behandlungsverhältnis besteht.[29]

15 **Praxistipp:**
So umfasst die ärztliche Schweigepflicht alle Informationen, die der Arzt im Behandlungskontext erfährt, *insbesondere*
- den Namen der Patienten,
- die Tatsache des Behandlungsverhältnisses,
- der Gesundheitszustand sowie
- die ärztliche Prognose und
- Therapiemaßnahmen und damit die Behandlungsdaten.[30]

2. Einzelangaben nach Abs. 2 S. 2

16 Nach § 203 Abs. 2 S. 2 StGB stehen einem Geheimnis Einzelangaben über persönliche oder sachliche Verhältnisse eines anderen gleich, die für die Aufgaben der öffentlichen Verwaltung erfasst worden sind. Das Merkmal „erfasst" deutet an, dass die Information in gegenständlicher Weise fixiert oder gespeichert sein muss, etwa in Akten, Karteien oder elektronischen Dateien.[31] Auch die Einzelangaben müssen sich auf eine bestimmte, individualisierbare (natürliche oder juristische) Person beziehen.[32] Der Schutz von Einzelangaben geht insoweit über den datenschutzrechtlichen Schutz personenbezogener Daten hinaus, als sich die Einzelangaben auch auf juristische Personen beziehen können.[33] Wie bei den Geheimnissen, scheiden auch bei den Einzelangaben anonymisierte Informationen aus dem Schutzbereich aus.[34] Offenkundige Einzelangaben sind nicht geschützt. Offenkundig sind insbesondere solche Tatsachen, die aus allgemein zugänglichen Quellen wie dem Internet, Telefon- und Adressbüchern sowie öffentlichen Registern, in die grundsätzlich jedermann (auch nach Anmeldung oder Zahlung eines Entgelts) Einblick nehmen kann, entnommen werden können.[35] Siehe zur engeren Definition des Merkmals „nicht allgemein zugängliche" personenbezogene Daten bei → § 8 Rn. 30 ff.

3. Anvertraut oder sonst bekanntgeworden

17 Das fremde Geheimnis muss dem Berufsgeheimnisträger in einem berufsspezifischen Kontext anvertraut worden oder sonst bekanntgeworden sein. Hierfür muss der Berufsgeheimnisträger das Geheimnis in seiner beruflichen Sondereigenschaft und nicht als Privatperson erlangen.[36]

18 Anvertraut bedeutet, dass dem Berufsgeheimnisträger das Geheimnis unter dem „Siegel der Verschwiegenheit" oder unter Umständen, aus denen sich die Diskretionspflicht ergibt, mitgeteilt wurde.[37]

---

[28] Brockhaus ZIS 2020, 102 (119).
[29] BeckOK StGB/Weidemann StGB § 203 Rn. 6.
[30] Roxin/Schroth MedizinStrafR-HdB/Braun 222 (231); Kraatz ArztStrafR § 9 Rn. 235a.
[31] Fischer StGB § 203 Rn. 14.
[32] SK-StGB/Hoyer § 203 Rn. 29.
[33] MüKoStGB/Cierniak/Niehaus § 203 Rn. 118.
[34] LK-StGB/Hilgendorf § 203 Rn. 82.
[35] BeckOK StGB/Weidemann StGB § 203 Rn. 6; Fischer StGB § 203 Rn. 15.
[36] OLG Karlsruhe MedR 2007, 253; OLG Köln NJW 2000, 3656; Roxin/Schroth MedizinStrafR-HdB/Braun 222 (227); Graf/Jäger/Wittig/Dannecker StGB § 203 Rn. 35; LK-StGB/Hilgendorf § 203 Rn. 58.
[37] BeckOK StGB/Weidemann StGB § 203 Rn. 13.

Das Geheimnis wird dem Täter sonst bekannt werden, wenn er es auf andere Weise als 19 durch Anvertrauen erfährt, etwa beim Arzt durch eigene Behandlungsmaßnahmen im Kontext seiner Berufsausübung.[38] Maßgeblich ist das Bekanntwerden kraft Berufsausübung.[39] Nicht erforderlich ist das tatsächliche Bestehen einer konkreten Sonderbeziehung[40] oder eines Vertrauensverhältnisses zum Geheimnisgeschützten.[41] Entscheidend ist, dass der Täter Kenntnis in seiner Eigenschaft als Berufsgeheimnisträger erlangt, also berufs- und funktionsbezogen, was sich nach dem jeweiligen beruflichen Rollenbild richtet.[42]

Problematisch ist die Einbeziehung sog. Drittgeheimnisse. Hierbei handelt es sich um 20 ein Geheimnis, das nicht der Geheimnisgeschützte selbst, sondern ein Dritter dem Berufsgeheimnisträger mitteilt.[43] Nach vorzugswürdiger Auffassung richtet sich die Frage nach der Einbeziehung solcher auf Dritte bezogenen Geheimnisse nach denselben Grundsätzen wie bei Tatsachen, die der Berufsgeheimnisträger selbst mitteilt.[44] Entscheidend ist, dass der Berufsgeheimnisträger das Geheimnis in Ausübung seiner beruflichen Tätigkeit erfährt. Daher kann der Berufsgeheimnisträger Kenntnis vom Geheimnis auch von einem Dritten erlangen, zum Beispiel durch den Angehörigen eines Patienten oder durch einen Rat suchenden Kollegen, solange dies berufs- und funktionsbezogen geschieht.[45]

II. Täterkreis

1. Personengruppen des Abs. 1

Nr. 1 erfasst Heilberufe, namentlich Ärzte, Zahnärzte, Tierärzte, Apotheker oder Angehö- 21 rige eines anderen Heilberufs, der für die Berufsausübung oder die Führung der Berufsbezeichnung eine staatlich geregelte Ausbildung erfordert.[46] Insbesondere Heilpraktiker sind daher nicht von der Norm erfasst, wohingegen Krankenschwestern und -pfleger sowie Hebammen und Entbindungspfleger mögliche Täter im Sinne der Norm sind.[47]

Nr. 2 nennt Berufspsychologen mit staatlich anerkannter wissenschaftlicher Abschluss- 22 prüfung und umfasst hiermit Psychologen, die ihre Tätigkeit auf mindestens einem der Hauptanwendungsgebiete der Psychologie ausüben und eine staatlich anerkannte Abschlussprüfung abgelegt haben. Solche Abschlussprüfungen sind die zum „Diplompsychologen" sowie die Promotion im Hauptfach Psychologie.[48]

Nr. 3 erfasst die Berufe der Rechtspflege und Wirtschaftsberatung. Erfasst sind in 23 **Nr. 3a** auch die Organe oder Mitglieder von Organen in Gesellschaften aus den Bereichen der Nr. 3, insbesondere sind nun auch die Organe und Mitglieder der aufgezählten Berufsausübungsgesellschaften einbezogen. Die Gesellschaften selbst sind keine tauglichen Täter.[49]

Nr. 4 erfasst Beratungsberufe, die von einer staatlichen Stelle anerkannt sind, nament- 24 lich Ehe-, Familien-, Erziehungs- oder Jugendberater sowie Berater für Suchtfragen.

Nr. 5 umfasst Mitglieder oder Beauftragte einer anerkannten Beratungsstelle für die ge- 25 sundheitliche Vorsorge und die Lösung von Schwangerschaftskonflikten.

---

[38] Götze, Durchbrechung der ärztlichen Schweigepflicht, 2019, 67; NK-StGB/Kargl § 203 Rn. 15.
[39] BGHSt 33, 150 mAnm Hanack JR 1986, 35; Fischer StGB § 203 Rn. 12; Graf/Jäger/Wittig/Dannecker StGB § 203 Rn. 37.
[40] OLG Köln NJW 2000, 3656 f., Fischer StGB § 203 Rn. 9; NK-StGB/Kargl § 203 Rn. 15 f.
[41] Graf/Jäger/Wittig/Dannecker StGB § 203 Rn. 37.
[42] Graf/Jäger/Wittig/Dannecker StGB § 203 Rn. 35; LK-StGB/Hilgendorf § 203 Rn. 59.
[43] Vgl. OLG Köln NStZ 1983, 412 mAnm Rogall.
[44] Fischer StGB § 203 Rn. 13.
[45] Schönke/Schröder/Eisele StGB § 203 Rn. 13.
[46] NK-StGB/Kargl § 203 Rn. 30.
[47] BeckOK StGB/Weidemann StGB § 203 Rn. 16; Lackner/Kühl/Heger/Heger StGB § 203 Rn. 3; Fischer StGB § 203 Rn. 19.
[48] BT-Drs. 7/550, 239; Lackner/Kühl/Heger/Heger StGB § 203 Rn. 3; Fischer StGB § 203 Rn. 20.
[49] Fischer StGB § 203 Rn. 21.

26 **Nr. 6** nennt Sozialarbeiter und Sozialpädagogen, sofern diese staatlich anerkannt sind. Dies ist der Fall, wenn sie über eine abgeschlossene Hochschul- oder Fachhochschulausbildung verfügen.[50]

27 **Nr. 7** erfasst schließlich die Angehörigen eines Unternehmens der privaten Kranken-, Unfall- oder Lebensversicherung oder einer privatärztlichen, steuerberaterlichen oder anwaltlichen Verrechnungsstelle. Angehörige in diesem Sinne sind deren Inhaber, Organe, Mitglieder von Organen und Bedienstete sowie selbstständige Versicherungsvertreter.[51]

2. Personengruppen des Abs. 2

28 **Nr. 1** erfasst Amtsträger oder Europäische Amtsträger. Hierunter fallen auch Organe von privat-rechtlich organisierten juristischen Personen, die öffentliche Aufgaben wahrnehmen, wie zum Beispiel bei den Sparkassen und Landesbanken.[52]

29 **Nr. 2** erfasst für den öffentlichen Dienst besonders Verpflichtete. Diese sind in § 11 Abs. 4 StGB definiert. Daher fallen hierunter zum Beispiel auch private Unternehmen, die als „sonstige Stellen" zur Datenverarbeitung von Behörden herangezogen werden.[53]

30 **Nr. 3** nennt als mögliche Täter Personen, die Aufgaben oder Befugnisse nach dem Personalvertretungsrecht wahrnehmen. Personalvertretungsrecht meint das materielle Recht, das die Interessenvertretung der Angehörigen von Dienststellen des Bundes und der Länder regelt und umfasst damit auch das Vertretungsrecht der Richter, Staatsanwälte, Soldaten und Ersatzdienstleistenden.[54]

31 **Nr. 4** bezieht die Mitglieder und Hilfskräfte von für ein Gesetzgebungsorgan des Bundes oder eines Landes tätigen Untersuchungsausschüssen, sonstigen Ausschüssen oder Räten, die nicht selbst Mitglied des Gesetzgebungsorgans sind, in den Kreis möglicher Täter mit ein. Hierunter fallen vor allem Enquête-Kommissionen, beratende Gremien und Sachverständigenräte.[55]

32 **Nr. 5** nennt öffentlich bestellte Sachverständige, die nach § 36 GewO öffentlich bestellt und auf die gewissenhafte Erfüllung ihrer Obliegenheiten auf Grund eines Gesetzes förmlich verpflichtet worden sind.[56]

33 **Nr. 6** erfasst schließlich auch solche Personen als mögliche Täter, die im Rahmen wissenschaftlicher Forschungsvorhaben auf die gewissenhafte Erfüllung ihrer Geheimhaltungspflicht förmlich verpflichtet worden sind. Die eingefügte Ziffer knüpft an eine gesetzliche Verpflichtung regelmäßig unter Verweisung auf das Verpflichtungsgesetz an. Eine solche ergibt sich etwa aus
- § 476 Abs. 3, § 487 Abs. 4 StPO (Akteneinsichtsrecht im Rahmen der wissenschaftlichen Forschung) oder aus
- § 303e Abs. 4 S. 2 Nr. 1 und S. 3 SGB V (Zugriff auf Daten des Forschungsdatenzentrums bei pseudonymisierten Einzeldatensätzen).

34 § 203 Abs. 2 StGB schottet fremde Geheimnisse, die einem Amtsträger anvertraut oder bekannt werden, nach außen ab, behindert jedoch nach § 203 Abs. 2 S. 2 Hs. 2 StGB nicht den verwaltungsinternen Informationsaustausch.[57]

---

[50] BeckOK StGB/Weidemann StGB § 203 Rn. 22; Fischer StGB § 203 Rn. 24.
[51] Lackner/Kühl/Heger/Heger StGB § 203 Rn. 6.
[52] Graf/Jäger/Wittig/Dannecker StGB § 203 Rn. 33; BeckOK StGB/Weidemann StGB § 203 Rn. 25; Fischer StGB § 203 Rn. 29.
[53] Fischer StGB § 203 Rn. 28; Graf/Jäger/Wittig/Dannecker StGB § 203 Rn. 33.
[54] Graf/Jäger/Wittig/Dannecker StGB § 203 Rn. 33.
[55] Fischer StGB § 203 Rn. 30.
[56] Fischer StGB § 203 Rn. 31; BeckOK StGB/Weidemann StGB § 203 Rn. 27.
[57] Kingreen/Kühling Gesundheitsdatenschutz/Kircher S. 186 (212); HK-SozDatenschutzR/Krahmer SGB X § 76 Rn. 11.

3. Personengruppen des Abs. 4

Die mit der Erweiterung des Kreises der zum Wissen Berufenen in Abs. 3 verbundene 35 Abschwächung des Geheimnisschutzes soll durch Erstreckung der Strafbarkeit nach § 203 StGB auf alle an der Berufsausübung mitwirkenden Personen kompensiert werden.[58] In Abs. 4 S. 1 und Abs. 4 S. 2 Nr. 3 machen sich zunächst andere als die in Abs. 1 und 2 genannten Personengruppen strafbar,
- die unbefugt ein fremdes Geheimnis offenbaren, das ihnen bei der Ausübung oder bei Gelegenheit ihrer Tätigkeit als **mitwirkende Person** (Abs. 4 S. 1 Var. 1) oder
- als bei den in den Absätzen 1 und 2 genannten Personen tätiger **Datenschutzbeauftragter** bekannt geworden ist (Abs. 4 S. 1 Var. 2) oder
- Personen, die das Geheimnis von dem verstorbenen Berufsgeheimnisträger oder aus dessen Nachlass erlangt haben (Abs. 4 S. 2 Nr. 3).

Zusätzlich sehen § 203 Abs. 4 S. 2 Nr. 1 und 2 StGB vor, dass sich Berufsgeheimnisträ- 36 ger strafbar machen, wenn sie einer anderen Person die Mitwirkung an ihrer beruflichen Tätigkeit ermöglicht haben, ohne dafür Sorge getragen zu haben, dass sie über die Pflicht zur Geheimhaltung belehrt wurde. Diese Vorschrift findet auch auf mitwirkende Personen Anwendung, die sich befugtermaßen weiterer Personen bedienen.[59] Die Verpflichtung zur Geheimhaltung ist vergleichbar mit der datenschutzrechtlichen Verpflichtung zur Vertraulichkeit von Auftragsverarbeitern nach Art. 28 Abs. 3 S. 2 lit. b DS-GVO.

Nach § 203 Abs. 4 S. 1 Var. 2 StGB unterfallen auch **Datenschutzbeauftragte** 37 (Art. 37 ff. DS-GVO, §§ 5 ff., 38 BDSG) dem Kreis der Schweigeverpflichteten, soweit diese bei den in den Abs. 1 und 2 genannten Personen tätig sind. Dies betrifft sowohl interne als auch externe Datenschutzbeauftragte.[60] Von der Regelung nicht erfasst sind die berufsmäßig tätigen Gehilfen des Datenschutzbeauftragten.[61]

> **Praxistipp:** 38
> Verfahrensrechtlich steht sowohl den mitwirkenden Personen nach § 53a StPO als auch den (gesetzlich zwingend vorgeschriebenen) Datenschutzbeauftragten nach §§ 6 Abs. 6, 38 Abs. 2 BDSG ein Zeugnisverweigerungsrecht zu.[62]

III. Tathandlung

Während datenschutzrechtlich die „Offenlegung durch Übermittlung" personenbezogener 39 Daten gerechtfertigt werden muss (Art. 4 Nr. 2 DS-GVO), knüpft die Tathandlung in § 203 StGB an das „Offenbaren" fremder Geheimnisse an. Hierfür genügt jede Bekanntgabe der geheim zu haltenden Tatsachen sowie der Person des Geheimnisgeschützten an einen nicht in das Geheimnis eingeweihten Dritten.[63] Unerheblich ist, ob der Dritte seinerseits dem potenziellen Täterkreis des § 203 StGB angehört.[64] Allerdings liegt dann kein Offenbaren vor, wenn eine Kenntnisnahme nur durch rechtswidrige Handlungen eines Dritten möglich ist; muss dieser zunächst gegen eine Verbotsnorm (zB § 202a oder § 202b StGB) verstoßen, um Kenntnis vom Geheimnis zu erlangen, scheidet ein zugleich erfülltes unzulässiges Offenbaren nach § 203 StGB aus.[65] Die etwaige unerlaubte und da-

---

[58] BT-Drs. 18/11936, 23; BeckOK StGB/Weidemann StGB § 203 Rn. 29.
[59] BT-Drs. 18/11936, 23 f.
[60] Vgl. Kort NStZ 2011, 193.
[61] MüKoStGB/Cierniak/Niehaus § 203 Rn. 154.
[62] BT-Drs. 18/11936, 21.
[63] BGHSt 27, 120 (121); BGH NJW 1995, 2915 (2916); Cornelius StV 2016, 380 (382); Hilgendorf FS Tiedemann, 2008, 1125 (1128).
[64] BGHZ 116, 268 (272.); Graf/Jäger/Wittig/Dannecker StGB § 203 Rn. 47.
[65] Cornelius StV 2016, 380 (387); Hilber Cloud Computing-HdB/Hartung Teil 8 D Rn. 37; Sassenberg/Bamberg DStR 2006, 2052 (2053).

mit rechtswidrige Datenverarbeitung in Form des Erhebens oder Erfassens von Geheimnissen durch den Empfänger, die zugleich personenbezogene Daten darstellen, ändert dagegen nichts an einem zugleich möglicherweise erfüllten unzulässigen Offenbaren fremder Geheimnisse auf Seiten des Berufsgeheimnisträgers.

1. Kenntnisnahme oder Kenntnisnahmemöglichkeit

40 Streitig ist, ob bereits die Vermittlung der Kenntnisnahmemöglichkeit ausreicht. Zunächst spielt die Art und Weise, wie das Geheimnis dem Dritten zugänglich gemacht wird, keine Rolle.[66]

41 Teilweise wird vertreten, dass der Dritte tatsächlich Kenntnis von dem fremden Geheimnis nehmen muss.[67] Die bloße Möglichkeit der Kenntnisnahme führe nicht zu einer Verletzung des Geheimnisses, sondern nur zu einer Gefährdung, die als (strafloser) Versuch zu bewerten sei.[68]

42 Allerdings kann der Wortlaut „offenbaren" nach allgemeinem Sprachgebrauch neben dem Aufdecken oder Enthüllen, durch das einem Dritten etwas zur Kenntnis gebracht wird, das er bislang nicht wusste und das er bisher nicht kannte,[69] auch „etwas, was bisher verborgen war, nicht bekannt war, offen zu zeigen, enthüllen"[70] bzw. „sinnlich, aufdecken, sichtbar machen" umfassen.[71] Dies verdeutlicht, dass die Wortlautgrenze ein offenes Zeigen umfasst, ohne dass es auf eine tatsächliche Kenntnisnahme auf Empfängerseite ankommt.[72]

43 Dieselben Maßstäbe gelten bei digitalisierten Geheimnissen. Die Einräumung der tatsächlichen Verfügungsgewalt über Daten, die Träger der in ihnen enthaltenen Information und damit des Geheimnisses sind,[73] genügt für ein Offenbaren.[74]

44 **Praxistipp:**
Bei einer unverschlüsselten Speicherung von Daten in der Cloud haben im Regelfall die Mitarbeiter des Cloud Service Providers die Möglichkeit der Kenntnisnahme.[75] Die Vielzahl an Daten, die in Cloud-Speichern gespeichert werden können, ändert hieran nichts. Aufgrund der umfassenden Suchmöglichkeiten in digitalen Archiven wird die potenzielle Schutzgutverletzung aufgrund einer größeren Informationsdichte sogar erhöht.[76] Durch die mögliche Einbeziehung externer Dritter in den Vertrauenskreis der Geheimnisträger und die Klarstellung in § 203 Abs. 3 S. 2 StGB führt die Bejahung eines Offenbarens bei der Speicherung von Daten im Cloud-Speicher nicht automatisch zu einer praktischen Unterbindung solcher Dienste für Berufsgeheimnisträger. Dies wäre aufgrund der zunehmenden Bedeutung dezentraler Speichermöglichkeiten etwa für Mandanten- oder Patientendaten im modernen Wirtschaftsleben auch kaum zu rechtfertigen und fand sogar ausdrückliche Erwähnung in der Gesetzesbegründung.[77]

---

[66] Graf/Jäger/Wittig/Dannecker StGB § 203 Rn. 46.
[67] Matt/Renzikowski/Altenhain StGB § 203 Rn. 26f.; iErg ebenso Hartung VersR 2012, 400 (407).
[68] Matt/Renzikowski/Altenhain StGB § 203 Rn. 27.
[69] Matt/Renzikowski/Altenhain StGB § 203 Rn. 27.
[70] http://www.duden.de/rechtschreibung/offenbaren, abgerufen am 15.5.2023.
[71] Grimm Deutsches Wörterbuch, Bd. 13, Sp. 1174.
[72] RGSt 51, 184 (189); Cornelius StV 2016, 380 (383); Graf/Jäger/Wittig/Dannecker StGB § 203 Rn. 48f.; Heghmanns/Niehaus NStZ 2008, 57 ff.; MüKoStGB/Cierniak/Niehaus § 203 Rn. 58; NK-StGB/Kargl § 203 Rn. 20; Schönke/Schröder/Eisele StGB § 203 Rn. 18.
[73] Vgl. Rogall NStZ 1983, 1 (5).
[74] Graf/Jäger/Wittig/Dannecker StGB § 203 Rn. 48f.; Schönke/Schröder/Eisele StGB § 203 Rn. 18.
[75] Cornelius StV 2016, 380 (383).
[76] Cornelius StV 2016, 380 (383); Kroschwald/Wicker CR 2012, 758 (761); MüKoStGB/Cierniak/Niehaus § 203 Rn. 60; vgl. zur ähnlichen Problematik bei § 303a StGB, Kilian/Heussen ComputerR-HdB/Cornelius, 32. EL 2013, Teil 10 Rn. 185: die Möglichkeiten der Suchwerkzeuge führen dazu, keine Datenunterdrückung anzunehmen, selbst wenn der Dateiname oder der Standort der Datei geändert wird.
[77] BT-Drs. 18/11936, 18; Kargl StV 2017, 482 (486); MüKoStGB/Cierniak/Niehaus § 203 Rn. 61.

Nach alledem kann die Tathandlung des Offenbarens mit der datenschutzrechtlichen 45
Verarbeitungsmodalität der Offenlegung durch Übermittlung, Verbreitung oder eine andere Form der Bereitstellung nach Art. 4 Nr. 2 DS-GVO verglichen werden. Offenlegung („disclosure") ist dabei der datenschutzrechtliche Oberbegriff für alle Verarbeitungen, durch die der Verantwortliche anderen Stellen personenbezogene Daten in einer Weise zugänglich macht, dass diese Kenntnis vom Informationsgehalt des betreffenden Datums erlangen können.[78] Im Gegensatz zum Merkmal der Übermittlung nach § 3 Abs. 4 Nr. 3 lit. b BDSG aF liegt eine Offenlegung nach Art. 4 Nr. 2 DS-GVO bereits vor, wenn personenbezogene Daten zum Abruf bereitgehalten werden.[79] Eine Offenlegung und damit Verarbeitung personenbezogener Daten ist demnach bereits dann gegeben, wenn Daten auf einem Server zum Abruf abgelegt werden. Teilweise wird allerdings aufgrund der ubiquitären Abrufmöglichkeit im Internet eingeschränkt, dass das Hochladen von Daten einer Internetseite auf einen Server in der EU und die nachfolgende Abrufmöglichkeit der Daten aus Ländern außerhalb der Europäischen Union nicht automatisch zu einer Drittlandübermittlung mit den gesteigerten Voraussetzungen der Art. 44 ff. DS-GVO führt.[80]

2. Offenbaren anonymisierter und pseudonymisierter Daten; Vergleich zur datenschutzrechtlichen Diskussion

Für das Offenbaren genügt es nicht, dass der Geheimnisempfänger überhaupt Kenntnis 46
vom Inhalt des Geheimnisses erlangt. Das Geheimnis muss sich auch so konkret auf den Geheimnisgeschützten beziehen, dass für den Empfänger der Schluss auf den individuellen Betroffenen möglich ist.[81] Der Geheimnisgeschützte muss für den Empfänger zumindest aus den Umständen des Offenbarens erkennbar werden.[82] Das Offenbaren von zuvor anonymisierten Geheimnissen schließt somit die Strafbarkeit nach § 203 StGB aus.[83] Da § 203 StGB (auch) dem Schutz der informationellen Selbstbestimmung dient, können insoweit ähnliche Erwägungen wie im Rahmen des datenschutzrechtlichen personenbezogenen Datums und insbesondere des Merkmals der Identifizierbarkeit herangezogen werden.[84] Anknüpfend an die datenschutzrechtlichen Kategorien liegt eine Anonymisierung vor, wenn die Zuordnung zu einer Person gänzlich ausgeschlossen ist oder es nur mit einem unverhältnismäßigen Aufwand, der eine Identifizierung nach allgemeinem Ermessen unwahrscheinlich erscheinen lässt (vgl. zum Gegenstück der Identifizierbarkeit nach Erwägungsgrund 26 S. 3 DS-GVO), möglich ist, die Daten einer natürlichen (oder juristischen) Person zuzuordnen.[85]

Nach der datenschutzrechtlichen Bestimmung sind personenbezogene Daten nach 47
Art. 4 Nr. 1 DS-GVO alle Informationen, die sich auf eine identifizierte oder identifizierbare natürliche Person („betroffene Person") beziehen. Die Identifikation oder zumindest Identifizierbarkeit der betroffenen Person kennzeichnet den datenschutzrechtlichen Schutz und grenzt ihn vom schutzfreien Bereich anonymer oder nicht personenbezogener Daten ab. Datenschutzrechtlich wird als identifizierbar eine natürliche Person angesehen, die di-

---

[78] Kühling/Buchner/Herbst DS-GVO Art. 4 Nr. 2 Rn. 29.
[79] Kühling/Buchner/Herbst DS-GVO Art. 4 Nr. 2 Rn. 30; Simitis/Hornung/Spiecker gen. Döhmann/Roßnagel DS-GVO Art. 4 Nr. 2 Rn. 25; Taeger/Gabel/Arning/Rothkegel DS-GVO Art. 4 Rn. 83.
[80] Vgl. EuGH v. 6.11.2003 – C-101/01, ECLI:EU:C:2003:596, Rn. 56 ff., 60 f. – Linqvist; Kühling/Buchner/Herbst DS-GVO Art. 4 Nr. 2 Rn. 31; einschränkend Simitis/Hornung/Spiecker gen. Döhmann/Schantz DS-GVO Art. 44 Rn. 17 ff.; aA Ehmann/Selmayr/Zerdick DS-GVO Art. 44 Rn. 8; Paal/Pauly/Pauly DS-GVO Art. 44 Rn. 5.
[81] LG Köln MedR 1984, 110 f.; MüKoStGB/Cierniak/Niehaus § 203 Rn. 54; Cornelius StV 2016, 380 (383 f.); Hilber Cloud Computing-HdB/Hartung Teil 8 D Rn. 35; Schönke/Schröder/Eser StGB § 203 Rn. 20; Schmitz JA 1996, 772 (777); LK-StGB/Hilgendorf § 203 Rn. 68.
[82] NK-StGB/Kargl § 203 Rn. 19a; Wessels/Hettinger/Engländer StrafR BT I Rn. 541.
[83] Matt/Renzikowski/Altenhain StGB § 203 Rn. 13.
[84] Ausdrücklich hierauf verweisend Matt/Renzikowski/Altenhain StGB § 203 Rn. 13.
[85] Cornelius StV 2016, 380 (383 f.); Matt/Renzikowski/Altenhain StGB § 203 Rn. 13.

rekt oder indirekt, insbesondere mittels Zuordnung zu einer Kennung oder zu einem oder mehreren besonderen Merkmalen, die Ausdruck der physischen, physiologischen, genetischen, psychischen, wirtschaftlichen, kulturellen oder sozialen Identität dieser natürlichen Person sind, identifiziert werden kann (Art. 4 Nr. 2 Hs. 2 DS-GVO). Demnach liegen personenbezogene Daten auch dann vor, wenn die Information für sich genommen zwar nicht die natürliche Person identifiziert, die betrachtete Stelle allerdings durch die Verknüpfung der Information mit Zusatzwissen die Person identifizieren kann („relativer Personenbezug").[86]

48 Auch bei § 203 StGB kann ein Offenbaren fremder Geheimnisse vorliegen, wenn Informationen an Dritte weitergegeben werden, die den Geheimnisgeschützten zwar nicht unmittelbar identifizieren, der Empfänger jedoch (vom Vorsatz des Berufsgeheimnisträgers umfasst) über Zusatzwissen verfügt, mit dem er nach allgemeinem Ermessen in der Lage ist, den Geheimnisgeschützten zu identifizieren.[87]

49 Einschränkungen bei der Einbeziehung von Zusatzwissen sind in § 203 StGB dort geboten, wo eine solche Einbeziehung dem strafrechtlichen ultima ratio-Gedanken und Bestimmtheitsgrundsatz zuwiderläuft. Konkret bedeutet dies zunächst, dass auch für das Offenbaren eines fremden Geheimnisses wie beim personenbezogenen Datum des Datenschutzrechts nicht jede theoretische Identifizierungsmöglichkeit genügt, sondern eine hinreichend wahrscheinliche Identifizierung des Geheimnisgeschützten durch den konkreten Empfänger erforderlich ist.[88]

50 Das ist dann nicht gegeben, wenn das fremde Geheimnis vor dem Offenbaren technisch und organisatorisch ausreichend anonymisiert wurde oder der Empfänger den Geheimnisgeschützten nur mit einem unverhältnismäßigen Aufwand an Zeit und Kosten re-identifizieren könnte.[89]

51 Der Umgang mit pseudonymisierten Daten im Rahmen des § 203 StGB knüpft direkt an diese Erwägungen an. Nach Art. 4 Nr. 5 DS-GVO ist Pseudonymisierung die Verarbeitung personenbezogener Daten in einer Weise, dass die personenbezogenen Daten ohne Hinzuziehung zusätzlicher Informationen nicht mehr einer spezifischen betroffenen Person zugeordnet werden können. Im Datenschutzrecht ist umstritten, ob pseudonymisierte Daten (stets) zugleich personenbezogene Daten sind. Nach einem objektiven Ansatz sollen personenbezogene Daten objektiv für jedermann gleichermaßen vorliegen, wenn irgendeine Stelle die betroffene Person mithilfe der Informationen identifizieren kann.[90]

52 Nach der Entscheidung des EuGH in Sachen *Breyer*[91] ist nun höchstrichterlich geklärt, dass eine Zurechnung von Zusatzwissen nur unter bestimmten Umständen und nicht, wie beim objektiven Ansatz, jederzeit stattzufinden hat. Der EuGH hält bei der Zurechnung von Zusatzwissen für maßgeblich, ob die Verknüpfung mit dem Wissen Dritter aus der Perspektive der betrachteten Stelle vernünftigerweise zu erwarten sei.[92] Wenn die Verknüpfung gesetzlich verboten oder praktisch undurchführbar sei, könne das Risiko einer Identifizierung faktisch und damit vernünftigerweise vernachlässigt werden.[93] Dagegen liege eine vernünftigerweise erwartbare Wissensverknüpfung vor, wenn der betrachteten

---

[86] Zur problematischen Zurechnung des Zusatzwissens Dritter, vgl. Spitz/Cornelius, Datenreiche Medizin, 2022, 499 ff.
[87] Cornelius StV 2016, 380 (383 f.); ders. MedR 2017, 15 (18); Eichelbrönner, Die Grenzen der Schweigepflicht des Arztes und seiner berufsmäßig tätigen Gehilfen nach § 203 StGB im Hinblick auf Verhütung und Aufklärung von Straftaten, 2001, 68; Matt/Renzikowski/Altenhain StGB § 203 Rn. 13; Rogall NStZ 1983, 1 (5).
[88] Eichelbrönner, Die Grenzen der Schweigepflicht des Arztes und seiner berufsmäßig tätigen Gehilfen nach § 203 StGB im Hinblick auf Verhütung und Aufklärung von Straftaten, 2001, 68; Rogall NStZ 1983, 1 (5); auch BGHSt 33, 148 (151) verlangt wenigstens „Anhaltspunkte für die Identifizierung des Patienten".
[89] Cornelius StV 2016, 380 (383 f.).
[90] So Pahlen-Brandt DuD 2008, 34 ff.; dies. K&R 2008, 288 (289).
[91] EuGH v. 19.10.2016 – C- 582/14, ECLI:EU:C:2016:779 – Breyer.
[92] EuGH v. 19.10.2016 – C- 582/14, ECLI:EU:C:2016:779, Rn. 45 – Breyer.
[93] EuGH v. 19.10.2016 – C- 582/14, ECLI:EU:C:2016:779, Rn. 46 – Breyer.

Stelle rechtliche Mittel zur Verfügung stehen, um auf Zusatzwissen zuzugreifen.[94] Nach dieser Auffassung stellen pseudonymisierte Daten nur für diejenige Stelle personenbezogene Daten dar, die über die Zuordnungsschlüssel verfügt.

Bei § 203 StGB ist teilweise ebenfalls davon die Rede, dass die Identifikation des Geheimnisgeschützten für **mindestens einen** Dritten möglich sein müsse, auch unter Verweis auf eine besondere Stellung, Kenntnis oder Fachkunde.[95] Dies erinnert an den objektiven Ansatz im Rahmen des personenbezogenen Datums im Datenschutzrecht.[96] Dieser ist auch bei § 203 StGB abzulehnen, zumal im Strafrecht eine restriktive, schutzzweckorientierte Auslegung geboten ist. Gerade iRd § 203 StGB spricht gegen die Einbeziehung des Zusatzwissens beliebiger Dritter, dass ein Offenbaren nach dieser Vorschrift nicht vorliegt, wenn der konkrete Empfänger selbst schon sichere Kenntnis vom Geheimnis hat.[97] Ob eine solche Kenntnis vorliegt, vermag jedoch erst unter Einbeziehung des Wissens des konkreten Empfängers und nicht beliebiger Dritter beurteilt zu werden. Dies gilt auch für die Fragen, ob die Mitteilung an den Dritten befugt mit Erlaubnis des Betroffenen erfolgt oder ob es sich beim Empfänger um einen Gehilfen iSd § 203 Abs. 3 StGB handelt.[98]

Im datenschutzrechtrechtlichen Kontext sind pseudonymisierte Daten nach herrschender Auffassung keine personenbezogenen Daten für die Stelle, welche nicht über identifizierendes Zusatzwissen oder den Zuordnungsschlüssel verfügt; allerdings bildet im Datenschutzrecht die Übermittlung von zuvor pseudonymisierten Daten für denjenigen mit identifizierendem Zusatzwissen einen rechtfertigungsbedürftigen Verarbeitungsvorgang.[99] Dagegen stellt derselbe Vorgang (Übermittlung pseudonymisierter Daten) kein Offenbaren fremder Geheimnisse iSd § 203 StGB dar, soweit die Informationen für den Empfänger (faktisch) anonym sind. Datenschutzrecht und § 203 StGB weichen hier bei personenbezogenen Daten, die zugleich ein von einem Berufsgeheimnisträger an Dritte übermitteltes fremdes Geheimnis darstellen, voneinander ab.

Eine weitere Abweichung von § 203 StGB zum Datenschutzrecht liegt in dem vermittelnden Ansatz des EuGH bei der Zurechnung von Zusatzwissen: Während der EuGH auch das Vorliegen „rechtlicher Zugriffsmittel" (etwa eines gesetzlichen Zugriffsanspruchs[100]) für die Zurechnung von Zusatzwissen ausreichen lässt, kann bei § 203 StGB die bloße Existenz „rechtlicher Zugriffsmittel" zur Erlangung von identifizierendem Zusatzwissen nicht ausreichen. Zwar kann iRd § 203 StGB eine sukzessive Kenntnisnahme beim Empfänger ausreichen, um ein tatbestandliches Offenbaren zu begründen, wobei der Vorsatz des mitteilenden Berufsgeheimnisträgers den Kenntnishorizont des Empfängers sowie nachfolgende Verknüpfungsschritte mit Zusatzwissen zur Re-Identifizierung des Betroffenen umfassen muss. Bloße rechtliche Mittel, um später identifizierendes Zusatzwissen zu erlangen, können allerdings nicht genügen, um von einem (vollendeten) Offenbaren iSd § 203 Abs. 1 StGB zu sprechen. Vielmehr ist die tatsächliche Kenntnisnahme des Dritten von der Identität des Geheimnisgeschützten oder zumindest der Gewahrsam über das Geheimnis (etwa das Schriftstück oder den Datenträger) erforderlich.[101] Die aufgrund des datenschutzrechtlichen Vorfeldschutzes im Datenschutzrecht vertretbare Auffassung, würde bei § 203 StGB zu einer unzulässigen Vorverlagerung führen, die mit dem Merkmal „Offenbaren" und dem Schutzzweck des § 203 StGB nicht zu vereinbaren wäre.[102]

---

[94] EuGH v. 19.10.2016 – C- 582/14, ECLI:EU:C:2016:779, Rn. 49 – Breyer.
[95] Satzger/Schluckebier/Widmaier StGB/Bosch § 203 Rn. 28; Fischer StGB § 203 Rn. 33, in früheren Auflagen noch unter Verweis auf BAG NZA 1987, 515 (516).
[96] Cornelius StV 2016, 380 (383); ders. MedR 2017, 15 (18).
[97] Schönke/Schröder/Eisele StGB § 203 Rn. 21; LK-StGB/Hilgendorf § 203 Rn. 67.
[98] Spickhoff/Knauer/Bose StGB §§ 203–205 Rn. 29.
[99] Achenbach PharmR 2020, 9; Kühling/Buchner/Klar/Kühling DS-GVO Art. 4 Nr. 5 Rn. 11; Roßnagel/Scholz MMR 2000, 721 (730); Simitis/Scholz BDSG aF, 7. Aufl. 2011, § 3 Rn. 219b.
[100] So auch der BGH bezüglich dynamischer IP-Adressen, BGH NJW 2017, 2416 ff.; Bierekoven NJW 2017, 2416 (2420).
[101] Graf/Jäger/Wittig/Dannecker StGB § 203 Rn. 51.
[102] Vgl. Satzger/Schluckebier/Widmaier StGB/Bosch § 203 Rn. 31.

56 Beim **Verkauf von Arztpraxen und Anwaltskanzleien** ist zu beachten, dass die Weitergabe identifizierbarer Patienten- oder Mandanteninformationen an die (potenziellen) Erwerber ohne vorherige (konkludente) Zustimmung der Geheimnisgeschützten gegen § 203 StGB verstößt.[103] An die konkludente Zustimmung sind allerdings hohe Anforderungen zu stellen. Ein solches konkludentes Verhalten wird allenfalls anzunehmen sein, wenn sich der Geheimnisgeschützte vor Vollendung des § 203 StGB auch dem Erwerber der Praxis bzw. Kanzlei anvertraut.[104] Dagegen ist in der bloßen Mitteilung der bevorstehenden Veräußerung mit Zustimmungsfiktion, sofern Geheimnisgeschützte nicht innerhalb einer bestimmten Frist widersprechen, weder für § 203 StGB noch im Fall betroffener personenbezogener Daten eine taugliche Einwilligung zu erblicken. Schweigen bzw. die bloße Opt-Out-Möglichkeit stellen gerade keine wirksame (aktive) Einwilligung dar.[105] Das bestätigt der EuGH im datenschutzrechtlichen Kontext in Sachen *Planet49*.[106] Auch der bloße Aushang schriftlicher Hinweise in den Kanzlei- oder Praxisräumen (zB im Wartezimmer) oder auf dem Webseiten-Auftritt genügen nicht.[107]

57 „**Zwei-Schrank-Modell**": In der Praxis wird aufgrund des Aufwands wirksam eingeholter Einwilligungen auf das sog. „Zwei-Schrank-Modell" verwiesen.[108] Hiernach soll ein doppeltes Karteischranksystem (bei rein digitalen Stammdaten im Wege einer abgeschotteten Archivierung)[109] aufgesetzt werden. Die Patienten oder Mandanten, welche bereits ihre Einwilligung in die Übertragung ihrer Daten an den Erwerber erteilt haben, werden im Praxis- bzw. Kanzleiübergabevertrag sowie in das System, für das der Erwerber ebenfalls den Zugang hat, aufgenommen. Die Daten der Patienten oder Mandanten, bei denen die Einwilligung noch fehlt, werden in einem abgeschlossenen System (physisch oder digital) aufgenommen, auf das ausschließlich der Veräußerer Zugriff hat und an dem er das Eigentum behält. Außerdem soll der Veräußerer eine Hilfsperson bestimmen, die bisher schon Einblick in die Daten hatte, den (digitalen) Schlüssel für die Daten verwahrt und an den Erwerber Daten aus dem abgeschlossenen System herausgibt, sobald eine wirksame Einwilligung des jeweiligen Patienten oder Mandanten vorliegt.[110]

58 Das Zwei-Schrank-Modell lässt sich somit auch auf digitale Datenbestände übertragen, soweit die Daten für den Erwerber verschlüsselt werden und ausschließlich der veräußernde Berufsgeheimnisträger Zugriff auf den Schlüssel oder sonstiges re-identifizierendes Zusatzwissen hat.[111]

59 Praxistipp:
Denkbar wäre außerdem, den Erwerber bereits frühzeitig als mitwirkende Person iSd § 203 Abs. 3 StGB in die Arbeit des veräußernden Berufsgeheimnisträgers einzubinden, sodass später nicht mehr von einem Offenbaren an den späteren Erwerber, der bereits zum Kreis der zum Wissen Berechtigten gehört, die Rede sein kann.[112] Zwar können Dritte nach § 203 Abs. 3 S. 2 StGB nun ausdrücklich auch Externe sein; allerdings ist stets zwingende Voraussetzung, dass die Einbindung auch für die Berufsausübung erforderlich sein muss.

---

[103] BGH NJW 1992, 737; NJW 1995, 2026.
[104] MüKoStGB/Ciernak/Niehaus § 203 Rn. 75.
[105] Römermann NJW 2012, 1694 (1696).
[106] EuGH v. 1.10.2019 – C673/17, ECLI:EU:C:2019:801, Rn. 49 – Planet49.
[107] BGH NJW 1992, 737; MüKoStGB/Cierniak/Niehaus § 203 Rn. 76.
[108] Kamps NJW 1992, 1545 ff.; Münchener Empfehlung zur Wahrung der ärztlichen Schweigepflicht MedR 1992, 207 f.; Laufs/Katzenmeier/Lipp ArztR/Katzenmeier IX. Rn. 34; krit. Römermann NJW 2012, 1694 (1696).
[109] Laufs/Katzenmeier/Lipp/Katzenmeier Arztrecht IX. Rn. 34.
[110] Zum Ganzen und weiterführend Kamps NJW 1992, 1545 (1546).
[111] MüKoStGB/Ciernak/Niehaus § 203 Rn. 76.
[112] Vgl. BGH NJW 1995, 2025; Fischer StGB § 203 Rn. 34.

Die Problematik rechtskonformer Übertragungsprozesse stellt sich im Rahmen von 60
§ 203 StGB bei Arztpraxen insbesondere mit Blick auf die Patientendaten (Geheimnisgeschützte sind natürliche Personen) als auch bei Kanzleien mit Blick auf Mandantendaten (Geheimnisgeschützte sind sowohl natürliche als auch juristische Personen). Zwischen Asset- und Share Deal wird im Rahmen des § 203 StGB – im Gegensatz zum Datenschutzrecht – nicht unterschieden. Ein Verstoß gegen § 203 StGB bei der Veräußerung von Praxen oder Kanzleien kann zugleich zur Nichtigkeit des zivilrechtlichen Verpflichtungs- und Verfügungsgeschäfts (§ 134 BGB) mit anschließender Rückabwicklung führen.[113]

Im Datenschutzrecht wird dagegen danach differenziert, ob es sich um einen **Share Deal** 61
handelt, also dem Erwerb von Anteilen der Zielgesellschaft oder um einen **Asset Deal,** also einem Unternehmenserwerb durch Übertragung der einzelnen Vermögensgüter der Zielgesellschaft.[114] Beim Share Deal führt die mit der Anteilsübertragung verbundene Gesamtrechtsnachfolge (ebenso wie bei der Verschmelzung) datenschutzrechtlich dazu, dass das zu veräußernde Zielunternehmen als datenschutzrechtlich verantwortliche Stelle erhalten bleibt, das kaufende Unternehmen somit nicht als Empfänger nach Art. 4 Nr. 9 DS-GVO zu bewerten ist und keine zu rechtfertigende Datenübermittlung im Rechtssinne stattfindet.[115] Beim **Share Deal** dagegen werden Daten tatsächlich an den Veräußerer als Dritten übertragen, wobei dies nach herrschender Auffassung im Regelfall auf Grundlage von Art. 6 Abs. 1 UAbs. 1 lit. f DS-GVO zu bewerten ist.[116] Soweit es sich allerdings bei den zu übertragenden Daten um besondere Kategorien von Daten nach Art. 9 Abs. 1 DS-GVO handelt, erscheint es mangels vergleichbarer Grundlagen in Art. 9 Abs. 2 DS-GVO als Alternative zu der kaum praktikablen umfassenden Einholung von Einwilligung unumgänglich, die Datenbestände analog zur Situation in § 203 StGB in anonymisierter Form zu übertragen, bis wirksame Einwilligungen der Betroffenen vorliegen.[117]

IV. Tatbestandsausschluss nach Abs. 3

Die Neuregelung des § 203 Abs. 3 StGB sieht im Wege eines Tatbestandsausschlusses vor, 62
dass kein Offenbaren vorliegt, wenn der Berufsgeheimnisträger ein fremdes Geheimnis einem

- bei ihm berufsmäßig tätigen Gehilfen (Abs. 3 S. 1 Var. 1),
- einer Person, die zur Vorbereitung auf den Beruf beim Berufsgeheimnisträger tätig ist (Abs. 3 S. 1 Var. 2) oder
- sonstigen mitwirkenden Personen (Abs. 3 S. 2) zugänglich macht.[118]

Diese Personengruppen sind in den Kreis der zum Wissen Berufenen einbezogen.[119] 63
Die Einbeziehung der Personengruppen beruht auf dem Grundgedanken eines geschlossenen Geheimnisträgerkreises.[120] Deshalb unterfallen diese Personengruppen über Abs. 4 ihrerseits der strafbewehrten Schweigepflicht.

Durch das Gesetz zur Neuregelung des Schutzes von Geheimnissen bei der Mitwirkung 64
Dritter an der Berufsausübung schweigepflichtiger Personen (BT-Drs. 18/11936) wurde für Rechtsklarheit etwa im Bereich des Outsourcings durch Berufsgeheimnisträger gesorgt. Durch die Einführung der weiteren Kategorie der sonstigen mitwirkenden Person in

---

[113] BGH NJW 2001, 2462; OLG Hamm NJW 2012, 1743 mAnm Römermann NJW 2012, 1694; Quaas/Zuck/Clemens MedR/Zuck/Gokel § 72 Rn. 14.
[114] Hierzu und zum Folgenden Forgó/Helfrich/Schneider Betr. Datenschutz-HdB/Schröder Kap. 4 Rn. 37 ff.
[115] LReg Hessen LT-Drs. 15/1539, 10; Forgó/Helfrich/Schneider Betr. Datenschutz-HdB/Schröder Kap. 4 Rn. 37; Gola/Heckmann/Schulz DS-GVO Art. 6 Rn. 160; Schaffland NJW 2002, 1539 (1540 f.); aA Wengert/Widmann/Wengert NJW 2000, 1289 (1292).
[116] Gola/Heckmann/Schulz DS-GVO Art. 6 Rn. 160; Plath/Plath DS-GVO Art. 6 Rn. 110.
[117] Vgl. Tribess/Spitz GWR 2019, 261 (263 f.).
[118] Wessels/Hettinger/Engländer StrafR BT I Rn. 541.
[119] BT-Drs. 18/11936, 17; BeckOK StGB/Weidemann StGB § 203 Rn. 38; Cornelius StV 2016, 380 (385).
[120] BT-Drs. 18/11936, 17.

Abs. 3 S. 2 werden nun eindeutig auch diejenigen Konstellationen erfasst und von einem Strafbarkeitsrisiko befreit, in denen sich der Berufsgeheimnisträger dritter Personen bedient.[121] Ausschließlich rechtsgutsbezogen greift Abs. 3 S. 2 weder das Erfordernis der organisatorischen Einbindung oder eines Direktionsrechts auf, sondern schränkt zum einen die Einbeziehung der sonstigen mitwirkenden Person auf das Erforderliche ein und verlangt zum anderen vom Berufsgeheimnisträger nach Abs. 4 S. 2 Nr. 1 eine Belehrung des Dritten über die Schweigepflicht.

65 Zwar erfordert die neue gesetzgeberische Systematik keine Herrschaft des Berufsgeheimnisträgers über die dem Dritten zugänglich gemachten Geheimnisse. Soweit es sich bei diesen Geheimnissen jedoch zugleich um personenbezogene Daten handelt, wird diese Informationsherrschaft im Regelfall in Gestalt eines datenschutzrechtlich vorgesehenen Auftragsverarbeitungsverhältnisses zwischen Berufsgeheimnisträger und externem Dritten nach Art. 28 DS-GVO und der in einer Auftragsverarbeitungsvereinbarung obligatorisch zu regelnden Weisungsgebundenheit des Dritten als Auftragsverarbeiter (Art. 28 Abs. 3 S. 1 lit. a DS-GVO) vorliegen.[122]

V. Tod des Geheimnisgeschützten nach Abs. 5

66 Anders als das allgemeine Datenschutzrecht (Erwägungsgründe 27 S. 1, 158 S. 1 und 160 S. 2 DS-GVO) schützt § 203 Abs. 5 StGB das fremde Geheimnis des Betroffenen über den Tod hinaus. Gleiches gilt im Bereich des Sozialgeheimnisses nach § 35 SGB I. Dem liegt verfassungsrechtlich zugrunde, dass die Menschenwürde, welche die informationelle Selbstbestimmung mitgestaltet, auch nach dem Tod als postmortaler Persönlichkeitsschutz fortwirkt. Die Dauer des postmortalen Persönlichkeitsschutzes bemisst sich nach den Umständen des Einzelfalls.[123] Grundrechtlich folgt der postmortale Persönlichkeitsschutz in § 203 StGB – entgegen dem datenschutzrechtlichen Schutz – nicht aus dem allgemeinen Persönlichkeitsrecht und damit nicht dem Recht auf informationelle Selbstbestimmung, sondern allein aus der Menschenwürdegarantie.[124] Dennoch führt § 203 Abs. 5 StGB nicht zum zeitlich unbegrenzten „Einfrieren" der Geheimnisse Verstorbener. Stattdessen nimmt der postmortale Persönlichkeitsschutz gemeinsam mit dem Geheimhaltungsinteresse im zeitlichen Verlauf ab. Der Umfang der Abnahme richtet sich nach den Umständen des Einzelfalls, insbesondere nach der Sensibilität der Informationen und der seit dem Tod verstrichenen Zeit.[125]

67 Sofern der verstorbene Geheimnisgeschützte zu Lebzeiten sein Einverständnis zur Weiterverarbeitung seiner Daten zu Forschungszwecken erteilt hat, ist auf dieser Grundlage auch postmortal ein Offenbaren der fremden Geheimnisse gerechtfertigt, sofern anzunehmen ist, dass das Einverständnis auch über den Tod hinauswirken sollte.[126]

68 Wurde zu Lebzeiten keine Erklärung durch den Betroffenen abgegeben, kommt ein Rückgriff auf die mutmaßliche Einwilligung in Betracht, bei der der Wille des Verstorbenen eruiert werden muss.[127] Dabei können zur Ermittlung des mutmaßlichen Willens die Angehörigen befragt werden, wobei der erste Ansprechpartner regelmäßig der Totensorgeberechtigte ist.[128]

---

[121] Kargl StV 2017, 482 (486).
[122] Vgl. MüKoStGB/Ciernak/Niehaus § 203 Rn. 142.
[123] BVerfG NJW 1990, 1986 (1988); Cornelius MedR 2017, 15 (18).
[124] Cornelius MedR 2017, 15 (18); Maunz/Dürig/Di Fabio GG Art. 2 Abs. 1 Rn. 226.
[125] Matt/Renzikowski/Altenhain StGB §203 Rn. 22; Cornelius MedR 2017, 15 (18); LK-StGB/Hilgendorf §203 Rn. 90; zweifelnd Satzger/Schluckebier/Widmaier StGB/Bosch §203 Rn. 53.
[126] Vgl. Kollhosser FS Henckel, 1995, 463 (466); Weitz, Nutzung menschlicher Körpersubstanzen, 2008, 318.
[127] Satzger/Schluckebier/Widmaier StGB/Bosch § 203 Rn. 36; Schönke/Schröder/Eisele StGB § 203 Rn. 40.
[128] Cornelius MedR 2017, 15 (19).

C. Subjektiver Tatbestand und Irrtum

Der Täter muss wenigstens mit bedingtem Vorsatz hinsichtlich sämtlicher Tatbestandsmerkmale handeln. Sein Wissen um die Tatumstände muss sich hierfür auf die gesamten objektiven Merkmale, somit auch auf seine Zugehörigkeit zum möglichen Täterkreis sowie darauf, dass ihm in seiner geschützten Stellung ein Geheimnis anvertraut wurde, erstrecken.[129] 69

Verkennt der Täter, dass die ihm mitgeteilte Information ein Geheimnis im Sinne des § 203 StGB darstellt oder ihm dieses in seiner beruflichen Position oder seiner amtlichen Eigenschaft bekannt geworden ist, unterliegt er einem Tatbestandsirrtum, der nach § 16 StGB zu beurteilen ist und den Vorsatz ausschließt.[130] 70

Glaubt der Täter irrig, der Geheimnisgeschützte habe tatsächlich in das Offenbaren des Geheimnisses eingewilligt, irrt er über einen Rechtfertigungsgrund (→ Rn. 75 f.).[131] 71

Sofern dem Täter die Tatsachen bekannt sind, er aber meint, das Geheimnis dennoch offenbaren zu dürfen, befindet er sich in einem Erlaubnisirrtum nach § 17 StGB.[132] Einen Verbotsirrtum nach § 17 StGB stellt es dar, wenn sich der Täter, obwohl ihm bekannt ist, dass die ihm in seiner Stellung anvertraute Information ein Geheimnis darstellt, über den Umfang seiner Offenbarungsbefugnis irrt, etwa indem er davon ausgeht, er dürfe anderen Schweigepflichtigen das Geheimnis offenbaren.[133] Ob der Täter hierdurch straflos handelt, richtet sich nach § 17 StGB, so dass es auf die Vermeidbarkeit des Irrtums ankommt. An dessen Unvermeidbarkeit stellt die Rechtsprechung hohe Anforderungen.[134] 72

D. Rechtswidrigkeit

I. Unbefugt

Das Offenbaren fremder Geheimnisse nach § 203 StGB muss unbefugt erfolgen.[135] Dies ist dann der Fall, wenn die Mitteilung des fremden Geheimnisses ohne eine (ausdrückliche, konkludente oder mutmaßliche) Zustimmung des Verfügungsberechtigten oder ohne ein Recht zur Mitteilung erfolgt.[136] Ein solches Mitteilungsrecht ist gegeben, wenn einer gesetzlichen Offenbarungspflicht (wie § 138 StGB, § 807 ZPO, § 11 Abs. 4 TPG, §§ 31, 31a AO)[137] oder Offenbarungsbefugnis (bei denen die Weitergabe des Geheimnisses im Ermessen des jeweiligen Berufsträgers steht)[138], entsprochen wird. Im Übrigen kommt für den Ausschluss der Strafbarkeit die Einwilligung des Verfügungsberechtigten in Betracht. Ob diese in § 203 StGB ein tatbestandsausschließendes Einverständnis oder eine rechtfertigende Einwilligung darstellt, ist traditionell umstritten.[139] Die Frage wirkt sich insbesondere im Bereich der Irrtümer aus.[140] 73

---

[129] Graf/Jäger/Wittig/Dannecker StGB § 203 Rn. 71; LK-StGB/Hilgendorf § 203 Rn. 134; SK-StGB/Hoyer § 203 Rn. 61.
[130] Graf/Jäger/Wittig/Dannecker StGB § 203 Rn. 72.
[131] Graf/Jäger/Wittig/Dannecker StGB § 203 Rn. 74.
[132] Graf/Jäger/Wittig/Dannecker StGB § 203 Rn. 74.
[133] OLG Düsseldorf BeckRS 2015, 18615 Rn. 17; Matt/Renzikowski/Altenhain StGB § 203 Rn. 52; Graf/Jäger/Wittig/Dannecker StGB § 203 Rn. 73.
[134] Cornelius GA 2015, 101 f.; Graf/Jäger/Wittig/Dannecker StGB § 203 Rn. 74.
[135] Unbefugtes Handeln setzen alle Tatbestände des 15. Abschnitts voraus.
[136] Cornelius StV 2016, 380 (383); Schönke/Schröder/Eisele StGB § 203 Rn. 21.
[137] Schönke/Schröder/Eisele StGB § 203 Rn. 43.
[138] Vgl. Schönke/Schröder/Eisele StGB § 203 Rn. 33.
[139] Zur generellen Diskussion der Eiordnung der Zustimmung des Betroffenen als tatbestands- oder rechtswidrigkeitsausschließend Roxin/Greco StrafR AT I § 13.
[140] MüKoStGB/Ciernak/Niehaus § 203 Rn. 63.

1. Das Merkmal „unbefugt" in der strafrechtlichen Systematik

74 Das Offenbaren ist befugt, wenn der Geheimnisgeschützte dem Offenbaren zustimmt. Manche bewerten die Zustimmung des Geheimnisgeschützten als tatbestandsausschließendes Einverständnis.[141] Nach dieser Auffassung ordnet das Merkmal „unbefugt" informationsrechtlich das Geheimnis dem Geheimnisgeschützten zu. Der Geheimnisgeschützte kann über die Mitteilung des Geheimnisses frei verfügen. Das Einverständnis des Geheimnisgeschützten hebe das Schutzbedürfnis und damit den Schutzzweck des § 203 StGB auf, weshalb der Tatbestand insgesamt ausgeschlossen ist.

75 Richtigerweise schließt die Einwilligung den Tatbestand des § 203 StGB nur dann aus, wenn der Geheimnisgeschützte auf die Geheimhaltung **insgesamt** verzichtet und damit seinen allgemeinen Offenbarungswillen ausdrückt.[142] Sofern die Einwilligung lediglich den Kreis der Geheimnisträger erweitert, das Geheimnis im Übrigen jedoch gegenüber Dritten geschützt bleiben soll, entfällt die Rechtswidrigkeit des Offenbarens nur für den Kreis der Geheimnisträger. Eine solche einschränkende Wirkung der Einwilligung des Geheimnisgeschützten erscheint gerade vor dem Hintergrund der besonderen Vertrauensbeziehung zu Berufsgeheimnisträgern und den zum Teil hochsensiblen Informationen, die diesen anvertraut werden, geboten.

76 Das Merkmal **unbefugt** betrifft somit iRd § 203 StGB regelmäßig die Frage der Rechtswidrigkeit.[143] Es kennzeichnet neben der Bedeutung der rechtfertigenden Einwilligung die Möglichkeit gesetzlicher Rechtfertigungsgründe und Offenbarungsregeln.[144] § 203 StGB regelt selbst nicht, wann das Offenbaren fremder Geheimnisse erfolgen darf.[145] Vielmehr zeigt das Merkmal „unbefugt", dass nach „einschlägigen gesetzlichen Regelungen und allgemeinen Rechtsgrundsätzen" zu prüfen ist, ob die Mitteilung des fremden Geheimnisses straflos ist.[146]

2. Das Merkmal „unbefugt" und das Verhältnis zum Datenschutzrecht

77 Soweit die fremden Geheimnisse zugleich personenbezogene Daten darstellen, stellt sich die Frage nach dem Verhältnis zwischen Datenschutzrecht und der Schweigepflicht. Der Ausgangspunkt beider Regelungsmaterien ist der allgemeine Persönlichkeitsschutz in seiner Ausprägung als Recht auf informationelle Selbstbestimmung (→ Rn. 5).[147] Allerdings sind beide Schutzregime keinesfalls umfassend kongruent:[148] § 203 StGB schützt in erster Linie die Geheimnisse natürlicher und juristischer Personen, während das Datenschutzrecht das Recht des Betroffenen schützt, über die ihn betreffenden personenbezogenen Daten selbst zu verfügen.[149]

78 **a) Verhältnis von § 203 StGB und DS-GVO.** Die DS-GVO trifft selbst keine inhaltlichen Regelungen zum Berufsgeheimnisschutz. Daher ist ein Nebeneinander von DS-

---

[141] OLG Köln NJW 1962, 686 (688); Matt/Renzikowski/Altenhain StGB § 203 Rn. 35; MüKoStGB/Cierniak/Niehaus § 203 Rn. 63; Schönke/Schröder/Eisele StGB § 203 Rn. 29; Spickhoff/Knauer/Brose StGB §§ 203–205 Rn. 32.
[142] Graf/Jäger/Wittig/Dannecker StGB § 203 Rn. 55; Fischer StGB § 203 Rn. 62; LK-StGB/Hilgendorf § 203 Rn. 140; Matt/Renzikowski/Altenhain StGB § 203 Rn. 18.
[143] So auch OLG Bremen MedR 1984, 112; OLG Köln NJW 2000, 3656 (3657); NK-StGB/Kargl § 203 Rn. 50; Kraatz ArztStrafR § 9 Rn. 245.
[144] Vgl. BVerfGE 55, 274 (324 f.); MüKoStGB/Cierniak/Niehaus § 203 Rn. 62; Dochow MedR 2019, 279 (286); Jülicher, Medizininformationsrecht, 2018, 72; Spickhoff/Knauer/Brose StGB §§ 203–205 Rn. 32; Rogall NStZ 1983, 1 (7); LK-StGB/Hilgendorf § 203 Rn. 171.
[145] Eine Ausnahme bildet § 203 Abs. 3 S. 2 StGB, der eine gesetzliche Offenbarungsbefugnis an externe Hilfspersonen regelt.
[146] BT-Drs 7/550, 236.
[147] Dochow MedR 2019, 279 (280).
[148] Ausführlich Dochow MedR 2019, 279 (282 ff.); ders. MedR 2019, 363 (365); Kühling/Buchner/Weichert DS-GVO Art. 9 Rn. 146.
[149] Cornelius StV 2016, 380 (381); Kilian NJW 1998, 787 (787 f.).

GVO und § 203 StGB unproblematisch.¹⁵⁰ Art. 9 Abs. 3 DS-GVO, Art. 14 Abs. 5 lit. d DS-GVO, Art. 90 Abs. 1 DS-GVO sowie national § 22 Abs. 1 Nr. 1 lit. b BDSG zeigen, dass Datenschutz und (mitgliedstaatlicher) Geheimnisschutz koexistieren.¹⁵¹ Die datenschutzrechtlichen Regelungen setzen den Berufsgeheimnisschutz voraus, ohne diesen vorwegzunehmen. Der Anwendungsvorrang des Unionsrechts ist daher nicht berührt.

b) Verhältnis von § 203 StGB und BDSG. § 1 Abs. 2 S. 3 BDSG sieht vor, dass die Wahrung gesetzlicher Geheimhaltungspflichten sowie von Berufsgeheimnissen, die **nicht** auf gesetzlichen Vorschriften beruhen, vom Datenschutzrecht nicht tangiert werden. Zu den Geheimhaltungspflichten gehören Verschwiegenheitspflichten, die keine besondere berufliche oder amtliche Funktion erfordern und außerhalb des BDSG stehen.¹⁵² Berufsgeheimnisse knüpfen an bestimmte berufliche Positionen an, werden aber von § 1 Abs. 2 S. 3 BDSG nur berührt, wenn sie nicht auf gesetzlichen Vorschriften beruhen (so etwa das Bankgeheimnis).¹⁵³ Das in § 35 SGB I geregelte Sozialgeheimnis etwa bildet keine Geheimhaltungspflicht iSd § 1 Abs. 2 S. 3 BDSG, da es Teil des national abschließenden Sozialdatenschutzrechts ist und damit dem BDSG nach § 1 Abs. 2 S. 1 BDSG vorgeht.

Bei **§ 203 StGB** wird in der Literatur regelmäßig argumentiert, es handele sich nicht um eine gesetzlich geregelte Geheimhaltungsverpflichtung iSd § 1 Abs. 2 S. 3 BDSG. § 203 Abs. 1 StGB begründe selbst keine Geheimhaltungspflicht, sondern sanktioniere lediglich die Verletzung einer solchen, anderswo geregelten Pflicht.¹⁵⁴ Dagegen sollen berufs- und standesrechtliche Regelungen wie § 9 MBO-Ä 1997, § 8 MBO-Psych (in der jeweiligen landesrechtlichen Ausformung), § 43a Abs. 2 S. 1 BRAO oder § 57 Abs. 1 StBerG eine gesetzlich geregelte Geheimhaltungsverpflichtungen iSd § 1 Abs. 2 S. 3 BDSG bilden.¹⁵⁵

Dieser Einschätzung steht entgegen, dass die von § 203 Abs. 1 StGB erfassten Berufsgeheimnisse traditionell auf mehrere gleichrangige Grundlagen zivil-, straf- und berufsrechtlicher Art aufsetzen. § 203 Abs. 1 Nr. 1 StGB etwa knüpft in Bezug auf die ärztliche Schweigepflicht nicht an § 9 MBO-Ä 1997, dessen Umsetzung durch die Landesärztekammern oder die zivilrechtliche Nebenpflicht aus dem Behandlungsvertrag an, sondern schafft eigene Voraussetzungen für die Verschwiegenheitspflicht.¹⁵⁶ Weiterhin spricht für eine aus § 203 Abs. 1 Nr. 1 StGB selbst folgende Geheimhaltungspflicht, dass der BGH § 203 StGB als Verbotsgesetz nach § 134 BGB einordnet.¹⁵⁷ Im Ergebnis kann die Streitfrage offen bleiben, da § 203 Abs. 1 StGB jedenfalls als gesetzliche Geheimhaltungspflicht im Sinne des § 1 Abs. 2 S. 3 Var. 1 BDSG einzuordnen ist.

Fraglich erscheint, welche Rechtsfolge aus der Formulierung „bleibt unberührt" des § 1 Abs. 2 S. 3 Var. 1 BDSG folgt.¹⁵⁸

Nach einer Auffassung wird aus § 1 Abs. 2 S. 3 BDSG abgeleitet, dass die Geheimhaltungspflicht die datenschutzrechtlichen Regelungen dort verdrängt, wo eine Datenübermittlung in einem gegenüber dem Datenschutzrecht weiteren Umfang zulässig sei.¹⁵⁹

---

¹⁵⁰ Dochow MedR 2019, 363 (364); Roßnagel Neues DatenschutzR/Jandt § 8 Rn. 309.
¹⁵¹ Dochow MedR 2019, 363; ders. GesR 2016, 401 (408); Ernst, Rechtsfragen der Systemmedizin, 2020, 176; vgl. HK-AKM/Buchner Datenschutz Rn. 20; Kühling/Buchner/Weichert DS-GVO Art. 9 Rn. 146.
¹⁵² Etwa das Statistikgeheimnis (§ 16 Abs. 1 BStatG) oder das Telekommunikationsgeheimnis (§ 3 TTDSG), BeckOK DatenschutzR/Gusy/Eichendorfer BDSG § 1 Rn. 85; Plath BDSG § 1 Rn. 16.
¹⁵³ Hierzu zählt etwa das nicht geregelte Bankgeheimnis, Gola/Heckmann DS-GVO/BDSG/Gola/Reif BDSG § 1 Rn. 14.
¹⁵⁴ So Gola/Heckmann DS-GVO/BDSG/Gola/Reif BDSG § 1 Rn. 12; BeckOK DatenschutzR/Gusy/Eichendorfer BDSG § 1 Rn. 85; aA wohl Däubler/Wedde/Weichert/Sommer/Weichert BDSG § 1 Rn. 14.
¹⁵⁵ Paal/Pauly/Ernst BDSG § 1 Rn. 9.
¹⁵⁶ Kingreen/Kühling Gesundheitsdatenschutz/Kircher S. 205.
¹⁵⁷ BGHZ 115, 123 (125); 116, 268 (272).
¹⁵⁸ Zum Meinungsstreit umf. Dochow MedR 2019, 363 (364 ff.).
¹⁵⁹ Etwa Plath BDSG § 1 Rn. 15; zum inhaltsgleichen § 1 Abs. 3 S. 2 BDSG aF; Simitis/Dix BDSG aF, 7. Aufl. 2011, § 1 Rn. 186, die dem Datenschutzrecht eine Auffangfunktion („Minimalstandard") im Verhältnis zum Geheimnisschutz beimessen.

84 Nach anderer Auffassung soll der Berufsgeheimnisschutz pauschal gegenüber dem Datenschutzrecht vorrangig sein.[160]

85 Nach einer dritten Auffassung soll für das Verhältnis von Datenschutz und Geheimhaltungspflicht danach zu differenzieren sein, ob der Geheimnisschutz über das Datenschutzrecht hinausgeht. In diesem Fall soll die Geheimhaltungsregel gelten. Bleibt der Geheimnisschutz hinter dem Datenschutzrecht zurück, soll das Datenschutzrecht gelten.[161]

86 Der BGH war im Rahmen des BDSG im Jahr 1990 der Auffassung, dass datenschutzrechtliche Regelungen und Berufsgeheimnisse nebeneinander gelten.[162] Diese auch als „Zwei-Schranken-Prinzip" bezeichnete Auffassung überzeugt auch weiterhin.[163] Datenschutzrecht und Geheimhaltungspflicht stellen parallele, getrennt voneinander zu beurteilende Rechtsmaterien dar.[164] Der Wortlaut „unberührt" des § 1 Abs. 2 S. 3 Var. 1 BDSG zeigt bereits, dass eine andere Rechtsfolge als bei der Subsidiaritätsregel aus § 1 Abs. 2 S. 1 BDSG (dort heißt es „gehen vor") gelten soll.[165] Daher ist die Übermittlung von Informationen durch Berufsgeheimnisträger an Dritte stets sowohl datenschutzrechtlich und unabhängig hiervon nach Maßgabe von § 203 StGB zu bewerten. Die datenschutzrechtliche und die geheimnisschutzrechtliche Bewertung kann daher jeweils zu unterschiedlichen Ergebnissen führen (zB im Falle fahrlässigen Handelns oder bei der Einbeziehung von Auftragsverarbeitung, die nicht automatisch zu einem befugten Offenbaren iSd § 203 StGB führt).

87 Eine andere Frage ist, ob datenschutzrechtliche Befugnisregeln zu einem „befugten" Offenbaren iSd § 203 StGB führen können (→ Rn. 77 ff.). Trotz unabhängiger Prüfung beider Schutzbereiche sind insoweit wechselseitige Einflüsse denkbar.

3. Datenschutzrechtliche Spezialbereiche im Verhältnis zu § 203 StGB

88 **a) Allgemeine Anforderungen gesetzlicher Befugnisregeln.** Die Identifikation von datenschutzrechtlichen Verarbeitungsgrundlagen, die zugleich das Offenbaren fremder Geheimnisse nach § 203 StGB legitimieren, ist teilweise problematisch.[166] Als Befugnisregeln kommen zunächst nur Regelungen des Bundes- oder Landesrechts in Betracht, nicht hingegen untergesetzliche Regelungen wie satzungsrechtliche Berufsordnungen,[167] Verwaltungsvorschriften[168] oder binnenrechtliche Best-Practice-Empfehlungen.

89 Nicht jede datenschutzrechtliche Übermittlungsbefugnis rechtfertigt zugleich ein Offenbaren nach § 203 StGB.[169] Vielmehr kann eine Befugnis für § 203 StGB zunächst aus Regelungen hervorgehen, die nicht nur allgemein auf die Verarbeitung personenbezogener Daten abzielen, sondern gerade das Offenbaren von Geheimnissen aus dem persönlichen Lebensbereich gestatten oder sogar hierzu verpflichten.[170] Wo nicht ausdrücklich das Offenbaren von Geheimnissen des Geheimnisgeschützten zugelassen oder gefordert wird, muss im Wege der Auslegung ermittelt werden, ob die jeweilige Norm den personenbezogenen Informationsaustausch in Anbetracht des Geheimnischarakters oder des spezifischen Verhältnisses zwischen Berufsgeheimnisträger und Geheimnisgeschütztem rechtfer-

---

[160] BeckOK DatenschutzR/Gusy/Eichenhofer BDSG § 1 Rn. 83; nach früherem BDSG Simitis/Dix BDSG aF, 7. Aufl. 2011, § 1 Rn. 184.
[161] Gola/Heckmann DS-GVO/BDSG/Gola/Reif BDSG § 1 Rn. 12; Hamm/Möller/Tinnefeld, Datenschutz und Forschung, 1999, 78 (83).
[162] BGH NJW 1992, 737 (739); NJW 2007, 2106 (2108).
[163] Beyerle, Rechtsfragen medizinischer Qualitätskontrolle, 2004, 121 ff., 129; Dochow MedR 2019, 363 (365); Ehmann ZD 2017, 201; Ernst, Rechtsfragen der Systemmedizin, 2020, 176 f.; Laufs/Katzenmeier/Lipp ArztR/Katzenmeier Teil IX Rn. 1; Kingreen/Kühling Gesundheitsdatenschutz/Kircher S. 186 (204).
[164] Dochow MedR 2019, 363 (365).
[165] Dochow MedR 2019, 363 (365).
[166] Kilian, Rechtsfragen der medizinischen Forschung mit Patientendaten, 1983, 45.
[167] Dochow MedR 2019, 279 (286).
[168] LK-StGB/Hilgendorf § 203 Rn. 171.
[169] Dochow, Grundlagen und normativer Rahmen der Telematik im Gesundheitswesen, 2017, 858.
[170] Rogall NStZ 1983, 1 (7).

tigt, indem sie etwa den Berufsgeheimnisträger adressiert, die Verarbeitung von Patienten- oder Mandantendaten erfasst und hier speziell auch die Datenübermittlung an Nichtwissende legitimiert.[171]

b) Auftragsverarbeitungsvereinbarung (Art. 28 DS-GVO) als Befugnisregelung. 90
Bei den privilegierenden Datenschutzregeln der Auftragsverarbeitung (Art. 28 DS-GVO)[172] war bereits nach früherem Datenschutzrecht anerkannt, dass die datenschutzrechtlich zulässige Übermittlung personenbezogener Daten vom Verantwortlichen an den Auftragsverarbeiter (nunmehr nach Art. 28 DS-GVO) strafrechtlich dennoch ein unbefugtes Offenbaren darstellen kann.[173] Diese Divergenz wurde durch die Erweiterung der an der beruflichen Tätigkeit mitwirkenden Personen in § 203 Abs. 3 S. 2 StGB[174] abgeschwächt.[175]

Sowohl § 203 Abs. 3 S. 2 StGB als auch das Auftragsverarbeitungsverhältnis setzen nicht 91 voraus, dass der Mitwirkende in die Organisation des Berufsgeheimnisträgers eingebunden ist.[176] Die strafrechtliche Geheimhaltungsverpflichtung des Mitwirkenden nach § 203 Abs. 4 S. 2 Nr. 2 StGB kann mit der datenschutzrechtlichen Pflicht verglichen werden, Auftragsverarbeiter nach Art. 28 Abs. 3 S. 2 lit. b DS-GVO zur Vertraulichkeit zu verpflichten.

Allerdings bestehen auch weiterhin Unterschiede zwischen Hilfspersonen im Straf- und 92 Datenschutzrecht: § 203 Abs. 3 S. 2 StGB setzt voraus, dass die Inanspruchnahme der mitwirkenden Person erforderlich ist, sie also in unmittelbarem Zusammenhang mit der beruflichen oder dienstlichen Tätigkeit des Berufsgeheimnisträgers steht.[177] Die datenschutzrechtliche Auftragsverarbeitung steht unter keinem solchen Vorbehalt, auch wenn die mit dem Informationsaustausch zwischen Auftraggeber oder Auftragsverarbeiter verbundene Datenverarbeitung stets den allgemeinen datenschutzrechtlichen Grundsätzen der Zweckbindung, Datenminimierung und Speicherbegrenzung unterliegen.[178] Dennoch stellt Art. 28 DS-GVO teilweise auch gesteigerte, über § 203 Abs. 3 S. 2 StGB hinausgehende Anforderungen an die Auftragsverarbeitung:
- sorgfältige Auswahl des Auftragsverarbeiters (Art. 28 Abs. 1 DS-GVO);
- Abschluss einer Auftragsverarbeitungsvereinbarung unter besonderer Beachtung des Art. 28 Abs. 3 S. 2 DS-GVO.[179]

Damit gilt auch nach Einführung des § 203 Abs. 3 S. 2 StGB im Bereich der Auftrags- 93 verarbeitung das Nebeneinander von Datenschutz- und Strafrecht.[180]

c) Gesetzliche Grundlagen der allgemeinen Datenschutzgesetze als Befugnisrege- 94 **lung.** So folgt eine Befugnis zum Offenbaren fremder Geheimnis nach § 203 StGB nicht aus den Forschungsklauseln des allgemeinen Datenschutzrechts, insbesondere nicht aus § 27 Abs. 1 S. 1 BDSG.[181] Auch wenn gerade die Forschungsklausel des

---

[171] Dochow MedR 2019, 279 (286); ders., Grundlagen und normativer Rahmen der Telematik im Gesundheitswesen, 2017, 858; Rogall NStZ 1983, 1 (7).
[172] Für eine privilegierende Wirkung der Auftragsverarbeitung, die zu einem Entfallen einer zusätzlichen datenschutzrechtlichen Rechtfertigungspflicht von Übermittlungen vom Verantwortlichen an den Auftragsverarbeiter führt, Art.-29-Gruppe WP 169, 8; Gola/Heckmann DS-GVO/BDSG/Gola DS-GVO Art. 4 Rn. 75; Gierschmann/Schlender/Stentzel/Veil/Kramer DS-GVO Art. 4 Nr. 8 Rn. 11, Art. 28 Rn. 2; Plath DS-GVO Art. 28 Rn. 3; Schmitz/v. Dall'Armi ZD 2016, 427 (429); aA Koós/Englisch ZD 2014, 276 (284); Härting ITRB 2016, 137.
[173] Dochow MedR 2019, 279 (286); bereits nach früherem Datenschutzrecht Cornelius StV 2016, 380 (381); Sieber FS Eser, 2005, 1155 (1157); aA Giesen NStZ 2012, 122 (126).
[174] IdF durch das Gesetz zur Neuregelung des Schutzes von Geheimnissen bei der Mitwirkung Dritter an der Berufsausübung schweigepflichtiger Personen vom 30.10.2017, BGBl. 2017 I 3618.
[175] Von einem „Gleichlauf" zumindest für rechtsberatende Berufe spricht Ehmann ZD 2017, 201.
[176] BT-Drs. 18/11936, 22.
[177] BT-Drs. 18/11936, 22.
[178] Dochow MedR 2019, 279 (286).
[179] Dochow MedR 2019, 363 (367 Fn. 218).
[180] Dochow MedR 2019, 363 (367); Schuster/Müller medstra 2018, 323 (329).
[181] So im Gesundheitskontext Jülicher, Medizininformationsrecht, 2018, 228; vgl. Spickhoff/Knauer/Brose StGB §§ 203–205 Rn. 34a bezogen auf die Weitergabe von Patientendaten an private Abrechnungsstellen.

§ 27 Abs. 1 S. 1 BDSG auf besondere Kategorien von Daten abzielt, fehlt der Regelung doch eine spezifische gesetzliche Auseinandersetzung mit dem Geheimhaltungsverhältnis zwischen Arzt und Patient, was Voraussetzung für ein rechtfertigendes Offenbaren iRd § 203 Abs. 1 Nr. 1 StGB wäre.

95 Die rechtfertigende Wirkung wurde früher bei landesrechtlichen Verarbeitungsgrundlagen der allgemeinen Landesdatenschutzgesetze teilweise anders bewertet.[182] Dies überzeugt schon deshalb nicht, weil auch die Forschungsklauseln der allgemeinen Landesdatenschutzgesetze (beispielsweise § 13 LDSG BW oder Art. 25 BayDSG) allgemein auf personenbezogene Daten abstellen, unabhängig davon, ob es sich zugleich um geheimnisgeschützte Informationen (wie aus der Arzt-Patienten-Beziehung) handelt. Dies bildet keine spezifische Befugnis zum Offenbaren von dem persönlichen Lebensbereich zuzuordnenden Berufsgeheimnissen. Auch § 12 LDSG BW, der eine spezifische Zweckbindung für Daten vorsieht, die einem Berufsgeheimnis unterliegen, schränkt lediglich die Zweckänderung durch die öffentliche Stelle als Empfänger eines dem Berufsgeheimnis unterliegenden personenbezogenen Datums ein und zielt gerade nicht auf das Offenbaren des Geheimnisses durch den Berufsgeheimnisträger selbst ab.

96 **d) Befugnisregelungen der bereichsspezifischen Datenschutzgesetze.** Befugnisregeln für § 203 StGB können dagegen sowohl aus bereichsspezifischem Landes- als auch Bundesrecht folgen. Auf landesrechtlicher Ebene sehen im Gesundheitskontext die Landeskrankenhausgesetze (zB § 46 Abs. 1 LKHG BW) oder auch Landeskrebsregistergesetze (zB Art. 4 BayKRG) spezifische Verarbeitungsregeln mit kompensierenden Schutzmaßnahmen für die Verarbeitung von Patientendaten vor, die zugleich der besonderen Vertraulichkeit der Arzt-Patienten-Beziehung unterliegen.[183] Die Meldepflichten der Landeskrebsregistergesetze stellen eine Offenbarungspflicht dar, deren Nichteinhaltung sogar strafbewehrt ist.

II. Einwilligung

97 Das Offenbaren des Geheimnisses ist befugt bei wirksamer Einwilligung des Geheimnisgeschützten.[184] Soweit das Geheimnis zugleich ein personenbezogenes Datum ist, lässt eine datenschutzrechtlich wirksame Einwilligung regelmäßig zugleich die Strafbarkeit nach § 203 StGB entfallen. Auf diese Doppelbedeutung der Einwilligung ist der Betroffene explizit hinzuweisen.[185] Dennoch besteht keine vollständige Kongruenz zwischen der datenschutzrechtlichen Einwilligung und der Einwilligung nach § 203 StGB. Siehe zur doppelten Bedeutung der Einwilligung auch → § 28 Rn. 1 ff.

98 Die DS-GVO sieht im Gegensatz zu § 4a Abs. 3 BDSG aF keine Schriftform für die Einwilligung mehr vor. Soweit besondere Kategorien von Daten iSd Art. 9 Abs. 1 DS-GVO betroffen sind, scheidet jedoch zumindest eine konkludente Einwilligung aus.[186] Dagegen kommt bei § 203 Abs. 1 StGB eine konkludente Einwilligung in Betracht, etwa wenn der Geheimnisgeschützte den Rechtsanwalt einer Anwaltskanzlei konsultiert und die Fallbearbeitung für den Geheimnisgeschützten erkennbar nicht nur durch den konkreten Rechtsanwalt, sondern auch durch weitere mit diesem zusammenarbeitenden Rechtsanwälte erfolgt.[187] Allerdings ist das Vorliegen einer konkludenten Zustimmung nur mit Zu-

---

[182] Kilian, Rechtsfragen der medizinischen Forschung mit Patientendaten, 1983, 45 ff.; Wolters, Datenschutz und medizinische Forschungsfreiheit, 1988, 37.
[183] Cornelius MedR 2017, 15 (19); Karaalp, Der Schutz von Patientendaten für die medizinische Forschung in Krankenhäusern, 2017, 204; U. K. Schneider, Sekundärnutzung klinischer Daten – Rechtliche Rahmenbedingungen, 2015, 76, 267 ff.; LK-StGB/Hilgendorf § 203 Rn. 171.
[184] Fischer StGB § 203 Rn. 64; zur Verfügungsberechtigung Schönke/Schröder/Eisele StGB § 203 Rn. 31 f.
[185] Vgl. Däubler/Wedde/Weichert/Sommer/Wedde DS-GVO Art. 9 Rn. 54; Kühling/Buchner/Weichert DS-GVO Art. 9 Rn. 49; ähnlich unter Verweis auf das Zwei-Schranken-Prinzip Ratzel/Luxenburger MedR-HdB/Lippert Kap. 30 Rn. 100.
[186] Dochow MedR 2019, 363 (368).
[187] NK-StGB/Kargl § 203 Rn. 58; Satzger/Schluckebier/Widmaier StGB/Bosch § 203 Rn. 34.

rückhaltung anzunehmen. Jedenfalls darf die aktive Zustimmung nicht durch eine bloße passive Widerspruchsmöglichkeit gegen die Offenbarung ersetzt werden.[188] So wird ein Patient nicht typischerweise von einer Nutzung seiner Behandlungsdaten für die medizinische Forschung ausgehen können. Dies gilt auch dann, wenn sich der Patient in einer Universitätsklinik behandeln lässt, und dabei zwar erkennt, dass diese grundsätzlich auch Forschung und Lehre betreibt, der Patient, der sich in ärztliche Behandlung begibt, jedoch nicht notwendigerweise mit der Verarbeitung seiner Behandlungsdaten für Forschungszwecke rechnen und erst recht nicht konkludent damit einverstanden sein muss.

Die Einwilligung iRd § 203 StGB muss, ebenso wie die datenschutzrechtliche Einwilligung, eine **informierte Einwilligung** darstellen. Der Geheimnisgeschützte muss bei Erteilung seiner Zustimmung einsichts- und urteilsfähig sein, bei verständiger Würdigung Bedeutung und Tragweite seines Einverständnisses überblicken und ohne Zwang seine Erklärung abgeben, damit die Zustimmung frei von Willensmängeln erfolgt.[189] Dies setzt eine Aufklärung des Geheimnisgeschützten über den Umfang des Offenbarens und den konkreten Empfänger voraus.[190] 99

Bei der Reichweite der Einwilligung bestehen Ähnlichkeiten zur datenschutzrechtlichen Diskussion über die Möglichkeit einer weiten Zweckfestlegung, wie es etwa bei einer Einwilligung in die „medizinische Forschung" der Fall ist. Insoweit könnte auch für die Zustimmung bei § 203 StGB eine spezifische Aufklärung über den Zweck des Offenbarens und den Kreis der Datenempfänger zu fordern sein. 100

Allerdings lässt die im Strafrecht erforderliche restriktive Auslegung eine weite (da rechtfertigende) und eigenständige Auslegung des Merkmals informierte Einwilligung und bestimmter Verarbeitungszweck zu. Aufklärungsdichte und Legitimationsumfang der rechtfertigenden Einwilligung richten sich nach strafrechtlichen Kriterien und sind unabhängig von den datenschutzrechtlichen Anforderungen. 101

Auch bei § 203 StGB steht die genannte verständige Würdigung von Bedeutung und Tragweite iRd Einwilligung einer regelhaften breiten Einwilligung entgegen. Insoweit können Parallelen zur Einwilligung in interventionelle Eingriffe gezogen werden: Der Arzt muss den Patienten auf die Folgen der geplanten Behandlung hinweisen, die ein verständiger Mensch in der Position des Patienten für die Entscheidung über die Einwilligung in die Behandlung für bedeutsam halten würde.[191] Beim Umgang mit Informationen des Geheimnisgeschützten gelten ähnliche Parameter. Ein Patient, der nur pauschal über den Forschungsbereich, für den Daten aus dem Arzt-Patienten-Verhältnis offenbart werden sollen, informiert wird und auf dieser Informationsgrundlage mit seiner Einwilligung ein Offenbaren dieser Daten für einen längeren Zeitraum legitimiert, wird bei Einwilligungserteilung kaum Tragweite und Auswirkung seiner Entscheidung überschauen können. Problematisch sind insbesondere formularmäßige, pauschal erteilte Einwilligungserklärungen im Rahmen von Krankenhausaufnahme- oder Versicherungsverträgen, die in der Folge ein Offenbaren auch für andere Zwecke legitimieren sollen.[192] Zweifelhaft wäre daher auch die legitimierende Wirkung formularmäßiger Forschungsklauseln in Krankenhausaufnahme- oder Behandlungsverträgen, die den Behandelnden die Übermittlung von Behandlungsdaten an Dritte für Forschungszwecke gestatten. 102

---

[188] Schönke/Schröder/Eisele StGB § 203 Rn. 36.
[189] MüKoStGB/Cierniak/Niehaus § 203 Rn. 67; Cornelius StV 2016, 380 (384); Matt/Renzikowski/Altenhain StGB § 203 Rn. 35; LK-StGB/Hilgendorf § 203 Rn. 151.
[190] Cornelius StV 2016, 380 (384).
[191] Roxin/Schroth MedizinStrafR-HdB/Schöch S. 53 f.
[192] Vgl. BGH NJW 2014, 142 (142); MüKoStGB/Cierniak/Niehaus § 203 Rn. 67; Schönke/Schröder/Eisele StGB § 203 Rn. 33; Fischer/Uthoff MedR 1996, 115 f.

III. Mutmaßliche Einwilligung

103 Die mutmaßliche Einwilligung kann das Offenbaren rechtfertigen, wenn die tatsächliche Einwilligung des Geheimnisgeschützten nicht eingeholt werden kann oder dieser wegen Belanglosigkeit kein Interesse an der Rechtsgutswahrung hat.[193] Das Handeln auf Grundlage mutmaßlicher Einwilligung muss im Interesse des Betroffenen liegen.[194] Mangels aktiver Willensbetätigung des Betroffenen selbst, setzt dies eine Abwägung der kollidierenden Interessen des Betroffenen voraus (zB eine Abwägung zwischen dem Verzicht auf die autonome Entscheidung des bewusstlosen Patienten und der dringend medizinisch indizierten Behandlungsmaßnahme).[195] Eine Abwägung mit Drittinteressen, etwa mit dem Forschungsinteresse von Einrichtungen an der Nutzung von Patientendaten, ist dabei ausgeschlossen. Kollidierende Rechtsgüter Dritter und die Abwägung derselben mit den Betroffeneninteressen werden bereits von einer Vielzahl gesetzlich geregelter allgemeiner und bereichsspezifischer (Forschungs-)Klauseln berücksichtigt, was ebenfalls gegen einen Rückgriff auf die mutmaßliche Einwilligung in solchen Fällen spricht.[196]

IV. Sonstige gesetzliche Offenbarungspflichten und -befugnisse

104 Eine Befugnis zum Offenbaren fremder Geheimnisse kann aus gesetzlichen Regelungen folgen.[197] Die Zeugnispflicht vor Gericht geht der Schweigepflicht vor, es sei denn der Zeuge kann sich auf ein Zeugnisverweigerungsrecht etwa nach §§ 53, 53a StPO, §§ 383, 384 ZPO stützen.[198] Steht dem Zeugen ein Zeugnisverweigerungsrecht zu, stellt die Aussage nur dann ein gerechtfertigtes Offenbaren dar, wenn er zuvor von seiner Schweigepflicht entbunden wurde.[199] Gleichwohl führt die Aussage eines nicht derart von der Schweigepflicht entbundenen Zeugen nicht zu einem prozessualen Verwertungsverbot.[200]

105 Für den Datenschutzbeauftragten ergibt sich aus seiner Funktion, die Einhaltung datenschutzrechtlicher Anforderungen zu überwachen (Art. 39 Abs. 1 lit. b DS-GVO), regelmäßig die Befugnis, personenbezogene Daten, die zugleich Geheimnisse darstellen, zu offenbaren, soweit dies im Rahmen des Auskunftsersuchens oder der Beanstandung eines Betroffenen erforderlich ist.[201]

E. Täterschaft und Teilnahme

106 Zum Täterkreis des § 203 StGB zählen nur die in Abs. 1, 2 und 4 genannten schweigepflichtigen Personen und Personenkreise.[202] Weist eine Person nicht die erforderliche berufliche Position oder amtliche Stellung auf und ist sie auch nicht mitwirkende Person oder Datenschutzbeauftragter der in Abs. 1 und 2 genannten Personen, scheidet eine Tä-

---

[193] Cornelius StV 2016, 380 (385).
[194] Graf/Jäger/Wittig/Dannecker StGB § 203 Rn. 68; BeckOK StGB/Weidemann StGB § 203 Rn. 53; Schönke/Schröder/Eisele StGB § 203 Rn. 82–85.
[195] Vgl. BGHSt 35, 246 (249); BGH NJW 2000, 885 (886); Cornelius MedR 2017, 15 (17); insoweit den Unterschied zwischen mutmaßlicher Einwilligung und rechtfertigendem Notstand hervorhebend NK-StGB/Paeffgen/Zabel Vorb. §§ 32 ff. Rn. 158 mwN.
[196] Vgl. Cornelius MedR 2017, 15 (17); Weitz, Nutzung menschlicher Körpersubstanzen, 2008, 317.
[197] Eine Übersicht mit Beispielen für gesetzliche Offenbarungspflichten/-befugnisse, BeckOK StGB/Weidemann StGB § 203 Rn. 54.1.
[198] BeckOK StGB/Weidemann StGB § 203 Rn. 55.
[199] BGHSt 9, 59 (61); 18; BeckOK StGB/Weidemann StGB § 203 Rn. 55.
[200] BGHSt 9, 59 (62); 15, 200 (202); 18, 146 (147 f.); Meyer-Goßner/Schmitt/Schmitt StPO § 53 Rn. 6; Kudlich/Roy JA 2003, 565 (569); BeckOK StGB/Weidemann StGB § 203 Rn. 55.1; aA Haffke GA 1973, 65 (83 f.); Freund GA 1993, 49 (66).
[201] BGH NJW 2003, 979 (981); Graf/Jäger/Wittig/Dannecker StGB § 203 Rn. 60; Fischer StGB Rn. 74; weitere Offenbarungsbefugnisse und -pflichten finden sich bei Schönke/Schröder/Eisele StGB § 203 Rn. 43 f.
[202] Graf/Jäger/Wittig/Dannecker StGB § 203 Rn. 75.

terschaft wegen des Sonderdeliktscharakters aus.[203] Dies gilt auch für eine mittelbare Täterschaft; wer sich als Außenstehender eines Berufsgeheimnisträgers als Werkzeug bedient, ist nicht (mittelbarer) Täter.[204] Möglich bleibt eine Beteiligung in Form der Anstiftung (§ 26 StGB) oder der Beihilfe (§ 27 StGB) nach den allgemeinen Grundsätzen.[205] Beim Teilnehmer, der nicht über die erforderlichen persönlichen Merkmale nach § 28 Abs. 1 StGB verfügt, ist die Strafe gemäß § 49 Abs. 1 StGB zu mildern.[206]

F. Versuch und Vollendung

Bei dem Delikt handelt es sich um ein Vergehen, dessen Versuch mangels gesetzlicher Regelung straflos ist (§§ 12 Abs. 2, 23 Abs. 1 StGB). Eine Vollendung der Tat erfolgt, sobald aufgrund der Handlung des Schweigepflichtigen das Geheimnis jedenfalls einem Unbefugten zugeht. Für den Zugang ist zwischen einer mündlichen und einer schriftlichen Mitteilung zu unterscheiden.[207] Während bei ersterer die Tat mit der bloßen Mitteilung vollendet wird,[208] tritt bei schriftlichen Mitteilungen oder auf einem Speichermedium gespeicherten Dateien die Vollendung erst ein, wenn diese derart in den Herrschaftsbereich des Unbefugten gelangt sind, dass diesem die Kenntnisnahme jederzeit möglich ist.[209] Entscheidend zur Abgrenzung ist, ob die Mitteilung verkörpert ist.[210] Inwieweit bereits das Verschaffen der tatsächlichen Möglichkeit der Kenntnisnahme bei einem digitalisierten Geheimnis, etwa bei der Versendung unverschlüsselter E-Mails[211] oder des Zugriffs auf EDV-Anlagen, eine Vollendung darstellt, ist im Einzelnen streitig (→ Rn. 40 ff.). Angesichts des Abs. 4 wird eine Tathandlung bei der Zugangsverschaffung gegenüber eigens mit der Datenverarbeitung beauftragten IT-Fachleuten schon nicht erfolgen.[212] Bevor es zu dieser Änderung kam, wurde vor allem das komplette Outsourcing der Datenverarbeitung kritisch betrachtet und bereits die Übermittlung der Daten mit geschützten Privatgeheimnissen als Vollendung bewertet.[213] Dies dürfte nun nicht mehr aufrechtzuerhalten sein, sofern die Anforderungen seitens des Geheimnisträgers an die Überwachung und Auswahl des mitwirkenden Dritten eingehalten wurden. Ob später eine Kenntnisnahme erfolgt beziehungsweise im Fall der Mündlichkeit der Empfänger die Mitteilung verstanden hat, betrifft nur die Beendigung der Tat.[214]

107

G. Qualifikation des Abs. 6

Der Qualifikationstatbestand mit einer Strafschärfung gegenüber dem Grundtatbestand von bis zu zwei Jahren Freiheitsstrafe beinhaltet drei Varianten: das Handeln gegen Entgelt, die Bereicherungsabsicht und die Schädigungsabsicht. Sie sind Ausdruck der verwerflichen Gesinnung des Täters wegen regelmäßig wirtschaftlicher Zwecke und daher besondere

108

---

[203] Satzger/Schluckebier/Widmaier StGB/Bosch § 203 Rn. 56; Graf/Jäger/Wittig/Dannecker StGB § 203 Rn. 75.
[204] BGHSt 4, 355 (358 f.); Satzger/Schluckebier/Widmaier StGB/Bosch § 203 Rn. 56; Fischer StGB § 203 Rn. 93; Graf/Jäger/Wittig/Dannecker StGB § 203 Rn. 75.
[205] Fischer StGB § 203 Rn. 93.
[206] LK-StGB/Hilgendorf § 203 Rn. 222; Fischer StGB § 203 Rn. 93; Graf/Jäger/Wittig/Dannecker § 203 Rn. 75; MüKoStGB/Cierniak/Niehaus § 203 Rn. 175; aA Grünwald GS Armin Kaufmann, 1989, 555 (563); Gössel StrafR BT I 37/181, welche die Schweigepflicht aufgrund der mitgeschützten Allgemeininteressen als tatbezogenes Merkmal deuten.
[207] Graf/Jäger/Wittig/Dannecker StGB § 203 Rn. 52.
[208] BGH NStZ 1993, 538.
[209] Graf/Jäger/Wittig/Dannecker StGB § 203 Rn. 53.
[210] LK-StGB/Hilgendorf § 203 Rn. 67; Graf/Jäger/Wittig/Dannecker StGB § 203 Rn. 52.
[211] Hierzu Sassenberg/Bamberg DStR 2006 2052 (2053 f.), wonach das Versenden einer E-Mail noch kein Offenbaren darstellt, sondern erst deren Kenntnisnahme.
[212] So schon vor Einfügung des Abs. 4 LK-StGB/Schünemann, 12. Aufl. 2009, § 203 Rn. 41.
[213] LK-StGB/Schünemann, 12. Aufl. 2009, § 203 Rn. 41.
[214] Graf/Jäger/Wittig/Dannecker StGB § 203 Rn. 54.

persönliche Merkmale im Sinne des § 28 Abs. 2 StGB mit entsprechenden Auswirkungen auf die Teilnahme.[215] Ein Handeln gegen Entgelt (§ 11 Abs. 1 Nr. 9 StGB: jede in einem Vermögensvorteil bestehende Gegenleistung) erfordert eine entsprechende Einigung, wobei unerheblich ist, ob das Entgelt später tatsächlich geleistet worden ist.[216] Die Bereicherungsabsicht als weiterer Qualifikationsgrund setzt dolus directus ersten Grades in Bezug auf das Verschaffen eines Vermögensvorteils für sich oder einen Dritten voraus.[217] Ob dieser rechtswidrig ist, spielt angesichts des Gesetzeswortlauts keine Rolle und folgt auch nicht aus einer restriktiven Auslegung, da das Schutzgut des § 203 StGB primär das geschützte Geheimnis ist.[218] Auch die Schädigungsabsicht bedarf dolus directus ersten Grades bezüglich der Nachteilszufügung gegenüber dem Geheimnisbetroffenen oder einem Dritten, die über das bloße Offenbaren des Geheimnisses hinausgeht.[219]

109 Unterschiedlich beurteilt wird die Frage, ob der Nachteil einen Bezug zum Vermögen aufweisen muss.[220] Zum Teil wird dies mit der Begründung gefordert, dass eine Parallele zu den anderen beiden Varianten sowie zu § 204 StGB bestehe und erst die inkonnexe Zweck-Mittel-Relation zwischen Vermögensbezug und dem Schutz eines immateriellen Rechtsguts die erhöhte Strafwürdigkeit rechtfertige.[221] Andere halten dagegen, dass auch ein ideeller Schaden, wie die Rufschädigung, ausreiche,[222] wobei letzterer in vielen Fällen mit einem wirtschaftlichen Nachteil verbunden sein kann. Jedenfalls bedarf es in der zweiten Variante keines Bereicherungserfolgs und in der dritten Variante muss kein Schaden eintreten, damit der Qualifikationstatbestand gegeben ist.[223]

H. Rechtsfolgen, Verjährung, Strafantrag

110 Die Taten nach § 203 Abs. 1, 2 und 4 StGB sehen als Rechtsfolge Geldstrafe oder Freiheitsstrafe bis zu einem Jahr vor. Bei Verwirklichung der Qualifikation in Abs. 6 ist die Rechtsfolge Geldstrafe oder Freiheitsstrafe bis zu zwei Jahren.

111 Die Verjährung beträgt für § 203 Abs. 1, 2 und 4 StGB drei Jahre nach § 78 Abs. 3 Nr. 5 StGB und für Abs. 6 fünf Jahre nach § 78 Abs. 3 Nr. 4 StGB.

112 In allen Fällen des § 203 StGB wird die Tat nur auf Antrag des Verletzten erfolgt. Verletzter ist der Berechtigte des Geheimnisses.[224] Bei Drittgeheimnissen ist umstritten, ob nur der Berechtigte des Geheimnisses antragsberechtigt ist[225] oder auch der Anvertrauende[226]. Erste Auffassung erscheint bereits wegen des von § 203 StGB geschützten persönlichen Lebens- und Geheimnisbereich des einzelnen Geheimnisgeschützten als Individualinteresse und nicht jedes beliebigen Dritten, der das Geheimnis eines anderen kennt und dieses mitteilt, überzeugender. Denn nur der Verletzte ist antragsberechtigt, § 77 StGB. Dabei ist der Strafantrag innerhalb einer Frist von drei Monaten ab Kenntnis des Berechtigten von der Tat und der Person des Täters zu stellen, § 77b StGB. Der Antrag kann jederzeit bis zum Abschluss des Strafverfahrens zurückgenommen werden, § 77d StGB.

---

[215] Graf/Jäger/Wittig/Dannecker StGB § 203 Rn. 76; Matt/Renzikowski/Altenhain StGB § 203 Rn. 53.
[216] BGH NStZ 1995, 540 zu § 180 Abs. 2; Satzger/Schluckebier/Widmaier StGB/Bosch § 203 Rn. 55.
[217] SK-StGB/Hoyer § 203 Rn. 63.
[218] BGH NStZ 1993, 538; Satzger/Schluckebier/Widmaier StGB/Bosch § 203 Rn. 55; LK-StGB/Hilgendorf § 203 Rn. 225; SK-StGB/Hoyer § 203 Rn. 63.
[219] LK-StGB/Hilgendorf § 203 Rn. 226; SK-StGB/Hoyer § 203 Rn. 64.
[220] Bejahend Satzger/Schluckebier/Widmaier StGB/Bosch § 203 Rn. 55; ablehnend Fischer StGB § 203 Rn. 95; LK-StGB/Hilgendorf § 203 Rn. 226.
[221] SK-StGB/Hoyer § 203 Rn. 64; Satzger/Schluckebier/Widmaier StGB/Bosch § 203 Rn. 55.
[222] Graf/Jäger/Wittig/Dannecker StGB § 203 Rn. 81; Matt/Renzikowski/Altenhain StGB § 203 Rn. 53; MüKoStGB/Cierniak/Niehaus § 203 Rn. 174.
[223] Graf/Jäger/Wittig/Dannecker StGB § 203 Rn. 80 f.
[224] OLG Dresden NJW 2007, 3509 (3510); BeckOK StGB/Weidemann StGB § 205 Rn. 3; Fischer StGB § 205 Rn. 2.
[225] So Fischer StGB § 205 Rn. 2; Lackner/Kühl/Heger/Heger StGB § 205 Rn. 2.
[226] So MüKoStGB/Graf § 205 Rn. 12.

§ 16 Verwertung fremder Geheimnisse (§ 204 StGB)

Übersicht

	Rn.
A. Überblick	1
B. Täterkreis	3
C. Tatbestand des Abs. 1	4
D. Verweisung auf § 203 Abs. 5 StGB in Abs. 2	9
E. Vollendung	10
F. Täterschaft und Teilnahme	11
G. Rechtsfolgen und Strafantrag	12

A. Überblick

Die Vorschrift knüpft an § 203 StGB und insbesondere dessen Abs. 6 an. Nach 1
§ 203 Abs. 6 StGB ist die Verletzung von Privatgeheimnissen durch Berufsgeheimnisträger qualifiziert, wenn der Täter das Geheimnis gegen Entgelt oder in der Absicht offenbart, sich oder einen anderen zu bereichern oder einen anderen zu schädigen. § 204 StGB erfasst ergänzend hierzu die eigene wirtschaftliche Verwertung des fremden Geheimnisses durch den Berufsgeheimnisträger und stellt die Tat unter die gleiche Strafe wie bei § 203 Abs. 6 StGB.[1] Der Schutzzweck des § 204 StGB knüpft ebenfalls an § 203 StGB an.[2]

PKS: Die Fallzahlen verdeutlichen, dass der Tatbestand in der Praxis kaum eine Rolle 2
spielt. Die begangenen Taten werden in der Regel aufgeklärt.[3]

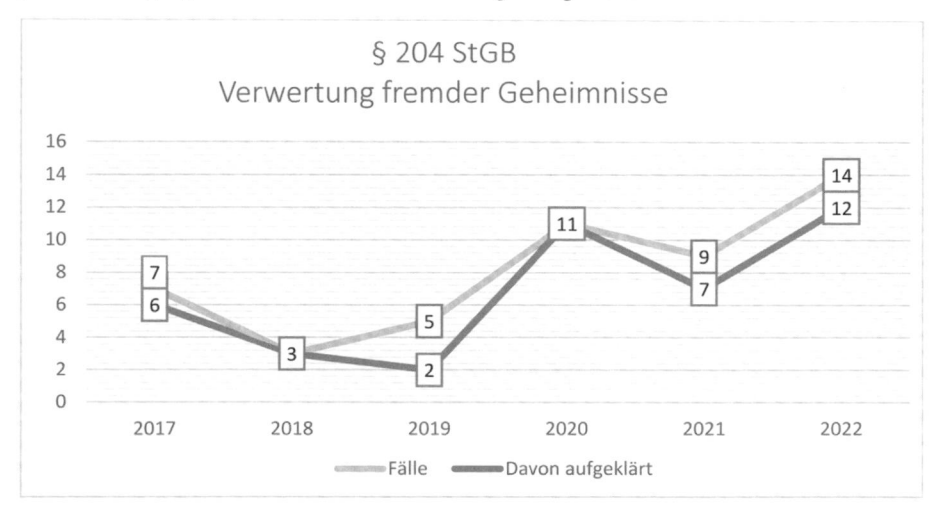

§ 204 StGB Verwertung fremder Geheimnisse

Jahr	Fälle	Davon aufgeklärt
2017	7	6
2018	3	3
2019	5	2
2020	11	11
2021	9	7
2022	14	12

---

[1] Schönke/Schröder/Eisele StGB § 204 Rn. 1.
[2] BeckOK StGB/Weidemann StGB § 204 Rn. 2; Fischer StGB § 204 Rn. 1; Schönke/Schröder/Eisele StGB § 204 Rn. 1.
[3] PKS Bundeskriminalamt, Berichtsjahr 2017–2022, abrufbar unter https://www.bka.de/DE/AktuelleInformationen/StatistikenLagebilder/PolizeilicheKriminalstatistik/pks_node.html, abgerufen am 10.4.2023.

B. Täterkreis

3 Täter des § 204 StGB kann nur sein, wer nach § 203 StGB zur Geheimhaltung eines fremden Geheimnisses verpflichtet ist.[4] Ebenso wie § 203 StGB ist § 204 StGB somit ein echtes Sonderdelikt.

C. Tatbestand des Abs. 1

4 § 204 StGB ergänzt zum Offenbaren fremder Geheimnisse gegen Entgelt oder in Bereicherungs- und Schädigungsabsicht (§ 203 Abs. 6 StGB) den ebenso strafwürdigen Fall des ohne Offenbarung erfolgten eigenen wirtschaftlichen Ausnutzens eines fremden Geheimnisses.[5] Die systematische Nähe von Offenbaren (§ 203 StGB) und Verwerten (§ 204 StGB) wird auch durch zahlreiche nebenstrafrechtliche Tatbestände sowie etwa die Verletzung des Steuergeheimnisses belegt, bei der Offenbaren und Verwerten nebeneinander als Tathandlungen genannt wird (§ 355 Abs. 1 S. 1 StGB).[6]

5 Der Begriff des Verwertens meint in Anlehnung an die bisherige Rechtsprechung das wirtschaftliche Ausnutzen des Geheimnisses zum Zwecke der Gewinnerzielung, ohne dass das Ausnutzen durch Offenbaren des Geheimnisses erfolgt.[7] Verkauf und Übermittlung eines Geheimnisses an einen Dritten durch einen Berufsgeheimnisträger fallen damit unter § 203 Abs. 1, Abs. 6 StGB, während das unbefugte Verwerten eines anvertrauten Betriebs- oder Geschäftsgeheimnisses zum eigenen wirtschaftlichen Vorteil unter § 204 fällt. Die Ergänzung „namentlich ein Betriebs- oder Geschäftsgeheimnis" soll einen Anhalt dafür liefern, dass in die Vorschrift nur solche Geheimnisse fallen, die ihrer Natur nach überhaupt zur wirtschaftlichen Ausnutzung geeignet sind.[8]

6 Nach herrschender Auffassung liegt aufgrund des Schutzzwecks der Norm ein Verwerten nur dann vor, wenn durch das Verwerten zugleich **Vermögensinteressen des Geheimnisgeschützten** berührt werden.[9] Dies ist etwa der Fall, wenn ein Patentanwalt die zur Anmeldung eines Patents erhaltenen sensiblen technischen Informationen seines Mandanten dazu nutzt, um selbst die Erfindung zu vermarkten.[10] Das Beispiel zeigt, dass der Schwerpunkt des § 204 StGB im Bereich anvertrauter Betriebs- oder Geschäftsgeheimnisse („namentlich") liegen wird, selbst wenn auch fremde Geheimnisse und Einzelangaben von natürlichen Personen umfasst sind.[11] Dagegen fällt die Ausnutzung des Wissensvorsprungs eines Wirtschaftsprüfers, der erlangte Insider-Informationen beim Aktienhandel zu seinem Vorteil nutzt, nach herrschender Auffassung nicht unter § 204 StGB, sondern unter § 14 WpHG, zumindest solange hierdurch nicht zugleich Vermögensinteressen des Geheimnisgeschützten verletzt werden.[12] Die Nutzung eines Geheimnisses mit krimineller Zielsetzung zur Erpressung eines Schweigegeldes vom Geheimnisgeschützten stellt ebenfalls kein Verwerten iSd § 204 StGB dar; der Täter verwertet in diesem Fall das Geheimnis gerade nicht, sondern lässt sich nur für sein Schweigen bezahlen.[13]

---

[4] Fischer StGB § 204 Rn. 2.
[5] BT-Drs. 7/550, 244.
[6] BT-Drs. 7/550, 244.
[7] BT-Drs. 7/550, 244.
[8] BT-Drs. 7/550, 244; BeckOK StGB/Weidemann StGB § 204 Rn. 3; Fischer StGB § 204 Rn. 3.
[9] BeckOK StGB/Weidemann StGB § 204 Rn. 5; Fischer StGB § 204 Rn. 5; Graf/Jäger/Wittig/Dannecker StGB § 203 Rn. 6; Lackner/Kühl/Heger/Heger StGB § 204 Rn. 4; MüKoStGB/Graf § 204 Rn. 11; aA Leipold/Tsambikakis/Zöller/Popp StGB Rn. 3; SK-StGB/Hoyer § 204 Rn. 8; NK-StGB/Kargl § 204 Rn. 2 f., 6; Satzger/Schluckebier/Widmaier StGB/Bosch § 204 Rn. 2.
[10] BT-Drs. 7/550, 244; MüKoStGB/Graf § 204 Rn. 12.
[11] BT-Drs. 7/550, 244.
[12] Schönke/Schröder/Eisele StGB § 204 Rn. 5/6.
[13] LK-StGB/Schünemann, 12. Aufl. 2009, § 204 Rn. 6; ebenso MüKoStGB/Graf § 204 Rn. 10; Schönke/Schröder/Eisele StGB § 204 Rn. 5/6.

Wie bei § 203 StGB muss die Verwertung des Geheimnisses nach § 204 StGB unbefugt 7
erfolgen. Eine Befugnis kann sich insbesondere aus der rechtfertigenden Einwilligung des
Geheimnisgeschützten ergeben.[14]

Soweit das Geheimnis zugleich ein personenbezogenes Datum darstellt, wird das unbe- 8
fugte Verwerten des Geheimnisses regelmäßig zugleich den Straftatbestand aus
§ 42 Abs. 2 BDSG erfüllen. In Bezug auf die Tathandlung kombiniert § 42 Abs. 2 BDSG
die Regelung in § 203 Abs. 6 StGB und § 204 StGB, indem allgemein an ein unberech-
tigtes Verarbeiten (einschließlich die mit der Verarbeitung verbundene Verwertung oder
Übermittlung) gegen Entgelt oder in der Absicht, sich oder einen anderen zu bereichern
oder einen anderen zu schädigen, angeknüpft wird. Hierzu passt, dass die Strafandrohung
in § 42 Abs. 2 BDSG identisch zu der in § 203 Abs. 6 StGB und § 204 StGB ist.

D. Verweisung auf § 203 Abs. 5 StGB in Abs. 2

Abs. 2 erweitert den Tatbestand des § 204 StGB dahingehend, dass über § 203 Abs. 5 9
StGB auch die wirtschaftliche Verwertung von Geheimnissen über den Tod des Geheim-
nisgeschützten hinaus vom strafrechtlichen Schutz erfasst wird. Dies schützt vornehmlich
den im Geheimnis enthaltenen wirtschaftlichen Wert zugunsten der Erbmasse nach dem
Ableben des Geheimnisgeschützten.[15] Die Einwilligungsbefugnis geht nach dem Tod des
Geheimnisgeschützten ebenfalls auf dessen Erben über.[16]

E. Vollendung

Die Tat ist vollendet, wenn der Täter die Verwertung abgeschlossen hat; ein erstrebter Ge- 10
winn muss nicht erzielt, geschweige denn im Vermögen des Täters realisiert worden sein.[17]

F. Täterschaft und Teilnahme

Täter kann nur ein nach § 203 StGB Verpflichteter sein. Für Teilnehmer ist, wie bei § 203 11
StGB, § 28 Abs. 1 StGB anwendbar.[18]

G. Rechtsfolgen und Strafantrag

Die Strafandrohung beträgt, wie bei § 203 Abs. 6 StGB und § 42 Abs. 2 BDSG, zwei Jahre 12
Freiheitsstrafe oder Geldstrafe. Die Tat wird nach § 205 StGB nur auf Antrag verfolgt.

---

[14] Fischer StGB § 204 Rn. 6; NK-StGB/Kargl § 204 Rn. 12 f.
[15] MüKoStGB/Graf § 204 Rn. 14.
[16] Schönke/Schröder/Eisele StGB § 204 Rn. 9.
[17] Fischer StGB § 204 Rn. 7; MüKoStGB/Graf § 204 Rn. 22; Schönke/Schröder/Eisele StGB § 204 Rn. 10.
[18] Schönke/Schröder/Eisele StGB § 204 Rn. 11.

§ 17 Verletzung des Post- oder Fernmeldegeheimnisses (§ 206 StGB)

Übersicht

	Rn.
A. Allgemeines	1
B. Tatbestand	3
I. Objektiver Tatbestand	5
1. Täterkreis von Abs. 1 und Abs. 2	5
a) Arbeitgeber als Unternehmen	6
b) Behörden und öffentlich-rechtliche Körperschaften	11
2. Mitteilung von dem Post- oder Fernmeldegeheimnis unterliegenden Tatsachen (Abs. 1)	12
a) Tathandlung: Mitteilen	13
b) Funktionaler Zusammenhang zwischen Tätigkeit und Tathandlung	14
c) Dem Telekommunikationsgeheimnis unterliegende Tatsache	15
d) Unbefugtheit	17
3. Öffnen einer anvertrauten und verschlossenen Sendung bzw. Kenntnisverschaffung von deren Inhalt (Abs. 2 Nr. 1)	18
4. Unterdrücken anvertrauter Sendungen (Abs. 2 Nr. 2)	19
a) Anvertrautsein von E-Mails	20
b) Tathandlung: Unterdrücken	21
c) Speziell: Einsatz von Filtersoftware	22
aa) Blacklist-Verfahren	23
bb) Sonstige Verfahren	24
d) Unbefugtheit und Anforderungen an eine Einwilligung	26
5. Erweiterung des Täterkreises (Abs. 3)	29
6. Amtsträger (Abs. 4)	30
II. Subjektiver Tatbestand	31
C. Rechtswidrigkeit	32
I. Rechtfertigung nach §§ 32, 34 StGB	33
II. (Mutmaßliche) Einwilligung	34
III. Gesetzliche Offenbarungsbefugnisse bzw. -pflichten	35
D. Konkurrenzen	36

Literatur:

Brodowski, Strafprozessualer Zugriff auf E-Mail-Kommunikation, JR 2009, 402; *Cornelius,* Zum strafrechtlichen Schutz des Fernmeldegeheimnisses und der Untreuerelevanz datenschutzrechtlicher Verstöße – zugleich Besprechung von BGH, Urt. v. 10.10.2012 – 2 StR 591/11, NZWiSt 2013, 166; *Eisele,* Arbeitnehmerüberwachung und Compliance unter Berücksichtigung der Cybercrime-Konvention, ZIS 2012, 402; *Gola,* Gilt das Fernmeldegeheimnis am Arbeitsplatz? Anwendungen des neuen TTDSG im Beschäftigungsverhältnis, RDV 2021, 305; *Gottwald/Ohrloff,* Strafrechtliche Risiken bei der Entschlüsselung passwortgeschützter Dateien im Rahmen einer internen Untersuchung, CCZ 2022, 253; *Härting,* E-Mail und Telekommunikationsgeheimnis, CR 2007, 311; *Heidrich,* Rechtliche Fragen bei der Verwendung von DNS-Blacklisting zur Spam-Filterung, CR 2009, 168; *Heidrich/Tschoepe,* Rechtsprobleme der E-Mail-Filterung, MMR 2004, 75; *Kiparski,* Die Telekommunikations-Datenschutzregelungen im neuen TTDSG, CR 2021, 482; *Klaas,* Auslesen privater Kommunikation durch soziale Netzwerke – Wie weit reicht die (unwirksame) Einwilligung der Betroffenen?, ZD 2021, 564; *Klachin/Rauer,* Praktische Auswirkungen der Digitalisierung im Beschäftigtenverhältnis – Teil II, BB 2022, 1588; *Koch,* Rechtsprobleme privater Nutzung betrieblicher elektronischer Kommunikationsmittel, NZA 2008, 911; *Mengel,* Internal Investigations – Arbeitsrechtliche Lessons Learned und Forderungen an den Gesetzgeber, DuD 2008, 461; *Nolte/Becker,* NZA 2017, 1494; *Klaas,* Zur Frage der Reichweite des Fernmeldegeheimnisses bei Abspeichern dienstlicher E-Mails auf lokalen Speichermedien, CR 2009, 126; *Preuß,* Tatbestands- und Verbotsirrtümer bei E-Mail-Kontrollen – Uneinheitliche Rechtsprechung zur Stellung des Arbeitgebers als Erbringer von TK-Diensten, ZD 2012, 543; *Sassenberg/Lammer,* Zulässigkeit der Spam-Filterung im Unternehmen, DuD 2008, 461; *Schuster,* Der Arbeitgeber und das Telekommunikationsgesetz, CR 2014, 21; *ders.,* IT-gestützte interne Ermittlungen in Unternehmen – Strafbarkeitsrisiken nach den §§ 202a, 206 StGB, ZIS 2010, 68; *Rübenstahl/Debus,* Strafbarkeit verdachtsabhängiger E-Mail- und EDV-Kontrollen bei Internal Investigations?, NZWiSt 2012, 129; *Schmidl,* E-Mail-Filterung am Arbeitsplatz, MMR 2005, 343; *Veit,* (Strafbarkeits-)Risiken bei der Durchführung von E-Searches, NZWiSt 2015, 334; *Wünschelbaum,* Neuer Datenschutz für betriebliche Kommunikationsdienste – Cookies, Compliance und der Abschied vom

Fernmeldegeheimnis, NJW 2022, 1561; *Wybitul,* E-Mail-Auswertung in der betrieblichen Praxis – Handlungsempfehlungen für Unternehmen, NJW 2014, 3605; *ders.,* Neue Spielregeln bei E-Mail-Kontrollen durch den Arbeitgeber – Überblick über den aktuellen Meinungsstand und die Folgen für die Praxis, ZD 2011, 69.

A. Allgemeines

1 Die Vorschrift schützt nach hM das (individuelle) Post- und Fernmeldegeheimnis, zugleich aber auch das Vertrauen der Allgemeinheit in die Sicherheit und Zuverlässigkeit des Post- und Telekommunikationsverkehrs.[1] Der Straftatbestand ist vor dem Hintergrund des Gewährleistungsgehalts von Art. 10 GG zu sehen, welcher nicht nur ein Abwehrrecht gegen die Kenntnisnahme des Inhalts und der näheren Umstände der Telekommunikation durch den Staat umfasst, sondern auch eine verfassungsrechtliche Schutzpflicht des Staates begründet, das Post- und Fernmeldegeheimnis gegenüber dem Zugriff durch private Dritte zu schützen.[2] Da der Täterkreis auf bestimmte Personen bzw. Personengruppen beschränkt ist (zum Täterkreis → Rn. 5 ff.), handelt es sich um ein echtes Sonderdelikt.[3] Größere rechtspraktische Bedeutung erlangt die Vorschrift im Bereich des Datenschutzes im Zusammenhang mit der Kontrolle von Beschäftigten-E-Mails durch den Arbeitgeber, wie sie etwa im Rahmen von Compliance-Maßnahmen angezeigt sein kann (→ Rn. 6 ff.).

2 **PKS:** Die Fallzahlen sind angestiegen. Die Aufklärungsquote lag im Jahr 2022 bei 41,5 %.[4]

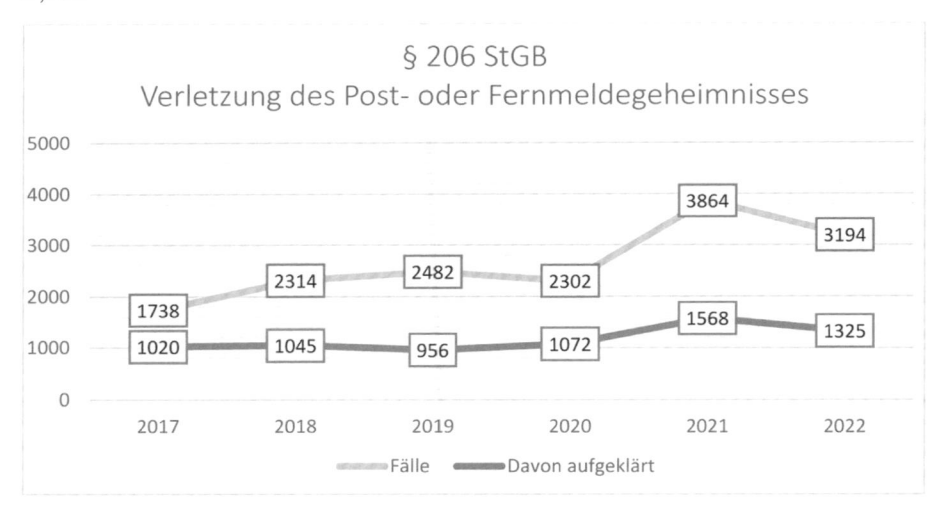

§ 206 StGB
Verletzung des Post- oder Fernmeldegeheimnisses

Jahr	Fälle	Davon aufgeklärt
2017	1738	1020
2018	2314	1045
2019	2482	956
2020	2302	1072
2021	3864	1568
2022	3194	1325

---

[1] BeckOK StGB/Weidemann StGB § 206 Rn. 2; Fischer StGB § 206 Rn. 2; Gercke/Brunst InternetStrafR-HdB Rn. 153; Kramer IT-ArbR/Petri D. IV. Rn. 111; Lackner/Kühl/Heger/Heger StGB § 206 Rn. 1; LK-StGB/Altvater § 206 Rn. 7; LPK-StGB § 206 Rn. 1; Satzger/Schluckebier/Widmaier StGB/Bosch § 206 Rn. 1; nach aA beschränkt sich der Schutz auf Individualinteressen, vgl. MüKoStGB/Altenhain § 206 Rn. 1 ff.; NK-StGB/Kargl § 206 Rn. 2 f.
[2] BVerfGE 106, 28 (37); Dürig/Herzog/Scholz GG/Durner Art. 10 Rn. 143 f.; Jarass/Pieroth/Jarass GG Art. 10 Rn. 14.
[3] Eisele Computerrecht Kap. 5 Rn. 19; Gercke/Brunst InternetStrafR-HdB Rn. 153.
[4] PKS Bundeskriminalamt, Berichtsjahr 2017–2022, abrufbar unter https://www.bka.de/DE/AktuelleInformationen/StatistikenLagebilder/PolizeilicheKriminalstatistik/pks_node.html, abgerufen am 10.4.2023).

B. Tatbestand

Die Struktur der Vorschrift ist nicht ganz einfach nachzuvollziehen: Während die Abs. 1 u. 2 als taugliche Täter (nur) die Inhaber und Beschäftigten von Post- und Telekommunikationsunternehmen vorsehen, erweitert Abs. 3 den Täterkreis auf Aufsichtspersonen (Abs. 3 Nr. 1) wie auch auf Personen, die von den in Abs. 1 und 2 genannten Unternehmen mit der Aufgabenerfüllung (Abs. 3 Nr. 2) oder auf die Aufgabenerfüllung bezogenen Serviceleistungen betraut sind (Abs. 3 Nr. 3). Die Erweiterung des Täterkreises gilt sowohl für Abs. 1 als auch für Abs. 2, die sich ihrerseits in den erfassten Tathandlungen nicht unwesentlich unterscheiden (→ Rn. 13, 19 ff.). Abs. 4 sieht sodann einen speziellen Tatbestand für Amtsträger vor, die außerhalb des Post- oder Telekommunikationsbereichs tätig sind und Mitteilungen über Tatsachen machen, die ihnen auf Grund eines befugten oder unbefugten Eingriffs in das Post- oder Fernmeldegeheimnis bekannt geworden sind. Abs. 5 definiert abschließend den Gegenstand von Post- und – hier vorrangig von Interesse – Fernmeldegeheimnis.

§ 206 Abs. 5

„¹*Dem Postgeheimnis unterliegen die näheren Umstände des Postverkehrs bestimmter Personen sowie der Inhalt von Postsendungen. ²Dem Fernmeldegeheimnis unterliegen der Inhalt der Telekommunikation und ihre näheren Umstände, insbesondere die Tatsache, ob jemand an einem Telekommunikationsvorgang beteiligt ist oder war. ³Das Fernmeldegeheimnis erstreckt sich auch auf die näheren Umstände erfolgloser Verbindungsversuche.*"

I. Objektiver Tatbestand

1. Täterkreis von Abs. 1 und Abs. 2

Unter einem Inhaber iSd Vorschrift versteht man jede natürliche Person, die allein oder gemeinsam mit anderen aus eigenem Recht über die sachlichen und personellen Betriebsmittel verfügen und über die Erbringung der Telekommunikationsleistung entscheiden kann.[5] Beschäftigter ist hingegen jeder Mitarbeiter, der iRe Dienstverhältnisses für das Unternehmen tätig ist.[6] Ungleich schwieriger zu beantworten ist die Frage, welche Unternehmen solche sind, die geschäftsmäßig Post- oder Telekommunikationsdienste erbringen. Nur deren Inhaber bzw. Beschäftigte können Täter nach Abs. 1 (u. Abs. 2) sein. Abgesehen von klassischen Telekommunikationsunternehmen und Internetprovidern, die unstreitig dem Tatbestand unterfallen[7], ist die Rechtslage noch weitgehend ungeklärt.

a) Arbeitgeber als Unternehmen. So stellt sich insbesondere die Frage, ob ein Arbeitgeber (Telekommunikations-)Unternehmen iSd Vorschrift sein kann und damit für den Fall der Überwachung bzw. Durchsicht von Mitarbeiter-E-Mails das Risiko einer Strafbarkeit nach § 206 StGB besteht. Von vornherein ausgeschlossen ist dies nur, sofern der Arbeitgeber die private Nutzung der Telekommunikationseinrichtungen durch die Arbeitnehmer (arbeitsrechtlich) untersagt hat. Es liegt dann gerade kein Angebot einer Telekommunikationsleistung an den Arbeitnehmer als Privatperson, dh einen Dritten, vor. Vielmehr bildet der Arbeitgeber mit dem Arbeitnehmer eine Organisationseinheit, so dass er seinerseits als Nutzer von Telekommunikationsdiensten anzusehen ist; ein Strafbarkeitsrisiko besteht insoweit nicht.[8] Fehlt es hingegen an einem entsprechenden Verbot, sind die Konsequenzen sehr umstritten. Daran hat sich auch durch die Neufassung des Telekommunikationsgeset-

---

[5] Eisele Computerrecht Kap. 5 Rn. 25 (mwN).
[6] Eisele Computerrecht Kap. 5 Rn. 25 (mwN).
[7] Erfasst werden auch soziale Netzwerke, die zugleich Messenger-Funktionen anbieten; vgl. Klaas ZD 2021, 564.
[8] Gottwald/Ohrloff CCZ 2022, 253 (260); Heidrich/Tschoepe MMR 2004, 75 (76); Klachin/Rauer BB 2022, 1588 (1590); Knierim/Rübenstahl/Tsambikakis Investigation/Schuster 12/157; Rotsch Criminal Compliance/Eisele § 23 Rn. 19; Veit NZWiSt 2015, 334 f.; Wybitul NJW 2014, 3605 (3607).

zes (TKG)⁹ und die Schaffung des Telekommunikation-Telemedien-Datenschutz-Gesetzes (TTDSG)¹⁰ nichts Entscheidendes geändert.

7   Nach § 88 Abs. 2 TKG aF war „jeder Diensteanbieter" zur Wahrung des Fernmeldegeheimnisses verpflichtet, wobei nach der Begriffsbestimmung des § 3 Nr. 10 TKG aF unter dem „geschäftsmäßigen Erbringen von Telekommunikationsdiensten" schlicht „das nachhaltige Angebot von Telekommunikation für Dritte mit oder ohne Gewinnerzielungsabsicht" gefasst wurde. § 3 Nr. 24 TKG aF definierte als „Telekommunikationsdienste" sodann „in der Regel gegen Entgelt erbrachte Dienste, die ganz oder überwiegend in der Übertragung von Signalen über Telekommunikationsnetze bestehen, einschließlich Übertragungsdienste in Rundfunknetzen". § 3 Abs. 2 S. 1 Nr. 2 TTDSG nennt nunmehr als zur Wahrung des Fernmeldegeheimnis Verpflichtete „Anbieter von ganz oder teilweise geschäftsmäßig angebotenen Telekommunikationsdiensten sowie natürliche und juristische Personen, die an der Erbringung solcher Dienste mitwirken". Nach § 2 Abs. 1 TTDSG iVm § 3 Nr. 61 TKG nF sind „Telekommunikationsdienste" dabei „in der Regel gegen Entgelt über Telekommunikationsnetze erbrachte Dienste, die – mit der Ausnahme von Diensten, die Inhalte über Telekommunikationsnetze und -dienste anbieten oder eine redaktionelle Kontrolle über sie ausüben – folgende Dienste umfassen: (…) Internetzugangsdienste, (…) interpersonelle Telekommunikationsdienste, (…) Dienste, die ganz oder überwiegend in der Übertragung von Signalen bestehen, wie Übertragungsdienste, die für Maschine-Maschine-Kommunikation und für den Rundfunk genutzt werden".¹¹ Auf eine Definition der Geschäftsmäßigkeit, wie sie noch § 3 Nr. 10 TKG aF enthielt, verzichten TTDSG und neues TKG, wobei davon auszugehen ist, dass der Gesetzgeber am Begriffsverständnis dem Grunde nach festhalten wollte.¹² Erforderlich ist insoweit also – nach wie vor – ein Angebot, das nicht nur einzelfallbezogen gemacht wird, sondern über eine gewisse Dauer erfolgt.¹³ Zu beachten ist weiter, dass auch nach neuer Rechtslage für das Anbieten von Telekommunikationsdiensten „in der Regel" ein Anbieten gegen Entgelt vorausgesetzt ist (§ 3 Nr. 61 TKG nF; ebenso bereits § 3 Nr. 24 TKG aF), was iRd privaten Nutzung der vom Arbeitgeber bereitgestellten IT-Systeme grds. nicht der Fall sein wird.¹⁴ Zwar lässt der ein Regel-Ausnahme-Verhältnis statuierende Wortlaut auch Raum für die unentgeltliche Bereitstellung, sodass die Einbeziehung des Arbeitgebers in den Kreis der (Telekommunikations-)Unternehmen iSd § 206 danach nicht prinzipiell ausgeschlossen ist. Doch lässt sich die Miteinbeziehung kostenloser Angebote auch vor dem Hintergrund besonderer Aktionen „echter" Telekommunikationsanbieter sehen, nach denen jedenfalls für einen bestimmten Zeitraum kein Entgelt zu entrichten ist, was am Schutz des Fernmeldegeheimnisses freilich nichts ändern soll.¹⁵

8   Zahlreiche Stimmen im Schrifttum sowie Teile der arbeitsgerichtlichen Rspr orientieren sich indes stark am (weiten) Wortlaut und bejahen in der Folge die Möglichkeit, den Arbeitgeber als Unternehmen iSd Vorschrift zu begreifen.¹⁶ Gegen eine Einbeziehung des

---

⁹ Vgl. Art. 1 des Telekommunikationsmodernisierungsgesetzes v. 23.6.2021: Telekommunikationsgesetz, BGBl. 2021 I 1858.
¹⁰ Vgl. Art. 1 des Gesetzes zur Regelung des Datenschutzes und des Schutzes der Privatsphäre in der Telekommunikation und bei Telemedien v. 23.6.2021: Telekommunikation-Telemedien-Datenschutz-Gesetz, BGBl. 2021 I 1982.
¹¹ Vgl. zur neuen Rechtslage auch Gola RDV 2021, 305 ff.; Gottwald/Ohrloff CCZ 2022, 253 (260); Wünschelbaum NJW 2022, 1561 f.
¹² Klachin/Rauer BB 2022, 1588 (1589).
¹³ Vgl. Kiparski CR 2021, 482 (485).
¹⁴ Eisele Computerrecht Kap. 5 Rn. 28; Gottwald/Ohrloff CCZ 2022, 253 (260); Schönke/Schröder/Eisele StGB § 206 Rn. 8a; Schuster CR 2014, 21 (24); Veit NZWiSt 2015, 334 (335).
¹⁵ Schuster CR 2014, 21 (24).
¹⁶ Vgl. etwa Gercke/Brunst InternetStrafR-HdB Rn. 155; Heidrich/Tschoepe MMR 2004, 75 (76); Kiparski CR 2021, 482 (485); Knierim/Rübenstahl/Tsambikakis Investigation/Schuster 12/158; LK-StGB/Altvater § 206 Rn. 12; LPK-StGB § 206 Rn. 2; MüKoStGB/Altenhain § 206 Rn. 17; NK-StGB/Kargl § 206 Rn. 10a; Schuster ZIS 2010, 68 (70 f.); Satzger/Schluckebier/Widmaier StGB/Bosch § 206 Rn. 10; aus der arbeitsgerichtlichen Rspr. LAG Hessen NZA-RR 2019, 130 (132).

Arbeitgebers spricht aber neben dem bereits dargelegten Entgelt-Argument (→ Rn. 7) insbesondere der Umstand, dass dem mit zahlreichen Aufbewahrungs-, Aufsichts- und Kontrollpflichten belasteten Arbeitgeber aufgrund des Telekommunikationsgeheimnisses von vornherein wichtige Kontrollmöglichkeiten nicht mehr zur Verfügung stünden.[17] Zudem wird man den – in § 3 Nr. 10 TKG aF noch explizit vorgesehenen – Drittbezug des Angebots von Telekommunikationsdiensten („für Dritte") im Verhältnis von Arbeitgeber zu Arbeitnehmer nicht ohne Weiteres herstellen können, befindet sich der Arbeitnehmer doch generell inner-, nicht außerhalb der Sphäre des Arbeitgebers.[18] Eine Nichteinbeziehung von Arbeitgebern mit Überlegungen zum Zweck des TKG – und nunmehr auch des TTDSG – zu begründen[19], führt dagegen nicht weiter, da § 206 StGB von vornherein ein anderer Schutzzweck zugrunde liegt.[20]

Mit einer starken Strömung in der arbeitsgerichtlichen Rspr. ist es damit letztlich vorzugswürdig, Arbeitgeber nicht als Diensteanbieter iSd TKG bzw. des TTDSG einzustufen und den Anwendungsbereich des § 206 StGB damit insoweit von vornherein nicht zu eröffnen.[21] Diese Sichtweise führt im Übrigen auch nicht zu gravierenden Strafbarkeitslücken.[22] Angesichts der unklaren Rechtslage wird freilich im Folgenden immer wieder darauf eingegangen, welche Konsequenzen es hat, wenn der Arbeitgeber gleichwohl als Unternehmer iSd Vorschrift einbezogen wird, um so mögliche Strafbarkeitsrisiken aufzeigen zu können. 9

Als an den Bedürfnissen von Arbeitgebern und Arbeitnehmern orientierte Lösung wird häufig vorgeschlagen, den Arbeitnehmern das Versenden und Empfangen privater E-Mails über gesonderte Internetprovider zu erlauben.[23] Eine solche Trennungslösung wird auch vor dem Hintergrund der Rechtsauffassung der Datenschutzbehörden von Bund und Ländern unterbreitet: Die Behörden gehen – mit der wohl hM im Schrifttum und entgegen der hier vertretenen Auffassung (→ Rn. 7 ff.) – von einer Einstufung des eine private (Internet- und/oder E-Mail-)Nutzung zulassenden Arbeitgebers als Diensteanbieter iSv TKG (und TTDSG) aus.[24] 10

b) Behörden und öffentlich-rechtliche Körperschaften. Während die Einbeziehung von (privaten) Arbeitgebern in den Anwendungsbereich des § 206 StGB höchst umstritten ist (dazu soeben →Rn. 6ff.), besteht offenbar ein breiter Konsens dahingehend, dass auch Behörden und öffentlich-rechtliche Körperschaften (Telekommunikations-)Unternehmen iSd Vorschrift sein können, soweit sie damit außerhalb ihres hoheitlichen Aufga- 11

---

[17] Eisele Computerrecht Kap. 5 Rn. 29; Eisele ZIS 2012, 402 (403); NK-ASStrafR/Keiser StGB § 206 Rn. 13; Rotsch Criminal Compliance/Eisele § 23 Rn. 20; Schönke/Schröder/Eisele StGB § 206 Rn. 8a; Veit NZWiSt 2015, 334 (336). Besonders krit. demgegenüber Satzger/Schluckebier/Widmaier StGB/Bosch § 206 Rn. 10, der kein Interessenübergewicht aufseiten des Arbeitgebers zu erkennen vermag und eine entgegengesetzte Sichtweise „vor allem (…) Vertretern des ‚Compliance-Gewerbes'" zuschreibt.
[18] LAG Berlin-Brandenburg v. 14.1.2016 – 5 Sa 657/15, BeckRS 2016, 67048 Rn. 81 (insoweit nicht abgedruckt in CR 2016, 520); Eisele Computerrecht Kap. 5 Rn. 28; Klachin/Rauer BB 2022, 1588 (1589).
[19] Vgl. Veit NZWiSt 2015, 334 (335); neuerdings Gottwald/Ohrloff CCZ 2022, 253 (260f.).
[20] Eisele ZIS 2012, 402 (403).
[21] LAG Niedersachen NZA-RR 2010, 406 (408); LAG Berlin-Brandenburg NZA-RR 2011, 342 (343); LAG Berlin-Brandenburg CR 2016, 520 (523); vgl. ferner LG Krefeld v. 7.2.2018 – 7 O 175/17, BeckRS 2018, 41471, Rn. 78; übereinstimmend ferner Gottwald/Ohrloff CCZ 2022, 253 (260f.); Klachin/Rauer BB 2022, 1588 (1589f.); NK-ASStrafR/Keiser StGB § 206 Rn. 13; Rübenstahl/Debus NZWiSt 2012, 129 (132f.); Veit NZWiSt 2015, 334 (335f.).
[22] Rotsch Criminal Compliance/Eisele § 23 Rn. 20.
[23] Klachin/Rauer BB 2022, 1588 (1592); Taeger/Gabel/Zöll BDSG § 26 Rn. 52; Wybitul ZD 2011, 69 (73).
[24] Vgl. Orientierungshilfe der Datenschutzaufsichtsbehörden zur datenschutzgerechten Nutzung von E-Mail und anderen Internetdiensten am Arbeitsplatz, Stand: Januar 2016, 4f., abrufbar unter https://www.bfdi.bund.de/SharedDocs/Downloads/DE/DSK/Orientierungshilfen/OH_ZurDatenschutzgerechtenNutzungVonEMailUndAnderenInternetdienstenAmArbeitsplatz.pdf;jsessionid=E1064EAC04C7CFA3E9202071439850C2.intranet222?__blob=publicationFile&v=3, abgerufen am 16.3.2023.

benbereichs tätig werden.[25] Explizit bejaht wurde dies für eine Universität, welche ihre „TK-Anlagen unterschiedlichen Nutzergruppen (Mitarbeitern der Universität, Vereinen, außenstehenden Dritten) zur Verfügung" gestellt hatte, sodass „eine Abgrenzung zwischen dienstlichen, wissenschaftlichen und Studienzwecken, privaten und auch wirtschaftlichen Zwecken nicht mehr möglich" war.[26] Im konkreten Fall wurden die E-Mails eines ehemaligen Universitätsmitarbeiters nach Eingang auf dem Fakultätsserver nicht (mehr) an die fakultätsangehörigen Empfänger weitergeleitet, zugleich erreichten ihn E-Mails von Fakultätsangehörigen nicht (mehr).[27] Angesichts der Öffnung des Kommunikationsangebots (auch) gegenüber Externen ist die Einstufung der Universität als (Telekommunikations-)Unternehmen insoweit nachvollziehbar. Mit Blick auf private Arbeitgeber (→ Rn. 6 ff.) wäre es jedoch im Hinblick auf E-Mail-Accounts von aktiven Universitätsmitarbeitern überzeugender, diese als Beschäftigte parallel zu behandeln; ein einleuchtender sachlicher Grund für die Differenzierung von privaten und öffentlichen Arbeitgebern besteht letztlich nicht.[28]

2. Mitteilung von dem Post- oder Fernmeldegeheimnis unterliegenden Tatsachen (Abs. 1)

12   Abs. 1 pönalisiert das unbefugte Mitteilen von dem Post- oder Fernmeldegeheimnis unterliegenden Tatsachen gegenüber einer anderen Person unter der Voraussetzung, dass der Täter seinerseits als Inhaber oder Beschäftigter eines Unternehmens, „das geschäftsmäßig Post- oder Telekommunikationsdienste erbringt", Kenntnis vom (jeweiligen) Mitteilungsgegenstand erlangt hat.

13   **a) Tathandlung: Mitteilen.** Soweit ein dem (umstr.) Anforderungsprofil entsprechendes (Telekommunikations-)Unternehmen betroffen ist, bedarf es iRd § 206 Abs. 1 StGB einer Mitteilung von Tatsachen, die dem Fernmeldegeheimnis unterliegen, gegenüber einer anderen Person durch Inhaber oder Beschäftigte. Erfasst wird (tatbestandlich) insbesondere die Weitergabe von Daten an Externe, namentlich Detektive oder Sicherheitsunternehmen, aber auch an Strafverfolgungsbehörden oder Gerichte (zB in Kündigungsschutzprozessen).[29] Eine tatbestandliche Mitteilung kann auch an Personen erfolgen, die selbst im Unternehmen beschäftigt sind, sofern diese nicht bereits im gewöhnlichen Geschäftsgang originär mit der Angelegenheit befasst sind. Im letzteren Fall dient die Weitergabe der Informationen nur der Bewirkung des Telekommunikationsvorgangs selbst, so dass das Fernmeldegeheimnis gegenüber diesen Personen nicht gewahrt werden muss (vgl. auch § 3 Abs. 3 S. 2 TTDSG).[30] Für das Mitteilen genügt jede schriftliche, mündliche oder sonstige Bekanntgabe, wobei der Empfänger nicht notwendig außerhalb des Post- oder Fernmeldedienstes stehen muss.[31] Nicht erfasst wird von § 206 Abs. 1 StGB hingegen das bloße (Mit-)Lesen von E-Mail-Kommunikation durch den Systemadministrator oder andere Personen mit Zugriffsmöglichkeit.[32]

14   **b) Funktionaler Zusammenhang zwischen Tätigkeit und Tathandlung.** Erforderlich ist stets ein funktionaler Zusammenhang zwischen Tätigkeit und Tathandlung. Das Geheimnis muss dem Täter „als" Inhaber oder Beschäftigten eines Telekommunikationsunter-

---

[25] OLG Karlsruhe MMR 2005, 178 (179 f.); MüKoStGB/Altenhain § 206 Rn. 13; NK-StGB/Kargl § 206 Rn. 7; NK-ASStrafR/Keiser § 206 Rn. 6; aA BeckOK StGB/Weidemann StGB § 206 Rn. 6; Fischer StGB § 206 Rn. 2a.
[26] Jeweils OLG Karlsruhe MMR 2005, 178 (180).
[27] OLG Karlsruhe MMR 2005, 178 f.
[28] Treffend Rübenstahl/Debus NZWiSt 2012, 129 (133); vgl. auch BeckOK StGB/Weidemann StGB § 206 Rn. 6; Fischer StGB § 206 Rn. 2a.
[29] Rotsch Criminal Compliance/Eisele § 23 Rn. 22; Schönke/Schröder/Eisele StGB § 206 Rn. 10.
[30] MüKoStGB/Altenhain § 206 Rn. 40; LK-StGB/Altvater § 206 Rn. 30; NK-StGB/Kargl § 206 Rn. 23.
[31] Schönke/Schröder/Eisele StGB § 206 Rn. 10.
[32] Knierim/Rübenstahl/Tsambikakis Investigation/Schuster 12/161; Rotsch Criminal Compliance/Eisele § 23 Rn. 24; Schuster ZIS 2010, 68 (73).

nehmens bekannt geworden sein und daher auf einer telekommunikationsspezifischen Tätigkeit beruhen. Daher genügt es nicht, wenn Mitteilungen über dem Fernmeldegeheimnis unterliegende Informationen von Personen gemacht werden, die zwar Beschäftigte des (Telekommunikations-)Unternehmens sind, deren Kenntniserlangung indes in keinerlei funktionalem Zusammenhang mit ihrer dortigen Tätigkeit steht und die insoweit wie ein außenstehender Dritter agieren. So etwa, wenn sich eine bei dem Unternehmen beschäftigte Reinigungskraft in das Computersystem „einhackt" und Daten gewinnbringend veräußert.[33]

c) Dem Telekommunikationsgeheimnis unterliegende Tatsache. Das Fernmeldegeheimnis erstreckt sich nicht auf Nachrichten, wenn deren *Übermittlung noch nicht begonnen hat oder bereits beendet ist*.[34] Sind Nachrichten daher bereits auf dem Rechner des Empfängers eingegangen, ist der Tatbestand zu verneinen. Umgekehrt ist ein Schutz durch das Fernmeldegeheimnis jedenfalls dann zu bejahen, wenn die E-Mails nicht ausschließlich auf dem Rechner von Versender und Empfänger, sondern auch auf dem (Sicherungs-)Server des Diensteanbieters (nach hM auch des Arbeitgebers) gespeichert sind. Wesentlicher Gesichtspunkt – und entscheidender Unterschied gegenüber nur auf dem eigenen Endgerät gespeicherten Daten – ist die Speicherung nicht (nur) „im Herrschaftsbereich des Kommunikationsteilnehmers, sondern des Providers", woraus sich für den Kommunikationsteilnehmer ein „technisch bedingte[r] Mangel an Beherrschbarkeit" ergibt, der seinerseits „die besondere Schutzbedürftigkeit durch das Fernmeldegeheimnis" begründet.[35] 15

Wenn dies mit Blick auf das Verhältnis von Arbeitgeber zu Arbeitnehmer teilweise anders gesehen und von einer alleinigen Kontrolle des Arbeitnehmers über seine E-Mails und damit iE von einem Nichtbetroffensein des Fernmeldegeheimnisses ausgegangen wird, beruht diese Einschätzung auf bestimmten Prämissen zum Speichervorgang (Herunterladen der E-Mails auf den eigenen Rechner sei „in den meisten Fällen" notwendig) wie auch zur Notwendigkeit „alleinige[r] Verfügungsgewalt des Arbeitgebers".[36] Diese Annahmen sind so indes nicht verallgemeinerungsfähig. Vielmehr kommt es zunächst auf die jeweilige IT-Architektur an.[37] Zudem ist nicht ersichtlich, wieso es auf eine alleinige Verfügungsgewalt des Arbeitgebers ankommen soll, um eine Betroffenheit des Fernmeldegeheimnisses anzunehmen. Solange dieser *auch* Verfügungsgewalt hat, wenn etwa eine E-Mail auf dem Server sowie auf dem lokalen Rechner gespeichert ist, obliegt es nicht allein dem Empfänger, die E-Mail vor Zugriff zu schützen.[38] Werden also Kopien vom gesamten, jedenfalls auch auf einem Server gespeicherten, E-Mail-Bestand eines Unternehmens an externe Firmen zur Prüfung weitergegeben und befinden sich in diesem Bestand – erlaubterweise (dazu → Rn. 6) – auch private Nachrichten, kommt eine Strafbarkeit von Inhabern oder Beschäftigten nach § 206 Abs. 1 grds. in Betracht.[39] 16

d) Unbefugtheit. Die Mitteilung muss schließlich unbefugt erfolgen. Insoweit ist umstritten, ob es sich lediglich um ein allgemeines Rechtswidrigkeitsmerkmal handelt[40] oder ob im Falle einer erklärten Zustimmung bereits ein tatbestandsausschließendes Einverständnis anzunehmen ist[41]. Für die Praxis ist die dogmatische Verortung, mit der keine größeren inhaltlichen Fragestellungen verbunden sind, freilich von nachrangigem Interesse. Anderes gilt für die weitergehende Frage, ob das Entfallen der Tatbestandsmäßigkeit bzw. der Rechtswidrigkeit erfordert, dass alle am Kommunikationsvorgang Beteiligten ihre Zustim- 17

---

[33] Eisele Computerrecht Kap. 5 Rn. 30.
[34] S. auch BVerfGE 124, 43 (54); Brodowski JR 2009, 402 (405).
[35] Jew. BVerfGE 124, 43 (55); vgl. auch VG Frankfurt a. M. WM 2009, 948 (950).
[36] Gottwald/Ohrloff CCZ 2022, 253 (261); ähnl. Gola RDV 2021, 305 (306).
[37] Rotsch Criminal Compliance/Eisele § 23 Rn. 23.
[38] Vgl. dazu auch MüKoStGB/Altenhain § 206 Rn. 34.
[39] Knierim/Rübenstahl/Tsambikakis Investigations/Schuster 12/161; Schuster ZIS 2010, 68 (73 f.).
[40] Fischer StGB § 269 Rn. 9; Klaas ZD 2021, 564 (567); NK-StGB/Kargl § 206 Rn. 44 (mwN).
[41] OLG Karlsruhe MMR 2005, 178 (180); MüKoStGB/Altenhain § 206 Rn. 43; Schönke/Schröder/Eisele StGB § 206 Rn. 11.

mung zur Mitteilung erklären müssen oder ob bereits die einseitige Zustimmung – zB des Arbeitnehmers gegenüber dem Arbeitgeber – genügt. Richtigerweise wird man – jedenfalls iRd § 206 Abs 1 StGB – eine Zustimmung aller Beteiligter verlangen müssen, da jeder Nutzer zwar über sein eigenes Geheimhaltungsinteresse disponieren kann, er jedoch kein Recht hat, über die Interessen seines Kommunikationspartners gleich mit zu verfügen.[42]

3. Öffnen einer anvertrauten und verschlossenen Sendung bzw. Kenntnisverschaffung von deren Inhalt (Abs. 2 Nr. 1)

18 Während mit Blick auf den Briefverkehr offensichtlich ist, welches Verhalten unter Strafe gestellt ist (plakativ: Postbote verschafft sich Kenntnis vom Inhalt der von ihm auszutragenden Briefe), stellt sich die Lage iR digitaler Kommunikationsvorgänge abweichend dar. Zwar müssen auch E-Mails idR zunächst „geöffnet" werden, bevor sie einsehbar sind. Doch verbirgt sich nach hM hinter einer „verschlossenen Sendung" ein *körperlicher* Gegenstand, da nach dem Wortsinn unkörperliche Sendungen (zB E-Mails) zwar gesichert, verborgen oder verschlüsselt, nicht aber „verschlossen" werden können.[43] Die Relevanz des Abs. 2 Nr. 1 im modernen Kommunikationsverkehr ist daher äußerst gering.

4. Unterdrücken anvertrauter Sendungen (Abs. 2 Nr. 2)

19 Der wichtigste Unterschied gegenüber Abs. 2 Nr. 1 liegt darin, dass Abs. 2 Nr. 2 als Tatobjekt lediglich eine „anvertraute Sendung" verlangt, mithin auf das Erfordernis der Verschlossenheit verzichtet. Daraus zieht die hM den Schluss, dass – anders als Abs. 2 Nr. 1 – sämtliche Formen der dem Fernmeldegeheimnis unterliegenden (Tele-)Kommunikation erfasst sind. Dies gilt insbesondere für den E-Mail-Verkehr.[44]

20 **a) Anvertrautsein von E-Mails.** Zunächst muss die Sendung dem (Telekommunikations-)Unternehmen anvertraut sein, um überhaupt taugliches Einwirkungsobjekt einer Unterdrückungshandlung sein zu können. Bei eingehenden E-Mails liegt ein Anvertrauen (erst) vor, wenn der versendende Rechner die Daten dem empfangenden Server übermittelt hat.[45] Infolge der Beschränkung des durch das Fernmeldegeheimnis geleisteten Schutzes auf Übertragungsprozesse fallen E-Mails, die bereits heruntergeladen und ausschließlich auf dem eigenen Rechner – etwa des Arbeitnehmers – gespeichert wurden, nicht (mehr) in den Anwendungsbereich des Tatbestandes (vgl. dazu bereits → Rn. 15 f.).[46] E-Mails, die sich (noch) auf dem Server – zB des Arbeitgebers – befinden, sind dagegen – im Verhältnis von Arbeitgeber zu Arbeitnehmer immer unter der Prämisse, dass eine (auch) private Nut-

---

[42] BVerfGE 85, 386 (399); MüKoStGB/Altenhain § 206 Rn. 44; Matt/Renzikowski/Wietz/Zlobinski StGB § 206 Rn. 17; NK-StGB/Kargl § 206 Rn. 45; Schönke/Schröder/Eisele StGB § 206 Rn. 12; aA (Zustimmung eines Partners genügt) Gottwald/Ohrloff CCZ 2022, 253 (262); Knierim/Rübenstahl/Tsambikakis Investigation/Schuster 12/162; Veit NZWiSt 2015, 334 (337).
[43] OLG Hamm NStZ 1980, 2320 (2321) (noch zu § 354 aF); Graf/Jäger/Wittig Wirtschafts- und Steuerstrafrecht/Valerius StGB § 206 Rn. 14; Lackner/Kühl/Heger/Heger StGB § 206 Rn. 8; MüKoStGB/Altenhain § 206 Rn. 46; Matt/Renzikowski/Wietz/Zlobinski StGB § 206 Rn. 18; Schönke/Schröder/Eisele StGB § 206 Rn. 17; Schuster ZIS 2010, 68 (73).
[44] OLG Karlsruhe MMR 2005, 178 (180); Fischer StGB § 206 Rn. 15; Gercke/Brunst InternetStrafR-HdB Rn. 156; Graf/Jäger/Wittig/Valerius StGB § 206 Rn. 19; Marberth-Kubicki ComputerStrafR Rn. 243; MüKoStGB/Altenhain § 206 Rn. 54; Matt/Renzikowski/Wietz/Zlobinski StGB § 206 Rn. 21; NK-StGB/Kargl § 206 Rn. 30 f.; NK-ASStrafR/Keiser StGB § 206 Rn. 38, 40; Schmidl MMR 2005, 343 (346); Schönke/Schröder/Eisele StGB § 206 Rn. 20; aA (Erfassung nur körperlicher Gegenstände auch iRv Abs. 2 Nr. 2) Leipold/Tsambikakis/Zöller/Popp StGB § 206 Rn. 24; Lackner/Kühl/Heger/Heger StGB § 206 Rn. 8; Satzger/Schluckebier/Widmaier StGB/Bosch § 206 Rn. 8.
[45] OLG Karlsruhe MMR 2005, 178 (180); Heidrich/Tschoepe MMR 2004, 75 (77); Schönke/Schröder/Eisele StGB § 206 Rn. 20b.
[46] Eisele ZIS 2012, 402 (404); Schönke/Schröder/Eisele StGB § 206 Rn. 20b.

zung der Telekommunikationseinrichtung erlaubt ist (→ Rn. 6) – grds. taugliches Einwirkungsobjekt.[47]

b) Tathandlung: Unterdrücken. Ein Unterdrücken ist anzunehmen, wenn die Sendung 21 dem ordnungsgemäßen Post- und Telekommunikationsverkehr entzogen wird, etwa durch Vernichtung, Wegnahme oder auch ein längeres Zurückhalten.[48] Im Telekommunikationsbereich werden insoweit vor allem Eingriffe in den technischen Vorgang des Aussendens, Übermittelns und Empfangens von Nachrichten mittels Telekommunikationsanlagen relevant.[49]

c) Speziell: Einsatz von Filtersoftware. Einer genaueren Betrachtung bedarf insoweit 22 Filter-Software, die den Eingang von E-Mails mit der Maßgabe kontrolliert, unliebsamen Spam auszufiltern.[50] Spam-E-Mails von vornherein aus dem Schutzbereich des Fernmeldegeheimnisses und damit auch dem materiellen Anwendungsbereich des § 206 StGB auszuklammern[51], dürfte angesichts der jedenfalls „objektiv" ordnungsgemäßen Teilnahme am Fernmeldeverkehr kein gangbarer Weg sein[52] und dürfte letztlich bereits schon an der Frage scheitern, was überhaupt als Spam einzustufen ist. Letztlich ist genauer auf die Art und Weise der Filterung abzustellen:

aa) Blacklist-Verfahren. Werden E-Mails mittels sog. Blacklists bereits aufgrund der IP- 23 oder E-Mail-Adresse des Absenders abgelehnt, wird man noch nicht von einem Anvertrauen an das empfangende (Telekommunikations-)Unternehmen ausgehen dürfen, womit die „Zurückweisung" der Sendung den Tatbestand des § 206 Abs. 2 Nr. 2 nicht erfüllt.[53] Hintergrund dieser Einordnung ist der technische Ablauf, wonach der Mailserver des Versenders mit dem Mailserver des Empfängers in einen Kommunikationsprozess eintritt, an dessen Anfang die Übermittlung von IP- und/oder Mail-Adresse des Versenders tritt. Nur wenn der empfangende Server nach „Sichtung" dieser Informationen sein „Okay" gibt, kann der Nachrichteninhalt („Header" und „Body") übermittelt werden. Wird das „Okay" nicht gegeben (weil der Absender Teil der Blacklist ist), wird die gesamte Sendung zurückgewiesen.[54]

bb) Sonstige Verfahren. Anders liegen die Dinge, wenn bereits auf dem Server ein- 24 gegangene E-Mails mittels Suchfiltern durchsucht werden, um unerwünschte oder gar potenziell für die IT-Infrastruktur eines Unternehmens bedrohliche Sendungen zu identifizieren und sogleich zu löschen. Da auch hier nur Inhaber oder Beschäftigte eines Telekommunikationsunternehmens Täter sein können, muss es sich stets um den Server gerade eines solchen Unternehmens handeln. Erfasst ist etwa nur der Server desjenigen Arbeitgebers, der zugleich als Telekommunikationsanbieter qualifiziert wird. Der Zugriff auf den Server eines externen Anbieters durch den Arbeitgeber wird hingegen nur nach § 202a ff. StGB erfasst.

Bei unternehmenseigenem Server kann ein solches Durchsuchen und Löschen seitens 25 des Arbeitgebers zwar mit Blick auf offenkundig dienstliche E-Mails nicht beanstandet

---

[47] Rotsch Criminal Compliance/Eisele § 23 Rn. 23; Schönke/Schröder/Eisele StGB § 206 Rn. 20b.
[48] BeckOK StGB/Weidemann StGB § 206 Rn. 18; Fischer StGB § 206 Rn. 15; Satzger/Schluckebier/Widmaier StGB/Bosch § 206 Rn. 10.
[49] Schönke/Schröder/Eisele StGB § 206 Rn. 20b.
[50] Zur aus dem Handels- und Gesellschaftsrecht erwachsenden unternehmerischen Verpflichtung, IT-Sicherheit zu gewährleisten, vgl. bereits Schmidl MMR 2005, 343 (344).
[51] Dies erwägend Schmid MMR 2005, 343 (346).
[52] Überzeugend Heidrich/Tschoepe MMR 2004, 75 (77); vgl. auch Leipold/Tsambikakis/Zöller/Popp StGB § 206 Rn. 25.
[53] Heidrich MMR 2005, 181 f.; ders. CR 2009, 168 (169); LK-StGB/Altvater § 206 Rn. 48; Marberth-Kubicki ComputerStrafR Rn. 247; MüKoStGB/Altenhain § 206 Rn. 55; Rotsch Criminal Compliance/Eisele § 23 Rn. 23; Schönke/Schröder/Eisele StGB § 206 Rn. 20b; anders aber offenbar Heidrich/Tschoepe MMR 2004, 75 (77 f.).
[54] Heidrich MMR 2005, 181 f.; ders. CR 2009, 168 (169).

werden.⁵⁵ Insoweit ist der Arbeitgeber im Verhältnis zu seinen Arbeitnehmern nämlich gerade nicht als Diensteanbieter zu qualifizieren. Die Problematik liegt jedoch darin, dienstliche von privaten E-Mails zu unterscheiden.⁵⁶ Ist eine eindeutige Zuordnung nicht möglich, müssen die E-Mails jedenfalls aus Compliance-Sicht wie private Kommunikation behandelt werden und ein Zugriffsrecht des Arbeitgebers besteht – immer unter der Voraussetzung, dass er die Privatnutzung zugelassen hat – nicht.⁵⁷ Das bedeutet für den Tatbestand des § 206 Abs. 2 Nr. 2 StGB: Werden private E-Mail-Sendungen an den Arbeitnehmer durch Einsatz von erst nach (vollständigem) Eingang auf dem Server ansetzenden Filter-Programmen derart zurückgehalten, dass ein Abruf durch den Arbeitnehmer nicht (mehr) möglich ist, kommt eine Strafbarkeit in Betracht.⁵⁸ Kein Zurückhalten liegt allerdings im Markieren von Nachrichten als (mögliche) Spam-Mails und/oder Ablegen entsprechender Nachrichten in einem spezifischen Spam-Ordner, auf welchen der Nutzer jedoch Zugriff haben muss.⁵⁹

26 **d) Unbefugtheit und Anforderungen an eine Einwilligung.** § 206 Abs. 2 setzt ebenfalls ein unbefugtes Handeln voraus. Auch insoweit ist also ein tatbestandsausschließendes Einverständnis bzw. eine rechtfertigende Einwilligung (dazu bereits → Rn. 17) denkbar. Zu beachten ist mit Blick auf eine mögliche Unterdrückung von E-Mails zunächst, dass es auf ein Einverständnis nicht ankommt, sofern es infolge Zurückweisung der Sendung aufgrund der (IP-)Adresse bereits an einem Anvertrautsein fehlt (→ Rn. 23) oder aber eine eingegangene Mail zwar als Spam markiert bzw. einsortiert wird, für den Empfänger jedoch abrufbar bleibt (→ Rn. 25). Es verbleibt für eine Zustimmung der Bereich des Zurückhaltens nach Eingang der kompletten E-Mail auf dem Server des Diensteanbieters bzw. des Arbeitgebers, soweit dieser als Telekommunikationsunternehmen einzustufen ist. Überträgt man insoweit die iRd § 206 Abs. 1 StGB aufgestellten Grundsätze auf § 206 Abs. 2 Nr. 2 StGB, bedürfte es dabei der Zustimmung sämtlicher Kommunikationsteilnehmer (→ Rn. 17).⁶⁰ Vielfach wird demgegenüber iRd § 206 Abs. 2 Nr. 2 StGB das Einverständnis (nur) des Empfängers für ausreichend erachtet.⁶¹ Hintergrund ist die Überlegung, dass § 206 Abs. 2 Nr. 2 StGB – nicht wie § 206 Abs. 1 StGB oder auch § 206 Abs. 2 Nr. 1 StGB – den Kommunikationsinhalt vor Ausforschung durch Dritte schützt, sondern schlicht die ordnungsgemäße Übermittlung (iS vertragsgemäßer Erfüllung der Beförderungspflicht) absichert.⁶² Damit ist aber nicht das Fernmeldegeheimnis ieS betroffen, sondern das Interesse daran, dass Sendungen zugestellt und nicht eigenmächtig unterdrückt oder vernichtet werden.⁶³ Darüber, welche Nachrichten er tatsächlich erhalten möchte, kann der Empfänger freilich selbst entscheiden. Er ist berechtigt, eine Zustellung zurückzuweisen, womit durch die Beauftragung Dritter (etwa des Providers) zur Aussonderung unliebsamer Sendungen das (spiegelbildliche) Interesse des Versenders an ordnungsgemäßer Übermittlung nicht (mehr) berührt ist.⁶⁴

---

⁵⁵ Leipold/Tsambikakis/Zöller/Popp StGB § 206 Rn. 25; MüKoStGB/Altenhain § 206 Rn. 58 (m. Fn. 54); Nolte/Becker CR 2009, 126 (127); Schönke/Schröder/Eisele StGB § 206 Rn. 20b.
⁵⁶ Dazu auch Mengel NZA 2017, 1494 (1495 f.).
⁵⁷ Vgl. auch Koch NZA 2008, 911 (912 f.).
⁵⁸ Kramer IT-ArbR/Byers B.VII. Rn. 612; LK-StGB/Altvater § 206 Rn. 86; MüKoStGB/Altenhain § 206 Rn. 58; Schönke/Schröder/Eisele StGB § 206 Rn. 20b. Zum Täterkreis unter Einbeziehung von § 14 StGB vgl. Schmidl MMR 2005, 343 (346); Sassenberg/Lammer DUD 2008, 461 (462).
⁵⁹ MüKoStGB/Altenhain § 206 Rn. 58; NK-ASStrafR/Keiser StGB § 206 Rn. 40; Sassenberg/Lammer DUD 2008, 461 (462); Schönke/Schröder/Eisele StGB § 206 Rn. 20b; aA offenbar Kramer IT-ArbR/Byers B.VII. Rn. 612.
⁶⁰ Dafür OLG Karlsruhe MMR 2005, 178 (180); MüKoStGB/Altenhain § 206 Rn. 59.
⁶¹ Gercke/Brunst InternetStrafR-HdB Rn. 157; Heidrich MMR 2005, 181 (182); Heidrich/Tschoepe MMR 2004, 75 (78); LK-StGB/Altvater § 206 Rn. 86; Matt/Renzikowski/Wietz/Zlobinski StGB § 206 Rn. 23; Sassenberg/Lammer DUD 2008, 461 (462); Schönke/Schröder/Eisele StGB § 206 Rn. 26.
⁶² Instruktiv Härting CR 2007, 311 (316).
⁶³ Vgl. Kitz CR 2005, 450 (453).
⁶⁴ Härting CR 2007, 311 (316); Heidrich MMR 2005, 181 (182); Kitz CR 2005, 450 (453).

Folgt man dem und hält ein Einverständnis (nur) des Empfängers für ausreichend, ergibt 27
sich im Verhältnis Arbeitgeber-Arbeitnehmer die Konsequenz, dass der Arbeitgeber – soweit er eine private E-Mail-Nutzung erlaubt und damit Diensteanbieter ist – Spam-Filter einsetzen kann, wenn er eine entsprechende Einwilligung des Arbeitnehmers eingeholt hat.[65] Entsprechendes gilt für die Einwilligung in – tatbestandlich bereits von § 206 Abs. 1 StGB erfasste – Sichtungen iRv internen Ermittlungen.[66]

Mitunter wird mit Blick auf die Notwendigkeit, eine (ausdrückliche) Einwilligung (des Arbeit- 28
nehmers) einzuholen, zwischen „normalen" Spam-Mails und virenbelasteten Mails unterschieden. Nur im Hinblick auf Spam-Mails sei eine Einwilligung notwendig, während der Empfänger am Erhalt virenbelasteter Mails grundsätzlich kein Interesse habe.[67]

5. Erweiterung des Täterkreises (Abs. 3)

Abs. 3 bewirkt eine Erweiterung des Täterkreises auf unternehmensexterne Personen, die 29
aber zugleich in einem spezifischen Näheverhältnis zum Unternehmen stehen und daher (gleichfalls) die Möglichkeit haben, die in Abs. 1 und 2 erfassten Handlungen zu begehen.[68] Das Besondere im Vergleich zum „originären" Täterkreis aus Abs. 1 und 2 liegt darin, dass die durch Abs. 3 einbezogenen Personen nicht bereits durch das TTDSG iVm TKG, sondern erst durch das Strafrecht zur Wahrung des Post- und Fernmeldegeheimnis verpflichtet werden.

6. Amtsträger (Abs. 4)

Für den speziellen Amtsträger-Tatbestand nach § 206 Abs. 4 StGB kann auf die Legaldefi- 30
nition des Amtsträgers aus § 11 Abs. 1 Nr. 2 StGB zurückgegriffen werden. Offiziere und Unteroffiziere sind den Amtsträgern nach §§ 48 Abs. 1, 1 Abs. 3 WStG gleichgestellt. Es ist ausreichend, dass der Amtsträger eine Mitteilung über Tatsachen macht, die ihm „auf Grund" eines befugten oder unbefugten Eingriffs in das Post- oder Fernmeldegeheimnis bekannt geworden sind. Erfasst wird danach auch der Amtsträger, der den Eingriff nicht selbst vorgenommen hat, sondern lediglich durch innerdienstliche Weitergabe von der fraglichen Tatsache Kenntnis erlangt hat.[69] Tauglicher Täter ist daher nicht nur der Polizeibeamte, der unmittelbar mit einer TKÜ betraut ist, sondern auch dessen Kollege, der Kenntnis von den Ergebnissen erlangt hat.[70] Schon an einem Mitteilen iSd Norm fehlt es, wenn über die Ergebnisse eines (befugten oder unbefugten) Eingriffs iR ordnungsgemäßer dienstlicher Behandlung Mitteilung (etwa an den Vorgesetzten) gemacht wird.[71] Auch bei Mitteilung gegenüber einer externen Stelle steht das Verhalten – in Übereinstimmung mit Abs. 1 und 2 – nur für den Fall unter Strafe, dass die Mitteilung unbefugt erfolgt. Befugt ist die Mitteilung insbesondere bei Befolgung der Anzeigepflicht nach Maßgabe des § 138 StGB, in Betracht kommen aber auch spezialgesetzliche Befugnisnormen wie § 12 S. 2 ZollVG.[72]

---

[65] LK-StGB/Altvater § 206 Rn. 86 f.; Sassenberg/Lammer DUD 2008, 461 (462 f.); abweichend Härting CR 2007, 311 (316 f.), der ein Einverständnis nur für erforderlich hält, wenn der Arbeitgeber die private Email-Nutzung nicht nur duldet, sondern eine diesbezügliche Pflicht zur Beförderung übernommen hat. Vgl. zum Verhältnis von Betriebsvereinbarung und individueller Einwilligung Gola RDV 2021, 305 (307).
[66] Vgl. Mengel NZA 2017, 1494 (1496).
[67] Vgl. bereits Heidrich/Tschoepe MMR 2004, 75 (78); Sassenberg/Lammer DUD 2008, 461 (463).
[68] Schönke/Schröder/Eisele StGB § 206 Rn. 27.
[69] Schönke/Schröder/Eisele StGB § 206 Rn. 34.
[70] NK-ASStrafR/Keiser StGB § 206 Rn. 16.
[71] Schönke/Schröder/Eisele StGB § 206 Rn. 36.
[72] Schönke/Schröder/Eisele StGB § 206 Rn. 36.

II. Subjektiver Tatbestand

31 In subjektiver Hinsicht genügt bedingter Vorsatz. Dies hat etwa Bedeutung, wenn der Täter billigend in Kauf nimmt, dass neben dienstlichen E-Mails auch private Nachrichten zurückgehalten werden. Hält der Handelnde irrtümlich Umstände für gegeben, nach denen sein Handeln befugt wäre, unterliegt er – unter der Prämisse tatbestandsausschließender Wirkung des Einverständnisses – einem Irrtum iSd § 16 Abs. 1 S. 1 StGB; andernfalls käme nur ein Erlaubnistatbestandsirrtum bezogen auf die Voraussetzungen einer (mutmaßlichen) Einwilligung in Betracht.[73] Handelt der Täter dagegen in Kenntnis sämtlicher Umstände, hält sich aber gleichwohl – etwa weil er dem Arbeitgeber grds. dieses Recht zuspricht – für befugt, kommt (nur) ein Verbotsirrtum in Betracht.[74]

C. Rechtswidrigkeit

32 Gemäß § 3 Abs. 3 S. 3 TTDSG (§ 88 Abs. 3 S. 3 TKG aF) ist eine Weitergabe von Kenntnissen über Tatsachen, die dem Fernmeldegeheimnis unterliegen, nur zulässig, „soweit dieses Gesetz oder eine andere gesetzliche Vorschrift dies vorsieht und sich dabei ausdrücklich auf Telekommunikationsvorgänge bezieht". Aus dem Passus, wonach die Erlaubnisnormen einen Bezug zu Telekommunikationsvorgängen aufweisen müssen, wird ganz überwiegend gefolgert, dass die allgemeinen Rechtfertigungsgründe (vgl. §§ 32, 34 StGB) keine Anwendung finden können.[75] Die Gegenauffassung sieht in § 3 Abs. 3 S. 3 TTDSG (wie früher in § 88 Abs. 3 S. 3 TKG aF) eine spezifisch öffentlich-rechtliche Regelung, die keine Aussage über die Anwendbarkeit von Notrechten aus dem Allgemeinen Teil des Strafgesetzbuches treffe, weshalb diese grds. auch iRd § 206 StGB herangezogen werden könnten.[76] Zum Teil wird auch innerhalb des § 206 StGB differenziert, indem eine Heranziehung der allgemeinen Rechtfertigungsgründe iRd § 206 Abs. 1 StGB ausgeschlossen, mit Blick auf § 206 Abs. 2 Nr. 2 StGB aber möglich sein soll.[77]

I. Rechtfertigung nach §§ 32, 34 StGB

33 In jedem Falle wird eine rechtfertigende Wirkung der §§ 32, 34 StGB – ihre Anwendbarkeit unterstellt – praktisch kaum je in Betracht kommen. § 32 StGB wird mit Blick auf die Durchsicht von (E-Mail-)Kommunikationsbeständen in der Regel schon daran scheitern, dass kein gegenwärtiger, rechtswidriger Angriff (mehr) vorliegt. Zu beachten ist ferner, dass sich ein Handeln in Notwehr nur gegen Rechtsgüter des Angreifers richten darf.[78] Was § 34 StGB angeht, ist neben dem Vorrang staatlicher Hilfe die Bedeutung des Fernmeldegeheimnisses zu beachten, das iRd Abwägung nur durch entsprechend gewichtige Interessen aufgewogen werden kann.[79]

---

[73] Vgl. auch Fischer StGB § 206 Rn. 18.
[74] Eingehend zu Irrtumsfragen iRd § 206 StGB Preuß ZD 2012, 543 ff.
[75] Cornelius NZWiSt 2013, 166 (168); Eisele Computerrecht Kap. 5 Rn. 40; Eisele ZIS 2012, 402 (404); ERST/Gercke StGB § 206 Rn. 22; Graf/Jäger/Wittig/Valerius StGB § 206 Rn. 34; Lackner/Kühl/Heger/Heger StGB § 206 Rn. 15; Marberth-Kubicki ComputerStrafR Rn. 248; MüKoStGB/Altenhain § 206 Rn. 71; NK-StGB/Kargl § 206 Rn. 47 f.; NK-ASStrafR/Keiser StGB § 206 Rn. 48; Rotsch Criminal Compliance/Eisele 23/25; Schönke/Schröder/Eisele StGB § 206 Rn. 14.
[76] Gottwald/Ohrloff CCZ 2022, 253 (262); LK-StGB/Altvater § 206 Rn. 80.
[77] Leipold/Tsambikakis/Zöller/Popp StGB § 206 Rn. 30 ff.
[78] Baumann/Weber/Mitsch/Eisele/Mitsch StrafR AT § 13 Rn. 32.
[79] Treffend zum (hypothetischen) Anwendungsbereich der §§ 32, 34 StGB: Knierim/Rübenstahl/Tsambikakis Investigation/Schuster 12/163; Schuster ZIS 2010, 68 (75).

II. (Mutmaßliche) Einwilligung

Eine Anwendbarkeit des (ungeschriebenen) allgemeinen Rechtfertigungsgrundes der mutmaßlichen Einwilligung wird man dagegen auch iRd § 206 StGB anzuerkennen haben, da – ebenso wie im Falle des Einverständnisses respektive der Einwilligung (→ Rn. 17) – insoweit ein Handeln mit dem Willen des Betroffenen gegeben ist, sodass es gerade nicht um eine Interessenauflösung zu seinen Lasten geht, wie sie aber von der (Sperr-)Regelung des § 3 Abs. 3 S. 3 TTDSG (§ 88 Abs. 3 S. 3 TKG aF) vorausgesetzt wird.[80] 34

III. Gesetzliche Offenbarungsbefugnisse bzw. -pflichten

Eine Befugnis (bzw. eine Pflicht) zur Offenbarung kann sich zB ergeben aus: § 3 Abs. 3 S. 4 TTDSG iVm § 138 StGB (§ 39 Abs. 3 S. 4 PostG iVm § 138 StGB), §§ 100a, 100g StPO, §§ 51, 52 BKAG, § 2 Abs. 1, 1a G 10, § 8a Abs. 1 S. 1 Nr. 4 BVerfSchG, § 3 BNDG, § 4a MADG.[81] 35

D. Konkurrenzen

Tateinheit kommt in Betracht mit §§ 202 Abs. 1 Nr. 2, 202a, 242, 246, 274 Abs. 1 Nr. 1, 303, 303a, 353b StGB. §§ 202, 202b StGB sind (gesetzlich) subsidiär gegenüber § 206 StGB. § 206 Abs. 3 Nr. 1, Abs. 4 StGB geht § 203 Abs. 2 StGB im Wege der Spezialität vor.[82] 36

---

[80] Eisele Computerrecht Kap. 5 Rn. 41; Schönke/Schröder/Eisele StGB § 206 Rn. 14; aA MüKoStGB/Altenhain § 206 Rn. 71.
[81] Vgl. ferner die Übersichten bei MüKoStGB/Altenhain § 206 Rn. 73 ff.; NK-StGB/Kargl § 206 Rn. 49 ff.; Schönke/Schröder/Eisele StGB § 206 Rn. 13.
[82] Vgl. im Übrigen Fischer StGB § 206 Rn. 21; Schönke/Schröder/Eisele StGB § 206 Rn. 39.

§ 18 Fälschung beweiserheblicher Daten (§ 269 StGB)

Übersicht

	Rn.
A. Allgemeines	1
B. Tatbestand	5
I. Objektiver Tatbestand	5
1. Der Datenbegriff des § 269 StGB	6
2. Tathandlungen	9
a) Abs. 1 Var. 1: Speichern	10
aa) Registration unter falschem Namen	13
bb) Phishing und verwandte Phänomene	20
cc) Nutzung fremder oder gefälschter Codekarten	25
b) Abs. 1 Var. 2: Verändern	32
aa) Anwendungsfälle	33
bb) Nachträgliche Veränderung durch den Aussteller selbst	37
c) Abs. 1 Var. 3: Gebrauchen	38
II. Subjektiver Tatbestand	39
C. Rechtswidrigkeit und Schuld	40
D. Strafschärfungen	42
E. Konkurrenzen	43
F. Prozessuales	44

Literatur:

Brand, Die strafrechtliche Bedeutung der Nutzung fremder Packstationsdaten zu kriminellen Zwecken, NStZ 2013, 7; *Buggisch,* Fälschung beweiserheblicher Daten durch Verwendung einer falschen E-Mail-Adresse?, NJW 2004, 3519; *Buß,* Identitätsmissbrauch – Strafbarkeit beim CEO Fraud, CR 2017, 410; *Ceffinato,* Aktuelles Internetstrafrecht, JuS 2021, 311; *Christoph/Dorn-Haag,* Der „elektronische Taschendiebstahl" bei Kleinstbetragszahlungen – Zur strafrechtlichen Relevanz des Missbrauchs der NFC-Technologie bei EC- und Kreditkarten unter besonderer Berücksichtigung des § 263a StGB, NStZ 2020, 697; *Eisele,* Fälschung beweiserheblicher Daten bei Anmeldung eines eBay-Accounts unter falschem Namen, in: Festschrift für Puppe, 2011, S. 1091; *ders.,* Payment Card Crime: Skimming, CR 2011, 131; *Eisele/Fad,* Strafrechtliche Verantwortlichkeit beim Missbrauch kartengestützter Zahlungssysteme, Jura 2002, 305; *Feldmann,* Strafbarkeit und Strafbarkeitslücken im Zusammenhang mit Skimming und Fälschung von Zahlungskarten, wistra 2015, 41; *Gercke,* Die Strafbarkeit von "Phishing" und Identitätsdiebstahl, CR 2005, 606; *Goeckenjan,* Phishing von Zugangsdaten für Online-Bankdienste und deren Verwertung, wistra 2008, 128; *Göhler,* Kontaktlos bezahlen mit der Girocard – (k)eine Herausforderung für das Strafrecht?, JR 2021, 6; *Graf,* „Phishing" derzeit nicht generell strafbar!, NStZ 2007, 129; *Heghmanns,* Strafbarkeit des „Phishing" von Bankkontendaten und ihrer Verwertung, wistra 2007, 167; *Kubiciel/Großmann,* Doxing als Testfall für das Datenschutzstrafrecht, NJW 2019, 1050; *Kulhanek,* „Digitales Urkundenstrafrecht" – Aktuelle Entwicklungen und Auswirkungen der Digitalisierung auf die §§ 267 ff. StGB, wistra 2021, 220; *Kusnik,* Hände weg von der Handysperre?, CR 2011, 718; *Nadeborn/Popp,* Identitätstäuschung und Betrug im Internet, wistra 2022, 227; *Petermann,* Die Einrichtung gefälschter Internetaccounts – ein Anwendungsfall des § 269 StGB?, JuS 2010, 774; *Popp,* Informationstechnologie und Strafrecht, JuS 2011, 385; *Seidl/Fuchs,* Zur Strafbarkeit des sog. „Skimmings", HRRS 2011, 265; *Singelnstein,* Erfüllt die Angabe falscher Personalien bei Auktionsgeschäften im Internet den Tatbestand des § 269 StGB?, JR 2011, 375; *Stuckenberg,* Zur Strafbarkeit von „Phishing", ZStW 118 (2006), 878; *Wachter,* Klausurrelevante Probleme aus dem Bereich der Cyberkriminalität, JA 2019, 827; *Willer,* Die Onlineauktion unter falschem Namen und der Straftatbestand der Fälschung beweiserheblicher Daten i.S.d. § 269 StGB, NStZ 2010, 553.

A. Allgemeines

§ 269 StGB soll in erster Linie Lücken schließen, die von den Urkundendelikten im Bereich der Computerkriminalität insoweit belassen werden, als die Eingabe oder Veränderung von Daten im Bereich der technischen Informationsverarbeitung regelmäßig nicht die Entstehung bzw. Veränderung einer *visuell wahrnehmbaren verkörperten* Gedankenerklärung zur Folge 1 hat.[1] Um einen Gleichlauf in der Behandlung mit manuell verwalteten Datenbeständen zu erreichen, mithin die missbräuchliche Datenverwendung mit dem Ziel, einen anderen zu einer rechtserheblichen Disposition zu veranlassen, umfassend strafrechtlich erfassen zu können, hat der Gesetzgeber im Zuge des 2. WiKG v. 15.5.1986[2] diesen Paralleltatbestand zu § 267 StGB geschaffen.[3] Dabei hatte er insbesondere die „Umstellung verwaltungsmäßigen Handelns auf die Datenverarbeitung" im Blick[4], namentlich die in Datenbanken verwalteten „Daten des Bundeszentralregisters, des Gewerbezentralregisters, der Personenstandsregister oder der Fahndungsdateien", sah aber mit der Inbezugnahme von „Stammdaten von Kunden" oder „Kontenstandsdateien" zugleich auch einen Anwendungsbereich für die (Privat-) Wirtschaft.[5] Gegenwärtig stellen sich Fragen rund um die Reichweite der Vorschrift insbesondere im Zusammenhang mit dem sog. Phishing (→ Rn. 20 ff.), der Registration auf Internetplattformen unter falschem Namen (→ Rn. 13 ff.) sowie der Nutzung fremder oder gefälschter Codekarten im electronic-cash-Verfahren (→ Rn. 25 ff.). Hinzu treten vor dem Hintergrund der zügig voranschreitenden Digitalisierung alltäglicher Kommunikations- und Transaktionsprozesse immer neue potenzielle Anwendungsfelder, so etwa mit Blick auf das insbesondere von Direktbanken oder Telekommunikationsunternehmen genutzte Video-Ident-Verfahren (→ Rn. 17) oder das kontaktlose Zahlen mittels Near-Field-Communication unter Verzicht auf eine PIN-Eingabe (→ Rn. 29 f.).

2 Dass (gespeicherte) Datenbestände über einen Bildschirm einsehbar gemacht werden können, ist nicht gleichzusetzen mit einer sinnlichen Wahrnehmbarkeit iSd Perpetuierungsfunktion des Urkundenbegriffs.[6] Entscheidend ist insoweit, dass die via Bildschirm dargestellte Datenerklärung nicht materialisiert ist, sie mithin „überhaupt keinen Ort mehr hat, an dem sie (…) gewissermaßen dingfest gemacht werden kann"[7].

3 Schutzgut der Vorschrift ist nach zutreffender hM – parallel zu §§ 267, 268 StGB – die Sicherheit und Zuverlässigkeit des Beweisverkehrs mit Daten[8], nach aA – recht unscharf – die Dispositionsfreiheit des Einzelnen.[9] Um spezifisches Datenschutzstrafrecht – etwa vergleichbar der Regelung des § 42 BDSG – handelt es sich bei der Strafvorschrift des § 269 StGB nicht. Vielmehr erfasst die Vorschrift Verhaltensweisen, die mit Datenverarbeitungen einhergehen, sodass tatbestandliches Handeln jedenfalls der äußeren Form nach häufig auch einen Verstoß gegen die DS-GVO bedeuten wird.[10]

4 **PKS:** Die Fallzahlen sind zuletzt stark angestiegen – die Aufklärungsquote ist dagegen spürbar gesunken.[11]

---

[1] Vgl. BT-Drs. 10/318, 32; BT-Drs. 10/5058, 33; OLG Hamburg v. 7.8.2018 – 2 Rev 74/18, BeckRS 2018, 18084 Rn. 10 f.; Eisele StrafR BT I Rn. 880; Fischer StGB § 269 Rn. 3; Gercke CR 2005, 606 (608); Tiedemann WirtschaftsStrafR Rn. 1219.
[2] Zweites Gesetz zur Bekämpfung der Wirtschaftskriminalität, BGBl. 1986 I 721.
[3] BT-Drs. 10/318, 32 f.; BT-Drs. 10/5058, 33.
[4] BT-Drs. 10/5058, 33.
[5] Jeweils BT-Drs. 10/318, 32.
[6] Vgl. bereits BT-Drs. 10/5058, 33; ferner LK-StGB/Zieschang § 269 Rn. 2; Rengier StrafR BT II § 32 Rn. 3.
[7] Nadeborn/Popp wistra 2022, 227 (229).
[8] Eisele StrafR BT I Rn. 880; Fischer StGB § 269 Rn. 2; Lackner/Kühl/Heger/Heger StGB § 269 Rn. 1; Leupold/Wiebe/Glossner IT-R/Cornelius 19/178; Schönke/Schröder/Heine/Schuster StGB § 269 Rn. 4.
[9] MüKoStGB/Erb § 269 Rn. 1; NK-StGB/Puppe/Schumann § 269 Rn. 7.
[10] Paal/Pauly/Frenzel DS-GVO Art. 84 Rn. 5. Freilich richten sich die Vorgaben aus DS-GVO und BDSG nicht an jedermann, sondern nur an die in § 1 BDSG genannten öffentlichen und nicht-öffentlichen Stellen.
[11] PKS Bundeskriminalamt, Berichtsjahr 2017–2022, abrufbar unter https://www.bka.de/DE/AktuelleInformationen/StatistikenLagebilder/PolizeilicheKriminalstatistik/pks_node.html, abgerufen am 10.4.2023).

§ 269 StGB
Fälschung beweiserheblicher Daten

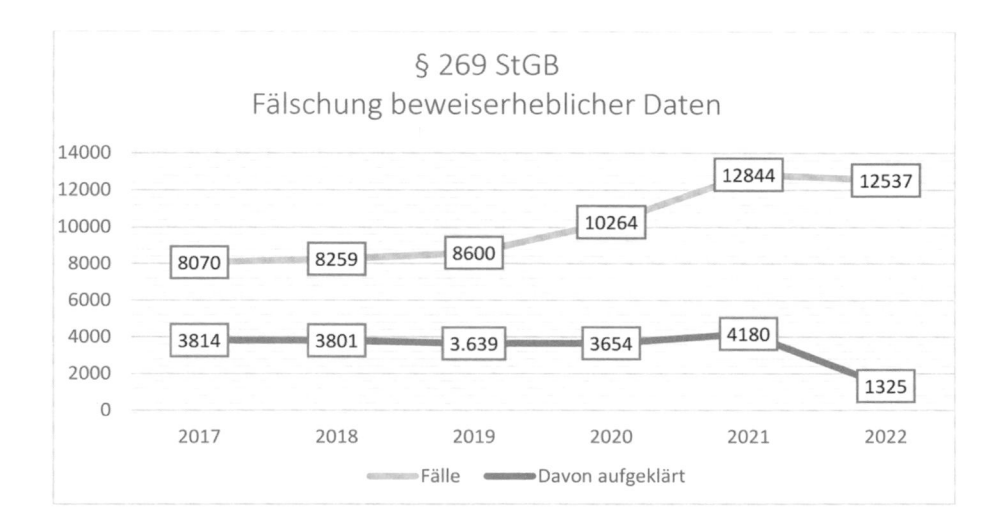

Jahr	Fälle	Davon aufgeklärt
2017	8070	3814
2018	8259	3801
2019	8600	3.639
2020	10264	3654
2021	12844	4180
2022	12537	1325

B. Tatbestand

I. Objektiver Tatbestand

Der Tatbestand nimmt explizit Bezug auf den Urkundenbegriff des § 267 StGB, wenn es heißt, Daten müssten so gespeichert oder verändert werden, „dass bei ihrer Wahrnehmung eine unechte oder verfälschte Urkunde vorliegen würde". Diese strukturelle Anlehnung an die „analoge" Urkundenfälschung iSd § 267 StGB ist bei Auslegung sämtlicher Handlungsmodalitäten der Vorschrift zu beachten.

1. Der Datenbegriff des § 269 StGB

§ 269 StGB verwendet einen tatbestandsspezifischen Datenbegriff. Unter den Begriff der Daten fallen im Ausgangspunkt sämtliche – noch nicht notwendig gespeicherte – Informationen, die Gegenstand eines Datenverarbeitungsprozesses sein können.[12] Es muss sich um keine personenbezogenen Daten handeln. Die Definition des § 4 Nr. 2 DS-GVO und das Europäische Regelungsregime ist damit von vornherein unerheblich. Aus der Ergänzungsfunktion zu § 267 StGB ergibt sich sodann jedoch, dass es nur um solche Daten gehen kann, die nicht unmittelbar wahrnehmbar gespeichert werden bzw. dies im Zeitpunkt der Tatbegehung schon sind.[13] Es muss sich um maschinenlesbare Daten handeln.[14] In den Schutzbereich fallen soll auch und bereits die Eingabephase einer Datenverarbeitung, weshalb § 269 StGB auf einen Verweis auf § 202a Abs. 2 StGB verzichtet, nach dem der Begriff der „Daten" (iSd § 202a Abs. 1 StGB) auf bereits gespeicherte oder sich im Übertragungsprozess befindliche Informationen beschränkt ist, sog. Inputdaten also nicht erfasst werden.[15] Der Schutz des § 269 StGB reicht dagegen weiter und erfasst auch Handlungen im Vorfeld der Speicherung:

---

[12] Eisele Computerrecht Kap. 9 Rn. 26; vgl. ferner (zu § 268 StGB) BGH NStZ 2016, 42 (45).
[13] Treffend LK-StGB/Zieschang § 269 Rn. 6; ferner BeckOK StGB/Weidemann StGB § 269 Rn. 4; Fischer StGB § 269 Rn. 4; Rengier StrafR BT II § 35 Rn. 1.
[14] NK-StGB/Puppe/Schumann § 269 Rn. 19.
[15] Schönke/Schröder/Eisele StGB § 202a Rn. 6. Zur Erfassung auch der Eingabephase iRd § 269 StGB: AG Göttingen MMR 2011, 626 (627); Hornung/Schallbruch IT-SicherheitsR/Singelnstein/Zech § 20 Rn. 71; Lackner/Kühl/Heger/Heger StGB § 269 Rn. 7; Schönke/Schröder/Heine/Schuster StGB § 269 Rn. 7; die Erweiterung des Datenbegriffs eingedenk des ohnehin gegebenen Speichererfordernisses für überflüssig erachtend Popp JuS 2011, 385 (390).

7 **Beispiel:**
Änderung von Namen oder Rechnungsbeträgen in einer Liste, die Grundlage der Eingabe in eine EDV-Anlage sind (sofern die Manipulation nicht bereits für sich genommen § 267 StGB begründet).[16]

8 Die Daten müssen zudem beweiserheblich sein, dh sie müssen dazu bestimmt sein, bei einer Verarbeitung im Rechtsverkehr als Beweisdaten für rechtserhebliche Tatsachen benutzt zu werden.[17] Der Aussagegehalt der Daten muss damit (nur) in irgendeiner Form für das Rechtsleben von Bedeutung sein, ohne dass es auf eine aktuelle Beweisbedeutung in einem bestimmten Verwendungszusammenhang, eine bestimmte Beweisrichtung oder -bedeutung usw ankäme.[18]

2. Tathandlungen

9 Die parallele Struktur zu § 267 StGB ist bei der Auslegung der Tathandlungen – Speichern, Verändern, Gebrauchen – zu berücksichtigen. So muss das Ergebnis des Speicherns oder Veränderns eine hypothetische Urkunde sein. Erforderlich ist, dass bei vorgestellter Visualisierung des Endprodukts sämtliche Merkmale einer unechten respektive verfälschten Urkunde vorliegen müssten.[19] Bei hypothetischer visueller Wahrnehmbarkeit müssten also sämtliche Strukturmerkmale des Urkundenbegriffs – Perpetuierungsfunktion, Beweisfunktion, Garantiefunktion – zu bejahen sein.

10 **a) Abs. 1 Var. 1: Speichern.** Die Variante des Speicherns stellt das Äquivalent zur Herstellung einer unechten Urkunde iSd § 267 Abs. 1 Var. 1 StGB dar. Das bedeutet für § 269 Abs. 1 Var. 1 StGB, dass Daten so gespeichert werden müssen, dass im Falle ihrer visuellen Wahrnehmbarkeit eine unechte Urkunde vorläge.[20] Von einem Speichern ist auszugehen, wenn die Daten zum Zweck der weiteren Verarbeitung erfasst, aufgenommen oder aufbewahrt werden.[21] Umfasst werden danach sämtliche Handlungen, die das Vorhandensein von Daten in einem Informationssystem verursachen und zugleich die Möglichkeit des Abrufs schaffen.[22] Parallel zur Urkundenfälschung, die im Falle allein inhaltlich unzutreffender Angaben nicht greift (sog. schriftliche Lüge), werden inhaltliche Datenlügen, bei denen es gerade nicht zu einer Identitätstäuschung über den Aussteller kommt, vom Anwendungsbereich des § 269 StGB nicht erfasst[23]:

11 **Beispiel**
Eingabe einer höheren Kreditlinie sowie Vermerk in Wahrheit nicht erfolgter Rückzahlungen durch den zuständigen Bankmitarbeiter zugunsten seiner Kunden[24]; Eingabe des Vermerks „bezahlt" durch den zuständigen Finanzbeamten zugunsten eines säumigen Steuerschuldners[25].

12 Im Übrigen ist zu beachten, dass zur Ermittlung des Ausstellers nach überzeugender Auffassung nicht auf die IP-Adresse abzustellen ist. Zwar ist jedem mit dem Internet ver-

---

[16] Bsp. nach Schönke/Schröder/Heine/Schuster StGB § 269 Rn. 7.
[17] Eisele StrafR BT I Rn. 883; Fischer StGB § 269 Rn. 4; Hilgendorf/Valerius Computer- und InternetStrafR Rn. 628; Leupold/Wiebe/Glossner IT-R/Cornelius 19/180.
[18] Prägnant Graf/Jäger/Wittig/Bär StGB § 269 Rn. 7.
[19] OLG Hamm NStZ 2020, 673 (675); OLG Zweibrücken NStZ 2022, 550 (552); Fischer StGB § 269 Rn. 5; Hilgendorf/Valerius Computer- und InternetStrafR Rn. 624; Leupold/Wiebe/Glossner IT-R/Cornelius 19/185.
[20] BGH NStZ-RR 2003, 265 (266); Eisele Computer- und MedienstrafR Kap. 9 Rn. 27.
[21] BeckOK StGB/Weidemann StGB § 269 Rn. 9; Fischer StGB § 269 Rn. 6.
[22] Taeger/Pohle ComputerR-HdB/Cornelius 10/165.
[23] BGH NStZ 2016, 42 (46); Eisele Computerrecht Kap. 9 Rn. 28; Fischer StGB § 269 Rn. 5; Gercke/Brunst InternetStrafR-HdB Rn. 240.
[24] Nach Eisele StrafR BT I Rn. 886.
[25] Nach Rengier StrafR BT II Vor § 35 iVm § 35 Rn. 15.

bundenen Gerät eine solche Kennung zugewiesen.[26] Doch dient diese allein der Identifizierung des Rechners, nicht aber des Nutzers.[27] Denn aus der IP-Adresse lässt sich nicht schlussfolgern, welche Person die Dateneingabe am Informationssystem vorgenommen hat.

aa) Registration unter falschem Namen. Bereits ein so alltäglicher Vorgang wie die Anmeldung unter falschem Namen bei Handelsplattformen im Internet (zB eBay, amazon usw) kann unter dem Gesichtspunkt des § 269 Abs. 1 Var. 1 StGB Relevanz erlangen: 13

Beispiel:[28] 14

Der mittel- und wohnungslose A meldet sich unter Eingabe eines falschen Namens und fingierter Kontaktdaten auf der Verkaufsplattform eBay an, um nicht existierende Luxusgüter – gegen Vorkasse – an gutgläubige Abnehmer zu veräußern.

Nachdem in Rspr. und Schrifttum längere Zeit umstritten war, ob bereits die Anmeldung auf Handelsplattformen unter Verwendung falscher Personalien tatbestandliches Verhalten iSd § 269 Abs. 1 Var. 1 StGB sein kann[29], hat der BGH dies nunmehr bejaht: Wer ein Mitgliedskonto auf einer Online-Handelsplattform (hier: eBay) eröffnet, gebe „durch Ausfüllen und Absenden des entsprechenden online-Formulars (…) die Gedankenerklärung ab, dass die angegebene Person mit den angegebenen Personalien einen Nutzungsvertrag mit eBay abschließen möchte, die AGB des Unternehmens anerkennt und beim Handel auf der Plattform unter dem gewählten Mitgliedsnamen auftritt"[30]. Die Beweiserheblichkeit der Erklärung ergebe sich sodann „aus dem rechtlichen Interesse des Betreibers, gegenüber seinem Vertragspartner etwaige Ansprüche durchsetzen und ihn in Ausfluss der Störerhaftung des Diensteanbieters (vgl. § 10 TMG) effektiv sanktionieren zu können"[31]. Schließlich hält der BGH fest, dass „eine besondere Gewährleistung der Authentizität der Erklärung" nicht Voraussetzung der Beweiserheblichkeit sei; insoweit sei nur der Beweiswert betroffen.[32] 15

Demgegenüber soll die bloße Registrierung auf der – von der Auktionsplattform „eBay" tatsächlich wie rechtlich getrennten – Verkaufsplattform „eBay-Kleinanzeigen" eine Strafbarkeit nach § 269 Abs. 1 Var. 1 StGB nicht begründen können, da insoweit nur eine E-Mail-Adresse und ein Passwort benötigt würden, während die Übermittlung der persönlichen Angaben erst zwischen den sich einigenden Plattform-Nutzern stattfinde. Wenn freilich in der auf die Herbeiführung eines Vertragsschlusses gerichteten Kommunikation mit anderen Nutzern falsche Angaben gemacht würden, erfülle dieses Verhalten den Tatbestand des § 269 Abs. 1 Var. 1 StGB.[33] Bei unentgeltlichen Angeboten, insbes. in sozialen Netzwerken usw, ist die Beweiserheblichkeit im Einzelfall zu prüfen; man wird hier nicht ohne weiteres eine Strafbarkeit bei Fake-Accounts annehmen können. 16

Fraglich ist, inwieweit sich diese überzeugende BGH-Rspr. zur Eröffnung von eBay-Konten unter falschem Namen[34] auf ähnliche, in der konkreten (technischen) Ausgestal- 17

---

[26] Eisele Computerrecht Kap. 9 Rn. 29.
[27] Eisele Computerrecht Kap. 9 Rn. 29.
[28] Vgl. BGH NStZ 2021, 43.
[29] Dagegen OLG Hamm MMR 2009, 775; dafür KG NStZ 2010, 576; Petermann JuS 2010, 774 (777); Singelnstein JR 2011, 375 (376 f.); Willer NStZ 2010, 553 (554 ff.). Umfassend zur Diskussion Kochheim Cybercrime Rn. 1334 ff.
[30] BGH NStZ 2021, 43 (45).
[31] BGH NStZ 2021, 43 (45); zum Betreiber-Interesse an der Identität des Nutzers bereits Petermann JuS 2010, 774 (777).
[32] BGH NStZ 2021, 43 (45); vgl. dazu auch Eisele Computerrecht Kap. 9 Rn. 35.
[33] BGH NStZ 2021, 43 (45 f.).
[34] Zu- bzw. übereinstimmend auch BeckOK StGB/Weidemann StGB § 269 Rn. 9; Ceffinato JuS 2021, 311 (313); Eisele StrafR BT I Rn. 891 f.; Kulhanek wistra 2021, 220 (223); MüKoStGB/Erb § 269 Rn. 33; Wabnitz/Janovsky/Schmitt WirtschaftsStrafR-HdB/Bär § 15 Rn. 62; wohl auch Fischer StGB § 269 Rn. 5.

tung indes abweichende Anmeldevorgänge im Internet übertragen lässt. Fragen lässt sich dies namentlich für Manipulationen des sog. Video-Ident-Verfahrens. Dieses insbesondere von Direktbanken[35] vor dem Hintergrund gesetzlicher Identifizierungs- und Prüfpflichten[36] eingesetzte, von der BaFin ausdrücklich anerkannte Verifizierungsverfahren ermöglicht eine Identifizierung durch Herstellung einer Videoverbindung zwischen dem Kunden und dem Mitarbeiter einer Prüfplattform (zB IDnow). Dabei muss der Kunde, der gut sichtbar sein muss, seinen Personalausweis in die Kamera halten.[37] Für den Fall, dass jemand das Anmelde-Formular einer Direktbank mit dem Namen (und sonstigen Angaben) eines Dritten versieht, den er sodann – unter Vorspiegelung falscher Tatsachen, zB der Teilnahme an einem Online-Bewerbungsgespräch, einem Gewinnspiel oder einer Umfrage – dazu verleitet, an einer Video-Identifikation teilzunehmen, um anschließend das so eingerichtete Konto zu Geldwäschezwecken oÄ zu nutzen, liegt die Bejahung des § 269 StGB zunächst nahe. Immerhin bedient sich der Eingebende der Personalien einer anderen Person, wodurch die Annahme der Urkundenqualität für das – bereits vor der Video-Identifikation abgesendete – Anmelde-Formular bei vorgestellter Visualisierung unausweichlich erscheint. Dagegen spricht jedoch der Umstand, dass das für die Banken gesetzlich zwingende Prüfverfahren unabdingbare Voraussetzung des Vertragsschlusses ist, mithin eine rechtserhebliche Erklärung (mit Beweiswert) erst nach Abschluss der Identifizierung angenommen werden kann.[38] IRd Identifizierung agiert sodann einzig der (getäuschte) Ausweisinhaber, der mit der im Formular genannten Person übereinstimmt. Damit fehlt es aber an einem Auseinanderfallen von erklärender und nach außen in Erscheinung tretender Person.[39] Unter dem Gesichtspunkt des § 269 StGB ist die Manipulation von Video-Ident-Verfahren nach dem hier dargestellten Muster daher nicht strafbar.

18 Unter fremdem oder falschem Namen eingerichtete Bankkonten werden in der Cybercrime-Szene auch als „Bankdrops" bezeichnet. Verwendet werden diese zum „Fillen" (etwa durch [Online-] Betrugstaten) und schließlich zum „Auscashen".[40] Die Einrichtung von „Bankdrops" kann auch über andere als das vorstehend vorgestellte Video-Identifizierungsverfahren ablaufen, so über das „analoge" Post-Ident-Verfahren. Bei diesem wird der an der Eröffnung eines (Online-)Bankkontos Interessierte mit einem von der (Direkt-)Bank zugesendeten Formular und einem Post-Ident-Coupon in einer Filiale der Deutschen Post vorstellig. Dort wird – durch Vorlage eines Ausweispapiers – die Identität geprüft und bestätigt, woraufhin das (Anmeldungs-)Formular samt Bestätigung an die (Direkt-)Bank übersendet werden kann. Bestätigt ein Postmitarbeiter iRd Identifizierungsverfahrens fälschlicherweise die Identität, kommt keine unechte Urkunde zur Entstehung, da (inhaltlich falsch) Erklärender und Aussteller übereinstimmen. Die nachfolgende Verwendung der Bestätigung unterfällt damit nicht § 267 Abs. 1 Var. 3 StGB. Auch § 271 StGB kann keine Anwendung finden, da insoweit keine Wahrnehmung öffentlicher Aufgaben durch die Deutsche Post AG vorliegt. Eine Urkundenfälschung iSd § 267 Abs. 1 StGB liegt aber vor, wenn die Post-Ident-Erklärung vom Täter selbst gefälscht und dann als echt bei der Bank vorgelegt wird.[41]

19 Als Anmeldevorgang im weitesten Sinne lässt sich schließlich die Erstellung eines digitalen (Corona-)Impfzertifikats (iSd § 22a Abs. 5 IfSG) begreifen. Auch dieser Vorgang ist anfällig für Manipulationen, etwa für den Fall der Vorlage einer falschen Impfdokumentation bei Arzt oder Apotheker. Generiert der gutgläubige Arzt oder Apotheker einen digitalen Impfnachweis bzw. einen entsprechenden CR-Code, ist an eine Strafbarkeit des Vorlegenden nach Maßgabe der §§ 269 Abs. 1 Var. 1, 25 Abs. 1 Var. 2 StGB zu den-

---

[35] Ebenso bei Verifizierungsverfahren durch Telekommunikationsunternehmen zur Nutzung von Prepaid-Karten.
[36] Vgl. dazu die §§ 11 ff. Geldwäschegesetz (GwG).
[37] Zum Verfahren vgl. auch Nadeborn/Popp wistra 2022, 227 (230 m. Fn. 28).
[38] Nadeborn/Popp wistra 2022, 227 (231).
[39] Nadeborn/Popp wistra 2022, 227 (230 f.).
[40] Kochheim Cybercrime Rn. 1364.
[41] Zum Ganzen Kochheim Cybercrime Rn. 1366 ff.

ken.[42] Im Umgang mit dem (Massen-)Phänomen manipulierter Impf- und Testnachweise stellen sich freilich noch zahlreiche weitere Fragen, die weit über die Anwendbarkeit der §§ 267, 269 StGB hinausreichen und namentlich die §§ 275, 277 ff., 281 StGB sowie die §§ 74 Abs. 2, 75a IfSG betreffen.[43]

bb) Phishing und verwandte Phänomene. Hinter dem sog. Phishing (Kunstwort aus „Password" und „Fishing"[44]) verbirgt sich die (zumeist massenhafte) Versendung von E-Mails durch einen vermeintlich seriösen Absender (zB Hausbank, PayPal, amazon, eBay), der unter Hinweis auf eine Bestellung, Rechnung, die Einführung eines neuen Sicherheitssystems usw zum Besuch einer Internetseite auffordert, auf welcher der Empfänger sensible Informationen (Nutzername, Passwort, TAN-Nummern usw)[45] eingeben soll. Alternativ wird über das Öffnen von Anhängen oder Links eine Schadsoftware (Malware) auf dem Rechner des Empfängers installiert, welche etwa sämtliche Tastatureingaben des Nutzers (und damit auch Passwörter) an den Absender übermittelt.[46] Auf diese Weise können die Accounts der Betroffenen unmittelbar infiltriert und Bestellungen, Überweisungen etc. vorgenommen werden.[47] Bereits der Versand der fingierten E-Mails kann eine Strafbarkeit nach § 269 Abs. 1 StGB begründen: 20

Zunächst handelt es sich bei einer E-Mail, insbesondere mit Blick auf die absenderbezogenen Informationen und Verbindungsdaten, um Daten iSd § 269 StGB.[48] Diese werden auf dem Server des Providers und/oder dem Rechner des Empfängers abgelegt und damit gespeichert (zur Anwendbarkeit deutschen Strafrechts bei Belegenheit des Servers im Ausland → Rn. 24).[49] Die Beweiserheblichkeit der Daten ergibt sich schon daraus, dass der Anschein eines Handelns iRe vertraglichen Beziehung erweckt wird.[50] Zudem könnte die E-Mail in einem Gerichtsverfahren als Beweismittel – jedenfalls im Wege freier richterlicher Beweiswürdigung – herangezogen werden.[51] Die Garantiefunktion – dh die Zuordnung der Erklärung zu einem individualisierbaren Aussteller – wird man immer dann als gegeben ansehen können, wenn als Absender ein tatsächlich existierender Dienstleister erscheint, nicht aber zwingend bei nicht existenten („Volksbank AG") bzw. nicht konkret zuzuordnenden Absendern („sparkasse.de");[52] die Garantiefunktion entfällt letztlich dort, 21

---

[42] Schmidhäuser medstra 2022, 21 (28); zu dieser Konstellation auch Gaede/Krüger medstra 2022, 13 (15); vgl. ferner BT-Drs. 20/15, 34: „Die Strafbarkeit der Herstellung eines unechten Gesundheitszeugnisses, der Verfälschung eines echten Gesundheitszeugnisses und des Gebrauchs eines unechten oder verfälschten Zeugnisses richtet sich künftig ausschließlich nach den §§ 267 und 269 StGB."
[43] Im Überblick (zT noch auf Basis abw Fassungen von StGB und IfSG) Gaede/Krüger medstra 2022, 13 ff.; dies. NJW 2021, 2159 ff.; Krüger/Sy GesR 2021, 626 ff.; Schmidhäuser medstra 2022, 21 ff.
[44] Mit abw Begriffserklärung aber Gercke CR 2005, 606; Gercke/Brunst InternetStrafR-HdB Rn. 239.
[45] Es handelt sich dabei um personenbezogene Daten (iSv Art. 4 Nr. 1 DS-GVO); Heghmanns wistra 2007, 167 (169); vgl. ferner BeckOK DatenschutzR/Brodowski/Nowak BDSG § 42 Rn. 2.
[46] Zur heimlichen Installation sog. Keylogger mittels Malware Hilgendorf/Kudlich/Valerius StrafR-HdB IV/Eisele § 63 Rn. 110.
[47] Zum Phänomen insgesamt vgl. Hilgendorf/Kudlich/Valerius/StraR-HdB IV/Eisele § 63 Rn. 108; Gercke CR 2005, 606; Goeckenjan wistra 2008, 128 (129); Heghmanns wistra 2007, 167; Wabnitz/Janovsky/Schmitt WirtschaftsStrafR-HdB/Bär § 15 Rn. 61.
[48] Buggisch NJW 2004, 3519 (3520); Buss CR 2017, 410 (414); Eisele StrafR BT I Rn. 890; Gercke CR 2005, 606 (608); Gercke/Brunst InternetStrafR-HdB Rn. 242; vorausgesetzt in BGH 23.5.2017 – 4 StR 141/17, BeckRS 2017, 113600 Rn. 9.
[49] Fischer StGB § 269 Rn. 6 (mwN); Heghmanns wistra 2007, 167 f.
[50] Rengier StGB BT II § 35 Rn. 10; ferner bereits Goeckenjan wistra 2008, 128 (130); Graf NStZ 2007, 129 (131).
[51] Gercke CR 2005, 606 (609); Gercke/Brunst InternetStrafR-HdB Rn. 242; ferner Buss CR 2017, 410 (414); Hilgendorf/Kudlich/Valerius StrafR-HdB IV/Eisele § 63 Rn. 116.
[52] Graf NStZ 2007, 129 (132), unter Hinweis darauf, dass bei bundesweiten Großbanken (Postbank, Deutsche Bank) eine weitergehende Konkretisierung wohl nicht Voraussetzung sein könne; vgl. ferner Goeckenjan wistra 2008, 128 (130); Eisele StrafR BT I Rn. 890; Malek/Popp Strafsachen Rn. 218, geben zu bedenken, dass der juristisch nicht vorgebildete Bankkunde bei der Kombination von existierenden Banknamen und fiktiven Firmenzusätzen (Beispiel im obigen Fließtext: „Volksbank AG") nicht ohne weiteres auf die Nichtexistenz des Absenders schließen kann, weshalb die Garantiefunktion auch in solchen Fällen erfüllt sei; ähnl. HK-GS/Koch StGB § 269 Rn. 6.

wo von einer offenen Anonymität auszugehen ist.[53] Der Umstand, dass gewöhnliche E-Mails grds. leicht zu verfälschen sind, steht der Annahme von Beweiserheblichkeit dabei nicht entgegen, andernfalls der Anwendungsbereich der Vorschrift auf E-Mails mit – zum Zeitpunkt des Inkrafttretens noch nicht einmal existierender – elektronischer Signatur beschränkt wäre.[54]

22 Haben Phishing-Täter eine – vorgeblich einem bekannten Dienstanbieter zuzuordnende – Internetseite eingerichtet, auf welcher die E-Mail-Empfänger ihre Daten selbst eingeben sollen, liegt auch insoweit (Einrichtung und Bereitstellung der Seite) eine Strafbarkeit nach § 269 Abs. 1 StGB vor. Durch die Gestaltung der – mit Informationen versehenen – Seite wird nämlich der Eindruck erweckt, ein tatsächlich existierendes, mit dem Nutzer bereits in Vertragsbeziehungen stehendes Unternehmen sei Urheber der Seite und fordere zur Eingabe von Kundendaten auf. Zudem kann die Gestaltung einer solchen Seite iR etwaiger Rechtsstreitigkeiten beweiserheblich sein.[55]

23 Anders als beim „klassischen" Phishing zeichnet sich der sog. CEO-Fraud dadurch aus, dass E-Mails nicht massenhaft und unspezifisch versendet werden, sondern sich ganz gezielt an einzelne Mitarbeiter bestimmter Unternehmen richten. Dabei geben sich die Täter als Angehöriger der Unternehmensführung aus (zB als Vorstandsvorsitzender), um den angeschriebenen, über die entsprechenden Dispositionsmöglichkeiten verfügenden Mitarbeiter dazu zu bewegen, größere Geldtransfers zu tätigen, idR auf Konten im Ausland.[56] Auch im Versenden solcher E-Mails liegt – aus den gleichen Gründen wie beim „klassischen" Phishing – ein Speichern beweiserheblicher Daten iSd § 269 Abs. 1 Var. 1 StGB.[57] Entsprechendes gilt für den Fall des E-Mail-Versands unter falschem Namen, um dem Empfänger die Übernahme von vom Täter verursachten Beherbergungskosten durch eine – in Wahrheit nicht existierende – Firma vorzuspiegeln.[58]

24 Beim Agieren der Täter aus dem Ausland[59], wie es sowohl für das Phishing als auch für verwandte Vorgehensweisen nicht untypisch ist, wird man die Anwendbarkeit deutschen Strafrechts regelmäßig über den (auch) inländischen Erfolgsort iSd § 9 Abs. 1 StGB begründen können: Wird eine (Phishing-)E-Mail unmittelbar auf dem Rechner des Empfängers gespeichert, tritt der (Speicherungs-)Erfolg unzweifelhaft im Inland ein. Wird eine Mail dagegen – wie es mittlerweile häufig der Fall ist – nur auf dem Server des verwendeten Webmailers gespeichert, entscheidet im Ausgangspunkt der Belegenheitsort des Servers. Selbst wenn dieser im Ausland liegt und eine Anknüpfung an den Speicherort insoweit ausscheidet, wird sich eine Anwendbarkeit deutschen Strafrechts unter Einbeziehung des „Gebrauchens" iSd § 269 Abs. 1 Var. 3 StGB begründen lassen; die insoweit vorausgesetzte Eröffnung des unmittelbaren Abrufs wird in der Regel am inländischen Aufenthaltsort des Empfängers zu verorten sein.[60]

25 **cc) Nutzung fremder oder gefälschter Codekarten.** Ein Phänomen, das in der Hauptsache mit einer Strafbarkeit nach § 263a StGB in Verbindung gebracht wird, gleichwohl aber auch Relevanz für den Tatbestand des § 269 StGB entfaltet, liegt im Gebrauch gefälschter oder schlicht fremder Codekarten. Die praktisch relevanteste Erscheinungsform liegt wohl im (unbefugten) Einsatz fremder Zahlungskarten an Geldautomaten oder zur Zahlung von Waren unter Eingabe der (fremden) PIN. Während sich mit Blick auf § 263a

---

[53] Vgl. auch Eisele FS Puppe, 2011, 1091 (1102).
[54] Brand NStZ 2013, 7 (8) (mwN).
[55] Prägnant Gercke CR 2005, 606 (610); übereinstimmend Eisele StrafR BT I Rn. 890; Goeckenjan wistra 2008, 128 (130); Heghmanns wistra 2007, 167 (168).
[56] Zur Phänomenologie Buss CR 2017, 410.
[57] Vgl. auch HK-GS/Koch StGB § 269 Rn. 6.
[58] BGH NStZ-RR 2017, 281 (nur Ls.) = BeckRS BeckRS 2017, 113600.
[59] Ausführlich zur Tatortbestimmung bei Internetstraftaten Hilgendorf/Kudlich/Valerius StrafR-HdB IV/Eisele § 63 Rn. 16ff.
[60] Stuckenberg ZStW 118 (2006), 878 (890 m. Fn. 70); ebenso NK-StGB/Puppe/Schumann § 269 Rn. 41; iE auch Buss CR 2017, 410 (412f.); Graf/Jäger/Wittig/Bär StGB § 269 Rn. 3.

StGB die Frage stellt, ob im Einsatz der Karte eine unbefugte Verwendung von Daten liegt, ist für die Annahme einer Fälschung beweiserheblicher Daten entscheidend, ob Resultat des Karteneinsatzes eine hypothetische Urkunde ist:

Durch Einführen der Karten in den Bankomaten respektive das Händlerterminal, jeweils gefolgt von der Eingabe der fremden Geheimzahl, wird die informationstechnische Erklärung erzeugt, der durch Kontonummer, Bankleitzahl und PIN identifizierbare Kunde habe einen bestimmten Betrag abgehoben bzw. im point-of-sale-Verfahren (POS) die Autorisierung eines bestimmten Betrages erbeten. Urheber dieser Erklärung ist aber in Wahrheit der nicht berechtigte Kartennutzer, sodass die (hypothetische) Urkunde nicht von demjenigen herrührt, der aus ihr als Aussteller erscheint. Da auch die Beweiseignung der Erklärung nicht in Zweifel steht, liegt der Tatbestand des § 269 Abs. 1 Var. 1 StGB vor.[61] 26

Anders als bei § 269 StGB wird man mit Blick auf § 263a StGB jedenfalls auf dem Boden der betrugsäquivalenten Auslegung der hM zwischen der unbefugten Verwendung einer fremden Codekarte am institutseigenen Bankomaten einerseits und dem unbefugten Einsatz am institutsfremden Bankomaten andererseits differenzieren müssen: Beim unbefugten Abheben am bankeigenen Bankomaten liegt, da ein fiktiver Schalterangestellter über die Identität des Abhebenden bzw. dessen Befugnis getäuscht würde, eine unbefugte Verwendung iSd § 263a Abs. 1 Var. 3 StGB vor, die bei der Bank, welche gegenüber dem Kontoinhaber zur Erstattung des Betrages verpflichtet ist, auch zu einem Vermögensschaden führt.[62] Bei der unbefugten Nutzung an einem institutsfremden Automaten ist der Täuschungscharakter demgegenüber richtigerweise zu verneinen, da das (Fremd-)Institut gegenüber der kartenausgebenden Bank einen garantieähnlichen Zahlungsanspruch hat, weshalb ein (gedachter) Schalterangestellter sich über die Identität des Abhebenden keine Gedanken machen müsste. In Ermangelung einer (täuschungsäquivalenten) Tathandlung ist damit auch kein Dreiecksbetrug zum Nachteil der kartenausstellenden Bank konstruierbar.[63] Bei der unbefugten Nutzung im point-of-sale-Verfahren gilt Entsprechendes, da hier der Händler gegenüber dem kartenausstellenden Institut – nach erfolgreicher Bonitätsprüfung – einen Erstattungsanspruch hat, weshalb er sich über die Berechtigung des Kartennutzers keine Gedanken machen muss (und wird); überdies fehlt es auf Seiten des Händlers an einem Vermögensschaden.[64] 27

Auch und bereits die „Herstellung" von Codekarten erfüllt im Übrigen den Tatbestand, soweit – mittels Skimming[65] erlangte – fremde Kontodaten auf eine Codeblankettkarte übertragen werden.[66] Freilich gehen die §§ 152a, 152b StGB als speziellere Vorschriften im Wege der Gesetzeskonkurrenz vor.[67] Der Einsatz der Blankettkarten für sich genommen führt – nicht anders als bei entwendeten Karten – gleichfalls zum Entstehen einer unechten „Datenurkunde", sodass auch insoweit der Tatbestand des § 269 StGB verwirklicht ist.[68] Dabei ist wiederum der Vorrang der §§ 152a, 152b StGB, die tatbestandlich 28

---

[61] Übereinstimmend Eisele Computerrecht Kap. 9 Rn. 30; Eisele/Fad Jura 2002, 305 (307); Lackner/Kühl/Heger/Heger StGB § 269 Rn. 8; MüKoStGB/Erb § 269 Rn. 35; Matt/Renzikowski/Maier StGB § 269 Rn. 18; NK-StGB/Puppe/Schumann § 269 Rn. 29; Popp JuS 2011, 385 (390); Rengier StrafR BT I § 35 Rn. 7f.; Schönke/Schröder/Heine/Schuster StGB § 269 Rn. 16; Satzger/Schluckebier/Widmaier StGB/Hilgendorf § 269 Rn. 7.
[62] Eisele Computerrecht Kap. 9 Rn. 37f. (mwN).
[63] Eisele StrafR BT II Rn. 686 (mwN).
[64] Eisele Computerrecht Kap. 9 Rn. 40; Eisele StrafR BT II Rn. 681.
[65] Zum Vorgehen beim Ausspähen von Daten auf Zahlungskarten Eisele CR 2011, 131 f.; Feldmann wistra 2015, 41 f.; Seidl/Fuchs HRRS 2011, 265 f. Üblicherweise wird nicht nur das Ausspähen der Daten, sondern werden auch die nachfolgenden „Arbeitsschritte" der Täter (dazu sogleich im Fließtext) unter den Begriff des Skimming gefasst; das „eigentliche ‚Skimming'" (zutr. Wabnitz/Janovsky/Schmitt WirtschaftsStrafR-HdB/Bär § 15 Rn. 62a) liegt indes bereits im Akt des Ausspähens.
[66] BGHSt 38, 120 (122) = NJW 1992, 445; BeckOK StGB/Weidemann StGB § 269 Rn. 9; Graf/Jäger/Wittig/Bär StGB § 269 17; LPK-StGB § 269 Rn. 8; MüKoStGB/Erb § 269 Rn. 35.
[67] Eisele CR 2011, 131 (134); Feldmann wistra 2015, 41 (44); MüKoStGB/Erb § 269 Rn. 35 m. Fn. 88; NK-StGB/Schumann/Puppe § 269 Rn. 38; Wabnitz/Janovsky/Schmitt WirtschaftsStrafR-HdB/Bär § 15 Rn. 62a.
[68] Eisele CR 2011, 131 (136) (bejaht Abs. 1 Var. 1); Seidl/Fuchs HRRS 2011, 265 (272) (bejahen Abs. 1 Var. 3).

auch das „Gebrauchen" nachgemachter und verfälschter Zahlungskarten (mit Garantiefunktion) erfassen, zu beachten.[69] Blickt man nun auf den Täter, der in sämtlichen Phasen des Gesamtvorgangs selbst aktiv ist, mithin die Bankdaten anderer Personen zunächst ausspäht, sodann die Dubletten herstellt und abschließend unter Einsatz dieser Karten Geld abhebt, wird man im Ergebnis von einer Strafbarkeit wegen Computerbetrugs iSd § 263a Abs. 1 Var. 3 StGB, ggf. Abs. 2 iVm § 263 Abs. 3 S. 1, S. 2 Nrn. 1 bis 3 StGB, ggf. Abs. 5 in Tateinheit mit Fälschung von Zahlungskarten iSd § 152b Abs. 1 StGB iVm § 152a Abs. 1 Nr. 2 StGB ausgehen können.[70] § 269 StGB erlangt daher insoweit keine eigenständige Bedeutung.

29 Das im Vordringen befindliche kontaktlose Bezahlen, ermöglicht durch die Near-Field-Communication (kurz NFC-Technologie), wirft weitere Fragen zur Reichweite (auch) des § 269 StGB auf.[71] Die Attraktivität und Praktikabilität der NFC-Technologie ergibt sich daraus, dass die Kunden ihre EC- oder Kreditkarte iRd Bezahlvorgangs lediglich an das Lesegerät halten müssen, wobei die Kreditinstitute auf eine Authentifizierung durch PIN-Abfrage bei Zahlungen unter 50 EUR verzichten können.[72] Technisch wird mittels eines vom Lesegerät erzeugten elektromagnetischen Wechselfelds eine Übertragung von auf der Karte gespeicherten Daten an das Autorisierungszentrum des Kreditinstituts ermöglicht. Konkret geht es um die enthaltenen Kundendaten, den Abbuchungsbetrag sowie Datum und Uhrzeit der Transaktion. Geprüft wird, ob der Verfügungsrahmen eingehalten, die Karte nicht gesperrt und – soweit zuvor abgefragt – die PIN zutreffend eingegeben wurde.[73] Verwendet nun ein Nichtberechtigter die Karte ohne (Notwendigkeit der) PIN-Eingabe, werden die og Daten (Karteninhaber, Betrag, Uhrzeit usw) an das Autorisierungszentrum übermittelt, sodass bei vorgestellter Visualisierung grds. eine beweiserhebliche Erklärung zur Entstehung gelangt. Allerdings wird man den Aussteller dieser Erklärung nicht eindeutig bestimmen können, da es an einer Authentifizierung gerade fehlt, vielmehr der jeweilige Kartenverwender als der Berechtigte erscheint. Auf die Authentifizierung wird bewusst verzichtet, was aber dazu führt, dass Rückschlüsse auf die Berechtigung des Karteninhabers nicht gezogen werden können und es der (gedachten) Urkunde an der Garantiefunktion mangelt.[74] Zu denken ist aber an eine Strafbarkeit nach § 274 StGB (→ § 19 Rn. 7).

30 Dies gilt konsequenterweise auch für die Fälle des „elektronischen Taschendiebstahls", bei denen vom Karteninhaber unbemerkt ein Lesegerät in die Nähe der Karte gebracht und so mithilfe der NFC-Technologie Kleinstbeträge abgebucht werden (etwa in gut gefüllten Verkehrsmitteln oder großen Menschenmengen).[75] Auch bei diesem Vorgehen wird man der entstehenden „Datenurkunde" – in Ermangelung vorheriger Authentifizierung – keine Garantiefunktion zusprechen können.[76]

31 Da es sich bei den auf EC- und Kreditkarten gespeicherten (Kunden-)Daten um personenbezogene Daten iSv Art. 4 Nr. 1 DS-GVO handelt[77], die zudem nicht allgemein zugänglich sind, kommt jedenfalls in den Fällen des „elektronischen Taschendiebstahls" eine Strafbarkeit gemäß § 42

---

[69] Feldmann wistra 2015, 41 (43); NK-StGB/Schumann/Puppe § 269 Rn. 38; Seidl/Fuchs HRRS 2011, 265 (272 m. Fn. 74); unklar Wabnitz/Janovsky/Schmitt WirtschaftsStrafR-HdB/Bär § 15 Rn. 62a.
[70] Hilgendorf/Kudlich/Valerius StrafR-HdB IV/Eisele § 63 Rn. 107.
[71] Fragen stellen sich insbesondere auch mit Blick auf § 263a, vgl. OLG Hamm NStZ 2020, 673 (674 f.); Kudlich/Hilgendorf/Valerius StrafR-HdB IV/Eisele § 63 Rn. 137.
[72] Kudlich/Hilgendorf/Valerius StrafR-HdB IV/Eisele § 63 Rn. 136.
[73] Eingehend zum Ablauf Kudlich/Hilgendorf/Valerius StrafR-HdB IV/Eisele § 63 Rn. 136; Göhler JR 2021, 6 (7 ff.).
[74] OLG Hamm NStZ 2020, 673 (675); BeckOK StGB/Weidemann StGB § 269 Rn. 9; Kudlich/Hilgendorf/Valerius StrafR-HdB IV/Eisele § 63 Rn. 139; Göhler JR 2021, 6 (20 f.); aA Ceffinato JuS 2021, 311 (314); Christoph/Dorn-Haag NStZ 2020, 676 (677); Kulhanek wistra 2021, 220 (223 f.); MüKoStGB/Erb § 269 Rn. 35.
[75] Instruktiv Christoph/Dorn-Haag NStZ 2020, 697 ff.
[76] Schrott JuS 2022, 138 (141); aA Christoph/Dorn-Haag NStZ 2020, 697 (699).
[77] BeckOK DatenschutzR/Brodowski/Nowak BDSG § 42 Rn. 22.

Abs. 2 Nr. 1 BDSG (iVm Art. 4 Nr. 2 DS-GVO) in Betracht.[78] Voraussetzung ist insoweit, dass es sich bei § 42 BDSG um ein Jedermannsdelikt handelt[79] und die – bei unmittelbarer Anlehnung an die Begriffsbestimmung in Art. 4 Nr. 2 DS-GVO äußerst weit gefasste – Tathandlung des Verarbeitens iSd § 42 Abs. 2 Nr. 1 BDSG zu bejahen ist. Selbst wenn man die Erlangung von Daten für sich genommen im Hinblick auf den Wortlaut nicht als tatbestandlich begreift,[80] wird man den durch den Einsatz des Lesegeräts initiierten Übermittlungsvorgang an das Autorisierungszentrum als – tatbestandlich erfasstes – Verwenden von Daten einordnen können.

b) Abs. 1 Var. 2: Verändern. Verändern bedeutet das inhaltliche Umgestalten der Daten.[81] Im Falle visueller Wahrnehmbarkeit müsste Resultat der Einwirkung eine verfälschte Urkunde sein.[82] 32

aa) Anwendungsfälle. Klassisches, eingedenk der technischen Entwicklungen im Kommunikationssektor freilich geradezu antiquiert wirkendes Beispiel ist die (unbefugte) Wiederaufladung von Telefonkarten.[83] Als zeitgemäßer Anwendungsfall ist der Eingriff in bereits bestehende Nutzer-Accounts auf Online-Handelsplattformen (zT als digitale Identitätsübernahme bezeichnet[84]) zu nennen: 33

Beispiel:[85] 34
A „hackt" sich in den eBay-Account des O, ersetzt die dort hinterlegte Bankverbindung durch Eingabe der Daten eines von ihm zuvor (unter falschem Namen) eröffneten Bankkontos und verkauft sodann ihm nicht zur Verfügung stehende Elektroartikel an gutgläubige Käufer, deren (Voraus-)Zahlungen auf das angegebene Konto fließen.

Die auf dem Server der Handelsplattform gespeicherten Nutzerdaten beinhalten die Erklärung, dass der Account-Inhaber unter Nutzung der angegebenen Kontaktdaten auf der Plattform Transaktionen tätigen möchte. Die Beweiserheblichkeit dieser Erklärung ergibt sich aus dem Betreiberinteresse, den Vertragspartner jederzeit identifizieren und ggf. in Anspruch nehmen zu können (→ Rn. 15). Wird nun ein Teil der Kontaktdaten (hier: die Bankverbindung) verändert, erfährt die „Datenurkunde" eine inhaltliche, sich auf die Beweisrichtung auswirkende Änderung. Nach außen erscheint aber nach wie vor der Account-Inhaber als Urheber (auch) dieses Inhalts. Neben einem Verändern iSd Abs. 1 Var. 2 liegt ein Gebrauchen iSd Abs. 1 Var. 3 (→ Rn. 38), insgesamt aber – entsprechend den für die Urkundenfälschung geltenden Grundsätzen – nur eine Fälschung beweiserheblicher Daten nach § 269 Abs. 1 StGB vor.[86] 35

Als Anwendungsfall des Veränderns iSd § 269 Abs. 1 Var. 2 StGB wird zT auch das (unbefugte) Aufheben einer SIM-Lock-Sperre eingestuft.[87] Argumentativ wird dies darauf gestützt, dass in der SIM-Lock-Sperre die (konkludente) Erklärung des (jeweiligen) Telekommunikationsunternehmens liege, der Nutzer sei nur unter Verwendung der zunächst ausgegebenen SIM-Card des ursprünglichen Netzbetreibers berechtigt, das Mobiltelefon zu nutzen. Infolge der Aufhebung der Sperre ergebe sich die (neue) Erklärung, das Telefon sei in jedem Mobilfunknetz nutzbar; diese werde fälschlich dem Unternehmen zuge- 36

---

[78] Christoph/Dorn-Haag NStZ 2020, 697 (699f.).
[79] Zur umstr. Frage vgl. nur BeckOK DatenschutzR/Brodowski/Nowak BDSG § 42 Rn. 15; Kudlich/Hilgendorf/Valerius StrafR-HdB IV/Eisele § 63 Rn. 103.
[80] Kubiciel/Großmann NJW 2019, 1050 (1054); mit weiterem Verständnis des Wortlauts demgegenüber BeckOK DatenschutzR/Brodowski/Nowak BDSG § 42 Rn. 45; Christoph/Dorn-Haag NStZ 2020, 697 (700).
[81] Fischer StGB § 269 Rn. 6; LK-StGB/Zieschang § 269 Rn. 11; MüKoStGB/Erb § 269 Rn. 37.
[82] BGH NStZ-RR 2003, 265 (266); Eisele Computerrecht Kap. 9 Rn. 36.
[83] BGH NStZ-RR 2003, 265 (266); Eisele Computerrecht Kap. 9 Rn. 36.
[84] Kochheim Cybercrime Rn. 1354.
[85] Nach BGH NStZ 2015, 635.
[86] BGH NStZ-RR 2015, 635; vgl. ferner Kulhanek wistra 2021, 220 (222f.); Wachter JA 2019, 827 (830).
[87] AG Göttingen MMR 2011, 626 (627f.); AG Nürtingen MMR 2011, 121f.

rechnet, sodass der Tatbestand des § 269 Abs. 1 Var. 2 StGB erfüllt sei.[88] Zu Recht stößt diese Betrachtungsweise auf Kritik: Es ist schon nicht ersichtlich, inwiefern eine datengestützte technische Sperre für sich genommen eine (beweiserhebliche) Gedankenerklärung beinhalten soll.[89] Zudem erfolgt die Aufhebung der Sperre nicht „zur Täuschung im Rechtsverkehr" bzw. führt nicht zu einer fälschlichen Beeinflussung einer Datenverarbeitung im Rechtsverkehr iSd § 270 StGB (→ Rn. 39), da die zugrunde liegenden Daten dem Rechtsverkehr in keiner Weise zugänglich sind.[90]

37 **bb) Nachträgliche Veränderung durch den Aussteller selbst.** In Parallele zu § 267 Abs. 1 Var. 2 StGB stellt sich schließlich auch für § 269 Abs. 1 Var. 2 StGB die Frage, ob Ergebnis der Eingriffshandlung eine (hypothetische) unechte Urkunde sein muss. Bejahendenfalls schiede eine Tatbestandsverwirklichung für den Fall der nachträglichen inhaltlichen Veränderung durch den ursprünglichen Aussteller aus[91], da insoweit „nur" die Veränderung einer eigenen Erklärung vorliegt; der nach außen in Erscheinung tretende Aussteller der (geänderten) Erklärung und der tatsächlich Erklärende sind personengleich, womit infolge der Veränderung keine unechte Urkunde zur Entstehung gelangt. Ebenso wie bei § 267 Abs. 1 Var. 2 StGB wird man aber eine Verfälschung durch den Aussteller in den Tatbestand einzubeziehen haben, wenn der Aussteller die (alleinige) Dispositions- oder Abänderungsbefugnis verloren hat (durch Eintritt der [hypothetischen] Urkunde in den Rechtsverkehr und/oder Entstehen eines berechtigten Drittinteresses am unveränderten Bestand der [hypothetischen] Urkunde).[92] Dafür spricht zunächst der Umstand, dass die Variante des Verfälschens andernfalls praktisch bedeutungslos wäre (bei Verfälschung durch einen Nicht-Aussteller liegt immer auch das Herstellen einer unechten [hypothetischen] Urkunde vor).[93] Hinzu tritt der schutzzweckbezogene Gesichtspunkt, dass (das Vertrauen in) die Zuverlässigkeit des Beweisverkehrs auch dann beeinträchtigt wird, wenn der Aussteller eine bereits den betreffenden Verkehrskreisen zugänglich gemachte (hypothetische) Urkunde nachträglich verändert. Schließlich steht der Wortlaut der – von § 269 StGB in Bezug genommenen – Vorschrift des § 267 StGB einer solchen Lesart nicht entgegen.

38 **c) Abs. 1 Var. 3: Gebrauchen.** Ein Gebrauchen liegt (schon) dann vor, wenn die iSd Abs. 1 Var. 1 gespeicherten oder die iSd Abs. 1 Var. 2 veränderten Daten einem Dritten so zugänglich gemacht werden, dass dieser die Möglichkeit des Zugriffs hat.[94] Auf die tatsächliche Wahrnehmung durch den Dritten kommt es nicht an.[95] Regelmäßig wird das Gebrauchen mit der (vorherigen) Verwirklichung von Abs. 1 Var. 1 oder Var. 2 einhergehen (zum Konkurrenzverhältnis → Rn. 43).

II. Subjektiver Tatbestand

39 Im subjektiven Tatbestand genügt bedingter Vorsatz. Hinzu tritt – in Parallele zu § 267 StGB – das Erfordernis eines Handelns zur Täuschung im Rechtsverkehr, wofür die hM

---

[88] AG Göttingen MMR 2011, 626 (627).
[89] Ablehnend daher auch Eisele Computerrecht Kap. 9 Rn. 36; HK-GS/Koch StGB § 269 Rn. 5; Kusnik CR 2011, 718 (720); MüKoStGB/Erb § 269 Rn. 10.
[90] Eisele Computerrecht Kap. 9 Rn. 36; Kusnik CR 2011, 718 (720); Neubauer MMR 2011, 628.
[91] Dafür etwa MüKoStGB/Erb § 269 Rn. 37; NK-StGB/Puppe/Schumann § 269 Rn. 28; Popp JuS 2011, 385 (390); Schönke/Schröder/Heine/Schuster StGB § 269 Rn. 17.
[92] BGHSt 13, 382 (387); OLG Jena wistra 2010, 111 (112); OLG Koblenz, NJW 1995, 1624 (1625 f.); Eisele StrafR BT I Rn. 831; Fischer StGB § 267 Rn. 34; Rengier StrafR BT II § 33 Rn. 42; tendenziell auch Matt/Renzikowski/Maier StGB § 267 Rn. 87; speziell zu § 269 StGB Lackner/Kühl/Heger/Heger StGB § 269 Rn. 9.
[93] Eisele StrafR BT I Rn. 831; Rengier StrafR BT II § 33 Rn. 42.
[94] Graf/Jäger/Wittig/Bär StGB § 269 Rn. 14; Lackner/Kühl/Heger/Heger StGB § 269 Rn. 10; Schönke/Schröder/Heine/Schuster StGB § 269 Rn. 21.
[95] Matt/Renzikowski/Maier StGB § 269 Rn. 20.

Wissentlichkeit (iSv dolus directus 2. Grades) genügen lässt[96], der Täter also zumindest wissen muss, dass er ein rechtlich erhebliches Verhalten erreicht oder auf das Rechtsleben einwirkt.[97] Dies kann etwa bei der Einrichtung von Fake-Accounts rein zu sozialen Zwecken zu verneinen sein. Zu beachten ist in diesem Zusammenhang die Vorschrift des § 270 StGB, wonach „der Täuschung im Rechtsverkehr (...) die fälschliche Beeinflussung einer Datenverarbeitung im Rechtsverkehr gleich[steht]". Damit wird verdeutlicht, dass nicht zwingend eine Person Täuschungsadressat sein muss.

C. Rechtswidrigkeit und Schuld

Insoweit gelten die allgemeinen Grundsätze. Zu beachten ist, dass eine Einwilligung aufgrund des von der hM zugrunde gelegten (Allgemein-)Rechtsguts der Sicherheit und Zuverlässigkeit des Beweisverkehrs (mit Daten) nicht in Betracht kommt.[98] Eine Urkundenfälschung bzw. eine Fälschung beweiserheblicher Daten in Notwehr kommt auf Basis dieses Rechtsgutsverständnisses ebenfalls nicht in Betracht.[99] 40

Mit Blick auf die Einführung von Entlastungsmaterial in einen Strafprozess durch den Verteidiger wird über ein sog. Verteidigerprivileg dergestalt nachgedacht, dass auch bei Zweifeln des Verteidigers an der Echtheit des Materials in der Regel das voluntative Element des Eventualvorsatzes zu verneinen sein und/oder ein spezieller, aus der prozessualen Stellung des Verteidigers erwachsender Rechtfertigungsgrund eingreifen soll.[100] 41

D. Strafschärfungen

§ 269 Abs. 3 StGB verweist auf § 267 Abs. 3 und 4 StGB, ordnet mithin eine Geltung der Regelbeispiele (Abs. 3) wie auch der Verbrechensqualifikation (Abs. 4) des § 267 StGB an. 42

E. Konkurrenzen

Im Verhältnis der Tatbestandsvarianten untereinander (Speichern, Verfälschen, Gebrauchen) kann auf die iRd § 267 StGB geltenden Grundsätze zurückgegriffen werden: Soweit bereits im Zeitpunkt des Speicherns bzw. Verfälschens bestimmte Vorstellungen über die spätere Verwendung bestehen und der spätere Gebrauch dieser Absicht entspricht, liegt nur eine Fälschung beweiserheblicher Daten im Rechtssinne vor.[101] Tateinheit kann insbesondere bestehen mit § 263a StGB, aber auch mit §§ 263, 266 StGB.[102] §§ 152a und 152b StGB verdrängen § 269 StGB.[103] 43

---

[96] BayObLG NJW 1998, 2917; Fischer StGB § 267 Rn. 42; Lackner/Kühl/Heger/Heger StGB § 267 Rn. 25; Matt/Renzikowski/Maier StGB § 267 Rn. 103; aA NK-StGB/Puppe/Schumann § 267 Rn. 103 (auch insoweit bedingter Vorsatz ausreichend); SK-StGB/Hoyer § 267 Rn. 92 (dolus directus 1. Grades bzgl. der Täuschungskomponente, Eventualvorsatz bezügl des dem Opfer nahegelegten rechtserheblichen Verhaltens).
[97] Eisele Computerrecht Kap. 9 Rn. 10 (mwN).
[98] BeckOK StGB/Weidemann StGB § 267 Rn. 33; Eisele StrafR BT I Rn. 842; vgl. aber auch MüKoStGB/Erb § 267 Rn. 210 (ausgehend von einem Individualrechtsgut).
[99] AA (ausgehend von einem Individualrechtsgut) MüKoStGB/Erb § 267 Rn. 211; NK-StGB/Puppe/Schumann § 267 Rn. 106.
[100] Zur Diskussion (mwN) MüKoStGB/Erb § 267 Rn. 212.
[101] BGH NStZ 2015, 635; Eisele Computerrecht Kap. 9 Rn. 39.
[102] Fischer StGB § 269 Rn. 12; Schönke/Schröder/Heine/Schuster StGB § 269 Rn. 24.
[103] Eisele Computerrecht Kap. 9 Rn. 39 (mwN).

F. Prozessuales

44 Soweit ein tateinheitliches Zusammentreffen mit §§ 263a, 266 StGB gegeben ist, dürfte mit Blick auf § 269 StGB eine Anwendbarkeit des § 154a StPO nahe liegen.[104]

---

[104] Müller-Gugenberger WirtschaftsStrafR-HdB/Gruhl § 42 Rn. 75.

§ 19 Urkundenunterdrückung (§ 274 StGB)

Übersicht

	Rn.
A. Allgemeines	1
B. Tatbestand	3
I. Objektiver Tatbestand	3
1. Daten	4
2. Tathandlungen	7
a) Nutzung der NFC-Technologie ohne PIN-Eingabe	7
b) Löschen von E-Mails und sonstigen Daten	9
aa) Verhältnis Absender-Empfänger	10
bb) Verhältnis Arbeitgeber-Arbeitnehmer	12
(1) E-Mails	12
(2) Sonstige Daten	13
II. Subjektiver Tatbestand	14
C. Rechtswidrigkeit	17

Literatur:

Bleckat, Urkundenunterdrückung durch Löschen von E-Mails, NJ 2021, 395; *Determann,* Gegen Eigentumsrechte an Daten – Warum Gedanken und andere Informationen frei sind und es bleiben sollten, ZD 2018, 503; *Doerbeck,* Cybermobbing, 2019; *Fischer,* Datenschutzrechtliche Stolperfallen im Arbeitsverhältnis und nach dessen Beendigung – Ein Leitfaden für Arbeitgeber nach der EU-Datenschutzgrundverordnung, NZA 2018, 8; *Hilgard,* Archivierung und Löschung von E-Mails im Unternehmen, ZIP 2007, 985; *Kühling/Sackmann,* Irrweg „Dateneigentum" – Neue Großkonzepte als Hemmnis für die Nutzung und Kommerzialisierung von Daten, ZD 2020, 24; *Lenckner/Winkelbauer,* Computerkriminalität – Möglichkeiten und Grenzen des 2 WiKG (III), CR 1986, 824; *Lensdorfer,* E-Mail Archivierung: zwingend oder nur „nice to have"?, CR 2008, 332; *Preuß,* Die Kontrolle von E-Mails und sonstigen elektronischen Dokumenten im Rahmen unternehmensinterner Ermittlungen, 2015; *Raue,* Die Rechte des Sacheigentümers bei der Erhebung von Daten, NJW 2019, 2425.

A. Allgemeines

Die Vorschrift schützt das Beweisführungsrecht an Urkunden, technischen Aufzeichnungen, beweiserheblichen Daten usw.[1] Die Einwirkung auf beweiserhebliche Daten iSd § 274 Abs. 1 Nr. 2 StGB wurde mit dem 2. WiKG[2] Bestandteil des Tatbestandes, wobei der Gesetzgeber von einer mit Blick auf die Schaffung des § 269 StGB (→ § 18 Rn. 1) notwendig gewordenen „Folgeänderung" ausging.[3] Wenn nämlich ein Schutz nicht sichtbar gespeicherter beweiserheblicher Daten unter dem Gesichtspunkt der Sicherheit des Rechtsverkehrs gewährleistet werde, müssten ebensolche Daten auch „gegen ein unbefugtes Löschen" geschützt werden.[4] Relevant wird die Vorschrift im Zusammenhang mit dem Löschen von Datenbeständen (etwa E-Mails bzw. E-Mail-Accounts), soweit mit der Löschung ein fremdes Beweisführungsrecht beeinträchtigt wird (→ Rn. 5) und eine diesbezügliche Kenntnis des Täters vorliegt (→ Rn. 14 ff.). 1

PKS: Die Fallzahlen steigen seit dem Jahr 2020 an. Die Aufklärungsquote ist rückläufig.[5] 2

---

[1] Eisele Computerrecht Kap. 9 Rn. 40; Lackner/Kühl/Heger/Heger StGB § 274 Rn. 1; MüKoStGB/Erb § 274 Rn. 1.
[2] Zweites Gesetz zur Bekämpfung der Wirtschaftskriminalität, BGBl. 1986 I 721.
[3] BT-Drs. 10/318, 34; vgl. dazu auch Lenckner/Winkelbauer CR 1986, 824 (827).
[4] BT-Drs. 10/318, 34 f.
[5] PKS Bundeskriminalamt, Berichtsjahr 2017–2022, abrufbar unter https://www.bka.de/DE/AktuelleInformationen/StatistikenLagebilder/PolizeilicheKriminalstatistik/pks_node.html, abgerufen am 10.4.2023.

§ 274 StGB Urkundenunterdrückung

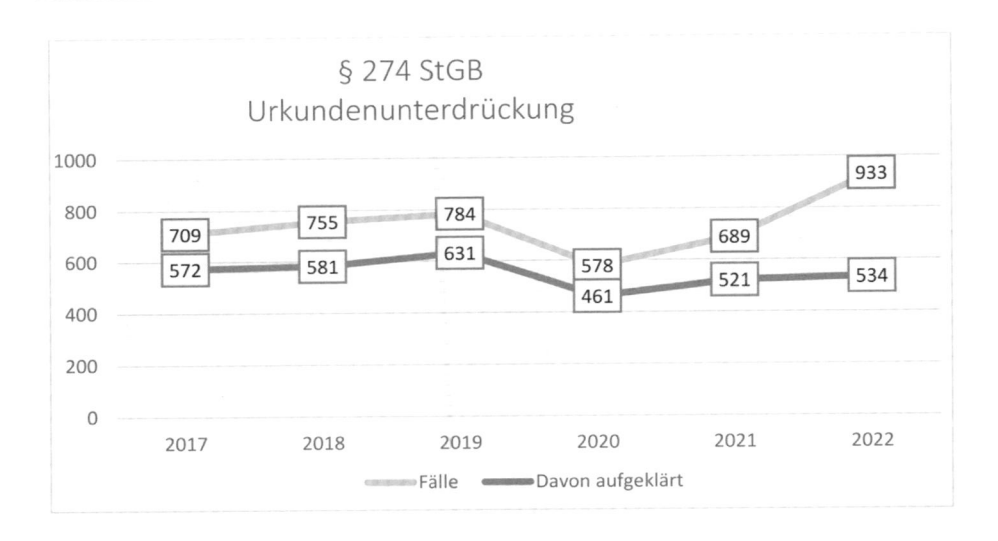

Jahr	Fälle	Davon aufgeklärt
2017	709	572
2018	755	581
2019	784	631
2020	578	461
2021	689	521
2022	933	534

B. Tatbestand

I. Objektiver Tatbestand

3   Die nachfolgenden Ausführungen beschränken sich auf § 274 Abs. 1 Nr. 2 StGB, der für den hier interessierenden (unbefugten) Umgang mit beweiserheblichen Daten relevant ist.

1. Daten

4   Anders als § 269 StGB verweist § 274 Abs. 1 Nr. 2 StGB ausdrücklich auf den Datenbegriff des § 202a Abs. 2 StGB, woraus sich eine Beschränkung auf bereits gespeicherte bzw. im Übertragungsprozess befindliche Daten ergibt. Auch hier muss es sich nicht um personenbezogene Daten iSd Datenschutzrechts handeln. Aus der Inbezugnahme des § 202a Abs. 2 StGB wird überdies mitunter abgeleitet, dass eine „Urkundengleichheit" der betroffenen Daten – iSe dauerhaften Speicherung (Perpetuierungsfunktion) bei Erkennbarkeit des Ausstellers (Garantiefunktion) – iRd § 274 Abs. 1 Nr. 2 StGB nicht vorausgesetzt sei.[6] Die wohl hM verlangt indes einen diesbezüglichen Gleichlauf mit § 269 StGB, mithin urkundengleiche Beweisfunktion der Daten, wofür die systematische Stellung bei den Urkundendelikten spricht.[7] Häufig wird in praxisrelevanten Anwendungsfeldern, wie der (missbräuchlichen) Nutzung der NFC-Technologie (→ Rn. 7) oder dem Löschen von E-Mails (→ Rn. 9 ff.), als Einwirkungsobjekt ohnehin eine „Datenurkunde" vorliegen, sodass der Anwendungsbereich der Vorschrift insoweit nach allen Ansichten eröffnet ist. Im Einklang mit § 269 StGB muss es sich sodann unbestritten um beweiserhebliche Daten handeln. Die Daten müssen demnach dazu bestimmt sein, bei einer Verarbeitung im Rechtsverkehr als Beweisdaten für rechtserhebliche Tatsachen benutzt zu werden; kurzum: ihr Aussagegehalt muss in irgendeiner Form für den Rechtsverkehr von Bedeutung sein

---

[6] So etwa Eisele Computerrecht Kap. 9 Rn. 44; Gercke/Brunst InternetStrafR-HdB Rn. 251; Lenckner/Winkelbauer CR 1986, 824 (827); Matt/Renzikowski/Maier StGB § 274 Rn. 11; Schönke/Schröder/Heine/Schuster StGB § 274 Rn. 22c.

[7] OLG Nürnberg CR 2013, 212; Leipold/Tsambikakis/Zöller/Krell StGB § 274 Rn. 7; Lackner/Kühl/Heger/Heger StGB § 274 Rn. 5; NK-StGB/Puppe/Schumann StGB § 274 Rn. 8; Hilgendorf/Kudlich/Valerius StrafR-HdB V/Puschke § 42 Rn. 99; Satzger/Schluckebier/Widmaier StGB/Wittig § 274 Rn. 14; iE auch HK-GS/Koch StGB § 274 Rn. 10; MüKoStGB/Erb § 274 Rn. 23, jeweils über eine restriktive Auslegung der Beweiserheblichkeit; offengelassen von OLG Hamm NStZ 2020, 673 (675 f.).

(→ § 18 Rn. 8). Zu verneinen ist die Beweiserheblichkeit namentlich für Daten, die lediglich als reine „Informations- und Arbeitsmittel"[8] einzuordnen sind, so für Kundenlisten von Unternehmen, Stammdaten in einer Personaldatei oder Terminkalender-Eintragungen,[9] sofern diese nicht (später) für rechtliche Vorgänge Bedeutung erfahren.

Weiter muss es sich um Daten handeln, über die der Täter nicht oder nicht ausschließlich verfügen darf. In dieser Voraussetzung liegt das funktionale Äquivalent zum „nicht oder nicht ausschließlich Gehören" in § 274 Abs. 1 Nr. 1 StGB.[10] Es besteht Einigkeit, dass das „Gehören" nicht an die zivilrechtliche Eigentumslage anknüpft, sondern an das „Recht (…), mit der Urkunde Beweis zu erbringen"[11]. Es geht in der Folge auch iRd § 274 Abs. 1 Nr. 2 StGB um Daten, an denen (auch) ein fremdes Beweisführungsrecht besteht[12], so dass die Verfügungsbefugnis hierüber nicht das entscheidende Kriterium ist. Ob ein (fremdes) Beweisführungsrecht besteht, lässt sich anhand gesetzlicher oder vertraglicher Herausgabe- und/oder Vorlagepflichten bestimmen.[13] Auch ein Vorlagebeschluss nach Maßgabe des § 142 ZPO vermag ein (fremdes) Beweisführungsrecht zu begründen.[14] Umstritten ist dabei, inwieweit infolge öffentlich-rechtlicher Vorlagepflichten ein fremdes Beweisführungsrecht anzunehmen ist. Soweit die Vorlagepflichten nur Kontrollaufgaben der Verwaltung erleichtern sollen, erwächst daraus nach hM kein fremdes Beweisführungsrecht.[15] 5

Der für § 274 Abs. 1 Nr. 1 StGB gültige Grundsatz, dass ein – von der zivilrechtlichen Eigentumslage rechtlich zu trennendes (s. o.) – Beweisführungsrecht regelmäßig auch dem Eigentümer der Urkunde zustehen wird[16], lässt sich für § 274 Abs. 1 Nr. 2 StGB schon deshalb nicht fruchtbar machen, weil ein „Dateneigentum" bislang nicht anerkannt ist[17], was freilich nicht bedeutet, dass Daten nicht anderweitig – namentlich durch die DS-GVO wie auch spezifische Straftatbestände (vgl. §§ 202a ff., 303a StGB) – einen weitgehenden Schutz erfahren.[18] 6

2. Tathandlungen

a) Nutzung der NFC-Technologie ohne PIN-Eingabe. Soweit man – mit der hier vertretenen Auffassung – das unbefugte Verwenden von Zahlungskarten mittels NFC-Technologie wie auch das heimliche Bewirken von Transaktionen unter Nutzung eben dieser Technologie („elektronischer Taschendiebstahl") nicht vom Tatbestand des § 269 StGB erfasst sieht (→ § 18 Rn. 29), wächst die diesbezügliche Bedeutung des § 274 Abs. 1 Nr. 2: Infolge der (heimlichen) Nutzung der NFC-Technologie (ohne PIN-Eingabe) werden nicht nur die (Nutzer-)Daten des Berechtigten an dessen Kreditinstitut bzw. das von diesem eingesetzte Autorisierungszentrum übermittelt (→ § 18 Rn. 29), es erfolgt auch eine Anpassung der Angaben zum (verbleibenden) Verfügungsrahmen sowie zur Anzahl der kontaktlosen Kartennutzungen seit der letzten PIN-Eingabe im System des Kreditin- 7

---

[8] OLG Nürnberg CR 2013, 212.
[9] Achenbach/Ransiek/Rönnau WirtschaftsStrafR-HdB/Heghmanns 6/167.
[10] Leipold/Tsambikakis/Zöller/Krell StGB § 274 Rn. 8; BeckOK StGB/Weidemann StGB § 274 Rn. 8; Lackner/Kühl/Heger/Heger StGB § 274 Rn. 5; MüKoStGB/Erb § 274 Rn. 24.
[11] BGHSt 29, 192 (194) = NJW 1980, 1174; BayObLG NJW 1990, 264 (265); BeckOK StGB/Weidemann StGB § 274 Rn. 4; Fischer StGB § 274 Rn. 3; Schönke/Schröder/Heine/Schuster StGB § 274 Rn. 5.
[12] Leipold/Tsambikakis/Zöller/Krell StGB § 274 Rn. 8; Gercke/Brunst InternetstrafR Rn. 252; Hornung/Schallbruch IT-SicherheitsR/Singelnstein/Zech § 20 Rn. 77; MüKoStGB/Erb § 274 Rn. 24; Matt/Renzikowski/Maier StGB § 274 Rn. 12 iVm Rn. 5.
[13] BGHSt 29, 192 (194) = NJW 1980, 1174; BeckOK StGB/Weidemann StGB § 274 Rn. 4; Fischer StGB § 274 Rn. 3; Hilgard ZIP 2007, 985 (988); Schönke/Schröder/Heine/Schuster StGB § 274 Rn. 5.
[14] Hilgard ZIP 2007, 985 (988 f.).
[15] BayObLG NJW 1997, 1592; BeckOK StGB/Weidemann StGB § 274 Rn. 4; Lackner/Kühl/Heger/Heger StGB § 274 Rn. 2; Schönke/Schröder/Heine/Schuster StGB § 274 Rn. 5; aA MüKoStGB/Erb § 274 Rn. 9.
[16] MüKoStGB/Erb § 274 Rn. 6 (unter Verweis auf § 903 BGB).
[17] BeckOK BGB/Fritzsche BGB § 903 Rn. 10; Determann ZD 2018, 503 ff.; Kühling/Sackmann ZD 2020, 24 ff.; MüKoBGB/Stresemann § 90 Rn. 25; ausführlich: Pertot, Rechte an Daten, 2020.
[18] Zutreffend Raue NJW 2019, 2425 f.

stituts bzw. des Autorisierungszentrums.[19] Die zuvor gespeicherten Angaben werden ganz einfach überschrieben. Daraus ergibt sich, dass Aussteller der Daten zu Verfügungsrahmen und Anzahl kontaktloser Bezahlvorgänge einzig das Kreditinstitut bzw. das Autorisierungszentrum ist. Dieses ist damit auch Aussteller der diesbezüglich gespeicherten Daten vor Tätigung bzw. Erschleichen der Transaktion, sodass im Zeitpunkt der Einwirkung bereits eine „Datenurkunde" vorliegt, die infolge des Überschreibens auch iSd § 274 Abs. 1 Nr. 2 StGB verändert wird.[20]

8 Dass mit Blick auf die durch die Kartennutzung bewirkte Anpassung der Angaben zum Verfügungsrahmen sowie zur Anzahl der kontaktlosen Kartennutzungen seit der letzten PIN-Eingabe nicht abermals an eine Strafbarkeit nach § 269 StGB zu denken ist, liegt daran, dass Ergebnis der Einwirkung keine unechte Datenurkunde ist: Zwar ist der Aussteller insoweit eindeutig bestimmbar (Kreditinstitut bzw. Autorisierungszentrum), womit die Garantiefunktion – anders als bei den Buchungsdaten selbst (→ § 18 Rn. 29) – gewahrt wird. Doch rühren die Angaben zum (neuen) Verfügungsrahmen sowie zur (neuen) Anzahl der kontaktlosen Kartennutzungen auch vom erkennbaren Aussteller her, sodass ein Auseinanderfallen von nach außen in Erscheinung tretendem Aussteller und tatsächlich Erklärendem nicht gegeben ist.

9 **b) Löschen von E-Mails und sonstigen Daten.** Ein mögliches Anwendungsfeld der Vorschrift ergibt sich auch mit Blick auf den – privat wie beruflich – alltäglichen Vorgang des Löschens von E-Mails.[21] Dass eine (gespeicherte) E-Mail regelmäßig „Datenurkunde" ist, wurde bereits an anderer Stelle dargetan (→ § 18 Rn. 21). Neben der Beweiserheblichkeit setzt der Tatbestand weiter voraus, dass der Täter über die den Gegenstand der Einwirkung bildenden Daten nicht oder nicht ausschließlich verfügen darf, mithin das Beweisführungsrecht nicht ausschließlich bei ihm liegt. Fragen des Beweisführungsrechts ergeben sich sowohl im Verhältnis der Kommunikationspartner untereinander (Absender und Empfänger) als auch im Verhältnis eines Kommunikationspartners gegenüber Dritten, namentlich im Verhältnis von Arbeitnehmer und Arbeitgeber.

10 **aa) Verhältnis Absender-Empfänger.** Bejaht man pauschal ein gemeinsames Beweisführungsrecht für Absender und Empfänger einer E-Mail, könnte die notwendige Einschränkung der an das Löschen anknüpfenden Strafbarkeit nur über das Merkmal der Beweiserheblichkeit erfolgen.[22] Überzeugend ist eine solche Sichtweise nicht, können doch die Anforderungen an die Beweiserheblichkeit nicht weiter reichen als iRd § 269 StGB, der es genügen lässt, dass die Daten dazu bestimmt sind, bei einer Verarbeitung im Rechtsverkehr als Beweisdaten für rechtserhebliche Tatsachen benutzt zu werden (→ § 18 Rn. 8). Dies wird man für die Mehrzahl der E-Mails im Rahmen alltäglicher Kommunikations- und Transaktionsprozesse anzunehmen haben. Damit wäre der objektive Tatbestand der Urkundenunterdrückung für Versender oder Empfänger stets bereits mit dem Löschen gewöhnlicher Auftragsbestätigungen oder Zugangs-E-Mails erfüllt, weil dann dem jeweils anderen Kommunikationspartner pauschal ein Beweisführungsrecht zustehen würde.[23] Zutreffender Ansatzpunkt einer Einschränkung ist daher das Beweisführungsrecht selbst.[24] Im Verhältnis von Absender und Empfänger wird man im Grundsatz davon ausgehen können, dass den Kommunikationspartnern jeweils (und ausschließlich) ein eigenes Beweisführungsrecht an den bei ihnen bzw. den (jeweils) genutzten Providern gespeicherten – emp-

---

[19] Instruktiv Schrott JuS 2022, 138 (141 f.).
[20] OLG Hamm NStZ 2020, 673 (675 f.); Hilgendorf/Kudlich/Valerius StrafR-HdB IV/Eisele § 63 Rn. 139; Rengier StrafR BT I § 36 Rn. 21; Schrott JuS 2022, 138 (141 f.). Dazu, dass es nach zT vertretener Auffassung auf die „Urkundengleichheit" der betroffenen Daten gar nicht ankommt, vgl. → Rn. 4.
[21] Eine diesbezügliche Relevanz grds. bejahend BeckOK StGB/Weidemann StGB § 274 Rn. 8; Bleckat NJ 2021, 395 ff.; Hilgard ZIP 2007, 985 (987 ff.); Lensdorf CR 2008, 332 (337); ferner OLG Dresden CR 2013, 196 (197) (zur Löschung eines E-Mail-Accounts).
[22] Dafür ausdrücklich Bleckat NJ 2021, 395 (396).
[23] Vgl. Bleckat NJ 2021, 395 (397).
[24] So offenbar auch Hilgard ZIP 2007, 985 (987 ff.).

fangenen oder versendeten – E-Mails zusteht, sodass eine Löschung grds. keine Beeinträchtigung des Beweisführungsrechts des jeweils anderen Kommunikationspartners bedeutet. Etwas Anderes kann sich (nur) dann ergeben, wenn ein materiell-rechtlicher Anspruch auf Herausgabe oder Vorlage der Daten besteht oder aber eine entsprechende prozessuale Anordnung nach § 142 ZPO ergangen ist (→ Rn. 5).

Freilich müssen stets auch die subjektiven Voraussetzungen des Tatbestandes, insbesondere die Nachteilszufügungsabsicht (→ Rn. 14 ff.), vorliegen, sodass auch die ein gemeinsames Beweisführungsrecht hinsichtlich zahlreicher Alltags-E-Mails bejahende Auffassung nicht zwingend zum Ergebnis materiell-rechtlicher Strafbarkeit gelangt. 11

bb) Verhältnis Arbeitgeber-Arbeitnehmer. (1) E-Mails. Auch und insbesondere im Verhältnis von Arbeitgeber und Arbeitnehmer stellt sich die Frage, wie mit dem Löschen von E-Mails umzugehen ist. So kann noch nach Beendigung des Arbeitsverhältnisses die Löschung eines dem Arbeitnehmer auch zur privaten Nutzung überlassenen E-Mail-Accounts eine Verantwortlichkeit auf Seiten des Arbeitgebers nach § 274 Abs. 1 Nr. 2 StGB begründen.[25] Wenn eine private Nutzung rechtswirksam ausgeschlossen war, wird man ein verbleibendes Beweisführungsrecht des Arbeitnehmers indes abzulehnen haben.[26] In Fällen, in denen ein Beweisführungsrecht des Arbeitnehmers an (privaten) E-Mails zu bejahen ist, sind die subjektiven Anforderungen des Tatbestandes, insbesondere die Nachteilszufügungsabsicht (→ Rn. 14 ff.), zu beachten.[27] 12

(2) Sonstige Daten. Nicht nur die Löschung von E-Mails ist von erheblicher praktischer Relevanz iRd Beendigung von Arbeitsverhältnissen. Auch sonstige Datenbestände können Gegenstand von Löschungen sein. Gerade aus Arbeitgebersicht haben über Jahre gesammelte Daten einen nicht unerheblichen Wert, der strafrechtliche Absicherung ggf. auch über § 274 Abs. 1 Nr. 2 StGB erfährt.[28] Ein allgemeiner Vorrang des § 303a StGB existiert insoweit nicht, vielmehr ist § 274 StGB für den Fall des Vorliegens beider Tatbestände eingedenk der zusätzlich geforderten Nachteilszufügungsabsicht lex specialis.[29] Freilich ist zu bedenken, dass die den Gegenstand der Löschung bildenden Daten nicht lediglich „Informations- und Arbeitsmittel" sein dürfen, sondern einen für den Rechtsverkehr relevanten Aussagehalt beinhalten müssen (→ Rn. 4). 13

II. Subjektiver Tatbestand

Neben dem auf die objektiven Tatbestandsmerkmale bezogenen (Eventual-)Vorsatz bedarf es iRd § 274 StGB zusätzlich der „Absicht, einem anderen Nachteil zuzufügen". Insoweit genügt nach hM sicheres Wissen (iSv dolus directus 2. Grades) dahingehend, dass die Tat notwendigerweise einen Nachteil zur Folge haben wird.[30] Ein Nachteil kann in jeder Beeinträchtigung des Beweisführungsrechts eines Dritten liegen.[31] 14

Bei der schon mehrfach angesprochenen unbefugten Nutzung der NFC-Technologie ohne PIN-Eingabe (→ Rn. 7, ferner → § 18 Rn. 29 f.) wird man bereits den „gewöhnlichen" Vorsatz bezogen auf die Datenveränderung sorgfältig zu prüfen haben, da insoweit 15

---

[25] Vgl. OLG Dresden CR 2013, 196 (197); vgl. zum Ganzen auch Preuß, Die Kontrolle von E-Mails und sonstigen elektronischen Dokumenten im Rahmen unternehmensinterner Ermittlungen, 2015, 321 ff.
[26] Vgl. aus arbeitsrechtlicher Perspektive Fischer NZA 2018, 8 (13); Schröder ZD 2013, 234.
[27] Preuß, Die Kontrolle von E-Mails und sonstigen elektronischen Dokumenten im Rahmen unternehmensinterner Ermittlungen, 2015, 324.
[28] Vgl. Nürnberg CR 2013, 212 (im konkreten Fall verneint); AG Brandenburg v. 22.4.2002 – 32 C 619/99, BeckRS 2002, 11438.
[29] BeckOK StGB/Weidemann StGB § 274 Rn. 17 (mwN).
[30] BGH NJW 1953, 1924; BGH NStZ 2010, 332 (333); OLG Hamm NStZ 2020, 673 (676); OLG Hamm NStZ 2021, 430; Eisele Computerrecht Kap. 9 Rn. 46; Fischer StGB § 274 Rn. 9a; aA MüKoStGB/Erb § 274 Rn. 18 ff. („zielgerichtetes Wollen"); NK-StGB/Puppe/Schumann § 274 Rn. 12 (Eventualvorsatz).
[31] BGH NStZ 2010, 332 (333); Fischer StGB § 274 Rn. 9a; Lackner/Kühl/Heger/Heger StGB § 274 Rn. 7; Hilgendorf/Kudlich/Valerius StrafR-HdB V/Puschke § 42 Rn. 122.

eine jedenfalls rudimentäre Kenntnis der bankinternen Prüfvorgänge bei Nutzung des kontaktlosen Zahlens Voraussetzung ist. Zu verlangen ist im Mindestmaß eine ungefähre Vorstellung (iSe Für-möglich-Haltens) davon, dass Angaben zum Verfügungsrahmen und zur Anzahl kontaktloser Zahlungen seit der letzten PIN-Eingabe „irgendwo" gespeichert sind und infolge der (unbefugten) Nutzung eine Veränderung erfahren (können). In der Rechtspraxis erscheinen die diesbezüglichen Nachweis- und Darlegungsanforderungen mitunter nicht allzu hoch.[32] Ähnliches gilt für die Nachteilszufügungsabsicht, für die in Fällen der (unbefugten) Nutzung der NFC-Technologie ohne PIN-Eingabe eine Kenntnis dahingehend erforderlich ist, dass sich die infolge der Nutzung verbleibenden Möglichkeiten zur Kartennutzung ohne PIN-Eingabe ebenso reduzieren wie der verbleibende Verfügungsrahmen des Karteninhabers.[33]

16 Auch in anderen Kontexten – man denke an die Löschung von E-Mail-Accounts durch den Arbeitgeber (→ Rn. 12) oder die Zusendung von Schadsoftware iRv Nachstellungs- oder Mobbing-Konstellationen mit dem Ziel, Dateien auf dem Rechner des Empfängers zu löschen – wird sorgfältig zu prüfen sein, ob der Täter neben der Verfolgung seines eigentlichen Zieles[34] tatsächlich in dem Bewusstsein handelt, fremde Beweisführungsrechte zu beeinträchtigen.

C. Rechtswidrigkeit

17 Möglich ist eine rechtfertigende Einwilligung des Beweisführungsberechtigten in die Löschung durch Dritte.[35] Wer aber eine Urkundenunterdrückung zur Abwehr eines unberechtigten (zivilrechtlichen) Anspruchs begeht, kann sich nicht auf § 34 StGB berufen, da insoweit der Rechtsweg zu beschreiten ist.[36]

---

[32] Vgl. OLG Hamm NStZ 2020, 673 (676); krit. insoweit Kudlich JA 2020, 710 (712).
[33] Dazu auch (iRe Falllösung) Schrott JuS 2022, 138 (142).
[34] Handeln (nur) „zum vermeintlichen Wohle des Unternehmens" durch den umfangreiche Löschungen vornehmenden Arbeitgeber (dazu Preuß, Die Kontrolle von E-Mails und sonstigen elektronischen Dokumenten im Rahmen unternehmensinterner Ermittlungen, 2015, 324) bzw. Handeln (nur) in der Absicht, fremde Daten zu beschädigen (Doerbeck, Cybermobbing, 2019, 264).
[35] Leipold/Tsambikakis/Zöller/Popp StGB § 274 Rn. 21; BeckOK StGB/Weidemann StGB § 274 Rn. 12; Matt/Renzikowski/Maier StGB § 274 Rn. 28; demgegenüber für ein tatbestandsausschließendes Einverständnis MüKoStGB/Erb § 274 Rn. 32.
[36] MüKoStGB/Erb § 274 Rn. 33; Schönke/Schröder/Heine/Schuster StGB § 274 Rn. 11.

§ 20 Datenveränderung (§ 303a StGB)

Übersicht

	Rn.
A. Allgemeines und Rechtsgut	1
B. Tatobjekt – Daten (§ 202a Abs. 2 StGB)	7
I. Daten	7
II. „Fremde" Daten	10
III. Einschränkung im Bagatellbereich	14
C. Tathandlung – Löschen, Unterdrücken, Unbrauchbarmachen und Verändern von Daten	15
I. Löschen	18
II. Unterdrücken	19
III. Unbrauchbarmachen	21
IV. Verändern	22
V. Unterlassen	25
D. Rechtswidrig	27
I. Bestimmung der Datenverfügungsbefugnis	29
II. Einschränkung bei digitalen Protestaktionen	43
III. Prozessuale Implikationen der Verfügungsbefugnis	44
E. Subjektiver Tatbestand	46
F. Rechtswidrigkeit – allgemeine Rechtfertigungsgründe	52
G. Versuch und Vollendung	53
H. Vorbereitung – § 303a Abs. 3 StGB	55
I. Konkurrenzen	59
J. Relatives Antragsdelikt	61
K. Verjährung	64

Literatur:
Borchers, Die Einführung der elektronischen Gesundheitskarte in das deutsche Gesundheitswesen, 2007; *Cornelius,* Strafrecht in: Kilian/Heussen (Hrsg) Computerrechtshandbuch Loseblattwerk Stand Mai 2013; *Eichelberger,* Sasser, Blaster, Phatbot & Co. – alles halb so schlimm? Ein Überblick über die strafrechtliche Bewertung von Computerschädlingen, MMR 2004, 594; *Faßbender,* Angriffe auf Datenangebote im Internet und deren strafrechtliche Relevanz, 2003; *Guder,* Computersabotage (§ 303b StGB) – Technische Lebenswirklichkeit und ihre juristische Würdigung, 2000; *Koch,* Strafrechtliche Probleme des Angriffs und der Verteidigung in Computernetzwerken, 2008; *Lencker/Winkelbauer,* Computerkriminalität – Möglichkeiten und Grenzen des 2. WiKG, CR 1986, 824; *Richter,* Missbräuchliche Benutzung von Geldautomaten. Verwendung duplizierter und manipulierter Euroscheckkarten, CR 1989, 303; *Schulze-Heimig,* Der strafrechtliche Schutz der Computerdaten gegen die Angriffsformen der Spionage, Sabotage und des Zeitdiebstahls, 1995; *Sondermann,* Computerkriminalität – Die neuen Tatbestände der Datenveränderung gemäß § 303a StGB und der Computersabotage gemäß § 303b StGB, 1998; *Splitt,* Der Rechtswidrigkeitsbegriff im Rahmen des § 303a StGB, 1999; *Stam,* Die Strafbarkeit des Aufbauens von Botnetzen, ZIS 2017, 547; *Vassilaki/Martens,* Computer- und Internetstrafrecht, 2003; *Welp,* Datenveränderung (§ 303a StGB), Teil 1, IuR 1988, 443, Teil 2, IuR 1989, 443; *Wengenroth,* Zur Strafbarkeit von Virtuellen Sit-Ins, München 2014.

A. Allgemeines und Rechtsgut

Der Tatbestand der Datenveränderung gem. § 303a StGB ergänzt den körperliche Sachen, aber keine (nichtkörperliche) Daten erfassenden § 303 StGB („Sachbeschädigung"). Die Tathandlungen des § 303a StGB gehen dabei über die des § 303 StGB hinaus. 1

Die Vorschrift wurde durch das 2. WiKG mit Wirkung zum 1.8.1986 in das StGB eingefügt. Es handelt sich um ein **Erfolgs- und Allgemeindelikt.** Durch das 41. Strafrechtsänderungsgesetz v. 7.8.2007 wurde die Norm um Abs. 3 ergänzt. Dieser stellt bereits 2

Vorbereitungshandlungen im Vorfeld des Versuchs unter Strafe. Bei Abs. 3 soll es sich ausweislich der Gesetzesbegründung um ein **abstraktes Gefährdungsdelikt** handeln.[1]

3 **Geschütztes Rechtsgut** ist nach einer verbreiteten Formulierung das Interesse des Verfügungsberechtigten an der unversehrten Verwendbarkeit von als Daten gespeicherten Informationen.[2] Es gilt ein formales Schutzkonzept. Es kommt weder auf den Inhalt noch auf einen tatsächlichen wirtschaftlichen Wert der Daten an.[3] Zugleich kann auch nicht jede noch so unbedeutende Information strafrechtlichen Schutz genießen, nur weil sie als Datum gespeichert wurde. Wie auch bei § 303 StGB, der nach zutreffender Ansicht keine **gänzlich wertlosen** Gegenstände erfasst[4], sind auch bei § 303a StGB Fälle auszuscheiden, in denen niemand, nicht einmal der Verfügungsbefugte, ein Interesse an den betroffenen Daten hat. Dogmatisch ist dieses Ergebnis über ein entsprechendes Verständnis des Merkmals „rechtswidrig" zu erreichen, vgl. dazu → Rn. 27. Im Übrigen sind Bagatellfälle in der Praxis mit den Vorschriften der §§ 153 ff. StPO zu begegnen.

4 Der Tatbestand der Datenveränderung gewinnt mit zunehmender Digitalisierung an Bedeutung. In der **Polizeilichen Kriminalstatistik** wurden 2017 2.608 Fälle der Datenveränderung registriert. Im Jahr 2020 waren es bereits 3.100 Fälle und im Jahr 2021 wurden sogar schon 4.188 Fälle registriert, wobei in diesen Jahren die Corona-Pandemie als Katalysator gedient haben dürfte. Im Jahr 2022 ist jedoch ein Rücklauf zu verzeichnen. Die Aufklärungsquote ist vergleichsweise gering:[5]

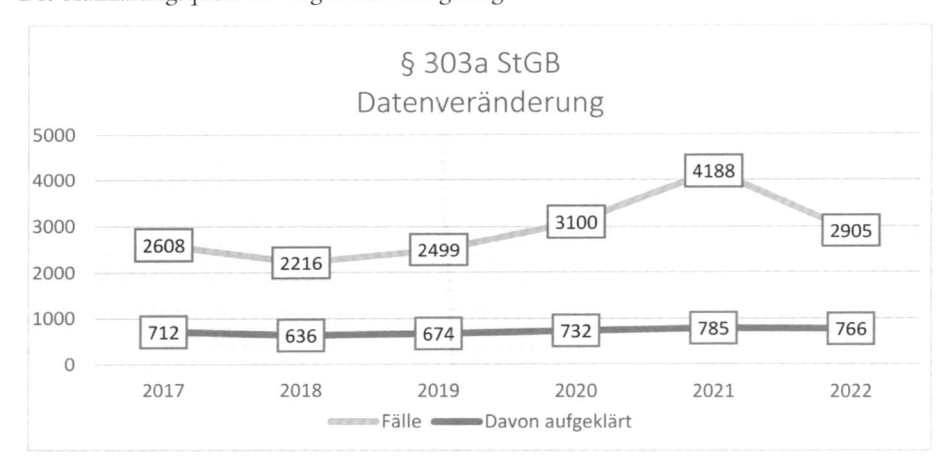

§ 303a StGB Datenveränderung

Jahr	Fälle	Davon aufgeklärt
2017	2608	712
2018	2216	636
2019	2499	674
2020	3100	732
2021	4188	785
2022	2905	766

5 Die Norm wird teilweise als zu **unbestimmt** und damit **verfassungswidrig** kritisiert[6]. Die ernst zu nehmenden Bedenken rühren daher, dass (wie bei § 303 StGB) zwar grds. Einigkeit darüber besteht, dass lediglich die rechtswidrige Einwirkung auf „**fremde**" **Daten** strafbar sein kann. Der Tatbestand enthält zugleich aber keine Anhaltspunkte für die notwendige Konkretisierung einer fremden Verfügungsbefugnis. Insbes. das Merkmal „rechts-

---

[1] BT-Drs. 16/3656.
[2] Vgl. BT-Drs. 10/5058, 34; Fischer StGB § 303a Rn 2; Lackner/Kühl/Heger/Heger StGB § 303a Rn 1; Schönke/Schröder/Stree/Hecker StGB § 303a Rn 1; Achenbach/Ransiek/Rönnau WirtschaftsStrafR-HdB/Heghmanns Rn. 146; Wabnitz/Janovsky/Schmitt WirtschaftsStrafR-HdB/Bär Kap. 15. Rn. 108; Kilian/Heussen/Cornelius, Computerrechtshandbuch, Kap. 102 Rn. 179.
[3] BayObLG JR 1994, 476 (477); Satzger/Schluckebier/Widmaier StGB/Hilgendorf § 303a Rn. 3; Lackner/Kühl/Heger/Heger StGB § 303a Rn. 1; Koch, Strafrechtliche Probleme des Angriffs und der Verteidigung in Computernetzwerken, 2008, S. 114.
[4] MüKoStGB/Wieck-Noodt, 4. Aufl. 2022, § 303 Rn. 13.
[5] PKS Bundeskriminalamt, Berichtsjahr 2017–2022 (abrufbar unter https://www.bka.de/DE/AktuelleInformationen/StatistikenLagebilder/PolizeilicheKriminalstatistik/pks_node.html, abgerufen am 10.4.2023).
[6] Zur Diskussion betreffend die Verfassungsmäßigkeit des Abs. 1 vgl. OLG Nürnberg BeckRS 2013, 03553; NK-StGB/Zaczyk § 303a Rn. 4 f. mwN.

widrig" wird angesichts der Fülle möglicher Gestaltungen kombiniert mit der technischen Entwicklung als nicht geeignet betrachtet, der Auslegung eine sinnvolle Orientierung zu geben.[7] Nach der hier vertretenen Auffassung ist in Anlehnung an die Rechtsprechung des BVerfG zu § 266 StGB über das Merkmal „rechtswidrig" hingegen eine verfassungskonforme Auslegung noch möglich, dazu → Rn. 27. De lege ferenda wäre jedoch eine Klarstellung durch den Gesetzgeber zu begrüßen.

Die Vorschrift befindet sich im Katalog des § 100k Abs. 1 Nr. 1 StPO (Erhebung von Nutzungsdaten bei Telemediendiensten). 6

B. Tatobjekt – Daten (§ 202a Abs. 2 StGB)

I. Daten

§ 303a StGB verweist hinsichtlich des Tatobjekts **„Daten"** auf § 202a Abs. 2 StGB. Dieser 7 wiederum enthält jedoch keine Legaldefinition von Daten, sondern lediglich eine Beschränkung des Tatbestandes auf bestimmte Daten. Daten sind danach nur solche, die elektronisch, magnetisch oder sonst nicht unmittelbar wahrnehmbar gespeichert sind oder übermittelt werden. Der Begriff des Datums bzw. von Daten ist gesetzlich nicht definiert. Die hM versteht ihn weit. Zur Bestimmung der Reichweite des Merkmals sowie Praxisbeispielen siehe die Ausführungen bei → § 11 Rn. 9 ff.

Abweichend von § 202a Abs. 1 StGB verlangt § 303a StGB nicht, dass die Daten gegen 8 den Zugriff besonders gesichert sind. Vielmehr kann sich auch und gerade derjenige nach § 303a StGB strafbar machen, der in **tatsächlicher Hinsicht Zugriff** auf Daten hat, beispielsweise weil er die Herrschaft über den Datenspeicher ausübt oder aufgrund der technisch eingeräumten Zugriffsrechte (etwa als Systemadministrator) auf den Datenbestand zugreifen kann. Das tatbestandliche Unrecht liegt in der **Einwirkung auf Daten gegen den Willen des Datenverfügungsberechtigten,** dazu sogleich ausführlich → Rn. 27.

Beispiele: 9

Ein Systemadministrator oder Mitarbeiter, der aufgrund zivilrechtlicher und technischer Regelungen Zugriff auf Firmendaten hat, kann sich nach § 303a Abs. 1 StGB strafbar machen, wenn er auf den Datenbestand absprachewidrig einwirkt, etwa Daten ohne Einwilligung löscht. Vergleichbar mit Fällen nach § 266 StGB geht es damit in entsprechenden Fallgestaltungen um das Überschreiten des rechtlichen Dürfens im Innenverhältnis.

II. „Fremde" Daten

Anders als § 303 StGB kommt es nach dem Wortlaut bei § 303a StGB nicht auf die 10 „Fremdheit" der Daten an. Erfasst wären damit auch Daten, die dem Täter „gehören", dh über welche er selbst uneingeschränkt verfügungsbefugt ist. Das Löschen pp. von eigenen Daten erscheint jedoch nicht strafwürdig. Strafwürdiges Unrecht liegt vielmehr nur vor, wenn ein anderer als der Täter von der Tathandlung betroffen ist.[8] Es besteht daher Einigkeit darüber, dass § 303a StGB auch und gerade in der Parallele zu § 303 StGB eingeschränkt interpretiert werden muss und sich der Anwendungsbereich nur auf „fremde" Daten erstreckt.[9] Da eine „sachenrechtliche" Zuordnung von Informationen zu bestimmten Berechtigten aber nicht existiert und man von keinem „Dateneigentum" ausgehen kann, lässt sich eine strafbare Datenveränderung dann bejahen, wenn in eine fremde (Mit-)Verfügungsbefugnis eingegriffen wird. Strafrechtlich geschützt sind daher nur Daten, an denen zumindest *auch* einer anderen Person ein unmittelbares rechtlich geschütztes Interes-

---
[7] NK-StGB/Zaczyk, 5. Aufl. 2017, § 303a Rn. 4.
[8] Schönke/Schröder/Hecker StGB § 303a Rn. 3.
[9] NK-StGB/Kargl § 303a Rn. 5; Fischer StGB § 303a Rn. 4a; Schönke/Schröder/Hecker StGB § 303a Rn. 3.

se in Form einer **eigentümerähnliche Datenverfügungsbefugnis** zusteht.[10] Vom Ergebnis gedacht: Wer sein Eigentum zerstört begeht keine Sachbeschädigung und wer „seine Daten" löscht keine strafbare Datenveränderung.

11 Der dogmatische Weg zu diesem Ergebnis ist allerdings umstritten. Eine Auffassung plädiert – entgegen dem Wortlaut – zur Einschränkung der Norm für ein **ungeschriebenes Tatbestandsmerkmal „fremd"** im objektiven Tatbestand und behandelt zugleich das Merkmal „rechtswidrig" lediglich als allgemeines Deliktsmerkmal.[11]

12 Richtigerweise bedarf es aber keines ungeschriebenen Tatbestandsmerkmals. Eine verfassungsmäßige Einschränkung des § 303a Abs. 1 StGB lässt sich vielmehr über das im Wortlaut der Norm vorhandene Merkmal **„rechtswidrig"** erreichen, welches nach hM als einschränkendes Tatbestandsmerkmal im objektiven Tatbestand zu prüfen ist, dazu unten unter → Rn. 27. Ist der Täter über die Daten verfügungsbefugt und hält er sich in den Grenzen dieser Befugnis, handelt er nicht rechtswidrig, womit der Tatbestand einer Datenveränderung nicht erfüllt ist.

13 Relevanz hat die unterschiedliche dogmatische Verortung insbes. bei der **„Einwilligung"** des Daten-verfügungsberechtigten. Wird das Merkmal „rechtswidrig" auf Tatbestandsebene verortet, führt ein vorliegendes Einverständnis bereits zum Ausschluss des Tatbestandes, andernfalls liegt lediglich eine Einwilligung als Rechtfertigungsgrund vor.[12] Auf der subjektiven Seite kommen beide Ansichten zum gleichen Ergebnis, soweit es die Frage eines Irrtums über die Reichweite der Verfügungsbefugnis betrifft. Jeweils liegt über das ungeschriebene Tatbestandsmerkmal „fremd" oder über ein als objektives Tatbestandsmerkmal verstandenes Merkmal „rechtswidrig" ein Irrtum über ein normatives Tatbestandsmerkmal vor, das zum Ausschluss des Tatbestandes führt (§ 16 Abs. 1 S. 1 StGB). Unterschiede bestehen beim Irrtum über das Vorhandensein einer Einwilligung. Wer das Merkmal „rechtswidrig" als allgemeines Deliktsmerkmal begreift, behandelt einen entsprechenden Irrtum als Erlaubnistatbestandsirrtum (§ 16 Abs. 1 S. 1 StGB analog). Die andere Auffassung behandelt einen entsprechenden Irrtum ebenfalls als Tatbestandsirrtum.

III. Einschränkung im Bagatellbereich

14 Für das Vorliegen von Daten kommt es nicht auf deren Inhalt oder Wert an. Gleichwohl ist der Tatbestand im **Bagatellbereich** einzuschränken und Fälle auszuscheiden, in denen niemand, nicht einmal der Verfügungsbefugte ein Interesse an den betroffenen Daten hat. So etwa wie bei veralteten Systemdateien oder beim Inhalt des Cache. Alles andere wäre mit dem „ultima-ratio-Grundsatz" nicht in Einklang zu bringen. Eine entsprechende Einschränkung wird bei § 303 StGB richtigerweise ebenfalls vorgenommen.[13] Im Vergleich zu anderen durch das Strafrecht geschützten Rechtsgütern würde dem Rechtsgut der unbeschränkten Datenverfügungsbefugnis andernfalls ein unangemessen hoher Stellenwert eingeräumt.

---

[10] Schönke/Schröder/Hecker StGB § 303a Rn. 3; Satzger/Schluckbier/Widmaier StGB/Hilgendorf § 303a Rn. 3; Lackner/Kühl/Heger/Heger StGB § 303a Rn. 4; NK-WSS/Reinbacher StGB § 303a Rn. 11; Achenbach/Ransiek/Rönnau WirtschaftsStrafR-HdB/Heghmanns Rn. 149; Marberth-Kubicki ComputerStrafR Rn. 129; Schulze-Heimig, Der strafrechtliche Schutz der Computerdaten gegen die Angriffsformen der Spionage, Sabotage und des Zeitdiebstahls, 1995, 170.
[11] Fischer StGB § 303a Rn. 13; Schönke/Schröder/Hecker StGB § 303a Rn. 10; Lenckner/Winkelbauer CR 1986, 824 (828).
[12] NK-WSS/Reinbacher StGB § 303a Rn. 22.
[13] Fischer StGB § 303 Rn. 3.

C. Tathandlung – Löschen, Unterdrücken, Unbrauchbarmachen und Verändern von Daten

§ 303a StGB enthält mit dem Löschen, Unterdrücken, Unbrauchbarmachen und Verändern von Daten vier verschiedene Tathandlungen. Vielfach wird eine genaue Abgrenzung nicht möglich sein, da sich die Tathandlungen überschneiden, dh ein Verhalten kann auch mehrere Tathandlungen verwirklichen. Ebendies ist durch den Gesetzgeber aber auch beabsichtigt gewesen. Durch die zahlreichen und sich inhaltlich überschneidenden Tathandlungen sollen Lücken vermieden und ein umfassender Schutz vor Daten-Beeinträchtigungen erreicht werden.[14] Im Ergebnis kommt es daher für eine Tatbestandsverwirklichung auf eine

- rechtswidrige und
- nicht nur ganz geringfügige Beeinträchtigung der Verfügungsbefugnis des Datenberechtigten
- im Wege der abschließend aufgezählten Tathandlungsvarianten an.

Die Zustimmung des Datenverfügungsberechtigten in die Vornahme der Tathandlung wiederum stellt wie vorstehend dargestellt nach hier vertretener Auffassung ein tatbestandsausschließendes Einverständnis dar.

Das bloße **Kopieren** von Dateien oder Programmen verletzt die Verfügungsbefugnisse desjenigen, dem die Original-Daten „zustehen" nicht, weil Daten beim Kopieren regelmäßig unverändert bleiben. Der Tatbestand des § 303a StGB ist beim Kopieren von Daten daher regelmäßig nicht eröffnet. Dies gilt sowohl beim „herunterkopieren" von vorhanden Daten als auch beim „hinaufkopieren" von Daten, etwa cookies oder Schadsoftware. Bei Letzterem kommt eine Strafbarkeit nach § 303a Abs. 1 StGB in Betracht, wenn die Software auf den Datenbestand einwirkt, was bereits durch eine Installation der Fall sein kann, weil insofern das Betriebssystem geändert wird.

I. Löschen

Löschen bedeutet, dass die Daten der konkreten Speicherung derart unkenntlich gemacht werden, dass sie **unwiederbringlich verloren** sind und eine Rekonstruktion nicht erfolgen kann. Die Tathandlung entspricht dem **Zerstören** nach § 303 Abs. 1 StGB. Auf die Art und Weise des Löschens kommt es nicht an, sodass neben dem bloßen Löschen von Daten auch das Überschreiben oder Umformatieren, die Beseitigung einer Kopiersperre mittels Cracker, der Einsatz von Virenprogrammen wie auch das Zerstören des Datenträgers erfasst sind.[15] Soweit es infolge einer DDoS-Attacke zu einem Datenverlust kommt, unterfällt dies ebenfalls der Tathandlung.[16]

II. Unterdrücken

Ein Unterdrücken von Daten liegt vor, wenn die Daten vorübergehend oder auf Dauer dem **Zugriff des Berechtigten** (ohne das die Daten gelöscht sind) **entzogen** werden und dieser sie deshalb nicht mehr nutzen kann.[17] Es kommt nicht auf den konkreten Verwendungswillens des Berechtigten an, tatbestandlich ist vielmehr schon die Beeinträchti-

---

[14] BT-Drs. 10/5058, 34; Schönke/Schröder/Hecker StGB § 303a Rn. 4; Fischer StGB § 303a Rn. 8; LK-StGB/Wolff § 303a Rn. 18.
[15] BT-Drs. 10/5058, 34; Schönke/Schröder/Hecker StGB § 303a Rn. 5; MüKoStGB/Wieck-Noodt § 303a Rn. 12; Guder, Computersabotage (§ 303b StGB) – Technische Lebenswirklichkeit und ihre juristische Würdigung, 2000, 62; Malek/Popp Strafsachen Rn. 187; Vassilaki/Martens, Computer- und Internetstrafrecht, 2003, 47.
[16] Marberth-Kubicki ComputerStrafR Rn. 150 f.
[17] BT-Drs. 10/5058, 34 f.; Borchers, Die Einführung der elektronischen Gesundheitskarte in das deutsche Gesundheitswesen, 2007, 185; Faßbender, Angriffe auf Datenangebote im Internet und deren strafrechtliche Relevanz, 2003, 62; Vassilaki/Martens, Computer- und Internetstrafrecht, 2003, 47.

gung der potenziellen Zugriffsmöglichkeit.[18] Auf die Art und Weise der Entziehung kommt es ebenfalls nicht an. Zu verlangen ist zudem nicht, dass es objektiv unmöglich ist auf die unterdrückten Daten zuzugreifen. Ansonsten wäre das Merkmal kaum jemals gegeben, weil zB im typischen Anwendungsfall des Verbergens eines Datenträgers die objektive Möglichkeit des Zugriffs bestehen bleibt. Ausreichend ist deshalb vielmehr, dass die Daten im Sinne einer subjektiven Unmöglichkeit für den Berechtigten nicht mehr zur Verfügung stehen. Dies kann sowohl durch Entziehen des Datenträgers, aber auch durch Verhinderung des Zugangs oder durch das Verschieben von Daten in einen für den Verfügungsbefugten nicht mehr zugänglichen Bereich im System geschehen.[19]

20   Eine **vorübergehende Unterdrückung** kann ausreichen. Deshalb können **DDoS-Attacken** ebenfalls ein Unterdrücken darstellen, wenn das System wegen Überlastung des Servers zusammenbricht und dadurch die Daten vorübergehend nicht zugänglich sind. Ebenso verhält es sich bei **Ransomware-Angriffen,** die das System verschlüsseln. Insofern wird man lediglich ganz kurze Beeinträchtigungen als nicht tatbestandsmäßig anerkennen können.[20] Weil § 303a StGB einen gleichwertigen Schutz von Daten gegenüber dem von § 303 StGB erfassten Sacheigentum gewähren soll, bietet sich insofern zur Orientierung ein Blick auf **§ 303 Abs. 2 StGB** an. Dort ist die nicht nur unerhebliche und nicht nur vorübergehende Veränderung des Erscheinungsbildes einer fremden Sache geregelt. „Nicht nur vorübergehend" sollen solche Veränderung sein, die ohne Aufwand binnen kurzer Zeit selbst vergehen oder entfernt werden können.[21] Überträgt man dies auf das Merkmal des Unterdrückens in § 303a Abs. 1 StGB, kann man sagen, dass eine Unterdrückung nicht gegeben ist, sondern nur eine „vorübergehende" Entziehung, wenn der Berechtigte ohne größeren Aufwand, insbesondere in zeitlicher Hinsicht, den Zugriff auf seine Daten wieder herstellen kann bzw. die Entziehung sich von selbst zeitnah erledigt.[22]

III. Unbrauchbarmachen

21   Ein Unbrauchbarmachen von Daten liegt vor, wenn die Daten in ihrer Gebrauchsfähigkeit derartig beeinträchtigt werden, dass sie für ihren **bestimmungsgemäßen Zweck nicht mehr genutzt werden können.**[23] Es kommt darauf an, dass die bestimmungsgemäße Verwendbarkeit von Daten aufgehoben wird. Die Tathandlung soll dem Beschädigen bei § 303 StGB entsprechen.[24] Sie kann durch Einwirkung auf den Datenträger oder die Daten selber erfolgen, etwa durch Um- oder Überschreiben, wobei insofern regelmäßig auch eine Veränderung vorliegen wird. Anders als beim „Beschädigen" iSd § 303 StGB, was auch temporäre Beeinträchtigungen der bestimmungsgemäßen Brauchbarkeit erfasst, meint Unbrauchbarmachen iSd § 303a StGB eine **dauerhafte Beeinträchtigung.**[25] Damit ist zugleich eine klare Abgrenzung zum Unterdrücken möglich. Werden Daten inhaltlich verändert, sodass ihre Gebrauchsfähigkeit derartig beeinträchtigt wird, dass sie nicht mehr ordnungsgemäß verwendet werden können, liegt ein „unbrauchbar machen" vor. Sind Daten indes ohne inhaltliche Änderung dem Berechtigten lediglich entzogen, stellt dies ausschließlich eine Datenunterdrückung dar.

---

[18] Schönke/Schröder/Hecker StGB § 303a Rn. 6; MüKoStGB/Wieck-Noodt § 303a Rn. 13; Wengenroth, Zur Strafbarkeit von Virtuellen Sit-Ins, 2014, 51.
[19] Vgl. Schönke/Schröder/Hecker StGB § 303a Rn. 6: Matt/Renzikowski/Altenhain StGB § 303a Rn. 8; Ernst NJW 2003, 3233 (3238).
[20] Fischer StGB § 303a Rn. 8; MüKoStGB/Wieck-Noodt § 303a Rn. 13.
[21] Lackner/Kühl/Heger/Heger StGB § 303 Rn. 7d.
[22] Wengenroth, Zur Strafbarkeit von Virtuellen Sit-Ins, 2014, 54.
[23] BT-Drs. 10/5058, 35; Satzger/Schluckbier/Widmaier StGB/Hilgendorf § 303a Rn. 10; Hilgendorf/Valerius ComputerStrafR Rn. 593; Gercke/Brunst InternetStrafR-HdB Rn. 130; Malek/Popp Strafsachen Rn. 189.
[24] LK-StGB/Wolff § 303a Rn. 26; Fischer StGB § 303a Rn. 8; Anders: Reinbacher, der eine Parallele zur Zerstörung einer Sache im Sinne einer vollständigen Aufhebung derselben sieht → Rn. 19.
[25] Wengenroth, Zur Strafbarkeit von Virtuellen Sit-Ins, 2014, 56.

IV. Verändern

Verändern bedeutet eine inhaltliche Umgestaltung,, so dass die Daten einen anderen Informationsgehalt aufweisen (§ 3 Abs. 4 Nr. 2 BDSG aF).[26] Der Begriff der Veränderung ist neutral zu definieren, dh unabhängig von der Beurteilung, ob die Veränderung eine Verbesserung oder eine Verschlechterung des Programms zur Folge hat.[27] Als tatbestandsmäßiges Verhalten kommen das teilweise Löschen oder Hinzufügen von Daten, Übersetzen in eine andere Programmiersprache, eine geänderte Verknüpfung mit anderen Datensätzen wie auch die Vornahme von Korrekturen in Frage. Betroffen ist neben der semantischen Ebene auch die syntaktische Ebene, etwa bei Konvertierung der Daten in ein anderes Format.[28] 22

Das **reine Kopieren** von Daten verändert Daten in aller Regel nicht und unterfällt damit nicht der Tathandlung des Veränderns.[29] 23

Das **Installieren von Programmen** geht regelmäßig jedenfalls mit einer Änderung der sog. „Registry" einher und unterfällt daher dem „Verändern". Das missbräuchliche Aufspielen von sog. Dialer-Programmen[30] fällt regelmäßig darunter, ebenso das Aufspielen eines Virus oder eine Bot-Netz-Programms.[31] 24

V. Unterlassen

Der Tatbestand kann unter den Voraussetzungen des § 13 StGB auch durch Unterlassen verwirklicht werden.[32] Es handelt sich um ein **unechtes Unterlassungsdelikt** mit der Folge, dass im Fall eines Unterlassens eine Milderung nach § 13 Abs. 2 StGB in Betracht kommt. 25

Beispiele: 26

Das vorsätzliche Nicht-Einschreiten eines Systemadministrators (Garant) gegen eine durch Störung oder durch einen Angriff drohende Datenveränderung/-verlust. In entsprechenden Fällen wird insbes. die Möglichkeit zur Erfolgsverhinderung sowie der subjektive Tatbestand in den Blick zu nehmen sein, um strafbares Unterlassen von erfolglosen Abwehrbemühungen sinnvoll abzugrenzen.

D. Rechtswidrig

Bei dem Merkmal „rechtswidrig" handelt es sich wie unter → Rn. 10 bereits dargestellt richtigerweise um ein einschränkendes Tatbestandsmerkmal[33] und nicht lediglich um ein allgemeines Verbrechensmerkmal.[34] Tatbestandliches Unrecht setzt die Verletzung eines fremden eigentumsähnlichen Rechts voraus. Die Tathandlung muss ohne oder gegen den Willen des Nutzungs- oder Verfügungsberechtigten der Daten vorgenommen worden sein. Eine Datenveränderung kann nur dann vorliegen, wenn die betroffenen Daten einer fremden (Mit-)Verfügungsbefugnis unterliegen. 27

---

[26] BT-Drs. 10/5058, 35; BayOLG JR 94, 477; Schönke/Schröder/Hecker StGB § 303a Rn. 8.
[27] NK-StGB/Zaczyk § 303a Rn. 10; Schönke/Schröder/Hecker StGB § 303a Rn. 8; Hilgendorf JuS 1996, 891 f.
[28] LK-StGB/Wolff § 303a Rn. 27; NK-WSS/Reinbacher StGB § 303a Rn. 20; Welp IuR 1988, 435.
[29] Fischer StGB § 303a Rn. 12; MüKoStGB/Wieck-Noodt § 303a Rn. 15; aA Richter CR 1989, 303 (305).
[30] LG Osnabrück BeckRS 2008, 16762; AG Hamburg-St. Georg MMR 2006, 345.
[31] Eichelberger MMR 2004, S. 594 (595); BGH BeckRS 2017, 145251; 2021, 16213; LG Köln BeckRS 2017, 126141; Stam ZIS 2017, 547 (551).
[32] BeckOK StGB/Weidemann StGB § 303a Rn. 7; NK-StGB/Zaczyk § 303a Rn. 11; Lackner/Kühl/Heger/Heger StGB § 303a Rn. 3.
[33] MüKoStGB/Wieck-Noodt § 303a Rn. 17; LK-StGB/Wolff § 303a Rn. 9, 35; NK-StGB/Zaczyk § 303a Rn. 12.
[34] So aber: Fischer StGB § 303a Rn. 13; Schönke/Schröder/Hecker § 303a Rn. 10; Lenckner/Winkelbauer CR 1986, 829 f.

28   Ein Einverständnis des Verfügungsberechtigten führt damit zum Ausschluss des Tatbestandes.

I. Bestimmung der Datenverfügungsbefugnis

29   Hinsichtlich der Bestimmung der Datenverfügungsbefugnis kommt es mangels eindeutiger (zivilrechtlicher) Regelungen und einer Vielzahl technischer Gegebenheiten stets auf den **Einzelfall** an.

30   In diesem Zusammenhang ist zunächst festzustellen, dass es für die Datenverfügungsbefugnis nicht auf den Inhalt der Daten ankommt, dh eine Verfügungsbefugnis leitete sich nicht daraus ab, dass die die Daten einen inhaltlichen Bezug zu einer Person oder einem Unternehmen haben.[35] Es gilt insoweit das bereits erwähnte formale, inhaltsunabhängige Schutzkonzept.

31   Vielmehr kann sich insbes. aus folgenden Umständen die Datenverfügungsbefugnis ergeben:
- **Skripturakt:** Maßgebliches Zuordnungskriterium für die Datenverfügungsbefugnis ist zunächst die Urheberschaft über die Daten, also der **Skripturakt**.[36] Dieser kann allerdings auch für andere vorgenommen werden, in diesem Fall steht nach der Übergabe dem Auftraggeber die Datenverfügungsbefugnis zu.[37]
- **Einseitige Erklärung:** Ein (wirksames) Einverständnis des Verfügungsberechtigten ggü. einem Dritten begründet in dessen Umfang eine eigene Verfügungsbefugnis.
- **Zweiseitige Vereinbarung:** Ferner kann die Befugnis durch schuldrechtliche Vereinbarungen übertragen werden.[38]
- **Gesetzliche Rechte:** Bei der Bestimmung des Datenverfügungsbefugnis können auch gesetzliche Rechte relevant werden. Dies betrifft etwa Art. 17 DS-GVO, denn aus einer entsprechenden Pflicht des datenschutzrechtlich Verantwortlichen zum Löschen folgt auch ein entsprechendes Recht.
- **Hoheitsakt:** Rechte – oder Pflichten, die ein entsprechendes Recht beinhalten – können auch per Verwaltungsakt entstehen.

32   In der Kommentarliteratur finden sich umfangreiche Ausführungen zu **Datenspeichern**.

33   Richtig ist, dass dem Eigentümer des Datenspeichers bei lokal abgespeicherten Daten eine Datenbefugnis über die in seinem Eigentum stehenden Datenspeicher zusteht.[39] So etwa bei einem USB-Stick oder einer Festplatte eines Computers.

34   Eigentum am Datenträger und die Datenverfügungsbefugnis können allerdings auch auseinanderfallen. Der Eigentümer der Hardware kann die Befugnis zur Datennutzung insbes. auf schuldrechtlicher Grundlage einem Dritten einräumen.[40] Dies hat zugleich zur Konsequenz, dass der Eigentümer des Datenträgers auch tauglicher Täter des § 303a StGB sein kann, wenn er das Daten-Nutzungsrecht eines anderen verletzt.

35   In Zeiten der **Cloud** wird es regelmäßig auf das Eigentum am Datenspeicher zur Bestimmung der Datenverfügungsbefugnis nicht mehr ankommen. Bei Programmen erwirbt man heute schon regelmäßig nur noch ein Nutzungsrecht. Das Programm selbst wird per Download zur Verfügung gestellt oder gar direkt aus der Cloud gestartet. Moderne Computer verfügen dieser Realität entsprechend regelmäßig auch über kein DVD-Laufwerk mehr. Zudem werden Daten heute regelmäßig nicht mehr lokal gespeichert, sondern in

---

[35] Vgl. Schönke/Schröder/Hecker StGB § 303a Rn. 3.
[36] BayObLG JR 1994, 476 (477); OLG Nürnberg StV 2014, 296 (297); Fischer StGB § 303a Rn. 6; Welp IuR 1988, 446.
[37] Matt-Renzikowski/Altenhain StGB § 303a Rn. 4; NK-WSS/Reinbacher StGB § 303a Rn. 11.
[38] SK-StGB/Hoyer § 303a Rn. 6; Schönke/Schröder/Hecker StGB § 303a Rn. 3.
[39] Vgl. Schönke/Schröder/Hecker StGB § 303a Rn. 3.
[40] Vgl. Schönke/Schröder/Hecker StGB § 303a Rn. 3; MüKoStGB/Wieck-Noodt § 303a Rn. 10; Splitt, Der Rechtswidrigkeitsbegriff im Rahmen des § 303a StGB, 1999, 127.

einem internen Firmennetzwerk oder in der Cloud, dh auf Datenträgern außerhalb der Organisation. In diesen Fällen haben zudem regelmäßig mehrere Personen Zugriff auf einen Datenbestand. In einer vernetzten Welt wird es daher vor allem auch auf die konkrete **Ausgestaltung der zivilrechtlichen Vereinbarungen** ankommen.

Die reine **technische Möglichkeit** auf Daten einzuwirken ist für die Frage der Verfü- 36 gungsbefugnis hingegen **unerheblich.** Wer beispielsweise als Administrator oder Mitarbeiter Zugriff auf Daten eines Unternehmens hat, dem steht regelmäßig nicht die Befugnis zu, entsprechende Daten (vom Netzlaufwerk) zu löschen, obwohl ihm dies technisch möglich wäre. Diese Befugnis steht nur demjenigen zu, der aufgrund schuldrechtlicher Vereinbarungen hierzu berechtigt ist, also insbes. dem jeweiligen Unternehmen, das den Clouddienst in Anspruch nimmt. Regelmäßig wird es daher auf die AGB ankommen. Dienstanbieter haben die Vorschriften des TKG, insbes. § 109 TKG, und Betreiber sozialer Netzwerke das NetzDG zu berücksichtigen, die AGB enthalten regelmäßig entsprechende Hinweise.

Ob über das Abstellen auf die Rechtsbeziehungen insbes. im Vergleich zur Fremdheit 37 einer Sache im Sinne des § 303 StGB ein Defizit an Bestimmtheit besteht, kann bezweifelt werden. Denn oftmals werden die vertraglichen Vereinbarungen der Parteien die Nutzungsrechte an Daten klarer regeln, als die komplexen Vorschriften der §§ 903 ff. BGB das Eigentum an der Sache.

Damit kann es im Übrigen bei § 303a Abs. 1 StGB ebenfalls parallel mehrere Datenbe- 38 rechtigte geben. Diese Situation ist vergleichbar mit dem **Miteigentum** an einer Sache im Rahmen des § 303 StGB. Bei mehreren Verfügungsbefugten ist mithin (so wie bei § 303 StGB) die Zustimmung aller (Mit-)Verfügungsberechtigten zur Datenlöschung pp. notwendig, um eine Strafbarkeit auszuschließen.

Vergleichbar verhält es sich bei **Giro- oder Kreditkarten.** Das mit der Übergabe ein- 39 geräumte Nutzungsrecht trifft keine Aussage über das Verfügungsrecht hinsichtlich der auf den Karten gespeicherten Daten. Dieses liegt vielmehr regelmäßig bei der Bank.[41] Ebenso verhält es sich beim sog. **SIM-Lock** an Mobiltelefonen.

Bei **E-Mails** besteht die Verfügungsbefugnis des Absenders bis die Nachricht den Server 40 des Serverproviders des Empfängers erreicht; ab diesem Zeitpunkt wird in der Regel der Empfänger verfügungsberechtigt sein.[42] Virenscanner und Spamfilter des Providers, die nach Ablage der Nachricht im Postfach des Empfängers eingreifen, verletzen daher grds. die Verfügungsberechtigung des Empfängers. Etwas anderes kann durch die AGB (Einverständnis) geregelt werden.[43]

Im **Arbeitsverhältnis** wird sich die Verfügungsberechtigung des Arbeitnehmer regel- 41 mäßig über den Arbeitsvertrag, die IT-Richtlinien und die Rechtevergabe im Unternehmen (bspw. durch das arbeitgeberseitige Weisungsrecht) bestimmen. Fehlt eine solche ist durch Auslegung die Reichweite der Verfügungsberechtigung zu ermitteln. Hierbei streitet der Umstand, dass die Daten sich in der Sphäre des Arbeitnehmers befinden, etwa lokal auf seinem System oder in der ihm zugewiesenen Datenablage auf dem Server, dafür, hier eine uneingeschränkte Verfügungsbefugnis anzunehmen. Bei Daten wiederum, die zentral für jedermann im Unternehmen zugänglich sind, ist im Zweifel davon auszugehen, dass insoweit lediglich ein Nutzungsrecht, aber eher kein Recht zur Veränderung oder gar Löschung besteht. Es kommt jeweils auf die Umstände des Einzelfalls an.

> Praxistipp: 42
> Nicht selten wird in der Praxis eine Kündigung über einen (vermeintlichen) Verstoß gegen § 303a StGB begründet. In diesen Fällen lohnt sich eine intensive Auseinandersetzung mit der Verfügungsberechtigung des Arbeitnehmers.

---

[41] BayOLG JR 1994, 477; Hecker JA 2004, 765.
[42] Vgl. Schönke/Schröder/Hecker StGB § 303a Rn. 3.
[43] Näher hierzu: NK-WSS/Reinbacher StGB § 303a Rn. 12.

II. Einschränkung bei digitalen Protestaktionen

43 Im Rahmen von **Protestaktionen im Internet** ist zu prüfen, ob der Tatbestand insbes. mit Blick auf die Meinungsfreiheit **verfassungskonform auszulegen** und darüber die Rechtswidrigkeit zu verneinen ist. Im Ergebnis geht es hier um eine praktische Konkordanz zwischen der Ausübung von Grundrechten einerseits und dem Recht des Verfügungsbefugten an der Datennutzung und den damit korrespondierenden Grundrechten, etwa Art. 12 GG, andererseits. Wie in der realen Welt, etwa Beeinträchtigungen eines Ladenbesitzers im Rahmen einer Demonstration, wird jedenfalls bei temporären und zeitlich nur vorübergehenden Beeinträchtigungen das Datenverfügungsrecht hinter die Meinungsfreiheit zurücktreten können.[44]

III. Prozessuale Implikationen der Verfügungsbefugnis

44 Prozessual wird für die Strafbarkeit die Feststellung ausreichend sein, dass jedenfalls der Täter nicht über eine Datenverfügungsbefugnis hinsichtlich der in Rede stehenden Daten verfügte.[45]

45 Strafantragsbefugt iSd § 303c StGB ist hingegen nur der Verfügungsbefugte, wobei es sich als Antragsteller regelmäßig anbieten wird, die eigenen Datenverfügungsbefugnis darzulegen.

E. Subjektiver Tatbestand

46 Bedingter Vorsatz reicht auf der subjektiven Tatbestandsseite aus.[46]

47 Er muss sich auf sämtliche Tatbestandsmerkmale, insbesondere – nach der hier vertretenen Auffassung – auch auf das Tatbestandsmerkmal „rechtswidrig", dh insbes. auf die fremde Datenverfügungsbefugnis beziehen. Für das Vorliegen einer Datenverfügungsbefugnis ist eine Parallelwertung in der Laiensphäre ausreichend.[47]

48 Geht der Täter irrtümlich davon aus, zur Datenänderung pp. befugt zu sein, liegt ein den Vorsatz ausschließender Tatbestandsirrtum vor (§ 16 Abs. 1 S. 1 StGB).[48] Dies betrifft nach der hier vertretenen Auffassung auch den Fall, dass der Täter über das Vorhandensein einer Zustimmung des Verfügungsbefugten irrt.

49 Irrt der Täter über die Rechtswidrigkeit der Tat, liegt hingegen lediglich ein Verbotsirrtum nach § 17 StGB vor.[49]

50 Irrt der Täter über Tatsachen, bei deren Vorliegen die sachlichen Voraussetzungen eines Rechtfertigungsgrundes gegeben wären, liegt ein Erlaubnistatbestandsirrtum vor.[50]

51 Um einen (strafbaren) **untauglichen Versuch** handelt es sich, wenn der Täter bei seiner Tathandlung irrtümlich vom Bestehen einer fremden Nutzungs- und Verfügungsbefugnis ausgeht.

---

[44] Wengenroth, Zur Strafbarkeit von Virtuellen Sit-Ins, 2014, S. 124; Diese Frage noch als völlig ungeklärt bezeichnend: NK-WSS/Reinbacher StGB § 303a Rn. 17.
[45] Schönke/Schröder/Hecker StGB § 303a Rn. 3; Satzger/Schluckbier/Widmaier StGB/Hilgendorf § 303a Rn. 5 f.
[46] Fischer StGB § 303a Rn. 14; Matt/Renzikowski/Altenhain StGB § 303a Rn. 11.
[47] Vgl. MüKoStGB/Wieck-Noodt StGB § 303a Rn. 16.
[48] NK-StGB/Zaczyk § 303a Rn. 13; NK-WSS/Reinbacher StGB § 303a Rn. 21; Gerhards, Computerkriminalität und Sachbeschädigung, 1993, 68; Sondermann, Computerkriminalität – Die neuen Tatbestände der Datenveränderung gemäß § 303a StGB und der Computersabotage gemäß § 303b StGB, 1998, 64 f.
[49] MüKoStGB/Wieck-Noodt § 303a Rn. 16.
[50] Schönke/Schröder/Hecker StGB § 303a Rn. 9; Vgl. Sondermann, Computerkriminalität – Die neuen Tatbestände der Datenveränderung gemäß § 303a StGB und der Computersabotage gemäß § 303b StGB, 1998, 64 ff.

F. Rechtswidrigkeit – allgemeine Rechtfertigungsgründe

Das Merkmal „rechtswidrig" ist wie oben unter → Rn. 27 dargestellt im objektiven Tatbestand zu prüfen. Als allgemeine Rechtfertigungsgründe sind auf der Ebene der Rechtswidrigkeit insbes. § 32 StGB und § 34 StGB möglich, etwa beim Löschen virenbehafteter Daten bzw. Datenveränderungen im Zusammenhang mit der Abwehr von Hackerangriffen oder DDoS-Attacken. Zudem kommt auch der mutmaßlichen Einwilligung rechtfertigender Charakter zu. Ein mutmaßliches Einverständnis, welches den Tatbestand entfallen lassen könnte, gibt es hingegen richtigerweise nicht.[51] 52

G. Versuch und Vollendung

Für den nach Abs. 2 strafbaren Versuch gelten die allgemeinen Regeln. Ein Versuch liegt insbes. vor, wenn der Erfolg noch nicht eingetreten ist, dh die Tathandlung (noch) nicht die beabsichtigte Einwirkung auf den Datenbestand ausgelöst hat.[52] Der Versuchsbeginn kann schon im Öffnen einer Datei oder in der Vornahme einer Handlung liegen, die auf Überwindung der Zugangssperre eines fremden Rechners abzielt.[53] 53

Vollendung und Beendigung treten bei Eintritt einer Verfügbarkeits- oder Brauchbarkeitsminderung der Daten ein. 54

H. Vorbereitung – § 303a Abs. 3 StGB

Die Regelung in Abs. 3 stellt Vorbereitungshandlungen im Vorfeld des Versuchs einer Tat nach Abs. 1 unter Strafe. Den Tatbestand verwirklich etwa, wer Passwörter oder sonstige Sicherungscodes, die den Zugang zu Daten ermöglichen, oder sog. „Hacker-Tools" oder Exploits zur Ermöglichung rechtswidriger Datenveränderungen herstellt, sich oder einem anderen verschafft, verkauft, einem anderen überlässt, verbreitet oder sonst zugänglich macht.[54] 55

Befremdlich ist die Tatsache, dass die Erfolgsdelikte nach § 303a Abs. 1 und Abs. 2 StGB gem. § 303c StGB relative Antragsdelikte darstellen, dh grundsätzlich nur auf Antrag verfolgt werden, Vorbereitungshandlungen iSd Abs. 3 (abstraktes Gefährdungsdelikt) hingegen als Offizialdelikt ausgestaltet sind. 56

Die Verweisung in Abs. 3 auf § 202c StGB führt über dessen Abs. 2 zur entsprechenden Geltung der Vorschriften über die tätige Reue, §§ 149 Abs. 2 und 3 StGB. Die Anwendbarkeit des persönlichen Strafaufhebungsgrundes der tätigen Reue setzt voraus, dass der Täter die vorbereitete Tat nach § 303a Abs. 1 freiwillig aufgeben muss und entweder entsprechend § 149 Abs. 2 StGB den Erfolg seiner Tat rückgängig macht oder sich analog § 149 Abs. 3 StGB mindestens freiwillig und ernsthaft darum bemühen muss.[55] 57

> **Praxistipp:** 58
> Der Praktiker sollte bei Taten nach § 303a Abs. 3 StGB aufgrund der damit regelmäßig vorliegenden geringen Schuld des Täters auf eine Einstellung nach Opportunitätsvorschriften hinwirken.

---

[51] Bereits die Natur des tatbestandsausschließenden Einverständnisses spricht gegen eine solche Konstruktion. Tatbestandsmerkmale müssen immer tatsächlich vorliegen und können nicht gemutmaßt werden, sodass allein ein reales Einverständnis zum Wegfall der entsprechenden Tatbestandsmerkmale führen kann. Vgl. zur Diskussion bei § 242 StGB, MüKoStGB/Schmitz § 242 Rn. 88.
[52] Vgl. MüKoStGB/Wieck-Noodt § 303a Rn. 20.
[53] OLG Braunschweig StV 2013, 708; Fischer StGB § 303a, Rn. 16.
[54] Vgl. Schönke/Schröder/Hecker StGB § 303a Rn. 12.
[55] MüKoStGB/Wieck-Noodt § 303a Rn. 21; LK-StGB/Wolff § 303a Rn. 43.

I. Konkurrenzen

59 Die gleichzeitige Verwirklichung mehrerer Varianten des § 303a StGB ist tateinheitlich zu behandeln.

60 Tateinheit ist ferner u. a. möglich mit:
- §§ 202a, 263a, 267 ff. StGB[56], wobei § 274 Abs. 1 Nr. 1, 2 StGB nach hM lex specialis gegenüber § 303a StGB ist[57],
- § 303 StGB, wenn mit der Beeinträchtigung der Dateien zugleich eine Beschädigung der Substanz des Datenträgers einhergeht. Da im Löschen von Daten keine Beschädigung des Datenträgers zu erblicken ist, stellt sich die Frage des Verhältnisses von § 303 zu § 303a StGB in diesem Fall richtigerweise nicht.[58]
- § 303b Abs. 1 Nr. 1 StGB ist eine Qualifikation von § 303a StGB. Mit § 303b Abs. 1 Nr. 3 StGB soll hingegen nach hM Tateinheit bestehen, wenn neben den Daten auch der Datenträger betroffen ist.[59]
- § 42 BDSG.[60]

J. Relatives Antragsdelikt

61 Für die Verfolgung einer Tat nach § 303a Abs. 1 und 2 StGB ist ein Strafantrag des Verfügungsbefugten erforderlich[61], es sei denn die Strafverfolgungsbehörde hält aufgrund eines besonderen öffentlichen Interesses ein Einschreiten von Amts wegen für geboten, § 303c StGB.

62 Eine rechtliche Verpflichtung besteht insoweit zwar nicht, die Datenverfügungsbefugnis ist vom Antragsteller im Rahmen einer Strafanzeige jedoch sinnvollerweise darzulegen, insbes. weil die Ermittlungsbehörde dies ohne Zugriff auf interne Dokumente regelmäßig nicht wird prüfen können.

63 Hinsichtlich des besonderen öffentlichen Interesses enthält die RiStBV irrtierenderweise keine Hinweise zu § 303c StGB. Vorbereitungshandlungen nach § 303a Abs. 3 sind hingegen als Offizialdelikt ausgestaltet. Anders als der Tatbestand der Sachbeschädigung gem. § 303 StGB ist die Datenveränderung gem. § 303a StGB nicht im Katalog des § 374 StPO enthalten; eine Privatklage ist mithin nicht möglich.

K. Verjährung

64 Taten nach § 303a Abs. 1 StGB verjähren gem. § 78 Abs. 3 Nr. 4 StGB nach fünf Jahren. Die den Fristlauf auslösende Beendigung (§ 78a S. 1 StGB) tritt mit der beabsichtigten Veränderung des Datenbestandes ein.[62]

---

[56] BayOLG JR 1994, 476; AG Hamburg-St. Georg MMR 2006, 345 (348); Sondermann, Computerkriminalität – Die neuen Tatbestände der Datenveränderung gemäß § 303a StGB und der Computersabotage gemäß § 303b StGB, 1998, 79.
[57] Fischer StGB § 303a Rn. 18; LK-StGB/Wolff § 303a Rn. 45; SK-StGB/Hoyer § 303a Rn. 15.
[58] Matt/Renzikowski/Altenhain StGB § 303a Rn. 14; NK-WSS/Reinbacher StGB § 303a Rn. 28; Satzger/Schluckbier/Widmaier StGB/Hilgendorf § 303a Rn. 15.
[59] MüKoStGB/Wieck-Noodt § 303a Rn. 23.
[60] Lackner/Kühl/Heger/Heger StGB § 303a Rn. 7.
[61] Fischer StGB § 303c Rn. 6.
[62] MüKoStGB/Wieck-Noodt § 303a Rn. 27.

§ 21 Computersabotage (§ 303b StGB)

Übersicht

Rn.

- A. Allgemeines und Rechtsgut ... 1
- B. Tatobjekt – Datenverarbeitung von wesentlicher Bedeutung ... 8
  - I. Datenverarbeitung ... 9
  - II. Wesentliche Bedeutung ... 13
  - III. Für „einen anderen" ... 15
- C. Tathandlung ... 16
  - I. Tat nach § 303a StGB ... 17
  - II. Eingeben oder Übermitteln von Daten ... 18
    1. Angriffsmittel – Daten ... 19
    2. Eingeben ... 20
    3. Übermitteln ... 21
    4. Nachteilszufügungsabsicht ... 23
  - III. Einwirkungen auf Datenhardware ... 25
  - IV. Unterlassen ... 28
- D. Taterfolg ... 29
  - I. Störung ... 30
  - II. Erheblichkeit ... 31
  - III. Kausalität ... 35
- E. Qualifikation und Regelbeispiele (Abs. 2, Abs. 4) ... 36
  - I. Qualifikation (Abs. 2) ... 38
    1. Adressaten ... 38
    2. Fremd ... 40
    3. Wesentliche Bedeutung ... 42
    4. Störung der Datenverarbeitung ... 44
  - II. Regelbeispiele der Qualifikation (Abs. 4) ... 46
    1. Herbeiführen eines Vermögensverlustes großen Ausmaßes ... 47
    2. Gewerbsmäßiges Handeln oder als Mitglied einer Bande zur fortgesetzten Begehung von Computersabotage ... 48
    3. Beeinträchtigung der Versorgung der Bevölkerung mit lebenswichtigen Gütern oder Dienstleistungen oder der Sicherheit der Bundesrepublik Deutschland ... 50
- F. Subjektiver Tatbestand ... 53
- G. Rechtswidrigkeit ... 57
- H. Versuch und Vollendung ... 59
- I. Vorbereitung (Abs. 5) ... 60
- J. Konkurrenzen ... 64
- K. Relatives Antragsdelikt ... 69
- L. Verjährung ... 72

Literatur:
Siehe zu § 303a StGB *Borchers*, Die Einführung der elektronischen Gesundheitskarte in das deutsche Gesundheitswesen, 2007; *Cornelius*, Strafrecht in: Kilian/Heussen (Hrsg) Computerrechtshandbuch Loseblattwerk Stand Mai 2013; *Eichelberger*, Sasser, Blaster, Phatbot & Co. – alles halb so schlimm? Ein Überblick über die strafrechtliche Bewertung von Computerschädlingen, MMR 2004, 594; *Faßbender*, Angriffe auf Datenangebote im Internet und deren strafrechtliche Relevanz, 2003; *Guder*, Computersabotage (§ 303b StGB) – Technische Lebenswirklichkeit und ihre juristische Würdigung, 2000; *Koch*, Strafrechtliche Probleme des Angriffs und der Verteidigung in Computernetzwerken, 2008; *Lencker/Winkelbauer*, Computerkriminalität – Möglichkeiten und Grenzen des 2. WiKG, CR 1986, 824; *Richter*, Missbräuchliche Benutzung von Geldautomaten. Verwendung duplizierter und manipulierter Euroscheckkarten, CR 1989, 303; *Schulze-Heimig*, Der strafrechtliche Schutz der Computerdaten gegen die Angriffsformen der Spionage, Sabotage und des Zeitdiebstahls, 1995; *Sondermann*, Computerkriminalität – Die neuen Tatbestände der Datenveränderung gemäß § 303a StGB und der Computersabotage gemäß § 303b StGB, 1998; *Splitt*, Der Rechtswidrigkeitsbegriff im Rahmen des § 303a StGB, 1999; *Stam*, Die Strafbarkeit des Aufbauens von Botnetzen, ZIS 2017, 547; *Vassilaki/Martens*, Computer- und Internetstrafrecht, 2003; *Welp*, Datenveränderung (§ 303a StGB), Teil 1, IuR

1988, 443, Teil 2, IuR 1989, 443; *Wengenroth,* Zur Strafbarkeit von Virtuellen Sit-Ins, München 2014. Sowie zu § 303b StGB *Bühler,* Ein Versuch, Computerkriminellen das Handwerk zu legen: Das Zweite Gesetz zur Bekämpfung der Wirtschaftskriminalität, MDR 1987, 448; *Dierstein,* Zeitschrift für Kommunikations- und EDV- Sicherheit (KES), 1985, Heft 3, 4; *Eichelberger,* Hacker und Computerviren im Strafrecht, NJW 2003, 3233; *Ernst,* Das neue Computerstrafrecht, NJW 2007, 2661; *Gröseling/Höfinger,* Computersabotage und Vorfeldkriminalisierung – Auswirkungen des 41. StRÄndG zur Bekämpfung von Computerkriminalität, MMR 2007, 626; *Haß,* Der strafrechtliche Schutz von Computerprogrammen, in: Lehmann (Hrsg.): Rechtsschutz und Verwertung von Computerprogrammen, 2. Aufl. 1993, 467; *Kelker,* Online-Demonstrationen – ein Fall „additiver Mittäterschaft"?, GA 2009, 86; *Lenckner/Winkelbauer,* Computerkriminalität – Möglichkeiten und Grenzen des 2. WiKG, CR 1986, 824; Rengier, Strafrecht Besonderer Teil I, 23. Aufl. 2021; *Schlüchter,* Zweites Gesetz zur Bekämpfung der Wirtschaftskriminalität, 1987; Schumann, Das 41. StRÄndG zur Bekämpfung der Computerkriminalität, NStZ 2007, 675; *Sieber,* Computerkriminalität und Strafrecht, 1980; *Vassilaki,* Das 41. StRÄndG – Die neuen strafrechtlichen Regelungen und ihre Wirkung auf die Praxis, CR 2008, 131; *Volesky/Scholten,* Computersabotage – Sabotageprogramme – Computerviren, IuR 1987, 280; *Wengenroth,* (Virtuelle) Bande, JA 2015, 185.

A. Allgemeines und Rechtsgut

1 Der durch das zweite Gesetz zur Bekämpfung der Wirtschaftskriminalität vom 15.5.1986 in den 27. Abschnitt des StGB eingeführte § 303b StGB wurde zuletzt durch Art. 1 Nr. 6 des 41. Strafrechtsänderungsgesetzes vom 7.8.2007 wesentlich geändert. Abs. 1 erfasst dadurch auch Tathandlungen, die sich „lediglich" gegen eine private Datenverarbeitung richten. Richtet sich die Tat gegen eine Datenverarbeitung, die für einen fremden Betrieb, ein fremdes Unternehmen oder eine Behörde von wesentlicher Bedeutung ist (früherer Abs. 1), liegt nach Abs. 2 eine Qualifikation vor. Neu eingefügt wurden durch die Änderung auch der Straftatbestand des Abs. 1 Nr. 2, der das Eingeben oder Übermitteln von Daten in Nachteilszufügungsabsicht unter Strafe stellt. Hinzugefügt wurden in Abs. 4 Regelbeispiele, die allerdings nur im Fall einer qualifizierten Begehung nach Abs. 2 zum Tragen kommen. Über die in Abs. 5 enthaltene Verweisung auf § 202c StGB werden, wie bei § 303a StGB, Vorbereitungshandlungen erfasst.

2 Die Novellierung hat aufgrund der Ausdehnung des Anwendungsbereichs und der hohen Strafandrohung in Abs. 4 sowie der Verwendung unbestimmter Rechtsbegriffe vielerorts Kritik erfahren.[1] Vereinzelt wird sogar die Vereinbarkeit der Vorschrift mit Art. 103 Abs. 2 GG in Frage gestellt.[2] Nach hier vertretener Auffassung kann durch eine verfassungskonforme Auslegung der Norm eine Vereinbarkeit mit Art. 103 Abs. 2 GG sichergestellt werden.

3 § 303b StGB schützt die Integrität von Datenverarbeitungsanlagen und damit das **Interesse der Betreiber und Nutzer am störungsfreien Funktionieren einer Datenverarbeitung.**[3]

4 Die Vorschrift ist in allen Varianten ein auf die erhebliche Störung einer Datenverarbeitung abstellendes **Erfolgsdelikt.**[4] Die bloße Gefährdung der Datenverarbeitung reicht zur Tatbestandsverwirklichung mithin nicht aus.

5 § 303b StGB gehört zum Straftatenkatalog des § 89c Abs. 1 Nr. 3 StGB („Terrorismusfinanzierung"), § 127 Abs. 1 Nr. 2 Buchst. a StGB („Betreiben krimineller Handelsplatt-

---

[1] Zur Kritik Vassilaki CR 2008, 131; Schumann NStZ 2007, 675 (679); NK-StGB/Zaczyk, 5. Aufl. 2017, § 303b Rn. 1; siehe auch die kritische Stellungnahme des Bundesrates zum Gesetzentwurf in BT-Drs. 16/3656, 16 f. sowie den Änderungsantrag im Gesetzgebungsverfahren durch die Fraktion die LINKE BT-Drs. 16/5449, 6.
[2] NK-StGB/Zaczyk, 5. Aufl. 2017, § 303b Rn. 1.; HK-GS/Weiler StGB § 303b Rn. 4.
[3] BT-Drs. 16/3656, 13; Matt/Renzikowski/Altenhain StGB § 303b Rn 1; Eisele StrafR BT II S. 509; Lackner/Kühl/Heger/Heger StGB §303b Rn 1; Satzger/Schluckebier/Widmaier StGB/Hilgendorf § 303b Rn. 3; Rengier StrafR BT I § 26 Rn. 12; Vassilaki CR 2008, 131 (133); LK-StGB/Wolff § 303b Rn. 2; ähnl. Schumann NStZ 2007, 675 (679) [Integrität von Daten und Datenverarbeitungsanlagen]; and. Fischer StGB § 303b Rn. 2 [Vermögen, staatliche Aufgabenerfüllung und öffentliche Sicherheit].
[4] NK-StGB/Zaczyk § 303b Rn. 6; SK-StGB/Hoyer § 303b Rn. 5; Wabnitz/Janovsky/Schmitt Wirtschafts-StrafR-HdB/Bär Kap.15 Rn. 125.

formen im Internet") sowie § 129a Abs. 2 Nr. 2 StGB („Bildung terroristischer Vereinigungen"). Die Vorschrift befindet sich zudem im Katalog des § 100k Abs. 1 Nr. 1 StPO („Erhebung von Nutzungsdaten bei Telemediendiensten").

PKS: Die Fallzahlen sind – nach einem stärkeren Anstieg im Jahr 2021 – im Jahr 2022 auf das tiefste Niveau seit dem Jahr 2017 gefallen.[5]

6

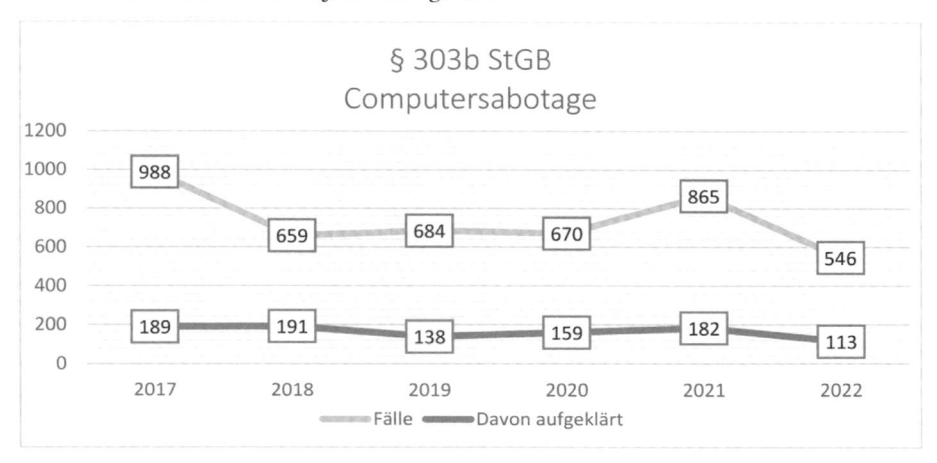

§ 303b StGB Computersabotage

Jahr	Fälle	Davon aufgeklärt
2017	988	189
2018	659	191
2019	684	138
2020	670	159
2021	865	182
2022	546	113

In der Praxis sind in den letzten Jahren vermehrt Fälle von Computersabotage von Angestellten gegenüber ihrem Arbeitgeber festzustellen.[6] Zudem nutzen kriminelle, extremistische und terroristische Gruppen moderne Informations- und Kommunikationstechnologien verstärkt für ihre Zwecke.[7] DDoS-Angriffe mittels Botnetzen sind insofern eine wiederkehrende Angriffsmethode. In Zeiten hybrider Kriegsführung spielen auch politisch motivierte Fälle zunehmend eine Rolle.[8] Eine wachsende Gefahr stellen zudem Beeinträchtigungen durch sog. selbstproduzierende, sabotageartig wirkende Virusprogramme, insbes. sog. Ransomware dar.[9]

7

B. Tatobjekt – Datenverarbeitung von wesentlicher Bedeutung

Zentrales Angriffsobjekt der Computersabotage ist eine Datenverarbeitung, wobei diese in der Variante des Abs. 1 für jemand anderen und in der Qualifikation nach Abs. 2 für einen fremden Betrieb, ein fremdes Unternehmen oder eine Behörde von wesentlicher Bedeutung sein muss.

8

I. Datenverarbeitung

Die herrschende Meinung[10] versteht das Merkmal weit. Unter „Datenverarbeitung" ist nicht „nicht nur" der einzelne Vorgang, sondern die Gesamtheit aller Vorgänge sowie „der weitere Umgang mit Daten und deren Verwertung" zu verstehen.[11] Ob der betroffene

9

---

[5] PKS Bundeskriminalamt, Berichtsjahr 2017–2021, abrufbar unter https://www.bka.de/DE/AktuelleInformationen/StatistikenLagebilder/PolizeilicheKriminalstatistik/pks_node.html, abgerufen am 10.4.2023.
[6] MüKoStGB/Wieck-Noodt § 303b Rn. 3.
[7] BT-Drs. 16/3656, 7.
[8] Sieber, Computerkriminalität und Strafrecht, 1980, 35 ff.
[9] Dierstein KES 1985, Heft 3, 4.
[10] Schönke/Schröder/Hecker StGB § 303b Rn. 3; NK-StGB/Zaczyk § 303b Rn. 3; Lackner/Kühl/Heger/Heger StGB § 303b, Rn. 2; Satzger/Schluckebier/Widmaier StGB/Hilgendorf § 303b Rn. 4; Rengier StrafR BT I § 26 Rn. 12.
[11] BT-Drs. 10/5058, 35.

Datenverarbeitungsvorgang rechtmäßigen oder unrechtmäßigen Zwecken dient, ist unerheblich.[12] Wie sich aus dem Wortlaut und dem Gesamtzusammenhang der Vorschrift ergibt, sind nur elektronische Datenverarbeitungen erfasst sind.[13]

10 Teilweise wird dafür plädiert, den einzelnen Datenverarbeitungsvorgang nicht als Datenverarbeitung zu begreifen.[14] Hierzu bietet aber weder der Wortlaut noch die Entstehungsgeschichte Anlass. Eine hinreichende Einschränkung kann über das Merkmal der Wesentlichkeit getroffen werden.[15]

11 Richtigerweise ist aber ein „weiterer Umgang" sowie die „Verwertung" von Daten jedenfalls dann nicht mehr als Datenverarbeitung einzustufen, wenn es sich nicht um elektronische Datenverarbeitungsvorgänge handelt, wie etwa beim Versenden eines Datenträgers per Post oder beim Lesen eines Ausdrucks.[16] Eine Datenverarbeitung im Sinne des § 303b StGB ist daher **die Gesamtheit aller elektronischen Rechenvorgänge**, einschließlich deren Eingabe, Verarbeitung und Übertragung.[17]

12 Die Datenverarbeitung beschreibt keine körperlichen Gegenstände, sondern Vorgänge. Die Datenverarbeitung muss nicht tatsächlich vorhanden sein. Ausreichend ist vielmehr, dass sie geplant oder beabsichtigt ist.[18] Erfasst sind damit also nicht nur die auf einem Server zum Zeitpunkt der Tathandlung ablaufenden Prozesse, sondern gerade auch solche, die aufgrund einer Sabotage nicht mehr durchgeführt werden können.[19] Auf die Rechtmäßigkeit des Einsatzzwecks der Datenverarbeitung kommt es nach Ansicht des BGH nicht an.[20]

II. Wesentliche Bedeutung

13 Das Merkmal „von wesentlicher Bedeutung" soll Bagatellfälle ausfiltern.[21] Das Wesentlichkeitskriterium ist schwer objektivierbar und verfassungsrechtlich zumindest bedenklich.[22] Bei § 303b Abs. 1 StGB soll es ausweislich der Gesetzesmaterialien darauf ankommen, dass die Datenverarbeitung **für die Lebensgestaltung** des „anderen" eine **zentrale Rolle** einnimmt. Erfasst seien sollen Datenverarbeitung im Rahmen einer beruflichen, schriftstellerischen, wissenschaftlichen oder künstlerischen Tätigkeit. Kommunikationsvorgänge im rein privaten Bereich oder etwa Computerspiele hingegen nicht.[23] In der Literatur werden als Beispiele für eine „wesentliche Bedeutung" genannt:
- Nutzung eines Computers, um eine Doktorarbeit zu verfassen,
- Zahlungsverkehr mittels online-Banking,
- EDV-Nutzung für Vereine (zB Mitgliederkarteien).[24]

14 Datenverarbeitungen in elektronischen Haushaltsgeräten, HiFi- und TV-Anlagen, Navigationsgeräte oder Alarmanlagen sollen hingen für die Lebensgestaltung einer Privatperson regelmäßig keine zentrale Funktion einnehmen.[25] In Zeiten des Grundrechts auf Gewähr-

---

[12] BGH v. 11.1.2017 – 5 StR 164/16, BeckRS 2017, 100254.
[13] NK-WSS/Reinbacher StGB § 303b Rn. 5; NK-StGB/Zaczyk § 303b Rn. 4a; Fischer StGB § 303b Rn. 5.
[14] Lackner/Kühl/Heger/Heger StGB § 303b Rn. 2; krit. zur Differenzierung Fischer StGB § 303b Rn. 4.
[15] Fischer StGB § 303b Rn. 5.
[16] Vgl. Fischer StGB § 303b Rn. 5; SK-StGB/Hoyer § 303b Rn. 5.
[17] Vgl. Fischer StGB § 303b Rn. 5; so auch Satzger/Schluckebier/Widmaier StGB/Hilgendorf § 303b Rn. 4; Schönke/Schröder/Hecker StGB § 303b Rn. 3; SK-StGB/Hoyer § 303b Rn. 5.
[18] Fischer StGB § 303b Rn. 5.
[19] Wengenroth, Zur Strafbarkeit von Virtuellen Sit-Ins, 2014, 39.
[20] BGH NJW 2017, 838 für den Fall einer DDos-Attacke gegen eine „illegale Konkurrenz" im Bereich von Streaming-Portalen mAnm Kudlich JA 2017, 310.
[21] BT-Drs. 10/5058, 35; 16/3656, 13; Satzger/Schluckebier/Widmaier StGB/Hilgendorf § 303b Rn. 5; kritisch Fischer StGB § 303b Rn. 6.
[22] NK-StGB/Zaczyk § 303b Rn. 5; Lackner/Kühl/Heger/Heger StGB § 303b Rn. 2.
[23] BT-Drs. 16/3656, 13; Matt/Renzikowski/Altenhain StGB § 303b Rn. 3; Vassilaki CR 2008, 131 (133 f.).
[24] Schönke/Schröder/Hecker StGB § 303b Rn. 4; Ernst NJW 2007, 2661 (2665); Schumann NStZ 2007, 675 (679).
[25] Schönke/Schröder/Hecker StGB § 303b Rn. 4; kritisch Fischer StGB § 303b Rn. 7.

leistung der Vertraulichkeit und Integrität informationstechnischer Systeme[26] sowie einer weitgehenden Vernetzung von Systemen scheinen solche an der Hardware anknüpfenden Differenzierungen nicht geeignet, um dem Merkmal hinreichende Konturen zu verleihen. Tatsächlich dürfte insofern vielmehr eine Einzelfallbetrachtung gespiegelt an der konkreten Lebensgestaltung einer Person notwendig sein. Bestreitet einer Person etwa mit social media als sog. Influencer oder als sog. Pro Gamer seinen Lebensunterhalt mit Computerspielen, ist kein Grund ersichtlich, Eingriffe in entsprechende Datenverarbeitungen nicht als wesentlich zu qualifizieren.

III. Für „einen anderen"

Unabhängig von dem Problem, anhand welcher konkreten Kriterien wesentliche von unwesentlichen Datenverarbeitungen zu unterscheiden sind, ist in einer vernetzten Welt zudem fraglich auf wen hierbei abzustellen ist oder anders ausgedrückt, wer mit „anderen" iSd Vorschrift gemeint ist. Dahinter verbirgt sich die Frage, in welcher rechtlichen und tatsächlichen Beziehung eine Person bzw. bei § 303b Abs. 2 StGB ein Betrieb zu einer Datenverarbeitung stehen muss, damit jene eine wesentliche Bedeutung für diese aufweisen kann. Dieser Aspekt wird bislang nur wenig diskutiert. 15

- **Nutzungsberechtigung:** Mitunter wird darauf abgestellt, dass der „andere" jedenfalls nutzungsberechtigt seien müsse.[27] Dass es sich hierbei um kein taugliches Abgrenzungskriterium handelt wird plastisch, wenn man sich vor Augen führt, dass die für jedermann frei nutzbare Verwendung der Suchmaschine von Google sicherlich für die meisten Personen heutzutage, unabhängig von ihrer konkreten Lebensgestaltung, eine Datenverarbeitung von wesentlicher Bedeutung darstellen dürfte. Im Fall einer (globalen) Störung der Suchmaschine von Google im Zuge einer Sabotage kann es auch mit Blick darauf, dass es sich bei § 303b Abs. 1 StGB um ein relatives Antragsdelikt im 27. Abschnitt des StGB (Sachbeschädigung) handelt, nicht das richtige Ergebnis sein, von mehreren Millionen Verletzten und damit Strafantragsberechtigten auszugehen.
- **Eigentümerähnliche Stellung:** § 303b StGB schützt nicht das allgemeine Nutzungsinteresse an Datenverarbeitungen, sondern mit Blick auf die Systematik der §§ 303ff. StGB ein Individualinteresse. Die Existenz des § 303a und § 303b StGB ist vornehmlich dem Umstand geschuldet, dass Daten bzw. Datenverarbeitungen unkörperlich sind und daher von § 303 StGB nicht erfasst werden.[28] Vergleichbar mit der Zuweisung von Daten im Rahmen des § 303a StGB[29] ist deshalb auch bei § 303b StGB zu verlangen, dass die Datenverarbeitung dem Rechtskreis der Person bzw. dem Betrieb usw zugerechnet werden kann. Notwendig ist für die Eigenschaft als „anderer" also das Bestehen einer eigentümerähnlichen Stellung zu der Datenverarbeitung. Das ist der Fall, wenn eine Person aufgrund einer ihr rechtlich eingeräumten Befugnis wie ein Eigentümer einer Sache im Sinne des § 303 StGB über die Existenz und den Ablauf der Datenverarbeitung entscheiden kann.[30]

---

[26] BVerfG v. 27.2.2008, BeckRS 2008, 139534 = NJW 2008, 822.
[27] Vgl. SK-StGB/Hoyer § 303b Rn. 8, wonach dem Opfer ein dingliches oder obligatorisches Recht auf die beeinträchtigte Nutzungsmöglichkeit zustehen muss; so auch: Fischer StGB § 303b Rn. 21; MüKoStGB/ Wieck-Noodt § 303b Rn. 21.
[28] BT-Drs. 10/5058, 35.
[29] Bei § 303a StGB wird die „Fremdheit" der Daten über das Merkmal „rechtswidrig" in den Tatbestand hineingelesen. Rechtswidrig ist eine Datenlöschung pp., wenn jemand Drittes an ihnen ein unmittelbares Recht auf Verbreitung, Löschung oder Nutzung hat, § 303a Rn. 27ff.
[30] Wengenroth, Zur Strafbarkeit von Virtuellen Sit-Ins, 2014, 36.

C. Tathandlung

16 Sämtliche Tatbestände des § 303b StGB verlangen eine Sabotagehandlung iSd § 303b Abs. 1 Nr. 1–3 StGB.

I. Tat nach § 303a StGB

17 Die Tathandlung des § 303b Abs. 1 Nr. 1 StGB qualifiziert Taten der Datenveränderung nach § 303a Abs. 1 StGB. Der Täter muss sämtliche Tatbestandsmerkmale des § 303a Abs. 1 StGB verwirklichen, dh:
- Daten, über die ein anderer als der Täter allein oder mit jenem gemeinsam verfügungsberechtigt ist,
- löschen, unterdrücken, unbrauchbar machen oder verändern
- hierbei rechtswidrig handeln

und dadurch als Erfolg eine Störung der Datenverarbeitung hervorrufen (siehe hierzu unter → Rn. 29).

II. Eingeben oder Übermitteln von Daten

18 Die Sabotagehandlung in § 303b Abs. 1 Nr. 2 StGB verwirklicht, wer eine Datenverarbeitung dadurch erheblich stört, dass er Daten im Sinne des § 202a Abs. 2 StGB „in der Absicht, einem anderen Nachteil zuzufügen, eingibt oder übermittelt". Anknüpfungspunkt ist mithin die Datenverarbeitung selbst. Die Tatvariante beruht nach der Gesetzesbegründung auf der Überlegung, dass auch an sich neutrale Handlungen wie das „Eingeben" oder „Übermitteln" von Daten in ein Computersystem bei unbefugter oder missbräuchlicher Begehungsweise geeignet sein können, erhebliche Störungen zu verursachen.[31] Als Beispiel werden regelmäßig sog. (D)DoS-Attacken genannt. Bei dieser Angriffsform wird ein Serversystem durch massenhafte Datenanfragen überlastet.

1. Angriffsmittel – Daten

19 Angriffsmittel sind Daten iSd § 202a Abs. 2 StGB. Siehe zur Begriffsbestimmung und praktischen Beispielen → §11.

2. Eingeben

20 Eingeben meint eine Zuführung von außen, zB über einen USB-Port oder auch manuell über die Tastatur. Zugleich sind nach § 202a Abs. 2 StGB aber nur solche Daten tatbestandsrelevant, die schon gespeichert sind oder übermittelt werden. Das Eingeben iRd § 303b Abs. 1 Nr. 2 StGB kann sich daher nur auf Daten beziehen, die von einem externen Datenträger bzw. dem Netzwerk eingelesen werden. Der manuell vorgenommene Input über die Tastatur an einem lokalen System ist hingegen kein tatbestandsmäßiges Eingeben. Es handelt sich offenkundig um ein redaktionelles Versehen, was dem Sinn und Zweck der Vorschrift und den europarechtlichen Vorgaben zuwiderläuft.[32] Eine europarechtskonforme (berichtigende) Auslegung des Eingebens iSv „Erzeugen von Daten" scheitert hingegen am klaren Wortlaut der Vorschrift.[33] Da heute Sabotagehandlungen weniger lokal vorgenommen werden, sondern dies vor allem von außen über das Internet bzw. innerhalb eines Netzwerkes geschieht, ist die praktische Relevanz dieses Defizits überschaubar.

---

[31] BT-Drs. 16/3656, 13.
[32] Vgl. Schönke/Schröder/Hecker StGB § 303b Rn. 7.
[33] NK-WSS/Reinbacher StGB § 303b Rn. 13.

3. Übermitteln

Übermitteln bedeutet jede Weiterleitung von Daten von Rechner zu Rechner innerhalb eines bestehenden Netzwerks oder über das Internet.[34]

Als Einschränkung ist allerdings zu verlangen, dass die Übermittlung **unmittelbar** auf die Datenverarbeitung eingewirkt hat.[35] Ansonsten würde das Merkmal der „Datenübermittlung" typische Teilnahmehandlungen zur Täterschaft aufwerten. Versendet etwa jemand eine E-Mail und stiftet darin einen späteren Täter einer Computersabotage an, hätte der Anstifter (die notwendige Nachteilszufügungsabsicht vorausgesetzt) § 303b Abs. 1 Nr. 2, Alt. 2 StGB ebenfalls verwirklicht. Zwar wäre es kein Novum, dass Teilnahmehandlungen zur Täterschaft aufgewertet werden. Dass dies jedoch durch die Novellierung ebenfalls bei § 303b Abs. 1 Nr. 2 StGB bezweckt gewesen wäre, lässt sich den Gesetzesmaterialien nicht entnehmen. Dagegen spricht auch der Wortlaut. Die Vorschrift verlangt, dass der Täter eine Tathandlung nach Abs. 1 Nr. 1–3 vornimmt und „dadurch" eine Datenverarbeitung erheblich stört. Damit kommt zum Ausdruck, dass nicht jede für die Störung irgendwie kausal gewordene Datenübermittlung, wie etwa die angeführte E-Mail, den Tatbestand verwirklichen kann. Zu verlangen ist vielmehr, dass die übersendeten Daten unmittelbar auf die Datenverarbeitung eingewirkt haben. Für eine solche Auslegung spricht zum einen der Vergleich mit der ersten Alternative des „Eingebens", bei der Daten ebenfalls direkt auf die Datenverarbeitung einwirken, zum anderen die Systematik der anderen Sabotagehandlung aus Nr. 1 und 3. Diese haben zwar nicht die Datenverarbeitung als solche als Anknüpfungspunkt, sondern Daten (Nr. 1) bzw. die Hardware, in der sich die Datenverarbeitung vollzieht (Nr. 3), verlangen insoweit jedoch ebenfalls eine unmittelbare Einwirkung auf das Einwirkungsobjekt. Um einen Gleichlauf der Tathandlungen zu gewährleisten, bedarf es daher bei der Datenübermittlung einer Einschränkung auf Daten, die unmittelbar auf die Datenverarbeitung einwirken. Insbesondere aufgrund des technischen Aufbaus des Internets, darf eine unmittelbare Einwirkung von übersendeten Daten jedoch nicht dahingehend verstanden werden, dass exakt der durch einen Mausklick ausgelöste, elektronische Impuls auf die Datenverarbeitung einwirken muss. Ansonsten wäre das Merkmal nur verwirklicht, wenn zwei Computer über ein Kabel miteinander verbunden sind. Über das Internet verschickte Daten durchlaufen hingegen in Bruchteilen von Sekunden eine Vielzahl von Routern und Backbones bis sie schließlich beim adressierten Server ankommen und werden dabei ständig verändert bzw. gebündelt. Ausreichend für die Verwirklichung des Tatbestandes ist daher, dass der durch den Mausklick erzeugte Impuls unmittelbar im engen zeitlichen Zusammenhang dazu führt, dass auf das Zielsystem eingewirkt wird. Welchen Weg die verschickten Daten dabei nehmen, bzw. welche technischen Prozesse dazwischengeschaltet sind, ist hingegen für das Kriterium der Unmittelbarkeit unerheblich.

4. Nachteilszufügungsabsicht

Das subjektive Moment der Nachteilszufügungsabsicht stellt ein Korrektiv dar. Es soll sicherstellen, dass beispielsweise administrative Tätigkeiten oder andere zulässige Aktivitäten der Betreiber von Datenverarbeitungsanlagen nicht per se dem Straftatbestand unterfallen, sondern nur dann erfasst sind, wenn sie in Nachteilszufügungsabsicht erfolgen. Dem Wortlaut folgend ist mit Absicht dolus directus 1. Grades gemeint.[36] Der beabsichtigte Nachteil muss über die „erhebliche Störung" als tatbestandlichen Erfolg hinausgehen. Es kommt

---

[34] Schönke/Schröder/Hecker StGB § 303b Rn. 7; Fischer StGB § 202a Rn. 6; Gröseling/Höfinger MMR 2007, 626 (627).
[35] Dazu ausführlich Wengenroth, Zur Strafbarkeit von Virtuellen Sit-Ins, 2014, 58.
[36] Die wohl hM lässt angelehnt an § 274 StGB dolus directus 2. Grads genügen, BT-Drs. 16/3656, 13; MüKoStGB/Wieck-Noodt § 303b Rn. 12; NK-WSS/Reinbacher StGB § 303b Rn. 13.

jede Form von Nachteil in Betracht, insbes. auch solche von immaterieller Art. Dieser Nachteil muss zudem nicht eingetreten, sondern nur beabsichtigt sein.[37]

24 **Praxistipp:**
Berufstypisches Handeln dürfte regelmäßig gegen eine Nachteilszufügungsabsicht streiten.

III. Einwirkungen auf Datenhardware

25 § 303b Abs. 1 Nr. 3 StGB erfasst die Beeinträchtigungen von Datenhardware, konkret das Zerstören, Beschädigen, Unbrauchbarmachen, Beseitigen oder Verändern von Datenverarbeitungsanlagen oder von Datenträgern.

26 Eine Datenverarbeitungsanlage ist die Funktionseinheit technischer Geräte, welche die Verarbeitung elektronisch, magnetisch oder sonst nicht unmittelbar wahrnehmbar gespeicherter Daten ermöglicht.[38] Zu einer solchen Einrichtung gehört deren gesamte maschinentechnische Ausstattung. Als Datenträger kommen insbes. Magnetbänder, Festplatten, DVDs oder USB-Sticks in Betracht.[39] Bei den betroffenen technischen Mitteln kommt es nicht auf die Fremdheit der Sache an. Es handelt sich bei § 303b Abs. 1 Nr. 3 StGB zugleich nicht um einen qualifizierten Fall der Sachbeschädigung, sondern um ein eigenständiges Delikt.[40] Durch Zerstörung usw einer eigenen Anlage kann sich der Täter nach Abs. 1 Nr. 3 strafbar machen, wenn dadurch in eine Datenverarbeitung eines Dritten eingegriffen wird.[41] Dies ist insbes. bei outgesourcten Datendienstleistungen und bei Cloud-Computing zu berücksichtigen.

27 Die Tathandlung des **Zerstörens** entspricht derjenigen des § 303 Abs. 1 StGB. Ebenso ist das Merkmal der **Beschädigung** identisch mit § 303 Abs. 1 StGB. **Unbrauchbar gemacht** sind Gegenstände dann, wenn ihre Gebrauchsfähigkeit so stark beeinträchtigt ist, dass sie nicht mehr ordnungsgemäß verwendet werden können.[42] Das Unbrauchbarmachen kann der Täter auch ohne unmittelbaren Substanzeingriff bewirken. Einwirkungen auf die Datenübertragungsleitungen oder auf das Stromnetz sind bereits ausreichend.[43] **Beseitigt** sind Gegenstände, wenn sie aus dem Verfügungs- oder Gebrauchsbereich des Berechtigten entfernt worden sind.[44] Nach wohl herrschender Meinung soll ein örtliches Entfernen nicht notwendig sein; ausreichend ist vielmehr bereits ein Ausschließen vom Zugriff.[45] **Verändert** wird Hardware schließlich, wenn ein vom bisherigen Zustand abweichender herbeigeführt wird.[46]

---

[37] Fischer StGB § 303b Rn. 12a; Schönke/Schröder/Hecker StGB § 303b Rn. 7.
[38] MüKoStGB/Wieck-Noodt § 303b Rn. 13; Schönke/Schröder/Hecker StGB § 303b Rn. 8.
[39] NK-StGB/Zaczyk § 303b Rn. 11a; NK-WSS/Reinbacher StGB § 303b Rn. 18.
[40] BT-Drs. 10/5058, 36; Satzger/Schluckebier/Widmaier StGB/Hilgendorf § 303b Rn. 8; Schönke/Schröder/Hecker StGB § 303b Rn. 8.
[41] Lencker/Winkelbauer CR 1986, 824 (831); Schulze-Heimig, Der strafrechtliche Schutz der Computerdaten gegen die Angriffsformen der Spionage, Sabotage und des Zeitdiebstahls, 1995, 214; MüKoStGB/Wieck-Noodt § 303b Rn. 14.
[42] BT-Drs. 10/5058, 36; Schulze-Heimig, Der strafrechtliche Schutz der Computerdaten gegen die Angriffsformen der Spionage, Sabotage und des Zeitdiebstahls, 1995, 218ff.; Sondermann, Computerkriminalität – Die neuen Tatbestände der Datenveränderung gemäß § 303a StGB und der Computersabotage gemäß § 303b StGB, 1998, 115ff.
[43] MüKoStGB/Wieck-Noodt § 303b Rn. 13.
[44] BT-Drs. 10/5058, 36; NK-WSS/Reinbacher StGB § 303b Rn. 22; Volesky/Scholten IuR 1987, 280 (282).
[45] Sondermann, Computerkriminalität – Die neuen Tatbestände der Datenveränderung gemäß § 303a StGB und der Computersabotage gemäß § 303b StGB, 1998, 111ff.; Schulze-Heimig, Der strafrechtliche Schutz der Computerdaten gegen die Angriffsformen der Spionage, Sabotage und des Zeitdiebstahls, 1995, 220f.; SK-StGB/Hoyer § 303b Rn. 7.
[46] BT-Drs. 10/5058, 36; Bühler MDR 1987, 448 (456).

IV. Unterlassen

Sämtliche Sabotagehandlungen können unter den Voraussetzungen des § 13 StGB auch durch Unterlassen begangen werden. Es handelt sich um ein **unechtes Unterlassungsdelikt** mit der Folge, dass in diesem Fall eine Milderung nach § 13 Abs. 2 StGB in Betracht kommt. 28

D. Taterfolg

Als Taterfolg verlangt der Tatbestand die erhebliche Störung einer Datenverarbeitung. 29

I. Störung

Eine Störung liegt vor, wenn der reibungslose Ablauf der Datenverarbeitung beeinträchtigt wird.[47] Dies soll nach teilweise vertretener Auffassung bereits dann der Fall sein, wenn lediglich ein konkreter Datenverarbeitungsvorgang infolge der Tat nicht in der bisherigen Form durchgeführt werden kann.[48] Eine entsprechende Störung ist in verschiedenen Formen denkbar. Es kann die gesamte Datenverarbeitungsanlage lahmgelegt- oder nur die Ergebnisausgabe gestört oder unterdrückt sein.[49] Eine bloße Gefährdung reicht hingegen nicht aus.[50] 30

II. Erheblichkeit

Schon zur Ausgangsfassung des § 303b StGB war in der Gesetzesbegründung darauf hingewiesen worden, dass es zu einer nicht ganz unerheblichen Beeinträchtigung des reibungslosen Ablaufs der Datenverarbeitung kommen müsse, um den Tatbestand zu verwirklichen. In der Neufassung des § 303b StGB hat der Gesetzgeber das Merkmal der Erheblichkeit der Störung ausdrücklich in den Tatbestand aufgenommen. Insbesondere mit Blick auf die Ausweitung des § 303b Abs. 1 StGB auf Private ist damit neben dem Merkmal der wesentlichen Bedeutung der Datenverarbeitung eine Einschränkung des Tatbestandes beabsichtigt gewesen.[51] Für die Frage, wann eine Störung als erheblich gilt, wird überwiegend darauf abgestellt, dass sie sich nicht ohne großen Aufwand an Zeit, Mühe und Kosten beheben lässt.[52] 31

Dies entspricht der Bestimmung der „Beschädigung" in § 303 Abs. 1 StGB. Um dem „Ultima-Ratio" Gedanken des Strafrechts zu entsprechen, wird von § 303 Abs. 1 StGB nur die nicht unerhebliche Beeinträchtigung der Substanz oder bestimmungsgemäßen Brauchbarkeit erfasst, wobei letzte davon abhängig gemacht wird, wie viel Zeit, Mühe und Kosten es bedarf, um die Beeinträchtigung zu beseitigen. Mit Blick auf die Funktion und Stellung des § 303b StGB erscheint ein Gleichlauf der Kriterien schlüssig. Als **unerheblich** werden deshalb **Störung** anzusehen sein, **welche sich ohne große Mühe, Kosten und Zeitaufwand beheben lassen**. Unerheblich kann es im Einzelfall zudem sein, 32

---

[47] BT-Drs. 10/5058, 35; Lackner/Kühl/Heger/Heger StGB § 303b Rn. 7.
[48] SK-StGB/Hoyer § 303b Rn. 7; Lenckner/Winkelbauer CR 1986, 824 (830); Bühler MDR 1987, 448 (456); aA Wabnitz/Janovsky/Schmitt WirtschaftsStrafR-HdB/Bär Kap. 15 Rn. 132; Volesky/Scholten IuR 1987, 280 (283) welche verlangen, dass eine unbestimmte Vielzahl an Datenverarbeitungsvorgängen gestört sein müssen.
[49] Weitere Beispiele NK-StGB/Zaczyk § 303b Rn. 6; Sondermann, Computerkriminalität – Die neuen Tatbestände der Datenveränderung gemäß § 303a StGB und der Computersabotage gemäß § 303b StGB, 1998, 98 ff.; Volesky/Scholten IuR 1987, 280 (283 ff.).
[50] BT-Drs. 10/5058, 36; MüKoStGB/Wieck-Noodt § 303b Rn. 19; Lackner/Kühl/Heger/Heger StGB § 303b Rn. 7.
[51] BT-Drs. 16/3656, 13; Fischer StGB § 303b Rn. 10.
[52] Schönke/Schröder/Hecker StGB § 303b Rn. 9; LK-StGB/Wolff § 303b Rn. 26; NK-WSS/Reinbacher StGB § 303b Rn. 10; Schumann NStZ 2007, 675 (679).

wenn ein einzelner Datenverarbeitungsvorgang beeinträchtigt ist und dieser sich zum Beispiel auf anderem Wege störungsfrei wiederholen lässt oder keine Auswirkung auf andere Teile der Datenverarbeitung hat.[53]

33 Die Erheblichkeit ist auch im Lichte der „Wesentlichkeit" der Datenverarbeitung für den anderen zu betrachten, wobei es stets auf den Einzelfall ankommt.
- Bei Datenverarbeitungen von überragender Bedeutung können bereits kürzeste Störungen den Tatbestand des § 303b StGB verwirklichen.
- Bei Datenverarbeitung, die gerade die Grenze der wesentlichen Bedeutung überschreiten, sind dagegen intensivere Beeinträchtigungen für eine erhebliche Störung zu fordern.

34 Im Rahmen von politischen **Protestaktionen im Internet** kann im Wege einer **verfassungskonformen Auslegung** mit Blick auf die Meinungsfreiheit der Zeitraum einer Beeinträchtigung auch länger sein, ohne als erheblich zu gelten. Vergleichbar mit realen Demonstrationen und den damit verbundenen Beeinträchtigungen, etwas eines Ladenbesitzers, kann eine erbliche Störung auch erst ab einen Zeitraum von über einer Stunde angenommen werden.[54]

III. Kausalität

35 Die erhebliche Störung muss als Taterfolg **kausal** auf eine der Tathandlungen zurückgehen. Dies kann in Fällen wie **(D)DoS-Attacken,** in denen der eigene Tatbeitrag klein ist und daher singulär betrachtet hinweg gedacht werden kann, ohne dass der Erfolg entfiele, fraglich sein.[55] In diesen Fällen wird jedoch § 25 Abs. 2 StGB sorgfältig zu prüfen sein. Liegt eine Mittäterschaft vor, muss sich der Mittäter die Tatbeiträge der anderen Mittäter zurechnen lassen und die Kollektivhandlung wird regelmäßig kausal für die Störung sein.[56]

E. Qualifikation und Regelbeispiele (Abs. 2, Abs. 4)

36 Abs. 2 stellt eine Qualifikation der Tat nach Abs. 1 dar.[57] Qualifiziert ist die Tat, wenn der Angriff sich auf eine Datenverarbeitung richtet, die für einen fremden Betrieb, ein fremdes Unternehmen oder eine Behörde von wesentlicher Bedeutung ist.

37 Abs. 4 enthält darüber hinaus eine Strafzumessungsregel für besonders schwere Fälle der Computersabotage des Abs. 2.

I. Qualifikation (Abs. 2)

1. Adressaten

38 Bei der Bestimmung des Begriffs **Betriebs** kann auf § 14 StGB zurückgegriffen werden. Ebenso wie dort, hat auch hier eine genaue Abgrenzung zum Unternehmen keine Bedeutung. Die Rechtsform oder Größe des Betriebs oder Unternehmens sind unerheblich. Ebenso wenig kommt es auf die Art der Tätigkeit oder des Zwecks des Betriebs an.[58] Es ist **keine Gewinnerzielungsabsicht** vorausgesetzt, so dass auch karitative Einrichtungen ebenfalls in den Schutzbereich der Vorschrift fallen.[59]

---

[53] LK-StGB/Wolff § 303b Rn. 26.
[54] Wengenroth, Zur Strafbarkeit von Virtuellen Sit-Ins, 2014, 68 ff.; NK-WSS/Reinbacher StGB § 303b Rn. 10.
[55] Kelker GA 2009, 86 (93 ff.).
[56] NK-WSS/Reinbacher StGB § 303b Rn. 24; aA Kelker GA 2009, 86 (93), welcher die gemeinsame Tatplanung und Tatbegehung ablehnt.
[57] BT-Drs. 16/3656, 13; Fischer StGB § 303b Rn. 14; MüKoStGB/Wieck-Noodt § 303b Rn. 20.
[58] NK-StGB/Zaczyk, 5. Aufl. 2017, § 303b Rn. 15a.
[59] MüKoStGB/Wieck-Noodt § 303b Rn. 21; NK-WSS/Reinbacher StGB § 303b Rn. 8; Wabnitz/Janovsky/Schmitt WirtschaftsStrafR-HdB/Bär Kap. 15 Rn. 134.

Eine **Behörde** (vgl. § 11 Nr. 7 StGB) ist ein ständiges, von der Person des Inhabers 39
unabhängiges, in das Gefüge der öffentlichen Verwaltung eingeordnetes Organ der Staatsgewalt mit der Aufgabe, unter öffentlicher Autorität nach eigener Entschließung für Staatszwecke tätig zu sein.[60]

2. Fremd

Fremd sind Betriebe und Unternehmen nach der überwiegenden rechtlich-wirtschaftli- 40
chen Betrachtungsweise, wenn sie zumindest auch einem anderen Vermögen als dem des Täters zugeordnet sind.[61] Daraus folgt, dass auch Betriebsangehörige grds. Täter sein können.[62] Ebenso verhält es sich nach wohl herrschender Meinung beim Geschäftsführer.[63] Der Betriebsinhaber sowie der Alleingesellschafter einer GmbH können mangels Fremdheit hingegen kein tauglicher Täter sein.[64] Sabotiert der Täter eine Datenverarbeitung seines Betriebes, etwa durch Zerstörung der Hardware (§ 303b Abs. 1 Nr. 3, Abs. 2 StGB) bleibt eine Strafbarkeit gemäß § 303a StGB möglich, wenn und soweit, er hierbei in andere Datenverfügungsbefugnisse eingreift.[65]

Nach anderer Auffassung sind insbesondere die Organe einer juristischen Person keine 41
tauglichen Täter einer Tat nach § 303b StGB. Denn derjenige, welcher zur Lenkung einer Organisation berufen ist und deren Handeln der Betrieb sich als eigenes zurechnen lassen muss, sei nicht fremd im Sinne der Vorschrift.[66] Insbes. im Bereich von Cloud-Computing können bei einer Sabotage allerdings auch externe fremde Betriebe betroffen sein, insofern läge hinsichtlich dieser externen Betriebe gegenüber Abs. 1 auch ein gesteigerter Unrechtsgehalt vor. Auf das Verhältnis (Fremd-)Geschäftsführer/zu „seinem" Betrieb kann es jedenfalls in diesen Fällen richtigerweise nicht ankommen. Steht hingegen tatsächlich lediglich die Datenverarbeitung des „eigenen" Betriebs des Geschäftsführers in Rede, dürfte sich aus der Stellung als Geschäftsführer regelmäßig eine eigentümerähnliche Stellung hinsichtlich der Datenverarbeitung ergeben, die einer Strafbarkeit nach § 303b StGB entgegenstehen dürfte. Dies kann im Übrigen wiederum auch bei einem Cloud-Lösung der Fall sein, wenn und soweit die Sabotage nur den dem Betrieb zuzuordnenden Bereich betrifft, etwa wenn der Geschäftsführer für sämtliche Mitarbeiter den Zugang zu Office 365 verändert (§ 303b Abs. 1 Nr. 2, Abs. 2 StGB).

3. Wesentliche Bedeutung

Hinsichtlich des Merkmals der „wesentlichen Bedeutung", kann weitgehend auf die vor- 42
stehenden Ausführungen zu Abs. 1 verwiesen werden. Auch im Rahmen des Abs. 2 ist zunächst danach zu fragen, für wen die Datenverarbeitung von wesentlicher Bedeutung sein muss. Anknüpfungsobjekt und damit Verletzter kann auch hier nur der Betrieb oder die Behörde sein, die aufgrund einer entsprechenden Verfügungsbefugnis eine eigentümerähnliche Stellung hinsichtlich der Datenverarbeitung innehat.

Eine wesentliche Bedeutung kommt der Datenverarbeitung zu, wenn sich ohne diese 43
die betriebliche Tätigkeit nur mit nicht unerheblichem Mehraufwand oder beträchtlicher

---

[60] MüKoStGB/Wieck-Noodt § 303b Rn. 21; BVerfG v. 14.7.1959 – 2 BvF 1/58, BeckRS 1959, 104923; Fischer StGB § 11 Rn. 29.
[61] Fischer StGB § 303b Rn. 15; Lencker/Winkelbauer CR 1986, 824 (830); aA SK-StGB/Hoyer § 303b Rn. 10, welcher allein auf die zivilrechtlichen Eigentumsverhältnisse abstellt.
[62] NK-StGB/Zaczyk, 5. Aufl. 2017, § 303b Rn. 15a; Matt/Renzikowski/Altenhain StGB § 303b Rn. 14; Satzger/Schluckebier/Widmaier StGB/Hilgendorf § 303b Rn. 7.
[63] Fischer StGB § 303b Rn. 15; Schönke/Schröder/Hecker StGB § 303b Rn. 12; MüKoStGB/Wieck-Noodt § 303b Rn. 22.
[64] Vgl. Lehmann/Haß, Rechtsschutz und Verwertung von Computerprogrammen, 2. Aufl. 1993, 501 Rn. 59; Lencker/Winkelbauer CR 1986, 824, (830).
[65] MüKoStGB/Wieck-Noodt § 303b Rn. 22.
[66] MüKoStGB/Wieck-Noodt § 303b Rn. 22; Lackner/Kühl/Heger/Heger StGB/§ 303b Rn. 2; NK-StGB/Zaczyk § 303b Rn. 15a.

Zeitverzögerung aufrechterhalten lässt.[67] Ausreichend ist, dass ein wesentlicher Funktionsbereich eines Betriebs usw auf die intakte Datenverarbeitung angewiesen ist.[68] Für einen Betrieb pp. können für verschiedene Aufgabenbereiche unterschiedliche Datenverarbeitungen von wesentlicher Bedeutung sein.[69]

4. Störung der Datenverarbeitung

44 Hinsichtlich des Taterfolgs ist zunächst auf die Ausführungen oben unter → Rn. 29 zu verweisen.

45 Im Rahmen des Abs. 2 umfasst der Taterfolg ebenfalls lediglich die erhebliche Störung der **Datenverarbeitung.** Eine Störung des **Betriebs,** für den die Datenverarbeitung von wesentlicher Bedeutung ist, bedarf es hingegen nicht.[70]

II. Regelbeispiele der Qualifikation (Abs. 4)

46 § 303b Abs. 4 StGB definiert drei Regelbeispiele für einen besonders schweren Fall einer Tat nach § 303b Abs. 2 StGB. Für Taten nach § 303b Abs. 1 StGB finden die Regelbeispiele keine Anwendung. Außer den genannten Regelbeispielen kommt ein unbenannter besonders schwerer Fall beispielsweise bei Verursachung eines gravierenden, nicht vermögensrechtlichen Nachteils oder einer Schädigung einer Vielzahl von Opfern in Betracht.[71]

1. Herbeiführen eines Vermögensverlustes großen Ausmaßes

47 Ein besonders schwerer Fall liegt nach § 303b Abs. 4 Nr. 1 StGB vor, wen die Tat einen Vermögensverlust großen Ausmaßes herbeiführt. Angelehnt an § 263a Abs. 2 iVm § 263 Abs. 3 Nr. 2 StGB ist von einer Grenze von 50.000 EUR auszugehen.[72]

2. Gewerbsmäßiges Handeln oder als Mitglied einer Bande zur fortgesetzten Begehung von Computersabotage

48 **Gewerbsmäßiges Handeln** liegt vor, wenn jemand sich aus wiederholter Tatbegehung eine nicht nur vorübergehende, nicht ganz unerhebliche Einnahmequelle verschaffen will.[73] Hierzu soll auch schon die erste Tat ausreichen, wenn ein entsprechender Wille anzunehmen ist.[74]

49 Für die **Bande** gelten die von der Rechtsprechung aufgestellten Grundsätze.[75] Die Bande setzt danach die Verbindung von mindestens drei Personen zur fortgesetzten Begehung der in Frage stehenden Tat voraus. Die Bandenabrede kann über das Internet erfolgen, setzt also nicht voraus, dass sich die Beteiligten kennen.[76]

---

[67] Lencker/Winkelbauer CR 1986, 830; MüKoStGB/Wieck-Noodt § 303b Rn. 24; Schönke/Schröder/Hecker StGB § 303b Rn. 13.
[68] Schlüchter, Zweites Gesetz zur Bekämpfung der Wirtschaftskriminalität, 1987, 78.
[69] Schönke/Schröder/Hecker StGB § 303b Rn. 13.
[70] BT-Drs. 10/5058, 35; Satzger/Schluckebier/Widmaier StGB/Hilgendorf § 303b Rn. 8; SK-StGB/Hoyer § 303b Rn. 11.
[71] Fischer StGB § 303b Rn. 22; MüKoStGB/Wieck-Noodt StGB § 303b Rn. 32.
[72] BGH NJW 2004, 169; Fischer StGB § 263 Rn. 215.
[73] BGH MDR 1975, 722 (725); NStZ 1995, 85; Satzger/Schluckebier/Widmaier StGB/Satzger § 263 Rn. 383.
[74] BGH NStZ 2004, 265 (266); LK-StGB/Tiedemann § 263 Rn. 296; SK-StGB/Hoyer § 263 Rn. 280.
[75] Vgl. BGH v. 22.3.2001, BeckRS 2001, 4982 = NJW 2001, 2266.
[76] BGH v. 28.3.2012 – 2 StR 398/11, BeckRS 2012, 9344; Wengenroth JA 2015, 185 (188).

3. Beeinträchtigung der Versorgung der Bevölkerung mit lebenswichtigen Gütern oder Dienstleistungen oder der Sicherheit der Bundesrepublik Deutschland

§ 303b Abs. 4 Nr. 3 StGB nennt als weiteres Regelbeispiel die Beeinträchtigung der Versorgung der Bevölkerung mit lebenswichtigen Gütern oder Dienstleistungen (1. Alt.) *oder* die Beeinträchtigung der Sicherheit der Bundesrepublik Deutschland (2. Alt). 50

Alt. 1 ist laut der Gesetzesbegründung an § 316b Abs. 3 StGB angelehnt und trägt dem Umstand Rechnung, dass die Verfahrensabläufe in besonders kritischen Infrastrukturen, zB in Versorgungswerken, Krankenhäusern sowie Einrichtungen der Energie- und Bankwirtschaft, heute überwiegend elektronisch erfolgen und damit für Sabotageakte besonders anfällig sind.[77] 51

Alt. 2 orientiert sich an § 92 Abs. 3 Nr. 2 StGB. Erfasst werden Bestrebungen, deren Träger darauf hinarbeiten, die äußere oder innere Sicherheit der Bundesrepublik Deutschland zu beeinträchtigen. Die Sicherheit der Bundesrepublik Deutschland muss derart beeinträchtigt sein, dass durch die Störung der Datenverarbeitung eine konkret relevante Sicherheitslücke entstanden ist.[78] 52

F. Subjektiver Tatbestand

Die subjektive Tatseite verlangt Vorsatz. Ausreichend ist bedingter Vorsatz.[79] 53
Es genügt eine Parallelwertung in der Laiensphäre, sofern es 54
- die wesentliche Bedeutung der Datenverarbeitung für den Betrieb, das Unternehmen oder die Behörde,
- die Beeinträchtigung eines fremden Nutzungsrechts am Tatobjekt sowie
- die dadurch kausal verursachte Störung der Datenverarbeitung betrifft.[80]

Bei der Tatbestandsverwirklichung des Abs. 1 Nr. 2 ist zusätzlich die Absicht der Nachteilszufügung erforderlich. Zu verlangen ist dolus directus 1. Grads, vgl. → Rn. 23. 55

Irrt der Täter über die wesentliche Bedeutung der Datenverarbeitung, liegt darin ein unerheblicher Subsumtionsirrtum.[81] 56

G. Rechtswidrigkeit

Es gelten die allgemeinen Rechtfertigungsgründe. Insbes. kommen § 32 StGB und § 34 StGB in Betracht, etwa beim Löschen virenbehafteter Daten bzw. Datenveränderungen pp. im Zusammenhang mit der Abwehr von Hackerangriffen oder DDoS-Attacken. 57

Liegt ein Einverständnis des „Eigentümers" der privaten Datenverarbeitung, vgl. oben unter → Rn. 15 oder des verantwortlichen Organs oder Repräsentanten für den betroffenen „fremden" Betrieb vor, wirkt dieses tatbestandsausschließend. 58

---

[77] BT-Drs. 16/3656, 14; Ernst NJW 2007, 2661 (2665).
[78] Fischer StGB § 303b Rn. 25a; NK-StGB/Zaczyk § 303b Rn. 27; Schönke/Schröder/Hecker StGB § 303b Rn. 20.
[79] Lackner/Kühl/Heger StGB § 303b Rn. 7; SK-StGB/Hoyer § 303b Rn. 27; näher: Schulze-Heimig, Der strafrechtliche Schutz der Computerdaten gegen die Angriffsformen der Spionage, Sabotage und des Zeitdiebstahls, 1995, 218 ff.
[80] MüKoStGB/Wieck-Noodt § 303b Rn. 25; SK-StGB/Hoyer § 303b Rn. 27; Sondermann, Computerkriminalität – Die neuen Tatbestände der Datenveränderung gemäß § 303a StGB und der Computersabotage gemäß § 303b StGB, 1998, 124 f.
[81] Schönke/Schröder/Hecker StGB § 303b Rn. 14; SK-StGB/Hoyer § 303b Rn. 27; anders Fischer StGB § 303b Rn. 18; Wabnitz/Janovsky/Schmitt WirtschaftsStrafR-HdB/Bär Kap. 12 Rn. 133.

H. Versuch und Vollendung

59 Liegt eine erhebliche Störung einer Datenverarbeitung vor, ist die Tat voll- und zugleich beendet. Fehlt es am Eintritt einer Störung, kommt ein Versuch in Betracht. Der Eintritt einer Gefährdung reicht nicht für die Vollendung, kann aber einen Versuch begründen.[82] In der Regel wird beim Eintritt einer Störung, die das erforderliche Maß der Erheblichkeit noch nicht überschreitet, der Bereich des Versuchs erreicht sein.

I. Vorbereitung (Abs. 5)

60 Durch den Verweis auf § 202c StGB stellt § 303b Abs. 5 StGB Vorbereitungshandlungen unter Strafe.

61 Befremdlich ist (wie bei § 303a StGB) die Tatsache, dass die Erfolgsdelikte nach § 303b Abs. 1, Abs. 2 StGB gem. § 303c StGB relative Antragsdelikte darstellen, dh grundsätzlich nur auf Antrag verfolgt werden, Vorbereitungshandlungen iSd Abs. 5 (abstraktes Gefährdungsdelikt) hingegen als Offizialdelikt ausgestaltet sind.

62 Die Verweisung in Abs. 5 auf § 202c StGB führt über dessen Abs. 2 zur entsprechenden Geltung der Vorschriften über die tätige Reue, §§ 149 Abs. 2 und 3 StGB. Die Anwendbarkeit des persönlichen Strafaufhebungsgrundes der tätigen Reue setzt voraus, dass der Täter die vorbereitete Tat nach §§ 303b Abs. 1, 2 StGB freiwillig aufgeben muss und entweder entsprechend § 149 Abs. 2 StGB den Erfolg seiner Tat rückgängig machen oder sich analog § 149 Abs. 3 StGB mindestens freiwillig und ernsthaft darum bemühen muss.[83]

63 **Praxistipp:**
Der Praktiker sollte bei Taten nach § 303b Abs. 5 StGB aufgrund der damit regelmäßig vorliegenden geringen Schuld des Täters auf eine Einstellung nach den Opportunitätsvorschriften hinwirken.

J. Konkurrenzen

64 Betrifft eine Sabotage zugleich zwei Betriebe oder Unternehmen, kann gleichartige Idealkonkurrenz vorliegen.[84] Verwirklicht der Täter durch eine Handlung mehrere Varianten des Abs. 1, so begeht er nur eine Tat.[85] Aufgrund der Gleichwertigkeit der Tatmodalitäten kommt insoweit keine gleichartige Idealkonkurrenz in Betracht.

65 Im Verhältnis zu § 303a StGB ist § 303b Abs. 1 Nr. 1 StGB ein Qualifikationstatbestand und verdrängt diesen.[86]

66 § 303b Abs. 1 Nr. 2 StGB steht mit § 303a StGB idR in Idealkonkurrenz.[87]

67 § 303 StGB wird von § 303b Abs. 1 Nr. 3 StGB verdrängt, wenn der Eigentümer der beschädigten Datenverarbeitungsanlage oder des Datenträgers zugleich derjenige ist, dessen Datenverarbeitung gestört wird.[88] Andernfalls stehen die Taten wegen der unterschiedli-

---

[82] Eichelberger MMR 2004, 594 (596); Ernst NJW 2003, 3233 (3238).
[83] MüKoStGB/Wieck-Noodt § 303a Rn. 21; LK-StGB/Wolff § 303a Rn. 43.
[84] MüKoStGB/Wieck-Noodt § 303a Rn. 30; NK-StGB/Zaczyk § 303b Rn. 31; Sondermann, Computerkriminalität – Die neuen Tatbestände der Datenveränderung gemäß § 303a StGB und der Computersabotage gemäß § 303b StGB, 1998, 130 ff.
[85] Fischer StGB § 303b Rn. 27; Schönke/Schröder/Hecker § 303b Rn. 23; MüKoStGB/Wieck-Noodt § 303a Rn. 30; SK-StGB/Hoyer § 303b Rn. 28; Matt/Renzikowski/Altenhain StGB § 303b Rn. 16.
[86] Fischer StGB § 303b Rn. 27; NK-StGB/Zaczyk § 303b Rn. 31; Lackner/Kühl/Heger § 303b Rn. 10; Satzger/Schluckebier/Widmaier StGB/Hilgendorf § 303b Rn. 15.
[87] MüKoStGB/Wieck-Noodt § 303a Rn. 21.
[88] MüKoStGB/Wieck-Noodt § 303a Rn. 30; SK-StGB/Hoyer § 303b Rn. 28; NK-StGB/Zaczyk § 303b Rn. 30.

§ 21 Computersabotage (§ 303b StGB)

chen Schutzrichtung in Tateinheit.[89] Wegen der unterschiedlichen geschützten Rechtsgüter ist Tateinheit ferner möglich mit §§ 87, 88, 109e, 202a, 80, 242, 263a, 266, 269, 304, 311, 316b, 316c Abs. 1 Nr. 2 sowie mit § 317.[90]

Vollendung und Versuch (Abs. 3) verdrängen eine strafbare Vorbereitung dieser Tat nach Abs. 5.[91]

68

K. Relatives Antragsdelikt

Für die Verfolgung der Tat ist ein Strafantrag erforderlich, es sei denn die Strafverfolgungsbehörde hält aufgrund eines besonderen öffentlichen Interesses ein Einschreiten von Amts wegen für geboten, § 303c StGB. Hinsichtlich des besonderen öffentlichen Interesses enthält die RiStBV keine Hinweise zu § 303c StGB. Strafantragsberechtigt sind alle Personen, deren Datenverarbeitung von wesentlicher Bedeutung erheblich gestört wurde, vgl. dazu oben → Rn. 8.

69

> **Praxistipp:**
> Wie im Rahmen von § 303a StGB gilt: Der Antragsteller sollte im Rahmen einer Strafanzeige darlegen, warum „seine" gestörte Datenverarbeitung für ihn von wesentlicher Bedeutung ist und warum eine nicht nur unerhebliche Störung vorliegt.

70

Im Gegensatz zur Sachbeschädigung ist das Delikt der Datenveränderung kein Privatklagedelikt. Besonders schwere Fälle nach § 303b Abs. 4 StGB sowie Vorbereitungshandlungen nach § 303b Abs. 5 StGB sind als Offizialdelikt ausgestaltet.

71

L. Verjährung

Taten nach § 303b Abs. 1 und 2 StGB verjähren gem. § 78 Abs. 3 Nr. 4 StGB nach fünf Jahren. Für die Verjährung ist die Verwirklichung einer Strafzumessungsregelung nach § 303b Abs. 4 StGB unerheblich, § 78 Abs. 4 StGB.

72

Die den Fristlauf auslösende Beendigung (§ 78a S. 1 StGB) tritt mit der Störung der Datenverarbeitung ein.

73

---

[89] NK-StGB/Zaczyk, 5. Aufl. 2017, § 303b Rn. 31; SK-StGB/Hoyer § 303b Rn. 28; Schulze-Heimig, Der strafrechtliche Schutz der Computerdaten gegen die Angriffsformen der Spionage, Sabotage und des Zeitdiebstahls, 1995, 227.
[90] Fischer StGB § 303b Rn. 27; MüKoStGB/Wieck-Noodt § 303a Rn. 21; Schönke/Schröder/Hecker StGB § 303b Rn. 23; Volesky/Scholten IuR 1987, 280 (282).
[91] Fischer StGB § 303b Rn. 27; SK-StGB/Hoyer § 303b Rn. 28; NK-WSS/Reinbacher StGB § 303b Rn. 31.

§ 22 Verletzung des Steuergeheimnisses (§ 355 StGB)

Übersicht

	Rn.
A. Überblick	1
B. Objektiver Tatbestand	3
I. Täterkreis	3
II. Tatobjekte	8
III. Tathandlung	11
C. Subjektiver Tatbestand und Irrtum	12
D. Rechtswidrigkeit	13
E. Rechtsfolgen, Strafantrag, Konkurrenzen	15

Literatur:
Goll, Steuergeheimnis und abgabenrechtliche Offenbarungsbefugnis, NJW 1979, 90; *Kemper,* Die Offenbarung außersteuerlicher Gesetzesverstöße im Steuerstrafverfahren – Sinn und Problematik einer komplizierten Regelung, wistra 2005, 290; *Wagner,* Die Rechtsprechung zu den Straftaten im Amt seit 1975 – Teil 2, JZ 1987, 658.

A. Überblick

§ 355 StGB schützt das individuelle Geheimhaltungsinteresse des Steuerpflichtigen an der Geheimhaltung seiner im Besteuerungsverfahren offenbarten personenbezogenen Daten sowie Betriebs- und Geschäftsgeheimnisse.[1] Daneben schützt die Vorschrift das Allgemeininteresse an einem funktionstüchtigen und rechtskonformen Steuerwesen und daraus folgend wirksamen Besteuerungsverfahren mit möglichst hohem Steueraufkommen.[2] Dies zeigt sich an Abs. 3 S. 1, der neben dem Verletzten auch dem Dienstvorgesetzten ein Antragsrecht einräumt. 1

PKS: Die Fallzahlen verdeutlichen die geringe Praxisrelevanz der Norm.[3] 2

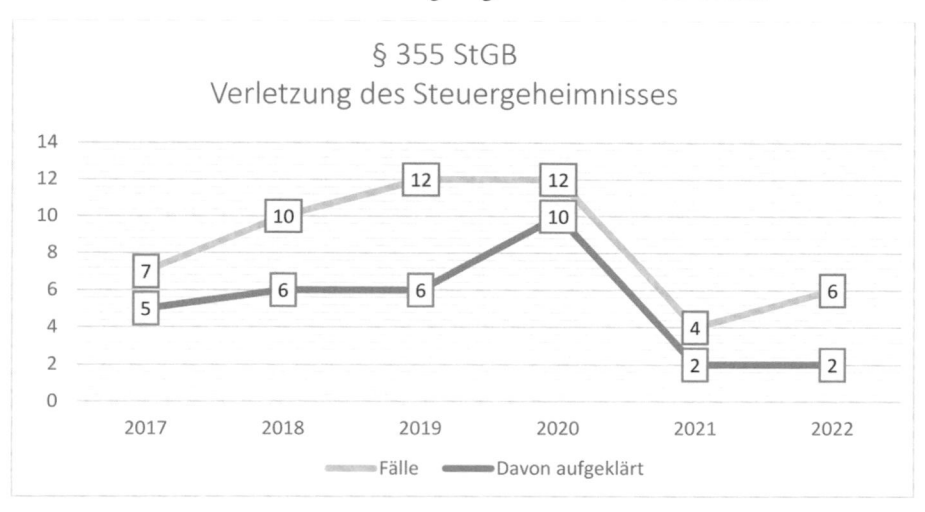

§ 355 StGB
Verletzung des Steuergeheimnisses

Jahr	Fälle	Davon aufgeklärt
2017	7	5
2018	10	6
2019	12	6
2020	12	10
2021	4	2
2022	6	2

---

[1] BVerfGE 67, 100 (139 f.); OLG Hamm NJW 1981, 356 (357); MüKoStGB/Schmitz § 355 Rn. 3; Fischer StGB § 355 Rn. 2.
[2] BVerfGE 67, 100 (139 f.); 84, 239 (280); Schönke/Schröder/Perron/Hecker StGB § 355 Rn. 2; MüKoStGB/Schmitz § 355 Rn. 4.
[3] PKS Bundeskriminalamt, Berichtsjahr 2017–2022, abrufbar unter https://www.bka.de/DE/AktuelleInformationen/StatistikenLagebilder/PolizeilicheKriminalstatistik/pks_node.html, abgerufen am 10.4.2023.

B. Objektiver Tatbestand

I. Täterkreis

3   Als Täter kommen nach Abs. 1 zunächst Amtsträger (§ 11 Abs. 1 Nr. 2 StGB, vgl. auch § 7 AO) insbesondere aus der Finanzverwaltung in Betracht.[4] Daneben können solche Amtsträger taugliche Täter sein, die an Steuerbußgeld-, Steuerstraf- oder Steuergerichtsverfahren beteiligt sind, einschließlich der beteiligten Staatsanwälte, Berufsrichter und ehrenamtlichen Richter.[5] Dies umfasst auch die Mitglieder des Bewertungsbeirats (§ 64 Abs. 4 BewG).[6]

4   Nach Abs. 2 Nr. 1 sind außerdem für den öffentlichen Dienst besonders Verpflichtete erfasst (§ 11 Abs. 1 Nr. 4 StGB), soweit diese an Steuerbußgeld-, Steuerstraf- oder Steuergerichtsverfahren dienstlich beteiligt sind.[7]

5   Nach Abs. 2 Nr. 2 umfasst der Täterkreis auch Sachverständige, die amtlich von Finanzämtern (§ 96 AO) oder von Gerichten (§§ 72 ff. StPO) hinzugezogen werden.[8] Nicht erfasst sind Sachverständige, die vom Steuerpflichtigen, seinem Verteidiger oder anderen Prozessbeteiligten beauftragt werden oder sachverständige Zeugen.[9]

6   Nach Abs. 2 Nr. 3 sind schließlich die Träger von Ämtern der Kirche, insbesondere der Religionsgesellschaften des öffentlichen Rechts erfasst, soweit sie an Steuerbußgeld-, Steuerstraf- oder Steuergerichtsverfahren mitwirken (vgl. § 30 Abs. 3 Nr. 3 AO).[10]

7   Dem Täter müssen die geschützten Informationen als Amtsträger in Abs. 1 oder in einer bestimmten Funktion nach Abs. 2 in einem der genannten Verfahren bekannt geworden sein.[11] Mit nachträglicher Einfügung des Abs. 1 S. 2 wurden die (rechtmäßig) bekannt gewordenen Informationen auf faktisch für den Amtsträger zugängliche, allerdings pflichtwidrig und damit ultra vires abgerufene Informationen erstreckt.[12]

II. Tatobjekte

8   Geschützt sind von § 355 StGB zunächst „personenbezogene Daten eines anderen". Der Begriff des personenbezogenen Datums erinnert an die Legaldefinition in Art. 4 Nr. 1 DS-GVO. Wie in Art. 4 Nr. 1 DS-GVO erfasst auch in § 355 StGB der Begriff des personenbezogenen Datums jede Information, die sich auf eine identifizierte oder identifizierbare natürliche Person bezieht.[13] Daher genügt es, wenn die vom Steuergeheimnis geschützte Information nicht selbst unmittelbar die Identität des Steuerpflichtigen preisgibt, solange der Informationsempfänger die Angaben aufgrund von ihm zugänglichem re-identifizierendem Zusatzwissen dem Betroffenen zuordnen kann[14] und die Zuordnungsmöglichkeit mittels Zusatzwissen ebenfalls vom Vorsatz des Täters umfasst ist. Zu den von § 355 StGB geschützten personenbezogenen Daten gehören Informationen über Einkommens- und Vermögensverhältnisse sowie über persönliche Verhältnisse, wie Familienstand, Kinderanzahl, Glaubenszugehörigkeit, Gesundheit, Leistungsfähigkeit, Vorstrafen oder frühere Bußgeldverfahren,[15] unabhängig davon, ob sich die Information nachträglich als unzutreffend erweist.[16] Dagegen sind allgemeinkundige Tatsachen in Bezug auf die betroffene Person

---

[4] BeckOK StGB/Heuchemer StGB § 355 Rn. 2.
[5] Fischer StGB § 355 Rn. 2a.
[6] BeckOK StGB/Heuchemer StGB § 355 Rn. 2; Fischer StGB § 355 Rn. 2a.
[7] Fischer StGB § 355 Rn. 3.
[8] BeckOK StGB/Heuchemer StGB § 355 Rn. 4.
[9] LK-StGB/Vormbaum § 355 Rn. 20; Fischer StGB § 355 Rn. 4.
[10] BeckOK StGB/Heuchemer StGB § 355 Rn. 5; Fischer StGB § 355 Rn. 5.
[11] Fischer StGB § 355 Rn. 10.
[12] BeckOK StGB/Heuchemer StGB § 355 Rn. 9.
[13] Vgl. MüKoStGB/Schmitz § 355 Rn. 12.
[14] BVerwG NVwZ 2020, 1114 (1117).
[15] OLG Hamm NJW 1981, 356 (358); Wagner JZ 1987, 658 (667).
[16] Fischer StGB § 355 Rn. 7b; BeckOK StGB/Heuchemer StGB § 355 Rn. 8.

nicht vom Schutzbereich des § 355 StGB umfasst, wenn ein Geheimhaltungsinteresse offensichtlich fehlt.[17]

Der Erweiterung des datenschutzrechtlichen Begriffs personenbezogener Daten durch § 2a Abs. 5 AO trägt § 355 Abs. 1 S. 3 StGB klarstellend Rechnung.[18] Während die Erstreckung auf Informationen über verstorbene natürliche Personen noch mit Erwägungsgrund 27 Satz 2 DS-GVO kompatibel ist, wonach die Mitgliedssaaten (in Abweichung zur DS-GVO) auch Vorschriften für die Verarbeitung von personenbezogenen Daten verstorbener Personen vorsehen können (was auch in § 203 Abs. 5 StGB abgebildet wird), weicht die Einbeziehung von Informationen über Körperschaften, rechtsfähige oder nicht rechtsfähige Personenvereinigungen oder Vermögensmassen in den Begriff der personenbezogenen Daten vom datenschutzrechtlichen Bezugspunkt erheblich ab. Die Erweiterung trägt dem steuerspezifischen Umstand Rechnung, verfahrensrechtliche Regelungen für alle vom Steuer- und Steuerverfahrensrecht Betroffene ungeachtet ihrer Rechtsform grundsätzlich gleich zu regeln.[19] Allerdings gelten in Bezug auf diese Ausdehnung des Begriffs der personenbezogenen Daten auf nicht natürliche Personen nicht die Vorschriften der DS-GVO, Artt. 2 Abs. 1, 4 Nr. 1 iVm EG 14 S. 2 DSGVO. Zugleich stellt § 2a Abs. 3 AO deklaratorisch klar, dass die DS-GVO dort vorrangige und unmittelbare Anwendung findet, wo die Regelungen der DS-GVO abschließend sind.[20] 9

Neben personenbezogenen Daten des Steuerpflichtigen schützt Abs. 1 Nr. 2 auch die Betriebs- und Geschäftsgeheimnisse, die mit einem Betrieb oder Unternehmen in Verbindung stehen und deren Geheimhaltung von wirtschaftlichem Interesse ist (vgl. § 203 StGB und § 23 iVm § 2 Nr. 1 GeschGehG).[21] Neben Know-how fallen hierunter etwa Informationen über den Kundenstamm, Produktionsverfahren, Marktstrategien etc.[22] Fremd ist das Betriebs- und Geschäftsgeheimnis, wenn es sich auf eine andere Person als den Täter bezieht.[23] 10

III. Tathandlung

Tathandlung des § 355 StGB ist das Offenbaren oder Verwerten bestimmter geheimnisgeschützter Tatsachen des Steuerpflichtigen (vgl. hierzu §§ 203, 204 StGB). 11

C. Subjektiver Tatbestand und Irrtum

Im subjektiven Tatbestand genügt dolus eventualis. Der Irrtum des Täters über die tatsächlichen Voraussetzungen einer Ermächtigung (vgl. hierzu insbesondere der Katalog in § 30 Abs. 4 AO, siehe nachfolgend) ist als Erlaubnistatbestandsirrtum zu behandeln.[24] 12

D. Rechtswidrigkeit

Das Offenbaren oder Verwerten ist nach § 355 StGB nur strafbar, wenn dies unbefugt geschieht. Das Merkmal unbefugt weist nach herrschender Ansicht auf die zahlreichen steuerrechtlichen Durchbrechungen des Steuergeheimnisses auf Rechtswidrigkeitsebene hin.[25] 13

---

[17] LK-StGB/Vormbaum § 355 Rn. 7; MüKoStGB/Schmitz § 355 Rn. 10; NK-StGB/Kuhlen § 355 Rn. 8.
[18] BT-Drs. 19/4674, 286; Fischer StGB § 355 Rn. 8a.
[19] BT-Drs. 18/12611, 76.
[20] Vgl. Klein/Gersch AO § 2a Rn. 9.
[21] MüKoStGB/Schmitz § 355 Rn. 21; NK-StGB/Kuhlen § 355 Rn. 11.
[22] MüKoStGB/Schmitz § 355 Rn. 21.
[23] NK-StGB/Kuhlen § 355 Rn. 11.
[24] BeckOK StGB/Heuchemer StGB § 355 Rn. 11; vgl. Kemper wistra 2005, 290 (293).
[25] MüKoStGB/Schmitz § 355 Rn. 10; SK-StGB/Hoyer § 355 Rn. 14; Lackner/Kühl/Heger/Heger StGB § 355 Rn. 7 (iVm § 353b Rn. 13); LK-StGB/Vormbaum § 355 Rn. 27; aA OLG Frankfurt a.M. NStZ-RR 2003, 22f.

14 Solche Durchbrechungen ergeben sich vornehmlich aus § 30 Abs. 4 AO. Nach § 30 Abs. 4 Nr. 1b AO ist das Offenbaren oder Verwerten geschützter Daten gerechtfertigt, wenn dies der Durchführung eines Bußgeldverfahrens nach Art. 83 DS-GVO im Anwendungsbereich der AO dient. Die zuständigen datenschutzrechtlichen Aufsichtsbehörden (Art. 51 DS-GVO) sind bei Verstößen gegen datenschutzrechtliche Bestimmungen aus der AO auf entsprechende Informationen der Finanzbehörden angewiesen, weshalb eine Offenbarung der geschützten Daten zulässig ist.[26] § 30 Abs. 4 Nr. 3 AO nennt daneben die Zustimmung der betroffenen Person als rechtfertigende Durchbrechung des Steuergeheimnisses.[27]

E. Rechtsfolgen, Strafantrag, Konkurrenzen

15 Den Tätern des § 355 StGB drohen Geldstrafe oder Freiheitsstrafe bis zu zwei Jahre. Im Gegensatz zu den §§ 203, 204 StGB gilt die Strafe gleichermaßen für das Offenbaren und das Verwerten. Die Tat wird nach § 355 Abs. 3 StGB nur auf Antrag verfolgt. Antragsberechtigt ist neben dem Verletzten (§§ 77 ff. StGB) auch der Dienstvorgesetzte zum Zeitpunkt der Tat (§ 77a Abs. 1 StGB). § 355 StGB ist lex specialis gegenüber §§ 203, 204 StGB. Gegenüber §§ 353b, 353d StGB ist dagegen Idealkonkurrenz möglich.[28]

---

[26] BT-Drs 18/12611, 82.
[27] MüKoStGB/Schmitz § 355 Rn. 81; aA Schönke/Schröder/Perron StGB § 355 Rn. 19; Goll NJW 1979, 90 (92).
[28] MüKoStGB/Schmitz § 355 Rn. 139.

§ 23 Strafbare Verstöße gegen das TTDSG (§ 27 TTDSG)

Übersicht

	Rn.
A. Überblick	1
B. Blanketttatbestand	6
I. Vorliegen eines Blanketttatbestands	6
II. Gesetzlichkeitsprinzip und Bestimmtheitsgrundsatz	8
III. Dynamische Verweisung	11
IV. Irrtumsregelung	14
C. Objektiver Tatbestand	15
I. Abhören einer Nachricht (Abs. 1 Nr. 1)	15
1. Nachricht	17
2. Abhören	22
3. Nicht für den Empfänger bestimmt	23
4. Kenntnisnahme in vergleichbarer Weise	24
5. Funkanlage	25
II. Mitteilungsverbot (§ 27 Abs. 1 Nr. 2 TTDSG)	27
III. Herstellungs- und Bereitstellungsverbot (§ 27 Abs. 1 Nr. 3 TTDSG)	30
D. Subjektiver Tatbestand	35
E. Rechtswidrigkeit	38
F. Rechtsfolgen, Versuch und Verjährung	39

Literatur:

Appel, Verfassung und Strafe, 1998; *Altenburg/Rieks,* Strafrechtliche Risiken für Plattform-Betreiber beim Bereitstellen von Positionsdaten – „Vor Gericht und auf hoher See ..." – Untersuchung am Beispiel der AIS-Schifffahrtsdaten, ZD 2020, 237; *Bär,* Wardriver und andere Lauscher – Strafrechtliche Fragen im Zusammenhang mit WLAN, MMR 2005, 434; *Baumeister,* Informationsquelle Funkverkehr: Strafbarkeitsrisiken erläutert am Beispiel Polizeifunk und unter besonderer Berücksichtigung von Art. 5 Abs. 1 GG, ZUM 2000, 114; BMJV, Kurzkommentar Nebenstrafrecht Rn. 103; *Bülte,* Blankette und normative Tatbestandsmerkmale: Zur Bedeutung von Verweisungen in Strafgesetzen, JuS 2015, 769; *Bülte,* Anmerkung zu LG Berlin, Beschluss vom 16.4.2015 – (572) 242 AR 27/12 NS (82/12), Verfassungswidrigkeit von Rückverweisungsklauseln auf Unionsrechtsakte in Strafgesetzen, NZWiSt 2016, 112; *Buermeyer,* Der strafrechtliche Schutz drahtloser Computernetzwerke (WLANs), HRRS 2004, 285; *Cornelius,* Verweisungsbedingte Akzessorietät von Straftatbeständen, 2016; *Cornelius,* Steuerstrafrechtliche Verweisungen im Spannungsfeld des deutschen und europäischen Bestimmtheitsgrundsatzes, FS Rengier, 2018, 461; *Dannecker,* Die Dynamik des materiellen Strafrechtsunter dem Einfluss europäischer und internationaler Entwicklungen, ZStW 2005, 697; *Enderle,* Blankettstrafgesetze: verfassungs- und strafrechtliche Probleme von Wirtschaftsstraftatbeständen, 2000; *Ernst/Spoenle,* Zur Strafbarkeit des Schwarz-Surfens – Ist die Benutzung eines offenen, unverschlüsselten WLAN-Netzwerks zwecks Zugangs zum Internet strafbar? CR 2008, 439; *Gercke,* Die Entwicklung des Internetstrafrechts 2010/2011, ZUM 2011, 609; *Hagemeier,* Das Google WLAN-Scanning aus straf- und datenschutzrechtlicher Sicht, HRRS 2011, 72; *Höfinger,* Anmerkung zu AG Wuppertal, Urteil vom 3.4.2007 – 25 Qs Js 1977/08, Strafbarkeit des „Schwarz-Surfens", MMR 2008, 632; *Höfinger,* Zur Straflosigkeit des sogenannten »Schwarz-Surfens«, ZUM 2011, 212; *Hohmann,* Gedanken zur Akzessorietät des Strafrechts, ZIS 2007, 38; *Lange,* Der Strafgesetzgeber und die Schuldlehre: Zugleich ein Beitrag zum Unrechtsbegriff bei den Zuwiderhandlungen, JZ 1956, 73; *Popp,* Anmerkung zu AG Wuppertal, Urteil vom 3.4.2007 – 25 Qs Js 1977/08, Strafbarkeit des „Schwarzsurfens", jurisPR-ITR 16/2008 Anm. 4; *Weber,* Konzeption und Grundsätze des Wirtschaftsstrafrechts (einschließlich Verbraucherschutz) – Dogmatischer Teil II: Das Wirtschaftsstrafrecht und die allgemeinen Lehren und Regeln des Strafrechts, ZStW 1984, 376.

A. Überblick

Die Vorschrift stellt dem verfassungsrechtlichen Schutzauftrag folgend vorsätzliche Verletzungen der IT-Sicherheit unter Strafe. Sie knüpft damit an andere Regelungen, namentlich §§ 202a, 202b, 202a, 202b, 206, 303a, 303b, 268, 269 StGB, aber auch § 42 BDSG und § 23 GeschGehG an.[1] Mit der Vorgängerregelung in §§ 94, 95 TKG 1996 sowie

1

---

[1] Taeger/Pohle ComputerR-HdB/Deutsch/Eggendorfer, 37. EL 2022, 50.1 Rn. 464.

§ 148 TKG 2004 versuchte der Gesetzgeber das Risiko einzufangen, dass grundsätzlich jedermann über Funk ausgestrahlte Nachrichten empfangen kann, weshalb der umfassende Schutz der über Funkanlagen erfolgenden Telekommunikation vor Eingriffen Dritter eingeführt wurde.[2]

2 **PKS:** Die Fallzahlen bewegen sich auf überschaubarem Niveau. Die Aufklärungsquote ist etwas überdurchschnittlich:[3]

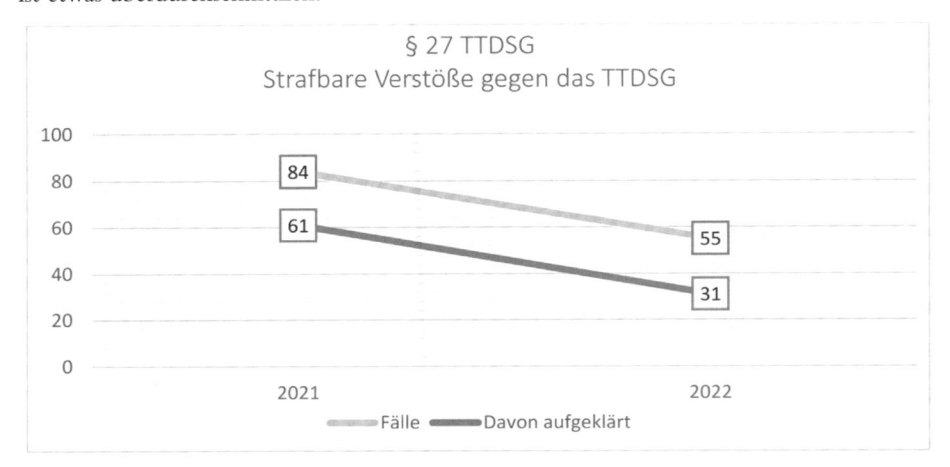

§ 27 TTDSG
Strafbare Verstöße gegen das TTDSG

	2021	2022
Fälle	84	55
Davon aufgeklärt	61	31

3 Mit der Einführung des TTDSG verband der Gesetzgeber das Ziel, die Datenschutzbestimmungen des TMG und des TKG, einschließlich der Bestimmungen zum Schutz des Fernmeldegeheimnisses, an die DS-GVO und die RL 2002/58/EG anzupassen und in einem neuen Gesetz (Telekommunikation-Telemedien-Datenschutzgesetz – TTDSG) zusammenzuführen, um hierdurch Rechtsklarheit, auch im Sanktionenrecht, zu schaffen.[4] § 27 TTDSG fällt unter das Datenschutzstrafrecht und zählt damit zum Nebenstrafrecht, sodass die allgemeinen strafrechtlichen Regelungen zur Täterschaft und Teilnahme, zum Vorsatz und zur Fahrlässigkeit sowie zum Irrtum Anwendung finden.[5]

4 Der § 27 Abs. 1 Nr. 1 und Nr. 2 TTDSG übernehmen inhaltsgleich die bisherigen Regelungen aus § 148 Abs. 1 Nr. 1 TKG aF. Die Vorschrift des § 27 Abs. 1 Nr. 3 TTDSG entspricht weitgehend § 148 Abs. 1 Nr. 2 TKG.[6] Im Gegensatz zum alten § 148 Abs. 1 Nr. 2 lit. a TKG aF wird unter § 27 TTDSG der Besitz einer in § 8 Abs. 1 TTDSG genannten Telekommunikationsanlage nicht mehr unter Strafe gestellt, sondern die Tathandlungen beschränken sich auf die Herstellung und das Bereitstellen auf dem Markt. Nach der gesetzgeberischen Intention soll damit die Rechtssicherheit von Verbrauchern erhöht werden, die ansonsten in den Anfangsverdacht einer Straftat geraten, wenn sie etwa im europäischen Ausland EU-rechtskonforme Produkte legal erwerben.[7] In § 27 Abs. 2 TTDSG ist die bislang in § 148 Abs. 2 TKG aF enthaltene Bestimmung enthalten, die unverändert übernommen wird.

5 Sowohl § 27 Abs. 1 Nr. 1 als auch Nr. 2 TTDSG sind als Verletzungsdelikte ausgestaltet, deren tatbestandsmäßiger Erfolg die Verletzung eines Rechtsguts voraussetzt.[8] Die Rege-

---

[2] HK-TTDSG/Ifsen § 27 Rn. 2; MüKoStGB/Altenhain TKG § 148 Rn. 6; Beck TKG/Cornils § 148 Rn. 38 f.
[3] PKS Bundeskriminalamt, Berichtsjahr 2017–2022, abrufbar unter https://www.bka.de/DE/AktuelleInformationen/StatistikenLagebilder/PolizeilicheKriminalstatistik/pks_node.html, abgerufen am 10.4.2022.
[4] BT-Drs. 19/27441, 2, 30.
[5] Taeger/Gabel/Ufer TTDSG § 27 Rn. 4.
[6] HK-TTDSG/Ifsen § 27 Rn. 3.
[7] BT-Drs. 19/27441, 38.
[8] HK-TTDSG/Ifsen § 27 Rn. 7; MüKoStGB/Altenhain TKG § 148 Rn. 8; Schwartmann/Jaspers/Eckhardt/ Menz TTDSG § 27 Rn. 4.

lungen in § 27 Abs. 1 Nr. 3 und Abs. 2 TTDSG stellen abstrakte Gefährdungsdelikte dar, deren Strafbarkeit von der abstrakten Gefährdung des geschützten Rechtsguts abhängen, ohne dass sich die abstrakte Gefahr konkret manifestieren muss.[9] Siehe zur Bestimmung des Handlungs- und Erfolgsorts und der daraus abgeleiteten Anwendbarkeit deutschen Strafrechts → § 25 Rn. 13f.

B. Blanketttatbestand

I. Vorliegen eines Blanketttatbestands

Der § 27 TTDSG legt die Sanktion nach Art und Höhe für die Verletzung bestimmter in anderen Regelungen vorgesehener Verbote der §§ 5, 8 TTDSG (Ausfüllungsnormen) fest. Insoweit stellt § 27 TTDSG aufgrund der Binnenverweisung einen unechten Blanketttatbestand dar.[10] Der § 5 TTDSG, auf den § 27 TTDSG verweist, nimmt wiederum Bezug auf den Funkanlagenbegriff des § 3 Abs. 1 Nr. 1 Funkanlagengesetz („FuAG")[11]. Insoweit handelt es sich wegen dieser Weiterverweisung bei § 27 TTDSG im Endeffekt um eine Außenverweisung und damit einen **echten Blanketttatbestand.**[12] Der § 3 Abs. 2 FuAG wiederum verweist für die Definition der Funkanlagen in § 3 Abs. 1 Nr. 1 FuAG auf unionsrechtliche Durchführungsrechtsakte, die „zu berücksichtigen" sind. Durch diese mehrfache Verweisung auf andere Rechtsquellen ist § 27 TTDSG als **mehrstufiger Blanketttatbestand** zu qualifizieren. Auch der Verweis auf § 8 TTDSG stellt einen echten Blanketttatbestand dar, denn die Telekommunikationsanlage ist in § 3 Nr. 60 TKG definiert. 6

Wegen des sanktionierten Vorwurfs eines rechtswidrigen und schuldhaften Verhaltens im Straftatbestand des § 27 TTDSG müssen die dort geregelten Blankettvorschriften insbesondere dem verfassungsrechtlichen Gesetzlichkeitsprinzip des Art. 103 Abs. 2 GG genügen.[13] 7

II. Gesetzlichkeitsprinzip und Bestimmtheitsgrundsatz

Das Gesetzlichkeitsprinzip dient dem **doppelten Zweck** der Gewährleistung des Parlamentsvorbehalts einerseits und dem Individualschutz andererseits.[14] In seiner **individualschützenden Funktion** umfasst das Gesetzlichkeitsprinzip das **Gebot der Normenklarheit,** wonach jeder vorsehen können soll, welches Verhalten verboten und sanktioniert ist. Die Rechtsprechung lässt es für die Vorhersehbarkeit genügen, wenn die Bedeutung eines Tatbestands durch Auslegung verlässlich ermittelt werden kann und für den Normadressat erkennbar ist.[15] 8

Die blankettimmanente Normzusammensetzung, die erst in der Zusammenschau den Sanktionsbefehl offenbart, kann in unterschiedlichen Konstellationen mit dem Gebot der Normenklarheit kollidieren. Zum einen kann die Verweisung der Ausgangsnorm auf den 9

---

[9] HK-TTDSG/Ifsen § 27 Rn. 7; MüKoStGB/Altenhain TKG § 148 Rn. 8; Schwartmann/Jaspers/Eckhardt/Menz TTDSG § 27 Rn. 4.
[10] Vgl. Cornelius, Verweisungsbedingte Akzessorietät bei Straftatbeständen, 2016, 249.
[11] BGBl. 2017 I 1947.
[12] Vgl. Cornelius, Verweisungsbedingte Akzessorietät bei Straftatbeständen, 2016, 249.
[13] BVerfG v. 11.2.1976 – 2 BvL 2/73, BVerfGE 41, 314 (319); BVerfG v. 30.6.1976 – 2 BvR 435/76, BVerfGE 42, 261 (262f.); BVerfG v. 1.12.1992 – 1 BvR 88, 576/91, BVerfGE 87, 399 (411); BVerfG v. 15.9.2011 – 1 BvR 519/10, NVwZ 2012, 504 (505); Dürig/Herzog/Scholz/Remmert GG Art. 103 Abs. 2 Rn. 110.
[14] BVerfGE 73, 206 (234); 78, 374 (382); 126, 170 (194f.); BVerfG NVwZ-RR 1992, 521; Appel, Verfassung und Strafe, 1998, 117ff.; Bülte NZWiSt 2016, 117 (118); Graf/Jäger/Wittig/Cornelius AWG Vor §§ 17ff. Rn. 65; Forgó/Helfrich/Schneider Betr. Datenschutz-HdB/Cornelius XIV. Rn. 27; NK-ProdR/Cornelius/Spitz ProdSG § 28 Rn. 11ff.
[15] BVerfGE 48, 48 (56); 80, 244 (256f.); BGHSt 11, 365 (377).

blankettausfüllenden Tatbestand, zum andern die Bestimmtheit der in Bezug genommenen Ausfüllungsnorm selbst unzureichend sein und schließlich kann die unter Umständen mehrstufige Verweisungskaskade insbesondere bei der Kombination aus nationalem und europäischem Recht die Normenklarheit für den Rechtsanwender erschweren.[16]

10 Bei der Verweisung auf die Durchführungsrechtsakte der Europäischen Kommission in § 3 Abs. 2 FuAG ist jedoch zu beachten, dass die dortige Festlegung bestimmter Kategorien lediglich zu „berücksichtigen" sind. Damit erfolgt keine direkte Anknüpfung an einen Normtext (wie bei einem Blankett), sondern es geht diesbezüglich um eine offene normative Anknüpfung, die einer entsprechenden Wertung durch das Gericht zugänglich ist.[17]

III. Dynamische Verweisung

11 Bei den Verweisungen in § 27 TTDSG handelt es sich um dynamische Verweisungen. Denn es wird nicht auf die zum Zeitpunkt des Erlasses der Verweisung feststehende Fassung des Ausfüllungsgesetzes verwiesen.[18] Dies führt zu einer Anknüpfung an die jeweils gültige Fassung des Ausfüllungsgesetzes.[19] Hierdurch wird der Gesetzgeber des Ausfüllungsgesetzes an dem jeweiligen Regelungsinhalt des Blankettgesetzes beteiligt, indem der Blankettgesetzgeber nicht nur die Ausfüllungsnorm kopiert, sondern auch eine fortdauernde Synchronität mit dieser anstrebt.[20] Diese dynamische Delegation kann mit dem Gesetzlichkeits- und Demokratieprinzip kollidieren, wenn sich der Gesetzgeber durch dynamische Veränderungen der Ausfüllungsnorm der Aufgabe entzieht, selbst die wesentlichen Strafbarkeitsvoraussetzungen zu regeln.[21] Dies ist allerdings nicht der Fall und insoweit verfassungsrechtlich unproblematisch, soweit § 27 TTDSG im Wege der Binnenverweisung auf Regelungen desselben Gesetzes verweist. Insoweit ist der Gesetzgeber des Blankett- mit dem des Ausfüllungsgesetzes identisch (unechter Blanketttatbestand).

12 Dynamische **Außenverweisungen** unterliegen dagegen verfassungsrechtlichen Restriktionen.[22] Eine solche Außenverweisung in Sanktionsregelungen ist mit Art. 103 Abs. 2 GG nur vereinbar, wenn sich die Art und im Fall angeordneter Freiheitsentziehung das Maß der Sanktion sowie die Voraussetzung der Sanktionsnorm abschließend aus dem Blankettgesetz ergibt.[23] Bei § 27 TTDSG ist die Außenverweisung insoweit unproblematisch, als auf Regelungen in anderen Bundesgesetzen (Funkanlagengesetz, Amateurfunkgesetz oder Telekommunikationsgesetz) verwiesen wird und damit der Gesetzgeber für die Ausgangs- und die Ausfüllungsnorm[24] identisch ist.[25]

13 Problematischer können dagegen Verknüpfungen mit den Regelungen anderer Normgeber sein, wie etwa in § 3 Abs. 2 FuAG die (offen normative) Verweisung auf Durchführungsakte der Europäischen Kommission.[26] Allerdings normiert § 27 TTDSG bereits umfassend und abschließend die Art und das Maß der drohenden Sanktionen; zudem sieht § 3 Abs. 1 Nr. 1 FuAG bereits umfangreiche Bestimmungen des Begriffs der Funkanlage vor. Die Festlegungen der Europäischen Kommission nach § 3 Abs. 2 FuAG sind dabei im Rahmen einer offen normativen Anknüpfung zu berücksichtigen, spezifizieren dabei je-

---

[16] Vertiefend hierzu Cornelius, Verweisungsbedingte Akzessorietät bei Straftatbeständen, 2016, 401 f., 412 ff.
[17] Zu dieser Differenzierung Cornelius, Verweisungsbedingte Akzessorietät bei Straftatbeständen, 2016, 290 f.
[18] Hohmann ZIS 2007, 38 (40).
[19] Hohmann ZIS 2007, 38 (40).
[20] Cornelius, Verweisungsbedingte Akzessorietät bei Straftatbeständen, 2016, 286.
[21] BayObLG 92, 121 (123); Enderle, Blankettstrafgesetze, 2000, 180 ff.; Dannecker ZStW 117 (2005), 697 (738).
[22] BMJV Kurzkommentar Nebenstrafrecht Rn. 103.
[23] Graf/Jäger/Wittig/Cornelius AWG Vor §§ 17 ff. Rn. 81; Cornelius, Verweisungsbedingte Akzessorietät bei Straftatbeständen, 2016, 329.
[24] Zur insoweit gebrauchten Einordnung als „parallele Außenverweisung" vgl. Cornelius, Verweisungsbedingte Akzessorietät bei Straftatbeständen, 2016, 249.
[25] BMJV Kurzkommentar Nebenstrafrecht Rn. 102.
[26] Ein Spannungsverhältnis zum Bestimmtheitsgebot annehmend HK-TTDSG/Ifsen § 27 Rn. 5, 13.

doch nur das, was bereits in § 27 Abs. 1 Nr. 1 TTDSG geregelt ist. Insoweit ist in der Verweisung kein Verstoß gegen das Gesetzlichkeitsprinzip zu sehen.[27]

IV. Irrtumsregelung

Im Kontext (komplexer) Verweisungskonstellationen spielen Irrtümer eine nicht unerhebliche Rolle. Dies gilt auch für § 27 TTDSG.[28] Unbestrittener Ausgangspunkt ist, dass sich ein Tatbestandsirrtum (§ 16 Abs. 1 S. 1 StGB) auf einen vom Täter irrig angenommenen Umstand bezieht, der „zum gesetzlichen Tatbestand gehört".[29] Ein Irrtum über das begangene strafrechtliche Unrecht ist dagegen als Verbotsirrtum nach § 17 S. 1 StGB einzuordnen. Im Kontext der in § 27 TTDSG relevanten Blankettmerkmale stellt sich dabei insbesondere die Frage, was zum „gesetzlichen Tatbestand" gehört. Nach hA sind die Blanketttatbestände und die dort in Bezug genommenen Ausfüllungsnormen zur Ermittlung des „gesetzlichen Tatbestandes" zusammenzulesen, unabhängig vom Charakter der Ausfüllungsnorm.[30] Die Kenntnis der Ausfüllungsnorm ist dagegen nach wohl noch hM Gegenstand des Unrechtsbewusstseins und nicht des Vorsatzes.[31] Das fehlende Wissen um die Existenz oder die Anwendbarkeit der Ausfüllungsnorm ist somit als Verbotsirrtum nach § 17 StGB zu behandeln.[32] Hat der Täter jedoch keine Kenntnis von einer konkreten Einzelanordnung, die das Blankett ausfüllt (etwa im Fall von § 27 Abs. 1 Nr. 1, § 5 Abs. 1 TTDSG, § 3 FuAG eine zu berücksichtigende Festlegung der Europäischen Kommission), ist die Unkenntnis grundsätzlich als Tatbestandsirrtum zu werten.[33]

C. Objektiver Tatbestand

I. Abhören einer Nachricht (Abs. 1 Nr. 1)

Abs. 1 Nr. 1 stellt den Verstoß gegen das Abhörverbot aus § 5 Abs. 1 TTDSG unter Strafe. Nach § 5 Abs. 1 TTDSG dürfen mit einer Funkanlage (§ 3 Abs. 1 Nr. 1 FuAG) nur solche Nachrichten abgehört oder in vergleichbarer Weise zur Kenntnis genommen werden, die
- für den Betreiber der Funkanlage,
- für Funkamateure im Sinne des § 2 Nr. 1 des Amateurfunkgesetzes,
- für die Allgemeinheit oder
- für einen unbestimmten Personenkreis bestimmt sind.

Der Verstoß hiergegen kann durch **jedermann** begangen werden.

1. Nachricht

Der Begriff der Nachricht ist in § 2 Abs. 2 Nr. 4 TTDSG definiert. Nachricht ist demnach jede Information, die zwischen einer endlichen Zahl von Beteiligten über einen Telekommunikationsdienst ausgetauscht oder weitergeleitet wird. Davon ausgenommen sind Informationen, die als Teil eines Rundfunkdienstes über ein öffentliches Telekommunikationsnetz an die Öffentlichkeit weitergeleitet werden, soweit die Informationen nicht mit dem identifizierbaren Nutzer, der sie erhält, in Verbindung gebracht werden können.

---

[27] Vgl. Cornelius FS Rengier, 2018, 457, 460.
[28] Vgl. HK-TTDSG/Ifsen § 27 Rn. 5.
[29] MüKoStGB/Joecks § 16 Rn. 68 ff.
[30] NK-StGB/Puppe § 16 Rn. 18.
[31] Vgl. Enderle, Blankettstrafgesetze, 2000, 79; krit. Bülte JuS 2015, 768 (773 f.); aA jetzt Roxin/Greco StrafR AT I § 12 Rn. 111.
[32] BGHSt 3, 400 (403); BGH v. 15.11.2012 – 3 StR 295/12, NZWiSt 2013, 113; aA NK-StGB/Puppe § 16 Rn. 64 ff.; Lange JZ 1956, 73 (76).
[33] NK-ProdR/Cornelius/Spitz ProdSG § 28 Rn. 28; Schönke/Schröder/Heine/Schittenhelm StGB § 327 Rn. 20; KK-StPO/Rengier OWiG § 11 Rn. 27; Weber ZStW 96 (1984), 376 (393).

18 Zu Nachrichten gehören insbesondere Informationen, die aus Zeichen, Sprache, Bildern, Videos oder Tönen zusammengesetzt sind.

19 **Praxisbeispiel:**

Klassischerweise handelt es sich dabei um E-Mails, SMS, Messenger-Nachrichten, staatliche oder geschäftliche Funknetze oder auch Morsezeichen.[34]

20 Aus § 5 Abs. 1 TTDSG lässt sich im Umkehrschluss ableiten, dass sich ein strafbares Abhören im Sinne der Norm auf solche Informationen bezieht, die nicht für die Allgemeinheit oder einen unbegrenzten Personenkreis bestimmt sind. Umstritten ist, ob die abgehörte und mitgeteilte Nachricht einen bestimmten menschlich wahrnehmbaren Mindestinformationsgehalt beinhalten muss oder ob unter den Begriff der Nachricht auch rein technische Signale wie Transpondersignale, das technische Radarsignal oder das WLAN-Signal fallen.[35]

- Die Gegner einer solchen Erheblichkeitsgrenze sprechen sich für einen umfassenden strafrechtlichen „Nachrichtenschutz" aus, der auch unerhebliche Geschehnisse umfasse.[36]
- Die Befürworter einer solchen Erheblichkeitsgrenze führen an, dass sich der strafrechtliche Schutzbereich nur auf schutzwürdige und aussagekräftige Informationen beziehen solle und nicht auch auf „Fragmente ohne materiellen Informationscharakter", die auch vom Wortlaut her nicht mehr abgehört werden könnten im Sinne eines unmittelbaren Zuhörens oder Hörbarmachens.[37]

21 Die einschränkende Auffassung überzeugt. Der Wortlaut der Ausfüllungsnorm § 5 Abs. 1 TTDSG (früher § 89 Abs. 1 TKG aF) bildet für die strafrechtliche Regelung des § 27 Abs. 1 TTDSG die Grenze des strafrechtlich relevanten Verhaltens. Diese Wortlautgrenze wird überschritten, wenn auch die bloße Teilnahme am Datenverkehr in einem Netzwerk (wie beispielsweise aufgrund sog. Schwarz-Surfens) unter § 27 TTDSG subsumiert wird.[38] So sind MAC-Adressen, SSID und (jedenfalls interne) IP-Adressen als technische Steuerinformationen nicht unter den Nachrichtenbegriff subsumierbar.[39]

2. Abhören

22 Unter Abhören ist das unmittelbare Zuhören oder das Hörbarmachen für andere zu verstehen, wozu auch das Zuschalten einer Aufnahmeeinrichtung zum späteren Anhören zählt.[40] Der Täter muss hierbei den Inhalt der Nachricht nicht erfasst oder verstanden haben.[41] Das Tatbestandsmerkmal ist auch dann verwirklicht, wenn man anderen das Mithören ermöglicht, da sich der Unrechtsgehalt bereits durch das Eindringen in die geschützte Kommunikation als ein unbefugter Eingriff in das allgemeine Persönlichkeitsrecht[42] oder den hoheitlichen Funkverkehr (zB Polizeifunk) qualifiziert. Entsprechend führt das Einverständnis des *Senders* in den Empfang der Nachricht nur bei Eingriffen in das allgemeine Persönlichkeitsrecht zum Tatbestandsausschluss; über die Vertraulichkeit des hoheitlichen Funkverkehrs kann dagegen nicht disponiert werden.[43] Das Mithören muss nicht heimlich

---

[34] BayObLG NStZ 1999, 308 (309); HK-TTDSG/Ifsen § 27 Rn. 9 f.
[35] Für einen umfassenden Nachrichtenschutz MüKoStGB/Altenhain TKG § 148 Rn. 14; AG Potsdam ZUM 2000, 166 (167); aA LG Wuppertal ZUM 2011, 190; Ernst/Spoenle CR 2008, 439 ff. (im Bereich des sog. Schwarz-Surfens); Hagemeier HRRS 2011, 72 (77); restriktiv sogar allgemein darauf abstellend, ob die Nachricht einen eigenen materiellen Informationscharakter beinhaltet Baumeister ZUM 2000, 114 (118).
[36] MüKoStGB/Altenhain TKG § 148 Rn. 14.
[37] LG Wuppertal ZUM 2011, 190; Baumeister ZUM 2000, 114 (118).
[38] Höfinger ZUM 2011, 212; iErg auch Scheurle/Mayen/Dierlamm/Cordes TKG § 148 Rn. 10.
[39] Popp jurisPR-ITR 16/2008 Anm. 4; Gercke ZUM 2011, 609 (621).
[40] AG Wuppertal BeckRS 2010, 19628; HK-TTDSG/Ifsen § 27 Rn. 11; Hagemeier HRRS 2011, 72 (77).
[41] HK-TTDSG/Ifsen, § 27 Rn. 9; Taeger/Gabel/Ufer TTDSG § 27 Rn. 8.
[42] Schwartmann/Jaspers/Eckhardt/Menz TTDSG § 27 Rn. 8; Taeger/Gabel/Ufer TTDSG § 27 Rn. 8.
[43] HK-TTDSG/Ifsen § 27 Rn. 11.

erfolgen, da der Sender im Rahmen von Funkverkehr ohnehin stets mit der zumindest technischen Möglichkeit eines Abhörens durch Dritte rechnen muss.[44]

3. Nicht für den Empfänger bestimmt

Die Nachricht darf nicht für den Betreiber der Funkanlage, Funkamateure, die Allgemeinheit oder einen unbestimmten Personenkreis bestimmt gewesen sein. Die Bestimmung der Nachricht richtet sich kumulativ nach dem **subjektiven Willen** des Absenders[45] und der **objektiv erkennbaren Adressatenbestimmung.**[46] Letzteres Kriterium ergibt sich aus dem verfassungsrechtlichen Erfordernis der Normenbestimmtheit. Das Bundesverfassungsgericht stellte insoweit Folgendes fest: „Es mag Fälle geben, in denen es für den Empfänger nur schwer feststellbar ist, ob die Nachrichten für die Funkanlage bestimmt sind. Deshalb berücksichtigen die fachgerichtliche Rechtsprechung und überwiegend auch die Literatur die *Schwierigkeit der Erkennbarkeit* und sehen nur solche Nachrichten als nicht für die Funkanlage bestimmt an, die sich erkennbar weder an den Inhaber der Anlage oder Empfänger als Einzelperson noch an ihn als Repräsentanten der Allgemeinheit oder eines unbestimmten Personenkreises richten".[47]

4. Kenntnisnahme in vergleichbarer Weise

Die zweite Variante der Nr. 1 bezieht mit dem Begriff „Kenntnisnahme in vergleichbarer Weise" nonverbale Datenfunkaussendungen, die akustisch nicht wahrnehmbar sind, in den Tatbestand des § 27 TTDSG mit ein.[48] Umfasst ist hiernach die sinnliche Wahrnehmung des Nachrichteninhalts durch den Täter selbst oder durch einen Dritten mithilfe einer Funkanlage, wodurch etwa SMS-, Messenger-Dienst- oder E-Mail-Inhalte zur Kenntnis genommen werden können.[49]

5. Funkanlage

Über den Verweis auf § 5 Abs. 1 TTDSG muss als weitere Tatbestandsvoraussetzung das Abhören mit einer Funkanlage erfolgen. Die Funkanlage ist nach der Legaldefinition des § 3 Abs. 1 Nr. 1 FuAG ein elektrisches oder elektronisches Erzeugnis, das
- bestimmungsgemäß Funkwellen zum Zweck der Funkkommunikation oder der Funkortung ausstrahlt und/oder empfängt oder
- Zubehör, wie zum Beispiel eine Antenne, benötigt, damit es bestimmungsgemäß Funkwellen zum Zweck der Funkkommunikation oder der Funkortung ausstrahlen und/oder empfangen kann.

> **Praxisbeispiele:**
> Zu den Funkanlagen zählen neben Funkscannern, Amateur- oder CB-Funkgeräten[50] auch etwa schnurlose Telefone und Mobiltelefone[51] oder mit WLAN-,[52] Bluetooth-Adaptern[53] oder mit WLAN-Karte[54] ausgestattete Geräte. Die Beschränkung auf funkbe-

---

[44] MüKoStGB/Altenhain TKG § 148 Rn. 27; Taeger/Gabel/Ufer TTDSG § 27 Rn. 9.
[45] Baumeister ZUM 2000, 114 (116); vgl. Altenburg/Rieks ZD 2020, 237 (241) am Beispiel von AIS-Schifffahrtsdaten.
[46] HK-TTDSG/Schreiber § 5 Rn. 32.
[47] BVerfG NStZ-RR 2005, 119 (120) mwN.
[48] HK-TTDSG/Ifsen § 27 Rn. 12.
[49] HK-TTDSG/Ifsen § 27 Rn. 12.
[50] MüKoStGB/Altenhain § 148 TKG Rn. 29 mwN.
[51] Säcker/Körber TKG/Waßmer § 5 Rn. 8.
[52] Säcker/Körber TKG/Waßmer § 5 Rn. 8; vgl. auch Bär MMR 2005, 434 (440); Beck TKG/Bock § 89 Rn. 5; Buermeyer HRRS 2004, 285 (289); Hagemeier HRRS 2011, 72 (76); Höfinger MMR 2008, 632 (633).
[53] MüKoStGB/Altenhain TKG § 148 Rn. 29.

zogene Kommunikation schließt dagegen leitungs- und kabelgebundene Anlagen wie zum Beispiel das Telefonfestnetz oder via LAN-Kabel verbundene Geräte vom Anwendungsbereich der Norm aus.[55] Somit kommt der PC, der über das WLAN mit dem Internet verbunden ist, als Funkanlage iSd §§ 5 Abs. 1, 27 Abs. 1 TTDSG in Betracht. Ist der PC dagegen mit einem LAN-Kabel mit dem Internet verbunden, scheidet das Gerät dagegen als Funkanlage iSd §§ 5 Abs. 1, 27 Abs. 1 TTDSG aus. Einer analogen Einbeziehung auch dieser leitungsgebundenen Variante steht das Analogieverbot aus Art. 103 Abs. 2 GG entgegen.[56]

II. Mitteilungsverbot (§ 27 Abs. 1 Nr. 2 TTDSG)

27 Nach § 27 Abs. 1 Nr. 2 TTDSG macht sich strafbar, wer nach (auch ungewollter) Kenntniserlangung von einer Nachricht ohne Befugnis Dritten den Inhalt der Nachricht oder auch nur die Tatsache des unbefugten Empfangs mitteilt. Der ursprünglich befugte Empfang der Nachricht führt dagegen zur Tatbestandslosigkeit der Weitergabe, auch wenn diese unbefugt erfolgt.[57] Weder der Täter selbst, noch der, dem die Nachricht weitergeleitet wurde, müssen den Inhalt der abgehörten Nachricht wahrgenommen und die Bedeutung verstanden haben.[58] Durch § 27 Abs. 1 Nr. 2 TTDSG wird das Abhörverbot aus § 27 Abs. 1 Nr. 1 TTDSG um ein **Verwendungsverbot** ergänzt.[59]

28 Unter § 27 Abs. 1 Nr. 2 TTDSG fallen durch die Bezugsnorm des § 5 Abs. 2 S. 1 TTDSG sowohl Nachrichten, die unter Verstoß gegen § 5 Abs. 1 TTDSG abgehört oder zur Kenntnis genommen wurden oder deren Empfang ursprünglich straflos, weil unbeabsichtigt erfolgte. In beiden Varianten darf die betreffende Nachricht nicht Dritten zur Kenntnis gegeben werden.[60] Das Verbot gilt für jedermann, worauf der Verweis auf § 3 TTDSG, der gerade nicht erfüllt sein muss, hindeutet.[61] Allerdings ist insoweit einzuschränken, dass der Täter einer Geheimhaltungspflicht unterliegen muss.[62] Der Täter muss daher (im Moment des Abhörens oder sonstigen Kenntniserlangens) Betreiber der Funkanlage sein, dh die rechtliche und tatsächliche Kontrolle im Sinne der Funktionsherrschaft über die jeweilige Anlage ausüben[63] oder zumindest von der Nachricht unmittelbar durch den Betreiber der Funkanlage erfahren haben.[64] Hierauf deutet der Wortlaut des § 5 Abs. 2 S. 1 TTDSG „auch wenn der Empfang […] von Personen, für die eine Pflicht zur Geheimhaltung nicht schon nach § 3 besteht" sowie die amtliche Überschrift „Geheimhaltungspflicht der Betreiber von Funkanlagen" hin.[65]

29 Praxisbeispiele:

Da die ursprüngliche Kenntniserlangung auch ungewollt erfolgen kann, können unter § 27 Abs. 1 Nr. 2 TTDSG auch solche Vorgänge wie das Weiterleiten von versehentlich empfangenen SMS- und Messenger-Nachrichten (zB über Whatsapp) oder E-Mails (weil sie beispielsweise unzutreffend adressiert waren) fallen. Maßgeblich ist, anknüpfend an die Adressatenbestimmung aus § 5 Abs. 1 TTDSG, dass

---

[54] MüKoStGB/Altenhain TKG § 148 Rn. 29.
[55] HK-TTDSG/Ifsen § 27 Rn. 14.
[56] Beck TKG/Bock § 89 Rn. 4.
[57] Taeger/Gabel/Ufer TTDSG § 27 Rn. 10.
[58] HK-TTDSG/Ifsen § 27 Rn. 17.
[59] HK-TTDSG/Ifsen § 27 Rn. 15.
[60] HK-TTDSG/Ifsen § 27 Rn. 16.
[61] HK-TTDSG/Ifsen § 27 Rn. 16.
[62] Säcker/Körber TKG/Kleszewski/Waßmer § 27 Rn. 13.
[63] Forgó/Helfrich/Schneider Betr. Datenschutz-HdB/Cornelius XIV Rn. 170.
[64] Säcker/Körber TKG/Waßmer § 5 Rn. 31; aA MüKoStGB/Altenhain TKG § 148 Rn. 35.
[65] Baumeister ZUM 2000, 114 (118 f.).

- der Absender die Nachricht subjektiv für einen anderen Adressaten bestimmt hat,
- der Empfänger dies objektiv hat erkennen können,
- der Empfänger außerdem die Nachricht mittels einer Funkanlage (zB über ein Gerät, das mit dem WLAN verbunden ist, etwa einen PC oder ein Mobilfunkgerät, nicht aber mit einem Gerät, das über ein LAN-Kabel verbunden ist) empfangen hat und schließlich, dass
- der Täter die Nachricht einem Dritten mitteilt.

III. Herstellungs- und Bereitstellungsverbot (§ 27 Abs. 1 Nr. 3 TTDSG)

Mit § 27 Abs. 1 Nr. 3 TTDSG werden Vorbereitungshandlungen, die eine abstrakte Gefahr darstellen können, unter Strafe gestellt. Das Herstellen oder Bereitstellen einer Telekommunikationsanlage nach § 8 Abs. 1 TTDSG auf dem Markt sind demnach ebenfalls mögliche Tathandlungen. Hierbei geht es vor allem um Anlagen, die zur Ausspähung der Privatsphäre geeignet sind (Spionagegeräte).[66] 30

Neben der Eignung müssen die Anlagen auch von vornherein zum **heimlichen Abhören** von Gesprächen oder dem heimlichen Anfertigen von Bildaufnahmen eines anderen **bestimmt** sein.[67] Um ein Ausufern des Verbotstatbestandes gerade vor dem Hintergrund technischer Fortentwicklung zu verhindern, mahnte schon der Gesetzgeber an, der Verbotstatbestand solle auf „solche Anlagen beschränkt sein, die von vornherein keinem anerkennenswerten Zweck, sondern offensichtlich nur dem heimlichen Abhören von Gesprächen bzw. dem heimlichen Anfertigen von Bildaufnahmen eines anderen dienen."[68] 31

Praxisbeispiele: 32
Entsprechend fallen mit Kameras und/oder Mikrofonen ausgestatte Saugroboter, Smartwatches, Futterautomaten für Haustiere oder Autos im Regelfall **nicht** unter die Verbotsnorm des § 8 Abs. 1 TTDSG und entsprechend auch nicht unter § 27 Abs. 1 Nr. 3 TTDSG, da solche Geräte gerade keinem Abhörzweck, sondern anerkannten Zwecken der Telekommunikations- und Sensortechnik dienen.[69] Anders kann dies zu beurteilen sein, wenn alltägliche Gegenstände wie etwa Lampen, Puppen oder Spielzeugautos mit Kameras oder Mikrofonen ausgestattet sind, ohne dass dies für den Nutzer nach außen erkennbar ist.[70]

Im Kontext der DS-GVO wird insbesondere der Einsatz der erstgenannten Geräte im persönlichen und familiären Kontext und etwaige damit einhergehende „zufällige" Verarbeitungen personenbezogener Daten Dritter unter die sogenannte Haushaltsausnahme des Art. 2 Abs. 2 lit. c DS-GVO und damit aus dem Anwendungsbereich der DS-GVO fallen.[71] Dies gilt zumindest, soweit etwa Videoaufzeichnungen mit entsprechenden Geräten ausschließlich persönlichen und/oder familiären Zwecken dienen und nicht etwa der 33

---

[66] HK-TTDSG/Ifsen § 27 Rn. 19.
[67] BT-Drs. 17/5707, 78; Taeger/Gabel/Munz TTDSG § 8 Rn. 4.
[68] BT-Drs. 17/5707, 78.
[69] Kritisch ist insoweit die Stellungnahme der Bundesnetzagentur, Verbotene Telekommunikationsanlagen, https://www.bundesnetzagentur.de/DE/Vportal/TK/Produkte/spionagegeraete/start.html (abgerufen am: 7.2.2023), die neben in der Tat problematischen „Rauchmelde**attrappen**" auch im Regelfall unproblematische Produkte wie „Smartwatches", „Saugroboter" oder „Futterautomaten für Haustiere" im Zusammenhang mit § 8 Abs. 1 TTDSG nennt.
[70] https://www.bundesnetzagentur.de/DE/Fachthemen/Telekommunikation/Unternehmenspflichten/Datenschutz/MissbrauchSendeanlagen/HinweiseProduktkategorien/hinweiseproduktkategorien.html?nn=690686, abgerufen am 22.4.2023.
[71] Vgl. AG München v. 6.6.2013 – 343 C 4445/13, BeckRS 2013, 11584 Rn. 14; DSK, Orientierungshilfe Videoüberwachung durch nicht-öffentliche Stellen, S. 6; EDPB, Leitlinie 3/2019 zur Verarbeitung personenbezogener Daten durch Videogeräte, S. 8.

Überwachung des öffentlichen Raums zum Schutz von Eigentum, Besitz und Gesundheit (zB bei Überwachungsanlagen an Privathäusern).[72]

34 Das **Herstellen** ist das Anfertigen in jeglicher Form; das **Bereitstellen** auf dem Markt umfasst jede entgeltliche oder unentgeltliche Abgabe eines Produkts zum Vertrieb, Verbrauch oder zur Verwendung auf dem Markt im Rahmen einer Geschäftstätigkeit.[73] Ziel der Regelung in § 27 Abs. 1 Nr. 3 und § 8 Abs. 1 TTDSG ist es, dass sog. Spionagegeräte, die dazu geeignet sind, das nicht öffentlich gesprochene Wort eines anderen abzuhören oder das Bild eines anderen unbemerkt aufzunehmen – etwa indem sie als Alltagsgegenstände getarnt sind – weder besessen oder hergestellt noch auf dem Markt bereitgestellt, eingeführt oder in sonstiger Weise in den Geltungsbereich des TTDSG verbracht werden.[74]

D. Subjektiver Tatbestand

35 Der Vorsatz muss sich bei den Tatvarianten nach § 27 Abs. 1 Nr. 1 und 2 TTDSG auf sämtliche objektiven Tatbestandsmerkmale beziehen.

36 Bei einem alleinigen Blick auf die Vorschrift des § 27 TTDSG kann man zu der Annahme gelangen, dass bedingter Vorsatz (dh das zumindest billigende Inkaufnehmen der Tatbestandsverwirklichung) ausreichend ist.[75] Dies relativiert sich jedoch bei einer Einbeziehung der in Bezug genommenen Verweisung des § 5 TTDSG. Durch die Regelung im § 5 Abs. 2 TTDSG, die auf den „unbeabsichtigten" Empfang abstellt, lässt sich schließen, dass Abhören einer Nachricht nach §§ 27 Abs. 1 Nr. 1, 5 Abs. 1 TTDSG **absichtlich** geschehen muss.[76]

37 Für die anderen Tatvarianten des § 27 Abs. 1 TTDSG reicht dagegen bereits der bedingte Vorsatz. Der Irrtum über das Vorliegen eines objektives Tatbestandsmerkmal ist als Tatbestandsirrtum nach § 16 Abs. 1 StGB zu behandeln. In diesem Fall bleibt der Täter straflos, da nach Abs. 2 fahrlässiges Handeln nur bei der Tatvariante des § 27 Abs. 1 Nr. 3 TTDSG unter Strafe gestellt ist.

E. Rechtswidrigkeit

38 Die Rechtswidrigkeit und Schuld werden bei einem Verstoß gegen § 5 und § 8 TTDSG grundsätzlich indiziert.[77] Allgemeine Rechtfertigungsgründe (§§ 32, 34 StGB) oder entschuldigender Notstand (§ 35 StGB) kommen in Betracht.[78] So kann das Abhören im Rahmen einer Erpressung oder Geiselnahme gerechtfertigt sein. Abhörmaßnahmen aufgrund zivilrechtlicher Beweisnot sind dagegen im Regelfall als rechtswidrig einzuordnen.[79] Zudem erlaubt § 5 Abs. 3 TTDSG das Abhören und Weitergeben von Inhalten, soweit hierzu eine gesetzliche Ermächtigung besteht. Dabei kommen neben den speziellen § 3 Abs. 3 S. 4 TTDSG, der auf die vorrangige Anzeigepflicht nach § 138 StGB verweist, Befugnisse nach §§ 100 ff. StPO sowie weitere spezialgesetzliche Ermächtigungsregelungen (zB §§ 3, 5, 8 Artikel-10-Gesetz, §§ 23a ff., 45, 46 Zollfahndungsdienstgesetz (ZFdG) oder landespolizeirechtliche Befugnisse) in Betracht.[80]

---

[72] EuGH NJW 2015, 463 (464 Rn. 33 ff.) – Reyneš.
[73] HK-TTDSG/Ifsen § 27 Rn. 23, 24.
[74] Schwartmann/Jaspers/Eckhardt/Menz TTDSG § 27 Rn. 13; Taeger/Gabel/Ufer TTDSG § 27 Rn. 12.
[75] Schwartmann/Jaspers/Eckhardt/Menz TTDSG § 27 Rn. 16; Taeger/Gabel/Ufer TTDSG § 27 Rn. 14.
[76] Im Ergebnis ebenso Säcker/Körber TKG/Klesczewski/Waßmer TTDSG § 27 Rn. 11 f.; HK-TTDSG/Ifsen § 27 Rn. 25.
[77] Schwartmann/Jaspers/Eckhardt/Menz TTDSG § 27 Rn. 18.
[78] Graf/Jäger/Wittig/Graf TKG § 148 Rn. 12; Schwartmann/Jaspers/Eckhardt/Menz TTDSG § 27 Rn. 18; ablehnend Säcker/Körber TKG/Klesczewski/Waßmer TTDSG § 27 Rn. 21.
[79] ERST/Gercke TKG § 148 Rn. 31; Taeger/Gabel/Ufer TTDSG § 27 Rn. 26.
[80] HK-TTDSG/Schreiber § 5 Rn. 46 mwN; Taeger/Gabel/Munz TTDSG § 5 Rn. 4.

F. Rechtsfolgen, Versuch und Verjährung

Die Taten nach Abs. 1 werden mit Freiheitsstrafe bis zu zwei Jahre oder mit Geldstrafe bestraft. Eine fahrlässige Tat nach Abs. 1 Nr. 3, Abs. 2 kann mit Freiheitsstrafe bis zu einem Jahr oder mit Geldstrafe bestraft werden. 39

Damit handelt es sich jeweils um ein Vergehen, § 12 StGB. Da die Strafbarkeit des Versuchs nicht angeordnet ist, bleiben nicht vollendete Tathandlungen straflos (§ 23 Abs. 1 StGB). 40

Die Taten nach Abs. 1 verjähren in fünf Jahren (§ 78 Abs. 3 Nr. 4 StGB) und nach § 27 Abs. 2 TTDSG in drei Jahren (§ 78 Abs. 3 Nr. 5 StGB). Für die Verfolgung der Taten aus § 27 TTDSG als Nebenstrafrecht ist die zuständige Strafverfolgungsbehörde die Staatsanwaltschaft.[81] 41

Ein Strafantrag ist nicht erforderlich. 42

---

[81] Schwartmann/Jaspers/Eckhardt/Menz TTDSG § 27 Rn. 22.

§ 24 Verletzung von Geschäftsgeheimnissen (§ 23 GeschGehG)

Übersicht

Rn.

A. Entstehungsgeschichte und Normzweck 1
B. § 23 Abs. 1 GeschGehG: Strafbare Erlangung, Nutzung oder Offenlegung fremder
   Geschäftsgeheimnisse 9
   I. Definition Geschäftsgeheimnis 10
      1. Allgemeines 11
      2. Geheim 15
      3. Wirtschaftlicher Wert 16
      4. Angemessene Geheimhaltungsmaßnahmen 17
      5. Berechtigtes Interesse 19
   II. Besondere subjektive Voraussetzungen 22
      1. Förderung des eigenen oder fremden Wettbewerbs 24
      2. Eigennutz 25
      3. Zugunsten eines Dritten 26
      4. Schädigungsabsicht 27
   III. § 23 Abs. 1 Nr. 1 GeschGehG: Betriebsspionage 28
      1. Objektiver Tatbestand 28
      2. Subjektiver Tatbestand 29
   IV. § 23 Abs. 1 Nr. 2 GeschGehG: Geheimnishehlerei bei eigener Vortat 30
      1. Objektiver Tatbestand 30
      2. Subjektiver Tatbestand 32
   V. § 23 Abs. 1 Nr. 3 GeschGehG: Geheimnisverrat 33
      1. Objektiver Tatbestand 33
      2. Subjektiver Tatbestand 38
C. § 23 Abs. 2 GeschGehG: Geheimnishehlerei 40
   I. Objektiver Tatbestand 41
   II. Subjektiver Tatbestand 44
D. § 23 Abs. 3 GeschGehG: Vorlagenfreibeuterei 45
   I. Objektiver Tatbestand 46
      1. Tatobjekte: Geheime Vorlagen und technische Vorschriften 47
      2. Anvertrautsein im geschäftlichen Verkehr 50
      3. Tathandlung: Nutzen oder Offenlegen 54
   II. Subjektiver Tatbestand 57
E. § 23 Abs. 4 GeschGehG: Qualifikationstatbestand 59
   I. Gewerbsmäßiges Handeln (§ 23 Abs. 4 Nr. 1 GeschGehG) 62
   II. Auslandsbezug (Nr. 2 und 3) 63
      1. Täter weiß bei der Offenlegung, dass das Geschäftsgeheimnis im Ausland
         genutzt werden soll 64
      2. Täter *nutzt* das Geschäftsgeheimnis im Ausland 66
F. § 23 Abs. 5 GeschGehG: Versuchsstrafbarkeit 69
G. § 23 Abs. 6 GeschGehG: Beihilfe durch Medienschaffende 72
H. Rechtswidrigkeit 76
I. § 23 Abs. 7 GeschGehG: Auslandstaten (§ 5 StGB) und Versuch der Beteiligung
   (§§ 30, 31 StGB) 77
   I. Auslandstaten 77
   II. Versuch der Beteiligung 78
J. Rechtsfolgen, Strafantrag und Verjährung 80

Literatur:
Albers, Informationelle Selbstbestimmung, 2015; *Dannecker,* Der unionsrechtliche Grundrechtsschutz im Wirtschaftsstrafrecht, in: Ambos/Bock, Aktuelle und grundsätzliche Fragen des Wirtschaftsstrafrechts, 2019, 115; *Bott,* „Grenzenloser" Geheimnisverrat: Der Auslandsbezug bei § 17 UWG, wistra 2015, 342; *Brammsen,* Die EU-Know-how-Richtlinie 943/2016, §§ 17ff. UWG und das geplante Geschäftsgeheimnisstrafrecht (§ 23 GeschGehG-RegE), wistra 2018, 449; *Brockhaus,* Das Geschäftsgeheimnisgesetz Zur Frage der Strafbar-

keit von Hinweisgebern unter Berücksichtigung der Whistleblowing-Richtlinie, ZIS 2020, 102; *Capurro*, Einführung in den Informationsbegriff, 2000, abgerufen unter http://www.capurro.de/infovorl-index.htm; *Cornelius*, Verweisungsbedingte Akzessorietät bei Straftatbeständen, 2016; *Dann/Markgraf*, Das neue Gesetz zum Schutz von Geschäftsgeheimnissen, NJW 2019, 1774; *Dannecker*, Grundrechte im Europäischen Straf- und Strafverfahrensrecht im Lichte der Rechtsprechung des EuGH, FS Fuchs, 2014, 111; *Druey*, Information als Gegenstand des Rechts, 1995; *Escherich*, Der Ausschluss des Hinweisgeberschutzes nach Art. 21 Abs. 3 der Hinweisgeberrichtlinie (EU) 2019/1937, EuZA 2022, 307; *Fischl*, Kollision von Urheberrecht und Geheimnisschutz – Zu möglichen Wertungswidersprüchen in Softwareüberlassungsverträgen ITRB 2005, 265; *Fleissner/Hofkirchner*, In-formatio revisited, Informatik Forum 1995, 126; *Gola*, Das Geschäftsgeheimnisgesetz und die Datenschutz-Grundverordnung – Parallele Regelungen mit neuen Verpflichtungen und Aufgaben für Datenschutzbeauftragte?, DuD 2019, 569; *Gramlich/Lütke*, Die Strafvorschrift des § 23 GeschGehG – kein gesetzgeberisches Meisterstück, wistra 2022, 97; *Jülicher*, Medizininformationsrecht, 2018; *Kalbfus*, Die EU-Geschäftsgeheimnis-Richtlinie – Welcher Umsetzungsbedarf besteht in Deutschland? GRUR 2016, 1009; *Klaas*, Unternehmensinterne Verstöße und „Whistleblowing": Zum Grundrechtsschutz der Beteiligten und den Anforderungen an eine einfachrechtliche Regelung CCZ 2019, 163; *Krüger/Wiencke/Koch*, Der Datenpool als Geschäftsgeheimnis, GRUR 2020, 578; *Leite*, Whistleblowing und das System der Rechtfertigungsgründe – Das erlaubte Whistleblowing nach dem Geschäftsgeheimnisgesetz als „fördernder Rechtfertigungsgrund" GA 2021, 129; *Ohly*, Das neue Geschäftsgeheimnisgesetz im Überblick, GRUR 2019, 441; *Richter*, Der Arbeitnehmer als Verantwortlicher für die Einhaltung datenschutzrechtlicher Bestimmungen, ArbRAktuell 2020, 613; *Rüpke/Lewinski/Eckhardt*, Datenschutzrecht, 2. Auflage 2022; *Schröder*, Integration des Whistleblowing in die nationale Rechtsordnung, ZRP 2020, 212; *Taeger*, Softwareschutz durch Geheimnisschutz, CR 1991, 449.

A. Entstehungsgeschichte und Normzweck

1 Mit § 23 werden die bis dahin in §§ 17–19 UWG aF enthaltenen Straftatbestände in das GeschGehG eingeführt, modernisiert und an die Begriffe des GeschGehG angepasst.[1] Die Anpassung erfolgte aufgrund der europäischen „Richtlinie (EU) 2016/943 des Europäischen Parlaments und des Rates vom 8. Juni 2016 über den Schutz vertraulichen Knowhows und vertraulicher Geschäftsinformationen (Geschäftsgeheimnisse) vor rechtswidrigem Erwerb sowie rechtswidriger Nutzung und Offenlegung" (RL (EU) 2016/943) (kurz: Geheimnisschutz-RL). Die Geheimnisschutz-RL strebt im Bereich des Zivil- und Zivilprozessrechts eine Harmonisierung des Geschäftsgeheimnisschutzes an.[2] Sie gibt selbst keine strafrechtliche Sanktionierungspflicht für die Verletzung von Geschäftsgeheimnissen vor, schließt diese aber auch nicht aus.[3] Insoweit ist es folgerichtig, dass der nationale Gesetzgeber im Rahmen der umfassenden Anpassungen des zivilrechtlichen Schutzes des Geschäftsgeheimnisses in einem **Stammgesetz** zugleich den strafrechtlichen Schutz des Geschäftsgeheimnisses regelt.[4] Durch die Inbezugnahme der zivilrechtlichen Erlaubnis-, Verbots- und Ausnahmentatbestände der §§ 3–5 GeschGehG in § 23 GeschGehG ist die Strafvorschrift ebenfalls eng mit der Geheimnisschutz-RL verknüpft.[5] Der strafrechtliche Geheimnisschutz muss daher, obwohl er auf einer eigenständigen Entscheidung des deutschen Gesetzgebers beruht, vor dem Hintergrund der europäischen Richtlinie richtlinienkonform ausgelegt und interpretiert werden, da er an die zivilrechtliche Konzeption des Geheimnisschutzes anknüpft.[6]

2 Obgleich die Geheimnisschutz-RL ausschließlich auf die Schaffung eines kohärenten **zivilrechtlichen** Schutzes von Geschäftsgeheimnissen abzielt,[7] kann § 23 GeschGehG als

---

[1] BT-Drs. 19/4724, 40; Köhler/Bornkamm/Feddersen/Alexander GeschGehG § 23 Rn. 12.
[2] BeckOK GeschGehG/Hiéramente GeschGehG § 23 Rn. 2.
[3] BeckOK GeschGehG/Hiéramente GeschGehG § 23 Rn. 2; Kalbfus GRUR 2016, 1009 (1016).
[4] BeckOK GeschGehG/Hiéramente GeschGehG § 23 Rn. 2; Köhler/Bornkamm/Feddersen/Alexander GeschGehG § 23 Rn. 8.
[5] Köhler/Bornkamm/Feddersen/Alexander GeschGehG § 23 Rn. 8.
[6] Köhler/Bornkamm/Feddersen/Alexander GeschGehG § 23 Rn. 10, 12; im Ergebnis auch Harte-Bavendamm/Ohly/Kalbfus/Harte-Bavendamm GeschGehG § 23 Rn. 3; aA Brammsen wistra 2018, 449 (451), der der Geheimnisschutz-RL nur eine „begrenzte Orientierungsfunktion" zuspricht.
[7] Köhler/Bornkamm/Feddersen/Alexander GeschGehG § 23 Rn. 8.

"Durchführung von Unionsrecht" iSd Art. 51 Abs. 1 S. 1 GRCh angesehen werden.[8] Zwar ist mit Blick auf die strafrechtliche Absicherung des Geschäftsgeheimnisschutzes nicht von einer vollständigen unionsrechtlichen Determination auszugehen, die zu einem Zurücktreten der nationalen Grundrechten hinter die Unionsgrundrechte führen würde.[9] Siehe hierzu → § 2 Rn. 47 ff.

Vielmehr ist der strafrechtliche Schutz aus § 23 GeschGehG dem unionsrechtlich nicht vollständig determinierten Rahmen zuzuordnen. Der strafrechtliche Schutz des § 23 GeschGehG dient **demselben Ziel** einer (strafrechtlichen) Absicherung des Geschäftsgeheimnisses wie die Geheimnisschutz-RL; außerdem steht das GeschGehG insgesamt in einem **hinreichenden Zusammenhang** zur Geheimnisschutz-RL, ohne dass die Richtlinie die Mitgliedstaaten daran hindern würde, über den in der Geheimnisschutz-RL als Mindestschutz vorgegebenen Schutzrahmen hinaus weitere Regelungen zu erlassen.[10] Dies führt zu einer grundrechtlichen Doppelbindung insbesondere bei den im strafrechtlichen Kontext des § 23 GeschGehG besonders relevanten Grundrechten wie „nullum crimen, nulla poena sine lege" oder „ne bis in idem".[11]

Während im UWG noch – ähnlich zu §§ 203, 204 StGB – eine praktisch unbedeutsame Unterscheidung zwischen Betriebs- und Geschäftsgeheimnissen erfolgte, verwendet § 23 GeschGehG nun einheitlich den Begriff der Geschäftsgeheimnisse aufgrund der Terminologie des GeschGehG.[12]

Die strafrechtliche Ahndung von Verstößen gegen den Schutz von Geschäftsgeheimnissen hebt die Bedeutung von Geschäftsgeheimnissen im Wirtschaftsleben hervor.[13]

PKS: Die Fallzahlen nehmen seit 2017 kontinuierlich ab. Die Aufklärungsquote ist hoch:[14]

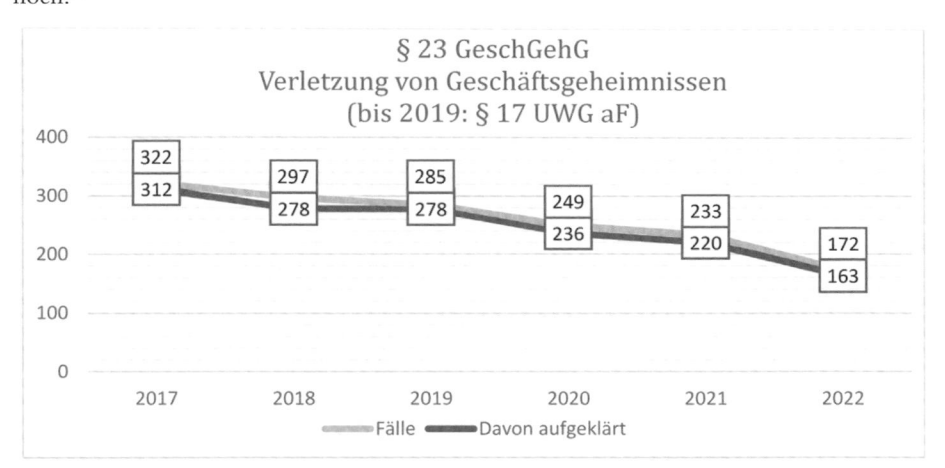

§ 23 GeschGehG
Verletzung von Geschäftsgeheimnissen
(bis 2019: § 17 UWG aF)

Jahr	Fälle	Davon aufgeklärt
2017	322	312
2018	297	278
2019	285	278
2020	249	236
2021	233	220
2022	172	163

§ 23 GeschGehG stellt Verstöße gegen § 4 Abs. 1 Nr. 1, Abs. 2 Nr. 1 und Abs. 2 Nr. 3 GeschGehG unter Strafe. Nicht unter Strafe gestellt werden Verstöße gegen den unter

---

[8] Vgl. zu den Kriterien des Art. 51 Abs. 1 S. 1 GRCh: von der Groeben/Schwarze/Hatje/Terhechte GRCh Art. 51 Rn. 11.
[9] Zur vollständigen unionsrechtlichen Determination: BVerfGE 118, 79 (95); 121, 1 (15); 125, 260 (306 f.); Ambos/Bock/Dannecker, Fragen des Wirtschaftsstrafrechts, 2019, S. 115 (123).
[10] Kalbfuß GRUR 2016, 1009 (1010).
[11] Hierzu Ambos/Bock/Dannecker, Fragen des Wirtschaftsstrafrechts, 2019, S. 118, 127; Dannecker FS Fuchs 2014, 111 (121).
[12] BT-Drs. 19/4724, 40; MüKoUWG/Krbetschek GeschGehG § 23 Rn. 1; Gramlich/Lütke wistra 2022, 97 f.
[13] Köhler/Bornkamm/Feddersen/Alexander GeschGehG § 23 Rn. 11; Kalbfus GRUR 2016, 1009 (1016).
[14] PKS Bundeskriminalamt, Berichtsjahr 2017–2022, abrufbar unter https://www.bka.de/DE/AktuelleInformationen/StatistikenLagebilder/PolizeilicheKriminalstatistik/pks_node.html, abgerufen am 10.4.2022.

§ 4 Abs. 1 Nr. 2 GeschGehG geregelten Auffangtatbestand, da dessen generalklauselartige Unbestimmtheit nicht mit dem strafrechtlichen Bestimmtheitsgebot vereinbar wäre.[15]

8   Die Vorschrift des § 23 GeschGehG ist nicht die einzige Regelung, die den Geschäftsgeheimnisschutz strafrechtlich absichert. Daneben schützen die kernstrafrechtlichen Regelungen der §§ 203, 204 StGB neben Geheimnissen des persönlichen Lebensbereichs auch Betriebs- und Geschäftsgeheimnisse vor dem unbefugten Offenbaren durch Berufsgeheimnisträger. Gleiches gilt für § 355 Abs. 1 Nr. 2 StGB. Außerdem existieren weitere nebenstrafrechtliche Regelungen zum Schutz von Geschäftsgeheimnissen.[16] Im Verhältnis zu § 203 StGB regelt § 1 Abs. 3 Nr. 1 GeschGehG, dass § 203 StGB unberührt bleibt. Dies führt nicht zu einem Vorrangverhältnis, vielmehr bestimmt sich das Konkurrenzverhältnis zwischen § 23 GeschGehG und § 203 StGB wie üblich nach den §§ 52, 53 StGB. Die Klarstellung in § 1 Abs. 3 Nr. 1 GeschGehG ist dennoch sinnvoll, da sie die beiden Regelungsmaterien klar voneinander trennt und damit verdeutlicht, dass sich Berufsgeheimnisträger etwa zur Rechtfertigung eines Offenbarens nicht auf § 5 GeschGehG stützen können.[17]

B. § 23 Abs. 1 GeschGehG: Strafbare Erlangung, Nutzung oder Offenlegung fremder Geschäftsgeheimnisse

9   Nach der gesetzgeberischen Intention entspricht § 23 Abs. 1 Nr. 1 GeschGehG dem bisherigen § 17 Abs. 2 Nr. 1 UWG aF und § 23 Abs. 1 Nr. 2 zur „eigeneröffneten Geheimnishehlerei" dem vormaligen § 17 Abs. 2 Nr. 2 UWG.[18] Die in § 17 Abs. 2 Nr. 1 UWG geregelte Tathandlung „sich verschaffen oder sichern" wurde durch das Merkmal „erlangt" ersetzt, ohne dass damit eine inhaltliche Änderung einhergeht.[19]

I. Definition Geschäftsgeheimnis

10 Das von § 23 GeschGehG geschützte Tatobjekt ist jeweils ein Geschäftsgeheimnis im Sinne des § 2 Nr. 1 GeschGehG. Der Begriff besteht aus mehreren Teilelementen, die kumulativ vorliegen müssen.[20]

1. Allgemeines

11 Zum einen muss es sich um eine Information handeln. Der Begriff Information wird in unterschiedlichen Wissenschaftsbereichen[21] unterschiedlich verwendet.[22] Eine allgemein in allen Disziplinen anerkannte Definition des Informationsbegriffs konnte sich bisher noch nicht herausbilden. Ob es einen solchen universell in allen wissenschaftlichen Disziplinen gleichermaßen verstandenen Informationsbegriff überhaupt geben kann oder höchstens Ähnlichkeiten zwischen den verschiedenen Informationsbegriffen bestehen können, ist Gegenstand von Diskussionen.[23]

---

[15] BeckOK IT-Recht/Renner GeschGehG § 23 Rn. 1; Harte-Bavendamm/Ohly/Kalbfus/Harte-Bavendamm GeschGehG § 23 Rn. 3; vgl. auch Ohly GRUR 2019, 441 (450); krit. zu den Folgen Gramlich/Lütke wistra 2022, 97 (105).
[16] Hierzu Brockhaus ZIS 2020, 102 (119).
[17] BeckOK GeschGehG/Hiéramente GeschGehG § 1 Rn. 10.1.
[18] Brammsen/Apel/Apel GeschGehG Rn. 15.
[19] BT-Drs. 19/4724, 40; Gramlich/Lütke wistra 2022, 97 (98).
[20] Köhler/Bornkamm/Feddersen/Alexander GeschGehG § 2 Rn. 21 f.
[21] Etwa der Informatik, Semiotik oder Informationswissenschaft, s. Jülicher, Medizininformationsrecht, 2018, 26.
[22] Rüpke/Lewinski/Eckhardt, Datenschutzrecht, 2. Aufl. 2022, § 3 Rn. 15 verweisen auf die Vielzahl an verschiedenen Informationsdefinitionen; zum Informationsbegriff nach Capurro.
[23] Zum sog. „Capuroschen Trilemma", wonach der „Informationsbegriff [...] in allen Bereichen entweder genau dasselbe, oder nur etwas ähnliches, oder jeweils etwas ganz anderes" bedeutet, Fleissner/Hofkirchner

Im rechtlichen Bereich informationeller Selbstbestimmung beschreibt das Bundesverfas- 12
sungsgericht die Information als **„Abbild sozialer Realität"**.[24] Damit die Information
ein umfassendes Abbild der Realität bilden kann, muss der Informationsbegriff vielfältige
Bedeutungsspektren abdecken.[25] Insoweit bietet sich als Anknüpfungspunkt einer rechtlichen Deutung der Information eine Orientierung am dreigliedrigen (triadischen) Zeichenbegriff der Semiotik (Zeichenlehre) an.[26] Die Information ist folglich nicht nur Inhalt
oder Kommunikationsvorgang. Sie vermittelt einen Zustand
- des Wissens,
- der Kenntnis und
- der Informiertheit.[27]

Der Begriff der Information dient auch im Datenschutzrecht nach Art. 4 Nr. 1 DSGVO 13
als Anknüpfungspunkt für die Definition des personenbezogenen Datums und somit den
datenschutzrechtlichen Anwendungsbereich.

Unter den weiten und bisweilen konturenlosen geheimnisschutzrechtlichen Informati- 14
onsbegriff des § 2 Nr. 1 GeschGehG werden ebenfalls alle Angaben, Daten, Kommunika-
tionsakte, Umstände oder sonstiges Wissen gefasst, unabhängig von der Struktur, Beschaffenheit, Verkörperung, Darstellung und Verständlichkeit der Information.[28] Auch der
Umfang oder der Aufbereitungsgrad der Information spielt keine Rolle. Unter den Geschäftsgeheimnisschutz können einzelne Angaben, Datensätze, umfangreiche Datenpools
oder die Inhalte einer Datenbank fallen, unabhängig davon, ob es sich um aufbereitete
Daten handelt oder um Rohdaten.[29] Wegen des weiten Verständnisses können auch subjektive Wertungen und Meinungen, die geäußert werden, unter den Informationsbegriff
fallen.[30] Ebenso kommt es nicht darauf an, ob es sich um einen menschlichen Gedanken-
inhalt handelt, weshalb unter anderem Algorithmen und auch maschinengenerierte Daten
umfasst sind.[31]

2. Geheim

Die Information muss weiterhin geheim sein.[32] Dies ergibt sich aus § 2 Nr. 1 lit. a. Gesch- 15
GehG. Hiernach darf die Information weder insgesamt noch in der genauen Anordnung
und Zusammensetzung ihrer Bestandteile den Personen in den Kreisen, die üblicherweise
mit dieser Art von Informationen umgehen, allgemein bekannt oder ohne weiteres zugänglich sein. Negativ betrachtet ist die Information dann nicht geheim, wenn sie sich
ohne Aufwand aus öffentlichen Quellen jederzeit zusammenstellen lässt.[33] Dabei ist die
konkrete Anordnung und Zusammensetzung der Information für ihre Einordnung als ge-

---

Informatik Forum 1995, 126; Capurro, Einführung in den Informationsbegriff, 2000, III. Kapitel, 6. Das „Capurrosche Trilemma".
[24] BVerfGE 65, 1 (44); ebenso Kloepfer InfoR § 1 Rn. 50; krit. Albers, Informationelle Selbstbestimmung, 2015, 88, 95.
[25] Insoweit bietet sich zur Begriffsbestimmung der Information eine grundsätzliche Orientierung am dreigliedrigen (triadischen) Zeichenbegriff der Semiotik (Zeichenlehre) an, vgl. Cornelius, Verweisungsbedingte Akzessorietät bei Straftatbeständen, 2016, 55 mwN; zum dreigliedrigen Zeichenmodell in der Informationswissenschaft Druey, Information als Gegenstand des Rechts, 1995, 6 ff.
[26] Zum semiotischen Dreieck Cornelius, Verweisungsbedingte Akzessorietät bei Straftatbeständen, 2016, 55 mwN; zum dreigliedrigen Zeichenmodell in der Informationswissenschaft Druey, Information als Gegenstand des Rechts, 1995, 6 ff.; Jülicher, Medizininformationsrecht, 2018, S. 26.
[27] Allgemein Druey, Information als Gegenstand des Rechts, 1995, 5 ff.
[28] Köhler/Bornkamm/Feddersen/Alexander GeschGehG § 2 Rn. 25; BeckOK GeschGehG/Hiéramente GeschGehG § 2 Rn. 2–5.
[29] Köhler/Bornkamm/Feddersen/Alexander GeschGehG § 2 Rn. 25.
[30] BeckOK GeschGehG/Hiéramente GeschGehG § 2 Rn. 2; MüKoUWG/Brammsen UWG § 17 Rn. 11.
[31] BeckOK GeschGehG/Hiéramente GeschGehG § 2 Rn. 2; OLG München WRP 2020, 653 (655 Rn. 26); Ohly GRUR 2019, 441 (442).
[32] Köhler/Bornkamm/Feddersen/Alexander GeschGehG § 23 Rn. 31; Ohly GRUR 2019, 441 (443).
[33] Harte-Bavendamm/Ohly/Kalbfus/Harte-Bavendamm GeschGehG § 2 Rn. 22; BGH GRUR 2006, 1044 (1046 Rn. 19).

heim ebenso entscheidend wie der Umstand, dass sie nur mit einigem Aufwand erlangt werden könnte.[34] Für die Begründung des Geheimnischarakters kommt es auf die praktische Zugangsmöglichkeit für einen bestimmten Personenkreis an; dem Geschäftsgeheimnis liegt somit ein **relativer Geheimnisbegriff** zugrunde.[35]

3. Wirtschaftlicher Wert

16 Die Information muss einen wirtschaftlichen Wert haben. Der wirtschaftliche Wert muss sich gerade aus der Nicht-Offenkundigkeit der Information ergeben.[36] Daher können belanglose Informationen kein Geheimnis im Gesetzessinne sein (vgl. Erwägungsgrund 14 der Geheimnisschutz-RL). Dem Geheimnis selbst muss kein eigener Marktwert zukommen. Ausreichend ist etwa, dass die Information dazu beiträgt, demjenigen, der sie erlangt, einen Vorsprung in der Entwicklung neuer Konzepte zu liefern, für die Konkurrenten zunächst weitere Investitionen tätigen müssten.[37] Die Information muss somit für die Wettbewerbsposition des Unternehmens von Bedeutung sein, wobei dies weit zu verstehen ist.[38]

4. Angemessene Geheimhaltungsmaßnahmen

17 Die Information muss weiterhin Gegenstand von den Umständen nach angemessenen Geheimhaltungsmaßnahmen ihres rechtmäßigen Inhabers sein. Denn Geheimnisschutz ist Zugangsschutz.[39] Es handelt sich um eine Obliegenheit des Informationsinhabers.[40] Das Angemessenheitserfordernis setzt gerade keine absolut wirksamen oder unüberwindlichen Schutzmaßnahmen voraus.[41] Vielmehr müssen diejenigen Maßnahmen ergriffen werden, die dem Wert des Geheimnisses und der Größe des Unternehmens im Verhältnis zu deren Kosten und Üblichkeit entsprechen, um den Schutz der Information als Geheimnis zu begründen.[42] Die Beurteilung der Angemessenheit erfolgt einzelfallbezogen.[43]

18 Das Erfordernis angemessener Geheimhaltungsmaßnahmen ist vergleichbar mit dem datenschutzrechtlich erforderlichen technischen und organisatorischen Schutz personenbezogener Daten (Art. 24, 32 DSGVO). Auch wenn das Geschäftsgeheimnisgesetz dem wirtschaftlichen Wert technischer und organisatorischer Innovationen dient und sich damit vom datenschutzrechtlichen Schutz informationeller Selbstbestimmung und personenbezogener Daten unterscheidet, können zwischen datenschutzrechtlichen und geschäftsgeheimnisrechtlichen Schutzmaßnahmen umfangreiche Synergieeffekte genutzt werden.[44]

5. Berechtigtes Interesse

19 An der Geheimhaltung der Information muss weiterhin ein berechtigtes Interesse bestehen. Hintergrund dieser Anforderung ist vor allem, Informationen zu rechtswidrigem Verhalten aus dem Schutz des Gesetzes auszuschließen.[45] Zwar wird bei einem „illegalen" Ge-

---

[34] Ohly GRUR 2019, 441 (443).
[35] Ohly GRUR 2019, 441 (443); Harte-Bavendamm/Ohly/Kalbfus/Harte-Bavendamm GeschGehG § 2 Rn. 22.
[36] Krüger/Wiencke/Koch GRUR 2020, 578 (581); Ohly GRUR 2019, 441 (443); MüKoUWG/Hauck GeschGehG § 2 Rn. 13.
[37] Krüger/Wiencke/Koch GRUR 2020, 578 (581).
[38] MüKoUWG/Hauck GeschGehG § 2 Rn. 14.
[39] MüKoUWG/Hauck GeschGehG § 2 Rn. 19.
[40] Ohly GRUR 2019, 441 (443).
[41] Ohly GRUR 2019, 441 (443).
[42] BT-Drs. 19/4724, 24 f.; Ohly GRUR 2019, 441 (444).
[43] Vgl. BT-Drs. 19/4724, 24.
[44] Chibanguza/Kuß/Steege KI-HdB/Wirwas/Rath § 2 F Rn. 9.
[45] Krüger/Wiencke/Koch GRUR 2020, 578 (582); Ohly GRUR 2019, 441 (444); zu den Widersprüchen zwischen § 2 Nr. 1 c) und § 5 Nr. 2 Dann/Markgraf NJW 2019, 1774 (1776).

heimnis regelmäßig ein berechtigtes Interesse abzulehnen sein.[46] Allerdings sind im Einzelfall durchaus Argumente vorstellbar, weshalb dem Unternehmen nicht von vornherein den Schutz des GeschGehG auch für rechtswidrige Geschäftsgeheimnisse zu entziehen ist:

> **Praxisbeispiel:**
> Das kann beispielsweise der Fall sein, wenn zunächst eine datenschutzrechtlich gesicherte Grundlage für eine interne Untersuchung gelegt oder Unterlagen für Regressforderungen gegen Führungspersonal gesichert werden sollen.[47]

20

Die Information muss angesichts des Gesetzeszwecks einen Geschäfts- bzw. einen Unternehmensbezug aufweisen.[48] Ein solcher liegt vor, wenn die Information in Zusammenhang mit einer bereits ausgeübten oder künftigen unternehmerischen Tätigkeit steht, so dass weder Informationen, die allein das Privatleben einer Person betreffen und sich nicht unmittelbar auf das Unternehmen auswirken, noch politische Vorgänge oder geheime Informationen staatlicher Stellen vom Schutz des § 23 GeschGehG umfasst sind.[49]

21

II. Besondere subjektive Voraussetzungen

§ 23 Abs. 1 GeschGehG beinhaltet drei Tatbestandsvarianten, bei denen jeweils eine besondere subjektive Handlungsmotivation des Täters bestehen muss:
- Förderung des Wettbewerbs,
- Eigennutz,
- Handeln zugunsten eines Dritten oder
- Schädigungsabsicht.

22

Auch wenn Absicht im Sinne von dolus directus ersten Grades nur bei der Schädigungsabsicht ausdrücklich genannt wird, zeigt die Wendung „zur" sowie die mit dem „Eigennutz" zum Ausdruck gebrachte subjektiv erstrebte Verwirklichung des Tatbestands, dass bei allen vier subjektiven Handlungsmotivationen dolus directus ersten Grades erforderlich ist.[50]

23

1. Förderung des eigenen oder fremden Wettbewerbs

Der eigene oder fremde Wettbewerb ist dann von der Handlungsmotivation des Täters umfasst, wenn sein Verhalten objektiv geeignet ist, den eigenen oder fremden Wettbewerb zum Nachteil eines anderen zu begünstigen, wobei der Handelnde mit entsprechender Absicht hierzu tätig werden muss.[51] Unschädlich ist es, wenn daneben noch weitere Beweggründe hinzukommen.[52] Das Streben kann sich auf die aktuell oder auch erst künftig eintretende Verbesserung der Wettbewerbsposition beziehen.[53]

24

2. Eigennutz

Aus Eigennutz handelt der Täter, wenn er durch die Tathandlung eigene Vorteile, entweder materielle oder immaterielle, zu erlangen versucht.[54] Immaterielle Vorteile sind aller-

25

---

[46] Strikt Brockhaus ZIS 2020, 102 (109).
[47] Schröder ZRP 2020, 212 (214).
[48] Köhler/Bornkamm/Feddersen/Alexander GeschGehG § 23 Rn. 21; MüKoUWG/Hauck GeschGehG § 2 Rn. 17.
[49] Köhler/Bornkamm/Feddersen/Alexander GeschGehG § 2 Rn. 83 ff.
[50] MüKoUWG/Krbetschek GeschGehG § 23 Rn. 22; Ohly/Sosnitza/Ohly GeschGehG § 23 Rn. 10.
[51] BGH GRUR 1992, 707.
[52] BeckOK GeschGehG/Hiéramente GeschGehG § 23 Rn. 9 f.
[53] Reinfeld Neues GeschGehG § 7 Rn. 26; Köhler/Bornkamm/Feddersen/Alexander GeschGehG § 23 Rn. 43.
[54] Köhler/Bornkamm/Feddersen/Alexander GeschGehG § 23 Rn. 44.

dings nur dann erfasst, wenn sie derart erheblich sind, dass sie mit materiellen Vorteilen vergleichbar sind.[55]

3. Zugunsten eines Dritten

26 Das Streben des Täters nach entsprechenden Vorteilen kann auch zu Gunsten eines Dritten erfolgen. Dritte können neben natürlichen auch juristische Personen und Einrichtungen, etwa Unternehmen, sein.[56] Beabsichtigt der Täter hierdurch zugleich die Wettbewerbsposition dieses Dritten zu verbessern, ist zugleich die Förderung fremden Wettbewerbs (Var. 1) Handlungsmotivation des Täters.[57]

4. Schädigungsabsicht

27 Schädigungsabsicht liegt vor, wenn der Täter zielgerichtet dem Unternehmensinhaber einen Nachteil zufügen will.[58] Auf eine Schädigung des *Geheimnis*inhabers kommt es nicht an, wenngleich dieser häufig mit dem *Geschäfts*inhaber identisch sein wird.[59] Der Schadensbegriff ist nicht auf materielle Einbußen beschränkt, sondern umfasst ebenso immaterielle Nachteile, wie etwa die Rufschädigung eines Unternehmens.[60] Der Täter muss durch sein Handeln **keinen** (eigenen) Vorteil erlangen. Ausreichend ist, dass der Täter durch sein Handeln den Unternehmensinhaber schädigen will, etwa auch aus Rache oder Unzufriedenheit.[61] Unerheblich ist zudem, ob die angestrebte Schädigung tatsächlich gelingt.

III. § 23 Abs. 1 Nr. 1 GeschGehG: Betriebsspionage

1. Objektiver Tatbestand

28 Der objektive Tatbestand ist verwirklicht, wenn ein Geschäftsgeheimnis entgegen dem Handlungsverbot des § 4 Abs. 1 Nr. 1 GeschGehG in einer darin vorgesehenen qualifizierten Form erlangt wird.[62] Erlangt ist das Geschäftsgeheimnis, wenn der Täter derart die Kontrolle hierüber erlangt, dass er es offenbaren oder sonst nutzen kann.[63] Dies wird in der Regel bereits mit der Kenntnisnahme vom Geschäftsgeheimnis der Fall sein.[64] Damit wird die Strafbarkeit sehr weit vorverlagert. Dies liegt an der als besonders gefährlich eingestuften Wirtschaftsspionage, die hierdurch unterbunden werden soll.[65] Täter kann jedermann sein, so dass es auf eine Beschäftigung im Unternehmen nicht ankommt.[66]

---

[55] Reinfeld Neues GeschGehG § 7 Rn. 28.
[56] BeckOK GeschGehG/Hiéramente GeschGehG § 23 Rn. 12; Gramlich/Lütke wistra 2022, 97 (101); Köhler/Bornkamm/Feddersen/Alexander GeschGehG § 23 Rn. 46.
[57] Köhler/Bornkamm/Feddersen/Alexander GeschGehG § 23 Rn. 46.
[58] Köhler/Bornkamm/Feddersen/Alexander GeschGehG § 23 Rn. 47; Gramlich/Lütke wistra 2022, 97 (101).
[59] BeckOK GeschGehG/Hiéramente GeschGehG § 23 Rn. 13; krit. Gramlich/Lütke wistra 2022, 97 (101, 105).
[60] Köhler/Bornkamm/Feddersen/Alexander GeschGehG § 23 Rn. 47a.
[61] Köhler/Bornkamm/Feddersen/Alexander GeschGehG § 23 Rn. 47a.
[62] BeckOK GeschGehG/Hiéramente GeschGehG § 23 Rn. 17; Keller/Schönknecht/Glinke/Schönknecht GeschGehG § 23 Rn. 16.
[63] Keller/Schönknecht/Glinke/Schönknecht GeschGehG § 23 Rn. 16.
[64] Nach BeckOK GeschGehG/Hiéramente GeschGehG § 23 Rn. 18 ist die Tat spätestens in diesem Zeitpunkt vollendet.
[65] Harte-Bavendamm/Ohly/Kalbfus/Harte-Bavendamm GeschGehG § 23 Rn. 10.
[66] BeckOK GeschGehG/Hiéramente GeschGehG § 23 Rn. 16; Köhler/Bornkamm/Feddersen/Alexander GeschGehG § 23 Rn. 26; Keller/Schönknecht/Glinke/Schönknecht GeschGehG § 23 Rn. 15.

2. Subjektiver Tatbestand

Der Tatbestand ist subjektiv verwirklicht, wenn der Täter bezüglich aller objektiven Tatbestandsmerkmale jedenfalls bedingt vorsätzlich handelt. Dies setzt voraus, dass der Täter zumindest billigend in Kauf nimmt, dass es sich bei den erlangten Informationen um Geschäftsgeheimnisse handelt.[67] Darüber hinaus muss der Täter wenigstens eine der besonderen subjektiven Handlungsmotive mit dolus directus ersten Grades erfüllen. 29

IV. § 23 Abs. 1 Nr. 2 GeschGehG: Geheimnishehlerei bei eigener Vortat

1. Objektiver Tatbestand

Während die Nutzung und Offenlegung eines Geschäftsgeheimnisses, das aus einer **fremden** Vortat erlangt wurde, unter § 23 Abs. 2 GeschGehG fällt („klassische" Geheimnishehlerei[68]), erfasst § 23 Abs. 1 Nr. 2 GeschGehG Geschäftsgeheimnisse, die durch eine eigene vollendete rechtswidrige Vortat erlangt wurden („eigeneröffnete" Geheimnishehlerei[69]). Mithin wird eine rechtswidrige Vorbereitungstat selbst vorausgesetzt, die in der Verwertungshandlung mündet.[70] Vor- und Nachtäter sind bei dieser Tatvariante identisch. Der Verstoß gegen § 4 Abs. 2 Nr. 1 lit. a GeschGehG betrifft einen vorhergehenden Verstoß des Täters selbst gegen § 4 Abs. 1 Nr. 1 GeschGehG. Täter kann jedermann sein.[71] 30

Der Täter nutzt das Geschäftsgeheimnis unerlaubt, wenn er sich oder anderen den darin verkörperten Wert ganz oder zumindest teilweise zunutze macht, das Geheimnis also verwertet.[72] Nicht erforderlich ist eine wirtschaftliche Nutzung.[73] Erfasst ist der Gebrauch zu gewinnorientierten, gewerblichen oder auch ideellen Zwecken.[74] Das Geheimnis muss auch nicht in seiner bisherigen Form genutzt werden, solange es im Rahmen der neuen Nutzungsform nicht unbedeutend wird.[75] Die unbefugt erlangte Kenntnis muss somit die Eigenschaften der neuen Erzeugnisse in einer Weise (mit-)bestimmen, die als nicht völlig unbedeutend einzuordnen sind.[76] Offengelegt wird das Geschäftsgeheimnis, indem es einer oder mehreren Personen, denen die Information bislang unbekannt war, zugänglich gemacht wird.[77] 31

2. Subjektiver Tatbestand

In subjektiver Hinsicht muss neben der besonderen subjektiven Handlungsmotivation (→ Rn. 22 f.) der Täter im Zeitpunkt der Tathandlung wenigstens billigend in Kauf nehmen, dass Gegenstand seines Handelns ein Geschäftsgeheimnis ist, das er durch eine eigengesteuerte Betriebsspionage erlangt hat.[78] 32

---

[67] Harte-Bavendamm/Ohly/Kalbfus/Harte-Bavendamm GeschGehG § 23 Rn. 39; BeckOK GeschGehG/ Hiéramente GeschGehG § 23 Rn. 20 f.
[68] Brammsen wistra 2018, 449 (455).
[69] MüKoStGB/Joecks/Miebach GeschGehG § 23 Rn. 89.
[70] Harte-Bavendamm/Ohly/Kalbfus/Harte-Bavendamm GeschGehG § 23 Rn. 14.
[71] Harte-Bavendamm/Ohly/Kalbfus/Harte-Bavendamm GeschGehG § 23 Rn. 15.
[72] Harte-Bavendamm/Ohly/Kalbfus/Harte-Bavendamm GeschGehG § 23 Rn. 16; Keller/Schönknecht/ Glinke/Schönknecht GeschGehG § 23 Rn. 36.
[73] Keller/Schönknecht/Glinke/Schönknecht GeschGehG § 23 Rn. 36.
[74] MüKoStGB/Joecks/Miebach GeschGehG § 23 Rn. 118.
[75] Harte-Bavendamm/Ohly/Kalbfus/Harte-Bavendamm GeschGehG § 23 Rn. 16.
[76] BGH GRUR 1985, 294 (296); WRP 2008, 938 f.
[77] Keller/Schönknecht/Glinke/Schönknecht GeschGehG § 23 Rn. 37.
[78] BeckOK GeschGehG/Hiéramente GeschGehG § 23 Rn. 27; MüKoStGB/Joecks/Miebach GeschGehG § 23 Rn. 89.

V. § 23 Abs. 1 Nr. 3 GeschGehG: Geheimnisverrat

1. Objektiver Tatbestand

33 Anders als in den vorherigen Tatbestandsvarianten kann Täter von § 23 Abs.1 Nr. 3 GeschGehG nur eine bei dem Unternehmen beschäftigte Person sein, der ein Geschäftsgeheimnis anvertraut oder zugänglich gemacht worden ist (vgl. auch insoweit die vormalige Regelung in § 17 Abs. 1 UWG).[79] Es handelt sich somit um ein echtes Sonderdelikt.[80] Das Beschäftigungsverhältnis ist angesichts des Schutzzwecks der Norm weit zu verstehen. Eine Weisungsgebundenheit ist nicht erforderlich,[81] sodass auch der interne Datenschutzbeauftragte hierunter fallen kann.[82] Es kommt vielmehr darauf an, dass die Person ohne ein eigenes unternehmerisches Gewinn- oder Verlustrisiko unselbständige Dienste leistet, die durch fehlende Entscheidungs- und Gestaltungsfreiheit gekennzeichnet sind.[83] Daher kommen als taugliche Täter auch Mitglieder des Vorstands, des Aufsichtsrats etwa einer AG oder SE oder der Geschäftsführer einer GmbH in Betracht. Anders ist dies hinsichtlich extern beauftragter Dienstleister wie Rechtsanwälte, Steuerberater und Wirtschaftsprüfer, die nicht Täter sein können.[84] Auch Gesellschafter einer juristischen Person oder Personengesellschafter kommen grundsätzlich nicht als Täter in Betracht,[85] es sei denn, sie leisten zusätzlich eigene Dienste.[86]

34 Das Geschäftsgeheimnis wurde dem Täter anvertraut, wenn ein Dritter ihm dieses verbunden mit der Verpflichtung zur Geheimhaltung mitteilt.[87]

35 **Praxistipp:**
Solche Verpflichtungserklärungen werden mit Geschäftsführern/Vorständen sowie Angestellten/Arbeitnehmern regelmäßig in Arbeits- und Anstellungsverträgen vereinbart. Ggü. Geschäftspartnern und anderen außerhalb des Unternehmens stehenden Dritten werden eigenständige Non-Disclosure-Agreements abgeschlossen.

In der Praxis gehen entsprechende Verpflichtungen gelegentlich einher mit der Verpflichtungserklärung zur Einhaltung des Datenschutzes, zur Verarbeitung personenbezogener Daten nach Weisung und auf Basis einer bestehenden Rechtsgrundlage. Soweit der Arbeitgeber zugleich Auftragsverarbeiter ist, muss er die Beschäftigten zur Vertraulichkeit und damit zur Wahrung des Datengeheimnisses ausdrücklich verpflichten (Art. 28 Abs. 3 lit. b DSGVO).[88] Außerdem kann aus der datenschutzrechtlichen Vorgabe des Art. 5 Abs. 1 lit. f DSGVO zur Wahrung von Integrität und Vertraulichkeit durchaus auch allgemein unter der DSGVO ein Erfordernis zur Verpflichtung von Beschäftigten auf das Datengeheimnis und die Datenschutzgrundsätze abgeleitet werden.[89] In der Praxis ist es jedenfalls schon aufgrund der nach Art. 24 DSGVO geforderten technischen und organisatorischen Maßnahmen und der aus Art. 5 Abs. 2 DSGVO folgenden Rechenschaftspflicht[90] empfehlenswert, eine entsprechende Verpflichtung zur Einhaltung

---

[79] Brammsen/Apel/Brammsen/Drescher GeschGehG § 23 Rn. 15, 101.
[80] Köhler/Bornkamm/Feddersen/Alexander GeschGehG § 23 Rn. 30; BeckOK GeschGehG/Hiéramente GeschGehG § 23 Rn. 32.
[81] Köhler/Bornkamm/Feddersen/Alexander GeschGehG § 23 Rn. 32; aA MüKoStGB/Joecks/Miebach GeschGehG § 23 Rn. 74.
[82] Gola DuD 2019, 569.
[83] Brammsen/Apel/Brammsen GeschGehG § 4 Rn. 88; Reinfeld Neues GeschGehG § 7 Rn. 72f.; BeckOK GeschGehG/Hiéramente GeschGehG § 23 Rn. 32.
[84] BeckOK GeschGehG/Hiéramente GeschGehG § 23 Rn. 32.
[85] Reinfeld Neues GeschGehG § 7 Rn. 74.
[86] Brammsen/Apel/Brammsen GeschGehG § 4 Rn. 89.
[87] BeckOK GeschGehG/Hiéramente GeschGehG § 23 Rn. 33; Reinfeld Neues GeschGehG § 7 Rn. 76.
[88] BeckOK DatenschutzR/Spoerr DS-GVO Art. 28 Rn. 63.
[89] Schröder DatenschutzR S. 57 ff.; MAH ArbR/Dendorfer-Ditges § 35 Rn. 272 geht dagegen nicht von einer expliziten Verpflichtung des Arbeitgebers aus, Beschäftigte auf das Datengeheimnis zu verpflichten.
[90] Vgl. BeckOK Datenschutzrecht/Schantz DS-GVO Art. 5 Rn. 37 ff.

> des Datenschutzes gegenüber Arbeitnehmern auszusprechen, um sicherzustellen, dass Verarbeitungen den Vorgaben der DSGVO entsprechen.[91] Die Verpflichtung des Arbeitnehmers zur ausschließlichen Verarbeitung personenbezogener Daten auf Weisung folgt schließlich auch aus Art. 29 DSGVO.[92] Die Verpflichtung auf den Datenschutz sollte – ebenso wie die Verpflichtung auf die Wahrung des Geschäftsgeheimnisses – nach Möglichkeit auch einen Ansprechpartner im Unternehmen für Fragen der Beschäftigten in diesem Zusammenhang vorsehen.

Es ist ihm zugänglich geworden, sobald er von diesem auf sonstige Weise (also nicht durch Anvertrauen) im Zusammenhang mit seinem Beschäftigungsverhältnis Kenntnis nimmt.[93] Ob die Kenntnisnahme erlaubt oder unerlaubt erfolgt, ist dabei unerheblich.[94] 36

Die Tathandlung besteht in dem Offenlegen dieses Geschäftsgeheimnisses während der Geltungsdauer des bestehenden Beschäftigungsverhältnisses.[95] Unter Offenlegen ist die Eröffnung des Geschäftsgeheimnisses gegenüber Dritten zu verstehen, denen dieses bislang unbekannt war.[96] Der Täter muss dabei wegen der Anknüpfung an § 4 Abs. 2 Nr. 3 GeschGehG gegen eine Verpflichtung, das Geschäftsgeheimnis nicht offenzulegen, verstoßen (Verknüpfung zwischen der Verpflichtung zur Geheimhaltung iSd § 4 Abs. 2 Nr. 3 GeschGehG und dem Offenlegen iSd § 23 GeschGehG). Die Geheimhaltungsverpflichtung iSd § 4 Abs. 2 Nr. 3 GeschGehG kann sich etwa aus seinem Arbeitsvertrag ergeben.[97] 37

2. Subjektiver Tatbestand

In subjektiver Hinsicht muss der Täter neben der allgemein in § 23 Abs. 1 GeschGehG erforderlichen besonderen subjektiven Handlungsmotivation zumindest bedingt vorsätzlich hinsichtlich aller objektiven Tatbestandsmerkmale handeln. Der Beschäftigte muss es zumindest billigend in Kauf nehmen, dass 38
- Gegenstand seines Handelns ein Geschäftsgeheimnis ist, das ihm während seines bestehenden Beschäftigungsverhältnisses anvertraut worden oder zugänglich geworden ist[98] und
- eine Offenlegung nicht zulässig ist.

Letzteres kann insbesondere dann angenommen werden, wenn der Arbeitgeber dies etwa in einer Vertragsklausel, Verpflichtungserklärung oder Zugangsberechtigung zuvor kenntlich gemacht hat.[99] 39

C. § 23 Abs. 2 GeschGehG: Geheimnishehlerei

Während Abs. 1 Nr. 2 die eigengesteuerte Geheimnishehlerei erfasst, regelt § 23 Abs. 2 GeschGehG die „klassische" oder „fremderöffnete" Geheimnishehlerei.[100] Durch die Regelung beider Varianten der Geheimnishehlerei in unterschiedlichen Abschnitten trennt der Gesetzgeber die bisher einheitlich in § 17 Abs. 2 Nr. 2 UWG aF vorgesehene Geheimnishehlerei.[101] 40

---

[91] MAH ArbR/Dendorfer-Ditges § 35 Rn. 272.
[92] Richter ArbRAktuell 2020, 613 (614).
[93] MüKoUWG/Krbetschek GeschGehG § 23 Rn. 16; Reinfeld Neues GeschGehG § 7 Rn. 76.
[94] Reinfeld Neues GeschGehG § 7 Rn. 76.
[95] Harte-Bavendamm/Ohly/Kalbfus/Harte-Bavendamm GeschGehG § 23 Rn. 23.
[96] MüKoUWG/Krbetschek GeschGehG § 23 Rn. 17 f.
[97] Keller/Schönknecht/Glinke/Schönknecht GeschGehG § 23 Rn. 51 f.
[98] MüKoStGB/Joecks/Miebach GeschGehG § 23 Rn. 86.
[99] Reinfeld Neues GeschGehG § 7 Rn. 83; BeckOK GeschGehG/Hiéramente GeschGehG § 23 Rn. 38.
[100] Brammsen wistra 2018, 449 (455).
[101] MüKoStGB/Joecks/Miebach GeschGehG § 23 Rn. 88.

I. Objektiver Tatbestand

41 Nach § 23 Abs. 2 GeschGehG ist strafbar, wer ein Geschäftsgeheimnis nutzt oder offenbart, dass er durch eine fremde Vortat nach § 23 Abs. 1 Nr. 2 oder Nr. 3 GeschGehG erlangt hat. Im Gegensatz zu § 23 Abs. 1 Nr. 3 GeschGehG kann Abs. 2 von jedermann erfüllt werden. Durch die Trennung der eigen- und fremderöffneten Begehungsvariante in § 23 Abs. 1 Nr. 2 und Abs. 2 GeschGehG, weist Abs. 2 nun gewisse Parallelen zu § 259 StGB auf.[102] Während § 259 StGB allerdings ausdrücklich von der „gegen fremdes Vermögen gerichtete[n] rechtswidrige[n] Tat" spricht, fordert § 23 Abs. 2 GeschGehG lediglich eine „fremde Handlung nach Absatz 1 Nummer 2 oder Nummer 3". Nach überzeugender Auffassung muss die Vortat somit wenigstens den objektiven und subjektiven Tatbestand, einschließlich der besonderen subjektiven Handlungsmotivation **des Vortäters** erfüllen.[103] Allerdings wird man die Verweisung auf die „Handlung nach Absatz 1 Nummer 2 oder 3" und die dortige Weiterverweisung auf § 4 Abs. 1 Nr. 2 und § 4 Abs. 1 Nr. 3 GeschGehG so auszulegen haben, dass die Vortat auch unbefugt und damit rechtswidrig sein muss.[104] Als Vortat scheiden insbesondere solche Handlungen aus, die unter die Tatbestandsausnahme des § 5 GeschGehG fallen.[105]

42 § 23 Abs. 2 GeschGehG stellt das Nutzen oder Offenlegen des Geschäftsgeheimnisses unter Strafe, das der Täter durch eine fremde Vortat nach § 23 Abs. 1 Nr. 2 GeschGehG (in Verbindung mit dem Verstoß gegen die Verbotsnorm des § 4 Abs. 2 Nr. 1 lit. a GeschGehG) oder § 23 Abs. 1 Nr. 3 GeschGehG (in Verbindung mit dem Verstoß gegen die Verbotsnorm des § 4 Abs. 2 Nr. 3 GeschGehG) erlangt hat. Bei der Vortat aus Abs. 1 Nr. 3 muss der Vortäter beim Geheimnisverrat gegenüber dem späteren Haupttäter beschäftigte Person sein. Der Haupttäter aus Absatz 2 muss selbst dagegen keine besondere Täterqualifikation erfüllen.[106]

43 Das Geschäftsgeheimnis der Haupttat muss **durch** die Vortat erlangt worden sein. Dies setzt nicht nur eine kausale Verknüpfung zwischen Vor- und Haupttat voraus, sondern einen objektiv zurechenbaren Zusammenhang.[107] Dieser Zusammenhang besteht jedenfalls dann, wenn der Haupttäter das Geschäftsgeheimnis vom Vortäter erfahren hat.[108] Dies ist auch gegeben, wenn der Vortäter dem Haupttäter durch einen Boten oder in sonstiger objektiv zurechenbarer Weise das Geschäftsgeheimnis zur Kenntnis bringt.[109] Dagegen genügt für die „unwertvermittelnde" Vortat nicht die bloß zufällige oder gar im Wege rechtlich zulässiger Auskunftsansprüche erlangte Kenntnisnahme des Haupttäters.[110]

II. Subjektiver Tatbestand

44 § 23 Abs. 2 GeschGehG fordert ebenso wie § 23 Abs. 1 GeschGehG eine besondere subjektive Handlungsmotivation vom Haupttäter selbst (→ Rn. 22 f.). Zeitliche oder inhaltliche Kongruenz zwischen der Handlungsmotivation des Vortäters mit der des Haupttäters ist nicht erforderlich. Neben dem besonderen subjektiven Handlungsmotiv muss der Täter wenigstens mit Eventualvorsatz handeln, auch in Bezug auf das Vorliegen der rechtswidrigen Vortat und die Zurechnung des erlangten Geschäftsgeheimnisses zu dieser.[111]

---

[102] Harte-Bavendamm/Ohly/Kalbfus/Harte-Bavendamm GeschGehG § 23 Rn. 47.
[103] BeckOK GeschGehG/Hiéramente GeschGehG § 23 Rn. 40; BeckOK UWG/Barth § 23 Rn. 21; aA Gramlich/Lütke wistra 2022, 97 (101).
[104] BeckOK GeschGehG/Hiéramente GeschGehG § 23 Rn. 40; Reinfeld Neues GeschGehG § 7 Rn. 88.
[105] Reinfeld Neues GeschGehG § 7 Rn. 90.
[106] BeckOK UWG/Barth § 23 Rn. 21.
[107] BeckOK UWG/Barth § 23 Rn. 21.
[108] BeckOK GeschGehG/Hiéramente GeschGehG § 23 Rn. 41.
[109] BeckOK GeschGehG/Hiéramente GeschGehG § 23 Rn. 41.
[110] MüKoUWG/Brammsen, 2. Aufl. 2014, § 17 UWG aF Rn. 114 mwN.
[111] Brammsen/Apel/Brammsen/Drescher GeschGehG § 23 Rn. 152.

D. § 23 Abs. 3 GeschGehG: Vorlagenfreibeuterei

§ 23 Abs. 3 GeschGehG entspricht § 18 UWG aF und schützt mit den geheimen Vorlagen oder Vorschriften technischer Art eine bestimmte Kategorie von Geschäftsgeheimnissen.[112] Mit dieser gesetzgeberischen Wertung stellt der Gesetzgeber zugleich klar, dass es sich bei der Vorlage oder Vorschrift technischer Art zugleich um ein Geschäftsgeheimnis handeln muss. Dies war noch unter Geltung des § 18 UWG aF umstritten.[113]

I. Objektiver Tatbestand

§ 23 Abs. 3 GeschGehG regelt den Sonderfall **geheimer Vorlagen** und **technischer Vorschriften**, die dem Täter im geschäftlichen Verkehr anvertraut wurden.

1. Tatobjekte: Geheime Vorlagen und technische Vorschriften

Taugliches Tatobjekt ist ein Geschäftsgeheimnis (§ 2 Nr. 1 GeschGehG), das sich körperlich oder elektronisch in einer **Vorlage** manifestiert hat oder Eingang in eine geheime **technische Vorschrift** gefunden hat.[114]

Eine **Vorlage** ist alles, was bei der Herstellung neuer Sachen und Dienstleistungen als Vorbild oder Grundlage dient.[115] Hierunter können Zeichnungen, Modelle, Schablonen, Schnitte, Rezepte (§ 18 Abs. 1 UWG aF) und Beschreibungen fallen.[116] Entscheidend für die Einordnung als Vorlage ist in jedem Fall, dass die Vorlage in irgendeiner Weise niedergelegt ist. Eine nur mündliche Beschreibung reicht aufgrund des Bestimmtheitsgrundsatzes nicht aus,[117] auch wenn die mündliche Beschreibung anschließend vom Empfänger perpetuiert wird.[118]

Vorschriften technischer Art sind Geschäftsgeheimnisse (§ 2 Nr. 1 GeschGehG) in Gestalt von mündlichen, schriftlichen oder elektronischen Anweisungen bezüglich der Einrichtung und/oder Durchführung bestimmter technischer Arbeitsschritte oder Verfahrensabläufe.[119] Im Gegensatz zu Vorlagen kommt es bei Vorschriften technischer Art nicht auf eine irgendwie geartete Verkörperung an.[120] Beispiele für Vorschriften technischer Art sind etwa Software (sowohl als Objekt- als auch Quellcode)[121], Werkzeugzeichnungen oder Verfahrensanweisungen.[122]

2. Anvertrautsein im geschäftlichen Verkehr

Die Vorlagen oder technischen Vorschriften müssen dem Täter durch den Geschädigten im geschäftlichen Verkehr anvertraut werden.

Dies setzt ein **Außenverhältnis** zwischen dem Geschädigten und dem Täter voraus; eigenen Mitarbeitern können die Tatobjekte nicht im Sinne des § 23 Abs. 3 GeschGehG anvertraut werden.[123] Im Übrigen ist der Täterkreis weit gefasst, sodass neben Selbstständi-

---

[112] BT-Drs. 19/4724, 41.
[113] Reinfeld Neues GeschGehG § 7 Rn. 93, 109 mwN.
[114] MüKoUWG/Krbetschek GeschGehG § 23 Rn. 33.
[115] KG GRUR 1988, 702 (703); Hoeren/Münker/Bott/Kohlhof GeschGehG § 23 Rn. 91; Harte-Bavendamm/Ohly/Kalbfus/Harte-Bavendamm GeschGehG § 23 Rn. 54; BeckOK GeschGehG/Hiéramente GeschGehG § 23 Rn. 50.
[116] Harte-Bavendamm/Ohly/Kalbfus/Harte-Bavendamm GeschGehG § 23 Rn. 54.
[117] Brammsen/Apel/Brammsen/Drescher GeschGehG § 23 Rn. 173.
[118] Harte-Bavendamm/Ohly/Kalbfus/Harte-Bavendamm GeschGehG § 23 Rn. 54; Hoppe/Oldekop/Altenburg Geschäftsgeheimnisse Rn. 917.
[119] BeckOK GeschGehG/Hiéramente GeschGehG § 23 Rn. 51; Harte-Bavendamm/Ohly/Kalbfus/Harte-Bavendamm GeschGehG § 23 Rn. 55.
[120] Hoppe/Oldekop/Altenburg Geschäftsgeheimnisse Rn. 918.
[121] Vgl. Taeger CR 1991, 449; Fischl ITRB 2005, 265 (266).
[122] Hoeren/Münker/Bott/Kohlhof GeschGehG § 23 Rn. 94; Reinfeld Neues GeschGehG § 7 Rn. 97.
[123] MüKoUWG/Krbetschek GeschGehG § 23 Rn. 32.

gen, Händlern oder Herstellern auch Freiberufler und nach hM auch private Endkunden vom Täterkreis erfasst sind.[124] Allerdings muss es sich um erwerbswirtschaftlich tätige Personen handeln, die nach außen hin fremde oder eigene Geschäftszwecke fördern bzw. gewerbliche Beziehungen zu Unternehmen herstellen, da nur diese „im geschäftlichen Verkehr" handeln.[125]

52 **Anvertraut** sind die Vorlagen oder Vorschriften technischer Art, wenn die Vorlage oder technische Vorschrift unter der konkludenten oder ausdrücklichen Auflage übergeben wird, sie vertraulich und nur im Interesse des Anvertrauenden zu behandeln.[126] Eine solche Auflage liegt *insbesondere* vor, wenn zwischen dem Täter und dem Geschädigten ein Vertragsverhältnis zur Übergabe des Tatobjekts geschlossen wurde, etwa in Gestalt eines Know-how Lizenzvertrags, eines Kooperationsvertrags über Forschung und Entwicklung oder auch eine hinreichend konkrete Geheimhaltungsvereinbarung.[127]

53 **Praxistipp:**
Allerdings ist das Bestehen eines Vertrags keine Voraussetzung; die Auflage kann sich auch aus einem einseitigen Hinweis ergeben[128] oder aus den Umständen der Überlassung.[129]

3. Tathandlung: Nutzen oder Offenlegen

54 **Tathandlung** des § 23 Abs. 3 GeschGehG ist das **Nutzen** oder **Offenlegen** des Geschäftsgeheimnisses entgegen § 4 Abs. 1 Nr. 2 oder Nr. 3 GeschGehG unter Verstoß gegen eine Verpflichtung zur beschränkten Nutzung oder einer solchen, das Geschäftsgeheimnis nicht offenzulegen.[130]

55 **Nutzen** ist jede Verwertung des Geschäftsgeheimnisses.[131]

56 **Offenlegen** ist das Eröffnen des Geschäftsgeheimnisses gegenüber Dritten, wodurch die Vertraulichkeit durch Kenntnisgabe verletzt wird.[132]

II. Subjektiver Tatbestand

57 Im Gegensatz zu § 23 Abs. 1 und 2 GeschGehG fordert § 23 Abs. 3 GeschGehG als besondere subjektive Handlungsmotivation *lediglich* die Förderung des eigenen oder fremden Wettbewerbs oder den Eigennutz.

58 Die Handlungsmotive zugunsten eines Dritten oder in der Absicht, dem Inhaber eines Unternehmens Schaden zuzufügen, fehlen.[133]

E. § 23 Abs. 4 GeschGehG: Qualifikationstatbestand

59 § 23 Abs. 4 GeschGehG ist im Gegensatz zur Vorlage des § 17 Abs. 4 UWG aF nicht mehr als Regelbeispiel, sondern als Qualifikationstatbestand ausgestaltet.[134]

---

[124] BeckOK GeschGehG/Hiéramente GeschGehG § 23 Rn. 48; MüKoUWG/Krbetschek GeschGehG § 23 Rn. 32; bei privaten Endkunden zweifelnd Reinfeld Neues GeschGehG § 7 Rn. 97.
[125] Brammsen/Apel/Brammsen/Drescher GeschGehG § 23 Rn. 164.
[126] KG GRUR 1988, 702 (703).
[127] Reinfeld Neues GeschGehG § 7 Rn. 105 f.
[128] OLG Karlsruhe WRP 1986, 624 f.
[129] Harte-Bavendamm/Ohly/Kalbfus/Harte-Bavendamm GeschGehG § 23 Rn. 59; Reinfeld Neues GeschGehG § 7 Rn. 106.
[130] MüKoUWG/Krbetschek GeschGehG § 23 Rn. 34.
[131] Köhler/Bornkamm/Feddersen/Alexander GeschGehG § 4 Rn. 38.
[132] MüKoUWG/Krbetschek GeschGehG § 23 Rn. 35.
[133] Krit. Gramlich/Lütke wistra 2022, 97 (105).
[134] BT-Drs. 19/4724, 41.

§ 23 Abs. 4 GeschGehG qualifiziert die Taten aus **§ 23 Abs. 1** und **§ 23 Abs. 2 Gesch-** 60
GehG bei Vorliegen der folgenden objektiven und subjektiven Umstände.

Die Qualifikation bezieht sich **nicht** auf den Sonderfall aus § 23 Abs. 3 GeschGehG 61
(„im geschäftlichen Verkehr anvertraute geheime Vorlage oder Vorschrift technischer Art").

I. Gewerbsmäßiges Handeln (§ 23 Abs. 4 Nr. 1 GeschGehG)

Gewerbsmäßiges Handeln liegt vor, wenn der Täter mit der Tat die Absicht verfolgt, sich 62
durch wiederholte Tatbegehungen eine fortlaufende Einnahmequelle von einiger Dauer
und Umfang zu verschaffen.[135] Sofern ein solches Streben vorliegt, ist bereits die erste mit
der gefassten Absicht erfolgte Tathandlung als gewerbsmäßig einzuordnen.[136] Irrelevant ist,
ob sich die beabsichtigte Gewinnerwartung tatsächlich realisiert.[137]

II. Auslandsbezug (Nr. 2 und 3)

Der Gedanke hinter § 23 Abs. 4 Nr. 2 und 3 GeschGehG ist der Schutz inländischer Un- 63
ternehmen vor einem Know-how-Abfluss ins Ausland.[138] In Abgrenzung zum Begriff des
Auslands regelt § 3 StGB das Inland, welches alle Gebiete umfasst, die zum deutschen Hoheitsgebiet gehören.[139] Vom Begriff des Auslands ist im Umkehrschluss das Gebiet umfasst,
das nicht zum deutschen Hoheitsgebiet gehört, einschließlich des Gebiets der anderen
Mitgliedstaaten der EU, ungeachtet des in der EU bestehenden gemeinsamen Binnen-
marktes.[140] Siehe hierzu: → § 25 Rn. 23 ff.

1. Täter weiß bei der Offenlegung, dass das Geschäftsgeheimnis im Ausland genutzt werden soll

§ 23 Abs. 4 Nr. 2 GeschGehG qualifiziert die Taten aus 64
- § 23 Abs. 1 Nr. 2 GeschGehG (eigeneröffnete Geheimnishehlerei),
- § 23 Abs. 1 Nr. 3 GeschGehG (Geheimnisverrat) oder
- § 23 Abs. 2 GeschGehG (fremderöffnete Geheimnishehlerei)

in Fällen, in denen der Täter bei der Offenlegung des Geschäftsgeheimnisses weiß, dass das
Geschäftsgeheimnis im Ausland genutzt werden *soll*.

Ausreichend ist, dass der Täter im Zeitpunkt der Tathandlung mit der Möglichkeit einer 65
Nutzung im Ausland rechnet; die tatsächliche Nutzung im Ausland ist dagegen nicht erforderlich.[141] Umgekehrt scheidet der Qualifikationstatbestand der Nr. 2 aus, wenn der Täter die Nutzung des Geschäftsgeheimnisses im Ausland nicht als möglich erkannt hat, obwohl eine solche Nutzung tatsächlich erfolgt.[142]

---

[135] BGH NStZ 1995, 85; Gramlich/Lütke wistra 2022, 97 (102); Köhler/Bornkamm/Feddersen/Alexander GeschGehG § 23 Rn. 83.
[136] BGH NStZ 1995, 85; Köhler/Bornkamm/Feddersen/Alexander GeschGehG § 23 Rn. 83.
[137] BGH NStZ 1995, 85; MüKoStGB/Joecks/Miebach GeschGehG § 23 Rn. 131.
[138] Köhler/Bornkamm/Feddersen/Alexander GeschGehG § 23 Rn. 84.
[139] Hierzu Schönke/Schröder/Eser/Weißer StGB Vorb. Zu §§ 3–9 Rn. 60 ff.
[140] OLG Düsseldorf BeckRS 2008, 05432 mit dem schlichten Hinweis, dass es sich trotz der Zugehörigkeit von Deutschland und Frankreich zu EU bei Frankreich „rechtlich um Ausland" handele; Bott wistra 2015, 342 (343 f.); Köhler/Bornkamm/Feddersen/Alexander GeschGehG § 23 Rn. 84; Reinfeld Neues GeschGehG § 7 Rn. 36; MüKoStGB/Joecks/Miebach GeschGehG § 23 Rn. 133; aA unter Berücksichtigung einer Gesamtabwägung im Rahmen der früheren Regelbeispiele Harte-Bavendamm/Henning-Bodewig/Harte-Bavendamm, 4. Aufl. 2016, § 17 UWG aF Rn. 38.
[141] MüKoStGB/Joecks/Miebach GeschGehG § 23 Rn. 132.
[142] MüKoStGB/Joecks/Miebach GeschGehG § 23 Rn. 132.

2. Täter *nutzt* das Geschäftsgeheimnis im Ausland

66 § 23 Abs. 4 Nr. 3 GeschGehG setzt in objektiver Hinsicht zunächst voraus, dass der Täter in den Fällen
- des § 23 Abs. 1 Nr. 2 GeschGehG (eigeneröffnete Geheimnishehlerei) oder
- des § 23 Abs. 2 GeschGehG (fremderöffnete Geheimnishehlerei)

das Geheimnis im Ausland *nutzt*.

67 Im Gegensatz zu § 23 Abs. 4 Nr. 2 GeschGehG muss in dieser Variante die Nutzung im Ausland *tatsächlich erfolgen*, also wenigstens begonnen haben.[143]

68 In subjektiver Hinsicht muss der Täter es zumindest für möglich halten, dass der Empfänger das Geschäftsgeheimnis im Ausland nutzt.

F. § 23 Abs. 5 GeschGehG: Versuchsstrafbarkeit

69 Der Versuch der Taten aus § 23 Abs. 1–3 GeschGehG sowie der Qualifikationstatbestände aus § 23 Abs. 4 GeschGehG ist gemäß § 23 Abs. 5 GeschGehG strafbar. Die Versuchsstrafbarkeit entspricht den bisherigen Regelungen der §§ 17 Abs. 3, 18 Abs. 2 und 19 UWG aF.[144] Die Normierung der Versuchsstrafbarkeit trägt dem erhöhten Gefährdungspotential Rechnung, das daraus folgt, dass der rechtliche Schutz von Geschäftsgeheimnissen allein von der Geheimhaltung der Information abhängt.[145] Allerdings kann die Abgrenzung des strafbaren unmittelbaren Ansetzens zur Tat von der straflosen Vorbereitungshandlung im Einzelfall problematisch sein.[146] Maßgeblich ist stets das Vorstellungsbild des Täters.[147] Dabei gelten die allgemeinen Regeln der Versuchsstrafbarkeit (einschließlich des Rücktritts) nach §§ 22 ff. StGB, was (unter anderem) bedeutet, dass der Täter neben dem Vorsatz zur Verwirklichung der objektiven Tatbestandsmerkmale auch die Absichtsmerkmale erfüllen muss (der subjektive Tatbestand muss vollständig erfüllt sein – nur im objektiven Tatbestand gibt es einen Mangel, die Tatvollendung).[148]

70 Auch der untaugliche Versuch ist strafbar.

71 **Praxisbeispiel:**
Der Täter kann etwa in Schädigungsabsicht eine der Offenlegung dienende Mitteilung eines Geschäftsgeheimnisses abgeben, die allerdings – entgegen dem Vorstellungsbild des Täters – nicht beim Empfänger ankommt (zB weil die E-Mail-Adresse einer bei einem Konkurrenzunternehmen tätigen Person nicht mehr existiert).[149] Das unmittelbare Ansetzen wird man mit dem Absenden der E-Mail annehmen können. Ebenso kommt ein untauglicher Versuch in Betracht, wenn ein Geheimnis gegenüber einer Person offengelegt wird, die bereits Kenntnis von dem Geheimnis hat oder wenn die offengelegte Information nur in der Vorstellung des Täters ein Geschäftsgeheimnis darstellt, ein solches tatsächlich aber nicht vorliegt.[150]

---

[143] MüKoStGB/Joecks/Miebach GeschGehG § 23 Rn. 133.
[144] BT-Drs. 19/4724, 41.
[145] BT-Drs. 19/4724, 41.
[146] Gramlich/Lütke wistra 2022, 97 (103).
[147] BeckOK GeschGehG/Hiéramente GeschGehG § 23 Rn. 65.
[148] Hierzu BeckOK StGB/Cornelius StGB §§ 22 ff.
[149] Vgl. zu den Beispielen Harte-Bavendamm/Ohly/Kalbfus/Harte-Bavendamm GeschGehG § 23 Rn. 69; MAH GewRS/Blank MAH § 24 Rn. 167; Reinfeld Neues GeschGehG § 7 Rn. 10.
[150] Hoeren/Münker/Bott/Kohlhof GeschGehG § 23 Rn. 103; Escherich EuZA 2022, 307 (323); Brockhaus ZIS 2020, 102 (115).

G. § 23 Abs. 6 GeschGehG: Beihilfe durch Medienschaffende

In der letzten Phase des Gesetzgebungsverfahrens wurde mit § 23 Abs. 6 GeschGehG noch eine Rechtfertigungsgrund für Beihilfehandlungen von in § 53 Abs. 1 S. 1 Nr. 5 StPO genannten Personen aufgenommen. Voraussetzung ist, dass sich die Handlung auf Beihilfe in Gestalt der Entgegennahme, Auswertung oder Veröffentlichung des Geschäftsgeheimnisses beschränkt. § 53 Abs. 1 S. 1 Nr. 5 StPO sieht ein publizistisches Zeugnisverweigerungsrecht und § 97 Abs. 5 S. 1 StPO ein korrespondierendes Beschlagnahmeverbot für Personen vor, die bei der Vorbereitung, Herstellung oder Verbreitung von Druckwerken, Rundfunksendungen, Filmberichten oder der Unterrichtung oder Meinungsbildung dienenden Informations- und Kommunikationsdiensten berufsmäßig mitwirken oder mitgewirkt haben.

72

Nach der gesetzgeberischen Intention wurde § 23 Abs. 6 GeschGehG nach dem Vorbild des § 353b Abs. 3a StGB eingeführt.[151] § 353b StGB regelt die Verletzung des Dienstgeheimnisses durch Beamte und andere Geheimnisträger. § 353b Abs. 3a StGB sieht ebenfalls einen Rechtfertigungstatbestand für Personen nach § 53 Abs. 1 Nr. 5 StPO vor.

73

Durch die Übertragung des Rechtfertigungstatbestandes in § 23 GeschGehG will der Gesetzgeber klarstellen, dass journalistisches Handeln keine Strafbarkeit wegen Beihilfe begründet.[152] Hierdurch soll der Befürchtung möglicher „Abschreckungseffekte auf Journalisten" begegnet werden.[153] Journalisten sollen nicht von vornherein von der Kooperation mit Informanten abgehalten werden, die bereit sind, etwaige fremde Geschäftsgeheimnisse preiszugeben.[154]

74

Die Beihilfehandlung des Medienangehörigen im Sinne des § 53 Abs. 1 Nr. 5 StPO muss sich auf die Entgegennahme, Auswertung oder Veröffentlichung des Geschäftsgeheimnisses beschränken. Diese Schranke ist überschritten, wenn der Medienangehörige das Geschäftsgeheimnis selbst gewinnbringend nutzt, sich die Beihilfehandlung auf die Beschaffung des Geschäftsgeheimnisses erstreckt oder der Medienschaffende zur Offenlegung des Geschäftsgeheimnisses anstiftet.[155]

75

H. Rechtswidrigkeit

Die in § 5 GeschGehG vorgesehenen Ausnahmen waren im Gesetzgebungsverfahren lange als Rechtfertigungsgründe vorgesehen; aufgrund der an dieser Konzeption geäußerten Kritik wurde § 5 GeschGehG jedoch letztlich als tatbestandsausschließende Ausnahme geregelt.[156] § 5 GeschGehG enthält nun Fallgruppen, in denen die Erlangung, Nutzung oder Offenlegung eines Geschäftsgeheimnisses nicht tatbestandsmäßig sind, wenn dies zum Schutz eines bestimmten berechtigten Interesses erfolgt (vgl. den Schutz von sog. Whistleblowern nach § 5 Nr. 2 GeschGehG).[157] Damit kommt es nicht mehr auf die Frage an, ob aus § 158 StPO mit der Befugnis für jeden Bürger, ein strafbares Verhalten anzuzeigen, ein eigenständiger Rechtfertigungsgrund folgt.[158] Als Rechtfertigungsgründe können der rechtfertigende Notstand (§ 34 StGB)[159], im Einzelfall aber auch Notwehr (§ 32 StGB) in Betracht kommen. Die Tat nach § 23 GeschGehG ist auch dann nicht rechtswidrig, wenn der Berechtigte in die jeweilige Tat wirksam einwilligt.[160]

76

---

[151] BT-Drs. 19/8300, 15.
[152] BT-Drs. 19/8300, 15.
[153] BT-Drs. 19/8300, 15.
[154] Harte-Bavendamm/Ohly/Kalbfus/Harte-Bavendamm GeschGehG § 23 Rn. 71.
[155] Harte-Bavendamm/Ohly/Kalbfus/Harte-Bavendamm GeschGehG § 23 Rn. 72.
[156] Reinfeld Neues GeschGehG § 7 Rn. 32; Leite GA 2021, 129 (132 ff.).
[157] BT-Drs. 19/4724, 28.
[158] Vgl. Wessels/Beulke/Satzger StrafR AT Rn. 424.
[159] Siehe hierzu: Klaas CCZ 2019, 163 (171).
[160] Reinfeld Neues GeschGehG § 7 Rn. 32.

I. § 23 Abs. 7 GeschGehG: Auslandstaten (§ 5 StGB) und Versuch der Beteiligung (§§ 30, 31 StGB)

I. Auslandstaten

77 Über den Verweis in § 23 Abs. 7 S. 1 GeschGehG auf § 5 Nr. 7 StGB sind auch Straftaten, die im Ausland begangen wurden, durch § 23 GeschGehG geschützt. Voraussetzung ist, dass es sich um ein Geschäftsgeheimnis „eines im räumlichen Geltungsbereich dieses Gesetzes liegenden Betriebs, eines Unternehmens, das dort seinen Sitz hat, oder eines Unternehmens mit Sitz im Ausland, das von einem Unternehmen mit Sitz im räumlichen Geltungsbereich dieses Gesetzes abhängig ist und mit diesem einen Konzern bildet", handelt. Damit wird zum Beispiel die auswärtige Betriebsspionage in inländischen Betrieben oder Sitzunternehmen oder in ausländischen Tochterunternehmen inländischer Konzernmütter sanktioniert.[161] Siehe hierzu: → § 25 Rn. 29 ff.

II. Versuch der Beteiligung

78 § 23 Abs. 7 S. 2 GeschGehG ersetzt den Tatbestand des § 19 UWG aF und sieht eine entsprechende Anwendung der §§ 30, 31 StGB für Fälle vor, in denen ein Täter „zur Förderung des eigenen oder fremden Wettbewerbs oder aus Eigennutz handelt". Hierdurch kann sich schon derjenige strafbar machen, der die Anstiftung zu einer Tat im Sinne des § 23 GeschGehG nur erfolglos versucht hat. Im Regelfall stellt das StGB nur den Versuch der Beteiligung an einem Verbrechen (§ 12 Abs. 1 StGB) unter Strafe.[162] Allerdings ist die Strafe im Falle des § 23 Abs. 7 S. 2 GeschGehG durch den Verweis auf § 30 Abs. 1 S. 2 StGB (analog) gemäß § 49 Abs. 1 StGB zu mildern. Durch diesen Verweis wurden die in der „alten Fassung" in §§ 18 und 19 UWG bestehenden Wertungswidersprüche im Hinblick auf die Höhe der Strafe beseitigt[163], was aus Sicht des Gesetzgebers auch der Zweck des Verweises war.[164] Zudem wollte der Gesetzgeber hiermit wie bei § 23 Abs. 5 GeschGehG dem hohen Gefährdungspotential von Vorbereitungshandlungen im Bereich der Geschäftsgeheimnisse gerecht werden.[165]

79 Grundsätzlich gelten – bis auf den Verbrechenscharakter der Tat – die zu den §§ 30, 31 StGB entwickelten Grundsätze.[166] So ist für das „Sich-Bereiterklären" nach § 30 Abs. 2 Var. 1 StGB eine hinreichend konkretisierte Erklärung notwendig, sich zu einer Straftat verpflichten zu wollen. Die reine Kundgabe, eine Straftat begehen zu wollen, ist nicht ausreichend.[167]

J. Rechtsfolgen, Strafantrag und Verjährung

80 Alle Tatvarianten des § 23 Abs. 1 und 2 GeschGehG sind mit Freiheitsstrafe bis zu drei Jahren oder mit Geldstrafe bedroht. Die Verwirklichung der Qualifikation in § 23 Abs. 4 GeschGehG kann zu einer Erhöhung der Freiheitsstrafe auf bis zu fünf Jahre führen.

---

[161] Brammsen wistra 2018, 449 (457); BeckOK GeschGehG/Hiéramente GeschGehG § 23 Rn. 87.
[162] Gramlich/Lütke wistra 2022, 97 (104); Hoeren/Münker/Bott/Kohlhof GeschGehG § 23 Rn. 105 f.; die weite Vorverlagerung der Strafbarkeit als „systemwidrig" bezeichnend MüKoStGB/Joecks/Miebach GeschGehG § 23 Rn. 136.
[163] BeckOK GeschGehG/Hiéramente GeschGehG § 23 Rn. 66.1; Keller/Schönknecht/Glinke/Schönknecht GeschGehG § 23 Rn. 141; Gramlich/Lütke wistra 2022, 97 (104).
[164] BT-Drs. 19, 4724, 41.
[165] Hoppe/Oldekop/Altenburg Geschäftsgeheimnisse Rn. 949; krit. zu Abs. 7 S. 2 Brammsen wistra 2018, 449 (457); MüKoStGB/Joecks/Miebach § 23 Rn. 136.
[166] Hierzu BeckOK StGB/Cornelius §§ 30, 31 StGB.
[167] Hoeren/Münker/Bott/Kohlhof GeschGehG § 23 Rn. 105; BeckOK GeschGehG/Hiéramente GeschGehG § 23 Rn. 67.2.

Eine Verwirklichung des Tatbestands in § 23 Abs. 3 GeschGehG führt hingegen zu einer Freiheitsstrafe bis zu zwei Jahren oder Geldstrafe.

§ 23 GeschGehG ist relatives Antragsdelikt:[168] Nach § 23 Abs. 8 GeschGehG muss zur Verfolgung des Delikts ein Strafantrag gestellt werden. Im Übrigen kommt eine Verfolgung von Amts wegen in Betracht, wenn dies wegen eines besonderen öffentlichen Interesses an der Strafverfolgung erforderlich ist. 81

Die **Verfolgungsverjährung** tritt bei den Tatbeständen der Absätze 1–3 sowie der Qualifikation in § 23 Abs. 4 GeschGehG gemäß § 78 Abs. 3 Nr. 4 StGB nach fünf Jahren ein. Die Verjährungsfrist beginnt mit der Beendigung der Tat. 82

Beendigungszeitpunkte: 83
- Die **Betriebsspionage** nach § 23 Abs. 1 Nr. 1 GeschGehG ist beendet, sobald der Täter das Geheimnis endgültig erlangt hat, er also erfolgreich Zugang erhalten, sich das Geheimnis angeeignet oder es sich erfolgreich kopiert hat.
- Der **Geheimnisverrat** nach § 23 Abs. 1 Nr. 3 GeschGehG ist beendet, sobald das Geschäftsgeheimnis gegenüber einem Dritten offengelegt ist und dieser vom Geschäftsgeheimnis Kenntnis genommen hat.
- Die **eigeneröffnete und fremderöffnete Geheimnishehlerei** nach § 23 Abs. 1 Nr. 2 und § 23 Abs. 1 Abs. 2 GeschGehG sind in der Tatvariante „nutzt" beendet, sobald der angestrebte wirtschaftliche Nutzen eingetreten ist, in der Tatvariante „offenlegt", sobald ein Dritter Kenntnis vom Geschäftsgeheimnis genommen hat.
- Die **Vorlagenfreibeuterei** nach § 23 Abs. 3 GeschGehG ist beendet, sobald der Täter das Geschäftsgeheimnis tatsächlich genutzt oder offengelegt hat und zumindest nach seinem subjektiven Vorstellungsbild seine damit verbundene Absicht (Förderung des eigenen oder fremden Wettbewerbs oder Eigennutz) verwirklicht wurde.[169]

---

[168] Hoppe/Oldekop/Altenburg Geschäftsgeheimnisse Rn. 951; Hoeren/Münker/Bott/Kohlhof GeschGehG § 23 Rn. 121.
[169] Zum Ganzen MüKoStGB/Joecks/Miebach GeschGehG § 23 Rn. 173.

5. Teil Die Verfolgung von Datenschutzstraftaten

§ 25 Anwendbarkeit deutschen Strafrechts – insbesondere bei grenzüberschreitenden, internetbasierten Datenschutzstraftaten

Übersicht
Rn.

A. Praktische Relevanz des Strafanwendungsrechts 1
B. Extraterritorialer Anwendungsbereich der DS-GVO vs. einschränkendes deutsches Strafanwendungsrecht 3
C. Grundsätze der Anwendbarkeit des deutschen Strafrechts 9
   I. Geltung für Inlandstaten 9
      1. Tatort der Haupttat 13
      2. Tatort der Teilnahme 16
   II. Geltung für Auslandstaten 23
      1. Auslandstaten mit besonderem Inlandsbezug, § 5 StGB 24
         a) Weitergabe von Staatsgeheimnissen, § 5 Nr. 4 StGB 25
         b) Verletzung von Betriebs- oder Geschäftsgeheimnissen, § 5 Nr. 7 StGB ... 29
            aa) Im Inland liegender Betrieb bzw. ein Unternehmen, § 5 Nr. 7 Alt. 1 StGB 31
            bb) Ausländische Konzernunternehmen, § 5 Nr. 7 Alt. 2 StGB 34
            cc) „Betriebs- und Geschäftsgeheimnisse" 39
            dd) In Betracht kommende Tatbestände 43
      2. Geltung für Auslandstaten in anderen Fällen, § 7 StGB 47
         a) Taten *gegen* Deutsche, § 7 Abs. 1 StGB 48
         b) Taten *durch* Deutsche, § 7 Abs. 2 Nr. 1 StGB 57
         c) Taten durch Ausländer, § 7 Abs. 2 Nr. 2 StGB 66
D. Besonderheiten bei internetbasierten Datenschutzverstößen 68
   I. Handlungsort 73
   II. Erfolgsort 77
      1. Erfolgsdelikte 78
      2. Kein Erfolgsort bei schlichten Tätigkeitsdelikten 82
      3. Gefährdungsdelikte 84
         a) Konkrete Gefährdungsdelikte 87
         b) Abstrakte Gefährdungsdelikte 90
         c) Abstrakt-konkrete Gefährdungsdelikte 95
      4. Stets: Gewährleistung eines „genuine links" bei Internetsachverhalten 98
   III. Anbieter von Telemedien: Spezielles Strafanwendungsrecht aus § 3 TMG? 101
      1. Wer ist Anbieter eines Telemediums? 102
      2. Herkunftslandprinzip, § 3 Abs. 1 TMG 105
         a) Unmittelbare Geltung des deutschen Strafrechts auf der Grundlage von § 3 Abs. 1 TMG 108
         b) Beschränkte Anwendbarkeit auf strafbare Datenschutzverstöße ... 116
            aa) Ausschluss von Strafvorschriften die dem Schutz personenbezogener Daten dienen 118
            bb) Einbezug von Strafvorschriften die dem Schutz von Daten ohne Personenbezug dienen 124
      3. Diensteanbieter mit Sitz im EU-Ausland 128
          a) Möglicher Ausschluss der §§ 3ff. StGB 128
            aa) Kein Ausschluss deutscher Strafvorschriften die dem Schutz personenbezogener Daten dienen 131
            bb) Ausschluss deutscher Strafvorschriften, die dem Schutz von Daten ohne Personenbezug dienen 133
               (1) Einschränkende Sichtweisen in der Literatur 135
               (2) Gegenposition aus Sicht der Verteidigung 139
         b) Kein *zusätzliches* Strafanwendungsrecht aus § 3 Abs. 5 TMG 141

§ 25

Literatur:
Böhm, Die Anwendbarkeit des deutschen Strafrechts bei Kfz-Hehlerei mit Auslandsbezug, NStZ 2017, 618; *Breuer,* Anwendbarkeit des deutschen Strafrechts auf exterritorial handelnde Internet-Benutzer, MMR 1998, 141; *Busching,* Der Begehungsort von Äußerungsdelikten im Internet, Grenzüberschreitende Sachverhalte und Zuständigkeitsprobleme, MMR 2015, 295; *Eckel/Rottmeier,* „Liken als Haten": Strafverfolgung von Hatespeech in Sozialen Netzwerken, NStZ 2021, 1; *Eicker,* Was der Grundsatz in dubio pro reo bedeutet (und was nicht), JA 2021, 330; *Englisch/Krüger,* Zur Völkerrechtswidrigkeit extraterritorialer Effekte der französischen Finanztransaktionssteuer, IStR 2013, 513; *Ensenbach,* Der Vermögensschutz einer Auslands-GmbH im deutschen Strafrecht, wistra 2011, 4; *Goette/Habersack/Kalls,* Münchener Kommentar zum Aktiengesetz, Band 1, 5. Aufl. 2019; *Handel,* Hate Speech – Gilt deutsches Strafrecht gegenüber ausländischen Anbietern sozialer Netzwerke?, MMR 2017, 227; *Heinrich,* Zeigen des „Hitlergrußes" bei Fußballspiel im Ausland, NStZ 2000, 533; *ders.,* Der Erfolgsort beim abstrakten Gefährdungsdelikt, GA 1999, 72; *Hilgendorf,* Überlegungen zur strafrechtlichen Interpretation des Ubiquitätsprinzips im Zeitalter des Internet, NJW 1997, 1873; *Hörnle,* Verbreitung der Auschwitzlüge im Internet, NStZ 2001, 309; *Huck,* Extraterritorialität US-amerikanischen Rechts im Spannungsverhältnis zu nationalen, supranationalen und internationalen Rechtsordnungen, NJOZ 2015, 993; *Klaas,* Unternehmensinterne Verstöße und „Whistleblowing": Zum Grundrechtsschutz der Beteiligten und den Anforderungen an eine einfachrechtliche Regelung, CCZ 2019, 163; *Kudlich,* Herkunftslandprinzip und internationales Strafrecht, HRRS 2004, 278; *ders.,* Die Neuregelung der strafrechtlichen Verantwortung von Internetprovidern, JA 2002, 798; *Kudlich/Berberich,* Abstrakte Gefährdungsdelikte im Internet und die Anwendbarkeit deutschen Strafrechts, NStZ 2019, 633; *Kuner,* Internationale Zuständigkeitskonflikte im Internet, CR 1996, 453; *Magnus,* Kinderwunschbehandlungen im Ausland: Strafbarkeit beteiligter deutscher Ärzte nach internationalem Strafrecht (§ 9 StGB), NStZ 2015, 57; *Martin,* Grenzüberschreitende Umweltbeeinträchtigungen im deutschen Strafrecht, ZRP 1992, 19; *Niemöller,* Zur Geltung des inländischen Strafrechts für Auslandstaten Deutscher, NStZ 1993, 171; *Rath,* Internationales Strafrecht (§§ 3 ff. StGB), JA 2007, 26; *Rotsch,* Materielle Strafrechtsdogmatik und strafprozessuale Zuständigkeit. Zum Problem der Kollision von Zuständigkeitskumulation und Art. 101 Abs. 1 Satz 2 GG, ZIS 2006, 17; *ders.,* Der Handlungsort iSd. § 9 Abs. 1 StGB – Zur Anwendung deutschen Strafrechts im Falle des Unterlassens und der Mittäterschaft, ZIS 2010, 168; *Satzger,* Strafrechtliche Verantwortlichkeit von Zugangsvermittlern, CR 2001, 109; *Sieber,* Internationales Strafrecht im Internet, Das Territorialitätsprinzip der §§ 3, 9 StGB im globalen Cyberspace, NJW 1999, 2065; *Spindler,* Das Gesetz zum elektronischen Geschäftsverkehr – Verantwortlichkeit der Diensteanbieter und Herkunftslandprinzip, NJW 2002, 921; *Walter,* Angestelltenbestechung, Internationales Strafrecht und Steuerstrafrecht, NStZ 2001, 321; *ders.,* Einführung in das internationale Strafrecht, JuS 2006, 967; *Walther,* „Tat" und „Täter" im transnationalen Strafanwendungsrecht des StGB, JuS 2012, 203; *Werkmeister/Steinbeck,* Anwendbarkeit des deutschen Strafrechts bei grenzüberschreitender Cyberkriminalität, wistra 2015, 209; *Zehetgruber,* Eine kritische Betrachtung der Anknüpfungspunkte des § 7 StGB, ZIS 2020, 364.

A. Praktische Relevanz des Strafanwendungsrechts

1   In einem globalisierten wirtschaftlichen Umfeld werden Daten in der Regel grenzüberschreitend ausgetauscht. Das betrifft nicht nur Unternehmen mit weltweiten Niederlassungen. Bereits das Nutzen von cloudbasierten Diensten, (Video-)Konferenzsoftware oder der Rückgriff auf externe Serverkapazitäten begründet regelmäßig einen grenzüberschreitenden Datentransfer. Auch die rechtswidrige Veröffentlichung personenbezogener Daten im Internet eröffnet die Möglichkeit eines (nahezu) weltweiten Zugriffs. Der *Umgang* mit Daten sowie die darauf basierenden *Auswirkungen* berühren daher regelmäßig mehrere Jurisdiktionen und beschränken sich nicht nur auf das deutsche Hoheitsgebiet. Hinzu tritt, dass Datenübermittlungen in Drittstaaten außerhalb der Union (und der mit ihr verbundenen EWR-Staaten) aufgrund der zusätzlichen Anforderungen (Art. 44 ff. DS-GVO) besonders fehleranfällig sind.

2   Gerade aus sanktionsrechtlicher Sicht drängt sich damit eine Auseinandersetzung mit der Anwendbarkeit der deutschen datenschutzrechtlichen Strafnormen in einem internationalen Umfeld auf. Hier können sich – je nach Situation – entweder Verteidigungsansätze oder aber erhöhte strafrechtliche Risiken ergeben.

B. Extraterritorialer Anwendungsbereich der DS-GVO vs. einschränkendes deutsches Strafanwendungsrecht

Die materiellen Verarbeitungsvorschriften der DS-GVO weisen einen weiten extraterritorialen Anwendungsbereich auf. 3

Art. 3 Abs. 1 DS-GVO erklärt die Verordnung für anwendbar, soweit der datenschutzrechtlich Verantwortliche (bzw. der Auftragsverarbeiter) eine Niederlassung innerhalb der Union unterhält, und die Datenverarbeitungen im Rahmen der Tätigkeiten dieser Niederlassung erfolgt – unabhängig davon, ob die Verarbeitung in der Union selbst stattfindet (**„Niederlassungsprinzip"**). 4

Selbst wenn eine solche Niederlassung in der Union nicht existiert und die Verarbeitung in einem Drittstaat vorgenommen wird, findet die Verordnung über Art. 3 Abs. 2 DS-GVO Anwendung, soweit (lit. a) betroffenen Personen in der Union Waren oder Dienstleistungen angeboten werden bzw. (lit. b) das Verhalten betroffener Personen innerhalb der Union beobachtet wird (**„Marktortprinzip"**). 5

Die Anwendbarkeit der auf diese Vorgaben Bezug nehmenden Straftatbestände – wie bspw. § 42 BDSG, aber auch die §§ 202a ff. StGB – folgt wiederum eigenen, spezielleren Kriterien in den §§ 3 ff. StGB. 6

Besteht der Verdacht eines strafbaren Datenschutzverstoßes im Rahmen grenzüberschreitender Verarbeitungshandlungen ist der Rechtsanwender daher gehalten, sowohl die räumliche Anwendbarkeit der in Bezug genommenen materiellen Datenverarbeitungsvorschriften, als auch die räumliche Geltung der eigentlichen deutschen Strafnorm zu prüfen. 7

Im Folgenden werden die Grundsätze des deutschen Strafanwendungsrecht erläutert. Ein besonderes Augenmerk liegt auf den in der Rechtsprechung und Literatur entwickelten Linien zu Straftaten im Internet. 8

C. Grundsätze der Anwendbarkeit des deutschen Strafrechts

I. Geltung für Inlandstaten

Ausgangspunkt einer Prüfung ist zunächst § 3 StGB. Danach gilt das deutsche Strafrecht für Taten, die im Inland begangen werden („Territorialitätsprinzip"[1]). 9

„Wo" eine Tat begangen wird, definiert § 9 StGB. 10

§ 9 StGB bezieht sich dabei auf die Tat im prozessualen Sinne (§ 264 Abs. 1 StPO).[2] Selbst wenn nur einzelne Taten im materiellen Sinne im Inland begangen werden, wird im Gesamten eine Inlandstat begründet.[3] Das ergibt sich bereits aus dem Wortlaut, der einerseits die „Tat" als Bezugspunkt wählt und andererseits für die Bestimmung des Tatorts vom zum „Tatbestand" gehörenden Erfolg spricht. Der Wortlaut wird vom Sinn und Zweck getragen: Völkerrechtlich wird durch den *tatsächlichen Lebenssachverhalt* ein inländischer Bezugspunkt begründet. Dieser rechtfertigt es, dass die gesamte prozessuale Tat nach deutschem Strafrecht beurteilt wird. Gegenläufig ist allerdings stets darauf zu achten, dass tatsächlich für jeden einzelnen materiellen Straftatbestand, der von der Tat im prozessualen Sinne erfasst wird, der notwendige völkerrechtliche genuine link besteht. Insofern drohen keine ungerechtfertigten Ergebnisse (hierzu → Rn. 98 ff.). 11

Die prozessuale Tat als Bezugspunkt von § 9 StGB ist insbesondere bei internetbasierten Datenschutzverstößen von Relevanz (hierzu → Rn. 68 ff.). 12

---

[1] Magnus NStZ 2015, 57 (61).
[2] MüKoStGB/Ambos § 9 Rn. 6; Lackner/Kühl/Heger/Heger StGB § 9 Rn. 4; aA Rotsch ZIS 2006, 17 (18); ders. ZIS 2010, 168.
[3] Lackner/Kühl/Heger/Heger StGB § 9 Rn. 4.

1. Tatort der Haupttat

13 Das ist zum einen der **Handlungsort:** Eine Tat ist nach Absatz 1 an jedem Ort begangen, an dem der Täter gehandelt hat (1. Alt.) oder im Falle des Unterlassens hätte handeln müssen (2. Var). Bei mittäterschaftlich verwirklichten strafbaren Datenschutzverstößen ist aufgrund der allgemeinen Zurechnung über § 25 Abs. 2 StGB überall dort ein Tatort begründet, an dem einer der Mittäter gehandelt hat.[4]

14 Zum anderen wird der **Erfolgsort** relevant: Eine Tat ist nach Absatz 1 auch dort begangen, wo der zum Tatbestand gehörende Erfolg eingetreten ist (3. Alt.) oder nach der Vorstellung des Täters eintreten sollte (4. Alt.). „Der zum Tatbestand gehörende Erfolg" bezieht sich dabei nicht auf den „Erfolg" nach der allgemeinen Tatbestandslehre, so dass von § 9 Abs. 1 Alt. 3 StGB nicht ausschließlich sog. Erfolgsdelikte erfasst werden.[5] Als Erfolg wird vielmehr jede *„räumlich und/oder zeitlich abtrennbaren Außenweltsveränderung"*[6] mit Relevanz für die Verwirklichung des Tatbestands angesehen.[7]

15 Für die Anwendbarkeit des deutschen Strafrechts reicht es aus, wenn entweder der Handlungs- *oder* der Erfolgsort im Inland liegt („Ubiquitätsprinzip"[8]).

2. Tatort der Teilnahme

16 Der Tatort einer Teilnahmehandlung (Anstiftung, § 26 StGB und Beihilfe, § 27 StGB) entspricht nach § 9 Abs. 2 S. 1 StGB zunächst dem Tatort der Haupttat (1. Alt.).[9]

17 Ergänzend hierzu begründen die Orte der Teilnahmehandlung (2. Alt.) bzw. ein entsprechendes Unterlassen (3. Alt.) sowie der Ort, an dem nach der Vorstellung des Teilnehmers die Tat begangen werden sollte (4. Alt.), jeweils eigenständige Tatorte.

18 Gerade bei Verstößen im Rahmen dezentralisierter, globaler Datenverarbeitungen unter Beteiligung mehrerer Personen können daher die unterschiedlichsten Tatorte weltweit begründet werden. Für die Anwendbarkeit deutschen Strafrechts reicht es jedoch aus, wenn ein *einziger* dieser Tatorte im Inland liegt.[10] Auch wenn die Teilnahmehandlung in den USA vorgenommen wird und selbst keine eigenen Bezugspunkte zum deutschen Territorium aufweist, führt eine in Deutschland begründete Strafbarkeit der Haupttat zur Anwendbarkeit des deutschen Strafrechts auch auf diese Beihilfe- bzw. Anstiftungshandlung.

19 Andersherum gilt dasselbe: Selbst wenn die Haupttat keine Bezugspunkte zum deutschen Territorium aufweist, *kann* eine im Inland begangene Teilnahme hieran dem deutschen Strafrecht unterfallen. Das ist (unter Vorgriff auf die Ausführungen zur Geltung für Auslandstaten) stets dann der Fall, wenn die Tat sowie deren Beteiligung hieran am ausländischen Tatort mit Strafe bedroht ist. In diesem Fall findet das deutsche Strafrecht gem. § 7 Abs. 2 1. Alt. StGB auch auf diese ausländische Haupttat und die akzessorische Teilnahmehandlung hieran Anwendung.

20 Darüber hinaus begründet § 9 Abs. 2 S. 2 StGB eine Strafbarkeit des im Inland handelnden Teilnehmer, wenn die in Rede stehende Datenverarbeitung durch den „Haupttäter" am ausländischen Tatort *nicht* mit Strafe bedroht ist.[11] Diese Regelung führt zu einer erheblichen Ausweitung der Strafbarkeitsrisiken.[12] Denn maßgeblich ist alleine, dass die

---

[4] BGH NStZ-RR 2009, 197; Schönke/Schröder/Eser/Weißer StGB § 9 Rn. 10.
[5] NK-StGB/Böse § 9 Rn. 8; BeckOK StGB/Heintschel-Heinegg StGB § 9 Rn. 10.
[6] BGH NStZ 2015, 81 (82) Rn. 8; BGH NStZ 2017, 146 (147); unter Verweis auf: Hilgendorf NJW 1997, 1873 (1876).
[7] OLG Koblenz v. 30.4.2010 – 2 Ws 166/10, BeckRS 2010, 22225; BeckOK StGB/Heintschel-Heinegg StGB § 9 Rn. 10.
[8] Schönke/Schröder/Eser/Weißer StGB § 9 Rn. 3; MüKoStGB/Ambos § 9 Rn. 4.
[9] BeckOK StGB/Heintschel-Heinegg StGB § 9 Rn. 11; Schönke/Schröder/Eser/Weißer StGB § 9 Rn. 11.
[10] Vgl. BGH NStZ 1986, 415; vgl. Schönke/Schröder/Eser/Weißer StGB § 9 Rn. 3, 12.
[11] MüKoStGB/Ambos § 9 Rn. 39 ff.; Magnus NStZ 2015, 57 (61); BeckOK StGB/Heintschel-Heinegg StGB § 9 Rn. 15.
[12] MüKoStGB/Ambos § 9 Rn. 40; Magnus NStZ 2015, 57 (61).

fragliche Datenverarbeitung durch den „Haupttäter" in Deutschland strafbar *wäre*.[13] Während die ausländische „Haupttat" (weltweit) nicht strafbar ist, muss sich der Teilnehmer hieran wegen des auf deutschem Territorium hervorgerufenen Tatentschlusses (§ 26 StGB) bzw. der Förderung (§ 27 StGB) der nach deutschem Recht hypothetisch strafbaren Datenverarbeitung verantworten. Legitimationsgrund ist das auf deutschem Boden verwirklichte Handlungsunrecht.[14] Das bricht[15] – bzw. lockert[16] oder modifiziert[17] – den an sich geltenden Grundsatz der Akzessorietät von Haupttat und Teilnahmestrafbarkeit.[18]

In der Folge werden deutsche Strafverfolgungsbehörden dazu *verpflichtet* (§§ 152 Abs. 2, 160 Abs. 1 StPO) die auf deutschem Boden erfolgte Teilnahme an materiell bestehenden, aber nicht dem deutschen Strafrecht unterfallenden Verstößen eines „Haupttäters" gegen das Datenschutzrecht zu verfolgen.

> **Praxistipp:**
> In der Praxis kommt als Korrektiv die Möglichkeit der Einstellung aus Opportunitätsgründen gem. § 153c Abs. 1 S. 1 Nr. 1 StPO in Betracht („Absehen von der Verfolgung bei Auslandstaten").[19] Hierauf kann in geeigneten Fällen auch durch die Verteidigung hingewirkt werden.

II. Geltung für Auslandstaten

Neben der Geltung für Inlandstaten, ordnen die §§ 4–7 StGB die Anwendbarkeit des deutschen Strafrechts für bestimmte Auslandstaten an. Für strafbare Datenschutzverstöße haben die folgenden Vorschriften Relevanz.

1. Auslandstaten mit besonderem Inlandsbezug, § 5 StGB

§ 5 StGB erklärt das deutsche Strafrecht für bestimmte Taten für anwendbar, ohne dass es hierbei auf das Recht am ausländischen Tatort ankommt.

a) Weitergabe von Staatsgeheimnissen, § 5 Nr. 4 StGB. Sind die unter Verstoß gegen das Datenschutzrecht verarbeiteten Informationen als „Staatsgeheimnis" zu qualifizieren, ist § 5 Nr. 4 StGB zu prüfen.

Staatsgeheimnisse sind nach der in § 93 Abs. 1 StGB enthaltenen Legaldefinition

„Tatsachen, Gegenstände oder Erkenntnisse, die nur einem begrenzten Personenkreis zugänglich sind und vor einer fremden Macht geheimgehalten werden müssen, um die Gefahr eines schweren Nachteils für die äußere Sicherheit der Bundesrepublik Deutschland abzuwenden".

Nach § 5 Nr. 4 StGB gilt das deutsche Strafrecht jedoch nur für im Ausland begangene Verstöße gegen die **§§ 94 bis 100a StGB**.[20] Aufgrund der expliziten Aufzählung der erfassten Straftatbestände können die hierbei oftmals in Tateinheit mitverwirklichten §§ 202a ff. StGB (oder andere datenschutzspezifische Tatbestände, wie § 42 BDSG) jedoch **nicht** in Deutschland verfolgt werden[21], soweit für diese kein spezifischer, anderer Strafanwendungsgrundsatz eingreift.

---

[13] Magnus NStZ 2015, 57 (61).
[14] NK-StGB/Böse § 9 Rn. 21.
[15] Magnus NStZ 2015, 57 (61).
[16] MüKoStGB/Ambos § 9 Rn. 39.
[17] NK-StGB/Böse § 9 Rn. 21.
[18] MüKoStGB/Ambos § 9 Rn. 39.
[19] Magnus NStZ 2015, 57 (61 f.); MüKoStGB/Ambos § 9 Rn. 41; NK-StGB/Böse § 9 Rn. 22.
[20] Walther JuS 2012, 203 (204); NK-StGB/Böse Vorbemerkung zu § 3 Rn. 53; Schönke/Schröder/Eser/Weißer StGB § 5 Rn. 4; BeckOK StGB/Heintschel-Heinegg StGB § 5 Rn. 18.
[21] Walther JuS 2012, 203 (204).

28 Für die beratende Praxis ist jedoch bspw. bei möglichen Datenschutzverstößen in ausländischen Tochtergesellschaften eines deutschen Unternehmens, das als Betreiber einer kritischen Infrastruktur zu qualifizieren ist, auch der verarbeitete Informationsgehalt im Auge zu behalten und eine Verletzung der §§ 94 bis 100a StGB zu prüfen.[22]

29 **b) Verletzung von Betriebs- oder Geschäftsgeheimnissen, § 5 Nr. 7 StGB.** Im Bereich der Datenschutzstraftaten ist § 5 StGB darüber hinaus bei damit zusammenhängenden Verletzungen von Betriebs- oder Geschäftsgeheimnissen deutscher Unternehmen im Blick zu behalten.

30 Der dahinterstehende völkerrechtliche Gedanke ist der sog. „Schutzgrundsatz".[23] Geschützt werden soll zum einen das unmittelbar betroffene deutsche Unternehmen („passives Personalitätsprinzip").[24] Zum anderen wird auch das staatliche Interesse an einer funktionierenden und international wettbewerbsfähigen Volkswirtschaft geschützt („Realprinzip").[25]

31 **aa) Im Inland liegender Betrieb bzw. ein Unternehmen, § 5 Nr. 7 Alt. 1 StGB.** Nach § 5 Nr. 7 Alt. 1 StGB unterfällt die Verletzung von Betriebs- oder Geschäftsgeheimnissen stets dem deutschen Strafrecht, soweit diese Tat sich gegen einen **im Inland liegenden Betrieb** bzw. ein **Unternehmen** richtet.

32 Unter einem „im Inland liegenden Betrieb" ist jede auf deutschem Territorium befindliche technische Produktionsstätte oder ein tatsächlicher Geschäftssitz zu verstehen.[26]

33 Ob ein „Unternehmen" im Inland liegt, bestimmt sich nach vorherrschender Ansicht nach dem durch die Satzung festgelegten Sitz des Rechtsträgers (§ 5 AktG; § 4a GmbHG; § 106 Abs. 2 Nr. 2 HGB).[27] Andere Stimmen möchten auf den Verwaltungssitz abstellen.[28]

34 **bb) Ausländische Konzernunternehmen, § 5 Nr. 7 Alt. 2 StGB.** Erfasst wird von § 5 Nr. 7 Alt. 2 StGB auch der rechtswidrige Zugriff auf Betriebs- oder Geschäftsgeheimnisse eines Unternehmens, dessen formeller Verwaltungssitz selbst im Ausland liegt, aber einem im Inland liegenden Unternehmen konzernhierarchisch untergeordnet ist.

35 Das bezieht sich gem. § 18 Abs. 1 S. 2 AktG auf ausländische Tochtergesellschaften im Eingliederungskonzern (§§ 319 ff. AktG)[29], durch einen Beherrschungsvertrag begründeten Vertragskonzern (§ 291 Abs. 1 S. 1 Alt. 1 AktG)[30] sowie gem. § 18 Abs. 1 S. 3 AktG auch auf den faktischen Unterordnungskonzern[31], soweit das herrschende Unternehmen in Deutschland sitzt. Nicht berücksichtigt werden aufgrund der fehlenden Abhängigkeit ausländische Tochtergesellschaften in einem Gleichordnungskonzern, § 18 Abs. 2 AktG.[32]

36 Praxistipp:
Bei mehrstufigen Konzernstrukturen kommt es auf den Sitz der Konzernspitze an.

---

[22] Vgl. Klaas CCZ 2019, 163 (171).
[23] MüKoStGB/Ambos Vorbemerkung zu § 3 Rn. 35; Schönke/Schröder/Eser/Weißer StGB § 3 Rn. 1 f.; Lackner/Kühl/Heger/Heger StGB § 5 Rn. 1.
[24] Schönke/Schröder/Eser/Weißer StGB § 5 Rn. 2; vgl. auch: MüKoStGB/Ambos Vorbemerkung zu § 3 Rn. 42.
[25] BR-Drs. 200/62, 111; NK-StGB/Böse § 5 Rn. 20; Ensenbach wistra 2011, 4 (10). Vgl. zum Realprinzip als Legitimationsgrund: MüKoStGB/Ambos Vorbemerkung zu § 3 Rn. 35 ff.; Schönke/Schröder/Eser/Weißer StGB § 5 Rn. 1; 26.
[26] Schönke/Schröder/Eser/Weißer StGB § 5 Rn. 19; MüKoStGB/Ambos § 5 Rn. 25.
[27] Schönke/Schröder/Eser/Weißer StGB § 5 Rn. 19; MüKoStGB/Ambos § 5 Rn. 25; NK-StGB/Böse § 5 Rn. 20.
[28] Ensenbach wistra 2011, 4 (10).
[29] NK-StGB/Böse § 5 Rn. 20; MüKoStGB/Ambos § 5 Rn. 25; Schönke/Schröder/Eser/Weißer StGB § 5 Rn. 19.
[30] NK-StGB/Böse § 5 Rn. 20; MüKoStGB/Ambos § 5 Rn. 25; Schönke/Schröder/Eser/Weißer StGB § 5 Rn. 19.
[31] Vgl. hierzu: MüKoAktG/Bayer § 18 Rn. 9 f.; Schönke/Schröder/Eser/Weißer StGB § 5 Rn. 19.
[32] BT-Drs. V/4095, 5; NK-StGB/Böse § 5 Rn. 20; MüKoStGB/Ambos § 5 Rn. 25; Schönke/Schröder/Eser/Weißer StGB § 5 Rn. 19.

Beispiel 1: 37

Die in Deutschland sitzende *A-AG* schließt einen Beherrschungsvertrag mit der in Frankreich sitzenden *B-SARL*. Die *B-SARL* beherrscht wiederum die italienische *C-SRL*. Unter Verstoß gegen das Datenschutzrecht werden Betriebs- und Geschäftsgeheimnisse der *C-SRL* im Internet veröffentlicht.

Da in diesen Fällen gem. § 18 Abs. 1 S. 3 AktG vermutet wird, dass auch die A-AG über ihren Einfluss auf die *B-SARL* die *C-SRL* mittelbar beherrscht[33], liegen die Voraussetzungen des § 5 Nr. 7 Alt. 2 StGB vor. Auf die Tat findet deutsches Strafrecht Anwendung.

Beispiel 2: 38

Die in Frankreich sitzende *A-SARL* schließt einen Beherrschungsvertrag mit der in Deutschland sitzenden *B-GmbH*. Die *B-GmbH* beherrscht wiederum die italienische *C-SRL*. Unter Verstoß gegen das Datenschutzrecht werden Betriebs- und Geschäftsgeheimnisse der *C-SRL* im Internet veröffentlicht.

Das die deutsche *B-GmbH* die italienische *C-SRL* beherrscht ist irrelevant. Ein „Konzern im Konzern" wird durch das deutsche Gesellschaftsrecht nicht anerkannt.[34] Maßgeblich ist der französische Sitz der *A-SARL*. § 5 Nr. 7 Alt. 2 StGB ist nicht erfüllt.

cc) „Betriebs- und Geschäftsgeheimnisse". Der Begriff des **Geschäftsgeheimnisses** 39 wurde in § 2 Nr. 1 GeschGehG neu definiert. Für eine rechtsbereichs- und aufgrund des unionsrechtlichen Hintergrunds (Art. 2 Nr. 1 RL (EU) 2016/943) auch rechtsordnungsübergreifende, einheitliche Auslegung des Begriffs ist daher vorzugswürdig auch im Rahmen des § 5 Nr. 7 StGB auf diese Legaldefinition abzustellen.

Danach ist ein Geschäftsgeheimnis eine Information, 40

- die weder insgesamt noch in der genauen Anordnung und Zusammensetzung ihrer Bestandteile den Personen in den Kreisen, die üblicherweise mit dieser Art von Informationen umgehen, allgemein bekannt oder ohne Weiteres zugänglich ist und daher von wirtschaftlichem Wert ist und
- die Gegenstand von den Umständen nach angemessenen Geheimhaltungsmaßnahmen durch ihren rechtmäßigen Inhaber ist und
- bei der ein berechtigtes Interesse an der Geheimhaltung besteht.

Ein **Betriebsgeheimnis** soll sich in Abgrenzung hierzu auf den „technischen Betrieb" 41 beziehen.[35] Aufgrund der in § 2 Nr. 1 GeschGehG neu, umfassend und abstrakt gehaltenen Definition des Geschäftsgeheimnisses kommt dem Betriebsgeheimnis keine eigenständige Bedeutung (mehr) zu (vgl. → § 24 Rn. 4).

Nicht erfasst werden aufgrund des klaren Wortlauts „Steuergeheimnisse".[36] Verstöße gegen 42 § 355 StGB fallen daher nicht unter § 5 Nr. 7 StGB.[37]

dd) In Betracht kommende Tatbestände. § 5 Nr. 7 StGB bezieht sich grundsätzlich 43 auf *alle* strafbaren Verhaltensweisen, welche die Verletzung fremder Betriebs- oder Geschäftsgeheimnisse zur Konsequenz haben.[38]

Das folgt bereits aus dem umfassend formulierten Wortlaut.[39] Dieser beschränkt sich auf 44 die Beschreibung der abstrakten Tathandlung („*Verletzung von Betriebs- oder Geschäftsgeheimnissen*") und nimmt gerade keinen Bezug auf bestimmte Straftatbestände. Auch eine rein

---

[33] MüKoAktG/Bayer § 18 Rn. 39; vgl. Koch/Koch AktG § 18 Rn. 13.
[34] MüKoAktG/Bayer § 18 Rn. 42; Koch/Koch AktG § 18 Rn. 14; Emmerich/Habersack/Emmerich AktG § 18 Rn. 17.
[35] MüKoStGB/Ambos § 5 Rn. 25.
[36] BT-Drs. V/4095, 5; MüKoStGB/Ambos § 5 Rn. 25; Schönke/Schröder/Eser/Weißer StGB § 5 Rn. 19.
[37] NK-StGB/Böse § 5 Rn. 20.
[38] MüKoStGB/Ambos § 5 Rn. 25; Lackner/Kühl/Heger/Heger StGB § 5 Rn. 3; Rath JA 2007, 26 (30); Werkmeister/Steinbeck wistra 2015, 209 (210). Unklar: Schönke/Schröder/Eser/Weißer StGB § 5 Rn. 19; aA NK-StGB/Böse § 5 Rn. 20.
[39] aA NK-StGB/Böse § 5 Rn. 20.

"wörtliche" Bezugnahme lag nicht vor, denn § 17 UWG aF sprach in der amtlichen Überschrift[40] wortlautfremd vom *„Verrat von Geschäfts- und Betriebsgeheimnissen"*. Da im Gegensatz hierzu die umliegenden, im systematischen Zusammenhang stehenden Nummern konkrete Straftatbestände nennen, kann hieraus im Umkehrschluss geschlussfolgert werden, dass eine solche Einschränkung gesetzgeberisch nicht gewollt war. Hierfür spricht auch der Sinn und Zweck: Dieser beabsichtigt den inhaltlichen Schutz der Betriebs- und Geschäftsgeheimnisse selbst.[41] Auf welche Art und Weise bzw. unter Verletzung welcher Straftatbestände dies geschieht, ist hierfür nicht relevant. Eine Beschränkung der erfassten Normen liefe dem intendierten umfassenden Schutz eher entgegen.

45 Einzig und allein aus dem Verweis in § 23 Abs. 7 S. 1 GeschGehG auf den § 5 Nr. 7 StGB könnte angenommen werden, dass nur bestimmte, ausgewählte Tatbestände durch eine explizite Verweisung erfasst werden sollen.[42] Gleichzeitig scheinen jedoch auch die Vertreter dieser Ansicht davon auszugehen, dass die §§ 202a ff. StGB erfasst sind[43], die eine solche explizite Verweisung gerade nicht aufweisen.

46 In Betracht kommende Straftaten sind u. a. die folgenden:
- § 42 BDSG – Strafbare Datenschutzverstöße
- § 201 StGB – Verletzung der Vertraulichkeit des Wortes
- § 202a StGB – Ausspähen von Daten
- § 202b StGB – Abfangen von Daten
- § 202d StGB – Datenhehlerei
- § 203 StGB – Verletzung von Privatgeheimnissen
- § 204 StGB – Verwertung fremder Geheimnisse
- § 206 StGB – Verletzung des Post- oder Fernmeldegeheimnisses
- § 23 GeschGehG – Verletzung von Geschäftsgeheimnissen
- § 27 TTDSG – Verletzung der Vertraulichkeit der Kommunikation

2. Geltung für Auslandstaten in anderen Fällen, § 7 StGB

47 Wird die Anwendbarkeit deutschen Strafrechts nicht über den im Inland liegenden Erfolgsort (§§ 3, 9 StGB) oder über die bereichsspezifischen Fälle des § 5 StGB begründet, kommt § 7 StGB zum Tragen.[44]

48 **a) Taten *gegen* Deutsche, § 7 Abs. 1 StGB.** Nach § 7 Abs. 1 StGB gilt das deutsche Strafrecht für Taten, die im Ausland
- gegen einen Deutschen begangen werden,
- wenn die Tat am Tatort mit Strafe bedroht ist *oder* der Tatort keiner Strafgewalt unterliegt.

49 Die Erstreckung deutscher Strafgewalt auf gegen „Deutsche" begangene Taten rechtfertigt sich durch das „passive Personalitätsprinzip".[45]

50 Der Begriff des „Deutschen" bestimmt sich nach Art. 116 Abs. 1 GG und dem dies präzisierenden Staatsangehörigkeitsrecht.[46]

51 Erfasst werden daher nur strafbare Datenschutzverstöße, die sich gegen eine natürliche Person richten.[47] Gegen eine Erweiterung auf juristische Personen mit Satzungs- oder Ver-

---

[40] BGBl. 2004 I 1419.
[41] Vgl. BT-Drs. V/4095, 5.
[42] So: NK-StGB/Böse § 5 Rn. 20.
[43] NK-StGB/Böse § 5 Rn. 20.
[44] BeckOK StGB/Heintschel-Heinegg StGB § 7 Rn. 1.
[45] KG NStZ-RR 2007, 16 (17); OLG Stuttgart NStZ 2004, 402 (403); MüKoStGB/Ambos § 7 Rn. 19; Walter JuS 2006, 967 (968).
[46] KG NStZ-RR 2007, 16 (17); OLG Stuttgart NStZ 2004, 402 (403).
[47] KG NStZ-RR 2007, 16 (17); OLG Stuttgart NStZ 2004, 402 (403); Schönke/Schröder/Eser/Weißer StGB § 7 Rn. 11; MüKoStGB/Ambos § 7 Rn. 23; Werkmeister/Steinbeck wistra 2015, 209 (211); aA Walter wistra 2001, 321 (324).

waltungssitz in Deutschland spricht bereits der Wortlaut.[48] Auch ein systematischer Vergleich mit dem soeben erörterten § 5 Nr. 7 StGB zeigt, dass der Gesetzgeber den Schutz von Unternehmen (deren Rechtsträger oftmals juristische Personen sind) im Rahmen des internationalen Strafrechts gesehen und geregelt hat, ohne hierbei § 7 StGB entsprechend zu ergänzen.[49] Eine Erweiterung auf juristische Personen wird daher als Analogie zulasten des Täters und damit als Verstoß gegen Art. 103 Abs. 2 GG gesehen.[50]

Von großer praktischer Relevanz ist, wie die „Zielrichtung" strafbarer Datenschutzverstöße – also gegen *wen* sich die Tat richtet – bestimmt werden soll. 52

Beispiel 1: 53

In den USA werden personenbezogene Daten eines deutschen Staatsbürgers unter Verstoß gegen die DS-GVO verarbeitet. Ziel des Täters ist es jedoch, damit ein in den USA sitzendes Unternehmen in Verruf zu bringen. Richtet sich der hiermit verwirklichte § 42 Abs. 2 Nr. 1 Alt. 3 BDSG gegen den Inhaber der personenbezogenen Daten oder aber das zu schädigende Unternehmen?

Sinnvoll erscheint es, an den Begriff des „Verletzten" im Sinne des § 77 StGB anzuknüpfen.[51] Verletzter ist, wer Träger des durch den Straftatbestand geschützten Rechtsguts ist.[52] § 42 BDSG schützt die Vertraulichkeit personenbezogener Daten und damit die durch die unrechtmäßige Datenverarbeitung betroffene Person.[53] Die Tat richtet sich damit gegen einen Deutschen.

Beispiel 2: 54

In Australien werden die technischen Einzelheiten eines pharmazeutischen Herstellungsverfahrens eines global tätigen Pharmaziekonzerns offengelegt (§ 23 Abs. 1 Nr. 2 GeschGehG). Die Muttergesellschaft ist Inhaberin der Geschäfts- und Betriebsgeheimnisse und sitzt in den USA. In der Folge wird das mit der Fertigung beauftragte Konzernunternehmen mit Sitz in Deutschland geschlossen und die deutschen Mitarbeiter verlieren ihren Arbeitsplatz.

§ 23 GeschGehG schützt den Inhaber des Betriebs- und Geschäftsgeheimnisses.[54] Das ist im vorliegenden Beispiel die US-Muttergesellschaft. Diese ist Trägerin des verletzten Rechtsgutes.

Dagegen richtet sich die Tat nicht gegen die deutschen Arbeitnehmer. Dass diese durch den aus der Tat folgenden Verlust ihres Arbeitsplatzes mittelbar betroffen sind, reicht für die Begründung ihrer Verletzteneigenschaft nicht aus.[55] Dass durch die Geheimhaltung von Betriebs- und Geschäftsgeheimnissen unweigerlich auch die Arbeitsplätze der das Herstellungsverfahren anwendenden Mitarbeiter geschützt wird, erweist sich als ein bloßer „Reflex".

Darüber hinaus muss die Tat am Tatort „mit Strafe bedroht sein". Ausreichend ist es, 55 wenn das in Rede stehende Verhalten in der unmittelbar betroffenen Rechtsordnung irgendeinen Straftatbestand verwirklicht.[56] Es ist gerade nicht erforderlich, dass sich der

---

[48] KG NStZ-RR 2007, 16 (17); MüKoStGB/Ambos § 7 Rn. 23; Schönke/Schröder/Eser/Weißer StGB § 7 Rn. 11.
[49] KG NStZ-RR 2007, 16 (17); OLG Stuttgart NStZ 2004, 402 (403 f.); MüKoStGB/Ambos § 7 Rn. 23.
[50] MüKoStGB/Ambos § 7 Rn. 23; aA NK-StGB/Böse § 7 Rn. 4.
[51] So auch: Schönke/Schröder/Eser/Weißer StGB § 7 Rn. 11; MüKoStGB/Ambos § 7 Rn. 25; NK-StGB/Böse § 7 Rn. 5.
[52] BGH NJW 1983, 1919 (1920); BeckOK StGB/Dallmeyer StGB § 77 Rn. 14.
[53] BeckOK DatenschutzR/Brodowski/Nowak nBDSG § 42 Rn. 6.
[54] BeckOK GeschGehG/Hiéramente GeschGehG § 23 Rn. 5 f.; MüKoStGB/Joecks/Miebach GeschGehG § 23 Rn. 1.
[55] Vgl. AG Bremen NStZ-RR 2005, 87 (87 f.); vgl. OLG Frankfurt a. M. wistra 1989, 112 (113); vgl. Walter JuS 2006, 967 (968); MüKoStGB/Ambos § 7 Rn. 25.
[56] BGH NJW 1997, 334; BGH NJW 1997, 334; MüKoStGB/Ambos § 7 Rn. 6; BeckOK StGB/Heintschel-Heinegg StGB § 7 Rn. 1b; Niemöller NStZ 1993, 171 (172). Offen lassend jedoch: BGH NStZ 2017, 146 (147 f.).

deutsche und der „fremde" Straftatbestand ähneln oder das gleiche Rechtsgut schützen.[57] Vorausgesetzt wird jedoch, dass die fremde Strafe in ihrer Sanktionswirkung der einer „Kriminalstrafe" nach deutschem Verständnis entspricht.[58] Sanktionen, die eher dem Eingriffscharakter einer Geldbuße im Sinne des Ordnungswidrigkeitenrecht entsprechen, werden dagegen nicht erfasst.[59]

55a | Zur Strafbarkeit von Datenschutzverstößen im US-Rechtssystem → § 33.

56 Sobald der Tatort keiner Strafgewalt unterliegt, ist auch kein Widerspruch mit einer gegenläufigen Rechtsordnung zu befürchten.[60]

57 **b) Taten *durch* Deutsche, § 7 Abs. 2 Nr. 1 StGB.** Nach § 7 Abs. 2 Nr. 1 StGB gilt das deutsche Strafrecht für Taten, die im Ausland begangen werden,
- wenn die Tat am Tatort mit Strafe bedroht ist *oder* der Tatort keiner Strafgewalt unterliegt und
- wenn der Täter zur Zeit der Tat Deutscher war *oder* es nach der Tat geworden ist.

58 Die Auslegung der einzelnen Anwendungsmerkmale entspricht der des § 7 Abs. 1 StGB. Der einzige Unterschied liegt darin, dass für die Geltung des deutschen Strafrechts an die deutsche Staatsbürgerschaft des *Täters* angeknüpft wird. Die in strafbarer Weise gegen das Datenschutzrecht verstoßende Person muss zum Zeitpunkt der Tat deutscher Staatsbürger gewesen (Alt. 1) oder – so zumindest die Konzeption der Norm – nach der Tat geworden sein (Alt. 2, „Neubürgerklausel").

59 Die extraterritoriale Geltung des deutschen Strafrechts wird durch die Bezugnahme auf den Täter durch das „aktive Personalitätsprinzip" legitimiert.[61] Gleichzeitig wird hiermit das in Art. 16 Abs. 2 S. 1 GG geregelte Auslieferungsverbot für deutsche Staatsangehörige sanktionsrechtlich „kompensiert", in dem stellvertretend hierfür die eigene Strafgewalt begründet wird („stellvertretende Strafrechtspflege").[62]

60 Die durch eine der Tat zeitliche nachfolgende Einbürgerung *nachträglich begründete Strafbarkeit* eines Verhaltens verstößt gegen das Bestimmtheitsgebot sowie Rückwirkungsverbot aus Art. 103 Abs. 2 GG.[63] Danach kann eine Tat nur bestraft werden, wenn die Strafbarkeit gesetzlich bestimmt war, *bevor* die Tat begangen wurde. Das Bestimmtheitsgebot und Rückwirkungsverbot ist auf die §§ 3 ff. StGB anwendbar.[64]

61 Zwar ließe sich argumentieren, dass die einzelnen Straftatbestände in sich geschlossen ein bestimmtes Verhalten unter Strafe stellen und die Frage nach der Anwendbarkeit des deutschen Strafrechts alleine ihre Durchsetzung im internationalen Kontext betrifft. Insofern könnte der Rechtscharakter eher prozessrechtlicher Natur sein und Art. 103 Abs. 2 GG keine Anwendung finden[65].[66]

---

[57] BGH NJW 1997, 334; MüKoStGB/Ambos § 7 Rn. 6; Schönke/Schröder/Eser/Weißer StGB § 7 Rn. 3; Niemöller NStZ 1993, 171 (173). Offen gelassen jedoch: BGH NStZ 2017, 146 (147 f.); aA Rath JA 2007, 26 (33).
[58] MüKoStGB/Ambos § 7 Rn. 5; BeckOK StGB/Heintschel-Heinegg StGB § 7 Rn. 1b.
[59] MüKoStGB/Ambos § 7 Rn. 5; Schönke/Schröder/Eser/Weißer StGB § 7 Rn. 3.
[60] Vgl. BeckOK StGB/Heintschel-Heinegg StGB § 7 Rn. 1b.
[61] BGH NStZ-RR 2000, 208 (209); MüKoStGB/Ambos § 7 Rn. 19; Walter JuS 2006, 967 (969); aA für die nach der Tat begründete Staatsbürgerschaft: NK-StGB/Böse § 7 Rn. 12; Zehetgruber ZIS 2020, 364 (367, 370).
[62] BGH NJW 1964, 2359; MüKoStGB/Ambos § 7 Rn. 26; NK-StGB/Böse § 7 Rn. 12; BeckOK StGB/ Heintschel-Heinegg StGB § 7 Rn. 4; Schönke/Schröder/Eser/Weißer StGB § 7 Rn. 12; Böhm NStZ 2017, 618 (620).
[63] NK-StGB/Böse § 7 Rn. 12; Zehetgruber ZIS 2020, 364 (377 ff.); aA BGH NJW 1964, 2359.
[64] BVerfG NStZ 1995, 383 (385); BGH NJW 1964, 2359; Zehetgruber ZIS 2020, 364 (377) (mwN).
[65] Siehe zur fehlenden Anwendbarkeit von Art. 103 Abs. 2 GG auf das Prozessrecht: BVerfG NJW 2019, 2837 (2838) Rn. 29; BGH NJW 1964, 2359 (2360).
[66] Differenzierend: NK-StGB/Böse Vorbemerkungen zu §§ 3 ff Rn. 45: Die Neubürgerklausel rechtfertige sich mit der stellvertretenden Rechtspflege, die wiederum dem Prozessrecht zuzuordnen sei und daher nicht dem Art. 103 Abs. 2 GG unterfallen würde.

Richtigerweise überwiegt bei der Frage nach der „Anwendbarkeit" einer Norm aber die materiell-rechtliche Komponente.[67] Durch § 7 Abs. 2 Nr. 1 Alt. 2 StGB wird gerade die Geltung des sachlichen Strafrechts begründet.[68] Die §§ 3 ff. StGB sind bei jedem einzelnen Straftatbestand als zusätzliche Voraussetzung zu prüfen[69], bevor es überhaupt auf deren individuellen weiteren materiell-rechtlichen Regelungen ankommen kann. Das ergibt sich auch aus der systematischen Stellung zu Beginn des StGB. Auf die §§ 3 ff. StGB findet Art. 103 Abs. 2 GG daher uneingeschränkt Anwendung. 62

Das die Voraussetzungen der Strafbarkeit des „Neubürgers" durch die – untechnisch gesprochen – „aufschiebende Bedingung" der Einbürgerung des Täters schon zuvor gesetzlich bestimmt war[70], trifft unter Berücksichtigung des Sinn und Zwecks des Art. 103 Abs. 2 GG nicht zu.[71] Das Bestimmtheitsgebot möchte erreichen, dass der Bürger mit einem Blick ins Gesetz erkennen kann, wo die Grenzen des Erlaubten verlaufen und sich entsprechend als Teil der Gesellschaft verhalten kann.[72] Diese verhaltenslenkende Wirkung wird durch die erst *nach* dem fraglichen Verhalten begründete Strafbarkeit aber nicht erreicht.[73] 63

Art. 103 Abs. 2 GG bezieht sich dabei ausschließlich auf die rechtsetzende, -ausführende und -sprechende Gewalt des *deutschen* Staates. Daher kann ein Verstoß gegen das Bestimmtheitsgebot und Rückwirkungsverbot auch nicht unter Verweis auf die zum Tatzeitpunkt am ausländischen Tatort bestimmte Strafbarkeit „geheilt" werden.[74] 64

Aus demselben Grund kann der Verstoß gegen Art. 103 Abs. 2 GG auch nicht mit einer Beschränkung auf die Rechtsfolgen nach dem Tatortrecht ausgeglichen werden.[75] 65

> **Praxistipp:** 65a
> Nach Ansicht des BGH und einem großen Teil der Literatur soll die Neubürgerklausel unter der Einschränkung der „Rechtsfolgenlösung" angewendet werden.[76] Die deutsche Strafgewalt soll hinsichtlich der Rechtsfolge in diesen Fällen also durch den höchstmöglichen Rechtsfolgenausspruch des Tatortrechts limitiert sein.

c) Taten durch Ausländer, § 7 Abs. 2 Nr. 2 StGB. Nach § 7 Abs. 2 Nr. 2 StGB gilt das deutsche Strafrecht für Taten, die im Ausland begangen werden, 66
- wenn die Tat am Tatort mit Strafe bedroht ist *oder* der Tatort keiner Strafgewalt unterliegt und
- zur Zeit der Tat Ausländer war
- im Inland betroffen und, obwohl das Auslieferungsgesetz seine Auslieferung nach der Art der Tat zuließe, nicht ausgeliefert wird, weil ein Auslieferungsersuchen innerhalb angemessener Frist nicht gestellt oder abgelehnt wird oder die Auslieferung nicht ausführbar ist.

---

[67] So auch: BVerfG NStZ 1995, 383 (385); BGH NJW 1964, 2359; MüKoStGB/Schmitz § 1 Rn. 22.
[68] BVerfG NStZ 1995, 383 (385); BGH NJW 1964, 2359.
[69] Zum Meinungsstand, ob die § 3 ff. StGB als objektive Bedingung der Strafbarkeit oder objektives Tatbestandsmerkmal anzusehen sind: NK-StGB/Puppe § 16 Rn. 139a (mwN).
[70] BGH NJW 1964, 2359.
[71] NK-StGB/Böse Vorbemerkungen zu §§ 3 ff. Rn. 46; Zehetgruber ZIS 2020, 364 (380). Differenzierend: MüKoStGB/Ambos § 7 Rn. 26.
[72] BVerfG NJW 2019, 2837 (2838) Rn. 27; BeckOK GG/Radtke GG Art. 103 Rn. 24, 26; Zehetgruber ZIS 2020, 364 (377 f.).
[73] NK-StGB/Böse Vorbemerkungen zu §§ 3 ff. Rn. 46; Zehetgruber ZIS 2020, 364 (378, 380).
[74] So ebenfalls: NK-StGB/Böse Vorbemerkungen zu §§ 3 ff. Rn. 46; Zehetgruber ZIS 2020, 364 (378).
[75] Zehetgruber ZIS 2020, 364 (380); aA BGH NStZ 1994, 233 (234); MüKoStGB/Ambos § 7 Rn. 26; Schönke/Schröder/Eser/Weißer StGB § 7 Rn. 13; Lackner/Kühl/Heger/Heger StGB § 7 Rn. 4; Böhm NStZ 2017, 618 (620); Rath JA 2007, 26 (32).
[76] Sich hierfür aussprechend: BGH NStZ 1994, 233 (234); MüKoStGB/Ambos § 7 Rn. 26; Schönke/Schröder/Eser/Weißer StGB § 7 Rn. 13; Lackner/Kühl/Heger/Heger StGB § 7 Rn. 4; Böhm NStZ 2017, 618 (620); Rath JA 2007, 26 (32).

67 Der einzige Anknüpfungspunkt für die Erstreckung des deutschen Strafrechts auf diese an und für sich rein ausländischen Sachverhalte liegt darin, dass sich der Täter auf deutschem Territorium befindet und nicht ausgeliefert wird. Es handelt sich damit um einen Fall der stellvertretenden Strafrechtspflege.

D. Besonderheiten bei internetbasierten Datenschutzverstößen

68 Die vorgestellten Grundlagen zum Handlungs- und Erfolgsort (§§ 3, 9 StGB) stammen aus einem analogen Zeitalter. Die in Frage kommenden Handlungs- sowie Erfolgsorte waren bei rein manuellen Vorgängen – bspw. beim Versenden eines Briefes mit diffamierendem Inhalt – überschaubarer und leichter voneinander abzugrenzen.

69 In unserer heutigen Realität, in der über Messenger-Apps kommuniziert, Informationen über Clouddienste ausgetauscht und öffentlich in sozialen Netzwerken geteilt werden, wird aufgrund von dezentralen Serverstrukturen und weltweiten Zugriffsmöglichkeiten nahezu bei jedem internetbasierten Datenschutzverstoß ein grenzüberschreitender Bezug begründet. Damit ergibt sich eine Vielzahl an denkbaren Handlungs- und Erfolgsorten.

70 In Rechtsprechung und Literatur haben sich über die Jahre Grundsätze herausgebildet, welche die Besonderheiten bei internetbasierten Straftaten berücksichtigen und die für §§ 3, 9 StGB notwendigen „territorialen Anknüpfungspunkte" handhabbar machen.

71 Diese werden im Folgenden dar- und die Bedeutung für die einzelnen datenschutzrechtlichen Straftatbestände herausgestellt.

72 **Praxistipp:**

Hierbei muss stets im Auge behalten werden, dass sich § 9 StGB auf den prozessualen Tatbegriff bezieht. Auch wenn nur für eine einzelne Tat im materiellen Sinne ein Erfolgsort im Inland begründet wird, findet das deutsche Strafrecht auf alle vom prozessualen Tatbegriff umfassten materiellen Taten Anwendung (→ Rn. 11).

Besonders relevant ist das bei ehrverletzenden Äußerungen im Internet.[77] Sobald der Erfolg der §§ 185 ff. StGB in Deutschland eintritt, findet das deutsche Strafrecht ebenfalls auf die im Sinne des § 264 Abs. 1 StPO „mitverwirklichten" Datenschutzstraftaten Anwendung – auch wenn deren isolierter Handlungs- oder Erfolgsort gemessen an den nachfolgenden Kriterien selbst keinen Inlandsbezug aufweist.[78]

Verteidigungsmöglichkeiten ergeben sich hierbei aus dem stets einschränkend zu prüfenden völkerrechtlich erforderlichen „genuinen Link" (hierzu → Rn. 98 ff.).[79]

I. Handlungsort

73 Der Handlungsort im Sinne des § 9 Abs. 1 Alt. 1 StGB liegt dort, wo der Verarbeitungsvorgang **händisch initiiert** wird. Das ist bei einem Post in sozialen Netzwerken, mit dem personenbezogene Daten unrechtmäßig veröffentlicht werden, der unrechtmäßigen Weitergabe von Geschäftsgeheimnissen per E-Mail oder das unbefugte audiovisuelle Mitschneiden einer Videokonferenz dort, wo sich die das Endgerät (Handy, Laptop, Tablet) bedienende Person befindet.[80]

74 Vertreten wird, dass als Handlungsort auch der Ort gilt, an dem sich die **Wirkung entfaltet**.[81] Werden diffamierende personenbezogene Informationen über soziale Netzwerke

---
[77] Vgl. zur Bestimmung der Erfolgsorte der §§ 185 ff. StGB: Busching MMR 2015, 295 (296 ff.).
[78] s. erneut: Lackner/Kühl/Heger/Heger StGB § 9 Rn. 4.
[79] Vgl. Lackner/Kühl/Heger/Heger StGB § 9 Rn. 4.
[80] BGH NStZ 2015, 81 (82) Rn. 9; Busching MMR 2015, 295 (296); MüKoStGB/Ambos § 9 Rn. 26; vgl. Sieber NJW 1999, 2065 (2066 f.).
[81] KG NJW 1999, 3500 (3502).

verteilt, soll nach dieser Ansicht überall dort, wo diese Informationen akustisch oder visuell wahrgenommen werden, ein Handlungsort begründet sein.[82] Das überzeugt aufgrund der in § 9 StGB bewusst vorgenommenen Unterscheidung zwischen Handlungs- und Erfolgsort nicht.[83] Die Auswirkungen einer Handlung sind als Ergebnis eher einem möglichen Erfolg zuzuschreiben.[84]

Genauso wenig überzeugt es, mit der Figur der „virtuellen Anwesenheit"[85] auf die bloße **hypothetische Wahrnehmungsmöglichkeit** abzustellen.[86] Hiernach soll auch der dazwischengeschaltete Server einen eigenen Handlungsort begründen können.[87] Insbesondere bei Clouddienstleistungen genutzten dynamisch verteilten Speicherkapazitäten – bei denen Datenpakete in Sekundenschnelle über globale Speichernetzwerke hin und her transferiert werden – würden sich die Handlungsorte in kürzester Zeit über den gesamten Globus erstrecken. Ein völkerrechtlich vorausgesetzter „genuiner Link" zum eigenen Territorialgebiet[88] kann hier nicht mehr erblickt werden.

Praxistipp:
Nach der neuen Rechtsprechung des BGH kommt es bei der Bestimmung des Handlungsorts auf den Aufenthaltsort der handelnden Person an.[89]
In Verteidigungssituationen kann insbesondere bei unzureichenden Ermittlungen zum tatsächlichen Handlungszeitpunkt und dem damit korrespondierenden konkreten Aufenthaltsort erfolgsversprechend mit dem *„in dubio pro reo"*-Grundsatz argumentiert werden. Unabhängig davon, ob die Strafanwendungsgrundsätze als objektive Strafbarkeitsbedingungen oder objektive Tatbestandsmerkmale einzustufen sind, handelt es sich um materielles Strafrecht. Das Vorliegen der §§ 3 ff. StGB ist für die Frage nach der Strafbarkeit eines Verhaltens entscheidungserheblich. Auf die Tatsachen, die dieser rechtlichen Würdigung zugrunde gelegt werden, bezieht sich der Zweifelssatz.[90]
Extensivere Auslegungen können bei der Erstellung von Strafanzeigen (auch unter Beachtung der mit dem Handlungsort zusammenhängenden Zuständigkeiten unterschiedlicher Staatsanwaltschaften, hierzu → § 26 Rn. 7 ff.) im Blick behalten werden.

II. Erfolgsort

Hinsichtlich des Erfolgsorts im Sinne des § 9 Abs. 1 Alt. 3, 4 StGB wird zwischen Deliktstypen differenziert:
- Erfolgsdelikte
- Schlichte Tätigkeitsdelikte
- Gefährdungsdelikte

---

[82] Vgl. KG NJW 1999, 3500 (3502); vgl. Busching MMR 2015, 295 (296).
[83] Hörnle NStZ 2001, 309 (310); Schönke/Schröder/Eser/Weißer StGB § 9 Rn. 4a; Kudlich/Berberich NStZ 2019, 633 (635); Heinrich NStZ 2000, 533 (534); vgl. BGH NStZ 2015, 81 (82) Rn. 9.
[84] Schönke/Schröder/Eser/Weißer StGB § 9 Rn. 4a; Heinrich NStZ 2000, 533 (534); vgl. BGH NStZ 2015, 81 (82) Rn. 9; vgl. BGH NStZ 2001, 305 (309); vgl. Kudlich HRRS 2004, 278 (280).
[85] Kuner CR 1996, 453 (454).
[86] BGH NStZ 2015, 81 (82) Rn. 9.
[87] Kuner CR 1996, 453 (454); vgl. Schönke/Schröder/Eser/Weißer StGB § 9 Rn. 4a; vgl. Busching MMR 2015, 295 (296).
[88] Englisch/Krüger IStR 2013, 513 (515); Huck NJOZ 2015, 993 (994); Wissenschaftlicher Dienst BT, WD 2-3000-176/18, 1 ff.
[89] BGH NStZ 2015, 81 (82) Rn. 9.
[90] Vgl. Eicker JA 2021, 330 (331).

1. Erfolgsdelikte

78 Bei sog. „Erfolgsdelikten" setzt der Tatbestand bereits selbst den Eintritt eines bestimmten Erfolgs voraus. Dort wo dieser örtlich eintritt bzw. nach der Vorstellung des Täters eintreten soll, liegt regelmäßig auch ein Erfolgsort gem. § 9 Abs. 1 Alt. 3, 4 StGB.

79 Dieser „tatbestandliche Erfolg" muss jedoch auch bei Erfolgsdelikten nicht der einzige Erfolgsort sein.[91] Ausreichend ist es, dass „eine vom tatbestandsmäßigen Verhalten trennbare Außenweltveränderung mit Tatbestandsbezug eintritt".[92] Maßgeblicher Bezugspunkt ist die Verletzung des zu schützenden Rechtsguts.[93]

80 Bei der strafbaren unrechtmäßigen Verarbeitung von personenbezogenen Daten (bspw. § 42 BDSG; § 201 StGB) kommt es also *auch* auf den **Aufenthaltsort der betroffenen Person** an. Ihr Recht auf informationelle Selbstbestimmung bildet das zu schützende Rechtsgut. Dieses wird durch die unrechtmäßige Verarbeitung verletzt und begründet am Aufenthaltsort des Grundrechtsträgers einen von der manuellen Tathandlung trennbaren Erfolg.

81 Bei § 202a StGB („Ausspähen von Daten") und § 202b StGB („Abfangen von Daten") tritt der Erfolg dort ein, wo der Zugang erlangende Täter bzw. der Dritte sich örtlich befindet.

2. Kein Erfolgsort bei schlichten Tätigkeitsdelikten

82 Bei sog. „schlichten Tätigkeitsdelikten" erschöpft sich der tatbestandliche „Erfolg" bereits in der Tathandlung selbst. Bei diesen Delikten existiert kein Erfolgsort im Sinne des § 9 Abs. 1 Alt. 3, 4 StGB.[94]

83 Die Datenhehlerei nach § 202d StGB ist ein schlichtes Tätigkeitsdelikt.

3. Gefährdungsdelikte

84 Während die Bestimmung des Erfolgsorts bei einer tatbestandlich vorausgesetzten Verletzung des Rechtsguts („Erfolgsdelikt") oftmals einfacher zu handhaben ist, wird es im Rahmen der sog. „Gefährdungsdelikte" unübersichtlich.

85 Der Erfolg liegt hier in der mit der Tathandlung begründeten Gefahr für das jeweilige Rechtsgut. Bei Datenschutzstraftaten mit Personenbezug betrifft die Gefahr das Recht auf informationelle Selbstbestimmung. Die Schwierigkeiten eine nähere örtliche Eingrenzung dieser „Gefahr" vorzunehmen und auf diese Weise den „Erfolgsort" zu bestimmen liegen bei internetbezogenen Sachverhalten aufgrund der Verbreitungs- sowie der weltweiten Abrufmöglichkeiten auf der Hand.

86 Um die örtliche Reichweite dieser „Gefahr" zu bestimmen, differenzieren Rechtsprechung und Literatur zwischen
- konkreten Gefährdungsdelikten
- abstrakten Gefährdungsdelikten und
- abstrakt-konkreten Gefährdungsdelikten.

87 **a) Konkrete Gefährdungsdelikte.** Bei einem sog. „konkreten" Gefährdungsdelikt darf es aus der Sicht eines objektiven Beobachters nur noch vom Zufall abhängen, ob es durch

---

[91] BGH MMR 2001, 228 (230); BGH 22.8.1996 – 4 StR 217/96, BeckRS 9998, 167162 Rn. 20; LG Stuttgart MMR 2015, 347 (348); vgl. Schönke/Schröder/Eser/Weißer StGB § 9 Rn. 6a, 6c; vgl. Kudlich/Berberich NStZ 2019, 633 (636). AA OLG Koblenz NStZ 2011, 95 (96); Hilgendorf NJW 1997, 1873 (1874 f.). Offen gelassen: BGH NStZ 2015, 81 (82) Rn. 8.

[92] Schönke/Schröder/Eser/Weißer StGB § 9 Rn. 6; BGH NStZ 2015, 81 (82) Rn. 8; Hilgendorf NJW 1997, 1873 (1876); vgl. Kudlich/Berberich NStZ 2019, 633 (636).

[93] BGH MMR 2001, 228 (230); BGH v. 22.8. 1996–4 StR 217/96, BeckRS 9998, 167162 Rn. 20; vgl. Schönke/Schröder/Eser/Weißer StGB § 9 Rn. 6a. Offen gelassen: BGH NStZ 2015, 81 (82) Rn. 8.

[94] KG NJW 2006, 3016; OLG Stuttgart NStZ 2004, 402 (403) Rn. 5; Hilgendorf NJW 1997, 1873 (1874); Schönke/Schröder/Eser/Weißer StGB § 9 Rn. 6b; Lackner/Kühl/Heger/Heger StGB § 9 Rn. 2; MüKoStGB/Ambos § 9 Rn. 35.

die tatbestandliche Handlung tatsächlich zu einer Verletzung des geschützten Rechtsguts kommt oder nicht (Merksatz: „Gerade nochmal gutgegangen").

Bei einem konkreten Gefährdungsdelikt liegt der Erfolgsort dort, wo das geschützte 88 Rechtsgut beinahe örtlich verletzt worden wäre.[95]

Bei der strafbaren unrechtmäßigen Verarbeitung von personenbezogenen Daten kommt 89 es also auf den **Aufenthaltsort der betroffenen Person** an. Ihr Recht auf informationelle Selbstbestimmung bildet das zu schützende Rechtsgut.

b) Abstrakte Gefährdungsdelikte. Bei einem sog. „abstrakten" Gefährdungsdelikt be- 90 darf es einer solchen individuellen Konkretisierung der durch die Tatbestandshandlung hervorgerufenen Gefahr nicht.[96] Ausreichend ist alleine der Umstand, dass eine abstrakt gefährliche Handlung vorgenommen wird.

Das Vorbereiten des Ausspähens und Abfangens von Daten gem. § 202c StGB ist ein 91 solches abstraktes Gefährdungsdelikt. Auch das unberechtigte Zugänglichmachen nicht allgemein zugänglicher personenbezogene Daten einer großen Zahl von Personen gem. § 42 Abs. 1 Nr. 2 BDSG ist ein abstraktes Gefährdungsdelikt.[97]

Richtigerweise erschöpft sich auch hier der „Erfolg" in der reinen Tathandlung.[98] Die 92 dieser Tathandlung anhaftende „abstrakte" Gefahr lässt sich nicht losgelöst von ihr betrachten. Denn anders als bei einer konkretisierten Gefahr – hier wird durch den konkreten Wirkungskreis ein den Tathandlungsort ergänzender örtlicher Bezugspunkt gebildet – muss sich die objektive gefährliche Tathandlung nicht auswirken.[99] Tathandlung und „abstrakte Gefahr" bilden eine Einheit. § 9 Abs. 1 StGB differenziert jedoch explizit zwischen der Handlung und dem darauf beruhenden Erfolg.

Ein abstraktes Gefährdungsdelikt kennt daher grundsätzlich keinen Erfolgsort im Sinne 93 der § 9 Abs. 1 Alt. 3, 4 StGB.[100]

Richtigerweise wird bei einem abstrakten Gefährdungsdelikts – grundsätzlich – auch 94 dort kein Erfolgsort begründet, wo sich die Gefahr tatsächlich realisiert hat.[101] Ausnahmen kommen dort in Betracht, wo eine spürbare Veränderung in der Außenwelt unmittelbar auf die jeweilige Tathandlung zurückgeführt werden kann.[102]

c) Abstrakt-konkrete Gefährdungsdelikte. Der **erste Strafsenat des BGH** erkennt 95 für sog. „abstrakt-konkreten" Gefährdungsdelikte einen möglichen Erfolgsort im Sinne des § 9 Abs. 1 Alt. 3 StGB an.[103] Hierbei soll es sich um einen Unterfall abstrakter Gefährdungsdelikte handeln.[104] Anders als bei „rein abstrakten" Gefährdungsdelikten muss die tatbestandliche Handlung auch konkret dazu geeignet sein, den vom Tatbestand zu verhindernden Erfolg herbeizuführen (ohne dass es wie bei einem konkreten Gefährdungsdelikt

---

[95] BGH MMR 2001, 228 (230); BGH NJW 1991, 2498; KG NJW 1991, 2501 (2502); Hilgendorf NJW 1997, 1873 (1875); Werkmeister/Steinbeck wistra 2015, 209 (211); Schönke/Schröder/Eser/Weißer StGB § 9 Rn. 7a; Lackner/Kühl/Heger/Heger StGB § 9 Rn. 2; MüKoStGB/Ambos § 9 Rn. 27; Kudlich/Berberich NStZ 2019, 633 (634).
[96] Busching MMR 2015, 295 (296); Hilgendorf NJW 1997, 1873 (1875).
[97] Kühling/Buchner/Bergt BDSG § 42 Rn. 21; BeckOK DatenschutzR/Brodowski/Nowak BDSG § 42 Rn. 20, 33; vgl. Taeger/Gabel/Nolde BDSG § 42 Rn. 6.
[98] Vgl. Hilgendorf NJW 1997, 1873 (1876).
[99] Hilgendorf NJW 1997, 1873 (1876); vgl. Schönke/Schröder/Eser/Weißer StGB § 9 Rn. 6 (keine „Außenweltveränderung").
[100] BGH NJW 2018, 2742 (2743); BGH v. 25.10.2017 – 2 ARs 470/17 2 AR 275/17, BeckRS 2017, 131398 Rn. 3; BGH NStZ-RR 2013, 253; LG Stuttgart MMR 2015, 347 (348); Hilgendorf NJW 1997, 1873 (1876); Schönke/Schröder/Eser/Weißer StGB § 9 Rn. 6a, 7a; Lackner/Kühl/Heger/Heger StGB § 9 Rn. 2. Differenzierend: Kudlich/Berberich NStZ 2019, 633 (636, 638). AA Heinrich GA 1999, 72 (79); Martin ZRP 1992, 19 (20f.).
[101] BGH NStZ 2015, 81 (82) Rn. 8; Hilgendorf NJW 1997, 1873 (1874); Schönke/Schröder/Eser/Weißer StGB § 9 Rn. 6a; MüKoStGB/Ambos § 9 Rn. 31. Offen gelassen: BGH MMR 2001, 228 (230).
[102] Siehe hierzu: Kudlich/Berberich NStZ 2019, 633 (636).
[103] BGH NStZ 2001, 305 (307f.).
[104] BGH NStZ 2001, 305 (307f.); BGH NJW 1999, 2129.

„beinahe" zu einem solchen Erfolgseintritt gekommen sein muss).[105] Nach dem ersten Strafsenat soll der Erfolgsort dort liegen, *„wo die konkrete Tat ihre Gefährlichkeit im Hinblick auf das im Tatbestand umschriebene Rechtsgut entfalten kann".*[106]

96 Der **dritte Strafsenat des BGH** stellt sich dagegen auf den Standpunkt, dass an dem Ort, an dem „die hervorgerufene abstrakte Gefahr in eine konkrete lediglich umschlagen kann, kein zum Tatbestand gehörender Erfolg" eintritt.[107]

97 Richtigerweise kann – mit dem dritten Strafsenat – auch bei abstrakt-konkreten Gefährdungsdelikten die bloße Eignung zur Herbeiführung des zu verhindernden Erfolgs selbst noch keinen Erfolgsort im Sinne des § 9 Abs. 1 Alt. 3 StGB begründen. Maßgeblich ist vielmehr in jedem Einzelfall, ob mit der einer Tathandlung abstrakt anhaftenden Gefahr eine von der Handlung zu trennende, spürbare Veränderung in der Außenwelt geschaffen wird.[108]

4. Stets: Gewährleistung eines „genuine links" bei Internetsachverhalten

98 Bei einer unrechtmäßigen Veröffentlichung personenbezogener Informationen im Internet kann sich bei Erfolgsdelikten sowie bei konkreten bzw. abstrakt-konkreten Gefährdungsdelikte aufgrund der weltweiten Wahrnehmungsmöglichkeit theoretisch stets ein im Inland liegender Erfolgsort ergeben.[109] Der „Begehungsort Internet" ist (zumindest regelmäßig) weder örtlich noch zeitlich begrenzt.[110]

99 Damit diese weite extraterritoriale Erstreckung des deutschen Strafrechts nicht in Konflikt mit der völkerrechtlich gewährleisteten Souveränität anderer Staaten gerät, ist in jedem Einzelfall festzustellen, ob ein ausreichender sog. „genuine link" zum deutschen Hoheitsgebiet/staatlichen Interessen[111] besteht.[112]

100 **Praxistipp:**
Für einen solchen „genuine link" sprechen:
- Bezugspunkte zu natürlichen Personen mit deutscher Nationalität
- Bezugspunkte zu natürlichen Personen mit gegenwärtigem Aufenthaltsort in Deutschland
- Bezugspunkte zu juristischen Personen die entweder ihren formellen Sitz und/oder ihre tatsächliche Wirkungsort in Deutschland haben
- Bezugspunkte zur deutschen Historie[113]
- Bezugspunkte zu deutschen politischen Sachverhalten
- bei diffamierenden Texten die verwendete deutsche Sprache[114]
- bei diffamierenden Texten die objektive Geeignetheit sich im deutschen Inland auszuwirken („soziale Kontakte"; „Bekanntheit der Person im Inland")[115]

---

[105] Kudlich/Berberich NStZ 2019, 633 (634).
[106] BGH NStZ 2001, 305 (308).
[107] BGH NStZ 2017, 146 (147); BGH NStZ 2015, 81 (82) Rn. 8.
[108] Kudlich/Berberich NStZ 2019, 633 (638); BGH NStZ 2017, 146 (147); BGH NStZ 2015, 81 (82) Rn. 8.
[109] Hilgendorf NJW 1997, 1873 (1876); Busching MMR 2015, 295 (297); Kudlich/Berberich NStZ 2019, 633.
[110] Schönke/Schröder/Eser/Weißer StGB § 9 Rn. 7.
[111] Siehe hierzu: Wissenschaftlicher Dienst BT, WD 2–3000–176/18, S. 1 ff.
[112] BGH NStZ 2001, 305 (309); Hörnle NStZ 2001, 309 (310); BeckOK StGB/Heintschel-Heinegg StGB § 9 Rn. 22; MüKoStGB/Ambos § 9 Rn. 34; vgl. Heinrich GA 1999, 72 (82); Hilgendorf NJW 1997, 1873 (1876 f.); Breuer MMR 1998, 141 (144); Busching MMR 2015, 295 (297 f.); vgl. Kudlich/Berberich NStZ 2019, 633.
[113] BGH NStZ 2001, 305 (309).
[114] BeckOK StGB/Heintschel-Heinegg StGB § 9 Rn. 22; Hilgendorf NJW 1997, 1873 (1876); Busching MMR 2015, 295 (297).
[115] Busching MMR 2015, 295 (297).

- die subjektive Intention des Handelnden, dass ein Taterfolg gerade in Deutschland eintreten soll[116]

III. Anbieter von Telemedien: Spezielles Strafanwendungsrecht aus § 3 TMG?

Neben den §§ 3 ff. StGB soll sich nach sehr umstrittener Ansicht 101
- die Anwendbarkeit deutschen Strafrechts für Anbieter von Telemedien mit **Sitz in Deutschland** *unmittelbar* aus § 3 Abs. 1 TMG[117] und
- die *fehlende* Anwendbarkeit der §§ 3 ff. StGB auf Anbieter von Telemedien mit **Sitz im Ausland** aus § 3 Abs. 2 TMG

ergeben können.

1. Wer ist Anbieter eines Telemediums?

Diensteanbieter ist jede natürliche oder juristische Person, die eigene oder fremde Teleme- 102
dien zur Nutzung bereithält oder den Zugang zur Nutzung vermittelt, § 2 S. 1 Nr. 1 TMG.
Telemedien sind gem. § 1 Abs. 1 S. 1 TMG alle elektronischen Informations- und 103
Kommunikationsdienste
- soweit sie nicht Telekommunikationsdienste nach § 3 Nr. 61 des TKG, die **ganz** in der Übertragung von Signalen über Telekommunikationsnetze bestehen,
- telekommunikationsgestützte Dienste nach § 3 Nr. 63 des TKG oder
- Rundfunk nach § 2 des Rundfunkstaatsvertrages sind.

> **Praxistipp:** 104
> Telemedien sind nahezu alle Onlinedienste.[118]
> Beispiele: Onlineshops, Vermittlungs-Plattformen, Online-Zeitungsauftritte, Suchmaschinen, Vergleichs-Portale, Blogs, Börsenhandel-Apps.[119] Auch soziale Netzwerke sind grundsätzlich als Telemedien zu qualifizieren.[120]
> Messenger-Apps und Chatdienste sind dagegen – im Regelfall – als Telekommunikationsdienste einzuordnen.[121]
> Abgrenzungsschwierigkeiten ergeben sich bei sozialen Netzwerken mit *integrierten* Messenger-Apps.[122] Zielführend ist bei einer Bündelung verschiedenster Dienste auf einer einzigen Plattform eine funktionale, dienstbezogene Einzelbetrachtung.[123] Während der Newsfeed auf einem sozialen Netzwerk als Telemedium anzusehen ist, ist die integrierte Chatfunktion bei einer gewissen Eigenständigkeit als Telekommunikationsdienst einzuordnen.

2. Herkunftslandprinzip, § 3 Abs. 1 TMG

Nach dem in § 3 Abs. 1 TMG festgelegten „Herkunftslandprinzip" sollen alle in Deutsch- 105
land niedergelassenen Diensteanbieter dem deutschen Recht unterfallen, soweit die Telemedien „geschäftsmäßig" angeboten oder verbreitet werden.

---

[116] Hilgendorf NJW 1997, 1873 (1876); Busching MMR 2015, 295 (297).
[117] Spindler NJW 2002, 921 (925); aA MüKoStGB/Altenhain TMG § 3 Rn. 22.
[118] Forgó/Helfrich/Schneider Betr. Datenschutz-HdB/Forgó/Hawellek Teil VIII Kap. 2 Rn. 39 f.; MüKoStGB/Altenhain TMG § 1 Rn. 26.
[119] Vgl. hierzu mit weiteren Beispielen und mwN: MüKoStGB/Altenhain TMG § 1 Rn. 26.
[120] KG ZUM-RD 2017, 524 (533); MüKoStGB/Altenhain TMG § 1 Rn. 26
[121] Forgó/Helfrich/Schneider Betr. Datenschutz-HdB/Forgó/Hawellek Teil VIII Kap. 2 Rn. 38, 40; aA Ekkel/Rottmeier NStZ 2021, 1 (10 f.).
[122] Forgó/Helfrich/Schneider Betr. Datenschutz-HdB/Forgó/Hawellek Teil VIII Kap. 2 Rn. 40.
[123] Forgó/Helfrich/Schneider Betr. Datenschutz-HdB/Forgó/Hawellek Teil VIII Kap. 2 Rn. 41 f.

106 „Geschäftsmäßig" handelt, wer seine Dienstleistung aufgrund einer „nachhaltigen Tätigkeit mit oder ohne Gewinnerzielungsabsicht erbringt".[124] Damit fallen lediglich „private Gelegenheitsgeschäfte" aus dem Anwendungsbereich heraus.[125]

107 § 1 Abs. 3 S. 2 TTDSG lässt die Vorschrift explizit unberührt.

108 **a) Unmittelbare Geltung des deutschen Strafrechts auf der Grundlage von § 3 Abs. 1 TMG.** Richtigerweise bezieht sich § 3 Abs. 1 TMG auch auf das Strafrecht.[126] In den Fällen, in denen sich die Anwendbarkeit bereits nicht aus §§ 3ff. StGB ergibt, kann unmittelbar an § 3 Abs. 1 TMG angeknüpft werden.[127]

109 Der Wortlaut („deutsches Recht") ist weit gefasst und beschränkt sich gerade nicht nur auf die im TMG selbst gefassten Regelungen.

110 Auch der Sinn und Zweck trägt dieses Verständnis: Der Diensteanbieter soll wegen des regelmäßigen grenzüberschreitenden Bezugs aus Gründen der Rechtsklarheit über den Anknüpfungspunkt seines gewählten Sitzes *einer einheitlichen* Rechtsordnung unterworfen werden.[128]

111 Zwar ist der Rechtsträger des Diensteanbieters – als Bezugspunkt von § 3 Abs. 1 TMG – regelmäßig eine juristische Person.[129] Diese ist strafrechtlich nicht verantwortungsfähig. Nach dem Sinn und Zweck sollen sich die strafrechtlichen Einschränkungen jedoch auf die dahinterstehenden und für diese handelnden Mitarbeiter beziehen.[130]

112 Allerdings könnte eine Beschränkung des Herkunftslandprinzip auf das TMG systematisch mit der Stellung zu Beginn des Gesetzes begründet werden. Systematisch ergibt sich im Binnenkontext der Norm jedoch ein anderes Bild: § 3 Abs. 5 S. 1 Nr. 1 lit. a), aa), aaa) TMG lässt sich (wenn auch nicht besonders deutlich) entnehmen, dass selbst ein im EU-Ausland sitzender Diensteanbieter dem deutschen Strafrecht unterfallen soll. Denn auch materielle Strafnormen dienen aufgrund ihrer generalpräventiven Wirkung der „Verhütung" von Straftaten. Aufgrund der sowohl in Absatz 1 (inländische Diensteanbieter) als auch in Absatz 5 (ausländische Diensteanbieter innerhalb der EU) beinahe identischen Formulierung *„unterliegen den Einschränkungen [bzw. Anforderungen] des deutschen Rechts"* wird deutlich, dass das „deutsche Recht" *jedenfalls* auch das materielle Strafrecht erfassen soll.[131]

113 Daneben kann der beabsichtigten Erstreckung des deutschen Strafrechts auf *ausländische* Diensteanbieter[132] in einem „Erst-Recht"-Schluss der gesetzgeberische Wille zur Anwendbarkeit des deutschen Strafrechts auf im Inland niedergelassene Diensteanbieter entnommen werden.[133]

114 Bedenken hinsichtlich der Bestimmtheit der zusätzlich angeordneten Anwendbarkeit des deutschen Strafrechts ergeben sich aufgrund des eindeutig gefassten Wortlauts („unterliegen den Anforderungen des deutschen Rechts") nicht.[134]

115 Bleibt das Argument, dass es sich bei den §§ 3ff. StGB um ein abschließendes, spezielleres Konzept handeln könnte. In diese Richtung könnte sich auch eine Passage in den Gesetzgebungsmaterialien deuten lassen, nach der der Verweis in § 3 Abs. 1 TMG auch

---

[124] BT-Drs. 14/6098, 17; MüKoStGB/Altenhain TMG § 3 Rn. 9; Spindler NJW 2002, 921 (925); aA Spindler/Schuster/Nordmeier TMG § 3 Rn. 7.
[125] BT-Drs. 14/6098, 17; Spindler NJW 2002, 921 (925).
[126] Spindler NJW 2002, 921 (925); Spindler/Schuster/Nordmeier TMG § 3 Rn. 7, 14f.; BT-Drs. 14/6098, 18; aA MüKoStGB/Ambos StGB § 9 Rn. 26; Rath JA 2007, 26 (28); Kudlich JA 2002, 798 (799, 803); Satzger CR 2001, 109 (117).
[127] AA MüKoStGB/Altenhain TMG § 3 Rn. 22. Uneindeutig: BT-Drs. 14/6098, 18.
[128] MüKoStGB/Altenhain TMG § 3 Rn. 4f.; MüKoStGB/Ambos § 9 Rn. 26; Kudlich JA 2002, 798 (799).
[129] Siehe hierzu: MüKoStGB/Ambos § 9 Rn. 26.
[130] Handel MMR 2017, 227 (230); Spindler/Schuster/Nordmeier TMG § 3 Rn. 7; vgl. MüKoStGB/Altenhain TMG § 3 Rn. 31.
[131] Spindler NJW 2002, 921 (925); vgl. Kudlich HRRS 2004, 278 (281).
[132] Vgl. BT-Drs. 14/6098, 20; Handel MMR 2017, 227 (229).
[133] AA MüKoStGB/Altenhain TMG § 3 Rn. 22.
[134] AA MüKoStGB/Altenhain TMG § 3 Rn. 22.

auf Verweis auf die §§ 3 ff. StGB zu verstehen ist.[135] Überzeugender ist es jedoch aufgrund des spezifischen Anknüpfungspunktes der Telemedien, in den §§ 3 ff. StGB die allgemeineren und in § 3 Abs. 1 TMG die spezielleren Regelungen zu erblicken.

b) Beschränkte Anwendbarkeit auf strafbare Datenschutzverstöße. Die Anwendbarkeit des deutschen Strafrechts auf der Grundlage des Herkunftslandprinzip gilt jedoch **nicht umfassend** für alle Datenschutzverstöße von Mitarbeitern eines inländischen Diensteanbieters. 116

Nach § 3 Abs. 3 Nr. 4 TMG wird durch das Herkunftslandprinzip „das für den Schutz personenbezogener Daten geltende Recht" explizit unberührt gelassen. 117

aa) Ausschluss von Strafvorschriften die dem Schutz personenbezogener Daten dienen. Straftatbestände, welche sich auf die Verarbeitung **personenbezogener** Daten beziehen, können daher nicht über § 3 Abs. 1 TMG zur Anwendung gelangen. 118

Auch Strafvorschriften dienen mit ihrer präventiven und repressiven Zielrichtung dem Schutz des Rechts auf informationelle Selbstbestimmung/Art. 8 GRCh. Dass dieser flankierende strafrechtliche Schutz auch im Binnenkontext der DS-GVO systematisch gewollt ist, ergibt sich aus Art. 84 Abs. 1 S. 1 DS-GVO und EG 149 DS-GVO. 119

Dabei beschränkt sich die Bereichsausnahme nicht nur auf Verstöße gegen die materiellen Verarbeitungsvorschriften in der DS-GVO, dem BDSG oder dem TTDSG. Der Wortlaut ist umfassend formuliert. Erfasst wird das gesamte „für den Schutz personenbezogener Daten geltende Recht". 120

Damit dürfte der deutsche Gesetzgeber zwar über die Vorgaben des europäischen Richtliniengebers hinausgegangen sein. Dieser grenzt den Anwendungsbereich der zugrunde liegenden E-Commerce-RL in Art. 1 Abs. 5 lit. b) RL 2000/31/EG nur zur ehemaligen „Datenschutz-Richtlinie" (RL 95/46/EG) und zur ehemaligen „Datenschutzrichtlinie für Telekommunikation" (RL 97/66/EG) ab. Die gegenwärtigen Bezugspunkte für die Abgrenzung des Anwendungsbereichs der E-Commerce-RL bilden damit gem. Art. 94 Abs. 2 S. 1 DS-GVO die DS-GVO und gem. Art. 19 Abs. 2 RL 2002/58/EG die Datenschutzrichtlinie für elektronische Kommunikation. Eine solche überschießende Regelung ist jedoch vom Umsetzungsspielraum der Mitgliedsstaaten gedeckt.[136] 121

Ausreichend ist danach, dass die *Schutzrichtung* des jeweiligen Straftatbestands dem Schutz personenbezogener Informationen und damit dem Recht auf informationelle Selbstbestimmung dient. Der bloße Umstand, dass personenbezogene Daten verarbeitet werden, reicht demgegenüber noch nicht aus. 122

Über das Herkunftslandprinzip kann daher nicht die Geltung von § 42 BDSG und § 201 StGB statuiert werden. 123

bb) Einbezug von Strafvorschriften die dem Schutz von Daten ohne Personenbezug dienen. Dagegen werden von der Bereichsausnahme in § 3 Abs. 3 Nr. 4 TMG die Straftatbestände ausgespart, die sich auf die unrechtmäßige Verarbeitung von Daten ohne Personenbezug beziehen. Das betrifft bspw. den Datenbegriff aus § 202a Abs. 2 StGB, aber auch jede andere Information, die sich nicht gem. Art. 4 Nr. 1 DS-GVO auf eine identifizierte oder identifizierbare natürliche Person zurückführen lässt. Hier kann das deutsche Strafrecht umfassend über § 3 Abs. 1 TMG zur Anwendung gelangen. 124

Auch hier ist die Schutzrichtung des jeweiligen Straftatbestands entscheidend. 125

Über das Herkunftslandprinzip kann daher die Geltung der §§ 202a ff. StGB begründet werden. Bei § 203 StGB ist danach zu unterscheiden, ob Tatobjekt ein zum persönlichen Lebensbereich gehörendes Geheimnis (Herkunftslandprinzip ist nicht anwendbar) oder ein Betriebs- oder Geschäftsgeheimnis (Herkunftslandprinzip ist anwendbar) ist. 126

---

[135] BT-Drs. 14/6098, 18: „*Zu den nach § 4 Abs. 1 Satz 1 [TDG aF] anwendbaren innerstaatlichen Normen gehören auch die §§ 3 ff. StGB sowie §§ 5 und 7 OWiG, die sich mit der Geltung des deutschen Strafgesetzbuches bzw. Gesetzes über Ordnungswidrigkeiten (auch bei Auslandstaten) befassen.*"
[136] Vgl. BeckOK InfoMedienR/Martini TMG § 1 Rn. 3.

127 **Beispiel:**
Nehmen an einer browserbasierten Videokonferenz ausschließlich in San Francisco sitzende Mitarbeiter teil, führt der Sitz des Diensteanbieters in Deutschland bei einer unbefugten Aufnahme der Redebeiträge durch einen der Mitarbeiter (§ 201 Abs. 1 Nr. 1 StGB) dennoch nicht zur Anwendbarkeit des deutschen Strafrechts.
§ 3 Abs. 1 TMG knüpft an den Diensteanbieter an. Nach dem Sinn und Zweck erfasst die Norm nur die dahinterstehenden *Mitarbeiter*. Die *Nutzer* des angebotenen Telemediums (vgl. § 2 S. 1 Nr. 3 TMG) werden dagegen nicht erfasst.

3. Diensteanbieter mit Sitz im EU-Ausland

128 **a) Möglicher Ausschluss der §§ 3 ff. StGB.** Gem. § 3 Abs. 2 TMG wird der freie Dienstleistungsverkehr von geschäftsmäßig angebotenen Telemedien, die in einem anderen Mitgliedstaat niedergelassen sind, nicht eingeschränkt.[137]

129 Während das „Herkunftslandprinzip" aus § 3 Abs. 1 TMG in Deutschland sitzende Diensteanbieter der deutschen Rechtsordnung unterwirft, regelt § 3 Abs. 2 TMG, dass die deutsche Rechtsordnung für Diensteanbieter mit Sitz im EU-Ausland keine einschränkende Wirkung entfalten soll.

130 § 3 Abs. 2 TMG schließt in seinem Anwendungsbereich – als speziellere Regelung – auch die §§ 3 ff. StGB aus.[138]

131 **aa) Kein Ausschluss deutscher Strafvorschriften die dem Schutz personenbezogener Daten dienen.** Die Bereichsausnahme in § 3 Abs. 3 Nr. 4 TMG bezieht sich nicht nur auf das Herkunftslandprinzip, sondern auch auf § 3 Abs. 2 TMG. Damit findet die Norm von vornherein keine Anwendung auf deutsche Straftatbestände, die dem Schutz personenbezogener Daten dienen.

132 Das heißt: Sobald bspw. § 42 BDSG oder § 201 StGB über das Strafanwendungsrecht des §§ 3 ff. StGB anwendbar sind, unterliegen auch die Mitarbeiter eines Diensteanbieters mit Sitz im EU-Ausland diesen Vorgaben.

133 **bb) Ausschluss deutscher Strafvorschriften, die dem Schutz von Daten ohne Personenbezug dienen.** Die in § 3 Abs. 3 Nr. 4 TMG vorgesehene Bereichsausnahme entfaltet jedoch dann keine Wirkung, sobald deutsche Strafvorschriften dem Schutz von Daten ohne Personenbezug dienen. Hier findet § 3 Abs. 2 TMG unmittelbar Anwendung.

134 Diese Straftatbestände finden daher keine Anwendung auf Diensteanbieter mit Sitz im EU-Ausland.[139] Denn bereits die grenzüberschreitende Strafandrohung ist dazu geeignet, den Diensteanbieter in seiner Tätigkeit einzuschränken.[140]

135 **(1) Einschränkende Sichtweisen in der Literatur.** Allerdings soll dies nach Stimmen in der Literatur entweder gar nicht[141] oder jedenfalls nicht absolut gelten.[142] Danach wäre auf zwei Ebenen zu differenzieren:

136 Zunächst wäre die Rechtslage im fremden Niederlassungsstaat zu prüfen. Nur dann, wenn das in Deutschland strafbare Verhalten im Niederlassungsstaat erlaubt ist, ergibt sich aus der grenzüberschreitend begründeten Strafgewalt eine „Einschränkung" im Sinne von § 3 Abs. 2 TMG.[143]

---

[137] MüKoStGB/Ambos § 9 Rn. 26.
[138] Vgl. Kudlich JA 2002, 798 (799); Handel MMR 2017, 227 (230); MüKoStGB/Altenhain TMG § 3 Rn. 23 ff.; aA (im Ergebnis): MüKoStGB/Ambos § 9 Rn. 26; Kudlich/Berberich NStZ 2019, 633 (635).
[139] AA MüKoStGB/Ambos § 9 Rn. 26; Kudlich/Berberich NStZ 2019, 633 (635).
[140] MüKoStGB/Altenhain TMG § 3 Rn. 24, 28; vgl. Handel MMR 2017, 227 (230).
[141] MüKoStGB/Ambos § 9 Rn. 26.
[142] Handel MMR 2017, 227 (230); MüKoStGB/Altenhain TMG § 3 Rn. 25.
[143] Handel MMR 2017, 227 (230); MüKoStGB/Altenhain TMG § 3 Rn. 25.

Liegt eine solche zum Nachteil des Diensteanbieters divergierende Rechtslage vor, wäre 136a
in einem nächsten Schritt eine mögliche Ausnahme vom „blocking statute" des § 3 Abs. 2
TMG zu prüfen. Diese findet sich in § 3 Abs. 5 TMG.

Richtigerweise kann § 3 Abs. 5 TMG dabei keine *generelle* Ausnahme für Straftatbestän- 137
de entnommen werden.[144] Zwar spricht die Norm in Nr. 1 Buchst. a), aa), aaa) abstrakt
von „Straftaten und Ordnungswidrigkeiten". Daneben dürfte nach dem Verständnis des
deutschen Gesetzgebers jeder einzelne Straftatbestand eine „Maßnahme" sein, die in einem angemessenen Verhältnis zu den mit ihnen geschützten Rechtsgütern steht.[145] Eine
generelle Anwendbarkeit wäre jedoch mit dem Ausnahmecharakter von § 3 Abs. 5 TMG
nicht zu vereinbaren und würde das vom unionsrechtlichen Richtliniengeber auch für die
anderen Mitgliedstaaten vorgesehene „Herkunftslandprinzip" unterlaufen.[146]

Insofern bedarf es nach dieser Ansicht stets einer spezifischen Einzelfallabwägung.[147] In 138
dieser müssten auf der einen Seite das Strafverfolgungsinteresse des deutschen Staates (insbesondere das Gewicht der Tat) und auf der anderen Seite das Interesse des Diensteanbieters an einer widerspruchsfreien Rechtsordnung miteinander abgewogen werden.

(2) Gegenposition aus Sicht der Verteidigung

> **Praxistipp:** 139
>
> Voraussehbare Ergebnisse sind bei der erforderlichen Abwägung im Einzelfall praktisch
> nicht denkbar. Da auch die Anwendbarkeit des deutschen (Straf-)Rechts als strafbarkeitsbegründender Umstand dem Bestimmtheitsgebot unterliegt[148], kann hier in Verteidigungssituationen erfolgversprechend mit Art. 103 Abs. 2 GG argumentiert werden.
> Entsprechendes gilt für die Subsumtion des *materiellen* Strafrechts unter den Wortlaut
> „Verhütung von Straftaten". Auch dies erfordert aufgrund der auf strafprozessuale
> Maßnahmen zugeschnittenen Formulierung argumentativem Aufwand.[149]
> Hinreichend erkennbar ist das aus Perspektive eines Bürgers – zumal der Kreis der
> Normadressaten im EU-Ausland sitzt[150] – nicht.

Nach der hier vertretenen Ansicht kann über § 3 Abs. 5 TMG die Anwendbarkeit des 140
deutschen Strafrechts auf im EU-Ausland sitzende Diensteanbieter (bzw. deren Mitarbeiter) zwar auslegungstechnisch begründet werden. Diesem komplexen Auslegungsergebnis
steht jedoch das Bestimmtheitsgebot entgegen. Im Ergebnis wird § 3 Abs. 2 TMG damit
nicht eingeschränkt. § 3 Abs. 2 TMG steht wiederum den §§ 3 ff. StGB entgegen. Auf
nicht personenbezogene Datenschutzverstöße von Mitarbeitern eines im EU-Ausland sitzenden Diensteanbieter, die in Ausführung ihrer Tätigkeit begangen wurden, findet deutsches Strafrecht daher keine Anwendung.

b) Kein *zusätzliches* Strafanwendungsrecht aus § 3 Abs. 5 TMG. Der Bestimmtheits- 141
grundsatz verhindert darüber hinaus, dass die extraterritoriale Anwendbarkeit des deutschen Strafrechts auf Diensteanbieter mit Sitz in fremden Mitgliedstaaten *unmittelbar* aus
§ 3 Abs. 5 TMG folgt.[151] Ein zusätzliches, neben den § 3 ff. StGB stehendes Strafanwendungsrecht wird hiermit nicht statuiert.

---

[144] Handel MMR 2017, 227 (230); MüKoStGB/Altenhain TMG § 3 Rn. 25, 28; aA MüKoStGB/Ambos § 9 Rn. 26; Kudlich/Berberich NStZ 2019, 633 (635).
[145] In diese Richtung auch: BT-Drs. 14/6098, 20.
[146] Vgl. Handel MMR 2017, 227 (230).
[147] Handel MMR 2017, 227 (230); MüKoStGB/Altenhain TMG § 3 Rn. 28.
[148] Vgl. BeckOK GG/Radtke GG Art. 103 Rn. 23.
[149] So auch: Kudlich HRRS 2004, 278 (281).
[150] Vgl. zur Relevanz des Normadressaten: BeckOK GG/Radtke GG Art. 103 Rn. 25.
[151] MüKoStGB/Altenhain TMG § 3 Rn. 22, 51.

§ 26 Praktische Überlegungen und Hinweise zum Ablauf eines Strafverfahrens

Übersicht

	Rn.
A. Die Strafanzeige	2
I. Wahl der Behörde	3
II. Örtliche Zuständigkeit	7
III. Form und Frist: Relevant bei Antragsdelikten	18
IV. Zeitpunkt und Art der Anzeigeerstattung	22
B. Das Ermittlungsverfahren	32
I. Struktur des Ermittlungsverfahrens	33
II. Rolle der Verletztenvertretung	38
III. Rolle der Verteidigung	43
C. Das Zwischenverfahren	46
D. Die Hauptverhandlung	47
E. Die Rechtsmittel	50

Literatur:

Fuhlrott, Kenntniszurechnung des Leiters Compliance bei Kündigung, NZA-RR 2022, 111; *Rieks,* Die Nebenklage – Terra Incognita des Wirtschaftsstrafverfahrens, NStZ 2019, 643; *Schäffer,* Beginn der Kündigungserklärungsfrist bei Compliance-Untersuchungen im Unternehmen, juris PR StrafR 6/2022, Anm. 4

In der Folge soll ein kursorischer Überblick über das Strafverfahren – von der Strafanzeige bis zum rechtskräftigen Urteil – gegeben werden und auf etwaige Besonderheiten hingewiesen werden, die für die hier dargestellten Deliktskategorien von Bedeutung sein können. Diese Darstellung soll den praktischen Einstieg in die Materie erleichtern und erhebt keinen Anspruch auf Vollständigkeit. 1

A. Die Strafanzeige

Ein strafrechtliches Ermittlungsverfahren beginnt mit dem Bekanntwerden von Tatsachen, die die Annahme eines **Anfangsverdachts einer Straftat** rechtfertigen. Wegen des in § 152 Abs. 2 StPO normierten Legalitätsgrundsatzes ist die Staatsanwaltschaft bei Vorliegen derartiger tatsächlicher Anhaltspunkte grundsätzlich zur Einleitung und Durchführung von Ermittlungen verpflichtet. Woher diese tatsächlichen Anhaltspunkte stammen, ist grundsätzlich ohne Belang. Im Folgenden soll der für die anwaltliche Praxis bedeutende Fall der Einleitung eines Ermittlungsverfahrens aufgrund einer (anwaltlichen) Strafanzeige in den Blick genommen werden. Es sollen dabei vor allem strategische Aspekte behandelt werden, die vor Anzeigeerstattung reflektiert werden sollten. 2

I. Wahl der Behörde

Bei einer Straf*anzeige* handelt es sich um die Mitteilung eines, aus Sicht des Anzeigenden, strafrechtlich relevanten Sachverhalts. Der Anzeigende muss weder selbst Verletzter der Straftat sein, noch bedarf es eines subjektiven Interesses. Sofern aufgrund einer Anzeige tatsächliche Anhaltspunkte für die Annahme einer Straftat vorliegen, ist die Staatsanwaltschaft verpflichtet einzuschreiten (§ 152 Abs. 2 StPO). Die Strafprozessordnung benennt in § 158 Abs. 1 S. 1 StPO ausdrücklich die zur Entgegennahme von Strafanzeigen vorgesehenen Stellen: 3

„*Die Anzeige einer Straftat […] können bei der Staatsanwaltschaft, den Behörden und Beamten des Polizeidienstes und den Amtsgerichten mündlich oder schriftlich angebracht werden.*"

4   Regelmäßig wird es sich anbieten, die Strafanzeige entweder bei der Staatsanwaltschaft oder bei der (Kriminal-)Polizei zu erstatten. In der Praxis ist insoweit, abhängig von den lokalen und regionalen Gepflogenheiten, eine Abwägung vorzunehmen, welcher Adressat für die konkrete Strafanzeige geeigneter ist.

5   Eine Strafanzeige bei der **Staatsanwaltschaft** kann u. a. vorzugswürdig sein, wenn die in Rede stehende Rechtslage komplex ist (zB Strafverfahren mit zivilrechtlichen Vorfragen, Themen des Nebenstrafrechts). Dies gilt häufig auch für Fragen der Einziehung und Maßnahmen der (vorläufigen) Vermögenssicherung. Darüber hinaus ist zu berücksichtigen, dass die Staatsanwaltschaft als Herrin des Ermittlungsverfahrens zentrale Entscheidungen zu treffen hat (zB Beantragung von Haftbefehlen oder Durchsuchungsbeschlüsse) und es daher geboten sein kann, unmittelbar mit der Staatsanwaltschaft Kontakt aufzunehmen.

6   Eine erste Kontaktaufnahme mit der **Polizei** kann insbesondere dann empfehlenswert sein, wenn die Ermittlungen in einer Fachabteilung des zuständigen Landeskriminalamts geführt werden können (zB eine Abteilung für bestimmte Delikte der Wirtschafts- oder Cyberkriminalität). Bei einer derartigen Spezialisierung ist es keine Seltenheit, dass die Staatsanwaltschaften den Landeskriminalämtern Spielräume bei der Verfahrensgestaltung einräumen. Insoweit kann es sinnvoll sein, die Strafanzeige unmittelbar bei einem Landeskriminalamt zu platzieren, damit die dortigen Sachbearbeiter umgehend mit notwendigen Recherchen beginnen und die Staatsanwaltschaft je nach Bedarf einbinden können. Darüber hinaus ist in der Praxis zu beobachten, dass auf Ebene der Landeskriminalämter eine persönliche Kontaktaufnahme – telefonisch, per E-Mail, per Fax – zwischen Anzeigeerstatter und Ermittlern kurzfristiger möglich ist, als bei der Staatsanwaltschaft. Bei einigen Staatsanwaltschaften ist, sofern nicht ausnahmsweise eine direkte Kontaktmöglichkeit bekannt ist, mit signifikanten Verzögerungen zu rechnen (Bearbeitung in der Poststelle, Klärung und Weiterleitung an die zuständige Fachabteilung, Zuteilung an den oder die SachbearbeiterIn). Insbesondere in Fallkonstellationen, wo eine kurzfristige Rücksprache notwendig ist, um Ermittlungsmaßnahmen vorzubereiten, kann sich daher der Weg über die Landeskriminalämter empfehlen.

II. Örtliche Zuständigkeit

7   Eine zentrale Frage im Rahmen der Vorbereitung einer Strafanzeige ist die Frage nach der örtlichen Zuständigkeit der Staatsanwaltschaft. Diese richtet sich im Grundsatz nach der gerichtlichen Zuständigkeit (§ 143 Abs. 1 S. 1 GVG). Für die hier in diesem Werk diskutierten Straftaten bedeutet dies, dass sich die Zuständigkeit der Staatsanwaltschaft grundsätzlich an den **Bezirksgrenzen der Landgerichte** orientiert.[1] Das Gerichtsverfassungsgesetz sieht allerdings eine wichtige Ausnahme vor, die den Bundesländern eine Konzentration der Verfolgung bestimmter Straftaten bei bestimmten **(Schwerpunkt-)Staatsanwaltschaften** ermöglicht (§ 143 Abs. 4 S. 1 GVG). Hiervon haben die Bundesländer in, für das hiesige Werk, zweierlei Hinsicht Gebrauch gemacht:

8   Zum einen sind in fast allen Bundesländern **Schwerpunktstaatsanwaltschaften** mit der Verfolgung von Delikten im Bereich **Cybercrime** betraut worden:

9   Die beiden bekanntesten Einrichtungen sind:
- Die Zentral- und Ansprechstelle Cybercrime (ZAC NRW) in **Nordrhein-Westfalen**, die bei der Staatsanwaltschaft Köln angesiedelt ist.
- In **Bayern** ist bei der Generalstaatsanwaltschaft Bamberg die Zentralstelle Cybercrime Bayern (ZCB) eingerichtet worden.

---

[1] Zur Umsetzung des § 141 GVG vgl. MüKoStPO/Brocke GVG § 141 Rn. 1 ff.; KK-StPO/Mayer GVG § 141 Rn. 6.

Auch zahlreiche andere Bundesländer verfügen mittlerweile über Zentralstellen im Bereich Cybercrime:
- In **Baden-Württemberg** sind die Staatsanwaltschaften Mannheim und Stuttgart zuständig und werden dabei von der bei der Generalstaatsanwaltschaft Stuttgart eingerichteten Zentralstelle für die Bekämpfung von Informations- und Kommunikationskriminalität (ZIK) unterstützt.
- In **Brandenburg** ist die Staatsanwaltschaft Cottbus als Schwerpunktstaatsanwaltschaft zur Bekämpfung der Computer und Datennetzkriminalität tätig.
- In **Hessen** ist bei der Generalstaatsanwaltschaft Frankfurt a. M. eine Zentralstelle zur Bekämpfung der Internet- und Computerkriminalität (ZIT) eingerichtet worden.
- In **Mecklenburg-Vorpommern** ist in Rostock eine Schwerpunktstaatsanwaltschaft für die Bekämpfung der Informations- und Kommunikationskriminalität vorgesehen.
- In **Niedersachsen** sind in den drei OLG-Bezirken Zentralstellen zur Bekämpfung von Internet- und Computerkriminalität (Cybercrime) eingerichtet worden.
- In **Rheinland-Pfalz** ist bei der Generalstaatsanwaltschaft Koblenz die Landeszentralstelle Cybercrime (LZS) eingerichtet worden.
- Im **Saarland** ist bei der Staatsanwaltschaft Saarbrücken eine Hauptabteilung für der Bereich Cybercrime eingerichtet worden.
- In **Sachsen** wurde bei der Generalstaatsanwaltschaft Dresden eine Zentralstelle Cybercrime Sachsen (ZCS) eingerichtet.
- In **Schleswig-Holstein** ist die Staatsanwaltschaft Itzehoe als Schwerpunktstaatsanwaltschaft für den Bereich Cybercrime zuständig.
- In **Thüringen** ist bei der Staatsanwaltschaft Mühlhausen eine landesweite Schwerpunktabteilung zur Bekämpfung von IT-Kriminalität eingerichtet worden.
- Für die drei Stadtstaaten **Berlin, Hamburg, Bremen** bedarf es keiner gesonderten Zuständigkeitsregelung, da diese jeweils nur über einen Landgerichtsbezirk verfügen.

Auch auf Ebene der Landespolizei sind Kompetenzzentren im Bereich Cybercrime gegründet worden.[2]

Angesichts der wirtschaftlichen Bedeutung der in diesem Werk behandelten Delikte kann neben einer Schwerpunktstaatsanwaltschaft im Bereich Cybercrime auch eine **Schwerpunktstaatsanwaltschaft** im Bereich der Bekämpfung der **Wirtschaftskriminalität** zuständig sein. Der Zuschnitt der zahlreichen Schwerpunktstaatsanwaltschaften variiert und kann mittels Internetrecherche recht einfach ermittelt werden.

Die oben genannten Schwerpunktstaatsanwaltschaften sind allerdings jeweils nur dann zuständig, wenn die Straftat in die Zuständigkeit eines Gerichtsbezirks fällt, der von der Zuständigkeitsregelung des § 143 Abs. 4 S. 1 GVG erfasst ist. Eine **bundeslandübergreifende Zuständigkeit von Schwerpunktstaatsanwaltschaften ist nicht geregelt.** Es bedarf daher auch hier einer örtlichen Zuständigkeit der (Schwerpunkt-) Staatsanwaltschaft. Nur in Extremfällen der Cyberspionage kann eine Bundeszuständigkeit zur Strafverfolgung gegeben sein; dann ermittelt das BKA im Auftrag des Generalbundesanwalts.

Die örtliche Zuständigkeit der Strafgerichte – und damit mittelbar der (Schwerpunkt-) Staatsanwaltschaften – ergibt sich aus den §§ 7 ff. StPO, wobei der Gerichtsstand des Tatorts nach § 7 Abs. 1 StPO der in der Praxis wichtigste Anwendungsfall ist. Der Begriff des Tatorts orientiert sich an § 9 Abs. 1 StGB:[3]

*„Eine Tat ist an jedem Ort begangen, an dem der **Täter** gehandelt hat oder im Falle des Unterlassens hätte handeln müssen oder an dem der zum Tatbestand gehörende **Erfolg** eingetreten ist oder nach der Vorstellung des Täters eintreten sollte."*

---

[2] Vgl. Übersicht unter https://www.polizei.de/Polizei/DE/Einrichtungen/ZAC/zac_node.html, abgerufen am 19.4.2023.
[3] KK-StPO/Scheuten § 7, Rn. 1; Meyer-Goßner/Schmitt/Schmitt StPO § 7 Rn. 2.

14   Die Bestimmung des Handlungsorts ist insbesondere bei internetbasierten Straftaten umstritten.[4] Sofern allerdings ein Erfolg der Tat feststellbar ist, kann die Zuständigkeit dort anknüpfen.[5] Insoweit gibt die Darstellung des Handlungs- und Erfolgsort nach § 9 StGB, insbesondere bei grenzüberschreitenden, internetbasierten Datenschutzverstößen, auch einen hilfreichen Überblick über die örtliche staatsanwaltschaftliche Zuständigkeit. (vgl. ausführlich dazu bereits → § 25).

15   Daneben ergeben sich folgende Sonderfälle:
- Wird eine Straftat durch den Inhalt einer **Druckschrift** begangen (zB § 42 Abs. 1 Nr. 2 BDSG, Offenlegung eines Geschäftsgeheimnisses[6]) sieht § 7 Abs. 2 S. 1 StPO eine Sonderregelung vor.
- In der Praxis kann eine Gerichts- und Staatsanwaltschaftszuständigkeit auch am **Wohnort des Angeschuldigten** (§ 8 Abs. 1 StPO) begründet sein.
- In praktisch seltenen Ausnahmefällen kann auch eine Zuständigkeit am **gewöhnlichen Aufenthaltsort** (§ 8 Abs. 2 StPO) oder am **Ergreifungsort** (§ 9 StPO) begründet sein.

16   In der Praxis ist – insbesondere im Bereich der internetbasierten Kriminalität – die Frage nach der Zuständigkeit einer Staatsanwaltschaft nach den vorgenannten Kriterien nicht immer eindeutig zu beantworten. So kann es u.a. vorkommen, dass Auslandstaten zwar dem deutschen Strafrecht unterliegen, aber sich die Zuständigkeit eines deutschen Strafgerichts nach §§ 7 ff. StPO für den Anzeigenden nicht klären lässt. Für derartige Fallkonstellationen bietet § 143 Abs. 1 S. 2 GVG eine praktische Lösung:

„Fehlt es im Geltungsbereich dieses Gesetzes an einem zuständigen Gericht oder ist dieses nicht ermittelt, ist die zuerst mit der Sache befasste Staatsanwaltschaft zuständig."

17   Der Gesetzgeber hat für solche Fallkonstellation eine gesonderte, von der gerichtlichen Zuständigkeit losgelöste Zuständigkeit geschaffen. Damit soll sichergestellt werden, dass notwendige Ermittlungsmaßnahmen nicht deshalb unterlassen werden, weil Unklarheiten über die örtliche Zuständigkeit bestehen. Es obliegt dann der befassten Staatsanwaltschaft nach Feststellung der gerichtlichen Zuständigkeit, das Verfahren geordnet und nach Durchführung notwendiger verfahrenssichernder Maßnahmen abzugeben (§ 143 Abs. 1 S. 3 GVG).[7] Ggf. ist eine Klärung des Gerichtsstands nach § 13a StPO durchzuführen.[8]

III. Form und Frist: Relevant bei Antragsdelikten

18   Eine Straf*anzeige* unterliegt grundsätzlich keinen besonderen Form- und Fristerfordernissen (vgl. § 158 Abs. 1 S. 1 StPO). Selbst wenn die gesetzlich normierten Anforderungen nicht erfüllt wären, wäre die Staatsanwaltschaft zu Ermittlungen verpflichtet.

19   Bei den in diesem Werk in Rede stehenden Delikten handelt es sich jedoch in fast allen Fällen um **Antragsdelikte.** Aus diesem Grund spielen Form und Frist allerdings eine wichtige Rolle.

20   Ein Strafantrag ist inhaltlich nichts anderes als der Ausdruck eines **Strafverfolgungsverlangens.** Dieses kann auch konkludent erklärt werden. Dh selbst ohne den ausdrücklichen Hinweis auf das Stellen eines „Strafantrags" wird dieses regelmäßig mit dem Einreichen einer Straf*anzeige* durch den Verletzten miterklärt, wenn dieser der Wunsch nach Strafverfolgung entnommen werden kann. In der Praxis sollte hier jedoch sicherheitshalber immer explizit auch *„Strafantrag wegen aller in Betracht kommender Delikte"* gestellt werden.
- Form des Strafantrags: § 158 Abs. 2 StPO postuliert, dass ein Straf*antrag* im Regelfall **schriftlich** zu stellen ist. Ferner sind Strafanträge im Grundsatz bedingungsfeindlich.

---

[4] Vgl. dazu u.a. BGH NStZ 2015, 81 mAnm Becker.
[5] Meyer-Goßner/Schmitt/Schmitt StPO § 7 Rn. 2.
[6] Vgl. insoweit aber § 23 Abs. 5, § 5 Nr. 1 GeschGehG.
[7] Meyer-Goßner/Schmitt/Schmitt GVG § 143 Rn. 1 ff.
[8] Vgl. dazu BGH NStZ-RR 2020, 320.

- Frist des Strafantrags: § 77b Abs. 1 S. 1 StGB sieht darüber hinaus vor, dass ein Straf*antrag* binnen **Dreimonatsfrist** ab Kenntnis von Tat und Täter zu stellen ist. Trotz des insoweit missverständlichen Wortlauts geht die hM davon aus, dass die Dreimonatsfrist auch für relative Antragsdelikte maßgeblich ist, da bei Verneinung eines besonderen öffentlichen Interesses die Tat nur auf Antrag verfolgt wird.[9]

> **Praxistipp:** 21
> Die Einhaltung der Dreimonatsfrist für einen etwaigen Strafantrag ist in der Praxis bereits **bei der Mandatsanbahnung** zu überprüfen. Häufig erfolgt vor Beauftragung einer Rechtsanwaltskanzlei eine (erste) interne Aufklärung des Sachverhalts und eine unternehmerische Bestandsaufnahme. Diese nimmt nicht selten mehrere Wochen in Anspruch, so dass Eile geboten sein kann, Strafanzeige und den notwendigen Strafantrag zu stellen.

IV. Zeitpunkt und Art der Anzeigeerstattung

Bevor eine Strafanzeige erstattet wird, sollten einige **strategische Überlegungen** vorgenommen werden. Dies gilt insbesondere in Fällen, in denen neben einer strafrechtlichen Aufarbeitung auch eine zivilrechtliche Klärung (insbes. Geltendmachung von Unterlassens- und Schadensersatzansprüchen) angestrebt wird. 22

Zu entscheiden ist hier regelmäßig, ob neben einer Strafanzeige auch **zivilrechtliche Maßnahmen** ergriffen werden. Hierbei sind etwaige Fristen und mögliche Wechselwirkungen zu berücksichtigen. 23

> Handelt es sich beim mutmaßlichen Täter um einen Arbeitnehmer ist regelmäßig zu prüfen, ob eine **Kündigung** ausgesprochen werden soll. Hierfür sind Fristen (insbes. die Kündigungserklärungsfrist des § 626 Abs. 2 BGB)[10], Anhörungs- und Beteiligungsrechte zu berücksichtigen. 24
>
> Ermittlungsbehörden werden jedoch regelmäßig ein Interesse daran haben, dass dem beschuldigten Arbeitnehmer noch nicht bekannt gemacht wird, dass man ihm „auf der Spur ist". So vermuten Ermittlungsbehörden in der Praxis, wenn auch teilweise etwas voreilig, dass bei Bekanntmachung der Vorwürfe etwaige Beweismittel vernichtet werden. Angesichts knapper staatlicher Ressourcen sinkt mit der arbeitsrechtlichen Anhörung zu einem strafrechtlich relevanten Kündigungsgrund häufig die Wahrscheinlichkeit, dass Behörden beweissichernde Maßnahmen ergreifen (insbes. Durchsuchungen/Sicherstellungen/Beschlagnahmen). Anderseits sehen sich Ermittlungsbehörden in einigen Bundesländern in derartigen Verfahren aus logistischen Gründen oft außerstande, binnen kurzer Zeit Maßnahmen der Beweissicherung zu ergreifen. Hier bedarf es daher einer Entscheidung im Einzelfall.
>
> Ähnliche Fragestellungen können im Bereich des **einstweiligen Rechtsschutzes** gegen Dritte auftauchen. Hier kann mit der Antragstellung nur bedingt zugewartet werden, um nicht Gefahr zu laufen, dass der Rechtsschutz mangels Eilbedürftigkeit („Selbstwiderlegung") versagt wird.

Darüber hinaus ist regelmäßig zu überlegen, welche Inhalte bereits bei Erstattung der Anzeige aufzunehmen sind. 25

Selbstverständlich ist eine Strafanzeige wahrheitsgemäß abzufassen (vgl. §§ 164, 258 StGB). Mangels genereller Pflicht zur Anzeigeerstattung[11] kann bei mehreren Straftaten 26

---
[9] Vgl. MüKoStGB/Mitsch § 77b Rn. 7.
[10] Vgl. dazu Fuhlrott NZA-RR 2022, 111; Schäffer juris PR StrafR 6/2022, Anm. 4.
[11] Ein Fall des § 138 StGB wird bei den hier thematisierten Delikten regelmäßig nicht vorliegen.

ggf. auf die Anzeige einzelner Taten verzichtet werden, um ein Tor für Verhandlungen mit dem Schädiger offen zu halten. Grundsätzlich besteht auch die Möglichkeit das Stellen einer Strafanzeige davon abhängig zu machen, ob der Schädiger zur Schadenswiedergutmachung freiwillig bereit ist. Insoweit ist allerdings im Einzelfall gewissenhaft zu prüfen, ob die **Drohung mit einer Strafanzeige** einem legitimen Zweck dient. Fehlt es an einer Konnexität zwischen der angedrohten Strafanzeige und der angestrebten Gegenleistung, kann eine Strafbarkeit des Drohenden nach §§ 240, 253 StGB in Betracht kommen.[12]

27 In jedem Fall sollten sich Anzeigeerstatter bewusst sein, dass eine „Rücknahme" einer Strafanzeige in der Strafprozessordnung nicht vorgesehen ist. Sind die Tatsachen einmal der Staatsanwaltschaft bekannt geworden, darf diese den Blick darauf nicht verschließen. Insoweit *kann* sich der Handlungsspielraum für Verhandlungen im Zeitpunkt der tatsächlichen Einreichung einer Strafanzeige verengen. Dennoch hat der Verletzte einer Straftat, insbesondere bei den hier in Rede stehenden Delikten, auch nach Anzeigeerstattung **rechtliche und faktische Einwirkungsmöglichkeiten.** Handelt es sich bei dem angezeigten Delikt um ein absolutes Antragsdelikt (zB § 203 StGB iVm § 205 Abs. 1 S. 1 StGB[13]), kann der Antrag nach § 77d Abs. 1 StGB zurückgenommen werden. Diese Möglichkeit besteht bis zum rechtskräftigen Abschluss des Strafverfahrens (§ 77d Abs. 1 S. 2 StGB). Das Verfahren ist dann einzustellen. Eine Bereitschaft, den Antrag zurückzunehmen kann für den Fall in Aussicht gestellt werden, dass eine gütliche Einigung gelingt. Auch bei relativen Antragsdelikten (zB §§ 202a ff. StGB, § 23 GeschGehG) kann eine Rücknahme eines Strafantrags im Rahmen von zivilrechtlichen Vergleichsverhandlungen angeboten werden. Erfolgt eine Schadenswiedergutmachung und ist aus Sicht des Verletzten (zivilrechtlich) Rechtsfrieden eingetreten, wird dies regelmäßig die Entscheidung der Staatsanwaltschaft beeinflussen, ob ein besonderes öffentliches Interesse an der Strafverfolgung anzunehmen ist. Damit kann ein Anzeigeerstatter, der zugleich Verletzter ist, faktisch die Auswirkungen eines Strafverfahrens für den Beschuldigten beeinflussen. „Voreilig" zurückgenommene Strafanträge verengen die Handlungsmöglichkeiten wieder, da ein zurückgenommener Strafantrag nicht erneut gestellt werden kann (§ 77d Abs. 1 S. 3 StGB) und auch bei relativen Antragsdelikten die Annahme des besonderen öffentlichen Interesses unter der Erklärung leidet, dass kein Strafverfolgungsinteresse des Verletzten mehr besteht.

28 Vergleichbares gilt bei Offizialdelikten. Hier ist eine Schadenswiedergutmachung im Rahmen der Strafzumessung zu berücksichtigen und kann durch die positive Beeinflussung des Opportunitätsermessens den Weg für eine Verfahrenseinstellung nach §§ 153, 153a StPO ebnen.

29 Bestehen Zweifel daran, ob die Staatsanwaltschaft die notwendigen Ermittlungen (zeitnah) durchführen wird – zB aufgrund von Kapazitätsengpässen –, ist zu prüfen, ob vorsorglich detaillierte Ausführungen in die Strafanzeige aufgenommen werden sollten, die nicht nur die Tatbestandsmerkmale des Straftatbestands, sondern die (wirtschaftlichen) Folgen für das geschädigte Unternehmen aufzeigen. Dies ist besonders dann von Bedeutung, wenn es sich um ein **Privatklagedelikt** iSd § 374 StPO handelt und die Staatsanwaltschaft daher den Anzeigeerstatter nach § 376 StPO auf den Privatklageweg verweisen und das Verfahren einstellen könnte. Die Ausführungen können sich dabei an Nr. 86, 87 RiStBV orientieren:[14]

Nr. 86 Abs. 2:
„Ein öffentliches Interesse wird in der Regel vorliegen, wenn der Rechtsfrieden über den Lebenskreis des Verletzten hinaus gestört und die Strafverfolgung ein gegenwärtiges Anliegen der Allgemeinheit ist, zB wegen des Ausmaßes der Rechtsverletzung, wegen der Rohheit oder Gefährlichkeit der Tat, der rassistischen, fremden-

---

[12] MüKoStGB/Sinn § 240 Rn. 136 mwN.
[13] MüKoStGB/Cierniak/Niehaus § 203 Rn. 179. Zur Besonderheit beim Strafantragsrecht bei § 42 BDSG → § 8.
[14] Zum GeschGehG vgl. auch Nr. 260 RiStBV.

feindlichen oder sonstigen menschenverachtenden Beweggründe des Täters oder der Stellung des Verletzten im öffentlichen Leben. Ist der Rechtsfrieden über den Lebenskreis des Verletzten hinaus nicht gestört worden, so kann ein öffentliches Interesse auch dann vorliegen, wenn dem Verletzten wegen seiner persönlichen Beziehung zum Täter nicht zugemutet werden kann, die Privatklage zu erheben, und die Strafverfolgung ein gegenwärtiges Anliegen der Allgemeinheit ist."

Nr. 87 Abs. 2:

„Kann dem Verletzten nicht zugemutet werden, die Privatklage zu erheben, weil er die Straftat nicht oder nur unter großen Schwierigkeiten aufklären könnte, so soll der Staatsanwalt die erforderlichen Ermittlungen anstellen, bevor er den Verletzten auf die Privatklage verweist, zB bei Beleidigung durch namenlose Schriftstücke. Dies gilt aber nicht für unbedeutende Verfehlungen."

Schließlich ist zu überlegen, wer die Strafanzeige erstattet. Dies betrifft zunächst formale Fragen: Wer ist Verletzter? Wer ist antragsbefugt? Welche Mandatsbeziehung besteht? 30

Darüber hinaus kann in Erwägung gezogen werden, ob es erfolgsversprechend ist, die Strafanzeige über eine Rechtsanwaltskanzlei einreichen zu lassen. Eine solche Vorgehensweise ist regelmäßig sinnvoll, um für eine strukturierte und an den Tatbestandsmerkmalen orientierte Darstellung Sorge zu tragen und einen Kommunikationskanal zwischen den rechtlich geschulten Verfahrensbeteiligten zu öffnen. Zum Teil lässt sich in der Praxis jedoch beobachten, dass Staatsanwaltschaften befürchten, für zivilrechtliche Streitigkeiten instrumentalisiert zu werden. Diese Befürchtungen werden insbesondere bei Einschaltung einer spezialisierten Rechtsanwaltskanzlei wiederholt geäußert. Zwar ist der Vorwurf einer unzulässigen Instrumentalisierung regelmäßig haltlos, da es dem (geschädigten) Bürger unzweifelhaft zusteht, strafrechtlich relevantes Verhalten zur Anzeige zu bringen und eine strafrechtliche Ermittlung nach den Vorgaben der StPO zu verlangen. Derartigen – in der Praxis bestehenden – Vorbehalten sind indes aus strategischer Sicht im Interesse einer effektiven Rechtsberatung Rechnung zu tragen. Dies mag im Einzelfall zu dem Rat führen, die Strafanzeige unmittelbar durch den Geschädigten einzureichen. 31

B. Das Ermittlungsverfahren

Hat die Staatsanwaltschaft den Anfangsverdacht einer Straftat bejaht, führt sie ein Ermittlungsverfahren durch. Ziel des Ermittlungsverfahrens ist die weitere Sachaufklärung im Hinblick auf die verfahrensgegenständlichen Taten und die Vorbereitung einer abschließenden Entscheidung. Für die Durchführung der Ermittlungen greift die Staatsanwaltschaft auf die Ermittlungspersonen bei den Polizeibehörden zurück, die im Wesentlichen die Sachverhaltsaufklärung betreiben. Besonders eingriffsintensive Maßnahmen bleiben der Staatsanwaltschaft vorbehalten bzw. erfordern die Einbindung des Gerichts (zB Erlass von Durchsuchungsbeschlüssen, TKÜ-Anordnungen, Haftbefehle, etc). 32

I. Struktur des Ermittlungsverfahrens

Ein strafrechtliches Ermittlungsverfahren dauert in der Praxis mehrere Monate bis hin zu mehreren Jahren. Dabei stehen den Ermittlungsbehörden verschiedene Möglichkeiten der Sachverhaltsaufklärung zur Verfügung, die zum Teil (nur) einen Anfangsverdacht erfordern und zum Teil nur unter strengen Voraussetzungen zulässig sind. Dies sind u.a.: 33

Maßnahmen, die einen **Anfangsverdacht** (irgend-)einer Straftat erfordern: 34
- Zeugenbeweis: §§ 48 ff. StPO, §§ 161a Abs. 1, 163 Abs. 3 StPO
- Sachverständigenbeweis: §§ 72 ff. StPO (vgl. auch Nr. 69 ff. RiStBV)
- Durchsuchung von Räumlichkeiten und Sachen: §§ 102 ff. StPO

- Sicherstellung und Beschlagnahme von Gegenständen und Daten: §§ 94 ff. StPO
- Bestandsdatenauskunft bei Telekommunikationsdiensteanbietern und Telemediensteanbietern: § 100j StPO

Maßnahmen, für die **höhere Eingriffsschwellen** vorgesehen sind:
- Verkehrsdatenabfrage bei Telekommunikationsdiensteanbietern: § 100 g StPO
- Nutzungsdatenabfrage bei Telemediensteanbietern: § 100k StPO
- Telekommunikationsüberwachung: § 100a StPO
- Online-Durchsuchung: § 100b StPO

35 Sofern die Verteidigung nicht aktiv auf die Verfahrensgestaltung Einfluss nimmt (→ Rn. 27), werden die Ermittlungen so lange fortgeführt, bis die Staatsanwaltschaft der Ansicht ist, eine Entscheidung über die Art und Weise des Verfahrensfortgangs treffen zu können. Zumeist wird der wesentliche Verfahrensstoff dann in einem polizeilichen Abschlussvermerk zusammengefasst. Spätestens mit Abschluss der Ermittlungen ist dem Beschuldigten rechtliches Gehör zu gewähren – soweit eine für ihn nachteilige Entscheidung getroffen werden soll (bspw. Anklageerhebung). In der Folge entscheidet die Staatsanwaltschaft, welcher Verfahrensfortgang tat- und schuldangemessen ist. Dabei ist auch eine etwaige Einlassung des Beschuldigten oder eine Verteidigungsstellungnahme zu berücksichtigen. Im Regelfall kommen die folgenden Optionen in Betracht:

36
- Einstellung des Verfahrens nach **§ 170 Abs. 2 S. 1 StPO** mangels hinreichenden Tatverdachts.
- Einstellung des Verfahrens nach **§ 153 StPO** bei Vergehen und zu erwartender geringer Schuld.
- Einstellung des Verfahrens nach **§ 153a StPO** bei Vergehen und einer zu erwartenden geringen Schuld, wenn die Auflage geeignet ist, das öffentliche Interesse an der Strafverfolgung zu beseitigen. Hierbei handelt es sich um eine der häufigsten Optionen der „konsensualen" Verfahrensbeendigung, da der Beschuldigte, der der Auflage zustimmen muss, eine positive Schuldfeststellung vermeiden kann und eine teilrechtskräftige Entscheidung erhält, die eine spätere Ahndung der Tat als Vergehen ausschließt.
- Beantragung eines **Strafbefehls** durch die Staatsanwaltschaft („Verurteilung im Schriftwege") bei Straferwartung von max. 1 Jahr auf Bewährung (§§ 407 ff. StPO).
- **Anklageerhebung** zum Strafrichter, Schöffengericht, Landgericht oder Oberlandesgericht nach § 170 Abs. 1 StPO.

37 In der Praxis kommen Verfahrenseinstellungen nach §§ 153, 153a StPO häufig auch vor dem Abschluss der Ermittlungen in Betracht, wenn die Staatsanwaltschaft angesichts der Ermittlungen und einem etwaigen Sach- und Rechtsvortrag über eine ausreichende Entscheidungsgrundlage verfügt. Hierauf kann ggf. aktiv hingewirkt werden.

II. Rolle der Verletztenvertretung

38 Die Vertretung eines durch eine Straftat Verletzten hat viele Facetten.

39 Zum einen ist eine **Geltendmachung zivilrechtlicher Ansprüche** zu prüfen. Diese können unter Umständen auch im Adhäsionsverfahren (§§ 403 ff. StPO) geltend gemacht werden, was in der Praxis allerdings selten erfolgt. Wichtiger sind in der Praxis folgende Handlungsoptionen, mit denen Informationen für die Prüfung/Geltendmachung zivilrechtlicher Ansprüche gewonnen werden können:

40
- Anregung konkreter strafprozessualer Maßnahmen (insbes. **Durchsuchung** und **Beschlagnahme**).
- Anregung von **Finanzermittlungen** (zB Kontenabfrage der Staatsanwaltschaft bei der BaFin) sowie Maßnahmen der vorläufigen **Vermögenssicherung** im Rahmen des Einziehungsrechts (§§ 111b, 111e StPO).

- Beantragung von **Akteneinsicht** (§ 406e StPO), mit der diese mit strafprozessualen Mitteln gewonnen Informationen aus dem strafrechtlichen Ermittlungsverfahren „abgeschöpft" werden können. Hierbei ist zu berücksichtigen, dass dem Beschuldigten zuvor rechtliches Gehör zu gewähren ist und er auf diesem Wege von den bislang ggf. noch unbekannten Ermittlungen und/oder den Hintergrundaktivitäten des Verletzten erfährt.
- Kontrolle der Einhaltung von Geheimhaltungsvorgaben (Nr. 260b RiStBV)

Darüber hinaus bietet das Einziehungsrecht eine Möglichkeit, **Vergleichsverhandlungen** zu forcieren: 41

§ 73e Abs. 1 S. 1 StGB lautet:
„Die Einziehung nach den §§ 73 bis 73c ist ausgeschlossen, soweit der Anspruch, der dem Verletzten aus der Tat auf Rückgewähr des Erlangten oder auf Ersatz des Wertes des Erlangten erwachsen ist, erloschen ist."

Der Gesetzgeber hat die Regelung besonders vergleichsfreundlich ausgestaltet.[15] Bei 42 Straftaten zu Lasten eines Verletzten kann der Einziehungsbetroffene im Falle eines Vergleichs mit Erlasswirkung erreichen, dass sämtliche Maßnahmen der Einziehung obsolet werden. Dies schafft einen Anreiz, in Vergleichsverhandlungen einzusteigen und Schadenskompensation zu betreiben.

III. Rolle der Verteidigung

Der Verteidigung kommt im Ermittlungsverfahren eine zentrale Rolle zu. Angesichts statistisch geringer Erfolgsaussichten in der strafrechtlichen Hauptverhandlung ist die Bedeutung des vorgelagerten Stadiums nicht zu unterschätzen. Dabei gilt es zunächst eine grundlegende Verteidigungsstrategie zu definieren. 43

Die **Ziele** können äußerst vielseitig sein. So kann es zentrales Ziel sein, eine Einstellung 44 des Verfahrens nach § 170 Abs. 2 S. 1 StPO zu erreichen. Manchmal kann es ausreichen, eine öffentliche Hauptverhandlung und eine positive Schuldfeststellung zu vermeiden, was zB auch mittels Verfahrenseinstellung nach §§ 153, 153a StPO erreicht werden kann. Teilweise ist eine Verteidigung in der Sache wenig aussichtsreich, so dass über eine etwaige Schadenskompensation, ein Geständnis oder eine Aufklärungshilfe nachzudenken ist. Die Ziele und Strategie sind im Laufe des Verfahrens regelmäßig zu überdenken und an etwaige Entwicklungen anzupassen.

Folgende **Gestaltungsmöglichkeiten** kommen u. a. in Betracht: 45
- Datenschutzrechtliche Auskunftsverlangen an Landeskriminalämter zur Prüfung, ob dort ggf. Strafverfahren anhängig sind
- Akteneinsicht nach § 147 StPO und Auswertung von Akten und Beweismitteln
- Verteidigungsstellungnahme und sonstige Kommunikation mit Verfahrensbeteiligten
- Verhinderung unkontrollierten Informationsfluss an Dritte (zB durch Geltendmachung rechtlichen Gehörs vor Akteneinsicht und Aktenauskunft, Verweis auf Nr. 260b RiStBV)
- Prüfung und ggf. Durchführung von Rechtsbehelfen/Rechtsmitteln gegen ausgewählte Ermittlungsmaßnahmen (insbes. § 98 Abs. 2 S. 2 StPO (analog) zur Überprüfung staatsanwaltschaftlicher Maßnahmen und §§ 304 ff. StPO zur Überprüfung von Entscheidung des Ermittlungsrichters)
- (Parallele) Vergleichsverhandlungen mit etwaigen Geschädigten
- Beschuldigtenvernehmung

---

[15] MAH Strafverteidigung/Peters § 20 Rn. 65; BT-Drs. 18/11640, 79. Siehe hierzu auch: BGH BeckRS 2018, 28431.

C. Das Zwischenverfahren

46 Hat sich die Staatsanwaltschaft zur Anklageerhebung entschieden, hat das zuständige Gericht über die Eröffnung des Hauptverfahrens zu entscheiden (§ 199 Abs. 1 StPO). Der nunmehr Angeschuldigte ist insoweit zu hören (§ 201 StPO). Dieser hat die Gelegenheit Stellung zu nehmen und im Zwischenverfahren Beweiserhebungen zu beantragen. Sieht das Gericht den hinreichenden Tatverdacht als bestätigt an, eröffnet es das Hauptverfahren (§ 203 StPO). Dem anwaltlichen Vertreter eines Verletzten kommt im Zwischenverfahren regelmäßig keine bedeutende Rolle zu. Eine Ausnahme stellt der Fall der **Nebenklagebefugnis** dar, die u. a. bei Verstößen gegen § 23 GeschGehG zu bejahen ist (§ 395 Abs. 1 Nr. 6 StPO). Der Nebenkläger ist nämlich nach § 400 Abs. 2 S. 1 StPO befugt, gegen eine Nichteröffnung des Hauptverfahrens die sofortige Beschwerde einzulegen, sofern der Nichteröffnungsbeschluss das nebenklagefähige Delikt betrifft.

D. Die Hauptverhandlung

47 Für den Fall der Eröffnung des Hauptverfahrens terminiert der Vorsitzende die grundsätzlich öffentliche Hauptverhandlung. Das Gericht führt im Hinblick auf die eröffnete Tat von Amts wegen eine Beweisaufnahme durch. Diese **Beweisaufnahme** – nicht hingegen die Akten sowie die im Ermittlungsverfahren gemachten Ausführungen und gestellten Anträge – ist Grundlage des Urteils (§ 261 StPO). Auch im Hauptverfahren ist allerdings noch eine Verfahrenseinstellung nach §§ 153, 153a StPO möglich.

48 Neben dem Gericht sind **Staatsanwaltschaft** und **Verteidigung** die wichtigsten Akteure. Diese haben u. a. das Fragerecht bei Zeugen und Sachverständigen, können Erklärungen zur Einordnung der Beweise abgeben und weitere Beweiserhebungen beantragen. Auf diese Weise können sie aktiv das Hauptverfahren (mit-)gestalten. Dem Verletzten kommt in der Hauptverhandlung grundsätzlich nur eine Nebenrolle zu. Dieser ist regelmäßig Zeuge und kann – jedenfalls nach einer Zeugenvernehmung (vgl. § 243 Abs. 2 S. 1 StPO) – an der öffentlichen Hauptverhandlung teilnehmen. Antrags- oder Rederechte hat der Verletzte grundsätzlich nicht. Etwas anderes gilt, wenn es sich um einen **Nebenkläger** handelt. Dieser hat, soweit dies die Tat betrifft, aus der er die Nebenklagebefugnis ableitet, weitgehende Gestaltungsrechte (vgl. § 397 StPO). In Ausnahmefällen kann auch ein Teilausschluss der Öffentlichkeit angeregt werden, wenn ein wichtiges Geschäftsgeheimnis erörtert wird (vgl. § 172 Nr. 2 GVG).[16]

49 Die Hauptverhandlung endet mit dem Schluss der Beweisaufnahme, den Schlussplädoyers sowie dem letzten Wort des Angeklagten. Das Urteil wird regelmäßig zunächst mündlich verkündet; die Gründe werden erst in der Folge verschriftlicht (vgl. § 275 StPO).

E. Die Rechtsmittel

50 Die Strafprozessordnung sieht die Möglichkeit von Rechtsmitteln gegen das erstinstanzliche Urteil vor. Gegen Urteile des Amtsgerichts ist die Berufung zum Landgericht (vgl. § 312 ff. StPO) oder die Sprungrevision (vgl. § 335 StPO) zum Oberlandesgericht statthaft. Bei der Revision handelt es sich um eine reine Rechtsinstanz. Gegen erstinstanzliche Urteile des Landgerichts ist die Revision zum Bundesgerichtshof statthaft (vgl. §§ 333 ff. StPO). Der Nebenkläger ist (nur) mit Einschränkungen zur Einlegung von Rechtsmitteln befugt.[17]

---

[16] Vgl. zur Thematik auch Rieks NStZ 2019, 643.
[17] Vgl. dazu MüKoStPO/Valerius § 400 Rn. 8 ff.

6. Teil Gemeinsame Aspekte von Bußgeldern und Straftatbeständen

§ 27 Verhältnis von Bußgeldtatbeständen (Art. 83 DS-GVO) zu parallel verwirklichten Straftaten

Übersicht
Rn.
A. § 21 OWiG: Konkurrenzverhältnis auf materieller Ebene 1
   I. Begrenzung der Reichweite von § 21 Abs. 1 S. 1 OWiG auf den individuellen Sanktionsadressaten 6
   II. Generelle Einschränkung der Anwendbarkeit von § 21 Abs. 1 S. 1 OWiG? 10
B. Konkurrenzverhältnis auf prozessualer Ebene 13
   I. (Straf-)Klageverbrauch/Entgegenstehende Rechtskraft 15
   II. Auswirkung von Opportunitätseinstellungen 25
   III. Keine Parallelität von Bußgeld- und Strafverfahren: „Anderweitige Rechtshängigkeit" 29
   IV. Reichweite von „ne bis in idem" im unionsrechtlichen Sinne 33

Literatur:
Dannecker, Ne bis in idem und das Verbot straf- und kartellrechtlicher Parallelverfahren, 2021; *Jarass,* Strafrechtliche Grundrechte im Unionsrecht, NStZ 2012, 611; *Lucke,* Das Verbot paralleler strafrechtlicher Ermittlungsverfahren bzw. die (zeitlich begrenzte) Sperrwirkung der Einleitungsentscheidung, HRRS 2014, 407; *Wegner,* Anmerkung zu BayObLG Beschl. v. 23.11.2004 – 1 St RR 129/04, wistra 2005, 313.

A. § 21 OWiG: Konkurrenzverhältnis auf materieller Ebene

Ein und derselbe Datenschutzverstoß kann sowohl einen Bußgeldtatbestand nach Art. 83 Abs. 4–6 DS-GVO als auch einen Straftatbestand (bspw. § 42 BDSG oder § 201 StGB) verwirklichen. 1

Das Konkurrenzverhältnis zwischen beiden Sanktionsmöglichkeiten wird durch § 21 OWiG geregelt.[1] Dieser gilt über § 41 Abs. 1 S. 1 BDSG auch für die materielle Anwendbarkeit der Art. 83 Abs. 4–6 DS-GVO. 2

Gem. § 21 Abs. 1 S. 1 OWiG (iVm § 41 Abs. 1 S. 1 BDSG) wird nur das Strafgesetz angewendet, wenn „eine Handlung" gleichzeitig Straftat und Ordnungswidrigkeit verwirklicht. 3

Voraussetzungen: 4
- „eine Handlung": Maßgeblich ist der Begriff der Tateinheit (natürliche o. rechtliche Handlungseinheit), § 19 OWiG[2]
- hierdurch: Verwirklichung eines Tatbestands von Art. 83 Abs. 4–6 DS-GVO
- hierdurch: Verwirklichung eines Straftatbestands

Rechtsfolge:
Die Bußgeldtatbestände der DS-GVO finden auf die sich strafbar machende Person keine Anwendung.

---

[1] BeckOK DatenschutzR/Brodowski/Nowak BDSG § 41 Rn. 24, § 42 Rn. 69.
[2] BeckOK OWiG/Sackreuther OWiG § 21 Rn. 5 ff.

> **5** **Ausnahme:**
> Die für den materiell verwirklichten Straftatbestand vorgesehene Strafe wird nicht verhängt, § 21 Abs. 2 OWiG. Praktisch relevante Situationen sind:
> - Fehlender oder nicht form- (§ 158 Abs. 2 StPO) bzw. fristgerecht (§ 77b StGB) gestellter Strafantrag
> - Eintritt der Verfolgungsverjährung (§ 78 ff. StGB)
> - Opportunitätseinstellungen gem. §§ 153 ff. StPO[3] (Gegenausnahme: § 153a StPO aufgrund der notwendigen Auflage[4])

I. Begrenzung der Reichweite von § 21 Abs. 1 S. 1 OWiG auf den individuellen Sanktionsadressaten

6 Die Rechtsfolge des § 21 Abs. 1 S. 1 OWiG ist **personell beschränkt**. Die Bußgeldtatbestände aus Art. 83 Abs. 4–6 DS-GVO werden nur für den **individuellen Adressaten des Straftatbestands** verdrängt. Das drückt sich im Wortlaut aus: Die konkrete *„eine Handlung"* muss *„gleichzeitig Straftat und Ordnungswidrigkeit"* sein. Dritte, die sich durch eigenständige Handlungen lediglich an der Ordnungswidrigkeit beteiligen (§ 14 Abs. 1 S. 1 OWiG), sich hierdurch aber nicht strafbar machen, bleiben daher nach dem OWiG verantwortlich. Eine umfassende Privilegierung auch dieser Dritter wäre mit dem vom OWiG verfolgten Prinzip der *Individual*schuld nicht zu vereinbaren.

7 Diese beschränkte Rechtsfolge hat besondere praktische Bedeutung, soweit das für die Einzelperson strafbare Verhalten im Rahmen der Art. 83 Abs. 4–6 DS-GVO einem Dritten (bspw. einem Unternehmen) als haftungsauslösende Handlung zugerechnet wird.

8 Beispiel – Ein Datenschutzverstoß, unterschiedliche Sanktionsadressaten:

Ein personelles Auseinanderfallen von Bußgeldadressat und strafrechtlich verantwortlich handelnder natürlichen Person ist insbesondere in datenverarbeitenden Organisationen (wie bspw. Unternehmen) denkbar. Denn die Bußgeldtatbestände aus Art. 83 Abs. 4–6 DS-GVO knüpfen an die datenschutzrechtliche Verantwortlichkeit (Art. 4 Nr. 7 DS-GVO) an. Die durch die Mitarbeiter vorgenommene Zweck- und Mittelbestimmung für die konkrete Datenverarbeitung wird in der Regel der Organisation selbst zugerechnet. Im Ergebnis ist die Organisation für den durch die natürliche Person vorgenommenen Datenschutzverstoß datenschutzrechtlich verantwortlich und damit Bußgeldadressat.

Dass derselbe Datenschutzverstoß gleichzeitig die persönliche strafrechtliche Verantwortung des Mitarbeiters begründet, beseitigt die bußgeldrechtliche Verantwortlichkeit der Organisation gem. § 21 Abs. 1 S. 1 OWiG (§ 41 Abs. 1 S. 1 BDSG) nicht.

9 Gegenbeispiel – Ein Datenschutzverstoß, selber Sanktionsadressat:

Der Anwendungsbereich von § 21 Abs. 1 S. OWiG (§ 41 Abs. 1 S. 1 BDSG) ist immer dann eröffnet, wenn eine natürliche Person für den konkreten Datenschutzverstoß sowohl strafrechtlich als auch datenschutzrechtlich verantwortlich ist.
Bspw.:
- Eine natürliche Person entschließt sich eigenverantwortlich dazu, unbefugt personenbezogene Daten mit Schädigungsabsicht im Internet zu veröffentlichen.

---

[3] BGH v. 19.12.1995 – KRB 32/95; BeckOK OWiG/Sackreuther OWiG § 21 Rn. 18; Göhler/Gürtler/Thoma OWiG § 21 Rn. 27; aA KK-OWiG/Mitsch § 21 Rn. 31.
[4] KK-OWiG/Mitsch § 21 Rn. 32; BeckOK OWiG/Sackreuther OWiG § 21 Rn. 18; Göhler/Gürtler/Thoma OWiG § 21 Rn. 27.

- Strafbare Datenschutzverstöße von Mitarbeitern im Unternehmen, die jedoch als sog. „Exzesshandlung" dem Unternehmen nicht zugerechnet werden können und damit die eigene datenschutzrechtliche Verantwortlichkeit des Mitarbeiters begründen.

II. Generelle Einschränkung der Anwendbarkeit von § 21 Abs. 1 S. 1 OWiG?

Die von Art. 83 Abs. 4–6 DS-GVO erfassten datenschutzverletzenden Handlungen (bspw. eine unrechtmäßige Video- oder Tonaufnahme) werden in vielen Fällen auch unter den weit ausgestalteten § 42 Abs. 2 Nr. 1 BDSG subsumiert werden können. Dies führt bei natürlichen Personen zu einer großflächigen Verdrängung der in Art. 83 Abs. 4–6 DS-GVO unionsrechtlich vorgesehenen Sanktionen durch nationale Regelungen. Zwar zielen Art. 84 Abs. 1 DS-GVO und 149 S. 1, 2 EG explizit auf die Schaffung nationaler Straftatbestände ab. Diesen sollte jedoch allenfalls ergänzender Charakter zukommen.   10

Einer Anwendbarkeit von § 21 Abs. 1 S. 1 OWiG über § 41 Abs. 1 S. 1 BDSG können daher im Einzelfall die unionsrechtlichen Grundsätze der Effektivität und Äquivalenz entgegenstehen.[5] Dies gilt jedenfalls dann nicht, wenn der vorgesehene Strafrahmen des Straftatbestands zur repressiven Durchsetzung des Datenschutzrechts ausreicht und damit keine Beeinträchtigung beider Grundsätze droht.   11

Denkbar ist auch, dass die zusätzliche Verwirklichung des Art. 83 Abs. 4–6 DS-GVO im Rahmen der Strafzumessung Berücksichtigung findet.[6] Hierfür ist jedoch dann kein Raum, wenn der den Bußgeldtatbestand verwirklichende Datenschutzverstoß vollständig im Straftatbestand aufgeht.[7]   12

B. Konkurrenzverhältnis auf prozessualer Ebene

§ 21 OWiG regelt das materiell-rechtliche Vorrangverhältnis, wenn ein Datenschutzverstoß sowohl als Straftat als auch nach Art. 83 Abs. 4–6 DS-GVO verfolgt werden kann.   13

Auf prozessualer Ebene halten die Verfolgungshindernisse des (Straf-)Klageverbrauch und der anderweitigen Rechtshängigkeit wechselseitige Auswirkungen bereit.   14

I. (Straf-)Klageverbrauch/Entgegenstehende Rechtskraft

Art. 103 Abs. 3 GG enthält das sog. Doppelbestrafungsverbot („ne bis in idem"). Danach darf niemand wegen derselben Tat auf Grund der *allgemeinen Strafgesetze* mehrmals bestraft werden.   15

- Nach Ansicht des **BVerfG** soll sich Art. 103 Abs. 3 GG jedoch nicht auf Ordnungswidrigkeiten beziehen.[8]
- Nach Ansicht des **BGH** sind auch Ordnungswidrigkeiten unter den Begriff der „allgemeinen Strafgesetze" zu fassen.[9]

Jedenfalls gilt auf einfachrechtlicher Ebene § 84 OWiG.   16

---

[5] BeckOK DatenschutzR/Brodowski/Nowak BDSG § 41 Rn. 24.
[6] KK-OWiG/Mitsch § 21 Rn. 14; BeckOK OWiG/Sackreuther OWiG § 21 Rn. 13; Göhler/Gürtler/Thoma OWiG § 21 Rn. 12; Wegner wistra 2005, 313 (314).
[7] KK-OWiG/Mitsch § 21 Rn. 14; BeckOK OWiG/Sackreuther OWiG § 21 Rn. 13.
[8] BVerfG v. 9.11.1976 – 2 BvL 1/76, NJW 1977, 293; BeckOK GG/Radtke GG Art. 103 Rn. 47; OLG Jena v. 5.1.2006 – 1 Ss 179/04, BeckRS 2006, 6058. Anmerkung: Selbst wenn man dem folgend Ordnungswidrigkeiten wie Art. 103 Abs. 3 GG nicht erfasst ansehen möchte, stellt sich die Frage, ob die Art. 83 Abs. 4–6 DS-GVO alleine aufgrund von § 41 Abs. 1 S. 1 BDSG nicht vom verfassungsrechtlichen Doppelbestrafungsverbot erfasst werden können oder ob diese nicht vielmehr aufgrund ihrer Zielsetzung und Wirkung mit einer Kriminalstrafe gleichzusetzen sind (so überzeugend: Kühling/Buchner/Bergt DS-GVO Art. 84 Rn. 16 ff.; Simitis/Hornung/Spiecker gen. Döhmann/Boehm DS-GVO Art. 84 Rn. 10).
[9] BGH NJW 1971, 521 (522); BGH NJW 1962, 822 (823); KK-OWiG/Lutz OWiG § 84 Rn. 1, 7; vgl. OLG Düsseldorf NZV 2012, 395 (395). Für eine analoge Anwendung: BayObLG NJW 1997, 335 (335).

17 Gem. § 84 Abs. 1 Var. 3 OWiG (§ 41 Abs. 1 S. 1 BDSG) kann eine Tat nicht mehr als Ordnungswidrigkeit verfolgt werden, wenn das Gericht über dieselbe Tat rechtskräftig als Straftat oder Ordnungswidrigkeit entschieden hat.

18 Bezugspunkt „derselben Tat" ist die Tat im prozessualen Sinne (vgl. § 46 OWiG, § 264 StPO).[10] Der Tatbegriff umfasst den der Anklage zugrundeliegenden einheitlichen geschichtlichen Lebensvorgang[11] und ist damit weiter als die von § 21 Abs. 1 S. 1 OWiG vorausgesetzte tateinheitliche Handlung.[12]

19 Notwendig ist eine **Entscheidung in der Sache**.[13] Das ist der Fall bei einem:
- Urteil
- Beschluss nach § 72 OWiG und
- Strafbefehl gem. §§ 407 ff. StPO.

20 Darüber hinaus muss die Entscheidung **formell rechtskräftig** sein.[14] Die formelle Rechtskraft kann bspw.
- durch ein letztinstanzliches Urteil aber auch
- durch Rechtsmittelverzicht aller rechtsmittelberechtigten Verfahrensbeteiligten
- oder Versäumen/Ablaufen lassen der Rechtsmittelfrist

erreicht werden.

21 Konsequenz ist ein absolutes Verfolgungshindernis.[15] Wegen derselben Tat im prozessualen Sinne darf mangels zureichender tatsächlicher Anhaltspunkte für das Vorliegen einer *verfolgbaren* Ordnungswidrigkeit nicht einmal mehr ein Ermittlungsverfahren eingeleitet werden.[16]

22 Die Reichweite von § 84 OWiG ist jedoch subjektiv beschränkt.[17] Das für einen Datenschutzverstoß eines Mitarbeiters datenschutzrechtlich verantwortliche Unternehmen wird durch die rechtskräftige strafrechtliche Verurteilung des handelnden Mitarbeiters nicht vor einer eigenen Verfolgung geschützt.

23 Beispiel:

Journalist A nimmt ein Hintergrundgespräch mit B von diesem unbemerkt und ohne dessen Willen mit seinem Handy auf.

Nachdem A hierfür wegen § 201 Abs. 1 Nr. 1 StGB rechtskräftig verurteilt wurde, kann A nicht mehr wegen Art. 83 Abs. 5 lit. a), b) DS-GVO verfolgt werden.

Sollte jedoch das Verlagsunternehmen C den A zu diesem Datenschutzverstoß angehalten haben, kommt nach wie vor eine Sanktionierung von C nach Art. 83 Abs. 5 lit. a), b) DS-GVO in Betracht.

24 Dagegen hindert ein rechtskräftiger Bußgeldbescheid wegen Art. 83 Abs. 4–6 DS-GVO nicht die Verfolgung derselben prozessualen Tat als Straftat (bspw. § 42 BDSG oder § 201 StGB), vgl. § 84 Abs. 1 1. Var und Abs. 2 S. 1 OWiG.[18] Erst das nach Einspruch gegen diesen Bußgeldbescheid ergangene Urteil (bzw. der Beschluss nach § 72 OWiG) führen auch zum strafrechtlichen Strafklageverbrauch.

---

[10] BeckOK OWiG/Ganter OWiG § 84 Rn. 15; KK-OWiG/Lutz § 84 Rn. 1, 3 f.
[11] BGH NJW 2016, 1747; KK-StPO/Ott § 264 Rn. 5.
[12] Vgl. OLG Nürnberg v. 25.7.2012 – 2 St OLG Ss 159/12, BeckRS 2012, 17883.
[13] Überblick in: KK-OWiG/Lutz § 84 Rn. 11 ff.; OLG Nürnberg v. 25.7.2012 – 2 St OLG Ss 159/12, BeckRS 2012, 17883; BeckOK OWiG/Ganter OWiG § 84 Rn. 16.
[14] KK-OWiG/Lutz § 84 Rn. 2.
[15] BeckOK OWiG/Ganter OWiG § 84 Rn. 15; KK-OWiG/Lutz § 84 Rn. 10.
[16] KK-OWiG/Lutz Dritter Abschnitt – Vorb. Rn. 36. Vgl. zu Art. 103 Abs. 3 GG: Lucke HRRS 2014, 407 (408 f.).
[17] KK-OWiG/Lutz § 84 Rn. 8; BeckOK OWiG/Ganter OWiG § 84 Rn. 2.
[18] KK-OWiG/Lutz § 84 Rn. 3.

II. Auswirkung von Opportunitätseinstellungen

Eine Einstellung eines Strafverfahrens nach **§ 153 Abs. 2 StPO** („**Absehen von der Verfolgung wegen Geringfügigkeit**") schließt eine Verfolgung derselben prozessualen Tat als Ordnungswidrigkeit aus.[19] Der BGH hat bei einer Einstellung nach § 153 Abs. 2 StPO einen beschränkten Strafklageverbrauch angenommen, der nur dann endet, wenn neue Tatsachen bekannt werden die den Verbrechenscharakter des von der prozessualen Tat erfassten Verhalten begründen.[20] Begründet wird das mit dem Schutz des Vertrauens des Bürgers in eine richterliche Entscheidung (Art. 20 Abs. 3 GG).[21] Dann muss dies jedoch erst recht dann gelten, wenn das Verhalten sich lediglich als Ordnungswidrigkeit erweist.[22]

25

> **Achtung:**
>
> Kein (nationaler[23]) Strafklageverbrauch tritt ein, wenn die Einstellung nach § 153 Abs. 1 S. 2 StPO *ohne* Zustimmung des Gerichts vorgenommen wird.[24] Hier entsteht kein schutzwürdiges Vertrauen in den abschließenden Charakter einer richterlichen Entscheidung.
>
> Umstritten ist, ob die staatsanwaltschaftliche Einstellung *mit* Zustimmung des Gerichts nach § 153 Abs. 1 S. 1 StPO denselben Vertrauensschutz genießt wie eine Einstellung nach § 153 Abs. 2 StPO.[25]

26

Eine Einstellung eines Strafverfahrens nach **§ 153a Abs. 2 StPO** („**Absehen von der Verfolgung unter Auflagen und Weisungen**") schließt eine Verfolgung derselben prozessualen Tat als Vergehen – und damit erst recht als Ordnungswidrigkeit[26] – aus, wenn die Auflagen und Weisungen erfüllt worden sind (§ 153a Abs. 1 S. 5 StPO).

27

Auch eine Einstellung nach **§ 47 Abs. 2 OWiG** („**Verfolgung von Ordnungswidrigkeiten**") im Ordnungswidrigkeitenverfahren schließt die Verfolgung derselben prozessualen Tat als Straftat oder (weitere) Ordnungswidrigkeit aus.[27] Die beschränkte Rechtskraft entfällt, wenn neue Tatsachen oder Beweismittel auftauchen.[28]

28

III. Keine Parallelität von Bußgeld- und Strafverfahren: „Anderweitige Rechtshängigkeit"

Wird ein Datenschutzverstoß bußgeldrechtlich/strafrechtlich verfolgt, wird die Einleitung eines weiteren Ermittlungsverfahrens wegen derselben prozessualen Tat nicht erst durch die (rechtskräftige) Entscheidung (Urteil/Beschluss/Bescheid) gem. § 84 Abs. 1 OWiG/Art. 103 Abs. 3 GG ausgeschlossen.

29

Um die Gefahr einer doppelten Sanktionierung von vorneherein zu vermeiden, begründet bereits die einer Entscheidung zeitlich vorgelagerte „anderweitige Rechtshängigkeit" der prozessualen Tat ein Verfolgungshindernis. Das gilt sowohl im Ordnungswidrigkeiten- als auch im Strafverfahrensrecht:

30

---

[19] KK-OWiG/Lutz § 84 Rn. 15; BeckOK OWiG/Ganter OWiG § 84 Rn. 21.
[20] BGH NJW 2004, 375 (376). Siehe auch: OLG Jena v. 2.3.2015 – 1 Ws 537/14, BeckRS 2015, 5449 Rn. 10.
[21] BGH NJW 2004, 375 (376f.).
[22] KK-OWiG/Lutz § 84 Rn. 15. So wohl auch: BeckOK OWiG/Ganter OWiG § 84 Rn. 21.
[23] Siehe zur Anwendbarkeit des unionsrechtlichen Doppelbestrafungsverbots → Rn. 33.
[24] BeckOK StPO/Beukelmann StPO § 153 Rn. 41; KK-StPO/Diemer § 153 Rn. 41; MüKoStPO/Peters § 153 Rn. 55.
[25] Dafür: AG Verden StV 2011, 616; aA MüKoStPO/Peters § 153 Rn. 55.
[26] KK-OWiG/Lutz § 84 Rn. 15. So wohl auch BeckOK OWiG/Ganter OWiG § 84 Rn. 21.
[27] OLG Düsseldorf NZV 2012, 395 (395f.); KK-OWiG/Lutz § 84 Rn. 15.
[28] BeckOK OWiG/Bücherl OWiG § 47 Rn. 39; BeckOK OWiG/Ganter OWiG § 84 Rn. 21.

- Im Strafverfahren knüpft Art. 103 Abs. 3 GG nach dem Sinn und Zweck bereits an den früheren Zeitpunkt der „anderweitigen Rechtshängigkeit" an.[29]
- Im Bußgeldverfahren sperrt § 84 OWiG die Verfolgung derselben prozessualen Tat dagegen erst ab Eintritt der **formellen Rechtskraft** der Entscheidung.[30] Allerdings ist auch im Ordnungswidrigkeitenrecht das Verfahrenshindernis der „anderweitigen Rechtshängigkeit" anerkannt.[31] Soweit Art. 103 Abs. 3 GG nicht für das Ordnungswidrigkeitenrecht gelten soll (oben → Rn. 15), folgt dies jedenfalls aus einer sinngemäßen Anwendung seines Rechtsgedankens über § 46 Abs. 1 OWiG.

31 Danach gilt: Das früher rechtshängig gewordene Verfahren – egal ob Bußgeld- oder Strafverfahren[32] – begründet ein Verfolgungshindernis im jeweils anderen Verfahren.[33] Grundsätzliche Rechtsfolge ist die Einstellung des später eingeleiteten Verfahrens.[34] Wird das nachfolgende Verfahren (pflichtwidrig) nicht eingestellt, führt die jeweils früher ergangene (rechtskräftige) Entscheidung zum Strafklageverbrauch im jeweils anderen Verfahren.[35] Das gilt auch dann, wenn die frühere Entscheidung im später rechtshängig gewordenen Verfahren ergeht.[36] Das Verfolgungshindernis der „anderweitigen Rechtshängigkeit" wird durch das Verfolgungshindernis der entgegenstehenden Rechtskraft überholt.

32 In zeitlicher Hinsicht gilt:
- **Strafverfahren:** Rechtshängigkeit tritt mit **Erlass des Eröffnungsbeschlusses (§ 203 StPO)** ein.[37] Ab diesem Zeitpunkt wird die Einleitung eines weiteren Ermittlungsverfahrens durch die Datenschutzaufsichtsbehörden wegen derselben prozessualen Tat gesperrt.[38] Die Anklage der Staatsanwaltschaft führt dagegen nur zur Anhängigkeit[39] und löst noch nicht die Sperrwirkung des Art. 103 Abs. 3 GG aus.
- **Bußgeldverfahren:** Hier tritt die Rechtshängigkeit bereits mit **Einleitung des bußgeldrechtlichen Ermittlungsverfahrens** durch die Datenschutzaufsichtsbehörde ein.[40] Denn Sinn und Zweck ist die Vermeidung der Gefahr einer doppelten Sanktionierung. Anders als die Staatsanwaltschaft im Strafverfahren, kann die Datenschutzaufsichtsbehörde das Bußgeldverfahren selbst mit einer Sanktionsentscheidung – dem Bußgeldbescheid – beenden. Während im Strafverfahren eine Sanktionsentscheidung erst mit eröffnetem Hauptverfahren droht, bedarf es im Bußgeldverfahren bereits in diesem Stadium des vorwirkenden Schutzes der anderweitigen Rechtshängigkeit.

---

[29] BGH NJW 1971, 521 (522); BGH NStZ 2020, 235 (235 Rn. 7); BayObLG v. 28.11.2000 – 5 St RR 334/00, BeckRS 2000 30146035 Rn. 32.
[30] OLG Jena NStZ-RR 2006, 319 (320).
[31] BGH NJW 1971, 521 (522); OLG Jena NStZ-RR 2006, 319; OLG Düsseldorf NZV 2012, 395; KG BeckRS 2014, 9430; OLG Zweibrücken BeckRS 1988, 07509 Rn. 5; KK-OWiG/Mitsch § 19 Rn. 3; KK-OWiG/Lutz Vorb. Rn. 47; KK-OWiG/Hadamitzky § 79 Rn. 103.
[32] Explizit: OLG Zweibrücken BeckRS 1988, 07509 Rn. 5.
[33] BGH NStZ 1991, 539 (540); OLG Jena NStZ-RR 2006, 319; OLG Düsseldorf NZV 2012, 395; OLG Zweibrücken BeckRS 1988, 07509 Rn. 5.
[34] BGH NStZ 1991, 539 (540); KG v. 14.3.2007 – 2 Ss 37/07–3 Ws (B) 97/07, 2 Ss 37/07, 3 Ws (B) 97/07, BeckRS 2007, 15748 Rn. 5.
[35] BGH NStZ 1991, 539 (540); OLG Jena NStZ-RR 2006, 319 (319f.); OLG Düsseldorf NZV 2012, 395.
[36] BGH NStZ 1991, 539 (540); OLG Jena NStZ-RR 2006, 319 (319f.).
[37] BeckOK StPO/Monka StPO § 156 Rn. 1; BGH NStZ 1991, 539 (540); OLG Karlsruhe NStZ 1991, 602.
[38] Sperrwirkung bereits ab der Einleitung des Ermittlungsverfahrens: Lucke HRRS 2014, 407 (409 ff.); Dannecker, Ne bis in idem, 80 f. Anknüpfen an parallele „Strafverfahren", die grundsätzlich das Ermittlungsverfahren miteinschließen: BGH NStZ 1991, 548 (549); OLG Koblenz NStZ-RR 2000, 156.
[39] OLG Stuttgart v. 16.10.2015 – 4 Ws 338/15, BeckRS 2015, 20040 Rn. 11, 18, 25.
[40] Immenga/Mestmäcker WettbR/Biermann GWB § 83 Rn. 18. Wohl auch: OLG Jena NStZ-RR 2006, 319.

IV. Reichweite von „ne bis in idem" im unionsrechtlichen Sinne

Einen weiteren Verteidigungsansatz bietet die unionsrechtliche Gewährleistung des Grundsatzes „ne bis in idem". Dieser wurzelt primärrechtlich in Art. 50 GRCh sowie Art. 4 des 7. Zusatzprotokolls zur EMRK (Art. 52 Abs. 3 S. 1 GRCh) und wird vom EuGH – teilweise – großzügiger ausgelegt als das nationale Äquivalent.   33

„Ne bis in idem" im unionsrechtlichen Sinne bindet die Mitgliedsstaaten bei der Sanktionierung von Verstößen gegen die DS-GVO (und auch der auf Öffnungsklauseln beruhenden nationalen Vorschriften) **unmittelbar**, Art. 51 Abs. 1 S. 1 GRCh. Nicht nur bei der Ermittlung und Verhängung von Geldbußen gem. Art. 83 Abs. 4–6 DS-GVO wird das Recht der Union durchgesetzt.[41] Auch die Verfolgung von nationalen Strafvorschriften, die der Durchsetzung des unionsrechtlichen Datenschutzrechts dienen, muss sich an Art. 50 GRCh messen lassen.[42] Das wird durch Art. 84 DS-GVO und EG 149 S. 3 DS-GVO unterstrichen.   34

> Voraussetzungen[43]:
> - Sachverhaltsidentität: „das Vorliegen einer Gesamtheit konkreter, unlösbar miteinander verbundener Umstände"[44]
> - Personenidentität

35

Dagegen soll es nach der Rechtsprechung des EuGHs grundsätzlich **nicht** – im Gegensatz zu kartellrechtlichen Sachverhalten[45] – darauf ankommen, dass die jeweilige Strafnorm dasselbe Rechtsgut wie Art. 83 Abs. 4–6 DS-GVO bzw. umgekehrt schützt.[46] Teils wird jedoch eine Übertragung dieses speziellen kartellrechtlichen Erfordernisses auf die Verhängung von datenschutzrechtlichen Sanktionen vertreten[47] bzw. für wahrscheinlich angesehen[48].   36

Nach der hier vertretenen „zweifachen Identität" kann eine Bußgeldentscheidung nach Art. 83 Abs. 4–6 DS-GVO auch gem. Art. 50 GRCh einer Verfolgung von Straftatbeständen entgegenstehen, deren Rechtsgut sich nicht auf den Schutz *personenbezogener* Daten bezieht. Voraussetzung ist jedoch stets, dass auch der weitere Straftatbestand der Durchsetzung des Unionsrechts dient (bspw. § 202a StGB[49]).[50] Ansonsten ist für dieses weitere Verfahren der Anwendungsbereich des Art. 50 GRCh nicht über Art. 51 Abs. 1 S. 1 GRCh eröffnet.[51]   37

---

[41] Kühling/Buchner/Bergt DS-GVO Art. 83 Rn. 18f.; BeckOK DatenschutzR/Brodowski/Nowak BDSG § 41 Rn. 48.
[42] Kühling/Buchner/Bergt DS-GVO Art. 83 Rn. 18f. und Art. 84 Rn. 16; Vgl. Jarass GrCh Art. 50 Rn. 3; ders. NStZ 2012, 611 (613); vgl. EuGH BeckEuRS 2017, 509767; vgl. EuGH v. 10.11.2011 – C-405/10, ECLI:EU:C:2011:722 Rn. 48 – Garenfeld.
[43] EuGH v. 22.3.2023 – C-151/20, BeckEuRS 2022, 752326 Rn. 33ff.; EuGH v. 7.1.2004 – C-204/00 P u. a., ECLI:EU:C:2004:6 Rn. 338 – Aalborg; EuGH v. 14.2.2012 – C-17/10, ECLI:EU:C:2012:72 Rn. 97 – Toshiba; Jarass NStZ 2012, 611 (616).
[44] EuGH v. 22.3.2023 – C-151/20, BeckEuRS 2022, 752326 Rn. 38; EuGH v. 20.3.2018 – C-537/16, ECLI:EU:C:2018:193 Rn. 37 – Garlsson; EuGH v. 18.7.2007 – C-367/05, ECLI:EU:C:2007:444 Rn. 26f. – Kraaijenbrink.
[45] EuGH v. 14.2.2012 – C-17/10, ECLI:EU:C:2012:72 Rn. 97 – Toshiba; Jarass GRCh Art. 50 Rn. 9.
[46] EuGH v. 20.3.2018 – C-537/16, ECLI:EU:C:2018:193 Rn. 38 – Garlsson; EuGH v. 20.3.2018 – C-524/15 Rn. 36; Jarass GRCh Art. 50 Rn. 9.
[47] Simitis/Hornung/Spiecker gen. Döhmann/Böhm DS-GVO Art. 84 Rn. 11.
[48] Kühling/Buchner/Bergt DS-GVO Art. 84 Rn. 19.
[49] BT-Drs. 16/3656, 7, 9.
[50] Vgl. Jarass GRCh Art. 50 Rn. 10; ders. NStZ 2012, 611 (613).
[51] Jarass NStZ 2012, 611 (613).

| 38 | Strafklageverbrauch:
• Einstellung durch die Staatsanwaltschaft ohne Zustimmung des Gerichts schließt bei der Erfüllung von Auflagen eine abermalige Sanktion aus.[52]
• Einstellungen durch die Staatsanwaltschaft nach Sachprüfung, die nach den Gesamtumständen (Zeitablauf, Einschätzungen der Strafverfolgungsbehörden, mehrere Einstellungsverfügungen) beim Beschuldigten das schutzwürdige Vertrauen bilden, dass er wegen dieser Taten nicht mehr strafrechtlich verfolgt wird.[53]
• Bereits die Durchführung zweier *paralleler* Ermittlungsverfahren wird ausgeschlossen.[54] |
|---|---|
| 39 | Kein Strafklageverbrauch:
• Einstellung durch die Staatsanwaltschaft ohne Sachprüfung, weil in einem anderen Mitgliedstaat Strafverfolgungsmaßnahmen gegen denselben Beschuldigten wegen derselben Tat eingeleitet worden sind.[55]
• Einstellung durch die Staatsanwaltschaft, vorbehaltlich der Wiedereröffnung des Strafverfahrens oder der Aufhebung des Beschlusses ohne die Auferlegung von Sanktionen ohne die vorherige Durchführung eingehender Ermittlungen.[56]
• Geldbußen gegen ein Unternehmen schließen strafrechtliche Sanktionen gegen natürliche Personen nicht aus.[57]
• Die Durchführung von *aufeinanderfolgenden* Ermittlungsverfahren wird nicht ausgeschlossen.[58] |

---

[52] EuGH v. 11.2.2003 – C-187/01 und C-385/01, ECLI:EU:C:2003:87 Rn. 51; Jarass NStZ 2012, 611 (616).
[53] BVerfG v. 19.5.2022 – 2 BvR 1110/21, BeckRS 2022, 17795 Rn. 46 ff.
[54] Immenga/Mestmäcker WettbR/Biermann Vorbemerkung zu Art. 23 f.: Unionsrechtliche Geldbußen und Zwangsgelder Rn. 243.
[55] EuGH EuZW 2005, 252 (254). Vgl. BVerfG. v. 19.5.2022 – 2 BvR 1110/21, BeckRS 2022, 17795 Rn. 43.
[56] EuGH NJW 2016, 2939 (2942 Rn. 54); BVerfG. v. 19.5.2022 – 2 BvR 1110/21, BeckRS 2022, 17795 Rn. 43.
[57] EuGH BeckEuRS 2017, 509767.
[58] EuGH v. 22.12.2008 – C-491/07, BeckRS 2009, 70011, Turanský, ECLI:EU:C:2008:768, Rn. 42 ff.; BVerfG v. 19.5.2022 – 2 BvR 1110/21, BeckRS 2022, 17795 Rn. 40.

§ 28 Auslegung (unwirksamer) datenschutzrechtlicher Einwilligungen in wirksame rechtfertigende Einwilligungen

Übersicht
Rn.
- A. Die doppelte Bedeutung der Einwilligung 1
- B. Geltung auch für Geldbußen gem. Art. 83 Abs. 5 lit. a) DS-GVO? 9
- C. Grundlegende Anforderungen an die rechtfertigende Einwilligung 12
- D. Mildere Anforderungen an eine rechtfertigende Einwilligung 16
  - I. Keine vorgeschriebene Form 17
  - II. Möglichkeit der konkludenten Einwilligung 22
    1. Praktische Relevanz 23
    2. Maßstab und praktische Anwendungsfelder 27
  - III. Welche Verstöße gegen datenschutzrechtliche Informationspflichten können über die rechtfertigende Einwilligung aufgefangen werden? 30
  - IV. „Gelockertes" Kopplungsverbot 38
  - V. Einwilligungen durch Minderjährige „in Bezug auf Dienste der Informationsgesellschaft" 43

Literatur:
Albrecht, Das neue EU-Datenschutzrecht – von der Richtlinie zur Verordnung, CR 2016, 88; *Amelung,* Grundsätzliches zur Freiwilligkeit der Einwilligung des Verletzten, NStZ 2006, 317; *Amelung/Eymann,* Die Einwilligung des Verletzten im Strafrecht, JuS 2001, 937; *Art. 29-Gruppe,* Arbeitspapier 1/2008 zum Schutz der personenbezogenen Daten von Kindern (WP 147); *Beckert,* Einwilligung und Einverständnis, JA 2013, 507; *Bergt,* Sanktionierung von Verstößen gegen die Datenschutz-Grundverordnung, DuD 2017, 555; *Ernst,* Die Einwilligung nach der Datenschutzgrundverordnung, Anmerkungen zur Definition nach Art. 4 Nr. 11 DS-GVO, ZD 2017, 110; *Golla,* Einwilligung in die Datenübermittlung im Ordnungswidrigkeitenrecht, ZD 2017, 478; *Klaas,* Auslesen privater Kommunikation durch soziale Netzwerke, Wie weit reicht die (unwirksame) Einwilligung des Betroffenen?, ZD 2021, 564; *ders.,* Die datenschutzkonforme Weitergabe von Ermittlungsergebnissen – Teil 1: Nationale Behörden, CCZ 2020, 256; *Lesch,* Die strafrechtliche Einwilligung beim HIV-Antikörpertest an Minderjährigen, NJW 1989, 2309; *Rönnau,* Voraussetzungen und Grenzen der Einwilligung im Strafrecht, Jura 2002, 665; *Schantz/Wolff,* Das neue Datenschutzrecht, 2017; *Tinnefeld/Conrad,* Die selbstbestimmte Einwilligung im europäischen Recht, Voraussetzungen und Probleme, ZD 2018, 391; *Uecker,* Die Einwilligung im Datenschutzrecht und ihre Alternativen, Mögliche Lösungen für Unternehmen und Vereine, ZD 2019, 248; *Walter,* Die Lehre von der „einverständlichen Fremdgefährdung" und ihre Schwächen – eine Verteidigung der Rechtsprechung, NStZ 2013, 673.

A. Die doppelte Bedeutung der Einwilligung

Die Einwilligung des Betroffenen ist im materiellen Datenschutzrecht *die* zentrale Verarbeitungsgrundlage.[1] Dass der Betroffene über den Umgang mit seinen personenbezogenen Daten verfügen kann, ist unmittelbarer Ausdruck seiner informationellen Selbstbestimmung (Art. 8 GRCh; Art. 2 Abs. 1, 1 Abs. 1 GG).[2]   1

Die Einwilligung ist gleichzeitig der Erlaubnistatbestand mit dem größten Potenzial. Die Dispositionsbefugnis des Betroffenen ermöglicht Datenverarbeitungen, bei denen gesetzliche, abstrakte Erlaubnistatbestände aufgrund der interessenwahrenden Objektivität an ihre Grenzen gelangen.[3]   2

---

[1] Kühling/Buchner/Buchner/Petri DS-GVO Art. 6 Rn. 17; BeckOK DatenschutzR/Albers/Veit DS-GVO Art. 6 Rn. 29; Albrecht CR 2016, 88 (91); Tinnefeld/Conrad ZD 2018, 391 (392).
[2] Kühling/Buchner/Buchner/Petri DS-GVO Art. 6 Rn. 17; BeckOK DatenschutzR/Albers/Veit DS-GVO Art. 6 Rn. 30; Uecker ZD 2019, 248.
[3] Vgl. Momsen/Grützner WirtschaftsSteuerStrafR-HdB/Klaas/Wybitul § 16 Rn. 219.

3   Gleichzeitig ist der Rückgriff auf die Einwilligung mit zahlreichen Risiken verbunden[4]:
- Die DS-GVO (Art. 4 Nr. 11; Art. 6 Abs. 1 S. 1 lit. a); Art. 7; EG 32, 42, 43 DS-GVO), die ePrivacy-RL (Art. 2 S. 2 lit. f ePrivacy-RL iVm DS-GVO[5]) und das TTDSG (§ 25 Abs. 1 S. 2 TTDSG) legen einen strengen Maßstab an eine wirksame Einwilligung an.
- Die Einwilligung in die Verarbeitung von Gesundheitsdaten unterliegt noch strengeren Voraussetzungen (Art. 9 Abs. 2 lit. a) DS-GVO)
- Im Beschäftigungsverhältnis sind zusätzlich die einschränkenden Anforderungen aus § 26 Abs. 2 BDSG zu berücksichtigen.
- Hinzutreten Darlegungs- und Beweisschwierigkeiten bzgl. der inneren Umstände des Betroffenen („freiwillig", „informiert").
- Ferner muss bei wiederkehrenden Verarbeitungsvorgängen die jederzeitige Widerrufsmöglichkeit (§ 7 Abs. 3 S. 1 DS-GVO) im Auge behalten werden.

4   **Praxistipp:**

Das Risiko potenziert sich, soweit mit der Konferenz der Datenschutzbeauftragten des Bundes und der Länder („DSK") davon ausgegangen wird, dass die Datenverarbeitung im Fall einer unwirksamen Einwilligung grundsätzlich nicht auf andere Erlaubnistatbestände (bspw. Art. 6 Abs. 1 S. 1 lit. f) DS-GVO) gestützt werden kann.[6]

Um der Bildung eines Vertrauenstatbestands entgegenzuwirken und Transparenz zu schaffen, sollte daher beim Einholen der Einwilligung explizit darauf hingewiesen werden, dass sich die Datenverarbeitung im Falle der Unwirksamkeit bzw. dem Widerruf der Einwilligung auf andere Erlaubnistatbestände stützt.[7] Das sollte zu Dokumentationszwecken schriftlich festgehalten und gegengezeichnet werden.

5   Der häufige Rückgriff auf die Einwilligung sowie ihre hohe Fehleranfälligkeit haben zur Folge, dass der Vorwurf einer unrechtmäßigen Verarbeitung personenbezogener Daten nicht selten auf angeblichen Einwilligungsmängeln gründet.

6   Sollen an eine unwirksame *datenschutzrechtliche* Einwilligung strafrechtliche (bspw. § 42 BDSG, hierzu → § 8) oder bußgeldrechtliche (bspw. Art. 83 DS-GVO, hierzu → § 3) Konsequenzen anknüpfen, ist jedoch stets zu prüfen, ob die Erklärung des Betroffenen eine wirksame rechtfertigende Einwilligung im *straf-/ordnungswidrigkeitenrechtlichen* Sinne begründet.[8]

7   Die rechtfertigende Einwilligung ist eine eigenständige straf-/ordnungswidrigkeitenrechtliche Rechtsfigur, welche die Rechtswidrigkeit einer tatbestandlichen Straftat bzw. Ordnungswidrigkeit ausschließt. Die Voraussetzungen ähneln der Einwilligung im datenschutzrechtlichen Sinne. Beiden Rechtsfiguren ist gemein, dass der Inhaber des Rechtsguts über den ihm treffenden Schutz verfügt.

8   Die Voraussetzungen sind jedoch **nicht vollständig deckungsgleich.** Deshalb kann eine Einwilligung in die Datenverarbeitung den datenschutzrechtlichen Anforderungen nicht genügen, gleichzeitig jedoch eine wirksame rechtfertigende Einwilligung begründen.[9]

---

[4] Siehe auch: Uecker ZD 2019, 248 (248f.).
[5] Vgl. Klaas ZD 2021, 564 (566).
[6] DSK Kurzpapier Nr. 20, S. 3 abrufbar unter https://www.datenschutzkonferenz-online.de/media/kp/dsk_kpnr_20.pdf, abgerufen am 19.10.2022.
[7] Siehe hierzu mwN: Momsen/Grützner WirtschaftsSteuerStrafR-HdB/Klaas/Wybitul § 16 Rn. 220; Tinnefeld/Conrad ZD 2018, 391 (392).
[8] OLG Karlsruhe BeckRS 2017, 117117 Rn. 7. Siehe hierzu und dem Folgenden bereits: Klaas ZD 2021, 564 (564ff.); Golla ZD 2017, 478 (479).
[9] OLG Karlsruhe BeckRS 2017, 117117 Rn. 7; Golla ZD 2017, 478 (479).

B. Geltung auch für Geldbußen gem. Art. 83 Abs. 5 lit. a) DS-GVO?

Zweifel an der Anwendbarkeit einer rechtfertigenden Einwilligung können allenfalls dann entstehen, wenn eine Geldbuße gem. Art. 83 Abs. 5 lit. a) DS-GVO wegen einer Verarbeitung personenbezogener Daten auf der Grundlage einer unwirksamen Einwilligung gem. Art. 6 Abs. 1 S. 1 lit. a) DS-GVO bzw. Art. 7 DS-GVO bzw. Art. 9 Abs. 2 lit. a) DS-GVO verhängt werden soll.

Gegen die Anwendbarkeit der (nationalen) Rechtsfigur könnte der Anwendungsvorrang der DS-GVO (Art. 4 Abs. 3 EUV) sprechen.[10] Der Verordnung lässt sich entnehmen, dass die Verarbeitung personenbezogener Daten auf der Grundlage einer Einwilligung des Betroffenen nur unter Einhaltung der dort aufgestellten Voraussetzungen erfolgen darf. Bei Verstößen gegen diese Vorgabe soll gem. Art. 83 Abs. 5 lit. a) DS-GVO ein Bußgeld verhängt werden können. Insoweit könnte die Verordnung ein in sich geschlossenes System begründen bzw. eine speziellere Regelung aufstellen, die einer „Umdeutung" bzw. „Auslegung" einer unwirksamen datenschutzrechtlichen Einwilligung im unionsrechtlichen Sinne in eine rechtfertigende Einwilligung nach nationalrechtlichen Maßstäben entgegensteht.[11]

Für die Anwendbarkeit der rechtfertigenden Einwilligung könnte § 41 Abs. 1 S. 1 BDSG sprechen. Dieser ist als umfassender Verweis auf das nationale materielle Bußgeldrecht zu verstehen.[12] Das erfasst auch den dreigliedrigen Aufbau eines Bußgeldtatbestands: Tatbestand, Rechtswidrigkeit und Vorwerfbarkeit, § 1 Abs. 1 OWiG. Art. 83 Abs. 5 lit. a) DS-GVO könnte dahingehend ausgelegt werden, dass dieser nur den Tatbestand ausformt. Denn das Unionsrecht kennt bislang keinen „allgemeinen Teil" eines Bußgeldrechts.[13] Die zusätzlichen – und damit einschränkenden – Merkmale der Rechtswidrigkeit und Vorwerfbarkeit könnten daher der Regelung durch den nationalen Gesetzgeber (§§ 41 Abs. 1 S. 1 BDSG, 1 Abs. 1 OWiG) zugänglich sein[14], soweit dies wirksamen, verhältnismäßigen und abschreckenden Geldbußen nicht im Wege steht (Art. 83 Abs. 9 S. 2 DS-GVO).[15] Soweit dies der Fall ist, ist das Merkmal der Rechtswidrigkeit auch nach nationalrechtlichen Maßstäben zu behandeln; was die Möglichkeit einer rechtfertigenden Einwilligung einschließt.[16]

C. Grundlegende Anforderungen an die rechtfertigende Einwilligung

Die grundlegenden Anforderungen an eine wirksame rechtfertigende Einwilligung entsprechen weitestgehend den datenschutzrechtlichen Kriterien:

- **Disponibles Rechtsgut:** Über das durch den Straftat-/Ordnungswidrigkeitentatbestand geschützte Rechtsgut muss verfügt werden können.[17] Das ist grundsätzlich bei Individualrechtsgütern der Fall. Schützt der Tatbestand dagegen die Allgemeinheit, ist dieser nicht der Einwilligung einzelner Personen zugänglich.[18]

---

[10] BeckOK DatenschutzR/Brodowski/Nowak BDSG § 41 Rn. 21.
[11] BeckOK DatenschutzR/Brodowski/Nowak BDSG § 41 Rn. 21.
[12] Paal/Pauly/Frenzel BDSG § 41 Rn. 2; BeckOK DatenschutzR/Brodowski/Nowak BDSG § 41 Rn. 3. Differenzierend: Gola/Heckmann/Ehmann BDSG § 41 Rn. 9 ff.
[13] BeckOK DatenschutzR/Brodowski/Nowak BDSG § 41; Kühling/Buchner/Bergt BDSG § 41 Rn. 1; vgl. Gola/Heckmann/Ehmann BDSG § 41 Rn. 13.
[14] BeckOK DatenschutzR/Brodowski/Nowak BDSG § 41 Rn. 21, 3.1; aA Bergt DuD 2017, 555 (558f.).
[15] Vgl. Gola/Heckmann/Ehmann BDSG § 41 Rn. 6; vgl. Paal/Pauly/Frenzel BDSG § 41 Rn. 5a.
[16] Vgl. BeckOK DatenschutzR/Holländer DS-GVO Art. 83 Rn. 17; vgl. Paal/Pauly/Frenzel BDSG § 41 Rn. 12.
[17] Siehe für das Strafrecht: Schönke/Schröder/Sternberg-Lieben StGB Vor § 32 Rn. 33. Siehe für das Ordnungswidrigkeitenrecht: OLG Jena BeckRS 2010, 23535.
[18] Beckert JA 2013, 507 (509).

14 Beispiele:
Individualschützende – und damit einwilligungs- bzw. einverständnisfähige – Tatbestände sind:
- § 42 BDSG: Recht auf informationelle Selbstbestimmung des datenschutzrechtlich Betroffenen[19] (hierzu → § 8 Rn. 32)
- §§ 202a, 202b StGB: Das Geheimhaltungsinteresse des formell Verfügungsberechtigten (hierzu → § 11 Rn. 4 ff., → § 12 Rn. 4 f.)
- § 201 StGB: Allgemeines Persönlichkeitsrecht („Unbefangenheit des gesprochenen Wortes")[20] (hierzu → § 10 Rn. 1)
- § 206 StGB: Geheimhaltungsinteresse der Kommunikationsparteien[21] (hierzu → § 17 Rn. 1, mit Hinweis auf die ebenfalls vertretene Ansicht eines hinzutretenden Allgemeinrechtsgut)
- Art. 83 DS-GVO: Art. 8 GRCh (hierzu → § 3 Rn. 4 f.)

15
- **Verfügungsberechtigung:** Der einwilligende Betroffene muss über dieses konkrete Rechtsgut verfügen können („Dispositionsbefugnis").[22] Das ist dann der Fall, wenn er Träger des Rechtsguts ist.[23]
- **Bezugspunkt:** Die Einwilligung muss sich auf die zu rechtfertigende Tathandlung und ihren Erfolg beziehen.[24] Insoweit besteht ein Gleichlauf zu den datenschutzrechtlichen Anforderungen (Art. 4 Nr. 11 DS-GVO: „für den bestimmten Fall").
- **Zeitpunkt der Erteilung:** Die Einwilligung muss vor der Tat erteilt werden und während der zu rechtfertigenden Handlung noch bestehen[25] (insbesondere also nicht widerrufen werden, vgl. Art. 7 Abs. 3 S. 1 DS-GVO).

D. Mildere Anforderungen an eine rechtfertigende Einwilligung

16 Entscheidend sind die **auseinanderfallenden Voraussetzungen.** Dort wo das Straf-/Ordnungswidrigkeitenrecht weniger strengere Anforderungen an eine Einwilligung stellt, kann aus dem in der datenschutzwidrigen Einwilligung erkennbar gewordenen Rechtsgutverzicht eine rechtfertigende Einwilligung folgen.[26]

I. Keine vorgeschriebene Form

17 Die rechtfertigende Einwilligung kennt – grundsätzlich – keine formellen Formvorschriften.[27]

18 Ausnahme:
Besondere Formerfordernisse ergeben sich für Einwilligungen von Probanden bei klinischen Prüfungen am Menschen, Art. 29 VO (EU) 536/2014 und § 40b Abs. 6 S. 1 AMG.[28]

---

[19] OLG Karlsruhe BeckRS 2017, 117117 Rn. 7.
[20] Schönke/Schröder/Eisele StGB § 201 Rn. 2; BeckOK StGB/Heuchemer StGB § 201 Rn. 1.
[21] Schönke/Schröder/Eisele StGB § 206 Rn. 2; MüKoStGB/Altenhain § 206 Rn. 1 ff.; aA Fischer StGB § 206 Rn. 2.
[22] Schönke/Schröder/Sternberg-Lieben StGB Vor § 32 Rn. 37.
[23] Vgl. zu möglichen Ausnahmen: Schönke/Schröder/Sternberg-Lieben StGB Vor § 32 Rn. 37.
[24] Schönke/Schröder/Sternberg-Lieben StGB Vor § 32 Rn. 34.
[25] Schönke/Schröder/Sternberg-Lieben StGB Vor § 32 Rn. 44.
[26] OLG Karlsruhe BeckRS 2017, 117117 Rn. 7.
[27] Schönke/Schröder/Sternberg-Lieben StGB Vor § 32 Rn. 43. Vgl. auch: OLG Karlsruhe BeckRS 2017, 117117 Rn. 7.
[28] Vgl. Schönke/Schröder/Sternberg-Lieben StGB Vor § 32 Rn. 43.

Dh: Der Verstoß gegen folgende Formvorgaben steht der Annahme einer rechtfertigenden Einwilligung grundsätzlich nicht entgegen:
- Art. 7 Abs. 2 S. 1 DS-GVO: „*Erfolgt die Einwilligung der betroffenen Person durch eine schriftliche Erklärung, die noch andere Sachverhalte betrifft, so muss das Ersuchen um Einwilligung in verständlicher und leicht zugänglicher Form in einer klaren und einfachen Sprache so erfolgen, dass es von den anderen Sachverhalten klar zu unterscheiden ist.*"
- ErwGr 32 S. 6 DS-GVO: „*Wird die betroffene Person auf elektronischem Weg zur Einwilligung aufgefordert, so muss die Aufforderung in klarer und knapper Form und ohne unnötige Unterbrechung des Dienstes, für den die Einwilligung gegeben wird, erfolgen.*"
- § 26 Abs. 2 S. 3, 4 BDSG: „*Die Einwilligung hat schriftlich oder elektronisch zu erfolgen, soweit nicht wegen besonderer Umstände eine andere Form angemessen ist. Der Arbeitgeber hat die beschäftigte Person über den Zweck der Datenverarbeitung und über ihr Widerrufsrecht nach Artikel 7 Absatz 3 der Verordnung (EU) 2016/679 in Textform aufzuklären.*"

Etwas anderes gilt nur dann, wenn der Formverstoß sich auf den materiellen Verfügungswillen auswirkt.[29]

II. Möglichkeit der konkludenten Einwilligung

Eine rechtfertigende Einwilligung kann konkludent erteilt werden.[30]

1. Praktische Relevanz

Das ist bei Einwilligungen relevant, die ausschließlich „ausdrücklich" erteilt werden können:
- **Gesundheitsdaten** (Art. 9 Abs. 2 lit. a) DS-GVO bzw. bei Beschäftigtendaten § 26 Abs. 3 S. 2 BDSG)
- **Automatisierte Entscheidungen im Einzelfall einschließlich Profiling** (Art. 22 Abs. 2 lit. c DS-GVO)
- **Datenübermittlungen in ein Drittland ohne angemessenes Datenschutzniveau/ geeignete Garantien** (Art. 49 Abs. 1 lit. a DS-GVO)

Ein bloßes schlüssiges Verhalten begründet bei diesen Datenkategorien keine wirksame datenschutzrechtliche Einwilligung.[31]

Ob die Einwilligung in die Verarbeitung **aller weiteren personenbezogenen Daten** konkludent erteilt werden kann, ist umstritten.[32] Die besseren Argumente (insbesondere der Umkehrschluss zu Art. 9 Abs. 2 lit. a) DS-GVO) sprechen für die Möglichkeit einer Einwilligung durch schlüssiges Verhalten.

Dennoch hat die rechtfertigende Einwilligung auch ggü. Art. 6 Abs. 1 S. 1 lit. a) DS-GVO eine eigenständige Bedeutung. Denn das Straf-/Ordnungswidrigkeitenrecht stellt weniger strenge Anforderungen an das konkrete schlüssige Verhalten des Einwilligenden.

2. Maßstab und praktische Anwendungsfelder

Der Rechtsgutverzicht muss im Straf- und Ordnungswidrigkeitenrecht lediglich „**nach außen kundbar**" geworden sein.[33] Das ist der Fall, wenn ein objektiver Dritter das Ver-

---

[29] Schönke/Schröder/Sternberg-Lieben StGB Vor § 32 Rn. 43; vgl. OLG Karlsruhe BeckRS 2017, 117117 Rn. 8; vgl. Golla ZD 2017, 478 (479).
[30] BGH NJW 1956, 1106 (1107); OLG Oldenburg NJW 1966, 2132 (2133); Schönke/Schröder/Sternberg-Lieben StGB Vor § 32 Rn. 43; Beckert JA 2013, 507 (509).
[31] Tinnefeld/Conrad ZD 2018, 391 (395); BeckOK DatenschutzR/Stemmer DS-GVO Art. 7 Rn. 85.
[32] Dafür: OLG Dresden NJW-RR 2021, 1565 (1567 Rn. 18); Ernst ZD 2017, 110 (114); BeckOK DatenschutzR/Stemmer DS-GVO Art. 7 Rn. 84; Tinnefeld/Conrad ZD 2018, 391 (395). Dagegen: Kühling/Buchner/Buchner/Kühling DS-GVO Art. 7 Rn. 58b.
[33] OLG Oldenburg NJW 1966, 2132 (2133); Schönke/Schröder/Sternberg-Lieben StGB Vor § 32 Rn. 43.

halten des Rechtsgutinhabers als Verzicht auf den ihm zukommenden Individualschutz interpretieren würde.[34]

28
- Nicht erforderlich ist daher die von Art. 4 Nr. 11 DS-GVO geforderte *„unmissverständlich abgegebene Willensbekundung in Form einer Erklärung oder einer sonstigen eindeutigen bestätigenden Handlung"*.
- Aus diesem Grund kann die Einwilligung auch **stillschweigend** erteilt werden, solange der Verzicht auf das Rechtsgut von außen erkennbar ist.[35] Wird der datenschutzrechtliche Verstoß mit EG 32 S. 3 DS-GVO begründet (*„Stillschweigen (...) der betroffenen Person sollten daher keine Einwilligung darstellen"*), lässt sich dies nicht auf die rechtfertigende Einwilligung übertragen.
- Das Akzeptieren eines „bereits angekreuzte[n] Kästchen" (bspw. bei einem Cookie-Banner) hat daher nicht zwingend die Unwirksamkeit der rechtfertigenden Einwilligung zur Konsequenz. Auch insoweit ist EG 32 S. 3 DS-GVO nicht übertragbar.

29 **Praxistipp Verteidigung:**
Interpretiert der Täter ein Verhalten des Betroffenen irrtümlicherweise als schlüssige (rechtfertigende) Einwilligung, so kommt ein Erlaubnistatbestandsirrtum in Betracht.[36]

III. Welche Verstöße gegen datenschutzrechtliche Informationspflichten können über die rechtfertigende Einwilligung aufgefangen werden?

30 Die datenschutzrechtliche Einwilligung muss gem. Art. 4 Nr. 11 DS-GVO „in informierter Weise" und „freiwillig" erteilt werden. Der Betroffene soll möglichst umfassend über den Verantwortlichen, die Verarbeitungshandlungen und die Verarbeitungszwecke informiert sein.[37] Denn erst die Kenntnis des Sachverhalts ermöglicht eine selbstbestimmte – und damit materiell *freiwillige* – Entscheidung über den Umgang mit den eigenen personenbezogenen Daten.[38] Bzgl. der zu erteilenden Informationen kann sich der Verantwortliche an den Informationsinhalten aus den Art. 12 ff. DS-GVO orientieren.[39]

31 Das Straf-/Ordnungswidrigkeitenrecht stellt weniger strenge Anforderungen an das subjektive Wissen des Einwilligenden. Maßgeblich ist, ob der Betroffene auf das ihn schützende Rechtsgut freiwillig und bewusst verzichtet.[40] Voraussetzung ist eine zutreffende Vorstellung von der Tragweite seiner Entscheidung.[41]

32 Ausgangspunkt der Frage ist daher stets das betroffene Rechtsgut (hierzu → Rn. 14).

33 Ausgehend vom Recht auf informationelle Selbstbestimmung des datenschutzrechtlich Betroffenen (bspw. § 42 BDSG) ist das Verschweigen von Umständen auch strafrechtlich beachtlich, wenn diese **die Datenverarbeitung prägen bzw. ausformen.**

34 Folgende Informationsdefizite weisen einen **unmittelbaren Bezug** zum Datenverarbeitungsvorgang selbst auf und sind daher strafrechtlich **beachtlich:**
- Unterlassene/unrichtige Angaben zum Verantwortlichen
- Unterlassene/unrichtige Angaben zu den Verarbeitungszwecken

---

[34] Vgl. BGH NJW 1962, 682 (683); Vgl. OLG Hamm NJW 1987, 1034 (1035); vgl. Schönke/Schröder/Sternberg-Lieben StGB Vor § 32 Rn. 43.
[35] OLG Oldenburg NJW 1966, 2132 (2133); OLG Hamm NJW 1987, 1034 (1035).
[36] Beckert JA 2013, 507 (510); Schönke/Schröder/Sternberg-Lieben StGB Vor § 32 Rn. 50. Siehe hierzu auch: Klaas ZD 2021, 564 (569).
[37] Kühling/Buchner/Buchner/Kühling DS-GVO Art. 7 Rn. 25; 59f.; Ernst ZD 2017, 110 (113).
[38] BeckOK DatenschutzR/Schild DS-GVO Art. 4 Rn. 127 ff.; Kühling/Buchner/Herbst DS-GVO Art. 5 Rn. 18; Kühling/Buchner/Buchner/Kühling DS-GVO Art. 7 Rn. 59; Ernst ZD 2017, 110 (111).
[39] Kühling/Buchner/Buchner/Kühling DS-GVO Art. 7 Rn. 59; Tinnefeld/Conrad ZD 2018, 391 (392f.); Gola DS-GVO/Schulz DS-GVO Art. 7 Rn. 36.
[40] Schönke/Schröder/Sternberg-Lieben StGB Vor § 32 Rn. 45; Golla ZD 2017, 478 (479).
[41] Vgl. BGH NJW 1964, 1190 (1192); OLG Karlsruhe BeckRS 2017, 117117 Rn. 7; Schönke/Schröder/Sternberg-Lieben StGB Vor § 32 Rn. 45f.

- Unterlassene/unrichtige Angaben zum Empfänger
- Unterlassene/unrichtige Angaben zur Drittlandsübermittlung

Folgende Informationsdefizite berühren die Frage nach dem Ob und dem Wie des konkreten Datenverarbeitungsvorgangs allenfalls mittelbar und sind daher strafrechtlich **unbeachtlich**[42]:

- Unterlassener Hinweis auf das Widerrufsrecht, Art. 7 Abs. 3 S. 1 DS-GVO
- Unterlassener Hinweis auf das Beschwerderecht, Art. 13 Abs. 2 lit. d) DS-GVO
- Unterlassener Hinweis auf die Kontaktdaten des Datenschutzbeauftragten, Art. 13 Abs. 1 lit. b) DS-GVO

Auch **täuschungsbedingt erklärte (rechtfertigende) Einwilligungen** sind wirksam, soweit der Betroffene nicht darüber irrt, dass er das Rechtsgut preisgibt („rechtsgutbezogener Irrtum").[43] Anderenfalls ist ihm die – rechtsgutbezogene – Tragweite seines Verzichts nicht bewusst. Praktisch relevant sind täuschende Erklärungen des Verantwortlichen die sich alleine auf die subjektive Motivation für die Erteilung der Einwilligung durch den Betroffenen auswirken:

Beispiel: Subjektive Motivation für die Einwilligung

Online-Händler A verspricht seinem Kunden B einen großzügigen Sonderrabatt auf dessen nächste Bestellung, wenn er in die Nutzung seiner – dem A bereits bekannten – personenbezogenen Daten zu Werbezwecken einwilligt. B willigt ausschließlich mit Blick auf den Sonderrabatt ein. Tatsächlich hat A zu keinem Zeitpunkt vor den Rabatt zu gewähren, sendet dem B jedoch Werbematerial zu

A könnte sich nach § 42 Abs. 2 Nr. 1 BDSG strafbar gemacht haben.

Durch Täuschung erlangte Einwilligungen sind datenschutzrechtlich in aller Regel unwirksam. In Frage stehen die Freiwilligkeit[44] sowie Verstöße gegen das Transparenzprinzip sowie den Grundsatz von Treu-und-Glauben[45].

Dagegen kommt eine rechtfertigende Einwilligung in Betracht. B irrt nicht über den Umstand, wie mit seinen personenbezogenen Daten umgegangen wird. Der Irrtum bezieht sich damit nicht auf das Rechtsgut. Der durch A vorgespiegelte Preisnachlass bildet lediglich die subjektive Motivation für das Erteilen der Einwilligung. Der hinter dem Rechtsgutverzicht stehende Beweggrund ist für die Wirksamkeit einer rechtfertigenden Einwilligung – grundsätzlich – irrelevant.[46]

IV. „Gelockertes" Kopplungsverbot

Das Datenschutzrecht schränkt die Möglichkeit zur Einwilligung durch das sog. „Kopplungsverbot" ein (Art. 7 Abs. 4 DS-GVO). Hierbei handelt es sich um ein (gewichtiges) gesetzliches Kriterium für die Annahme einer unfreiwilligen Einwilligung.[47]

Der Verantwortliche, der sein (vertragliches oder faktisches) Leistungsangebot an die Erteilung einer Einwilligung in die Verarbeitung personenbezogener Daten „koppelt", die für das Erbringen dieser Leistung nicht erforderlich ist, soll sich auf diese nicht berufen können. Der Verordnungsgeber geht davon aus, dass der Betroffene nicht primär an der Datenverarbeitung selbst, sondern vielmehr an der in Aussicht gestellten Leistung interes-

---

[42] Vgl. bereits zu Zweifeln an den Auswirkungen auf die Wirksamkeit einer datenschutzrechtlichen Einwilligung: Ernst ZD 2017, 110 (112).
[43] Schönke/Schröder/Sternberg-Lieben StGB Vor § 32 Rn. 46 f.; vgl. BGH NJW 1962, 682 (683).
[44] Ehmann/Selmayr/Klabunde DS-GVO Art. 4 Rn. 52; Simitis/Hornung/Spiecker gen. Döhmann/Klement DS-GVO Art. 7 Rn. 93; Klaas CCZ 2020, 256 (258).
[45] Vgl. BeckOK DatenschutzR/Schantz DS-GVO Art. 5 Rn. 8.
[46] Schönke/Schröder/Sternberg-Lieben StGB Vor § 32 Rn. 47; Beckert JA 2013, 507 (509); aA Amelung/Eymann JuS 2001, 937 (943 f.).
[47] Vgl. BeckOK DatenschutzR/Stemmer DS-GVO Art. 7 Rn. 49; Taeger/Gabel/Taeger DS-GVO Art. 7 Rn. 99; Ernst ZD 2017, 110 (112): „gesetzliche Vermutung".

siert ist. Dieser äußere (dh nicht mit der Datenverarbeitung im engeren Sinne zusammenhängende) „Fremdanreiz" soll eine autonome Entscheidung über den Umgang mit den eigenen personenbezogenen Daten ausschließen. Das gilt zumindest dann, wenn dem Verantwortlichen bzgl. des Leistungsangebots eine Monopolstellung zukommt und der Betroffene nicht auf Alternativangebote ausweichen kann.[48]

40 Auch das Straf- und Ordnungswidrigkeitenrecht setzt einen bewussten und *freiwilligen* Rechtsgutverzicht voraus. Freiwilligkeit erfordert einen selbstbestimmt gefassten Entschluss.[49] Allerdings steht nicht jeder von außen wirkende Zwang einer autonomen Willensbildung entgegen.[50] Die Wirksamkeitsanforderungen der rechtfertigenden Einwilligung werden sogar recht großzügig bemessen. Die rote Linie ist erst dann überschritten, wenn äußerer Zwang einen nötigenden Charakter erreicht.[51]

41 Insoweit ergeben sich zwischen der freiwilligen datenschutzrechtlichen und freiwilligen rechtfertigenden Einwilligung deutliche Unterschiede:
- Das für den Fall der verweigerten datenschutzrechtlichen Einwilligung in Aussicht gestellte Vorenthalten einer hiermit nicht im Zusammenhang stehenden Leistung führt erst dann zur Unwirksamkeit einer *rechtfertigenden* Einwilligung, wenn dieses für den Betroffenen ein „empfindliches Übel" und darüber hinaus „sozial unerträglich" bzw. „sittlich missbilligenswert" ist.[52]
- Das von EG 43 S. 1 DS-GVO als Kriterium für die Unfreiwilligkeit der datenschutzrechtlichen Einwilligung herangezogene „klare Ungleichgewicht" zwischen betroffener Person und Verantwortlichem ist für die Freiwilligkeit der rechtfertigenden Einwilligung nur ein schwaches Indiz.

42 **Beispiel:**

Online-Händler A verspricht seinem Kunden B einen großzügigen Sonderrabatt auf dessen nächste Bestellung, wenn er in die Weitergabe seiner – dem A bereits bekannten – personenbezogenen Daten an Dritte zu Werbezwecken einwilligt. B erteilt die Einwilligung um den Sonderrabatt zu erhalten.

A könnte sich nach § 42 Abs. 2 Nr. 1 BDSG strafbar gemacht haben.

Die Einwilligung könnte gegen das Kopplungsverbot aus Art. 7 Abs. 4 DS-GVO verstoßen. Die Weitergabe der personenbezogenen Daten an Dritte ist für die Abwicklung des Kaufvertrags (bzw. das Gewähren des Preisnachlasses) im Rahmen der nächsten Bestellung nicht erforderlich. Datenschutzrechtliches Argumentationspotential ergibt sich ggf. aus der (umstrittenen) Forderung nach einer Monopolstellung/das Fehlen eines Alternativangebotes.

Jedenfalls aber kommt eine rechtfertigende Einwilligung in Betracht. B hat bewusst und freiwillig auf den Rechtsgutsschutz verzichtet. Das in Aussicht gestellte Vorenthalten des Preisnachlasses erreicht die Schwelle der Nötigung nicht.

---

[48] BeckOK DatenschutzR/Stemmer DS-GVO Art. 7 Rn. 46 ff.; Taeger/Gabel/Taeger DS-GVO Art. 7 Rn. 94; Gola DS-GVO/Schulz DS-GVO Art. 7 Rn. 27; Ernst ZD 2017, 110 (112); vgl. Kühling/Buchner/Buchner/Kühling DS-GVO Art. 7 Rn. 52 ff.
[49] Vgl. Schönke/Schröder/Sternberg-Lieben StGB Vor § 32 Rn. 45.
[50] Schönke/Schröder/Sternberg-Lieben StGB Vor § 32 Rn. 45.
[51] OLG Hamm NJW 1987, 1034 (1035); Schönke/Schröder/Sternberg-Lieben StGB Vor § 32 Rn. 48; Rönnau Jura 2002, 665 (674); vgl. Walter NStZ 2013, 673 (678); Amelung/Eymann JuS 2001, 937 (944); vgl. Amelung NStZ 2006, 317 (318); vgl. MüKoStGB/Schlehofer Vorbemerkung zu § 32 Rn. 193.
[52] Vgl. zur vollständigen Berücksichtigung von § 240 StGB: Rönnau Jura 2002, 665 (674).

V. Einwilligungen durch Minderjährige „in Bezug auf Dienste der Informationsgesellschaft"

Die Einwilligung durch Minderjährige (dh unter 18-Jährigen[53]) beurteilt sich sowohl im Datenschutz- als auch im Straf-/Ordnungswidrigkeitenrecht – im Ausgangspunkt – nach denselben Grundsätzen.

- Maßgeblich ist die natürliche Einsichtsfähigkeit des Minderjährigen. Diese ist individuell zu beurteilen. Sie ist gegeben, wenn der einwilligende Minderjährige nach seiner „geistigen und sittlichen Reife" dazu in der Lage ist, die Bedeutung und Tragweite seiner Entscheidung über den Umgang mit seinen personenbezogenen Daten abzuschätzen.[54]
- Solange dies nicht der Fall ist, können die fürsorgeberechtigten Personen/Eltern für den Minderjährigen einwilligen.[55] Die in § 1629 Abs. 1 S. 2 BGB geregelte Gesamtvertretungsbefugnis spricht für die Notwendigkeit einer gemeinsamen Einwilligung. Das gilt nicht nur im nationalen Strafrecht[56] sondern aufgrund von Art. 14 Abs. 3 GRCh auch in Bezug auf Art. 6 Abs. 1 S. 1 lit. a) DS-GVO.[57]

43

Dieser Gleichlauf der beiden Rechtsgebiete wird bei Einwilligungen von Minderjährigen „in Bezug auf Dienste der Informationsgesellschaft" durchbrochen. Art. 8 Abs. 1 DS-GVO bestimmt, dass „bei einem Angebot von Diensten der Informationsgesellschaft, das einem Kind direkt gemacht wird" die sich darauf beziehende Einwilligung in die Verarbeitung der eigenen personenbezogenen Daten nur dann durch den Minderjährigen selbst erteilt werden kann, wenn dieser das 16. Lebensjahr vollendet hat.

44

„Dienste der Informationsgesellschaft" werden in Art. 4 Nr. 25 DS-GVO mit einem Verweis auf Art. 1 Nr. 1 lit. b der RL 2015/1535 definiert. Erfasst wird *„jede in der Regel gegen Entgelt elektronisch im Fernabsatz und auf individuellen Abruf eines Empfängers erbrachte Dienstleistung".*[58]

45

Beispiel:

46

Erteilt ein 15-Jähriger einem „Dienst der Informationsgesellschaft" seine Einwilligung, ist die darauf beruhende Verarbeitung der personenbezogenen Daten nach Art. 8 Abs. 1 DS-GVO unrechtmäßig.

Sollen sich an die Verarbeitungshandlung straf- und ordnungswidrigkeitenrechtliche Konsequenzen anknüpfen, lohnt sich ein Blick auf die „sittliche und geistige Reife" des 15-Jährigen. Hat dieser das Wesen, die Bedeutung und die Tragweite des Umgangs mit seinen personenbezogenen Daten erfasst, steht einer Sanktionierung die rechtfertigende Einwilligung entgegen.

---

[53] Vgl. Art. 8 Abs. 1 S. 2 DS-GVO; Ernst ZD 2017, 110 (111); Tinnefeld/Conrad ZD 2018, 391 (393); Auer-Reinsdorff/Conrad IT- und DatenschutzR-HdB/Conrad/Hausen § 36 Rn. 205.
[54] Für das Datenschutzrecht: Taeger/Gabel/Taeger DS-GVO Art. 7 Rn. 116f. 119; Ernst ZD 2017, 110 (111); Auer-Reinsdorff/Conrad IT- und DatenschutzR-HdB/Conrad/Hausen § 36 Rn. 205; Tinnefeld/Conrad ZD 2018, 391 (393); vgl. OLG Hamm ZD 2013, 29 (30); vgl. ErwGr 65 S. 3 DS-GVO; vgl. Art. 29-Gruppe, Arbeitspapier 1/2008 zum Schutz der personenbezogenen Daten von Kindern (WP 147), 6. Für das Straf-/Ordnungswidrigkeitenrecht: Beckert JA 2013, 507 (509); Lesch NJW 1989, 2309 (2309f.); vgl. BGH NJW 1969, 1582 (1583); vgl. LG München I NJW 1980, 646; AG Schlüchtern NJW 1998, 832. Im Ergebnis ähnlich: Amelung/Eymann JuS 2001, 937 (942). Differenzierend: Schönke/Schröder/Sternberg-Lieben StGB Vor § 32 Rn. 40.
[55] Für das Datenschutzrecht: Taeger/Gabel/Taeger DS-GVO Art. 7 Rn. 117; BeckOK DatenschutzR/Schild DS-GVO Art. 4 Rn. 130; Schantz/Wolff/Schantz, Das neue Datenschutzrecht, 2017, Kapitel D. Rn. 488; Art. 29-Gruppe, Arbeitspapier 1/2008 zum Schutz der personenbezogenen Daten von Kindern (WP 147), 6. Für das Strafrecht: Schönke/Schröder/Sternberg-Lieben StGB Vor § 32 Rn. 41a.
[56] Schönke/Schröder/Sternberg-Lieben StGB Vor § 32 Rn. 41a.
[57] OLG Dresden ZD 2021, 650 (651 Rn. 13); BeckOK DatenschutzR/Schild DS-GVO Art. 4 Rn. 130. Siehe auch: Kühling/Buchner/Buchner/Kühling DS-GVO Art. 8 Rn. 20.
[58] Siehe hierzu ausführlich: Kühling/Buchner/Buchner/Kühling DS-GVO Art. 4 Nr. 25 Rn. 4ff.

47 Praxistipp: Rechtssicherheit durch doppelte, wiederkehrende Einwilligung
Möchten Dienste der Informationsgesellschaft ihr Leistungsangebot auch an Minderjährige richten, die das 16. Lebensjahr noch nicht vollendet haben, sollte mit doppelten Einwilligungen gearbeitet werden.

Die Einwilligung/Zustimmung der Eltern ist datenschutzrechtlich zwingend (Art. 8 Abs. 1 S. 2 DS-GVO).

Um das sanktionsrechtliche Risiko zu vermindern (bspw. bei Einwilligungsmängeln der Eltern), sollte stets auch die zusätzliche Einwilligung des Minderjährigen eingeholt werden.[59]

Denn ist der Minderjährige nach seiner „sittlichen und geistigen Reife" bereits einwilligungsfähig, ist die Einwilligung seiner fürsorgeberechtigten Personen/Eltern straf-/ordnungswidrigkeitenrechtlich bedeutungslos. Ab dem Zeitpunkt kommt es ausschließlich auf den Willen des Minderjährigen als Rechtsgutinhabers selbst an.[60]

Da es praktisch unmöglich ist den genauen Zeitpunkt zu bestimmen, in dem die „sittliche und geistige Reife" des Minderjährigen in ausreichendem Maß vorliegt, sollte die Einwilligung in regelmäßigen Abständen erneut abgefragt werden. Denn die Einwilligung des Minderjährigen ist nur dann wirksam, wenn sie selbst im Zustand der Einwilligungsfähigkeit erteilt wird. Zwar kann auch in der fortgesetzten Nutzung des Dienstes eine konkludente Einwilligung erblickt werden. Die turnusmäßige Abfrage der Einwilligung mit begleitenden Informationen zur konkreten Verarbeitung dient jedoch der Dokumentation und erhöht die Verteidigungschancen.

---

[59] Vgl. auch: Art. 29-Gruppe, Arbeitspapier 1/2008 zum Schutz der personenbezogenen Daten von Kindern (WP 147), 6.
[60] Beckert JA 2013, 507 (509); Lesch NJW 1989, 2309 (2310); Schönke/Schröder/Sternberg-Lieben StGB Vor § 32 Rn. 42. Vgl. für das Datenschutzrecht bei divergierenden Vorstellungen von minderjährigem Betroffenen und den gesetzlichen Vertretern: Kühling/Buchner/Buchner/Kühling DS-GVO Art. 8 Rn. 21.

§ 29 Einziehungsmaßnahmen infolge von Datenschutzverstößen

Übersicht

	Rn.
A. Einleitung	1
B. Das Verhältnis zwischen DS-GVO und den nationalen Einziehungsregimen	7
I. Komplementäre Anwendung von DS-GVO und OWiG: Einziehung von Taterträgen nach OWiG	8
II. Komplementäre Anwendung von DS-GVO und StGB: Einziehung von Taterträgen nach StGB	12
III. Gemeinsamkeiten und Unterschiede der Einziehung nach StGB und OWiG	17
C. Einziehung bei Verstößen gegen die DS-GVO	21
I. Vermögensabschöpfung durch die Geldbuße	22
II. Einziehung des Wertes von Taterträgen nach § 29a OWiG	23
1. Einziehung trotz nicht vorwerfbarer Handlung (§ 29a Abs. 1 OWiG)	25
2. Einziehung bei tatunbeteiligten Dritten (§ 29a Abs. 2 OWiG)	32
3. Adressaten der Einziehung	36
4. Höhe des Einziehungsbetrages	41
5. Einziehung bei Erlöschen von Verletztenansprüchen	47
6. Verfahren, Rechtsbehelfe und Rechtsmittel	49
III. Keine Einziehung von Gegenständen bei Verstößen gegen die DS-GVO	54
D. Voraussetzungen der Einziehung nach StGB	55
I. Einziehung von Taterträgen nach §§ 73ff. StGB	56
1. Rechtswidrige Tat	57
2. Adressat	58
3. Gegenstand der Einziehung	60
4. Sonderfall: Einziehung von Daten	63
5. Ausschluss der Einziehung des Tatertrages oder des Wertersatzes	65
II. Einziehung von Tatmitteln, Tatprodukten und Tatobjekten nach § 74 StGB	68
1. Anknüpfungstat	69
2. Adressat	70
3. Gegenstand der Einziehung	73
4. Sonderfall: Einziehung von Hardware	77
III. Verfahren, Rechtsbehelfe und Rechtsmittel	81
1. Gerichtliche Einziehungsentscheidung	81
2. Vorläufige Sicherung der Einziehung	84

Literatur:

Bittmann, Strafprozessuale Abschöpfung bei einem Dritten, NZWiSt 2018, 209; *Böhme,* Vermögensabschöpfung nach § 30 OWiG trotz Ausschlusses der Einziehung gemäß § 73e Abs. 1 StGB, wistra 2019, 393; *Brenner,* Gewinnabschöpfung, das unbekannte Wesen im Ordnungswidrigkeitenrecht, NStZ 1998, 557; *Greier,* Strafrechtliche Einziehung virtueller Werte am Beispiel des Non-Fungible Token, wistra 2022, 397; *Ihwas,* Das neue Datenschutzstrafrecht – Bußgeldrisiken für Unternehmen nach der DSGVO und Strafbarkeitsrisiken für Individualpersonen nach dem BDSG, NZWiSt 2021, 289; *Köhler,* Die Reform der strafrechtlichen Vermögensabschöpfung – Teil 1/2, NStZ 2017, 497; *Korte,* Vermögensabschöpfung reloaded, wistra 2018, 1; *Lachenmann/Stürzl,* Einspruch gegen Bußgeldbescheid wegen Datenschutzverstoß, ZD 2021, 463; *Leibold,* Schadensersatzansprüche sowie Inhalt und Streitwerte der Auskunftsanspruchs nach der DS-GVO, ZD 2022, 18; *Lodigkeit,* Sanktionen nach der Datenschutz-Grundverordnung (Teil 1): Geldbußen nach Art. 83 DS-GVO, AnwZert ITR 1/2018 Anm. 2; *Meißner/Schütrumpf,* Vermögensabschöpfung, 2. Aufl. 2021; *Paal/Aliprandi,* Immaterieller Schadensersatz bei Datenschutzverstößen, ZD 2021, 241; *Peter/Bröckers* Vermögensabschöpfung im Strafverfahren, 2019; *Rehl/Cosfeld,* Die strafrechtliche Einordnung und Vermögensabschöpfung bei illegal erlangten Datensätzen unter Beachtung der neuen Datenschutzgrundverordnung, NStZ 2019, 709; *Rettke,* Bitcoin und die strafrechtliche Einziehung – Vorläufige und endgültige Vermögensabschöpfung, NZWiSt 2020, 45; *Schäuble/Pananis,* Subjektive Beschränkungen des Bruttoprinzips nach neuem Einziehungsrecht (§ 73d Abs. 1 StGB), NStZ 2019, 65; *Schmidt,* Vermögensabschöpfung, Handbuch für das Straf- und Ordnungswidrigkeitenverfahren, 2. Aufl. 2019; *Spittka,* Abwehr von DS-GVO-Bußgeldern, DS-Berater 2021, 264; *Venn/Wybitul,* Die bußgeldrechtliche Haftung von Unternehmen nach Art. 83 DS-GVO, NStZ 2021, 204; *Wegner,* Crime Really Does Not Pay!: Das Bundesverfassungsgericht bestätigt die rückwirkende Änderung der Regeln zur Einziehung von steuerrechtlich verjährten Taterträgen aus „Cum/Ex"-Geschäften,

VerfBlog, 2022/5/03; *Wybitul/König,* EDSA-Leitlinien zur Berechnung von DS-GVO-Geldbußen, ZD 2022, 422; *Wybitul/Venn,* Verteidigung von Unternehmen gegen Geldbußen nach Art. 83 DS-GVO, ZD 2021, 343.

A. Einleitung

1   Verbrechen darf sich nicht lohnen.[1] Auch Datenschutzverstöße dürfen sich nicht lohnen.[2] Deshalb wird aus einer Straftat bzw. einer Ordnungswidrigkeit erlangter **Profit** eingezogen (confiscation)[3] und fällt der Staatskasse oder dem durch die Tat Verletzten anheim (Restitution).[4] Die Wegnahme, dh die Einziehung, deliktisch erlangter Vermögenswerte soll dem Täter bzw. Betroffenen der Einziehung wie auch der Rechtsgemeinschaft vor Augen führen, dass rechtswidrige Bereicherungen nicht geduldet werden.[5] Anreize zur Begehung von Straftaten sollen genommen und die Reinvestition in weitere kriminelle Unternehmungen verhindert werden.[6] Die **Vermögensabschöpfung** ist das entscheidende materiell-rechtliche Instrument, um bei der Verbrechensbekämpfung an der wirtschaftlich empfindlichsten Stelle, nämlich dem aus Straftaten (oder Ordnungswidrigkeiten) gezogenen Profit, anzusetzen.[7]

2   Die Einziehung von **Tatmitteln oder Tatprodukten** hingegen soll den Tatbeteiligten aus Gründen der Spezial- wie der Generalprävention neben der Hauptstrafe als weiteres Übel am Vermögen treffen. Insoweit handelt es sich um eine gegenständlich spezifizierte Vermögensstrafe.[8] Spielt die Einziehung von Taterträgen im „klassischen" (Wirtschafts-)Strafrecht inzwischen eine nicht mehr wegzudenkende Rolle, sind Fälle der Einziehung von Tatmitteln oder Tatprodukten wegen Verstößen gegen Datenschutznormen (noch) selten (siehe hierzu → § 4 Rn. 85). In der Praxis bekannt und – mit regionalen Unterschieden – von den Gerichten praktiziert wird bei *straf*rechtlichen Verstößen teilweise die Einziehung der Tatmittel, zB von Mobiltelefonen, Laptops und PCs. Bei entsprechend weiter Auslegung könnte sich die Einziehung des Tatmittels aber theoretisch auch auf Server(-anlagen), Zubehör etc. ausdehnen, was nicht zu unterschätzende finanzielle Risiken bedeuten kann.

3   Allgemein ist die Einziehung von **Wertersatz** wegen datenschutzbezogener Straftaten, insbesondere nach dem StGB und § 42 BDSG, zwar theoretisch möglich, in der Praxis aber weiterhin ein Ausnahmefall.

4   Wird wegen eines Verstoßes gegen die DS-GVO eine **Geldbuße** verhängt, ist eine Einziehung neben der Geldbuße sogar regelmäßig ausgeschlossen. Eine Geldbuße nach Art. 83 DS-GVO übernimmt – ebenso wie eine Geldbuße im deutschen Ordnungswidrigkeitenrecht – die **Vermögensabschöpfungsfunktion**.[9] Geldbußen nach DS-GVO und OWiG beinhalten regelmäßig einen Abschöpfungsteil, der leicht den Hauptteil einer

---

[1] Hierzu zuletzt: BVerfG v. 7.4.2022 – 2 BvR 2194/21, BeckRS 2022, 8942; dazu: Wegner/Kilian *VerfBlog*, 2022/5/03, abrufbar unter https://verfassungsblog.de/crime-really-does-not-pay/, abgerufen am 11.7.2023.
[2] Vgl. ErwG 149 DS-GVO.
[3] So die europäische Terminologie, vgl. RL 2014/42/EU des Europäischen Parlaments und des Rates vom 3. April 2014 über die Sicherstellung und Einziehung von Tatwerkzeugen und Erträgen aus Straftaten in der Europäischen Union (ABl. Nr. L 127 S. 39, ber. ABl. Nr. L 138 S. 14).
[4] BVerfG v. 14.1.2004 – 2 BvR 564/95, BVerfGE 110, 1 = NJW 2004, 2073 (2074).
[5] BVerfG v. 10.2.2021 – 2 BvL 8/19, BVerfGE 156, 354, Rn. 114.
[6] BT-Drs. 18/9525, 45.
[7] BeckOK StGB/Heuchemer, 57. Ed. 1.5.2023, StGB § 73 Rn. 5. Zwar soll die Vermögensabschöpfung, wie sie durch das Reformgesetz vom 13.4.2017 geregelt wurde, nach Ansicht des Bundesverfassungsgerichts keine dem Schuldgrundsatz unterliegende Nebenstrafe, sondern eine Maßnahme eigener Art mit konditionsähnlichem Charakter sein, für die das strafrechtliche Rückwirkungsverbot des Art. 103 Abs. 2 GG nicht gilt (vgl. BVerfG v. 7.4.2022 – 2 BvR 2194/21, BVerfGE 156, 354 Rn. 106 ff.). Aus Sicht der Betroffenen ändert das freilich wenig an den wirtschaftlichen Konsequenzen einer Einziehung.
[8] BGH NJW 2022, 1028 (1030 Rn. 35); MüKoStGB/Joecks/Meißner § 74 Rn. 2.
[9] Vgl. BT-Drs. V/4095, 40; Schmidt Vermögensabschöpfung-HdB Rn. 52.

Geldbuße ausmachen kann (Vermögensabschöpfung durch Geldbuße).[10] Insbesondere bei Verstößen gegen die DS-GVO zeigt die jüngere Sanktionspraxis der Aufsichtsbehörden und Gerichte, teilweise zweistellige Millionengeldbußen gegen Unternehmen zu verhängen,[11] dass die Abschöpfung wirtschaftlicher Vorteile aus großflächigen Datenschutzverstößen im Wege von Geldbußen enorme Ausmaße annehmen kann.[12] Es ist in diesen Fällen somit nicht das strafrechtlich geprägte Instrument der Einziehung, sondern die Abschöpfung des erlangten wirtschaftlichen Vorteils durch die Geldbuße, die immense praktische Relevanz hat.

Gleichzeitig ist zu beachten, dass die nationalen Regelungen zur Einziehung, insbesondere **§ 29a OWiG,** neben der **DS-GVO** zur Anwendung kommen. Einziehung und Geldbuße sind **komplementäre Instrumente** der Vermögensabschöpfung, wobei die Einziehung die Geldbuße in den Bereichen ergänzt, die jener verschlossen sind.[13] Konkret geht es um Fälle, in denen eine andere Person als der Täter durch eine mit Geldbuße bedrohte Handlung Vermögensvorteile erlangt hat oder in denen gegen den Täter, der selbst solche Vorteile erlangt hat, eine Geldbuße nicht festgesetzt werden kann – hier ergeben sich praktisch relevante Anwendungsfälle einer Einziehung, die wirtschaftlich sogar über den Bußgeldrahmen des Art. 83 Abs. 5 DS-GVO hinausgehen können. 5

Im Folgenden werden das Verhältnis von DS-GVO zur Einziehung nach OWiG und StGB (→ Rn. 7 ff.), die Voraussetzungen der Einziehung nach § 29a OWiG (→ Rn. 23 ff.) sowie die Einziehung nach §§ 73, 74 StGB (→ Rn. 59 ff.) dargestellt. 6

B. Das Verhältnis zwischen DS-GVO und den nationalen Einziehungsregimen

Das historisch jüngere Datenschutzsanktionsrecht ist größtenteils europäischen Ursprungs, während das nationale Straf- und Ordnungswidrigkeitenrecht seit jeher Ausdruck der (mitglied-)staatlichen Souveränität ist.[14] Auch der Vertrag von Lissabon hat an dieser Aufteilung im Grundsatz nichts verändert.[15] Der materiell-rechtliche Kern des Datenschutzrechts ist in weiten Teilen außerhalb des StGB geregelt, insbesondere in der europarechtlich geprägten DS-GVO.[16] Die DS-GVO enthält hingegen keine eigenen Straftatbestände, sondern ausschließlich Bußgeldtatbestände.[17] Dabei werden Geldbußen nach Art. 83 DS-GVO mit Blick auf ErwG 149 allgemein als verwaltungsrechtliche bzw. administrative Sanktionen und allenfalls als strafrechtliche Sanktionen verstanden.[18] Im weiteren Sinne → § 2 Rn. 4 ff. 7

---

[10] Schmidt Vermögensabschöpfung-HdB Rn. 38.
[11] Vgl. Übersicht bei Spittka DS-Berater 2021, 264 (264).
[12] *Böhme* spricht daher von der „überragenden Bedeutung" der Abschöpfung des wirtschaftlichen Vorteils bei der Verhängung einer Geldbuße, Böhme wistra 2019, 393 (394).
[13] Schmidt Vermögensabschöpfung-HdB Rn. 15.
[14] Ihwas NZWiSt 2021, 289 (290).
[15] *Wittig* spricht hinsichtlich des Straf- und Strafverfahrensrechts von einer „Kernkompetenz der Mitgliedstaaten", Graf/Jäger/Wittig/Wittig Einführung Rn. 14.
[16] MAH Strafverteidigung/Grözinger § 50 Rn. 114.
[17] Gleichwohl stellt die DS-GVO einen weiteren Schritt hin zu einer „echten Europäisierung des Strafrechts" dar, denn anders als im europäisierten nationalen Strafrecht beinhaltet die DS-GVO nicht lediglich Vorgaben für Mindestsanktionen oder für Handlungsweisen, die zwingend sanktioniert werden sollen, sondern Art. 83 DS-GVO formuliert konkrete Tatbestände, droht Geldbußen und macht Vorgaben für die Zumessung der Geldbußen, vgl. Wabnitz/Janovsky/Schmitt WirtschaftsStrafR-HdB/Dannecker/Büle 2. Kapitel Rn. 109g.
[18] Simitis/Hornung/Spiecker gen. Döhmann/Boehm DS-GVO Art. 84 Rn. 1.

I. Komplementäre Anwendung von DS-GVO und OWiG: Einziehung von Taterträgen nach OWiG

8   Das Bußgeldregime der DS-GVO ist fragmentarisch. Die Verordnung hat kein eigenes Prozess- und Verfahrensrecht. Zahlreiche materiell-rechtliche Vorgaben, ähnlich einem allgemeinen Teil, die im nationalen Bußgeldrecht zwingend zu beachten sind, fehlen.[19] Für eine europäische Verordnung ist diese Situation zunächst nicht ungewöhnlich. Zumeist behilft sich der nationale Gesetzgeber damit, dass die nationalen Verfahrensvorschriften und allgemeinen Regeln für anwendbar erklärt werden. Diese Funktion soll im deutschen Recht **§ 41 BDSG** übernehmen.[20] Für Verstöße nach Art. 83 Abs. 4–6 DS-GVO gelten daher die Vorschriften des OWiG sinngemäß (§ 41 Abs. 1 BDSG).[21] Für Verfahren wegen eines Verstoßes nach Art. 83 Abs. 4–6 DS-GVO gelten ferner die Vorschriften des OWiG, der StPO und des GVG (§ 41 Abs. 2 BDSG).[22] Sinn und Zweck dieser **Brückennorm** ist die Verknüpfung des materiellen Bußgeldverfahrensrechts des OWiG mit dem fragmentarischen europäischen Sanktionenrecht der DS-GVO.[23]

9   Die Brückennorm des § 41 BDSG enthält außerdem zahlreiche **Ausschlusstatbestände,** um eine harmonische Rechtsanwendung der DS-GVO zu gewährleisten.
- **Materiell-rechtlich:** Für Verstöße nach Art. 83 Abs. 4–6 DS-GVO finden die §§ 17, 35 und 36 OWiG keine Anwendung und die erstinstanzliche Zuständigkeit des Landgerichts wird modifiziert, vgl. § 41 Abs. 1 S. 3 BDSG.
- **Verfahrensrechtlich:** Für Verfahren wegen eines Verstoßes nach Artikel 83 Abs. 4–6 DS-GVO wird ferner die Anwendbarkeit der §§ 56–58, 87, 88, 99 und 100 OWiG ausgeschlossen.

10 Da das OWiG eigene Regelungen zur Einziehung enthält, ist die eingeschränkte Verweisung in **§ 41 BDSG** auch mit Blick auf eine **mögliche Einziehung** von Taterträgen bei der Verhängung einer Geldbuße nach Art. 83 Abs. 4–6 DS-GVO von großer Bedeutung.
- Die Abschöpfung des wirtschaftlichen Vorteils bei der Geldbuße gem. § 17 Abs. 4 OWiG ist vom Anwendungsbereich ausdrücklich ausgenommen worden gem. § 41 Abs. 1 S. 2 BDSG. Grund hierfür ist, dass das nationale System der Zumessung einer Geldbuße nach § 17 OWiG nicht im Widerspruch zum vorrangigen Zumessungssystem nach Art. 83 DS-GVO stehen soll, da sich die Höhe der Geldbuße hier nach den Maßgaben des Art. 83 Abs. 1–2 DS-GVO unter Beachtung der in Art. 83 Abs. 4–6 DS-GVO statuierten Höchstgrenzen und des Verhältnismäßigkeitsprinzips bemisst.[24]
- Wird gegen einen Verband gem. § 30 OWiG eine **Geldbuße festgesetzt** (zB nach DS-GVO), **schließt** dies die **Anordnung der Einziehung** (nach den §§ 73 StGB oder 73c StGB oder nach § 29a OWiG) gem. § 30 Abs. 5 OWiG **aus.**

11 Es darf nicht unterschätzt werden, dass die Regelungen über die Einziehung im OWiG im Grundsatz vollständig anwendbar bleiben und eben nicht einem vollständigen Anwendungsausschluss in § 41 BDSG unterliegen. Dies gilt insbesondere für die Regelungen über die Einziehung im Bußgeldverfahren nach den **§§ 22 ff., 29a OWiG.** Im Zusammenspiel mit den allgemeinen Bußgeldverfahrensregelungen des OWiG und den Vorgaben der DS-GVO können sich hier für den Rechtsanwender **relevante Einziehungskonstellationen** ergeben, insbesondere,
- wenn die Aufsichtsbehörde davon absieht, eine Geldbuße zu verhängen, und stattdessen nach nationalem Recht gem. **§ 29a Abs. 1 OWiG** den wirtschaftlichen Vorteil ein-

---

[19] BeckOK DatenschutzR/Brodowski/Nowak, 44. Ed. 1.5.2023, Einleitung zu BDSG § 41.
[20] Vgl. BT-Drs. 18/12084, 9 und BT-Drs. 18/11325, 38.
[21] Die Regelung ist erforderlich, da das Gesetz über Ordnungswidrigkeiten nach dessen § 2 Abs. 2 S. 2 nur für Bundes- und Landesrecht gilt, vgl. LG Berlin v. 18.2.2021 – 526 OWiG LG 1/20, BB 2021, 1041.
[22] Die Aufzählung von StPO und GVG ist nur deklaratorisch, weil sie sich ohnehin auch aus der Verweisung aus § 46 Abs. 1 OWiG ergibt.
[23] BeckOK DatenschutzR/Brodowski/Nowak BDSG § 41 Rn. 3.
[24] BeckOK DatenschutzR/Brodowski/Nowak 44. Ed. 1.5.2023, BDSG § 41 Rn. 22.

zieht, wobei die Höchstgrenzen eines Bußgeldes der DS-GVO in diesem Fall sogar überschritten werden können;
- wenn eine andere Person als der Täter, zB ein Unternehmen, durch eine mit Geldbuße bedrohte Handlung Vermögensvorteile erlangt hat (**§ 29a Abs. 2 OWiG**).

II. Komplementäre Anwendung von DS-GVO und StGB: Einziehung von Taterträgen nach StGB

Da die DS-GVO keine Straftatbestände enthält, eröffnet Art. 84 Abs. 1 DS-GVO den Mitgliedstaaten der Europäischen Union die Möglichkeit, Vorschriften über **„andere Sanktionen" für Verstöße gegen die DS-GVO** – insbesondere für Verstöße, die keiner Geldbuße gemäß Art. 83 DS-GVO unterliegen – festzulegen. Gem. Art 84 DS-GVO dürfen auf nationaler Ebene nur Sanktionen für Verstöße erlassen werden, die nicht bereits unter Art. 83 DS-GVO fallen (lex specialis).[25] 12

Der **Sanktionsbegriff des Art. 84 Abs. 1 DS-GVO** erfasst nach allgemeiner Auffassung sowohl strafrechtliche Sanktionen als auch eine Einziehung der Gewinne, die durch einen Verstoß erzielt wurden, was im deutschen Recht in den §§ 73 ff. StGB, §§ 17 Abs. 4, 22 ff., 29a OWiG[26] geregelt ist.[27] ErwG 149 S. 2 DS-GVO sieht ausdrücklich vor, dass die von den Mitgliedstaaten festzulegenden „strafrechtlichen Sanktionen" für Verstöße gegen die DS-GVO auch die Einziehung der durch die Verstöße gegen diese Verordnung erzielten Gewinne ermöglichen können. 13

Nationale strafrechtliche Sanktionen sind im Gefüge der Sanktionierung von Datenschutzverstößen jedoch weiterhin nur als ultima ratio des Rechtsgüterschutzes anzusehen.[28] 14

Bei der Verhängung von Sanktionen nach mitgliedstaatlichem Recht ist gem. ErwG 149 S. 3 auch das Verbot der Doppelbestrafung nach Art. 50 GRCh zu beachten, was auch im Verhältnis zu verwaltungsrechtlichen Sanktionen gilt.[29] Das deutsche Ordnungswidrigkeitenrecht unterfällt dabei ebenfalls dem weit auszulegenden europäischen Strafrechtsbegriff des Art. 50 GRCh.[30] Siehe hierzu → § 2 Rn. 6. 15

Der deutsche Gesetzgeber hat die Möglichkeit zur strafrechtlichen Sanktionierung von Datenschutzverstößen durch Schaffung des **§ 42 BDSG** genutzt.[31] Siehe hierzu → § 8 Rn. 1 ff. Wird ein rechtswidriger Verstoß gegen § 42 BDSG festgestellt, kommt neben der Sanktionierung auch die Einziehung von Taterträgen sowie von Tatprodukten, Tatmitteln und Tatobjekten nach §§ 73 ff. StGB in Betracht. 16

---

[25] Simitis/Hornung/Spiecker gen. Döhmann/Boehm DS-GVO Art. 84 Rn. 6.
[26] Zudem finden sich in den §§ 8, 10 Abs. 2 WiStG sowie § 34 GWB (Vorteilsabschöpfung) Regelungen zur Mehrerlösabführung, die für Datenschutzverstöße jedoch keine praktische Rolle spielen.
[27] Kühling/Buchner/Bergt DS-GVO Art. 84 Rn. 9. Die Rechtsnatur der Einziehung im deutschen Recht ist umstritten, vgl. Schmidt Vermögensabschöpfung-HdB Rn. 45 ff. Die Einziehung von Taterträgen ist nach Auffassung des BVerfG eine Rechtsfolge eigener Art bei rechtswidrigen Taten, die nicht mit einem Strafübel verbunden sei und daher nicht dem Schuldgrundsatz unterliege, sondern eine strafrechtliche Maßnahme mit konditionsähnlichem (bereicherungsrechtlichen) Charakter sei, vgl. BVerfG v. 14.1.2004 – 2 BvR 56–1/95 = NJW 2004, 2073.
[28] Schwartmann/Jaspers/Thüsing/Kugelmann/Schwartmann/Jacquemain DS-GVO Art. 84 Rn. 9. Insgesamt ist der deutsche Gesetzgeber bisher bei der Umsetzung seiner Sanktionspflicht eher zurückhaltend verfahren, was mit Blick auf die ultima-ratio-Funktion des Strafrechts auch geboten erscheint, vgl. Lodigkeit AnwZert ITR 1/2018 Anm. 2.
[29] Paal/Pauly/Frenzel DS-GVO Art. 84 Rn. 6. Zwar ist eine Geldbuße nach Art. 83 Abs. 4–6 DS-GVO keine Strafe ieS, sie kann jedoch strafrechtlichen (oder strafenden) Charakter haben, vgl. EuGH v. 26.2.2013 – Rs. C-617/10 Rn. 34 ff. Auch aus ErwG 150 S. 1 lässt sich ableiten, dass Geldbußen der DS-GVO zur Kategorie der verwaltungsrechtlichen Sanktionen gehört, vgl. Schwartmann/Jaspers/Thüsing/Kugelmann/Schwartmann/Jacquemain DS-GVO Art 84 Rn. 6.
[30] Simitis/Hornung/Spiecker gen. Döhmann/Boehm DS-GVO Art. 84 Rn. 6; Lodigkeit AnwZert ITR 1/2018 Anm. 2.
[31] BeckOK DatenschutzR/Holländer 44. Ed. 1.2.2023, DS-GVO Art. 84 Rn. 2 f.; Schwartmann/Jaspers/Thüsing/Kugelmann/Schwartmann/Jacquemain DS-GVO Art 84 Rn. 19.

- **Ermittlungsverfahren:** Hier kann der gem. § 111j StPO zuständige Ermittlungsrichter (auf Antrag der Staatsanwaltschaft) bereits im Ermittlungsverfahren **vorläufige Sicherungsmaßnahmen gem. §§ 111b, 111e StPO** gegen den Beschuldigten bzw. begünstigte Dritte (bspw. Unternehmen) anordnen.
- **Hauptverfahren:** Hier kann die Anordnung der (endgültigen) Einziehung neben die Verhängung einer Freiheits- oder Geldstrafe treten. Gleiches gilt in den Fällen der **§§ 202a, 303a, 303b StGB**.

III. Gemeinsamkeiten und Unterschiede der Einziehung nach StGB und OWiG

17   Gemeinsam ist allen nationalen Vorschriften, dass **rechtswidrig erlangte Vermögensvorteile** aus Straftaten bzw. Ordnungswidrigkeiten abgeschöpft werden sollen.[32] Gleichwohl greift die strafrechtliche Abschöpfung gem. § 73 Abs. 1 StGB im Grundsatz auf den Tatertrag („etwas") zu, während im Ordnungswidrigkeitenrecht stets ein Geldbetrag („Wertersatz") abgeschöpft wird.[33] Die Festsetzung der Einziehung nach OWiG begründet daher eine Geldzahlungspflicht und keinen Eigentums- oder Rechtsübergang wie im Strafrecht (vgl. § 75 StGB).[34] Anders als im Strafrecht, können im Ordnungswidrigkeitenrecht ferner keine mittelbaren Vorteile in Form von Nutzungen oder Surrogaten eingezogen werden.[35]

18   Ob die **Regeln des StGB oder des OWiG Anwendung** finden, bestimmt sich danach, ob eine Straftat (insbesondere bei Verstößen gegen das StGB oder BDSG) oder eine Ordnungswidrigkeit (insbesondere bei Verstößen gegen die DS-GVO) begangen wurde.[36] Ist eine Handlung gleichzeitig Straftat und Ordnungswidrigkeit, so wird gem. § 21 Abs. 1 S. 1 OWiG nur das Strafgesetz angewendet. Das hat zur Konsequenz, dass de lege lata die Einleitung eines Strafverfahrens gegen eine natürliche Person wegen eines Verstoßes gegen § 42 BDSG es ausschließt, wegen derselben Tat eine Geldbuße (Ordnungswidrigkeit) nach Art. 83 Abs. 4–6 DS-GVO zu verhängen. Aufgrund der unterschiedlichen Rechtsfolgen kann dies erhebliche wirtschaftliche Unterschiede nach sich ziehen.[37] Auf die in dem anderen Gesetz angedrohten Nebenfolgen kann jedoch gem. § 21 Abs. 1 S. 2 OWiG erkannt werden.

19   Ein in der Praxis eminent wichtiger Unterschied zwischen der Einziehung nach den §§ 73 ff. StGB und Einziehung nach OWiG liegt darin, dass die **Einziehung im StGB grundsätzlich gesetzlich verpflichtend** anzuordnen ist (vgl. §§ 73 ff. StGB),[38] wohingegen die Einziehung im OWiG im Ermessen der Behörde steht. Hier gilt das Opportunitätsprinzip.[39]

---

[32] BeckOK StGB/Heuchemer, 57. Ed. 1.5.2023, StGB § 73 Rn. 1.
[33] KK-OWiG/Mitsch OWiG § 29a Rn. 1.
[34] Göhler/Gürtler/Thoma OWiG § 29a Rn. 2.
[35] Göhler/Gürtler/Thoma OWiG § 29a Rn. 2.
[36] Momsen/Grützner WirtschaftsSteuerStrafR-HdB/Grützner § 16 Rn. 28.
[37] Es wird daher vertreten, dass iSe effektiven Durchsetzung des Unionsrechts § 21 Abs. 1 OWiG im Einzelfall unanwendbar sein soll, wenn die Kriminalstrafe angesichts des deutlich höheren Bußgeldrahmens des Art. 83 Abs. 4–6 DS-GVO nicht „ausreiche", vgl. BeckOK DatenschutzR/Brodowski/Nowak BDSG § 41 Rn. 24; BeckOK DatenschutzR/Holländer DS-GVO Art. 83 Rn. 83. Eine unmittelbare Stütze im Gesetz findet sich für diese europarechtsfreundliche Auffassung allerdings nicht.
[38] Lediglich in den eng umgrenzten (Ausnahme-)Fällen des § 421 StPO kann das Gericht mit Zustimmung der Staatsanwaltschaft von der Einziehung absehen. Die Einziehung von Taterträgen nach §§ 73–73c StGB ist zudem keiner Verständigung zugängliche Rechtsfolge gemäß § 257c Abs. 2 StPO, vgl. BGH v. 6.2.2018 – 5 StR 600/17, NStZ 2018, 366.
[39] Krenberger/Krumm OWiG § 29a Rn. 10.

> **Praxistipp: Nettoprinzip (Geldbuße) vs. Bruttoprinzip (Einziehung)**[40] 20
>
> Aus Sicht des Betroffenen kann ein wirtschaftlicher Unterschied zwischen einer Geldbuße (inkl. Abschöpfungsteil) nach dem OWiG bzw. der DS-GVO und einer Einziehung gem. §§ 73 ff. StGB bzw. § 29a OWiG bestehen. Bei der (Verbands-)Geldbuße gilt iRd § 17 Abs. 4 OWiG das sog. Nettoprinzip[41], wohingegen bei der Einziehung das wirtschaftlich ungünstigere Bruttoprinzip[42] einschlägig ist.[43] Der Begriff des „Vorteils" im Sinne des § 17 Abs. 4 OWiG erlaubt eine Saldierung, in deren Rahmen von den durch die Tat erlangten wirtschaftlichen Zuwächsen die Kosten und sonstigen **Aufwendungen abzuziehen** sind (sog. „Nettoprinzip").[44] Aufwendungen sind abzugsfähig, wenn sie durch den Erwerbsvorgang veranlasst bzw. im unmittelbaren Zusammenhang mit der zu ahndenden Tat entstanden sind und ohne diese Tat nicht angefallen wären. Maßgeblich ist dabei eine tatsächliche Betrachtungsweise nach wirtschaftlichen Gesichtspunkten; zu beurteilen ist die Abzugsfähigkeit jeweils anhand des konkreten Einzelfalls.[45] Eine Schätzung des Gewinns ist zulässig. Die Grundlagen, auf denen die Schätzung basiert, müssen in der gerichtlichen Entscheidung dargelegt werden, um die Nachprüfung der Bußgeldbemessung zu ermöglichen.[46] Die Geldbuße kann somit wirtschaftlich zu favorisieren sein.[47] Im Rahmen des Ahndungsanteils der Geldbuße ist außerdem die Einführung umfassender Compliance-Maßnahmen und eines Hinweisgebersystems nach den Taten mildernd zu berücksichtigen.[48]
>
> Gleichwohl sind aber die weitergehenden **außerstrafrechtlichen Folgen**, die mit einer Geldbuße verbunden sein können, zB eine Eintragung im Gewerberegister, vorab genau zu prüfen.[49] Im Einzelfall kann daher auch die wirtschaftlich unattraktivere Einziehung in der Gesamtschau „günstiger" sein, da ohne eine Geldbuße keine nebenstrafrechtlichen Folgen für den Betroffenen einschlägig sein können. Mithin gebietet sich eine umfassende Gegenüberstellung aller Vor- und Nachteile.[50]

C. Einziehung bei Verstößen gegen die DS-GVO

Soweit es um die Sicherung von rechtswidrig erlangten Vorteilen aus Datenschutzverstößen geht, ist im Kontext von DS-GVO-Bußgeldern dogmatisch zwischen der *Abschöpfung* von rechtswidrig erlangten wirtschaftlichen Vorteilen im Rahmen der Geldbuße einerseits und der von einer Geldbuße losgelösten *Einziehung* von Taterträgen nach OWiG andererseits zu unterscheiden. Mag es in der Praxis für den Betroffenen zunächst im Ergebnis 21

---

[40] Zur historischen Entstehung beider Konzepte, Schmidt Vermögensabschöpfung-HdB Rn. 8 ff.
[41] Ausführlich: KK-OWiG/Mitsch § 17 Rn. 119.
[42] BT-Drs. 18/9525, 95; dazu Korte wistra 2018, 1 (3 f.) und Köhler NStZ 2017, 497 (502 f.). Siehe aber auch die Beschränkung bzw. teilweise Durchbrechung des Bruttoprinzips durch § 29a Abs. 3 OWiG.
[43] Bei der Berechnung von Geldbußen nach Art. 83 DS-GVO ist eine Anwendung des Nettoprinzips gem. § 17 Abs. 4 OWiG aufgrund der eingeschränkten Verweisung in § 41 Abs. 1 S. 2 BDSG ausgeschlossen. Vielmehr sind bei der Berechnung der Geldbuße die vom Europäische Datenschutzausschuss (EDSA) veröffentlichten Leitlinien zur Berechnung von DS-GVO-Geldbußen zu beachten sowie – in Bezug auf getätigte Aufwendungen – das in Art. 83 Abs. 1 statuierte Verhältnismäßigkeitsprinzip sowie die Berücksichtigung der gezogenen „finanziellen Vorteile" gem. Art. 83 Abs. 2 S. 3 lit. k) DS-GVO, vgl. Wybitul/König ZD 2022, 422.
[44] BGH v. 27.4.2022 – 5 StR 278/21, BeckRS 2022, 13180.
[45] BGH v. 27.4.2022 – 5 StR 278/21, BeckRS 2022, 13180.
[46] BGH v. 8.12.2016 – 5 StR 424/15, wistra 2017, 242.
[47] Bereits im Ermittlungsverfahren ist der Betroffene gem. § 55 OWiG anzuhören. Es kann mit Blick auf einen möglichen Bußgeldbescheid daher schon in diesem frühen Stadium angebracht sein, Ausführungen zum (nicht) erlangten wirtschaftlichen Vorteil zu machen.
[48] BGH v. 27.4.2022 – 5 StR 278/21, BeckRS 2022, 13180.
[49] Zu denken ist hier ferner an die §§ 20, 21 BImSchG; §§ 35 ff. KWG; §§ 61 f. GmbHG und §§ 396 ff. AktG.
[50] Vgl. MAH WirtschaftsStrafR/Britz § 5 Rn. 49 ff.

keinen großen Unterschied machen, ob erlangte Vorteile abgeschöpft oder eingezogen werden, unterscheiden sich die rechtlichen Voraussetzungen und Gestaltungsmöglichkeiten merklich.[51]

I. Vermögensabschöpfung durch die Geldbuße

22 Bei Verstößen gegen Art. 83 Abs. 4–6 DS-GVO sollen bei der Entscheidung über die Verhängung einer Geldbuße und über deren Betrag gem. Art. 83 Abs. 2 lit. k) DS-GVO unmittelbar oder mittelbar durch den Verstoß erlangte finanzielle Vorteile oder vermiedene Verluste gebührend berücksichtigt werden.[52] Die Höhe der Geldbuße wegen Verstößen gegen Art. 83 Abs. 4–6 DS-GVO bemisst sich allein nach den Maßgaben des Art. 83 Abs. 1 und 2 DS-GVO unter Beachtung der in Art. 83 Abs. 4–6 DS-GVO statuierten Höchstgrenzen und des Verhältnismäßigkeitsprinzips (→ § 3 Rn. 54 ff., → § 4 Rn. 30 ff.).[53] Werden die wirtschaftlichen Vorteile unmittelbar durch die Geldbuße abgeschöpft, ist eine darüber hinaus gehende Einziehung in der Sache entbehrlich und aufgrund von § 41 Abs. 1 S. 1 BDSG iVm §§ 29a, 30 Abs. 5 OWiG auch unzulässig. Diese Grundsätze sind auch bei Geldbußen gegen juristische Personen anzuwenden, dh unmittelbar oder mittelbar durch den Verstoß erlangte finanzielle Vorteile oder vermiedene Verluste werden durch die Geldbuße mitabgeschöpft. Sofern bei der Sanktionierung von Verbänden überhaupt ein Rückgriff auf § 30 OWiG erforderlich ist (→ § 3 Rn. 23 ff., → § 4 Rn. 68 ff.),[54] schließt im nationalen Kontext die Festsetzung einer Geldbuße gegen die juristische Person oder Personenvereinigung es gem. § 30 Abs. 5 OWiG aus, gegen sie wegen derselben Tat die Einziehung nach den §§ 73 oder 73c StGB oder nach § 29a OWiG anzuordnen. Denkbar sind hier Fälle, in denen unternehmensintern durch einen Mitarbeitenden gegen die DS-GVO verstoßen wird, und gleichzeitig zB wegen Verletzung von Aufsichtspflichten gem. § 130 OWiG eine Geldbuße gegen das Unternehmen verhangen werden soll.

II. Einziehung des Wertes von Taterträgen nach § 29a OWiG

23 Auch nach Einführung der DS-GVO und der insoweit regelmäßig abschließenden Regelung zur Abschöpfung von wirtschaftlichen Vorteilen durch die Geldbuße besteht ein weiteres praktisches Anwendungsfeld der Einziehung im Fall des § 29a OWiG. Konkret geht es um Fälle, in denen

---

[51] Seit der Gesetzesreform im Jahre 2017 umschreibt der Begriff der Einziehung gleichwohl sämtliche Maßnahmen der Vermögensabschöpfung, Meißner/Schütrumpf Vermögensabschöpfung Rn. 99.
[52] Das von der Datenschutzkonferenz (DSK) im Jahr 2019 erarbeitete „Konzept der unabhängigen Datenschutzaufsichtsbehörden des Bundes und der Länder zur Bußgeldzumessung in Verfahren gegen Unternehmen", das in fünf Schritten eine angemessene Bußgeldzumessung in Verfahren gegen Unternehmen ermöglichen soll, enthält hierzu keine unmittelbaren Ausführungen, vgl. DSK-Konzept vom 14.10.2019, abrufbar unter https://www.datenschutzkonferenz-online.de/media/ah/20191016_bu%C3%9Fgeldkonzept.pdf, abgerufen am 4.4.2023. Den für die Bemessung maßgeblichen tatbezogenen Kriterien des Art. 83 Abs. 2 S. 2 DS-GVO, zu denen auch der erlangte wirtschaftliche Vorteil zählt, wird hingegen im Vergleich zum Unternehmensumsatz eine zu geringe Bedeutung zugemessen (Berücksichtigung der tatbezogenen Faktoren erst in Schritt fünf von fünf), vgl. krit. zum Konzept LG Bonn v. 11.11.2020 – 29 OWi 1/20, BeckRS 2020, 35663. Siehe hierzu auch die "Guidelines 04/2022 on the calculation of administrative fines under the GDPR" des Europäischen Datenschutzausschusses (EDSA) vom 12.5.2022, abrufbar unter https://edpb.europa.eu/system/files/2022-05/edpb_guidelines_042022_calculationofadministrativefines_en.pdf, abgerufen am 4.4.2023.
[53] BeckOK DatenschutzR/Brodowski/Nowak BDSG § 41 Rn. 22.
[54] Unabhängig davon, ob bei der Verhängung von Geldbußen nach Art. 83 Abs. 4 bis 6 DS-GVO gemäß § 30 Abs. 1 OWiG iVm § 41 Abs. 1 BDSG das deutsche Rechtsträgerprinzip anzuwenden ist, oder ob allein Art. 83 DS-GVO eine hinreichende Rechtsgrundlage für eine unmittelbare Verbandshaftung juristischer Personen nach dem Funktionsträgerprinzip begründet, erfolgt die Abschöpfung des wirtschaftlichen Vorteils letztlich in beiden Szenarien unmittelbar bei der Entscheidung über die Bemessung der Geldbuße, entsprechend Art. 83 Abs. 2 lit. k) DS-GVO oder gem. § 17 Abs. 4 OWiG.

- der Täter entweder nicht vorwerfbar handelt bzw. aus anderen Gründen keine Geldbuße verhängt wird oder
- ein Dritter (zB das Unternehmen) etwas erlangt hat, ohne dass die Voraussetzungen der §§ 30, 130 OWiG erfüllt sind.

Diese beiden Fälle liegen im System des OWiG außerhalb des Anwendungsbereichs von § 17 Abs. 4 OWiG bzw. § 30 OWiG, weshalb **§ 29a OWiG** diese **Lücke schließen** soll[55] und daher auch bei Geldbußen nach DS-GVO Anwendung findet. Eine gegen eine Personenvereinigung nach § 30 OWiG oder einen anderen Tatbeteiligten nach § 17 iVm § 14 OWiG verhängte Geldbuße schließt die Einziehung gegen den Täter daher nicht aus, wenn eine Geldbuße gegen ihn selbst nicht festgesetzt worden ist.[56]

1. Einziehung trotz nicht vorwerfbarer Handlung (§ 29a Abs. 1 OWiG)

Verhängt die Aufsichtsbehörde im Einzelfall ausnahmsweise *keine* Geldbuße gegen den Betroffenen nach Art. 83 Abs. 4–6 DS-GVO, finden automatisch die Regelungen über die Einziehung von Taterträgen gem. § 29a OWiG iVm § 41 Abs. 1 S. 1 BDSG Anwendung. Voraussetzung für die Einziehung des Wertes des Erlangten ist, dass der Täter durch eine mit Geldbuße bedrohte Handlung oder für sie etwas erlangt hat und wegen der Handlung gegen ihn eine Geldbuße nicht festgesetzt wird. Die Einziehung des Wertes des Erlangten kann dabei sogar die gesetzlichen Bußgeldobergrenzen überschreiten.

Bei einer Einziehung nach § 29a Abs. 1 OWiG ist **nicht der Nachweis einer Vorwerfbarkeit** zu erbringen, es reicht die Tatbestandsmäßigkeit und Rechtswidrigkeit der Handlung aus.[57]

Weshalb eine **Geldbuße nicht festgesetzt** wird, ist für die Einziehung unerheblich.[58] Von der Verhängung einer Geldbuße kann in der Praxis abgesehen werden,
- wenn der Täter freigesprochen wird,
- das Verfahren eingestellt wird (§ 46 Abs. 1 OWiG iVm § 170 Abs. 2 StPO), wegen fehlender Verantwortlichkeit oder wegen eines Verfahrenshindernisses.[59]

In der Praxis sind zudem Fälle denkbar, die durch eine Verwarnung abgeschlossen werden (gem. § 56 OWiG, vgl. auch ErwG 148 der DS-GVO), der Täter aber dennoch Vermögenswerte erlangt hat, die eingezogen werden sollen.

Wichtig für die Praxis ist ferner, dass § 29a Abs. 1 OWiG auch dann anwendbar ist, wenn zwar ein Tatbestand des OWiG bzw. der DS-GVO vorwerfbar verwirklicht wurde, die Aufsichtsbehörde von der Ahndung durch Geldbuße jedoch aus Opportunitätsgesichtspunkten absieht.[60] Dies könnte etwa der Fall sein, wenn die Durchsetzung der Geldbuße im Ausland gegen den Täter schwierig wäre, eine Einziehung bei Dritten im Inland aber möglich ist.[61] Die Aufsichtsbehörde könnte also aufgrund praktischer Hindernisse bei der Durchsetzung eines Bußgeldes vom Erlass eines Bußgeldbescheides absehen und gleichzeitig die – im Zweifelsfall sogar wirtschaftlich bedeutsamere – Einziehung anordnen. In diesem Fall ist zudem die Möglichkeit der selbständigen Einziehung eröffnet (§ 29a Abs. 5 OWiG).[62]

Stehen tatmehrheitlich begangene Datenschutzverstöße im Raum (vgl. § 20 OWiG) und wird nicht wegen jeder dieser Taten eine Geldbuße gegen den Täter festgesetzt, kann

---

[55] KK-OWiG/Mitsch § 29a Rn. 4; Schmidt Vermögensabschöpfung-HdB Rn. 13; Gürtler/Gürtler/Thoma OWiG vor § 29a Rn. 1.
[56] Schmidt Vermögensabschöpfung-HdB Rn. 2302.
[57] Brenner NStZ 1998 557 (560).
[58] Schmidt Vermögensabschöpfung-HdB Rn. 2303f.
[59] Krenberger/Krumm OWiG, § 29a Rn. 8.
[60] BT-Drs. 10/318, 37.
[61] BeckOK OWiG/Meyberg OWiG § 29a Rn. 33; Göhler/Gürtler/Thoma OWiG § 29a Rn. 1.
[62] Statthaftes Rechtsmittel gegen einen amtsgerichtlichen Beschluss im selbständigen Einziehungsverfahren nach dem OWiG ist die sofortige Beschwerde, vgl. BGH v. 18.6.2020 – 1 StR 95/20, BeckRS 2020, 17691.

hinsichtlich der ungeahndeten Taten Einziehung des Wertes von Taterträgen angeordnet werden.[63]

31 **Praxistipp:**
Opportunitätsentscheidung über die Einziehung.
Die Einziehung nach § 29a Abs. 1 und 2 OWiG steht – anders als die strafrechtliche Einziehung – im pflichtgemäßen Ermessen der Behörde bzw. im Einspruchsverfahren des Gerichts (§ 69 OWiG). Im Rahmen der Entziehungsentscheidung nach § 29a Abs. 1, 2 OWiG liegt es **im tatrichterlichen Ermessen**, ob und in welcher Höhe die Einziehung angeordnet wird.[64] Es gilt das **Opportunitätsprinzip**, das in der Praxis eine flexible Handhabung der Einziehung ermöglichen und Härtefälle abfedern soll.[65] Es können allgemeine Zweckmäßigkeitsgesichtspunkte, die Bedeutung und die Folgen der Tat, der Umfang der erlangten Vermögensvorteile oder die Gefahr einer Wiederholung berücksichtigt werden.[66]

Ein Absehen von der Einziehung kommt insbesondere in Betracht, wenn darin eine unbillige Härte liegen würde, weil dem erlangten Vorteil Ansprüche Dritter gegenüberstehen, oder weil der Entzug der Vorteile aus besonderen Gründen die Beteiligte wirtschaftlich besonders hart treffen würde.[67] Ein Absehen von der Abschöpfung ist ferner nicht zu beanstanden, wenn die Gesamtabwägung der Zumessungskriterien eine Abweichung rechtfertigt und dies sachlich geboten ist,[68] zB wenn die Abschöpfung unverhältnismäßig wäre.[69] Eine nachträglich eingetretene allgemeine Verschlechterung der Vermögenssituation schließt zwar das Weiterbestehen eines wirtschaftlichen Vorteils nicht aus, kann aber unter Berücksichtigung des Übermaßverbots im Einzelfall dazu zwingen, von der Abschöpfung abzusehen.[70] Siehe hierzu auch → § 2 Rn. 128 ff.

2. Einziehung bei tatunbeteiligten Dritten (§ 29a Abs. 2 OWiG)

32 Erlangt ein tatunbeteiligter Dritter, beispielsweise eine juristische Person, etwas aus einem Datenschutzverstoß, und hat der Täter für diese gehandelt, ist die Einziehung des Erlangten gem. § 29a Abs. 2 OWiG eröffnet (sog. „Dritteinziehung"). Eine Einziehung ist beim Dritten sogar auch möglich, wenn gegen den Täter eine Geldbuße verhängt wurde. Die Regel, dass eine Einziehung ausgeschlossen ist, wenn eine Geldbuße verhängt wird, gilt hier also nicht. Daher kann die Einziehung bei tatunbeteiligten Dritten zu spürbaren wirtschaftlichen Einbußen führen, wobei ihnen zuvor aber auch nachweislich etwas zugeflossen sein muss („etwas erlangt").

33 Voraussetzung für eine Einziehung beim unbeteiligten Dritten gem. § 29a Abs. 2 OWiG ist, dass er durch einen mit Geldbuße bedrohten Datenschutzverstoß **etwas erlangt hat und der Täter für ihn gehandelt** hat, dem Verband das Erlangte entweder unentgeltlich oder ohne rechtlichen Grund übertragen wurde oder es ihm übertragen wurde und er erkannt hat oder hätte erkennen müssen, dass das Erlangte aus einer mit Geldbuße bedrohten Handlung herrührt (vgl. § 29a Abs. 2 Nr. 1–3 OWiG). Anders als bei § 30 OWiG, kann jedermann als **Täter** für einen anderen handeln. Erfasst ist damit

---

[63] KK-OWiG/Mitsch § 29a Rn. 24; Schmidt Vermögensabschöpfung-HdB Rn. 1274, 2302 f.
[64] BayObLG v. 13.12.2021 – 201 ObOWi 1453/21, BeckRS 2021, 42221 Rn. 22.
[65] Schmidt Vermögensabschöpfung-HdB Rn. 2310 f.
[66] Göhler/Gürtler/Thoma OWiG, § 29a Rn. 8; Schmidt Vermögensabschöpfung-HdB Rn. 2310 ff.
[67] OLG Zweibrücken v. 14.9.2010 – 1 SsRs 21/10, SVR 2011, 73.
[68] OLG Stuttgart v. 29.3.1982 – 1 Ss 1022/81, Justiz 1982, 276; mit weiteren Fallkonstellationen: KK-OWiG/Mitsch OWiG § 17 Rn. 122 ff.
[69] OLG Hamm v. 12.4.1979 – 6 Ss OWi 334/79, MDR 1979, 870; OLG Karlsruhe v. 3.7.1974 – 3 Ss (B) 46/74, NJW 1974, 1883.
[70] BayObLG v. 16.5.2022 – 201 ObOWi 483/22, BeckRS 2022, 11544.

auch das Fehlverhalten von Mitarbeitern unterhalb der Leitungsebene.[71] Voraussetzung ist lediglich, dass der Täter im Interesse des Dritten gehandelt hat, gleich aus welchem Grund.[72] Ob der Täter im Einverständnis mit dem Dritten gehandelt hat oder nicht, ist ebenso unerheblich wie seine rechtlichen oder tatsächlichen Beziehungen zum Dritten.[73]

Dabei muss aber festgestellt werden, ob die erlangten Geldmittel bei der Begehung der Anknüpfungstaten noch bzw. schon im Vermögen des Täters vorhanden waren. Eine erweiterte Einziehung des Wertes von Taterträgen nach § 73a Abs. 1, § 73c StGB kann nämlich nur hinsichtlich solcher durch andere rechtswidrige Taten erlangter Gegenstände in Betracht kommen, die zum Zeitpunkt der Begehung einer Anknüpfungstat im Sinne des § 73a Abs. 1 StGB gegenständlich bei dem betroffenen Täter oder Teilnehmer vorhanden waren.[74]

34

Praxistipp:
Unterscheidung zwischen dem Vermögen des Täters und des Dritten.
Im Kontext von unternehmensbezogenen Einziehungs- und Abschöpfungsmaßnahmen ist stets strikt zwischen den unterschiedlichen Vermögenssphären der Betroffenen zu differenzieren: Adressat einer Einziehung oder Abschöpfungsmaßnahme können die juristische Person, deren Geschäftsführer und/oder deren Gesellschafter sein. Regelmäßig ist davon auszugehen, dass die juristische Person über eine eigene Vermögensmasse verfügt, die vom Privatvermögen des Geschäftsführers zu trennen ist.[75] Die dem Vermögen einer juristischen Person zugeflossenen Vermögenswerte sind daher auch dann nicht ohne Weiteres durch den Geschäftsführer oder einen Dritten im Sinne des § 73 Abs. 1 S. 1 StGB erlangt, wenn dieser eine – legale – Zugriffsmöglichkeit auf das Vermögen hat.[76] Soll hingegen bei einem Mitglied der Geschäftsführung etwas Erlangtes eingezogen werden, bedarf es einer über die faktische Verfügungsgewalt hinausgehenden Feststellung, dass dieser selbst etwas erlangt hat, was zu einer Änderung seiner Vermögensbilanz geführt hat.[77] Eine solche Feststellung kann sich ausnahmsweise darauf stützen, dass der Täter die Gesellschaft bspw. nur als einen formalen Mantel seiner Tat nutzt, eine Trennung zwischen dem eigenen Vermögen und demjenigen der Gesellschaft aber nicht vornimmt, oder darin, dass jeder aus der Tat folgende Vermögenszufluss an die Gesellschaft sogleich an den Täter weitergeleitet wird.[78] Vereinnahmt hingegen die Gesellschaft den Vermögensvorteil, sind die Einziehungsanordnung und ggf. die sie sichernden Maßnahmen gegen die Gesellschaft zu richten.[79]

35

3. Adressaten der Einziehung

Einziehungsadressaten sind Täter, Teilnehmer und Drittbegünstigte.[80]

36

Das Sanktions- und Einziehungssystem des OWiG stellt die Handlungen natürlicher Personen als Täter in den Mittelpunkt der Haftungsbegründung.[81] Daneben kann – anders

37

---

[71] Ansonsten wäre § 30 Abs. 1 OWiG einschlägig, vgl. Momsen/Grützner WirtschaftsSteuerStrafR-HdB/Grützner § 16 Rn. 35.
[72] Göhler/Gürtler/Thoma OWiG § 29a Rn. 21.
[73] Brenner NStZ 1998, 557 (560).
[74] BGH v. 19.8.2021 – 5 StR 238/21; v. 4.3.2021 – 5 StR 447/20; v. 3.11.2020 – 6 StR 258/20 jew. mwN; siehe auch zu § 73d aF BGH v. 23.5.2012 – 4 StR 76/12, NStZ-RR 2012, 312 (313) mwN.
[75] BayObLG v. 25.4.1995 – 3 ObOWi 11/95, wistra 1995, 360; OLG Düsseldorf v. 14.4.1988 – 5 Ss (OWi) 42/88–74/88 I.
[76] BGH v. 7.9.2016 – 2 StR 352/15, BeckRS 2016, 19117.
[77] BGH v. 7.9.2016 – 2 StR 352/15, BeckRS 2016, 19117; BGH v. 28.11.2019 – 3 StR 294/19, NZWiSt 2020, 325 mAnm Lamsfuß.
[78] BGH v. 15.1.2020 – 1 StR 529/19, NStZ 2020, 404 (405).
[79] BGH v. 15.1.2020 – 1 StR 529/19, NStZ 2020, 404 (405).
[80] Meißner/Schütrumpf Vermögensabschöpfung Rn. 357.
[81] Lodigkeit AnwZert ITR 1/2018 Anm. 2.

als im Strafrecht – im Recht der Ordnungswidrigkeiten auch gem. **§ 30 Abs. 1 OWiG die juristische Person bzw. ein Verband** sanktioniert werden. Eine juristische Person kann mit einer Geldbuße belegt werden, wenn deren vertretungsberechtigtes Organ bzw. Organmitglied oder auch Repräsentant (vgl. die abschließende Aufzählung in § 30 Abs. 1 Nrn. 1–5, § 9 OWiG) eine Straftat oder Ordnungswidrigkeit begangen hat und der Verband damit zugleich eine ihn treffende Pflicht verletzt hat (§ 30 Abs. 1 OWiG).[82] Ist die juristische Person durch eine Tat bereichert worden, gilt das Gleiche. Wird ein Datenschutzverstoß von einem Mitarbeiter unterhalb der Leitungsebene begangen, kann dies für das Unternehmen ebenfalls eine Geldbuße nach sich ziehen, da gem. § 130 OWiG die vorwerfbare **Verletzung einer Aufsichtspflicht** durch den Inhaber eines Betriebes oder Unternehmens sanktioniert werden kann.[83]

38 **Adressat eine Einziehung nach § 29a OWiG** ist zunächst der unmittelbar oder in mittelbarer Täterschaft handelnde Täter (**§ 29a Abs. 1 OWiG**) sowie Tatbeteiligte gem. § 14 Abs. 1 OWiG (Anstifter, Gehilfe oder Mittäter).[84]

39 Die Einziehung gegen die **juristische Person** erfolgt – sofern keine Geldbuße verhängt wird – hingegen nach § 29a Abs. 2 OWiG, da sie nach der Dogmatik des OWiG keine „Täterin" einer Handlung iSd § 29a Abs. 1 OWiG ist.[85] Im Verfahren wird das Unternehmen als Nebenbeteiligte bezeichnet (§ 88 OWiG, § 444 StPO), da der Begriff des Betroffenen im Ordnungswidrigkeitenrecht natürlichen Personen vorbehalten ist.[86] Eine Einziehungsanordnung gem. **§ 29a Abs. 2 OWiG** richtet sich **gegen tatunbeteiligte Dritte,** die nicht Täter oder Tatbeteiligter sind und die durch das Handeln des Täters etwas erlagt haben. Denkbare Anwendungsfälle sind das Handeln eines Vertreters für eine juristische Person (vgl. sog. Vertreterfälle gem. § 73b Abs. 1 S. 1 Nr. 1 StGB[87]), der die wirtschaftlichen Erträge aus der Tat zufließen. Aber auch die erkennbare Verschiebung von Vermögenswerten in das Vermögen des Verbandes kann zur Einziehung führen (vgl. sog. Verschiebungsfälle gem. § 73b Abs. 1 S. 1 Nr. 2a StGB).[88]

40 Haben mehrere Beteiligte etwas aus der Tat erlangt, haften sie nicht als Gesamtschuldner.[89]

4. Höhe des Einziehungsbetrages

41 Droht bei einer Verletzung von **Vorschriften der DS-GVO nach Art. 83 Abs. 5 DS-GVO** ein Bußgeld von bis zu 20 Mio. EUR oder – je nachdem welcher Betrag höher ist – 4 % des gesamten weltweit erzielten Jahresumsatzes des vorangegangenen Geschäftsjahrs, könnte diese Summe im Rahmen einer Einziehung nach § 29a OWiG **sogar überschritten werden.**[90] Voraussetzung dafür ist, dass der erlangte wirtschaftliche Vorteil des Täters höher als diese Wertgrenze ist und die Behörde auf die Verhängung eines Bußgeldes verzichtet.

42 Das erlangte Etwas, dessen **Wert** nach § 29a OWiG der Einziehung unterliegen kann, ist in **zwei Schritten** zu bestimmen.[91]

- Im *ersten* Schritt ist das Erlangte rein gegenständlich zu bestimmen, ohne dass es auf den Wert des Erlangten ankäme (sog. „Bruttoprinzip").

---

[82] Momsen/Grützner WirtschaftsSteuerStrafR-HdB/Grützner § 16 Rn. 18.
[83] Momsen/Grützner WirtschaftsSteuerStrafR-HdB/Grützner § 16 Rn. 22.
[84] KK-OWiG/Mitsch § 29a Rn. 19.
[85] KK-OWiG/Mitsch § 29a Rn. 20.
[86] Venn/Wybitul NStZ 2021, 204 (205).
[87] Zur Unterscheidung zum alten Recht, BGH v. 19.10.1999 – 5 StR 336/99, BGHSt 45, 235. Diese weiterhin gültigen Grunderwägungen sind nun im § 73b Abs. 1 StGB aufgenommen worden, vgl. Bittmann NZWiSt 2018, 209 (210).
[88] BGH v. 19.10.1999 – 5 StR 336/99, BGHSt 45, 235.
[89] Schmidt Vermögensabschöpfung-HdB Rn. 2411.
[90] Momsen/Grützner WirtschaftsSteuerStrafR-HdB/Klaas/Wybitul § 16 Rn. 201.
[91] BT-Drs. 18/9525, 56, 62; OLG Karlsruhe v. 18.3.2019 – 2 Rb 9 Ss 852/18, BeckRS 2019, 4834 Rn. 16; BayObLG v. 13.12.2021 – 201 ObOWi 1453/21, BeckRS 2021, 42221; OLG Zweibrücken v. 15.8.2019 –

- Im *zweiten Schritt* ist der Umfang bzw. der Wert des Erlangten zu bestimmen, wobei bei der Bestimmung des Wertes des Erlangten die Aufwendungen des Täters oder des anderen gem. § 29a Abs. 3 S. 1 OWiG abzuziehen sind („Konkretisierung des Bruttoprinzips").[92]

Außer Betracht bleibt gem. § 29a Abs. 3 S. 2 OWiG jedoch das, was für die Begehung der Tat oder für ihre Vorbereitung aufgewendet oder eingesetzt worden ist, da sichergestellt werden soll, dass in ein verbotenes Geschäft Investiertes unwiederbringlich verloren ist.[93] Nach der Vorstellung des Gesetzgebers enthält das Tatbestandsmerkmal „für" dabei aber eine **subjektive Komponente.** Aufwendungen, die zwar für ein verbotenes Geschäft angefallen sind, bei denen der Täter (oder Teilnehmer) das Verbotene des Geschäfts jedoch lediglich fahrlässig verkannt hat, so dass die Aufwendungen nicht „bewusst (vorsätzlich)" für eine Straftat getätigt wurden, sind daher bei der Bestimmung des Erlangten abzuziehen.[94] Hierzu müssen im Urteil ausdrücklich Feststellungen getroffen werden, dh insbesondere zum Vorstellungsbild der zuständigen Mitarbeiter.[95] Das Erlangte ist exakt festzulegen.[96]

Hier liegt der Unterschied zwischen der Einziehung und der Abschöpfung im Rahmen der Geldbuße, die in § 17 Abs. 4 OWiG auf den tatsächlich eingetretenen wirtschaftlichen Vorteil abstellt.[97]

Obwohl die Einziehung gegen juristische Personen oder Personenvereinigung ausgeschlossen ist, wenn gegen sie eine Geldbuße verhängt wird (vgl. § 30 Abs. 5 OWiG), soll es der Verfolgungsbehörde überlassen bleiben, ob sie den Gewinn über die Verhängung einer Geldbuße (gem. § 17 Abs. 4 OWiG) oder über die Einziehung (§ 29a OWiG) abschöpft.[98] Praktisch bedeutsam ist dies, weil der Einziehungsbetrag nach § 29a OWiG – es gilt das modifizierte Bruttoprinzip – im Einzelfall über den nach § 17 Abs. 4 OWiG abzuschöpfenden Tatertrag – es gilt das Nettoprinzip – hinausgehen kann.[99]

Die Höhe des Einziehungsbetrags kann **geschätzt** werden, § 29a Abs. 3 OWiG.[100] In der gerichtlichen Entscheidung müssen die tragenden Grundlagen angegeben werden.[101] Bei der Schätzung des Schadens durch Verstöße gegen die DS-GVO kann hierbei u.a. auch auf die **Maßstäbe des Art. 82 DS-GVO** zurückgegriffen werden, um ggf. entstan-

---

[1] OWi 2 Ss Bs 46/19, BeckRS 2019, 24425; BeckOK OWiG/Meyberg, 38. Ed. 1.4.2023, OWiG § 29a Rn. 35a.
[92] BT-Drs. 18/9525, 62; BeckOK OWiG/Meyberg, 38. Ed. 1.4.2023, OWiG § 29a Rn. 35a; Köhler NStZ 2017, 497ff.
[93] BT-Drs. 12/1134, 12; OLG Karlsruhe v. 18.3.2019 – 2 Rb 9 Ss 852/18, BeckRS 2019, 4834.
[94] OLG Karlsruhe v. 18.3.2019 – 2 Rb 9 Ss 852/18, BeckRS 2019, 4834 Rn. 16; BayObLG v. 13.12.2021 – 201 ObOWi 1453/21, BeckRS 2021, 42221; OLG Zweibrücken v. 15.8.2019 – 1 OWi 2 Ss Bs 46/19, BeckRS 2019, 24425. In den genannten Entscheidungen ging es jeweils um Ordnungswidrigkeiten aus dem Transportwesen. Im Fall des BayObLG soll ein LKW-Fahrer insgesamt 162 Fahrten ohne die erforderliche Qualifikation zur Beförderung des Transportguts durchgeführt haben. Die Behörde hatte daraufhin den gesamten Frachtlohn eingezogen, der der Einziehungsbeteiligten juristischen Person aus der Transportfahrt zugeflossen war. Ob Lohnkosten für den Fahrer, Kraftstoffkosten oder Aufwendungen für Maut als erbrachte Aufwendungen abzugsfähig waren oder dem Abzugsverbot des § 29a Abs. 3 S. 2 OWiG unterlagen, hing hier davon ab, ob Mitarbeiter der Einziehungsbeteiligten (hier: der Personalverantwortliche) oder der Fahrer „bewusst und willentlich" die Fahrten ohne gültige Qualifikation vorgenommen hatten. Hierzu verhielt sich die Ausgangsentscheidung nicht, weshalb die Einziehungsentscheidung aufgehoben wurde, vgl. BayObLG v. 13.12.2021 – 201 ObOWi 1453/21, BeckRS 2021, 42221.
[95] Vgl. BayObLG v. 13.12.2021 – 201 ObOWi 1453/21, BeckRS 2021, 42221.
[96] BGH v. 10.4.2017 – 4 StR 299/16, NJW 2017, 2292.
[97] Momsen/Grützner WirtschaftsSteuerStrafR-HdB/Klaas/Wybitul § 16 Rn. 201.
[98] OLG Stuttgart v. 19.1.2012 – 1 Ss 730/11, wistra 2012, 283; BeckOK OWiG/Meyberg, 38. Ed. 1.4.2023, OWiG § 29a Rn. 11; krit. KK-OWiG/Mitsch § 29a Rn. 24.
[99] Zutreffend weist Meyberg aber darauf hin, dass bei der Einziehung nach § 29a OWiG ein „Ahndungsteil" entfalle, weshalb den Täter nicht zwingend eine „höhere Sanktionslast" treffe, BeckOK OWiG/Meyberg, 38. Ed. 1.4.2023, OWiG § 29a Rn. 11.
[100] Vgl. BeckOK OWiG/Meyberg OWiG § 29a Rn. 54.
[101] Göhler/Gürtler/Thoma OWiG § 29a Rn. 27.

dene immaterielle Schäden[102] bemessen und begrenzen zu können.[103] Mit Blick auf den Bemessungsrahmen des Art. 83 Abs. 2 DS-GVO können auch Art, Schwere, Dauer des Verstoßes, Grad des Verschuldens, Maßnahmen zur Minderung des den betroffenen Personen entstandenen Schadens, frühere einschlägige Verstöße sowie die Kategorien der betroffenen personenbezogenen Daten in die Erwägungen mit einbezogen werden.[104] Auch ein Rückgriff auf **§ 2 GeschGehG** und die Frage, wann Informationen einen wirtschaftlichen Wert (→ § 4 Rn. 59 ff.) haben, kann angezeigt sein. In jedem Fall müssen die tragenden Grundlagen der Schätzung in einer durch Rechtsmittel überprüfbaren Weise dargelegt werden.[105]

5. Einziehung bei Erlöschen von Verletztenansprüchen

47 Macht der Verletzte eines Datenschutzverstoßes Ersatzansprüche geltend, stellt sich aus Sicht des Betroffenen die Frage, inwiefern die Befriedigung von Ersatzansprüchen der Einziehung oder Abschöpfung entgegensteht. Im Strafrecht schließt das Erlöschen von Verletztenansprüchen in Höhe dieses Teils die Einziehung gem. § 73e StGB aus.[106] Bei der Abschöpfung wirtschaftlicher Vorteile aus einer Ordnungswidrigkeit, beispielsweise im Rahmen von § 30 OWiG, ist die Auswirkung zivilrechtlicher Ersatzansprüche bei der Anordnung der Einziehung umstritten.[107]

48 **Praxistipp:**

Befriedigung von Ersatzansprüchen.

Aus Sicht des Unternehmens kann sich die Befriedigung von Ersatzansprüchen „lohnen". Denn das Erlöschen von Ersatzansprüchen wäre zum einen von der Behörde bei der Opportunitätsentscheidung über die Abschöpfung des wirtschaftlichen Vorteils zu berücksichtigen. In Höhe einer Ausgleichszahlung wäre der erlangte wirtschaftliche Vorteil reduziert. Zum anderen spricht bei der Vollstreckung auch § 99 Abs. 2 S. 1 OWiG gegen eine doppelte Inanspruchnahme.[108] Das Entschädigungsverfahren des Verletzten gem. §§ 459 h ff. StPO gilt hier nicht.[109] Zu beachten ist gleichwohl, dass bei Geldbußen nach Art. 83 Abs. 4–6 DS-GVO die Regelung des § 99 OWiG keine Anwendung findet. Eine Befriedigung von Ersatzansprüchen sollte hier aber bereits bei der Berechnung der Geldbuße iRd Verhältnismäßigkeit mitberücksichtigt werden.

6. Verfahren, Rechtsbehelfe und Rechtsmittel

49 Wird die Einziehungsanordnung zugleich mit der Entscheidung über die Tat im Bußgeldbescheid gegen den Täter mitausgesprochen (sog. subjektives Verfahren[110]), **gelten die allgemeinen Regeln des OWiG iVm den Vorschriften der StPO** (vgl. § 46 OWiG).[111] Siehe hierzu → § 4 Rn. 7 ff. Im OWiG finden sich zwar einige prozessuale Sondervorschriften für die Einziehung (§§ 87, 99 Abs. 2, 103 Abs. 1 Nr. 2 OWiG), im Übrigen finden aber die Vorschriften der StPO für die strafrechtliche Einziehung (§§ 73 ff. StGB) sinngemäß Anwendung. Zu nennen sind hier insbesondere die §§ 421 ff. StPO und

---

[102] Vgl. Paal/Aliprandi ZD 2021, 241.
[103] Siehe die Rechtsprechungsübersicht bei Leibold ZD 2022, 18.
[104] Vgl. OLG Dresden v. 30.11.2021 – 4 U 1158/21, ZD 2022, 159.
[105] BeckOK OWiG/Meyberg, 38. Ed. 1.4.2023, OWiG § 29a Rn. 57.
[106] Hierzu: Schmidt Vermögensabschöpfung-HdB Rn. 512 ff.
[107] Vgl. zum Streitstand, KK-OWiG/Rogall § 30 Rn. 145 f.; Böhme wistra 2019, 393.
[108] Böhme wistra 2019, 393 (395).
[109] Bittmann/Köhler/Seeger/Tschakert Strafrechtl. Vermögensabschöpfung-HdB/Tschakert Rn. 1593 f.
[110] Eine separate Einziehungsanordnung ist in diesem Fall wegen § 17 Abs. 4 OWiG ausgeschlossen.
[111] Zu den Anforderungen, die an einen Bußgeldbescheid zu stellen sind, Wybitul/Venn ZD 2021, 343 (346 f.).

§ 111e Abs. 1 StPO zur vorläufigen Sicherung der Einziehung.[112] Zur Sicherung einer anstehenden Einziehungsanordnung kann das Gericht einen **Vermögensarrest** anordnen, §§ 46 OWiG, 111e StPO. Siehe hierzu → § 4 Rn. 86 ff.

Vor Erlass eines Einziehungsbescheids ist der Betroffene **anzuhören** gem. § 55 OWiG. 50 Wird gegen den Täter, beispielsweise mangels individueller Vorwerfbarkeit, keine Geldbuße festgesetzt, ist eine **separate Einziehungsanordnung** gem. § 87 OWiG möglich, im gerichtlichen Verfahren etwa eine Einziehungsanordnung neben dem Freispruch.[113] Im vorgerichtlichen Verwaltungsverfahren wird die Einziehung des Wertes von Taterträgen nicht durch einen Bußgeldbescheid angeordnet, sondern durch **Einziehungsbescheid** (§ 87 Abs. 6 iVm 3 OWiG), der formal dem Bußgeldbescheid angeglichen ist (§ 87 Abs. 3 S. 1 iVm § 66 OWiG).[114] Prozessual steht der Einziehungsbescheid dem Bußgeldbescheid aber gleich (§ 87 Abs. 3 S. 2 OWiG). Die Regelungen zur Zuständigkeit der Verwaltungsbehörde sowie für das Verfahren nach Einspruch entsprechen sich daher.[115] Zu beachten ist, dass ein von der Einziehung betroffener **Dritter** zu beteiligen ist, wenn gegen den Täter bereits ein Verfahren durchgeführt wird, vgl. §§ 425 Abs. 1 StPO iVm §§ 46 Abs. 1, 87 Abs. 1 OWiG. Siehe hierzu → § 4 Rn. 19 ff.

Schließlich ist die Anordnung der Einziehung im sog. **selbständigen Verfahren** mög- 51 lich (sog. objektives Verfahren), wenn gegen den Täter ein Bußgeldverfahren nicht eingeleitet oder eingestellt wurde (§ 29a Abs. 5 OWiG). Dabei soll es sogar zulässig sein, dass die Verwaltungsbehörde aus Opportunitätsgründen von der Festsetzung einer Geldbuße nach § 30 Abs. 1 OWiG gegen eine juristische Person oder Personenvereinigung absieht, um so die Voraussetzungen einer selbstständigen Einziehungsanordnung gem. § 29a Abs. 2, Abs. 5 OWiG zu schaffen.[116] Die Festsetzung einer **Geldbuße gegen einen Verband** ist nach § 30 Abs. 4 OWiG ebenfalls in einem selbstständigen Verfahren möglich, ohne ein Verfahren gegen die handelnde natürliche Person betreiben zu müssen.[117]

Dem **Urteil** muss sich neben der zur Einziehung Anlass gebenden Tat entnehmen las- 52 sen, dass sich das Gericht der Notwendigkeit bewusst war, bei der Entscheidung hinsichtlich des Ob der Einziehung und hinsichtlich der Höhe des für eingezogen erklärten Betrages eigenes Ermessen auszuüben.[118] Im Übrigen muss der Einziehungsadressat eindeutig identifizierbar sein und der Wert des Erlangten bzw. dessen Berechnung oder Schätzung in nachprüfbarer Weise dargelegt werden.[119] Wurde im Bußgeldverfahren bereits eine Sachentscheidung getroffen und keine Einziehung angeordnet, ist eine nachträgliche Einziehungsanordnung unzulässig.[120]

Gegen einen Bußgeldbescheid ebenso wie gegen eine Einziehungsanordnung kann in- 53 nerhalb von zwei Wochen nach Zustellung **Einspruch** eingelegt werden, § 67 Abs. 1 OWiG.[121] Entscheidet nach Einspruch gegen eine Einziehungsanordnung das Gericht, wird über die Einziehung durch Beschluss (§§ 70, § 72 Abs. 3 OWiG) oder Urteil entschieden.[122] Gegen den Beschluss oder das Urteil ist nach § 79 OWiG die Rechtsbeschwerde zulässig, auch für den Einziehungsbeteiligten im Fall des § 29a Abs. 2 OWiG.[123]

---

[112] Schmidt Vermögensabschöpfung-HdB Rn. 2316.
[113] KK-OWiG/Mitsch § 29a Rn. 53.
[114] Krenberger/Krumm OWiG § 29a Rn. 19.
[115] Krenberger/Krumm OWiG § 29a Rn. 19.
[116] OLG Düsseldorf v. 30.8.2013 – IV-1 Ws 13/13 OWi, BeckRS 2013, 19117; OLG Köln v. 29.1.2010 – 2 Ws 585/09, BeckRS 2010, 7521; OLG Stuttgart v. 19.1.2012 – 1 Ss 730/11, BeckRS 2012, 5217; LG Saarbrücken v. 4.8.2005 – 8 Qs 75/05, BeckRS 2005, 14877.
[117] Lodigkeit AnwZert ITR 1/2018 Anm. 2.
[118] OLG Karlsruhe v. 13.6.2017 – 1 Rb 3 Ss 288/17, BeckRS 2017, 150053.
[119] Bittmann/Köhler/Seeger/Tschakert Strafrechtl. Vermögensabschöpfung-HdB/Tschakert Rn. 1616; OLG Karlsruhe v. 18.3.2019 – 2 Rb 9 Ss 852/18, BeckRS 2017, 150053.
[120] Göhler/Gürtler OWiG § 29a Rn. 12; KK-OWiG/Mitsch § 29a Rn. 53; OLG Celle v. 29.10.2008 – 322 SsBs 172/08; Bittmann/Köhler/Seeger/Tschakert HdB Vermögensabschöpfung/Tschakert Rn. 1613.
[121] Ein Einspruchsmuster findet sich bei Lachenmann/Stürzl ZD 2021, 463.
[122] BeckOK OWiG/Meyberg, 38. Ed. 1.4.2023, OWiG § 29a Rn. 87.
[123] Krenberger/Krumm OWiG § 29a Rn. 20.

III. Keine Einziehung von Gegenständen bei Verstößen gegen die DS-GVO

54 Eine nach dem OWiG mögliche Einziehung von Gegenständen (§§ 22 ff. OWiG) kommt bei Verstößen gegen die DS-GVO nicht in Betracht, da sie weder in der DS-GVO noch im BDSG ausdrücklich angeordnet wird. Das wird von § 22 Abs. 1 OWiG jedoch vorausgesetzt.

D. Voraussetzungen der Einziehung nach StGB

55 Sofern durch einen Datenschutzverstoß gleichzeitig ein Straftatbestand erfüllt wird – zu denken ist hier insbesondere an § 42 BDSG, §§ 202a ff. StGB, §§ 303a f. StGB sowie § 23 GeschGehG (→ § 8 Rn. 1 ff., → § 11 Rn. 1 ff., → § 20 Rn. 1 ff., → § 24 Rn. 1 ff.), kommt die strafrechtliche Einziehung in Betracht. Anknüpfend an das Einziehungsobjekt können
- einerseits Taterträge bzw. ihr Wertersatz nach § 73 ff. StGB,
- andererseits Tatprodukte, Tatmittel und Tatobjekte nach § 74 ff. StGB

eingezogen werden.

I. Einziehung von Taterträgen nach §§ 73 ff. StGB

56 Die Einziehung von Taterträgen ist zwingend vorzunehmen, sofern eine rechtswidrige Tat vorliegt, *durch* die der Täter oder Teilnehmer oder *für* die sie etwas erlangt haben, und kein Ausschlusstatbestand vorliegt. Gleiches gilt für die aus dem Erlangten gezogenen Nutzungen nach § 73 Abs. 2 StGB. Die nach §§ 73 Abs. 3, 73b Abs. 3 StGB mögliche Einziehung von Surrogaten steht hingegen im Ermessen des Gerichts.

1. Rechtswidrige Tat

57 In Betracht kommen **Vorsatz- und Fahrlässigkeitsdelikte.** Eine Tat muss hingegen **nicht schuldhaft** begangen worden sein. Dies verdeutlicht, dass es sich bei der Einziehung um keine Strafe iSd StGB handelt.[124] Im Rahmen der Rechtsfolgen einer Tat, steht sie neben einer etwaigen Geld- oder Freiheitsstrafe als Maßnahme eigener Art mit strafähnlichem Charakter.[125]

2. Adressat

58 Die Einziehungsanordnung kann nach § 73 Abs. 1 StGB gegenüber dem **Täter oder Teilnehmer** der rechtswidrigen Tat ergehen.

59 Darüber hinaus besteht die Möglichkeit der Einziehung gegenüber „anderen" nach § 73b StGB, worunter auch **juristische Personen** des Privatrechts oder des öffentlichen Rechts fallen können.[126] Der typische Fall der Einziehung gegenüber einer juristischen Person ist der Vertreterfall nach § 73b Abs. 1 S. 1 Nr. 1 StGB. Hierbei handelt der Täter für die juristische Person, die letztlich etwas durch die Tat erlangt. Hierbei kommt es nicht darauf an, ob die handelnde Person eine Leitungsstellung wahrnimmt, so dass auch Taten von Angestellten unterhalb der Leitungsebene zurechenbar sind.[127] Orientiert an der Rechtsprechung zum wortlautgleichen § 73 Abs. 3 StGB aF ist ein **Handeln für einen anderen** anzunehmen, wenn die rechtswidrige Tat objektiv bewirkt, dass dem anderen unmittelbar ein Vermögensvorteil zufließt, und der Handelnde dies im Interesse des Empfängers will.[128] Ausreichend ist bereits, wenn der Tatbeteiligte rein faktisch

---

[124] MüKoStGB/Joecks/Meißner § 73 Rn. 4.
[125] BeckOK StGB/Heuchemer § 73 Rn. 1; Schäuble/Pananis NStZ 2019, 65 (66).
[126] OLG Hamm v. 31.3.2009 – 2 Ws 69/09, NStZ 2010, 334; MüKoStGB/Joecks/Meißner § 73b Rn. 11.
[127] Schönke/Schröder/Eser/Schuster StGB § 73b Rn. 2.
[128] BGH v. 9.10.1990 – 1 StR 538/89, NJW 1991, 367 (371); MAH Strafverteidigung/Peters § 20 Rn. 48.

(auch) im Interesse des Dritten gehandelt hat, ohne dass das auch nach außen erkennbar geworden ist.[129]

3. Gegenstand der Einziehung

Eingezogen werden kann in erster Linie das erlangte **Etwas**. Hierunter versteht sich die Gesamtheit der wirtschaftlich messbaren Vorteile, die dem Täter oder Teilnehmer durch oder für die Tat zugeflossen sind.[130] Hierbei gilt – wie der Gesetzgeber klargestellt hat – das **Bruttoprinzip**.[131] Nach dem Willen des Gesetzgebers sind danach die aus der Tat erlangten Vermögenswerte in ihrer Gesamtheit abzuschöpfen, ohne dass Aufwendungen für die Tat (zB die Anschaffungskosten für technische Geräte) auf dieser Ebene in Abzug zu bringen sind.[132] Für die Wertbestimmung des Erlangten können grundsätzlich auch Auslandsgeschäfte in den Blick genommen werden. So finden etwa durch legale Weiterverkäufe im Ausland erzielte Erlöse Berücksichtigung.[133] 60

Ist die Einziehung eines Gegenstandes wegen der Beschaffenheit des Erlangten oder aus einem anderen Grund nicht möglich oder sieht das Gericht von der Einziehung eines Surrogats nach §§ 73 Abs. 3, 73b Abs. 3 StGB ab, so ordnet das Gericht gem. § 73c S. 1 StGB die Einziehung eines Geldbetrages an, der dem Wert des Erlangten entspricht („**Wertersatz**"). Kann zwar ein Gegenstand eingezogen werden, bleibt er aber im Wert hinter dem zunächst Erlangten zurück, tritt neben die Einziehung des Gegenstands ebenfalls die Einziehung des Wertersatzes, § 73c S. 2 StGB. Bei der **Bestimmung des Wertes** ist § 73d StGB zu beachten. Eine **Schätzung** ist zulässig gem. § 73d Abs. 2 StGB. 61

„Erlangt" ist etwas schon dann, wenn der Gegenstand in irgendeiner Phase des Tatablaufs in die Verfügungsgewalt des Täters übergegangen ist und ihm so aus der Tat unmittelbar etwas messbar zugutekommt, ohne dass es auf die zivilrechtlichen Besitz- und Eigentumsverhältnisse ankommt.[134] Im Sinne des § 73 Abs. 1 StGB ist ein Vermögenswert „**durch**" die Tat erlangt, wenn er dem Täter unmittelbar aus der Verwirklichung des Tatbestandes in irgendeiner Phase des Tatablaufs derart zugeflossen ist, dass er der faktischen Verfügungsgewalt des Täters unterliegt.[135] „**Für die Tat**" erhält der Beteiligte den Vorteil, wenn Vermögenswerte als Gegenleistung für sein rechtswidriges Handeln gewährt werden, die nicht auf der Tatbestandsverwirklichung selbst beruhen.[136] 62

4. Sonderfall: Einziehung von Daten

Denkbar ist die Einziehung von aus der Tat erlangen Daten nach § 73 Abs. 1 StGB. Relevanz hat die Frage, ob Daten eingezogen werden können, insbesondere iRd § 42 BDSG (→ § 8 Rn. 5 ff.). Daten können hier sowohl „durch" als auch „für" die Tat erlangt worden sein. So können Daten unmittelbares Ergebnis der Tatbestandsverwirklichung durch Erschleichen oder Verarbeiten iSd § 42 BDSG sein. In Betracht kommt auch, dass der Täter für den Datenschutzverstoß nach § 42 Abs. 1 BDSG von einem Dritten Daten im Rahmen eines Datentausches erhält. 63

Dagegen spricht jedenfalls nicht die fehlende Körperlichkeit von Daten. Zunächst verwendet § 73 Abs. 1 StGB den Begriff des „erlangten Etwas", also jeden wirtschaftlich messbaren Vorteil. Die Norm ist somit nicht auf Sachen, Forderungen, Immaterialgüterrechte und sonstige Vermögensrechte beschränkt.[137] Eine Körperlichkeit ist gerade nicht 64

---

[129] BGH v. 9.10.1990 – 1 StR 538/89, NJW 1991, 367 (371); MAH Strafverteidigung/Peters § 20 Rn. 48.
[130] BT-Drs. 18/9525, 61; Fischer StGB § 73 Rn. 11.
[131] BT-Drs. 18/9525, 46.
[132] BT-Drs. 18/9525, 46.
[133] BGH v. 1.7.2021 – 3 StR 518/19, NStZ 2022, 354.
[134] BT-Drs. 18/9525, 62; BGH v. 4.2.2009 – 2 StR 504/08, NStZ 2009, 499 (500); v. 15.6.2006 – 1 StR 46/06, NStZ 2006, 570, (571).
[135] BGH v. 27.9.2018 – 4 StR 78/18, NStZ-RR 2019, 22; MüKoStGB/Joecks/Meißner § 73 Rn. 36.
[136] Fischer StGB § 73 Rn. 24.
[137] BGH v. 27.7.2017 – 1 StR 412/16, NStZ 2018, 401 (405).

erforderlich, weshalb auch eine Kryptowährung oder ein Non-Fungible-Token, die letztlich aus aneinandergereihten Daten in der Blockchain bestehen, Gegenstand der Einziehung nach § 73 Abs. 1 StGB sein können, da sie einen realisierbaren Vermögenswert in sich tragen.[138] Maßgeblich ist allein, ob den Daten ein wirtschaftlich messbarer Vorteil zukommt. Hier lassen sich die Grundsätze des § 2 GeschGehG heranziehen, nach denen Informationen dem Schutz des GeschGehG unterliegen, wenn sie von wirtschaftlichem Wert sind[139].

5. Ausschluss der Einziehung des Taterlages oder des Wertersatzes

65 Die Einziehung nach den §§ 73 bis 73c ist gem. § 73e Abs. 1 S. 1 StGB ausgeschlossen, soweit der **Anspruch,** der dem Verletzten aus der Tat auf Rückgewähr des Erlangten oder auf Ersatz des Wertes des Erlangten erwachsen ist, **erloschen** ist. Sind die Ansprüche erloschen wegen Verjährung, schließt dies die Einziehung nicht aus. Durch die Regelung soll der Adressat der Einziehung vor doppelter Inanspruchnahme geschützt werden.[140]

66 Praxistipp:
Ausschluss aufgrund von Vergleich und Teilerlass.
Auch ein Vergleichsschluss oder ein Teilerlass gem. § 397 Abs. 1 BGB mit dem aus der Tat Geschädigten hat den Ausschluss der Einziehung zur Folge.[141] Der Gesetzgeber hat die Regelung bewusst „vergleichsfreundlich" ausgestaltet, was zur Folge hat, dass ein (günstiger) Vergleichsschluss mit dem Geschädigten im Vorfeld[142] wirtschaftlich deutlich attraktiver sein kann, als die andernfalls im Urteil anzuordnende Einziehung.

67 In den Fällen des § 73b StGB, auch in Verbindung mit § 73c StGB, ist die Einziehung darüber hinaus ausgeschlossen, soweit der Wert des Erlangten zur Zeit der Anordnung nicht mehr im Vermögen des Betroffenen vorhanden ist (sog. **Entreicherung**), es sei denn, dem Betroffenen waren die Umstände, welche die Anordnung der Einziehung gegen den Täter oder Teilnehmer ansonsten zugelassen hätten, zum Zeitpunkt des Wegfalls der Bereicherung bekannt oder infolge von Leichtfertigkeit unbekannt.

II. Einziehung von Tatmitteln, Tatprodukten und Tatobjekten nach § 74 StGB

68 Nach den §§ 74 ff. StGB kann die Einziehung von Tatprodukten, Tatmitteln und Tatobjekten angeordnet werden. Die Einziehung dieser Gegenstände gegen Tatbeteiligte ist – anders als die Einziehung von Taterträgen – eine (Neben-)Strafe, deren Anordnung eine Strafzumessungsentscheidung ist.[143] Dem Täter soll dadurch zur Sühne für die begangene strafbare Handlung ein zusätzliches Übel zugefügt werden.[144]

---

[138] BGH v. 27.7.2017 – 1 StR 412/16 = NStZ 2018, 401 (405); Rettke NZWiSt 2020, 45; Greier wistra 2022, 397.
[139] ZB wenn ihr unbefugter Erwerb oder ihre unbefugte Nutzung oder Offenlegung die Interessen der Person, die rechtmäßig die Kontrolle über sie ausübt, aller Voraussicht nach dadurch beeinträchtigt, dass das wissenschaftliche oder technische Potenzial, die geschäftlichen oder finanziellen Interessen, die strategische Position oder die Wettbewerbsfähigkeit dieser Person untergraben werden, vgl. ErwG 14 RL (EU) 2016/943.
[140] Schönke/Schröder/Eser/Schuster StGB § 73e Rn. 2.
[141] BT-Drs. 18/9525, 69.
[142] Ein späteres Erlöschen der Ansprüche hindert die Vollstreckung der Einziehung gem. § 459 g Abs. 4 StPO.
[143] BGH v. 10.11.2021 – 2 StR 185/20, NJW 2022, 1028 (1030); MüKoStGB/Joecks/Meißner § 74 Rn. 5.
[144] Peters/Bröckers, Vermögensabschöpfung im Strafverfahren, 2019, Rn. 229.

1. Anknüpfungstat

Ebenfalls anders als bei der Einziehung von Taterträgen setzt § 74 Abs. 1 StGB das Vorliegen einer vorsätzlichen Straftat voraus (wozu § 42 BDSG, §§ 202a ff. StGB, §§ 303a f. StGB sowie § 23 GeschGehG gehören (→ § 8 Rn. 58, 85, → § 11 Rn. 55, → § 12 Rn. 37, → 13 Rn. 42, → 14 Rn. 57, → § 15 Rn. 69, → § 16 Rn. 4, → § 17 Rn. 31, → § 20 Rn. 46, → § 21 Rn. 53, → § 24 Rn. 29, 32, 38, 44)). Fahrlässigkeitstaten genügen nach § 74 Abs. 3 S. 2 StGB lediglich dann, wenn ein entsprechender Straftatbestand dies explizit vorsieht.[145] Weiterer Unterschied ist, dass die Tat nicht nur rechtswidrig, sondern – mit Ausnahme des Falles nach § 74b Abs. 1 Nr. 1 StGB – auch schuldhaft begangen worden sein muss.[146]

2. Adressat

Als Adressaten kommen zunächst **Täter und Teilnehmer** einer Straftat in Betracht. Voraussetzung ist allerdings, dass der einzuziehende Gegenstand diesen gehört oder zusteht. Für das „Gehören" ist auf die sachenrechtliche Eigentümerstellung abzustellen.[147] Andere Einziehungsgegenstände, wie zB Rechte, unterliegen der Einziehung, wenn sie dem Beteiligten zur Zeit der Entscheidung „zustehen". Entscheidend ist hierfür, wer Rechtsinhaber dieses Einziehungsgegenstands ist.[148]

Andere Personen können weiterer Adressat einer Einziehungsanordnung sein, wenn die weiteren Voraussetzungen aus **§ 74a StGB** erfüllt sind. Hiernach muss zunächst ein Gesetz auf § 74a StGB verweisen und eine Einziehung gegen Dritte zulassen. § 42 BDSG und § 23 GeschGehG enthalten keinen derartigen Verweis. Anwendbar ist § 74a StGB hingegen auf die Persönlichkeitsschutzdelikte nach §§ 201, 201a StGB, deren Absatz 5 S. 2 eine entsprechende Verweisung vorsehen (→ § 10 Rn. 60). Weiterhin muss diese Person entweder mindestens leichtfertig dazu beigetragen haben, dass der Einziehungsgegenstand als Tatmittel verwendet wurde oder Tatobjekt war (sog. Quasi-Beihilfe[149]), oder ihn in Kenntnis der Umstände, welche die Einziehung zugelassen hätten, in verwerflicher Weise erworben hat.

Sofern die Sache im Eigentum einer juristischen Person, eines nicht rechtsfähigen Vereins oder einer rechtsfähigen Personenvereinigung steht, ist **§ 74e StGB** zu beachten. Hiernach ist die Einziehung gegenüber der Verbandsperson möglich, wenn eine Leitungsperson in dieser Funktion eine Handlung vornimmt, die ihr gegenüber nach §§ 74 bis 74c StGB die Einziehung zugelassen hätte. § 74e StGB soll die Einziehung von Verbandseigentum oder Verbandsrechten, die durch dessen Leitungspersonen zu strafbaren Handlungen missbraucht wurden, ermöglichen. Die Vorschrift soll die Lücke schließen, die entsteht, wenn die Verbandsperson als nicht selbst handlungsfähiger Eigentümer bzw. Rechtsinhaber weder Tatbeteiligter im Sinne des § 74 Abs. 3 StGB noch quasi schuldhaft handelnder Dritteigentümer im Sinne des § 74a Nr. 1 StGB sein kann.[150]

3. Gegenstand der Einziehung

Nach § 74 ff. StGB können bestimmte Gegenstände eingezogen werden. Der Gegenstandsbegriff weicht allerdings vom allgemeinen Sprachgebrauch ab und erfasst neben beweglichen und unbeweglichen Sachen auch Forderungen, Immaterialgüterrechte sowie sonstige Vermögensrechte.[151] Das LG Hamburg hat die Auffassung vertreten, dass Daten

---

[145] So zB §§ 322, 330c StGB, 61 LFGB, 20 AWG; jedoch (aktuell) kein strafbarer Datenschutzverstoß.
[146] Schönke/Schröder/Eser/Schuster StGB § 74 Rn. 2.
[147] BGH v. 18.7.1996 – 1 StR 386/96, NStZ 1997, 30 (31).
[148] MüKoStGB/Joecks/Meißner § 74 Rn. 35.
[149] BeckOK StGB/Heuchemer StGB § 74a Rn. 6 ff.
[150] Schönke/Schröder/Eser/Schuster StGB § 74e Rn. 1; MüKoStGB/Joecks/Meißner § 74e Rn. 2.
[151] BT-Drs. 18/9525, 46.

nicht nach §§ 111b Abs. 1 StPO, 74 Abs. 1 StGB eingezogen werden können.[152] Daten seien, wenn sie auf der Festplatte eines Servers gespeichert sind, magnetische Polungszustände, die nicht greif- oder sichtbar sind, ohne einen Datenträger nicht existieren und daher unter keine der zuvor genannten Kategorien fallen würden.[153] Dies vermag jedoch nicht zu überzeugen: So sind Daten unabhängig von ihrer fehlenden Körperlichkeit als Beweismittel vom Anwendungsbereich des § 94 StPO erfasst, wo der Beweiswert maßgeblich ist, wie auch als Taterträge von § 73 StGB erfasst, wo der Vermögenswert maßgeblich ist.

74 Nach § 74 Abs. 1 Var. 1 StGB können **Tatprodukte,** also solche Gegenstände, die durch eine vorsätzliche Tat hervorgebracht wurden, eingezogen werden (sog. *producta sceleris*). Durch die Tat hervorgebracht sind nur solche Gegenstände, die entweder ihre Entstehung oder ihre gegenwärtige Beschaffenheit der Tat verdanken.[154] Hierfür ist ein unmittelbarer ursächlicher Zusammenhang erforderlich.[155] Hierzu gehören aus der Tat entstandene Daten, etwa Audioaufnahmen iRd § 201 StGB oder auch die für die Tat eingesetzten Tonträger und Abhörgeräte (vgl. § 201 Abs. 5 StGB) (→ § 10 Rn. 60).

75 Nach § 74 Abs. 1 Var. 2 StGB können **Tatmittel,** die zur Begehung oder Vorbereitung einer vorsätzlichen Tat gebraucht wurden oder bestimmt waren eingezogen werden *(sog. instrumenta sceleris)*. Hierzu gehört insbesondere Hardware wie Laptops und Smartphones nebst Zubehör. Unter „Gebrauchen" ist die tatsächliche Verwendung des Gegenstandes zur Tat zu verstehen.[156] Als „zur Tat bestimmt" gelten hingegen solche Gegenstände, die zwar nicht tatsächlich eingesetzt wurden, jedoch für eine konkrete strafbare Handlung vorgesehen und dazu auch bereitgestellt waren und daher einen inneren Zusammenhang zur Tat aufweisen.[157] Der Tatmittelbegriff erfordert zudem, dass der Gegenstand die Tat in irgendeiner Weise gefördert hat oder fördern sollte.[158]

76 Für den Fall, dass der Täter das Tatmittel nach Tatbegehung veräußert, verbraucht oder die Einziehung auf andere Weise vereitelt hat, kann die Einziehung des Wertersatzes gerichtlich angeordnet werden, § 74c StGB.

4. Sonderfall: Einziehung von Hardware

77 Datenschutzbezogene Straftaten gehen häufig damit einher, dass Hardware dazu benutzt wird, um den Datenschutzverstoß zu begehen. Unter den Tatmittelbegriff nach § 74 Abs. 1 Var. 2 StGB fallen zB Rechner[159], Maus, Tastatur[160], USB-Stick oder externe Festplatte[161].

78 Nach dem Zweck der Vorschrift sind jedoch nicht alle Gegenstände einziehbar, die im Zusammenhang mit der Tat stehen, sondern nur diejenigen Gegenstände, die nach der Absicht des Täters als eigentliches Mittel der Verwirklichung der Tat eingesetzt werden, deren Verwendung für die Begehung der Tat kausal geworden oder zumindest dazu bestimmt sind.[162] Demnach ist für jedes einzelne Hardwareteil danach zu fragen, ob es diese Anforderungen für die konkret strafbare Handlung oder den tatbestandlich erfassten Erfolg erfüllt.

---

[152] LG Hamburg v. 2.9.2013 – 629 Qs 34/13, NJW 2013, 3458 (3459 f.).
[153] LG Hamburg v. 2.9.2013 – 629 Qs 34/13, NJW 2013, 3458 (3460).
[154] Schönke/Schröder/Eser/Schuster StGB § 74 Rn. 7.
[155] BGH v. 18.1.1977 – 1 StR 643/76, BeckRS 1977, 31113687.
[156] Schönke/Schröder/Eser/Schuster StGB § 74 Rn. 9.
[157] MAH Strafverteidigung/Peters § 20 Rn. 22.
[158] Schönke/Schröder/Eser/Schuster StGB § 74 Rn. 11.
[159] Zur Einziehung des Rechners nebst Zubehör vgl. BGH v. 11.1.2012 – 4 StR 612/11, BeckRS 2012, 4841.
[160] OLG Hamburg v. 3.5.1999 – 1 Ss 39/99, NStZ-RR 1999, 329 (330).
[161] Zur Einziehung der Festplatte beim Herunterladen und Abspeichern von kinderpornographischen Schriften vgl. BGH v. 8.2.2012 – 4 StR 657/11, NStZ 2012, 319.
[162] OLG Düsseldorf v. 31.8.1992 – 1 Ws 790/92, NJW 1992, 3050; Schönke/Schröder/Eser/Schuster StGB § 74 Rn. 12.

Sofern Daten auf einem **Server**[163] abgespeichert werden, könnte auch der Server selbst 79
zur Begehung der strafbaren Datenverarbeitung gebraucht werden. Server-Hardware unterliegt der Tatmitteleinziehung, wenn der Rechner selbst zur Datenspeicherung genutzt wird. Allerdings sind nach § 74 Abs. 3 StGB lediglich solche Gegenstände einziehungsfähig, die dem Täter gehören oder zustehen. Server-Hardware wird jedoch selten von einem (einzelnen) Täter als natürliche Person betrieben. In der Strafverfolgungspraxis ist die größte Hürde ohnehin, dass Täter regelmäßig auf Server mit Standorten im Ausland zurückgreifen, so dass eine grenzüberschreitende Kooperation bei der Sicherstellung und Einziehung erforderlich wird.

Darüber hinaus ergeben sich auf der Rechtsfolgenebene weitere Einschränkungen für 80
die Einziehung von technischen Mitteln. Anders als die Einziehung von Taterträgen nach § 73 StGB ist die Einziehung nach § 74 StGB eine Ermessensentscheidung. Für die Anordnung gilt der **Verhältnismäßigkeitsgrundsatz nach § 74 f StGB.** So hat das Gericht nach § 74 f Abs. 1 S. 2 StGB (§ 74b Abs. 2 StGB aF) anzuordnen, dass die Einziehung lediglich vorbehalten bleibt, und eine weniger einschneidende Maßnahme zu treffen ist, wenn der Zweck der Einziehung auch durch diese erreicht werden kann.[164] Ein solches milderes Mittel kann eine Löschung von inkriminierten Daten sein, sofern sie eine spätere Wiederherstellung unmöglich macht.[165] Unterlässt das Gericht, Feststellungen dazu zu treffen, so sind diese lückenhaft und die Einziehungsentscheidung ist fehlerhaft.[166] Die Einziehung eines Rechners oder einer Festplatte ist gegenüber einer Löschung auch nicht deshalb das mildere Mittel, weil die Löschung kostenintensiver ist.[167] Dies gilt selbst dann, wenn die Kosten aufgrund des Alters des Geräts die Kosten der Einziehung bei weitem übersteigen.[168] Denn der Vorrang weniger einschneidender Maßnahmen hat nach § 74 f Abs. 1 S. 2 StGB zwingenden Charakter, so dass die Kostenfrage irrelevant ist.[169]

III. Verfahren, Rechtsbehelfe und Rechtsmittel

1. Gerichtliche Einziehungsentscheidung

Das Gericht entscheidet im Rahmen des **Urteils** über die Rechtsfolgen der Tat, wozu 81
auch die Einziehung gehört. Das Gericht ordnet die Einziehung des deliktisch erlangten Gegenstandes an, wenn dieser zum Zeitpunkt der Entscheidung (beim Täter, beim Dritten oder aufgrund vorläufiger Sicherstellung bei der Ermittlungsbehörde) vorhanden ist. Andernfalls ordnet das Gericht die Einziehung eines Geldbetrages an, der dem Wert des ursprünglichen Einziehungsobjekts entspricht, §§ 73c, 74c StGB. Mit der rechtskräftigen gerichtlichen Anordnung wird der entsprechende staatliche Einziehungsanspruch tituliert. Wird ein Gegenstand eingezogen, geht das Eigentum an der Sache oder das Recht auf den Staat über, § 75 Abs. 1 S. 1 StGB. Wird der Wertersatz eingezogen, wird der Zahlungsanspruch des Staates gegen den Einziehungsadressaten tituliert.

---

[163] Unter einem Server versteht sich ein Rechner (Hardware-Server) oder ein Programm (Software-Server), welche Ressourcen bereitstellen, damit andere Rechner oder Programme drauf zugreifen können, um gewisse funktionale und infrastrukturelle Netzdienste zu realisieren. So können bspw. File-Server zur zentralen Datenspeicherung genutzt werden, damit verschiedene Clients über ein Netzwerk auf die Daten zugreifen können.
[164] BGH v. 28.11.2008 – 2 StR 501/08, NJW 2009, 692 (693).
[165] Zu § 74b StGB aF: BGH v. 28.11.2008 – 2 StR 501/08, NJW 2009, 692 (693); v. 11.1.2012 – 4 StR 612/11, BeckRS 2012, 4841; v. 8.2.2012 – 4 StR 657/11, NStZ 2012, 319; v. 18.6.2014 – 4 StR 128/14, MMR 2014, 843; zu § 74f StGB: BGH v. 8.5. 2018–5 StR 65/18, BeckRS 2018, 11919; v. 19.5.2020 – 2 StR 448/19, BeckRS 2020, 13432; v. 2.2.2021 – 2 StR 461/20, BeckRS 2021, 5751; v. 11.5.2021 – 4 StR 1/21, BeckRS 2021, 14916.
[166] BGH v. 28.11.2008 – 2 StR 501/08, NJW 2009, 692 (693).
[167] BGH v. 28.11.2008 – 2 StR 501/08, NJW 2009, 692 (693); v. 28.8.2012 – 4 StR 278/12, BeckRS 2012, 21265; v. 18.6.2014 – 4 StR 128/14, MR 2014, 843.
[168] BGH v. 28.8.2012 – 4 StR 278/12, BeckRS 2012, 21265.
[169] BGH v. 28.8.2012 – 4 StR 278/12, BeckRS 2012, 21265.

82 Gegen das Urteil sind die **Berufung** (§§ 312 ff. StPO) oder die **Revision** (§§ 333 ff. StPO) statthaft. Wird die Revision auf den Rechtsfolgenausspruch beschränkt, umfasst das Rechtsmittel mangels echten Strafcharakters nicht Einziehung von Taterträgen gem. § 73 StGB, aufgrund der Anerkennung als Nebenstrafe jedoch die Einziehung von Tatprodukten, Tatmitteln und Tatobjekten nach § 74 StGB. Rechtsmittel können der Angeklagte, der Einziehungsbeteiligte (§ 424 Abs. 1 StPO) oder der Nebenbetroffene (§ 438 Abs. 1 StPO) einlegen.

83 Die **Vollstreckung** der rechtskräftigen Einziehungsentscheidung richtet sich nach §§ 459 g ff. StPO. Ein etwaiger Wegfall der Bereicherung und unbillige Härten sind nicht im Erkenntnisverfahren, sondern gem. § 459 g Abs. 5 StPO allein im Vollstreckungsverfahren durch die dann zuständigen Rechtspfleger zu berücksichtigen.

2. Vorläufige Sicherung der Einziehung

84 Die (endgültige gerichtliche) Einziehung wird im Ermittlungsverfahren – soweit dringende Gründe dies erfordern – im Wege der **Beschlagnahme** (§§ 111b–111d StPO) und des **Vermögensarrestes** (§§ 111e–111h StPO) auf Antrag der Staatsanwaltschaft durch Anordnung des Ermittlungsrichters vorläufig gesichert (§ 111j StPO). Die Dauer der vorläufigen Sicherung richtet sich nach dem allgemeinen Verhältnismäßigkeitsgrundsatz.

85 Die Entscheidung des Ermittlungsrichters ist mit der **Beschwerde** anfechtbar (§ 304 StPO). Unter den Voraussetzungen des § 310 Abs. 1 Nr. 1–3 StPO ist ausnahmsweise die **weitere Beschwerde** zulässig. Für die Zulässigkeit einer weiteren Beschwerde gegen die Anordnung eines Vermögensarrests (§ 310 Abs. 1 Nr. 3 StPO) ist die Wertgrenze von 20.000 EUR zu beachten. Die weitere Beschwerde kann sich dann gegen die Aufhebung einer Arrestanordnung oder die Bestätigung der Ablehnung eines Arrestantrags durch das Beschwerdegericht, nicht aber gegen Maßnahmen, die in Vollziehung des Arrests getroffen wurden. richten. Nicht zulässig ist die weitere Beschwerde gegen Beschlagnahmen nach § 111b StPO.

§ 30 Die Ermittlung von Datenschutzverstößen im digitalen Raum

Übersicht
Rn.
- A. „Beweistransfer" aus aufsichtsrechtlichen Maßnahmen? 2
  - I. Auskunftsbefugnisse der (Straf-)Verfolgungsbehörden 3
  - II. Übermittlungsbefugnisse der Datenschutzbehörden und deren Begrenzungen ... 6
    1. Übermittlung an Strafverfolgungsbehörden 7
    2. Zweckändernde Folgenutzung durch dieselbe Verwaltungsbehörde 9
    3. Zweckändernde Folgenutzung durch andere Verwaltungsbehörde 10
  - III. Umgehungsverbot 11
- B. Allgemeine Befugnisse zur Erhebung digitaler Spuren 13
  - I. Zugriff auf öffentlich zugängliche Informationsquellen; Auskunftsersuchen und -verlangen ... 14
  - II. Herausgabeverlangen (§ 95 StPO) 15
  - III. Durchsuchung, Durchsicht und Beschlagnahme 18
- C. Spezifische, „digitale" Auskunfts- bzw. Ermittlungsbefugnisse 21
  - I. Erhebung von Telekommunikations-Verkehrsdaten 22
    1. Derzeit keine Vorratsdatenspeicherung 22
    2. Anordnungsvoraussetzungen 23
    3. Straftatbegehung mittels Telekommunikation; Straftat von erheblicher Bedeutung ... 24
    4. Transnationale Verkehrsdatenerhebung 25
  - II. Erhebung von Nutzungsdaten bei Telemediendiensten 26
  - III. Erhebung von Bestandsdaten 30
  - IV. Verdeckte technische Überwachungsmaßnahmen 33

Literatur:
Becker/Baser-Dogan, Zwischen Telekommunikationsüberwachung und heimlicher Beschlagnahme – Neues zum Zugriff auf beim Provider gespeicherte E-Mails, StV 2022, 459; *Bretthauer,* Datenschutzrechtliche Bußgelder. Unternehmerisches Risiko und behördliches Governance-Instrument, CR 2023, 22; *Brodowski/Eisenmenger,* Zugriff auf Cloud-Speicher und Internetdienste durch Ermittlungsbehörden. Sachliche und zeitliche Reichweite der „kleinen Online-Durchsuchung" nach § 110 Abs. 3 StPO, ZD 2014, 119; *Eckhardt/Menz,* Bußgeldsanktionen der DS-GVO, DuD 2018, 139; *Golla,* Das Opportunitätsprinzip für die Verhängung von Bußgeldern nach der DSGVO. Oder: How I Learned to Stop Worrying about Fines and Love the GDPR, CR 2018, 353; *Hiéramente,* Heimliche Handlungen – zur geplanten Einführung einer heimlichen Beschlagnahme, jurisPR-StrafR 3/2021 Anm. 1; *Klesczewski,* Strafttataufklärung im Internet – Technische Möglichkeiten und rechtliche Grenzen von strafprozessualen Ermittlungseingriffen im Internet, ZStW 123 (2011), 737; *Kudlich,* Strafverfolgung im Internet – Bestandsaufnahme und aktuelle Probleme; GA 2011, 193; *Vassilaki,* Heimliche Beschlagnahme von digital gespeicherten Informationen. Auf dem Weg zu einer neuen Ermittlungsmaßnahme, MMR 2022, 103; *Wybitul/Klaas,* Erfahrungsbericht: Verteidigung gegen DSGVO-Bußgelder, BB 2022, 2883.

Liegt ein Anfangsverdacht für einen strafbaren Datenschutzverstoß vor (→ § 8), so folgt aus dem strafprozessualen Legalitätsprinzip nicht nur die formale Pflicht, ein Ermittlungsverfahren einzuleiten, sondern auch die materielle Pflicht, den gegenständlichen Sachverhalt umfassend auszuforschen (vgl. § 160 StPO für das Ermittlungsverfahren sowie nachfolgend § 244 Abs. 2 StPO für die Hauptverhandlung). Gleiches gilt für das Bußgeldverfahren, soweit die Bußgeldbehörde bei einem Verstoß gegen bußgeldbewehrte Datenschutzbestimmungen (→ § 3) ihr Entschließungsermessen[1] dahingehend ausübt, diesen Verstoß zu verfolgen (vgl. § 47 Abs. 1 OWiG). Diese Pflicht zur umfassenden Ermitt- 1

---
[1] Zum Streit, ob bei Datenschutzverstößen gem. Art. 83 DS-GVO iVm § 41 BDSG ein Verfolgungszwang besteht, siehe Plath/Becker BDSG § 41 Rn. 4; Kühling/Buchner/Bergt DS-GVO Art. 83 Rn. 30 ff.; Kühling/Buchner/Bergt BDSG § 41 Rn. 16; Bretthauer CR 2023, 22 (24); BeckOK DatenschutzR/Brodowski/Nowak BDSG § 41 Rn. 41; Gola/Heckmann DS-GVO/BDSG./Ehmann BDSG § 41 Rn. 14 ff.; Paal/Pauly/Frenzel DS-GVO Art. 83 Rn. 10 ff.; Golla CR 2018, 353.

lung des Sachverhalts reicht allerdings nur so weit, wie die gesetzlichen Ermittlungsbefugnisse der Staatsanwaltschaft und – unter ihrer Sachleitung – der Polizei bzw. der Datenschutzbehörde als Verfolgungsbehörde reichen.[2] Die wichtigsten Erkenntnisquellen, die zur Ermittlung von Datenschutzverstößen zur Verfügung stehen, werden mit Fokus auf Besonderheiten bei der Verfolgung derartiger Verstöße nachfolgend dargestellt.

A. „Beweistransfer" aus aufsichtsrechtlichen Maßnahmen?

2   Nicht selten beruht der Anfangsverdacht auf Erkenntnissen, die in einem vorangegangenen aufsichtsrechtlichen Verwaltungsverfahren gewonnen wurden bzw. die, im Falle eines Strafverfahrens, zu einer entsprechenden, amtswegigen Anzeige geführt haben (§ 13 Abs. 4 S. 7, § 40 Abs. 3 S. 3 BDSG). In etlichen weiteren Verfahren ist es denkbar, dass den Datenschutzbehörden Erkenntnisse vorliegen, die zur Aufklärung eines anderweitig bereits zur Kenntnis der Strafverfolgungsbehörden gebrachten Verdachts sachdienlich sind. An einer expliziten Rechtsgrundlage für einen „Beweistransfer" aus aufsichtsrechtlichen Verfahren hin ins Bußgeld- bzw. Strafverfahren fehlt es zwar. Der rechtliche Rahmen hierfür ergibt sich aber aus einem Wechselspiel zwischen sanktionenrechtlichen Auskunftsrechten (→ Rn. 3 ff.) und datenschutzrechtlichen Übermittlungsbefugnissen (→ Rn. 6 ff.) sowie einem Verbot, die schützenden Formen des Sanktionenrechts zu umgehen (→ Rn. 11 f.).

I. Auskunftsbefugnisse der (Straf-)Verfolgungsbehörden

3   Nach der in § 161 Abs. 1 S. 1 StPO statuierten strafprozessualen Grundregel hat die Staatsanwaltschaft die Befugnis, „von allen Behörden Auskunft zu verlangen". Sie kann mithin Akten oder Aktenbestandteile anfordern, die zur Erforschung des Sachverhalts relevant sind bzw. aus ihrer Sicht sein könnten.[3] Gleiches gilt für die Polizei, wenn ihrem Auskunftsverlangen ein spezifisches Ersuchen oder ein Ermittlungsauftrag der Staatsanwaltschaft zugrunde liegt (§ 161 Abs. 1 S. 2 StPO), sowie für die Verfolgungsbehörde im Bußgeldverfahren (vgl. § 46 Abs. 2 OWiG).[4]

4   Hingegen hat die Polizei im Rahmen ihrer eigenständigen strafprozessualen Ermittlungstätigkeit lediglich die Möglichkeit, um entsprechende Auskünfte zu bitten (§ 163 Abs. 1 S. 2 StPO). Den adressierten Behörden steht es somit – im Rahmen ihrer Befugnisse (hierzu → Rn. 7 f.) – frei, ob sie die ersuchten Auskünfte erteilen oder nicht.[5]

5   Diese Vorschriften sind zugleich datenschutzrechtliche Grundlage für die Entgegennahme personenbezogener Daten zur Weiterverwendung zu dem Zweck strafprozessualer oder bußgeldrechtlicher Ermittlungen,[6] mithin die „zweite Türe" im Sinne des datenschutzrechtlichen Doppeltürmodells.[7]

---

[2] Statt aller Löwe/Rosenberg/Erb StPO § 160 Rn. 3; MüKoStPO/Kölbel § 160 Rn. 1; SK-StPO/Wohlers/Deiters § 160 Rn. 3.
[3] Löwe/Rosenberg/Erb StPO § 161 Rn. 12 ff.; Meyer-Goßner/Schmitt/Köhler StPO § 161 Rn. 1e; MüKoStPO/Kölbel § 161 Rn. 23 ff.; BeckOK StPO/Sackreuther StPO § 161 Rn. 5 f.; KK-StPO/Weingarten § 161 Rn. 2; Satzger/Schluckebier/Widmaier StPO/Ziegler § 161 Rn. 2.
[4] Krenberger/Krumm OWiG § 46 Rn. 99 f.; KK-OWiG/Lampe § 46 Rn. 55; Göhler/Seitz/Bauer OWiG vor § 59 Rn. 60.
[5] Löwe/Rosenberg/Erb StPO § 163 Rn. 39; BeckOK StPO/von Häfen StPO § 163 Rn. 15; Meyer-Goßner/Schmitt/Köhler StPO § 163 Rn. 1a; MüKoStPO/Kölbel § 163 Rn. 10; Satzger/Schluckebier/Widmaier/Ziegler, § 163 Rn. 45.
[6] MüKoStPO/Kölbel § 161 Rn. 28 f.; vgl. auch Meyer-Goßner/Schmitt/Köhler StPO § 161 Rn. 1e.
[7] Grundlegend BVerfGE 130, 151 (184).

II. Übermittlungsbefugnisse der Datenschutzbehörden und deren Begrenzungen

Von der vorgenannten Anforderungs- und Entgegennahmebefugnis zu trennen sind die 6
Befugnisse der Datenschutzbehörden, die bei ihnen aus Aufsichtsverfahren vorliegenden
Erkenntnisse an (Straf-)Verfolgungsbehörden zu übermitteln. Hierbei sind hauptsächlich[8]
drei Konstellationen zu differenzieren:

1. Übermittlung an Strafverfolgungsbehörden

§ 13 Abs. 4 S. 7 BDSG sowie § 40 Abs. 3 S. 3 BDSG legitimieren zur Anzeige einer Straf- 7
tat sowie implizit auch zur Übermittlung derjenigen Erkenntnisse, die eine solche Anzeige
tragen. Zudem ist den Aufsichtsbehörden der Länder explizit die Befugnis übertragen
worden, personenbezogene Daten zweckändernd auch zur Verfolgung von Straftaten zu
verarbeiten und daher auch zu übermitteln (§ 40 Abs. 3 S. 2 Nr. 3 BDSG). Im Übrigen
gestattet § 25 Abs. 1 S. 1 BDSG iVm § 23 Abs. 1 Nr. 4 BDSG die Übermittlung personenbezogener Daten durch öffentliche Stellen an Strafverfolgungsbehörden zum Zwecke
der Strafverfolgung. All dies öffnet zugleich datenschutzrechtlich die „erste Türe" im Sinne
des vorgenannten Doppeltürmodells.[9]

Wenngleich diese Vorschriften jeweils nur eine Befugnis zur Datenübermittlung einräu- 8
men, ist diese bei einem staatsanwaltschaftlichen Auskunftsverlangen (§ 161 Abs. 1 S. 2
StPO) grundsätzlich zu einer Auskunftspflicht verdichtet. Eine Ausnahme[10] von dieser
Pflicht besteht allerdings insoweit, als dass eine „Sperrerklärung" unter den Vorausssetzun-
gen des § 96 S. 1 StPO abgegeben wird; ein Verweis auf die Amtsverschwiegenheit (vgl.
§ 13 Abs. 4 S. 1 BDSG) genügt insoweit nicht.[11] Zudem steht das in § 42 Abs. 4 BDSG
für Strafverfahren, in § 43 Abs. 4 BDSG für Bußgeldverfahren[12] statuierte Verwendungsverbot für Meldungen nach Artikel 33 DS-GVO oder Benachrichtigungen nach Artikel 34 Abs. 1 DS-GVO (→ § 32 Rn. 18 ff.) einer Weitergabe entgegen.

2. Zweckändernde Folgenutzung durch dieselbe Verwaltungsbehörde

Wird der BfDI oder eine Aufsichtsbehörde der Länder als Verfolgungsbehörde tätig (inter- 9
ne Abgabe an Bußgeldstelle[13]), so gestattet § 23 Abs. 1 Nr. 4 BDSG die zweckändernde
Folgenutzung ihm oder ihr vorliegender personenbezogener Daten; für letztere ist dies zusätzlich in § 40 Abs. 3 S. 2 Nr. 3 BDSG klargestellt.

3. Zweckändernde Folgenutzung durch andere Verwaltungsbehörde

Ist für die Verfolgung der Ordnungswidrigkeit eine andere Datenschutz-Aufsichtsbehörde 10
zuständig als diejenige, bei der die angeforderten Erkenntnisse vorliegen, so gestattet § 25
Abs. 1 S. 1 BDSG iVm § 23 Abs. 1 Nr. 4 BDSG die Übermittlung personenbezogener
Daten zum Zwecke der Verfolgung einer Ordnungswidrigkeit; für die Aufsichtsbehörden
der Länder ist dies zusätzlich in § 40 Abs. 3 S. 1 BDSG klargestellt. Auch hier ist die Befugnis grundsätzlich zur Übermittlungspflicht verdichtet, wenn ein Auskunftsverlangen
vorliegt (→ Rn. 3) und keine Sperrerklärung abgegeben wird.

---

[8] Zur Abgabe von der Staatsanwaltschaft an die Verwaltungsbehörde und umgekehrt siehe §§ 41 ff. OWiG.
[9] Grundlegend BVerfGE 130, 151 (184).
[10] Zu weiteren Ausnahmen, zB der Unzumutbarkeit, siehe Löwe/Rosenberg/Erb StPO § 161 Rn. 23 ff.; Meyer-Goßner/Schmitt/Köhler StPO § 161 Rn. 3–6; BeckOK StPO/Sackreuther StPO § 161 Rn. 7 ff.; MüKoStPO/Kölbel § 161 Rn. 28 f.; KK-StPO/Weingarten § 161 Rn. 2; Satzger/Schluckebier/Widmaier StPO/Ziegler § 161 Rn. 5 ff.
[11] MüKoStPO/Kölbel § 161 Rn. 41.
[12] Zur Anwendbarkeit des § 43 Abs. 4 BDSG in Bußgeldverfahren nach Art. 83 Abs. 5 DS-GVO iVm § 41 BDSG siehe BeckOK DatenschutzR/Brodowski/Nowak BDSG § 43 Rn. 4, 4.1; Eckhardt/Menz DuD 2018, 139 (143); Paal/Pauly/Frenzel BDSG § 43 Rn. 1.
[13] Vgl. Wybitul/Klaas BB 2022, 2883 (2885).

III. Umgehungsverbot

11 Noch nicht abschließend geklärt ist, inwieweit datenschutzrechtliche Aufsichtsverfahren und (Straf-)Verfolgung parallel betrieben werden dürfen. In Ermangelung einer gesetzlichen Regelung, die eine Exklusivität bzw. Priorität der (Straf-)Verfolgung statuiert, ist davon auszugehen, dass für die Datenschutzbehörden die Möglichkeit besteht, zeitlich parallel zu (und ggf. koordiniert mit) Straf- oder Bußgeldverfahren Aufsichtsbefugnisse zu nutzen. Die dabei gewonnenen Erkenntnisse lassen sich grundsätzlich auch auf den soeben geschilderten Wegen zur Verfolgung einer Straftat oder Ordnungswidrigkeit fruchtbar machen.[14] Indessen ist die Grenze des Rechtsmissbrauchs erreicht und ein solches Vorgehen rechtswidrig, wenn der aufsichtsrechtliche Pfad nur zum Schein oder spezifisch zur Umgehung der schützenden Formen des Sanktionenrechts beschritten wird.

12 Vor allem aber ist die Selbstbelastungsfreiheit zu achten: Erkenntnisse, die auf aufsichtsrechtlichen Melde-, Benachrichtigungs-, Rechenschafts-, Mitwirkungs- und Vorlagepflichten beruhen (vgl. Art. 31, Art. 58 Abs. 1 lit. a, e und f DS-GVO; § 65 BDSG), stehen in Übertragung des Gemeinschuldnerbeschlusses[15] und im Einklang mit der unionsrechtlichen Gewährleistung des Schweigerechts[16] jedenfalls zur Strafverfolgung natürlicher Personen nicht zur Verfügung (näher → § 32).

B. Allgemeine Befugnisse zur Erhebung digitaler Spuren

13 In datenschutzrechtlichen Strafverfahren stehen den Ermittlungsbehörden grundsätzlich dieselben Ermittlungsbefugnisse zur Erhebung digitaler Spuren zu wie in sonstigen Strafverfahren; Gleiches gilt in datenschutzrechtlichen Bußgeldverfahren für die Befugnisse der Verfolgungsbehörden. Neben der hier nicht weiter vertieften Möglichkeit, über Zeugen und Sachverständige Erkenntnisse über digitale Vorgänge zu gewinnen, zählen zu den allgemeinen Befugnissen zur Erhebung digitaler Spuren insbesondere:

I. Zugriff auf öffentlich zugängliche Informationsquellen; Auskunftsersuchen und -verlangen

14 Gestützt auf die Ermittlungsgeneralklausel (§§ 161 Abs. 1, 163 Abs. 1 StPO, auch iVm § 46 Abs. 1, Abs. 2 OWiG) können diejenigen digitalen Spuren einschließlich personenbezogener Daten erhoben werden, die ohne Überwindung von Zugangssicherungen frei zugänglich abrufbar sind (sog. „Open Source Intelligence"). Auf dieselbe Rechtsgrundlage lassen sich Auskunftsersuchen bzw. Auskunftsverlangen stützen, um Daten, die bei anderen Behörden vorliegen, für Straf- bzw. Bußgeldverfahren nutzbar zu machen (hierzu bereits → Rn. 3 f. und → Rn. 7 f.). Ob die adressierten Behörden berechtigt und im Falle von Auskunftsverlangen verpflichtet sind, diesen Ersuchen zu entsprechen, richtet sich – neben der generischen Sperrerklärung nach § 96 StPO – nach dem jeweiligen Fachrecht (zB § 73 SGB X). Für Bußgeldverfahren ist zusätzlich die Begrenzung des § 46 Abs. 3 S. 1 OWiG zu beachten, demzufolge „Auskunftsersuchen über Umstände, die dem Post- und Fernmeldegeheimnis unterliegen, [...] unzulässig" sind und daher auch nicht beantwortet werden dürfen.

---

[14] BeckOK DatenschutzR/Brodowski/Nowak BDSG § 41 Rn. 44.
[15] BVerfGE 56, 37.
[16] Vgl. EuGH StV-S 2021, 41.

II. Herausgabeverlangen (§ 95 StPO)

Mit einem Herausgabeverlangen (§ 95 Abs. 1 StPO, auch iVm § 46 Abs. 1, Abs. 2 OWiG) können nach vorherrschender Ansicht Nichtbeschuldigte[17] verpflichtet werden, beweisrelevante Daten[18] an Strafverfolgungs- und Bußgeldbehörden auszuhändigen bzw. – im Falle von Daten – zu übermitteln. Hierzu zählen nach der Rechtsprechung des Bundesverfassungsgerichts grundsätzlich auch Daten, die dem Schutzbereich des Art. 10 GG unterliegen.[19] Indessen wäre es nicht nur ein Verstoß gegen den lex-specialis-Grundsatz, sondern auch ein Rechtsmissbrauch, mittels eines Herausgabeverlangens Daten oder sonstige Beweismittel anzufordern, auf die nur gestützt auf eine spezielle Rechtsgrundlage zugegriffen werden darf (zB nach §§ 100a ff. StPO). Einem Herausgabeverlangen können Zeugnis- oder Aussageverweigerungsrechte (vgl. § 95 Abs. 2 S. 2 StPO) entgegengehalten werden. 15

Allenfalls in Strafverfahren[20] besteht die Möglichkeit, ein Herausgabeverlangen gegenüber einem Beschuldigten vorläufig geheim zu halten (§ 95a Abs. 1 StPO) und diejenige Person, von welcher der Gegenstand angefordert wird, zu Stillschweigen über den staatlichen Zugriff zu verpflichten (§ 95a Abs. 6 StPO). Der Intention des Gesetzgebers zufolge soll dies insbesondere zur Verfügung stehen, um bei Diensteanbietern (zB Cloud-Speicherdiensten) vorliegende elektronische Beweismittel anfordern zu können.[21] Jedoch ist sowohl die Verfassungskonformität der Vorschrift[22] als auch deren Anwendungsbereich im Hinblick auf das Erfordernis, dass der Gewahrsam (ausschließlich) bei einer nicht beschuldigten Person liegen soll, umstritten.[23] 16

Weil die Hoheitsgewalt Deutschlands auf das eigene Staatsgebiet begrenzt ist und Deutschland kraft Art. 25 GG verpflichtet ist, fremde Hoheitsgewalt zu respektieren, reichen diese Vorschriften indes nicht aus, um auf im Ausland belegene Beweismittel zuzugreifen oder Gewahrsamsinhaber im Ausland zur Übermittlung von Daten an inländische Strafverfolgungsbehörden zu verpflichten; im Grundsatz ist daher der betroffene andere Staat um Rechtshilfe zu ersuchen. Innerhalb der Europäischen Union bietet die Europäische Ermittlungsanordnung[24] eine Erleichterung: Diese steht in Strafverfahren den Staatsanwaltschaften und Gerichten zur Verfügung, in Bußgeldverfahren (vgl. Art. 4 lit. b RL 2014/41/EU) den Verwaltungsbehörden nur, soweit deren Anordnung justiziell validiert worden ist (Art. 2 lit. c sublit. ii RL 2014/41/EU). Eine Europäische Ermittlungsanordnung nimmt den anderen Mitgliedstaat in die Pflicht, eine Herausgabeanordnung zu vollstrecken; nach dem Grundsatz der gegenseitigen Anerkennung steht dem Vollstreckungsstaat nur ein begrenzter Kanon an Ablehnungsgründen zur Verfügung. Bezogen auf bei Diensteanbietern gespeicherte elektronische Beweismittel soll dieses Verfahren durch die – noch nicht im Amtsblatt veröffentlichte – sogenannte E-Evidence-Verordnung[25] weiter vereinfacht werden, die eine unmittelbare transnationale Inpflichtnahme von Dienstean- 17

---

[17] BeckOK IT-Recht/Brodowski StPO § 95 Rn. 10; Satzger/Schluckebier/Widmaier StPO/Eschelbach § 95 Rn. 2; BeckOK StPO/Gerhold StPO § 95 Rn. 5; KK-StPO/Greven § 95 Rn. 2; MüKoStPO/Hauschild § 95 Rn. 12; Meyer-Goßner/Schmitt/Köhler StPO § 95 Rn. 5; Löwe/Rosenberg/Menges StPO § 95 Rn. 14.
[18] BeckOK IT-Recht/Brodowski StPO § 95 Rn. 10; BeckOK StPO/Gerhold § 95 Rn. 1; KK-StPO/Greven § 95 Rn. 1, § 94 Rn. 4 ff.; MüKoStPO/Hauschild § 95 Rn. 8; Meyer-Goßner/Schmitt/Köhler StPO § 95 Rn. 3, § 94 Rn. 4; Löwe/Rosenberg/Menges StPO § 95 Rn. 4 f., § 94 Rn. 14; aA (Daten seien keine Gegenstände iSd § 95 StPO) Satzger/Schluckebier/Widmaier StPO/Eschelbach § 95 Rn. 6; Klesczewski ZStW 123 (2011), 737 (747 f.).
[19] BVerfGE 124, 43 (Ls. Satz 1).
[20] Dies beruht auf dem in § 95a Abs. 1 Nr. 1 StPO enthaltenen Erfordernis einer „Straftat von auch im Einzelfall erheblicher Bedeutung".
[21] BT-Drs. 19/27654, 61.
[22] Becker/Baser-Dogan StV 2022, 459 (463); Hiéramente jurisPR-StrafR 3/2021 Anm. 1; Vassilaki MMR 2022, 103; für verfassungskonforme Reduktion BeckOK StPO/Gerhold StPO § 95a Rn. 3.
[23] BeckOK IT-Recht/Brodowski StPO § 95a Rn. 6.
[24] RL 2014/41/EU des Europäischen Parlaments und des Rates vom 3. April 2014 über die Europäische Ermittlungsanordnung in Strafsachen, ABl. EU L 130, 1.5.2014, 1.
[25] Zuletzt Ratsdok. 5448/23.

bietern legitimiert. Vergleichbares gilt für eng begrenzte Daten (Registrierungsinformationen zu Domänennamen; zu Bestandsdaten → Rn. 32, zu Verkehrsdaten → Rn. 25) für Vertragsstaaten des 2. Zusatzprotokolls zum (Europarats-)Übereinkommen über Computerkriminalität, sobald Deutschland dieses ratifiziert hat.[26]

III. Durchsuchung, Durchsicht und Beschlagnahme

18 Sowohl in Strafverfahren als auch in Bußgeldverfahren[27] eröffnen die §§ 102 ff. StPO (iVm § 46 Abs. 1, Abs. 2 OWiG) – unter Wahrung der Verhältnismäßigkeit – die Möglichkeit der Durchsuchung, um Beweismittel aufzufinden und diese sodann zu beschlagnahmen (§§ 94 ff. StPO). Diese Ermittlungsmaßnahme unterliegt indes einem Richtervorbehalt (§ 105 Abs. 1 StPO); nur bei Gefahr im Verzug darf die Durchsuchung durch die Staatsanwaltschaft (im Bußgeldverfahren: die Verwaltungsbehörde) und subsidiär durch ihre Ermittlungspersonen angeordnet werden.

19 Häufig wird sich die potenzielle Beweisbedeutung jedoch nicht auf einen Blick feststellen lassen: Für diese Fälle sieht § 110 Abs. 1, Abs. 3 S. 1 StPO die Möglichkeit vor, die aufgefundenen Papiere bzw. elektronischen Speichermedien zunächst vorläufig sicherzustellen und sodann auf ihre Beweisrelevanz durchzusehen. Diese Durchsicht elektronischer Speichermedien darf nach § 110 Abs. 3 S. 2 StPO auch auf räumlich getrennte Speichermedien erstreckt werden – zB Netzwerk-Speichermedien –, soweit auf sie von einem aufgefundenen elektronischen Speichermedium aus zugegriffen werden kann. Dies ist jedoch nach dem Wortlaut des § 110 Abs. 3 S. 2 StPO auf Eilfälle (zB im Rahmen einer forensischen Live-Analyse eines Systems)[28] sowie auf den einmaligen Zugriff begrenzt,[29] nach vorherrschender Ansicht zudem auf den Zugriff auf solche Speichermedien, die sich im Inland befinden.[30] Siehe zu den möglichen Strafbarkeitsrisiken für Ermittlungsbeamte aus § 202a Abs. 1 StGB: → § 11 Rn. 53.

20 Innerhalb der EU kann zur transnationalen Vornahme einer Durchsuchung auf die vorgenannte Europäische Ermittlungsanordnung[31] zurückgegriffen werden, im Übrigen ist der Rechtshilfeweg zu beschreiten.

C. Spezifische, „digitale" Auskunfts- bzw. Ermittlungsbefugnisse

21 Besonderes Augenmerk ist auf diejenigen Auskunfts- bzw. Ermittlungsbefugnisse zu legen, die infolge ihrer besonderen grundrechtlichen Eingriffsintensität – insbesondere wegen ihrer Heimlichkeit und wegen des Zugriffs auf besonders geschützte Informationen – in

---

[26] Zur unionsrechtlichen Perspektive auf dieses Zusatzprotokoll siehe Beschluss (EU) 2023/436 des Rates vom 14.2.2023 zur Ermächtigung der Mitgliedstaaten, im Interesse der Europäischen Union das Zweite Zusatzprotokoll zum Übereinkommen über Computerkriminalität über eine verstärkte Zusammenarbeit und die Weitergabe elektronischen Beweismaterials zu ratifizieren, AblEU 2023 L 63 v. 28.2.2023, 48 sowie Beschluss (EU) 2022/722 des Rates vom 5.4.2022 zur Ermächtigung der Mitgliedstaaten, im Interesse der Europäischen Union das Zweite Zusatzprotokoll zum Übereinkommen über Computerkriminalität über eine verstärkte Zusammenarbeit und die Weitergabe elektronischen Beweismaterials zu unterzeichnen, AblEU 2022 L 134 v. 11.5.2022, 15.
[27] Vgl. Wybitul/Klaas BB 2022, 2883 (2886).
[28] BeckOK IT-Recht/Brodowski StPO § 110 Rn. 16 f.; Bechtel NZWiSt 2022, 162 (164).
[29] BeckOK IT-Recht/Brodowski StPO § 110 Rn. 16 f.; Meyer-Goßner/Schmitt/Köhler StPO § 95 Rn. 7; Brodowski/Eisenmenger ZD 2014, 119 (124 ff.).
[30] LG München v. 7.7.2017 – 6 Qs 15/17 (zit. nach BVerfG BeckRS 2018, 14189 Rn. 36); Bär ZIS 2011, 53 (54); BeckOK IT-Recht/Brodowski StPO § 110 Rn. 12; Brodowski/Eisenmenger ZD 2014, 119 (122); HK-StPO/Gercke Rn. 26 ff.; MüKoStPO/Hauschild § 110 Rn. 18; Kudlich GA 2011, 193 (208); aA LG Koblenz NZWiSt 2022, 160 m. abl. Anm. Bechtel NZWiSt 2022, 162; LG Berlin v. 29.12.2022 – 519 Qs 8/22.
[31] RL 2014/41/EU des Europäischen Parlaments und des Rates vom 3. April 2014 über die Europäische Ermittlungsanordnung in Strafsachen, ABl. EU L 130, 1.5.2014, 1.

§§ 100a ff. StPO eine gesonderte Regelung gefunden haben. Von besonderer Bedeutung für die Ermittlung von Datenschutzverstößen sind hier:

I. Erhebung von Telekommunikations-Verkehrsdaten

1. Derzeit keine Vorratsdatenspeicherung

Nur in Strafverfahren, nicht in Bußgeldverfahren (§ 46 Abs. 3 S. 1 OWiG)[32] können nach Maßgabe des § 100 g StPO Verkehrsdaten – dh Informationen über die Umstände der Telekommunikation (insbes. Kennungen der Beteiligten, Zeit und Standort) – erhoben werden. Infolge eines Verstoßes gegen Unionsrecht, der zwischenzeitlich vom EuGH festgestellt wurde,[33] ist die Verpflichtung, derartige Verkehrsdaten „auf Vorrat" zu speichern (§ 176 TKG), unanwendbar und daher § 100 g Abs. 2 StPO ohne Anwendungsbereich. Somit besteht derzeit nur die Möglichkeit, nach § 100 g Abs. 1, auch iVm Abs. 3 StPO, Verkehrsdaten zu erheben, die entweder aus technischen Gründen durch die Diensteanbieter gespeichert wurden (§§ 9, 12 TKG) oder die erst bei aktueller oder zukünftiger Telekommunikation anfallen. 22

2. Anordnungsvoraussetzungen

Neben Subsidiaritäts- und Verhältnismäßigkeitsvoraussetzungen sowie einem an anderer Stelle normierten Richtervorbehalt (§ 101a Abs. 1 StPO) ist bei der Erhebung von Verkehrsdaten zu beachten, dass diese Maßnahme nur bei Verdacht, eine Straftat sei mittels Telekommunikation begangen worden (§ 100 g Abs. 1 S. 1 Nr. 2 StPO), oder bei Verdacht, eine Straftat von auch im Einzelfall erheblicher Bedeutung, insbesondere eine in § 100a Abs. 2 bezeichnete Straftat, sei begangen, versucht, oder strafbar vorbereitet worden (§ 100 g Abs. 1 S. 1 Nr. 1 StPO), zur Verfügung steht. Der Zugriff auf Standortdaten ist weiter begrenzt: Retrograd stehen diese nur bei Verdacht einer in Abs. 2 genannten Katalogtat zur Verfügung; anterograd nur im Falle des § 100 g Abs. 1 Satz 1 Nr. 1 StPO (§ 100 g Abs. 1 S. 3 und 4 StPO). Ebenfalls nur im Falle des § 100 g Abs. 1 S. 1 Nr. 1 StPO ist nach Maßgabe des Abs. 3 eine Funkzellenabfrage als Maßnahme mit großer Streubreite zulässig, also die Erhebung aller in einer Funkzelle angefallenen Verkehrsdaten. 23

3. Straftatbegehung mittels Telekommunikation; Straftat von erheblicher Bedeutung

Während die Voraussetzung des § 100 g Abs. 1 S. 1 Nr. 2 StPO – Straftatbegehung mittels Telekommunikation – bei strafbaren Datenschutzverletzungen sehr häufig gegeben sein dürfen, zählen diese Straftaten nicht zu den Katalogtaten des § 100 g Abs. 2 StPO. Bezüglich § 100 g Abs. 1 S. 1 Nr. 1 StPO – Straftat von erheblicher Bedeutung – ist zu differenzieren: Vom Verweis auf den Katalog des § 100a Abs. 2 StPO umfasst ist im hier gegenständlichen Bereich lediglich die Fälschung beweiserheblicher Daten in einem besonders schweren Fall (§ 269 Abs. 3 iVm § 267 Abs. 3 S. 2 StGB, vgl. § 100a Abs. 2 Nr. 1 lit. r StPO). Was abseits dieses Positivkatalogs als Straftat von erheblicher Bedeutung zu klassifizieren ist, ist nicht abschließend geklärt: Dem BVerfG zufolge sind dies Straftaten, die „mindestens der mittleren Kriminalität zuzurechnen [sind], den Rechtsfrieden empfindlich stören und dazu geeignet [sind], das Gefühl der Rechtssicherheit der Bevölkerung erheblich zu beeinträchtigen",[34] wobei „Straftaten, die im Höchstmaß mit Freiheitsstrafe unter fünf Jahren bedroht sind[,] […] nicht mehr ohne Weiteres dem Bereich der Straftaten von 24

---

[32] Ebenso KK-OWiG/Lampe § 46 Rn. 55.
[33] EuGH v. 20.9.2022 – C-793/19 u. C-794/19 = ZD 2022, 666; siehe bereits zuvor zur Vorratsdaten-RL EuGH v. 8.4.2014 – C-293/12, C-594/12 = NJW 2014, 2169.
[34] BVerfGE 112, 304 (315 f.); BVerfGE 124, 43 (64).

erheblicher Bedeutung zuzurechnen" sind.[35] In Bezug auf § 42 Abs. 1 BDSG im Besonderen und in Bezug auf Datenschutzverletzungen im Allgemeinen dürften nur in Ausnahmefällen die Voraussetzungen einer empfindlichen Störung des Rechtsfriedens und der Eignung, das Gefühl der Rechtssicherheit der Bevölkerung erheblich zu beeinträchtigen, gegeben sein. In diesem Sinne wurde das Vorliegen einer Straftat von erheblicher Bedeutung bei einem Ausspähen von Daten (§ 202a Abs. 1 StGB)[36] sowie bei einem Computerbetrug (§ 263a Abs. 1 StGB)[37] in der Rechtsprechung verneint.

4. Transnationale Verkehrsdatenerhebung

25   Zur transnationalen Erhebung von Verkehrsdaten steht aktuell innerhalb der EU die Europäische Ermittlungsanordnung[38] sowie zukünftig (auch) die E-evidence-Verordnung[39] zur Verfügung. Zudem sieht Art. 8 des 2. Zusatzprotokolls zum (Europarats-)Übereinkommen über Computerkriminalität[40] Erleichterungen für die transnationale Verkehrsdatenerhebung zwischen den Vertragsstaaten vor.

II. Erhebung von Nutzungsdaten bei Telemediendiensten

26   Das Pendant zu Telekommunikations-Verkehrsdaten bei der Nutzung von Telemedien wird als Nutzungsdaten bezeichnet und ist hier wie dort von Inhaltsdaten abzugrenzen.[41] In der Formulierung des § 2 Abs. 2 Nr. 3 TTDSG handelt sich dabei um „die personenbezogenen Daten eines Nutzers von Telemedien, deren Verarbeitung erforderlich ist, um die Inanspruchnahme von Telemedien zu ermöglichen und abzurechnen", wozu insbesondere „a) Merkmale zur Identifikation des Nutzers", „b) Angaben über Beginn und Ende sowie Umfang der jeweiligen Nutzung" und „c) Angaben über die vom Nutzer in Anspruch genommenen Telemedien" gehören. Die Anforderungen für den strafprozessualen Zugriff auf diese Nutzungsdaten sind in § 100k StPO geregelt, der Richtervorbehalt in § 101a Abs. 1a iVm § 100e Abs. 1 StPO. Nach § 100k Abs. 1 StPO steht diese Maßnahme grundsätzlich nur zur Erforschung einer „Straftat von auch im Einzelfall erheblicher Bedeutung, insbesondere eine[r] in § 100a Absatz 2 bezeichnete[n] Straftat" und somit nur in Ausnahmefällen zur Ermittlung von Datenschutzverstößen (→ Rn. 24) zur Verfügung. Hinzu treten aber die in § 100k Abs. 2 StPO genannten Katalogtaten, die zur Erhebung von Nutzungsdaten mit Ausnahme von Standortdaten legitimieren. Zu den dort genannten Katalogtaten zählen die Straftaten des § 42 BDSG (S. 1 Nr. 3) sowie des Ausspähens von Daten (S. 1 Nr. 1 lit. h Var. 2).

27   Einen noch weiteren Anwendungsbereich hat § 100k Abs. 3 StPO, der indes lediglich die Erhebung von „Merkmale[n] zur Identifikation des Nutzers" gestattet: Sofern der Staatsanwaltschaft der konkrete „Inhalt der Nutzung des Telemediendienstes bereits bekannt ist", darf sie diese Identifikationsmerkmale – ohne dass ein Richtervorbehalt zu beachten wäre – abfragen.

28   In Ordnungswidrigkeitenverfahren steht die Nutzungsdatenabfrage nach § 100k Abs. 1 und Abs. 2 StPO nicht zur Verfügung: Soweit die Nutzungsdaten dem Schutz des Art. 10 GG unterliegen, folgt dies bereits aus § 46 Abs. 3 S. 1 OWiG (keine „Auskunftsersuchen über Umstände, die dem Post- und Fernmeldegeheimnis unterliegen"). Bei einer Nutzungsdatenabfrage nach Abs. 1 fehlte es zudem an der geforderten Deliktsschwere (Abs. 1),

---

[35] BVerfGE 124, 43 (64).
[36] LG Dortmund MMR 2003, 54.
[37] LG Köln MMR 2002, 562; AG Ulm MMR 2003, 55.
[38] RL 2014/41/EU des Europäischen Parlaments und des Rates vom 3. April 2014 über die Europäische Ermittlungsanordnung in Strafsachen, ABl. EU L 130, 1.5.2014, 1.
[39] Zuletzt Ratsdok. 5448/23.
[40] Zur unionsrechtlichen Perspektive → Fn. 26.
[41] BeckOK IT-Recht/Brodowski StPO § 100k Rn. 4; krit. daher OLG Frankfurt MMR 2022, 141 = StV-S 2022, 66 m. abl. Anm. Ruppert zur Erfassung von Navigationsdaten eines Kfz-Navigationsgeräts.

bei einer Abfrage nach Abs. 2 an der geforderten Katalogtat (Abs. 2). Lediglich bezüglich der Abfrage nur der Identifikationsmerkmale bei konkret bekannter Nutzung des Telemediendienstes (§ 100k Abs. 3 StPO) lässt sich argumentieren, dass insoweit kein Eingriff in Art. 10 GG vorliegt und daher die Ausschlussklausel des § 46 Abs. 3 S. 1 OWiG nicht greift; bedenklich ist aber insoweit, dass der Gesetzgeber hier keine zur Bestandsdatenauskunft vergleichbare Eingrenzung der Maßnahme (§ 46 Abs. 4a OWiG) vorgenommen hat.

Zur transnationalen Erhebung von Nutzungsdaten steht aktuell innerhalb der EU die Europäische Ermittlungsanordnung[42] sowie zukünftig (auch) die E-evidence-Verordnung[43] zur Verfügung. 29

III. Erhebung von Bestandsdaten

Von wesentlicher Bedeutung für die Ermittlung von Datenschutzverstößen kann es sein, nähere – insbesondere identifizierende – Informationen über den Anschlussinhaber oder Nutzer eines Telekommunikationsdienstes oder Telemediendienstes in Erfahrung zu bringen. Die Erhebung der sogenannten Bestandsdaten iSd § 3 Nr. 6, § 172 TKG („Daten eines Endnutzers, die erforderlich sind für die Begründung, inhaltliche Ausgestaltung, Änderung oder Beendigung eines Vertragsverhältnisses über Telekommunikationsdienste", insbesondere Rufnummern, Anschlusskennungen, Name und Anschrift) sowie iSd § 2 Abs. 2 Nr. 2 TTDSG („personenbezogenen Daten, deren Verarbeitung zum Zweck der Begründung, inhaltlichen Ausgestaltung oder Änderung eines Vertragsverhältnisses zwischen dem Anbieter von Telemedien und dem Nutzer über die Nutzung von Telemedien erforderlich" sind) gestattet § 100j StPO in sämtlichen Strafverfahren in den Grenzen der Zweckdienlichkeit und Verhältnismäßigkeit, auch soweit als Suchkriterium eine dynamisch zugewiesene IP-Adresse verwendet wird (§ 100j Abs. 2 StPO). Die Erhebung von Passwortdaten (§ 100j Abs. 1 S. 2 und 3 StPO) scheidet bei der Ermittlung von Datenschutzverstößen grundsätzlich aus, weil es an einer Berechtigung zur Nutzung dieser Daten – insbesondere im Hinblick auf das in S. 3 näher eingegrenzte Katalogtatenerfordernis – fehlen dürfte. 30

In Bußgeldverfahren ist die Bestandsdatenabfrage nach § 46 Abs. 4a OWiG – zur verfassungsrechtlich notwendigen Wahrung der Verhältnismäßigkeit[44] – bereits gesetzlich dahingehend eingegrenzt, dass die verfolgte Ordnungswidrigkeit „gegenüber natürlichen Personen mit Geldbußen im Höchstmaß von mehr als fünfzehntausend EUR bedroht" sein muss. Dieser Schwellenwert ist bei Verstößen gegen die DS-GVO (Art. 83 Abs. 4–6 DS-GVO) bei Weitem überschritten, sodass die Bestandsdatenabfrage unter Beachtung der Verhältnismäßigkeit im Einzelfall als Ermittlungsinstrument zur Verfügung steht. 31

Zur transnationalen Erhebung von Bestandsdaten steht aktuell innerhalb der EU die Europäische Ermittlungsanordnung[45] sowie zukünftig (auch) die E-evidence-Verordnung[46] zur Verfügung. Zudem sieht Art. 7 des 2. Zusatzprotokolls zum (Europarats-)Übereinkommen über Computerkriminalität[47] wesentliche Erleichterungen für die transnationale Verkehrsdatenerhebung zwischen den Vertragsstaaten vor. 32

IV. Verdeckte technische Überwachungsmaßnahmen

Die grundrechtsintensivsten verdeckten technischen Überwachungsmaßnahmen haben für die Ermittlung von Datenschutzstraftaten keine Bedeutung: Wegen der jeweiligen Kata- 33

---

[42] RL 2014/41/EU des Europäischen Parlaments und des Rates vom 3. April 2014 über die Europäische Ermittlungsanordnung in Strafsachen, ABl. EU L 130, 1.5.2014, 1.
[43] Zuletzt Ratsdok. 5448/23.
[44] BeckOK OWiG/Bücherl OWiG § 46 Rn. 31a; Krenberger/Krumm OWiG § 46 Rn. 105a.
[45] RL 2014/41/EU des Europäischen Parlaments und des Rates vom 3. April 2014 über die Europäische Ermittlungsanordnung in Strafsachen, ABl. EU L 130, 1.5.2014, 1.
[46] Zuletzt Ratsdok. 5448/23.
[47] Zur unionsrechtlichen Perspektive → Fn. 26.

logtatenerfordernisse kommt eine Telekommunikationsüberwachung (§ 100a StPO) allenfalls bei einer Fälschung beweiserheblicher Daten in einem besonders schweren Fall (§ 269 Abs. 3 iVm § 267 Abs. 3 S. 2 StGB, vgl. § 100a Abs. 2 Nr. 1 lit. r StPO) in Betracht. Datenschutzstraftaten zählen jedoch weder zu den Katalogtaten der Online-Durchsuchung (§ 100b Abs. 2 StPO) noch der akustischen Wohnraumüberwachung (§ 100c Abs. 1 StPO iVm § 100b Abs. 2 StPO).

§ 31 Datenschutz-Compliance – Haftungsvermeidung in datenverarbeitenden Organisationen

Übersicht

Rn.

A. Einleitung 1
B. Haftungsvermeidung in Datenverarbeitungsvorgängen 2
   I. Verarbeitung von Daten mit Rechtsgrundlage, Art. 6 DS-GVO 7
      1. Compliance-Risiken 7
         a) Rechtliche Anforderungen 8
         b) Typische Verstöße und deren Ursachen 12
         c) Beispiele aus der Sanktionspraxis 14
      2. Gestaltung des CMS 18
         a) Allgemeine Empfehlungen für die Ausgestaltung des CMS zur Vermeidung von Compliance-Risiken 18
         b) Erkenntnisse aus den vorgenannten Beispielen aus der Sanktionspraxis 27
   II. Insbesondere: Weitergabe von Daten an Dritte, Art. 6 DS-GVO 31
      1. Compliance-Risiken 31
         a) Rechtliche Anforderungen 32
         b) Typische Verstöße und deren Ursachen 34
         c) Beispiele aus der Sanktionspraxis 36
      2. Gestaltung des CMS 39
         a) Allgemeine Empfehlungen für die Ausgestaltung des CMS zur Vermeidung von Compliance-Risiken 39
         b) Erkenntnisse aus den vorgenannten Beispielen aus der Sanktionspraxis 46
   III. Verarbeitung besonderer Kategorien personenbezogener Daten, Art. 9 DS-GVO 47
      1. Compliance-Risiken 47
         a) Rechtliche Anforderungen 48
         b) Typische Verstöße und deren Ursachen 50
         c) Beispiele aus der Sanktionspraxis 52
      2. Gestaltung des CMS 55
         a) Allgemeine Empfehlungen für die Ausgestaltung des CMS zur Vermeidung von Compliance-Risiken 55
         b) Erkenntnisse aus den vorgenannten Beispielen aus der Sanktionspraxis 61
   IV. Transparenz der Datenverarbeitung, Art. 5 Abs. 1 lit. a, Art. 12–15 DS-GVO ... 63
      1. Compliance-Risiken 63
         a) Rechtliche Anforderungen 64
         b) Typische Verstöße und deren Ursachen 69
         c) Beispiele aus der Sanktionspraxis 71
      2. Gestaltung des CMS 74
         a) Allgemeine Empfehlungen für die Ausgestaltung des CMS zur Vermeidung von Compliance-Risiken 74
         b) Erkenntnisse aus den vorgenannten Beispielen aus der Sanktionspraxis 82
   V. Maßnahmen zum Schutz vor Angriffen oder Missbrauch, Art. 5 Abs. 1 lit. f und Art. 32 DS-GVO 83
      1. Compliance-Risiken 83
         a) Rechtliche Anforderungen 84
         b) Typische Verstöße und deren Ursachen 85
         c) Beispiele aus der Sanktionspraxis 86
      2. Gestaltung des CMS 89
         a) Allgemeine Empfehlungen für die Ausgestaltung des CMS zur Vermeidung von Compliance-Risiken 89
         b) Erkenntnisse aus den vorgenannten Beispielen aus der Sanktionspraxis 95
C. Fazit 97

Literatur:
Klaas, „White Hat Hacking" – Aufdecken von Sicherheitsschwachstellen in IT-Strukturen, MMR 2022, 187; *Krämer/Burghoff,* Praxisgerechter Umgang mit Auskunftsersuchen nach Art. 15 DS-GVO – Empfehlungen für Unternehmen, ZD 2022, 428; *Raji,* Auskunftsanspruch in der Praxis – Ausgewählte Fragen zum Auskunftsrecht nach Art. 15 DS-GVO, ZD 2020, 279; *Roßnagel/Kroschwald,* Was wird aus der Datenschutzgrundverordnung? – Die Entschließung des Europäischen Parlaments über ein Verhandlungsdokument, ZD 2014, 495; *Saemann/Theis/Urban/Degeling,* Investigating GDPR Fines in the Light of Data Flows, Proceedings on Privacy Enhancing Technologies 2022, 314–331; *Schmidt/Freund,* Perspektiven der Auftragsverarbeitung – Wegfall der Privilegierung mit der DS-GVO?, ZD 2017, 14.

A. Einleitung

1 Eine datenschutzkonforme Unternehmensführung erfordert umfassende Maßnahmen zur Einhaltung datenschutzrechtlicher Vorgaben nach innen und außen. Mit einem datenschutzrechtlichen Compliance-Management-System (CMS) können datenverarbeitende Organisationen die Einhaltung gesetzlicher Anforderungen systematisch organisieren, steuern und kontrollieren sowie die unternehmensinternen Abläufe durch technische und organisatorische Maßnahmen datenschutzkonform gestalten. Das Risiko von Rechtsverstößen und Bußgeldern gemäß Art. 83 DS-GVO kann damit signifikant reduziert werden.

B. Haftungsvermeidung in Datenverarbeitungsvorgängen

2 Ausgangspunkt für die Entwicklung und regelmäßige Anpassung des unternehmenseigenen CMS ist regelmäßig die Durchführung einer Risikoanalyse, welche die individuellen sowie die branchen- und organisationstypischen Verarbeitungsrisiken identifiziert. Relevante Faktoren sind u. a. Art und Umfang der verarbeiteten Daten und der Verarbeitungsvorgänge, beteiligte Dritte, die Sicherheitsarchitektur oder der Reifegrad der Organisation. Im vorliegenden Beitrag nehmen wir demgegenüber eine allgemeine branchen- und organisationsübergreifende Risikoanalyse anhand der Bußgeldpraxis vor.

3 Im Folgenden werden bußgeldträchtige Datenverarbeitungsvorgänge dahingehend analysiert, inwieweit datenverarbeitende Organisationen ihr CMS optimieren können, um vergleichbare Rechtsverstöße zu vermeiden (hierzu I. bis V.).

4 Hierbei wird zunächst jeweils erörtert, welche Compliance-Risiken bei dem jeweiligen Datenverarbeitungsvorgang bestehen (hierzu jeweils 1.)), insbesondere welche rechtlichen Anforderungen für den jeweiligen Datenverarbeitungsvorgang bestehen, welche typischen Verstöße in der Praxis auftreten, worin deren Ursachen liegen und welche konkreten Beispiele aus der Bußgeldpraxis für den jeweiligen Datenverarbeitungsvorgang relevant sind.

5 Darüber hinaus wird dargestellt, was bei der Gestaltung des CMS in Bezug auf die einzelnen Datenverarbeitungsvorgänge zu beachten ist, um Rechtsverstößen vorzubeugen (hierzu jeweils 2.)). Neben allgemeinen Empfehlungen für die Ausgestaltung des CMS zur Vermeidung von Compliance-Risiken für den jeweiligen Datenverarbeitungsvorgang werden spezifische Erkenntnisse aus der Bußgeldpraxis herausgearbeitet.

6 **Relevanz von CMS für die Reduzierung von Bußgeldrisiken**

Mit der Implementierung eines durchdachten CMS kann dem Bußgeldrisiko auf allen haftungsrelevanten Ebenen ein haftungsreduzierendes Gegengewicht gesetzt werden:

Präventiv: Das CMS dient generell der Vermeidung der Verwirklichung eines Datenschutzverstoßes.

Präventiv/Repressiv: Das CMS beugt der Annahme (fahrlässig) unterlassener Aufsichtsmaßnahmen vor und führt so zu einer Unterbrechung des Zurechnungszusammenhangs (soweit die §§ 30, 130 OWiG im Kontext von Art. 83 DS-GVO für anwendbar gehalten werden (siehe hierzu → § 3 Rn. 23 ff. sowie → § 4 Rn. 5, 63 ff.).

> *Repressiv:* Jedenfalls ist das CMS positiv bei der Sanktionszumessung zu berücksichtigen.

I. Verarbeitung von Daten mit Rechtsgrundlage, Art. 6 DS-GVO

1. Compliance-Risiken

Häufig wird mit Bußgeldern in der deutschen und europäischen Sanktionspraxis eine fehlende Rechtsgrundlage im Sinne von Art. 6 Abs. 1 DS-GVO für die Datenverarbeitung geahndet. Aus einer umfangreichen Datenauswertung von in Deutschland und der EU verhängten Bußgeldern geht hervor, dass 409 von 856 Bußgeldern (48%) darauf beruhen, dass Unternehmen Datenverarbeitungsvorgänge ohne oder ohne geeignete bzw. ausreichende Rechtsgrundlage durchgeführt haben.[1] 7

a) Rechtliche Anforderungen. Die Verarbeitung von Daten ist nach der DS-GVO grds. nur rechtmäßig, wenn sie auf einer Rechtsgrundlage beruht. Von praktischer Bedeutung sind vor allem die Einwilligung (Art. 6 Abs. 1 S. 1 lit. a), die Verarbeitung zur Erfüllung eines Vertrags (Art. 6 Abs. 1 S. 1 lit. b) sowie die Datenverarbeitung zur Wahrung überwiegender berechtigter Interessen (Art. 6 Abs. 1 S. 1 lit. f). Bei der Verarbeitung personenbezogener Beschäftigtendaten für die Zwecke des Beschäftigungsverhältnisses sind die §§ 26 Abs. 1 S. 1, 2 BDSG zu berücksichtigen. 8

Die Einwilligung muss gemäß Art. 6 Abs. 1 S. 1 lit. a iVm Art. 4 Nr. 11 DS-GVO insbesondere freiwillig abgegeben werden. Die betroffene Person muss eine echte freie Wahl haben, die Einwilligung ohne Nachteile zu verweigern.[2] Hierfür muss sie darüber informiert werden, von wem die Daten zu welchem Zweck verarbeitet werden.[3] Der Zweckbindungsgrundsatz des Art. 5 Abs. 1 lit. b DS-GVO verlangt, dass bei Einholung der Einwilligung jeder Zweck der Verarbeitung bestimmt sein muss und eine pauschale Einwilligung unwirksam ist.[4] Die Einwilligung setzt zudem eine unmissverständlich abgegebene Willensbekundung voraus, wobei es auf eine bestimmte Form nicht ankommt.[5] Sie kann ausdrücklich (bspw. schriftlich oder mündlich), im Umkehrschluss zu Art. 9 Abs. 2 lit. a DS-GVO („ausdrücklich eingewilligt") allerdings auch schlüssig erfolgen.[6] 9

Mit Ausnahme der Einwilligung folgen alle Erlaubnistatbestände des Art. 6 Abs. 1 S. 1 DS-GVO dem übergreifenden Prinzip der Erforderlichkeit.[7] Für die Verarbeitung von Daten zur Vertragserfüllung (lit. b) reicht ein einfacher Bezug zu einem Vertragsverhältnis daher nicht aus.[8] Stattdessen muss die Datenverarbeitung objektiv für die Erfüllung des Vertrags bzw. zur Durchführung vorvertraglicher Maßnahmen erforderlich sein.[9] Dies ist zumindest dann der Fall, wenn der Vertrag ohne die Verarbeitung nicht in dem geltend gemachten Umfang erfüllt werden kann.[10] 10

Bei der Verarbeitung zur Wahrung überwiegender berechtigter Interessen (lit. f) sind die drei gesetzlichen Voraussetzungen – berechtigtes Interesse, Verarbeitung zu dessen Wahrung, keine überwiegenden Interessen des Betroffenen – kumulativ zu beachten. Das berechtigte Interesse des Unternehmens muss zur Abwägung mit den Interessen, Grundrechten und Grundfreiheiten des Betroffenen hinreichend konkretisiert sein.[11] 11

---
[1] Saemann et al., PoPETs 2022, 314 (321, 331).
[2] Ehmann/Selmayr/Heberlein DS-GVO Art. 6 Rn. 7.
[3] Ehmann/Selmayr/Heberlein DS-GVO Art. 6 Rn. 8.
[4] Ehmann/Selmayr/Heberlein DS-GVO Art. 6 Rn. 9
[5] Ehmann/Selmayr/Heberlein DS-GVO Art. 6 Rn. 11.
[6] Paal/Pauly/Frenzel DS-GVO Art. 6 Rn. 11.
[7] Kühling/Buchner/Buchner/Petri DS-GVO Art. 6 Rn. 38.
[8] Paal/Pauly/Frenzel DS-GVO Art. 6 Rn. 14.
[9] Kühling/Buchner/Buchner/Petri DS-GVO Art. 6 Rn. 38.
[10] Paal/Pauly/Frenzel DS-GVO Art. 6 Rn. 14.
[11] Ehmann/Selmayr/Heberlein DS-GVO Art. 6 Rn. 25.

12 **b) Typische Verstöße und deren Ursachen.** Typische Verstöße bestehen darin, dass Unternehmen es versäumen, eine einschlägige Rechtsgrundlage zu definieren und zu dokumentieren.[12] So verarbeiten Unternehmen bspw. personenbezogene Daten, ohne dass eine Einwilligung der betroffenen Person insgesamt bzw. für jeden einzelnen Zweck der Verarbeitung vorliegt. Des Weiteren kommt es häufig vor, dass zwar eine Rechtsgrundlage vorliegt, insbesondere in Form der Einwilligung, die Datenverarbeitung aber über den Gegenstand der erteilten Einwilligung hinausgeht oder nachträglich ausgeweitet wird.[13] Gleiches gilt für den Fall, dass Verantwortliche oder Auftragsverarbeiter im Sinne von Art. 28 DS-GVO Anträge der Betroffenen auf Einschränkung der Datenverarbeitung oder Löschung missachten, wie bspw. durch Nichtberücksichtigung der „Robinsonliste" (einer Schutzliste mit Informationen zu Personen, die keine unaufgeforderte Werbung erhalten wollen).[14]

13 Überwiegend lassen sich Datenverarbeitungsvorgänge ohne einschlägige Rechtsgrundlage auf unzureichende organisatorische, zum Teil aber auch auf unzureichende technische Maßnahmen zurückführen.[15] Hierunter fallen solche Konstellationen, in denen die Einholung von Einwilligungen für jeden einzelnen Zweck ursprünglich schlichtweg versäumt wurde (auch zB wenn Unternehmen Cookies auf ihrer Webseite verwenden, ohne zunächst technische Maßnahmen zu implementieren, die eine entsprechende Einwilligung des Nutzers abfragen[16]) oder Unternehmen die Datenverarbeitung nachträglich ausweiten, ohne entsprechende Einwilligungen einzuholen.

14 **c) Beispiele aus der Sanktionspraxis.** Aus der Sanktionspraxis sind folgende Beispiele zu erwähnen:

15 Eine italienische Aufsichtsbehörde verhängte gegen ein Telekommunikationsunternehmen ein Bußgeld in Höhe von EUR 12,25 Mio. aufgrund von unzulässigen Werbemaßnahmen. Das Unternehmen hatte insbesondere über E-Mail und Telefon Werbemaßnahmen gegenüber Bestandskunden sowie potenziellen Neukunden vorgenommen, ohne dass hierfür eine Einwilligung oder eine anderweitige Rechtsgrundlage vorlag. Zuvor hatte das Unternehmen unrechtmäßig Daten von 4,5 Mio. Werbeadressaten von Callcentern erworben.[17]

16 Eine deutsche Datenschutzbehörde verhängte gegen eine Krankenkasse ein Bußgeld in Höhe von EUR 1,24 Mio. wegen eines Verstoßes gegen die Pflichten zur sicheren Datenverarbeitung. Die Krankenkasse hatte in den Jahren 2015 bis 2019 zu unterschiedlichen Gelegenheiten Gewinnspiele veranstaltet und dabei personenbezogene Daten der Teilnehmer erhoben. Diese Daten sollten auch zu Werbezwecken genutzt werden, soweit die Teilnehmer eine entsprechende Einwilligung erteilt hatten. Unzureichende technische und organisatorische Maßnahmen hatten jedoch zur Folge, dass personenbezogene Daten von über 500 Teilnehmern ohne deren Einwilligung zu Werbezwecken eingesetzt wurden.[18]

---

[12] Saemann et al., PoPETs 2022, 314 (324).
[13] Saemann et al., PoPETs 2022, 314 (324).
[14] Saemann et al., PoPETs 2022, 314 (324).
[15] Saemann et al., PoPETs 2022, 314 (324, 331).
[16] Saemann et al., PoPETs 2022, 314 (324).
[17] So laut Kaiser, „DSGVO-Bußgelder aus Deutschland und Europa", Bußgeld-Radar der Datenschutzkanzlei, abrufbar unter, https://www.datenschutzkanzlei.de/bussgeld-radar/, zuletzt abgerufen am: 2.1.2023; zum Originalbescheid in italienischer Sprache siehe Bescheid der Garante per la Protezione dei Dati Personali vom 12.11.2020, abrufbar unter https://www.garanteprivacy.it/home/docweb/-/docweb-display/docweb/9485681, zuletzt abgerufen am 2.1.2023.
[18] Der Landesbeauftragte für Datenschutz und Informationsfreiheit Baden-Württemberg, „LfDI Baden-Württemberg verhängt Bußgeld gegen AOK Baden-Württemberg – Wirksamer Datenschutz erfordert regelmäßige Kontrolle und Anpassung", 30.6.2020, abrufbar unter https://www.baden-wuerttemberg.datenschutz.de/lfdi-baden-wuerttemberg-verhaengt-bussgeld-gegen-aok-baden-wuerttemberg-wirksamer-datenschutz-erfordert-regelmaessige-kontrolle-und-anpassung/#:~:text=32%20der%20Europ%C3%A4ischen%20Datenschutz%2DGrundverordnung,f%C3%BCr%20eine%20Verbesserung%20der%20technischen, abgerufen am 2.1.2023.

Gegen einen Versandhändler verhängte eine deutsche Datenschutzbehörde ein Bußgeld in Höhe von EUR 10,4 Mio. aufgrund unerlaubter Videoüberwachungen der Mitarbeiter. Mindestens zwei Jahre lang hatte das Unternehmen seine Beschäftigten per Video überwacht, ohne dass hierfür eine entsprechende Rechtsgrundlage vorlag. Mit Hilfe der Videoaufnahmen sollten Straftaten verhindert und aufgeklärt sowie der Warenfluss im Lager nachverfolgt werden. Die Videoüberwachung umfasste Aufnahmen unter anderem an Arbeitsplätzen, in Verkaufsräumen, im Lager sowie in Aufenthaltsbereichen.[19]

2. Gestaltung des CMS

a) Allgemeine Empfehlungen für die Ausgestaltung des CMS zur Vermeidung von Compliance-Risiken. Um sicherzustellen, dass Daten nur auf Grundlage einer tauglichen Rechtsgrundlage verarbeitet werden, sollten Unternehmen technische und organisatorische Maßnahmen implementieren.

Unternehmen sollten hierbei Prozesse festlegen, die für jeden einzelnen Datenverarbeitungsvorgang sicherstellen, dass die einschlägige Rechtsgrundlage benannt und deren Voraussetzungen geprüft werden.

Verarbeitungsverzeichnis: Ein wichtiger Hilfsprozess ist die erstmalige Erstellung oder Überprüfung und Aktualisierung der Verzeichnisse von Verarbeitungstätigkeiten (Art. 30 DS-GVO).[20] Das Führen dieser Verzeichnisse ist eine eigenständige Rechtspflicht, aber die Identifizierung aller Verarbeitungstätigkeiten kann zugleich der internen Überprüfung deren Rechtmäßigkeit dienen. Art. 30 DS-GVO benennt die Rechtsgrundlage der Datenverarbeitung nicht als eine der Pflichtangaben des Verzeichnisses. Die Rechtsgrundlage kann aber zur Dokumentation der Überprüfung des Vorliegens einer Rechtsgrundlage im Verzeichnis oder an anderer Stelle ergänzt werden.

Informationsschreiben: Ein weiterer wichtiger Hilfsprozess besteht in der Erstellung oder Überprüfung von Informationsschreiben an Mitarbeiter, Individualkunden und sonstige Betroffenengruppen. Denn in diesen ist die Rechtsgrundlage aller Datenverarbeitungen anzugeben (Art. 13 Abs. 1 lit. c DS-GVO), was neben der Information des Betroffenen der Selbstkontrolle dient.

Leitlinien: In Leitlinien können die zentralen Regelungen zur Einhaltung der gesetzlichen Vorgaben im Unternehmen festgelegt und Mitarbeitern konkrete Arbeitsanweisungen gegeben werden. Die Leitlinien sollten sowohl allgemeine Erläuterungen und Hinweise als auch Vorgaben für konkrete Verarbeitungssituationen im Unternehmen aufstellen.[21] Der konkrete Inhalt derartiger Leitlinien hängt von der jeweiligen Unternehmensstruktur und der Art der Datenverarbeitung ab. Um sicherzustellen, dass Datenverarbeitungsvorgänge nur aufgrund eines gesetzlichen Erlaubnistatbestands stattfinden, bietet sich bspw. die Vorgabe an, Einwilligungen mindestens in Textform einzuholen und neben dem Ja/Nein der Einwilligung auch den Einwilligungstext abzulegen, damit der Gegenstand der Einwilligung auch zu einem späteren Zeitpunkt nachvollzogen werden kann. Bei Werbeeinwilligungen sind bspw. das Unternehmen, die Produkte und Dienstleistungen sowie die Kommunikationswege (Telefon, E-Mail etc), auf die sich die Einwilligung bezieht, zentral. In Papierform erhobene Einwilligungserklärungen sollten zu einer ausschließlich elektronisch geführten Personal- oder Kundenakte hinzugespeichert werden. Die Erforderlichkeit einer Datenverarbeitung zur Vertragserfüllung oder zur Wahrung überwiegender Interessen des Unternehmens ist ebenfalls mindestens in elektronischer Form niederzulegen.

---

[19] Die Landesbeauftragte für den Datenschutz Niedersachsen, „LfD Niedersachsen verhängt Bußgeld über 10,4 Millionen EUR gegen notebooksbilliger.de", 8.1.2021, abrufbar unter https://lfd.niedersachsen.de/startseite/infothek/presseinformationen/lfd-niedersachsen-verhangt-bussgeld-uber-10-4-millionen-euro-gegen-notebooksbilliger-de-196019.html, abgerufen am 2.1.2023.
[20] Thüsing Beschäftigtendatenschutz/Thüsing/Pötters § 18 Rn. 13; Taeger/Gabel/Voigt DSGVO/BDSG/TTDSG, 4. Aufl. 2022, DSGVO Art. 5, Rn. 42.
[21] Bürkle Compliance/Günthner/Krom § 14 Rn. 51.

23 **Schulungen:** Weiterer wichtiger Bestandteil des CMS ist die Schulung des mit der Durchführung von Datenverarbeitungsvorgängen betrauten Personals. Wegen der zum Teil sehr speziellen Anforderungen an die jeweiligen Datenverarbeitungsvorgänge in einem Unternehmen ist es sinnvoll, das Schulungskonzept individuell und passgenau auf das jeweilige Unternehmen zuzuschneiden.[22]

24 **Individuelle Maßnahmen:** Welche technischen Maßnahmen darüber hinaus zu ergreifen sind, um sicherzustellen, dass eine Datenverarbeitung nur aufgrund einer einschlägigen Rechtsgrundlage erfolgt, ist stark einzelfallabhängig. Dies hängt von dem jeweiligen Verarbeitungsprozess ab und ist Bestandteil einer funktionierenden Datenschutzorganisation.[23]

25 Praxistipp:
So können der Versand einer Werbe-E-Mail bspw. technisch an die Hinterlegung eines Einwilligungsdokuments im System oder die Erbringung einer vertraglichen Leistung an die Bestätigung der Erforderlichkeit der damit zusammenhängenden Datenverarbeitung geknüpft werden.

26 **Dokumentation:** Insgesamt ist die Dokumentation der gewählten Rechtsgrundlage aufgrund der gesetzlich festgelegten Rechenschaftspflicht des Art. 5 Abs. 2 DS-GVO eine Rechtspflicht. Der Verantwortliche muss die Einhaltung der in Art. 5 Abs. 1 DS-GVO genannten datenschutzrechtlichen Grundsätze nachweisen, zu denen auch die Rechtmäßigkeit der Datenverarbeitung gehört (Art. 5 Abs. 1 lit. a DS-GVO). Für die Einwilligung folgt dies zugleich aus Art. 7 Abs. 1 DS-GVO. Bei der Bewertung der Erforderlichkeit und bei der Interessenabwägung, hinsichtlich derer in bestimmten Fällen auch unterschiedliche Auslegungen möglich sind, dient die Dokumentation darüber hinaus ggf. auch zur Verteidigung der Rechtsposition, sollte eine zuständige Datenschutzbehörde zu einem späteren Zeitpunkt eine gegenteilige Auffassung vertreten. Datenverarbeitende Unternehmen sollten besonderen Wert auf eine geordnete Aktenführung legen und sämtliche durchgeführte Prozesse und Bewertungen nachhalten.

27 **b) Erkenntnisse aus den vorgenannten Beispielen aus der Sanktionspraxis.** Über diese allgemeinen Empfehlungen hinaus folgen spezifische Erkenntnisse aus den vorgenannten Beispielen der Sanktionspraxis (hierzu → Rn. 14 ff.).

28 **Berechtigung bei Erwerb personenbezogener Daten:** Die unrechtmäßige Verwendung erworbener Daten durch das Telekommunikationsunternehmen macht insbesondere Folgendes deutlich: Der Erwerber von personenbezogenen Daten, die weiter zu Werbezwecken verarbeitet werden sollen, muss sowohl eine Berechtigung des Veräußerers zur Weitergabe der Daten an ihn als auch seine eigene Berechtigung zur künftigen Vornahme von Werbemaßnahmen gegenüber den betroffenen Personen nachweisen. Die Berechtigungen können Einwilligungen oder andere Rechtsgrundlagen sein. Hat der Veräußerer keine ausreichende Berechtigung zur Weitergabe der Daten an den Erwerber, sollte der Erwerber von der Transaktion Abstand nehmen. Dies gilt auch bei mangelnder Dokumentation einer Rechtsgrundlage des Veräußerers, zB dem unklaren Gegenstand einer dem Veräußerer erteilten Einwilligung.

29 **(Einwilligungs-)Management:** Das gegen die Krankenkasse verhängte Bußgeld unterstreicht die Wichtigkeit der Implementierung fester Prozesse, um die Datenverarbeitung auf Grundlage eines Erlaubnistatbestands zu gewährleisten (hierzu bereits → Rn. 8 ff.). Im konkreten Fall waren die internen Richtlinien und Datenschutzschulungen nach Auffassung der Behörde unzureichend. Nach Bekanntwerden des Vorwurfs gründete die Kran-

---

[22] Bürkle Compliance/Günthner/Krom § 14 Rn. 52.
[23] Vgl. Bürkle Compliance/Günthner/Krom § 14 Rn. 54.

kenkasse eine Datenschutz-Task-Force für den Vertrieb und passte interne Prozesse und Kontrollstrukturen an.[24]

(Erforderlichkeits-)Management: Besonders grundrechtssensible Formen der Datenverarbeitung wie die Videoüberwachung (siehe das Beispiel des Versandhändlers) unterliegen einer strengen Erforderlichkeitsprüfung. Wichtig ist vor allem die vorherige Prüfung milderer Mittel, wie bspw. stichprobenartige Taschenkontrollen beim Verlassen der Betriebsstätte, sofern anhand der Videoüberwachung Diebstahlsfälle aufgeklärt werden sollen. Ferner muss ein begründeter Verdacht gegen konkrete Personen vorliegen. In diesem Fall kann eine zeitlich begrenzte Videoüberwachung dieser Personen zulässig sein.[25] Als Orientierungshilfe können hierbei die Leitlinien 3/2019 des Europäischen Datenschutzausschusses zur Verarbeitung personenbezogener Daten durch Videogeräte dienen.[26] 30

II. Insbesondere: Weitergabe von Daten an Dritte, Art. 6 DS-GVO

1. Compliance-Risiken

Auch die unbefugte Weitergabe von Daten an Dritte[27] entgegen Art. 6 DS-GVO ist ein haftungsträchtiger Datenverarbeitungsvorgang. 225 von 856 untersuchten Bußgeldsanktionen (26%) beruhten darauf, dass personenbezogene Daten entgegen den gesetzlichen Anforderungen an Dritte weitergegeben wurden.[28] 31

a) Rechtliche Anforderungen. Die Weitergabe personenbezogener Daten an Dritte ist eine Verarbeitung von Daten gemäß Art. 4 Nr. 2 DS-GVO,[29] die einer Rechtsgrundlage, insbesondere nach Art. 6 Abs. 1 DS-GVO (hierzu bereits oben → Rn. 8 ff.), bedarf. 32

In Bezug auf die Weitergabe von Daten an Auftragsverarbeiter wird zum Teil vertreten, dass sich die Rechtmäßigkeit der Datenübermittlung allein nach den Vorgaben des insoweit speziellen Art. 28 DS-GVO richtet (sog. Privilegierung der Auftragsverarbeitung).[30] Zum Teil wird diese Privilegierungswirkung auch abgelehnt mit der Folge, dass die Datenweitergabe an den Auftragsverarbeiter nach Art. 6 Abs. 1 S. 1 lit. f DS-GVO zulässig ist, wenn die Voraussetzungen nach Art. 28 DS-GVO eingehalten werden.[31] Voraussetzung für die Beauftragung ist in jedem Fall das Bestehen eines wirksamen Auftragsverarbeitungsvertrags gemäß Art. 28 Abs. 3 S. 1 DS-GVO. Der Vertrag muss die wesentlichen Inhalte der Verarbeitung fixieren, insbesondere Gegenstand, Dauer, Art und Zweck der Verarbeitung sowie die Rechte und Pflichten des Verantwortlichen.[32] 33

---

[24] Der Landesbeauftragte für Datenschutz und Informationsfreiheit Baden-Württemberg, „LfDI Baden-Württemberg verhängt Bußgeld gegen AOK Baden-Württemberg – Wirksamer Datenschutz erfordert regelmäßige Kontrolle und Anpassung", 30.6.2020, abrufbar unter https://www.baden-wuerttemberg.datenschutz.de/lfdi-baden-wuerttemberg-verhaengt-bussgeld-gegen-aok-baden-wuerttemberg-wirksamer-datenschutz-erfordert-regelmaessige-kontrolle-und-anpassung/#:~:text=32%20der%20Europ%C3%A4ischen%20Datenschutz%2DGrundverordnung,f%C3%BCr%20eine%20Verbesserung%20der%20technischen, abgerufen am 2.1.2023.
[25] Vgl. Die Landesbeauftragte für den Datenschutz Niedersachsen, „LfD Niedersachsen verhängt Bußgeld über 10,4 Millionen EUR gegen notebooksbilliger.de", 8.1.2021, abrufbar unter https://lfd.niedersachsen.de/startseite/infothek/presseinformationen/lfd-niedersachsen-verhangt-bussgeld-uber-10-4-millionen-euro-gegen-notebooksbilliger-de-196019.html, abgerufen am 2.1.2023.
[26] Europäischer Datenschutzausschuss, Leitlinien 3/2019 zur Verarbeitung personenbezogener Daten durch Videogeräte, Version 2.0, 29.1.2020, abrufbar unter https://edpb.europa.eu/sites/default/files/files/file1/edpb_guidelines_201903_video_devices_de.pdf, abgerufen am 2.1.2023.
[27] Angriffe von außen auf die IT-Sicherheit eines Unternehmens werden hiervon vorliegend nicht umfasst.
[28] Saemann et al., PoPETs 2022, 314 (321, 331).
[29] Kühling/Buchner/Herbst DS-GVO Art. 4 Nr. 2 Rn. 29 ff.
[30] Plath/Plath DS-GVO Art. 28 Rn. 6; Schantz/Wolff Neues DatenschutzR/Wolff Rn. 939; Schmidt/Freund ZD 2017, 14 (15 f.).
[31] Roßnagel/Kroschwald ZD 2014, 495 (497 f.); BeckOK DatenschutzR/Spoerr DS-GVO Art. 28 Rn. 31.
[32] Paal/Pauly/Martini DS-GVO Art. 28 Rn. 29.

34 **b) Typische Verstöße und deren Ursachen.** In der Praxis treten Verstöße etwa dergestalt auf, dass Mitarbeiter von Unternehmen Daten vorsätzlich oder versehentlich an Dritte weitergeben, bspw. durch Veröffentlichung von Videoaufnahmen oder Fotos auf sozialen Medien.[33] Ein weiteres Beispiel besteht in der Versendung von Daten an die falsche Person ohne vorherige Überprüfung der Identität des Empfängers.[34]

35 Eine unbefugte Weitergabe personenbezogener Daten an Dritte kann sowohl auf organisatorischem als auch auf technischem Versagen beruhen.[35] Organisatorische Fehler liegen bspw. in dem genannten Fall der Versendung von Daten an einen falschen Empfänger. Technische Fehler bestehen zB in einer unzureichenden Passwortverwaltung. Dies gilt auch im Falle einer unbefugten Speicherung personenbezogener Daten auf einem öffentlichen Server oder der Veröffentlichung von Daten über das Internet.[36] Zudem kann auch eine Kombination von unzureichenden technischen und organisatorischen Maßnahmen für die unbefugte Weitergabe von Daten an Dritte ursächlich sein, zB wenn der Verantwortliche seiner Meldepflicht nicht nachkommt, nachdem ein Flash-Speicher mit personenbezogenen Daten verloren gegangen ist.[37] Ein weiteres Beispiel aus der Praxis ist, dass Patienten beim Zugriff auf ihre Krankenakte aufgrund menschlichen Versagens bei der Integration ins IT-System auch Zugriff auf Gesundheitsdaten anderer erhalten.[38]

36 **c) Beispiele aus der Sanktionspraxis.** Im Zusammenhang mit der Weitergabe von Daten an Dritte sind aus der Sanktionspraxis folgende Beispiele zu erwähnen:

37 Gegen eine Dating-Plattform aus der LGBTQ-Szene verhängte eine norwegische Aufsichtsbehörde ein Bußgeld in Höhe von EUR 6,4 Mio. unter anderem wegen der Übermittlung von Daten an Dritte ohne entsprechende Einwilligungen. Das Unternehmen hatte personenbezogene Daten wie GPS-Standorte, Profilinformationen sowie die Information, dass die betroffene Person die App verwendet, unrechtmäßig zu Werbezwecken an verschiedene dritte Personen übermittelt. Kunden konnten die App nur nutzen, sofern sie der (gesamten) Datenschutzrichtlinie zustimmten. Eine Verweigerung der Einwilligung nur hinsichtlich der Weitergabe von Daten an Dritte war nicht möglich. Hierin sah die Behörde einen Verstoß unter anderem gegen den Grundsatz der Freiwilligkeit der Einwilligung. Die Datenweitergabe betraf unter anderem auch die sexuelle Orientierung der Nutzer und somit eine besondere Kategorie personenbezogener Daten gemäß Art. 9 DS-GVO (hierzu ausführlich unten → Rn. 47 ff.).[39]

38 Ferner verhängte eine niederländische Datenschutzbehörde ein Bußgeld in Höhe von EUR 525.000 gegen eine Internet-Plattform, auf der Menschen nach Kontaktdaten von Familienmitgliedern oder anderen Personen suchen können, um Kontakte wiederherzustellen. Das Unternehmen hatte die erhobenen Daten unbefugt auf seiner Webseite veröffentlicht und damit Dritten zugänglich gemacht, ohne dass die Betroffenen hiervon Kenntnis hatten.[40]

---

[33] Saemann et al., PoPETs 2022, 314 (324).
[34] Saemann et al., PoPETs 2022, 314 (321).
[35] Saemann et al., PoPETs 2022, 314 (324, 331).
[36] Saemann et al., PoPETs 2022, 314 (324).
[37] Saemann et al., PoPETs 2022, 314 (324).
[38] Saemann et al., PoPETs 2022, 314 (324).
[39] Zum Originalbescheid in englischer Sprache siehe Bescheid der Datatilsynet vom 13.12.2021, abrufbar unter https://www.datatilsynet.no/contentassets/8ad827efefcb489ab1c7ba129609edb5/administrative-fine-grindr-llc.pdf, abgerufen am 2.1.2023; vgl. auch Kaiser, „DSGVO-Bußgelder aus Deutschland und Europa", Bußgeld-Radar der Datenschutzkanzlei, abrufbar unter https://www.datenschutzkanzlei.de/bussgeld-radar/, abgerufen am 2.1.2023.
[40] So laut Kaiser, „DSGVO-Bußgelder aus Deutschland und Europa", Bußgeld-Radar der Datenschutzkanzlei, abrufbar unter https://www.datenschutzkanzlei.de/bussgeld-radar/, abgerufen am 2.1.2023; Europäischer Datenschutzausschuss, „Dutch DPA imposes fine of EUR 525,000 on Locatefamily.com", 12.5.2021, abrufbar unter https://edpb.europa.eu/news/national-news/2021/dutch-dpa-imposes-fine-eu525000-locatefamilycom_en, abgerufen am 2.1.2023.

2. Gestaltung des CMS

a) Allgemeine Empfehlungen für die Ausgestaltung des CMS zur Vermeidung von Compliance-Risiken. Da die Weitergabe von Daten an Dritte in erster Linie eine taugliche Rechtsgrundlage voraussetzt, gelten im Grundsatz die Empfehlungen zur Datenverarbeitung auf Grundlage eines gesetzlichen Erlaubnistatbestands (hierzu oben → Rn. 18 ff.). 39

Purpose-Management-System: Zudem sollte aufgrund des Zweckbindungsgrundsatzes regelmäßig geprüft werden, ob die Datenweitergabe vom ursprünglichen Zweck der Datenverarbeitung erfasst wird. Ist das nicht der Fall, muss geprüft werden, ob die Voraussetzungen für eine zweckändernde Datenverarbeitung vorliegen, die Weitergabe der Daten also auf einen Erlaubnistatbestand gestützt werden kann. Um die Einhaltung des Zweckbindungsgrundsatzes zu gewährleisten, sollte ein sog. "Purpose-Management-System" eingeführt werden, bei dem für jeden Datensatz die ursprüngliche Zweckbestimmung dokumentiert wird. Bei Weitergabe von Daten an Dritte ist somit ein Bezugspunkt für die Prüfung der Zweckänderung und ggf. deren Zulässigkeit vorhanden. Die erforderlichen Prüfschritte und materiellen Prüfmaßstäbe können außerdem in Leitlinien festgehalten werden. 40

Schulungen: Zielführend ist vor allem die Schulung der zuständigen Mitarbeiter sowie Mitarbeitersensibilisierungen (hierzu bereits oben → Rn. 23) dafür, unter welchen Voraussetzungen eine Weitergabe von Daten zulässig ist, um bspw. eine versehentliche Veröffentlichung ohne einschlägigen Erlaubnistatbestand zu verhindern. Sinnvolle technische Maßnahmen bestehen zudem in der Einrichtung von Warnungen für Mitarbeiter beim Versand umfangreicher Excel-Tabellen sowie beim Versand an Empfänger außerhalb der Organisation sowie der Löschung von nicht mehr benötigten Daten (zB sollten E-Mail-Adressen von Kunden, zu denen keine Vertragsbeziehung mehr besteht, aus Verteilerlisten gelöscht werden). 41

Dokumentation: Darüber hinaus ist eine umfassende Dokumentation auch mit Blick auf eine etwaige Weitergabe von Daten an Dritte erforderlich. Art. 30 Abs. 1 S. 2 lit. d DS-GVO verlangt, dass das Verarbeitungsverzeichnis Angaben zu den Kategorien von Empfängern im Sinne von Art. 4 Nr. 9 DS-GVO enthält, gegenüber denen personenbezogene Daten offengelegt worden sind oder noch offengelegt werden.[41] 42

Gewährleistung der Integrität: Zusätzlich sollte bei der gezielten Weitergabe von Daten an Dritte eine Weitergabekontrolle implementiert werden. Diese soll gewährleisten, dass die Daten beim Transport (im Falle physischer Datenmengen) oder bei ihrer elektronischen Übertragung oder Speicherung auf Datenträgern (im Falle elektronischer Daten) nicht unbefugt verändert, entfernt, gelesen oder kopiert werden.[42] 43

In Unternehmensrichtlinien kann bestimmt werden, welche Datenträger auf welche Weise zu transportieren sind, wer hierfür verantwortlich ist und welches Verfahren hierbei anzuwenden ist.[43] Angemessene Kontroll- und Sicherheitsmaßnahmen umfassen etwa den Einsatz von Verschlüsselungsverfahren, die sichere Aufbewahrung von Datenträgern (bspw. in verschließbaren Schränken), die Festlegung von Standards für Transportwege, -zeiten, -mittel und -behältnisse sowie vertragliche Vereinbarungen zu Transportstandards mit Auftragnehmern im Rahmen einer Auftragsverarbeitung.[44] Nützliche Maßnahmen zum Schutz vor unbefugtem Zugriff Dritter während der Übermittlung sind des Weiteren die Verwendung von Tunnelverbindungen (VPN), elektronischen Signaturen und Regeln zum Einsatz von Datenträgern, Hard- und Software sowie der Umgang mit vertraulichen Unterlagen.[45] Diese Maßnahmen sollten regelmäßig kontrolliert und ggf. erneuert werden. 44

---

[41] Vgl. Paal/Pauly/Martini DS-GVO Art. 30 Rn. 12 f.
[42] Taeger/Pohle ComputerR-HdB/Polenz Abschn. 1 Teil 13, 135 Rn. 8.
[43] Forgó/Helfrich/Schneider Betr. Datenschutz-HdB/Schmieder Teil XII Kap. 2, Rn. 72.
[44] Taeger/Pohle ComputerR-HdB/Polenz Abschn. 1 Teil 13, 135 Rn. 8.
[45] Schröder DatenschutzR/Schröder Kap. 6 Teil III Nr. 1.

45 **b) Erkenntnisse aus den vorgenannten Beispielen aus der Sanktionspraxis (Einwilligungs-)Management:** Die Sanktionierung der Dating-Plattform verdeutlicht, dass die Weitergabe von Daten an Dritte auf Grundlage einer Einwilligung nur dann zulässig ist, wenn diese freiwillig im Sinne von Art. 6 Abs. 1 S. 1 lit. a iVm Art. 4 Nr. 11 DS-GVO erteilt wird. An der Freiwilligkeit kann es fehlen, wenn die Erfüllung eines Vertrags von der Einwilligung abhängig ist, obwohl die Einwilligung für die Vertragserfüllung nicht erforderlich ist (ErwG 43 S. 2 DS-GVO). Die Behörde hatte unter anderem beanstandet, dass das Unternehmen den Betroffenen die Nutzung der App nur bei Einwilligung in die Weitergabe ihrer Daten zu Werbezwecken ermöglichte, obwohl dies für die Erbringung der Dienstleistung nicht erforderlich war.[46] Unternehmen sollten sorgfältig prüfen und vor allem dokumentieren, ob und inwieweit sie eine Weitergabe von Daten an Dritte für die Erfüllung des Vertrags erforderlich halten.

46 **Leitfäden/Schulungen:** Das gegen die Internet-Plattform zur Wiederherstellung von Kontakten verhängte Bußgeld unterstreicht die Notwendigkeit der Implementierung feststehender Leitfäden zur rechtmäßigen Verarbeitung personenbezogener Daten sowie die Erforderlichkeit von Schulungen des Personals zur zulässigen Handhabung solcher Daten.[47]

III. Verarbeitung besonderer Kategorien personenbezogener Daten, Art. 9 DS-GVO

1. Compliance-Risiken

47 In 125 von 856 Fällen aus der Sanktionspraxis (15%) wurden Bußgelder verhängt, weil Unternehmen Datenverarbeitungsvorgänge in Bezug auf besondere Kategorien personenbezogener Daten vornahmen, die nicht im Einklang mit Art. 9 DS-GVO standen.[48]

48 **a) Rechtliche Anforderungen.** Die Verarbeitung besonderer Kategorien personenbezogener Daten richtet sich nach Art. 9 DS-GVO. Dies betrifft Daten, aus denen die rassische und ethnische Herkunft, politische Meinungen, religiöse oder weltanschauliche Überzeugungen oder die Gewerkschaftszugehörigkeit hervorgehen, sowie genetische Daten, biometrische Daten, Gesundheitsdaten oder Daten zum Sexualleben oder der sexuellen Orientierung einer natürlichen Person. Die Verarbeitung solcher Daten ist nur innerhalb des Rechtsrahmens von Art. 9 Abs. 2 bis 4 DS-GVO möglich. Diese Grundsätze gelten auch, wenn sich die Information über besonders sensible Aspekte nur mittelbar aus dem Gesamtzusammenhang ergibt.[49]

49 Wird die Datenverarbeitung auf den besonders wichtigen Fall der Einwilligung gestützt, verlangt Art. 9 Abs. 2 lit. a DS-GVO – über die allgemeinen Anforderungen der Art. 6 Abs. 1 S. 1 lit. a und Art. 7 DS-GVO hinaus –, dass diese „ausdrücklich" erteilt wird. Eine konkludente Einwilligung ist aufgrund des besonders hohen Schutzbedarfs der betroffenen Daten ausgeschlossen.[50] Eine bestimmte Form ist hierbei nicht einzuhalten.[51] Die Einwilligung muss sich allerdings explizit auf die Verarbeitung der besonders sensiblen personenbezogenen Daten beziehen, um die konkrete Gefahr einer Verarbeitung für die betroffene Person greifbar zu machen.[52]

---

[46] Bescheid der Datatilsynet vom 13.12.2021, S. 21 ff., abrufbar unter https://www.datatilsynet.no/contentassets/8ad827efefcb489ab1c7ba129609edb5/administrative-fine–grindr-llc.pdf, abgerufen am 2.1.2023.
[47] Hierzu bereits oben → Rn. 34 ff., → Rn. 14 ff.
[48] Saemann et al., PoPETs 2022, 314 (322).
[49] Gola/Heckmann DS-GVO/BDSG/Schulz DS.GVO Art. 9 Rn. 13; Taeger/Gabel/Maester DS-GVO Art. 9 Rn. 6.
[50] Heckmann/Paschke jurisPK-Internetrecht/Heckmann/Scheure 7. Aufl. 2021, Kap. 9 Rn. 319; Spindler/Schuster/Spindler/Dalby DS-GVO Art. 9 Rn. 7.
[51] HK-DS-GVO/BDSG/Kampert DS-GVO Art. 9 Rn. 14.
[52] Spindler/Schuster/Spindler/Dalby DS-GVO Art. 9 Rn. 7; Kühling/Buchner/Weichert DS-GVO Art. 9 Rn. 47.

b) Typische Verstöße und deren Ursachen. Praktische Beispiele für Verstöße gegen 50
Art. 9 DS-GVO sind etwa die unbefugte Verarbeitung biometrischer Daten wie von Fingerabdrücken für die Zugangsgewährung zu bestimmten Räumen, die unbefugte Aufzeichnung von Anwesenheitsdaten oder der unbefugte Zugriff auf Gesundheitsdaten.[53] Gleiches gilt für die unbefugte Veröffentlichung oder Weitergabe von Daten, die einem besonders sensiblen Bereich gemäß Art. 9 Abs. 1 DS-GVO zuzuordnen sind.[54]

Datenschutzverletzungen von besonderen Kategorien personenbezogener Daten können 51
sowohl im Zusammenhang mit unzureichenden technischen als auch organisatorischen Maßnahmen stehen.[55] Die obigen Ausführungen gelten insoweit entsprechend (hierzu bereits → Rn. 35).

c) Beispiele aus der Sanktionspraxis. Aus der Sanktionspraxis gibt es folgende Beispiele 52
im Zusammenhang mit einer Verletzung von Art. 9 DS-GVO:

Eine deutsche Datenschutzbehörde verhängte gegen ein Modeunternehmen ein Buß- 53
geld in Höhe von EUR 35,3 Mio. wegen Missachtung des Beschäftigtendatenschutzes. Das Modeunternehmen hatte umfangreiche Daten zu privaten Lebensumständen von Mitarbeitern erfasst und gespeichert, die im Zuge von Einzel- oder Flurgesprächen aufgegriffen wurden. Hierzu zählten bspw. familiäre Probleme, Krankheitssymptome und Diagnosen sowie religiöse Bekenntnisse. Diese Informationen waren für eine Vielzahl von Führungskräften abrufbar und wurden dazu verwendet, ein Profil der Beschäftigten für Maßnahmen und Entscheidungen im Arbeitsverhältnis zu erstellen. Diesbezüglich lag keine einschlägige Rechtsgrundlage vor. Die Datenverarbeitung stand somit im Widerspruch unter anderem zu Art. 9 DS-GVO.[56]

Des Weiteren verhängte eine deutsche Datenschutzbehörde gegen eine Wohnungsbau- 54
gesellschaft ein Bußgeld in Höhe von EUR 1,9 Mio. wegen der Verarbeitung von Mietinteressentendaten entgegen Art. 9 DS-GVO. Das Unternehmen hatte Daten besonderer Kategorien von Mietinteressenten gesammelt und gespeichert, ohne dass eine entsprechende Rechtsgrundlage vorlag. Hierzu gehörten Angaben zur ethnischen Herkunft, Hautfarbe, Religionszugehörigkeit, Gesundheitsdaten, Daten zur sexuellen Orientierung, Frisuren, Körpergeruch und Auftreten von Mietinteressenten.[57]

2. Gestaltung des CMS

a) Allgemeine Empfehlungen für die Ausgestaltung des CMS zur Vermeidung 55
von Compliance-Risiken. Die bisherige europäische Bußgeldpraxis lässt erkennen, dass Aufsichtsbehörden Datenschutzverstöße häufiger ahnden, wenn diese eine besondere Kategorie personenbezogener Daten gemäß Art. 9 DS-GVO betreffen.[58] Wegen der größeren Schutzbedürftigkeit der Daten sind Unternehmen daher gut beraten, insbesondere in diesem Bereich adäquate Maßnahmen zu ergreifen, um Rechtsverstöße und das damit einhergehende Bußgeldrisiko zu verringern.

---

[53] Saemann et al., PoPETs 2022, 314 (322).
[54] So etwa die unbefugte Weitergabe von Daten zur sexuellen Orientierung im Fall der Dating-Plattform, hierzu bereits → Rn. 37.
[55] Vgl. Saemann et al., PoPETs 2022, 314 (331).
[56] Der Hamburgische Beauftragte für Datenschutz und Informationsfreiheit, „35,3 Millionen EUR Bußgeld wegen Datenschutzverstößen im Servicecenter von H&M", 1.10.2020, abrufbar unter https://datenschutz-hamburg.de/pressemitteilungen/2020/10/2020-10-01-h-m-verfahren, abgerufen am 2.1.2023; vgl. auch Kaiser, „DSGVO-Bußgelder aus Deutschland und Europa", Bußgeld-Radar der Datenschutzkanzlei, abrufbar unter https://www.datenschutzkanzlei.de/bussgeld-radar/, abgerufen am 2.1.2023.
[57] Die Landesbeauftragte für Datenschutz und Informationsfreiheit der Freien Hansestadt Bremen, „LfDI verhängt gegen die BREBAU GmbH Geldbuße nach DSGVO", 3.3.2022, abrufbar unter https://www.senatspressestelle.bremen.de/pressemitteilungen/lfdi-verhaengt-gegen-die-brebau-gmbh-geldbusse-nach-dsgvo-379 057, abgerufen am 2.1.2023; so auch Kaiser, „DSGVO-Bußgelder aus Deutschland und Europa", Bußgeld-Radar der Datenschutzkanzlei, abrufbar unter https://www.datenschutzkanzlei.de/bussgeld-radar/, abgerufen am 2.1.2023.
[58] Saemann et al., PoPETs 2022, 314 (328).

56 Welche technischen und organisatorischen Maßnahmen bei der Verarbeitung besonderer personenbezogener Daten angemessen sind, hängt von der Art der Verarbeitung ab und unterliegt grds. der Einzelfallprüfung. Die Anforderungen an die erforderlichen Maßnahmen gehen allerdings aufgrund der Sensibilität der Daten über die allgemeinen Anforderungen für die Verarbeitung "normaler" personenbezogener Daten hinaus.[59]

57 **Regelmäßige Überprüfung:** Erforderlich ist eine regelmäßige Überprüfung des Zwecks und der Notwendigkeit der Datenverarbeitung sowie des Vorhandenseins einer Rechtsgrundlage. Darüber hinaus sind besondere Sorgfaltsanforderungen an die Dokumentation von Einwilligungen und des Vorliegens sonstiger Rechtsgrundlagen einzuhalten.

58 **(Einwilligungs-)Management:** Auch wenn bestimmte Formanforderungen an die Einwilligung nicht bestehen, sollte die Einwilligung zu Dokumentations- und Beweiszwecken schriftlich oder elektronisch eingeholt werden.[60] Hiermit kann insbesondere nachgewiesen werden, dass zum Zeitpunkt der Aufzeichnung der Erklärung alle Bedingungen für eine wirksame ausdrückliche Einwilligung vorlagen.[61]

59 **Verschlüsselung/Pseudonymisierung:** Zu prüfen sind als technische Maßnahmen außerdem bspw. die Verschlüsselung bzw. Pseudonymisierung der Daten sowie Verschlüsselungs- und Schlüsselmanagementstrategien.[62] Darüber hinaus bedarf es einer sorgfältigen Auswahl des Speicherorts, wobei insbesondere die elektronische Speicherung in verschiedenen Datenbanken erfolgen sollte.

60 **Einschränkung von Zugriffsberechtigungen:** Bei den organisatorischen Maßnahmen ist eine Begrenzung des Zugriffs auf ausgewähltes und geschultes Personal eine geeignete Maßnahme.[63] In Art. 9 Abs. 2 lit. h und Abs. 3 ist die Verarbeitung durch zur Verschwiegenheit verpflichtetes Fachpersonal für die Verarbeitung gewisser Daten verpflichtend niedergelegt. Die Ausweitung einer solchen Verschwiegenheitspflicht kann sich als organisatorische Maßnahme auch für Personen anbieten, die mit der Verarbeitung anderer sensibler Daten betraut sind.[64]

61 **b) Erkenntnisse aus den vorgenannten Beispielen aus der Sanktionspraxis. Hohe Bußgeldrisiken:** Am Fall des Modeunternehmens zeigt sich, dass besondere Vorsicht bei der Verarbeitung personenbezogener Daten einer besonderen Kategorie geboten ist. Gemäß Art. 83 Abs. 2 S. 2 lit. g DS-GVO ist bei der Entscheidung über die Verhängung einer Geldbuße sowie über deren Höhe insbesondere zu berücksichtigen, welche Kategorien personenbezogener Daten von dem Rechtsverstoß betroffen sind. Ein schwerer Verstoß gegen Art. 9 DS-GVO kann somit in einem besonders hohen Bußgeld resultieren. Bei der Berechnung des gegen das Modeunternehmen verhängten Bußgeldes berücksichtigte die Datenschutzbehörde die schweren Persönlichkeitsverletzungen maßgeblich bei der Berechnung des Bußgeldes, unter anderem, um andere Unternehmen von solchen Verletzungen des Beschäftigtendatenschutzes abzuschrecken.[65] Dies verdeutlicht die Notwendigkeit der effektiven und bei großen Unternehmen der überörtlichen Durchsetzung von Compliance-Vorgaben, Kontrollen und Schulungen zur Vermeidung erheblicher Bußgelder.

62 **Strenge Erforderlichkeitsprüfung:** Der Fall der Wohnungsbaugesellschaft zeigt, dass sich Unternehmen vergewissern sollten, ob die eigenen Datenverarbeitungsvorgänge dem

---

[59] Vgl. BeckOK DatenschutzR/Albers/Veit DS-GVO Art. 9 Rn. 107.
[60] HK-DS-GVO/BDSG/Kampert DS-GVO Art. 9 Rn. 14.
[61] BeckOK DatenschutzR/Albers/Veit DS-GVO Art. 9 Rn. 61.
[62] BeckOK DatenschutzR/Albers/Veit DS-GVO Art. 9 Rn. 107; Kühling/Buchner/Weichert DS-GVO Art. 9 Rn. 137.
[63] BeckOK DatenschutzR/Albers/Veit DS-GVO Art. 9 Rn. 107.
[64] BeckOK DatenschutzR/Albers/Veit DS-GVO Art. 9 Rn. 107.
[65] Sandor, „H&M – Höchstes Datenschutz-Bußgeld wegen Arbeitnehmer-Überwachung", CMS-Blog, 12.11.2020, abrufbar unter https://www.cmshs-bloggt.de/tmc/datenschutzrecht/dsgvo-hm-hoechstes-datenschutz-bussgeld-wegen-arbeitnehmer-ueberwachung/#:~:text=Die%20Modekette%20H%26M%20hat%20in,in%20Deutschland%20bislang%20h%C3%B6chste%20Bu%C3%9Fgeld., abgerufen am 2.1.2023.

Grundsatz der Erforderlichkeit und Datenminimierung gemäß Art. 5 Abs. 1 lit. c DS-GVO entsprechen. Hiernach müssen personenbezogene Daten dem Zweck angemessen und erheblich sowie auf das für die Zwecke der Verarbeitung notwendige Maß beschränkt sein. Im Fall der Wohnungsbaugesellschaft war die Erhebung und Speicherung von Informationen bspw. zur Religionszugehörigkeit, zu Frisuren oder Körpergeruch der Mietinteressenten für den Abschluss von Mietverträgen nicht erforderlich.[66]

IV. Transparenz der Datenverarbeitung, Art. 5 Abs. 1 lit. a, Art. 12–15 DS-GVO

1. Compliance-Risiken

Haftungsträchtig sind zudem Verstöße gegen das Transparenzgebot gemäß Art. 5 Abs. 1 lit. a, Art. 12 bis 15 DS-GVO insbesondere im Zusammenhang mit unzureichenden Datenschutzrichtlinien sowie Verletzungen des Auskunftsrechts der betroffenen Person. Dies betraf 106 bzw. 62 von 856 untersuchten Bußgeldfällen (12 bzw. 7 %).[67] 63

a) Rechtliche Anforderungen. Nach dem in Art. 5 Abs. 1 lit. a DS-GVO statuierten Transparenzgebot sind Daten in einer für die betroffene Person nachvollziehbaren Weise zu verarbeiten. Der Transparenzgrundsatz umfasst alle Informationen bzw. Informationsmaßnahmen, die notwendig sind, um es der betroffenen Person zu ermöglichen, die Rechtmäßigkeit der Datenverarbeitung zu überprüfen und ihre Rechte wahrnehmen zu können.[68] Dies erfordert, dass nicht nur der Prozess selbst, sondern auch der Verantwortliche und sonstige Beteiligte, die Qualität und Quantität der erhobenen Daten, die zeitliche Komponente, der Zweck sowie der Grund für die Datenverarbeitung transparent gemacht werden.[69] 64

Eine Konkretisierung des Transparenzgebots ergibt sich aus den Art. 12–15 DS-GVO.[70] Art. 12 DS-GVO stellt allgemeine Rahmenbedingungen für die Art und Weise auf, wie der Verantwortliche der betroffenen Person Informationen in präziser, transparenter, verständlicher und leicht zugänglicher Form sowie in klarer und einfacher Sprache übermitteln muss. Die offenzulegenden Informationen selbst sind wiederum in Art. 13 und 14 DS-GVO geregelt.[71] 65

Als weiteren Ausfluss des Transparenzgebots enthält Art. 15 DS-GVO ein Auskunftsrecht der betroffenen Person. Nach Art. 15 Abs. 1 HS. 1 DS-GVO kann die betroffene Person von dem Verantwortlichen eine Bestätigung darüber verlangen, ob sie betreffende personenbezogene Daten verarbeitet werden. Ist dies der Fall, hat sie ein Recht auf Auskunft über die personenbezogenen Daten und die in Art. 15 Abs. 1 HS. 2 lit. a bis h DS-GVO genannten Informationen. 66

Die Beantwortung des Antrags soll gemäß Art. 12 Abs. 3 DS-GVO unverzüglich, in jedem Fall aber innerhalb eines Monats nach Eingang des Antrags und nur in besonderen Ausnahmefällen innerhalb einer Maximalfrist von drei Monaten erfolgen. Ausgangspunkt hierfür ist zunächst die an die betroffene Person gerichtete Bestätigung, ob überhaupt sie betreffende personenbezogene Daten verarbeitet werden.[72] Sofern eine Verarbeitung personenbezogener Daten vorliegt, kann die betroffene Person Auskunft über diese Daten selbst sowie über weitere Informationen fordern, die sich auf die Verarbeitung der sie be- 67

---

[66] Die Landesbeauftragte für Datenschutz und Informationsfreiheit der Freien Hansestadt Bremen, "LfDI verhängt gegen die BREBAU GmbH Geldbuße nach DSGVO", 3.3.2022, abrufbar unter https://www.senatspressestelle.bremen.de/pressemitteilungen/lfdi-verhaengt-gegen-die-brebau-gmbh-geldbusse-nach-dsgvo-379057, abgerufen am 2.1.2023.
[67] Saemann et al., PoPETs 2022, 314 (321, 331).
[68] Roßnagel, in: Simitis/Hornung/Spiecker gen. Döhmann, Datenschutzrecht, 2019, Art. 5 DSGVO, Rn. 50.
[69] Paal/Pauly/Frenzel DS-GVO Art. 5 Rn. 21.
[70] Taeger/Gabel/Voigt DS-GVO Art. 5 Rn. 18.
[71] BeckOK DatenschutzR/Quaas DS-GVO Art. 12 Rn. 5.
[72] Ehmann/Selmayr/Ehmann DS-GVO Art. 15 Rn. 10.

treffenden Daten beziehen.[73] Offenzulegen sind die personenbezogenen Daten des Betroffenen in verständlicher Form, etwa im Rahmen einer Aufstellung.[74] Nicht umfasst ist hingegen die Vorlage einer vollständigen Kopie der Dokumente und Unterlagen, welche die personenbezogenen Daten der betroffenen Person enthalten.[75]

68 Informationen gemäß Art. 15 DS-GVO werden nach Art. 12 Abs. 5 S. 1 DS-GVO grds. unentgeltlich zur Verfügung gestellt. Nur bei offenkundig unbegründeten oder – insbesondere im Fall von häufiger Wiederholung – excessiven Anträgen einer betroffenen Person kann der Verantwortliche entweder ein angemessenes Entgelt verlangen oder sich weigern, aufgrund des Antrags tätig zu werden (Art. 12 Abs. 5 S. 2 DS-GVO). Offenkundig unbegründet ist ein Antrag, wenn das Fehlen der Antragsvoraussetzungen „auf der Hand lieg[t]".[76] Hierbei muss für einen verständigen Laien erkennbar sein, dass die Betroffenenrechte evident überschritten sind.[77] Exzessiv ist der Antrag insbesondere, wenn dieser ohne tragfähigen Grund häufig wiederholt wird oder einen unverhältnismäßigen Umfang aufweist.[78] Unabhängig von einem wiederholten Informationsbegehren ist eine Antragstellung auch dann exzessiv, wenn sie allein darauf abzielt, den Verantwortlichen zu schikanieren.[79]

69 **b) Typische Verstöße und deren Ursachen.** Typische Beispiele für Verstöße gegen das Transparenzgebot bestehen darin, dass Datenschutzrichtlinien und Informationsschreiben ganz fehlen, lückenhaft oder nicht auf dem aktuellen Stand sind.[80] Derartige Verstöße können sowohl mit unzureichenden technischen als auch organisatorischen Maßnahmen im Zusammenhang stehen.[81]

70 Eine Verletzung des Auskunftsrechts liegt vielfach darin, dass dem Betroffenen überhaupt nicht, inhaltlich nicht zutreffend bzw. ausreichend oder nicht fristgerecht geantwortet wird.[82] Auch solche Verstöße können auf technische sowie organisatorische Maßnahmen zurückzuführen sein. Zum Teil fehlen hinreichende Identifizierungsmechanismen, die dazu führen, dass unberechtigten Personen Auskunft erteilt wird, oder es gibt keine ausreichenden technischen Mechanismen zur Identifizierung der offenzulegenden Daten des Betroffenen.[83]

71 **c) Beispiele aus der Sanktionspraxis.** Für Verstöße gegen das Transparenzgebot gibt es aus der Sanktionspraxis folgende Beispiele:

72 Gegen einen Energieversorger verhängte eine deutsche Datenschutzbehörde ein Bußgeld in Höhe von rund EUR 901.389 wegen Verstößen gegen die Transparenzpflichten. Das Unternehmen hatte bei Vertragsanfragen für Sonderverträge, die mit besonderen Bonuszahlungen verbunden waren, routinemäßig überprüft, ob Kunden ein „wechselauffälliges Verhalten" zeigten. Hierdurch sollte verhindert werden, dass Kunden solche Bonus-Verträge so regelmäßig abschließen, dass sich das Angebot zur Neukundenwerbung nicht mehr rentiert. Hierfür nutzte das Unternehmen Daten aus früheren Vertragsbeziehungen, die aufgrund steuer- und handelsrechtlicher Vorgaben ohnehin für bis zu zehn Jahre auf-

---

[73] Ehmann/Selmayr/Ehmann DS-GVO Art. 15 Rn. 15.
[74] Schwartmann/Jaspers/Thüsing/Kugelmann/Klein/Schwartmann DS-GVO Art. 15 Rn. 28.
[75] Schwartmann/Jaspers/Thüsing/Kugelmann/Klein/Schwartmann DS-GVO Art. 15 Rn. 28.
[76] Ehmann/Selmayr/Heckmann/Paschke DS-GVO Art. 12 Rn. 43; BeckOK DatenschutzR/Quaas DS-GVO Art. 12 Rn. 44.
[77] Schwartmann/Jaspers/Thüsing/Kugelmann/Schneider/Schwartmann DS-GVO Art. 12 Rn. 65.
[78] Paal/Pauly/Paal/Hennemann DS-GVO Art. 12 Rn. 64.
[79] Ehmann/Selmayr/Heckmann/Paschke DS-GVO Art. 12 Rn. 43.
[80] Saemann et al., PoPETs 2022, 314 (321).
[81] Saemann et al., PoPETs 2022, 314 (323, 331).
[82] Saemann et al., PoPETs 2022, 314 (321).
[83] Vgl. Saemann et al., PoPETs 2022, 314 (324).

bewahrt werden mussten. Für die Kunden war nicht erkennbar, dass ein solcher Datenabgleich stattfand.[84]

Aufgrund unzulässiger Hürden bei Auskunftsersuchen von Betroffenen entgegen Art. 15 und 12 DS-GVO verhängte eine niederländische Behörde gegen ein Kreditauskunftsunternehmen ein Bußgeld in Höhe von EUR 830.000. Hintergrund war, dass das Unternehmen digitale Auskunftsersuchen von betroffenen Personen nur gegen Erstattung einer Gebühr gewährt hatte. Ein kostenloses Auskunftsersuchen konnte hingegen ausschließlich per Post und nur einmal im Jahr gestellt werden.[85]

2. Gestaltung des CMS

a) Allgemeine Empfehlungen für die Ausgestaltung des CMS zur Vermeidung von Compliance-Risiken. Um dem Transparenzgebot Rechnung zu tragen, sollten die dem Betroffenen bereitgestellten Informationen leicht zugänglich und in verständlicher, klarer und einfacher Sprache abgefasst sein.[86] Hierbei sollte die betroffene Person darauf hingewiesen werden, dass sie betreffende personenbezogene Daten erhoben, verwendet, eingesehen oder anderweitig verarbeitet werden.[87] Ferner sind der Umfang der Datenverarbeitung, die Identität des Verantwortlichen, die Zwecke der Verarbeitung, die Rechte des Betroffenen und die Risiken der Verarbeitung offenzulegen.[88]

Verarbeitungsverzeichnis: Zum Nachweis der Einhaltung des Transparenzgrundsatzes sollten alle bestehenden Verarbeitungstätigkeiten im Verarbeitungsverzeichnis gemäß Art. 30 DS-GVO schriftlich dokumentiert werden.[89] Zudem sollte festgehalten werden, ob und inwieweit Betroffene über die Datenverarbeitung in Kenntnis gesetzt und welche Maßnahmen – wie etwa das Vorhalten einer Datenschutzerklärung – diesbezüglich ergriffen wurden.[90]

Zentralisierung: Spezifisch für das Auskunftsrecht des Betroffenen gemäß Art. 15 DS-GVO bedarf es zudem der Einrichtung einer zentralen Anlaufstelle für die Bearbeitung von Betroffenenanfragen.[91] Insoweit ist eine Struktur erforderlich, welche den späteren Aufwand zur Auskunftserteilung gering hält, eine Auskunftserteilung innerhalb der knappen Bearbeitungsfrist ermöglicht[92] und die Zuständigkeiten eindeutig festgelegt.[93] Sofern regelmäßig eine Vielzahl von Auskunftsersuchen eingeht, ist ein Fristen- und Dokumentationssystem empfehlenswert.[94]

Überprüfung von Auskunftsansprüchen: Unternehmen sollten zudem sorgfältig prüfen, ob ein Auskunftsanspruch überhaupt berechtigt ist. Ist der Antrag offenkundig unbegründet oder – insbesondere im Fall von häufiger Wiederholung – exzessiv, kann ein

---

[84] Der Hamburgische Beauftragte für Datenschutz und Informationsfreiheit, „Bußgeld gegen Vattenfall Europe Sales GmbH verhängt", 24.9.2021, abrufbar unter https://datenschutz-hamburg.de/pressemitteilungen/2021/09/2021-09-25-vattenfall2#:~:text=Betroffen%20waren%20insgesamt%20rund%20500.000,nicht%20ausreichend%20erf%C3%BCllten%20Transparenzpflichten%20beschr%C3%A4nkt., abgerufen am 2.1.2023.
[85] So laut Kaiser, "DSGVO-Bußgelder aus Deutschland und Europa", Bußgeld-Radar der Datenschutzkanzlei, abrufbar unter https://www.datenschutzkanzlei.de/bussgeld-radar/, zuletzt abgerufen am 2.1.2023; vgl. auch Rietveld/Reinders Folmer, „The Netherlands: DPA imposes EUR 830,000 fine for access request fees", DLA PIPER, 8.7.2020, abrufbar unter https://blogs.dlapiper.com/privacymatters/the-netherlands-dpa-imposes-eur-83000-fine-for-access-request-fees/, abgerufen am 2.1.2023; zum Originalbescheid in holländischer Sprache siehe Bescheid der Autoriteit Persoonsgegevens vom 30.7.2019, abrufbar unter https://autoriteitpersoonsgegevens.nl/sites/default/files/atoms/files/besluit_bkr_30_juli_2019.pdf, abgerufen am 2.1.2023.
[86] BeckOK DatenschutzR/Schantz DS-GVO Art. 5 Rn. 11; Schwartmann/Jaspers/Thüsing/Kugelmann/Hermann/Jaspers/Schwartmann DS-GVO Art. 5 Rn. 38.
[87] Schwartmann/Jaspers/Thüsing/Kugelmann/Hermann/Jaspers/Schwartmann DS-GVO Art. 5 Rn. 38.
[88] Schwartmann/Jaspers/Thüsing/Kugelmann/Hermann/Jaspers/Schwartmann DS-GVO Art. 5 Rn. 38.
[89] Taeger/Gabel/Voigt DS-GVO Art. 5 Rn. 42.
[90] Taeger/Gabel/Voigt DS-GVO Art. 5 Rn. 42.
[91] Raji ZD 2020, 279 (279).
[92] Gierschmann/Schlender/Stentzel/Veil/Veil DS-GVO Art. 15 Rn. 59.
[93] Krämer/Burghoff ZD 2022, 428 (431).
[94] Krämer/Burghoff ZD 2022, 428 (431 f.).

angemessenes Entgelt verlangt oder die Auskunft insgesamt verweigert werden (hierzu bereits oben → Rn. 68). Im zuletzt genannten Fall sollten keine Informationen offengelegt werden, um hierdurch nicht erneute Haftungsrisiken zu eröffnen. Darüber hinaus ist die Auskunft zu beschränken, sofern hierdurch Geschäftsgeheimnisse preisgegeben werden, gewerbliche Schutzrechte betroffen sind oder gegen ein gesetzliches Verbot verstoßen würde.[95] Im Einzelfall kann auch die Aufsichtsbehörde kontaktiert werden, um zu klären, ob eine Auskunft verweigert werden darf.[96]

78 **Reichweite der Auskunft:** Besteht ein Auskunftsanspruch, sollten nur die gesetzlich vorgesehenen Informationen offengelegt werden. Zur Vermeidung neuer Haftungsrisiken sollten keine vollständigen Kopien der Dokumente und Unterlagen bereitgestellt werden, welche die personenbezogenen Daten der betroffenen Person enthalten. Vielmehr sollten lediglich die personenbezogenen Daten des Betroffenen in verständlicher Form (bspw. in Form einer Aufstellung) offengelegt werden.[97]

79 **Schulungen:** Beschäftigte sollten hinsichtlich des Umgangs mit Auskunftsersuchen durch Schulungen sensibilisiert werden, um eine eigenmächtige Auskunft sowie eine verspätete oder fehlerhafte Antragsbearbeitung auszuschließen.[98]

80 **Dokumentation von Ausschlussgründen:** Soweit sich ein Unternehmen in Einzelfällen auf Ausnahmen von der Informations- oder Auskunftspflicht beruft, insbesondere nach §§ 29, 32 BDSG, sollten die Gründe hierfür textlich dokumentiert werden, damit diese im Falle einer Beschwerde des Betroffenen oder eines aufsichtsrechtlichen Verfahrens nachvollziehbar sind.

81 **b) Erkenntnisse aus den vorgenannten Beispielen aus der Sanktionspraxis**
Fortlaufende Kontrolle: Das gegen den Energieversorger eingeleitete Bußgeldverfahren zeigt, dass Unternehmen die Einhaltung der Transparenzpflicht sorgfältig überprüfen sollten. Gegenstand des Bußgeldverfahrens war nicht die Frage, ob ein Datenabgleich in der von dem Unternehmen praktizierten Gestalt zulässig ist. Die Datenschutzbehörde beanstandete vielmehr, dass die Kunden nicht über den Datenabgleich informiert wurden.[99] Die Transparenz soll Kunden ermöglichen, selbst darüber zu entscheiden, ob sie bspw. einen rabattierten Bonusvertrag, der mit einer internen Überprüfung ihres Status als Neukunde einhergeht, oder einen nicht rabattierten Vertrag ohne einen solchen Datenabgleich abschließen möchten.[100]

82 **Auskunftsmanagement:** Der Fall des Kreditauskunftsunternehmens macht deutlich, dass Unternehmen keine unzulässigen Hürden für die Ausübung des Auskunftsrechts aufstellen dürfen. Kostenpflichtige Auskunftsersuchen oder eine gänzliche Verweigerung der Auskunft sind nach Maßgabe von Art. 12 Abs. 5 S. 2 DS-GVO nur bei offenkundig unbegründeten oder exzessiven Anträgen einer betroffenen Person möglich. Im Grundsatz soll der Zugang zu den jeweiligen personenbezogenen Daten kostenfrei und in angemessenen Intervallen gewährt werden.[101] Die betroffene Person hat auch das Recht, einen Antrag

---

[95] Schwartmann/Jaspers/Thüsing/Kugelmann/Klein/Schwartmann DS-GVO Art. 15 Rn. 24.
[96] Krämer/Burghoff ZD 2022, 428 (433).
[97] Hierzu bereits oben → Rn. 67 mwN.
[98] Raji ZD 2020, 279 (279 f.); Krämer/Burghoff ZD 2022, 428 (432).
[99] Der Hamburgische Beauftragte für Datenschutz und Informationsfreiheit, „Bußgeld gegen Vattenfall Europe Sales GmbH verhängt", 24.9.2021, abrufbar unter https://datenschutz-hamburg.de/pressemitteilungen/2021/09/2021-09-25-vattenfall2#:~:text=Betroffen%20waren%20insgesamt%20rund%20500.000,nicht%20ausreichend%20erf%C3%BCllten%20Transparenzpflichten%20beschr%C3%A4nkt., abgerufen am 2.1.2023.
[100] Der Hamburgische Beauftragte für Datenschutz und Informationsfreiheit, „Bußgeld gegen Vattenfall Europe Sales GmbH verhängt", 24.9.2021, abrufbar unter https://datenschutz-hamburg.de/pressemitteilungen/2021/09/2021-09-25-vattenfall2#:~:text=Betroffen%20waren%20insgesamt%20rund%20500.000,nicht%20ausreichend%20erf%C3%BCllten%20Transparenzpflichten%20beschr%C3%A4nkt., abgerufen am 2.1.2023.
[101] Vgl. Rietveld/Reinders Folmer, „The Netherlands: DPA imposes EUR 830,000 fine for access request fees", DLA PIPER, 8.7.2020, abrufbar unter https://blogs.dlapiper.com/privacymatters/the-netherlands-dpa-imposes-eur-83000-fine-for-access-request-fees/, abgerufen am 2.1.2023.

elektronisch zu stellen.[102] In diesem Fall sind die Informationen gemäß Art. 15 Abs. 3 S. 3 DS-GVO in einem gängigen elektronischen Format zur Verfügung zu stellen, sofern die betroffene Person nichts anderes angibt.

V. Maßnahmen zum Schutz vor Angriffen oder Missbrauch, Art. 5 Abs. 1 lit. f und Art. 32 DS-GVO

1. Compliance-Risiken

Eine weitere Ursache für zahlreiche Bußgelder liegt darin, dass Unternehmen häufig entgegen Art. 5 Abs. 1 lit. f und Art. 32 DS-GVO unzureichende Maßnahmen zum Schutz vor Angriffen oder Missbrauch durch Dritte ergreifen. Von den untersuchten 856 in der Praxis verhängten Bußgeldern wurden die diesbezüglichen gesetzlichen Vorgaben in 186 Fällen (22 %) nicht eingehalten.[103] 83

a) Rechtliche Anforderungen. Art. 5 Abs. 1 lit. f DS-GVO schreibt vor, dass geeignete technische und organisatorische Maßnahmen zum Schutz vor unbefugter oder unrechtmäßiger Verarbeitung sowie vor unbeabsichtigtem Verlust, unbeabsichtigter Zerstörung oder Schädigung zu ergreifen sind. Konkretisierende Regelungen finden sich insbesondere in Art. 32 DS-GVO.[104] Die Maßnahmen umfassen gemäß Art. 32 Abs. 1 HS. 2 DS-GVO die Pseudonymisierung und Verschlüsselung personenbezogener Daten (lit. a), die Fähigkeit, die Vertraulichkeit, Integrität, Verfügbarkeit und Belastbarkeit der Systeme und Dienste im Zusammenhang mit der Verarbeitung auf Dauer sicherzustellen (lit. b), die Fähigkeit, die Verfügbarkeit der personenbezogenen Daten und den Zugang zu ihnen bei einem physischen oder technischen Zwischenfall rasch wiederherzustellen (lit. c) und ein Verfahren zur regelmäßigen Überprüfung, Bewertung und Evaluierung der Wirksamkeit der technischen und organisatorischen Maßnahmen zur Gewährleistung der Sicherheit der Verarbeitung (lit. d). Diese Aufzählung ist wegen des Schutzzwecks der Norm nicht abschließend.[105] Welche dieser Maßnahmen der Verantwortliche bzw. der Auftragsverarbeiter implementiert, steht in seinem Ermessen.[106] Bei der Beurteilung des angemessenen Schutzniveaus sind gemäß Art. 32 Abs. 2 DS-GVO insbesondere die Risiken zu berücksichtigen, die mit der Verarbeitung verbunden sind. 84

b) Typische Verstöße und deren Ursachen. Praktische Beispiele für Verstöße gegen Art. 5 Abs. 1 lit. f und Art. 32 DS-GVO bestehen darin, dass Unternehmen unzureichende Schutzvorkehrungen treffen, wodurch Angriffe auf die Webseite oder den Server des jeweiligen Unternehmens ermöglicht werden. Dies ist bspw. der Fall, wenn Unternehmen versäumen, eine sog. Anwendungshärtung von Apps vorzunehmen, um diese zu schützen, Sicherheitsrisiken zu reduzieren und Missbrauch zu unterbinden. Ein weiteres Beispiel stellt die Verwendung eines unzureichend gesicherten Chatbots dar, wodurch sich Dritte unbefugten Zugriff auf Daten verschaffen können.[107] In der Regel werden Bußgelder gegen Unternehmen verhängt, weil diese keine angemessenen technischen Mechanismen implementieren, um Schutz vor unbefugtem Zugriff Dritter zu gewährleisten.[108] 85

c) Beispiele aus der Sanktionspraxis. Aus der Sanktionspraxis sind folgende Beispiele im Zusammenhang mit einem (unzureichenden) Schutz personenbezogener Daten vor Angriff oder Missbrauch zu erwähnen: 86

---

[102] Vgl. BeckOK DatenschutzR/Schmidt-Wudy DS-GVO Art. 15 Rn. 83.
[103] Saemann et al., PoPETs 2022, 314 (320, 331).
[104] Kühling/Buchner/Herbst DS-GVO Art. 5 Rn. 76.
[105] Ehmann/Selmayr/Hladjk DS-GVO Art. 32 Rn. 6.
[106] Paal/Pauly/Martini DS-GVO Art. 32 Rn. 31.
[107] Saemann et al., PoPETs 2022, 314 (324).
[108] Saemann et al., PoPETs 2022, 314 (324, 331).

87 Eine britische Aufsichtsbehörde verhängte gegen ein Hotelunternehmen ein Bußgeld in Höhe von GBP 18,4 Mio. aufgrund fehlender technischer und organisatorischer Maßnahmen zum Schutz personenbezogener Daten. Hintergrund hierfür war ein Hacker-Angriff auf das IT-System eines anderen Unternehmens ab dem Jahr 2014, welches das Hotelunternehmen im Jahr 2016 erwarb, ohne den Angriff zunächst zu bemerken. Erst im September 2018 wurde das Hotelunternehmen auf den Angriff aufmerksam, wodurch die Hacker personenbezogene Daten von circa 339 Mio. Gästen sammeln konnten.[109]

88 Gegen ein Ticketverkaufsunternehmen verhängte eine britische Aufsichtsbehörde ein Bußgeld von GBP 1,25 Mio. wegen fehlender technischer Maßnahmen zum Schutz der Zahlungsdaten von Kunden. Aufgrund von unzureichenden Sicherheitsmaßnahmen bei der Verwendung eines Chat-Bots kamen durch einen Hackerangriff zahlreiche personenbezogene Daten wie Namen, Kreditkartennummern, Ablaufdatum und CVV-Nummern von bis zu 9,4 Mio. Kunden abhanden.[110]

2. Gestaltung des CMS

89 **a) Allgemeine Empfehlungen für die Ausgestaltung des CMS zur Vermeidung von Compliance-Risiken.** Welche technischen Maßnahmen angemessen sind, hängt vom jeweiligen Einzelfall ab. Die DS-GVO ist insoweit technikneutral. Die Auswahl hat insbesondere unter Berücksichtigung des Stands der Technik, der Implementierungskosten und der Art, des Umfangs, der Umstände und der Zwecke der Verarbeitung sowie der unterschiedlichen Eintrittswahrscheinlichkeit und Schwere des Risikos für die Rechte und Freiheiten natürlicher Personen zu erfolgen (Art. 32 Abs. 1 Hs. 1 DS-GVO).[111]

90 **Bestimmung von Prozessen:** Sinnvoll ist auch hierbei die Festlegung klarer Prozesse für die Herausarbeitung und Implementierung angemessener Sicherheitsmaßnahmen. Für Unternehmen besteht die Möglichkeit, international anerkannte Informationssicherheitsstandards zu übernehmen. So können etwa die internationalen Normen ISO/IEC 27001 und ISO/IEC 27002 eine Hilfestellung bei der Auswahl und Umsetzung angemessener Sicherheitsmaßnahmen bieten.[112] Neben privaten Sicherheitsberatern ist es möglich, die Datenschutzaufsichtsbehörden zu konsultieren.[113]

91 **Pseudonymisierung/Verschlüsselung:** Zentrale Standardmaßnahmen bestehen insbesondere in der Pseudonymisierung und Verschlüsselung personenbezogener Daten.[114] Eine Pseudonymisierung kann etwa dadurch erfolgen, dass Namen betroffener Personen durch Kennziffern oder Referenztabellen ersetzt werden.[115] Personenbezogene Daten sollten von vorneherein pseudonym gebildet und die Pseudonymisierung durch eine Stelle durchgeführt werden, die nicht mit der anschließenden Nutzung der pseudonymisierten Daten befasst ist.[116] Während die Pseudonymisierung zur Umsetzung des Grundsatzes der Datenminimierung gemäß Art. 5 Abs. 1 lit. c DS-GVO eingesetzt wird, dient die Verschlüsselung von Daten zusätzlich den Prinzipien der Zweckbindung sowie der Vertrau-

---

[109] Information Commissioner's Office, Information Commissioner's Annual Report and Financial Statements 2020–21, S. 30, abrufbar unter https://ico.org.uk/media/about-the-ico/documents/2620166/hc-354-information-commissioners-ara-2020-21.pdf, abgerufen am 2.1.2023; so auch laut Kaiser, „DSGVO-Bußgelder aus Deutschland und Europa", Bußgeld-Radar für Datenschutzkanzlei, abrufbar unter https://www.datenschutzkanzlei.de/bussgeld-radar/, abgerufen am 2.1.2023.
[110] Information Commissioner's Office, Information Commissioner's Annual Report and Financial Statements 2020–21, S. 30f., abrufbar unter https://ico.org.uk/media/about-the-ico/documents/2620166/hc-354-information-commissioners-ara-2020-21.pdf, zuletzt abgerufen am: 2.1.2023.
[111] Vgl. Bürkle Compliance/Günthner/Krom § 14 Rn. 54.
[112] Taeger/Gabel/Schultze-Melling DS-GVO Art. 32 Rn. 26; Auer-Reinsdorff/Conrad IT- und DatenschutzR-HdB/Conrad/Streitz § 33 Rn. 385 ff.
[113] Schwartmann/Jaspers/Thüsing/Kugelmann/Ritter DS-GVO Art. 32 Rn. 135.
[114] Kühling/Buchner/Jandt DS-GVO Art. 32 Rn. 17 ff.; Taeger/Gabel/Schultze-Melling DS-GVO Art. 32 Rn. 15 ff.
[115] Paal/Pauly/Martini DS-GVO Art. 32 Rn. 33 f.
[116] Paal/Pauly/Martini DS-GVO Art. 32 Rn. 33a.

lichkeit und dem Integritätsschutz der Daten gemäß Art. 5 Abs. 1 lit. b und f DS-GVO.[117] Es kann daher sinnvoll sein, beide Maßnahmen nebeneinander anzuwenden.

Einschränkung von Zugriffsberechtigungen: Zudem sollten Unternehmen Zugriffskontrollen – etwa in Form von Zwei-Faktor-Authentifizierungs- und Autorisierungsmechanismen – implementieren, um den unbefugten Zugriff auf personenbezogene Daten zu verhindern.[118] Förderlich ist auch eine Sicherung von Endgeräten, die ein Ausspähen durch Dritte verhindert (bspw. in Form einer Antivirensoftware), sowie eine Sicherung unternehmensinterner Netze gegen externe Angriffe (bspw. durch Hardwarefirewalls).[119] 92

Fortlaufende Kontrolle: Unabhängig davon, welche Sicherheitsmaßnahmen ergriffen werden, ist eine regelmäßige, sach- und fachgerechte Untersuchung und Bewertung der Maßnahmen erforderlich (vgl. Art. 32 Abs. 1 lit. d DS-GVO). Zielführend ist ein dreistufiges Vorgehen bestehend aus einer Bestandsaufnahme der getroffenen Maßnahmen, der Durchführung von Wirksamkeitstests bspw. durch Vulnerability Scans oder simulierte Störereignisse, sowie einer aktualisierten Bewertung der Angemessenheit in Bezug auf die bestehenden Risiken.[120] Bei konkreten Hinweisen auf marktübliche höhere Sicherheitsstandards oder auf Sicherheitslücken sowie bei eingetretenen Sicherheitsvorfällen sind zusätzliche Maßnahmen zu ergreifen. Sinnvoll kann auch die Durchführung von „White Hat Hacking" sein, wobei ein außerhalb der Organisation stehender Dritter das IT-Schutzkonzept zu überwinden versucht (sog. „Penetrationstest") und anschließend an die Organisation Bericht erstattet, damit diese etwaige Sicherheitsmängel beheben kann.[121] 93

Dokumentation: Wichtig ist, dass der Verantwortliche die getroffenen Maßnahmen, die Beurteilung der Geeignetheit und die wesentlichen Umstände und Anhaltspunkte für die Bewertung der Angemessenheit der Sicherheitsmaßnahmen sorgfältig dokumentiert.[122] Nur auf diese Weise kann der Nachweis geführt werden, dass die Angemessenheit der Maßnahmen sorgfältig und wiederholt bewertet wurde. In der Praxis werden technische und organisatorische Maßnahmen gemäß Art. 32 DS-GVO regelmäßig im Verfahrensverzeichnis sowie in IT-Sicherheitskonzepten erfasst.[123] 94

b) Erkenntnisse aus den vorgenannten Beispielen aus der Sanktionspraxis. Datenschutzrechtliche Compliance-Due-Diligence: Mit Blick auf das gegen das Hotelunternehmen verhängte Bußgeld wird deutlich, dass die Qualität des CMS auch im Rahmen einer Unternehmensübertragung von Bedeutung ist. Für den Erwerber besteht insoweit das Risiko potenzieller Bußgelder aufgrund von Versäumnissen, die ihren Ursprung noch vor der Transaktion hatten. Gleichermaßen besteht für den Veräußerer das Risiko von Schadensersatzansprüchen des Erwerbers aufgrund unzureichender Schutzmaßnahmen im Vorfeld der Transaktion. 95

Sicherheitskonzept: Bei der Sanktion des Ticketverkaufsunternehmens beanstandete die Aufsichtsbehörde, dass das Unternehmen keine Risikoeinschätzung für die Verwendung des extern gehosteten Chat-Bots auf der Zahlungsseite durchgeführt hatte. Ferner habe das Unternehmen versäumt, geeignete Sicherheitsmaßnahmen zu identifizieren und zu implementieren, um das Risiko eines unbefugten Zugriffs zu minimieren. Auch sei die Quelle des Datenangriffs nicht rechtzeitig identifiziert worden.[124] Dem Unternehmen wird 96

---

[117] Kühling/Buchner/Jandt DS-GVO Art. 32 Rn. 17.
[118] Schuster/Grützmacher/Freund DS-GVO Art. 32 Rn. 79.
[119] Schuster/Grützmacher/Freund DS-GVO Art. 32 Rn. 79.
[120] Schuster/Grützmacher/Freund DS-GVO Art. 32 Rn. 57 f.
[121] Siehe hierzu sowie zum Ausschluss von Strafbarkeitsrisiken bei der Durchführung von Penetrationstest Klaas MMR 2022, 187 (187 ff.).
[122] Vgl. Schaffland/Wiltfang/Schaffland/Holthaus DS-GVO Art. 32 Rn. 88; Schuster/Grützmacher/Freund DS-GVO Art. 32 Rn. 59.
[123] Thüsing Beschäftigtendatenschutz/Thüsing/Pötters § 18 Rn. 13.
[124] Kaiser, „DSGVO-Bußgelder aus Deutschland und Europa", Bußgeld-Radar der Datenschutzkanzlei, abrufbar unter https://www.datenschutzkanzlei.de/bussgeld-radar/, abgerufen am 2.1.2023.

nicht das Fehlen bestimmter einzelner Sicherheitsmaßnahmen vorgeworfen, sondern ein insgesamt unzureichendes Sicherheitskonzept.

C. Fazit

97 Bei der Vermeidung von Rechtsverstößen und dem damit einhergehenden Risiko von Bußgeldern kommt es maßgeblich auf die Ausgestaltung des CMS und die Implementierung geeigneter technischer und organisatorischer Maßnahmen an. Welche technischen und organisatorischen Maßnahmen angemessen sind, hängt vom jeweiligen Einzelfall ab. Zielführend ist regelmäßig die Festlegung eindeutiger Prozesse mit klaren Handlungsanweisungen und Leitlinien für die einzelnen Datenverarbeitungsvorgänge vorgeben, sowie die entsprechende Schulung des zuständigen Personals. Von großer Bedeutung ist zudem eine sorgfältige Dokumentation der durchgeführten Prozesse. Sie ermöglicht es den Unternehmen, die Einhaltung gesetzlicher Vorgaben nachzuweisen und somit auch das Haftungsrisiko zu minimieren.

§ 32 Melde-, Mitwirkungs- und Rechenschaftspflichten im Spiegel von nemo tenetur

Übersicht

	Rn.
A. Selbstbelastungsfreiheit im Straf- und Bußgeldverfahren	2
I. Grundgesetzliche Gewährleistung	2
II. Unionsrechtliche Gewährleistung	8
1. Schutz natürlicher Personen	10
2. Schutz juristischer Personen	12
B. Konflikte zwischen Melde-, Benachrichtigungs-, Rechenschafts-, Mitwirkungs- und Vorlagepflichten und der Selbstbelastungsfreiheit	13
I. Konflikte	13
II. Sanktionen für Verstöße gegen Melde-, Benachrichtigungs-, Rechenschafts-, Mitwirkungs- und Vorlagepflichten im Lichte des Schweigerechts	14
C. Verwendungsverbote (§§ 42 Abs. 4, 43 Abs. 4 BDSG)	18

Literatur: *Boms*, Ahndung von Ordnungswidrigkeiten nach der DS-GVO in Deutschland. Ist § 43 Abs. 4 BDSG unionsrechtskonform?, ZD 2019, 536; *Dannecker*, Der nemo tenetur-Grundsatz – prozessuale Fundierung und Geltung für juristische Personen, ZStW 127 (2015) 370; *Eckhardt/Menz*, Bußgeldsanktionen der DS-GVO, DuD 2018, 139; *Kritzer*, Datenschutzrechtliche Pflichten, Sanktionsregime und Selbstbelastungsfreiheit, Baden-Baden, 2022; *Martini/Wagner/Wenzel*, Das neue Sanktionsregime der DSGVO – ein scharfes Schwert ohne legislativen Feinschliff, VerwArch 2018, 163.

In diesem Abschnitt soll der Frage nachgegangen werden, inwieweit Melde- und Benachrichtigungspflichten bei Datenschutzverstößen und datenschutzrechtliche Rechenschaftspflichten (→ § 6 Rn. 9 ff.) sowie die gegenüber Aufsichtsbehörden bestehenden Mitwirkungs- und Vorlagepflichten (vgl. Art. 31, 58 Abs. 1 lit. a, e und f DS-GVO)[1] mit dem Grundsatz der Selbstbelastungsfreiheit *(nemo tenetur se ipsum accusare)* im Einklang stehen. Hierzu sei nachfolgend zunächst die Selbstbelastungsfreiheit im Straf- und Bußgeldverfahren skizziert (→ Rn. 2 ff.). Sodann wird dargelegt, inwieweit Melde-, Benachrichtigungs-, Rechenschafts-, Mitwirkungs- und Vorlagepflichten mit der Selbstbelastungsfreiheit in Konflikt stehen (→ Rn. 13 ff.) und inwieweit dieser Konflikt durch Beweisverwendungsverbote gelöst oder zumindest abgemildert wird (→ Rn. 18 ff.). 1

A. Selbstbelastungsfreiheit im Straf- und Bußgeldverfahren

I. Grundgesetzliche Gewährleistung

Eine ausdrückliche Normierung der Selbstbelastungsfreiheit natürlicher Personen findet sich im Grundgesetz zwar nicht, sie ist aber nach (inzwischen) ständiger Rechtsprechung des Bundesverfassungsgerichts in einer Kombination zweier Verfassungsgarantien verankert: 2

„*Das Verbot des Zwangs zur Selbstbelastung und die Aussagefreiheit des Beschuldigten (nemo tenetur se ipsum accusare) sind im Grundgesetz verankert. Sie sind notwendiger Ausdruck einer auf dem Leitgedanken der Achtung der Menschenwürde beruhenden rechtsstaatlichen Grundhaltung (vgl. BVerfGE 133, 168 <201 Rn. 60>; BVerfG, Beschluss der 2. Kammer des Zweiten Senats vom 25. August 2014 – 2 BvR 2048/ 13 –, juris, Rn. 13). Der Grundsatz der Selbstbelastungsfreiheit ist zum einen im Rechtsstaatsprinzip verankert und wird von dem Recht auf ein faires, rechtsstaatliches Verfahren aus Art. 2 Abs. 1 in Verbindung mit Art. 20 Abs. 3 GG umfasst (vgl. BVerfGE 80, 109 <119 ff.>; 109, 279 <324>; 110, 1 <31>;*

---

[1] Umfassend hierzu Kritzer, Datenschutzrechtliche Pflichten, Sanktionsregime und Selbstbelastungsfreiheit, 2022, 68 ff., 92 ff. mwN.

133, 168 <201 Rn. 60, 236f. Rn. 124>; vgl. aus der Kammerrechtsprechung BVerfGK 14, 295 <303>; 20, 347 <351>; BVerfG, Beschluss der 2. Kammer des Zweiten Senats vom 7. Juli 1995–2 BvR 326/92 –, juris, Rn. 32; BVerfG, Beschluss der 2. Kammer des Zweiten Senats vom 4. Februar 1997–2 BvR 122/97 –, juris, Rn. 2; BVerfG, Beschluss der 2. Kammer des Zweiten Senats vom 25. August 2014–2 BvR 2048/13 –, juris, Rn. 13). Zum anderen ist der Schutz vor einem Zwang zur Selbstbezichtigung als Teil des allgemeinen Persönlichkeitsrechts aus Art. 2 Abs. 1 in Verbindung mit Art. 1 Abs. 1 GG anerkannt (vgl. BVerfGE 38, 105 <114f.>; 56, 37 <41ff.>; 95, 220 <241>; vgl. aus der Kammerrechtsprechung BVerfGK 4, 105 <108>; 15, 457 <470f.>; 16, 116 <117>; 17, 253 <264>; 18, 144 <150>; BVerfG, Beschluss der 2. Kammer des Zweiten Senats vom 21. April 1993–2 BvR 930/92 –, juris, Rn. 13; BVerfG, Beschluss der 2. Kammer des Zweiten Senats vom 7. Juli 1995–2 BvR 326/92 –, juris, Rn. 30f.; BVerfG, Beschluss der 3. Kammer des Zweiten Senats vom 31. März 2008–2 BvR 467/08 –, juris, Rn. 2; BVerfG, Beschluss der 2. Kammer des Zweiten Senats vom 21. April 2010–2 BvR 504/08, 2 BvR 1193/08 –, juris, Rn. 17f.).[2]

3   Dem Bundesverfassungsgericht zufolge umfasst der Grundsatz der Selbstbelastungsfreiheit

„das Recht des Beschuldigten auf Aussage- und Entschließungsfreiheit im Strafverfahren. Dazu gehört, dass im Rahmen des Strafverfahrens niemand gezwungen werden darf, sich durch seine eigene Aussage einer Straftat zu bezichtigen oder zu seiner Überführung aktiv beizutragen (vgl. BVerfGE 109, 279 <324>; 133, 168 <201 Rn. 60>). Der Beschuldigte muss frei von Zwang eigenverantwortlich entscheiden können, ob und gegebenenfalls inwieweit er im Strafverfahren mitwirkt (vgl. BVerfGE 133, 168 <201 Rn. 60>). Ein Zwang zur Selbstbezichtigung berührt die Würde des Menschen, dessen Aussage gegen ihn selbst verwendet wird (vgl. BVerfGE 56, 37 <41f.>; BVerfGK 4, 105 <108>; 15, 457 <471>; BVerfG, Beschluss der 2. Kammer des Zweiten Senats vom 7. Juli 1995–2 BvR 326/92 –, juris, Rn. 30)."[3]

4   Diese Gewährleistung erstreckt sich unstritig nicht nur auf das Strafverfahren im engeren Sinne, sondern auch auf die Verfolgung von Ordnungswidrigkeiten.[4]

5   Allerdings wird die Selbstbelastungsfreiheit nicht absolut gewährleistet; der Rechtsprechung des Bundesverfassungsgericht zufolge sind auch insoweit ein in der Menschenwürdegarantie fußender, abwägungsfester Kern und ein der Abwägung zugänglicher Randbereich zu unterscheiden: „Nur wenn der unmittelbar zur Menschenwürde gehörende Kerngehalt der Selbstbelastungsfreiheit berührt ist, liegt auch eine Verletzung von Art. 1 [Abs. 1] GG vor. Dies wäre etwa der Fall, wenn ein Beschuldigter durch Zwangsmittel dazu angehalten würde, eine selbstbelastende Aussage zu tätigen und so die Voraussetzungen für seine strafgerichtliche Verurteilung zu schaffen."[5]

6   Auf dieser Differenzierung aufbauend schlussfolgert das Bundesverfassungsgericht, dass sich

„[a]us der Verfassung [...] zwar kein ausnahmsloses Gebot [ergibt], dass niemand zu Auskünften oder zu sonstigen Handlungen gezwungen werden darf, durch die er eine von ihm begangene strafbare Handlung offenbart (vgl. BVerfGE 56, 37 <42, 49>; BVerfGK 4, 105 <108>; 18, 144 <150>). Handelt es sich um Auskünfte zur Erfüllung eines berechtigten Informationsbedürfnisses, ist der Gesetzgeber befugt, die Belange der verschiedenen Beteiligten gegeneinander abzuwägen. Eine außerhalb des Strafverfahrens erzwungene Selbstbezichtigung ist aber nur dann zulässig, wenn sie mit einem strafrechtlichen Verwertungsverbot einhergeht (vgl. BVerfGE 56, 37 <49f.>; BVerfGK 4, 105 <108>). Auch bloße Mitwirkungspflichten verletzen das Verbot der Selbstbelastung nicht, wenn durch sie Aussage- und Zeugnisverweigerungsrechte im Ordnungswidrigkeiten- oder Strafverfahren nicht berührt werden (vgl. BVerfGE 55, 144 <150f.>; BVerfG,

---

[2] BVerfG v. 6.9.2016 – 2 BvR 890/16, BeckRS 2016, 51435 Rn. 34; gleichsinnig BVerfG v. 25.1.2022 – 2 BvR 2462/18, BeckRS 2022, 1707 Rn. 50.
[3] BVerfG v. 6.9.2016 – 2 BvR 890/16, BeckRS 2016, 51435 Rn. 35.
[4] BVerfG v. 25.1.2022 – 2 BvR 2462/18, BeckRS 2022, 1707 Rn. 51; zuvor ebenso BVerfG v. 22.10.1980 – 2 BvR 1172, 1238/79 = NJW 1981, 1087 (1087 f.); HK-OWiG/Seith OWiG Einl. Rn. 51; KK-OWiG/ Lutz § 55 Rn. 14 ff.; Göhler/Gürtler/Thoma OWiG § 55 Rn. 8.
[5] BVerfG v. 6.9.2016 – 2 BvR 890/16, BeckRS 2016, 51435 Rn. 36.

Beschluss des Dreierausschusses des Zweiten Senats vom 7. Dezember 1981–2 BvR 1172/81 –, juris, Rn. 7; Beschluss des Zweiten Senats vom 1. Dezember 2020–2 BvR 916/11 u. a. –, Rn. 310). Daher schützt das Verbot der Selbstbelastung nicht davor, dass Erkenntnismöglichkeiten, die den Bereich der Aussagefreiheit nicht berühren, genutzt werden und insoweit die Freiheit des Betroffenen eingeschränkt wird (vgl. BVerfGE 55, 144 <151>; BVerfG, Beschluss des Zweiten Senats vom 1. Dezember 2020–2 BvR 916/11 u. a. –, Rn. 310). So betreffen gesetzliche Aufzeichnungs- und Vorlagepflichten nicht den Kernbereich der grundgesetzlichen Selbstbelastungsfreiheit, sondern können zum Schutz von Gemeinwohlbelangen verfassungsrechtlich gerechtfertigt sein (vgl. BVerfGE 81, 70 <97>; BVerfGK 17, 253 <264>)."[6]

Für juristische Personen lehnte das Bundesverfassungsgericht 1997 einen Schutz der Selbstbelastungsfreiheit ab, da diese Gewährleistung ihrem Wesen nach und wegen einer vorrangigen Fundierung in der Menschenwürdegarantie auf solche nicht anwendbar sei (Art. 19 Abs. 3 GG).[7] Da jedoch das Bundesverfassungsgericht in jüngerer Rechtsprechung die Selbstbelastungsfreiheit verstärkt (auch) im Recht auf ein faires, rechtsstaatliches Verfahren (Art. 2 Abs. 1 iVm Art. 20 Abs. 3 GG) fundiert,[8] spricht manches dafür, zumindest den Schutzbereich zu eröffnen,[9] die Möglichkeit einer Rechtfertigung von Eingriffen aber anders als bei natürlichen Personen großzügig(er) auszugestalten.

II. Unionsrechtliche Gewährleistung

Im Primärrecht der EU findet sich ebenfalls keine ausdrückliche Normierung des Schweigerechts. Indessen zählt nach der Rechtsprechung des EuGH das Schweigerecht „zum Kern des Begriffs des fairen Verfahrens" und ist in EMRK-fundierter Auslegung den Art. 47 Abs. 2 und Art. 48 GRCh zu entnehmen.[10] Es darf „bei vernünftiger Betrachtung nicht auf Eingeständnisse von Fehlverhalten oder auf Bemerkungen, die unmittelbar die befragte Person belasten, beschränkt werden, sondern erstreckt sich auch auf Informationen über Tatsachenfragen, die später zur Untermauerung der Anklage verwendet werden und sich damit auf die Verurteilung dieser Person oder die gegen sie verhängte Sanktion auswirken können".[11]

Im Anwendungsbereich des Unionsrechts (vgl. Art. 51 Abs. 1 S. 1 GRCh) – der im Falle von Bußgeldverfahren wegen Verstößen gegen die DS-GVO offensichtlich eröffnet ist – verpflichtet dies daher die Mitgliedstaaten und deren Justizbehörden, das Schweigerecht zu gewährleisten, namentlich auch in „Verfahren [...], die zur Verhängung von Verwaltungssanktionen strafrechtlicher Natur führen können".[12] Allerdings ist in der Rechtsprechung des EuGH im Gewährleistungsumfang eine Differenzierung zwischen natürlichen und juristischen Personen zu erkennen:[13]

1. Schutz natürlicher Personen

Die kompetenziell auf Art. 82 Abs. 2 lit. b AEUV gestützte und materiell auf Art. 47 und Art. 48 GRCh sowie Art. 6 EMRK fußende RL (EU) 2016/343 über die Stärkung be-

---

[6] BVerfG v. 25.1.2022 – 2 BvR 2462/18, BeckRS 2022, 1707 Rn. 52.
[7] BVerfGE 95, 220 (242).
[8] BVerfG v. 26.9.2016 – 2 BvR 890/16, BeckRS 2016, 51435 Rn. 34; gleichsinnig BVerfG v. 25.1.2022 – 2 BvR 2462/18, BeckRS 2022, 1707 Rn. 50.
[9] Vgl. C. Dannecker ZStW 127 (2015), 370 (376); Kritzer, Datenschutzrechtliche Pflichten, Sanktionsregime und Selbstbelastungsfreiheit, 2022, 251 ff., 255 ff. mwN.
[10] EuGH v. 2.2.2021 – C-481/19, ECLI:EU:C:2021:84, BeckRS 2021, 863 Rn. 38 unter Verweis auf EGMR v. 8.2.1996, Murray/Vereinigtes Königreich, Nr. 18731/91, Rn. 45.
[11] EuGH v. 2.2.2021 – C-481/19, ECLI:EU:C:2021:84, BeckRS 2021, 863 Rn. 38, 40.
[12] EuGH v. 2.2.2021 – C-481/19, ECLI:EU:C:2021:84, BeckRS 2021, 863 Rn. 42; zu den sog. Engel-Kriterien zur Bestimmung der strafrechtlichen Natur siehe EuGH v. 20.3.2018 – C-537/16, ECLI:EU:C:2018:193, BeckRS 2018, 3253 Rn. 28 sowie grundlegend EGMR v. 8.6.1976, Engel ua/Niederlande, Nr. 5100/71 ua. Zur Anwendung auf europäische Verwaltungssanktionen siehe Brodowski, in: Tiedemann ua (Hrsg.), Die Verfassung moderner Strafrechtspflege, 2016, 141 (154 f.).
[13] Vgl. EuGH v. 2.2.2021 – C-481/19, ECLI:EU:C:2021:84, BeckRS 2021, 863 Rn. 48.

stimmter Aspekte der Unschuldsvermutung[14] verpflichtet die Mitgliedstaaten dazu, natürlichen Personen, die Verdächtige oder beschuldigte Personen in Strafverfahren sind (Art. 2 RL (EU) 2016/343), ein Aussageverweigerungs- und Schweigerecht (Art. 7 Abs. 1 und Abs. 2 RL (EU) 2016/343) zu gewährleisten. Nehmen verdächtige Personen diese Rechte in Anspruch, so darf dies weder gegen sie verwendet werden noch als Beweis dafür gewertet werden, dass sie die betreffende Straftat begangen haben (Art. 7 Abs. 5 RL (EU) 2016/343). Dies steht indessen nach Art. 7 Abs. 3 RL (EU) 2016/343 nicht der Erhebung von Beweismitteln entgegen, die „unabhängig vom Willen der Verdächtigen oder beschuldigte[n] Personen existieren" – ob dies neben „Atemluft-, Blut- und Urinproben und Körpergewebe für einen DNA-Test" (Erwägungsgrund 29 RL (EU) 2016/343) auch für Dokumente und Unterlagen gilt, ist indessen bislang nicht geklärt.

11 Hinzu tritt, bereits unmittelbar aus Art. 47 Abs. 2 und Art. 48 GRCh folgend, sowie der Rechtsprechung des EuGH zufolge, ein Verbot „der Verhängung einer Sanktion" gegen eine natürliche Person „wegen der Weigerung […], der zuständigen Behörde […] Antworten zu geben, aus denen sich ihre Verantwortlichkeit für eine mit Verwaltungssanktionen strafrechtlicher Natur bewehrte Zuwiderhandlung oder ihre strafrechtliche Verantwortlichkeit ergeben könnte."[15] In diesem Sinne seien auch Mitwirkungsverpflichtungen in aufsichtsrechtlichen Verfahren einschränkend auszulegen, soweit sie natürliche Personen betreffen.[16]

2. Schutz juristischer Personen

12 Der Schutz von Unternehmen ist in der – zum verwandten (vgl. Erwägungsgrund 150 DS-GVO) Kartellsanktionenrecht ergangenen – Rechtsprechung des EuGH indes schwächer ausgestaltet: Dort kann „im Rahmen eines Verfahrens zum Nachweis einer Verletzung dieser Regeln das betreffende Unternehmen verpflichtet werden […], alle erforderlichen Auskünfte über ihm eventuell bekannte Tatsachen zu erteilen und erforderlichenfalls die in seinem Besitz befindlichen Schriftstücke, die sich hierauf beziehen, zu übermitteln, selbst wenn sie dazu verwendet werden können, den Beweis für ein wettbewerbswidriges Verhalten ua dieses Unternehmens zu erbringen".[17] Das geht allerdings nicht so weit, dass „dem fraglichen Unternehmen […] die Verpflichtung auferlegt werden darf, Antworten zu geben, durch die es das Vorliegen einer solchen Zuwiderhandlung eingestehen müsste".[18]

---

[14] ABl. EU L 65 v. 11.3.2016, 1–11.
[15] EuGH v. 2.2.2021 – C-481/19, ECLI:EU:C:2021:84, BeckRS 2021, 863 Rn. 45.
[16] EuGH v. 2.2.2021 – C-481/19, ECLI:EU:C:2021:84, BeckRS 2021, 863 Rn. 50 ff.
[17] EuGH v. 2.2.2021 – C-481/19, ECLI:EU:C:2021:84, BeckRS 2021, 863 Rn. 46 unter Verweis auf EuGH v. 18.10.1989, 374/87, ECLI:EU:C:1989:387, Rn. 34, v. 29.6.2006 – C-301/04 P, ECLI:EU:C:2006:432, BeckRS 2006, 137934 Rn. 41, und v. 25.1.2007 – C-407/04 P, BeckRS 2007, 70062 ECLI:EU:C:2007:53, Rn. 34.
[18] EuGH v. 2.2.2021 – C-481/19, ECLI:EU:C:2021:84, BeckRS 2021, 863 Rn. 47 unter Verweis auf EuGH v. 18.10.1989 – C-374/87, ECLI:EU:C:1989:387, BeckRS 2004, 71022 Rn. 35, und v. 29.6.2006 – C-301/04 P, ECLI:EU:C:2006:432, BeckRS 2006, 137934 Rn. 42. Zu diesem „Geständnisverweigerungsrecht" siehe C. Dannecker ZStW 127 (2015), 370 (371); Kritzer, Datenschutzrechtliche Pflichten, Sanktionsregime und Selbstbelastungsfreiheit, 2022, 238.

B. Konflikte zwischen Melde-, Benachrichtigungs-, Rechenschafts-, Mitwirkungs- und Vorlagepflichten und der Selbstbelastungsfreiheit

I. Konflikte

Mit den vorgenannten Gewährleistungen können eine Reihe an Verpflichtungen und Obliegenheiten des Datenschutzrechtes in Konflikt stehen: 13
- Eine Meldung von Verletzungen des Schutzes personenbezogener Daten an die Aufsichtsbehörde (Art. 33 DS-GVO), zu der der Verantwortliche bzw. der Auftragsverarbeiter verpflichtet ist (*Meldepflicht*, → § 6 Rn. 10 ff.), wird dieser regelmäßig Anhaltspunkte liefern für vorangegangene Datenschutzverstöße des Meldenden (und nicht nur eines Dritten), namentlich in Bezug auf eine unzureichende Sicherheit der Verarbeitung (Art. 32 DS-GVO).
- Wenngleich die Benachrichtigung der von einer Verletzung des Schutzes personenbezogener Daten betroffenen Person (Art. 34 DS-GVO; *Benachrichtigungspflicht*) grundsätzlich nicht an die Aufsichtsbehörde gerichtet ist, wird diese – zT öffentliche (vgl. Art. 34 Abs. 3 lit. c DS-GVO) – Kundgabe regelmäßig mittelbar die Aufsichtsbehörde erreichen und, vergleichbar zu einer Meldung nach Art. 33 DS-GVO, Anhaltspunkte für Verhalten des Benachrichtigenden liefern.
- Nach Art. 58 Abs. 1 lit. a iVm Art. 31 DS-GVO besteht für den Verantwortlichen, den Auftragsverarbeiter und gegebenenfalls den Vertreter des Verantwortlichen oder des Auftragsverarbeiters eine Verpflichtung, auf Anforderung der Aufsichtsbehörde „alle Informationen bereitzustellen, die für die Erfüllung [ihrer] Aufgaben erforderlich sind" (*Vorlagepflicht*); dem Wortlaut zufolge schließt dies also auch die proaktive Aushändigung von Informationen ein, die zur Sanktionierung von Datenschutzverstößen der betreffenden Person – und damit zur Aufgabenerfüllung nach Art. 58 Abs. 1 lit. i DS-GVO – erforderlich sind. Eine Konkretisierung der Vorlagepflicht findet sich in Art. 30 Abs. 4 DS-GVO bezüglich des Verzeichnisses von Verarbeitungstätigkeiten.[19]
- Verantwortliche und Auftragsverarbeiter müssen der Aufsichtsbehörde „Zugang zu allen personenbezogenen Daten und Informationen, die zur Erfüllung [ihrer] Aufgaben notwendig sind," (Art. 58 Abs. 1 lit. e iVm Art. 31 DS-GVO) und „gemäß dem Verfahrensrecht der Union oder dem Verfahrensrecht des Mitgliedstaats Zugang zu den Räumlichkeiten, einschließlich aller Datenverarbeitungsanlagen und -geräte, des Verantwortlichen und des Auftragsverarbeiters" (Art. 58 Abs. 1 lit. f iVm Art. 31 DS-GVO) gewähren (*Mitwirkungspflichten*; konkretisiert in § 40 BDSG); dem Wortlaut zufolge gilt dies auch, wenn sich aus der Erfüllung dieser Pflichten Anhaltspunkte für Datenschutzverstöße ergeben können.
- Besondere Brisanz erlangen die Vorlage- und Mitwirkungspflichten dadurch, dass die Verantwortlichen zudem in die Pflicht genommen werden, die Einhaltung der datenschutzrechtlichen Vorgaben nachweisen zu können (Art. 5 Abs. 2, Art. 24 Abs. 1 S. 1 DS-GVO; *Rechenschaftspflicht*) und sich aus der Dokumentation – oder auch nur aus Mängeln derselben – ebenfalls Anzeichen für Datenschutzverstöße ergeben können.

II. Sanktionen für Verstöße gegen Melde-, Benachrichtigungs-, Rechenschafts-, Mitwirkungs- und Vorlagepflichten im Lichte des Schweigerechts

Eine besondere Schärfe erhalten die vorgenannten Pflichten, soweit deren Nichtbefolgung 14 isoliert mit einer Sanktion belegt werden kann. Dies ist jedenfalls bei den Melde-, Benachrichtigungs- und Mitwirkungspflichten sowie der Vorlage des Verzeichnisses von Verarbeitungstätigkeiten explizit der Fall (Art. 83 Abs. 4 lit. a, Abs. 5 lit. e DS-GVO)[20] und

---

[19] Kritzer, Datenschutzrechtliche Pflichten, Sanktionsregime und Selbstbelastungsfreiheit, 2022, 90 ff.
[20] Kritzer, Datenschutzrechtliche Pflichten, Sanktionsregime und Selbstbelastungsfreiheit, 2022, 145 f.

hinsichtlich der Rechenschaftspflicht infolge des generellen Verweises auf Art. 5 DS-GVO in Art. 83 Abs. 5 lit. a DS-GVO jedenfalls nicht explizit ausgeschlossen.[21] Lediglich die allgemeine Vorlagepflicht (Art. 58 Abs. 1 lit. a iVm Art. 31 DS-GVO) ist in den Bußgeldtatbeständen des Art. 83 Abs. 4 und 5 DS-GVO nicht aufgeführt[22] und daher ein Verstoß hiergegen – jedenfalls in Deutschland[23] – nicht sanktionierbar, auch nicht über den Generalverweis auf Art. 31 DS-GVO in Art. 83 Abs. 4 DS-GVO.[24]

15   Im Einklang mit den vorgenannten unionsgrundrechtlichen Gewährleistungen (→ Rn. 8 ff.) sind diese Pflichten und vor allem Sanktionsvorschriften aber einschränkend auszulegen, soweit durch diese bei natürlichen Personen ein Konflikt mit der Selbstbelastungsfreiheit besteht. In diesem Sinne steht Art. 47 Abs. 2, Art. 48 GRCh einer Sanktionierung einer natürlichen Person als Verantwortlicher oder Datenverarbeiter nach Art. 83 Abs. 4, Abs. 5 DS-GVO entgegen, soweit[25] die Erfüllung der datenschutzrechtlichen Melde-, Benachrichtigungs-, Rechenschafts-, Mitwirkungs- oder Vorlagepflicht die Gefahr einer Sanktionierung dieser natürlichen Person begründen oder intensivieren würde. Im Umkehrschluss bedeutet dies, dass natürlichen Personen insoweit bereits unionsrechtlich insbesondere ein Auskunfts- und Mitwirkungsverweigerungsrecht zuzugestehen ist.[26] In Deutschland stellt dies zudem § 40 Abs. 4 S. 2 BDSG klar: Dort ist ein Auskunftsverweigerungsrecht statuiert, wenn die Auskunft „ihn selbst oder einen der in § 383 Absatz 1 Nummer 1 bis 3 der Zivilprozessordnung bezeichneten Angehörigen der Gefahr strafgerichtlicher Verfolgung oder eines Verfahrens nach dem Gesetz über Ordnungswidrigkeiten aussetzen würde."[27] Siehe zu Praxisfragen bei der Wahrnehmung des Auskunftsverweigerungsrechts im (vorgelagerten) Verwaltungsverfahren → § 5 Rn. 35 ff.

16   Soweit man § 9 OWiG bei Datenschutzverstößen gem. Art. 83 Abs. 4, Abs. 5 DS-GVO iVm § 41 Abs. 1 BDSG sowie § 14 StGB bei Straftaten nach § 42 BDSG für anwendbar hält,[28] ist dies auf die in § 9 OWiG, § 14 StGB genannten Leitungspersonen zu erstrecken. Keinen derart weitreichenden Schutz genießen nach der – zum Kartellsanktionenrecht ergangenen – Rechtsprechung des EuGH indes juristische Personen bzw. Unternehmen; diese können zwar nicht zu einem „Geständnis" verpflichtet werden, wohl aber zur Mitwirkung einschließlich der Zugangsgewährung zu potentiell inkriminierenden Informationen.[29] In Konsequenz dessen wird auch in Zweifel gezogen, ob sich Unternehmen auf das Auskunftsverweigerungsrecht des § 40 Abs. 4 S. 2 BDSG berufen können.[30] Angesichts der vorgenannten Rechtsprechung ist nicht zu vermuten, dass der EuGH den Unternehmen eine Ausnahme von Melde- und Benachrichtigungspflichten zugestehen wird, zumal hier – jedenfalls in Deutschland – ein weiterer Kompensationsmechanismus (siehe → Rn. 18 ff.) greift.

17   Für natürliche Personen steht diese differenzierte Unionsrechtslage auch nicht in Konflikt mit der Verfassungsrechtslage (→ Rn. 2 ff.), sondern schließt eine Sanktionierung unter Verletzung des Schweigerechts verlässlich aus. Bei juristischen Personen, die sich nicht

---

[21] Hingegen wird auf die Rechenschaftspflicht des Art. 24 Abs. 1 S. 1 DS-GVO in Art. 83 Abs. 4, Abs. 5 DS-GVO nicht verwiesen; insoweit ließe sich daher von einer Rechenschaftsobliegenheit sprechen.
[22] Vgl. HK-DS-GVO/BDSG/Popp DS-GVO Art. 84 Rn. 9.
[23] Theoretisch denkbar wäre es, dies im mitgliedstaatlichen Recht zu sanktionieren (vgl. Art. 84 DS-GVO).
[24] Kritzer, Datenschutzrechtliche Pflichten, Sanktionsregime und Selbstbelastungsfreiheit, 2022, 144 f., 147.
[25] Zum Ausschluss dieses Risikos bei einem Verwendungsverbot siehe nachfolgend → Rn. 18 ff.
[26] Krit. zu diesem Regelungsmodell Kritzer, Datenschutzrechtliche Pflichten, Sanktionsregime und Selbstbelastungsfreiheit, 2022, 276 ff.
[27] Hierzu Kritzer, Datenschutzrechtliche Pflichten, Sanktionsregime und Selbstbelastungsfreiheit, 2022, 336 ff.
[28] Zur Streitfrage BeckOK DatenschutzR/Brodowski/Nowak BDSG § 41 Rn. 13.
[29] EuGH v. 2.2.2021 – C-481/19, ECLI:EU:C:2021:84, BeckRS 2021, 863 Rn. 46 f. unter Verweis auf EuGH v. 18.10.1989, C-374/87, ECLI:EU:C:1989:387, BeckRS 2004, 71022 Rn. 34 f., v. 29.6.2006 – C-301/04 P, ECLI:EU:C:2006:432, BeckRS 2006, 137934 Rn. 41 f., und v. 25.1.2007 – C-407/04 P, ECLI:EU:C:2007:53, BeckRS 2007, 70062 Rn. 34.
[30] So BeckOK DatenschutzR/Wilhelm-Robertson BDSG § 40 Rn. 32 f.; aA Gola/Heckmann BDSG, 13. Aufl. 2019, § 40 Rn. 30 mwN.

auf die Menschenwürdegarantie und nach der bisherigen Rechtsprechung des BVerfG[31] nicht auf das Schweigerecht berufen können, stehen Mitwirkungspflichten „zur Erfüllung eines berechtigten Informationsbedürfnisses"[32] der Aufsichtsbehörden jedenfalls „gesetzliche[n] Aufzeichnungs- und Vorlagepflichten" nicht und in Übertragung dessen auch nicht der Zugangsgewährungspflicht (Art. 58 Abs. 1 lit. e und f DS-GVO) entgegen. Bei den problematischeren, weil ein proaktives Tätigwerden erfordernden Melde- und Benachrichtigungspflichten ist wiederum der – jedenfalls in Deutschland bestehende – weitere Kompensationsmechanismus der Verwendungsverbote (sogleich → Rn. 18 ff.) zu berücksichtigen.

C. Verwendungsverbote (§§ 42 Abs. 4, 43 Abs. 4 BDSG)

Für die Verfolgung von Straftaten nach § 42 BDSG sieht dessen Abs. 4, für die Verfolgung von europäisierten Ordnungswidrigkeiten nach Art. 83 DS-GVO iVm § 41 BDSG sieht § 43 Abs. 4 BDSG[33] ein Beweisverwendungsverbot für Meldungen nach Art. 33 DS-GVO[34] und für Benachrichtigungen nach Art. 34 Abs. 1 DS-GVO vor, um die vorgehend skizzierten Konflikte zwischen Melde- sowie Benachrichtigungspflichten und Selbstbelastungsfreiheiten im Einklang mit Art. 83 Abs. 8 DS-GVO[35] grundrechtskonform aufzulösen.[36] Keine Anwendung findet das Beweisverwendungsverbot hingegen in Bezug auf die Pflicht, im Vorfeld angefertigte und beim verantwortlichen Unternehmen vorliegende Dokumente auszuhändigen.[37]

18

Privilegiert von den Beweisverwendungsverboten der §§ 42 Abs. 4, 43 Abs. 4 BDSG wird zunächst der Meldende bzw. Benachrichtigende selbst, soweit er als Verantwortlicher oder Auftragsverarbeiter persönlich unmittelbar von einer Sanktion nach §§ 41, 42 BDSG adressiert zu werden drohte.[38] Kraft ausdrücklicher Anordnung greift das Beweisverwendungsverbot – bei natürlichen Personen – auch für deren Angehörige (§ 52 Abs. 1 StPO, dh Verlobte, Ehegatten, Lebenspartner, näher bestimmte Verwandte und Verschwägerte).[39] Das Beweisverwendungsverbot ist auch auf diejenigen in § 9 OWiG, § 14 StGB genannten Leitungspersonen zu erstrecken,[40] soweit man diese als taugliche Täter der Datenschutzdelikte ansieht.[41] Nicht abschließend geklärt ist indes, ob dieses Verwendungsverbot auch bei der Ahndung juristischer Personen Anwendung findet: Die Intention des deutschen Gesetzgebers, auch diese in Bezug auf eine Selbstbezichtigung zu schützen, könnte über das europarechtlich erforderliche Maß (→ Rn. 12) hinausgehen und daher aus *effet-utile*-Gründen mit Unionsrecht in Konflikt stehen.[42]

19

Das Beweisverwendungsverbot ist jedoch disponibel: Die durch das Beweisverwendungsverbot geschützte und von einem Ordnungswidrigkeitenverfahren betroffene oder in einem Strafverfahren beschuldigte Person kann ihre Zustimmung zur Verwendung der

20

---

[31] BVerfGE 95, 220 (242).
[32] BVerfG v. 25.1.2022 – 2 BvR 2462/18, BeckRS 2022, 1707 Rn. 52.
[33] Zur ungeschickten Lozierung des § 43 Abs. 3 BDSG siehe BeckOK DatenschutzR/Brodowski/Nowak BDSG § 43 Rn. 4.
[34] Zu restriktiv Kritzer, Datenschutzrechtliche Pflichten, Sanktionsregime und Selbstbelastungsfreiheit, 2022, 303 f.: nur vollständig ordnungsgemäße und auf das gesetzlich erforderliche Maß begrenzte Meldungen.
[35] BeckOK DatenschutzR/Brodowski/Nowak BDSG § 43 Rn. 23; Martini/Wagner/Wenzel VerwArch 2018, 163 (181 ff.); Auernhammer/Golla BDSG § 43 Rn. 9.
[36] BeckOK DatenschutzR/Brodowski/Nowak BDSG § 42 Rn. 75; § 43 Rn. 23.
[37] Kritzer, Datenschutzrechtliche Pflichten, Sanktionsregime und Selbstbelastungsfreiheit, 2022, 287 ff.
[38] BeckOK DatenschutzR/Brodowski/Nowak BDSG § 42 Rn. 75; § 43 Rn. 23.
[39] BeckOK DatenschutzR/Brodowski/Nowak BDSG § 42 Rn. 77; § 43 Rn. 25.
[40] BeckOK DatenschutzR/Brodowski/Nowak BDSG § 42 Rn. 77; § 43 Rn. 25, 27.
[41] Zur Streitfrage siehe erneut BeckOK DatenschutzR/Brodowski/Nowak BDSG § 41 Rn. 13.
[42] Zur Streitfrage siehe Kühling/Buchner/Bergt BDSG § 43 Rn. 10 ff.; Boms ZD 2019, 536 (538 ff.); BeckOK DatenschutzR/Brodowski/Nowak BDSG § 43 Rn. 26; Kritzer, Datenschutzrechtliche Pflichten, Sanktionsregime und Selbstbelastungsfreiheit, 2022, 311 ff. mwN; aA Schwartmann/Jaspers/Thüsing/Kugelmann/Schwartmann/Burkhardt BDSG § 43 Rn. 15, 22 ff.

Meldung bzw. Benachrichtigung mit der Folge erklären, dass das Beweisverwendungsverbot – dann aber für das jeweilige Verfahren vollständig – entfällt.[43] Erforderlich ist indes eine ausdrückliche Erklärung; aus einem Schweigen oder einem unterbliebenen Widerspruch darf nicht auf einen impliziten oder konkludenten Verzicht geschlossen werden.[44] Dennoch empfiehlt es sich in der Praxis, zur Absicherung des Beweisverwendungsverbots der Verwendung in der Hauptverhandlung ausdrücklich zu widersprechen.[45]

21 Da es sich nicht um ein bloßes Verbot zur Verwertung zu Beweiszwecken, sondern um ein Verwendungsverbot handelt, darf der Inhalt der privilegierten Meldung oder Benachrichtigung „auch nicht als Grundlage für strafrechtliche Ermittlungen herangezogen werden können (keine Verwendung als Spurenansatz)".[46] Soweit das Verwendungsverbot reicht, schließt es insbesondere aus, gestützt auf eine privilegierte Meldung oder Benachrichtigung bußgeld- oder strafrechtliche Ermittlungsmaßnahmen gegen die privilegierte Person zu ergreifen oder solche Maßnahmen mit Erkenntnissen zu begründen, die aus privilegierten Meldungen oder Benachrichtigungen generiert wurden.

22 Das Verwendungsverbot ist allerdings nicht mit einem Verfahrenshindernis gleichzusetzen: Erlangen „Aufsichts- und/oder Strafverfolgungsbehörden [...] auf anderen [...] Wegen Beweise gegen die privilegierten Personen [...], können sie diese zur Strafverfolgung dieser Personen nutzen."[47] Allerdings unterliegen auch dann die privilegierte Meldung oder Benachrichtigung einem Verwendungsverbot, sprich sie dürfen weder direkt noch indirekt zur straf- oder bußgeldrechtlichen Verfolgung der privilegierten Person herangezogen werden.

---

[43] BeckOK DatenschutzR/Brodowski/Nowak BDSG § 42 Rn. 78; § 43 Rn. 24.
[44] BeckOK DatenschutzR/Brodowski/Nowak BDSG § 42 Rn. 78.
[45] BeckOK DatenschutzR/Brodowski/Nowak BDSG § 42 Rn. 78.
[46] BeckOK DatenschutzR/Brodowski/Nowak BDSG § 42 Rn. 76; ebenfalls ablehnend Kühling/Buchner/Bergt BDSG § 43 Rn. 6; HK-DS-GVO/BDSG/Heghmanns BDSG § 42 Rn. 33 BDSG; krit. Eckhardt/Menz DuD 2018, 139 (142).
[47] BeckOK DatenschutzR/Brodowski/Nowak BDSG § 42 Rn. 76, § 43 Rn. 22.

7. Teil Datenschutzsanktionenrecht in den USA

§ 33 Überblick über das Datenschutzsanktionenrecht in den USA

Übersicht

	Rn.
A. Grundzüge der Sanktionierungspraxis bei Datenschutzverstößen in den USA	1
I. Gesetzlicher Rahmen	1
1. Überblick über datenschutzrechtliche Vorgaben auf Bundesebene	2
a) FTC-Act: Datenschutz als Aspekt des Verbraucherschutzes	3
b) Sektorspezifische Regelungen	4
c) Unterscheidung nach Datenkategorien	10
2. Abweichende Vorgaben der einzelnen Bundesstaaten	22
II. Durchsetzung: Keine „zentrale Datenschutzaufsicht"	24
III. Sanktionen	30
1. Zivilrechtliche Sanktionen („civil penalties" oder „civil actions")	31
2. Strafrechtliche Sanktionen	39
3. Individuelle Ansprüche der Betroffenen	43
4. Überblick über die Sanktionspraxis	47
B. Verhältnis zur DS-GVO bei Betroffenheit „europäischer Daten"	50
I. Hintergrund des CLOUD-Act	51
II. Überblick über die wesentlichen Regelungsgehalt des CLOUD-Act	52
III. Völkerrechtliche Grenzen einer extraterritorialen Zugriffsregelung	54
IV. Verhältnis zu den Vorgaben der DS-GVO bei einer Datenübermittlung in die USA	57
1. Anwendbarkeit der DS-GVO auf US-Unternehmen	58
2. Voraussetzungen eines Datentransfers in die USA nach DS-GVO	62
a) Rechtmäßigkeit der Datenverarbeitung	63
b) Angemessenheit des Datenschutzniveaus	66
3. Ausblick auf die Sanktionspraxis im Anwendungsbereich von CLOUD-Act und DS-GVO	71
a) Einschränkung der nachrichtendienstlichen Datenverarbeitung	74
b) Zweistufiges Rechtsschutzverfahren von Betroffenen	76
c) Weitere Kritik an der Massenerhebung von Daten ohne Einwilligung	80
d) Angemessenheitsbeschluss	83
e) Ausblick	84

Literatur:
Behr/Streinz, Wann droht doppelt Strafe?, CB 2014, 35; *Borges,* Datentransfer in die USA nach Safe Harbor, NJW 2015, 3617; *Determann,* Datenschutz in den USA – Dichtung und Wahrheit, NVwZ 2016, 561; *ders./Nebel,* Wolken über der Datenschutz-Grundverordnung?, CR 2018, 408; *Englisch/Krüger,* Zur Völkerrechtswidrigkeit extraterritorialer Effekte der französischen Finanztransaktionssteuer, IStR 2013, 513; *Grau/Granetzny,* Wie sieht die Zukunft des transatlantischen Datenverkehrs aus?, NZA 2016, 405; *Huck,* Die „United States Foreign Corrupt Practices Act Opinion Procedure" des US-amerikanischen Department of Justice, RIW 2013, 344; *ders.,* Extraterritorialität US-amerikanischen Rechts im Spannungsverhältnis zu nationalen, supranationalen und internationalen Rechtsordnungen, NJOZ 2015, 993; *Jamison,* Creating a national data privacy law for the United States, Cybaris, An Intellectual Property Law Review, 2019; *Jarass,* Probleme der extraterritorialen Geltung verwaltungsrechtlicher Gesetze am Beispiel des neuen Geldwäschegesetzes, RIW 2017, 642; *Jolly,* US Privacy and Data Security Law: Overview, Practical Law Practice Note Overview, 6-501-4555 (Westlaw), 2022; *Lehmann,* Eine neue Ära der extraterritorialen Anwendung US-amerikanischen Rechts, RIW 2008, 841; *Mamedowa-Ahmad,* Strafverfolgungs-, Regulierungs- und Aufsichtsbehörden in Wirtschaftsstrafsachen in den USA, 2021; *Momsen/Davis,* Judicial Review of Deferred Prosecution, Agreements – A Comparative Study, KriPoZ 2/2023, 85; *Schwartz,* Preemption and Privacy, 118 Yale Law Review 2009, S. 902; *Sloane,* Raising Data Privacy Standards: The United States' need for a uniform data privacy regulation, John Marshall Law Journal, 2019, Vol.12 (1), S. 23.

A. Grundzüge der Sanktionierungspraxis bei Datenschutzverstößen in den USA

I. Gesetzlicher Rahmen

1 Das US-amerikanische Datenschutzrecht weist erhebliche Unterschiede zum europäischen Rechtsrahmen auf.[1] Während die Europäische Union dem europäischen Wirtschaftsraum mit der Datenschutzgrundverordnung einen harmonisierenden Rechtsrahmen auferlegte[2], fehlt den USA ein kohärentes, einheitliches Datenschutzgesetz[3]. Vielmehr besteht das US-Datenschutzrecht derzeit aus einer Kombination zahlreicher bereichsspezifischer Einzelgesetze auf Bundes- und Einzelstaatenebene.[4] Obgleich die Vorteile einer Harmonisierung des US-Datenschutzrechts durchaus gesehen werden, standen das föderalistische System[5] sowie die mangelnde Bildung eines entsprechenden politischen Willens der Schaffung eines einheitlichen US-Datenschutzrechts bislang entgegen.[6]

1. Überblick über datenschutzrechtliche Vorgaben auf Bundesebene

2 Es gibt zahlreiche Bundesgesetze, die den Umgang mit personenbezogenen Daten direkt oder indirekt regeln.

3 **a) FTC-Act: Datenschutz als Aspekt des Verbraucherschutzes.** Einerseits erfolgt dies über die Bundesgesetze zum Verbraucherschutz, insbesondere den Federal Trade Commissions Act („FTC Act").[7] Der FTC Act und die darunter ergangenen Richtlinien und Standards der zuständigen Federal Trade Commission („FTC") gelten für die meisten Unternehmen und Einzelpersonen, die in den USA geschäftlich tätig sind. Eine Ausnahme besteht für solche Unternehmen, die in erster Linie von anderen Bundesbehörden reguliert werden (zB bestimmte Transport-, Telekommunikations- und Finanzunternehmen).[8] Der FTC Act schützt Verbraucher zwar ausdrücklich nur vor unlauteren oder irreführenden Handlungen und Geschäftspraktiken der Unternehmen.[9] Die FTC interpretiert den FTC Act jedoch extensiv: Verboten sind unlautere oder irreführende Handlungen oder Geschäftspraktiken, die den Schutz der personenbezogenen Daten der Verbraucher nicht

---

[1] Borges NJW 2015, 3617 (1318); Determann NVwZ 2016, 561 (562 ff.).
[2] Aufgrund ihrer Allgemeingültigkeit als „omnibus information privacy laws" bezeichnet, vgl. Schwartz, Preemption and Privacy, 118 Yale Law Review 2009, 905 (914 f.).
[3] Jamison, Creating a National Data Privacy Law for the United States, Cybaris, An Intellectual Property Law Review, 2019, 3 ("The United States […] lacks a cohesive data privacy law.").
[4] Schwartz, Preemption and Privacy, 118 Yale Law Review 2009, 904: „A patchwork of information privacy laws now exists in the United States, and it is one with federal and state elements."; Determann NVwZ 2016, 561 (563 f.).
[5] Da die US-Verfassung die zivile Cybersicherheit und den Schutz der Privatsphäre nicht ausdrücklich erwähnt, kann sich die Gesetzgebungsbefugnis für ein einheitliches Datenschutzgesetz auf Bundesebene nur aus der Anwendung der sog. "Commerce Clause" ergeben. Auch dann wäre jedoch eine Gegenwehr der einzelnen Bundesstaaten gegen ein die einzelstaatlichen Gesetze verdrängendes Datenschutzgesetz zu erwarten, vgl. Jamison, Creating a National Data Privacy Law for the United States, Cybaris, An Intellectual Property Law Review, 2019, 4.
[6] Zu den diesbezüglichen Herausforderungen Jamison, Creating a National Data Privacy Law for the United States, Cybaris, An Intellectual Property Law Review, 2019, 3 f.
[7] Section 5 FTC Act, vgl. 15 U.S.C. §§ 41 et seq. und hier insbesondere den § 45, der sich mit der Unzulässigkeit von unlauteren oder irreführenden Geschäftspraktiken befasst und die Eingriffsbefugnisse der Federal Trade Commission regelt. Zudem veröffentlicht die FTC auf ihrer Website Leitfäden, zB Start with Security: A Guide for Business (Juni 2015), abrufbar unter https://www.ftc.gov/business-guidance/resources/start-security-guide-business, abgerufen am 28.12.2022.
[8] Jolly, US Privacy and Data Security Law: Overview, Practical Law Practice Note Overview (Westlaw), 2022, 5; Sloane, Raising Data Privacy Standards: The United States' need for a uniform data privacy regulation, John Marshall Law Journal, 2019, Vol.12 (1), 26.
[9] 15 U.S.C. § 45 unterscheidet zwar begrifflich zwischen unlauteren und irreführenden Handlungen und Geschäftspraktiken ("acts and practices"), ohne dass hieran jedoch unterschiedliche Rechtsfolgen geknüpft werden.

gewährleisten.¹⁰ Die FTC versteht ihre Eingriffsbefugnisse weit und geht unter Berufung auf den FTC Act etwa gegen Unternehmen vor,
- die die von ihnen erhobenen oder verarbeiteten personenbezogenen Daten von Verbrauchern nicht schützen,
- die ihre eigenen veröffentlichten Datenschutzrichtlinien nicht einhalten oder
- die ihre Datenschutzrichtlinien ohne angemessene Vorankündigung ändern.¹¹

b) Sektorspezifische Regelungen. Im Übrigen unterscheiden sich die bundesgesetzlichen Vorgaben zum Schutz personenbezogener Daten von US-Bürgern mit Blick auf den betroffenen Sektor.

Zu den wichtigsten sektorspezifischen Gesetzen gehören im Bereich Finanzdienstleistungen der Gramm-Leach-Bliley Act („GLBA") sowie der Fair Credit Reporting Act („FCRA").

Der GLBA¹² richtet sich an Banken und andere Finanzdienstleistungsunternehmen und regelt den Umgang mit nicht-öffentlichen („non-public") Kundendaten sowie die Anforderungen an die Sicherheitsmaßnahmen zum Schutz dieser.¹³

Der FCRA¹⁴ gilt für Verbrauchermeldeagenturen („consumer reporting agencies"), Kreditgeber, die Verbraucherberichte verwenden, und Stellen, die Verbraucherinformationen bereitstellen. Er regelt die Einschränkung der Verwendung und Weitergabe von personenbezogenen Daten von Kreditkarteninhabern.

Weitere sektorspezifische Datenschutzgesetze sind etwa im Bereich Telekommunikation der Telephone Consumer Protection Act¹⁵ und im Bereich Bildung der Family Educational Rights and Privacy Act.¹⁶

Im Bereich Gesundheitswesen knüpfen der Health Insurance Portability and Accountability Act („HIPAA") und die danach ergangenen Rechtsverordnungen die Verwendung und Weitergabe personenbezogener Gesundheitsdaten sowie die Erfassung und Pflege oder Übermittlung elektronischer personenbezogener Gesundheitsdaten an hohe Voraussetzungen.¹⁷ Der HIPAA richtet sich an die sog. „covered entities", das sind:

---

[10] Statt aller Sloane, Raising Data Privacy Standards: The United States' need for a uniform data privacy regulation, John Marshall Law Journal, 2019, Vol.12 (1), S. 26. Die Befugnis der FTC, im Bereich des Datenschutzes tätig zu werden, wurde in der Rechtssache FTC gegen Wyndham Worldwide Corp. erfolglos angefochten, vgl. FTC v. Wyndham Worldwide Corp., 799 F.3d 236, 249 (3d Cir. 2015).

[11] Sloane, Raising Data Privacy Standards: The United States' need for a uniform data privacy regulation, John Marshall Law Journal, 2019, Vol.12 (1), 26 f.

[12] Vgl. 15 U.S.C. §§ 6801 et seq.: Die wichtigsten Datenschutzanforderungen des GLBA sind in der Safeguards Rule dargelegt. Zusätzliche Datenschutz- und Sicherheitsanforderungen sind in der Financial Privacy Rule der FTC enthalten, die im Zusammenhang mit dem GLBA geschaffen wurde, um die Umsetzung der GLBA-Anforderungen zu fördern.

[13] Vgl. etwa Determann NVwZ 2016, 561 (564); ausführlich Sloane, Raising Data Privacy Standards: The United States' need for a uniform data privacy regulation, John Marshall law journal, 2019, Vol.12 (1), S. 31 f.

[14] Vgl. 15 U.S.C. § 1681 et seq. Jolly, US Privacy and Data Security Law: Overview, Practical Law Practice Note Overview (Westlaw), 2022, 22 f. Nach dem California Song-Beverly Credit Card Act ist es Einzelhändlern schon seit 1992 verboten, personenbezogene Daten von Kreditkarteninhabern zu sammeln, es sei denn, es ist zur Abwicklung der betreffenden Transaktion erforderlich.

[15] Vgl. 47 U.S.C. § 227. Der Telephone Consumer Protection Act („TCPA") und die damit verbundenen Vorschriften regeln Anrufe und Textnachrichten an Telefone und regeln Anrufe an private Telefone, die zu Marketingzwecken oder unter Verwendung automatischer Wählsysteme oder voraufgezeichneter Nachrichten erfolgen.

[16] Vgl. 20 U.S.C. § 1232 g. Der Family Educational Rights and Privacy Act („FERPA") gibt Schülern das Recht, ihre Schülerakten einzusehen und auf ihre Richtigkeit hin zu überprüfen, verbietet aber auch die Weitergabe dieser Akten oder anderer persönlicher Informationen über den Schüler ohne die Zustimmung des Schülers oder in einigen Fällen der Eltern.

[17] Vgl. 45 C.F.R. §§ 160.102 et seq. Die Privacy Rule des HIPAA regelt die Erhebung und Weitergabe von Daten, die Security Rule des HIPAA regelt Anforderungen zur Sicherung dieser Daten. Vgl. ausführlich Sloane, Raising Data Privacy Standards: The United States' need for a uniform data privacy regulation, John Marshall Law Journal, 2019, Vol.12 (1), 35 f.

- Krankenversicherungen,
- Anbieter von Gesundheitsleistungen und
- deren Abrechnungsdienstleister („health clearinghouses").[18]

10 **c) Unterscheidung nach Datenkategorien.** Andere Bundesdatenschutzgesetze konzentrieren sich auf bestimmte Arten von Daten.

11 Der Children's Online Privacy Protection Act („COPPA")[19] verpflichtet Betreiber von Webseiten, die wissentlich personenbezogene Daten von Kindern unter 13 Jahren sammeln oder deren Webseiten Kinder unter 13 Jahren ansprechen, zu besonderen Schutzmaßnahmen.

12 Der Video Privacy Protection Act („VPPA")[20] reglementiert die (unrechtmäßige) Weitergabe von personenbezogenen Daten („personally identifiable information") im Zusammenhang mit Videoaufzeichnungen.

13 Der Computer Fraud and Abuse Act („CFAA")[21] regelt die unbefugte Computernutzung und die Manipulation von Computern.

14 Der Controlling the Assault of Non-Solicited Pornography and Marketing Act („CAN-SPAM Act")[22] stellt besondere Regelungen für das Versenden kommerzieller E-Mails auf.

15 Der Electronic Communications Privacy Act („ECPA")[23] regelt in einem ersten Teil das Abhören von Gesprächen und anderer Kommunikation (Wiretap Act) und in einem zweiten Teil den Zugang zu gespeicherter elektronischer Information (Stored Communications Act).

16 Auch ausländische Unternehmen können dabei den US-amerikanischen Gesetzen (auf Bundes- und Einzelstaatenebene) unterliegen, wenn diese im Rahmen ihrer Geschäftstätigkeit die Daten von US-Bürgern sammeln, aufbewahren, übertragen, verarbeiten oder teilen.[24] Grundsätzlicher Anknüpfungspunkt für das US-amerikanische Datenschutzrecht ist die Betroffenheit (von Daten von) US-Bürgern. Dabei ist zunächst zu beachten, dass einzelstaatliches Recht gilt. Dieses ist im Bereich des Datenschutzrechts stark unterschiedlich ausgeprägt.[25]

17 Traditionell wurde die extraterritoriale Geltung US-amerikanischen Rechts „offensiv" von US-amerikanischen Gerichten umgesetzt und orientierte sich an der früher explizit im Kapitalmarktrecht geltenden „conducts-and-effects"-Regel. Mit dem Morrison-Urteil im Jahr 2010 wurde sie abgelöst durch einen neuen „transactional test" und schließlich durch den mittlerweile verstorbenen Richter am Supreme Court Scalia weiterentwickelt zur „clear-state" Regel. US-Gesetze sollen demnach nur noch dann auf Auslandssachverhalte angewendet werden können, wenn das Gesetz dies explizit formuliert. Die mutmaßliche Absicht des Gesetzgebers etwa tritt als Auslegungskriterium in den Hintergrund. Ein prominentes Beispiel war der Dodd-Frank Act, dessen Wortlaut zufolge im verwaltungsrechtlichen und strafrechtlichen Bereich auch Auslandssachverhalte erfasst sein sollten.[26]

18 Zwar besteht somit eine Vermutung gegen eine extraterritoriale Geltung solcher Gesetze, die keine ausdrücklichen Ermächtigungen enthalten. De facto bleibt es jedoch weiterhin dabei, dass eine mögliche Betroffenheit US-amerikanischer Bürger, juristischer Personen oder Sicherheitsinteressen einen hinreichenden Anknüpfungspunkt bieten kann. Am Beispiel des Office of Foreign Assets Control („OFAC") lässt sich deutlich ablesen, dass der persönliche Anwendungsbereich der Normen und die Aufsicht von US-amerikanischen

---

[18] Vgl. 45 C.F.R. §§ 160.102 et seq.; vgl. auch Determann NVwZ 2016, 561 (564).
[19] Vgl. 15 U.S.C. §§ 6501 et seq.
[20] Vgl. 18 U.S.C. § 2710.
[21] Vgl. 18 U.S.C. § 1030.
[22] Vgl. 15 U.S.C. §§ 7701 et seq.
[23] Vgl. 18 U.S.C. §§ 2510 et seq.
[24] Vgl. den ICLG Data Privacy Practice Guide, 2022, abrufbar unter https://iclg.com/practice-areas/data-protection-laws-and-regulations/usa, abgerufen am 28.12.2022.
[25] Einen übersichtlichen tabellarischen Überblick hierfür gibt Bloomberg, abrufbar unter https://pro.bloomberglaw.com/reports/privacy-law-faqs/?trackingcode-cta=BLAW21107058/, zuletzt abgerufen am 28.12.2022.
[26] Ausführlich Lehmann RIW 2010, 841 ff.

Behörden (für Sanktionsprogramme) auf sämtliche natürliche und juristische US-Personen, so etwa alle US-Banken, -Holdings und auch außerhalb des Bankgeschäfts tätige Zweigniederlassungen, auf alle Agenturen und Einrichtungen ausgedehnt wird.[27] Dies gilt auch für alle Mitarbeiter, unabhängig davon, ob sie sich im In- oder im Ausland befinden. Dementsprechend genügen in der Justizpraxis weiterhin vergleichsweise schwache Anhaltspunkte, um die Geltung US-amerikanischer Gesetze zu begründen. Ausreichen können einzelne E-Mails, die (unter anderem auch) über US-amerikanische Server geleitet werden. Werden Zahlungen in US-Dollar abgewickelt oder erfolgen Finanztransaktionen mit ausländischen Währungen zumindest auch über das US-amerikanische Bankensystem, so ist das US-amerikanische Recht anwendbar.[28] Sicherheitsinteressen der USA gelten nicht nur bei offensichtlich einschlägigen Verhaltensweisen, wie etwa Waffenhandel, als möglicherweise betroffen, sondern auch bei Delikten wie Geldwäsche[29] oder Korruption. Dabei ist zu berücksichtigen, dass es zur Anwendung von US-Datenschutzrecht nicht erforderlich ist, dass der Schwerpunkt der möglichen Verstöße in diesem Bereich liegt, es muss nur in irgendeiner Form nach den genannten Kriterien betroffen sein.

Werden insbesondere Strafverfahren nach US-amerikanischem Recht von dortigen Strafverfolgungsbehörden betrieben, so gilt das klassische Doppelbestrafungsverbot nicht. Denn nach ständiger Rechtsprechung des Bundesverfassungsgerichts gilt Art. 103 Abs. 3 GG nur für deutsche Entscheidungen. Deutsche Strafverfolgungsbehörden können also parallel zu ausländischen Behörden ermitteln und Entscheidungen treffen.[30] § 51 Abs. 3 S. 1 StGB gibt den deutschen Gerichten ein weitgehendes Ermessen, ausländische Sanktionen anzurechnen. Da das Unternehmenssanktionengesetz in Deutschland nicht umgesetzt wurde, gilt § 53 StGB nicht für juristische Personen. Diese können damit ohne Einschränkungen zu Unternehmensgeldbußen nach § 130 OWiG verurteilt werden. Sind natürliche Personen Organe oder in verantwortlicher Stellung an Verstößen beteiligt, so gilt für deren Bestrafung natürlich § 53 Abs. 3 S. 1 StGB ohne Einschränkungen. 19

Auch umgekehrt schützt der fünfte Zusatzartikel der US-Verfassung zwar im Inland vor Doppelbestrafung („double jeopardy"). Dies gilt jedoch nicht bei ausländischer Strafverfolgung. Gleichwohl scheinen US-amerikanische Behörden bzw. Gerichte aber von ausländischen Gerichten und Behörden verhängte Strafsanktionen dann anzurechnen, wenn sie mit der in den USA verfolgten Tat in unmittelbarem Zusammenhang stehen.[31] 20

Keine festen Regeln bestehen jedoch in den praktisch relevantesten Fällen konsensualer Einigung, insbesondere im Ermittlungsverfahren.[32] Hier bleibt es den Beteiligten überlassen, eine Anrechnung auszuhandeln. Dabei wird jedenfalls § 53 StGB ggf. eine beschränkte Leitfunktion zukommen können. 21

2. Abweichende Vorgaben der einzelnen Bundesstaaten

Die einzelnen Bundesstaaten sind in den vergangenen Jahren immer aktiver im Rahmen des Erlasses bundesstaatlicher Gesetze zum Schutz der Privatsphäre ihrer Bürger gewesen. So haben etwa alle fünfzig Bundesstaaten mittlerweile Gesetze zu den Informationspflichten bei Datenschutzverstößen erlassen.[33] Darüber hinaus haben einige Bundesstaaten auch umfassendere Datenschutzgesetze verabschiedet.[34] 22

---

[27] Vgl. Foreign Assets Control Regulations for the Financial Community, abrufbar unter https://home.treasury.gov/system/files/126/facbk.pdf, abgerufen am 28.12.2022; siehe auch Huck NJOZ 2015, 993 ff.
[28] Huck RIW 2013, 344 (345).
[29] Huck NJOZ 2015, 993 ff.
[30] Behr/Streinz CB 2014, 35 ff.; BVerfG v. 15.12.2011 – 2 BvR 148/11, NJW 2012, 1202 ff.
[31] So Behr/Streinz CB 2014, 35 ff.
[32] Vgl. zu entsprechenden Formen der Einigung bspw. Momsen/Grützner WirtschaftsSteuerStrafR-HdB/Momsen/Helms/Washington § 14 Rn. 25 ff.; Momsen/Davis KriPoZ 2023, KriPoZ 2/2023, 85–88.
[33] Vgl. den Definitive Guide to U.S. State Data Breach Laws, abrufbar unter https://info.digitalguardian.com/rs/768-OQW-145/images/the-definitive-guide-to-us-state-data-breach-laws.pdf, abgerufen am 28.12.2022.

23 Kalifornien hat dabei als erster Bundesstaat ein einheitliches Datenschutzgesetz (California Consumer Privacy Act („CCPA")) erlassen.[35] Da alle Unternehmen, die einer Geschäftstätigkeit in Kalifornien nachgehen wollen, die Regelungen des CCPA einhalten müssen[36], wird dieser für bundesweit agierende Unternehmen de facto zum Bundesgesetz.[37] Da die Implementierung unterschiedlicher bundesstaatlicher Datenschutz-Compliance-Vorgaben einen hohen rechtlichen und technischen Aufwand nach sich zieht, werden sich die Standards der Unternehmen daher regelmäßig nach dem strengsten Regime richten – aktuell also nach den strengen kalifornischen Regeln. Entsprechend dem kalifornischen Vorbild haben weitere Bundesstaaten einheitliche Datenschutzgesetze verabschiedet.[38]

II. Durchsetzung: Keine „zentrale Datenschutzaufsicht"

24 Eine zentrale Datenschutzbehörde gibt es in den USA nicht, sodass die zuständige Behörde und die Durchsetzungsbefugnisse dieser vom jeweils verletzten Datenschutzgesetz abhängen.

25 Einige Gesetze erlauben dabei nur die Durchsetzung durch Bundesbehörden, andere erlauben die Durchsetzung durch Bundes- oder Landesbehörden, und wieder andere erlauben die Durchsetzung durch ein privates Klagerecht der geschädigten Verbraucher. Die wohl relevanteste behördliche Stelle zur Ahndung von Datenschutzverstößen ist die FTC, die unter anderem für die Durchsetzung des FTC Act, des GLBA und des COPPA[39] mit Eingriffsbefugnissen ausgestattet ist. Häufig ist jedoch nicht eine Autorität ausschließlich, sondern mehrere Behörden für die Durchsetzung bestimmter Datenschutzregelungen zuständig. So sind etwa für die Durchsetzung der Vorgaben des GLBA neben der FTC auch das Bureau of Consumer Financial Protection („CFPF"), die Securities and Exchange Commission und die Commodity Futures Trading Commission zuständig.[40]

26 Daneben haben zahlreiche weitere Bundesbehörden Befugnisse im Rahmen der Durchsetzung der jeweiligen sektorspezifischen Datenschutzgesetze, etwa das Office of the Comptroller of the Currency („OCC"), das Department of Health and Human Services (HHS), die Federal Communications Commission („FC") oder das Department of Commerce.

27 Auf bundesstaatlicher Ebene hat der California Privacy Rights Act mit der California Privacy Protection Agency („CPPA") die erste mit dem europäischen Modell vergleichba-

---

[34] Vgl. dazu den "Comparison Table: Privacy Law FAQs – Comparing GDPR with Laws from California, Virginia, and Colorado" von Bloomberg Law, abrufbar unter https://pro.bloomberglaw.com/reports/privacy-law-faqs/?trackingcode-cta=BLAW21107058/, abgerufen am 28.12.2022.
[35] Im Jahr 2020 wurde CCPA mit dem California Privacy Rights Act geändert, durch den die individuellen Verbraucherrechte weiter gestärkt und die Compliance-Anforderungen an die Unternehmen weiter verschärft wurden. Das geänderte Gesetz soll am 01. Januar 2023 in Kraft treten.
[36] Dies bedeutet, dass die Vorgaben des CPRA auch für deutsche bzw. europäische Unternehmen gelten, die einer Geschäftstätigkeit in Kalifornien nachgehen wollen.
[37] Determann NVwZ 2016, 561 (564); Jamison, Creating a National Data Privacy Law for the United States, Cybaris, An Intellectual Property Law Review, 2019, 14.
[38] So tritt etwa der Consumer Data Privacy Act (Virginia) am 1.1.2023, der Colorado Privacy Act sowie der Connecticut Privacy Act am 1.7.2023 und der Utah Consumer Privacy Act am 31.12.2023 in Kraft. Entsprechende Gesetzesvorlagen liegen zudem in acht weiteren Bundesstaaten vor, vgl. so die Angaben im ICLG Data Privacy Practice Guide, 2022, abrufbar unter https://iclg.com/practice-areas/data-protection-laws-and-regulations/usa, abgerufen am 28.12.2022.
[39] Neben der FTC haben jedoch auch die jeweiligen Bundesstaaten und weitere Bundesbehörden die Befugnis, die Einhaltung der Bestimmungen in Bezug auf Einrichtungen durchzusetzen, für die sie zuständig sind, zB sind Bundesbehörden wie das Office of the Comptroller of the Currency und das Verkehrsministerium für die Einhaltung der COPPA-Bestimmungen in den von ihnen regulierten Branchen verantwortlich, vgl. dazu das FAQ der FTC zur COPPA, abrufbar unter https://www.ftc.gov/business-guidance/resources/complying-coppa-frequently-asked-questions#B.%20COPPA%20Enforcement, abgerufen am 28.12.2022.
[40] Vgl. 15 U.S.C § 6804 (a)(1)(A)-(C) sowie § 6805.

re Datenschutzbehörde in den USA etabliert, zu deren Aufgaben u. a. die Durchsetzung des California Consumer Privacy Act zählen wird.[41] Im Übrigen sind die Attorney General der Bundesstaaten für die Durchsetzung der jeweiligen bundesstaatlichen Datenschutzvorschriften zuständig.[42]

Je nach betroffener Vorschrift und im Einzelfall zuständiger Behörde unterscheiden sich die Eingriffsbefugnisse der Untersuchungsbehörden. 28

Praxistipp: 29
Im Zweifel sollte sich ein betroffenes Unternehmen, das eine Kooperation mit den Behörden anstrebt, an die Behörde mit den weitreichendsten Befugnissen – in der Regel die FTC – wenden, da ansonsten die Gefahr besteht, dass Zugeständnisse für den Fall der Kooperationen nicht anerkannt werden.[43]

III. Sanktionen

Art und Umfang der Sanktionen hängen von der im Einzelfall verletzten Regelung ab. In Betracht kommen grundsätzlich: 30
- Behördlich auferlegte zivilrechtliche Sanktionen („civil penalty")
- Strafrechtliche Sanktionen („criminal penalty") in Form von Geldstrafen („fine") oder Haftstrafen („imprisonment")
- Darüber hinaus sehen einzelne Gesetze eigene Klagerechte für die Verbraucher zur Durchsetzung von Schadensersatzansprüchen[44] oder Bußgelder („administrative fines") vor.

1. Zivilrechtliche Sanktionen („civil penalties" oder „civil actions")

Den gesetzlichen Regelfall stellen dabei die zivilrechtlichen Sanktionen dar. Die nachfolgende Übersicht gibt einen Überblick über zivilrechtliche Sanktionen für Datenschutzverstöße nach US-Recht: 31

FTC Act: Verstöße gegen die datenschutzrechtlichen Vorgaben des FTC Act können mit einer zivilrechtlichen Sanktion von bis zu 10.000 US-Dollar pro Verstoß sanktioniert werden.[45] Zu beachten ist dabei, dass eine solche Sanktion nicht unmittelbar aus dem „ersten" Datenschutzverstoß folgt. Das Verfahren zur Durchsetzung von Maßnahmen bei Verstößen (vgl. 15 U.S.C. § 45 (b et seq.)) sieht vielmehr vor, dass die FTC im Falle einer Zuwiderhandlung gegen die Vorschriften über unlautere oder irreführende Handlungen oder Praktiken zunächst eine Anordnung („order") erlässt, die die zuwiderhandelnde Person, Personengesellschaft oder Körperschaft auffordert, die Anwendung der betreffenden Wettbewerbsmethode oder die betreffende Geschäftspraktik einzustellen und zu unterlassen.[46] Erst der Verstoß gegen eine rechtskräftige Anordnung[47] der FTC durch eine natürli- 32

---

[41] Die entsprechende Änderung des California Consumer Privacy Act tritt zum 1.1.2023 in Kraft.
[42] Vgl. insoweit auch den bisherigen Stand des CCPA 1798.155 (b) und die Regelungen des am 1.1.2023 in Kraft tretenden Virginia Consumer Data Protection Act (VCDPA).
[43] Dazu ausführlich Mamedowa-Ahmad, Strafverfolgungs-, Regulierungs- und Aufsichtsbehörden in Wirtschaftsstrafsachen in den USA, 2021.
[44] Vgl. übersichtsartig auch Jolly, US Privacy and Data Security Law: Overview, Practical Law Practice Note Overview (Westlaw), 2022, 2.
[45] Bei mangelnder Compliance mit bestimmten Auskunftspflichten und Pflichten zur Erstellung von nach dem FTC Act vorgeschriebenen Berichten (vgl. 15 U.S.C. § 50 – Offenses and penalties) sowie im Falle von irreführender Werbung (vgl. 15 U.S.C. § 54 – False advertisements; penalties) sieht der FTC Act auch strafrechtliche Sanktionen in Form von Geld- oder Haftstrafen vor.
[46] Vgl. 15 U.S.C. § 45 (b). Darüber hinaus stattet der FTC Act die FTC mit weiteren Befugnissen aus, etwa mit umfassenden Untersuchungsbefugnissen ("investigation power", vgl. 15 U.S.C. § 46) oder der Befugnis, Auslegungsregeln und allgemeine Grundsatzerklärungen in Bezug auf unlautere oder betrügerische Handlungen oder Praktiken im oder mit Bezug auf den Handel zu erlassen, vgl. 15 U.S.C. § 57a).
[47] Vgl. insoweit 15 U.S.C. § 45 (g).

che Person, Personengesellschaft oder Körperschaft führt zu der o.g. zivilrechtlichen Sanktion. Die Sanktion kann grundsätzlich in einem vom Generalstaatsanwalt der Vereinigten Staaten angestrengten Zivilverfahren eingetrieben werden.[48] Dabei stellt jede Zuwiderhandlung gegen eine solche Anordnung einen eigenständig zu sanktionierenden Verstoß dar. Das gilt nur dann nicht, wenn im Falle einer Zuwiderhandlung durch fortgesetzte Nichtbefolgung einer rechtskräftigen Anordnung jeder Tag des Fortbestehens einer solchen Nichtbefolgung als eigenständiges Vergehen gilt.[49]

33 Im Falle eines wissentlichen[50] Verstoßes gegen Vorschriften über unlautere oder irreführende Geschäftspraktiken kann darüber hinaus auch die FTC bei einem Bezirksgericht („district court") der Vereinigten Staaten eine Zivilklage („civil action") zur Beitreibung einer zivilrechtlichen Sanktion gegen jede Person, Personengesellschaft oder Körperschaft einreichen. Eine weitere Möglichkeit für die FTC, eine zivilrechtliche Sanktion gegen die zuwiderhandelnde Person oder das zuwiderhandelnde Unternehmen im Wege der Zivilklage durchzusetzen, besteht, wenn die FTC nachweisen kann, dass (1) das Unternehmen wusste, dass das Verhalten unlauter oder irreführend war und damit gegen den FTC Act verstoßen hat, und (2) die FTC bereits eine endgültige Unterlassungsanordnung erlassen hat.[51] Bei fortgesetzten Verstößen wird wiederum jeder Tag des Fortbestehens eines solchen Verstoßes als gesonderter Verstoß behandelt.[52] Bei der Festsetzung der Höhe der Sanktion hat das Gericht u.a. den Grad des Verschuldens, etwaige frühere derartige Verhaltensweisen, die Zahlungsfähigkeit und die Auswirkungen der Sanktion auf die Fähigkeit, die Geschäftstätigkeit fortzuführen, zu berücksichtigen.[53]

34 COPPA: Zivilrechtliche Sanktionen kommen darüber hinaus bei Verstößen gegen die Regelungen der COPPA in Betracht.[54] Ein Verstoß gegen die datenschutzrechtlichen Vorgaben der COPPA soll dabei wie ein Verstoß im Sinne einer unlauteren oder irreführenden Handlung oder Praxis nach dem FTC Act behandelt werden[55], sodass die FTC ein Zivilverfahren gegen die zuwiderhandelnde Person, Partnerschaft oder Körperschaft anstreben kann.[56] Die Bemessung der zivilrechtlichen Sanktion hängt u.a. von den folgenden Faktoren ab: Schwere des Verstoßes, Anzahl der betroffenen Kinder, einmaliger oder wie-

---

[48] Vgl. 15 U.S.C. § 45 (l).
[49] Vgl. 15 U.S.C. § 45 (l).
[50] 15 U.S.C. § 45 (m)(1)(A) spricht insofern von Wissen oder Wissen müssen („with actual knowledge or knowledge fairly implied on the basis of objective circumstances that such act is unfair or deceptive"). Vgl. zum Verfahren bei einer solchen „civil action" initiiert durch die FTC auch 15 U.S.C. § 57b.
[51] 15 U.S.C. § 45(m)(1)(B). Um diese Befugnis auszulösen, kann die FTC dem Unternehmen eine „Notice of Penalty Offenses" zukommen lassen. Dabei handelt es sich um eine Mitteilung, in der die FTC bestimmte Verhaltensweisen auflistet, die sie in einer oder mehreren Anordnungen (mit Ausnahme von Zustimmungsanordnungen – „consent order") als unlauter oder irreführend eingestuft hat und die gegen den FTC Act verstoßen. Unternehmen, die diese „Notice" erhalten und sich dennoch an verbotenen Praktiken beteiligen, können mit zivilrechtlichen Sanktionen von bis zu 46.517 US-Dollar pro Verstoß sanktioniert werden, vgl. insoweit die Angaben auf der FTC-Website, abrufbar unter https://www.ftc.gov/enforcement/penalty-offenses abgerufen am 28.12.2022.
[52] Vgl. 15 U.S.C. § 45 (m)(1)(C).
[53] Vgl. 15 U.S.C. § 45 (m)(1)(C). Daneben kann das Gericht nach seinem Ermessen weitere Rechtsbehelfe erlassen, die es für erforderlich hält, um den bei den Verbrauchern entstandenen Schaden zu beheben, etwa Rückerstattung von Geld oder die Rückgabe von Eigentum, die Zahlung von Schadensersatz und die öffentliche Bekanntmachung der Zuwiderhandlung (vgl. 15 U.S.C. § 57b (b)).
[54] Vgl. das FAQ der FTC zur COPPA, Frage B.2, abrufbar unter https://www.ftc.gov/business-guidance/resources/complying-coppa-frequently-asked-questions#B.%20COPPA%20Enforcement, abgerufen am 28.12.2022.
[55] Zur Durchsetzung der Vorgaben der COPPA regelt 15 U.S.C. § 6502(c), dass ein Verstoß wie eine solcher nach solche nach 15 U.S.C. § 57a (a)(1)(B) behandelt werden soll („rules which define with specificity acts or practices which are unfair or deceptive acts or practices in or affecting commerce (within the meaning of section 45(a)(1)").
[56] Vgl. 15 U.S.C. § 57b (1).

derholter Verstoß, Art und Menge der erhobenen personenbezogenen Daten, Weitergabe an Dritte, Größe des Unternehmens.[57]

GLBA: Die Sanktionen für GLBA-Verstöße variieren je nach dem Ermächtigungsgesetz der Behörde, die die Durchsetzungsmaßnahmen einleitet.[58] Die FTC etwa erachtet sich als zuständig, GLBA-Verstöße wie Verstöße gegen den FTC Act zu sanktionieren.[59] 35

HIPAA: Auch Verstöße gegen die Vorschriften der HIPAA werden regelmäßig mit zivilrechtlichen Sanktionen geahndet. Die Höhe der Sanktion ist dabei abhängig vom Grad der (Un)Kenntnis von dem Datenschutzverstoß[60] und reicht von 100 US-Dollar bis 50.000 US-Dollar pro Verstoß mit einer Maximalstrafe in Höhe von 1.919.173,00 US-Dollar (inflationsangepasst) pro Verstoß.[61] Die Angabe „pro Verstoß" kann sich dabei sowohl auf die Anzahl der betroffenen Patienten als auch auf andere Größen beziehen.[62] Zuständig für die Durchsetzung der zivilrechtlichen Rechtsmittel des HIPAA ist auf Bundesebene das Department of Health and Human Services („HHS"), und auf Ebene der Bundesstaaten die jeweiligen Generalstaatsanwälte („Attorneys General"). 36

Ebene der Bundesstaaten: Auch die gesetzlichen Regelungen der einzelnen Bundesstaaten enthalten Regelungen für den Fall der Non-Compliance mit den staatlichen Datenschutzgesetzen. 37

Der CCPA unterscheidet dabei ausdrücklich zwischen zivilrechtlichen Sanktionen („civil penalties") und Geldbußen („administrative fines"), die jeweils mit bis zu 2.500 US-Dollar pro Verstoß oder 7.500 US-Dollar pro vorsätzlichem Verstoß sanktioniert werden können, ohne dass das Gesetz dabei eine Obergrenze für die Gesamthöhe festlegt.[63] Eine zivilrechtliche Sanktion wird dabei ausschließlich im Wege einer Zivilklage, die im Namen des Volkes des Staates Kalifornien vom Generalstaatsanwalt Kaliforniens erhoben wird, festgesetzt und die Erlöse aus einem Vergleich einer dementsprechend eingereichten Klage werden in den Consumer Privacy Fund eingezahlt. Eine Geldbuße wird dagegen verhängt für Verstöße, die die persönlichen Daten von Verbrauchern betreffen, von denen das Unternehmen die tatsächliche Kenntnis hat, dass sie unter 16 Jahre alt sind. Die Geldbuße wird dabei in einem Verwaltungsvollstreckungsverfahren, das von der California Privacy Protection Agency eingeleitet wird, eingetrieben. 38

---

[57] In ihrem FAQ zur COPPA führt die FTC insofern aus, dass eine zivilrechtliche Sanktion von bis zu 46.517 US-Dollar pro Verstoß in Betracht kommt, vgl. Frage B.2, abrufbar unter https://www.ftc.gov/business-guidance/resources/complying-coppa-frequently-asked-questions#B.%20COPPA%20Enforcement abgerufen am 28.12.2022. Das Gesetz gestattet den Gerichten zudem den Erlass weiterer Maßnahmen gegen das zuwiderhandelnde Unternehmen, zB die Aufhebung oder Änderung von Verträgen, die Erstattung von Geld, die Zahlung von Schadenersatz und die öffentliche Bekanntmachung der Zuwiderhandlung, vgl. 15 U.S.C. § 57b (b).
[58] Über entsprechende Durchsetzungsbefugnisse verfügen neben der FTC etwa das Consumer Financial Protection Bureau (CFPB), die Securities and Exchange Commission, Commodity Futures Trading Commission und die Bundesaufsichtsbehörden für das Bankwesen, vgl. die Übersicht bei Jolly, US Privacy and Data Security Law: Overview, Practical Law Practice Note Overview (Westlaw), 2022, 14 sowie unter I. 2.
[59] Siehe insoweit die Hinweise der FTC auf ihrer Website, abrufbar unter https://www.ftc.gov/legal-library/browse/statutes/gramm-leach-bliley-act, abgerufen am 28.12.2022.
[60] Unterschieden wird zwischen „lack of knowledge" (Tier 1), „reasonable cause" (Tier 2), „willful neglect" (Tier 3) und „willful neglect not corrected within 30 days" (Tier 4).
[61] Vgl. die ausführliche Übersicht zu den Sanktionen für HIPAA-Verletzungen, abrufbar unter https://www.hipaajournal.com/what-are-the-penalties-for-hipaa-violations-7096/, abgerufen am 28.12.2022.
[62] Wenn etwa eine betroffene Einrichtung Patienten das Recht verweigert, Kopien ihrer medizinischen Unterlagen zu erhalten, und dies über einen Zeitraum von einem Jahr, kann die zuständige Stelle beschließen, eine Strafe pro Tag zu verhängen, an dem die betroffene Einrichtung gegen das Gesetz verstoßen hat. Die Strafe würde mit 365 multipliziert werden, nicht mit der Zahl der Patienten, denen der Zugang zu ihren Krankenakten verweigert wurde, vgl. dazu Übersicht zu den Sanktionen für HIPAA-Verletzungen, abrufbar unter https://www.hipaajournal.com/what-are-the-penalties-for-hipaa-violations-7096/, abgerufen am 28.12.2022.
[63] CCPA 1798.155.

2. Strafrechtliche Sanktionen

39 Vereinzelt werden Verletzungen der US-amerikanischen Datenschutzvorschriften auch mit strafrechtlichen Sanktionen in Form von Geld- oder Freiheitsstrafen sanktioniert. Die nachfolgende Übersicht gibt einen Überblick über einige strafrechtliche Sanktionen für Datenschutzverstöße nach US-Recht:

40 HIPAA: Nach 42 U.S.C. § 1320d-6 stellen bestimmte Verstöße gegen die Regelungen des HIPAA eine Straftat dar, etwa wenn die Zuwiderhandlung gegen den HIPAA in der Absicht begangen wurde, die Daten zu kommerziellen Zwecken zu verkaufen. Derartige Zuwiderhandlungen werden je nach Vorsatzgrad mit einer Geldstrafe zwischen 50.000 USD und 250.000 USD oder Freiheitsstrafe zwischen einem Jahr und zehn Jahren sanktioniert.[64] Nach einem Memorandum des Generalstaatsanwalts können „Health Plans", Clearingstellen für das Gesundheitswesen sowie die weiteren im Gesetz genannten Gesundheitsdienstleister und Stellen wegen Verstößen gegen 42 U.S.C. § 1320d-6 strafrechtlich verfolgt werden. Darüber hinaus können je nach Sachverhalt bestimmte Direktoren, leitende Angestellte und Mitarbeiter dieser Einrichtungen gemäß den allgemeinen Grundsätzen der strafrechtlichen Haftung von Unternehmen direkt nach 42 U.S.C. § 1320d-6 haftbar gemacht werden.[65] Für die strafrechtliche Verfolgung im Rahmen des HIPAA ist das Department of Justice zuständig.

41 Wiretap Act: Der Wiretap Act verbietet das Abfangen elektronischer Kommunikation, die Weitergabe entsprechend erlangter Daten sowie das Anbieten von Geräten zum Abhören. Nach 18 U.S.C. § 2511 (1) ist u. a. das absichtliche Abfangen einer drahtgebundenen, mündlichen oder elektronischen Kommunikation sowie der Versuch einer oder die Anstiftung zu einer solchen strafbar. Nach 18 U.S.C. § 2511 (4)(a) wird ein entsprechender Verstoß mit Geldstrafe oder Freiheitsstrafe von höchstens fünf Jahren oder mit beidem bestraft. Der Wiretap Act gilt für „jede Person", die einen Verstoß begeht.[66]

42 GLBA: Neben den bereits dargestellten Möglichkeiten zur Verhängung zivilrechtlicher Sanktionen ist bei Verletzungen des GLBA auch die Verhängung strafrechtlicher Sanktionen möglich. So können Personen, die mit falschen („false"), fiktiven („fictitious") oder betrügerischen („fraudulent") Mitteln gegen die Vorgaben des GLBA verstoßen (zB Kundendaten offenlegen) mit Geld- und/oder Freiheitsstrafen von bis zu fünf Jahren belegt werden.[67] Zudem kommen höhere Geldstrafen und Freiheitsstrafen von bis zu zehn Jahren in Betracht, wenn die entsprechenden Zuwiderhandlungen unter Verstoß gegen ein anderes US-Gesetz oder als Teil einer Serie illegaler Aktivitäten erfolgen.[68]

3. Individuelle Ansprüche der Betroffenen

43 Anders als etwa der für die Sanktionspraxis praktisch relevante FTC Act sehen einige Datenschutzvorschriften auf Bundes- und Einzelstaatenebene individuelle Ansprüche der betroffenen Verbraucher, etwa in Form von Schadensersatzansprüchen, vor.

---

[64] Unterschieden wird dabei zwischen „reasonable cause or no knowledge of violation" (Tier 1), „obtaining personal health information under false pretenses" (Tier 2) und „obtaining personal health information for personal gain or with malicious intent" (Tier 3), vgl. dazu auch die Übersicht unter https://www.hipaajournal.com/what-are-the-penalties-for-hipaa-violations-7096/, abgerufen am 28.12.2022.
[65] Vgl. dazu auch unter https://www.justice.gov/sites/default/files/olc/opinions/attachments/2014/11/17/hipaa_final.htm, abgerufen am 28.12.2022.
[66] 18 U.S.C. § 2710(c).
[67] Vgl. dazu 15 U.S.C. § 6821 sowie die Übersicht bei Jolly, US Privacy and Data Security Law: Overview, Practical Law Practice Note Overview (Westlaw), 2022, 15; Sloane, Raising Data Privacy Standards: The United States' need for a uniform data privacy regulation, John Marshall Law Journal, 2019, Vol.12 (1), S. 32.
[68] 15 U.S.C. § 6823 – „Criminal penalty", wobei sich die Höhe der Geldstrafen nach 18 U.S.C § 3571 richtet.

§ 33 Überblick über das Datenschutzsanktionenrecht in den USA § 33

So sieht etwa der Wiretap Act ein privates Klagerecht vor[69] ebenso wie der Telephone 44
Consumer Protection Act, einschließlich der Möglichkeit der Geltendmachung von entweder tatsächlichem oder gesetzlichem Schadenersatz in Höhe von 500 bis 1.500 US-Dollar pro unerbetene(m) Anruf oder Nachricht. Der Fair Credit Reporting Act sieht bei vorsätzlicher Zuwiderhandlung („willful noncompliance") die Möglichkeit einer zivilrechtlichen Verantwortlichkeit („civil liability") vor.[70] Dabei kann der Verbraucher Ansprüche auf Ersatz des ihm tatsächlich aufgrund der Zuwiderhandlung entstandenen Schadens, auf Schadensersatz von nicht weniger als 100 und nicht mehr als 1.000 US-Dollar und auf Erstattung der Gerichtskosten und angemessener Anwaltshonorare geltend machen. Der Video Privacy Protection Act sieht ein vergleichbares Haftungsregime im Falle einer Zuwiderhandlung vor. Im Wege einer Zivilklage kann das Gericht den Zuwiderhandelnden zur Zahlung von tatsächlichem und strafrechtlichem Schadensersatz („actual and punitive damages") an den Verletzten, zur Erstattung der Gerichtskosten, zur Übernahme angemessener Anwaltshonorare sowie der Zahlung einer gerechten Entschädigung verpflichten.[71]

Dagegen gibt etwa der HIPAA Patienten zwar grundsätzlich ein umfassendes Recht auf 45
Zugang zu ihren Daten.[72] Die Gerichte haben jedoch entschieden, dass daraus kein privates Klagerecht der Patienten bei HIPAA-Verletzungen folgt.[73] Auch der GBLA sieht kein privates Klagerecht der Verbraucher vor.

Auf bundesstaatlicher Ebene regelt der CCPA in Kalifornien ein privates Klagerecht bei 46
bestimmten Datenschutzverletzungen, einschließlich eines potenziellen gesetzlichen Schadensersatzes von bis zu 750 US-Dollar pro Verbraucher und Vorfall.[74]

4. Überblick über die Sanktionspraxis

Wenn man bei der zersplitterten Rechtslage in den USA mit Blick auf den Datenschutz 47
die möglichen Sanktionen überhaupt schematisch einordnen will, so stellen wohl zivilrechtliche Sanktionen den Regelfall und strafrechtliche Sanktionen die Ausnahme dar. Unter Anwendung des FTC Act wird es jedoch regelmäßig gar nicht erst zu einer gerichtlichen Festsetzung einer Sanktion kommen, wenn sich das verletzende Unternehmen bereits zuvor an die Anordnungen der FTC hält.

Auf den ersten Blick scheinen die Sanktionen vergleichsweise niedrig im Vergleich zur 48
DS-GVO. So beträgt zB die Sanktion für einen vorsätzlichen Verstoß gegen den kalifornischen CCPA 7.500 US-Dollar. Eine unmittelbare Verknüpfung zwischen Sanktion und – im Falle der Verletzung durch ein Unternehmen – Umsatz erfolgt derzeit nicht. Nach den meisten US-Gesetzen kann die Sanktion allerdings pro Verstoß („per violation") verhängt werden. Unter dem FTC Act etwa stellt dabei jeder Tag der Non-Compliance einen separaten Verstoß dar, sodass die Sanktionen schnell in Millionenhöhe ansteigen können.

Um die Sanktionen nach unten und oben hin zu deckeln, folgt etwa der HIPAA dem 49
Muster von Minimal- und Maximalstrafe pro Verstoß und setzt jährliche Maximalstrafen fest.

B. Verhältnis zur DS-GVO bei Betroffenheit „europäischer Daten"

Grundsätzlich verfolgen die US-Datenschutzvorgaben den Schutz personenbezogener Da- 50
ten von US-Bürgern, sodass „europäische Daten" regelmäßig nicht in den Geltungsbereich

---

[69] 18 U.S.C. § 2520.
[70] 15 U.S.C. § 1681n.
[71] Vgl. 18 U.S.C. § 2710 sowie die Übersicht bei Jolly, US Privacy and Data Security Law: Overview, Practical Law Practice Note Overview (Westlaw), 2022, 26.
[72] 45 CFR 164.524.
[73] Acara v. Banks, 470 F.3d 569, 571 (5th Cir. 2006).
[74] CCPA 1798.150.

dieser Normen fallen. Problematisch ist dies jedoch mit Blick auf den neu eingeführten Clarifying Lawful Overseas Use of Data Act („CLOUD-Act").[75]

I. Hintergrund des CLOUD-Act

51 Im März 2018 hat der US-Kongress in Ergänzung zum bestehenden Stored Communications Act den CLOUD-Act verabschiedet. Mithilfe des CLOUD-Act soll den US-Behörden ein grenzüberschreitender Zugriff auf elektronische Daten ermöglicht werden, um behördliche Ermittlungen zum Schutz der öffentlichen Sicherheit sowie zur Bekämpfung schwerer Straftaten zu erleichtern.[76] Zudem bezweckt der CLOUD-Act die Lösung potenzieller Konflikte bei einer solchen Offenlegungsanordnung, die sich aus rechtlichen Verpflichtungen unterschiedlicher Rechtsordnungen ergeben.[77]

II. Überblick über den wesentlichen Regelungsgehalt des CLOUD-Act

52 Auf Basis der bisherigen Rechtslage war mangels ausdrücklicher Regelung im Stored Communications Act nicht klar, ob US-Behörden oder Gerichte von US-Unternehmen auch die Offenlegung von sich außerhalb der USA befindlicher Daten anordnen können. Diese Rechtsunsicherheit beseitigt nun der im Zuge des CLOUD-Act neu zu Titel 18 Kapitel 121 USC hinzugefügte § 2713. Dieser regelt, dass Anbieter elektronischer Kommunikations- und Ferndienste die Vorschriften des Stored Communications Acts zur Vorhaltung, Sicherung und Offenlegung von Inhalten einer drahtgebundenen oder elektronischen Kommunikation sowie jegliche Aufzeichnung oder andere Information betreffend einen Kunden oder Teilnehmer, die sich im Besitz, in der Obhut oder unter Kontrolle des Anbieters befindet, einhalten muss, und zwar „unabhängig davon, ob sich eine solche Kommunikation, Aufzeichnung oder andere Information innerhalb oder außerhalb der Vereinigten Staaten befindet".[78] Voraussetzung für die Anwendbarkeit des CLOUD-Act ist dabei, dass sich die Daten im Besitz, der Obhut oder unter Kontrolle des Anbieters befinden. Ausreichen soll es, wenn das Recht, die Befugnis oder die tatsächliche Möglichkeit besteht, die Daten von einem Dritten zu erlangen.[79]

53 Nach dem CLOUD-Act sind folglich US-Unternehmen, die Daten im Ausland verarbeiten, immer dem US-Recht unterworfen und infolgedessen dazu verpflichtet, die in ihrer Obhut befindlichen Daten den US-Behörden auf Anfrage offenzulegen.[80] Hinzu kommt jedoch, dass der CLOUD-Act auch für ausländische Unternehmen eine Möglichkeit schafft, Zugriff auf Daten zu erhalten, die von US-Unternehmen im Ausland gespeichert werden.[81] Soweit es dadurch für ausländische Behörden möglich wird, Anfragen di-

---

[75] Abrufbar unter https://www.congress.gov/bill/115th-congress/house-bill/4943/text, abgerufen am 27.12.2022.
[76] Determann/Nebel CR 2018, 408 (409) mwN.
[77] Determann/Nebel CR 2018, 408 (409).
[78] 18 USC § 2713.
[79] Determann/Nebel, CR 2018, 408 (409), die hervorheben, dass die Offenlegungspflicht der Unternehmen dagegen nicht besteht, wenn keiner seiner Angestellten tatsächlich Zugriff auf die Daten hat und diese bei einer Tochtergesellschaft oder einem unabhängigen Geschäftspartner gespeichert sind, die Kooperationsersuchen ablehnen.
[80] Für US-Unternehmen sieht der CLOUD-Act ausdrücklich die Möglichkeit vor, Widerspruch gegen eine auf der Grundlage des CLOUD-Acts beruhende Anordnung einzulegen. Dies gilt in Fällen, in denen der US-Anbieter „vernünftigerweise annimmt, dass es sich erstens bei dem von der Anordnung betroffenen Kunden nicht um einen US-Bürger oder eine in den USA wohnhafte Person handelt und es sich bei dem von der Anordnung betroffenen Kun- den oder Teilnehmer nicht um eine US-Person, die in den USA wohnhaften Kunden oder Teilnehmer handelt und zweitens die angeforderte Offenlegung ein erhebliches Risiko dafür darstellt, dass der Anbieter mit einer dennoch erfolgenden Offenlegung der Daten gegen die Gesetze einer „qualifizierten ausländischen Regierung" verstößt, vgl. zu einer Darstellung der insoweit bestehenden gerichtlichen Überprüfungsmöglichkeiten Determann/Nebel CR 2018, 408 (410).
[81] Vgl. https://www.heise.de/newsticker/meldung/CLOUD-Act-US-Gesetz-fuer-internationalen-Datenzugriff-und-schutz-verabschiedet-4003330.html, abgerufen am 28.12.2022.

rekt an die Unternehmen zu stellen, kann es zu einem Verlust an gerichtlicher Kontrolle kommen. Zudem schafft der CLOUD-Act damit weitere indirekte Zugriffswege für multinationale, aber letztendlich auch für deutsche Unternehmen, um an Daten deutscher Kunden zu gelangen.[82] Das Gesetz ist daher seit seiner Einführung scharfer Kritik unter datenschutzrechtlichen Aspekten ausgesetzt. Der CLOUD-Act wird allerdings wegen seiner grundsätzlich regulierenden Effekte auch deutlich positiver eingeschätzt.[83] Im Ergebnis liegt eine zentrale Problematik in der Möglichkeit bilateraler Abkommen und von „executive agreements", die Zugriffe unterhalb der DS-GVO/BDSG-Standards einräumen können.[84]

III. Völkerrechtliche Grenzen einer extraterritorialen Zugriffsregelung

Beim Erlass nationaler Rechtsakte sind Staaten grundsätzlich an die allgemein anerkannten 54
Grundsätze des Völkerrechts sowie an Völkergewohnheitsrecht gebunden, wozu insbesondere auch die Gebietshoheit der Staaten zählt.[85] Eine nationale Regelung mit extraterritorialen Wirkungen ist daher nicht ohne weiteres möglich. Völkerrechtliche Voraussetzung für die extraterritoriale Anwendbarkeit von US-Recht ist ein ausreichender Bezug zum eigenen Staatsgebiet. Ein solcher sog. genuiner Link[86] wird dabei angenommen, wenn sich eine (auch) im Ausland vorgenommene Handlung im Inland auswirkt.[87]

Im datenschutzrechtlichen Kontext kann ein solcher genuiner Link bestehen, wenn eine 55
Regelung US-Unternehmen adressiert oder personenbezogene Daten von US-Staatsbürgern betrifft. In diesen Fällen ist eine extraterritoriale Anwendbarkeit von US-Recht, dh eine Reichweite der Regelung über das US-Hoheitsgebiet hinaus, grundsätzlich möglich und zulässig. Insbesondere die *materielle Verpflichtung* zur Herausgabe von Daten dürfte dann auch im fremden Hoheitsgebiet Wirkung entfalten.

Vollstreckt werden kann diese Herausgabeverpflichtung jedoch nicht, soweit hierbei in 56
das fremde Hoheitsgebiet eingegriffen wird und eine Zustimmung des betroffenen Staates nicht vorliegt.[88] Insoweit setzt das völkerrechtliche Gewaltverbot hier die äußere Grenze. Praktisch relevant werden künftig wohl insbesondere Herausgabeverlangen betreffend virtuell gespeicherte Daten. Hier stellt sich – auch wenn sich die Server physisch auf fremdem Hoheitsgebiet befinden – die Frage, inwiefern mit dem Herausgabeverlangen überhaupt in fremde Hoheitsgebiete eingegriffen wird.[89]

IV. Verhältnis zu den Vorgaben der DS-GVO bei einer Datenübermittlung in die USA

Die Erfüllung der durch den CLOUD-Act statuierten oder ermöglichten Offenlegungs- 57
pflichten können gegen die Vorschriften der DS-GVO verstoßen, soweit der räumliche Anwendungsbereich der DS-GVO eröffnet ist.

---

[82] Aufschlussreich ist dazu das von Microsoft eingeleitete Verfahren (sowie die daraufhin vom Konzern entwickelten Richtlinien, abrufbar unter https://blogs.microsoft.com/uploads/prod/sites/5/2018/09/SIX-PRINCIPLES-for-Law-enforcement-access-to-data.pdf, abgerufen am 27.12.2022.
[83] Vgl. https://www.bsa.org/files/policy-filings/02282019CLOUDACTEUMythvsFact.pdf, abgerufen am 27.12.2022.
[84] Vgl. bspw. https://www.crossborderdataforum.org/first-cloud-act-executive-agreement-certified-to-congress/, abgerufen am 27.12.2022. Zu den Voraussetzungen einer Datenübertragung in die USA nach DS-GVO vgl. ausführlich unter → Rn. 62 ff.
[85] Englisch/Krüger IStR 2013, 513 (514).
[86] Englisch/Krüger IStR 2013, 513 (515); Huck NJOZ 2015, 993 (994); MüKoBGB/Lehmann, Bd. 13, A. Grundlagen Rn. 118.
[87] Ausführlich Englisch/Krüger IStR 2013, 513 (515); Jarass RIW 2017, 642 (643 f.).
[88] Vgl. insoweit Englisch/Krüger IStR 2013, 513 (514) zur Lotus-Entscheidung des Ständigen Internationalen Gerichtshofs, S. StIGH vom 7.9.1927, PCIJ Series A, No. 10 (1927), 18 f.
[89] Parallele Fragen werden auch im Zusammenhang mit der Onlinesichtung nach § 110 Abs. 3 S. 1 StPO diskutiert, vgl. dazu etwa BeckOK StPO/Hegmann StPO § 110 Rn. 16 ff.

1. Anwendbarkeit der DS-GVO auf US-Unternehmen

58 Den räumlichen Anwendungsbereich der DS-GVO regelt Art. 3 DS-GVO. Um einen möglichst weitgehenden Schutz der personenbezogenen Daten von EU-Bürgern zu gewährleisten, kombiniert Art. 3 DS-GVO das Sitz- bzw. Niederlassungsprinzip (Abs. 1) mit dem Marktortprinzip (Abs. 2).

59 Nach dem Marktortprinzip gilt die DS-GVO für Unternehmen mit Sitz in einem Drittland, wenn diese Waren und Dienstleistungen in der EU anbieten oder das Verhalten von Privatpersonen in der EU verfolgen.[90] Die DS-GVO entfaltet Anwendungsvorrang insoweit, dass Unternehmen mit Sitz außerhalb der EU unter den Voraussetzungen des Marktortprinzips dieselben Regeln beachten müssen wie Unternehmen mit Sitz in der EU.[91]

60 Nach dem Sitz- bzw. Niederlassungsprinzip gilt die DS-GVO für die Verarbeitung sämtlicher personenbezogenen Daten, soweit diese im Rahmen der Tätigkeiten einer Niederlassung eines Verantwortlichen oder eines Auftragsverarbeiters in der EU erfolgt, und zwar unabhängig davon, ob die Verarbeitung in der EU stattfindet.[92] Zwar definiert die DS-GVO den Begriff der Niederlassung nicht, aus Erwägungsgrund 22 folgt aber klar, dass eine effektive und tatsächliche Ausübung einer Tätigkeit im Rahmen einer festen Einrichtung erfolgen muss.[93] Dafür kommt es weder auf die Rechtsform einer Niederlassung noch auf den Umfang der Tätigkeit an.[94] Dies gilt auch im Hinblick auf nicht-europäische, konkret US-amerikanische Unternehmen bzw. deren Niederlassungen im Anwendungsbereich der DS-GVO. Die Verarbeitung muss zwar nicht in der Niederlassung selbst erfolgen, wohl aber – unabhängig vom Verarbeitungsort – für die Niederlassung.[95] Eine für Unternehmen oder Niederlassungen im Anwendungsbereich erfolgende Verarbeitung durch außereuropäische Verarbeitungsdienstleister (Verarbeitungs-Outsourcing) steht der Anwendbarkeit der DS-GVO nicht entgegen.[96]

61 Dies hat zur Konsequenz, dass US-Unternehmen bei Non-Compliance mit den Vorgaben der DS-GVO – wie europäischen Unternehmen – Sanktionen im Sinne der Art. 83, 84 DS-GVO drohen.

2. Voraussetzungen eines Datentransfers in die USA nach DS-GVO

62 Eine Übermittlung von personenbezogenen Daten in die USA bzw. an US-amerikanische Behörden oder Gerichte ist US-Unternehmen, die in den Anwendungsbereich der DS-GVO fallen nur unter den engen Voraussetzungen der Artt. 6 Abs. 1, 44 ff. DS-GVO erlaubt.

63 **a) Rechtmäßigkeit der Datenverarbeitung.** Zunächst ist jede Verarbeitung personenbezogener Daten nur bei Vorliegen eines Erlaubnistatbestandes in Art. 6 Abs. 1 DS-GVO zulässig. Dies gilt unabhängig davon, ob die Datenübermittlung an einen Empfänger in einem Drittland – etwa die USA – erfolgt oder nicht.

64 Sollen personenbezogene Daten an Drittländer oder an internationale Organisationen übermittelt werden, sind zusätzlich die Anforderungen der Art. 44 ff. DS-GVO zu beachten. So soll verhindert werden, dass die Regelungen der DS-GVO umgangen werden, indem die Datenverarbeitung in ein Drittland ausgelagert wird.[97] Der Begriff der „Datenübermittlung" wird in der DS-GVO nicht definiert. Mit Blick auf den Sinn und Zweck der Art. 44 ff. DS-GVO ist der Begriff weit zu verstehen, sodass dies jede Offenlegung

---

[90] Vgl. Paal/Pauly/Ernst DS-GVO Art. 3 Rn. 14.
[91] Ehmann/Selmayr/Zerdick DS-GVO Art. 3 Rn. 2; vgl. auch Paal/Pauly/Ernst DS-GVO Art. 3 Rn. 14.
[92] Vgl. die Ausarbeitung des Wissenschaftlichen Dienstes vom 3.6.2021 (WD 3–3000–102/21), S. 6.
[93] Paal/Pauly/Ernst DS-GVO Art. 3 Rn. 6.
[94] Paal/Pauly/Ernst DS-GVO Art. 3 Rn. 7 f.; EuGH v. 1.10.2015 – C-230/14, ECLI:EU:C:2015:639, NJW 2015, 3636 (3638 Rn. 28 ff.).
[95] Paal/Pauly/Ernst DS-GVO Art. 3 Rn. 9.
[96] Paal/Pauly/Ernst DS-GVO Art. 3 Rn. 12.
[97] Vgl. die Ausarbeitung des Wissenschaftlichen Dienstes vom 3.6.2021 (WD 3–3000–102/21), S. 8.

personenbezogener Daten gegenüber Empfängern in Drittländern oder internationalen Organisationen erfasst.[98]

Gemäß Art. 44 S. 2 DS-GVO sind die Bestimmungen der Art. 45 ff. DS-GVO so anzuwenden, dass das durch die DS-GVO gewährleistete Schutzniveau für natürliche Personen nicht unterlaufen wird. 65

b) Angemessenheit des Datenschutzniveaus. Gemäß Art. 45 Abs. 1 DS-GVO darf eine Übermittlung personenbezogener Daten an ein Drittland oder eine internationale Organisation vorgenommen werden, wenn ein sog. „Angemessenheitsbeschluss" der EU-Kommission vorliegt, „dass das betreffende Drittland, ein Gebiet oder ein oder mehrere spezifische Sektoren in diesem Drittland oder die betreffende internationale Organisation ein angemessenes Schutzniveau bietet". Liegt ein entsprechender Angemessenheitsbeschluss der EU-Kommission vor, bedarf die Datenübermittlung keiner zusätzlichen Genehmigung durch die zuständigen Aufsichtsbehörden. 66

Die Beurteilung der Angemessenheit des Datenschutzniveaus erfolgt anhand des in Art. 45 DS-GVO vorgegebenen Kriterienkatalogs. Nach der Rechtsprechung des EuGH muss das Schutzniveau des Drittlandes im Vergleich zur europäischen Lage gleichwertig sein, wobei die Mittel, wie dies erreicht wird, von den in der EU verwendeten Mitteln unterschiedlich sein können.[99] Nachdem der EuGH den ersten Angemessenheitsbeschluss der EU-Kommission betreffend die USA (sog. Safe-Harbor-Entscheidung der EU-Kommission) mit Entscheidung vom 6.10.2015 kippte[100], wurde die EU-US-Datenübermittlung zunächst ab dem 1.8.2016 in Form des „EU-US Privacy Shield" neu geregelt.[101] Im sog. Schrems II-Urteil[102] vom 16.7.2020 erklärte der EuGH jedoch auch den „neuen" Angemessenheitsbeschluss der EU-Kommission betreffend die USA für ungültig.[103] Dies begründete das Gericht damit, dass keine ausreichenden Beschränkungen bestehen, die die Eingriffsbefugnisse der US-Nachrichtendienste auf das erforderliche Maß begrenzen sowie damit, dass die betroffenen Personen keine Möglichkeiten zur Einlegung eines wirksamen Rechtsbehelfs haben, um sich gegen die Zugriffe der US-Behörden bzw. -Nachrichtendienste auf ihre personenbezogenen Daten zu schützen.[104] 67

Bei Nichtvorliegen eines Angemessenheitsbeschlusses nach Art. 45 DS-GVO ist eine Datenübermittlung an Drittstaaten nur unter erschwerten Voraussetzungen möglich. Gemäß Art. 46 Abs. 1 DS-GVO darf ein Verantwortlicher oder ein Auftragsverarbeiter personenbezogene Daten an ein Drittland oder eine internationale Organisation übermitteln, sofern er geeignete Garantien vorgesehen hat und sofern den betroffenen Personen durchsetzbare Rechte und wirksame Rechtsbehelfe zur Verfügung stehen. Nach der Rechtsprechung des EuGH muss auch bei den geeigneten Garantien ein Schutzniveau gewährleistet sein, das mit dem der EU der Sache nach gleichwertig ist.[105] Generell bedürfen geeignete Garantien einer Genehmigung im Einzelfall durch die zuständigen Aufsichtsbehörden (vgl. Art. 46 Abs. 3 DS-GVO). Eine solche Genehmigung ist jedoch nicht erforderlich, wenn eine geeignete Garantie nach Art. 46 Abs. 2 DS-GVO vorliegt, etwa die Verwendung von Standarddatenschutzklauseln, die von der EU-Kommission gemäß dem Prüfverfahren nach Art. 93 Abs. 2 DS-GVO erlassen werden bzw. genehmigt wurden.[106] In seiner Schrems II-Entscheidung hat der EuGH jedoch auch festgestellt, dass im Fall der USA allein über die Verwendung der Standarddatenschutzklauseln kein angemessenes Schutzniveau hergestellt 68

---

[98] Ehmann/Selmayr/Zerdick DS-GVO Art. 44 Rn. 7.
[99] EuGH v. 6.10.2015 – C-362/14, ECLI:EU:C:2015:650 (Schrems I), NJW 2015, 3151 (3155, Rn. 73 f.).
[100] EuGH v. 6.10.2015 – C-362/14, ECLI:EU:C:2015:650 (Schrems I), NJW 2015, 3151 (3155, Rn. 73 f.).
[101] Vgl. dazu etwa Grau/Granetzny NZA 2016, 405 ff.
[102] EuGH v. 16.7.2020 – C-311/18 (Schrems II), NJW 2020, 2613 ff.
[103] Vgl. auch den Überblick bei BeckOK DatenschutzR/Beck DS-GVO Art. 45 Rn. 59 ff.
[104] Vgl. insofern ausführlich die Ausarbeitung des Wissenschaftlichen Dienstes vom 3.6.2021 (WD 3-3000-102/21), S. 9.
[105] EuGH v. 16.7.2020 – C-311/18 (Schrems II), NJW 2020, 2613 (2616 Rn. 91 f.).
[106] Vgl. auch die Ausarbeitung des Wissenschaftlichen Dienstes vom 3.6.2021 (WD 3-3000-102/21), S. 10.

werden könne.[107] Nach Ansicht des EUGH müssen vielmehr zusätzliche Maßnahmen ergriffen werden, die die übermittelten Daten im konkreten Einzelfall angemessen vor dem unbeschränkten Zugriff der US-Sicherheitsbehörden schützen.[108]

69 **Praxistipp:**
Der Europäische Datenschutzausschuss hat Empfehlungen zu den das Angemessenheitsniveau sichernden Einzelfallmaßnahmen veröffentlicht. Diese finden sich hier: https://edpb.europa.eu/sites/default/files/consultation/edpb_recommendations_202001_supplementarymeasurestransferstools_de.pdf

70 Ist bei einer Datenverarbeitung durch ein US-Unternehmen folglich der räumliche Anwendungsbereich der DS-GVO eröffnet, stehen US-Unternehmen seit Geltung des CLOUD-Act vor folgendem Dilemma: Kommen sie der Offenlegungspflicht bzw. Übermittlungsaufforderung der US-Behörde bzw. des US-Gerichts nach, verstoßen sie ggf. gegen die Vorgaben der DS-GVO und setzen sich damit der Gefahr empfindlicher Bußgelder aus. Widersetzen sie sich der behördlichen oder gerichtlichen Aufforderung, drohen ihnen mitunter empfindliche Konsequenzen nach US-Recht.

3. Ausblick auf die Sanktionspraxis im Anwendungsbereich von CLOUD-Act und DS-GVO

71 Diesem Dilemma soll auf gemeinsame Initiative von EU-Kommission und US-Regierung hin durch eine Erneuerung und Verbesserung des vom EuGH für ungültig erklärten „Privacy Shield" begegnet werden.

72 Um das erforderliche Datenschutzniveau bzw. eine Garantie im Sinne des Art. 44 DS-GVO zu schaffen, soll ein jüngst veröffentlichter Erlass der US-Regierung die Grundlage für den dringend benötigten neuen Rechtsrahmen zur Übermittlung der Daten von Europäern in die USA herstellen („Exekutivanordnung über die Verbesserung der Schutzmaßnahmen für die Aktivitäten der USA im Bereich der IT-Nachrichtendienste" (im Folgenden nur noch die „Exekutivanordnung")).[109]

73 Der Erlass von Präsident Biden beinhaltet u. a. engere Voraussetzungen, unter denen Geheimdiensten ein Zugang zu den Informationen gestattet ist. Wichtig ist darüber hinaus, dass ein zweistufiger sog. Rechtsschutzmechanismus für EU-Bürger geschaffen wird, um gegen einen widerrechtlichen Zugriff vorgehen zu können. Nach Auffassung der Biden-Administration sollen diese Maßnahmen insbesondere diejenigen Bedenken ausräumen, mit denen der EuGH das bisherige „Privacy Shield" im Schrems II-Urteil als nicht ausreichend verworfen hat.[110]

74 **a) Einschränkung der nachrichtendienstlichen Datenverarbeitung.** Die Exekutivanordnung legt Maßnahmen fest, um die angekündigten Verpflichtungen im Rahmen des EU-US Data Privacy Framework („EU-US DPF") umzusetzen. Insbesondere verfügt die Exekutivanordnung weitere Einschränkungen für US-IT-Spionageaktivitäten – konkret sollen solche Aktivitäten
- nur zur Verfolgung definierter nationaler Sicherheitsziele durchgeführt werden,
- die Privatsphäre und die bürgerlichen Freiheiten aller Personen, ungeachtet der Nationalität oder des Wohnsitzlandes, berücksichtigen und
- nachrichtendienstlich „erforderlich" und „angemessen" sein.

---
[107] EuGH v. 16.7.2020 – C-311/18 (Schrems II), NJW 2020, 2613 (2619 Rn. 168).
[108] Vgl. auch die Ausarbeitung des Wissenschaftlichen Diensts vom 3.6.2021 (WD 3–3000–102/21), S. 11.
[109] Abrufbar unter https://www.whitehouse.gov/briefing-room/statements-releases/2022/10/07/fact-sheet-president-biden-signs-executive-order-to-implement-the-european-union-u-s-data-privacy-framework/, abgerufen am 27.12.2022.
[110] Vgl. auch Steiner Heise-online v. 28.8.2022, https://www.heise.de/news/Datentransfer-in-Drittlaender-Wirtschaft-hofft-auf-Loesungen-und-US-Vorschlag-7278789.html, abgerufen am 27.12.2022.

Die unterschiedlichen Einheiten der US Intelligence Community müssen ihre Richtlinien und Verfahren aktualisieren, um die neuen, in der Exekutivanordnung enthaltenen Garantien für den Schutz der Privatsphäre und der bürgerlichen Freiheiten zu berücksichtigen. 75

b) Zweistufiges Rechtsschutzverfahren von Betroffenen. Zudem soll der Rechtsschutz von Betroffenen durch ein zweistufiges Überprüfungsverfahren verbessert werden: 76

Im Rahmen der **ersten Stufe** führt der „Civil Liberties Protection Officer" („Office of the Director of National Intelligence" („CLPO")) die vorgelagerte Prüfung der eingegangenen qualifizierten Beschwerden durch. Kommt dieser zu dem Ergebnis, dass Anforderungen der Exekutivanordnung oder andere anwendbare US-Gesetze verletzt wurden, soll dieser geeignete Abhilfemaßnahmen ergreifen. Die Entscheidung des CLPO ist – vorbehaltlich der zweiten Überprüfungsebene – für die US Intelligence Community bindend. 77

Als **zweite Überprüfungsebene** ermächtigt und weist die Exekutivanordnung den Generalstaatsanwalt an, ein Datenschutzüberprüfungsgericht („DPRC") einzurichten. Dieses soll auf Antrag der betroffenen Person oder eines Teils der US Intelligence Community eine unabhängige und verbindliche Überprüfung der Entscheidungen des CLPO vornehmen. Die Richter des DPRC werden von Personen außerhalb der US-Regierung ernannt, verfügen über einschlägige Erfahrungen auf dem Gebiet des Datenschutzes und der nationalen Sicherheit, überprüfen die Fälle unabhängig und sind vor Abberufung geschützt. Die Entscheidungen des DPRC darüber, ob ein Verstoß gegen geltendes US-Recht vorliegt und welche Abhilfemaßnahmen gegebenenfalls zu ergreifen sind, sind verbindlich. Die Exekutivanordnung sieht weiter vor, dass das DPRC in jedem Fall einen speziellen Anwalt auswählt, der die Interessen des Beschwerdeführers in der Angelegenheit vertritt. 78

Dieses Rechtsschutzverfahren soll durch das „Privacy and Civil Liberties Oversight Board" (Aufsichtsbehörde für den Schutz der Privatsphäre und der bürgerlichen Freiheiten) jährlich überprüft werden. Hierunter fällt auch die Kontrolle, ob die US Intelligence Community die Anordnungen des CLPO und des DPRC eingehalten hat. 79

c) Weitere Kritik an der Massenerhebung von Daten ohne Einwilligung. Mit Entschließung vom 11.5.2023 zur Angemessenheit des vom Datenschutzrahmen zwischen der EU und den USA gebotenen Schutzes (2023/2501(RSP)) hat das Europäische Parlament festgestellt, dass dem Angemessenheitsbeschluss auch mit der letzten Exekutivanordnung noch nicht Genüge getan ist: 80

In EG J2 nimmt das Parlament zur Kenntnis, „dass mit der Executive Order 14086 Anstrengungen unternommen wurden, um den nachrichtendienstlichen Tätigkeiten der USA im Bereich Fernmelde- und elektronische Aufklärung Grenzen zu setzen, indem dafür gesorgt wurde, dass die Grundsätze der Verhältnismäßigkeit und der Erforderlichkeit auf den US-Rechtsrahmen für Fernmelde- und elektronische Aufklärung Anwendung finden und eine Liste legitimer Ziele für solche Tätigkeiten bereitgestellt wird; stellt fest, dass diese Grundsätze für alle US-Nachrichtendienste verbindlich sein dürften und von Betroffenen im Rahmen des in der Executive Order 14086 vorgesehenen Verfahrens geltend gemacht werden können; betont, dass die Executive Order 14086 erhebliche Verbesserungen enthält, mit denen sichergestellt werden soll, dass diese Grundsätze dem EU-Recht im Wesentlichen gleichwertig sind; […]". 81

Jedoch sei die Bindungswirkung nicht ausreichend, denn die „inhaltliche Definition in der Executive Order 14086 [stimmt] nicht mit ihrer Definition im EU-Recht und ihrer Auslegung durch den EuGH überein […]". Das Parlament weist außerdem darauf hin, „dass diese Grundsätze für die Zwecke des Datenschutzrahmens zwischen der EU und den USA ausschließlich im Lichte des Rechts und der Rechtstraditionen der USA und nicht denen der EU ausgelegt würden; stellt fest, dass die Executive Order 12 legitime Ziele auflistet, die mit der Sammlung von Daten durch die Fernmelde- und elektronische Aufklärung verfolgt werden dürfen, und fünf Ziele, bei denen die Sammlung von Daten durch die Fernmelde- und elektronische Aufklärung untersagt ist; stellt fest, dass die Liste der legitimen nationalen Sicherheitsziele durch den Präsidenten der USA erweitert und geändert werden kann, wobei es keinerlei Verpflichtung gibt, die entsprechenden Aktualisierungen zu veröffentlichen oder die EU davon in Kenntnis zu setzen; [...]".

82 Unter EG J3 stellt das Parlament ferner fest, „dass die Executive Order 14086 die massenhafte Erhebung von Daten, einschließlich des Inhalts von Mitteilungen, durch Fernmelde- und elektronische Aufklärung gestattet; weist zugleich darauf hin, dass gemäß der Executive Order 14086 die gezielte Erhebung von Daten der Massenerhebung vorgezogen werden soll; stellt fest, dass die Executive Order 14086 zwar mehrere Schutzklauseln für den Fall der Massenerhebung enthält, aber keine unabhängige vorherige Einwilligung in die Massenerhebung vorsieht, und dass eine solche Einwilligung auch in der Executive Order 12333 nicht vorgesehen ist; (das Parlament) erinnert daran, dass der EuGH in der Rechtssache „Schrems II" festgestellt hat, dass die Überwachung durch die USA nicht dem EU-Recht entsprach, weil kein „objektives Kriterium" verlangt wurde, das den Eingriff der Regierung in die Privatsphäre „rechtfertigen" könnte; weist darauf hin, dass dadurch der Zweck der Ziele als Schutzmaßnahme zur Begrenzung der Aktivitäten der US-Geheimdienste untergraben wird; [...]". Schließlich erinnert das Parlament daran, „dass das „Privacy and Civil Liberties Oversight Board" nach der Presidential Policy Directive 28 (PPD 28), die die Grundlage für den Beschluss zur Angemessenheit des Datenschutzschilds bildete, einen Überprüfungsbericht herausgegeben hat und zu dem Schluss gekommen ist, dass mit der PPD-28 im Wesentlichen die bereits bestehenden Praktiken der Nachrichtendienste festgeschrieben wurden; ist überzeugt, dass mit der PPD-28 die elektronische Massenüberwachung von EU-Bürgern durch US-Behörden nicht aufhören wird; [...]".[111]

83 **d) Angemessenheitsbeschluss.** Im Juli 2023 hat die Europäische Kommission dem dargestellten Konglomerat an Nachfolgebestimmungen des „Privacy Shields" ein angemessenes Schutzniveau attestiert.[112] Dementsprechend sieht der US-Rechtsrahmen nun bestimmte Garantien in Bezug auf den Zugang von US-Behörden zu innerhalb des Rahmens übermittelten Daten vor, insbesondere für Datenzugriffe zum Zwecke der Strafverfolgung und der nationalen Sicherheit. Dabei ist der Zugang zu Daten auf das zum Schutz der nationalen Sicherheit notwendige und verhältnismäßige Maß beschränkt. Mit dem neuen Angemessenheitsbeschluss können personenbezogene Daten aus der EU an die USA wieder übermittelt werden, ohne dass weitere Instrumente oder zusätzliche Maßnahmen erforderlich sind. Die Organisation, an die sie übermittelt werden, muss jedoch auch unter dem EU-US Data Privacy Framework zertifiziert sein. Dies müssen Unternehmen in der EU vorab prüfen.[113]

84 **e) Ausblick.** Die Funktionsweise des Datenschutzrahmens zwischen der EU und den USA soll regelmäßig in einem gemeinsamen Kontrollakt von der Europäischen Kommission, den Vertretern der europäischen Datenschutzbehörden und den zuständigen US-Behörden überprüft werden, wobei die erste Überprüfung binnen eines Jahres nach dem Inkrafttreten des Angemessenheitsbeschlusses erfolgen soll. Besonderes Augenmerk sollte dabei weiterhin auf die Aktivität amerikanischer Geheimdienste und Sicherheitsbehörden gelegt werden.

Bei Lichte betrachtet liegt jedoch genau hier auch der Anknüpfungspunkt sowohl für den Data-Protection-Shield als auch für den CLOUD-Act. Denn Offenlegungspflichten und damit ein echter Konflikt zur DS-GVO bestehen nur gegenüber den Behörden. Geht es um den Austausch von Daten unter Privaten sind das BDSG und, soweit einschlägig, die DS-GVO anzuwenden.

---

[111] Entschließung des Europäischen Parlaments vom 11.5.2023 zur Angemessenheit des vom Datenschutzrahmen zwischen der EU und den USA gebotenen Schutzes (2023/2501(RSP)), abrufbar unter https://www.europarl.europa.eu/doceo/document/TA-9-2023-0204_DE.html, abgerufen am 15.7.2023.
[112] https://commission.europa.eu/system/files/2023-07/Adequacy%20decision%20EU-US%20Data%20Privacy%20Framework_en.pdf, abgerufen am 15.7.2023.
[113] Das U.S. Department of Commerce wird eine in Kürze im Internet verfügbare Liste veröffentlichen, anhand derer überprüft werden kann, ob die betreffende Organisation zertifiziert ist.

Sachverzeichnis

fette Zahlen = Paragrafen, magere Zahlen = Randnummern

Abbild sozialer Realität 24 12
Abgeschlossener Serveraum
– Besondere Zugangssicherung 11 30
Abhören 23 15 ff., 22, 31
Abstrakte Gefährdungsdelikte
– Internetbasierte Datenschutzverstöße 25 90 ff.
Abstrakt-konkrete Gefährdungsdelikte
– Internetbasierte Datenschutzverstöße 25 95 ff.
Accounts
– Übernahme fremder 18 33 ff.
Ad-Hoc-Berichtspflichten 6 15, 57
Administrative Fine 33 30, 38
Adminstratorenpasswort
– § 202a StGB 11 23, 31
Adressatenbestimmung 23 23
Akteneinsicht 5 33
Amtsermittlungsgrundsatz 4 7
Amtsträger
– als Adressat des Post- und Fernmeldegeheimnisses 17 30
Anbieter von Telemedien
– Strafanwendung 25 101 ff.
Anderweitige Rechtshängigkeit 27 29 ff.
Anfangsverdacht 5 74
Angemessenheitsbeschluss
– EU-Parlament 33 66 ff., 80, 83
Anhörung 4 22
Anmeldung unter falschem Namen 18 13 ff.
Annexkompetenz
– AEUV 7 11
Anonyme Daten
– personenbezogenes Datum 15 46 ff.
Anvertraut 15 17 ff.
Anvertrautsein im geschäftlichen Verkehr 24 50 ff.
Anwendbarkeit deutschen Strafrechts
– Datenschutzverstoß 25 1 ff.
Anwendungsvorrang
– Unionsrecht, nationales Recht 2 12, 47 ff.
Äquivalenzgrundsatz 3 27
Arbeitgeber
– als Telekommunikationsunternehmen 17 6 ff.
Arbeitgeber als Anbieter von Telekommunikationsdiensten
– § 202b StGB 12 36
Arbeitsentgelt
– § 42 BDSG 8 84
Arrest
– Vermögen 4 86 ff.
Art. 12 DS-GVO
– Transparenz 31 63 ff.,
Art. 15 DS-GVO
– Auskunftsanspruch 31 66 ff., 77 f., 82
– Auskunftsrecht 31 s. Auskunftsanspruch

Art. 32 DS-GVO
– Technische und organisatorische Maßnahmen 31 13, 35, 51, 83 ff.
Art. 6 DS-GVO 31 7 ff., 31 ff.
– Einwilligung 31 9, 29, 45, 58
– Rechtmäßigkeit der Verarbeitung 31 8 ff.,
– Weitergabe an Dritte 31 31 ff., 43 f.
Art. 65 DS-GVO
– EDSA 1 9
Art. 9 DS-GVO
– besondere Kategorien personenbezogener Daten 31 47 ff.
Asset Deal
– Datenschutzrecht 15 61
Aufnahmen von Polizeieinsätzen 10 15
Aufnahmen von Vernehmungen 10 23
Aufsichtspflichten 6 66
Aufsichtspflichtverletzung 3 26
Aufsichtsverfahren 5 25
Auftragsverarbeiter 6 46 f.
Auftragsverarbeitungsvereinbarung 15 90 ff.
Auskunftsverweigerungsrecht 5 35; 32 15
Auslandstaten
– Strafanwendung 25 23 ff.
Auslandstaten in anderen Fällen
– § 7 StGB 25 47 ff.
Auslandstaten mit besonderem Inlandsbezug
– § 5 StGB 25 24 ff.
Außenverweisung
– Blankett 23 12

Bagatellbereich 20 14
Bande 21 49
Bankdrops 18 18
BDSG
– Unionskonforme Auslegung 7 27 f.
Beeinträchtigung der Versorgung der Bevölkerung mit lebenswichtigen Gütern oder Dienstleistungen oder der Sicherheit der Bundesrepublik Deutschland 21 50
Befugnis 15 104 ff.
Behörde 21 39
Behörden
– als Telekommunikationsunternehmen 17 11
Benachrichtigungspflicht
– Sanktionierung 32 14
– Selbstbelastungsfreiheit 32 13
– Verwendungsverbot 32 18
Berechtigtes Interesse 24 19
Bereicherungsabsicht 16 4
– § 42 BDSG 8 87 ff.
Berufsgeheimnisträger
– Ärzte 15 21
– Rechtsanwälte 15
berufsmäßig tätige Gehilfen 15 62 ff.

545

Sachverzeichnis

Besondere Zugangssicherung
– § 202a StGB 11 28 ff.
Bestandsdaten 30 30
Bestimmtheitsgrundsatz 3 46 ff.
– Garlsson-Entscheidung 2 7 f.
– Gebot der Normenklarheit, Zumutbarkeit, unbestimmter Rechtsbegriff, Schlenker-Entscheidung 2 137 ff., 141 ff., 145, 147
– mitgliedstaatliche Regelungen 7 35 f.
– national, europäisch 2 10 ff.
– Rechtsunsicherheit, Verhaltensnorm, Sanktionsnorm, Normspaltung, Normambivalenz 2 134 ff.
– Roeser-Entscheidung, Halifax-Entscheidung 2 13 f.
– unionsrechtliche Regelungen 7 30 ff.
Betrieb
– Fremd 21 40
Betriebsgeheimnis 15 13; 16 6
– § 355 StGB 22 1
Betriebsspionage 24 28 f.
Betroffener 15 8
Beweistransfer 30 2
Biometrische Überprüfung
– Besondere Zugangssicherung 11 32
Blankett
– § 27 TTDSG 23 6 ff.
Bluetooth
– § 202a StGB 11 13
Bußdgeldbescheid 5 92
Bußgeld
– Berechnung 3 54 ff.
– Rahmen 3 54 ff.
– Tatbestände 3 4 f.
– Verteidigung 3 2 f.,
Bußgeldbescheid
– Anhörung 4 22
– Berechnung 4 31 ff.
– Einspruch 4 24
– gegen Unternehmen 4 68 ff.
– Inhalt 4 23
– Nebenfolgen 4 77 ff.
– Verhältnis zur Verwarnung 4 61 ff.
– Verjährung 4 104 ff.
– Vermögensarrest 4 86 ff.
– Verständigung 4 91 ff.
– Vollstreckung 4 102 f.
Bußgeldermittlung
– Einhaltung von Maßnahmen 4 54
– erlangter Vorteil 4 59 f.
– frühere Verstöße 4 51
– Geldbußen mit festen Ausgangsbeträgen 4 38 f.
– Genehmigte Verfahrensregeln 4 55
– Grad der Verantwortung 4 50
– Größenklassen 4 34
– Kategorien personenbezogener Daten 4 45
– Konkurrenzen 4 32
– Leitlinien 04/2022 4 30 ff.

– Minderungsmaßnahmen 4 49
– Schwere des Verstoßes 4 43, 46
– Schweregrade 4 46
– Umsatz 4 34
– Verschulden 4 44
– Zusammenarbeit mit ASB 4 52
Bußgeldzumessung 4 s. Bußgeldermittlung

CCPA 33 23, 27, 38, 46
CEO-Fraud 18 23
Civil Penalty 33 30 ff.
Cloud 15 44; 20 35
CLOUD-Act 33 50 ff., 57, 70 ff.
Codekarten
– Nutzung fremder oder gefälschter 18 25 ff.
Compliance
– Compliance-Due-Diligence 31 95
Compliance Management System
– CMS 31 2 ff.
– Dokumentation 31 16, 42, 80, 94
– Einschränkung von Zugriffsberechtigung 31 60, 92
– Informationsschreiben 31 21
– Kontrolle 31 93
– Leitlinien 31 22, 46
– Pseudonymisierung 31 59, 91
– Purpose-Management-System 31 40
– Schulungen 31 23, 41, 46, 79
– Verarbeitungsverzeichnis 31 20, 75
Computerprogramm
– § 202c StGB 13 16 ff., 22
Computersabotage 21 1
COPPA 33 11, 34
Criminal Penalty 33 30, 39 ff.
Cyberversicherung 6 52

Damoklesrechtsprechung 5 63
Darknet 14 23
Data Breach 6 1 ff.
Data Breach Procedures 6 50 ff.
Daten 20 7
– § 202a StGB 11 9 ff.
Datenbegriff
– bei der fälschung beweisherblicher Daten 18 6 ff.
– bei der Urkundenunterdrückung 19 4 ff.
Datengeheimnis 14 8
Datenkauf 14 49, 71
Datenkopie 14 14, 39
Datenpanne 6 1 ff.
Datenschutzaufsicht
– BfDI 4 14
Datenschutzbeauftragter 15 35 ff.; 105
Datenschutzbehörden
– Übermittlungsbefugnisse 30 6
Datenschutzgrundrecht 15 5
Datenschutz-Grundverordnung (DSG-VO)
– Allgemeines 2 1 ff.
– Datenschutzsanktionen 2 45 ff., 87 ff.

546

Sachverzeichnis

– Personenbezogene Daten, Aufsichtsbehörde, Generalklauseln **2** 126, 136
Datenschutzstrafrecht
– § 27 TTDSG **23** 3
Datenschutzverletzung 6 5
Datenübermittlung
– Transfer **33** 62 ff.
Datenveränderung 20 1
Datenverarbeitung 21 9
– für einen anderen **21** 15
– wesentliche Bedeutung **21** 13, 42
Datenverarbeitungsanlage 21 1
– § 202b StGB **12** 20
Datenverfügungsbefugnis 20 10
– Arbeitsverhältnis **20** 41
Datenverfügungsberechtigter 20 9
DDoS-Attacken 20 20; **21** 35
Doppelbestrafung 33 19, 20, 21
Doppelbestrafungsverbot („ne bis in idem") 2 6
Doxing 9 15
Drittbegünstigung 24 26
Dritte bei unternehmensinternen Datentransfers
– § 42 BDSG **8** 53
Drittgeheimnis 15 20; 112
Drittland 33 63 ff.
DS-GVO
– Anwendungsvorrang **7** 37 ff.
– Verhältnis zum nationalen Strafrecht **7** 22 ff.
DS-GVO-Geldbußen 6 27 ff.
DS-GVO-Schadensersatz 6 31 f., 68
Dual-Use-Programme
– Computerprogramme **13** 20
Durch den Täter initiierte Datenübermittlung
– § 202b StGB **12** 24 ff.
Durchführung von Unionsrecht 24 2 f.
Durchsicht 30 18
Durchsuchung 5 52, 53; **30** 18
Dynamische Speicherkapazitäten
– § 202a StGB **11** 15

Echter Blanketttatbestand
– Blankett **23** 6
Echtes Sonderdelikt 15 5; 106; **16** 3
EDSA-Leitlinien 6 29
Effektivitätsgrundsatz 3 28 ff., 43
Eigennutz 24 25
Eingeben 21 20
Einspruch 4 24
Einwilligung 15 97 ff.
– § 355 StGB **22** 14
– informierte Einwilligung **15** 99
– mutmaßliche Einwilligung **15** 103
Einwilligung durch Minderjährige 28 43 ff.
Einzelangaben 15 16
Einziehung
– des Wertes von Taterträgen **4** 82

– Gefahrenabwehr **4** 80
– Wertberechnung **4** 83
Einziehung (OWiG)
– Adressaten **29** 36
– allgemein **29** 23 f.
– bei tatunbeteiligten Dritten **29** 32 ff.
– Einziehungsbetrag **29** 41 ff.
– Erlöschen von Ansprüchen **29** 47
– Rechtsbehelfe **29** 53
– trotz nicht vorwerfbarer Handlung **29** 25 ff.
– Verfahren **29** 50
– von Gegenständen **29** 54
Einziehung (StGB)
– allgemein **29** 55
– bei anderen Personen **29** 71
– bei Entreicherung **29** 67
– bei erloschenem Anspruch **29** 65
– bei Handeln für einen anderen **29** 59
– bei juristischen Personen **29** 59, 77
– bei nicht rechtsfähigen Vereinen **29** 72
– bei rechtsfähigen Personenvereinigungen **29** 72
– bei Tätern oder Teilnehmern **29** 58, 70
– bei Teilerlass **29** 66
– bei Verbandspersonen **29** 72
– bei Vergleichsschluss **29** 66
– bei Verjährung **29** 65
– bei Vermögenswerten „durch die Tat" **29** 62
– bei Vermögenswerten „für die Tat" **29** 62
– Berufung **29** 82
– Beschlagnahme **29** 84
– Beschwerde **29** 85
– Bruttoprinzip **29** 60
– erlangtes Etwas **29** 60, 62
– Revision **29** 82
– Schätzung **29** 61
– Tatmittel **29** 75
– Tatprodukte **29** 74
– Urteil **29** 81
– Verhältnismäßigkeitsgrundsatz **29** 80
– Vermögensarrest **29** 84
– Vollstreckung **29** 83
– von beweglichen Sachen **29** 73
– von Daten **29** 63 ff.
– von Forderungen **29** 73
– von Hardware **29** 77 ff.
– von Immaterialgüterrechten **29** 73
– von Servern **29** 79
– von sonstigen Vermögensrechten **29** 73
– von Taterträgen **29** 56 ff.
– von Tatmitteln **29** 68 ff., 74, 77
– von Tatobjekten **29** 68 ff.
– von Tatprodukten **29** 68 ff., 74
– von unbeweglichen Sachen **29** 73
– Vorsatz- und Fahrlässigkeitsdelikte **29** 57, 69
– weitere Beschwerde **29** 85
– Wertersatz **29** 61, 81
Einziehung nach StGB und OWiG 29 17 ff.
Einziehung und DS-GVO 29 7 ff.

547

Sachverzeichnis

Elektromagnetische Strahlung
– § 202b StGB **12** 21
Elektronische Massenüberwachung **33** 82
Elektronischer Taschendiebstahl **18** 30
E-Mail-Postfach
– Verfügungsberechtigung, Datenbestimmung, Verschaffen des Zugangs **11** 5, 25, 36
E-Mails
– Löschen **19** 9 ff.
– Unterdrücken **17** 19 ff.
Entgegenstehende Rechtskraft **27** 15 ff.
Entwicklung Bußgeldpraxis
– Deutschland **1** 1 ff., 8
– Europäische Union **1** 1 ff., 7
Entwicklung Strafverfolgung
– Datenschutzverstoß **1** 10 ff.
Erfolgsdelikte
– Internetbasierte Datenschutzverstöße **25** 78 ff.
Erfolgsort
– Internetbasierte Datenschutzverstöße **25** 77 ff.
Erlaubnistatbestandsirrtum
– § 355 StGB **22** 12
Ermittlungsverfahren **4** 21; **26** 32
Ermittlungsverfahren **5** 18, 71
Erschleichen personenbezogener Daten durch unrichtige Angaben
– § 42 BDSG **8** 72 ff.
Europäische Menschenrechtskonvention (EMRK)
– Allgemeines **2** 9
– Unschuldsvermutung **2** 18 ff., 106 ff., 116 ff.
Europäisches Marktmissbrauchsrecht **3** 12
Europäisches Strafrecht
– Begriff **7** 2 ff.
Ewigkeitsgarantie **2** 15
Exekutivanordnung
– Executive Order **33** 72 ff., 80 ff.
Extraterritoriales Strafrecht
– Datenschutzverstoß **25** 1 ff.

Faktische Öffentlichkeit **10** 14 ff.
Fälschung beweiserheblicher Daten
– Schutzgut **18** 3
FCRA **33** 7
Fehlende Berechtigung zur Verarbeitung personenbezogener Daten
– § 42 BDSG **8** 54 ff.
Feindeslisten **9** 1
Fernmeldegeheimnis **17** 1
Filtersoftware **17** 22 ff.
Firewall
– Besondere Zugangssicherung **11** 32
Formelles Geheimhaltungsinteresse des Verfügungsberechtigten
– § 202a StGB **11** 4
fremde Daten **20** 5, 10
Fremdes Geheimnis **15** 7
FTC
– FTC Act **33** 3, 25, 32 f., 47, 48

Funk
– § 202a StGB **11** 13
Funkanlage **23** 25
Funktionaler Unternehmensbegriff **3** 6

Garantie **33** 68, 72
Gefährdendes Verbreiten personenbezogener Daten
– Schutzgut **9** 4
– Strafanwendungsrecht **9** 5
Geheim **24** 15
Geheimhaltungswille **15** 7
Geheimnishehlerei
– eigeneröffnete **24** 9, 30 ff.
– fremderöffnete **24** 30
Geheimnisschutzrichtlinie **24** 1 ff.
Geheimnisverrat **24** 33 ff.
Geltung
– extraterritorial **33** 17, 18, 54, 55, 56
Genehmigte Verfahrensregeln
– Bußgeldbescheid **4** 55
Genuiner Link
– Strafanwendung **25** 72, 98 ff.
Geschäftsgeheimnis **15** 13; **16** 6; **24** 1, 4 f., 8 ff.
– § 355 StGB **22** 1
Geschütztes Rechtsgut **20** 3
Gewerbsmäßig **21** 48
Gewerbsmäßiges Handeln **24** 62
GLBA **33** 5, 6, 35, 42, 45
Grenzüberschreitende Datenschutzverstöße
– Strafrecht **25** 1 ff.
Große Zahl von Personen
– § 42 BDSG **8** 25 ff.

Hacker-Angriff **6** 1 ff., 8, 43
Handeln gegen Entgelt
– § 42 BDSG **8** 79 ff.
Handlungsmotivation **24** 22 ff., 38, 44, 57 f.
Hauptverfahren **5** 136
Hauptverhandlung **4** 28
Haushaltsausnahme **23** 33
– § 42 BDSG **8** 9 ff.
Herausgabeverlangen **30** 15
Herkunftslandprinzip
– Strafanwendung **25** 105 ff.
Herstellen und Bereitstellen
– § 27 TTDSG **23** 4, 34
Herstellungs- und Bereitstellungsverbot **23** 30
HIPAA **33** 9, 36, 40, 45, 49
Hochladen von personenbezogenen Daten im Internet
– § 42 BDSG **8** 48

Identifizierbarkeit
– personenbezogenes Datum **15** 46 ff.
informationelle Selbstbestimmung **15** 5
Informationsbegriff **24** 11, 40 ff.

Sachverzeichnis

Inlandstaten
- Strafanwendung **25** 9ff.

Insider-Informationen 16 6

Internetbasierte Datenschutzverstöße
- Strafanwendung **25** 68ff.

Irrtum, §§ 16, 17 StGB
- § 42 BDSG **8** 60, 107ff.

Irrtumsregelung
- Blankett **23** 14

Journalismus 14 78

Kartellordnungswidrigkeitenrecht
- Allgemeines **2** 11, 15, 17, 47, 52ff., 60ff.
- collective knowledge, wirtschaftliche Einheit **2** 57, 61ff., 71
- Compliance-Programm **2** 57, 98
- Organisationsverschulden des Unternehmens **2** 42, 49, 53, 78, 82ff.
- Pioneer-Entscheidung, Volkswagen-Entscheidung, Respondeat Superior Doktrin **2** 54, 57

Keine allgemeine Zugänglichkeit personenbezogener Daten
- § 42 BDSG **8** 30ff.

Kenntnisnahme in vergleichbarer Weise 23 24

Keylogger
- § 202b StGB **12** 36

Kompetenzgrundlagen
- AEUV **7** 8ff.

Konkrete Gefährdungsdelikte
- Internetbasierte Datenschutzverstöße **25** 87ff.

Konkurrenzverhältnis Straftat und Art. 83 DS-GVO
- § 21 OWiG **27** 1ff.

Kontaktloses Bezahlen
- Missbrauch **18** 29

Kopieren 20 17

Kopplungsverbot 28 38ff.

Kryptowährungen
- Verfügungsberechtigung **11** 5

Löschen 20 18

Massenklagen 6 2, 37

Mehrere Verfügungsberechtigte
- § 202a StGB **11** 8

Mehrstufiger Blanketttatbestand
- Blankett **23** 6

Meldepflicht 6 10, 56f.
- Ausnahmen **6** 19ff.
- Rechtlicher Rahmen **6** 10ff.
- Sanktionierung **32** 14
- Selbstbelastungsfreiheit **32** 13
- Verwendungsverbot **32** 18

Meldepflichten 5 22

Menschenwürde
- Ableitung aus dem Schuldprinzip **2** 42ff., 48

Messenger-Nachrichten
- Nachricht **23** 19, 29

Mitteilen von Zugangsdaten zu einem Cloud-Server
- § 42 BDSG **8** 48

Mitteilungsverbot 23 27ff.

Mitwirkungspflicht
- Selbstbelastungsfreiheit **32** 13

Nachricht 23 17

Nachteilszufügungsabsicht
- Urkundenunterdrückung **19** 14ff.

Nachteilszufügungsabsicht 21 23

ne bis in idem
- § 202a StGB **11** 2

ne bis in idem im unionsrechtlichen Sinne 27 33ff.

NFC
- § 202a StGB **11** 13, 33

NFC-Technologie 18 29; **19** 7

NFT
- Verfügungsberechtigung **11** 5

Nicht für den Täter bestimmte Daten
- § 202a StGB **11** 19ff.

Niederlassungsprinzip 33 60

Non-Disclosure-Agreement 24 35

Nutzung offenes WLAN
- § 202b StGB **12** 18

Nutzung unverschlüsseltes WLAN
- § 202b StGB **12** 19

Nutzungsdaten 30 26

objektives Geheimhaltungsinteresse 15 7

Offenbaren
- Tathandlung **15** 39ff.

ontactless-pay-Funktion
- Besondere Zugangssicherung **11** 33

Opportunitätseinstellung 27 25ff.

Opportunitätsprinzip 4 7

OWiG
- Anknüpfungstat **4** 70ff.
- Anwendbarkeit **4** 1ff.
- Aufsichtspflichtverletzung **4** 72ff.

Passwörter
- § 202c StGB **13** 9, 22

Passwortschutz
- § 42 BDSG **8** 37
- Besondere Zugangssicherung, Verschaffen des Zugangs **11** 30, 38

Penetrationstest
- § 202a StGB **11** 39
- § 202c StGB **13** 51

Personenbezogene Daten
- § 355 StGB **22** 8

personenbezogenes Datum 15 8

Phishing 18 20ff.
- § 42 BDSG **8** 78
- § 202a StGB **11** 26f.

Sachverzeichnis

Polizeilichen Kriminalstatistik
- § 303a StGB **20** 4
- § 303b StGB **21** 6

Portscanner
- § 202b StGB **12** 36

postmortaler Persönlichkeitsschutz **15** 66 ff.
Postversand Datenträger
- § 202b StGB **12** 14

Präzisierungsgebot **2** 15, 96, 135 f., 145 f.
Privacy Shield **33** 67, 71, 73
Protestaktionen **20** 43
Pseudonymisierte Daten
- personenbezogenes Datum **15** 46 ff., 54

Ramsomware **20** 20
Ransomware **6** 1 ff., 8, 63 ff.
Rechenschaftspflicht
- Selbstbelastungsfreiheit **32** 13

Rechtfertigende Einwilligung **28** 1 ff.
Rechtsbeschwerde **4** 29
Rechtsgut
- § 355 StGB **22** 1
- persönlicher Lebens- und Geheimnisbereich **15** 5

rechtswidrig **20** 12, 27
Relativer Geheimnisbegriff **24** 15
Reputationsschäden **6** 38, 59
RFiD
- § 202a StGB **11** 13, 33

Richtlinien
- Regelungsdichte **7** 15 f.

Richtlinienkonforme Auslegung **7** 17
Risikoabwägung **6** 13

Safe-Harbor **33** 67
Sanktion **31** 3 ff., 14 ff., 27 ff., 36 ff., 52 ff., 71 ff., 86 ff.
- Bußgeld **31** s. Sanktion
- Bußgeldbemessung, Strafzumessungsschuld **2** 99 ff.
- Geldbuße, strafrechtliche Sanktion, Verwarnung **2** 6, 16 ff., 35, 130 ff.
- Sanktionspraxis **31** s. Sanktion
- Verwaltungssanktion **2** 4 ff.
- Vorsatz, Fahrlässigkeit, unionsrechtlicher Vorsatzbegriff, unionsrechtlicher Fahrlässigkeitsbegriff **2** 38, 44, 87 ff., 91 ff., 95 ff., 100 ff., 139 f.

Schädigungsabsicht **16** 4; **24** 27
- § 42 BDSG **8** 94 ff.

Schlichte Tätigkeitsdelikte
- Internetbasierte Datenschutzverstöße **25** 82 f.

Schrems II **33** 67, 68, 73, 82
Schuldprinzip ("nulla poene sine culpa")
- Käserei Champignon-Entscheidung, Thyssen-Entscheidung, Estel-Entscheidung **2** 30 ff.
- materielles Prinzip **2** 9, 16 ff., 139 ff.
- Strafbegründungsschuld, Strafzumessungsschuld **2** 16, 36, 57, 99 ff.

- unionsrechtlicher Schuldbegriff, Höchstpersönlichkeit, Subjektivität, normativer Schuldbegriff **2** 49, 76 ff., 83 ff., 92

Selbstbelastungsfreiheit **4** 8
- Grundgesetz **32** 2
- Unionsrecht **32** 8

Share Deal
- Datenschutzrecht **15** 61

Skimming **18** 28
Sonderkündigungsrechte **6** 39
Sonst bekanntgeworden **15** 17 ff.
Sonstige Sicherungscodes
- § 202c StGB **13** 10 f., 22

Sozialadäquanz
- des Verbreitens personenbezogener Daten **9** 22 ff.

Spionagegeräte **23** 34
Steuerverfahren
- § 355 StGB **22** 3

Störung
- Erheblich **21** 31

Strafantrag **20** 61; **21** 69; **26** 19
Strafanwendungsrecht
- Datenschutzverstoß **25** 1 ff.

Strafanzeige **26** 2
Strafbare Datenschutzverstöße
- § 42 BDSG **8** 1 ff.

Strafklageverbrauch **27** 15 ff.
Strafrechtliche Verantwortung im Unternehmen
- § 42 BDSG **8** 21

Strafverfolgung
- Auskunftsbefugnisse **30** 3
- Ermittlungsbefugnisse **30** 13

strict liability **3** 38 ff.

Tathandlung
- § 355 StGB **22** 11

Tätige Reue
- § 202c StGB **13** 52 ff.

Tatort der Haupttat
- Strafanwendung **25** 13 ff.

Tatort der Teilnahme
- Strafanwendung **25** 16 ff.

Tauglicher Täter von § 42 BDSG
- § 42 BDSG **8** 13 ff.

Täuschungsbedingte Einwilligung **28** 36 f.
Telekommunikationsanlage
- § 27 TTDSG **23** 4, 30

Territorialitätsprinzip **4** 16

Übermitteln **21** 21
Unbefugt **15** 73 ff.; **16** 7 f.
- § 355 StGB **22** 13

Unbrauchbarmachen **20** 21
Unschuldsvermutung ("in dubio pro reo")
- Accountability-Prinzip/Rechenschaftspflicht, allgemeine Kooperationspflicht, effet utile **2** 106 ff., 112, 126

Sachverzeichnis

– Beweislast, Beweismaß, Wahrscheinlichkeitsstandard, Gewissheitsstandard, Indizienbeweis **2** 106ff., 111ff., 114ff., 123
– formelles Prinzip **2** 9, 18ff.
– Salabiaku-Entscheidung **2** 20ff.

Unterdrücken 20 19

Unterlassen
– § 303a StGB **20** 25
– § 303b stGB **21** 28

Unternehmensbegriff
– datenschutzrechtlich, „enterprise", „undertaking" **2** 71ff.
– kartellrechtlich, wirtschaftliche Einheit, Konzernprivileg **2** 61ff.

Urkunde
– hypothetische **18** 9

Urkundenunterdrückung
– Schutzgut **19** 1

US Geheimdienste
– US Intelligence Community; Nachrichtendienst **33** 74, 75, 79, 82ff.

Verändern 20 22

Verantwortlichkeitsgrundsatz
– „mens rea", Sud Fondi-Entscheidung, Varvara-Entscheidung, G.I.E.M.-Entscheidung **2** 25ff.
– Verantwortlicher, Auftragsverarbeiter **2** 14, 66ff., 136
– Verbot objektiver Verantwortlichkeit, Hansen-Entscheidung **2** 37ff.

Verarbeitung im Sinne von § 42 BDSG
– § 42 BDSG **8** 67ff.

Verarbeitung, grenzüberschreitende 4 17

Verarbeitungsgrundsätze 3 44f.

Verbandshaftung, unmittelbare 4 11, 68

Verbandsschuld
– Auswahl- und Organisationsverschulden **2** 42ff., 49, 53, 78, 82ff.
– korporative **2** 49, 96, 143
– sozialer Schuldvorwurf, individueller Schuldvorwurf, persönlicher Schuldvorwurf **2** 42, 49, 56, 82ff., 96, 134, 141ff.

Verbreiten
– personenbezogener Daten **9** 9ff.

Verfahrensgarantien der Mitgliedstaaten 3 20

Verfahrensgrundsätze
– Opportunitätsprinzip **2** 128ff.
– Selbstbelastungsfreiheit („nemo tenetur se ipsum accusare") **2** 126ff.
– Unschuldsvermutung **2** 18ff., 106ff., 116ff.
– Verhältnismäßigkeitsgrundsatz **2** 29ff., 37, 99ff., 131ff.

Verjährung 4 104ff.

Verkehrsdaten 30 22

Verletzte 26 38

Vermögensabschöpfung durch Geldbuße 29 22

Vermögensverlustes großen Ausmaßes 21 47

Veröffentlichung arbeitsrechtlicher Pflichtverletzungen
– § 42 BDSG **8** 96

Veröffentlichung kompromittierender Fotos
– § 42 BDSG **8** 96

Veröffentlichung kreditgefährdender Informationen
– § 42 BDSG **8** 96

Verpflichtungsgesetz 15 33

Verschaffen des Zugangs
– § 202a StGB **11** 34ff.

Verschaffen unter Anwendung von technischen Mitteln
– § 202b StGB **12** 27ff.

Verschlüsselungstechnik
– Besondere Zugangssicherung **11** 32

Verschuldenserfordernis 3 34ff.

Verständigung 4 91ff.
– Bindungswirkung **4** 101
– Rechtsfolgen **4** 97
– Rechtsmittelverzicht **4** 99

Versuch 15 107

Versuch der Beteiligung 24 78f.

Vertraulichkeit des Wortes 10 1ff.
– Abhörgerät **10** 28
– Aufnahme durch Journalisten **10** 53
– Öffentliche Mitteilung **10** 39f.
– Strafantrag **10** 62
– Unbefugte Tonaufnahme **10** 41ff.
– Verwertungsverbot **10** 67ff.

Verwaltungsrechtliche Sanktionen 6 31

Verwarnung 4 61ff.

Verwendungsverbot 23 27; **32** 18

Verwerten 16 5f.

Video-Ident-Verfahren
– Manipulation **18** 17

Virtuelle Anwesenheit
– Strafanwendung **25** 75

Vollendung 15 107

Vollharmonisierung 3 32

Vorbereitung 20 55; **21** 60

Vorlage 24 46ff.

Vorlagenfreibeuterei 24 45ff.

Vorlagepflicht
– Sanktionierung **32** 14
– Selbstbelastungsfreiheit **32** 13

Vorsatz
– § 27 TTDSG **23** 35ff.
– § 203 StGB **15** 69ff.
– § 355 StGB **22** 12

Vorschriften technischer Art 24 49

Wettbewerbsförderung 24 24

White Hat Hacking
– § 202a StGB **11** 39
– § 202c StGB **13** 47, 50f.

Wiretap Act 33 15, 41, 44

WLAN
– § 202a StGB **11** 13

551

Sachverzeichnis

WLAN-Signal
– Nachricht 23 20

Zerstören 21 27
Zugangsrecht 5 27, 52
Zumessung 5 23
Zurechnung 3 6 ff.
Zusatzwissen
– personenbezogenes Datum 15 55

Zuständigkeit
– Aufsichtsbehördliche 4 13 ff.
– Gerichts- 4 6
– Kirchen 4 15
– örtliche 4 16
– Rundfunk 4 15
Zwei-Schrank-Modell 15 57, 86
Zwischenverfahren 4 26 f.
Zwischenverfahren 5 114